U0840006

河北省人民政府法制办公室 主办

河北法制年鉴

河北法制年鉴编纂委员会 编

二〇一四（总第八卷）

中国法制出版社
CHINA LEGAL PUBLISHING HOUSE

《河北法制年鉴》编纂委员会

《河北法制年鉴》编辑部

编纂说明

一、《河北法制年鉴》是一部全面展现法治河北建设情况的大型综合性文献，由河北法制年鉴编纂委员会、河北省政府法制办公室主持编纂，面向国内外公开发行。

二、本年鉴以马克思列宁主义、毛泽东思想、邓小平理论、“三个代表”重要思想和科学发展观为指导，深入贯彻落实习近平总书记系列讲话精神，详实记录法治河北建设重要历程，客观反映法治河北建设成就和经验，集中展现法治河北建设队伍风采。

三、本年鉴为各级领导依法科学决策提供参考，为努力建设全面小康的河北、富裕殷实的河北、山清水秀的河北，促进河北科学发展提供帮助，为国内外读者了解河北提供信息，也为有关部门修志积累资料。

四、本年鉴于2000年创办，设有17个基本栏目，每两年编纂出版一卷，《河北法制年鉴》2014卷为总第八卷，反映的是2012年、2013年河北省法制建设的基本情况。

五、本年鉴基本采用分类编纂法。主体内容分为编目（如审判工作、公安工作）、分目（如刑事审判、公安交通管理）、条目（加[]）三个层次。

六、本年鉴的稿件由省、市、县（市、区）有关部门提供，均经各供稿单位领导审阅。所用数据由各供稿单位提供。个别数据因统计时间、口径不同，在不同稿件中可能不尽一致，请读者引用时注意。

七、本年鉴经过多年努力已成为记录河北省法治进程的权威性图书，2010年荣获全国专业类年鉴二等奖，河北省年鉴类图书三等奖。

八、本年鉴编纂工作得到了全省各有关单位和人士的大力支持和帮助，在此表示诚挚感谢！

《河北法制年鉴》编辑部

彩色版目录

CONTENTS

河北省人民政府法制办公室

2013 年 7 月 28 日，省委书记周本顺、省长张庆伟会见来我省调研的国务院法制办公室主任宋大涵

2013 年 7 月 29 日，国务院法制办公室主任宋大涵、副主任甘藏春来我省召开群众路线教育实践活动听取意见座谈会，省政府副省长秦博勇主持会议

国务院法制办公室主任宋大涵、副主任甘藏春、省政府副省长秦博勇与参加座谈会人员合影

河北省人民政府法制办公室

2013 年 4 月 3 日，省政府副省长秦博勇到省法制办调研

2013 年 12 月 11 日，省政府副省长秦博勇召开工作调度会，听取省法制办工作汇报，充分肯定了工作成绩，并对下一步工作提出了明确要求

2013年10月22日，省法制办召开领导班子专题民主生活会。省人大常委会副主任马兰翠、省委群众路线教育实践活动第三督导组组长唐树钰，办党组书记王桂海，党组成员、副主任任智勇出席会议。主任时清霜、巡视员石玉林、原主任张国钧和办活动办有关人员列席会议

2012年10月23日，国务院法制办公室行政复议司司长丁锋同志在省长助理江波、省法制办主任秦博勇、党组书记边黎明同志陪同下，在省法制办调研行政复议工作

省法制办党组书记 王桂海

省法制办主任 时清霜

河北省人民政府法制办公室

勇于创新、真抓实干、团结奋进的省法制办领导班子

2012年5月9日，省法制办在保定召开《河北省技术市场条例》立法座谈会，省法制办党组书记边黎明参加会议

2012年5月21日，省法制办召开各设区市法制办主任工作会议。省法制办党组书记边黎明、主任秦博勇参加会议并讲话

2012年6月27日，由我省法制办承办的环渤海区域政府法制工作协作会议在北戴河召开。省法制办党组书记边黎明和北京市、天津市、辽宁省、山东省、山西省、内蒙古自治区的法制办主任参加会议

2012年7月30日，省法制办主任秦博勇在办党组副书记、副主任王桂海、副巡视员任智勇陪同下，到基层建设年活动联系点大城县梓楞台村调研

2013年7月31日，省法制办在廊坊召开行政复议委员会办案观摩会，省法制办主任秦博勇、副主任王桂海参加观摩并讲话

2012年8月16日，省法制办党组书记边黎明在为全体党支部作推进党员干部思想政治素质提升工程讲座

2012年9月13日，省法制办组织召开全省政府法制监督工作会议，省法制办主任秦博勇、副主任王桂海、副巡视员任智勇出席了会议

2012年11月14日，省法制办主任秦博勇在全省政府规章规范性文件清理工作会议上讲话

2012年12月20日，省法制办组织召开省政府2013—2017立法规划专家论证会，对2013年度立法计划，2013—2017年立法规划进行研究论证

2013 年 1 月 18 日，省法制办召开推进机关标准化管理工作动员会

2013 年 3 月 1 日，省法制办组织召开全省行政执法与刑事司法衔接工作联席会议

2013 年 5 月 17 日，省法制办副主任王桂海接受河北日报、河北经济日报采访

2013 年 7 月 11 日，省法制办召开党的群众路线教育实践活动动员大会

2013 年 8 月 15 日，省法制办组织全体党员干部上党课，省委党校党史部李芬副教授就《延安整风的历史回顾与启示》作专题辅导

河北省人民政府法制办公室

2013 年 8 月 20 日，省法制办组织召开供热条例立法工作座谈会，省法制办巡视员石玉林主持会议，各界代表参加

2013 年 8 月 30 日，国务院法制办国际司全体人员到省法制办，就开展党的群众路线教育实践活动征求意见

河北省人民政府法制办公室

2013 年 10 月 14 日至 16 日，省法制办顺利完成机关标准化管理认证审核工作

2013 年 11 月 1 日，全省规范性文件审查备案工作现场会在衡水市召开

2013 年 11 月 28 日，省政府法制研究中心召开课题研讨会

2013年11月6日，省法制办召开全省依法行政考核工作座谈会，各设区市法制办主任参加

2013年11月，省法制办组织省直行政执法人员年检考试

2013年12月25日，省全面推进依法行政工作领导小组办公室召开会议，对2013年度全省依法行政考核工作作出安排部署

河北省人大常委会

省人大常委会党组副书记、常务副主任宋恩华赴秦皇岛市看望联系省人大代表并调研

省人大常委会党组副书记、常务副主任宋恩华赴鹿泉市指导调研群众路线教育实践活动

省人大常委会党组副书记、副主任宋长瑞参加省立法研究会第二次理事扩大会

省人大常委会副主任王增力就扶贫开发工作进行专题视察

省人大常委会副主任马兰翠在邢台调研社会救助工作

省人大常委会副主任王刚赴秦皇岛市青龙县调研

省人大常委会副主任谢计来会见欧洲侨领代表团

省人大常委会副主任宋太平出席省人大常委会会议

省人大常委会副主任王雪峰赴基层调研

省人大常委会秘书长赵曙光赴秦皇岛市抚宁县调研

河北省高级人民法院

2014 年 1 月 10 日，河北省高级人民法院院长卫彦明在河北省第十二届人民代表大会第二次会议上作法院工作报告

2013 年 6 月 4 日，河北省政协副主席崔江水到省法院视察指导工作

卫彦明院长带领河北省法院党组到西柏坡参观学习

卫彦明院长为特邀监督员颁发聘书

2013 年 9 月 29 日，河北省法院从社会各界聘任 55 名特邀监督员，对省法院各方面工作进行监督

2013 年 7 月 31 日，卫彦明院长到广平县慰问群众

2013年11月12日，卫彦明院长参加行政庭专题民主生活会

2013年9月24日，省法院党组副书记、常务副院长杨泰安亲自接待上访群众并与接访干警进行座谈

河北省法院举办公众开放日

河北省法院数字化法庭建设

河北省法院法官下乡帮扶群众

基层法院送法进企业

河北省公安厅

张越书记陪同公安部长孟建柱在我省考察工作

省委常委、公安厅党委书记　张越

省长助理、公安厅厅长　董佥生

2013年5月，全国人大常委会委员、内司委主任马馼对我省公安机关执法规范化建设进行专题调研

2012年9月2日，全国政法机关首届执法公信力论坛在我省召开，曹爱平常务副厅长代表省公安厅在会上做经验介绍

2013年10月，全省公安法制系统网上执法监督大比武现场

2013年11月25日，张存信副厅长在全国公安机关深化执法规范化建设推进会上做典型发言

河北省 民族宗教厅

定州市宗教政策法律法规宣传暨安全教育培训会

佛光寺宗教政策法律法规培训会

南宫佛教活动场所组织学习宗教政策法规知识百题

升旗

唐山市天主教开展为四川地震灾区捐款活动

河北省财政厅

河北省财政厅党组书记、厅长高志立

河北省财政厅党组副书记、副厅长赵文海在全省财政局长法制培训班上讲话

全省财政局长法制培训班

12.4 普法宣传活动

河北省 地方税务局

省地税系统干部选学培训班在北戴河培训基地举办

省地税系统组织优质税收经验推广现场会

省地税系统税收风险管理与行业纳税评估视频培训

2012 年 4 月 16 日至 20 日，全国人大常委会副委员长韩启德带领全国人大常委会文物保护法执法检查组，到河北省检查文物保护法执法情况

2011 年 5 月至 12 月，河北省公安、文物部门按照公安部、国家文物局部署，紧密配合，周密部署，精心组织，深入扎实地开展了“2011 打击文物犯罪专项行动”，共破获文物犯罪案件 19 起，抓获文物犯罪嫌疑人 87 名，打掉文物犯罪团伙 9 个，追缴文物总数 193 件，其中一级文物 6 件、二级 17 件、三级 41 件、一般文物 129 件，沉重打击了文物犯罪分子的嚣张气焰，有力保护了全省文物的安全

河北省文物局

2012 年 7 月至 8 月，省文物局和省海洋局共同开展了河北省管辖海域内文化遗产联合执法专项行动。通过联合执法行动，建立了河北省文物部门和海监部门联合工作机制，联合执法行动成为常态化，对加强河北省管辖海域内文化遗产保护工作具有积极的意义

河北省供销合作总社 盐业管理办公室

河北省盐业专营集团公司党委书记胡文菊（中）在三河市检查食盐零售市场

省供销社副主任、盐管办主任夏永利（左二），省供销社副巡视员、省盐业集团公司总经理赵有信（左一）在宣传活动现场向群众发放宣传材料，讲解碘盐知识

省盐业集团公司副总经理贾建国在衡水市食盐零售网点检查中秋、国庆双节期市场供应情况

2013 年 12 月，在石家庄召开 11 个设区市、辛集市、定州市及 52 个重点县盐政执法人员盐政执法业务综合培训

石家庄市法制办公室

石家庄市政府常务会学法

石家庄市召开行政复议暨行政复议规范化建设培训会议

石家庄市举办《行政强制法》专题讲座

2012 年河北省省会“12.4”全国法制宣传日活动

承德市人民政府法制办公室

2013年8月28日，承德市市长赵风楼在市政府常务会议上就依法行政工作提出具体要求

2012年7月，在隆化召开承德市第五届行政审批改革创新研讨会

2013年8月，在宽城县召开承德市行政审批提质提效工作暨第六届行政审批制度改革创新研讨会

张家口市人民政府法制办公室

张家口市政府法制办办务会

张家口市政府法制办主任 刘光福

2013 年度省依法行政考核

2013 年度依法行政示范现场会

秦皇岛市人民政府法制办公室

秦皇岛市政府副秘书长、市法制办主任刘辉参加县级以上领导干部依法行政专题讲座

秦皇岛市政府常务会议学法

行政执法人员公共法律知识考试。市人大、市政府、市政协、市纪委领导到现场巡视

邀请国务院法制办和省法制办主管领导做依法行政专题讲座

秦皇岛市政府副秘书长、市法制办主任刘辉带队开展依法行政考核工作

唐山市人民政府法制办公室

唐山市政府法制办主任　张国华

2013 年 11 月 28 日，唐山市领导干部集体学习《环保法》

唐山市新增执法人员培训班

廊坊市委常委副市长贾永清安排部署依法行政考核工作

廊坊市政府法制办主任　万惠兰

加强行政复议能力建设专题培训会议

河北省行政复议委员会办案观摩座谈会

保定市政府法制办党组书记、主任 任秀彦

任秀彦主任到基层调研指导工作

保定市人民政府法制办公室

保定市政府法制办专题部署依法行政考核工作

2013 年度依法行政考核保定考场

省政府法制办就依法行政工作在保定调研

沧州市政府法制办主任、
仲裁委秘书长 季伟

2013 年 8 月 21 日，沧州市政府召开全市法制工作会议

沧州市人民政府法制办公室

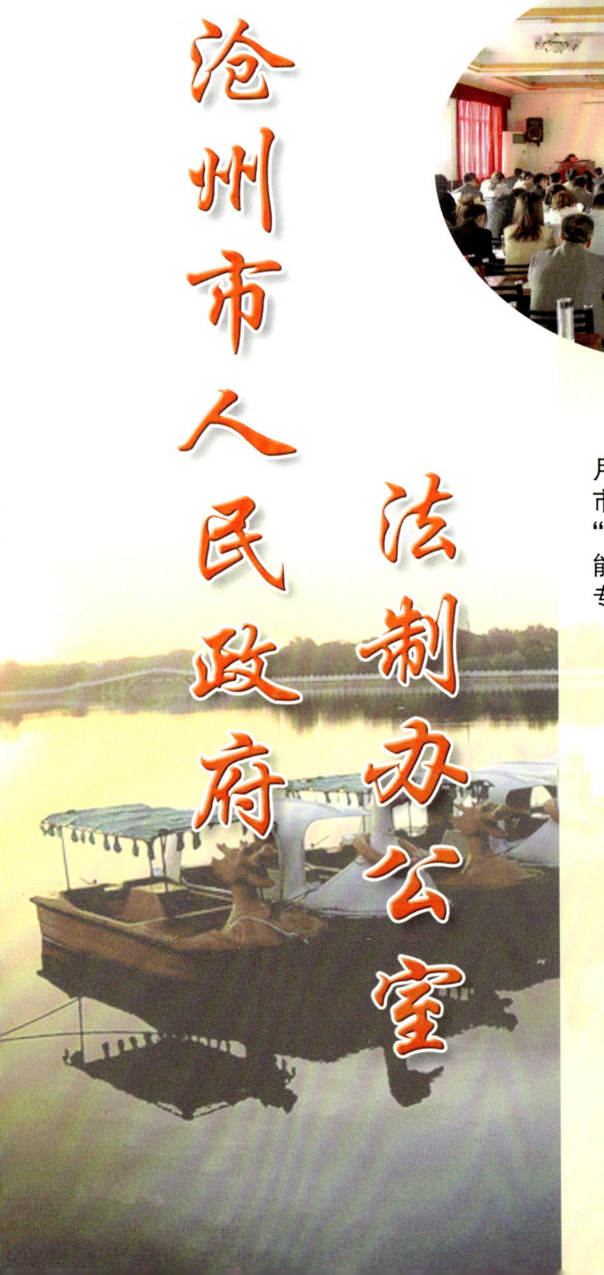

2013 年 4 月 23 日，沧州市行政执法人员培训开班仪式

2013 年 6 月 18 日，沧州市组织以提高“严格依法行政能力”为主题的专家报告会

2013 年 11 月 20 日，召开沧州市依法行政考核工作会议

衡水市人民政府法制办公室

2013 年 11 月 26 日，衡水市政府法制办召开全市依法行政考核工作会议

2013 年 5 月 7 日，召开市县法制办主任工作会议

2013 年 5 月 15 日，省相对集中行政处罚调研组来衡

省政府依法行政考核组听取 2013 年度衡水依法工作情况汇报

国务院法制办行政复议司司长方军对市政府法制系统干部培训讲座

目 录

特 载

大 事 记

人大立法与监督

政府法制建设

·领导讲话及重要文件（2012 年）·

·领导讲话及重要文件（2013 年）·

社会管理综合治理

审判工作

检察工作

公安工作

司法行政

监察工作

·重要工作会议和重要活动（2012年）·

·重要工作会议和重要活动（2013年）·

·其他内容·

仲裁工作

·综述·

·各仲裁委员会·

工、青、妇法制建设

·工会法制建设·

·共青团法制建设·

·妇联法制建设·

法学教育与研究

·法学教育单位·

·法学团体·

案例选编

·典型案例·

地方性法规、省政府规章

·地方性法规（2012 年）·

·省政府规章（2012 年）·

·地方性法规（2013 年）·

·省政府规章（2013 年）·

特　　载

政府工作报告

——在河北省第十二届人民代表大会第一次会议上

河北省人民政府省长　张庆伟

（2013 年 1 月 26 日）

各位代表：

现在，我代表河北省人民政府向大会作工作报告，请予审议，并请省政协委员和列席会议的同志提出意见。

一、过去五年的工作回顾

省十一届人大一次会议以来的五年，是我省经受住各种困难和风险考验、夺取改革发展新胜利的五年。在党中央、国务院和中共河北省委的正确领导下，省人民政府坚持以邓小平理论、“三个代表”重要思想、科学发展观为指导，突出科学发展这个主题，围绕加快转变经济发展方式这条主线，积极应对国际金融危机冲击，促进经济社会又好又快发展，圆满完成本届政府任期各项工作任务。

*五年来，我们坚持以经济建设为中心，大力实施扩大内需战略，经济保持平稳较快发展。*综合经济实力大幅提升，2012 年全省生产总值 26575 亿元，同比增长 9.6%，比 2007 年增长 65.8%。全部财政收入 3479.3 亿元，其中公共财政预算收入 2084.2 亿元，分别比 2007 年增长 1.3 倍和 1.6 倍。规模以上工业增加值 11069.6 亿元，比 2007 年增长 97.4%。抓住国家扩内需、稳增长的机遇，积极推进项目建设，一大批重大项目开工建设或建成投产，全社会固定资产投资 19661.3 亿元，比 2007 年增长 1.9 倍。大力开拓城乡消费市场，社会消费品零售总额 9154 亿元，比 2007 年增长 1.3 倍。

*五年来，我们坚持以加强“三农”工作为基础，加快发展现代农业，农业综合生产能力继续提高。*粮食生产实现“九连增”，2012 年总产 649.3 亿斤，比 2007 年增加 81 亿斤。肉蛋奶、蔬菜、果品、油料等主要农产品产量稳定增长，市场供应充足、品种丰富、品质提高。全省主要农作物良种覆盖率、农作物综合机械化水平分别提高到 97% 和 69.2%。农业产业化经营率 61.5%，提高 7.9 个百分点。全省森林面积新增 800 万亩，覆盖率达到 27%。除险加固大中型水库 15 座，新增节水灌溉面积 1495 万亩，新建高标准农田 600 万亩。以新民居建设为抓手，农村交通、电力、通讯等基础设施进一步加强，农民生产生活条件得到明显改善，农业农村呈现出加快发展的好局面。

*五年来，我们坚持以经济结构调整为重点，推进产业结构优化升级，经济发展方式转变不断加快。*三次产业结构呈现积极变化，由 2007 年的 13.3∶52.9∶33.8 调整到 2012 年的 12∶52.7∶35.3。传统产业转型升级步伐加快，制定实施钢铁、装备制造、石化、医药等十个产业调整振兴规划，深入开展“对标行动”，五年累计投入技改资金 17980 亿元，重点优势产业技术装备水平和竞争力不断提高。战略性新兴产业发展提速，新能源、新材料、电子信息、生物医药等新兴产业形成局部强势，2012 年规模以上高新技术产业增加值达到 1301 亿元，是 2007 年的 3.3 倍。服务业发展规模扩大，制定实施服务业拓展计划，商贸物流、文化旅游、研发设计等现代服务业发展明显加快。科技创新能力不断提高，组织实施 500 多个国家和省重大科技项目，新建 8 个国家重点实验室，全省专利

申请量、授权量分别为2.3万件、1.5万件，是2007年的2.9倍和2.8倍，累计获得国家级科技奖励64项。节能减排成效明显，强力实施“双三十”和“双千”示范工程，坚定有序淘汰落后产能，2012年单位生产总值能耗比2007年下降22%，化学需氧量、氨氮、二氧化硫排放量分别比2010年削减4.49%、4.57%、4.94%，超额完成国家下达任务。

五年来，我们坚持以完善基础设施为支撑，构建现代综合立体交通网络，经济建设保障能力快速提升。高速公路建设实现新跨越，新增通车里程2216公里，总里程突破5000公里，位居全国第三。铁路建设加快推进，新增营运里程828公里，京沪高铁、石太客专、京广高铁建成通车，实现了我省高速铁路从无到有的突破。机场建设大步跨越，石家庄机场、邯郸机场改扩建基本完成，唐山机场建成通航，张家口机场即将开航，北戴河机场开工建设，民航吞吐量534万人次，比2007年翻了两番。港口建设取得重大进展，唐山、黄骅、秦皇岛三大港口跻身亿吨大港行列，全省港口通过能力6.8亿吨、吞吐量7.5亿吨，比2007年分别增加2.9亿吨和3.5亿吨。南水北调等重点水利工程扎实推进。电力、通信等基础设施进一步完善。

五年来，我们坚持以深化改革开放为动力，持续推进重点领域改革和对外交流合作，经济社会发展活力增强。国有企业、财税金融、医药卫生、农村、文化等改革深入推进，成功组建河北钢铁、冀中能源、河北港口、河北航空、河北融投、河北旅投等大型企业集团，河北钢铁、冀中能源、开滦集团跨入世界500强。成立河北银行，全省金融机构网点达到14300多家，实现乡镇银行服务全覆盖。境内外多层次资本市场挂牌上市企业，由2007年的48家增加到2012年的132家。文化体制改革加快推进，我省被评为全国文化体制改革先进省份。启动实施医药卫生体制改革，政府办基层医疗机构全部实行国家基本药物制度，县级公立医院改革试点取得实质性进展。集体林权制度改革基本完成。民营经济快速发展，2012年增加值达到17232.8亿元、实现上缴税金2342.5亿元，占全省生产总值、全部财政收入的比重达到64.8%和67.3%，比2007年分别提高9.4个和8.1个百分点。对外开放步伐明显加快，实际利用外资和外贸出口年均分别增长15%和11.8%。与京津等区域交流合作不断深化，圆满完成四川平武地震灾区援建任务，援藏、援疆和支援三峡库区移民工作顺利推进。

五年来，我们坚持以重点地区突破为引擎，深入实施重大战略部署，区域发展新格局初步形成。河北沿海地区发展规划上升为国家战略并全面实施，沿海地区发展势头强劲，2012年秦唐沧沿海地区生产总值占全省的比重达到36.9%。冀中南地区列入国家重点开发区域，邯郸、邢台纳入中原经济区规划，国家启动首都经济圈发展规划和实施意见的编制，正定新区、冀南新区、衡水滨湖新区、白沟新城等建设有序推进。扶贫开发成效明显，全面启动新时期扶贫开发工作，加快燕山—太行山、黑龙港流域连片特困地区发展，启动环首都扶贫攻坚示范区建设，五年全省累计投入扶贫资金330亿元，110万人实现了稳定脱贫。县域经济实力不断壮大，2012年全部财政收入超10亿元的县（市）达到52个，比2007年增加36个，藁城市成为首个全部财政收入超百亿元的县级市。

五年来，我们坚持以实施城镇化战略为依托，加强城镇改造建设，城镇面貌发生可喜变化。城镇规划体系日臻完善，城镇建设步伐明显加快，城镇管理水平不断提高。2012年城镇化率达到46.8%，比2007年提高6.5个百分点。城镇面貌“三年大变样”成效显著，累计拆迁拆除违章和危陋建筑2亿平方米，改造城中村331个，建成一批道路桥梁、商业中心、文体中心等市政设施，污水垃圾处理、管线入地、集中供热等配套设施进一步完善，城镇综合承载能力增强。城市管理理念、管理模式和管理手段得到改进，智慧城市建设试点稳步推进，园林城市、文明城市、卫生城市、环保模范城市等创建活动深入开展，城市面貌焕然一新，人居环境不断改善，城市魅力明显提升。

五年来，我们坚持以提高人民生活水平为根本，全力办好惠民利民实事好事，社会大局保持和谐稳定。城乡居民收入大幅增加，2012年城镇居民人均可支配收入、农民人均纯收入分别达到20543元和8081元，比2007年增长75.7%和88.2%。就业规模持续扩大，城镇就业五年新增316.5万人，农村劳动力转移就业489.6万人，城镇登记失业率控制在4%以内。社会保障体系不断完善，企业职工基本养老保险实现省级统筹，连续八年提高企业退休人员养老金水平，城乡居民社会养老保险和基本医疗保险实现制度全覆盖，新农合筹资标准由100元提高到290元，城乡低保标准超过全国平均水平，养老机构床位数五年新增14.3万张。保障性住房建设扎实推进，累计建设保障性住房和棚户区改造住房110.9万套，解决了167.5万户城镇中低收入家庭住房困难问题，改造农村危房30万户。实施农村饮水安全工程，1753.3万农村人口饮水安全得到保障。城乡免费义务教育全面实现，学前教育加快发展，高中阶段教育基本普及，职业教育发展特色鲜明，高等教育质量提高，公办本科高校生均预算内教育事业费由3958元提高到12000元。文化事业蓬勃发展，省市博物馆、图书馆等一批公共文化设施投入使用并实现免费开放，覆盖城乡的公共文化服务体系逐步健全。文物保护得到加强。全民健身运动广泛开展，圆满承办北京奥运会分赛场足球比赛等国际重大赛事。基层医疗卫生服务体系不断完善，新型农村合作医疗参合率达到96.2%，城市社区卫生服务街道覆盖率达到99%。安全生产总体形势稳定好转，食品药品安全监管力度加大。社会管理综合治理不断强化，圆满完成北京奥运会、党的十八大等重大安保任务，信访工作得到加强，社会大局和谐稳定。支持驻冀部队革命化现代化正规化建设协调推进，驻冀人民解放军和武警官兵出色地完成了一系列急难险重任务。国防动员和双拥共建深入开展，军政军民团结的良好局面巩固发展。人口计生、民族宗教、广播影视、新闻出版、外事侨务、妇女儿童、人民防空、防震减灾、地理信息、气象、档案、老龄、残疾人等事业都取得了新成绩。

五年来，我们坚持以加强政府自身建设为保证，不断提高行政效率和服务质量，政府执行力和公信力明显增强。行政体制改革加快推进，省市县乡（镇）政府机构改革取得新进展，省直管县（市）财政体制改革扎实推进，各类园区管理得到加强。事业单位分类改革有序开展。创新政府管理模式，加快市、县（市、区）行政服务中心建设，开展政府绩效管理试点，推行政府机关标准化建设。大幅精减和规范行政审批事项，五年共取消和调整626项，削减率59.3%。大力推进反腐倡廉工作，加强惩防体系建设，深入开展行政权力公开透明运行，政府廉政建设取得新成效。自觉接受人大法律监督和工作监督、政协民主监督和社会监督。五年共办理人大代表建议2424件、政协提案2470件，按时办复率均为100%。

刚刚过去的2012年，是我们积极应对复杂局面、战胜各种困难挑战、取得重要发展成就的一年。我们坚持稳中求进的工作总基调，认真落实省第八次党代会确定的目标任务，按照“一个好的精神状态、一个好的工作作风、一个好的工作业绩”的要求，扎实做好稳增长、控物价、调结构、抓创新、惠民生、促和谐的各项工作，经济社会发展呈现出稳中有进的良好态势，实现了建设经济强省、和谐河北的良好开局。去年年初确定的各项目标，除社会消费品零售总额、出口总值、服务业增加值、中等职业学校招生人数等4项指标，因受刺激消费政策减弱、外需持续低迷、国内有效需求不足、初中毕业生数量减少等因素的影响没有完成外，其他32项指标顺利完成。经过全省上下的共同努力，我们办成了一大批打基础利长远、多年想办而未办成的大事要事难事。一是抢抓机遇、积极作为，经济发展后劲实现新增强。坚持把项目建设作为工作基点，加强与国家有关部委的沟通协调，增加建设用地规模，中石化千万吨级炼油、石家庄轨道交通等75个重大项目获得国家核准或审批。石家庄格力电器、承德北汽福田等348个重点项目开工建设，张石高速、邯郸美的空调等65个重点项目建成通车或竣工投产。二是转型升级、创新驱动，产业结构调整迈出新步伐。大力推进技术改造，全省用于技术改造、淘汰落后产能和培育新兴产业等方面的资金达到5800亿元，有力促进了产业结构优化升级。核定了钢铁产能，制定调整方案并上报国家，处置在建违规钢铁项目58个，控制新增炼铁产能580万吨、炼钢产能260万吨、钢材产能578万吨。三是主动对接、深化合作，“双百工程”取得新成效。百家央企进河北取得重大成果，与56家央企签署96项合作协议，119个项目开工建设或建成投产，全年累计完成投资1151.2亿元；百家院所校进河北签约项目中有187项进入实施阶段。圆满举办访美经贸活动、香港投洽会、廊坊经洽会，组织企业参加韩国丽水世博会等重大经贸活动，成功承办第十四届中国科协年会。四是重点先行、合力攻坚，“两个举全省之力”开创新局面。河北沿海地区发展规划启动实施，国家和省都安排了专项资金予以支持。国务院批准设立曹妃甸区、曹妃甸综合保税区和国家级经济技术开发区，顺利完成撤县设区工作，曹妃甸区、渤海新区和北戴河新区亿元以上重点项目922个、总投资21397.8亿元。制定新十年扶贫开发纲要实施意见，共投入各类资金210亿元，支持贫困地区建设了一大批基础设施、公共服务和产业项目。五是抓住关键、突破瓶颈，“两个环境建设”作出新部署。把着力改善发展环境、着力改善生态环境作为一场新的革命，全方位、大力度地加以推进，出台并实施着力改善发展环境和生态环境的两个实施意见，推动了行政效率和服务质量的提高，促进了城乡面貌和生态环境的新变化。六是加大投入、综合施策，保障和改善民生得到新加强。各级政府大幅度增加了民生投入，并积极争取中央专项资金支持，全省用于民生方面的支出达到3115.5亿元，占全部支出的77.5%。狠抓了保障性安居工程、农村饮水安全、公共教育服务均等化、医疗卫生、养老服务、城乡低保、文化惠民、环境治理、困难群体救助等十件惠民利民的实事好事。加强基层建设年活动成效显著，落实帮扶资金76亿元，实施帮扶项目8.17万个，5010个村面貌焕然一新。广泛开展“学习雷锋、善行河北”主题道德实践活动，引起全社会强烈反响和广泛好评。有力抗击“7·21”华北地区特大暴雨和10号强台风造成的特大洪涝灾害，迅速展开灾区恢复重建工作，灾区群众的生产生活基本恢复，充分展现了燕赵儿女不畏艰难、团结拼搏、玉汝于成的时代风采。

各位代表，过去的五年，是我省综合实力大幅提升、城乡面貌深刻变化、人民群众受益增多的五年。这些成绩的取得，是党中央、国务院和中共河北省委总揽全局、正确领导的结果，是全省广大干部群众团结协作、砥砺奋进的结果。在此，我代表省人民政府，向全省人民，向人大代表、政协委员，向各民主党派、工商联、无党派人士和人民团体，向驻冀人民解放军、武警官兵和政法干警，向中直机关驻冀各单位，向关心河北发展的香港特别行政区和澳门特别行政区同胞、台湾同胞、海外侨胞、国内外朋友，致以崇高的敬意和衷心的感谢！

回顾过去的五年，我们也清醒地认识到，全省经济社会发展和政府工作中还存在许多需要着力解决的问题。这些问题有的是长期制约我省发展的老问题，有的是随着形势变化出现的新情况。主要是：区域发展不平衡、城乡发展不协调的状况尚未根本转变；经济发展结构性矛盾比较突出，科技创新能力不强，经济增长依赖资源能源消耗，资源环境约束加剧；经济增长下行压力较大，企业生产经营成本上升，消化过剩产能和稳定就业之间存在两难选择；安全生产和食品安全形势依然严峻；关系群众切身利益的收入分配、教育医疗、就业社保、扶贫开发等方面的问题还需下大力解决；发展环境和生态环境还存在不少问题；政府自身建设需要大力度加强，政府工作与群众期待还有差距，一些部门和工作人员服务意识不强、办事效率不高，一些领域消极腐败现象依然存在。对这些问题，我们一定以更大的决心、更大的力度、更有效的措施认真加以解决。

各位代表，五年来我省经济社会发展取得的成绩来之不易，积累的经验十分宝贵，归纳起来就是：必须把解放思想作为动力之源，坚决破除落后观念和惯性思维，以创造性的工作开创河北发展的新天地；必须把推动科学发展作为强省之要，从河北省情和经济社会发展实际出发，坚定不移地走有中国特色、河北特点的发展路子；必须把加快转变经济发展方式作为振兴之策，大力推进经济结构战略性调整，实现发展速度、质量、效益相统一；必须把深化改革开放作为必由之路，加快推进重点领域改革和对外开放合作，不断为经济社会发展注入新的生机与活力；必须把统筹城乡区域发展作为战略之举，鼓励有条件的地区率先发展，支持经济薄弱地区加快发展，促进沿海与腹地、城市与乡村、优势地区与贫困地区协调发展；必须把维护最广大人民群众的根本利益作为执政之本，加大保障和改善民生力度，使发展成果更多更公平地惠及全省人民。这些经验和做法体现了继承、发展、创新，我们要倍加珍惜、坚持不懈、不断发展。

各位代表，五年来河北的改革发展走过了一段不平凡的历程。只要我们团结一心、凝聚力量、开拓创新，就一定能够战胜前进道路中的任何困难和挑战，就一定能够夺取改革开放和全面建成小康社会伟大事业的新胜利！

二、今后五年的基本思路和主要任务

今后五年，是深入贯彻落实党的十八大精神、全面建成小康社会的决定性阶段，是深入实施“十二五”规划、建设经济强省和谐河北的关键时期。综观国内外发展趋势，我省仍处于可以大有作为的重要战略机遇期，世界多极化、经济全球化深入发展，科技革命孕育新突破，全球合作向多层次全方位拓展；国内经济社会发展的基本面长期向好，市场潜力巨大；全省上下盼发展、谋发展、促发展的氛围空前浓厚，正朝着建设经济强省、和谐河北的奋斗目标阔步前进；继我省沿海地区发展规划上升为国家战略后，中原经济区发展规划发布实施，首都经济圈发展规划编制全面启动，全省11个设区市有望全部纳入国家发展战略；我省经济总量扩大，竞争实力日益增强，具备了上水平、上台阶的基础。同时，我们面临的各种风险和挑战也在增多，世界经济低速增长态势仍在延续，各种形式的贸易保护主义明显抬头，经济社会发展中不平衡、不协调、不可持续的问题依然突出，加快发展、转型升级和改善环境的任务相当艰巨。对此，我们一定高度重视、认真对待，积极抢抓机遇，沉着应对挑战，加快发展步伐，在新的征程中赢得主动、赢得优势、赢得未来。

今后五年，政府工作的基本思路是：坚持以邓小平理论、“三个代表”重要思想、科学发展观为指导，全面贯彻落实党的十八大精神，按照省第八次党代会和省委八届二次、三次全会的部署，紧紧围绕主题主线，以提高经济增长质量和效益为中心，大力推进经济结构战略性调整，全面深化改革开放，切实强化创新驱动，不断加强环境建设，着力保障改善民生，促进新型工业化、信息化、城镇化、农业现代化同步发展，保持经济持续健康发展和社会和谐稳定，努力夺取建设经济强省和谐河北、全面建成小康社会的新胜利。

今后五年的奋斗目标是，建设经济强省、和谐河北取得标志性突破，全面建成小康社会目标在大多数地区总体实现，全面深化改革开放任务在重要领域取得重大进展。

——经济综合实力显著提升。全省经济持续健康发展，经济增速和效益高于全国平均水平，生产总值年均增长8.5%以上，公共财政预算收入年均增长11%以上，经济增长质量效益大幅提升。

——产业转型升级显著加快。转变经济发展方式取得重要进展，传统优势产业素质有效提升，战略性新兴产业、现代服务业比重提高。创新型河北建设加快推进，新型工业化、信息化、城镇化和农业现代化水平不断提高。

——文化事业发展显著进步。覆盖城乡、惠及全民的公共文化服务体系基本建成，地域特色鲜明的文化产品更加丰富，公民的思想道德素质和科学文化素质、社会文明程度进一步提高，文化事业大繁荣，文化产业大发展，文化软实力明显增强。

——生态文明建设显著加强。主体功能区布局基本形成，资源节约型、环境友好型社会建设取得重大进展，循环经济发展水平和能源资源利用效率不断提高，主要污染物排放总量进一步减少，森林覆盖率持续增长，美丽河北建设取得明显成效。

——人民生活水平显著提高。城乡居民收入比2010年实现翻番，全民受教育程度明显提高，劳动就业更加充分，社会保障全民覆盖，住房保障体系基本形成，体育事业得到发展，居民衣食住行用条件大为改善。

——发展内生动力显著增强。重点领域改革取得重大突破，有利于科学发展的体制机制不断完善，发展环境明显改善。开放型经济发展全面提速，对外开放深度和广度进一步扩大。

实现上述奋斗目标，需要全省上下团结一心、共同努力，我们要突出抓好七项重大任务：

（一）保持经济持续健康发展，再上发展新台阶。紧紧抓住发展第一要务，激发各类市场主体活力，提高经济增长的质量和效益。积极实施扩大内需战略，努力扩大城乡消费，保持投资合理规模，加快形成消费、投资、出口协调拉动经济增长的新格局。推进重大基础设施建设和基础产业发展，区分轻重缓急，科学安排公路、铁路、机场、港口、水利、电力、通讯等重大基础设施建设，五年内构建起更加完善的交通运输体系，实现县县通高速公路。坚定不移实施“两个举全省之力”的重大战略部署，支持曹妃甸区、渤海新区大规模开发建设，使其成为经济发展的强大引擎；打好扶贫开发攻坚战，突出抓好阜平县和环首都扶贫攻坚示范区建设、燕山—太行山区和黑龙港流域集中连片特困地区的扶贫开发，促进贫困地区发展速度、农民增收幅度明显高于全省平均水平，与周边区域差距明显缩小。大力支持发展实体经济，培育一批大企业大集团，扶持中小微企业加快发展，三年内规模以上工业企业新增5000家以上，进一步做大做优全省工业经济，努力走出一条具有河北特色的新型工业化道路。

（二）加快经济结构战略性调整，形成发展新方式。深入实施“一产抓特色、二产抓提升、三产抓拓展”的经济发展战略，推进新型工业化、信息化、城镇化和农业现代化同步发展，推动信息化和工业化深度融合、工业化和城镇化良性互动、城镇化和农业现代化相互协调，努力构建现代产业新体系。大力实施创新驱动发展战略，加大科技投入力度，提高原始创新、集成创新能力，更加注重引进消化吸收再创新和协同创新。加快建设一批公共服务研发平台，构建以企业为主体、市场为导向、产学研相结合的技术创新体系。深入实施人才强省战略，培育领军人才，引进高层次、高技能人才。加快发展现代农业，科学布局农业特色产业，着力构建集约化、专业化、组织化、社会化相结合的新型农业经营体系。坚持走新型工业化道路，深入实施工业强省和质量兴省战略，全面推进“十百千工程”和“十大提升计划”，推动钢铁、装备制造、石化、建材、食品等传统优势产业向高端、精品、专业化、深加工方向发展，加快培育节能环保、新一代信息技术、生物、高端装备制造、新能源、新材料、新能源汽车等战略性新兴产业，积极化解产能过剩矛盾。深入实施服务业拓展计划，加快发展生产性服务业，大力发展生活性服务业，扩大服务业就业空间，推动服务业发展提速、比重提高、水平提升。

（三）加速新型城镇化进程，打造发展新引擎。把城镇化作为现代化建设的历史任务和扩大内需的最大潜力，摆在活跃经济社会发展全局的战略位置，促进经济增长和结构调整。坚持走集约、智能、绿色、低碳的新型城镇化道路，不断缩小城镇化率与全国平均水平的差距。发挥规划的龙头引领作用，以大城市为依托，以中小城市为重点，促进大中小城市和小城镇协调发展，推动城镇化发展由速度扩张向质量提升转型。加强城镇改造建设，加大基础设施、公共服务设施建设力度，提高城市综合承载能力。合理规划建设产业园区，优化产业布局。强化城市精细管理，全面提升城市管理水平和文明程度。创新户籍管理体制机制，有序推进农业转移人口市民化。加快发展县域经济，实施腾飞计划，充分发挥比较优势，培育壮大特色主导产业，实现全省县域经济总量倍增。

（四）扎实推进文化强省建设，丰富发展新内涵。着眼于提升文化软实力，发挥文化引领风尚、教育人民、服务社会、推动发展的作用。积极培育和践行社会主义核心价值观，推进公民道德工程建设。完善公共文化服务体系，加快文化设施网络建设，不断满足群众的基本文化需求。打造一批具有燕赵特色、体现时代精神的精品力作，关心和培养文化名家和领军人才，提升河北文化知名度和影响力。做大做强文化产业，发展新兴文化业态，促进文化与科技旅游融合，提高文化产业规模化、集约化和专业化水平，实现由文化资源大省向文化强省的跨越，力争进入全国文化建设第一方阵。

（五）着力改善优化生态环境，创造发展新优势。坚持节约资源和保护环境的基本国策，实施生态立省战略，推进绿色发展、低碳发展、循环发展，努力实现生态经济发达、生态环境优美、生态文化繁荣、人与自然和谐相处的可持续发展目标。落实生态功能区规划，强化主体功能区管理，促进生产空间集约高效、生活空间宜居舒适、生态空间山清水秀。加强城乡环境污染综合整治和绿色生态建设，强化 $PM_{2.5}$ 监测治理，抓好水、大气、土壤、海域、陆域等污染防治，实施一批生态建设工程。把资源消耗、环境损害、生态效益纳入经济社会发展评价体系，为生态环境的持续改善提供有力保障，使全省的生态环境年年都有新变化、五年实现大跨越，在建设美丽河北、促进永续发展上迈出重大步伐。

（六）加大保障改善民生力度，共享发展新成果。坚持以人为本、民生为重，努力在学有所教、劳有所得、病有所医、老有所养、住有所居上取得重要进展。办好人民满意的教育，提高教育水平，促进教育公平；坚持面向世界、面向未来、面向现代化、面向河北经济社会发展，提升高等教育质量，努力建设几所全国知名大学。加快发展医疗卫生事业，推进基本公共卫生服务均等化，加强卫生科普宣传，深化公立医院改革，振兴中医药事业，为群众提供安全有效、方便价廉的公共卫生和基本医疗服务。制定实施城乡居民收入倍增计划，大幅度提高城乡居民收入，促进居民收入水平与经济社会发展水平同步提高。实施就业优先战略和更加积极的就业政策，鼓励创业就业，加大支持青年创业的力度，构建和谐劳动关系，推动实现更高质量的就业。统筹推进城乡社会保障体系建设，坚持全覆盖、保基本、多层次、可持续的方针，提高统筹层次和保障水平。建立市场配置和政府保障相结合的住房制度。加大城乡贫困人口基本生活保障力度，三年内全部解决农村人口饮水不安全问题。改革和完善食品药品安全监管体制机制，强化安全生产基础建设。深入推进军民融合式发展，突出顶层设计，注重法规制度建设。加强和创新社会管理，加快建立源头治理、动态管理、应急处置相结合的社会管理机制。

（七）*不失时机深化改革开放，增添发展新动力*。以更大的勇气和智慧推进改革，增强改革的系统性、整体性、协同性，推动国有企业、医药卫生、行政体制、事业单位、财税体制、金融体制、收入分配制度、农村集体产权制度等重点改革取得突破性进展。全面提高开放型经济水平，围绕推动我省科技创新、管理创新和产业升级，提高利用外资总体规模和综合效益。实施以质取胜和市场多元化战略，扩大外贸出口，优化出口结构，打造以技术、品牌、质量、服务为核心的竞争新优势。扩大先进技术、关键设备和零部件进口。加快"走出去"步伐，增强企业国际化经营能力和资源保障水平。加强与京津等周边省市和其他省份对接合作，扩大提升与港澳台交流合作。深化百家央企进河北、百家院所校进河北合作成果，开展好百家知名民企进河北活动，形成优势互补、互利共赢、共同发展的新机制。毫不动摇地鼓励、支持、引导非公有制经济发展，破除阻碍民间投资体制障碍，深入推进全民创业，推动民营经济上规模、上档次、上水平。

各位代表，全省人民对美好幸福生活的向往，是政府义不容辞的最大责任和推动工作的最大动力。雄关漫道真如铁，而今迈步从头越。我们坚信，在党的十八大精神指引下，经过全省人民的共同努力，一个繁荣兴旺、富饶秀美、和谐文明、生机勃勃的新河北必将展现在世人面前！

三、2013年的重点工作和主要措施

今年是全面贯彻落实党的十八大精神的开局之年，是实施"十二五"规划承前启后的关键一年，是为全面建成小康社会奠定坚实基础、加快建设经济强省和谐河北的重要一年，做好今年的政府工作十分重要。综合考虑各方面因素，今年全省经济社会发展的主要预期目标是：全省生产总值增长9%左右。全部财政收入增长10%，其中公共财政预算收入增长11%。全社会固定资产投资增长20%，社会消费品零售总额增长15%，出口总值增长5%，实际利用外资增长10%左右。单位生产总值能耗下降3%，化学需氧量、二氧化硫、氨氮、氮氧化物排放量分别削减2%、3.9%、3.2%、5.7%。城镇居民人均可支配收入和农民人均纯收入增长9%以上。居民消费价格涨幅控制在3.5%左右。城镇登记失业率控制在4.5%以内。人口自然增长率控制在7.6‰以内。确定全省生产总值增长9%左右的目标，体现了积极进取、实事求是的原则，考虑了我省的发展需要和支撑条件，注重了与全面建成小康社会目标和"十二五"规划目标的有机衔接，有利于稳定预期、提振信心，有利于促进就业、改善民生，有利于稳中求进、进中求好。

实现今年全省经济社会发展主要目标，必须紧紧围绕主题主线，以提高经济质量和效益为中心，把握稳中求进工作总基调，认真落实国家宏观调控政策，切实把稳增长、调结构、攻重点、抓改革、惠民生、优环境作为基本着力点，努力实现经济持续健康发展和社会和谐稳定。

（一）*多措并举实施扩大内需战略*。把扩大内需作为实现经济持续健康发展的战略基点，增强内需对经济增长的拉动力。大力实施发展规划，增强规划的引领作用。深入实施河北沿海地区发展规划，研究制定支持邯郸、邢台两市对接中原经济区规划的政策措施，积极争取石家庄、衡水等市纳入首都经济圈发展布局。把"十二五"规划中期评估与今年经济社会发展各项任务相结合，推动"十二五"规划顺利实施。研究制定我省全面建成小康社会发展规划，为经济社会发展提供科学依据。大力优化投资结构，增强投资的关键作用。选准投资方向，加大产业升级、基础设施、环境保护、民生改善等领域的投资力度，严格控制"两高"和产能过剩行业投资扩张。发挥政府投资的导向作用，激活民间投资，放宽投资准入，鼓励支持民间资本进入交通、能源、金融、市政、卫生、教育等领域。大力扩大消费需求，增强消费的基础作用。着力扩大城乡居民消费，提高消费能力、优化消费环境、拓宽消费领域、推动消费升级。实施商贸服务提升工程，推动信用消费、网络购物等新型业态发展，加快培育新的消费增长点。研究制定城乡居民收入倍增计划，着力提高中低收入群体的收入水平。搞好市场物价调控，完善价格补贴联动机制。加强房地产市场调控，促进房地产业健康发展。大力发展实体经济，增强实体经济的支撑作用。落实国家结构性减税等政策措施，加大煤电油气运等生产要素保障力度，进一步改善实体经济发展环境。鼓励支持创办经济实体，培育壮大十大工业基地、百家优势企业、千项名牌产品，增多做大规模以上工业企业，加快打造一批“航空母舰”与“行业巨人”。

（二）毫不放松抓好农业农村工作。把保供增收惠民生、改革创新添活力作为重要任务，进一步强化农业、惠及农村、富裕农民。稳定发展粮食生产。落实好惠农补贴政策，以创建高产示范片和建设吨粮市、吨粮县为抓手，稳定面积、主攻单产、增加总产、提高品质，加强粮食生产核心区建设，扩大优质小麦、专用玉米、杂交谷子等高效粮食生产，促进粮食和重要农产品稳定发展，力争粮食总产达到655亿斤。培育发展特色农业。进一步壮大畜牧、蔬菜、果品三大优势产业，创建畜禽标准化规模养殖示范场，发展一批高效蔬菜、优质果品、中药材等特色种植县。做强农业产业化龙头，重点培育100家领军企业，确保100个投资亿元以上农业产业化项目建成投产。鼓励城市工商资本到农村发展适合企业化经营的种养业。加快农业科技进步。加大农业科技投入，深入实施良种繁育推广、病虫害统防统治等重大农业科技工程，完善基层农技服务推广体系，大力推广稳产增产先进农业实用技术，推进机械化生产，提高农业生产水平和综合效益。改善农业生产条件。加快推进引黄入冀补淀、双峰寺水库等重大水利工程，抓好小型病险水库除险加固、中小河流治理、大中型灌区续建配套、节水改造和农田水利基本建设。加强气象灾害监测预警，推进人工影响天气能力建设，提高农业防灾减灾能力。推行农业标准化生产，完善农产品质量安全监测体系，提高农产品质量安全水平。创新农业生产经营体制机制。坚持和完善农村基本经营制度，充分保障农民土地承包经营权，创新农村合作化组织形式，加快发展各类农民合作组织和多元服务主体。培育发展村镇银行等新型农村金融机构，创新符合农村特点的担保体系，建立完善农业保险制度，引导各类信贷资金和社会资本投向农村。

（三）集中力量搞好重点项目建设。把项目建设作为稳增长、调结构、增后劲的重要载体，突出重点、明确责任、加快推进。分级负责推进重点项目建设。完善重点项目分级管理办法和预分预拨用地指标分配使用办法，用足用好土地占补平衡政策。按照少而精、大而难、新而重的原则，省重点抓好100项事关全省发展大局的重大项目，力促国家批复的75个重大项目开工建设。各市县也要抓好一批符合产业政策的大项目、好项目。加紧谋划实施产业项目。加强要素资源保障，加快中石油华北石化千万吨级炼油、长城汽车扩能改造、沃尔沃汽车、中航重型卡车及特种装备、中国联通廊坊基地、中煤科工唐山煤机装备制造等项目建设。继续抓好与央企合作、利用外资等重大项目的跟踪落实，成熟一个、支持一个、落实一个。科学合理推进基础设施项目。加快津保、张唐铁路建设，完成邯长邯济铁路扩能改造，确保津秦客专、邯黄铁路建成通车，力争石济、邢和、京张等铁路早日开工。抓好京港澳高速改扩建、京昆北延等22条重点高速公路建设，确保张涿、大广承德段、沿海北戴河支线等8条高速公路建成通车，新增通车里程500公里以上。加快省内机场建设，积极推进北京新机场项目。推动唐山港和黄骅港航道及码头建设，启动实施秦皇岛西港搬迁改造工程。抓好南水北调及配套工程，积极推进重点防洪工程建设。确保河北500千伏输变电工程、丰宁抽水蓄能电站等基础产业项目尽早开工。通过坚持不懈抓项目、上项目，使河北的重大生产力布局更加优化、发展后劲更加强劲。

（四）坚持不懈推进产业结构调整。把改造老的、发展新的、培育好的作为产业转型升级的主攻方向，提升产业整体素质。加快改造提升传统优势产业。突出抓好千项技改工程，促进钢铁、石化、建材、食品加工等产业改造升级，使全省技改投入产出比达到1：2.6。积极争取钢铁产业结构调整方案早日获得国家批准，支持装备制造业整机设备发展和零部件品质提升，延长石化产业链。加快培育壮大战略性新兴产业。组织实施信息产业升级、新材料产业链壮大等8大工程，滚动实施百项战略性新兴产业示范项目，培育壮大5个国家级高新技术产业基地和一批特色高技术产业集群。积极发展卫星导航技术应用产业。全面落实支持光伏产业发展的十条措施，鼓励省内重点项目和建筑工程优先使用本地光伏、节能产品。加大安国中药都建设力度，推进中医药产业上档升级。加快发展现代服务业。大力发展交通运输、中介咨询、信息服务、软件外包、科技研发、建筑劳务等生产性服务业，重点发展24个省级现代物流产业聚集区；积极发展商贸、医疗、家政、就业服务、社区养老、物业管理、体育健身等生活性服务业。加快发展现代金融保险业，增多金融市场主体，做大河北银行、河北融投等地方金融机构，组建燕赵财险公司，防范和化解金融风险。充分发挥旅游资源优势，完善旅游基础设施，建设精品线路和景区，打响“诚义燕赵、胜境河北”旅游品牌。推进大型商贸综合体、特色商业街、农贸市场建设，促进电子商务、服务外包、总部经济等新兴服务业发展。加快提高自主创新能力。以促进科技与经济结合为重点，加强企业创新能力建设，扶持科技型小微企业发展，鼓励科技人员创办领办科技型企业。在强化大学、科研院所研究能力的同时，鼓励企业加大研发投入，建立高水平研发机构，承担科技攻关项目。推进产学研结合，积极实施新能源关键技术研发、重大新药创制等12个重大科技专项，突破行业关键技术、研发重大技术装备、开发新工艺新产品。推进央企与河北高校共建重点实验室工作，推动与百家院所校科技合作项目落实，支持100项“863计划”等国家重大科技专项成果在我省转化应用。完善人才培养、引进、使用、评价、激励机制，造就一批高层次创新型人才和高技能人才。加快化解产能过剩矛盾。研究制定我省产能过剩行业调整化解方案，着力解决低水平重复建设、资源能源消耗高、环境污染严重等问题。强力推进节能减排，重点抓好新老“双三十”单位和“双千”企业工程，确保完成年度目标任务。实施地区用水总量控制，大力节水、节能、节地、节材，积极开展低碳试点工作。

（五）加大县域经济发展支持力度。把县域经济作为促进“四化”同步发展的最佳结合点，活跃县域经济发展全局。壮大县域经济实力。研究制定加快县域经济发展的意见，支持经济强县率先发展，做强主导产业，做大经济总量，扶持几个工业总产值超千亿元的县（市）。扶持经济弱县跨越发展，加大对全部财政收入3亿元以下县的帮扶力度，力争三年内大多数达到5亿元。培育发展特色产业。依托产业基础和资源条件，推进主导产业特色化、规模化、集群化发展。实施产业集群示范工程，培育和发展一批主业突出、特色鲜明、体系完整、环境友好、竞争力强的产业集群。搞好产业园区建设。按照产业园区化、技术高端化、生产低碳化、服务公共化的思路，引进一批高技术、高效益、低能耗、关联性强的重大龙头项目，推动产业向园区聚集、园区向城镇集中，形成土地节约、资源集约、产业聚集的园区经济发展新模式。

（六）着力提高城镇化发展质量。把完善配套设施、提升城市功能、聚集优质产业、强化精细管理作为城镇化的有效途径，力争城镇化率比上年提高1.2个百分点。注重优化城镇发展布局。做大做强区域中心城市，扶持壮大中等城市，推进有条件的县级市向高标准中等城市发展，实现大中小城市协调发展。加大省会石家庄建设力度，改善环境、完善功能、强化管理、提高品位。抓好正定新区、冀南新区、曹妃甸新城、黄骅新城、北戴河新区等建设，加快发展特色小城镇。注重增强产业牵引能力。完善城市功能分区，盘活城市空间资源，吸纳优质产业和先进生产要素，推动以业兴城、以城促产、产城互动。完善公共服务体系，强化产业的资本、信息、技术、人才等配套支撑。注重加强城镇建设管理。坚持建管并重、综合治理，系统完善城市基础设施，深入实施城市建设重点工程，有效解决交通拥堵、环境污染等突出问题，提高城市供热保障能力。加强城市风貌特色建设，搞好城市管理综合治理，促进城市网络化、智能化、个性化发展。注重推进县城扩容升级。把县城建设作为综合整治重点，突出特色、彰显个性、完善功能、打造精品，加快推进道路改造、商贸综合体、城市广场、垃圾污水处理等基础设施和公共服务设施建设，提高县城综合承载能力。加强城区景观建设，提高绿化亮化美化净化水平。统筹推进城区与产业园区建设，拓展县城发展空间。注重城乡一体化发展。统筹城乡规划、基础设施、产业布局、公共服务、社会事业协调发展。深化户籍制度改革，解决好农业转移人口社会保障、住房医疗、子女就学等问题。完善农村水电路讯房等基础设施，抓好2000个新民居重点村建设。

（七）梯次推进区域统筹协调发展。把实施“两个举全省之力”重大部署作为促进区域协调发展的有效举措，加快培育新的经济增长极。推进沿海地区率先发展。深入落实河北沿海地区发展实施意见，完善曹妃甸区、渤海新区、北戴河新区产业发展、综合交通、功能区建设、岸线开发等专项规划，进一步理顺新区行政管理体制，确保曹妃甸综合保税区通过国家验收，力争渤海新区综合保税区获得国家批准。推进贫困地区跨越发展。认真学习贯彻习近平总书记来河北视察时的重要讲话精神，以实干促进扶贫开发，用真情关爱困难群众。大力推进阜平县和环首都扶贫攻坚示范区建设，全面实施燕山一太行山、黑龙港流域连片特困地区扶贫攻坚规划，重点扶持12万个贫困家庭发展增收示范项目。把帮助困难群众特别是革命老区、少数民族地区、贫困地区的困难群众脱贫致富摆在更加突出的位置，从全省选择条件较差的5000个村，深化加强基层建设年活动。继续实施“雨露计划”，完成1万个贫困劳动力的技能培训并实现就业。推进首都经济圈和冀中南地区加快发展。积极参与首都经济圈发展规划和实施意见的制定，主动承接吸纳首都产业转移和要素辐射。抓住京广高铁开通形成的半小时、一小时经济圈和北京新机场建设的机遇，推进廊坊空港新区建设，加强与京津的交通互联、产业互补、园区共建、资源共享。支持邯郸、邢台与中原经济区融合对接，推进邯郸国际陆港建设，打造冀南区域合作示范区。抓好白洋淀、衡水湖生态环境保护，挖掘历史文化底蕴，搞好空间科学布局和基础设施建设，实现湿地保护与旅游开发协调发展。制定实施衡水地区综合配套改革方案，推动衡水经济社会加快发展。

（八）坚定不移全面深化改革开放。把改革开放作为强省富民的关键抉择，最大程度地激发全社会的创造活力。继续推进重点领域改革。积极稳妥推进行政管理体制和事业单位分类改革，有重点地优化调整全省行政区划。加快国有企业战略性重组，培育大型企业集团，实施国有企业厂办大集体改革。深化县级公立医院综合改革，开展城乡居民大病保险试点，巩固完善基本药物制度和基层运行新机制。推动河北演艺演出集团、河北影视集团等文化企业建立现代企业制度，加快文化企业股改上市步伐。完善省直管县财政体制，健全县级基本财力保障机制。全面开展农村集体土地确权登记，深化集体林权制度改革，推进国有林场改革。整合规范政府融资平台，加强政府性债务管理。积极争取中央代发地方债券。做好营业税改征增值税准备工作。深入推进对内对外开放。办好“5·18”廊坊经洽会等重大经贸活动，实际利用外资实现66亿美元。坚持规范、有序、加强的原则，促进各类开发区、高新区、产业聚集区健康发展。着力推动百家央企、百家院所校进河北合作项目的落实，组织开展百家知名民企进河北活动。支持唐山筹备办好2016年世界园艺博览会。继续做好援藏、援疆工作。完善出口政策，优化出口结构，培育壮大出口企业。鼓励企业“走出去”，开拓两个市场、用好两种资源，增加外派劳务规模。加快推进民营经济发展。把促进民营经济发展放到重要位置，全面落实鼓励民营企业发展的“新36条”实施细则，破除阻碍民间投资的“玻璃门”、“弹簧门”等体制障碍，从降低门槛、减轻税负、融资服务、资源保障等方面加大扶持力度，支持民营经济快速健康发展。做强省级、做大市级、做实县级融资担保机构，解决民营企业担保难问题，力争全年中小企业担保资金达到400亿元，担保能力达到1500亿元。加强对企业家的培训，造就一支高素质的企业家队伍。支持引导个体工商户创业升级，推进个体工商户向小微企业转变、小微企业向规模以上企业发展。以政策的扶持、环境的改善，推动民营经济大提速、大发展。

（九）下大力气抓好“两个环境”建设。把环境建设作为破解发展瓶颈、增创发展优势的关键点，认真落实着力改善发展环境和生态环境的实施意见，坚持目标引领行动、重点带动全局、督导推动落实，确保“两个环境”建设取得实实在在的成效。以更坚定的决心改善发展环境。围绕构建风清气正、开放文明、和谐稳定的发展环境，进一步减少行政审批事项，理顺行政审批程序，加快省本级行政许可、非行政许可网上办理和联合审批，加强市、县（市、区）行政服务中心建设，提高政府行政效能。积极搭建公共资源交易、技术研发、电子商务、质量检测等服务平台，提升政府服务能力和服务水平。全面清理规范各项政府规章和规范性文件，对省级以下设定的行政事业性收费、罚款项目，能撤销的撤销，能减免的减免。强化对影响发展环境行为的问责，下大力解决企业和群众反映强烈的突出问题，坚决查处乱收费、乱罚款、乱检查、吃拿卡要等行为，使市场主体在宽松优化的环境中不断发展壮大。以强有力的措施改善生态环境。围绕打造生产转型、天蓝水净、地绿山青的生态环境，大力发展循环经济和节能环保产业，推进资源能源在生产、流通、消费等各环节的循环利用，加快构建消耗低、污染小的现代产业体系。按照国家新标准抓好 $PM_{2.5}$ 监测治理，推进城区工业企业退城进园，严格城区用煤管制，强化机动车尾气达标排放，加快“黄标车”淘汰步伐，制定城市空气重污染应急管理办法。严格饮用水源地、湿地保护，加强水污染防治，扎实推进北戴河及相邻地区近岸海域环境综合整治三年行动计划，加快洨河等重点流域水污染治理。坚持因地制宜推进农村生态环境综合整治。广泛开展全民植树造林，加强绿色屏障和绿色廊道建设，实施京津风沙源治理、退耕还林等重点工程，新增造林绿化面积 420 万亩。进一步强化环境安全保障，有效防范环境风险和环境事故。

（十）*真心实意办好惠民利民实事*。把保障和改善民生作为一切工作的出发点和落脚点，放在心上、抓在手上、落到实处。一是推进各级各类教育发展。继续实施学前教育三年行动计划，改扩建农村幼儿园 1000 所。完成中小学校舍安全工程任务，提高义务教育均衡发展水平，积极发展现代职业教育，加快建设国内知名大学。二是推动实现更高质量就业。重点做好高校毕业生、农民工、城镇困难人员就业工作，加强退役军人技能培训与就业安置工作，城镇新增就业 70 万人，应届高校毕业生就业率达到 85％以上，新增农村劳动力转移就业 50 万人。三是提升社会保障能力。扩大社会保障覆盖面，城乡居民社会养老保险参保率保持在 90％以上，企业退休人员基本养老金提高 10％以上，新农合筹资标准提高到 340 元、参保率稳定在 95％，提高城乡居民医疗补助标准和报销水平。继续稳步提高城乡低保标准，医疗救助起付线逐步降低或取消。积极发展老龄事业，提升居家、社区、机构养老水平。四是加强保障性住房建设和管理。建设保障性住房和棚户区改造住房 22 万套、竣工 22 万套、投入使用 18 万套，确保建设进度、工程质量和公平分配。抓好农村危房改造，年内完成 18 万户。五是加大农村群众帮扶救助力度。实施农村饮水安全工程，完善省市配套资金落实方案，解决 700 万农村人口饮水不安全问题。加强农村孤老孤残孤儿社会救助，推进“多院合一”型民政事业服务中心建设，确保农村五保集中供养能力达到 60％。严厉打击恶意拖欠农民工工资行为，切实维护农民工合法权益。六是强化医疗服务保障。完成全省村卫生室标准化建设任务，加强乡村医生规范化培训，完善社区卫生服务体系。实施白内障患者万人复明工程，为 5 万名农村患者和城市低收入患者免费实施复明手术。推进 30 个县级中医院标准化建设，努力办好河北中医学院，搞好石家庄“国家中医药发展综合改革试验市”建设。坚持计划生育基本国策，提高出生人口素质。七是丰富群众精神文化生活。加快推进省市县图书馆、群艺馆、文化馆等文化设施建设，完成乡镇综合文化站和 7000 个文化信息资源共享工程基层服务点建设。坚持面向农村基层、服务农民群众，深入开展文化、科技、卫生“三下乡”活动。办好第十四届中国吴桥国际杂技艺术节。倡导“保护文物就是保护文化、就是保护人类文明”的理念，加强历史古迹、文化名城名镇名村、古树名木和风景名胜保护，推进涿鹿黄帝城、泥河湾遗址群等保护开发，搞好避暑山庄及周围寺庙、清东陵和清西陵等世界文化遗产保护，完成重点田野文物安全防范系统工程建设。加强非物质文化遗产保护和传承。推进河北奥林匹克体育中心建设，促进竞技体育、群众体育全面发展，认真组织参加第十二届全国运动会。八是加强食品药品安全监管。深入开展食品药品隐患排查和专项整治，加大学校和幼儿园食堂餐饮食品安全监管力度。建立覆盖全省的食品药品安全风险监测网络，加强食品药品追溯体系和技术检测能力建设，保障饮食用药安全。九是高度重视安全生产。严格落实安全生产责任制，实施尾矿库专项整治，制定落实恶劣天气道路交通事故防范预案，开展消防安全设施检查，加强烟花爆竹、民爆器材、化工和危险化学品等高危行业监管，抓好水电气暖等生产设施和管道、线路检测检修，坚决遏制重特大安全生产事故发生。十是深入开展平安河北建设。创新社会服务和管理，加强矛盾纠纷排查调处，重视做好信访工作，着力解决信访突出问题，依法维护信访秩序。加强突发公共事件应急预警，有效防范和应对森林火灾、暴雨洪水、泥石流、地震等自然灾害。深入实施“护城河”工程，完善立体化社会治安综合管理体系，推进网络依法规范有序运行，严厉打击各类违法犯罪行为，进一步增强群众的安全感和满意度。加强国防教育和国防后备力量建设，认真落实优抚安置政策，支持驻冀人民解放军、武警部队革命化现代化正规化建设，促进军民融合式发展。支持工会、共青团、妇联等人民团体发挥桥梁纽带作用，做好民族宗教、广播影视、新闻出版、外事侨务、妇女儿童、残疾人、地理信息、气象、史志档案等工作。

各位代表，我们已经踏上为全面建成小康社会而奋斗的新征程。五年看头年，开局谱新篇。我们一定进一步增强紧迫感、责任感、使命感，以奋发有为的精神状态、务实高效的工作作风、扎实有力的工作举措，奋力开创全省经济社会发展的新局面！

四、全面提高政府工作的科学化水平

面对新的形势和任务，各级政府必须把思想和行动统一到党的十八大精神上来，统一到省委的重大决策部署上来，着力加强政府自身建设，努力建设服务政府、法治政府、创新政府、效能政府和廉洁政府，全面提高政府工作的科学化水平。

第一，继续解放思想，增强开拓创新能力。把改革创新精神贯穿于政府工作的全过程，推动解放和发展社会生产力永不停步，推进改革开放和创新发展永不停滞。顺应民心，尊重民意，集聚民力，在实践中不断有所发现、有所创造、有所前进，进一步拓宽视野、开阔思路、创新思维。积极适应国内外形势的新发展、新变化，认真研究解决稳增长、惠民生的新情况、新问题，在调结构、转方式上探索新路子、实现新突破。在改革发展中坚持一切从实际出发，抓住主要矛盾和关键环节，转变发展理念、改进工作方法、完善体制机制，使各项工作更加体现科学性、增强针对性、富于创造性。

第二，转变政府职能，增强科学决策能力。全面正确履行经济调节、市场监管、社会管理和公共服务职能，营造良好发展环境，提供优质公共服务，维护社会公平正义。深化行政管理体制改革，全面提速政府工作效能、规范运转流程、提升服务质量。创新行政管理方式，加大科技手段的运用。推进政府系统标准化与信息化融合，开展第二批省政府系统 19 个部门的标准化建设。完善科学民主决策制度，问政于民，问需于民，问计于民，确保决策更加科学合理、切合实际、符合民意。

第三，推进法治建设，增强依法行政能力。把遵守宪法和法律作为施政的根本原则，注重运用法治思维和法治方式，推进行政权力运行公开化规范化，切实把政府工作纳入依法运行的轨道。加强政府立法，完善执法体制，规范行政裁量权，强化执法监督，全面落实行政执法责任制，真正做到有法必依、执法必严、违法必究。自觉接受人大及其常委会的法律监督和工作监督，自觉接受人民政协的民主监督，广泛听取各民主党派、工商联和无党派人士的意见和建议。认真办理人大代表建议和政协提案。重视发挥新闻媒体和社会公众的监督作用，保障人民群众的知情权、参与权、表达权、监督权。

第四，改进工作作风，增强为民服务能力。认真执行中央改进工作作风、密切联系群众八项规定和省委省政府的落实办法，牢记“空谈误国、实干兴邦”，从省政府领导班子做起，要求别人做到的自己先要做到，要求别人不做的自己坚决不做。积极开展以为民务实清廉为主要内容的群众路线教育实践活动，着力解决人民群众反映强烈的突出问题。常怀“衙斋卧听萧萧竹，疑是民间疾苦声”的忧民之心，时刻把群众的安危冷暖放在心上，多谋民生之利，多解民生之忧，多办民生之事。加强调查研究，改进文风会风，精简会议文件，坚决克服形式主义、官僚主义，切实在狠抓落实上下真功夫，做到各项工作有部署、有督促、有检查、有奖惩，大力提升各级政府的执行力和公信力，以良好的政风赢得人民群众的信赖。

第五，坚持勤政廉政，增强廉洁从政能力。按照从严治政、务实勤政、廉洁持政的要求，深入推进惩治和预防腐败体系建设，严格落实党风廉政建设责任制，严厉查处违纪违法案件，坚决纠正不正之风，做到干部清正、政府清廉、政治清明。严格遵守廉洁自律的各项规定，加强公务员队伍的廉政教育，筑牢思想防线，勿以善小而不为，勿以恶小而为之，做到自身正、自身净、自身硬。大力弘扬艰苦奋斗的优良传统，厉行勤俭节约，反对铺张浪费，力戒奢靡之风，以反腐倡廉的实际成效推进廉洁政府建设。

各位代表，全面建成小康社会是全省人民的热切期盼，是新一届政府肩负的崇高历史使命。让我们紧密地团结在以习近平同志为总书记的党中央周围，高举中国特色社会主义伟大旗帜，以邓小平理论、“三个代表”重要思想、科学发展观为指导，在中共河北省委的坚强领导下，紧紧依靠和团结带领全省人民，凝聚力量、攻坚克难，实干兴省、发展富民，为建设经济强省和谐河北、夺取全面建成小康社会新胜利而努力奋斗！

河北省人民代表大会常务委员会工作报告

——在河北省第十二届人民代表大会第一次会议上

河北省人民代表大会常务委员会副主任　宋长瑞

（2013年1月28日）

各位代表：

受省十一届人民代表大会常务委员会委托，我向大会报告五年来的主要工作，请予审议。

十一届人大常委会任期的五年，是我省加快科学发展、富民强省步伐，建设经济强省、和谐河北，为全面建成小康社会打下坚实基础的重要时期，也是积极推进社会主义民主政治建设，人大工作取得重要进展和明显成效的五年。五年来，省人大常委会认真贯彻党的十七大、十八大精神，在中共河北省委的正确领导下，高举中国特色社会主义伟大旗帜，以邓小平理论、“三个代表”重要思想、科学发展观为指导，坚持党的领导、人民当家作主、依法治国有机统一，坚持推进社会主义民主法制建设、服务全省工作大局、维护人民群众根本利益有机统一，坚持解放思想、严格按法定程序办事、发挥常委会整体优势有机统一，依法履行职责，各项工作都取得了新进展，为推动全省经济持续健康发展、社会和谐稳定做出了贡献。

一、坚持围绕中心、服务大局，依法推动省委重大决策部署的贯彻落实

人大常委会紧紧围绕推动省委重大决策部署的贯彻落实依法履行职权，努力在工作重点上把握大局，在工作摆布上紧贴中心，在工作抓法上求深入，在工作实效上求突破，积极推动中央和省委重大决策的贯彻落实。

着力推动保增长、促发展。本届人大履职之初，正值国际金融危机蔓延，常委会积极贯彻中央和省委关于应对危机冲击的一系列决策部署，围绕调结构、转方式、促发展认真履行职责，促进经济平稳较快发展。组织开展加快经济结构调整、推进经济发展方式转变情况的视察，听取和审议省政府“保增长、扩内需、调结构、惠民生”、推进经济结构调整加快发展方式转变等专题工作报告，提出了重视发挥投资对调结构转方式的引导作用，注重利用现有先进技术改造传统产业，继续推进节能减排和淘汰落后产能，着力促进工业、农业、城乡建设协调发展等意见建议。常委会听取审议了省政府关于“十一五”规划实施中期评估情况的报告，建议省政府加快构筑现代产业体系，注重发展县域经济，优化区域经济布局，深化行政管理体制改革，推进经济社会协调发展，确保“十一五”规划目标圆满完成。在深入调查、专家研讨、科学论证的基础上，对“十二五”规划纲要草案进行了初审，为代表大会审议通过规划纲要做了充分的准备。常委会将办理代表提出的关于加快民营经济发展的建议，作为调结构、转方式、促发展的重要内容，听取审议省政府专项报告，提出有针对性的意见建议。省政府高度重视，及时完善相关政策，采取有力措施，积极推进民营经济健康发展。

着力推动节能减排。按照省委的部署和河北省第十一届人民代表大会第一次会议作出的《河北省人民政府关于河北省30个重点县（市、区）和30家重点企业节能减排目标向代表承诺的专题报告》的决议，常委会连续三年对“双三十”节能减排工作进行视察和执法检查，采取一竿子插到底的方式，直接深入到相关市县和企业，通过座谈、走访、考察等多种方式，听情况、查实情、找问题、议对策，逐一核对相关记录，检查节能设备运行状况、垃圾处理场和污水处理厂建设及在线运营情况、大气和水环境质量。在视察检查基础上，连续听取审议省政府关于“双三十”节能减排专项工作报告，并提出了一系列有针对性的意见建议。常委会还在全国率先制定了减少污染物排放条例这一创制性地方法规，为更好地推进包括“双三十”节能减排在内的环保工作提供了法制保障。省人民代表大会连续三年就“双三十”节能减排工作作出决议。省委连续三年批转了省人大常委会关于视察“双三十”节能减排的报告，引起各地高度重视，有力地推动了各重点县市和重点企业节能减排工作。

着力推动城镇面貌“三年大变样”。为推动省委关于城镇面貌“三年大变样”重大部署的贯彻实施，常委会连续三年组织对各设区市及部分县（市）推进城镇化建设情况进行视察，依据城乡规划法和我省相关条例，重点检查各地城市规划建设法律法规的贯彻实施，依法加强城市规划、建设和管理，主城区拆违拆迁、新区开发和基础设施建设等情况。连续三年听取审议视察组和省政府的专项工作报告，既充分肯定城镇建设成绩，也在深入分析基础上，提出了更加注重同步推进产业规划、提升规划建设管理水平、合理控制城市开发成本、统筹城乡区域协调发展等意见建议。省委批转了省人大常委会关于视察城镇面貌“三年大变样”的情况报告，为全省城镇化建设提供了有力支持。

着力推动扶贫攻坚。在以往多次进行专题调研、听取审议政府相关报告的基础上，根据省委关于新一轮扶贫攻坚工作部署，2012 年 8 月组织部分人大常委和人大代表对全省 9 个设区市、17 个贫困县的新一轮扶贫开发攻坚情况进行专项视察。常委会听取审议了视察报告，建议省政府大力推进产业扶贫，坚持分类攻坚，切实解决扶贫开发中存在的突出问题；加强扶贫开发立法，将扶贫开发纳入法制化轨道。省委批转了省人大常委会关于视察新一轮扶贫开发攻坚情况的报告，进一步强化了举全省之力推进扶贫开发的力度。

着力推动改善发展环境、生态环境。为落实省委关于着力改善“两个环境”的重大决策部署，2012 年 10 月常委会组织部分人大常委、人大代表分为 5 组，重点围绕政策法规落实、政府行政效能、生态环境整治等方面，对全省各设区市改善“两个环境”情况开展专项视察。常委会听取审议了视察报告，充分肯定了“两个环境”建设取得的初步成效，建议继续以深入贯彻党的十八大精神为动力，在“两个环境”改善上更加“着力”；把改善“两个环境”的战略目标与“三步走”的阶段性任务和“六项重点工作”有机结合起来；始终坚持党委领导、政府主导、全民参与；进一步建立完善相关法规制度。与此相联系，常委会会议还听取审议了省政府关于行政效能建设、水污染防治和保障饮用水安全工作情况的报告和常委会调研组关于水环境保护及水资源管理情况的调研报告，连续开展燕赵环保世纪行活动。省委批转了省人大常委会关于改善“两个环境”专项视察的情况报告，要求各地各部门结合自身实际，制定措施，认真落实报告中的意见建议，推动了省委“两个着力”战略部署的贯彻实施。

常委会还围绕支援四川灾区抗震救灾和恢复重建、奥运安保、十八大安保、护城河建设等重点工作，积极开展视察检查，以此促进重点工作的开展。

二、坚持科学立法、民主立法，为我省经济持续健康发展、社会和谐稳定提供法制保障

按照中央提出的到 2010 年形成中国特色社会主义法律体系的要求，常委会牢固树立以人为本、立法为民理念，坚持科学立法、民主立法，紧紧围绕全省工作大局和改革发展稳定中的重大问题，一手抓法规制定，一手抓法规修订，地方立法工作取得了新进展。本届，共审议省本级地方性法规 115 件，经常委会审议通过 108 件，其中新制定 26 件，修正 66 件，废止 16 件，继续审议 7 件；审查较大市和民族自治县报批的法规、自治条例和单行条例 105 件，经常委会审查批准 104 件，其中新制定 32 件，修正 62 件，废止 10 件，另有 1 件待常委会审批。全国人大部署的地方性法规集中全面清理工作走在了全国前列，超额完成了本届立法规划确定的目标任务。

完善经济立法。为促进我省工业化、信息化、城镇化和农业现代化同步发展，不断提高发展的质

量和效益，先后制定了城乡规划条例、港口条例、奶业条例、邮政条例和信息化条例，修订了农业机械管理条例，审议了农村土地承包条例（草案）。为健全现代企业制度，促进企业发展，构建和谐劳动关系，制定了公司制企业职工董事职工监事条例。为推动节能减排，建设资源节约型、环境友好型社会，制定了民用建筑节能条例、实施水法办法，启动了白洋淀、衡水湖环境保护等立法项目。为规范重点建设项目管理，制定了河北省国家建设项目审计条例。从而对全面落实“一产抓特色、二产抓提升、三产抓拓展”的发展战略，促进经济持续健康发展，建设经济强省起到了积极作用。

加强社会领域立法。为维护群众利益，促进社会和谐发展，制定了实施就业促进法办法、实施残疾人保障法办法，修订了实施归侨侨眷权益保护法办法、实施妇女权益保障法办法，审议了农民工权益保障条例（草案）。为推进文化教育科技事业发展，制定了技术市场条例、科学技术进步条例，修订了实施义务教育法办法。为改进和加强社会管理，制定了沿海船舶边防治安管理条例、城市市容和环境卫生条例及消防条例。为加强和创新社会管理，保障改善民生、促进和谐河北建设提供了相关法制保障。

推进民主政治立法。为有效履行监督职权，制定了我省实施监督法办法、地方政府规章备案审查技术规范，细化监督的内容、程序和要求。根据全国人大关于修改选举法的决定，修订了县乡两级人民代表大会选举实施细则。依据新修订的《村民委员会组织法》，修订了实施村民委员会组织法办法和村民委员会选举办法。这对于加强完善人大制度建设，尤其对于巩固发展基层民主、促进社会和谐具有基础性意义。

全面做好法规清理工作。根据全国人大关于法规全面清理工作的部署，常委会把地方性法规集中全面清理作为立法工作的重要内容，强化组织领导，落实工作责任，重点查找明显与经济社会发展需要“不适应”、与宪法、法律和行政法规“不一致”、地方性法规之间“不协调”的法规和规定，分类进行处理。常委会第十七次会议听取了《关于河北省地方性法规清理情况的报告》，审议通过了关于废止和修改部分地方性法规的决定，决定保留92件，废止16件，集中修改56件，列入立法规划和计划修改的26件。常委会陆续审查批准了石家庄、唐山、邯郸三个市和6个自治县关于废止和修改部分法规、自治条例、单行条例的决定。高质量地完成了法规清理任务，省本级法规清理受到全国人大常委会表扬。此后根据全国人大要求，我省又对新的行政强制法实施之前现行有效的地方性法规进行了专项清理，对于进一步规范行政强制的设定与实施，有效地维护公民、法人和其他组织的合法权益起到促进和保障作用。

健全立法工作机制。为进一步提高立法质量，在立法工作实践中进行了积极探索。一是科学制定实施五年立法规划与年度立法计划。本着“坚持围绕中心、服务大局；坚持以人为本、突出重点；坚持质量第一，突出河北特色”的原则，研究制定了十一届人大常委会五年立法规划和各年度立法计划，使立法工作有序推进。二是坚持和完善专门委员会专门审议、法制委员会统一审议和常委会集中审议制度，既充分发挥常委会的立法主导作用，又注重调动各方面参与立法的积极性。三是健全公开立法制度，采取多种形式广泛听取人大代表、专家学者、相对人和执法部门的意见，特别是基层人民群众的声音，重要法规草案向社会公开征求意见，扩大公众对立法的有序参与，推动立法工作民主化。四是适时启动立法后评估工作，以法规实施的实践检验情况作为法规修改完善的客观依据。同时，还举办立法培训班和立法理论研讨会，不断提高立法人员的政治、业务素质。

三、完善监督机制、强化监督实效，推进“一府两院”依法行政、公正司法

常委会紧紧围绕关系全省改革发展稳定大局和人民群众切身利益、社会普遍关注的问题，更新监督理念、整合监督资源、创新监督手段，加大监督力度，努力提高监督实效。

加强计划预算监督。常委会在定期听取审议半年计划预算报告、上年度决算报告，批准省本级决算和省级超收资金支出安排方案时，注重预算编制准确性、强化预算执行管理、提高资金使用效益。在坚持每年听取审计工作报告的同时，特别重视整改情况和审议意见落实情况的专题报告，进行跟踪监督，督促完善相关制度，防止同类问题重复发生。常委会及时批准调整预算方案，确定我省发行地方政府债券，促进加大对民生工程、农业基础设

施和社会公益事业的投入。常委会组织相关部门先后围绕节约能源、促进中小企业发展、中央项目投资和配套资金到位、改善民生等重大问题开展专题调研、执法检查，有针对性地加强对计划、预算执行情况的跟踪监督，力保超收资金使用效益的提高。

加强对“三农”工作的监督。常委会每年围绕贯彻落实中央一号文件精神，依法开展涉农执法检查、视察和调研活动。先后围绕农业法、农村土地承包法、农业技术推广法、农产品质量安全法、新农村建设、集体林权制度改革、农业产业化经营、水资源管理等开展了执法检查、视察和调研，听取审议了省政府关于“三农”工作情况、农村社会保障体系建设、林业改革和发展、水利改革发展情况等专项工作报告。协助全国人大对农民专业合作社法、畜牧法贯彻实施情况进行执法检查，结合我省实际提出了对全国有价值的建议。

加强社会与民生问题的监督。常委会高度重视人民群众最关心、最直接、最现实的利益问题，围绕民心所系的热点难点开展监督。为促进食品安全法的有效实施，采取明察暗访、随机抽查、专题调研等多种形式，有效开展了食品安全执法检查。常委会第十一次会议听取了省政府关于贯彻食品安全法情况的报告和检查组的执法检查报告，建议省政府完善政府统筹协调机制、强化全程管理、推进诚信建设、改进宏观调控，全面推进食品安全法贯彻实施。为深入贯彻省委八届二次全会精神，常委会开展了文化事业发展的视察调研，听取了省政府关于文化事业和文化产业发展情况专题报告，提出了有针对性的意见建议。常委会还先后听取审议了省政府关于全省城乡居民最低生活保障、村委会换届选举、集体林权制度改革、旅游业跨越式发展情况等专项工作报告。开展了民族区域自治、归侨侨眷权益保护、工会、职工工资集体协商、国防教育、义务教育、旅游等法律法规的执法检查。开展了未成年人保护、食品卫生、环境保护、强农惠农政策落实、农村社会保障体系建设、风景名胜区管理、民用建筑节能、计划生育“两非”专项治理、文化设施建设、人防工程建设等调研视察。配合全国人大常委会开展了残疾人保障、妇女权益保障、农村土地承包、保障性住房建设、文物保护、实施国家中长期教育改革和发展规划纲要等执法检查和调研活动。

加强对司法工作的监督。常委会继续探索改进司法监督工作的新途径，着力维护司法公正。先后听取审议了省政府关于严厉打击严重刑事犯罪维护社会稳定、法制宣传教育第五个五年规划实施情况、省法院关于民事审判工作情况、省检察院关于加强渎职侵权检察工作的报告。为加大监督力度，常委会作出了关于加强人民检察院法律监督工作的决议，并听取审议了省检察院关于贯彻落实决议情况的专题报告，推进了该决议的有效落实，进一步加大了对刑事诉讼、行政诉讼与民事审判的法律监督力度。就律师法、监狱法实施情况进行了检查视察，就法院执行工作、公安交警涉路涉车收费罚款等问题进行了专题调研，增强了司法监督工作的针对性。制定了办理申诉控告件规定，认真受理公民的涉法来信来访，坚持定期汇总分析制度，五年来共受理涉法涉诉申诉控告 1036 件。组织省人大代表开展旁听评议法院庭审活动 26 次，促进重要刑事案件和一些久拖难决民事案件的公正审判。

努力提高监督工作实效。一是重点加强对常委会审议意见整改落实情况的跟踪监督，对重要审议意见办理情况必要时安排专门审议。二是综合运用多种监督手段，全面监督与重点监督相结合，听取审议专项工作报告与开展执法检查、视察和专题调研相结合，推动自行整改和依法纠正相结合，进一步深化细化了监督工作。三是充分调动常委会组成人员、专委会委员、人大代表等各方面的积极性和主动性，加强与市县人大协调联动，充分发挥新闻媒体的舆论宣传作用，形成推动工作的合力。同时正确处理监督与支持的关系，加强与“一府两院”的沟通协调，推动相关问题解决。四是切实改进工作作风，检查视察注重在较真中求真，在查实中务实，不搞花架子，不做表面文章。

四、认真做好代表、选举和任免工作，保障国家机关依法有效履行职权

本届以来，常委会把为代表依法履职提供服务保障作为自身天职，把指导换届选举和依法行使任免权作为代表人民行使当家作主权力的重要途径，以高度的政治责任感，不断完善，扎实推进。

充分发挥代表主体作用。将代表培训作为提高素质的基本前提，有计划开展对代表的履职培训及专题培训。五年来，围绕加快转变经济发展方式、提高社会保障能力、推进食品药品安全、解决好“三农”问题、推进农业产业化、推进社会主义新农村建设等安排28项专题培训。组织安排6期代表培训班，培训代表510人次。委托各选举单位对初任代表进行全员培训。把完善代表服务机制作为依法履职的重要保障。坚持邀请相关代表列席常委会会议制度，拓展审议的广度和深度。坚持向代表通报省人大常委会会议情况制度，完善代表联系网络，进一步加强常委会与代表的联系，拓宽代表知情知政渠道，为代表履行职责提供有力保障。把代表闭会期间活动作为发挥代表作用的经常性平台。在制定立法计划、起草审议法规案、开展执法检查、专题视察和调研时，注意邀请相关代表参加，重视听取代表的意见建议。围绕“发展新能源产业，促进产业结构调整”、“环首都无公害蔬菜生产基地建设”和“环首都休闲旅游产业基地建设”等专题开展调研活动。以纪念《代表法》颁布实施20周年为契机，组织了评选表彰优秀省人大代表活动，95名代表受到表彰，进一步激发了代表的履职积极性。把提高议案建议办理实效作为发挥代表积极性的重要方面。完善代表议案建议提出、交办、督办、反馈程序，推动这项工作深入开展。五年来，对代表提出的152件议案事项进行了认真审议，其中31件作为议案处理。对代表提出的2664件意见建议，逐项分析，编辑代表建议“明白卡”，印发各次代表大会，接受代表审查；及时交办，认真督办，实行重点问题重点督办，“挂账”问题跟踪督办，坚持任务到人、责任到位的办理工作责任制。为提高代表建议办理水平，研究制定了加强和改进代表建议办理工作意见，建立了代表意见办理的长效机制。实现了建议按时办复率100%、与代表沟通率100%、代表反馈率100%。重点听取审议了省政府关于支持民营经济发展、稳定粮食生产、教育事业发展、医疗卫生事业发展等代表建议办理情况专项报告。去年9月份以来，常委会对本届以来列入计划解决的479件代表建议进行复查，共有423件建议得到解决。组织开展了优秀代表建议和先进承办单位评比，调动了代表提出高质量建议、承办单位高效办理建议两个积极性。

依法做好换届选举工作。为做好选举法修改后首次实行城乡按相同人口比例选举人大代表工作，常委会及时就县乡换届选举时间和重新确定部分县（市、区）代表名额问题作出决定，联合召开会议进行部署调度，指导县乡人大换届选举依法有序进行。为搞好省市人大换届选举工作，常委会作出了省市换届选举时间、省十二届人大代表名额分配、设区市人大常委会组成人员名额和重新确定部分设区市人大代表名额等项决定，为换届选举依法顺利进行奠定了基础。

认真做好人事任免工作。常委会坚持党管干部和依法任免相统一，坚持任免前同省委组织部门、政府和“两院”沟通，全面了解拟任免人员情况；坚持由提请人向常委会组成人员介绍拟任免干部的基本情况、推荐考察情况和任免职理由，对审议中提出的问题，及时做出解释、说明；坚持拟任职人员同常委会组成人员见面并介绍工作情况，表决通过后作任前发言，增强了履职的使命感；坚持对任免人员逐一进行表决，保证了任免工作的依法、有序、庄严、周密。五年来共任免国家机关工作人员360人次，保证了省委重要人事任免方案的圆满实现，为省级国家机关的正常运转提供了组织保障。

五、加强自身建设，不断提高人大工作水平

常委会全面领会中央关于加强人大工作的重要指示精神，认真落实省委关于人大工作和人大自身建设的重要意见，切实加强人大常委会及其机关的自身建设。

不断强化思想作风建设。组织全体党员干部认真学习党的十七大、十八大精神和省八次党代会精神，坚持在常委会闭幕时安排专题讲座，举办干部管理能力提升高级研修班，组织开展处以下干部培训班，深入开展先进性教育、学习实践科学发展观、创先争优、“迎接十八大、学习十八大、贯彻十八大”活动，切实提高广大干部的思想政治素质。密切与代表和人民群众的联系，人大常委会履职实践中注重充分听取人民群众的呼声和意愿，切实回应人民群众的期待与关切。在基层建设年活动中，常委会组成人员和机关干部深入基层，认真调查研究，着力解决民主法治建设和群众关注的实际问题，办实事、解难题、促和谐，受到基层群众欢迎和省委表彰。着力深化和推进执行力建设，致力于统一、精干、效能，切实提高工作水平，以“一个好的精神状态、一个好的工作作风、一个好的工作业绩”做好常委会依法履职的各项工作。

不断推进组织制度建设。修订了常委会议事规则和常委会组成人员守则，进一步健全依法行使立法、监督、决定重大事项和人事任免等职权的具体制度。加强常委会工作机构和办事机构建设，完善常委会机关各项管理制度和机关各部门工作规则。建立和实行岗位责任制，注重抓好工作交办、督办和落实，着力增强工作执行力，努力提高工作质量和效率。

不断深化宣传、外事和信访工作。加强对人大会议、人大制度、新颁布法规和人大重要活动的宣传报道。以纪念人民代表大会制度建立55周年、改革开放30周年，地方人大常委会设立30周年、代表法颁布实施20周年等为契机，通过召开纪念会、组织理论研讨和座谈等形式广泛宣传人民代表大会制度的优越性和人大工作的新进展。务实推进涉外、涉侨、涉台工作，先后组织出访团组14批次，接待来访团组7批次；接待了比利时、丹麦、德国三国侨领代表团；组织赴台交流，促进了冀台经济文化合作。发挥人大信访工作优势，完善信访机制，五年来共接待群众来信来访20250人次，都及时转交有关部门办理，并注重跟踪办理情况，人大信访工作被评为先进。

我们也充分认识到本届人大常委会的工作，与人民群众的期待，与新形势的要求还有一定差距。适应中国特色社会主义法律体系形成后的新要求，立法工作还需进一步加强；落实监督法和我省实施办法，畅通监督公开途径、拓展监督手段，增强监督实效还需继续努力；适应新修改的代表法，完善服务机制、强化保障措施，代表作用还需进一步发挥；加强人大自身建设，提高人大常委会和人大机关工作科学化水平的机制体制还需进一步完善。

各位代表！

回顾五年来的工作，我们深切体会到：做好新形势下的人大工作，在工作指导上，必须坚持以邓小平理论、“三个代表”重要思想、科学发展观为指导，把党的领导、人民当家作主、依法治国有机统一于人大工作实践，坚持忠诚于党、遵从于法、支持于政、立足于冀、服务于民，充分发挥地方国家权力机关在推动经济、政治、文化、社会建设和生态文明建设中的作用；在工作重点摆布上，必须立足河北全局，紧紧围绕推动省委重大决策部署行使各项职权，根据省委确定的改革发展战略和工作重点谋划人大工作，通过有效行使立法、监督、决定重大事项等职权，推动省委决策部署的贯彻落实；在工作方法上，必须充分发挥人大的制度优势和整体优势，充分发挥人大各专门委员会的作用，积极履职、依法履职、有效履职，勇于探索，不断创新，全面有效地发挥人大常委会在促进科学发展，建设经济强省、和谐河北中的作用；在履职保障上，必须始终把代表工作作为重要基础，加强同代表和人民群众的联系，保持人大工作的生机和活力；切实把加强自身建设摆上重要位置，不断强化常委会组成人员和机关干部的政治业务素质，努力提高常委会依法履职水平和机关服务保障能力；不断完善行使职权和工作运转的制度，切实加强执行力建设，提高人大工作整体水平。

省十一届人大常委会五年来的工作成绩，是在中共河北省委的正确领导下，在省人大代表、省人大各专门委员会、省人大常委会组成人员和常委会机关干部职工的辛勤努力下，在省“一府两院”、全省广大干部群众、社会各界的关心支持下取得的。在此我代表省十一届人大常委会表示衷心的感谢！

各位代表！

省十一届人大常委会即将完成历史使命，本次大会将选举产生新一届人大常委会。今年是全面贯彻落实党的十八大精神的开局之年，是实施“十二五”规划承前启后的关键一年，是为全面建成小康社会奠定坚实基础的重要一年。我们相信，省十二届人大常委会，将以邓小平理论、“三个代表”重要思想、科学发展观为指导，在中共河北省委的正确领导下，认真贯彻党的十八大和省八次党代会及省委八届二次、三次全会精神，全面履行宪法和法律赋予的职责，努力为建设经济强省、和谐河北做出新贡献。建议省十二届人大常委会立足我省实际，在制定好新一届五年立法规划和年度立法计划的基础上，继续坚持科学立法、民主立法，做好地方立法工作，为经济社会全面协调发展提供法制保障。严格遵循监督法和我省实施办法，处理好依法监督与支持的关系，加强和改进监督工作，不断拓展监督渠道、丰富监督方法，保证宪法法律的有效实施，更好地维护人民群众的合法权益。认真做好人事任免工作，坚持党管干部与依法任免相统一，使党组织推荐的人选经过法定程序成为国家机关工作人员，为地方国家机关高效履职提供组织保障。

加强新一届代表的培训工作，提高代表的履职能力，调动代表的履职积极性，发挥他们联系群众的桥梁纽带作用。继续加强常委会和人大机关自身建设，注重政治理论武装，提高业务素质和履职能力，密切同人民群众的血肉联系，努力建成为民、务实、清廉的地方国家权力机关，全面履行好宪法法律赋予的各项职责。

各位代表！让我们紧密地团结在以习近平同志为总书记的党中央周围，高举中国特色社会主义伟大旗帜，在中共河北省委的坚强领导下，为不断夺取建设经济强省、和谐河北的新成果，夺取全面建成小康社会的新胜利而努力奋斗！

河北省高级人民法院工作报告

——在河北省第十二届人民代表大会第一次会议上

河北省高级人民法院代院长　**卫彦明**

（2013 年 1 月 28 日）

各位代表：

现在，我代表省高级人民法院向大会报告工作，请予审议，并请省政协委员和其他列席同志提出意见。

2008 年以来，全省法院在省委和各级党委的领导、人大的监督和政府、政协及社会各界的关心支持下，深入贯彻落实科学发展观，坚持“为党和国家工作大局服务、为省委中心工作服务、为人民群众服务”的工作思路，以“建设过硬班子、带出合格队伍、创造一流业绩”为奋斗目标，忠实履行宪法和法律赋予的职责，深入推进社会矛盾化解、社会管理创新、公正廉洁执法三项重点工作，努力提升队伍素质、审判质量和司法公信力，为建设经济强省、和谐河北，全面建设小康社会提供了有力的司法保障。

一、坚持能动司法，服务经济社会发展大局

为依法促进经济社会平稳较快发展，五年来，省法院相继出台了为优化金融生态环境、为县域经济发展、为加快经济发展方式转变以及为着力改善发展环境和生态环境提供司法保障和服务等一系列指导意见，指导全省法院围绕中心、服务大局。五年来，全省法院共受理各类案件 2471923 件，审执结 2454063 件；比上一个五年分别上升 33.65％和 35.74％。其中省法院结案 35317 件，比上一个五年上升 65.33％。

（一）加强刑事审判工作。始终把维护国家安全和社会稳定作为首要任务，坚决贯彻落实中央和省委的重大部署，深入开展“打黑除恶”、打击“两抢一盗”、整顿和规范市场经济秩序、惩治商业贿赂、禁毒等专项斗争，依法打击犯罪，保护人民。五年来，共审结各类刑事案件 178220 件 248548 犯，比上一个五年分别上升 1.32％和 6.91％。其中，审结故意杀人、故意伤害、抢劫、绑架等严重暴力性犯罪和抢夺、盗窃等多发性侵财犯罪案件 47865 件 62484 人；审结金融诈骗、制假售假等破坏经济秩序犯罪案件 4276 件 4942 人；审结贪污、贿赂、渎职等职务犯罪案件 5569 件 6012 人。认真贯彻宽严相济刑事政策，在判决发生法律效力的案件中，判处五年以上有期徒刑直至死刑的罪犯 28534 人，对符合缓刑条件的被告人依法宣告缓刑，对 144 名被告人宣告无罪。

（二）加强民商事审判工作。准确把握经济社会发展新形势，综合考量各方诉求，有效平衡利益关系，妥善化解社会矛盾，平等保护当事人合法权益，依法维护诚信有序的市场经济秩序。五年来，共审结各类民商事案件 1760278 件，诉讼标的金额 11098 亿元，比上一个五年分别上升 52.79％和 940.21％。其中，审结婚姻家庭、遗产继承纠纷案件 490498 件；审结各类合同纠纷案件 868522 件，诉讼标的额达 8632.59 亿元；审结企业兼并、破产、产权转让纠纷案件 1101 件；审结农村土地承包等涉农纠纷案件 15700 件；审结劳动争议案件

56069件；审结专利、商标、著作权等知识产权案件4425件；审结各类涉外、涉港澳台民商事纠纷案件437件。坚持“调解优先、调判结合”原则，规范调解行为，提高调解质量，妥善化解矛盾纠纷，五年来，一审民商事案件调解和撤诉结案1289145件，占一审民商事案件总数的79.60%。

（三）加强行政审判和国家赔偿审判工作。依法保护行政相对人的合法权益，监督支持行政机关依法行政，有效维护行政管理秩序和社会和谐稳定。五年来，共审结各类行政案件23357件，比上一个五年上升20.88%。加强行政案件协调和解工作，健全当事人诉权保护、非诉案件审查等长效机制，提高行政案件当事人服判息诉率。一审行政案件以和解撤诉方式结案6020件，占25.77%。依法做好国家赔偿审判工作，促进国家机关及其工作人员依法规范行使职权。五年共审结国家赔偿案件488件，赔偿金额1424.89万元。

（四）积极参与社会管理综合治理。坚持立足执法办案，不断拓展司法服务职能。大力推广“廊坊经验”、“迁安经验”，健全诉讼与非诉讼相衔接的矛盾纠纷解决机制，推动完善人民调解、行政调解、司法调解“三位一体”大调解工作体系，加强诉前调解和人民调解协议司法确认工作，支持调解组织、仲裁机构、行业协会充分发挥作用，共同化解社会矛盾。大力推进未成年人犯罪案件审判工作，严格减刑、假释条件及办理程序，完善审判工作与社区矫正衔接机制，针对办案中发现的问题及时向有关部门提出司法建议，促进社会和谐稳定。积极参与平安社区创建活动，开展送法进基层、送法进军营等活动，加强法制宣传，推动形成良好法治环境。

二、坚持司法为民，积极回应人民群众关切

全省法院牢牢把握群众司法需求，始终把群众利益放在最高位置，着力解决群众反映强烈的执行难、涉诉信访难等突出问题，依法维护人民群众合法权益。

（一）着力破解执行难题。进一步加强执行工作制度化、规范化建设，深入开展集中清理执行积案、创建“无执行积案先进法院”、反规避执行以及集中清理委托执行积案等专项活动，努力破解执行难题，全力维护当事人合法权益。五年来，共受理执行案件449406件，执结446584件，标的金额达1157.48亿元，比上一个五年上升165.68%，执行和解与自动履行率达84.28%。在反规避执行专项活动中，对恶意规避执行主体实施司法拘留920人次，刑事处罚532人次。全省先后有84个法院被授予“无执行积案先进法院”荣誉称号。

（二）努力做好涉诉信访工作。深入贯彻最高法院关于涉诉信访工作“四个必须”、“五项制度”和省委提出的“八三”工作法，不断创新涉诉信访工作机制。一是理顺领导体制，全省三级法院领导班子成员对信访案件实行包片包案，一抓到底，形成“全盘统筹、齐抓共管”的工作格局；二是强化工作责任，省法院每季度对各市法院越级访数量进行倒排通报，对信访处置不力的办案人和相关领导，严肃追究责任；三是推行多元化解，依托全省各级涉法涉诉接访服务中心，综合运用评查听证、教育疏导、困难帮扶等多种方法解决信访问题；四是强化源头治理，通过信访风险评估、纪检监察提前介入、责任倒查等举措，加强和改进执法办案工作。近年来，我省涉诉进京越级访、赴省访总量持续下降，促进了社会和谐稳定，为北京奥运会、建国60周年大庆、党的十八大等重大会议和活动的顺利举办做出了积极贡献，多次受到最高法院和省委的表扬。

（三）完善司法便民举措。大力推进“立案信访窗口”规范化建设，强化导诉、查询、材料收转等九大功能，为当事人提供“一站式”服务；积极推行节假日立案、网上立案、预约开庭、巡回审判等措施，方便当事人诉讼。对有关抚育费、扶养费、赡养费、退休金、劳动报酬等事关民生的案件实行优先立案、审理和执行，坚持在岁末年初开展涉农民工追索劳动报酬案件集中执行活动，依法保护其合法权益。五年来，全省法院共为经济确有困难的当事人减缓免诉讼费用3.73亿元，提供司法救助资金1.74亿元。

三、坚持改革创新，努力提升司法公信力

全省法院坚持以改革促发展，稳步推进司法改革，积极创新工作机制，全面加强审判管理，加大司法公开力度，努力维护公平正义，不断提升司法公信力。

（一）稳步推进司法改革。按照人民法院“三五改革纲要”和省委的统一部署，从影响司法公正的体制性、机制性、保障性障碍入手，不断优化司

法职权和司法资源配置，省法院牵头的14项司法改革任务已基本完成。积极开展量刑规范化改革，基本实现了量刑程序和实体量刑的规范化，强化了审判人员的量刑意识和量刑能力，量刑更加公正和均衡。大力推进执行体制改革，积极探索执行指挥中心建设和执行联动机制建设，加强协调配合，强化执行监督，规范执行行为，提高执行效能。积极开展小额速裁试点工作，依法扩大简易程序适用范围，缩短审理周期，提高审判效率。2012年，一审案件简易程序适用率达95.94%，比2008年上升44.37个百分点。

（二）全面加强审判管理。坚持向管理要质量要效率要司法公信力。五年来，省法院先后组织开展了以深化司法管理、提高审判质效为主要目标的“审判质量年”、“全面深化管理年”、“创先争优达标年”等活动。目前，全省三级法院均设立了统一归口的审判管理机构，建立健全了案件流程管理体系、审判监督管理体系和案件质量评估体系，加强了审判流程管理的软、硬件建设，提升了审判管理规范化、科学化、信息化水平。各级法院还通过深入开展“执法大检查”、长期未结诉讼案件专项清理，以及庭审和裁判文书“两评查”等活动加强日常管理，有力地促进了审判质效的提升。2012年，全省法院一审案件服判息诉率达到92.89%。

（三）扩大司法公开与司法民主。全省法院通过实行院长接访制度、设立公众开放日、推行裁判文书上网、网络庭审直播、定期举办新闻发布会、设立院长邮箱、开通24小时群众监督电话等措施，有效保障人民群众的知情权、参与权、表达权、监督权，广泛听取社会各界和基层群众意见。进一步落实人民陪审员制度，切实保障陪审职权。2012年，全省人民陪审员参审案件13294件，不断增加审判工作透明度，提高了法院裁判公信度和法院工作亲和力。

四、坚持从严治院，大力加强法院自身建设

坚持严管与厚爱并重、教育与机制并举，努力打造一支高素质法官队伍。五年来，全省法院共有213个集体和516名干警受到省级以上表彰奖励，涌现出了以廊坊市开发区法院、唐山市丰南区法院等“全国模范法院”和赵爱彬、任秋华等“全国模范法官”为代表的一大批先进集体和个人。

（一）加强思想政治建设。深入开展“人民法院为人民、人民法官为人民”主题教育实践、“群众观点大讨论”、“创先争优”等活动，加强社会主义法治理念和政法干警核心价值观教育，确保法院队伍始终坚持正确的政治方向和司法为民的根本宗旨。坚持抓党建带队建，建立了“条块结合、上下联动、整体推进”的法院系统党建工作新格局，实现了基层党组织全覆盖。大力加强法院文化建设，省法院制定了加强全省法院文化建设的意见，广泛开展形式多样的文化活动，陶冶干警情操，增强队伍的凝聚力和战斗力。

（二）加强司法能力建设。五年来，省法院先后组织各类业务培训班335期，培训干警29000余人次。省法院自2008年起每年举办司法考试培训班，五年全省法院共有1948名干警通过国家司法考试，为法官队伍补充了新生力量。各级法院还组织开展了调解能手评选、书记员技能演练等多种形式的岗位大练兵活动，不断提高执法办案的常规本领和基本技能。2012年，省法院又制定出台了高层次人才培养实施方案，努力培养造就一批高层次人才，带动全省法院队伍整体素质的提升。

（三）加强反腐倡廉建设。严格落实党风廉政建设责任制，坚持院领导上廉政党课制度，深入开展廉政警示教育，不断增强廉洁自律意识。省法院出台了《瑕疵案件责任追究办法》，建立部门廉政监察员和审务督察员制度，加强了内部监督。认真落实违法违纪审判责任追究制度，加强对各类投诉、举报案件的核查，严肃查处违法违纪干警，坚决维护队伍的纯洁。五年来，全省法院共查处各类违法违纪案件209件288人，给予党政纪处分259人，依法追究刑事责任28人，辞退1人。

（四）加强基层基础建设。省法院先后制定了两个加强基层建设和信息化建设“三年规划”，并狠抓落实，扎实推进。五年来，共为基层招录干警803名，委托高等院校定向为国家级贫困县培养法官181名，有效缓解了基层法院审判力量不足问题。省法院会同财政厅制定了基层法院公用经费保障标准，并积极争取“两庭”建设等各类专项资金，先后有421个建设项目纳入国债资金建设规划并陆续投入建设。全省三级法院信息网络全部建成并实现互联互通，共建立局域网1155个、视频会议系统187个、标准化数字法庭370个。省法院机关新建了刑事审判综合楼、7个高标准数字法庭，完成了档案数字化工作和法官培训基地改扩建工程，司法环境和条件得到明显改善。

五、坚持自觉接受监督，确保依法正确行使审判职权

自觉接受监督是人民法院正确履行职责、实现司法公正的重要保障。全省法院始终将法院工作置于人大和社会各界监督之下，坚持重大部署、重点工作、重要问题向人大报告制度，认真负责地做好年度工作报告和专项报告，坚决贯彻人大决议及常委会审议意见，积极协助人大开展旁听评议庭审、专项调研和执法检查，不断改进工作。坚持登门走访、邀请视察和寄送《法院要讯》、《河北审判》相结合，全方位加强代表联络工作。2008 年以来，全省三级法院邀请代表视察法院工作 2497 人次，邀请代表旁听庭审 4874 人次，走访全国及省、市人大代表 28172 人次。省法院高度重视代表建议承办工作，五年共承办代表建议 146 件并全部按期办复，先后三次被省人大常委会评为“代表建议先进承办单位”。与此同时，全省法院虚心接受政协民主监督，依法接受检察机关法律监督，主动接受各方面社会监督，认真听取各方意见建议，及时整改和推进工作。

各位代表，过去五年的司法实践，使我们深刻认识到，做好法院工作，必须始终坚持党对法院工作的领导，必须始终坚持以科学发展观为统领，必须始终坚持抓好执法办案第一要务，必须始终坚持把保障人民权益作为一切工作的出发点和落脚点，必须始终坚持以改革创新为动力，必须始终坚持抓班子带队伍，必须始终坚持自觉接受人大及各方面监督。同时我们也深刻感受到，法院工作取得每一点成绩与进步，都离不开各位代表、委员以及社会各界的关心和支持。在此，我谨代表全省法院向所有关心支持法院工作的领导和同志们表示崇高的敬意和衷心的感谢！

面对新形势新任务和人民群众新要求新期待，全省法院工作还存在一些问题和不足，主要是：少数干警贴近群众、方便诉讼的司法作风有待进一步加强，审判质量和效率以及干警化解矛盾纠纷的能力有待进一步提升，执行难、涉诉信访难等司法难题尚未从根本上得到解决，少数法官办案不规范、不公正、不廉洁的现象仍时有发生，基层基础建设工作中还存在一些薄弱环节。对此，我们将高度重视，直面问题，采取措施，认真解决。

2013 年，全省法院将认真学习贯彻党的十八大、省八次党代会、省委八届三次全会和全国、全省政法工作会议精神，坚持“为大局服务、为人民司法”工作主题，紧紧围绕建设经济强省、和谐河北战略目标和今年省委重点工作，充分发挥审判职能作用，积极推进司法改革，大力加强队伍建设，努力推动全省法院各项工作实现新发展。

*一是更加注重服务发展。*紧紧围绕主题主线，牢牢把握稳中求进总基调，妥善处理全省实施扩大内需战略、推进经济结构调整以及环境保护、资源开发等方面的矛盾纠纷，依法保障宏观经济政策落实，着力改善“两个环境”，促进全省经济平稳较快发展。

*二是更加注重维护稳定。*全力推进平安河北、法治河北建设，依法严惩严重刑事犯罪活动，加大矛盾纠纷排查化解力度，加强社会稳定风险研判，积极参与社会管理创新，进一步健全诉讼与非诉讼衔接的矛盾纠纷解决机制，确保社会稳定，促进社会和谐。

*三是更加注重保障民生。*深入开展以为民务实清廉为主要内容的群众路线教育实践活动，始终以广大人民群众利益为念，切实尊重和保障群众合法权益，妥善处理教育、就业、住房、医疗、劳动和社会保障等民生领域的各类矛盾纠纷，完善便民利民措施，扩大司法公开与司法民主，更好地满足人民群众的司法需求。

*四是更加注重创新体制机制。*以解决影响司法公正、制约司法公信力的深层次问题为着力点，进一步完善监督制约机制，积极探索和推进涉诉信访工作、执行工作和司法权力运行机制改革，努力在解决执行难、涉诉信访难等司法难题上取得实质进展。

*五是更加注重队伍建设。*深入开展社会主义法治理念教育，积极创新法院文化建设，大力加强教育培训工作，着力提升做好新形势下群众工作能力、维护社会公平正义能力、新媒体时代舆论引导能力、科技信息化应用能力、拒腐防变能力。坚持从严治院、从严治警，认真贯彻落实中央改进工作作风、密切联系群众“八项规定”和省委、省政府贯彻落实办法。不断强化廉政建设，严肃查处违法违纪行为，确保法官清正、法院清廉、司法清明。

六是更加注重基层建设。坚持重视基层、加强基层、服务基层，进一步健全基层工作指导和保障机制，支持和帮助基层法院提高化解矛盾纠纷的能力，着力解决实际困难和现实问题，不断优化和改善基层司法环境和条件。

各位代表，新的一年里，我们将以党的十八大精神为统领，解放思想，深化改革，担当使命，扎实工作，努力开创全省法院工作新局面，为建设经济强省、和谐河北，全面建成小康社会做出新的更大的贡献！

河北省人民检察院工作报告

——在河北省第十二届人民代表大会第一次会议上

河北省人民检察院代检察长 **童建明**

（2013 年 1 月 28 日）

各位代表：

现在，我代表省人民检察院向大会报告工作，请审议，并请省政协各位委员和其他列席同志提出意见。

十一届人大一次会议以来，全省检察机关在省委和最高人民检察院的正确领导下，在各级人大及其常委会的有力监督下，深入贯彻落实科学发展观，忠实履行宪法和法律赋予的职责，强化法律监督，强化自身监督，强化队伍建设，各项工作取得新的成绩，为建设经济强省、和谐河北作出了积极贡献。

一、围绕中心、服务大局，为经济平稳较快发展提供司法保障

坚持把检察工作放到全省工作大局中来谋划和推进，特别是贯彻省第八次党代会精神和省委着力改善“两个环境”的决策部署，充分发挥打击、预防、监督、教育、保护等职能作用，努力增强服务经济社会科学发展的实效。

*依法维护诚信有序的市场经济秩序。*围绕整顿和规范市场经济秩序，严厉打击金融诈骗、逃税骗税、非法集资、商业贿赂等犯罪活动，共批准逮捕破坏市场经济秩序犯罪嫌疑人 6621 人，起诉 8245 人。依法打击侵犯知识产权和制售伪劣商品犯罪活动，共批准逮捕两类犯罪嫌疑人 1378 人，起诉 1496 人。依法查办发生在立项审批、招标投标、政府采购、资金管理使用等环节的职务犯罪，立案侦查犯罪嫌疑人 920 人。根据省人大代表建议，开展“打击侵犯企业合法权益犯罪、服务企业发展”专项活动，注重保护企业合法权益。

*依法保护能源资源和生态环境。*严厉打击重大环境污染事故犯罪，非法占用农用地、非法采矿、非法捕捞、盗伐滥伐林木等犯罪，共批准逮捕犯罪嫌疑人 835 人，起诉 1654 人。开展查办危害能源资源和生态环境渎职犯罪专项工作，依法查办因失职渎职导致能源资源和生态环境被严重破坏的案件 202 件 408 人。

*依法保障重大项目建设顺利进行。*省检察院制定了《关于加强重大项目建设中职务犯罪预防工作保障政府投资安全的意见》，对全省 2319 个国有投资重点项目采取预防咨询、预警预测等措施，扎实开展预防工作，保障政府投资安全和项目建设顺利进行。

*深入开展涉农检察工作。*实行涉农检察工作新机制，是我省延伸法律监督触角、把法律监督职能落实到基层的一项创新性举措。五年来，基层检察院抽调 2000 多名业务骨干，组建了 700 多支涉农检察工作队，以巡回检察方式深入乡镇和重点村，宣传法制、接待来访、受理举报、查办案件。开展查办涉农惠民领域职务犯罪专项工作，共立案侦查贪污挪用、截留私分支农惠农资金、渎职侵权等职务犯罪嫌疑人 5718 人，为国家和农民挽回经济损失 7982 万元。开展国土资源和农机补贴领域专项调查，结合办案帮助有关单位建章立制，规范管理，保障惠农资金效能的充分发挥。

二、全力维护社会和谐稳定，积极参与和促进社会管理创新

全省检察机关把维护社会和谐稳定作为重要任务，充分发挥检察职能，深入推进社会矛盾化解和社会管理创新，为2008年北京奥运会、建国60周年大庆和党的十八大胜利召开营造和谐稳定的社会环境。

依法严厉打击严重刑事犯罪。深入开展严打整治专项斗争，坚决打击危害国家安全犯罪、危害公共安全犯罪、严重暴力犯罪、多发性侵财犯罪和黑恶势力犯罪。共批准逮捕各类犯罪嫌疑人194583人，起诉247995人。严厉打击危害食品安全犯罪，依法批捕"问题奶粉"、"毒胶囊"、"地沟油"等涉案犯罪嫌疑人297人，起诉272人。

坚持把化解矛盾贯穿于执法办案的全过程。全面贯彻宽严相济刑事政策，推行释法说理、检调对接、刑事和解、民事息诉和解等工作机制，通过办案有效化解矛盾，体现司法人文关怀，促进案结事了人和。

加强涉检信访工作。畅通12309举报热线、网上举报、来信来访渠道，坚持检察长接待日、上下级检察院联合接访、首办责任制、领导包案等制度。认真开展涉检信访案件清积评查工作，积极参加各级涉法涉诉联合接访服务中心工作，依法公正解决群众诉求，办结涉检信访案件949件。

积极参与和促进社会管理创新。配合有关部门对社会治安乱点进行专项整治，维护社会治安秩序。建立行政执法和刑事司法衔接机制，开展行政执法机关移送涉嫌犯罪案件专项监督活动。密切军地检察机关协作。完善社区矫正检察监督机制。重视发挥检察建议的作用，针对执法办案中发现的问题，研究提出完善管理制度、堵塞管理漏洞的检察建议14545件。

三、积极查办和预防职务犯罪，推进惩防体系建设

全省检察机关把查办和预防职务犯罪工作纳入惩治和预防腐败体系建设的总体格局，加大查办和预防工作力度，努力实现办案数量、质量、效率、效果、安全的有机统一。

依法查办贪污贿赂犯罪案件。严肃查办发生在领导机关和领导干部中的案件，权力集中部门和岗位的案件，损害民生民利的案件。在严惩受贿犯罪的同时，依法查处行贿犯罪。共立案侦查贪污贿赂犯罪7848人，其中大案3227件、县处级以上干部256人，为国家挽回经济损失14.6亿元。进一步完善办案制度和安全防范措施，健全检察机关内部侦查协作机制，不断提高办案工作规范化水平。

依法查办渎职侵权犯罪案件。贯彻落实省委关于渎职侵权检察工作的重要指示和省人大常委会关于反渎职侵权工作审议意见，省检察院制定了《关于全面加强和改进渎职侵权检察工作的决定》，建立重大复杂案件专案调查机制、非法干预查办案件情况沟通和处理机制。11个市级检察院全部建立了办案指挥平台，组建了27支特别侦查团队，共立案侦查渎职侵权犯罪3880人。

深入开展职务犯罪预防工作。把预防职务犯罪工作摆到更加突出位置，积极推进侦防一体化机制建设。开展行业预防和换届选举等专项预防，落实惩治和预防职务犯罪年度报告制度。共开展预防教育30168次，预防调查3114次，预防咨询32393次，接受行贿犯罪档案查询43901次。开展预防工作进机关、进学校、进农村、进企业、进社区警示教育活动，推进预防职务犯罪警示教育基地建设。

四、加强对诉讼活动的法律监督，努力维护司法公正

认真贯彻落实省人大常委会《关于加强人民检察院法律监督工作的决议》，围绕人民群众反映强烈的执法不严、司法不公等问题，加大监督力度，增强监督实效。

强化刑事诉讼监督。依法纠正有案不立、有罪不究、以罚代刑、动用刑事手段插手经济纠纷等问题，监督侦查机关立案11012件、撤案3679件。依法纠正违法采取强制措施、违法使用侦查措施、侵犯当事人诉讼权利等问题，提出纠正意见16434件次，依法纠正漏捕9506人、漏诉8372人，决定不批准逮捕14756人、不起诉4256人。对认为确有错误的刑事判决、裁定提出抗诉1725件。依法纠正刑罚执行和监管活动中的违法行为，开展保外就医、戒具使用等专项检察活动，监督纠正减刑、假释、暂予监外执行不当3321人。

加强民事行政诉讼监督。坚持维护司法公正与维护司法权威相统一，认真办理民事行政申诉案件，共提出抗诉3578件、再审检察建议5125件；重视做好申诉人的服判息诉工作，对决定不抗诉的

814件申诉案件建议并促成申诉人达成和解。开展督促起诉、支持起诉工作，探索开展对民事执行活动和当事人恶意串通、通过调解协议损害国家利益、社会公共利益行为的监督。

完善诉讼监督机制。制定《关于加强侦查协作合力查处司法领域职务犯罪案件的工作意见》，建立检察机关内部情况通报、信息共享、线索移送等制度，健全协作机制，形成监督合力，共查办司法人员职务犯罪820人。

五、落实检察改革措施，加强执法规范化建设

围绕强化法律监督和强化自身监督，积极稳妥地推进检察改革，加强执法管理，完善监督制约机制，提高执法规范化水平。

依法规范执法办案程序。进一步完善讯问职务犯罪嫌疑人全程同步录音录像制度，落实职务犯罪审查逮捕权上提一级等改革措施，着力规范职务犯罪侦查工作。推行量刑建议工作，促进实体裁判公正。加强对未成年人的司法保护，实行捕、诉、监、防一体化工作机制，省、市两级检察院和113个基层院成立了办理未成年人犯罪案件专门工作机构。铁路检察纳入国家司法体系的改革顺利完成。把学习贯彻修改后的刑事诉讼法和民事诉讼法作为一项重要任务，广泛开展培训活动，认真做好各项准备工作，平稳过渡，有序衔接。自今年1月1日起，已按照修改后的“两法”开展执法办案、诉讼监督工作。

加强对自身执法办案的监督管理。全面实行人民监督员制度，共选任人民监督员1181人，人民监督员监督检察机关立案侦查职务犯罪案件1243件次。推进案件管理机制改革，在全省检察机关构建起统一受案、全程管理、动态监督、案后评查、综合考评的执法办案集中管理机制。完善检察委员会议事和工作规则，充分发挥检察委员会对重大疑难复杂案件的决策把关作用。加强上级检察院对下级检察院执法办案活动的指导和监督，实行办案质量检查制度，对执法办案中容易发生问题的环节定期进行自查和组织互查、抽查，及时发现和纠正执法过错，提高办案质量。

六、加强检察队伍建设和基层基础建设，筑牢检察工作科学发展根基

全面加强检察队伍职业理想和职业道德建设、职业能力和职业纪律建设、职业管理和职业保障建设，为检察工作科学发展提供思想基础和组织保障。

加强思想政治建设。扎实开展“学习实践科学发展观”、“恪守检察职业道德、促进公正廉洁执法”、“政法干警核心价值观”等教育实践活动，突出实践特色，丰富活动载体，通过举办检察官集体宣誓、重温入党誓词等活动，教育和引导广大检察人员铸造忠诚品格，树牢为民宗旨，秉持公正理念，坚守廉洁操守。

加强法律监督能力建设。坚持改善人员结构和提高现有人员素质相结合，面向社会公开招录1183名工作人员充实到基层检察院和执法办案一线。开展全员轮训工作，重点开展任职资格、专项业务、岗位技能、司法考试培训，共举办各类培训班194期，培训检察人员62819人次，有1229人通过了司法考试。实施领导干部素质提升工程，发挥领导干部示范引领作用。加强检察理论研究工作，做好高层次检察人才选拔和管理工作，共有45名检察人员入选全省检察业务专家库。

加强纪律作风建设。深入开展“维护人民群众合法权益、解决反映强烈突出问题”、“反特权思想、反霸道作风”专项检查活动。向社会公开承诺十项执法便民为民措施，主动接受社会监督。开展扣押、冻结、处理涉案款物专项清理工作，共清理涉及扣押款物案件8436件，退还涉案人员和涉案单位扣押款物6000余万元，进一步完善了管理制度。推进廉政风险防控机制建设，加强检务督察工作，共查处39名违法违纪检察人员，其中，给予党纪政纪处分35人，追究刑事责任4人。

加强基层基础建设。强化检务保障工作，落实政法经费保障机制，推进“两房”建设，实施科技强检战略。加大侦查指挥、证据收集、交通通讯、检验鉴定等办案装备投入，司法鉴定实验室、电子证据鉴定工作以及远程办案管理系统建设进展顺利。

五年来，全省检察机关队伍建设取得明显成效，共有1390多名个人、670多个集体受到省级以上表彰，2个基层院被授予“全国模范检察院”荣誉称号，先后涌现出“全国十大法治人物”李永志、郑喜兰等一批先进典型。

七、自觉接受监督，保障检察权依法正确行使

全省检察机关不断强化监督者更要接受监督的

意识，自觉坚持党的领导，接受人大监督、政协民主监督和社会公众监督。省检察院向省委常委会、省人大常委会报告了开展渎职侵权检察工作、法律监督工作情况。办理人大代表建议16件，并及时反馈办理结果。加强与人大代表、政协委员的经常性联系，定期寄送《河北检察工作》专刊，主动走访人大代表，邀请视察检察工作。每年都召开民主党派、工商联负责人和无党派人士代表座谈会，通报工作情况，征求对检察工作的意见和建议。深化检务公开，开通门户网站，完善新闻发言人制度，开展“检察开放日”活动，让群众更多地了解检察机关，更好地监督检察工作。

各位代表，过去五年全省检察工作所取得的成绩，是省委和高检院正确领导的结果，是各级人大及其常委会有力监督和政府、政协大力支持的结果，是社会各界和广大人民群众关心帮助的结果。在此，我代表全省检察人员表示衷心的感谢！

回顾五年来的实践，我们深刻地体会到，做好检察工作，必须始终坚持党的领导、人民当家作主和依法治国的有机统一，坚定不移做中国特色社会主义事业建设者、捍卫者；必须始终坚持围绕中心，服务大局，忠实履行法律监督职责，服务保障经济平稳较快发展；必须始终坚持以人为本、执法为民，维护人民群众合法权益；必须始终坚持更新执法理念，牢固树立理性平和文明规范的执法观；必须始终坚持强化监督者更要接受监督的意识，不断完善对自身执法活动的监督制约，确保检察权依法正确行使；必须始终坚持把队伍建设作为一项长期的战略任务常抓不懈，不断提高队伍的思想政治素质和法律监督能力。

当前全省检察工作存在的主要问题：一是法律监督职能的发挥还不够充分，与经济社会发展的要求和人民群众的期待仍有差距。二是转变执法理念面临的任务还很繁重，一些检察人员仍存在就案办案、机械执法、不重视办案效果等现象。三是少数检察人员执法不公正、不文明、不廉洁，个别检察人员违法违纪，损害了检察机关的形象。四是基层基础建设仍需加强，基层检察院建设不够平衡，一些地方检察经费保障机制不完善，案多人少的问题比较突出。对于这些问题与不足，我们将采取有力措施，认真加以解决。

各位代表，党的十八大对全面推进依法治国、加快建设社会主义法治国家作出了战略部署。2013年，全省检察机关将深入学习贯彻党的十八大精神和省第八次党代会、省委八届三次全会精神，全面正确履行法律监督职责，全力推进平安河北、法治河北建设，大力提升队伍素质能力和执法公信力，为全省经济社会发展提供有力的司法保障。

一是着力服务经济强省建设。找准检察工作服务大局的切入点、着力点，增强服务经济发展的针对性和有效性。按照省委关于全省经济工作和“两个环境”建设的决策部署，依法严厉打击危害市场经济秩序、侵害企业合法权益和破坏能源资源、生态环境的各类刑事犯罪，突出查办国家工作人员“不作为、乱作为”涉及的职务犯罪，依法平等保护不同所有制经济和各类市场主体的合法权益，努力营造良好的法治环境。

二是大力推进平安河北建设。把维护稳定摆在突出位置，依法严厉打击危害国家安全、社会治安、公共安全的犯罪活动，积极参与社会治安防控体系建设，落实检察环节综合治理措施，增强人民群众安全感。把化解社会矛盾贯穿执法办案始终，加强涉检信访工作。针对执法办案中发现的问题及时提出检察建议，促进社会管理创新，增进社会和谐。

三是严肃查办、积极预防职务犯罪。按照中央关于加大惩治和预防腐败力度的要求，既坚决查处大案要案，又着力解决发生在群众身边的腐败问题，集中开展查办和预防发生在群众身边、损害群众利益职务犯罪专项工作，依法查办征地拆迁、安全生产、食品药品、支农惠农、社会保障等重点领域的职务犯罪。深化职务犯罪预防工作，努力从源头上遏制职务犯罪，促进反腐倡廉建设。

四是全力维护司法公正。认真贯彻修改后的刑事诉讼法和民事诉讼法、省委关于建设法治河北的要求和省人大常委会《关于加强人民检察院法律监督工作的决议》，坚持有法必依、执法必严、违法必究，切实加强对侦查活动、审判活动和刑罚执行活动的监督，做到既敢于监督、善于监督，又依法监督、规范监督，切实尊重和保障人权，提升司法公信。

五是坚持不懈地抓好队伍建设。加强思想政治、职业道德建设，扎实开展以为民务实清廉为主要内容的群众路线教育实践活动，强化执法为民宗旨意识。坚持素质强检，加强队伍专业化和职业化建设，加大培训工作力度，加强基层基础工作，着力提升检察队伍的专业素养和维护社会公平正义能力。坚持从严治检，健全对检察权运行的监督制约机制，进一步深化检务公开，更加自觉接受社会各方面监督，确保严格公正规范廉洁行使检察权。认真落实中央《关于改进工作作风、密切联系群众的八项规定》和省委《实施办法》，加强工作作风建设，切实解决群众反映强烈的问题，始终保持同人民群众的血肉联系，树立检察机关的良好形象。

各位代表，在新的一年里，全省检察机关将紧紧依靠省委和高检院的坚强领导，依靠人大的有力监督和广大人民群众的大力支持，认真贯彻本次会议精神，锐意进取，扎实工作，努力开创检察工作新局面，为建设经济强省和谐河北、为全面建成小康社会作出新的更大的贡献。

政府工作报告

——在河北省第十二届人民代表大会第二次会议上

河北省人民政府省长　**张庆伟**

（2014 年 1 月 8 日）

各位代表：

现在，我代表河北省人民政府向大会作工作报告，请予审议，并请省政协委员和列席会议的同志提出意见。

一、2013 年主要工作回顾

刚刚过去的 2013 年，是近年来我省发展形势少有的复杂严峻的一年。全省人民在党中央、国务院和中共河北省委的坚强领导下，深入贯彻落实党的十八大和十八届二中、三中全会精神，以习近平总书记系列重要讲话为指引，以开展党的群众路线教育实践活动为动力，以全面打响“四大攻坚战”为突破口，坚持解放思想、改革开放、创新驱动、科学发展，着力稳增长、调结构、抓改革、惠民生，较好地完成了省十二届人大一次会议确定的目标任务。

经济发展实现稳中向好。围绕应对经济下行压力，采取有力有效措施，经济保持平稳发展态势。预计全省生产总值达到 28300 亿元、增长 8.5%左右，公共财政预算收入 2293.5 亿元、增长 11.2%，完成固定资产投资 22630 亿元、增长 18.5%，社会消费品零售总额 10350 亿元、增长 13%。重点项目建设加快推进，中石油华北石化千万吨炼油、保定长城汽车零部件园区等项目开工建设，津秦客专、邯黄铁路、张涿高速等重大基础设施项目建成投运，全年新增高铁 192 公里、高速公路通车里程 550 公里、码头泊位 18 个，南水北调中线干线河北段全线贯通。积极扩大消费需求，电子商务发展迅速，物价保持基本稳定。实体经济不断壮大，全省培育新增规模以上工业企业 2162 家，规模以上工业增加值完成 11700 亿元、增长 10.5%。新设小额贷款公司 123 家，新增境内外上市企业 70 家，直接融资 684.6 亿元。

调结构转方式力度加大。围绕提高发展质量和效益，坚持“有中生新、无中生有”，产业结构调整取得重要进展。深入实施工业转型升级攻坚行动，推动重点技改项目 1124 个，工业技改投资 7200 亿元、增长 22%。41 项重大科技成果转化应用，新增科技型中小企业 5000 家。大力化解过剩产能，全年压减粗钢产能 788 万吨、炼铁 586 万吨、水泥 1716 万吨、平板玻璃 1488 万标准重量箱。培育壮大战略性新兴产业，高新技术产业增加值增长 16%。服务业增加值增长 7.2%，接待国内外游客 2.65 亿人次，旅游业总收入突破 2000 亿元、增长 25%。

农业生产连续十年丰收。围绕巩固农业基础地位，持续增加“三农”投入，农业综合生产能力进一步增强。粮食生产十连增，总产达到 673 亿斤。畜牧、蔬菜、果品三大优势产业规模壮大，肉蛋奶产量分别达到 476 万吨、383 万吨和 629 万吨。农业产业化经营率达到 63%。新建改建农村公路 7000 公里，改造农村危房 18 万户，新增节水灌溉面积 320 万亩，完成造林 430 万亩。

环境保护治理力度空前。围绕生态环境建设和改善空气质量，把雾霾治理作为基本民生工程，全面展开了大气污染防治工作。向中央和全省人民作出承诺，与各设区市签订责任状，积极推进京津冀联防联控，大力度实施大气污染防治行动计划实施方案和专项治理10条措施，关停取缔重污染企业8347家，淘汰改造燃煤锅炉3.5万台，淘汰黄标车57.8万辆。强化工地扬尘监管。加强水污染防治，严厉打击偷排超排行为，石家庄洨河污染整治工程取得阶段性成果，北戴河近岸海域综合整治成效明显。节能减排扎实推进，以钢铁、水泥、玻璃、电力等行业为重点，组织开展专项行动，预计全省单位GDP能耗下降3%以上，化学需氧量、氨氮、二氧化硫、氮氧化物均完成国家下达的减排目标。

重点区域发展实现突破。围绕实施重点地区带动战略，全力打造新的增长极，区域竞相发展势头强劲。沿海地区率先发展迈出新步伐，曹妃甸区、渤海新区和北戴河新区新开工亿元以上项目326个，投资分别增长15.7%、27.5%和18.3%。全省港口通过能力和货物吞吐量均突破8亿吨。曹妃甸国家级经济技术开发区获批，曹妃甸综合保税区封关运营，秦皇岛西港搬迁改造工程开始实施。环京津地区协同发展形成新格局，与北京、天津签署新一轮战略合作协议，围绕首都新机场建设，与北京市共同编制临空经济区总体规划。中央同意张家口与北京市联合申办第24届冬奥会，启动编制以崇礼赛区为核心的综合规划。冀中南地区协调发展开创新局面，省会城市建设提速，石家庄轨道交通和正定新区、正定古城保护建设加快推进，邯郸经济技术开发区上升为国家级，一批具有支撑作用的项目开工建设。深入推进扶贫攻坚行动，燕山—太行山、黑龙港流域连片特困地区和环首都扶贫攻坚示范区建设步伐加快，实施了一大批基础设施和致富产业项目，全省100万扶贫对象实现稳定脱贫。

城乡面貌发生新的变化。围绕构建城乡发展新格局，协调推进城镇化和新农村建设，城乡一体化发展进程不断加快。着力提高城镇发展质量，优化中心城市空间结构，推动与周边县城、功能区组团发展，全省城镇化率达到48%。城市综合承载能力增强，投资1450亿元建成一批供热供气、道路交通、污水垃圾处理等项目。出台实施加快县域经济发展和县城建设的意见，启动37个县投融资创新试点，实施了一批投资千万元以上的基础设施项目。深入开展"治违、治脏、治乱"专项行动，拆除违法建筑630多万平方米。深化加强基层建设年活动，实施农村面貌改造提升行动，对8029个村投入资金164亿元，农村生产生活条件显著改善。

改革开放积极有序推进。围绕破除制约科学发展的体制机制障碍，深化改革扩大开放，发展的动力和活力增强。加快转变政府职能，大力简政放权，取消下放省级行政审批事项204项、衔接国家取消和接收下放行政审批事项92项，取消规范下放行政事业性收费和经营服务性收费122项。调整了一批省级行政事业机构，加强环保执法力量，启动定州、辛集两个省直管县（市）试点工作。深化国有企业改革，秦港股份在香港上市，开滦集团完成债转股股权回购，47家国有企业完成厂办大集体改革方案。强化综合治税，"营改增"试点扩大，国库集中支付改革实现全覆盖。石家庄股权交易所成立运营，8家农村信用社改制为农村商业银行。开展农村产权制度改革试点，完成林地登记发证8066万亩，流转林地356万亩，农民专业合作组织达到5万多家，农村土地承包经营权流转比例达到18.2%。医药卫生体制改革取得新进展，所有政府办基层医疗卫生机构和74%的村卫生室实行了基本药物制度，70%以上的县（市、区）开展了公立医院综合改革试点，城乡居民大病保险改革试点启动。对外开放不断扩大，与美国艾奥瓦州和德国勃兰登堡州达成一批合作协议，与港澳台经贸合作进一步深化，成功举办廊坊经洽会等重大经贸活动，全省实际利用外资66.5亿美元、增长10%，进出口总值546亿美元、增长8%。加快"走出去"步伐，海外投资项目不断增加。国家级开发区和高新区达到11个，省级经济开发区达到132个。实施"三百"工程，与百家央企合作的80个重大项目开工、175个建成投产，与百家院所校合作的201个项目开始实施，启动百家民企进河北活动，签约项目123个、开工建设49个。省级财政支持非公经济发展资金27.4亿元，民营经济增加值完成18600亿元、上缴税金2510亿元，分别增长9.5%和8%。

民生和社会事业持续发展。围绕保障和改善民生，加大投入力度，办成了一批惠民利民的实事。全年财政用于民生支出3386亿元，占公共财政预算支出的77.8%。城镇居民人均可支配收入22392元、农民人均纯收入8889元，分别增长9%和10%以上。城镇新增就业71万人，应届高校毕业生就业率达到87.5%，城镇登记失业率控制在3.7%。社会保障水平稳步提高，企业退休人员养老金待遇人均月增177元，城乡居民社会养老保险参保率达到97.1%，新农合和城镇居民医疗保险财政补助标准年人均提高到280元，城乡年低保标准分别提高到4476元、2225元。农村“五保”集中供养率达到60%。全省开工建设保障性住房22.5万套、竣工22.4万套、分配入住18.1万套。703万农村人口饮水安全问题得到解决。“7·21”特大洪灾恢复重建工作圆满完成。学前教育三年行动计划深入实施，1000所农村幼儿园改扩建基本完成，改造中小学校舍815万平方米，44.7万进城务工人员随迁子女义务教育得到保障，新增7个省部共建高校项目。河北中医学院组建完成，新建改建17所县级医院、260所乡镇卫生院和1.4万个村卫生室，城市社区卫生服务中心基本实现全覆盖，免费为5万名农村患者和城市低收入患者实施复明手术。公共文化设施网络建设加快，涌现出一大批文化精品，文化产业快速发展。深化“善行河北”和“中国梦·赶考行”活动，社会文化环境不断改善。圆满举办第十四届中国吴桥国际杂技艺术节。文物保护得到加强，重大文物保护项目扎实推进。全民健身活动蓬勃开展，我省体育健儿在第十二届全运会获得好成绩。平安河北建设深入实施，安全生产和食品药品安全监管力度加大，社会大局和谐稳定。

*政府自身建设不断加强。*围绕提高政府的公信力和执行力，大力转变工作作风、密切联系群众，“四风”问题得到了遏制。按照中央和省委的统一部署，省直部门和单位深入开展了以“为民务实清廉”为主题的党的群众路线教育实践活动，广泛听取各方面的意见和建议，认真对照检查，制定整改措施，狠抓整改落实，解决了一批群众反映强烈的突出问题。严格落实中央“八项规定”，开展正风肃纪专项行动，全面清理和处置违规公务用车、超标办公用房、“吃空饷”人员。省直机关“三公”经费支出比上年压减6%左右，治理文山会海取得重要进展。省政府系统标准化建设扎实推进，具有审批职能的部门和单位全部通过认证。自觉接受人大的法律监督、工作监督和政协的民主监督，办理人大代表建议475件，政协提案573件，按时办复率均为100%。

国防动员和双拥共建深入开展，军政军民团结局面进一步巩固。人口计生、民族宗教、广播影视、新闻出版、外事侨务、妇女儿童、人民防空、防震减灾、地理信息、邮政通信、气象、档案、老龄、残疾人等事业取得新成绩。

各位代表！过去的一年，面对复杂多变的国内外环境、面对骤然增加的大气污染环境压力、面对繁重艰巨的化解过剩产能任务，我省经济社会发展经受住了考验，成绩来之不易。这是党中央、国务院正确领导和关心支持的结果，是全省人民同心同德、拼搏进取的结果。在此，我代表省人民政府，向全省人民，向人大代表、政协委员，向各民主党派、工商联、无党派人士和人民团体，向驻冀人民解放军、武警官兵和政法干警，向中直机关驻冀各单位，向关心支持河北发展的香港特别行政区和澳门特别行政区同胞、台湾同胞、海外侨胞、国内外朋友，致以崇高的敬意和衷心的感谢！

我们也清醒地认识到，我省经济社会发展仍存在不少困难和问题，政府工作与人民群众期待还有差距。尽管去年大多数目标任务完成或超额完成，但仍有全部财政收入、固定资产投资、社会消费品零售总额三项指标没有达到预期目标。我省经济发展的质量效益不高、产业结构偏重、资源利用粗放、创新能力不足等深层次问题尚未根本解决；经济运行中化解过剩产能压力空前、产业转型升级阵痛加剧、部分企业生产经营困难、财政收支矛盾突出等问题日益凸显；大气污染严重、食品药品安全等事关人民群众切身利益的问题解决得还不够好；各种不稳定因素较多，维护社会稳定的压力依然较大；转变政府职能和工作作风还不到位，一些部门和工作人员服务意识淡漠，“吃拿卡要”和“门难进、脸难看、事难办”问题比较突出，消极腐败现象还不同程度存在。我们一定高度重视人民群众的关切，直面自身工作中的问题，本着对党和人民高度负责的精神，以落实“八项规定”和反“四风”为切入点，采取更有针对性、更有创造性、更有实效性的措施大力加以解决，不辜负全省人民的期望！

二、2014年工作总体要求

今年是贯彻落实党的十八届三中全会精神、全面深化改革的第一年，是落实省委八届六次全会精神，实现“十二五”目标任务的关键一年。我省发展面临的国际环境和国内条件都在发生深刻复杂变化，世界经济处于深度调整期，仍将延续缓慢复苏态势，不确定因素依然很多。我国经济发展中稳定经济增长、化解过剩产能、防范债务风险、守住民生底线等还有大量工作要做。当前，我省已进入经济增长换挡期、结构调整阵痛期、前期刺激政策消化期相叠加的特殊阶段，今年面临的困难和矛盾将更加突出，特别是产业结构调整和大气污染防治力度的加大，给我们带来了前所未有的压力。但总的看，河北发展的潜力和机遇也进一步凸显。党中央、国务院十分关心河北发展，党的十八届三中全会拉开了全面深化改革的大幕，必将极大地激发我省经济社会发展的内生动力和活力；环渤海地区正在成为中国最具潜力的新的增长极，我省沿海地区率先发展全面提速，必将成为带动全省转型升级的新引擎；京津冀协同发展上升为国家战略，必将为我省在区域经济中发挥比较优势、推动融合对接提供历史性机遇；随着党的群众路线教育实践活动深入开展，必将进一步巩固和发展全省风清气正、干事创业的良好氛围。我们一定牢固树立战略思维、创新思维、底线思维、法治思维，进一步增强机遇意识、进取意识、责任意识，奋力开创河北改革发展和现代化建设新局面。

今年政府工作的总体要求是：全面贯彻落实党的十八大、十八届二中三中全会、中央经济工作会议、中央城镇化工作会议、中央农村工作会议和省委八届六次全会精神，把握环渤海和京津冀协同发展的大势，坚持稳中求进、改革创新的核心要求，把改革创新贯穿于经济社会发展各个领域各个环节，把新型城镇化作为发展的重大潜力，把打好四大攻坚战作为战略重点，着力推进经济结构调整、着力提高发展质量效益、着力加强生态环境建设、着力保障改善民生，坚定不移走绿色崛起之路，努力建设全面小康的河北、富裕殷实的河北、山清水秀的河北。

今年经济社会发展的主要预期目标是：全省生产总值增长8%，公共财政预算收入增长9%，全社会固定资产投资增长17%左右，社会消费品零售总额增长13%，进出口总值增长5%，实际利用外资增长5%。单位生产总值能耗下降3%，化学需氧量、氨氮、二氧化硫、氮氧化物排放量分别削减1.2%、2.7%、1.2%和5.6%，细颗粒物（$PM_{2.5}$）浓度下降4%。城镇居民人均可支配收入和农民人均纯收入均增长8.5%以上。居民消费价格指数涨幅控制在3.5%左右，城镇登记失业率控制在4.5%以内。人口自然增长率控制在7.6‰以内。上述指标的设定，统筹考虑了抓改革、促调整、惠民生、防风险等各方面因素，既体现了需要，也兼顾了可能。需要说明的是，破解河北发展面临的突出矛盾和问题，首要的是转变发展的指导思想。确定生产总值增长8%的目标，不再设置全部财政收入指标，就是不以GDP增长率论英雄，而是更加注重实实在在、合理增长的速度，更加注重民生改善、就业比较充分的速度，更加注重劳动生产率同步提高、经济活力增强、结构调整有成效的速度，更加注重经济发展质量和效益得到提高又不会带来后遗症的速度，更加注重保护资源环境、突出绿色发展的速度，真正把各方面加快发展的积极性引导到提质增效升级上来。

实现今年经济社会发展目标，必须全力以赴抓好“改革、调整、巩固、提升”四大任务。“改革”就是牢牢把握全面深化改革这一强大动力，进一步解放思想、解放和发展社会生产力、解放和增强社会活力，以改革促创新、促发展、促转型、惠民生。“调整”就是牢牢把握科学发展和加快转变发展方式这一主题主线，切实加快经济结构战略性调整，化解过剩产能、提升传统产业、培育新兴产业、改善生态环境。“巩固”就是牢牢把握提高经济发展的质量和效益这一中心任务，有效发挥“三驾马车”拉动作用，防止经济换挡失速，做到稳中有为、稳中提质、稳中增效。“提升”就是牢牢把握创新驱动发展这一核心战略，大力创新体制机制，建立健全创新体系，提高自主创新能力，增强发展的协调性、均衡性、可持续性。

三、坚定不移全面深化改革

改革是经济发展和社会进步的永恒动力。我们一定要坚持以改革统领全局，使市场在资源配置中起决定性作用和更好发挥政府作用，正确准确有序协调推进各项改革，最大程度地激活市场主体、增强县乡活力、破解瓶颈制约。

（一）*深化行政管理体制改革，不断提高政府服务水平。*加快转变政府职能，切实把发展经济的着力点转到为各类市场主体创造统一开放、竞争有序的市场环境上来。进一步简政放权，承接和落实好国务院取消和下放的行政审批事项，继续取消和下放一批省本级行政审批事项，制定并公开行政审批事项目录，没有进入目录的一律停止审批。推行政府向社会购买服务。优化政府组织结构，启动市县级政府机构改革，全面完成省级和市县机构改革任务，推进设区市和省直管县政府机关标准化建设。深入开展重点部门和窗口单位提质提效活动，实行“零障碍”全程协办服务，严肃查处“三难”和“吃拿卡要”等行为。

（二）*着力清除各种市场壁垒，优化民营经济发展环境。*坚持权利平等、机会平等、规则平等，营造稳定、透明、公平的投资环境。推进投资体制改革，实行非禁即准、非限即许，坚决破除“玻璃门”、“弹簧门”，鼓励和引导民间资本进入基础设施、基础产业和公用事业领域。进一步清理规范现有政策，在税费、融资、服务等方面，废除对民营经济的一切不合理规定。深化商事登记制度改革，由先证后照改为先照后证，实行投资主体零限制、注册登记零收费。把注册资本实缴登记制改为认缴登记制，放宽市场主体注册资本、住所登记条件，把企业年检制度改为年报公示制度。认真落实鼓励民营经济发展的各项政策，加强对重点民营企业的帮扶和服务，打造一批“民企航母”。

（三）深入推进国有企业改革，激发国有经济发展活力。完善国有资产监督管理体制，以管资本为主加强国有资产监管，改革国有资本授权经营体制，促进国有资本更多投向重要行业和关键领域。大力发展混合所有制经济，鼓励支持国有资本、集体资本、非公有资本、域外资本等交叉持股、相互融合。合理增加国企管理人员市场化选聘比例，合理确定并严格规范国企管理人员的薪酬待遇。推动国有企业改制上市，提高国有资本证券化水平。强化企业经营投资责任追究制度，推进企业财务预算等重大信息公开，确保国有资产保值增值。

（四）稳妥推进农村综合改革，增强农业农村发展后劲。实施省委、省政府《关于全面深化农村改革的若干意见》，让农村土地资源、农村资产、新型农业经营主体、农村劳动力资源、农村流通、农村金融和城乡良性互动机制活起来。加快构建新型农业经营体系，推进家庭经营、集体经营、合作经营、企业经营等共同发展。坚持和完善最严格的耕地保护制度，严守耕地红线，赋予农民对承包地的占有、使用、收益、流转及承包经营权抵押、担保权能。鼓励承包经营权在公开市场流转。引导工商资本到农村发展适合企业化经营的现代种养业和加工业。鼓励发展家庭农场、专业大户、农民合作社、农业公司等新型农业经营主体。建立市县级农村产权交易市场，促进农村产权公开规范交易流转。

（五）大力推进财税金融改革，强化经济发展支撑保障。合理划分省与市县事权和支出责任，改进预算管理制度和控制方式，清理规范重点支出挂钩机制，完善一般性转移支付增长机制，逐步取消竞争性领域专项，推进实施全面规范的预算公开制度。落实国家各项结构性减税政策，扩大“营改增”试点范围，全面清理税收优惠政策。规范政府举债方式，实施举债核准和风险等级控制，加快建立以政府债券为主体的地方政府举债融资体制，做好化解政府债务风险工作。放宽金融行业市场准入，支持具备条件的民间资本依法发起设立中小型银行、金融租赁公司和消费金融公司，鼓励民间资本投资入股金融机构和参与金融机构重组改造，支持金融机构到农村增设网点。加快农村信用社股份制改造，组建一批农村商业银行。争取更多企业在境内外上市融资，支持设立小额贷款公司和村镇银行。

（六）积极推进社会事业改革，完善保障改善民生体系。深化教育领域综合改革，统筹城乡义务教育资源均衡配置，完善家庭经济困难学生资助体系，鼓励社会力量兴办教育。健全就业创业体制机制。建立科技创新市场导向机制，支持科研机构与企业联手创办科技园区，支持科研人员领办创办科技型企业，促进科研成果资本化、产业化。深化文化体制改革，推动政府部门由办文化向管文化转变，加快国有经营性文化单位转企改制，鼓励非公有制文化企业发展。深化医药卫生体制改革，扩大居民大病保险试点，全面推开县级公立医院综合改革，推进基层医疗机构综合改革，鼓励社会资本办医，有序扩大基本药物制度实施范围。启动实施一方是独生子女的夫妇可生育两个孩子的政策。推进水、天然气、电力等资源品价格改革，推行城镇居民阶梯水价、气价制度，扩大农业用水终端水价范围，完善农产品价格形成机制。深化基层民主制度，提升基层自治能力。

（七）构建开放型经济新体制，提高对内对外开放水平。拓宽开放领域，推进金融、教育、文化、医疗等服务业有序开放，放开会计审计、商贸物流、电子商务等服务业领域外资准入限制。搭建开放合作平台，积极争取国家在曹妃甸设立自由贸易区，推动石家庄空港、黄骅港申报设立综合保税区和在北戴河新区试行离区免税政策，实施开发区产业倍增三年推进计划，抓好国家级和省级开发区、高新区建设，发展一批国别（地区）产业园。创新招商引资方式，推行产业链招商、精准招商、常态化驻点招商等招商方式，办好香港投洽会、廊坊经洽会和特色产业展会，提高利用外资规模和水平。积极扩大紧缺的技术、资源、产品进口，对引进国外先进技术的给予资金支持。实施“走出去”战略，优化对外投资审批程序，搞好对外投资信息服务，引导钢铁、建材等过剩产能有序向境外转移，支持企业到境外建立稳定的战略资源供应基地和生产制造基地，力争全年境外直接投资增长8%。

四、攻坚克难打好产业结构调整这场硬仗

推动产业转型升级是我省必须过的一道坎。我们一定要深入实施四大攻坚战，抓好“三个一百”领军企业工程，有序推进产业结构调整，巩固农业基础地位，改造调整制造业，加快发展服务业，一产抓特色、二产抓提升、三产抓拓展，做到有增有减、有上有下、有进有退。

（一）以亮剑精神坚决化解过剩产能。大力推进“6643”工程，按照国家下达的任务，到2017年压减6000万吨钢铁、6000万吨水泥、4000万吨煤、3000万标准重量箱平板玻璃。按照“消化一批、转移一批、整合一批、淘汰一批”的原则，定计划、定指标、定时间表、定监督检查机制，细化过剩产能化解方案，强化各项保障措施，确保今年压减1500万吨粗钢、1000万吨水泥、1500万吨煤、1800万标准重量箱平板玻璃。任务层层分解到市县，落实到企业。严格执行能耗限额、污染物特别排放限值标准和差别电价水价政策，综合运用市场、法律、行政、标准等手段，倒逼不达标产能退出市场。统筹研究制定配套政策，做好结构调整、职工安置、债务化解工作。

（二）加快推进工业转型升级。走新型工业化道路，加快建立现代产业体系。大力改造提升传统产业，选择100家基础好的传统优势企业提档升级。继续抓好“十百千”工程和千项技改项目。实施龙头带动计划和产业链升级工程，加快老工业基地调整改造。落实钢铁、水泥、玻璃产业结构调整方案，推动企业兼并重组，支持建设用钢产业园区。认真落实“个转企、小升规”后续扶持政策，培育新增规模以上工业企业1600家以上。壮大战略性新兴产业，选择100家潜力大的龙头企业和大项目给予重点支持。大力发展新能源、电子信息、生物医药、新材料、高端装备、节能环保等新兴产业。推进国家光伏规模化应用示范省建设，启动新能源汽车推广应用工程，实施海洋产业振兴工程，推动卫星导航、遥感数据应用等空间信息技术产业化，支持24个国家级和20个省级新兴产业基地加快发展。加强质量、标准和品牌建设，推进质量兴省战略。

（三）促进农业增效农民增收。坚持把解决好“三农”问题作为工作重中之重，按照稳定政策、改革创新的要求，加快推进农业现代化，巩固农业农村发展的好形势。把确保粮食安全作为首要任务，依靠科技支撑和创新驱动稳定粮食生产，推进4000万亩粮食生产核心区建设，抓好620个粮食作物万亩高产创建示范片，实施渤海粮仓科技示范工程，带动中低产田改造。加强以水利为重点的农业基础设施建设，大力实施农业高效节水灌溉工程，发展节水农业。提高农业综合生产能力，粮食总产稳定在660亿斤。调整优化农业结构，壮大畜牧、蔬菜、果品三大优势产业，新增千亩以上蔬菜生产标准园100个、优质果品基地200万亩、中药材种植示范园100个。抓好高标准集约化的生猪、肉牛、禽蛋、奶源基地建设，肉、蛋、奶产量力争达到480万吨、390万吨、630万吨。推动农业大省向食品大省转变，大力发展食品加工业，推进农业龙头企业和现代农业示范区建设，确保100个亿元以上农业产业化重点项目竣工投产。落实农业各项补贴政策，完善粮食主产区利益补偿机制，实行粮食最低收购价制度，抓好农民工技能培训和农村劳动力转移就业，多渠道促进农民增收。

（四）提升服务业规模和水平。坚持扩大总量与优化结构并重，推进服务业发展提速、比重提高、水平提升。加大政策扶持力度，分行业制定细化配套措施，落实鼓励类服务业用电、用水、用气与工业同价政策，重点培育壮大100家优势明显的服务业企业。大力发展生产性服务业，促进服务业和制造业融合发展，支持现代物流、研发设计、检验检测、云计算和物联网服务等重点领域发展，抓好32家省级现代物流产业园区发展，完善钢铁、煤炭、农产品等大宗商品交易平台。支持节能环保服务业发展，推广合同能源管理。增多做强金融主体，支持银行、保险和证券业加快发展，推进燕赵财险正式运行。强化地方金融监管，防范化解金融风险。加快发展生活性服务业，发展文化创意、动漫游戏等新兴业态，壮大文化娱乐、商贸流通、健康养老服务等产业。大力发展旅游业，实施旅游景区改造提升计划，培育一批精品旅游线路。推进城市商业综合体和县城商贸流通设施建设，支持“万村千乡”连锁配送企业发展。力争服务业增加值增长8.5%。

（五）实施创新驱动发展战略。突出抓好企业创新能力建设，推动各类创新要素向企业聚集，引导企业加大研发设计投入，以重点骨干企业为依托，联合高等院校、科研机构，合作建设重点实验室、产业技术研究院、工程技术研究中心、工业设计中心、产业创新联盟，推动产学研紧密结合。重点支持1500家科技型中小企业加快发展，培育壮大科技“小巨人”。发挥科技创新引领产业发展的作用，加强关键技术研发应用，集中力量攻克一批具有自主知识产权的共性关键技术，实施钢铁产业技术升级、制造业信息化、文化科技创新、节能减排、大气污染防治等重大科技专项，提高科技成果转化率和产业化水平。充分利用京津科技资源优势，加强与百家院所校、央企、国外科研机构的科技合作，谋划建设13个省级重大创新基地，支持“863计划”、中关村等科技专项成果在我省转化应用。深化科技人才开放合作，加快推进国家“千人计划”和省“百人计划”等重点引智工程，落实国家高层次人才特殊支持计划，加强与两院院士全方位合作，培养和引进一批科技领军人才和创新创业团队。深入实施知识产权战略，加强知识产权保护，鼓励专利开发和应用。

五、奋发有为推动经济持续健康发展

发展仍是解决我省所有问题的关键。我们一定要始终坚持以经济建设为中心，挖掘发展潜力，增强发展动力，增创发展优势，筑牢经济稳中向好的基础。

（一）*着力构建经济发展的新高地。*围绕深入实施四大攻坚战，统筹推进重点地区协调发展。加快沿海地区开放开发步伐，提升港口功能，完善集疏运体系，推动产业聚集。抓好曹妃甸港区LNG码头、秦皇岛港东港区、京唐港区集装箱码头等项目建设，继续实施黄骅港综合港区二期工程，力争三大港口通过能力突破9亿吨。加快张唐、津保等铁路建设，推进邯港等高速公路和北戴河机场建设。力促中石化曹妃甸千万吨炼油、首钢二期、蔚县电厂等重大项目尽快开工，支持北汽集团黄骅汽车产业园建设，促进沿海地区加快发展。大力推动京津冀协同发展，全面落实深化与京津的新一轮战略合作协议，搞好规划、交通、产业、社会发展等方面的对接，积极承接京津教育、医疗、科研机构和专业市场转移。力促京沈、京张、石济铁路开工建设，推进京港澳扩建和张承高速公路建设。在推动首都新机场开工建设的同时，编制实施临空经济区发展规划，启动廊保空港新区建设。统筹廊坊北三县一体化发展，建设现代服务业示范区。深入对接中原经济区规划，推动邯郸、邢台两市与中原经济区深度融合发展，把邯邢地区打造成省际合作的“桥头堡”。

（二）*进一步增强“三驾马车”的拉动力。*发挥投资对经济增长的直接拉动作用，保持合理投资规模，着力优化投资结构、提高投资质量。实施“双百双千”工程，省级抓重大在建和前期项目各100个，市级各抓1000个。优先安排有利于转型升级的重大项目、重点基础设施和基础产业项目，争取石炼800万吨炼油扩能提质、南水北调配套工程、邯长邯济铁路扩能改造等项目建成投运，沧州海兴核电等项目前期工作取得突破。优化政府投资结构，减少对一般性项目投资，重点用于具有全局性、基础性、战略性影响的重大项目。重视发挥消费的基础性作用，实施城乡居民收入倍增计划，提升居民即期消费能力。完善消费政策，实施鼓励居民消费的财税、信贷和信用消费政策，落实带薪休假制度。扩大信息消费，加快推进河北省“宽带中国”工程和第四代移动通信建设，实施全省电子商务三年发展推进计划。挖掘消费潜力，培育健康养老消费，鼓励社会资本兴办养老、康复、托养和家政服务机构。整顿规范市场秩序，坚决打击制假售假行为。促进房地产市场健康发展，支持住房改善性需求。加快外贸发展方式转变，优化出口商品结构，形成以技术、品牌、质量、服务为核心的出口竞争新优势。重点推进安国中药等12个国家级出口基地和一批服务外包示范园区、产业基地、农产品出口示范县建设。强化外贸企业分类帮扶，以长城汽车等30个出口品牌为重点，大力开拓国际市场，鼓励更多企业扩大出口。提升贸易便利化水平。积极应对国际贸易摩擦。

（三）*准确把握经济运行调节的力度节奏。*加强对重点行业、重点地区运行态势的监测分析，引导企业进行适应性调整。针对我省一次性能源主要依靠外部供应、清洁能源供应紧张的状况，协调增加天然气、清洁煤炭供应，完善紧张时段用电、用气应急预案，保障骨干企业生产需求。坚持集约节约用地，继续实施土地指标年初预拨办法，建立用地指标安排与用地进度、供地率、补充耕地挂钩的激励机制。统筹用好帮扶困难企业专项资金，在融资、用工、培训等方面搞好保障和帮扶。组织好第三次全国经济普查工作。

（四）*分类支持各市在重点领域实现突破。*按照“分类指导、重点倾斜、上下互动、合力推进”的思路，依托国家和省重大战略实施、重点工作推进，在省级层面统筹资源要素，有选择、有侧重地对各市给予支持。支持石家庄提升省会功能，大力发展服务业，创建科技大市场，争取“十二五”末服务业占三次产业比重达到50%以上；支持承德加快机场、双峰寺水库等重大基础设施建设，加强生态建设和保护，提高加快发展保障能力；支持张家口与北京市联合申办冬奥会，抓紧编制实施以崇礼赛区为中心的基础设施、城镇建设和产业发展规划，谋划建设京张铁路崇礼支线等交通项目和体育竞技设施；支持秦皇岛以西港搬迁改造为重点的岸线优化和产业布局调整，发挥科技创新引领示范作用，建设绿色秦皇岛、活力秦皇岛；支持唐山发展沿海经济、调整产业结构，压钢减煤，化解过剩产能；支持廊坊大力提升城镇化率，深化与北京的同城化建设；支持保定加强以白洋淀为核心的生态保护，建设低碳城市、创新城市，成为京津产业重要承接地；支持沧州在临港产业和石化产业上加快发展，在服务冀中南、内陆港建设上形成“1+4”发展格局；支持衡水开展综合配套改革试点，以改革求发展求突破；支持邢台山区开发和基础设施、重点园区建设，加快发展步伐；支持邯郸冀南新区和重点园区建设，打造区域经济增长点。同时，支持定州、辛集进一步完善管理体制，努力提高经济实力、发展活力和综合竞争力。

六、只争朝夕推进环境治理和生态建设

生态环境事关人民群众生命健康和河北形象。我们一定要以背水一战的决心，加大环境治理和生态保护工作力度、投资力度、政策力度，坚决打赢这场攻坚战，力争三年有好转、五年大改善。

（一）*强力治理大气污染*。认真贯彻国务院大气污染防治10条措施和京津冀实施细则，深入落实我省大气污染防治行动计划实施方案，突出抓好压钢、减煤、治企、控车、降尘等重点工作，确保完成今年污染物排放削减目标。积极调整能源结构，全面淘汰燃煤小锅炉，大幅提高煤炭清洁利用水平，加快集中供热、“煤改电”、锅炉改造工程建设。继续实施钢铁、水泥、电力、玻璃等行业大气污染治理攻坚行动，加大制药企业和医疗机构污染物治理力度，推进主城区污染企业搬迁与升级改造。继续淘汰黄标车。严格控制扬尘污染。加强县城和重点镇环境治理。抓好农村清洁能源应用，减少农村燃煤和面源污染。大力推行秸秆综合利用，全面禁止秸秆焚烧。完善重污染天气应急预案，切实减轻重污染天气对群众生产生活和身体健康的影响。加强与京津及周边地区协作，推进大气污染治理联防联控。建立大气污染治理公众参与机制。持续抓好节能减排，广泛开展节地节水节电节材活动，加快工业、交通、建筑等重点领域节能改造，深入推进“建筑节能省”创建和“千家企业”能耗管理体系建设，启动实施石家庄、唐山国家节能减排示范市工作，制定排污权有偿使用管理办法并进行试点，确保完成国家下达的“十二五”节能减排目标任务。

（二）*着力改善水环境质量*。我省水资源短缺与水环境污染严重问题并存，必须落实好最严格的水资源管理制度，加大重点流域、饮用水水源地和地下水污染防治力度。加快南水北调中线配套工程建设，确保今年汛后正式通水。推进引黄入冀补淀工程，力争今年开工建设。抓好重大输水工程沿线、大中型水库防污工作，大力开展流域重度污染治理专项行动，对我省七大水系的14条重污染河流分别制定整治方案。推进白洋淀和衡水湖等重点湖淀污染治理。坚决控制地下水超采，实施以衡水为重点的黑龙港地区地下水压采行动。严格保护饮用水安全，让人民群众喝上干净水、安全水。深化北戴河及相邻地区近岸海域环境综合整治三年行动计划，重视海洋生态保护，坚决打击“绝户网”，努力恢复海洋渔业生态资源。

（三）*实施生态修复工程*。制定实施山水林田湖修复整体规划。着力构筑绿色生态屏障，继续实施京津风沙源治理二期、三北防护林、燕山太行山绿化、沿海防护林、京冀水源林等重点生态工程建设，启动新一轮退耕还林工程，搞好城乡绿化美化，大力植树造林，完成造林绿化面积420万亩。加快绿色廊道建设，推进道路沿线和景区周边绿化。加大湿地保护工作力度，加强土壤环境保护和综合治理，开展污染治理与修复试点示范。严格落实生态功能区规划，探索划定生态红线。完善生态补偿机制，实行最严格的源头保护制度、损害赔偿制度、责任追究制度，切实做到用制度保护生态环境。

（四）*加大环境执法力度*。构建政府主导、环保监管、部门协同、企业落实、社会参与的环境治理机制。提升监管能力，推进“智慧环保”建设，构建覆盖全省的智能化环境执法监控平台，建立“横向到边、纵向到底”的省市县乡村五级网格化监管体系。强化执法监督，加强考核，严格问责，坚决打击环境违法犯罪行为，让非法排污付出更大代价，让保护环境成为自觉行动。

七、积极稳妥走河北特色新型城镇化道路

城镇化是现代化的必由之路。我们一定要把推进城镇化作为重大战略任务，按照省委“十要十不要”的要求，遵循客观规律，把握正确方向，努力走出一条以人为本、优化布局、生态文明、传承文化的新型城镇化道路。

（一）*有序推进农业转移人口市民化*。加快推进户籍制度改革，抓紧出台差别化落户政策。合理确定石家庄、唐山、保定、邯郸4个市区人口超100万城市的落户条件，有序放开其他7个设区城市的落户限制，全面放开县级市、县城和建制镇的落户限制。稳步推进城镇基本公共服务常住人口全覆盖，逐步把进城落户的农民纳入城镇基本养老、医疗等社会保障体系，解决进城人员后顾之忧，使他们进得来、留得住、过得好。

（二）着力优化城镇化布局和形态。坚持把城镇化纳入京津冀协同发展格局，以城市群为主体形态，构筑以京津两个特大城市为核心，石家庄、唐山两大城市为区域中心，其他设区市为支点的层级合理的城镇体系。做大做强中心城市，构建以主城区为核心、周边县（市）为组团的发展布局。推动基础条件较好、发展潜力较大的县城和建制镇发展成为中小城市。完善城镇规划，逐步由扩张性规划转向限定城市边界、优化空间结构规划，改变“摊大饼”发展模式。优化基础设施、产业发展、公共服务布局，解决交通拥堵、环境恶化等“城市病”。严格控制建设用地总量，盘活土地存量，用好地下空间，提高土地利用率。突出城市文化灵魂，体现地域文化特色，延续城市历史文脉。

（三）大力提高城市建设管理水平。增强城市综合承载力，加快学校、医院、图书馆等公共服务设施建设，推进城市供水供暖供气、地下管网等市政建设，提高基础设施配套能力和防灾减灾能力。创新城镇建设投融资体制，鼓励社会资本通过特许经营等方式参与城市基础设施投资运营。健全质量管理制度，完善工程质量标准，搞好建筑设计，努力打造精品建筑、百年工程。强化城市精细化管理，拓展数字城管功能，建设智慧城市。理顺管理体制，推行综合执法，提高文明执法水平。

（四）加快县域经济发展和县城建设。全面落实支持县域经济发展和县城建设的政策措施，支持经济强县（市）特别是工业产值超千亿元的县（市）推进产业转型和城乡统筹发展，加大对财政弱县特别是财政收入不足3亿元困难县的扶持力度。发展县域特色主导产业，实施产业集群示范工程，推动产业向园区聚集。继续推进安国中药都建设。优化行政区划，统筹推进县改市、改区和省直管县工作，增强县乡发展活力。大力推动县城建设上水平，在基础设施、园林绿化、景观风貌等方面建设一批重点工程，建成一批高水平的公共服务设施和商业综合体、专业市场等配套设施，增强县城的承载力和吸引力。推进国省干线、农村公路、“断头路”、瓶颈路和危桥改造。搞好县城规划，体现尊重自然、顺应自然、天人合一的理念，发展绿色建筑、绿色能源、绿色交通，实施经济社会发展、城乡、土地利用规划“三规合一”，一张蓝图干到底，确保规划的科学性、权威性和严肃性。

（五）推进城乡一体化协调发展。加大城乡协同发展力度，形成以工促农、以城带乡、工农互惠、城乡一体的新型工农城乡关系。加大公共财政向农村倾斜力度，推动优质资源向农村倾斜，基础设施向农村延伸，加强城市产业与农村产业对接，增强城镇对农村产业的辐射带动力。今年再选定3000个重点村，开展农村面貌改造提升行动。把提高贫困人口生活水平和减少贫困人口数量作为主攻方向，增强扶贫攻坚的精准性、有效性、持续性，出台鼓励贫困县脱帽出列办法，深化燕山—太行山、黑龙港流域连片特困地区和环首都扶贫攻坚示范区建设。加大产业、金融扶贫力度，通过山区农业综合开发、股份合作、家庭手工业等方式发展脱贫增收项目，增强贫困地区造血功能，提高教育、医疗等基本公共服务水平，确保100万扶贫对象稳定脱贫，尽快让贫困地区富起来、贫困群众生活好起来。

八、更加注重保障和改善民生

善政之要，惟在养民。我们一定要把民之所望作为施政所向，坚持守住底线、突出重点、完善制度、引导舆论，优先保障民生投入、优先安排民生项目、优先解决民生问题，让发展成果更多更公平惠及全省人民。

（一）推动实现更高质量就业。实施就业优先战略，重点抓好高校毕业生就业和化解过剩产能中出现的下岗再就业工作，统筹抓好农村转移劳动力、城镇困难人员、退役军人就业。完善扶持创业优惠政策，健全城乡均等公共就业创业服务体系。加强职业技能培训，对困难家庭、失业人员开展就业援助帮扶，确保城镇零就业家庭动态为零。年内城镇新增就业70万人，应届高校毕业生就业率达到85%以上，新增农村劳动力转移就业50万人。

（二）努力提高城乡居民收入。增加城乡居民工资性收入，完善工资决定和正常增长机制，完善最低工资和工资支付保障制度，完善企业工资集体协商制度。改革机关事业单位津贴补贴制度。大力发展非农产业，增加财政对“三农”的转移性支出，进一步增加农民收入。规范收入分配秩序，增加低收入者收入，扩大中等收入者比重。

（三）健全完善社会保障体系。坚持保基本、兜底线、促公平、可持续，进一步完善社会保障制度。巩固企业职工养老保险省级统筹和城镇基本医疗保险市级统筹制度，工伤保险实现省级统筹。提高企业退休人员基本养老金和城乡居民社会养老保险基础养老金水平，城乡居民医疗补助标准年人均提高到 320 元，城乡低保省级指导性标准年人均分别达到 5400 元和 2500 元。健全社会救助体系，提高优抚对象待遇标准，完善社会救助和保障标准与物价上涨挂钩的联动机制，保障困难群众基本生活。加强社会养老服务体系建设，扩大城市居家养老服务中心和农村互助幸福院覆盖范围。加大保障性住房建设和供给，开工建设保障性住房 20 万套、竣工 20 万套，抓好农村危房改造。实施农村安全饮水工程，解决 575 万农村人口饮水安全问题。

（四）促进社会事业全面进步。着力提升文化软实力，培育和践行社会主义核心价值观，大力弘扬社会主义先进文化。统筹各类教育协调发展，启动实施第二期学前教育三年行动计划，推进义务教育公办学校标准化建设，保障进城务工人员随迁子女平等接受义务教育，加快发展职业教育，通过特色学科建设打造知名大学。加强城市社区卫生服务中心建设，抓好 30 所县级中医院基础设施建设，实施基层中医药服务能力提升工程。确保政府办基层医疗卫生机构基本药物网上采购率保持 100%，抓好重大疾病和传染病防控。关爱残疾人，建立贫困重度残疾人生活补贴和贫困残疾儿童抢救性康复补贴制度。加快省市县博物馆、群艺馆、文化馆和 7000 个文化资源共享基层服务点建设。繁荣文化创作，打造一批艺术精品。发展文化产业，培育壮大省级文化产业园区。全面启动 2016 年唐山世界园博会场馆和展馆建设。加强承德避暑山庄及周围寺庙、正定古城、泥河湾遗址群等重要文物保护，加大历史文化名城名镇名村、古树名木和风景名胜保护力度，搞好非物质文化遗产保护与传承。完善城乡公共体育设施，推进河北奥林匹克体育中心建设，举办好河北省第十四届运动会和第八届残疾人运动会。

（五）深入推进平安河北建设。高度负责地抓好安全生产工作，实施“打非治违”、非煤矿山、尾矿库、管道管网等专项治理，加强重点行业领域安全监管，坚决遏制重特大事故发生。深入开展食品药品隐患排查和专项整治，实施食品药品安全县创建工作。特别是着力提高农产品质量和食品安全水平，用最严谨的标准、最严格的监管、最严厉的处罚、最严肃的问责，确保人民群众“舌尖”上的安全。加强突发公共事件应急预警，有效防范和应对重大自然灾害。实施重大决策风险评估机制。扎实做好信访工作，认真对待、妥善处理人民群众合理诉求。依法严厉打击违法犯罪行为，努力保障人民安居乐业、社会安定有序。

加强国防教育和国防后备力量建设，支持驻冀人民解放军、武警部队全面加强革命化现代化正规化建设，推进军民融合深度发展。支持工会、共青团、妇联等人民团体发挥桥梁纽带作用，做好新闻出版广电、老龄妇女儿童、气象防震减灾、地理信息、民族宗教、外事侨务、人民防空、邮政通信、史志档案和援疆援藏等工作，全面推进各项事业取得新的进步。

各位代表！做好今年的政府工作，需要以改革创新的精神加强政府自身建设，提振精气神、汇聚正能量。我们一定要坚持为民务实清廉，扎扎实实地抓好教育实践活动整改落实。加快推进服务型政府建设，以中央“八项规定”为行为准则，坚决反对和克服“四风”，从群众最关心的事情干起，从群众反映最强烈的问题改起，从群众意见最集中的地方抓起，确保教育实践活动善始善终、善做善成。我们一定要坚持依法行政，驰而不息地推进法治政府建设。把遵守宪法法律作为施政的根本原则，推进行政权力运行公开化规范化，切实把政府工作纳入法制轨道。自觉接受人大及其常委会的法律监督和工作监督，自觉接受人民政协的民主监督，开展协商民主，广泛听取各民主党派、工商联和无党派人士的意见和建议，认真办理人大代表建议和政协提案。重视发挥新闻媒体和社会公众的监督作用，保证人民群众的知情权、参与权、表达权、监督权。我们一定要坚持廉洁从政，毫不松懈地打造廉洁政府。厉行勤俭节约，反对铺张浪费，严控“三公”经费支出，大幅降低行政成本。深入推进政府系统惩治和预防腐败体系建设，严格落实党风廉政建设责任制，加强对权力运行的制约和监督，努力做到干部清正、政府清廉、政治清明。

各位代表！我们的政府是人民的政府，让全省人民过上美好生活是我们的不懈追求。我们一定尽心竭力为人民服务、对人民负责、让人民满意，自觉肩负起转型升级、加快发展的历史使命，自觉担当起为民谋福、为民解忧的重要责任，创造无愧于历史、无愧于时代、无愧于人民的新业绩！

各位代表！做好今年的改革发展工作，中央对我们寄予厚望，人民对我们充满期待。让我们紧密团结在以习近平同志为总书记的党中央周围，在中共河北省委的正确领导下，紧紧依靠全省人民，坚定信心、凝聚共识，真抓实干、锐意进取，为不断夺取全面建成小康社会和全面深化改革的新胜利、谱写中国梦的河北篇章而努力奋斗！

河北省人民代表大会常务委员会工作报告

——在河北省第十二届人民代表大会第二次会议上

河北省人民代表大会常务委员会常务副主任　**宋恩华**

（2014 年 1 月 10 日）

各位代表：

我受省十二届人大常委会委托，向大会报告一年来的工作，请予审议。

刚刚过去的 2013 年，是全面贯彻落实党的十八大精神的开局之年，也是新一届人大常委会履职的起始之年。一年来，在省委领导下，省人大常委会高举中国特色社会主义伟大旗帜，深入贯彻落实党的十八大、十八届二中三中全会和省委八届五次六次全会精神，牢牢把握科学发展这个主题，紧紧围绕转变经济发展方式这条主线，始终抓住社会主义民主法治建设这一根本任务，解放思想、改革开放、创新驱动、科学发展，扎实推进法治河北建设，地方立法科学化、民主化水平进一步提高，人大监督针对性、实效性进一步增强，代表作用进一步发挥，自身建设进一步提升，常委会各项工作取得明显成效，为全面深化改革开放、推动科学发展作出了积极贡献。

一、适应改革发展新形势，地方立法取得新进展

常委会坚持科学立法、民主立法，坚持立法决策与改革决策同步合拍，坚持从河北实际出发，统筹做好地方性法规的立改废释，共制定修订地方性法规 12 件，审查批准地方性法规 7 件，审查报备政府规章 25 件。

*注重立法的计划性和统筹性，发挥常委会立法主导作用。*通过多种渠道、多种方式向社会各界征集立法建议项目 123 件，并根据我省经济社会发展实际需要，科学编制五年立法规划，制定 2013 年立法计划。认真做好法规清理、修改、废止工作，对我省现行有效的 184 件地方性法规进行全面审视与梳理，重点解决与经济社会发展和法治建设不适应、不符合、不一致、不协调的问题，经过认真审议，决定废止法规 7 件，修改 5 件，使法规内容更加协调统一，更加符合实际需要。

*结合我省实际，为深化改革推动发展提供法制保障。*为促进农民工有序融入城市，维护农民工合法权益，审议通过了农民工权益保障条例。适应农村经济社会发展需要，审议通过了农村土地承包条例。为防控日益严重的电磁电离辐射污染，保护人民群众身体健康，制定了辐射污染防治条例。为节约资源、减少环境污染，通过了促进散装水泥发展条例。为增强突发事件应对能力，推进应急管理法制化，出台了突发事件应对条例。为全面推进法治河北建设，提高全社会法律意识，制定了法制宣传教育条例。审议通过了气象灾害防御条例、防震减灾条例，为有效消除安全隐患、减少灾害损失、保障人民生命财产安全提供法制保障。初审了实施水土保持法办法、非物质文化遗产保护条例、电力保护条例。

*完善立法机制，不断提高立法科学化民主化水平。*常委会高度重视立法制度建设，通过了提高地方立法质量的若干规定，先后制定了省本级立法工作规程和年度立法计划编制、法规草案公开征求意见、专家咨询、法规审批、法规解释、法规清理等规章制度。大力推进开门立法，通过广播电视、网络报刊等多种途径向社会公布法规草案，充分征求公众意见，不断增强立法工作透明度与公众参与度。扎实开展立法调研工作，针对立法中的重大问题、焦点问题、争议问题，广泛深入进行调查研究。重视发挥专家学者作用，聘任专家学者成立立法咨询专家组，对专业性、技术性和创新性较强的立法项目进行研究论证。坚持提前介入法规起草工作，对分歧意见反复沟通协调，达成共识；对涉及部门利益问题严格审查把关，力避偏差。

二、围绕全省工作大局，有效开展监督工作

常委会围绕推动打好“四大攻坚战”、保障改善民生、加强社会管理等重点工作，认真履行监督职责，着力推动中央和省委重大决策部署的贯彻落实。

*严格计划预算审查监督，促进经济社会稳定发展。*依法审查计划、预算执行情况报告，批准决算、超收资金支出安排方案，听取审议审计工作报告。不断改进和加强计划、预算审查监督工作，首次对预算执行和决算进行单独审查，并对预算执行情况提交审查报告，对常委会审议意见及时交办，并进行跟踪监督，收到较好的效果。为全面掌握经济运行和预算执行情况，重点围绕工业转型升级、经济开发区建设、非税收入深入开展调研，就改进预算管理、提高财政收入质量提出意见建议。提前介入新年度预算编制审查，确保公共财政、政府性基金、国有资本经营和社会保险基金预算涵盖其中，实现财政全口径监督。针对审计报告揭示出的问题进行跟踪监督，听取整改工作报告，审计监督力度不断加大。

*加强对环境污染防治情况监督，推动发展方式转变。*为贯彻落实中央和省委要求，积极回应人民群众对环境质量的关切，依法推进我省大气污染防治工作，集中力量对全省贯彻实施大气污染防治法律法规情况进行专项执法检查，重点对政府工作、园区建设、企业责任、公众反映四个层面70多项指标进行检查，对120家排放大户和重点单位进行明察暗访，对执法人员、企业管理人员、普通群众进行问卷调查。听取审议了省政府大气污染防治情况报告和常委会执法检查报告。省委批转了常委会执法检查报告，对全省大气污染防治工作起到积极推动作用。以“爱护我们的家园、实现天蓝水净”为主题，继续开展“燕赵环保世纪行”活动。本次代表大会把审议大气污染防治工作报告列入议程并将作出决议，这是运用法治思维和法治方式推动重大事项落实的有力举措。

*加强对社会民生领域监督，维护人民群众切身利益。*开展社会救助，是保障困难群众基本生活、改善民生的重要举措。为加大社会救助工作监督力度，常委会积极探索多种监督方式的综合运用，组织6个调研组，围绕社会救助制度建设、资金管理、政策落实、基层救助能力进行专题调研，通过新闻媒体、互联网，广泛征求意见建议。结合听取审议省政府社会救助工作专项报告，首次开展专题询问，省政府10个相关部门主要负责同志到会听取意见、回答了委员们的询问。常委会组成人员在调研、审议和专题询问基础上提出改进工作的意见建议，有力推动了社会救助工作的创新发展。为推动公务员管理工作规范化、法制化、科学化，组织开展了公务员法执法检查，针对存在问题，就完善公务员管理体制、规范招录工作、修订相关法律法规提出了意见建议。受全国人大常委会委托组织开展了气象法、义务教育法执法检查，进行了宗教事务条例、科技进步“一法一条例”执法调研，泥河湾遗址群保护情况专题调研，听取了省政府关于落实残疾人保障法审议意见的报告、贯彻实施邮政法和邮政条例情况的报告。积极推动“百名侨商进河北”系列招商引资活动，组织开展了发挥外事侨务优势、推动沿海开放专题调研，并听取审议了省政府专项报告。

*加强对“三农”工作监督，促进新农村建设。*围绕贯彻落实中央和省委关于美丽乡村建设、实施农村面貌改造提升行动的重大部署，组织开展了专题视察，在审议视察报告基础上，作出了《关于深入实施农村面貌改造提升行动的决议》。为预防和治理水土流失，保护和改善生态环境，开展了水土保持法和我省实施办法执法检查并审议了执法检查报告。对扶贫开发工作整改情况进行跟踪监督，进一步推动这项工作的开展。为促进农村经济和农业科技发展，开展了农民专业合作社法执法调研和农业科技创新与推广专题视察。

*加强对司法工作监督，维护社会公平正义。*积极推动检察机关加强对司法活动的监督，以刑事立案与侦查、刑事审判、刑罚执行与监管、检察队伍建设为重点，对检察机关刑事诉讼法律监督进行专题视察，有效推进了新刑诉法和常委会关于加强检察院法律监督工作决议的贯彻实施。总结代表旁听评议法院庭审活动经验，修订了旁听评议法院庭审办法，组织48名省人大代表对4起案件进行旁听评议。完善办理群众申诉控告规定，明晰办理责任，规定办理标准，一年来对119件申诉控告及时转办督办，维护司法公平正义和群众合法权益。

三、注重发挥代表和组成人员作用，依法做好选举任免工作

常委会充分尊重代表主体地位，重视发挥常委会和专门委员会组成人员作用，密切同代表的联系，认真做好代表履职的服务保障工作。

*增强服务意识，活跃代表闭会期间活动。*根据换届后代表情况，建立代表信息数据库，积极推进代表履职信息管理电子化。按照代表地域分布、兼顾专业的原则，组建11个全国人大代表小组，86个省人大代表小组，制定代表小组活动指导意见，发挥代表小组活动平台作用。认真组织代表培训，对169名新当选省人大代表、基层代表和代表小组长进行履职培训，组织全国人大代表参加全国人大组织的培训活动。先后邀请50名省人大代表列席省人大常委会会议，组织代表参加常委会开展的立法、视察、执法检查、调研活动。为进一步加强代表服务工作，召开部分代表座谈会听取意见建议，出台改进代表专题调研工作意见，围绕农村土地确权、企业创新等议题，组织开展代表年中调研和代表大会前集中视察活动。

*增强质量意识，切实抓好议案建议办理。*制定了代表建议办理工作意见，进一步明确办理标准、强化办理责任、规范办理流程，加大代表议案建议交办和督办力度。对省十二届人大一次会议上代表提出的7件议案，1件列入立法计划，并形成法规草案提交常委会初审，其他6件已列入调研计划。对代表提出的541件意见建议，及时制作代表建议明白卡电子文本，并在综合分析基础上，确定对推进节能减排、促进沿海率先发展、加强食品药品安全监管、发展现代农业等方面建议进行重点督办。听取审议了“一府两院”和省交通厅、商务厅、文化厅建议办理工作情况报告，对加强办理工作提出具体意见。继续开展优秀代表建议和优秀承办单位评比活动，进一步调动了代表提出高质量建议和承办单位认真办理的积极性。

*增强责任意识，依法做好人事任免和指导换届选举工作。*坚持党管干部原则与人大常委会依法任免有机统一，认真行使人事任免权。换届伊始及时任命省政府组成人员和省人大常委会工作人员，为地方国家机关正常运转提供组织保证。在任免工作中，认真审核任免材料，科学组织会议审议，严格落实任前见面、任后表态、电子表决和无记名投票制度。一年来，共任免国家机关工作人员202人次。切实贯彻新选举法，依法指导各设区市人大换届选举工作，加强对换届选举工作的理论研究和实践探索。

四、加强常委会自身建设，努力提高人大工作水平

常委会把自身建设摆在突出位置，精心谋划，强力推进，履职能力和工作水平进一步提高。

*扎实开展党的群众路线教育实践活动，着力提升履职能力。*注重发挥密切联系代表和群众这一政治优势，紧密结合人大工作实际，扎实开展群众路线教育实践活动。在深入学习的基础上，认真查摆“四风”方面存在的突出问题，聚焦影响依法履职的薄弱环节，坚持边查边改、立改立行。围绕改进工作作风、密切联系代表和群众、切实履行法定职责等向社会作出公开承诺，制定整改措施，落实整改责任，积极推进整改工作。深入开展调研活动，召开设区市人大主任座谈会，认真总结推介各地人大工作经验，研究探索人大工作改革创新的新思路、新举措。通过教育实践活动，坚定了理想信念，工作作风得到改进和加强，制度更加完善，宗旨意识更加牢固，同代表和群众联系更加密切，依法履职能力得到进一步提升。

*认真开展解放思想大讨论，着力增强改革创新意识。*为创造性地做好新形势下的人大工作，推动我省改革建设各项事业健康发展，紧密联系履职实际，认真开展解放思想大讨论。围绕推进法治河北建设，以法治思维和法治方式推动人大工作进行调研，就完善地方国家权力机关组织制度，充分发挥常委会、专委会组成人员作用进行探讨，增强人民代表大会制度理论与实践创新的主动性与自觉性。组织常委会组成人员、人大代表和机关干部积极参与“我为河北科学发展献良策”活动，请有关领导和专家学者作解放思想专题辅导报告，对照全国人大和部分先进省市人大找差距、查不足、定措施，全面提升履职水平。

*制定完善各项规章制度，着力规范履职行为。*强化建章立制，对各项制度进行全面梳理，建立健全工作制度、管理制度、考核制度和督促检查制度。修订常委会议事规则、常委会组成人员守则和主任会议议事规则，审议通过关于提高常委会会议质量的若干意见，完善常委会议事决策程序，促进了工作的标准化、规范化。

切实加强机关建设，着力提升服务保障水平。

以思想政治、纪律作风、制度机制、工作效能为重点，扎实开展机关建设年活动。对机关处以下干部进行全员培训，着力提升机关干部的综合素质。研究制定了干部选拔任用、竞争上岗、职位轮换、挂职锻炼、双向交流、公务员公开选拔等项制度并大力推动实施，增强了活力、激发了动力，广大干部奋发向上的精神状态明显提升。

高度重视做好人民群众来信来访工作，全年共受理群众来信来访3506件，及时转交有关部门办理并督促反馈。注重与市县人大沟通联系的机制建设，积极指导基层人大工作。在省委重视下，市级人大常委会领导成员的培训列入了全省主体班培训计划并已付诸实施。进一步加强法律法规和人大工作宣传。圆满完成人大建设研究会换届工作。积极做好地方人大外事工作。

过去的一年，常委会积极履职、依法履职、有效履职，各项工作都取得了新的进展。同时我们清醒地认识到，工作中还存在许多需要进一步加强和改进的地方。立法体例有“大而全”的倾向，立法内容重管制轻服务，一些急需的法规尚未出台，立法对改革发展的引领保障作用还需要进一步加强；有的监督活动缺乏针对性、有效性，法律赋予的一些监督内容落实不到位，监督效果有待进一步提高；代表工作机制还不够完善，代表作用发挥不够充分；常委会自身建设还需要进一步加强。

各位代表，今年是贯彻落实党的十八届三中全会决定和省委八届六次全会决议、全面深化改革的第一年，是我国人民代表大会制度确立60周年，做好今年各项工作意义重大。在新的一年里，省人大常委会要高举中国特色社会主义伟大旗帜，以邓小平理论、“三个代表”重要思想、科学发展观为指导，全面贯彻党的十八大、十八届三中全会精神和省委八届六次全会精神，坚持党的领导、人民当家作主、依法治国有机统一，坚持把改革创新贯穿于经济社会发展各个领域各个环节，紧紧围绕中央和省委的重大改革决策部署，依法行使好宪法和法律赋予的各项职权，稳中求进、改革创新，推进全面深化改革顺利进行，为实现河北绿色崛起、科学发展作出新的贡献。

——坚持科学立法民主立法，为全面深化改革提供法制保障

牢牢把握新形势下立法工作的目标任务和总体要求，坚持立法决策与改革决策协调同步，把全省重大发展战略纳入地方性法规。根据全面深化改革需要，做好法规的修改、废止工作，建立健全法规清理常态化机制，为改革决策提供民意基础、动力支持和法制保障。围绕省委重大决策部署，加强调整结构、转变方式、社会治理、生态文明、改善民生等重点领域立法。要注重通过立法引领实践、推动改革、促进发展，对应兴应革事项，在与上位法不抵触前提下，大胆先行先试。加强创制性立法，制定河北省国土治理条例、行政审批管理监督条例、城市地下管线管理条例等法规，充分发挥立法的引领推动作用。健全完善立法起草、论证、协调、审议机制，人大有关专门委员会和常委会工作机构要提前介入，督导法规起草工作，充分发挥人大对立法的主导作用，克服部门利益法制化倾向。坚持开门立法，拓宽立法渠道，完善社会公众意见表达机制和采纳反馈机制。组织开展好立法后评估工作，对法规实施效果进行跟踪问效。做好法规备案审查工作。重视法律法规宣传，加大新颁布法规的宣传力度，提高全民法治意识，为法律法规的实施创造良好社会环境。

——提高监督实效，促进依法行政公正司法

围绕全面深化改革、绿色崛起、工业转型升级、政府职能转变、新型城镇化建设、改善民生等事关全省大局的战略任务，精心谋划、切实组织好监督工作，综合运用视察、执法检查、听取专项报告、工作评议等监督手段，强化对“一府两院”的监督，依法推动省委重大决策部署的贯彻落实。视察调研、执法检查要深入基层、深入群众，多到问题集中、矛盾复杂的地区和单位，力求摸到真实情况，查准问题症结，提出真知灼见。加强计划、预算审查监督，落实对政府全口径预算决算的审查监督，强化国有资产监督。听取审议审计工作报告。组织对“十二五”规划实施情况中期评估监督。推进专题询问常态化、制度化，开展扶贫开发、食品安全、水污染防治专题询问。进一步深化司法工作监督，维护司法公正，让人民群众在司法案件中感受到公平正义。完善专门委员会、工作委员会与“一府两院”及相关部门的联系机制，建立省、市、县人大联动协调机制，整合监督资源，形成监督合力，增强监督实效。高度重视审议意见的办理，抓好审议意见的督办反馈工作，对重要审议意见的办

理情况，要安排常委会审议并进行满意度测评。

——*创新代表工作机制，发挥代表主体作用*

坚持和完善常委会组成人员联系代表、代表联系群众的各项制度，制定关于充分发挥人大代表主体作用的意见，完善代表履职服务保障机制。进一步落实改进代表专题调研工作规定，组织好代表闭会期间的调研视察。发挥代表履职网络平台作用，提高代表工作信息化程度和工作效率。探索建立代表履职档案和代表向原选举单位述职制度。加大代表建议、批评和意见督办力度，实行人大专门委员会重点督办机制，推动解决与群众利益息息相关的热点难点问题。探索做好乡镇人大、街道人大、经济开发区人大工作的经验，加强对基层人大工作的指导。坚持党管干部与依法任免相结合，认真做好常委会人事任免工作。

——*加强常委会自身建设，提高依法履职能力*

认真学习党的十八大、十八届三中全会和省委八届六次全会精神，进一步增强政治意识、大局意识、法治意识、责任意识，以改革的精神、改革的思维和改革的方法创新人大工作，推动人大建设提质增效。巩固和深化群众路线教育实践活动成果，切实改进学风、文风、会风。坚持民主集中制，加强常委会和机关建设。严格遵守中央“八项规定”和廉洁自律各项规定，严格执行《党政机关厉行节约反对浪费条例》，严格“三公”经费管理，筑牢反腐倡廉的思想道德防线。加强对市县人大工作的指导，做好对人大系统干部培训工作，适时召开省市县人大工作交流会。

各位代表，让我们紧密团结在以习近平同志为总书记的党中央周围，高举中国特色社会主义伟大旗帜，在中共河北省委的坚强领导下，团结一心、攻坚克难、锐意进取、奋发有为，为建设全面小康的河北、富裕殷实的河北、山清水秀的河北作出更大贡献！

河北省高级人民法院工作报告

——在河北省第十二届人民代表大会第二次会议上

河北省高级人民法院院长　**卫彦明**

（2014 年 1 月 10 日）

各位代表：

现在，我代表省高级人民法院向大会报告工作，请予审议，并请省政协各位委员和其他列席同志提出意见。

2013 年，全省法院在省委的坚强领导下，在省人大及其常委会的有力监督、省政府的大力支持、省政协的民主监督以及社会各界的关心支持下，按照省十二届人大一次会议关于法院工作报告的决议批准的法院工作安排，坚持司法为民、公正司法，充分发挥审判职能，深入推进平安建设、法治建设、队伍建设，各项工作取得新进展。全省法院共受理各类案件 565816 件，审、执结 534050 件，同比分别下降 7.29％和 9.86％。其中省法院审、执结各类案件 7467 件，同比上升 16.04％。

一、依法惩治刑事犯罪，推进平安河北建设

深入贯彻宽严相济刑事政策，坚持打击与保护并重，惩治与防范并举，全力维护国家安全和社会稳定。共审结各类刑事案件 35441 件，判处罪犯 45592 人，同比上升 0.07％和 2.45％。

*依法惩治严重刑事犯罪。*准确把握社会治安形势变化，依法严厉打击危害国家安全、公共安全犯罪以及故意杀人、绑架、抢劫等严重危害社会治安的犯罪，切实增强人民群众安全感，共审结此类案件 7560 件，判处罪犯 9552 人；依法严厉打击贪污、贿赂、渎职等职务犯罪，积极参与治理商业贿赂工作，推动反腐败斗争深入开展，共审结此类案件 1195 件，判处罪犯 1352 人。

*深入开展各类专项行动。*紧紧抓住影响社会和谐稳定的突出问题，开展打黑除恶专项斗争，共判决黑恶势力犯罪 13 案 189 人；开展打击“两抢一

盗”犯罪专项行动，共判决抢劫、抢夺和盗窃犯罪7236案10939人；紧紧抓住人民群众反映强烈的突出问题，开展打击环境污染犯罪专项行动，集中宣判了一批环境污染犯罪案件；高度重视打击危害食品药品安全、侵犯知识产权和制售假冒伪劣商品犯罪，共审结此类案件269件。

坚持打击犯罪和保障人权并重。牢固树立程序公正意识，维护被告人的诉讼权利，依法保护被害人及其亲属的合法权益。坚持罪刑法定、疑罪从无原则，保证无罪的人不受刑事追究，依法宣告8名被告人无罪。积极探索实施轻微刑事案件快速审理机制，刑事案件简易程序适用率达49.72%。全面推行量刑规范化改革，适用量刑规范化程序审结一审案件18981件，上诉率为3.30%，抗诉率为0.38%。

积极参与社会综合治理。与有关部门配合，加强网络虚拟社会管理；认真推行减刑、假释裁前公示和开庭制度，共审结减刑、假释案件20103件；切实落实“教育、感化、挽救”方针，推行未成年人犯罪前科封存制度，完善未成年人审判制度，共审结未成年人案件810件；协助做好刑满释放人员、非监禁刑人员等特殊人群的跟踪帮教工作；深入开展社会矛盾纠纷排查调处工作，有效发挥人民法院参与平安建设和综合治理的积极作用。

二、服务全省工作大局，促进经济健康发展

紧紧围绕全省中心工作，主动融入经济社会发展大局，及时跟进“四大攻坚战”，发挥服务保障职能。共审结各类商事案件102455件，同比下降15.46%；诉讼标的额189.29亿元，同比上升21.01%。共审结行政案件4748件，同比上升7.54%。

切实增强服务大局的主动性和针对性。全面贯彻省委八届五次全会精神，牢固树立市场意识、开放意识、创新意识、法治意识。省法院先后下发了服务和保障农村农业发展、农村面貌改造提升等指导意见，特别是提出为“解放思想、改革开放、创新驱动、科学发展”提供司法保障和服务的40条意见，进一步明确了司法政策导向。各地法院积极响应，结合实际，及时制定贯彻意见，服务当地经济社会发展。针对审判执行工作中发现的新情况新问题，及时向党委、政府提出对策建议，为党委政府科学决策、依法决策当好参谋助手。

高度重视经济结构调整的司法应对。依法审结重组兼并、破产改制、产权股权转让等案件198件，积极引导企业优胜劣汰、转型升级；审结金融借款、票据、融资租赁等金融案件54716件，审结民间借贷纠纷26900件，有效化解金融风险；审结房地产开发、建设工程施工等案件8131件，保障房地产市场调控政策的落实；积极参与大气污染综合防治行动，审结环境污染损害赔偿案件24件，依法支持环境污染治理；平等保护境内外市场主体，审结涉外民商事案件69件，为对外开放营造公正高效的司法环境。

积极推进创新型河北建设。加强对知识产权司法保护，保障创新驱动战略深入实施，依法审结各类知识产权纠纷案件1164件。其中，审结专利权纠纷案件254件，强化司法裁判对科技创新活动的导向作用；审结商标权纠纷案件288件，支持和引导企业实施商标品牌战略，提高企业的市场竞争力；审结录音录像、广播影视、广告设计等领域的著作权纠纷案件251件，促进版权相关产业健康有序发展。

监督支持行政机关依法行政。坚持维护行政相对人合法权益和支持依法行政并重，判决维持行政机关具体行政行为592件，撤销、变更、确认行政行为违法或无效374件。依法妥善审理了一大批涉及土地征收、城建拆迁、社会保障等领域的行政案件，努力以协调方式解决纠纷，行政诉讼案件和解率达20.84%，最大限度促进官民和谐。依法维护赔偿请求人的合法权益，共受理国家赔偿案件142件，审结120件，给予国家赔偿570.43万元。

三、切实践行司法为民，保障群众合法权益

全省法院牢记审判权源于人民、属于人民、服务人民、受人民监督的本质属性，始终把人民群众放在最高位置，把群众满意作为最高追求目标，共审结民事案件284031件，同比下降12.45%。

妥善审理涉民生案件。共审结财产权属确认、人身损害赔偿等权属、侵权案件47983件，审结医疗、住房、供水供电等消费者权益保护案件3163件，审结婚姻家庭、遗产继承案件106831件，审结农村土地承包经营权、宅基地使用权、农民工劳务合同等涉农案件7872件，依法维护人民群众合法权益。着眼于化解矛盾、促进和谐，正确发挥诉讼调解作用，一审民事案件调解撤诉率为82.35%。高度重视涉军案件审理工作，积极开展送法进军营活动，切实维护国防利益和军人军属合法权益。

不断健全司法为民工作机制。省法院制定了加强和改进立案工作的指导意见，进一步畅通立案渠道，简化立案手续，方便群众诉讼。健全基层司法服务网络，通过在较大乡镇和人口稠密社区建立司法服务工作站，为人民群众提供便利。根据群众需求，因地制宜开展节假日预约办案、巡回审理、网上办案等便民举措。倾力落实司法救助制度，让当事人感受司法的关怀和温暖，共缓、减、免交诉讼费4731.87万元，发放涉诉信访救助金791.9万元，同比分别上升39.95%和1.05%。

完善诉讼与非诉讼纠纷解决机制。以深化发展“司法服务中心”为主导的廊坊经验为重点，总结推广了法院内部设立人民调解室模式的沧州经验和实行“三级调控”大调解平台的玉田经验，不断创新和完善诉调对接机制。积极参与和指导诉前调解，全面做好司法确认工作，把大量矛盾纠纷化解在诉讼之前，全省法院诉前指导和参与调解各类纠纷达20余万件。对进入诉讼程序的案件，坚持繁简分流，尽快将案件引入快速处理渠道，全省法院民事一审案件简易程序适用率达89.80%。

着力夯实基层基础工作。法院审理的案件绝大多数在基层，工作的重点难点也在基层。随着我省法院进一步调整民商事案件的级别管辖标准，基层法院审判压力将越来越大。为缓解“案多人少”矛盾，新招录的321名干警中，有93.5%被充实到基层。完善人民法庭工作制度，推行人民法庭直接立案和网络立案机制，进一步解决当事人立案不便困难。加强信息技术应用，依托政法网，全省法院已实现三级联网，全面开通语音系统、远程提讯系统，积极推行远程立案、电子签章、公众信息查询等举措，不断提高法院工作科技含量。

四、不断深化司法改革，维护社会公平正义

以解决影响司法公正和制约司法能力的深层次问题为着力点，以解决群众反映强烈的信访难、执行难为重点，坚定不移地推进司法改革，为全省法院科学发展提供不竭动力。

积极推进涉诉信访改革。河北地处京畿，进京访、重复访压力沉重，省法院于去年3月1日重新组建了河北法院驻京接访站，凡是我省涉诉进京上访的，一律由驻京接访站接待，变拦访、截访为主动接访，就地及时化解矛盾纠纷。依托省涉法涉诉联合接访中心这一重要平台，全省法院共化解各类涉诉进京访案件3663件，化解赴省信访积案3805件。省法院制定出台了《关于诉访分离工作机制的意见》，明确诉访分离的标准及处理程序，建立与检察院的工作衔接机制，积极推动涉诉信访问题在法治轨道内解决。

积极推进执行工作改革。深入推进全省“点对点”网络执行查控系统建设，实现了法院和各金融机构之间的信息互通。通过多种形式向社会公布“老赖”名单，全省已有1032名被执行人在最高法院失信被执行人名单库曝光，截至目前，已全部履行71件，部分履行56件。积极探索司法拍卖新机制，主动引入第三方交易平台，实现了诉讼资产网上拍卖。积极推进执行指挥中心建设，进一步提高执行工作快速反应和应急处置能力。全省法院受理执行案件91678件，执结84354件，执行标的额192.89亿元。特别是在涉党政机关执行积案专项清理活动中，各级党政机关积极履行法院生效裁判，1145件积案全部执结，到位金额6.67亿元。这是我省党政机关带头维护法治权威的重要体现，我们对建设法治河北充满信心！

积极推进司法公开制度改革。积极拓展二审开庭范围，提高审判工作透明度，二审刑事和民事案件开庭率分别达到56.03%和83.59%。其中，依法公开开庭审理了社会广泛关注的王书金故意杀人等重大敏感案件。充分利用网络传媒等现代信息技术，创新司法公开方式，积极推进裁判文书上网，共上网裁判文书8210件，举办公众开放日200余场，参与20000余人次，对600余件案件进行网络庭审直播。积极扩大司法民主，认真落实人民陪审员“倍增”计划，规范人民陪审员参审的方式和流程，人民陪审员共参审案件31996件，同比上升79.52%。

积极推进内部管理监督机制改革。完善审判质效评估体系，纠正唯数字论、唯指标论的不良倾向，如法院诉前指导和参与调解化解的纠纷，过去往往计为法院受理和结案数，现已不再计入，尽管法院收结案数有所下降，但统计方法更加科学，统计数据更加准确。深化审判流程管理，强化审限监控，提高办案效率，认真开展超期羁押案件和长期未结诉讼案件集中清理工作，共审结上述案件58件。健全审判质量管理体系，加强案件质量评查，

共组织评查案件193605件、庭审13698次、裁判文书49114件。切实发挥审判监督指导职能，一审改判和发回重审率为4.26%，同比下降1.23个百分点。

五、全面加强队伍建设，筑牢法院发展根基

全省法院以开展党的群众路线教育实践活动为契机，以思想政治建设为主线，以司法作风为突破口，着力建设一支为民务实清廉的法院队伍。去年，全省法院共有46个集体、73名个人受到中央和省委有关部门表彰奖励。

*理想信念更加坚定。*在广泛征求意见的基础上，领导干部带头查摆问题，带头开展批评与自我批评，带头制定落实整改措施，切实解决好世界观、人生观、价值观这个"总开关"问题。加强党组织建设，深入开展革命传统教育、党性教育、正反典型教育，广大干警的理想信念进一步坚定，群众观念进一步增强。

*司法作风明显改进。*省法院向社会作出克服"四风"十项公开承诺，自觉接受社会各方面的监督。扎实开展正风肃纪、提质提效、公务（警务）用车治理等专项行动，全面清理超标办公用房和"O"牌车，省法院全体干警共同讨论和签订《厉行勤俭节约、反对铺张浪费公约》，机关公务用车购置及运行费用、公务接待费用实现大幅下降。

*司法能力有效提升。*通过教育培训、交流挂职、调查研究、岗位练兵、高层次人才培养等多种形式，切实增强广大干警做好新形势下群众工作能力、维护社会公平正义能力、新媒体时代舆论引导能力和科技信息化应用能力。省法院共举办各类培训班34期，培训干警4095人次，并选送参加国家法官学院培训64批391人次。

*廉政建设持续推进。*加强纪律作风建设，认真落实党风廉政建设责任制，加强司法廉洁教育，完善廉政风险防控机制，加大对重点领域的监控力度。采取问卷调查、明查暗访、召开座谈会等方式，加大司法巡查力度，对发现的问题扭住不放，抓好整改落实。积极拓宽举报受理渠道，坚持有案必查，违纪必惩，共查处干警违纪违法案件32件，给予党政纪处分37人。

六、自觉接受监督，切实改进法院工作

人大代表、政协委员以及社会各界群众提出的批评、意见和建议，是全省法院改进工作、科学发展的动力源泉。

*主动接受人大监督和政协民主监督。*严格贯彻落实人大决议和决定，加强人大代表、政协委员建议、提案办理工作。去年邀请视察、座谈、旁听庭审3345人次，当面或以其他形式听取人大代表、政协委员意见2489人次，为切实加强和改进法院工作提供了重要保障。

*积极争取社会各界监督支持。*依法接受检察机关法律监督，认真办理抗诉案件和检察建议，加强工作协调配合，共同维护司法权威。大力推进特邀监督员工作，省法院共从社会各界聘请了55名特邀监督员。加强律师执业权利保障，制定了《关于进一步尊重和保障律师执业权利、规范法官和律师关系的意见》，共同维护司法公正。

*虚心倾听人民群众意见和呼声。*认真梳理群众反映强烈的司法作风和审判质效两个方面的问题，制定完善了省法院《关于改进工作作风、密切联系群众的实施办法》、《关于司法为民提质提效专项行动工作方案》等一批规章制度。有效畅通民意沟通渠道，通过蹲点调研、召开座谈会、发放调查问卷、开通法院邮箱等多种形式，确保人民群众的知情权、参与权、表达权和监督权。

各位代表，我们深知，全省法院工作取得的成绩和进步，离不开省委正确领导，离不开各级人大及其常委会有力监督和各级政府、政协的重视支持，离不开各位代表、委员、社会各界和广大人民群众的关心帮助。在此，我代表全省法院，向一直以来关心支持法院工作的同志们表示崇高的敬意和衷心的感谢！

同时，我们清醒地认识到，法院工作中还存在一些问题和不足。在群众路线教育实践活动中，通过征求社会各界的批评意见，主要反映在以下几个方面：一是有些案件质量和效率不高，对下级法院监督指导力度不够；二是存在脱离群众现象，在司法便民利民方面仍有差距；三是审判管理流程监控、司法统计的信息化规范化有待加强和改进；四是服务基层、帮助基层解决困难和问题不够；五是队伍作风、司法能力有待进一步转变和提高。以上问题，有的通过建章立制逐步改进；有的正在采取整改措施予以纠正；针对一些多年顽疾，我们将以改革的勇气，迎难而上，认真加以解决。

各位代表，2014年，全省法院将进一步解放思想，牢固树立进取意识、机遇意识、责任意识，全面落实党的十八大、十八届三中全会和省委八届六次全会的重大决策部署，紧紧围绕“努力让人民群众在每一个司法案件中都感受到公平正义”目标，牢牢把握司法为民公正司法主线，推进司法改革，深化司法公开，强化司法监督，提高审判执行工作水平，为全省改革发展稳定提供优质高效的司法服务和保障。

（一）以贯彻落实省委八届六次全会精神为引领，努力提高服务保障大局水平。紧紧围绕稳中求进、改革创新主题主线，妥善审理经济转型过程中引发的各类矛盾纠纷，主动服务经济结构调整、提高发展质量效率、生态环境建设、保障改善民生和新型城镇化建设等中心工作，为全省经济爬坡过坎、转型升级、绿色崛起提供有力的司法支撑；依法维护国家安全和社会稳定，严惩各类严重刑事犯罪，积极推进平安河北建设，为全省人民安居乐业营造良好的法治环境。

（二）以深化司法改革为动力，努力提高司法为民公正司法水平。改革立案工作，简化手续，提高效率，确保当事人的诉权依法及时行使；改革执行工作，加强立案、审判、执行工作协作配合，逐步提高案件自动履行率；改革涉诉信访工作，推动涉诉信访问题在法治轨道内解决；调整人民法庭布局，切实为基层群众提供司法便利；按照中央要求、最高法院和省委统一部署，对体制性改革问题加强调研，积极探索，有序推进。

（三）以三大平台建设为载体，努力提高司法公开水平。建立健全审判流程、裁判文书、执行信息三大公开平台，今年起省法院及中级法院生效裁判文书全部依法上网公开，审判流程、执行信息通过完善信息系统逐步向当事人公开，通过法院网站、微博、微信、新闻发布、公众开放日等形式全方位向社会公开法院信息，以公开倒逼审判质效的提升；发扬司法民主，推进陪审员倍增计划，充分发挥人民陪审员作用；健全司法与民意沟通互动机制，更加主动地接受人大代表、政协委员、特邀监督员、新闻媒体和社会各界监督，通过全面及时的司法公开，让人民群众看得见、感受得到司法正义。

（四）以开展党的群众路线教育实践活动为契机，努力提高法官队伍建设水平。加强对中、基层法院教育实践活动的指导，引领活动扎实深入开展。加大司法巡查力度，开展纪律作风建设专项行动，严查冷横硬推、吃拿卡要、慵懒散奢问题，切实改进司法作风。研究廉政风险预警系统，从源头上预防和治理司法腐败。加强教育培训，完善集中轮训制度，增强培训工作针对性和及时性。完善符合法院实际的干部考核选拔任用制度，树立正确的用人导向。加强对基层工作指导，推进全省法院整体工作上台阶。

各位代表，在新的一年里，全省法院将在省委的坚强领导下、在省人大及其常委会的有力监督和支持下，在最高人民法院的监督指导下，认真履行宪法和法律赋予的职责，不负重托，不辱使命，求真务实，开拓进取，为保障和促进河北奋进崛起、科学发展、全面建成小康社会做出新的更大的贡献！

河北省人民检察院工作报告

——在河北省第十二届人民代表大会第二次会议上

河北省人民检察院检察长　**童建明**

（2014 年 1 月 10 日）

各位代表：

现在，我代表省人民检察院向大会报告工作，请予审议，并请省政协各位委员和其他列席同志提出意见。

2013 年，全省检察机关在省委和最高人民检察院的正确领导下，在各级人大及其常委会的监督支持下，深入贯彻落实党的十八大、十八届三中全会和省委八届五次全会、省十二届人大一次会议精神，忠实履行宪法和法律赋予的职责，全力推进平安河北、法治河北建设和反腐倡廉建设，大力加强检察队伍建设，各项工作取得新的成绩。

一、积极查办和预防职务犯罪，促进反腐倡廉建设

充分发挥检察机关在惩治和预防腐败体系中的职能作用，坚持“老虎”、“苍蝇”一起打，惩治和预防两手抓，促进反腐败斗争深入开展。

（一）*严肃查办贪污贿赂等职务犯罪*。按照中央、省委关于推进反腐败斗争的重大部署，加强与纪检监察等执纪执法部门的协作配合，完善群众举报工作机制，加强上级检察院对下级检察院办案工作的组织指挥，加大执法办案力度，全年共立案侦查贪污贿赂犯罪案件1351件1932人，立案人数同比上升6.04%，其中，查办大案818件，查办涉嫌犯罪的厅级干部9人（含最高人民检察院交办）、县处级干部42人，为国家挽回经济损失3.23亿余元。突出查办发生在领导机关和领导干部中的贪污贿赂犯罪案件，以及发生在重大工程建设、国土资源、金融证券、政府采购等领域中项目审批、资金管理等关键环节的案件，共立案侦查此类犯罪嫌疑人416人。扎实开展查办和预防发生在群众身边、损害群众利益职务犯罪专项工作，进一步深化涉农检察工作，立案侦查征地拆迁、医药购销、支农惠农等领域贪污贿赂犯罪嫌疑人1439人。加大查办行贿犯罪力度，立案侦查行贿犯罪嫌疑人165人、单位行贿14人。

（二）*着力加强反渎职侵权检察工作*。深入贯彻中央关于加大惩治和预防渎职侵权犯罪工作力度的要求，加强市级检察院侦查指挥平台建设，依法查办在土地征用等行政审批，环境监管、食品药品监管等行政执法以及司法活动中滥用职权、玩忽职守、徇私舞弊，给国家和人民利益造成重大损失的渎职侵权案件。全年共立案侦查渎职侵权犯罪案件440件949人，立案人数同比持平。其中立案侦查重特大渎职侵权案件147件；立案侦查涉嫌犯罪的司法工作人员202人。

（三）*积极开展职务犯罪预防工作*。发挥检察机关对职务犯罪特点和规律有比较准确地把握、对职务犯罪易发多发领域在管理和制度上的漏洞有比较深刻了解等优势，加强对典型案件的剖析，加快警示教育基地建设，深入开展专项预防、行业预防和系统预防。全省检察机关已建立警示教育基地192个，全年共开展预防教育8584次，提出预防建议2036件，接受行贿犯罪档案查询35523次。根据省委关于“四大攻坚战”要落实到企业、园区和项目的要求，完善预防工作机制，对南水北调配套工程等2800多个重大建设项目开展职务犯罪专项预防；深入企业、园区开展法治宣讲，帮助完善规章制度，积极提供法律咨询，着力增强服务企业、园区发展实效。实施惩治和预防职务犯罪年度报告制度，为党委、人大、政府和有关部门提供预防对策建议。协助省委成立职务犯罪预防工作领导小组，并召开会议专题部署预防工作。开展“送法进军营”巡回法治宣讲活动，加强军地共建工作。

二、依法打击刑事犯罪，大力推进平安河北建设

认真落实省委关于打造“首安之区”的重大部署，把维护社会和谐稳定作为检察机关的重要任务，积极参与“大平安”格局建设。

（一）*依法严厉打击严重刑事犯罪，全力维护社会稳定*。认真履行审查逮捕、审查起诉职责，依法批准逮捕各类犯罪嫌疑人33116人，起诉47026人。严厉打击危害国家安全犯罪，从严惩治危害公共安全、严重暴力犯罪、多发性侵财犯罪，突出打击涉黑涉恶、“两抢一盗”、寻衅滋事以及利用网络实施的犯罪等，增强人民群众安全感。加大对群众反映强烈的危害食品药品安全违法犯罪活动的打击力度，依法批准逮捕生产销售假药劣药、有毒有害食品等犯罪嫌疑人119人，提起公诉239人。

（二）*依法打击各类经济犯罪，着力维护市场经济秩序*。积极参与整顿和规范市场经济秩序活动，严厉打击合同诈骗、信用卡诈骗、非法吸收公众存款等破坏市场经济秩序犯罪，共批准逮捕破坏市场经济秩序犯罪嫌疑人1732人，起诉2794人。突出打击侵犯知识产权和制售伪劣商品犯罪活动，共批准逮捕两类犯罪嫌疑人427人，起诉727人。

（三）*依法打击破坏环境资源犯罪，加大生态环境司法保护力度*。严格执行“两高”《关于办理环境污染刑事案件适用法律若干问题的解释》，提前介入重大环境污染事故调查，与公安、法院、环保等部门密切配合，严厉打击环境污染刑事犯罪和各种破坏生态建设的刑事犯罪，共批准逮捕污染环境罪、非法占用农用地罪、非法采矿罪、盗伐滥伐林木罪等破坏环境资源保护犯罪案件196件272人，监督行政执法机关向公安机关移送此类犯罪案件43件59人，监督公安机关立案50件64人。

（四）深入化解矛盾纠纷，促进社会和谐。全面贯彻宽严相济刑事政策，积极开展释法说理、检调对接、刑事和解等工作，把化解矛盾贯穿执法办案全过程。引导群众理性、合法、有序地表达诉求，办理群众信访案件7472件次。积极探索涉法涉诉信访工作改革，推行诉访分离工作机制，推动涉检信访问题在法治轨道内解决。依法保障诉讼参与人的权利，对58名生活确有困难的刑事被害人或亲属提供救助，彰显司法人文关怀。在办理未成年人犯罪案件中，坚持“教育、感化、挽救”的方针，作出附条件不起诉126人，开展社会调查1897人次，实施未成年人犯罪记录封存制度等，努力维护其合法权益。

三、深化诉讼监督工作，积极推进法治河北建设

深入贯彻省人大常委会《关于加强人民检察院法律监督工作的决议》，认真实施修改后刑事诉讼法和民事诉讼法，全面加强对侦查、审判、执行活动的法律监督，努力维护司法公正。

（一）加强刑事诉讼监督。加强刑事立案和侦查活动监督，深入开展危害民生刑事犯罪专项立案监督活动，推进行政执法与刑事司法衔接机制建设，监督行政执法机关移送涉嫌犯罪案件254件287人，纠正侦查机关应当立案而不立案2422件、不应当立案而立案1766件，纠正漏捕犯罪嫌疑人2926人，纠正漏诉1929人，对侦查活动中的违法情况提出书面纠正意见6351件次。加强审判活动监督，严格落实公诉人出庭、量刑建议等制度，注重对量刑畸轻畸重、严重违反法定程序等案件的监督，依法提出刑事抗诉504件，对刑事审判中的违法情况提出书面纠正意见1887件次。积极履行修改后刑事诉讼法规定的非法证据排除、羁押必要性审查等职责，充分尊重和保障律师的辩护权，切实维护犯罪嫌疑人、被告人的合法权利。认真贯彻高检院《关于切实履行检察职能防止和纠正冤假错案的若干意见》，完善审查逮捕、审查起诉、证据审查与认定、案件质量分析、办案责任追究等工作机制，坚守防止冤假错案底线。

（二）加强民事行政诉讼监督。坚持维护司法公正与维护司法权威并重，树立依法监督、居中监督、规范监督等民事诉讼监督理念，创新监督机制，按照修改后民事诉讼法规定构建多元化监督格局，综合运用抗诉、检察建议和支持起诉等监督方式，稳步开展对民事行政诉讼的法律监督，依法提出民事行政抗诉214件、再审检察建议926件，办理支持起诉819件，对立案审查后决定不支持监督申请的1233件案件当事人做好息诉服判工作。

（三）加强刑罚执行和监管活动监督。把监所检察工作作为保障人权、维护法律严肃性的一项重要工作来抓，监督纠正监管场所混管混押、体罚虐待、违规使用戒具和禁闭等违法监管行为1276件次；深化刑罚变更执行同步监督机制，监督纠正减刑、假释、暂予监外执行不当872件次；加强社区矫正检察监督，纠正监外执行和社区矫正违法情况1627人次；加强羁押和办案期限监督，集中清理久押不决案件50件105人；查办司法人员在刑罚执行和监管活动中的职务犯罪案件35件44人。

四、强化自身监督制约，依法正确行使检察权

牢固树立监督者更要自觉接受监督的权力观，坚持理性平和文明规范执法，完善对检察权运行的制约监督体系，着力提升执法公信。

（一）深化执法规范化建设。认真组织学习高检院制定的《刑事诉讼规则》、《民事诉讼监督规则》和《检察机关执法工作基本规范（2013年版）》，教育全省检察人员切实增强人权保障意识、程序意识、证据意识，真正做到按程序执法、依规则办案，努力让规范执法成为每个检察人员的自觉行动和行为习惯。

（二）深化内部监督制约。全面推进案件管理机制改革，建立统一受案、全程管理、动态监督、案后评查、综合考评执法办案集中管理监督机制，强化上级检察院对下级检察院执法工作的质量检查，及时发现和纠正办案中的违规违法情形。健全检察委员会议事规则，充分发挥检委会集体决策把关作用。加强廉政风险防控机制建设，对易发多发问题的执法岗位加强防控，着力防止发生违法办案行为。

（三）深化检务公开。推进权力运行公开化，让检察权在阳光下运行。加强检察门户网站建设，开通省检察院官方微博，举办检察开放日活动，共有4500余名机关干部、企业职工、在校学生、媒体记者走进检察机关，增强了执法办案透明度。全面落实人民监督员制度，各级人民监督员共监督案件244件，对其中的11件提出了不同意意见，检察机关认真研究后全部采纳。自觉接受人民法院、公安机关和律师在诉讼中的制约，更加广泛地接受社会和舆论监督，提高公正廉洁执法水平。

五、加强检察队伍建设，提升整体素质能力

牢牢把握队伍建设的根本性、基础性地位，努力建设一支忠诚可靠、执法为民、务实进取、公正廉洁的检察队伍。

（一）深入开展党的群众路线教育实践活动。省检察院注重突出检察特色，创新载体和形式，广泛征求意见建议，针对人民群众反映的突出问题，积极开展领导干部正风肃纪、机关处室提质提效等5个专项工作。认真抓好克服“四风”问题十二件实事，修订完善制度规范，建立长效机制，以实际成效检验活动成果。

（二）扎实推进检察队伍专业化、职业化建设。紧紧围绕干部素能、修改后刑事诉讼法和民事诉讼法实施、信息化应用等内容，广泛开展岗位练兵、业务竞赛和专项业务培训，共组织培训110期。举办三级检察院参加的“河北检察讲堂”视频讲座，邀请知名专家、学者授课，与中国人民大学法学院、国家检察官学院、河北科技大学等院校开展检校合作，努力提高检察队伍专业化水平。注重发挥高层次人才示范带动作用，47人被评为全国全省检察业务专家。积极探索检察人员分类管理改革，落实职业保障制度，大力加强检察文化建设，提高检察队伍职业化水平。

（三）切实加强检察队伍纪律作风建设。深入贯彻落实中央“八项规定”，坚持从严治检，认真执行党风廉政建设责任制，层层签订责任状，狠抓责任落实。严肃开展省院机关纪律作风整顿，切实改进工作作风和办事效率。深入开展检务督察和执法执纪检查，及时纠正执法不公不廉问题，查处违法违纪检察人员18人。

（四）不断巩固基层基础建设。加强与党委政府沟通协调，实行一院一策，努力解决影响基层检察工作开展的办案力量、经费保障、基础设施等方面的实际困难和突出问题，加快推进侦查信息化、装备现代化建设，努力建设执法规范化、队伍专业化、管理科学化、保障现代化的基层检察院。全省检察机关共有120多个先进集体和240多名先进个人受到省级以上表彰，张家口市宣化区人民检察院公诉科副科长张秉文荣获全国“最美检察官”称号，蠡县人民检察院荣获全国“人民满意的公务员集体”称号。

各位代表：

一年来，全省检察机关始终坚持围绕中心、服务大局，自觉把检察工作放在经济社会发展全局中谋划和推进。认真贯彻省委八届五次全会精神，深入开展解放思想大讨论，找准服务大局的切入点和着力点，制定实施《关于充分发挥检察职能为全省经济社会科学发展营造良好法治环境的指导意见》，组织开展专项行动，增强服务大局的针对性、实效性，着力为“四大攻坚战”营造诚信有序的市场环境、和谐稳定的社会环境、廉洁高效的政务环境和公平正义的执法司法环境。

一年来，全省检察机关始终坚持以人为本、执法为民，把维护人民权益作为检察工作的根本出发点和落脚点，加大惩治危害民生犯罪力度，抓住教育实践活动的契机，在检察工作中深入贯彻党的群众路线，健全联系和服务群众的长效机制，制定实施《河北省检察机关群众工作指导意见》，切实做到在思想上尊重群众、感情上贴近群众、工作上依靠群众，努力把执法过程变成联系服务群众和维护群众权益的过程。

一年来，全省检察机关始终坚持党的领导、自觉接受人大监督，深入学习贯彻省委各项决策部署，认真落实省人大各项决议和省人大常委会视察检察机关刑事诉讼法律监督工作时提出的审议意见，扎实做好人大代表建议和政协委员提案办理工作，广泛听取意见和建议，不断加强和改进检察工作。

我们深深地体会到，全省检察工作取得的成绩，是省委和高检院正确领导的结果，是各级人大及其常委会有力监督和政府政协高度重视、大力支持的结果，是社会各界和广大人民群众关心、支持、帮助的结果。在此，我代表全省检察人员表示衷心的感谢！

我们也清醒地看到，全省检察工作还存在许多问题和不足，主要的有：一是检察职能为大局服务发挥得还不够充分、有效，检察工作正确的发展理念和执法理念树得不够牢，法律监督力度还需进一步加强，办案质量和效果都有待进一步提高。二是检察队伍整体素质还不完全适应新形势新任务的要求，队伍专业化程度不高，高层次、专家型、骨干型人才相对缺乏。三是自身监督制约和反腐倡廉建设仍需加强，执法不规范、不文明、不廉洁的现象依然存在，损害了检察机关的执法公信力。四是基层基础工作相对薄弱，基层检察院建设发展不平衡，信息化建设和应用滞后，执法办案科技含量低，一些检察院队伍老龄化和提前离职离岗占编问题严重，案多人少矛盾突出。这些问题，需要在今后工作中下大力气解决。

各位代表：2014 年，全省检察机关将深入贯彻落实党的十八大、十八届三中全会和省委八届六次全会精神，顺应人民群众对公共安全、司法公正、权益保障和反腐倡廉的新期待，紧紧围绕省委和高检院的决策部署，坚持政治建检、业务立检、公信树检、素质兴检、科技强检，全面正确履行各项检察职责，深化检察体制和工作机制改革，大力提升各项工作水平，全力推进平安河北、法治河北建设，为促进全省经济社会科学发展提供有力的司法保障。

一是着力服务全省“四大攻坚战”，保障经济社会科学发展。围绕我省调整产业结构、转变发展方式、治理环境污染等重大部署，充分发挥检察职能作用，努力营造良好法治环境。坚决打击制假售假等严重破坏社会主义市场经济秩序犯罪，依法惩治国有资产运营和管理、国有企业改制等领域的职务犯罪，切实保障国有资产安全，加强对民营企业合法权益的平等保护，促进激发各类市场主体经济活力，维护公平有序的市场秩序。依法惩治破坏生态环境的各类犯罪活动，严肃查办和预防国家机关工作人员因失职渎职导致生态环境被严重破坏的案件，加大对涉及生态环境案件的诉讼监督力度，促进全省绿色崛起。

二是严肃查办和预防职务犯罪，推进惩防体系建设。认真贯彻中央《建立健全惩治和预防腐败体系 2013－2017 年工作规划》和全国人大常委会关于检察机关反贪污贿赂工作情况审议意见，突出打击重点，完善工作措施，有案必查、有罪必究，突出查办一批职务犯罪大案要案和发生在群众身边、损害群众利益的案件，始终保持查办职务犯罪的高压态势。更加注重从源头上预防职务犯罪，积极向党委、政府提出预防建议，促进实现干部清正、政府清廉、政治清明。

三是全力维护社会和谐稳定，促进社会治理体系建设。充分发挥检察机关在社会治理中的法治保障作用，坚决打击危害国家安全、危害公共安全、危害民生民利的犯罪活动，确保社会安宁有序、人民安居乐业。完善诉访分离工作机制，依法妥善处理好群众诉求。积极参与社会治理体系建设，会同有关部门突出整治治安乱点地区，促进提高社会治理法治化水平。

四是强化对诉讼活动的法律监督，着力维护司法公正。继续抓好修改后刑事诉讼法、民事诉讼法的实施工作，按照省人大常委会对检察机关开展刑事诉讼法律监督工作的审议意见要求，切实加大对执法司法不公问题的监督力度，加强对侦查、审判和执行活动的法律监督，增强监督实效，努力让人民群众在每一起司法案件中都感受到公平正义。

五是全面加强检察队伍建设，切实提高队伍整体素质。加强队伍思想政治建设，坚持用中国特色社会主义理论武装头脑，坚定理想信念，指导市县两级院深入开展党的群众路线教育实践活动。加强领导班子建设，提升领导检察工作科学发展的能力水平。加强队伍专业化、职业化建设，完善人才引进、培养和使用机制，推动检察人才整体上层次、上水平。加强队伍纪律作风建设，严格落实各项规章禁令，始终保持对自身腐败问题的“零容忍”，保证检察队伍清正廉洁。

六是落实各项改革措施，推动检察工作创新发展。认真学习贯彻党的十八届三中全会决定关于深化司法体制改革的要求，按照省委和高检院的统一部署，统筹推进各项检察改革，保障依法独立公正行使检察权。完善法律监督工作机制，健全检察权规范运行机制，完善人权司法保障制度，深化检务公开，健全检察人员职业准入制度，推进检察人员分类管理，积极探索符合检察工作特点的办案责任制和检察队伍管理机制，努力开创全省检察工作新局面。

各位代表，在新的一年里，全省检察机关将在省委和高检院的正确领导下，在各级人大及其常委会的有力监督下，认真贯彻本次会议精神，锐意进取、扎实工作，为促进我省经济转型升级、奋进崛起作出新的贡献！

大 事 记

大事记(2012 年)

1 月

2 日

省法院开展“司法阳光暖民心”民生类案件集中执行活动。省法院院长高勇强调，法院践行“司法为民”就要有力保护人民群众的合法权益。河北法院一直致力于司法保障民生工作，对于新受理的所有民生类执行案件，不向申请人收取执行费，力争做到民生类案件快立快执，切实维护当事人的合法权益，有效化解矛盾和纠纷。

3 日

“全省十佳亲民法官”颁奖典礼在河北电视台举行。省委常委、政法委书记张越，省人大常委会副主任侯志奎，省政协副主席崔江水，省法院院长高勇出席颁奖典礼并为受表彰的十佳亲民法官颁奖。

4 日

省十一届人大常委会第二十八次会议在石家庄市举行。会议由省人大常委会副主任宋长瑞主持。会议依法审议通过了将提交省十一届人大五次会议决定的有关事项，审议了省人大常委会选举任免代表工作委员会关于省十一届人大四次会议以来代表建议、批评和意见办理情况的报告等。省人大常委会副主任侯志奎、王增力、马兰翠、黄荣、谢计来，秘书长赵曙光出席会议。

7 日

省十一届人大五次会议主席团在石家庄市举行第二次会议。主席团常务主席张庆黎主持会议。会议听取大会秘书处关于各代表团审议省十一届人大五次会议选举办法草案情况的汇报，决定提交大会表决；讨论提出补选省十一届人大常委会主任、副主任、委员，省人民政府省长、副省长候选人名单；决定提名候选人的截止时间。主席团常务主席宋长瑞、侯志奎、王增力、黄荣、谢计来、赵曙光出席会议。

8 日

省政协召开十届十八次常委会议。省政协副主席赵文鹤主持会议。省委常委、组织部长梁滨应邀出席会议并作有关人事事项的说明。会议审议通过了人事事项，政协河北省第十届委员会第五次会议选举办法，总监票人、监票人建议名单，政协河北省第十届委员会第五次会议政治决议(草案)，政协河北省第十届委员会第五次会议关于常务委员会工作报告的决议（草案)，政协河北省第十届委员会第五次会议关于常务委员会十届四次会议以来提案工作情况报告的决议（草案)，政协河北省第十届委员会提案委员会关于第五次会议提案审查情况的报告（草案)。省政协主席刘德旺，省委常委、统战部长、省政协副主席田向利，省政协副主席王玉梅、段惠军、丛斌、武四海、王刚、崔江水，秘书长安云昉出席会议。

△8 日

省十一届人大五次会议在河北会堂举行第二次全体会议，听取省人大常委会和省法院、省检察院工作报告，表决省十一届人大五次会议选举办法草案。宋长瑞报告了省十一届人大常委会2011 年的主要工作：一是坚持科学立法民主立法，不断加强和改进立法工作。二是有效实施监督法律法规，切实加强和改进监督工作。三是重视发挥代表主体作用，着力加强和改进代表工作。四是着眼人大工作实际需要，注重加强和改进自身建设。省法院院长高勇从五个方面报告了 2011年的主要工作：一是充分发挥审判职能，依法保障经济社会又好又快发展。二是认真践行司法为民，依法维护人民群众根本利益。三是优化司法管理机制，努力提升审判质效。四是全面加强自身建设，切实提高司法能力。五是主动接受人大及社会各界监督，确保正确履行审判权。大会还表决通过了省十一届人大五次会议选举办法。省领导张庆黎、张庆伟、赵勇、刘德旺、付志方、史鲁泽、聂辰席、张越、孙瑞彬、景春华、田向利、艾文礼等出席会议。

9日

省政协十届五次会议举行第三次全体会议，调整补选政协河北省第十届委员会主席、副主席和常务委员。省政协主席刘德旺，副主席赵文鹤、王玉梅、段惠军、丛斌、孔小均、武四海、王刚，秘书长安云昉出席会议。副主席崔江水主持会议。

11日

省政协召开十届第二十八次主席会议。省政协主席付志方主持会议并讲话。付志方强调，2012年是全面落实省第八次党代会精神的第一年，是实施“十二五”规划的第二年，也是本届省政协的最后一年。做好政协工作，意义重大。一要牢牢坚持党的领导。二要围绕大局履行职能。三要切实加强自身建设。付志方还就省政协机关春节前工作讲了意见。副主席刘永瑞、赵文鹤等出席会议。

12日

省政法委召开全省工作会议，会议强调要扎实做好2012年政法工作，为党的十八大胜利召开和建设经济强省、和谐河北创造和谐稳定的社会环境。省委副书记赵勇，省委常委、政法委书记、省公安厅厅长张越出席会议并讲话。会议要求，要深刻认识做好2012年政法稳定工作的特殊重要性，认识到做好政法稳定工作是保证党的十八大顺利召开的要求，是建设经济强省、和谐河北的要求，是提高人民群众幸福指数的要求，是确保党执政安全和国家长治久安的要求，切实增强做好政法工作的责任感和使命感要。省人大常委会副主任侯志奎，省政协副主席刘永瑞，省法院院长高勇，省检察院检察长张德利出席会议。

13日

省委召开常委会议，传达学习中央农村工作会议精神和十七届中央纪委第七次全会精神，研究河北省贯彻落实意见。省委书记张庆黎主持会议并作重要讲话。他强调，一是要把中央的各项重大方针政策学习好、领会好。二是要把中央及河北省出台的各项决策部署不折不扣地贯彻好、落实好。三是要把当前农业农村工作的好形势进一步巩固好、发展好。

16日

省委常委、常务副省长杨崇勇在青龙满族自治县调研创先争优活动开展情况时强调，要始终把握围绕大局、服务发展这个正确方向，始终抓住“四项机制”、群众评议这个关键环节，始终注重加强领导、示范表率这个重要保障，赶超进位，开拓创新，努力推动经济社会更好更快更大发展。在后续的创先争优活动开展中要从三个方面下功夫：一要始终把握围绕大局、服务发展这个正确方向。二要始终抓住“四项机制”、群众评议这个关键环节。三要始终注重加强领导、示范表率这个重要保障。

19日

省政府召开常务会议，省长张庆伟主持会议。会议研究了《河北省人民政府2012年重点工作目标分解方案》，并就2012年各项重点工作进行了部署。会议强调，各地各部门要站在战略和全局的高度，按照省委书记张庆黎提出的“一个好的精神状态、一个好的工作作风、一个好的工作业绩”的要求，把抓好目标任务落实作为2012年的一项重点工作，按照承担的重点工作和要求，对目标任务进行分解细化，确定完成时限，认真抓好各项工作落实，确保圆满完成各项目标任务。一要精心组织，合力推进。二要细化目标，落实责任。三要加强督导，及时调度。四要强化考核，严格奖惩。会议要求，要进一步加强政策研究。抓好对全局性问题和热点难点问题的调查研究，既要落实好中央出台的政策，又要结合河北实际，不断完善、修改、补充、充实重大发展战略和工作规划、政策措施，依靠科学合理的政策来指导经济社会实现又好又快发展。要进一步加快推进改革。在已有改革成果的基础上，以更大决心和勇气攻坚克难，全面推动财政、金融、国有企业、行政审批等各领域改革。要进一步优化重大生产力布局。

会议还研究了其他事项。

25日

省公安厅开展“万名便衣警察打现行（打击现行犯罪）”专项行动，重点打击入室入宅盗窃、扒窃、抢劫、抢夺和盗窃车内财物、盗抢汽车电动车等盗抢犯罪活动以及其他街头违法犯罪活动，确保人民群众度过一个详和平安的新春佳节。

2　月

1日

全省组织工作会议在石家庄市召开。省委书记张庆黎出席会议并作重要讲话。省委副书记赵勇主持会议。张庆黎强调，要着力把握“五方面”工作要求，以迎接党的十八大为主线，以践行党的宗旨为着力点，以面向京津引才引智为重点，以开展加强基层建设年活动为契机，以制度建设为根本保障，努力推动全省组织工作不断迈上新台阶，以优异成绩向党的十八大献礼。一是要以迎接党的十八大为主线，深入实施领导干部思想政治素质提升工程，切实做到政治坚定、党性坚强。二是要以践行党的宗旨为着力点，大力加强干部队伍作风建设，切实做到风清气正、干事创业。三是要以面向京津引才引智为重点，继续推进人才队伍建设，切实做到人尽其才、才尽其用。四是要以开展加强基层建设年活动为契机，全面抓好基层党建工作，切实做到基础牢固、活力迸发。五是要以制度建设为根本保障，不断提高党的工作规范化水平，切实做到制度健全、执行有力。赵勇强调，现在路线图已经明确，新的征程已经开启。各级党委、各个部门要结合实际，全面认真地抓好学习贯彻，按照会议精神做好党建工作和组织工作，引导干部万众一心抓落实，以出色的工作业绩为建设经济强省、和谐河北提供坚强保证。省委常委、组织部长梁滨，省委常委、石家庄市委书记孙瑞彬，省委常委、秘书长景春华出席会议。

2日

省委召开常委会议，省委书记张庆黎主持会议并作重要讲话。会议研究《中共河北省委关于贯彻落实〈中共中央关于深化文化体制改革、推动社会主义文化大发展大繁荣若干重大问题的决定〉的实施意见》和开展加强基层建设年活动等工作。张庆黎强调，省委文化改革发展《实施意见》既要不折不扣贯彻中央精神，又要结合河北实际、体现河北特点。要在指导思想、基本原则、工作部署中，充分体现中央《决定》精神，做到在总体要求上一致，在重要观点上吻合，在重点工作上衔接。省委文化改革发展《实施意见》正式出台后，要切实抓好各项工作任务的落实。各地各部门要把《实施意见》中提出的政策措施进行细化分解，落实责任，明确时限，排出进度，一项一项地落到实处。要突出重点、体现特点、打造亮点，在重要领域和关键环节上力求尽快有所突破，以此带动和活跃全局。

会议还研究了其他事项。

6日

省司法行政系统组织开展矛盾纠纷“大排查、大调处”专项活动，每月开展一次拉网式大排查，对倾向性、苗头性问题建立台账、跟踪调解，对疑难复杂矛盾纠纷明确责任、集中攻坚，确保矛盾不激化、问题不上交。

△6日

河北省启动“基层组织建设年”活动，计划选择5000个班子差、经济弱、矛盾多的村，从省市县选派15000名机关干部组成工作组，进行驻村帮扶。

8日

八届省委常委会围绕和谐河北与依法行政进行第一次集体学习。省委书记张庆黎主持并作重要讲话。他强调，依法行政是我们党为人民掌好权、执好政的重要前提，是认真贯彻落实中央决策部署和省第八次党代会精神，实现建设经济强省、和谐河北战略目标的重要保证。要切实做到思想认识要提高，法律意识要增强，法律学习要跟上，依法行政要自觉，保障措施要完善，全面推进依法行政，大力弘扬社会主义法治精神，为推动全省经济社会又好又快发展提供有力法治保障和良好法治环境。省司法厅党组书记、厅长、国家一级律师、省律师协会会长李益民就法制建设取得的成就、和谐河北与法制等方面问题进行了讲解，并结合实际就深入推进依法治省，加强地方立法工作，全面推进法治政府建设和依法行政提出了意见和建议。省委常委，省人大常委会、省政府、省政协领导成员，省长助理以及省直综合部门和有关单位主要负责同志参加学习。

9日

省公安厅召开全省公安工作电视电话会议，省委常委、政法委书记、公安厅厅长张越出席并讲话。他强调，全省各级公安机关和广大公安民警要进一步统一思想、凝聚共识，振奋精神、扎实工作，全面提升维护国家安全和社会和谐稳定的能力水平，为党的十八大胜利召开营造和谐稳定的社会环境。各级公安机关特别是领导机关和领导干部要把推进落实置于更加突出的位置、贯穿公安工作的始终，广泛推行和大力实施精细化管理，向管理要执行力、落实力，向管理要效益、要战斗力，以百分之百的落实确保百分之百的安全，做到百分之百的放心。

20日

省开展加强基层建设年活动领导小组举行第一次会议，听取省开展加强基层建设年活动办公室和省直有关单位对前一阶段活动开展情况的汇报，研究部署下一阶段工作。省委副书记、省开展加强基层建设年活动领导小组组长赵勇出席会议并讲话，他对下一阶段工作提出六点要求。一要主动作为，领导小组成员单位既要切实抓好联系村工作，发挥示范带头作用，又要亲自抓一些联系点，结合部门职责出台政策、措施，把基层基础工作搞得更扎实。二要顺利开局，要抓紧督促省、市、县（市、区）三级15000名干部全部到位，尽快在帮扶村摸清实情、摸清村情、摸清需求，为开展下一阶段工作奠定基础。三要实而又实，真正把活动落实在帮扶项目中，体现在农民群众的笑脸上。四要形成合力，各地各部门要围绕十件实事，把人力、资金、资源向基层倾斜，特别是要搞好资金整合，打捆使用涉农资金、加大金融支持力度、引导社会资金和资源投向基层，集中力量解决农村突出问题，发展现代农业。五要搞好结合，把加强基层建设年活动与发展现代农业相结合、与扶贫攻坚行动相结合、与幸福乡村建设相结合、与维护农村和谐稳定相结合、与教育农民相结合，用足用好15000名下乡干部，活跃河北省经济社会发展全局。六要加强督导，各地活动办公室要加强督导，强化明察暗访工作，省直各部门要结合职责分工加强本行业督导，各地临时党委、党支部要加强本片区督导，做到督导工作全覆盖。省委常委、组织部长、省开展加强基层建设年活动领导小组副组长梁滨主持会议，省委常委、秘书长、省开展加强基层建设年活动领导小组副组长景春华出席会议。

△20日

省行政学院举行2012年春季开学典礼。省委常委、常务副省长、省行政学院院长杨崇勇出席典礼并讲话。他指出，省委、省政府始终把文化建设摆在全局工作的重要位置，即将召开的省委八届二次全会将就加快推进文化体制改革和文化建设工作进行安排部署。推动社会主义文化大发展大繁荣，要以增强社会主义核心价值观为前提，以弘扬中华传统文化为着力点，着力发展河北的文化软实力。要注重培育法治文化，为加快推进法治型政府、服务型政府建设提供支撑；注重培育尊商重商文化，为招商引资和企业发展创造良好环境；注重培育诚信文化，为促进社会和谐夯实基础；注重培育务实文化，为引导全省上下凝心聚力、干事创业营造氛围。

3 月

14日

省委办公厅召开干部大会，省委常委、秘书长景春华出席并讲话。他指出面对新的形势和任务，省委办公厅要坚持围绕中心，服务大局，全面提高工作科学化水平，使办公厅职能作用有一个大的加强，工作质量有一个大的改进，服务水平有一个大的提高。全面提高新形势下省委办公厅服务水平，必须全面贯彻落实省第八次党代会精神，按照省委书记张庆黎提出的“一个好的精神状态、一个好的工作作风、一个好的工作业绩”的总要求，在办公厅全方位开展“对标”活动。要加强干部队伍建设、机关制度建设、工作体系建设和机关作风建设，真正把省委办公厅打造成政治上的先进机关、工作上的示范机关、作风上的表率机关。

△14日

省立法研究会第二次常务理事会在涿州市召开，省人大常委会副主任兼省立法研究会会长宋长瑞主持会议并讲话。他强调，立法研究会要倡导“民主、开放、包容、和谐、务实”的理念。坚持用好团队平台，用心设置载体，追求有所作为，奉献立法事业，服务全省大局。立法研究要注重与立法机关既定的立法计划相结合，注重与立法后评估相结合，注重与立法的预可研相结合，注重与法律法规宣传普及相结合。

19日

省人大常委会召开主任会议，省委书记、省人大常委会主任张庆黎主持会议并讲话。他指出，省人大常委会主任会议在人大工作中居于核心地位，大家作为主任会议的组成人员，责任重大，使命光荣，一定要充分发挥领导骨干和模范带头作用，齐心协力地把人大常委会的各项工作和自身建设不断推向前进。省人大常委会副主任宋长瑞、侯志奎、王增力、马兰翠、黄荣、谢计来、宋太平，秘书长赵曙光出席会议。

20日

省政协十届十九次常委会议在石家庄市召开。省政协主席付志方主持会议并讲话。他强调，各位常委要在学习全国两会精神上发挥带头作用，切实把思想和行动统一到中央对政协工作的新要求上来，把贯彻全国两会精神贯穿到政协履职实践中，坚持把推进科学发展作为第一要务，把促进社会和谐作为第一责任，切实把稳增长、控物价、调结构、抓创新、惠民生、促和谐作为政协工作的着力点，用履行职能的新成效推动各项事业的新发展，为推动经济强省、和谐河北建设作出积极贡献。会议学习传达了全国政协十一届五次会议精神，审议通过了《政协河北省委员会常务委员会组成人员守则》。省委常委、统战部部长田向利，省政协副主席刘永瑞、赵文鹤、王玉梅、段惠军、孔小均、武四海、王刚、崔江水，秘书长安云昉出席会议。

22日

省政府召开常务会议，省长张庆伟主持会议。会议研究了《河北省人民政府关于进一步加快旅游业实现跨越式发展的若干意见》，并就下一步加快全省旅游业发展进行了安排部署。会议强调，加快旅游业发展要统筹全省大局，以实现区域旅游协调可持续发展为目标，加快构建旅游产业发展新格局。在发展过程中，要坚持统筹协调，内涵式发展，实现速度、结构、质量、效益相统一。会议还研究了《河北省钢铁产业结构调整方案》和《关于第一批违规钢铁在建项目处理意见》，并就全省钢铁产业调整进行了安排部署。会议研究了关于下达第一批16个违规钢铁在建项目处置名单及处理意见，要求有关设区市、单位、企业要按照省政府的要求，在6月底前确保违规在建项目全部拆除。对未在规定期限内完成任务的，要按照河北省出台的《关于坚决禁止违规建设钢铁项目的紧急通知》有关规定，严肃追究相关负责人的责任。

会议还研究了其他事项。

27日

省十一届人大常委会在石家庄市召开第二十九次会议。省委书记、省人大常委会主任张庆黎主持会议。会议听取了省人大法制委员会委员孙平作的关于《河北省邮政条例（草案）》修改情况的报告。会议听取了省财政厅厅长邢国辉关于《2011年省级超收资金支出安排方案（草案）》的说明；听取了石家庄、唐山、邯郸三个市人大常委会分别作的关于修改部分法规的决定和《邯郸市城乡规划条例》的说明。会议还听取了省人大常委会副主任宋长瑞、省政府副省长杨汭、省检察院副检察长陈晓颖分别作的关于提请任免有关人员的说明。拟任命和决定任命人员到会与大家见面。省人大常委会副主任宋长瑞、王增力、马兰翠、黄荣、谢计来、宋太平，秘书长赵曙光出席会议。

29日

省政府召开常务会议，省长张庆伟主持会议。会议听取了关于全国春季农业生产工作会议精神和河北省贯彻落实意见的汇报，并就抓好2012年春季农业生产工作进行了安排部署。会议强调，目前河北省小麦长势均衡、个体健壮、墒情较好，但一定要保持清醒头脑，立足于应对最复杂、最困难的局面，细化部署，指导农民搞好锄划镇压作业，适时浇水施肥，预防病虫草害，切实抓好麦田管理，努力实现全年农业生产良好开局。要切实抓好春耕备播。要切实抓好水利建设。要切实抓好政策落实。会议还研究了《河北省人民政府关于进一步加强环境保护工作的决定》，就河北省当前和今后一个时期环保工作进行安排部署。

会议还研究了其他事项。

31日

河北省召开全国两会安保总结表彰会，省委常委、政法委书记、省公安厅厅长张越出席并讲话。他强调，要进一步固化行之有效的工作措施，创新、完善常态化的安保工作新机制，全面提升维稳能力和水平。着眼十八大安保的现实需求，实现万无一失的目标，必须全面提升科学决策水平和指挥效能，探索建立现代化的重大安保工作模式。要固化行之有效的工作措施，以常抓不懈促常备不懈、以习惯养成促养成习惯，建立思路明晰、措施严密、责任具体、运转高效的经常性工作机制。下一步，要围绕决策指挥体系更加科学、警务合作更加密切、应急处突准备更加充分、治安管控模式更加主动、队伍管理措施更加贴切的具体要求，加快常态化的安保新机制建设，全面提升维稳能力和水平。

△31日

省人大常委会机关召开处以上干部大会，省人大常委会副主任宋长瑞传达省委书记、省人大常委会主任张庆黎在省十一届人大常委会第二十九次会议上的重要讲话精神，并就贯彻落实作出安排部署。秘书长赵曙光主持会议。宋长瑞从省人大常委会及其机关的履职实际出发，就奋力构建更高标准、更高质量、更高水平的人大工作讲了意见。一是充分认识和深刻领会张庆黎讲话的精神实质和深刻内涵。二是精心谋划、有效组织、扎实推动。三是深入学习贯彻张庆黎关于加强自身建设的总要求，始终坚持以“五讲”、“六个必须”统领全部人大工作和自身建设。

4　月

1日

省委召开常委会议，研究河北省《关于加快推进农业科技创新促进现代农业建设的实施意见（讨论稿）》。省委书记张庆黎主持会议并作重要讲话。他指出，加快农业科技创新，一要结合河北省实际，推进重点领域的技术实现新突破。二要在土、肥、水、种、密、保、管、工“农业八字宪法”上实现科技新突破。三要在农业实用技术推广上实现新突破，本着实际、实用、实效的原则，大力推广老百姓能够看得懂、掌握得了、用得上的技术。四要在农业产业化上实现新突破。五要充分发挥科研院所和科技人员的作用。六要在培养农村实用人才上实现新突破，让农民真正学一招，露一手，能致富。七要在健全农业科技服务体系上实现新突破，建立健全与市场体系和市场经济相接轨的农业科技服务体系。加强新形势下的党外代表人士队伍建设，是各级党委的重要政治责任，要高度重视，将其纳入重要议事日程，纳入各级领导班子和干部队伍建设的总体规划，一同部署，一同安排，一同检查。要认真抓好党外代表人士的发现、培养、使用和管理等各个环节的工作，坚持德才兼备、以德为先用人标准，以不断增强党外代表人士的代表性为重点，以广交深交党外朋友为基础，以加强理论培训和实践锻炼为途径，以提高素质、发挥作用为目标，努力建设好党外代表人士队伍。要完善党外代表人士的管理和使用机制，形成党外人才不断涌现的生动局面。

会议还研究了其他事项。

3日

省人大常委会召开会议，研究《河北省农村土地承包条例》等10部涉及全省经济工作大局和人民群众切身利益的法规草案进行统一审议。其中《河北省邮政条例》已于日前审议通过。另外列入审议计划的8部法规草案分别是：《河北省辐射污染防治条例》、《河北省电力条例》、《河北省农业机械管理条例》（修订）、《河北省信息化条例》、《河北省人口与计划生育条例》（修订）、《河北省农民工权益保障条例》、《河北省技术市场管理条例》（修订）、《河北省突发事件应对条例》。此外，还要对石家庄、唐山、邯郸三个较大的市的13部报批法规进行合法性审查。

4日

省司法厅召开工作部署会议，要求各级司法行政部门紧紧围绕经济社会发展大局，优化业务结构，拓展工作领域，提升服务能力，为河北省经济社会发展提供更加优质高效的法律服务。河北省法律服务机构规模化水平不高、高端法律服务人才奇缺，与涉外经济和高端经济领域的发展需求相比还有一定差距。省司法厅将抓紧协调制定支持保障政策，加快引进懂法律、懂外语、懂经济的复合型人才，积极吸引国内外服务高端经济领域的知名品牌法律服务机构在河北省设立分支机构。

10日

省政府召开第六次全体会议。河北省委副书记、省长张庆伟主持会议并讲话。他强调，要按照张庆黎书记的要求，集中精力把全国两会精神和省第八次党代会、省两会精神贯彻好、落实好，进一步加快政府改革和建设，全力以赴做好当前的各项工作，以实际行动迎接党的十八大胜利召开。河北省委常委、常务副省长杨崇勇，省委常委、副省长聂辰席，副省长宋恩华，省政府特邀咨询张和、孙士彬，副省长龙庄伟、张杰辉、杨汭，省长助理、省政府秘书长尹亚力，省长助理、省金融办主任江波出席会议。省发改委负责同志通报了一季度全省经济运行情况，省住建厅负责同志介绍了开展机关标准化管理工作的经验，省法制办负责同志作了法制讲座。

12日

省人大常委会召开党组扩大会议，深入学习全省干部警示教育大会精神和近期人民日报评论员文章。省人大常委会党组副书记、副主任宋长瑞主持会议并讲话。他要求，要充分认识干部警示教育大会的重要意义和加强党风廉政建设的极端重要性，以高度负责的精神和求真务实的作风，认真做好反腐倡廉工作，努力开创各项工作新局面。要结合当前党风廉政建设形势和人大工作实际，认真学习，深刻领会，全面理解省委书记张庆黎重要讲话的精神实质，突出领会保持党的纯洁性的重要意义和基本要求，深刻认识党风廉政建设的长期性、艰巨性和复杂性，牢牢把握干部队伍建设这一关键环节，使干净干事蔚然成风。省人大常委会副主任王增力、宋太平，秘书长赵曙光出席会议。

13 日

省政府召开全省纠风暨优化发展环境工作电视电话会议。省委常委、常务副省长杨崇勇出席会议并讲话。他强调，要突出重点领域治理，着力推动纠风工作深入开展。围绕大型零售企业向供应商违规收费问题、物流领域乱收费问题、商业银行乱收费问题、电信行业乱收费问题、教育乱收费问题、涉农乱收费问题六项重点，以坚决的态度、过硬的措施，下大力组织开展专项治理，以治理工作的实际成效取信于民。各级各部门要切实加强组织领导、明确工作责任，强化协调联动、形成工作合力，强化制度建设、构建长效机制，强化监督检查、严格责任追究，以攻坚克难的勇气、求真务实的作风，抓好纠风和优化发展环境各项工作落实。

24 日

全省加强和创新农村社会管理工作现场会在肃宁县召开。省委常委、政法委书记张越出席并讲话，他强调，中央和省委领导对推广肃宁“四个覆盖”的经验提出了明确要求，各级党委政府必须认真落实。各级各部门要把肃宁经验推广好，促进全省广大农村更加繁荣富裕、和谐稳定。省人大常委会副主任谢计来、省政协副主席崔江水出席会议。副省长宋恩华主持会议。

26 日

省委、省政府召开全省领导干部会议，就进一步加大问题明胶处置工作力度、深入开展河北省“打非治违”专项行动、集中精力抓好当前的经济工作，进行安排部署、提出明确要求。省委书记、省人大常委会主任张庆黎主持会议并讲话。省委副书记、省长张庆伟作讲话。省领导赵勇、付志方、史鲁泽、杨崇勇、梁滨、臧胜业、聂辰席、张越、孙瑞彬、景春华、田向利、艾文礼、宋长瑞等出席会议。

5 月

7 日

省政府召开铬超标药用胶囊有关问题处理工作情况汇报会，听取省有关部门和有关市铬超标药用胶囊有关问题处理工作情况汇报，对下一步工作进行了研究部署。省委常委、副省长聂辰席并讲话。他指出，全省各级各有关部门认真贯彻落实中央和省委、省政府决策部署，以强烈的事业心和责任感，精心组织、扎实工作，铬超标药用胶囊有关问题处理工作取得阶段性成效。要本着对人民群众高度负责的精神，继续深入做好各项处理工作，深刻汲取教训，完善长效监管机制，坚决防止食品药品重大安全问题发生，切实保障人民群众生命健康安全，维护社会和谐稳定。副省长杨汭出席会议。

10 日

省人大常委会召开主任会议，省委书记、省人大常委会主任张庆黎主持并讲话。他指出，2012年以来，全省各项工作有序开展、顺利推进。一是经济继续保持平稳较快发展。二是重点工作扎实推进。三是社会事业健康发展、民生继续改善。四是社会继续保持和谐稳定。省人大常委会的各位同志肩负着神圣使命，要进一步增强责任感和使命感，严格遵守省人大常委会有关规定和纪律，保持良好的工作作风，尽心竭力、依法履职，不辜负人民代表、人民群众的希望和重托。要真正做到事业心加认真，兢兢业业、心无旁骛干工作，以一个好的精神状态、一个好的工作作风、一个好的工作业绩，为实现建设经济强省、和谐河北目标努力奋斗，以优异成绩迎接党的十八大胜利召开。省人大常委会副主任宋长瑞、马兰翠、黄荣、谢计来、宋太平，秘书长赵曙光出席会议。

11 日

省政协召开座谈会，认真学习贯彻中共中央办公厅、国务院办公厅《关于进一步加强人民政协提案办理工作的意见》精神，总结交流近年来政协提案办理工作的情况和经验，共同探讨做好新形势下提案办理工作的新思路、新举措。省政协副主席崔江水出席会议并讲话，秘书长安云昉主持会议。

15 日

省政府召开常务会议，省长张庆伟主持会议。会议听取了关于2011年度依法行政考核工作情况的汇报，并就下一步深入推进依法行政工作进行安排部署。会议指出，建设法治政府的核心是依法行政，全面推进依法行政工作、弘扬社会主义法治精神，是推动科学发展、促进社会和谐的必然要求，是促进社会公平正义的基本保证。会议强调，各级各部门要进一步强化法制观念，站在依法治省、推进社会主义民主法制建设的高度，站在建设法治政府、加强反腐倡廉建设的高度，坚持围绕中心、服务大局，坚持统筹兼顾，突出重点，加快推进依法行政实现新进展，全力服务和保障经济强省、和谐河北战略目标的实现。会议还听取了关于第十三次全国民政会议主要精神及河北省贯彻落实意见的汇报，并就下一阶段全省民政工作进行了安排部署。

会议还研究了其他事项。

18日

省委书记、省人大常委会主任张庆黎在廊坊市调研项目建设情况时强调，要充分发挥好、利用好环京津、沿渤海这一最大的优势，着力改善发展环境，着力改善生态环境，打造一批规模大、科技含量高、带动能力强的产业项目，以投资环境的改善和结构的优化促进产业转型升级，加快调结构、转方式步伐，努力推动河北经济社会更好更快更大发展。省委常委、秘书长景春华一同调研。

21日

省十一届人大常委会第三十次会议在石家庄市举行第一次全体会议。省委书记、省人大常委会主任张庆黎主持会议。会议听取了省人大法制委员会委员杨振田作的关于《河北省农村土地承包条例（草案）》修改情况的报告。会议听取了省财政厅厅长邢国辉作的关于《2012年省级预算调整方案（草案）》的说明；听取了邯郸市人大常委会关于《邯郸市城市市容和环境卫生条例》和《邯郸市建筑垃圾条例》的说明、大厂回族自治县人大常委会关于《大厂回族自治县自治条例》的说明、丰宁满族自治县人大常委会关于《丰宁满族自治县人民代表大会关于修改丰宁满族自治县水土保持条例的决定》的说明。会议还听取了省法院院长高勇作的关于提请任命省法院工作人员的说明。拟任命人员到会与常委会组成人员见面。省人大常委会副主任宋长瑞、王增力、马兰翠、黄荣、谢计来、宋太平，秘书长赵曙光出席会议。

22日

省十一届人大常委会第三十次会议举行第二次全体会议。省人大常委会副主任宋长瑞主持会议。会议听取了河北省人大财经委员会副主任委员左绍伟作的关于《2012年省级预算调整方案（草案）》的审查报告；听取了省人力资源和社会保障厅厅长张义珍作的关于落实检查企业职工工资集体协商条例实施情况审议意见的报告。省人大常委会副主任王增力、马兰翠、黄荣、谢计来、宋太平，秘书长赵曙光出席会议。省政府副省长张杰辉、省法院副院长穆思山、省检察院检察长张德利等列席会议。部分省人大代表应邀列席会议。

△22日

省委书记、省人大常委会主任张庆黎，省委副书记、省长张庆伟在河北会堂西华厅会见了河北省出席全国公安系统英雄模范立功集体表彰大会的代表。省委常委、政法委书记，省公安厅厅长张越主持会见活动。张庆黎向大家提出五点希望，一是进一步坚定政治立场。二是进一步增强宗旨意识。三是进一步提高履职能力。四是进一步弘扬创新精神。五是进一步锤炼过硬作风。省委常委、秘书长景春华，省委常委、宣传部部长艾文礼，副省长宋恩华参加会见。

23日

省人大常委会副主任宋长瑞率领立法调研组，就省国有资产监督管理条例立法进展情况，到省国资委进行立法调研。调研组听取了河北省国资委、省政府法制办关于省国有资产监督管理条例前期起草工作的汇报。宋长瑞强调，拟制定的省国有资产监督管理条例是一部事关建设经济强省的重要法规，省委、省政府对这部法规的立法工作高度重视。

△23日

省公安厅召开党委（扩大）会议，学习传达了全国公安系统英模表彰大会精神、省领导会见河北省英模代表时的讲话精神，以及部分省区市公安厅局长座谈会的主要精神。省委常委、政法委书记，省公安厅厅长张越出席并讲话，他强调，要深入贯彻落实中央、公安部和省委、省政府的重大部署，进一步凝聚共识、乘势而上，全面推进各项工作措施的落实，以维护国家安全和社会稳定的新成效，回报各级领导对公安工作的高度重视和亲切关怀。

31日

省公安厅召开深化执法规范化建设电视电话会议，省委常委、政法委书记、省公安厅厅长张越出席并讲话，他强调，各级公安机关，特别是领导同志要始终把执法规范化建设当作一项全局性、基础性、长远性的重大战略任务，以强烈的使命感、责任感和紧迫感扎实工作、积极进取、持之以恒、常抓不懈，全面开创执法规范化建设的新局面。

6 月

7日

省政协十届第三十一次主席会议召开，省政协主席付志方主持会议。会议审议通过了河北省政协十届二十次常委会议的议程、日程及主持人建议名单，听取了关于常委会议议题准备情况的汇报。副主席刘永瑞、赵文鹤、王玉梅、段惠军、丛斌、孔小均、武四海、王刚、崔江水，秘书长安云昉出席会议。

12日

省政协主席付志方带领部分省政协常委、委员到邯郸市，就“创新社会管理，建设和谐河北”进行调研，为即将召开的省政协十届二十次常委会议做准备。付志方强调，加强和创新社会管理，构建和谐河北，政协组织责无旁贷。政协是最广泛的爱国统一战线组织，人才荟萃，智力密集，渠道畅通，能够在加强和创新社会管理中发挥独特的优势和作用。各级政协组织和广大政协委员要按照中央和省委的要求，勇于实践，积极探索，参政议政，为加强和创新社会管理建言献策。省政协副主席王刚、秘书长安云昉参加调研。

△12日

省政府召开常务会议，省长张庆伟主持会议。会议研究了《河北省服务业拓展计划》，并就河北省下一步服务业的拓展进行安排部署。会议强调，河北省正处于深化改革开放、加快转变经济发展方式的攻坚时期，面对新的形势和任务，要进一步增强紧迫感和责任感，围绕建设经济强省、和谐河北的战略目标，抢抓机遇，应对挑战，坚持把拓展服务业发展领域作为结构调整的战略任务，努力推进河北省现代服务业实现又好又快发展。会议还研究了《河北省人民政府办公厅关于加快培育发展高技术服务业的实施意见》，并就下一步高技术服务业发展进行安排部署。

会议还研究了其他事项。

14日

省委召开常委会议，传达学习马克思主义理论研究和建设工程工作会议精神及学习时代楷模座谈会精神，研究河北省贯彻落实意见。河北省委书记张庆黎主持会议并作重要讲话。他指出，学习时代楷模座谈会，深入贯彻党的十七届六中全会精神，以社会主义核心价值体系建设为根本，就进一步兴起学习宣传时代楷模热潮，进一步发挥榜样引领作用、培育文明道德风尚作出全面部署，必将有力推动学习时代楷模活动深入开展，为党的十八大胜利召开营造良好氛围。结合河北省实际，学习贯彻好这次座谈会精神，要着力做到以下三个方面。一是在思想认识上要到位。二是在工作部署上要到位。三是在推进措施上要到位。

会议还研究了其他事项。

7 月

3日

省政府召开常务会议，省长张庆伟主持会议。会议研究了《河北省2012年经济体制改革重点工作安排意见》，就河北省经济体制改革下一步的重点工作进行安排部署。会议强调，省各有关部门要高度重视，切实把改革工作列入重要议事日程，分工协作，相互支持，形成合力，增强各项改革措施的协调性，通过深化改革解决经济社会发展中的深层次矛盾和问题，让广大人民群众共享改革发展的成果。会议研究了《河北省人民政府关于加快服务外包产业发展的若干意见》，就河北省服务外包产业下一步的发展进行安排部署。会议还研究了《河北省人民政府关于进一步加快电子商务发展的实施意见》，就河北省下一步电子商务发展工作进行安排部署。

会议还研究了其他事项。

24日

省十一届人大常委会第三十一次会议在石家庄市召开。省人大常委会党组副书记、副主任宋长瑞主持会议。会议听取了省发展和改革委员会主任刘学库作的关于河北省国民经济和社会发展计划上半年执行情况的报告，听取了省财政厅厅长邢国辉作的2012年上半年省本级预算及省总预算执行情况和2011年省本级决算及全省总决算情况的报告，听取了省审计厅厅长葛梦彬作的关于河北省2011年度省本级预算执行及其他财政收支情况的审计工作报告。省人大法制委员会委员杨振田就《河北省农业机械管理条例（草案）》审议结果向会议作了报告。会议还听取了省人大法制委员会委员李国良作的关于《河北省信息化条例（草案）》审议结果的报告；听取了邯郸市人大常委会关于《邯郸市滏阳河管理条例》的说明，青龙满族自治县人大常委会关于村集体经济组织财务管理条例和围场满族蒙古族自治县人大常委会关于废止和修改部分条例的说明。省人大常委会副主任王增力、马兰翠、黄荣、谢计来、宋太平，秘书长赵曙光出席会议。

25日

省十一届人大常委会第三十一次会议举行第二次全体会议。省人大常委会副主任谢计来主持会议。会议听取了省人大财经委员会副主任委员左绍伟关于河北省2011年省本级决算和全省总决算审查情况的报告，省人大常委会内司工委副主任陈金玉关于《河北省农民工权益保障条例（草案）》的说明，省环境保护厅厅长姬振海关于全省水污染防治和保障饮用水安全工作的情况报告，省人大常委会城建环资工委主任马静关于水环境保护及水资源管理情况的调研报告，省人大常委会教科文卫工委主任靳宝栓关于省人大常委会执法检查组检查《中华人民共和国文物保护法》、《河北省实施〈中华人民共和国文物保护法〉办法》实施情况的报告。省人大常委会党组副书记、副主任宋长瑞，副主任王增力、马兰翠、黄荣、宋太平，秘书长赵曙光出席会议。

26日

省委召开常委（扩大）会议，传达学习胡锦涛总书记在省部级主要领导干部专题研讨班上的重要讲话精神，研究河北省贯彻落实意见。省委书记张庆黎主持会议并讲话。他指出，要深刻认识当前和今后一个时期党和国家工作的总要求，进一步统一思想、坚定信念，坚持围绕中心、服务大局，更加奋发有为、兢兢业业地工作。要深刻认识党的十六大以来取得的巨大成就和积累的宝贵经验，以更加坚定的决心、更加有力的举措、更加完善的制度来贯彻落实科学发展观，真正把科学发展观转化为推动经济社会又好又快发展的强大力量。要深刻认识中国特色社会主义是当代中国发展进步的旗帜，坚定不移走中国特色社会主义道路。要深刻认识经济建设、政治建设、文化建设、社会建设以及生态文明建设的重大部署，奋力完成时代赋予的光荣而艰巨的任务。

△26日

省十一届人大常委会第三十一次会议举行第三次全体会议。省人大常委会副主任宋太平主持会议。会议听取了河北省人大常委会选任代工委副主任姚生泉关于确定唐山市曹妃甸区人民代表大会代表名额和人民代表大会常务委员会组成人员名额的决定（草案）的说明，省旅游局局长粟进路关于贯彻实施《河北省旅游条例》情况的报告，省人大常委会民侨外工委主任张宝岩关于省人大常委会执法检查组检查《河北省旅游条例》实施情况的报告，省检察院检察长张德利关于落实《省人大常委会关于加强人民检察院法律监督工作的决议》情况的报告。会议还听取了省政府副省长聂辰席、省法院院长高勇、省检察院检察长张德利分别作的关于人事任免事项的说明。拟任命和决定任命人员到会与常委会组成人员见面。省人大常委会党组副书记、副主任宋长瑞，副主任王增力、马兰翠、黄荣、谢计来，秘书长赵曙光出席会议。省政府副省长聂辰席，省法院院长高勇，省检察院检察长张德利等列席会议。

8 月

4日

省长张庆伟赶赴昌黎滦河下游，现场指挥防汛抗洪工作。张庆伟强调，台风和近期的强降雨已经在滦河上游形成洪峰，面对即将到来的洪峰，要发扬不怕疲劳、连续作战的精神，克服一切困难，对重点河道、堤坝、水库等实行重点防范、严防死守，特别要做好河道清淤清障和管护工作，采取紧急措施，全力以赴确保河道行洪畅通，确保人民群众生命安全。第一，要把人民群众生命安全放在第一位，做好群众转移安置工作。第二，要顾全大局，坚决清除行洪障碍，确保河道行洪畅通。第三，要落实责任，加大巡堤查险和应急抢险力度。第四，要坚持科学调度，最大限度减轻滦河下游河道防洪压力。第五，当前河北省仍处于主汛期，人民解放军和武警部队官兵要发扬特别能战斗的精神，勇于承担急难险重任务，确保安全度汛，为抗洪抢险作出更大贡献。省委常委、省军区司令员史鲁泽，省长助理、省政府秘书长尹亚力陪同现场指挥调度。

11日

省委、省政府在北戴河召开省级老干部座谈会，省委书记、省人大常委会主任张庆黎主持会议并讲话。省委副书记、省长张庆伟通报了全省上半年经济工作情况和当前经济形势，介绍了下半年经济工作总体安排。张庆黎强调，一定深入学习贯彻胡锦涛总书记在省部级主要领导干部专题研讨班上的重要讲话精神，高举中国特色社会主义伟大旗帜，以邓小平理论和“三个代表”重要思想为指导，深入贯彻落实科学发展观，切实把思想和行动统一到中央的重大决策部署上来，扎扎实实地做好改革发展稳定的各项工作，以一个好的精神状态、一个好的工作作风、一个好的工作业绩迎接党的十八大胜利召开。张庆伟还对河北省抗洪救灾和恢复重建情况进行了通报。省领导赵勇、梁滨、张越、景春华；部分省级老同志叶连松、杨泽江、郭志、吕传赞、赵金铎、刘德旺等出席会议。

20日

省委召开常委（扩大）会议，研究河北省抗洪抢险救灾表彰暨灾后重建工作，传达学习了全国巡视工作理论研讨会和全国社会管理综合治理工作会议精神，并就做好下一步工作提出明确要求。省委书记张庆黎主持会议并讲话。他指出，要认认真真、扎扎实实地抓好灾后重建工作。一要在思想上高度重视。二要把民生放在首位。三要发挥好“三个积极性”。四要大力宣传表彰抗洪抢险救灾和灾后恢复重建工作中涌现出来的先进典型。下一步要努力做好以下几个方面工作。一是一定要毫不放松地把经济工作抓好。二是一定要抓好保障和改善民生工作。三是一定要把维护社会和谐稳定工作抓细抓实抓好。四是一定要狠抓“两个环境”建设。五是一定要保持良好的精神状态。六是一定要毫不放松地抓好党的建设。

会议还研究了其他事项。

22日

省政府召开常务会议，省长张庆伟主持会议。会议听取了全国公共资源交易市场建设工作推进会议精神及河北省贯彻落实意见的汇报，就河北省公共资源交易市场建设工作进行安排部署。会议强调，要坚持政府主导、管办分离、集中交易、规范运行、部门监管、行政监察的基本原则，按照统筹谋划、整合资源、因地制宜、扎实推进的思路，充分借鉴各地的先进经验，有效整合现有建设工程招标投标等交易市场，发挥市场配置公共资源的基础性作用，积极探索符合河北省实际的公共资源交易市场建设模式。会议听取了关于全国保障性安居工程座谈会、保障性住房分配和运行工作会议精神及河北省贯彻意见的汇报，就下一步全省保障性安居工程工作进行安排部署。还研究了《河北省人民政府关于加强和改进消防工作的实施意见》，就做好火灾防控工作进行安排部署。

会议还研究了其他事项。

31日

省政府部门开展机关标准化管理工作观摩汇报会在省商务厅召开。会议主要是总结前一段省直19个部门的机关标准化管理工作开展情况，学习交流工作经验，进一步推进机关标准化管理工作。省长张庆伟出席会议并讲话。省长助理、省政府秘书长尹亚力主持会议。张庆伟强调，各有关部门要高度重视开展机关标准化管理工作中存在的突出问题，加强相互交流学习，不断改进完善措施，科学谋划和安排好下一步工作，扎扎实实地推进机关标准化建设向纵深发展。一是坚持把标准化建设与部门业务工作相结合，着力增强标准化管理工作的实效性。二是坚持把标准化建设与提高公务员队伍素质相结合，着力增强标准化管理工作的保障性。三是坚持把标准化建设与“两个环境”建设相结合，着力增强标准化管理工作的针对性。四是坚持把标准化建设与信息化建设相结合，着力增强标准化管理工作的科学性。省政府办公厅、省商务厅、方圆标志认证集团负责人在会上作了发言。

9　月

3日

省政府召开常务会议，省长张庆伟主持会议。会议研究了《河北省“十二五”期间深化医药卫生体制改革规划暨实施方案》，并对全省医药卫生体制改革工作进行安排部署。会议指出，深化医药卫生体制改革是贯彻落实科学发展观、加快转变经济发展方式的重大实践，是党和国家的重大战略部署，是建设经济强省、和谐河北，保障和改善民生，促进社会公平正义的重要举措。会议还研究了《河北省“十二五”控制温室气体排放工作方案》，对全省控制温室气体排放工作进行安排部署。

会议还研究了其他事项。

10日

检察院发布《关于发挥检察职能为发展环境和生态环境建设服务的指导意见》，该意见作为河北省三级检察院细化深化服务“两个环境”的行为准则，针对“两个环境”建设中存在的突出问题，紧密结合检察职能，从打击刑事犯罪、查办和预防职务犯罪、加强法律监督等方面提出了25条具体要求，为推动全省经济社会发展提供有力的司法保障。

17日

省委、省政府召开全省维护社会稳定工作电视电话会议，主要任务是认真学习贯彻中央指示精神，深入分析当前维稳形势，安排部署下一步维护社会和谐稳定工作。省委书记、省人大常委会主任、省军区党委第一书记张庆黎出席会议并作重要讲话。他强调，要统一思想认识，明确目标任务，强化工作措施，全面深入扎实地做好各项工作，坚决筑牢维护首都稳定的“护城河”，为党的十八大胜利召开创造良好社会环境。省领导杨崇勇、梁滨、臧胜业、聂辰席、孙瑞彬、田向利、艾文礼、宋长瑞等出席会议。

25日

省十一届人大常委会第三十二次会议在石家庄市召开。省委书记、省人大常委会主任张庆黎主持会议。会议听取了省人大法制委员会委员李国良作的关于《河北省信息化条例（草案）》修改情况的报告。听取了省公安厅常务副厅长曹爱平作的关于《河北省沿海船舶边防治安管理条例（草案）》的说明，省科技厅厅长贾红星作的关于《河北省技术市场条例（草案）》的说明，唐山市人大常委会副主任唐凤岗作的关于《唐山市物业管理条例》的说明。省人大常委会党组副书记、副主任宋长瑞，副主任马兰翠、黄荣、谢计来、宋太平，秘书长赵曙光出席会议。

27日

省政协十届二十一次常委会议在石家庄市召开。大会通过发言和分组讨论等形式，围绕“推动河北省沿海地区科学发展”主题，积极建言献策。省政协主席付志方主持会议。省委常委、常务副省长杨崇勇，省委常委、统战部部长田向利应邀出席会议会议还听取了省政府系统办理省政协十届五次会议提案工作进展情况的报告和有关人事事项的说明。

△27日

省政府召开常务会议，省长张庆伟主持会议。会议研究了《河北省人民政府关于加强食品安全工作的决定》，并对全省食品安全工作进行安排部署。还研究了《关于贯彻落实国家侨务工作发展纲要的实施意见》，就河北省侨务工作进行安排部署。

会议还研究了其他事项。

10 月

16日

省委、省政府召开全省着力改善发展环境、着力改善生态环境动员大会。省委书记、省人大常委会主任张庆黎，省委副书记、省长张庆伟出席会议并作重要讲话。省委副书记赵勇主持会议。会议的主要任务是，深入贯彻落实科学发展观，深化省委理论学习中心组学习成果，进一步动员全省上上下下、方方面面的力量，统一思想认识，明确目标任务，以更加坚定的决心和更加有力的措施，齐心协力推动发展环境大转变、生态环境大改观。省领导付志方、史鲁泽、杨崇勇、臧胜业、张越、孙瑞彬、景春华、田向利、艾文礼、宋长瑞等出席会议。

17日

全省召开创先争优活动总结大会，对河北省创先争优活动进行全面总结，对巩固和深化创先争优活动成果，推进创先争优常态化、长效化作出部署。省委副书记、省委创先争优活动领导小组组长赵勇出席会议并讲话。省委常委、组织部部长、省委创先争优活动领导小组副组长梁滨主持会议。省委常委、宣传部部长、省委创先争优活动领导小组副组长艾文礼宣读中共河北省委创先争优活动领导小组《关于表彰全省为民服务创先争优群众满意窗口、行业服务标兵和优质服务品牌的决定》。

19日

省法院出台《关于为着力改善发展环境和生态环境提供司法保障和服务的指导意见》。意见提出，开辟涉及招商引资、重点企业、重大项目建设等案件的绿色通道，实行“快速立案、快速审结、快速执行”，使争议资金、物资或项目尽快周转流通或开工建设，使涉诉企业尽快把时间和精力投入到生产经营活动中去。

30日

省长张庆伟在廊坊市就县域经济、文化产业发展、城市建设等进行调研。张庆伟强调，廊坊毗邻北京、天津两座大都市，具有得天独厚的区位优势。一定要进一步解放思想、开拓进取，把转变经济发展方式、调整产业结构作为工作主线，把增强核心竞争力和可持续发展能力作为重要支撑，把深化改革和扩大开放作为强大动力，千方百计稳增长，努力消除经济社会发展中的不平衡、不协调、不可持续因素，切实将独特的区位优势加快转化为发展优势，继续壮大县域经济实力，活跃县域经济发展全局，全力保持经济平稳较快发展，提高区域核心竞争力。省长助理、省政府秘书长尹亚力，省有关部门负责同志陪同调研。

11 月

19 日

省公安厅召开党委扩大会议，专题学习贯彻党的十八大精神。省委常委、政法委书记，省公安厅厅长张越出席并讲话。他强调，全省各级公安机关和广大公安民警要在深刻学习领会十八大精神基础上，迅速把思想和行动统一到十八大的决策部署上来，把智慧和力量凝聚到落实十八大确立的目标任务上来，进一步统一思想、凝聚共识，在新的历史起点上不断开创河北公安事业的新局面。

21 日

省人大常委会召开党组扩大会议，传达贯彻省委八届三次全会特别是张庆黎同志重要讲话精神，并结合人大工作实际，就贯彻落实会议精神进行安排部署。省人大常委会党组副书记、副主任宋长瑞出席会议并讲话。秘书长赵曙光主持会议。宋长瑞强调，要把学习贯彻省委八届三次全会精神与学习贯彻党的十八大精神结合起来，与人大工作实际结合起来，与人大及其常委会的自身建设结合起来，不断完善发展思路、破解发展难题，努力走出一条具有中国特色、河北特点的发展路子。

△21 日

中共河北省委在石家庄市召开座谈会，欢送出席各民主党派和工商联全国代表大会的河北省代表。省委书记、省人大常委会主任张庆黎出席座谈会并讲话。省委常委、统战部部长田向利主持会议。张庆黎指出，党的十八大对坚持走中国特色社会主义政治发展道路提出明确要求，特别是在健全社会主义协商民主制度、巩固和发展最广泛的爱国统一战线等方面，提出了许多新观点、新论断、新举措，为新形势下的统一战线和多党合作事业指明了前进方向、提供了基本遵循。省委常委、组织部部长梁滨，省委常委、秘书长景春华出席会议。

22 日

省政府召开常务会议，省长张庆伟主持会议。会议研究了《关于加快发展节能环保产业的实施意见》，并就河北省大力发展节能环保产业工作进行部署。研究了《河北省人民政府办公厅关于贯彻落实〈国家食品安全监管体系“十二五”规划〉的实施意见》，对全省食品安全工作进行安排部署。还研究了《河北省中长期动物疫病防治规划（2012－2020 年）》，并对当前动物疫病防治工作进行安排部署。

会议还研究了其他事项。

△22 日

省十一届人大常委会第三十三次会议在石家庄市举行第一次全体会议。省委书记、省人大常委会主任张庆黎主持会议。会议通过议程后，省人大常委会党组副书记、副主任宋长瑞首先传达了党的十八大精神。会议听取了省人大法制委员会委员刘志毅作的关于《河北省农民工权益保障条例（草案）》、《河北省沿海船舶边防治安管理条例（草案）》审议结果的报告，省人大法制委员会委员薛静作的关于《河北省技术市场条例（草案）》审议结果的报告，省人大常委会内司工委副主任柳建志作的关于《河北省法制宣传教育工作的若干规定（修订草案）》的说明。会议听取了省人大法制委员会副主任委员张庆华作的关于省十一届人大五次会议主席团交付审议的代表提出的议案审议结果的报告。省人大常委会副主任王增力、马兰翠、黄荣、谢计来、宋太平，秘书长赵曙光出席会议。

23 日

省十一届人大常委会第三十三次会议举行第二次全体会议。省人大常委会党组副书记、副主任宋长瑞主持会议。会议首先听取了省住房和城乡建设厅厅长朱正举作的关于《河北省城镇体系规划实施评估报告》的报告，听取了省政府常务副秘书长苏银增作的关于《河北省突发事件应对条例（草案）》的说明，省气象局局长宋善允作的关于《河北省气象灾害防御条例（草案）》的说明，省地震局局长周清良作的关于《河北省防震减灾条例（草案）》的说明，听取了省审计厅厅长葛梦彬作的关于《河北省2011年度省本级预算执行及其他财政收支情况的审计工作报告》中有关问题整改情况的报告。会议还听取了省政府副省长张杰辉作的关于省政府系统办理省十一届人大五次会议代表建议情况的报告，听取了省高级人民法院副院长穆思山和省人民检察院副检察长陈晓颖分别作的关于省十一届人大五次会议代表建议办理情况的报告。省人大常委会副主任王增力、马兰翠、黄荣、谢计来、宋太平，秘书长赵曙光出席会议。省政府副省长张杰辉、省高级人民法院副院长穆思山、省人民检察院检察长张德利等列席会议。

25日

省十一届人大常委会第三十三次会议在石家庄市闭幕。省委书记、省人大常委会主任张庆黎主持会议并作重要讲话。会议以民主表决方式通过了《河北省沿海船舶边防治安管理条例》、《河北省技术市场条例》。会议通过了省人大法制委员会关于省十一届人大五次会议主席团交付审议的代表提出的议案审议结果的报告，确认了省人大常委会关于重新确定部分设区市人民代表大会代表名额的决定，通过了省人大常委会关于接受聂辰席辞去省政府副省长职务的请求的决定。会议还通过了其他人事任免事项。省人大常委会党组副书记、副主任宋长瑞，副主任王增力、马兰翠、黄荣、谢计来、宋太平，秘书长赵曙光出席会议。

26日

省委理论学习中心组学习会议在石家庄市召开。会议采取个人自学与集中讨论相结合、统一准备与重点发言相结合的方式，用两天时间，进行了集中学习和交流。省委书记、省人大常委会主任张庆黎主持会议并讲话。省委副书记、省长张庆伟作发言。会议强调，要切实增强学习宣传贯彻党的十八大精神的自觉性和坚定性，以十八大精神为指导做好当前各项工作，不断开创河北各项事业发展新局面。

12　月

6日

省政协工作经验交流会在省会召开，交流总结5年来政协履行职能的经验和做法，探讨在新时期推动政协事业发展的新思路和新举措。省政协副主席刘永瑞出席会议并讲话，他强调，要充分运用经验成果，采取有效形式，真正把成果转化为谋划人民政协事业发展的正确思路，转化为做好人民政协工作的有效举措，推动各级政协组织更好地履行职能、发挥作用，从整体上提高全省政协工作水平。副主席赵文鹤、孔小均、崔江水，秘书长安云昉出席会议。

△6日

省委召开常委会议，传达学习中央政治局关于改进工作作风、密切联系群众的八项规定，研究贯彻落实意见。省委书记张庆黎主持会议并讲话。他指出，以习近平同志为总书记的新一届中央领导集体，带头转变工作作风、密切联系群众，为我们作出了表率，我们一定要认真学习，深刻领会，结合实际坚决贯彻落实。一是领会要透彻。二是落实要坚决。三是领导要带头。四是督导要有力。

会议还研究了其他事项。

△6日

省人大法制委员会召开会议，深入学习贯彻党的十八大精神并对立法工作进行总结。省人大常委会党组副书记、副主任、省人大法制委员会主任委员宋长瑞出席会议并讲话。他指出，要紧密结合实际，围绕建设经济强省、和谐河北的要求开展立法工作，要抓住发展的重点领域和关键环节，深入调查研究，提高立法的针对性、及时性和系统性。

13日

省委召开常委（扩大）会议，传达学习领会习近平总书记有关重要讲话和中央政治局关于改进工作作风、密切联系群众的八项规定等文件精神，研究河北省贯彻落实意见。省委书记张庆黎主持会议。会议指出，认真学习领会习近平总书记的重要讲话和中央有关规定，对大家来说，是一次党性的锤炼、境界的提升、党的优良传统的教育。党的十八大以来，以习近平同志为总书记的新一届中央领导集体，以身作则、率先垂范，带头改进工作作风、密切联系群众，树立了务实、亲民、清廉、开放的良好形象，受到全党全军全国各族人民的广泛赞誉，在全世界产生强烈反响。会议强调，一要充分认识改进工作作风、密切联系群众的重大意义。二要认真学习，吃透精神。三要遵照中央要求，抓好贯彻落实。

17日

省委召开常委扩大会议，传达学习中央经济工作会议精神。省委书记张庆黎主持会议。会议强调，一定要把中央经济工作会议精神学习领会好。全省各级党委、政府和各级领导干部要把学习贯彻中央经济工作会议精神，同学习贯彻党的十八大精神结合起来，深刻领会中央对形势的科学判断，深刻领会明年经济工作的总体要求和主要目标，深刻领会明年经济工作的重大任务，深刻领会加强党对经济工作领导的新要求。

20 日

省政府召开《首都经济圈发展规划》（河北建议稿）专家咨询会，河北省委常委、常务副省长杨崇勇出席会议并讲话，省有关部门、相关设区市政府负责同志及省内外专家学者对《规划》（河北建议稿）进行了深入讨论研究。杨崇勇要求，要以编制首都经济圈发展规划为契机，按照“统筹协调、一体化发展”的理念，通过加强与北京、天津的合作互动，体现河北的发展诉求，解决产业层次不高、公共服务水平偏低、区域贫困明显、生态补偿机制不健全等问题，加快河北发展步伐。

24 日

加强基层建设年活动总结大会在河北会堂举行。会议学习贯彻党的十八大精神，总结全省加强基层建设年活动工作成绩和实践经验，表彰先进集体和先进个人，安排部署下一阶段工作。省委决定，2013 年继续开展加强基层建设年活动，再选定 5000 多个村，选派 15000 多名干部驻村帮扶。省委书记张庆黎出席会议并讲话。省委副书记、省长张庆伟主持会议。省委副书记赵勇宣读省委、省政府关于表彰全省开展加强基层建设年活动优秀驻村工作组、优秀驻村工作队员和先进工作者的决定。省领导付志方等出席会议。

25 日

省法院开展专项活动力争年底前执结农民工欠薪案件。这次专项清理活动做到“四个到位”，即强制措施到位、沟通协调到位、督导检查到位、责任追究到位。

△25 日

省经济工作会议在石家庄市举行。会议总结 2012 年经济工作，分析当前经济形势，部署明年经济工作。省委书记张庆黎、省长张庆伟在会上作重要讲话。省委副书记赵勇主持开幕会议。省委常委、常务副省长杨崇勇在会议结束时作总结讲话。会议强调，做好明年经济工作，要坚持稳中求进的工作总基调，紧紧围绕主题主线，以提高经济增长质量和效益为中心，全面深化改革开放，加快产业优化升级，切实保障改善民生，着力改善两个环境，保持社会和谐稳定，推动经济社会持续健康发展。省领导付志方、史鲁泽、梁滨、臧胜业、张越、孙瑞彬、景春华、田向利、艾文礼、宋长瑞等出席会议。

28 日

省政府召开常务会议，省长张庆伟主持会议。会议研究了《河北省人民政府关于进一步加强道路交通安全工作的实施意见》，并就下一阶段道路交通安全工作进行安排部署。会议强调，按照《意见》要求，牢固树立以人为本、安全发展的理念，以预防重特大道路交通事故为核心，以解决影响和制约道路交通安全的基础性、源头性、根本性问题为重点，结合实际，全面落实道路交通安全责任，提升道路交通安全工作水平。会议还研究了《河北省安全生产应急管理规定（草案）》，对进一步加强安全生产应急管理作出安排部署。

会议还研究了其他事项。

31 日

省委召开常委会议，传达学习贯彻习近平总书记到河北省阜平县看望慰问困难群众、考察扶贫开发工作时的重要讲话精神，研究贯彻落实意见。还传达学习了中央农村工作会议、全国党委政府秘书长会议精神。省委书记张庆黎主持会议。会议强调，一定要以习近平总书记的重要讲话精神为指导，把河北省的扶贫开发工作做得更加扎实有效。要以坚定的信心推进扶贫开发，以正确的路子推进扶贫开发，以有力的政策推进扶贫开发。

会议还研究了其他事项。

大事记（2013 年）

1 月

8 日

省立法研究会召开第二次理事扩大会，修改研究会章程，调整部分常务理事、理事和会员，并就地方立法工作展开理论研讨。省人大常委会党组副书记、副主任、省立法研究会会长宋长瑞出席会议并讲话。他指出，要扎实推进科学立法、民主立法，努力做到在立法理念上要更新、工作内容上要求新、工作方式上要创新。要坚持立法与走群众路线相结合，保障公民对立法的有序参与。要加强立法理论研究的针对性、前瞻性和实效性，坚持立法与理论研究相结合。

9日

省委书记张庆黎到阜平县深入调研并召开现场办公会，研究解决扶贫开发工作中的困难和问题。他强调，要坚决贯彻落实习近平总书记在阜平县考察工作时的重要讲话精神，因地制宜，科学规划，分类指导，因势利导，全力以赴打好阜平和全省扶贫开发攻坚战，确保实现3年稳定脱贫8年全面建成小康。省委副书记赵勇一同调研并主持现场办公会。

10日

省政府召开了常务会议，省长张庆伟主持会议。会议听取了河北省2012年对口援疆工作情况汇报，并就下一阶段河北省对口援疆工作进行安排部署。会议强调，要进一步统一思想，提高认识，深刻理解做好对口援疆工作的重要性和紧迫性，不松劲，不懈怠，认真贯彻落实党的十八大和第三次全国对口支援新疆工作会议精神，在过去良好工作基础上，不折不扣地把对口援疆各项工作任务落到实处。会议研究了《河北省食品安全监督管理规定（草案）》，对河北省下一步食品安全监管工作进行安排部署。会议就2013年经济社会发展的主要工作进行了研究和部署。

会议还研究了其他事项。

11日

省委召开常委会议，研究河北省关于贯彻落实中央“八项规定”的办法；传达学习全国组织部长会议、全国人才工作会议、全国宣传部长会议、全国统战部长会议、全国信访局长电视电话会议精神，研究河北省贯彻落实意见。省委书记张庆黎主持会议。会议强调，一定要把中央一系列会议精神学习领会好，把河北省的工作总结谋划好，要认真贯彻落实中央决策部署和习近平总书记一系列重要指示精神，扎扎实实地做好各项工作。

会议还研究了其他事项。

18日

省委召开常委会议，讨论省政府拟提请省十二届人大一次会议审议的《政府工作报告（讨论稿）》，传达学习中共中央政治局委员、中央组织部部长赵乐际在河北省调研时的重要讲话精神等。省委书记张庆黎主持会议。会议强调，做好2013年工作，关系全局、意义重大，需要凝聚方方面面的智慧和力量。会议研究了省委、省政府关于加快发展现代农业、增强农村发展活力的实施意见，关于支持环首都扶贫攻坚示范区及阜平县加快发展的若干政策意见，研究了省委关于深化加强基层建设年活动的意见，并就学习贯彻全国政法工作会议精神、做好2013年全省政法工作作出安排部署。

会议还研究了其他事项。

22日

河北省召开全省政法工作会议，省委常委、政法委书记张越出席并讲话，他强调，要坚持以人为本、执法为民，完善和深化“大维稳”格局，扎实推进平安建设、法治建设和政法队伍建设，在新的历史起点上开创河北省政法工作新局面。省人大常委会副主任马兰翠、省政协副主席刘永瑞出席会议。副省长宋恩华主持会议。

23日

省十一届人大常委会第三十四次会议在石家庄市召开。河北省委书记、省人大常委会主任张庆黎主持会议。会议依法审议通过了将提交省十二届人大一次会议决定的有关事项，审议了省人大常委会选举任免代表工作委员会关于省十一届人大五次会议以来代表建议、批评和意见办理情况的报告等。会议听取了省十一届人大常委会代表资格审查委员会副主任委员谢计来作的关于省十二届人大代表资格的审查报告，表决确认了这个报告。听取了省委组织部常务副部长张古江作的有关人事任免事项的说明，拟任命人员到会与常委会组成人员见面，随后进行了分组审议。省人大常委会党组副书记、副主任宋长瑞，副主任王增力、马兰翠、谢计来、宋太平，秘书长赵曙光出席会议。省政府副省长杨汭，省高级人民法院常务副院长穆思山，省人民检察院常务副检察长陈晓颖等列席会议。

24日

省纪委召开常委会，传达学习十八届中央纪委二次全会精神。河北省委常委、省纪委书记臧胜业主持会议并讲话。他强调，全会对纪检监察机关自身建设提出了新要求，提出用铁的纪律打造人民满意的纪检监察干部队伍。全省各级纪检监察机关要按照全会要求，完善监督制约机制，严格执行各项纪律，自觉接受党组织、人民群众和新闻舆论的监督，建设一支忠诚可靠、服务人民、刚正不阿、秉公执纪的纪检监察干部队伍，以实际行动推动全省党风廉政建设和反腐败斗争取得新的成效。

26日

省第十二届人民代表大会第一次会议在河北会堂开幕。会议由大会主席团常务主席、执行主席张庆黎主持。省长张庆伟代表省政府向大会作政府工作报告。报告分四个部分：一、过去五年的工作回顾；二、今后五年的基本思路和主要任务；三、2013年的重点工作和主要措施；四、全面提高政府工作的科学化水平。大会主席团常务主席、执行主席张庆伟、赵勇、宋长瑞、宋恩华、王增力、马兰翠、谢计来、宋太平、王刚出席。大会主席团常务主席、执行主席张庆伟、赵勇、宋长瑞、宋恩华、王增力、马兰翠、谢计来、宋太平、王刚出席会议。

2　月

1日

省委召开常委会议，研究关于落实习近平总书记重要指示精神、大力推进阜平扶贫开发工作的实施方案；学习贯彻十八届中央纪委二次全会精神，研究河北省贯彻落实意见。省委书记张庆黎主持会议并讲话。他指出，一定要认真学习、深刻领会、全面贯彻习近平总书记在阜平县考察时的重要指示精神，大力推进阜平县扶贫开发工作。方案一定要实在具体科学可行，方便操作、有利实施，确保整体目标任务稳步推进、顺利完成。要认真学习贯彻十八届中央纪委二次全会精神，特别是要深入学习贯彻习近平总书记重要讲话和王岐山同志重要讲话精神，推动河北省纪检监察工作提高到新水平，为建设经济强省和谐河北、全面建成小康社会提供坚强保证。

会议还研究了其他事项。

4日

省委召开常委会议，传达学习贯彻全国“扫黄打非”工作电视电话会议精神，研究河北省贯彻落实意见。省委书记张庆黎主持会议。会议强调，做好2013年“扫黄打非”工作，要紧紧围绕深入学习贯彻党的十八大精神，突出重点抓落实。要深入开展集中行动和专项治理，严厉打击非法出版活动。要加强网络社会管理，大力扫除淫秽色情等文化垃圾。要严把入境关、市场关、执法关，坚决打击侵权盗版出版物和非法报刊，加强对学校周边文化环境的治理。要做好春节期间的“扫黄打非”工作，确保文化市场规范有序，努力营造文明和谐的社会环境。

会议还研究了其他事项。

5日

省人大常委会召开省主任会议，省委书记、省人大常委会主任张庆黎主持会议并讲话。他强调，一要讲政治。二要讲大局。三要讲勤政。四要讲团结。五要讲实干。六要讲廉洁。会议确定了省人大常委会主任会议成员的工作分工。省人大常委会党组副书记、常务副主任宋恩华，党组副书记王增力，副主任马兰翠、王刚、谢计来、宋太平、王雪峰，秘书长赵曙光出席会议。

△5日

省政府召开领导班子会议，省长张庆伟主持并讲话。他强调，要深入贯彻落实党的十八大精神，在党中央、国务院的坚强领导下，按照省委、省政府的战略部署要求，心往一块想，劲往一处使，全力做好新一届政府各项工作，为建设经济强省、和谐河北作出应有贡献。省政府领导班子成员要围绕打造为民、务实、清廉的服务型政府，加强班子建设，提高领导水平。一要讲政治。二要顾大局。三要重团结。四要转作风。五要抓廉政。

10日

省委书记张庆黎在石家庄市看望慰问了供热供电系统一线职工、值勤民警和省委机关值班人员，向全省春节期间坚守岗位的干部职工致以新春的问候和美好的祝愿。在省委机关，张庆黎慰问了正在值勤的武警战士和机关保卫处、省委值班室、省委机要局坚守岗位的工作人员，关切地询问他们的工作和生活情况，并向他们问好，致以新春的祝福。省委常委、石家庄市委书记孙瑞彬一同看望。

17日

省政协召开十一届第二次主席会议，为新一届省政协开好局起好步进行安排部署。省政协主席付志方主持会议。会议研究了十一届省政协主席、副主席、秘书长工作分工，通报了省政协党组组成人员及工作分工安排，听取了关于省政协副秘书长工作分工的意见；审议了《中国人民政治协商会议河北省委员会提案工作条例（修订草案）》，将提交省政协十一届二次常委会议审议通过。副主席刘永瑞、段惠军、崔江水、郭华、曹素华、葛会波、卢晓光，秘书长郭大建出席会议。

会议还研究了省政协机关近期的主要工作。

20日

省政府召开常务会议，省长张庆伟主持。会议研究确定了省政府2013年重点工作目标任务，对各项工作任务进行了分解，并就抓好重点工作落实进行安排部署。会议强调，2013年是全面贯彻落实党的十八大精神的开局之年，是深入实施“十二五”规划的关键一年。做好今年政府的各项重点工作，全面完成2013年目标任务，对于保持经济持续健康发展，建设经济强省、和谐河北，实现全面建成小康社会目标，具有重大而深远的意义。会议研究了《承德国际旅游城市发展规划（2012－2020年）》，对承德市旅游产业加快发展进行安排部署。会议还研究了《河北省空气重污染应急管理办法（暂行）》，对河北省空气重污染应急工作进行安排部署。

会议还研究了其他事项。

22日

省委、省政府召开全省维护社会稳定工作电视电话会议。省委书记、省人大常委会主任张庆黎出席会议并作重要讲话。他强调，要认真贯彻落实党的十八大精神，始终绷紧安全稳定这根弦，以高度负责的精神和扎实有效的工作，全力以赴做好今年维护社会和谐稳定各项工作，为全国两会胜利召开创造良好的社会环境。省委副书记、省长张庆伟主持会议。省委副书记赵勇，省委常委、政法委书记张越分别在会上通报有关工作情况，并就进一步做好维护社会和谐稳定工作讲了具体意见。省领导付志方、杨崇勇、梁滨、臧胜业、孙瑞彬、景春华、艾文礼、宋恩华出席会议。

25日

省委召开常委会议，传达中央对台工作会议精神，研究河北省贯彻落实意见。省委书记张庆黎主持会议。会议强调，要全力推进对台工作跨上新台阶。要深化经济合作，积极落实《促进冀台交流合作备忘录》，优化投资软环境，加大招台商引台资力度，支持帮助台资企业发展，努力把冀台经济合作提高到新水平。要繁荣文化交流，充分发挥文化优势，扩大冀台两地在文化、教育、旅游等各领域的交流，增强民族认同。要保护台商台胞权益，努力为台湾同胞多做实事、多办好事、多解难事。全省各级党委、政府要高度重视对台工作，切实加强组织领导，完善体制机制，提高对台干部队伍素质，为发展两岸关系、促进和平统一作出新的贡献。

会议还研究了其他事项。

3　月

18日

省委召开常委（扩大）会议，传达学习党的十八届二中全会和十二届全国人大一次会议、全国政协十二届一次会议精神，研究河北省贯彻落实措施。全国政协副主席兼秘书长、省委书记张庆黎主持会议。省委副书记、省长张庆伟，省委副书记赵勇，省政协主席付志方分别在会上传达了有关会议精神。会议强调，要把学习宣传贯彻党的十八届二中全会精神和全国两会精神作为当前首要的政治任务，与学习贯彻党的十八大精神结合起来，切实抓紧抓好。一是抓好学习宣传，切实把思想和行动统一到中央精神上来。二是明确主要任务，扎实有效地做好当前各项工作。三是切实转变作风，不断开创河北各项事业发展新局面。

19日

省政协召开十一届第三次主席会议，传达学习全国政协十二届一次会议和省委常委（扩大）会议精神，对学习贯彻落实会议精神进行安排部署。省政协主席付志方主持并讲话。他要求，要组织和推动各级政协组织、政协各参加单位、广大政协委员和政协机关干部，认真学习中共十八大和全国政协十二届一次会议精神，把学习宣传贯彻活动贯穿全年。要紧扣中心工作，服务科学发展，精心筹备好即将召开的省政协十二届二次常委会议，组织广大政协委员围绕“推进节能减排、改善生态环境”进行深入调研，搞好专题议政，为党委、政府建言献策。副主席刘永瑞、段惠军、郭华、曹素华、葛会波、卢晓光，秘书长郭大建出席会议。

28日

省政府召开常务会议，省长张庆伟主持。会议研究了《河北省人民政府办公厅关于贯彻落实国家农业节水纲要（2012－2020年）的实施意见》，并就推进全省农业节水工作进行安排部署。会议强调，水资源是基础性的自然资源和重要的战略资源，河北是一个水资源严重短缺的省份，水资源供需矛盾突出，是实现可持续发展的重要瓶颈。会议研究了《河北省关于深化流通体制改革加快流通产业发展的实施意见》，并就进一步加快河北省流通产业发展进行研究部署。会议还研究了《河北省人民政府2013年立法工作计划（草案）》、《河北省人民政府立法规划（2013－2017年）（草案）》，对河北省立法工作进行安排部署。

会议还研究了其他事项。

△28日

省十二届人大常委会第一次会议在石家庄市举行。省委书记、省人大常委会党组书记周本顺出席会议并就做好新一届省人大常委会工作作重要讲话。省人大常委会常务副主任宋恩华主持会议。周本顺指出，要充分认识新一届常委会所肩负的重要使命，把工作重心凝聚到更好地落实依法治国、依法治省上来。要坚持把加强党的领导、充分发扬民主、严格依法办事统一起来，确保人事任免工作顺利进行。要增强政治意识、大局意识和民主法治意识，切实把思想和行动统一到省委人事安排意图上来。要从增强党的执政能力的高度，切实加强常委会自身建设和机关建设，不断提高履职素质和执政本领，认真作理论武装的表率、政治坚定的表率、依法履职的表率、团结干事的表率、廉洁执政的表率。会议听取了省政府常务副省长杨崇勇作的关于提请决定任命省政府组成人员的说明；听取了省人大常委会副主任谢计来作的关于提请任免省人大常委会机关工作人员的说明、关于设立省十二届人大常委会代表资格审查委员会的决定（草案）及组成人员人选名单（草案）的说明；听取了省高级人民法院院长卫彦明和省人民检察院检察长童建明分别作的关于提请任命有关人员的说明。拟任命和决定任命人员到会与常委会组成人员见面。会议还听取了省财政厅厅长邢国辉作的关于《2012年省级超收资金支出安排方案（草案）》的说明；听取了石家庄市人大常委会关于《石家庄市医疗卫生设施规划建设管理条例》的说明、唐山市人大常委会关于《唐山市城乡规划条例》的说明。省人大常委会党组副书记王增力，副主任马兰翠、王刚、谢计来、宋太平、王雪峰，秘书长赵曙光出席会议。省政府常务副省长杨崇勇，省高级人民法院院长卫彦明，省人民检察院检察长童建明等列席会议。

4 月

3日

新一届省政府召开第一次全体会议。会议就进一步加强政府建设、认真履行工作职责、全力做好当前工作进行部署。省长张庆伟出席并讲话。他强调，要深入贯彻落实党的十八大、全国两会和国务院第一次全体会议精神，按照省第八次党代会、省委八届三次全会、省经济工作会议和省两会的部署要求，统一思想认识，提振信心勇气，敢于担当作为，善于凝聚力量，迅速展开新一届政府的各项工作，为全面建成小康社会而不懈奋斗。省委常委、常务副省长杨崇勇主持会议。省政府特邀咨询张和、孙士彬，副省长张杰辉、沈小平、杨汭、许宁、姜德果、秦博勇，省长助理尹亚力，省长助理、省金融办主任江波，省政府秘书长朱浩文出席会议。

△3日

新一届省政府召开第一次廉政工作会议。省长张庆伟出席会议并讲话。省委常委、常务副省长杨崇勇主持会议。张庆伟强调，党风廉政建设和反腐败斗争事关党的生死存亡，事关党和政府在人民群众中的形象。一要切实提高思想认识。二要加快转变政府职能。三要管住用好行政权力。四要加强重点领域监管。五要继续深化政务公开。六要坚决厉行倡俭治奢。省政府特邀咨询张和、孙士彬，副省长张杰辉、沈小平、杨汭、许宁、姜德果、秦博勇，省长助理尹亚力，省长助理、省金融办主任江波，省政府秘书长朱浩文出席会议。

16日

省政协十一届二次常委会议在石家庄市召开，围绕推进节能减排、改善生态环境议政建言。省政协主席付志方主持会议。省委常委、常务副省长杨崇勇应邀出席会议。会议听取了杨崇勇所作的关于河北省经济形势及推进节能减排、改善生态环境的报告；听取了关于政协河北省第十一届委员会常务委员会设置专门委员会的决定（草案），政协河北省第十一届委员会副秘书长名单（草案）、各专门委员会主任名单（草案），政协河北省委员会委员守则（草案），政协河北省委员会常务委员会组成人员守则（修订草案），政协河北省委员会提案工作条例（修订草案）的说明。省政协副主席刘永瑞、段惠军、郭华、曹素华、葛会波，秘书长郭大建出席会议。

19日

省政府召开全省一季度经济形势分析会议。省委书记周本顺对会议作出重要批示。省长张庆伟出席会议并讲话。省委常委、常务副省长杨崇勇主持会议。张庆伟强调，要集中力量攻坚，扎实做好二季度经济工作。一要大力实施扩大内需战略。二要不失时机抓好春季农业生产。三要千方百计促进工业提速增效。四要深化重点领域改革和扩大开放。五要深入推进重点区域发展。六要加快扶持壮大县域经济。七要认真做好财政增收节支工作。八要尽心竭力抓好重点民生工程。九要切实维护社会平安和谐。省政府特邀咨询张和、孙士彬，副省长张杰辉、沈小平、杨汭、许宁、姜德果、秦博勇，省长助理尹亚力，省长助理、省金融办主任江波，省政府秘书长朱浩文出席会议。

23日

省长张庆伟在秦皇岛就海上溢油污染防治和北戴河近岸海域环境综合整治工作进行调研，并召开现场办公会。他强调，要深入贯彻落实党的十八大精神，本着对党和人民、对子孙后代高度负责的态度，进一步加大海上溢油污染防治和北戴河近岸海域环境综合整治力度，为广大群众和游客创造良好的生态环境。

24日

省委书记周本顺到廊坊市、保定市就发挥环京津优势加快发展、推进扶贫开发合力攻坚进行调研。他强调，廊坊、保定的区位优势明显，发展前景广阔，必须把干部群众的精气神凝聚到科学发展上来，活用巧用区位优势，加快实现绿色崛起、科学发展，打造河北环京津增长极，打好扶贫攻坚翻身仗。省委常委、秘书长景春华，省直有关部门负责同志陪同调研。

25日

省委常委会召开专题民主生活会，主题是深入学习党的十八大精神，坚持讲政治、顾大局、守纪律，坚持为民、务实、清廉，切实改进工作作风、密切联系群众，进一步保持党的先进性和纯洁性。省委书记周本顺主持会议并讲话。他强调，改进作风要有长效的制度安排。要推进制度创新，善于总结一个时期的成功经验，把领导干部、党政机关联系群众的制度具体化。要针对干部任用、发展环境、廉政建设等方面不完善的地方，加紧研究制定一些管用的制度。要加强制度的督促检查。

27日

省政府召开常务会议，省长张庆伟主持。会议研究了《关于加快培育规模以上工业企业的十项措施》，对加快推进“工业强省”战略进行安排部署。会议听取了关于开展政府规章清理工作有关情况的汇报，对转变政府职能、进一步改善发展环境进行安排部署。会议研究了《河北省林地保护利用规划（2010－2020年）》，对河北省下一步林地保护利用进行安排部署。会议还听取了俄罗斯“中国旅游年”活动相关情况的汇报，研究了《河北省人民政府工作规则》和其他事项。

5 月

6日

中国共产党河北省第八届委员会第五次全体（扩大）会议在石家庄市开幕，河北省委书记周本顺在会上作重要讲话。他强调，实现科学发展，思想解放是前提。河北要后来居上，在改革、开放、创新上迈出更大步伐，就必须更大力度地解放思想，提高思维方式的层次，强化改革是最大的红利、开放是最大的机遇、科技是最大的潜力、法治是最大的保障的意识，使我们发展的眼界进一步放开，思路进一步拓宽，目标进一步提升，以思想的大解放促进发展的大跨越。一是以市场思维和市场机制促进科学发展。核心是把市场主体放活、把金融搞活。二是以开放思维和开放方法促进科学发展。三是以科技思维和科技手段促进科学发展。四是以法治思维和法治方式促进科学发展。

△6日

河北省委八届五次全委（扩大）会议举行专题辅导报告会。河北省领导周本顺、张庆伟等听取辅导报告。省委副书记赵勇主持报告会。专题辅导报告会上，住房和城乡建设部副部长仇保兴就城市规划、建设、管理和加快推进新型城镇化，从九个方面进行了系统阐述；浙江省台州市委书记吴蔚荣介绍了台州市解放思想，不断增强区域发展核心竞争力的经验；广东省佛山市委常委、顺德区委书记梁维东围绕提高行政效率、推进行政审批制度改革、创新基层治理模式等内容，介绍了顺德推进综合改革、加快转型发展的做法。

9日

河北省人大常委会党组召开扩大会议，传达学习省委八届五次全委（扩大）会议精神，研究讨论在省人大常委会机关开展“解放思想、改革开放、创新驱动、科学发展”大讨论活动的实施意见，结合人大职责和机关实际，进一步明确大讨论活动的指导思想、基本原则和目标要求，确定大讨论活动的方法步骤。省人大常委会常务副主任宋恩华主持会议，省人大常委会党组副书记宋长瑞，副主任谢计来、宋太平、王雪峰，秘书长赵曙光出席会议。

14日

省刑侦工作会议暨刑事技术工作现场会在唐山市召开，省委常委、政法委书记，省公安厅厅长张越出席并讲话。他强调，全省干警要增强刑侦工作转型发展的紧迫感，努力打造全国平安建设的河北示范区，切实提高人民群众的满意度和安全感。各级党委、政府要把刑侦工作作为法治河北、平安河北建设的重要抓手，加强领导，全力支持，及时研究解决重大问题和实际困难。当前全省上下正在深入开展“解放思想、改革开放、创新驱动、科学发展”大讨论活动，公安机关的大讨论不能空对空，各级公安机关党委要把刑侦工作置于战略性、先导性的地位，要紧紧围绕更新警务理念去“解放思想”，从破解“四个亟需转型”入手深化“改革开放”，牢牢把握“五个警务”目标开展“创新驱动”，通过加快刑侦工作转型实现“科学发展”，在新的历史起点开创河北省刑侦工作的新局面。

27日

在收听收看全国纪检监察系统开展会员卡专项清退活动电视电话会议后，省委常委、省纪委书记臧胜业就河北省贯彻落实好会议精神提出要求。他强调，全省各级纪检监察机关要狠抓工作落实，严明工作纪律，确保清退活动扎实推进、取得实效。

28日

省十二届人大常委会第二次会议在石家庄市召开。省人大常委会常务副主任宋恩华主持会议。会议通过议程后，首先听取了省人大常委会秘书长赵曙光作的关于《河北省人民代表大会常务委员会组成人员守则（修订草案）》的说明。会议听取了省人大法制委员会委员王莹作的关于《河北省气象灾害防御条例（草案）》审议结果的报告；省人大法制委员会委员侯凤梅作的关于《河北省防震减灾条例（草案）》和《河北省法制宣传教育条例（草案）》审议结果的报告；省人大法制委员会副主任委员冯志广作的关于《河北省突发事件应对条例（草案）》审议结果的报告。会议听取了石家庄市人大常委会副主任王增飞作的关于《石家庄市供热用热条例》的说明；唐山市人大常委会副主任赵山作的关于《唐山市职工工资集体协商条例》的说明。省人大常委会党组副书记王增力，副主任马兰翠、王刚、谢计来、宋太平、王雪峰，秘书长赵曙光出席会议。

6 月

3日

省政府召开常务会议，省长张庆伟主持。会议研究了《河北省人民政府关于加快民航业发展的意见》，就加快全省民航业发展，完善全省综合交通体系进行安排部署。会议研究了《河北省实行最严格水资源管理制度考核办法》，对河北省实行最严格水资源管理制度考核工作进行安排部署。会议还研究了《河北省人民政府关于加快尾矿库综合开发利用的意见》，对加快推进全省尾矿库综合开发利用工作进行安排部署。

会议还研究了其他事项。

5日

省委副书记赵勇就学习贯彻省委八届五次全委（扩大）会议精神、深入推进解放思想大讨论活动，为省人大常委会机关干部作专题报告。他强调，人大常委会机关干部要在学习贯彻省委全会精神上率先示范、主动作为，做解放思想的引领者、促进者和监督者，以思想大解放促进发展大跨越。省人大常委会常务副主任宋恩华主持报告会。省人大常委会领导宋长瑞、马兰翠、王刚、谢计来、王雪峰和秘书长赵曙光参加报告会。

6日

省法院召开全省院长会议，省委常委、政法委书记张越出席并讲话。他指出，全省各级法院要切实增强责任感和使命感，全面加强审判执行工作和自身建设，在新的历史起点上创造新的业绩。要服务好大局，为河北发展助推加力。认真履行宪法和法律赋予的职责，维护好国家安全和社会稳定。紧紧围绕省委确定的四大攻坚战战略布局，进一步明确重点，强化措施，促进全省经济社会平稳较快发展。要维护好公正，不断提升司法公信力。把质量意识贯穿于审判案件的全过程，把各类案件都办成经得起事实、法律和历史检验的铁案。深入推进司法权力运行机制改革，确保公正、严格、规范司法。要建设好队伍，努力提高审判人员综合素质。

8日

省委召开解放思想大讨论活动推进会，省委副书记赵勇出席并讲话，他强调，要认真学习贯彻省委书记周本顺近日在定州、辛集、冀州调研时的讲话精神，紧紧围绕解决科学发展中存在的突出问题，进一步把大讨论活动引向深入。省委常委、组织部部长梁滨，省委常委、宣传部部长艾文礼出席会议。

18日

省委召开常委会议，传达学习中央召开的党的群众路线教育实践活动工作会议特别是习近平总书记重要讲话精神，专题研究了河北省深入开展教育实践活动问题，审议通过了省委《关于开展党的群众路线教育实践活动的实施意见》和省委常委党的群众路线教育实践活动实施方案；传达学习李克强总理在河北省考察时重要讲话精神和环渤海省份经济工作座谈会精神，以及国务院常务会议关于大气污染防治有关精神，研究河北省贯彻落实意见。

会议还研究了其他事项。

19日

省政府召开常务会议，省长张庆伟主持会议。会议听取全省安全生产工作情况的汇报，就进一步做好全省安全生产工作进行安排部署。会议强调，一是认真组织开展全省安全生产大检查。坚持把安全生产大检查作为当前工作的重中之重，集中精力，强化措施，认真抓好大检查活动各项任务的落实。二是加强重点行业领域安全生产专项整治。三是切实做好非高危行业领域的安全监管工作。四是坚决打击各类安全生产非法违法行为。五是全力抓好暑期、汛期安全生产。六是大力开展安全生产宣传教育培训，切实提高广大群众和干部职工的安全生产意识，提高广大企业职工的安全防范能力和操作技能。会议还研究了《河北省人民政府职能转变工作方案任务分工》，对加快推进政府职能转变工作进行安排部署。

会议还研究了其他事项。

21日

省政协召开党组会议，传达学习省委常委会议精神，研究省政协开展党的群众路线教育实践活动安排。省政协主席付志方出席会议并讲话。他指出，首要任务是要学习好习近平总书记的重要讲话精神，党组成员要带头认真学习，并组织全体机关干部学习。在学好习近平总书记的重要讲话精神的基础上，要做好开展党的群众路线教育实践活动的准备，制定好省政协的实施方案。要认真落实“照镜子、正衣冠、洗洗澡、治治病”的总要求，进一步端正认识，增强群众观念，提高机关的服务水平和联系群众的能力，积极联系委员，发挥委员作用，切实提高履职水平。副主席刘永瑞、崔江水、郭华、曹素华，党组成员王三堂，秘书长郭大建出席会议。

24日

省委副书记赵勇在邢台调研时强调，省委、省政府推进农村面貌改造提升行动的决策部署已定，各地各部门要认真贯彻落实，以坚强决心和有力举措迅速掀起改造提升热潮。推进改造提升行动必须把握关键环节。要进一步深化认识，深刻认识这项行动的综合效益和对全局的推动作用，真正将其作为民心工程、发展工程、生态工程、党建工程抓紧抓好。要制定明确目标，认真落实省委确定的“五大工程”和15项重点工作，具体实施好“三改造三提升三促进”，即改造民居、改造上下水系统、改造道路，提升绿化景观水平、提升公共服务水平、提升农民综合素质，促进产业发展、促进民生改善、促进党群干群关系。

25日

省委召开常委会议，深入研究省委关于开展党的群众路线教育实践活动的实施意见和省委常委会关于开展党的群众路线教育实践活动的实施方案以及省委常委会克服“四风”八项承诺。省委书记周本顺主持会议。会议强调，开展党的群众路线教育实践活动，是我们党在新形势下坚持党要管党、从严治党的重大决策，是加强学习型服务型创新型马克思主义执政党建设的重大部署，是推进中国特色社会主义的重大举措，具有重大而深远的意义。

会议还研究了其他事项。

26日

省政府召开会议，安排部署省政府职能转变工作，省委常委、常务副省长杨崇勇出席会议并讲话。他强调，要进一步简政放权，加快省政府职能转变，激发市场主体的创造活力，增强经济发展的内生动力。

△26 日

全省检察机关队伍建设工作会议在石家庄市召开，会议总结近年来检察队伍建设工作，并对今后工作进行安排部署。省委常委、政法委书记张越出席并讲话。他指出要求，各级检察机关要进一步把队伍建设作为事关检察事业兴衰成败的根本性问题来抓，以更高的认识、更大的力度、更实的措施，坚持不懈、与时俱进地抓紧抓好。要坚定理想信念，做中国特色社会主义事业的捍卫者。牢固树立政权意识，坚定中国特色社会主义信念，大力加强党的建设，确保广大检察干警的政治本色。要提高法律监督能力，做社会公平正义的守护者。

7　月

1 日

省委召开常委会议，传达学习全国组织工作会议精神和中共中央政治局委员、中央书记处书记、中央组织部部长赵乐际日前在河北省调研时的讲话精神，研究河北省贯彻落实意见。省委书记周本顺主持会议。会议强调，我们要始终坚持为党和人民的事业发展选人，为河北经济社会发展选人，按照党和人民的意愿选人。要建立和完善科学有效的选人用人机制，促进干部成为好干部，把好干部用起来。要加强干部思想教育，一方面关心干部成长，一方面引导干部树立正确的世界观、人生观、价值观、权力观、政绩观，把精力集中到干事创业、为民造福上来。各级党委要落实好党要管党、从严治党方针，确保管党治党任务落到实处。

会议还研究了其他事项。

2 日

省政协十一届三次常委会议在保定市召开，围绕推进扶贫攻坚、加快贫困地区脱贫致富步伐议政建言。省政协主席付志方主持会议，副省长沈小平应邀作关于河北省扶贫开发有关情况的报告。沈小平在报告中说，针对河北省扶贫开发工作面临的困难和问题，当前和今后一个时期，全省扶贫开发工作将以集中连片特困地区为主战场，以改善基本生产生活条件为着力点，以增加农民收入为核心，坚持政府主导、分级负责，坚持集中扶持、重点突破，坚持协调推进、统筹发展，到 2020 年稳定实现“两不三保”目标（不愁吃、不愁穿，保障义务教育、基本医疗和住房），使贫困地区与全省其他地区一道基本同步实现全面小康。省政协副主席刘永瑞、段惠军、崔江水、郭华、曹素华、葛会波、卢晓光，秘书长郭大建出席会议。

会议还听取了郭大建所作的有关人事事项的说明。

△2 日

省政府召开全省应急管理工作暨贯彻落实《河北省突发事件应对条例》电视电话会议，省委常委、常务副省长杨崇勇出席并讲话。他指出，加强应急管理是党的十八大提出的明确要求，是河北建设经济强省、和谐河北的现实需要，是各级政府的重要职责。要充分发挥应急管理专家组的作用，加快建立完整的公共安全科技人才培养体系，为全省应急管理工作提供可靠的人才保障。要全面提升综合应急能力，进一步完善应急管理工作机制，加强各类突发事件风险管理，夯实基层应急管理工作基础。要切实加强对应急管理工作的领导，在资金、人才等各个方面提供有力保障。

△2 日

省人大常委会召开党组会议，党组副书记、常务副主任宋恩华主持会议并讲话。他指出，要以整风精神落实“照镜子、正衣冠、洗洗澡、治治病”的总要求，边学边查边整改，结合人大工作和人大机关建设实际，用教育实践活动的新要求对照检查，抓好各项制度建设，取得扎实成效。省人大常委会各级领导干部要带好头、作好表率，在实际工作中贯彻党的群众路线，把群众满意不满意作为检验工作成效的标准。

4 日

河北省召开深化平安河北建设工作电视电话会议。省委书记周本顺出席会议并讲话。他强调，要认真学习贯彻习近平总书记关于建设平安中国的重要批示和深化平安中国建设工作会议精神，思想认识更高一层，工作力度更大一级，用平安河北建设的实际成效，为全省科学发展的大局增砖添瓦、保驾护航，为实现河北省全面小康奋斗目标创造良好的社会环境。省长张庆伟主持会议。省委常委、政法委书记张越传达中央有关精神和河北省贯彻落实意见。省领导景春华、马兰翠、杨汭、崔江水等出席会议。

8 日

河北省召开推进领导干部正风肃纪专项行动电视电话会议，

省委副书记赵勇主持会议并讲话。他强调，各地各部门要认真学习此次会议精神，不折不扣抓好落实。要高度重视，深刻认识到正风肃纪专项行动是河北省深入开展党的群众路线教育实践活动的重大举措和基础工程，是落实党要管党、从严治党的重要抓手，抓住了加强党员干部队伍作风建设的规律，有利于全省党员干部轻装上阵、专心致志参与教育实践活动。中央第一督导组副组长董君舒，省委常委、组织部部长梁滨出席会议。

15 日

省委分别召开常委（扩大）会议和省直单位负责人会议，传达学习贯彻习近平总书记日前视察河北时的重要讲话精神，就深入推进第一批教育实践活动进行部署。省委书记周本顺出席会议并讲话。他强调，贯彻落实好习近平总书记重要讲话精神，要善始善终、善做善成，认真搞好教育实践活动。关键是省级领导干部要带好头，省直单位要带好头。要以优良的学风提高觉悟，以整风的精神解决“四风”，以改革的办法规范权力，以拼命的劲头抓好工作。张庆伟、赵勇、付志方等省领导出席常委（扩大）会议，赵勇、梁滨出席省直单位负责人会议。

省委常委（扩大）会议还研究了其他事项。

16 日

省政府召开常务会议，省长张庆伟主持会议。会议研究了《河北省人民政府关于加快科技型中小企业发展的实施意见》，就加快推进科技型中小企业发展工作进行安排部署。会议强调，要以把科技型中小企业规模做大、实力做强、结构做优为目标，坚持积极引进与自主培育相结合、全面支持与重点做强相结合、政府引导与市场驱动相结合，以鼓励创新创业、做强科技“小巨人”、加快孵化转化、完善创新创业平台为抓手，以创新体制机制、完善政策支持体系为保障，推动科技型中小企业加快发展，为河北省经济结构调整、增强产业竞争力提供更重要支撑。会议还研究了《河北省历史文化名城名镇名村保护办法（草案）》，就全省历史文化名城名镇名村保护工作进行安排部署。

会议还研究了其他事项。

18 日

省政府召开常务会议，省长张庆伟主持会议。会议总结了上半年全省经济工作，分析了当前面临的经济形势，并对下半年经济工作进行安排部署。会议就扎实有效做好下半年经济工作提出六点要求：一是千方百计稳增长。二是坚持不懈调结构。三是积极有为提质量。四是全力以赴抓攻坚。五是坚定不移促改革。六是尽心竭力惠民生。会议还研究了《关于促进全省经济平稳增长的意见》。

19 日

省委召开常委会议，研究分析上半年全省经济运行情况，对下一步经济工作进行安排部署。省委书记周本顺主持会议。会议强调，要正视困难，坚定信心。下半年宏观经济形势不会有“奇迹”，要充分预见面临的困难。经济增长和结构调整要全面把握，既要利用市场倒逼机制加快结构调整，又要防止经济失速、滑出正常区间；既要有紧迫感，又要有战略定力。坚持两手抓、两促进，以开展党的群众路线教育实践活动促进经济增长，以经济发展成果检验教育实践活动成效。

会议还研究了其他事项。

23 日

省十二届人大常委会第三次会议在石家庄市举行第一次全体会议。省人大常委会常务副主任宋恩华主持会议。会议听取了省财政厅厅长邢国辉作的关于 2012 年省本级决算和省总决算情况的报告以及《2013 年省级预算调整方案（草案）》的说明，省审计厅厅长葛梦彬作的关于 2012 年度省本级预算执行及其他财政收支情况的审计工作报告。会议听取了省人大法制委员会副主任委员梁树林、冯志广分别作的关于《河北省农村土地承包条例（草案）》、《河北省辐射污染防治条例（草案）》修改情况的报告，听取了省发展和改革委员会主任陈永久作的关于《河北省电力保护条例（草案）》和《河北省促进散装水泥发展条例（草案）》的说明。会议还听取了唐山市人大常委会关于《唐山市城市市容和环境卫生条例》的说明。

24 日

河北省召开全省打击传销工作电视电话会议，对开展“打击传销违法活动，促进社会和谐稳定”专项执法行动进行安排部署。会议强调，要按照国家统一部署和省政府工作要求，深入开展专项执法行动，集中力量，突出重点，查处一批大案要案，形成打击传销违法活动的高压态势。要严格程序，规范执法，防止引发群体性事件。要加大宣传，深化教育，增强广大群众自觉抵制传销的意识和能力，营造浓厚社会氛围。要健全工作制度，完善群防群控、区域合作、有奖举报等工作长效机制，不断提升打击传销工作效能。

8 月

6日

河北省召开全省纪检监察工作座谈会，省委常委、省纪委书记臧胜业出席并讲话。他强调，深入开展党的群众路线教育实践活动，以改革创新为动力，进一步提高反腐倡廉建设科学化水平，努力营造清正清廉清明之风。要进一步加大监督检查力度，加强查办案件工作，深化权力运行监控机制建设，努力推进巡视监督常态化、信访举报资源综合利用等具有河北特点的创新性工作。

20日

省委常委会召开深入查找问题专题会议，集中利用一天时间，进一步查找省委常委会班子在“四风”方面存在的问题，为把教育实践活动推向深入打好基础。省委书记周本顺主持会议并讲话。中央第一督导组组长王金山出席会议并讲话。周本顺强调，省委常委要在查找问题上带头，敢于揭短亮丑。每一个班子成员都要把自己摆进去，对班子集体的问题要对号入座查找自己的责任，对下面存在的问题要查找领导层的原因，始终把解决“四风”的靶子对准自己，给全省各级带好头，给全省广大人民群众以信心。省委常委，省政协主席、省人大常委会常务副主任，中央督导组成员出席会议。

21日

省委召开常委扩大会议，省委书记周本顺主持会议。会议传达了习近平总书记在中央政治局常委会会议上关于当前经济形势和经济工作的重要讲话和关于河北发展的重要批示精神，研究河北省贯彻落实意见。会议还研究了河北省工业转型升级攻坚行动实施意见、环境治理攻坚行动实施意见以及大气污染防治行动计划实施方案等三个文件。

26日

省政府召开党组会议，省政府党组书记、省长张庆伟主持会议并讲话。他强调，要认真撰写对照检查材料。在聚焦问题、充分谈心谈话的基础上，对照为民务实清廉要求和省委规定内容，围绕“四风”谈思想、摆问题、查根源、搞整改，做到查摆问题聚焦“四风”、群众意见及时回应、剖析根源触及灵魂、改进措施具体实在，撰写出高质量的对照检查材料。要高度负责抓好整改落实。对共性问题要深入研究，加强制度建设，建立长效机制，把教育实践活动的成果用制度形式固定下来。要继续坚持开门搞活动，整改结果要向群众公开，接受群众监督，让群众看到反“四风”、改政风、转作风的实际成效。省委常委、省政府党组副书记、常务副省长杨崇勇，省政府特邀咨询孙士彬，副省长张杰辉、沈小平、杨汭、许宁、姜德果等出席会议并发言。

28日

省委召开常委会议，传达学习全国宣传思想工作会议和习近平总书记重要讲话精神，研究河北省贯彻落实意见。省委书记周本顺主持会议并讲话。他强调，各级各部门要把思想和行动统一到全国宣传思想工作会议和习近平总书记重要讲话精神上来，坚持意识形态的正确方向。紧密结合实际，提出有针对性的落实意见和措施，在实际工作中贯彻好、落实好会议精神和习近平总书记重要讲话精神，不断开辟河北省宣传思想文化工作的新境界。

会议还研究了其他事项。

△28日

省委常委会举行专题学习会议，省委书记周本顺主持会议并讲话。会上学习了河北日报刊发的关于习近平总书记在正定工作期间坚持群众路线的长篇通讯，会议围绕贯彻中央精神、坚持群众路线、坚决克服“四风”问题，谈认识，找差距，明确今后整改方向。省委副书记、省长张庆伟，省委副书记赵勇，省政协主席付志方等出席会议。

29日

省政府召开常务会议，省长张庆伟主持。会议传达学习了中央领导同志关于河北发展的重要批示及一系列重要讲话精神，对省政府深入贯彻落实批示、讲话精神进行安排部署。会议研究了《河北省人民政府关于进一步推进物联网发展的实施意见》，对推进河北省物联网研发应用、加快培育发展物联网产业进行安排部署。会议研究了《关于进一步放宽市场主体准入门槛促进全民创业的若干意见》，对加快推进河北省全民创业工作进行安排部署。会议还研究了《河北省供热用热办法（草案）》、《河北省海洋渔业振兴计划实施方案》及其他事项。

△29日

省政府召开全省第三次经济普查电视电话会议，贯彻国务院第三次全国经济普查电视电话会议精神，安排部署河北省工作任务。省委常委、常务副省长杨崇勇出席会议并讲话。杨崇勇要求，各级各部门要加强组织领导，强化协作配合，强化经费保障，搞好人员选调和培训，广泛开展宣传动员，高水平完成各项工作任务，确保第三次经济普查圆满成功。

9 月

4日

河北省委常委会召开专题会议，省委书记周本顺主持会议并讲话。会议深入学习领会习近平总书记重要讲话精神，讨论省委常委会对照检查材料，进一步查找省委常委会在“四风”方面存在的突出问题。周本顺强调，要把学习贯彻习近平总书记一系列重要讲话精神作为一项重大政治任务。要系统全面把握总书记讲话精神，在学习过程中立足于统一思想、保持一致，紧紧抓住讲话精神的核心实质，强化理论武装，提升理论素养。要把学习讲话精神同学习党的十八大精神统一部署、一体推进，做到领导带头、层层跟进，精心组织安排。要创新方式方法，注重解决实际问题，推动学习与实践取得扎实成效。

△4日

河北省委召开省直单位教育实践活动交流推进会。省委书记周本顺出席会议并讲话。他强调，要学习领会好、贯彻落实好习近平总书记最近一系列重要批示精神，扎实深入推进全省教育实践活动，做到对照检查要像，相互谈心要诚，整改措施要实，领导督导要严，确保活动取得群众满意的成效。河北省长张庆伟主持会议。中央第一督导组组长王金山、副组长董君舒，省领导赵勇、梁滨、景春华、艾文礼等出席会议。

11日

省政府召开党组会议，省政府党组书记、省长张庆伟主持会议并讲话。他强调，省政府党组成员要按照中央和省委的要求，认真做好查摆问题、开展批评环节的各项工作，深入推进省政府党组教育实践活动。要把解决问题摆在突出位置，对照查摆出的“四风”问题、征求到的意见建议，深挖思想根源，提出解决对策，制定整改方案。要落实好整改措施，一项一项推进，一个一个解决，边查边改、立行立改、标本兼治。要扎实推进“双十条”的贯彻落实，下大力解决群众反映最强烈的问题，真正让群众感受到教育实践活动的成果。河北省委常委、省政府党组副书记、常务副省长杨崇勇，省政府特邀咨询张和、孙士彬，副省长张杰辉、沈小平、杨汭、许宁等出席会议并发言。

16日

省政府召开常务会议，省长张庆伟主持会议。会议研究了《“食药安全诚信河北”行动计划（2013—2015年）》，就做好食品药品监管工作、加快河北省食品医药产业转型升级等工作进行安排部署。会议研究了《关于进一步加强婴幼儿配方乳粉质量安全工作意见实施方案》、《河北省人民政府关于加快全省乳粉业发展的意见》，就做好婴幼儿配方乳粉质量、促进乳粉业快速发展进行安排部署。会议还研究了《河北省企业权益保护规定（草案）》，就保护企业权益工作进行安排部署。会议还研究了《河北省普通干线公路网布局规划（2013—2030年）》、《河北省省级部门“三公”经费管理办法》、《关于停止执行有关罚款处罚项目进一步规范执法办案工作的意见》、《河北省农业机械安全监督管理办法（草案）》。

24日

省十二届人大常委会第四次会议在石家庄市举行第一次全体会议。省人大常委会常务副主任宋恩华主持会议。会议听取了省发展和改革委员会副主任宋立民作的关于全省2013年国民经济和社会发展计划上半年执行情况的报告，省财政厅厅长邢国辉作的关于全省2013年1至8月省本级预算及省总预算执行情况的报告。会议听取了省人大法制委员会副主任委员冯志广作的关于《河北省辐射污染防治条例（草案）》修改情况的报告和关于废止、修改部分法规的决定（草案）的说明，省人大法制委员会委员刘志毅作的关于《河北省农民工权益保障条例（草案）》修改情况的报告。听取了唐山市人大常委会关于《唐山市粉煤灰综合利用管理条例（修订）》和邯郸市人大常委会关于《邯郸市气象灾害防御条例》的说明，省人大常委会农工委主任李广恩作的《河北省人大常委会关于深入实施农村面貌改造提升行动的决议（草案）》的说明。省人大常委会党组副书记王增力，副主任马兰翠、王刚、谢计来、宋太平、王雪峰，秘书长赵曙光出席会议。

27日

省委分别召开常委（扩大）会议和全省领导干部会议，省委书记周本顺主持会议并作重要讲话。省长张庆伟传达了习近平总书记重要讲话精神。省委副书记赵勇通报了省委常委班子专题民主生活会情况。省政协主席付志方出席会议。周本顺强调，要以正确的政绩观和发展观抓好事关河北发展全局的大事。根据总书记的讲话要求，在政绩观和发展观上要把握好以下四点：一要坚决把领导经济工作的立足点转到提高质量和效益、形成新的发展方式上来。二要坚持绿色发展、循环发展、低碳发展的理念，下决心把污染的帽子甩掉。三要坚决走新型工业化、信息化、城镇化、农业现代化的路子，把新的经济增长极抓上去。四要坚持正确的用人导向，把干部的注意力引导到为人民幸福干事创业上来。

△27日

省十二届人大常委会第四次会议在石家庄市闭幕。省人大常委会常务副主任宋恩华主持会议并讲话。会议表决通过了《河北省辐射污染防治条例》、《河北省农民工权益保障条例》，通过了省人大常委会关于深入实施农村面貌改造提升行动的决议、关于废止部分法规的决定、关于修改部分法规的决定，审查批准了《邯郸市气象灾害防御条例》和新修订的《唐山市粉煤灰综合利用管理条例》。会议还通过了人事任免等事项。宋恩华代表省人大常委会向新任公安厅厅长董仚生颁发了任命书。董仚生作了表态发言。省人大常委会党组副书记王增力，副主任马兰翠、王刚、谢计来、宋太平、王雪峰，秘书长赵曙光出席会议。

30日

全省纪检监察机关查办案件调度会在廊坊市举行。省委常委、省纪委书记臧胜业出席并强调，要深入贯彻习近平总书记在指导河北省委常委班子专题民主生活会时的重要讲话精神，牢牢坚持查办案件这个“主业”，突出查办重大典型案件这个重点，始终保持惩治腐败的高压态势。

10 月

10日

省政府召开党组专题民主生活会，省政府党组书记、省长张庆伟主持会议并讲话。他强调，十八大以来，习近平总书记先后3次到河北调研指导工作并发表重要讲话，多次就河北发展作出重要批示，这些要求具有很强的针对性和指导性，为我们进一步做好河北各项工作指明了方向。要切实用总书记的重要讲话统一思想，认真抓好整改措施落实，确保教育实践活动不断推向深入，取得人民满意的成效，加快推进河北奋进崛起、科学发展。要把查摆自身不足、剖析挖掘思想原因作为一项长期性的政治任务坚持下来，经常使用、大胆使用批评和自我批评这一武器，达到净化、完善、提高的效果。中央督导组有关同志到会指导。省委常委、省政府党组副书记、常务副省长杨崇勇，省政府特邀咨询张和、孙士彬，副省长张杰辉、沈小平、杨汭、许宁、姜德果等出席会议。副省长秦博勇列席会议。

16日

省人大常委会组成执法检查组，就公务员法的贯彻落实情况进行执法检查。省人大常委会副主任马兰翠出席并讲话。她指出，要突出检查重点，重点检查是否坚持“凡进必考”、是否实施依法管理、是否依法畅通出口、是否建立长效机制，进一步加大监督力度，保证公务员法执法检查活动取得扎实成效。要坚持围绕执法检查重点内容，深入基层、深入实际，听真话、查实情，务求全面了解情况，掌握第一手材料。要力戒形式主义，不能泛泛而查，走马观花、走过场。要认真遵守中央八项规定和省委有关规定，严格按照省人大常委会党组克服“四风”十项承诺，轻车简从，减少基层负担。

21日

省政府召开省常务会议，省长张庆伟主持会议。会议听取了关于今年以来全省经济运行情况及下一步工作建议的汇报，对当前经济工作进行安排部署。会议强调，要把中央领导同志的批示、重要讲话精神与河北省的实际紧密结合起来，坚定不移地走科学发展之路。要进一步强化经济运行调节，制定相关政策措施，形成共同拉动经济增长的格局。要加快产业结构调整，加强规划政策引导，坚决淘汰过剩产能，出台加快发展战略性新兴产业行动计划。要认真落实治理大气污染措施，多措并举，全力改善大气环境质量。要将发展服务业作为转方式、调结构的战略举措，充分发挥政策的杠杆作用，推动服务业加快发展，提高服务业在整个经济增长中的贡献率。会议研究了《关于进一步加快发展节能环保产业的十项措施》，对推进河北省节能环保产业发展进行安排部署。会议还研究了《河北省沿海港口布局规划（修编）》、《河北省终身教育促进条例（草案）》等其他事项。

25 日

省副省长秦博勇就加快对外开放、开发区建设，推动旅游业和县域经济发展到衡水调研。调研期间，秦博勇出席了第十三届安平丝网博览会，考察了衡水工业新区、滨湖新区和安平、景县、冀州的一些园区和企业项目。她指出，衡水基础薄弱，只有按照省委八届五次全会要求，强力推进对外开放，大打开放牌，以开放促改革促创新促发展，才能实现后来居上。衡水生态环境较好，要加倍珍惜，打好生态牌，塑造品牌形象，提升知名度美誉度。

△25 日

河北省召开正风肃纪专项行动推进电视电话会议，深入学习贯彻习近平总书记在省委常委班子专题民主生活会上的重要讲话精神，进一步深化正风肃纪专项行动，促进教育实践活动整改工作扎实深入开展。省委常委、省纪委书记臧胜业出席会议并讲话。他强调，要在前一段工作的基础上，进一步巩固、深化、提升正风肃纪专项行动，着力在四个方面下功夫：巩固初步成效，在防止反弹上下功夫，防止“风声过后，变相恢复”；突出工作重点，在破解难题上下功夫，解决群众反映强烈的突出问题；坚持实事求是，在严格落实中央和省委有关政策规定上下功夫；着眼源头治本，在建章立制上下功夫，进一步推进体制机制改革创新，强化制度执行力。要进一步强化领导责任，坚持统筹推进，加强督促检查和明察暗访，不断把正风肃纪专项行动引向深入，努力推动全省教育实践活动取得新的更大成效。

29 日

省政府召开常务会议，省长张庆伟主持会议。会议研究了《关于支持煤炭产业健康发展的政策措施》，对提高煤炭产业综合竞争力、促进煤炭产业转方式调结构工作进行安排部署。会议强调，要进一步减轻企业负担。按照国家推行煤炭资源税改革的总体要求，清理违规煤炭收费，暂停提取部分煤炭费金，落实完善破产矿区政策。要规范市场秩序。加快建立完善全省煤炭现货、期货交易市场体系。严格市场准入，严控高硫、高灰煤炭流入河北省。加强煤炭市场监管，规范煤炭市场流通秩序。要优化政策环境。鼓励行业产销联营，对省内实施煤电联营、煤电一体化和签订煤电长期合作协议的发电企业，优先保障运力。加强煤炭生产、经营企业与铁路部门合作对接，提升路企合作水平。发挥财政性资金对金融和社会资金的杠杆撬动作用，支持建设全密闭配煤中心、洁净型煤炭生产配送体系等。会议还研究了《河北省实施〈中华人民共和国水土保持法〉办法（草案）》、《河北省城镇土地使用税实施办法（修订草案）》、《河北省非物质文化遗产条例（草案）》、《河北省化工建设项目安装工程质量管理规定（草案）》等事项。

30 日

全省宣传思想工作会议在石家庄市召开。会议学习贯彻全国宣传思想工作会议精神，部署河北省当前和今后宣传思想工作。省委书记周本顺在会上作重要讲话。他强调，做好河北省当前和今后一个时期的宣传思想工作，最根本的是贯彻落实好全国宣传思想工作会议精神特别是习近平总书记重要讲话精神。要巩固已有成果，明确指导方针，把握根本任务，有针对性地加强和改进意识形态领域的重点工作，不断开创宣传思想工作新局面。

31 日

省政协十一届四次常委会议在石家庄市召开，与会人员围绕推进城镇化、统筹城乡发展议政建言。副省长杨汭应邀出席会议作有关情况报告。杨汭介绍，近几年来，省委、省政府把推进城镇化摆在事关全局的重要战略位置，统筹谋划，强力推进。特别是2008年开展城镇面貌三年大变样以来，全省城镇化步伐明显加快。城镇化水平显著提高，城镇经济实力不断增强，基础设施体系进一步完善，基本公共服务水平持续提升，城市容貌逐步改观。但从整体上看，差距仍然很大。会议还听取了省政府系统关于办理省政协十一届一次会议提案工作进展情况的报告。省政协主席付志方，副主席刘永瑞、崔江水、郭华、曹素华、卢晓光，秘书长郭大建出席会议。

11 月

1日

省政协十一届四次常委会议在石家庄市闭幕。期间，与会常委、委员紧紧围绕推进城镇化、统筹城乡发展主题，积极建言献策。会议认为，推进城镇化，既要有紧迫感，又要遵循发展规律，切实把河北省城镇化的脚步迈开、走稳。统筹城乡发展，既是对世界各国城镇化道路的借鉴，又是贯彻科学发展观，推进以人为核心的城镇化的需要。推进城镇化、统筹城乡发展一定要以人为核心，实事求是，一切从实际出发。对与会人员的意见建议，会后省政协将进行归纳整理，及时报送省委、省政府，让政治协商的成果更好地体现到党委政府的决策中。省政协主席付志方，副主席刘永瑞、崔江水、郭华、曹素华、卢晓光出席会议。

2日

省委召开常委会议，研究当前全省经济运行情况，对2013年后两个月经济工作进行安排部署。省委书记周本顺主持会议并讲话。他指出，当前，稳增长、提质量、增效益还面临诸多困难和挑战。做好下一步经济工作，既要加快转型升级又要防止换挡失速。要坚持目标不变、任务不减，力争完成全年目标任务。抓经济运行的同时，要扭住调结构这个牛鼻子不放松，培育新的经济增长点，追求经济增长的质量和效益，追求生态环境的改善，追求人民生活水平的提高。对短期有效、长期不利、影响环境的项目，必须坚持一个都不能上。对污染严重的企业，必须坚决治理。在爬坡、转弯、过坎的关键时期，我们要立足当前，着眼长远，实事求是，稳扎稳打，稳中求进，千万不能再盲目追求速度。

会议还研究了其他事项。

4日

河北省召开省直单位党的群众路线教育实践活动推进会，省委副书记赵勇出席会议并讲话。他强调，要认真学习贯彻全国党的群众路线教育实践活动工作座谈会精神，集中精力抓好整改落实、建章立制工作，确保取得人民群众满意的成效。省委常委、组织部部长梁滨传达全国党的群众路线教育实践活动工作座谈会精神，省委常委、省纪委书记臧胜业主持会议，省委常委、宣传部部长艾文礼出席会议。

△4日

省委书记周本顺、省长张庆伟在石家庄市会见了海关总署党组书记、署长于广洲一行。周本顺指出，海关总署一直十分支持河北经济社会发展，特别是围绕推进曹妃甸区开发开放，积极发挥职能作用，为加快曹妃甸发展发挥了重要作用。河北虽然是沿海省份，但开放度不高。为推动河北发展，提出全力打好四大攻坚战，首要一战就是加快沿海开发开放。运用四种思维推进发展，其中一种思维就是开放思维。希望海关总署继续加大对河北口岸开放和建设等方面的指导和支持力度，促进河北进一步提高对外开放能力和水平。省委常委、秘书长景春华，省长助理、省金融办主任江波等参加会见。

7日

河北省召开外资外贸和促消费工作调度会。省委常委、常务副省长杨崇勇出席会议并讲话。他要求，各级各有关部门要鼓足干劲，加压奋进，抓住今年最后50多天的时间，集中精力抓好外资外贸和促消费工作，切实做好稳定物价工作，努力完成年初确定的目标任务。副省长秦博勇主持会议。

△7日

省政协召开十一届第九次主席会议，审议并原则通过了《政协河北省委员会关于建立重点课题调研工作机制的意见》。省政协主席付志方主持会议并讲话。他指出，调查研究课题的选择十分重要。现在选择课题的渠道很多，需要调研的课题也很多，功夫就在选准，课题选不准，势必事倍功半。要精选党委政府关心、社会关心，又需要研究、需要提出新形势下应对措施的课题，拿出第一流的调研成果。副主席刘永瑞、段惠军、崔江水、郭华、曹素华、卢晓光，秘书长郭大建出席

13日

省人大常委会召开主任会议，常务副主任宋恩华主持会议，会议讨论了拟提交常委会会议审议的相关议题。此次常委会会议继续审议《河北省促进散装水泥发展条例（草案）》，初次审议《河北省实施〈中华人民共和国水土保持法〉办法（草案）》、《河北省非物质文化遗产保护条例（草案）》。省人大常委会党组副书记王增力，副主任马兰翠、王刚、宋太平、王雪峰，秘书长赵曙光出席会议。

14日

省人大常委会机关召开党的

群众路线教育实践活动推进会，传达党的群众路线教育实践活动工作座谈会、全省组织工作会议和省直单位教育实践活动推进会精神，安排部署下一阶段工作。省人大常委会常务副主任宋恩华出席会议并讲话，秘书长赵曙光主持会议。会议要求，要认真学习、全面领会、认真贯彻落实讲话精神，及时组织对教育实践活动“回头看”，通过“回头看”，查出问题，找到差距，真正把教育实践活动前两个环节打牢固、做扎实。要克服闯关思想，落实“十改”要求，继续以“钉钉子”精神，抓好教育实践活动的整改落实、建章立制工作。要明确目标任务，着力整改“四风”方面普遍存在的突出问题，把专项整治作为整改落实的重要举措，结合实际认真落实好中央和省委确定的专项整治任务，以重点突破带动作风的整体好转。

15日

省委召开常委（扩大）会议，传达学习党的十八届三中全会精神，研究河北省贯彻落实意见。河北省委书记周本顺主持会议并讲话。他指出，要深刻领会全面深化改革的基本精神。重点要把握好以下八个方面：一是把握好全面深化改革的总目标，就是完善和发展中国特色社会主义制度，推进国家治理体系和治理能力现代化。二是把握好全面深化改革的路线图，就是深刻领会中央《决定》中提出的“六个紧紧围绕”，从经济、政治、文化、社会、生态文明和党的建设等方面，搞清楚改革的路子往哪走、怎么走，注重改革的系统性、整体性、协同性。三是把握好全面深化改革的时间表，就是到二〇二〇年，在重要领域和关键环节改革上取得决定性成果，完成《决定》提出的改革任务，形成系统完备、科学规范、运行有效的制度体系。四是把握好全面深化改革的目的和条件，就是进一步解放思想、进一步解放和发展社会生产力、进一步解放和增强社会活力。五是把握好全面深化改革的重点，就是突出经济体制改革，发挥经济体制改革牵引作用。六是把握好全面深化改革的大方向，就是坚持社会主义市场经济改革方向。七是把握好全面深化改革的出发点和落脚点，就是促进社会公平正义、增进人民福祉。八是把握好全面深化改革的依靠力量，就是紧紧依靠人民推动改革。省委副书记、省长张庆伟，省委副书记赵勇，省委常委、常务副省长杨崇勇分别传达全会精神。

18日

省政协和省政府法制办联合召开立法协商座谈会。省政府法制办对会上提出的修改意见和会后提交的书面意见进行了梳理，梳理出40条主要修改意见。经认真研究，共采纳意见建议24条。这是历年来立法协商会被采纳意见建议最多的一次。

19日

省公安厅联合省环保厅召开打击环境污染违法犯罪“利剑斩污”专项行动会议。全省各级公安、环保部门将联合开展为期半年的打击环境污染违法犯罪专项行动，对非法排放、倾倒污染物等环境污染违法犯罪进行专项打击。据介绍，这是河北省公安、环保部门的首次联手行动。

△19日

省政府召开常务会议，省长张庆伟主持会议。会议研究了《河北省人民政府关于促进居民收入增长的意见》，就加快促进城乡居民收入工作进行安排部署。会议研究了《河北省钢铁、水泥、电力、玻璃行业大气污染治理攻坚行动方案》，就进一步加快四个行业污染治理工作进行安排部署。会议还研究了《河北省重污染天气应急预案》、《关于金融支持“四大攻坚战”的实施意见》、《河北省“十二五”交通运输发展规划中期评估》、《河北省地理信息交换共享管理办法（草案）》等事项。

20日

省人大常委会党组召开（扩大）会议，传达学习省委常委（扩大）会议精神，研究部署以改革精神“推进人民代表大会制度理论和实践创新”调研工作。省人大常委会党组副书记、常务副主任宋恩华主持会议并讲话。他指出，贯彻会议精神，要深入开展调查研究，不断推进人大制度理论创新和实践创新。在调研中，要把握改革基调不跑偏，结合省级人大实际不空谈，突出重点不求全，调研报告要力求管用不求长。要在法制精神下研究立法方面的改革，坚持立、改、废、释并举，并使之常态化。要通过调研，研究制定出切实可行的明年监督工作计划。要把这次调研同群众路线教育实践活动整改落实、建章立制结合起来，用十八届三中全会精神和这次调研成果，修改好立法、监督、代表工作、机关建设等整改方案，谋划好明年的工作思路和工作计划、任务。党组副书记宋长瑞，副主任宋太平、王雪峰，秘书长赵曙光出席会议。

22日

省政协召开十一届第十次主席会议，传达学习党的十八届三中全会、十二届全国政协第三次常委会议和省委常委（扩大）会议精神，部署贯彻落实会议精神的各项工作。省政协主席付志方出席会议并讲话，他强调，要通过认真学习，深入理解会议的精神实质，以改革的精神推动政协工作。改革就是革除时弊，精神实质就是不守旧，不满足，不懈怠，适应客观情况变化，根据新问题、新矛盾、新挑战，不断创新制度和方式。政协工作也必须要贯彻改革精神，今后要围绕如何推进协商民主，提高提案质量，提升提案办理成效，提高调研的质量，推动调研成果有效转化等方面，进行深入的研究和探索，不断提高政协工作的质量和水平。副主席段惠军、崔江水、曹素华、卢晓光，秘书长郭大建出席会议。

26日

河北省召开全省人民调解工作电视电话会议，省委常委、政法委书记张越出席会议并讲话。他指出，要立足巩固党的执政地位做好人民调解工作。人民调解组织要切实增强政治意识，带着政治责任做好人民调解工作。把调解矛盾纠纷的过程变成强化群众观念、增加群众感情、密切干群关系的过程，巩固和扩大党的执政基础。要以十八届三中全会精神为指导，着力健全人民调解组织，壮大人民调解队伍，完善工作机制，拓展调解领域，巩固人民调解工作基础，为改进社会治理方式探索路径、创造经验。要充分发挥人民调解员扎根基层、人民调解组织遍布城乡的优势，尽可能把矛盾纠纷解决在基层、消除在萌芽。要立足河北省调整产业结构、治理大气污染做好人民调解工作。当前河北省正在围绕经济转型、绿色发展目标开展“四大攻坚战”，人民调解工作要让工作职能向经济、民生领域拓展，向环境保护、资源利用等行业延伸，向“四大攻坚战”涉及的各个领域覆盖，为河北省转变经济发展方式减少阻力。

27日

省法院召开全省刑事审判工作会议，省委常委、政法委书记张越出席并讲话。他指出，要以科学的理念指导刑事审判实践，强化无罪推定理念、证据裁判理念、程序正义理念、接受监督理念，做好新形势下的刑事审判工作。要把提高刑事司法人员能力作为着力点，特别要提高三个方面的能力。一是会办案，也就是优质高效办案的能力。二是善平事，也就是化解矛盾纠纷的能力。三是能自律，也就是廉洁公正司法的能力。各级党委、政府要自觉遵守宪法和法律，带头依法办事，维护法治权威，支持各级法院依法独立行使审判权，不以个人名义为个案打招呼、写条子。

12　月

2日

省政府召开常务会议，省长张庆伟主持会议。会议听取了全省安全生产工作汇报，就进一步做好安全生产工作进行安排部署。会议强调，全省各级各部门认真履行安全生产责任，推动企业安全生产主体责任落实，全省安全生产形势总体稳定。但要清醒地认识到，河北省安全生产基础依然薄弱，安全生产形势仍然严峻。一要深入开展石油天然气管网专项安全检查。二要继续深入开展安全生产大检查。三要抓好重点领域、地区的安全生产专项整治。会议研究了《加快产业升级“三个一百”工程行动计划》，就进一步推进河北省产业结构优化升级，加快经济发展方式转变工作进行安排部署。会议还研究了《关于河北省2013年国民经济和社会发展计划执行情况与2014年国民经济和社会发展计划（草案）的报告》、《关于河北省2013年省本级预算及省总预算执行情况和2014年省本级预算及省总预算（草案）的报告》、《关于河北省大气污染防治情况的报告》等事项。

11日

河北省召开全省安全生产电视电话会议。副省长张杰辉出席会议并讲话。他指出，各级各部门要深刻汲取事故教训，全面彻底开展油气输送管线等安全专项排查整治，全面排查各类隐患、彻底整改治理到位、严格落实监管责任。要推进煤矿安全治本攻坚，建立健全长效机制，坚决遏制重特大事故发生。要突出承诺兑现和责任落实，进一步深化安全生产承诺制建设，承诺内容要更具体，践诺措施要更管用，组织推进要更有力。

14日

省委召开常委扩大会议，传达习近平总书记听取河北省教育实践活动总体情况汇报时重要讲话精神和中央经济工作会议、中央城镇化工作会议精神，研究河北省贯彻落实意见。省委书记周本顺主持会议并讲话。他强调，要深入学习领会好中央会议的精神实质。学习贯彻好中央经济工作会议精神，要做到“四个准确把握”：准确把握国内外经济形势，准确把握明年经济工作的总要求和宏观调控取向，准确把握明年经济工作的主要任务，准确把握加强党对全面深化改革的领导。在此基础上，结合河北实际一件一件地落实好。学习中央城镇化工作会议精神，要在指导思想、发展质量、基本原则、主要任务这四个方面加深理解，真正把握内涵实质，作为我们做好工作的重要遵循。

会议还研究了其他事项。

24日

省政府召开常务会议，省长张庆伟主持会议。会议研究了《关于加快河北省社会信用体系建设的指导意见》，就推进全省社会信用体系建设工作进行安排部署。会议强调，社会信用体系建设要充分发挥各级政府组织引导、推动和示范作用，调动市场主体积极性，鼓励社会力量广泛参与。会议研究了《河北省自主创新能力建设实施意见》，就进一步建设完善创新体系工作进行安排部署。会议研究了《河北省人民政府关于促进信息消费的实施意见》，就加快促进信息消费、有效拉动消费需求工作进行安排部署。会议还听取了第四次全国对口支援新疆工作会议精神和河北省援疆工作安排建议的汇报，研究了《河北省基本公共服务行动计划（2013－2015）》、《河北省水泥产业结构调整方案》、《河北省平板玻璃产业结构调整方案》，对拟提交省十二届人大二次会议审议的《政府工作报告》进行深入研究。

人大立法与监督

综　述

2012年、2013年，全省各级人民代表大会及其常委会在本级党委领导下，高举中国特色社会主义伟大旗帜，以邓小平理论、“三个代表”重要思想、科学发展观为指导，坚持党的领导、人民当家作主、依法治国有机统一，坚持推进社会主义民主法治建设、服务全省工作大局、维护人民群众根本利益有机统一，坚持解放思想、严格按法定程序办事、发挥常委会整体优势有机统一，依法履行职责，为推动全省经济持续健康发展、社会和谐稳定做出了贡献。

立法工作

【概况】 2012年，常委会牢固树立以人为本、立法为民理念，坚持科学立法、民主立法，紧紧围绕全省工作大局和改革发展稳定中的重大问题，一手抓法规制定，一手抓法规修订，共制定修订地方性法规5件，审查批准地方性法规8件，审查报备政府规章14件。

2013年，常委会坚持科学立法、民主立法，坚持立法决策与改革决策同步合拍，坚持从河北实际出发，统筹做好地方性法规的立改废释，共制定修订地方性法规12件，审查批准地方性法规7件，审查报备政府规章25件。

【省人大常委会的立法工作】 2012年，加强经济和社会领域立法。为了进一步发挥信息产业对产业结构调整和经济社会发展的促进作用，制定了《河北省信息化条例》。为适应进一步完善市场经济体制的要求，促进知识、技术、技能广泛转移和科技成果加速转化应用，重新制定了《河北省技术市场条例》。为加快发展现代农业，促进农业生产方式转变，针对全省农业劳动生产率和比较效益低的状况，重新制定了《河北省农业机械管理条例》。为适应海洋经济及相关产业的迅速发展，加强沿海船舶边防治安管理，制定了《河北省沿海船舶边防治安管理条例》。为加强邮政业规划和设施建设，促进邮政普遍服务保障，保障邮政通信安全，制定了《河北省邮政条例》。

探索开展立法后评估。为进一步加强和改进立法工作，提高立法质量，于2012年8月下旬至12月中旬对《河北省实施〈中华人民共和国义务教育法〉办法》开展了立法后评估，分阶段组织法学专家和相关部门对照上位法和国家有关义务教育发展政策，对条例逐条进行了合法性、协调性审查，向11个设区的市人大和教育行政主管部门及部分中小学校、义务教育阶段部分学生家长等发放了调查问卷，组织三个调研组分赴不同经济发展水平的县区进行了实地调研。在此基础上，经研究论证形成评估报告。本省首次开展立法后评估是比较成功的，有利于立法工作经验的总结积累与提高，有利于不断改进立法工作和提高立法质量。

健全立法工作机制。为进一步提高立法质量，在立法工作实践中进行了积极探索。一是科学制定年度立法计划。本着“坚持围绕中心、服务大局；坚持以人为本、突出重点；坚持质量第一，突出河北特色”的原则，研究制定了年度立法计划，使立法工作有序推进。二是坚持和完善专门委员会专门审议、法制委员会统一审议和常委会集中审议制度，既充分发挥常委会的立法主导作用，又注重调动各方面参与立法的积极性。三是健全公开立法制度，采取多种形式广泛听取人大代表、专家学者、相对人和执法部门的意见，特别是基层人民群众的声音，重要法规草案向社会公开征求意见，扩大公众对立法的有序参与，推动立法工作民主化。同时，还举办立法培训班和立法理论研讨会，不断提高立法人员的政治、业务素质。

2013年，注重立法的计划性和统筹性，发挥常委会立法主导作用。通过多种渠道、多种方式向社会各界征集立法建议项目

123件，并根据经济社会发展实际需要，科学编制五年立法规划，制定2013年立法计划。认真做好法规清理、修改、废止工作，对现行有效的184件地方性法规进行全面审视与梳理，重点解决与经济社会发展和法治建设不适应、不符合、不一致、不协调的问题，经过认真审议，决定废止法规7件，修改5件，使法规内容更加协调统一，更加符合实际需要。

结合实际，为深化改革推动发展提供法制保障。为促进农民工有序融入城市，维护农民工合法权益，审议通过了农民工权益保障条例。为适应农村经济社会发展需要，审议通过了农村土地承包条例。为防控日益严重的电磁电离辐射污染，保护人民群众身体健康，制定了辐射污染防治条例。为节约资源、减少环境污染，通过了促进散装水泥发展条例。为增强突发事件应对能力，推进应急管理法制化，出台了突发事件应对条例。为全面推进法治河北建设，提高全社会法律意识，制定了法制宣传教育条例。审议通过了气象灾害防御条例、防震减灾条例，为有效消除安全隐患、减少灾害损失、保障人民生命财产安全提供法制保障。初审了实施水土保持法办法、非物质文化遗产保护条例、电力保护条例。

完善立法机制，不断提高立法科学化民主化水平。常委会高度重视立法制度建设，通过了提高地方立法质量的若干规定，先后制定了省本级立法工作规程和年度立法计划编制、法规草案公开征求意见、专家咨询、法规审批、法规解释、法规清理等规章制度。大力推进开门立法，通过广播电视、网络报刊等多种途径向社会公布法规草案，充分征求公众意见，不断增强立法工作透明度与公众参与度。扎实开展立法调研工作，针对立法中的重大问题、焦点问题、争议问题，广泛深入进行调查研究。重视发挥专家学者作用，聘任专家学者成立立法咨询专家组，对专业性、技术性和创新性较强的立法项目进行研究论证。坚持提前介入法规起草工作，对分歧意见反复沟通协调，达成共识；对涉及部门利益问题严格审查把关，力避偏差。

【各较大的市以及民族自治县的立法工作】 2012年、2013年，石家庄、唐山、邯郸3个市的人民代表大会及其常务委员会，宽城、丰宁、围场、青龙、孟村、大厂6个自治县的人民代表大会依据宪法和法律规定，开展了地方立法活动。在不同宪法、法律、行政法规和本省的地方性法规相抵触的前提下，根据本行政区域的具体情况和实际需要，先后制定了《邯郸市城乡规划条例》、《邯郸市城市市容和环境卫生条例》、《邯郸市建筑垃圾处置条例》、《大厂回族自治县自治条例》、《邯郸市滏阳河管理条例》、《青龙满族自治县村集体经济组织财务管理条例》、《唐山市物业管理条例》、《石家庄市医疗卫生设施规划建设管理条例》、《唐山市城乡规划条例》、《石家庄市供热用热条例》、《唐山市职工工资集体协商条例》、《唐山市城市市容和环境卫生条例》、《唐山市粉煤灰综合利用管理条例（修订）》、《邯郸市气象灾害防御条例》，并报省人民代表大会常务委员会对其合法性进行审查，经批准后施行。

监督工作

【概况】 2012年、2013年，紧紧围绕省委重大决策部署，积极回应人民群众的关切，着眼增强监督实效，完善监督方式方法，积极推动中央和省委重大决策部署的贯彻落实。

【省人民代表大会的监督工作】 2012年，河北省第十一届人民代表大会第五次会议于2012年1月6日至10日在石家庄召开，会议听取和审议了河北省人民政府工作报告、河北省2011年国民经济和社会发展计划执行情况与2012年国民经济和社会发展计划（草案）的报告、河北省2011年省本级预算及省总预算执行情况和2012年省本级预算及省总预算草案的报告、河北省人民代表大会常务委员会工作报告、河北省高级人民法院工作报告、河北省人民检察院工作报告，会议批准了上述报告，并通过了相应的决议。

2013年，河北省第十二届人民代表大会第一次会议于2013年1月26日至31日在石家庄召开。会议听取和审议了河北省人民政府工作报告、河北省2012年国民经济和社会发展计划执行情况与2013年国民经济和社会发展计划草案的报告（书面）、河北省2012年省本级预算及省总预算执行情况和2013年省本级预算及省总预算草案的报告（书面）、河北省人民代表大会常务委员会工作报告、河北省高级人民法院工作报告、河北省人民检察院工作报告，会议批准了上述报告，并通过了相应的决议。

【省人大常委会的监督工作】 2012年，常委会紧紧围绕关系全省改革发展稳定大局和人民群众切身利益、社会普遍关注的问题，更新监督理念、整合监督资源、创新监督手段，加大监督力度，努力提高监督实效。

加强计划预算监督。常委会在听取审议半年计划预算报告、上年度决算报告，批准省本级决算和省级超收资金支出安排方案时，注重预算编制准确性、强化预算执行管理、提高资金使用效益。在听取审计工作报告的同时，特别重视整改情况和审议意见落实情况的专题报告，进行跟踪监督，督促完善相关制度，防止同类问题重复发生。常委会及时批准调整预算方案，确定本省发行地方政府债券，促进加大对民生工程、农业基础设施和社会公益事业的投入。

加强对“三农”工作的监督。常委会围绕贯彻落实中央一号文件精神，先后围绕农业法、义务植树条例、水环境保护和水资源管理等开展了执法检查、视察和调研。为进一步推动《农业法》贯彻实施，促进农业和农村经济社会又好又快发展，对贯彻实施《农业法》情况进行了执法检查。为加大对水资源保护、节约和管理力度，促进水资源可持续利用和经济社会可持续发展，在近年来省人大常委会对农业节水、水利改革发展、农田水利建设持续监督的基础上，对依法实行最严格水资源管理制度情况进行了专题调研。为推动全省扶贫开发工作深入开展，对新一轮扶贫开发攻坚情况进行了专题视察。为保护和改善生态环境，促进生态文明建设和经济社会可持续发展，对贯彻实施《河北省义务植树条例》情况进行了执法调研。

加强社会与民生问题的监督。常委会高度重视人民群众最关心、最直接、最现实的利益问题，围绕民心所系的热点难点开展监督。常委会先后听取审议了省政府企业职工工资集体协商、教育事业发展、医疗卫生事业发展、村委会换届选举、城镇体系规划实施评估、水污染防治和保障饮用水安全等专项工作报告。围绕改善“两个环境”情况、文物保护、中医药知识产权保护、保障性安居工程建设、旅游法实施、残疾人保障、民族区域自治、归侨侨眷权益保护、职工工资集体协商等开展了执法检查、调研视察。配合全国人大常委会开展了残疾人保障、农村土地承包、保障性住房建设、文物保护等执法检查和调研活动。

加强对司法工作的监督。常委会继续探索改进司法监督工作的新途径，着力维护司法公正。加大《河北省人大常委会关于加强人民检察院法律监督工作的决议》贯彻执行力度，听取审议了省检察院关于贯彻落实决议情况的专题报告，推进了该决议的有效落实，进一步加大了对刑事诉讼、行政诉讼与民事审判的法律监督力度。有针对性地开展了旁听评议法院庭审活动，对人大代表和常委会组成人员关注的司法案件，组织一定数量的人大代表参加旁听活动，促进司法公开、公正，完善司法机关内部监督制约机制。为加强禁毒工作，对禁毒法实施情况进行专题调研，增强了司法监督工作的针对性。

努力提高监督工作实效。一是重点加强对常委会审议意见整改落实情况的跟踪监督，对重要审议意见办理情况必要时安排专门审议。二是综合运用多种监督手段，全面监督与重点监督相结合，听取审议专项工作报告与开展执法检查、视察和专题调研相结合，推动自行整改和依法纠正相结合，进一步深化细化了监督工作。三是充分调动常委会组成人员、专委会委员、人大代表等各方面的积极性和主动性，加强与市县人大协调联动，充分发挥新闻媒体的舆论宣传作用，形成推动工作的合力。同时正确处理监督与支持的关系，加强与“一府两院”的沟通协调，推动相关问题解决。四是切实改进工作作风，检查视察注重在较真中求真，在查实中务实，不搞花架子，不作表面文章。

2013年，常委会围绕推动打好“四大攻坚战”、保障改善民生、加强社会管理等重点工作，认真履行监督职责，着力推动中央和省委重大决策部署的贯彻落实。

严格计划预算审查监督，促进经济社会稳定发展。依法审查计划、预算执行情况报告，批准决算、超收资金支出安排方案，听取审议审计工作报告。不断改进和加强计划、预算审查监督工作，首次对预算执行和决算进行单独审查，并对预算执行情况提交审查报告，对常委会审议意见及时交办，并进行跟踪监督，收到较好的效果。为全面掌握经济运行和预算执行情况，重点围绕工业转型升级、经济开发区建设、非税收入深入开展调研，就改进预算管理、提高财政收入质量提出意见建议。提前介入新年度预算编制审查，确保公共财政、政府性基金、国有资本经营和社会保险基金预算涵盖其中，实现财政全口径监督。针对审计报告揭示出的问题进行跟踪监督，听取整改工作报告，审计监督力度不断加大。

加强对环境污染防治情况监督，推动发展方式转变。为贯彻落实中央和省委要求，积极回应人民群众对环境质量的关切，依法推进大气污染防治工作，集中力量对全省贯彻实施大气污染防治法律法规情况进行专项执法检查，重点对政府工作、园区建设、企业责任、公众反映四个层面70多项指标进行检查，对120家排放大户和重点单位进行明察暗访，对执法人员、企业管理人员、普通群众进行问卷调查。听取审议了省政府大气污染防治情况报告和常委会执法检查报告。省委批转了常委会执法检查报告，对全省大气污染防治工作起到积极推动作用。以“爱护我们的家园、实现天蓝水净”为主题，继续开展“燕赵环保世纪行”活动。本次代表大会把审议大气污染防治工作报告列入议程并将作出决议，这是运用法治思维和法治方式推动重大事项落实的有力举措。

加强对社会民生领域监督，维护人民群众切身利益。开展社会救助，是保障困难群众基本生活、改善民生的重要举措。为加大社会救助工作监督力度，常委会积极探索多种监督方式的综合运用，组织6个调研组，围绕社会救助制度建设、资金管理、政策落实、基层救助能力进行专题调研，通过新闻媒体、互联网，广泛征求意见建议。结合听取审议省政府社会救助工作专项报告，首次开展专题询问，省政府10个相关部门主要负责同志到会听取意见、回答了委员们的询问。常委会组成人员在调研、审议和专题询问基础上提出改进工作的意见建议，有力推动了社会救助工作的创新发展。为推动公务员管理工作规范化、法制化、科学化，组织开展了公务员法执法检查，针对存在问题，就完善公务员管理体制、规范招录工作、修订相关法律法规提出了意见建议。受全国人大常委会委托组织开展了气象法、义务教育法执法检查，进行了宗教事务条例、科技进步“一法一条例”执法调研，泥河湾遗址群保护情况专题调研，听取了省政府关于落实残疾人保障法审议意见的报告、贯彻实施邮政法和邮政条例情况的报告。积极推动“百名侨商进河北”系列招商引资活动，组织开展了发挥外事侨务优势、推动沿海开放专题调研，并听取审议了省政府专项报告。

加强对“三农”工作监督，促进新农村建设。围绕贯彻落实中央和省委关于美丽乡村建设、实施农村面貌改造提升行动的重大部署，组织开展了专题视察，在审议视察报告基础上，作出了《关于深入实施农村面貌改造提升行动的决议》。为预防和治理水土流失，保护和改善生态环境，开展了水土保持法和我省实施办法执法检查并审议了执法检查报告。对扶贫开发工作整改情况进行跟踪监督，进一步推动这项工作的开展。为促进农村经济和农业科技发展，开展了农民专业合作社法执法调研和农业科技创新与推广专题视察。

加强对司法工作监督，维护社会公平正义。积极推动检察机关加强对司法活动的监督，以刑事立案与侦查、刑事审判、刑罚执行与监管、检察队伍建设为重点，对检察机关刑事诉讼法律监督进行专题视察，有效推进了新刑诉法和常委会关于加强检察院法律监督工作决议的贯彻实施。总结代表旁听评议法院庭审活动经验，修订了旁听评议法院庭审办法，组织48名省人大代表对4起案件进行旁听评议。完善办理群众申诉控告规定，明晰办理责任，规定办理标准，对119件申诉控告及时转办督办，维护司法公平正义和群众合法权益。

【有关设区市、县（市、区）人民代表大会及其常委会法律监督工作】 2012年、2013年，依照宪法和法律规定，地方各级人民代表大会对本级人大常委会、人民政府、人民法院和人民检察院负责监督职责。设区的市和县（市、区）的人民代表大会对本级人大常委会和“一府两院”的监督，主要体现在一年一度的人民代表大会会议听取和审议本级人大常委会、人民政府、人民法院和人民检察院的工作报告，审查政府年度国民经济和社会发展计划报告（书面）、财政预算报告（书面），并作出相应的决议。河北省各设区的市和县（市、区）的人民代表大会按照会议议程审议并批准了各项报告。

依照宪法和法律规定，在本级人民代表大会闭会期间，地方各级人民代表大会常务委员会对本级人民政府、人民法院和人民检察院负责监督职责。河北省各设区的市和县（市、区）的人民代表大会常务委员会严格遵守监督法和本省实施监督法办法的规定，坚持监督与支持并重，采取听取和审议人民政府、人民法院和人民检察院的专项工作报告，审查和批准决算，听取和审议国民经济和社会发展计划、预算的执行情况报告，听取和审议审计工作报告，开展法律法规实施情况的检查，开展工作评议等法定监督方式，围绕本行政区域关系改革发展稳定大局和人民群众切身利益、社会普遍关注的重大问题，有计划、有针对性地加强工作监督，有效促进了本级“一府两院”依法行政、公正司法。

【监督工作实例】 2013年9月，省十二届人大常委会第四次会议听取和审议了省政府关于社会救助工作报告，并首次开展专题询问。根据监督法规定，开展专题询问是加强人大监督工作的重要探索和创新，全国人大常委会从2010年起，先后对财政决算、国家粮食安全等问题开展了九次询问，其他省级人大常委会参照全国人大常委会的做法，相继开展了这项工作，取得了良好效果，既丰富了人大常委会监督工作方式，又进一步提高了常委会会议的议事质量，是增强人大监督工作针对性和实效性，推动政府依法行政的一种有效途径。省人大常委会依法有序开展的首次专题询问，对督促政府及有关部门依法履行职责，促进完善社会救助体系，保障困难群众的基本生活权利，促进十八大“社会保障全民覆盖”目标的落实，为省委部署的打好“四个攻坚战”提供助力，发挥了积极的作用。

人大法制建设典型材料

河北省第十二届人民代表大会常务委员会公告

（第12号）

《河北省农民工权益保障条例》已经河北省第十二届人民代表大会常务委员会第四次会议于2013年9月27日通过，现予公布，自2013年12月1日起施行。

2013年9月27日

关于起草《河北省农民工权益保障条例(草案)》的说明

——2012年7月24日在河北省十一届人大常委会第三十一次会议

省人大常委会内务司法工作委员会副主任　陈金玉

主任、各位副主任、秘书长、各位委员：

受省人大内务司法委员会的委托，现就起草《河北省农民工权益保障条例（草案）》〔以下简称《条例》（草案）〕作如下说明：

一、关于制定《条例》的必要性

农民工是伴随改革开放和工业化、城镇化进程涌现的一支新型劳动大军，广泛分布在建筑、矿山、装备制造、餐饮服务等国民经济各个行业，已成为产业工人的重要组成部分，为经济社会又好又快发展和现代化建设做出了重大贡献。我省是全国第九大农民工输出省，输入输出规模在全国排在前十名左右。目前，我省农民工总量达1500多万人，全省农村尚有转移就业愿望的劳动力300多万人，每年新成长的农村劳动力约有70万人。广大农民工的出现，促进了农业农村的现代化，而实现建设经济强省、和谐河北的奋斗目标，促进全省人民的全面小康建设，又迫切需要更多的农村劳动力转移就业。按照“十二五”规划，全省每年要新增转移农村劳动力100万人。日益庞大的农民工队伍，不仅为以工促农、以城带乡，构建城乡一体化新格局，发挥了重要作用，同时也成为一个关系到职工队伍稳定与社会和谐的重要群体。顺应经济社会发展需要，把已经形成的具有河北特点的积极就业政策体系纳入法制化轨道，维护农民工合法权益，显得十分重要和非常迫切。制定《条例》列为省人大常委会五年立法规划后，省人社厅等有关部门认真组织，省总工会积极参与，起草了法规文本草稿，按立法程序报送省政府。2009年1月14日，省政府第26次常务会议，通过了《河北省农民工权益保障办法》（以下简称

《办法》），并于2009年1月16日以省政府规章第1号令予以公布，自2009年3月1日起施行。《办法》的贯彻实施，对促进农村劳动力向非农产业和城镇转移，保障农民工合法权益，促进经济发展和社会进步发挥了积极作用，也为进一步做好农民工维权工作走向法制化奠定了基础。

但从立法调研情况看，部分企业仍存在劳动合同签订率低，不依法为农民工缴纳社会保险，拖欠克扣农民工工资，违规使用劳务派遣工、缺乏劳动保护用品和有效的防护措施，诉求机制不健全，忽视人文关怀等损害农民工合法权益问题，特别是近年涌现出大批新生代农民工，在维权意识和价值诉求等方面有了新的特点、新的期待。及时有效解决上述存在问题，不仅直接关系到农民工队伍稳定，也关系到经济社会发展大局。

为适应新形势、新要求，促进农民工就业，进一步把保障农民工合法权益纳入法制化轨道，构建和谐劳动关系，加强和创新社会管理，坚持中国特色，把握时代特征，突出河北特点，借鉴外省立法经验，系统整合散见于多部法律法规的有关规定，结合省情实际进行整体化、具体化，将政府规章和有关政策规定及有效做法上升为地方性法规，是非常必要的。

二、关于起草《条例（草案）》的指导思想、立法依据及主要过程

劳动关系和谐是社会和谐的重要基础和具体体现。引导企业遵守法律法规，承担社会责任，教育职工发扬主人翁精神，服务企业发展，大力发展和谐劳动关系，保障农民工合法权益，是以保障和改善民生为重点的社会建设的一项重要内容。依法维护农民工与用人单位的合法权益，促进社会公平正义，以和谐劳动关系推动经济强省、和谐河北建设，是深入贯彻落实中央决策部署和省第八次党代会精神的重要举措，也是起草和制定《条例》的重要指导思想。

劳动法是保护劳动者合法权益，构建和谐劳动关系的基本法。在起草《条例（草案）》过程中，我们坚持以党和国家有关方针政策为指针，以劳动法为主线，以劳动合同法、劳动保障监察条例等十几部法律法规为依据，紧密结合省情实际，科学参照兄弟省市相关立法，正确处理学习和借鉴、原则和可行、权利和义务等方面的关系，广泛听取各方面意见，反复修改，十易其稿，使法规文本草案趋于成熟完善。

《条例（草案）》的起草工作，从总体上来讲，是随着《办法》的起草制定、贯彻实施、检验评估同步进行的。为提高规范农民工维权工作法律地位的阶次，适时将政府规章上升为地方性法规，主要做了以下几个方面的工作：一是贯彻落实和调研评估相结合。在省政府有关部门认真贯彻实施《办法》的同时，省总工会先后组织在全省开展了农民工权益维护、生活保障、进城安居、劳动安全卫生等专题调研活动，摸清了我省农民工基本情况，掌握了贯彻实施《办法》中存在的薄弱环节。二是联合起草《条例（草稿）》。为发挥人大在立法工作中的主导作用，根据有关法律规定，经沟通协商，成立了省人大内司委、省总工会联合起草小组，在深入调研和总结近几年经验的基础上，以有关法律法规为依据，借鉴山西、河南、重庆等省、市的农民工立法经验，对《办法》作了重大修改和补充，起草了《条例（草稿）》。三是广泛征求意见，不断修改完善。今年3月，将《条例（草稿）》发省直12个有关部门及各设区市人大常委会征求了意见；4－5月，起草小组赴秦皇岛、沧州两市召开人社、住建、教育、工会等部门以及企业经营者、农民工代表参加的座谈会征求意见；6月初，将反复修改的《条例（草稿）》再次发省直有关部门征求意见；6月中下旬，两次召开了省人大内司委法律咨询组成员、劳动社会保障方面的专家学者、省直有关部门负责同志参加的立法论证会，对《条例（草案）》稿逐条进行了研究论证，经提交115次主任会议讨论，并进一步修改，形成了提请此次会议审议的《条例（草案）》。

三、关于《条例（草案）》几个主要问题的说明

《条例（草案）》共设十章七十一条，较《办法》七章三十七条，增加了三章三十四条。在现行法律法规规定范围内，《条例（草案）》就农民工就业服务、劳动用工与劳动合同、工资支付、社会保险、劳动安全卫生、公共服务、权益救济七个方面进行了规范，基本涵盖了农民工政治、经济、文化权益等方面的全部内容，并与赋予的职责内容相对应，明确了相关部门和用人单位的法律责任。

(一) 关于农民工就业服务、劳动用工与劳动合同(第二章9—13条;第三章14—21条)。就业是民生之本,为农民工搭建展现技能智慧的平台,是各级政府和用人单位的重要责任。为此,专门将就业服务作为第二章,从四个方面规定了政府应有规划计划、安排培训专项资金、免费提供就业指导服务、规范职业中介机构等;明确了用人单位对农民工职业培训和技能鉴定的责任。

针对用人单位不与农民工签订劳动合同,权利义务约定不明确,随意解除、辞退农民工的问题,规范了用工主体资格、订立书面劳动合同、招工不得收取不合理费用和不得限制农民工结婚、生育;明确了农民工享有用人单位集体合同规定的权利,履行规定的义务。针对劳务派遣中存在的滥用、无序发展的突出问题,依据全国人大常委会正在进行修改的《劳动合同法》有关内容,在《条例》(草案)第二十条中明确规定:用工单位应当依法限定在临时性、辅助性、替代性的工作岗位上使用劳务派遣工,并对上述"三性"进行了界定和规范。

(二) 关于工资支付和社会保险(第四章22—29条;第五章30—34条)。工资是职工赖以生存的基础和保证,是农民工最为关注的大问题。第四章从同工同酬、按时足额支付、支付方式和工资支付资料存档备查四个方面,规范了用人单位工资支付行为。规定设区市和县级政府建立农民工工资清欠应急周转金制度;人社部门建立健全工资支付监控制度;住建部门建立建设领域工资保证金和建筑企业信用制度等。

针对农民工参保率低、社保关系转接难等问题,《条例》(草案)第三十条规定,用人单位应当依法为农民工参加职工"五险"办理登记手续,并按时足额缴纳社会保险费。第三十一条规定,"社会保险经办机构应当为农民工办理社会保险关系转移接续手续"。

(三) 关于劳动安全卫生和公共服务(第六章35—39条;第七章40—50条)。劳动安全卫生直接关系到农民工的人身健康。第五章明确规定了政府对安全生产的监管责任、用人单位的管理责任,对从事危险程度高或接触职业病危害作业的农民工,分别进行专门培训、定期职业健康检查。赋予农民工拥有拒绝用人单位管理人员的违章指挥及检举控告的权力。明确了工会组织对劳动安全卫生检查监督的职责。

做好公共服务工作,是农民工体面劳动、有尊严地生活的重要保障。第六章从农民工居住证管理、住房保障、低保范围、子女就学、计划生育、疾病预防、公共文化服务、职称评定等方面,规定了政府及相关行政主管部门的职责和要求。

(四) 关于权益救济(第八章51—57条)。建立健全农民工诉求表达机制、利益协调机制、矛盾调处和权益保障机制,是构建和谐劳动关系、维护社会稳定的重要措施。本章明确规定了人社部门受理农民工的举报和投诉,明确了农民工合法权益受到侵犯、发生劳动争议、拖欠工资时的申请救济渠道。第五十五条明确规定"农民工可以持调解协议书依法向人民法院申请支付令"。

(五) 关于法律责任(第九章58—70条)。为确保《条例》得到贯彻实施,《条例(草案)》用12个条款的篇幅,细化了法律责任相关内容,对用人单位阻挠农民工参加工会、违法收取担保金或解除劳动合同、违法使用劳务派遣工、克扣拖欠农民工工资等行为作出了明确的罚则规定。

以上说明,连同《条例(草案)》文本,请一并审议。

河北省人大法制委员会关于《河北省农民工权益保障条例(草案)》审议结果的报告

——2012年11月22日在河北省第十一届人民代表大会常务委员会第三十三次会议上

河北省人民代表大会法制委员会
委员 刘志毅

河北省人民代表大会常务委员会:

2012年7月25日,河北省十一届人大常委会第三十一次会议初次审议了《河北省农民工权益保障条例(草案)》(以下简称《条例(草案)》)。常委会组成人员认为,《条例(草案)》对于建立和谐劳动关系、促进和谐企业、和谐河北建设具有重要意义。同时,也提出了一些修改意见。会后,为作好《条例(草案)》的修改工作,确保法规质量,组成了由省人大法制委员会、法制工作委员会、内务司法工作委员会、省总工会等部门有关人员参加的修改小组。修改小组根据常委会组成人员的意见对《条例(草案)》进行了认真修改,并将修改后的《条例(草案)》寄发11个设区的市人大常委会、省直有关部门征求意见；赴石家庄、邢台两市和山西、河南两省进行了立法调研，召开了由部分省市人大代表、相关部门和部分法规相对人参加的座谈会。同时，以省人大常委会办公厅名义致函省政府办公厅，请他们对《条例(草案)》中涉及政府职责的规定进行专门研究。2012年11月2日，法制委员会对《条例(草案)》进行了统一审议。省人大常委会内务司法工作委员会、省政府法制办和省总工会的有关同志列席了会议。11月5日向主任会议作了汇报，主任会议同意法制委员会的审议意见。现将法制委员会的审议结果报告如下。

一、关于"农民工"的称谓问题

有的常委会组成人员提出，应以"外来务工人员"或者"进城务工人员"来取代《条例(草案)》中"农民工"的称谓。法制委员会研究认为，"农民工"一词是改革开放的产物，为党和国家领导人近期重要讲话所使用，是党中央、国务院近年来所发有关文件普遍使用的称谓，是社会各界基本认同、约定俗成的，它基本反映了"农民工"这一群体目前的身份特征。因此，法制委员会建议，《条例(草案)》继续延用"农民工"这一称谓。

二、关于部分章节名称问题

有的常委会组成人员提出，一些章节的名称与所规范内容涵盖不够全面，不够准确，建议作进一步研究。法制委员会研究后建议，将第三章的名称由"劳动用工与劳动合同"修改为"劳动合同"，将第四章的名称由"工资支付"修改为"工资与支付"。

三、关于农民工的权益保障问题

1. 有的常委会组成人员提出，《条例(草案)》对农民工宅基地使用权的保护、农民工就业培训专项资金和农民工工资保证金的管理、农民工工伤权益的保障等方面还需要作进一步补充完善。据此，法制委员会建议，修改第四条第一款，具体表述为："农民工的宅基地使用权和土地承包经营权受法律保护，任何组织和个人不得违反法律规定收回农民工的宅基地和承包经营的土地"。修改《条例(草案)》第三十四条，作为《条例(草案二次审议稿)》的第三十二条，具体表述为："用人单位不得与农民工约定减轻或免除其对农民工因工伤亡或者患职业病应当承担的法定责任。约定减轻或者免除责任的，约定无效"。修改《条例(草案)》第六十六条，作为《条例(草案二次审议稿)》的第六十四条，具体表述为："用人单位未向农民工提供符合国家标准或者行业标准的劳动防护用品和劳动防护设施的，由县级以上人民政府安全生产监督管理部门责令限期改正；逾期不改正的，责令停产停业整顿，可以并处五万元以下罚款。""用人单位未对从事接触职业病危害作业的农民工进行职业健康检查的，由县级以上人民政府安全生产监督管理部门责令限期改正，给予警告，可以并处五万元以上十万元以下罚款。""用人单位违反劳动安全生产规定造成农民工伤害事故的，由县级以上人民政府安全生产监督管理部门依法处罚"。

2. 有的常委会组成人员提出，《条例(草案)》关于农民工权益保障内容涉及面很广，其中有的权益保障内容的可行性需要认真研究。法制委员会研究认为，《条例(草案)》中关于建立农民工工作机构、清欠应急周转金的具体数额和给予贫困农民工家庭子女义务教育阶段生活补助等问题缺少国家和省内的政策支持。据此，法制委员会建议，删除《条例(草案)》第七条"建立农民工工作机构"、第二十六条第二款关于清欠应急周转金的具体数额和第四十六条关于给予贫困农民工家庭子女义务教育阶段生活补助的内容。

四、关于农民工的义务问题

有的常委会组成人员提出，坚持权利义务相统一，是立法法规定的立法必须遵循的基本原则。农民工的权益要保障，义务也要严格履行。据此，法制委员会建议，修改《条例(草案)》第三条第三款，具体表述为："农民工应当遵守法律法规，遵守劳动纪律和职业道德，遵守用人单位依法制定的各项规章制度，自觉履行应尽的各项义务"。增加一条，作为《条例(草案二次审议稿)》的第三十八条，具体表述为："农民工应当严格执行劳动安全卫生规程，接受安全生产教育和培训，掌握本职工作所需的安全生产知识，提高安全生产技能，增强事故预防和应急处理能力"。增加一款，作为《条例(草案二次审议稿)》的第五十九条第二款，具体表述为："农民工违法解除劳动合同或者违反劳动合同约定给用人单位造成损失的，应当依法赔偿"。

鉴于本条例重要上位法之一的《劳动合同法》的修订草案，已经第十一届全国人民代表大会常务委员会第二十七次会议初审，建议本《条例(草案)》中依据《劳动合同法》所作的相关规定，待《劳动合同法》修订后再做进一步修改完善。

此外，根据常委会组成人员的意见，对《条例(草案)》进行了一些文字修改和条序调整。

《条例(草案二次审议稿)》已按上述意见作了修改。

以上报告连同《条例(草案二次审议稿)》,请一并审议。

河北省人大法制委员会关于《河北省农民工权益保障条例(草案)》修改情况的报告

——2013年9月24日在河北省第十二届人民代表大会常务委员会第四次会议上

河北省人大常委会法制委员会
委员 刘志毅

河北省人民代表大会常务委员会:

2012年11月22日,河北省十一届人大常委会第三十三次会议对《河北省农民工权益保障条例(草案)》(以下简称《条例(草案)》)进行了二次审议。常委会组成人员认为,《条例(草案)》对于建立和谐劳动关系、促进和谐企业、和谐河北建设具有重要意义。同时,也提出了一些修改意见。会后,为作好《条例(草案)》的修改工作,确保法规质量,由省人大法制委员会、法制工作委员会、内务司法工作委员会、省总工会等部门有关人员参加的修改小组根据常委会组成人员的意见对《条例(草案)》进行了修改。赴石家庄、张家口、保定三市及所属6县(区)进行了立法调研,召开了由部分省市人大代表、相关部门和法规相对人参加的座谈会。就《条例(草案)》中的重点难点问题与人社厅、住建厅等相关厅局进行了反复沟通协调。修改小组认真学习了十八大报告、2013年中央农村工作会议及全国两会精神,依据其中有关农民工的内容和新修正的《劳动合同法》,对《条例(草案)》逐条进行了对照。在上述工作基础上对《条例(草案)》进行了反复认真修改。2013年4月27日,法制委员会对《条例(草案)》进行了统一审议。5月14日向主任会议作了汇报,主任会议认为条例的篇幅过长,一些内容还应进行深入研究。会后,对与上位法重复性表述的内容,进行了适当删减,共删除三条八款。并就有关问题再次与省住建厅、省人社厅和省总工会进行了深入沟通、协调。9月5日,法制委员会对《条例(草案)》再次进行了统一审议。省人大常委会内务司法工作委员会、省政府法制办和省总工会的有关同志列席了会议。9月10日向主任会议作了汇报,主任会议同意法制委员会的审议意见。现将修改意见报告如下。

常委会组成人员和相关部门以及农民工代表对《条例(草案)》提出的意见,集中在建设领域拖欠农民工工资问题上,迫切希望通过地方立法,加强对建设领域市场主体的监管,增加一些切实有力的处罚手段,加大对拖欠农民工工资的建筑施工企业的处罚力度。据此,法制委员会建议,在已有规范的基础上,再增加一些新的规定,具体有三个方面:

一、关于工资保证金制度和先行垫付制度

根据2006年《国务院关于解决农民工问题的若干意见》,结合我省正在执行的一些行政措施,补充和完善工资保证金制度和先行垫付制度,修改《条例(草案二次审议稿)》第二十七条第二款,作为《条例(草案三次审议稿)》第二十六条第二款,具体表述为:"县级以上人民政府住房和城乡建设行政部门应当建立建设领域工资保证金制度,督促建设单位和建筑施工企业按规定预存工资保证金。建设单位预存的工资保证金专项用于清偿因拖欠工程款而拖欠的农民工工资,建筑施工企业预存的工资保证金专项用于其承建项目拖欠的农民工工资。建设单位和建筑施工企业未按规定交纳农民工工资保证金的,不予办理施工许可证。建筑施工企业拖欠农民工工资的,建设单位不得组织工程竣工验收,县级以上人民政府住房和城乡建设行政部门不予竣工验收备案。"增加一款,作为《条例(草案三次审议稿)》第二十七条第二款,具体表述为:"因建设单位或者工程总承包企业未按照合同约定支付工程款,致使建设工程承包企业拖欠农民工工资的,由建设单位或者工程总承包企业先行垫付拖欠的农民工工资"。

二、关于加强对建设领域市场主体的监管

为加强对建设领域市场主体的监管,增加建设领域农民工讨薪渠道,增加一款,作为《条例(草案三次审议稿)》第四十七条第二款,具体表述为:"县级以上人民政府住房和城乡建设行政部门应当建立建筑施工企业信用制度,加强对建设领域市场主体的监管,受理建设领域拖欠农民工工资的举报和投诉"。

三、关于拖欠农民工工资的法律责任问题

为切实解决拖欠农民工工资问题,加大对拖欠农民工工资的建设施工企业的处罚力度,增加处罚手段,修改《条例(草案二次审议稿)》第六十三条,作为《条例(草案三次审议稿)》第六十一条,具体表述为:“建筑施工企业违反本条例规定,拖欠、未足额支付农民工工资的,由县级以上人民政府人力资源和社会保障行政部门责令限期支付;逾期拒不支付的,依法给予行政处罚。拒不支付农民工工资的,县级以上人民政府住房和城乡建设行政部门可以从农民工工资保证金中支付;情节严重的,由县级以上人民政府住房和城乡建设行政部门停止其投标资格、清出建筑市场;涉嫌构成拒不支付劳动报酬罪的,移送司法机关”。

此外,根据常委会组成人员的意见,对《条例(草案二次审议稿)》进行了一些文字修改和条序调整。

《条例(草案三次审议稿)》已按上述意见作了修改。法制委员会认为,《条例(草案)》历经人大常委会两次审议,相关工作部门进行了多次调研论证、沟通协调和修改完善,已经比较成熟。

以上报告连同《条例(草案三次审议稿)》,请一并审议。

河北省人大法制委员会关于《河北省农民工权益保障条例(草案)》修改意见的报告

——2013年9月27日在河北省第十二届人民代表大会常务委员会第四次会议上

河北省人民代表大会法制委员会副主任委员　冯志广

河北省人民代表大会常务委员会:

2013年9月25日上午河北省第十二届人大常委会第四次会议对《河北省农民工权益保障条例(草案)》进行了分组审议。常委会组成人员认为,法规草案经过反复修改,已经成熟,建议本次常委会予以表决。同时,也提出了一些具体修改意见。9月25日下午,法制委员会召开会议,根据常委会组成人员的审议意见进行了统一审议,省人大常委会有关工作委员会、省人民政府有关部门的负责同志列席了会议。9月26日下午向主任会议作了汇报。现将法制委员会的修改意见报告如下:

常委会组成人员认为,经过反复修改,《条例(草案三次审议稿)》在加强对建设领域市场主体的监管,加大对拖欠农民工工资行为的处罚力度等方面作了进一步完善,已经比较成熟,可以提交本次会议表决。同时,也提出了一些完善性修改意见。

1. 关于增加的条款

有的常委会组成人员提出,应当对农民工结婚、怀孕、产假、哺乳的权益保障和用人单位未按时足额缴纳社会保险费的法律责任做出相应规范。据此,法制委员会建议增加两款,作为《条例(草案建议表决稿)》的第十九条第三款和第六十二条第四款,分别表述为:“用人单位不得因农民工结婚、怀孕、产假、哺乳等情形,解除其劳动合同。”“用人单位未按时足额缴纳社会保险费的,依照《中华人民共和国社会保险法》的有关规定追究法律责任”。

2. 关于删除的内容

有的常委会组成人员认为,《条例(草案三次审议稿)》的个别条款的部分内容与本条例关系不密切或者不够准确,建议删除。据此,法制委员会建议删除《条例(草案三次审议稿)》第四条、第七条、第八条第二款和第四十七条第二款的部分内容。

此外,根据常委会组成人员的意见,对《条例(草案三次审议稿)》的第六条、第四十二条第一款、第四十四条作了个别文字修改。

《条例(草案建议表决稿)》已按上述意见作了修改。法制委员会建议本次常委会会议予以表决。

以上报告连同《条例(草案建议表决稿)》请一并审议。

政府法制建设

省政府法制建设

【概况】 2012年、2013年，在党的十八大和十八届三中全会胜利召开的大背景下，党中央、国务院对全面建成小康社会和深化改革开放作出重大战略部署，明确提出推进法治中国建设，坚持依法治国、依法执政、依法行政共同推进，坚持法治国家、法治政府、法治社会一体建设。新一届政府依法履行职责，攻坚克难，较好完成经济社会发展主要预期目标，改革开放和现代化建设取得了令人瞩目的重大成就。省政府坚持依法行政，大力推进法治政府建设，政府法制工作全面推进，成绩显著。在省委、省政府的正确领导下，各级各部门认真学习贯彻党的十八大、十八届三中全会精神，学习贯彻第八届省委常委集体学习会议、八届五次、六次全会等一系列重要会议精神，以“为民务实清廉”为主题，深入开展党的群众路线教育实践活动，开展解放思想大讨论，全面落实科学发展观要求，紧紧围绕“着力改善发展环境、着力改善生态环境”和努力实现“全面小康的河北、富裕殷实的河北、山清水秀的河北”目标，以全面推进依法行政、加快建设法治政府为主线，突出政府立法重点，加大行政执法监督力度，强化行政复议和行政调解工作，强化行政决策合法性审查，求真务实、团结协作，较好地完成了工作任务。

【学习贯彻党的十八大和十八届三中全会精神】 党的十八大和十八届三中全会召开后，全省各级各部门政府法制机构的党员干部广泛开展学习宣传，通过以会代训、政治学习日、请省委党校教授作专题辅导等多种形式，对十八大报告和十八届三中全会精神进行学习研读，结合政府法制工作实际进行了广泛而深入的思考和讨论，加深了对十八大报告的认识，加深了对《中共中央关于全面深化改革若干重大问题的决定》和《习近平关于〈中共中央关于全面深化改革若干重大问题的决定〉的说明》的理解和认识。在全省政府法制系统开展了一系列的学习宣传和贯彻活动。通过学习深入思考，认真谋划好政府法制各项工作，查找工作中存在的问题和差距，扎扎实实作好政府法制工作。2013年11月底，组织召开全省法制办主任座谈会，围绕贯彻落实好十八届三中全会精神、做好2014年的政府法制工作进行了研究谋划。2013年12月初，省法制办主要领导分别带领工作组，就贯彻落实三中全会精神、推进依法行政工作，到部分设区市进行宣讲和座谈，带动了全省法制机构工作人员深入学习贯彻十八大和十八届三中全会精神，有力地促进了政府法制工作开展。

【开展党的群众路线教育实践活动和解放思想大讨论】 2013年7月初，省委召开全省党的群众路线教育实践活动动员大会后，省法制办立即召开党组扩大会传达学习会议精神，对全办进行安排部署，提出明确要求。

一、加强组织领导

成立领导小组，统一领导全办教育实践活动，明确党组书记为第一责任人，分管领导为直接责任人，各支部书记为本支部具体责任人，并指定了教育实践活动联系人。2013年7月11日，召开全办党员干部和职工参加的动员大会，对全办开展教育实践活动进行动员部署。党组书记主动协商、亲自部署，及时督导、狠抓落实，在筹备动员阶段就组织班子先学一步，率先提出“运用法治思维和法治方式，以整风精神扎实开展教育实践活动”，为全办开展活动明确了具体任务和目标。党组成员和厅级干部积极发挥作用，带头调查研究，带头撰写心得体会，带头指导工作，起到了引领和示范作用。

二、抓好学习

把开展学习和思想动员贯穿于活动全过程，学习有计划、有步骤、有考勤、有学习笔记和心得体会，做到了时间、内容、人员、效果四落实。理论中心组集中学习安排了一周时间。在集中学习会上畅谈认识体会，交流学习心得。学习中引入正反典型对照，传达省纪委关于全省11起违反中央“八项规定”精神典型问题的《通报》，学习吕振华等人物的先进事迹。以先进典型为榜样，振奋精神、努力工作；以反面典型为警示，深刻反思、查找不足、引以为戒，真正达到补精神之“钙”，强作风之“骨”。

三、深入查摆“四风”问题

认真落实见面谈心《实施方案》，以班子成员和厅级党员干部相互谈心为主，分步骤开展班子成员与干部职工的广泛谈心活动，坦诚交换意见，诚恳接受批评和意见建议。扎实开展领导干部“接地气”活动。从2013年7月下旬利用一周时，班子成员和厅级干部分别到各自联系点进行蹲点调研，了解群众呼声，关心群众疾苦，解决群众困难，撰写蹲点手记并形成综合调研报告。制定工作方案，以多渠道和多形式征求意见，共收集到意见建议171条，其中对领导班子及其成员和厅级党员干部提出意见建议106条。制定全办“五照五看”《实施意见》，通过读党章、开展党性分析、自我对照、上点下提，提出需要解决的问题36项，办党组对问题进行整理归纳，梳理归纳了领导班子在推进依法行政方面主动谋划不够、创新意识不强、措施不够有力等12个方面问题，研究提出了解决问题的方案和措施。

四、开好专题民主生活会

围绕查摆出的问题，严格落实“五见面”要求，积极运行批评与自我批评武器与大家交心通气，做到了坦诚相见，沟通思想，增进团结，找准问题，形成共识。2013年10月22日，召开办领导班子专题民主生活会，班子成员之间认真开展了批评与自我批评。省人大常务委员会副主任马兰翠，省委督导三组组长唐树钰出席会议，并对省法制办领导班子民主生活会情况给予了充分肯定和高度评价。认为法制办民主生活会开得严肃认真，查找问题准、自我批评深刻、相互批评诚恳，是一次成功的、质量较高的专题民主生活会，达到了预期的目的。2013年10月底，召开专题民主生活会情况通报会，经过民主测评，群众对民主生活会满意度达到96.6%。

五、立行立改、抓好整改

着力抓好正风肃纪专项行动、提质提效专项行动、积极化解行政争议专项行动等五个方案的组织落实。认真贯彻落实中央“八项规定”和省委“正风肃纪”专项行动要求，对文山会海、工作效率低下、超标使用办公用房、公车私用和人情消费等问题进行了集中整治，严禁公款吃请和超标准公务接待。认真开展正风肃纪专项行动，在机关公示领导班子8条承诺，并于2013年8月1日在《河北法制报·政府法治周刊》对外公布，接受公众监督。班子成员及时填写正风肃纪自查对照情况表进行公示，接受干部职工监督，起到了很好的示范作用，有力促进了活动深入开展。

六、建立作风建设长效机制

认真开展建章立制工作，重点制定了《领导班子克服“四风”公开承诺》、《进一步加强作风建设的若干规定》、《关于厉行勤俭节约反对铺张浪费的实施意见》和《关于领导干部直接联系群众制度的意见》、《建立党的先进性长效机制的实施意见》等13项制度，重新修订了办党组《议事规则》、《党组领导干部落实〈廉政准则〉的实施意见》、《党组理论中心组学习制度》等33项相关制度，并将制度汇编辑印成册，在全办贯彻执行。落实省政府要求，在全办推行机关标准化管理，召开动员大会，成立组织领导机构，认真抓好全员学习培训，对机关各项职责和岗位进行梳理，对所有工作程序进行规范。

七、以“法治是最大的保障”为主题开展解放思想大讨论活动

2013年5月，按照省委的统一部署，贯彻落实省委八届五次全会精神，在全办组织开展了解放思想大讨论活动。明确要重点围绕“法治是最大的保障”展开讨论活动。2013年5月23日召开全省法制办主任会议，对全省政府法制系统开展大讨论活动进行了动员部署，要求政府法制机构要在落实全会精神、发挥法治保障作用中争创佳绩。

【推进依法行政】 省委、省政府认真贯彻党中央、国务院决策部署，采取有效措施，大力推进依法行政工作。

一、加强组织领导

2012年2月8日，八届省委常委会第一次围绕“和谐河北与依法行政”组织集体学习，省委书记张庆黎讲话强调：“推进依法行政，思想认识要提高，法律意识要增强，法律学习要跟上，依法行政要自觉，保障措施要完善。”2012年4月10日，张庆伟省长在省政府第六次全会举办法制讲座后作重要讲话要求："坚持科学行政、民主行政、依法行政，推动政府工作不断迈上新台阶。"随后，在全省政府法制系统开展了学习贯彻省委、省政府主要领导讲话精神系列活动，努力营造良好的氛围。经省政府批准，及时调整充实了全面推进依法行政工作领导小组成员，强化领导小组办公室的职责，进一步加强推进依法行政的组织领导。省政府领导高度重视依法行政工作，张庆伟省长专门听取省法制办领导班子的工作汇报，就推进依法行政工作作出重要指示，强调："省全面推进依法行政工作领导小组要发挥好对全省依法行政工作的领导作用，法制办做为领导小组办公室，要奋发有为，为建设经济强省和谐河北作出更大贡献!"2012年1月17日，主管法制工作的常务副省长杨崇勇在省法制办报送的情况报告上批示："过去一年省法制办工作富有成效。今年要按照省党代会和两会要求在建设法治政府方面取得新进展。"为加强对全省依法行政工作的领导，每年组织召开全面推进依法行政工作领导小组会议，认真总结全省年度依法行政考核情况，对推进依法行政工作作出部署。

二、认真组织实施依法行政考核

2012年、2013年，认真贯彻执行《河北省依法行政考核办法》，分别谋划组织了对上一年度的依法行政考核工作。2012年5月15日省政府召开第105次常务会议，研究通过了《2011年度依法行政工作考核情况的报告》，以省政府名义通报表彰考核成绩优秀的石家庄市、唐山市等6个设区市政府和省监察厅、省发展和改革委等30个省直部门。2013年5月，经省政府第4次常务会议审定，石家庄、沧州等6个设区市和省监察厅、省发改委、省司法厅等17个省直部门被评为优秀单位，受到省政府通报表彰。为谋划好依法行政考核工作，报省政府批准，以省政府办公厅文件形式印发了《2012年度依法行政考核指标》和《2013年度依法行政考核指标》，考核指标根据年度工作重点内容，突出依法行政总要求、突出年度工作重点、突出责任落实、增强针对性和可操作性。为进一步强化各级各部门依法行政，在全省群众路线教育实践活动中，省法制办积极向省委建议将依法行政考核纳入党政领导班子综合考评体系，得到了省委有关领导的关注。2013年9月16日，省委印发《河北省设区市党政领导班子和领导干部综合考核评价办法（试行）》、《河北省省直党政工作部门领导班子和领导干部综合考核评价办法（试行）》（冀发〔2013〕25号）等三个制度文件，首次把依法行政考核纳入到对党政领导班子和领导干部的综合考评中，与党政领导班子和领导干部政绩挂钩。根据省委文件要求，2013年11月初召开全省依法行政考核工作座谈会，对2013年度依法行政考核工作进行了研究部署。随后，指导各设区市政府组织了对市直部门和各县（市、区）的依法行政考核。从2013年12月下旬开始，省全面推进依法行政工作领导小组成员单位抽调厅级领导带队，对各设区市和定州市、辛集市以及42个省直部门的依法行政工作进行考核。

三、充分发挥法治的服务保障作用

2012年下半年，认真学习贯彻省委、省政府关于"着力改善发展环境、着力改善生态环境"的一系列会议精神，结合实际深入研究新形势下如何做好政府法制工作，制定了《关于加强政府法制工作服务保障两个环境建设的意见》，明确提出20项围绕两个环境建设加强政府法制工作的具体措施，有计划分步骤加以落实，全面推动并促进了全省依法行政工作。为学习借鉴省外推进依法行政的经验，在秦皇岛市成功主办了环渤海区域政府法制工作研讨会，以"推进依法行政与优化发展环境研究"为主题，与环渤海6个省级政府法制办共同研究和交流了深入推进依法行政工作做法和经验。

四、进一步浓化依法行政氛围

积极开展领导干部学法活动。2013年5月，省委省政府特邀全国人大常委会法工委主任李适时就强化法治建设在河北会堂作了辅导报告。2012年4月，在省政府全体会议上，请省法制办原主任张国钧作了依法行政八题讲座，省长张庆伟对推进依法行政工作发表了重要讲话。配合河北行政学院组织4期领导干部依法行政专题研讨班，培训市县政府领导干部180余人。加强与新闻媒体联系，做好河北省依法行政工作的宣传报道，在省级新闻媒体刊发稿件150多篇。2012年7月至9月，组织中央驻冀新闻媒体和河北省主要新闻媒体的记者到依法行政优秀单位进行采访报道，刊发报道近百篇，取得了很好效果，江波省长助理对这次集中采访活动给予高度评价，批示：“省法制办依法行政的宣传工作棋高一着，很有看点。”积极办好“两刊一网”，编发《政府法治周刊》175期，编发《法治》双月刊11期，“河北政府法制信息网”刊发法制信息3500多条。积极做好向国法办和省委、省政府两办的信息报送工作。国法办采用河北省信息1122条，位居全国前列。

【制度建设】 省政府高度重视政府立法工作，通过完善法律制度，服务保障全省经济社会协调发展，不断提高制度建设质量。2012年、2013年，共完成了地方性法规草案、政府规章42件，其中，地方性法规草案9件，政府规章33件。

一、制定五年立法规划

在广泛征求意见、反复论证的基础上，科学编制《河北省人民政府立法规划（2013—2017年）》，对今后五年政府立法工作进行规划、作出部署，增强了立法工作的计划性和前瞻性。国务院法制办工作简报专题介绍了全省五年立法规划的制定过程、原则和重点。

二、抓紧抓实年度立法工作

认真谋划编制年度立法计划，加强调查研究和论证，广泛征求意见建议，围绕河北省改革发展急待解决的突出矛盾，从促进政府职能转变，维护、实现、发展广大人民群众利益出发，筛选立法项目，凡属“四大攻坚战”、改善发展环境和生态环境急需制定或者修订的地方性法规和政府规章，优先安排列入年度立法计划，加快调研起草审查进程，一批与改革发展相适应的政府规章及时出台。2012年，完成了《河北省海洋环境保护管理规定》、《河北省机动车排气污染防治办法》、《河北省港口岸线管理规定》和《河北省地方教育附加征收使用管理规定（修订）》等相关法规草案和政府规章的立法工作。针对7月底河北省多次大范围降雨，为及时做好应对暴雨灾害工作，按照省政府主要领导指示要求，在沈小平副省长带领下，组成立法小组，在较短时间内抓紧起草《河北省暴雨灾害防御办法》，经省政府研究通过，该办法作为应急处置依据，在应对台风“达维”中得到较好实施，有效减轻了灾害损失。在此基础上，陆续完成了《河北省气象灾害防御条例（草案）》的审查修改工作，制定出台了《河北省暴雪大风寒潮大雾灾害防御办法》，建立健全了全省气象灾害防御的一整套制度。2013年，为改善和优化发展环境，保护企业和企业经营者合法权益，制定了《河北省企业权益保护规定》；进一步健全完善公共安全体系，制定了《河北省农业机械安全监督管理办法》；加强河北省历史文化名城、名镇、名村的保护与管理，制定了《河北省历史文化名城名镇名村保护办法》；着力改善民生并促进就业，制定《河北省无障碍环境建设管理办法》、《河北省退役士兵安置办法》；大力推进河北经济发展，及时修订《河北省城镇土地使用税实施办法》等等。

三、坚持依法立法，消减规范行政权力，简化办事程序，从源头上防止乱收费乱罚款

通过规范行政行为保护市场主体的合法权益，增强法律规范的可操作性。始终把提高立法质量作为根本要求。注重加强调查研究，广泛听取有关部门、基层干部群众特别是管理相对人的意见建议，保证草案充分体现规律要求，符合人民意愿，解决实际问题。扩大公众参与程度。适时将草案内容通过燕赵都市报、河北政府法制信息网等媒体公开征求公众意见，在涉及民生较多内容的国有土地上房屋征收和补偿、燃气管理、餐厨废弃物管理和机动车排气污染防治的立法过程中，及时将草案通过新闻媒体公开征求公众意见，让更多的群众参与政府立法。同时将合理的意见建议吸收到草案中。

四、建立立法协商工作机制

2013年11月，与省政协社会法制委联合制发了《关于建立政府立法协商工作机制的实施意见（试行）》文件，就立法协商的内容、形式、程序和结果反馈作出规定，建立了立法协商工作机制，充分发挥政协委员和专家学者在政府立法中的作用。对2件立法草案召开立法协商会。此举得到省政府和省政协领导的充分肯定。政协主席付志方批示：“很好！”政协副主席刘永瑞批示：“非常赞成。”政协副主席崔江水批示：“这是群众路线教育实践活动整改方面又一实在举措，是创新工作方式、全面履职举措。”

五、认真开展规章和规范性文件清理

2012年11月，专门召开全省清理工作会议，利用两个月时间，对全省政府规章和规范性文件进行集中清理，明确了清理范围和重点以及完成的目标任务。成立清理工作领导小组，组成由省发改委、省财政厅、省物价局等部门和法制办有关人员参加的联合审查组，对2012年12月31日前公布的现行有效的231件省政府规章进行了集中清理，废止和宣布失效8件，修订29件，继续保留的194件。对全省现行有效的538件规范性文件全面清理，废止64件，修改18件，继续保留456件。积极配合省委开展党内法规和规范性文件清理工作，较好完成了清理任务。

六、认真贯彻落实国务院《关于严格控制新设行政许可的通知》

研究起草了《河北省人民政府关于严格控制设定行政许可的通知》（冀政〔2013〕74号）。组织各设区市和省政府有关部门对现行有效政府规章中有关行政许可的事项进行全面清理。省政府常务会议研究通过，对省政府规章修改32件，废止4件；对省政府规范性文件修改5件，废止12件。涉及修改取消下放行政许可事项30项。各地各部门也对现行政府规章和规范性文件进行了清理，各设区市修改、废止政府规章和规范性文件982件。

七、加强省政府规章译审工作

制定印发《河北省政府规章翻译审定办法》（办字〔2013〕80号）同时，指导三个较大市开展规章译审工作。配合“5·18”国际经贸洽谈会在廊坊召开，向中外客商提供《河北省政府规章选编（2010—2012年）》中英对照本700多册。

【行政执法监督】 加强行政执法监督，提高执法的公信力和执行力，成为推进依法行政的重要任务之一。采取行之有效的监督措施，促进了行政执法人员严格规范、公正、文明执法。

一、持续专项治理，狠抓执法监督检查

2012年，在与省监察厅联合开展三类事项监督检查活动的基础上，专门印发《关于开展规范行政执法行为优化发展环境专项监督检查的通知》，与省监察厅组成联合检查组利用一个月时间对各设区市79个执法部门和159个县（市、区）的执法部门进行了检查，电话回访管理相对人30人次，发现存在的问题300多个，基本掌握了全省行政执法工作现状。2013年，狠抓乱收费、乱罚款专项治理。会同省监察厅、省财政厅组成联合检查组，从5月底开始用一个月时间，采取接受举报、明查暗访等多种形式，对各个设区市和有行政处罚权的省直部门开展专项行政执法监督检查，通报存在问题，要求限期整改。此项工作得到省委、省政府主要领导的充分肯定，周本顺书记批示：“这项工作要坚持不懈地抓下去，抓出群众满意的效果。”张庆伟省长批示：“这项工作抓得有针对性，要以问题反复出现的单位为重点，由所在地方党委政府重点帮助整改。”按照省政府要求，会同监察厅、财政厅对通报问题的整改落实情况进行了督办。这对各地各部门规范行政执法工作起到了很大推动作用。配合省监察厅对各设区市和17个省直部门取消下放行政审批项目的衔接落实情况进行了督导检查，提请省政府办公厅印发了情况通报（办字〔2013〕81号）。

二、深入推进行政处罚裁量基准制度

贯彻落实《河北省人民政府关于建立行政裁量权基准制度的指导意见》（冀政〔2010〕152号），积极推进各级各部门建立健全裁量权基准制度，省直55个行政执法部门和各设区市政府多数行政执法部门建立了行政处罚裁量基准制度。

三、全面推进相对集中行政处罚权工作

报省政府批准，印发了《河北省人民政府关于进一步做好相对集中行政处罚权工作的意见》（冀政〔2012〕83号），对全省加快推进相对集中行政处罚权工作进行了动员部署，大力推进此项工作。2012年9月，组织召开全省法制监督工作会议，对全省开展相对集中行政处罚权工作和规范行政执法行为进行调度，通报推进情况，强化责任落实，明确了有关要求。截至2013年底，除张家口、邯郸两市外，全省9个设区市、141个县（市、区）实行了相对集中行政处罚权工作。成为全国第二个实现全覆盖的省份。并且在规范城管执法上采取了有力措施，有效促进了城管执法的改进和规范。

四、加强对行政执法人员的管理和培训

及时修订《河北省行政执法证件和行政执法监督检查证件管理办法》，保证证件使用科学合理，满足执法需要。制定《关于加强行政执法证件监督管理工作意见》，对全省28万多名行政执法人员使用证件作出规范，解决越权执法、无证执法、不亮证执法等执法不规范问题。建立持证情况定期上报制度，及时向各设区市政府和省直执法部门印发通知，对证件管理工作提出要求，建立证件使用情况定期上报制度，解决证件申领不规范、执法人员信息和数量底数不清、证件年检迟漏问题。部署并抓好全省新增行政执法人员培训。2013年，组织对7个设区市和部分省直部门的不合格执法人员进行清理，吊销注销不在岗人员行政执法证件9820多件。加强对执法人员培训，组织完成省直1550名新增执法人员资格培训和省直6360名执法人员证件年检考试工作。完成了行政执法人员证件的数据库项目建设试点运行工作和在“双打”领域开展两法衔接建立信息平台项目建设试点工作。

五、开展对罚款行为的清理和规范

落实张庆伟省长和秦博勇副省长指示，用两个月时间，组织对省直50个行政执法部门实施的罚款行为所涉及的依据及其相关条款进行审核清理。清理工作从2013年9月开始到10月底，清理共涉及法律、行政法规、地方性法规、政府规章、部委规章和规范性文件1045部，涉及罚款3190条、4144项，60个执法类别。逐条逐款审核，提出了清理建议报告。省政府专门召开新闻发布会，通报了清理成果。清理罚款行为得到了社会公众的一致好评。

【行政复议和行政调解】 省政府认真执行行政复议法及其实施条例，严格按法定程序办理案件，做到了案结事了。积极开展行政调解，充分发挥牵头作用的，努力把行政争议化解在基层，化解在行政机关内部。

一、依法办理行政复议案件，认真履行应诉职责

2012年、2013年，省本级共收到行政复议申请353件，依法办理复议案件159件，告知、转办或案前调解处理157件。对122件依法作出了维持、撤销、确认违法等决定。加大对违法行政行为的纠错力度，全省行政复议综合纠错率30%。代省政府行政应诉35件；向国务院法制办提交行政裁决答辩24件，均为对省政府征地批复不服的案件。2012年、2013年，各设区市、县（市、区）共受理行政复议案件5973件，已结案5682件，驳回254件，维持3844件，撤销、变更、确认违法和责令履行职责613件，调解136件，终止813件，其他方式结案22件。通过行政复议工作，依法维护了申请人的合法权益，纠正了行政机关违法和不当的行政行为，较好地发挥了职能作用。2012年，针对重大案件多、案情复杂的特点，省政府领导重视复议案件办理，12次听取案情汇报，7次组织召开调度会，保证了案件能够依法妥善得到解决，促进了各级行政复议工作的有效开展。同时，办案人员坚持依法公正办理案件，严格办案程序，做到案结事了。

二、加大行政调解工作力度

坚持案前先行调解，把调解贯穿于办案过程中，做到应调尽调。特别是对一些重大、复杂和敏感的群体性案件，做到了把行政调解放在首位。2012年、2013年，仅省本级立案前调解的案件占提起复议申请总数的36%，妥善化解行政争议。

三、进一步加大对市县开展行政复议的指导力度

贯彻《国务院关于进一步加强行政复议工作规范化建设的实施意见》，起草并以省政府文件转发了《河北省行政复议工作规范化建设标准》，召开全省行政复议工作会议，重点部署推进复议规范化建设工作。2012年11月中旬，组织对各级政府法制机构落实规范化建设标准情况检查，重点推进复议办案基础条件的落实。积极推进行政复议委员会试点工作。在全省介绍廊坊市开展行政复议委员会的做法，在廊坊举办由各设区市法制办主任和复议处（科）长参加的办案现场观摩会，并对各市推行行政复议委员会的情况进行了跟踪了解和调研。

四、加强复议工作制度建设，创新工作机制

研究起草了行政复议工作人员守则、重大复杂案件会审制度、行政复议答复和行政应诉办法、行政复议案件责任追究制度等，编写成行政复议人员手册，印发全省行政复议工作人员，做到人手一册，指导基层做好行政复议工作。积极建立行政复议和应诉办案协调机制。2013年6月，省法制办与石家庄市中级人民法院召开联席会议，就土地征收类案件，协调统一裁判尺度，形成了共识。邢台市、邯郸市法制办参照省办做法，也与当地法院建立联席会议制度，协调、研究办案疑难问题，保证了复议案件的妥善处理。积极指导邢台、张家口、沧州、邯郸等设区市完成了仲裁委换届工作。

【规范性文件和行政决策合法性审查】 贯彻十八大和三中全会有关要求，落实《河北省规范性文件制定规定》，对制定规范性文件和行政决策进行合法性审查，提高规范性文件质量，保证行政决策合法有效。

一、做好省委、省政府批件的办理

2012年、2013年，共审查办理省委、省政府批转的文件、合同、协议等788件，其中2013年办理省委书记、省长批办件49件，副省长批办件143件，依法提出意见和建议310多条。

二、严把规范性文件合法性审查关

对涉及政府重大项目、群众切身利益等内容的规范性文件，在审查合法性同时兼顾合理性审查。审查省政府各部门报送前置合法性审查文件191件，对165件提出了审查修改意见，因违法或时机不成熟建议不制发或暂缓制发的13件，保证了规范性文件合法有效。在加强对部门规范性文件审查同时，对部门所属的行业协会等事业单位名义或党委政府联合发文等规范性文件加强了审查，督促有关部门自行纠正了突破国家规定、扩大管制权限的有关违规问题。做到了有件必报，有报必审，有错必纠。

三、加强对市、县规范性文件制定审查工作的指导

制定《河北省政府规章翻译审定办法》有力指导规范省政府规章和较大市政府规章译审工作，促进了此项工作全面开展。在衡水市组织召开了全省规范性文件审查备案工作现场会。编写印发了《规范性文件制定18问》读本，指导各地各部门开展规范性文件审查工作。

【法制理论研究】 加强政府法制理论研究。围绕《法治河北建设实施纲要》的起草工作，组织调研，形成7件高质量的调研报告，较好地完成了省委交办的《法治河北建设实施纲要》有关法治政府建设部分的起草工作，得到省委政法委领导的肯定。按照张庆伟省长在政府工作报告中关于规范和尽量撤销减免罚款项目的要求，全面了解掌握河北省行政处罚的基本情况，组织人员到部分市县对规范和减少罚款事项进行调研，起草了《规范“罚与不罚”、“轻罚与重罚”的调研报告》，在法律框架内，提出进一步规范行政执法与优化发展环境工作的具体意见建议。按照省委有关加快推进社会信用体系建设的要求，组织研究人员到设区市和省社会信用体系建设成员单位听取意见建议，在了解河北省社会信用体系建设工作主要进展、存在的突出问题的基础上，研究起草了《加快推进我省社会信用体系建设的调研报告》，提出了对策建议。落实省政府领导关于河北省申报自贸区工作的批示，组织开展了相关调研工作，完成《中国（上海）自由贸易试验区对我省发展的启示》，上报省政府。领导批示“建议可行”。完成了河北省软科学自筹项目《改善发展环境的法治保障》课题研究。组织人员完成了省本级软科学资助项目“河北省创新社会管理政策法规研究”调研撰写工作。2013年10月，派人参加由上海市行政法制研究所、华东理工大学法学院联合举办的“社会管理创新与法治保障”全国学术研讨会，在会上作交流发言。2013年11月，在省会组织召开“创新社会管理政策法规研究”课题座谈研讨会，邀请有关专家和有关市、县实务部门，就社会管理的法治理念、虚拟社会管理和社会信用体系建设进行交流研讨。在行政强制法颁布两周年之际，撰写了《浅析行政强制法实施中的几个问题》；围绕“行政执法体制改革”、“创新社会治理体制”等进行了专题研究，组织省内外学习调研，撰写了调研报告。在省委解放思想大讨论献计献策活动中，省法制办干部撰写的文章获得优秀成果奖。在全省干部学法用法征文活动中，省法制办7名干部撰写的文章分别获得一、二、三等奖和优秀奖。因组织征文活动成绩突出，省法制办获得了优秀组织奖。

（蒋 力）

领导讲话及重要文件（2012年）

河北省人民政府关于印发2012年立法工作计划的通知

（2012年4月5日）

各设区市人民政府，各县（市、区）人民政府，省政府各部门：

《河北省人民政府2012年立法工作计划》已经2012年3月22日省政府第102次常务会议通过，

现印发给你们，并提出如下要求，请认真贯彻执行。

一、进一步提高政府立法质量。起草、审查地方性法规和政府规章草案，要注意深入实际、深入基层、深入群众，进行调查研究，多层次、多方位、多渠道了解情况，广泛听取公众意见。除依法需要保密的外，所有政府规章草案都要通过报刊或网络向社会公开征集意见。对公众提出的意见、建议，要全面收集、精心梳理、认真研究、充分采纳，并通过适当方式向公众反馈意见征集和采纳情况。对涉及保障改善民生、提供公共服务等与人民群众利益密切相关的地方性法规草案，起草或审查部门可根据实际情况，向社会公开征集意见。要注意充分发挥专家学者的作用，组织专家学者对草案进行论证，认真听取意见。

二、切实加强协调沟通。地方性法规和政府规章草案涉及其他部门职责的，起草部门要书面征求有关部门意见，相关部门要认真研究，及时回复。在有关问题上有分歧的，起草部门要与有关部门充分协商，力争达成一致意见。所有地方性法规草案和政府规章草案都要送省行政审批制度改革工作领导小组办公室、省制度廉洁性评估工作指导小组办公室、省监察厅、省预防腐败局、省纠风办等单位征求意见。在起草、审查地方性法规草案过程中，有关部门要主动与省人大常委会法工委及相关专门委员会沟通，充分听取意见。

三、按时保质完成政府立法任务。今年立法工作计划中力争年内完成的重点立法项目，各有关部门要高度重视，认真落实人员、任务、责任和经费，抓紧组织起草，力争尽早将较成熟的送审稿送省法制办审查；不能报送的，起草部门要向省政府提交书面报告，说明情况。对需要进行立法调研适时制定、修订的立法项目，各有关部门要抓紧调研，积极论证，力促成熟。各有关部门要积极支持省法制办的审查修改工作，在规定期限内反馈意见。对同一问题提出不同于前一次意见或者提出新的意见的，要提供充分理由，并经本部门主要负责同志签字同意。省法制办要与有立法任务的部门和单位加强联系，及时跟踪了解工作进展情况，认真做好组织、指导和协调工作。

河北省人民政府
2012年立法工作计划

根据省第八次党代会、全省经济工作会议和省十一届人大五次会议精神，按照省委、省政府确定的2012年工作的总体部署和主要任务的要求，省政府2012年立法重点是：以科学发展观为指导，着力抓好促进科学发展、加强和创新社会管理、保障和改善民生、发展社会事业、加强生态环境保护、推进服务政府建设和社会主义文化大发展大繁荣等方面急需制定或者修订的地方性法规、省政府规章项目。在力争完成重点立法项目的前提下，兼顾其他方面的立法项目。据此，对省政府2012年立法工作作如下安排：

一、力争年内完成的重点立法项目（20件）

（一）需要省政府提请省人大常委会审议的地方性法规草案、地方性法规修订草案（3件）

1. 为控制人口数量，提高人口素质，稳定低生育水平，实现人口与经济、社会、资源、环境协调发展，修订人口与计划生育条例（省人口和计划生育委员会起草）。

2. 为进一步加强技术市场管理，拓宽技术扩散渠道，促进科技成果转化，修订技术市场管理条例（省科学技术厅起草）。

3. 为预防和减少突发事件的发生，控制、减轻和消除突发事件引起的严重社会危害，保护人民生命财产安全，制定突发事件应对条例（省政府应急管理办公室起草）。

（二）需要年内制定、修订的省政府规章（17件）

1. 为有效组织抗旱工作，防御和减轻干旱灾害，制定抗旱规定（省水利厅起草）。

2. 为贯彻落实国务院《国有土地上房屋征收与补偿条例》，加速新型城镇化进程，制定国有土地上房屋征收与补偿实施办法（省住房和城乡建设厅起草）。

3. 为保障燃气供应，防止和减少燃气安全事故，促进燃气事业健康发展，制定燃气管理规定（省住房和城乡建设厅起草）。

4. 为加强餐厨废弃物管理，保障食品安全，促进资源循环利用，维护城乡面貌和环境卫生，制定餐厨废弃物管理规定（省住房和城乡建设厅起草）。

5. 为保证食品安全，保障公众身体健康和生命安全，根据食品安全法和食品安全法实施条例，制定食品安全监督管理规定（省卫生厅起草，同时也是公众建议项目)。

6. 为加强特种设备的安全监察,防止和减少事故,保障人民群众生命和财产安全,促进经济发展,制定特种设备安全管理规定(省质量技术监督局起草)。

7. 为防治机动车排气污染,保护和改善大气环境,制定机动车排气污染环境防治办法(省环境保护厅起草,同时也是公众建议项目)。

8. 为充分、合理地使用岸线,促进港口建设与发展,制定港口岸线管理规定(省交通运输厅起草)。

9. 为保护民用机场净空和民用航空电磁环境,确保民用航空飞行安全,制定民用机场净空和电磁环境保护管理办法(省民航管理委员会办公室起草)。

10. 为保护和改善海洋环境,保护海洋资源,防治污染损害,制定海洋环境保护管理规定(省国土资源厅起草,同时也是公众建议项目)。

11. 为保证及时有效地组织和实施民用运力国防动员,制定民用运力国防动员办法(省交通运输厅起草)。

12. 为做好安全生产应急救援工作,有效应对重特大事故,制定安全生产应急救援管理规定(省安全生产监督管理局起草)。

13. 为规范机关事务工作,保障机关正常运行,降低机关运行成本,制定机关事务管理规定(省直机关事务管理局起草)。

14. 为加强邮政行业安全监督管理,维护邮政通信与信息安全,制定邮政业安全监督管理规定(省邮政管理局起草)。

15. 为规范退役士兵安置工作,保障退役士兵的合法权益,制定退役士兵接收安置办法(省民政厅起草)。

16. 为进一步促进残疾人就业,保障残疾人劳动权利,修订实施《残疾人就业条例》办法(省残疾人联合会起草)。

17. 为加强档案收集工作,充分发挥档案资政惠民作用,促进经济社会发展,修订档案接收和收集管理办法(省档案局起草)。

二、先行调研、待条件成熟时提出的立法项目(37件)

(一)需要进行立法调研,待条件成熟时适时提请省人大常委会审议的地方性法规草案、地方性法规修订草案(23件)

实施《中华人民共和国农产品质量安全法》办法(省农业厅起草),白洋淀水污染防治条例(省环境保护厅起草),沿海边防治安管理条例(省公安厅起草),实施《中华人民共和国防震减灾法》办法(修订)(省地震局起草),非物质文化遗产保护条例(省文化厅起草),气象灾害防御条例(省气象局起草),促进散装水泥发展条例(省发展和改革委员会起草),国有资产监督管理条例(省政府国有资产监督管理委员会起草),实施《中华人民共和国水土保持法》办法(省水利厅起草),实施《中华人民共和国道路交通安全法》办法(省公安厅起草),奖励和保护见义勇为人员条例(修订)(省社会治安综合治理委员会办公室起草),劳动人事争议调解仲裁条例(省人力资源和社会保障厅起草),法制宣传教育工作的若干规定(修订)(省司法厅起草),公路条例(修订)(省交通运输厅起草),风景名胜区管理条例(修订)(省住房和城乡建设厅起草),肥料管理条例(省农业厅起草),无线电管理条例(省工业和信息化厅起草),企业技术进步条例(修订)(省工业和信息化厅起草),民办教育条例(修订)(省教育厅起草),消费者权益保护条例(修订)(省工商行政管理局、省消费者协会起草),价格监督监察条例(省物价局起草),信访条例(修订)(省信访局起草,同时也是公众建议项目),征兵工作条例(修订)(省政府征兵办公室起草)。

(二)需要进行立法调研,适时制定、修订的省政府规章(14件)

政府投资预算管理办法(省财政厅起草),地方教育附加征收使用管理规定(修订)(省财政厅起草),促进实验室发展管理规定(省质量技术监督局起草),城乡规划督查办法(省住房和城乡建设厅起草),历史文化名城名镇名村保护办法(省住房和城乡建设厅起草),会展业管理办法(省商务厅起草),畜禽产品流通管理办法(省商务厅起草),农业机械安全监督管理办法(省农业厅起草),生活饮用水卫生监督管理规定(省卫生厅起草),性病防治管理暂行规定(修订)(省卫生厅起草),社会养老服务机构管理暂行办法(省民政厅起草),海上安全与防治污染管理办法(河北海事局起草),气象灾害评估管理办法(省气象局起草),地理空间信息数据交换共享管理办法(省地理信息局起草)。

河北省人民政府办公厅关于2011年度依法行政工作优秀等次单位的通报

（2012年5月23日）

各设区市人民政府，各县（市、区）人民政府，省政府各部门：

2011年全省各级各部门紧紧围绕省委、省政府建设经济强省、和谐河北战略目标的决策部署，深入贯彻落实国务院《全面推进依法行政实施纲要》、《关于加强市县政府依法行政的决定》和《关于加强法治政府建设的意见》，按照《河北省依法行政考核办法》和《2011年度依法行政考核指标》要求，突出工作重点，狠抓任务落实，依法行政工作取得了新成效。省全面推进依法行政工作领导小组在各市各部门自查自评的基础上，对2011年度依法行政工作进行了考核。经省政府研究确定，现将优秀等次单位通报如下：

一、设区市政府（6个）：石家庄、唐山、保定、沧州、邢台、邯郸市。

二、省直部门（30个）：省监察厅、省发展改革委、省教育厅、省科技厅、省工业和信息化厅、省公安厅、省民政厅、省司法厅、省财政厅、省人力资源和社会保障厅、省国土资源厅、省环境保护厅、省住房和城乡建设厅、省交通运输厅、省水利厅、省农业厅、省商务厅、省卫生厅、省人口计生委、省审计厅、省林业厅、省地税局、省工商局、省新闻出版局、省质监局、省食品药品监管局、省安全生产监管局、省粮食局、省外办、省直机关事务管理局。

三、各设区市评定的优秀等次单位（共29个）：

（一）县（市、区）政府（15个）：藁城市、井陉县、平泉县、张家口市宣化区、卢龙县、唐山市丰南区、文安县、涿州市、定州市、青县、武邑县、沙河市、巨鹿县、武安市、邯郸市峰峰矿区。

（二）市直属部门（14个）：石家庄市交通运输局、石家庄市环境保护局、承德市公安局交警支队、张家口市物价局、秦皇岛市交通运输局、唐山市交通运输局、廊坊市交通运输局、保定市地税局、保定市安全生产监管局、沧州市地税局、衡水市环境保护局、邢台市工商局、邯郸市环境保护局、邯郸市国税局。

希望优秀等次单位发扬成绩，再接再厉，积极探索和创新工作方式方法，全面提升依法行政工作水平。全省各级政府和部门要以先进为榜样，进一步提高对依法行政重要性紧迫性的认识，切实加强对依法行政工作的组织领导和督促检查。按照省政府工作总体部署和要求，紧密结合本地本部门实际，强化措施，狠抓落实，全面推进依法行政，加快法治政府建设，为推动全省经济社会又好又快发展提供有力法治保障和良好法治环境。

河北省人民政府法制办公室关于印发省直行政部门和设区市依法行政考核工作方法和评分标准的通知

（2012年2月3日）

各设区市人民政府，省政府各部门：

根据《河北省依法行政考核办法》（省政府令〔2010〕第12号）和《河北省政府办公厅关于转发2011年度依法行政考核指标的通知》（冀政办函〔2011〕43号）的精神，目前各设区市政府对所辖县（市、区）和部门的考核已基本完成，省政府对设区市和省直部门的考核即将开展。我办拟定的《省直行政部门和设区市依法行政考核工作方法和评分标准》已经省政府主要领导审定，现印发给你们。并将有关具体事宜通知如下：

一、省政府考核组抵达你单位的时间约在2月15日。具体时间及考核组组成人员另行通知。

二、省政府考核组到你单位将进行如下活动，请提前做好准备：

1. 听取被考核单位2011年度依法行政工作汇报；

2. 核实资料。对照评分表所列项目，逐一核对被考核单位相关（主要是关系依法行政的常务会议或专题会议）资料，包括文件、会议纪要、领导讲话等，查看原件，带回复印件；

3. 民主测评。对设区市政府依法行政的民主测评由所辖县（市、区）政府和部门主管依法行政工作的负责同志以及法制办主任和部门法规处（科）长参加；对省直部门的民主测评由机关各处处长参加，民主测评参加人员由被考核单位组织；

4. 法律测试。对被考核单位部分执法人员进行通用法律知识考试。由被考核单位提供行政执法人员证件号，由省政府考核组随机抽取若干名行政执法人员进行测试；

5. 检查案卷。设区市抽查至少3个执法部门行政执法案卷，由设区市提供行政执法部门2011年度行政处罚、行政许可案卷编号，随机抽查；省政府部门视情抽查一定数量行政执法案卷；

6. 走访基层。设区市抽定2—3个县进行调查走访，了解基层依法行政工作情况；

7. 召开座谈会。听取人大代表、政协委员和管理相对人对设区市政府依法行政工作的意见，不少于20人，由设区市组织；

8. 与被考核单位交换意见。

三、请设区市将本市对下进行2011年度依法行政考核的结果提供给考核组，并推荐本市“法治政府建设先进单位”、“依法行政先进单位”名单。有对下垂直管理任务的省直部门对下的考核结果亦请提供。

四、考核组接待安排从简，严格遵守廉政纪律有关规定。

省直行政部门和设区市依法行政考核工作方法和评分标准

根据《河北省依法行政考核办法》（省政府令〔2010〕12号）、《河北省人民政府办公厅关于印发〈2011年度依法行政考核指标〉的通知》（冀政办函〔2010〕43号），拟在各市、县先期进行依法行政考核的基础上，进行省政府对各设区市人民政府和省政府各部门的2011度依法行政考核工作，特制定具体考核方法和评分标准：

一、考核对象

2011年度省政府依法行政考核的对象为各设区市人民政府和省政府所属部门。

实行国家垂直管理的部门，对其依法行政情况进行了解掌握，并将有关情况通报其上级管理部门。

二、考核内容与评价标准

考核以河北省政府办公厅印发的《2011年度依法行政考核指标》（以下简称《考核指标》）为基本内容，按照《2011年度设区市政府依法行政考核评分标准》和《2011年度省直单位依法行政考核评分标准》（以下简称《评分标准》，详见附件1、附件2），分别进行具体评价。

三、考核时间和实施

（一）考核时间。2012年2月15日至3月上旬。

（二）考核组织。考核在省政府领导下，由省法制办牵头，省全面推进依法行政工作领导小组成员单位省监察厅、省编办、省司法厅、省财政厅、省人力资源和社会保障厅、省审计厅各抽调1名厅级领导和1－2名相关处室工作人员，组成10个考核组，分赴被考核单位进行考核。

（三）考核方法。依照《河北省依法行政考核办法》规定，考核采取听取汇报、民主测评、召开座谈会、查阅有关文件资料、现场考察、走访有关单位和人员、抽选一定数量行政执法人员进行通用法律知识考试等方法进行。其中，民主测评为加分因素，最高可加10分。考核组赴设区市、省直部门考核，提前十天通知考核对象。被考核单位应对照《考核指标》及《评分标准》先行自查，形成自查报告，以备考核时使用。

（四）考核结果运用。考核按得分情况划分为优秀（95分以上）、良好（81分至94分）、合格（61分至80分）、不合格（60分以下）四个等次。考核结果作为对政府及部门领导班子和领导干部综合考核评价的重要内容。并从考核优秀的单位中择优选取“法治政府建设先进单位”和“依法行政先进单位”予以表彰。对考核中发现的问题，考核组要向本级政府报告并反馈被考核单位。

省级拟表彰的“法治政府建设先进单位”和“依法行政先进单位”，含若干设区市、县（市、区）政府和政府部门，其中，拟表彰的设区市政府和省政府部门，名单由省政府法制机构提出；拟表彰的县（市、区）人民政府和市政府部门，名单由设区市人民政府选报省政府法制机构，省政府法制机构择优提出。原则上各设区市分别选报1个县（市、区）政府“法治政府建设先进单位”、1个市政府部门“依法行政先进单位”。石家庄、保定、邯郸、邢台等下属县（市、区）较多的市可选报1—2个县（市、区）“法治政府建设先进单位”。各设区市推荐的“法治政府建设先进单位”和“依法行政先进单位”，随各市对所属各县（市、区）、市直属部门的考核结果一并上报。

（五）为便于公众参与，使依法行政考核客观公正、符合实际，各级政府网站和有关媒体以公告形式向社会各界公开征集对被考核单位2011年度依法行政工作的评价意见。

附件：1.2011年度设区市政府依法行政考核评分表（略）

2.2011年度省直单位依法行政考核评分表（略）

河北省人民政府法制办公室关于印发张庆黎书记对法制办党组报告的重要批示和省法制办党组学习贯彻八届省委常委会第一次集体学习会议精神的意见的通知

（2012年3月1日）

各设区市人民政府法制办公室，省政府各部门法制机构：

2月8日，八届省委常委会举行了以“和谐河北与依法行政”为主题的第一次集体学习，张庆黎书记在会上作了重要讲话。省法制办及时召开党组扩大会议，集中组织学习讨论了张庆黎书记的重要讲话，研究制定了贯彻落实措施报省委。省委书记张庆黎2月17日对法制办党组的报告作出重要批示。现将张庆黎书记的重要批示和省法制办党组学习贯彻八届省委常委会第一次集体学习会议精神的意见印发给你们，望认真学习贯彻。

张庆黎书记对省法制办党组《关于学习贯彻八届省委常委会第一次集体学习会议精神的报告》的重要批示

（2012年2月17日）

重视程度高，抓得早，抓得好。

中共河北省人民政府法制办公室党组关于学习贯彻八届省委常委会第一次集体学习会议精神的意见

2月10日，省法制办党组书记、主任张国钧主持召开党组扩大会议，对张庆黎书记在八届省委常委会第一次集体学习会议上的讲话进行了认真学习讨论。大家表示，法制办作为依法行政的推进和协调机构，要进一步提高对依法行政重要性的认识，增强工作责任感和使命感，在建设经济强省、和谐河北进程中发挥更大的作用。现就学习贯彻好会议精神提出意见如下：

一、进一步提高对推进依法行政工作重要意义的认识

八届省委常委会第一次集体学习就以“和谐河北与依法行政”为主题，张庆黎书记就推进依法行政发表重要讲话提出明确要求，充分说明了省委对加强法治政府建设的高度重视。张庆黎书记的重要讲话高屋建瓴，总揽全局，内容丰富，思想深邃，是指导全省落实依法治国基本方略，推进依法行政、建设法治政府的纲领性文件，做为各级政府和各部门依法行政的推进和协调机构，要进一步提高对依法行政重要性的认识，增强责任感和使命感，更加紧贴省委、省政府中心开展工作，在建设经济强省、和谐河北进程中发挥更大的作用。各级各部门法制机构必须认真学习领会，全面贯彻落实，要把学习贯彻讲话精神同做好全年的法制工作紧密结合起来，以学习贯彻讲话精神为契机，推进法治政府建设和依法行政工作再上新台阶。

二、进一步加大对依法行政的宣传力度

各级各部门要采取多种方式，利用各种阵地加强依法行政宣传，更多地向社会特别是向广大干部宣传依法行政的重要内容和重大意义，阐述法治与发展、法治与和谐之间的关系，促进广大公务员特别是党政领导干部进一步提高对依法行政重大意义的认识，树立抓法治就是抓发展、抓法治就是促和谐的观念，增强依法决策、依法行政、依法办事的自觉性。

三、进一步加大领导干部学法的组织推动力度

要加强督促指导和监督检查，推动各地各部门建立领导干部学法制度，并严格执行。通过政府常务会前学法、专题讲座、专题研讨班等多种方式，组织领导干部结合自身工作实际，有计划地学习法律知识，做到掌握基本的、了解共同的、熟记常用的、研究重点的、牢记本职的，提高运用法治思维和法律手段处理各种现实问题的能力和水平。

四、进一步加大对法律实施的监督推动力度

各级行政执法部门要坚持严格执法，维护法律尊严，切实做到有法必依、执法必严、违法必究。各级政府及其法制机构要采取更多的推动措施，通过依法行政考核、行政执法监督检查、行政复议、重大行政行为备案、接受群众投诉举报、行政执法队伍培训管理等手段，加强对法律实施的监督力度，特别是每年谋划组织几次有影响的执法检查，促进行政执法机关及其执法人员严格规范公正文明执法。

五、进一步加大依法行政保障机制的建设和完善力度

要按照张庆黎书记的要求，

建立健全依法行政保障机制，包括议事规则、决策程序、工作规章、行为规范、监督制度、考核制度等，不够健全的要尽快健全，需要完善的要进一步完善。要加强政府法制机构建设，充分发挥政府法制机构在推进依法行政、促进社会和谐中的作用，党委和政府出台文件要送法制办进行合法性审查，保证出台的政策、文件符合宪法和法律规定。

河北省人民政府法制办公室关于印发边黎明书记和秦博勇主任在全省法制办主任工作会议上的讲话的通知

（2012 年 5 月 23 日）

各设区市人民政府法制办公室，省政府各部门法制机构：

5 月 21 日，经省政府批准，我办组织召开了全省法制办主任工作会议。会议听取了各设区市法制办主任的工作汇报，会上，边黎明书记和秦博勇主任分别就做好今后的政府法制工作进行了部署，明确了要求。现将边书记和秦主任的讲话印发给你们，望认真学习贯彻。

边黎明书记在全省法制办主任工作会议上的讲话

（2012 年 5 月 21 日）

今天的会开得非常好，十一个市介绍了今年开展法制工作的情况，听了许多与会同志很好的建议。刚才秦主任围绕着贯彻落实中央、省委省政府关于法制工作的要求，对全省法制系统今后一个时期的工作作了全面安排和部署，这是经过法制办领导班子工作会议集体研究决定的，请各设区市按照要求认真抓好贯彻落实。

围绕当前和今后的工作，我们需要认真地研究一下，如何能够确保今年的工作任务和部署真正落到实处。我重点从保障角度来谈谈这些问题。

第一，我们工作的体制机制方面与当前的形势任务要求相比，存在着不相适应的问题

从今天各设区市介绍的情况来看，政府法制办安排的工作还是比较丰富的。按照中央和省委、省政府的要求，我们政府法制工作需承担更多的任务，工作质量需要进一步提高。但是，我们现在各市法制办的机构、我们的人员配置，包括我们的工作体制和机制方方面面都还存在一些不太适应当前工作任务需要的问题。比如说，刚才有的同志介绍的“小马拉大车”的问题，比较突出的表现在基层法制工作特别是县法制机构力量非常薄弱，还有经费短缺，一些相应的权力没有赋予政府法制部门，还有一些职责没有予以明确的问题，在我们的工作中各地都普遍注意到了这些问题。一些工作开展比较好的地方也是仅仅因为领导的支持而形成的一个比较好的趋势，并非我们工作机制是通过法制的手段，通过规范的程序，把它固化形成了制度建立并确立起来的。今天如果不是我们在座的当法制办主任，换别人来当，这些制度和规范能不能建立？我们这些工作不能因为一个领导同志关注，工作就能够开展得好顺利得到落实；因为领导不关注，我们就做不好，进行不下去。所以说建立健全我们的工作体制机制，创新工作体制机制，加强基层法制建设，这是我们当前需要关注和面临的一个重要问题。我想从现在开始，咱们大家一起来共同研究，争取在一两年内把这些问题解决好。

第二，怎么样开展监督的问题

我们的监督是直接对政府的职能部门或者行政执法部门，还是包括了对一级政府的监督。我想，在这些方面行政执法监督应该包括对地方政府依法行政的监督，行政监督不仅仅是执法，应该包括依法行政、依法施政，这是很重要的。所以在这个方面我们需要认真地履行监督职责，在这个监督的过程之中，从今年各地汇报的情况来看，基本上都是事后监督，那么这个事中、事前的监督，我们怎么搞？这需要我们认真地研究，也就是说在我们市本级政府决策当中我们能不能进行法律方面的监督，至少当个“参谋”总可以吧。在本级上当“参谋”，那么对下级政府能不能进行施政行为决策的监督，确保下级政府能够依法按程序进行决策，而不是个别领导“拍脑门”决策。比如说，地方政府作出决策，能不能向市一级法制办进行备案，作决策的同时或者作出决策以后就要备案，通过市一级审查，保证其决策的合法性。如何进行监督我认为是一个很大的题目。假如上级给我们授权或者说上级没有授权的，我们怎么样给领导提建议，把这个监督权拿来由我们来搞，这是我们需要探索和深入进行调研的。

第三，行政复议工作怎么开

展，重点在那里

从目前的情况来看，现在行政复议主要集中在省市两级，实际上按照现在的行政管理体制来说，作出具体行政行为，大量的在县级以下，相应的更多数量的行政复议案件应该出现在县一级，因此县级政府有必要也确需加强行政复议工作。如果说群众对我们县政府某个行政执法部门的具体行政行为不服的话，应该先找县政府进行行政复议。日常生活当中发生大量的行政复议，实际上都是在县一级，我们大量的行政复议工作应该是县级政府来承担的。从2011年看这个情况，各市有七八十件，省办也就一百多件，全省的行政复议应该是宝塔型的，而不是倒金字塔型的。说明行政复议的重点还没有真正地把握住，现在这个形势导致行政复议工作不可能在县级全面开展起来，也包括监督工作，正是需要我们认真研究的重点。我们是不是必须通过行政复议来解决纷争，从我个人来看，这个行政调解工作做好了可以化解大量的社会矛盾，行政复议应该不应该作？应该作！因为老百姓既然要提起复议还是经过反复思考决定的，最后是政府赢了还是复议相对人赢了，都是要按照复议法来裁定的，行政复议也是准司法程序，是有法律法规保障的。当前咱们国家行政诉讼打官司是需要老百姓掏钱付费的，老百姓不愿意走这条路，因为打官司要掏钱而且他们法律知识掌握太少，通过法律维权意识也很差，无奈只好走上访这条路。如果我们通过行政调解，把行政争议化解在矛盾纠纷的初始阶段，以调解和解的方式来解决纠纷，我想老百姓也是能够理解的。调解成那当然好，调解不成，再通过行政复议来作出裁定，也是对老百姓提供了行政救济。这是我们各地应该认真研究的。概括起来两句话，一是怎么样把行政复议真正延伸到县一级，使县一级真正开展好行政复议工作；二是在县一级怎么样把大量的行政纠纷通过行政调解化解在基层。这项工作做好了功德无量。

第四，如何把政府法制机构做大做强

目前我们政府法制机构普遍存在人员少、任务多，人员素质与任务要求不相适应的问题，也就是大家说的“小马拉大车”。我想解决这个问题需要我们上下共同努力，加强调研，在实践中逐步加以解决。一方面应该内强素质，把我们的工作完成好。加强对政府法制机构人员的培养和锻炼，加强学习型机关建设，全面提升政府法制队伍的素质。认真履行职责，围绕党委、政府的中心工作，提高政府法制的服务保障水平，当好依法行政的参谋助手，得到党委、政府的认可；另一方面也需要我们加强对外宣传。认真总结我们在推进依法行政工作中取得的经验，大力宣传各级各部门推进依法行政的好典型好做法，让党委、政府领导知晓，让社会公众认可，有为才能有位。通过上下齐心协力，把政府法制机构做大做强，使法制机构真正成为各级党委、政府推进依法行政的得力参谋和助手。

明确任务 强化措施
推进政府法制各项工作扎实开展

——秦博勇主任在全省法制办主任工作会议上的讲话

（2012年5月21日）

同志们：

今天召开的全省法制办主任会议，是今年召开的第一次全省工作会，也是省办领导调整后的第一次见面会，主要目的就是交流情况，分析形势，明确任务，研究措施，推动今年政府法制工作扎实开展。刚才，各市汇报了上半年工作开展情况和今后打算，并对省办工作提出了很好建议，我们将认真总结各地经验，梳理所提建议，进一步改进工作。一会儿黎明书记还要做重要讲话，我们要认真抓好贯彻落实。下面，我先讲几点具体意见。

一、2011年全省推进依法行政取得重要进展

2011年度依法行政考核刚刚结束。从考核和各市今天汇报情况看，2011年各地各部门以建设法治政府为目标，认真贯彻国务院、省政府关于推进依法行政的部署，强化措施，狠抓落实，推进依法行政各项工作都取得重要进展。一是依法行政工作的组织领导明显强化。省政府发布实施依法行政“四项制度”和《关于推进依法行政加强法治政府建设的意见》。各级各部门以“四项制度”和《意见》为抓手，加强领导，精心组织，大力推进依法行政。石家庄市、张家口市出台了《关于推进依法行政加强法治政府建设的实施意见》，邯郸市召开了贯彻四项制度、推进依法行政工作会议。二是依法行政考核全面展开。根据《河北省依法行政考核办法》，在设区市政府对县（市、区）和市直部门进行考核的基础上，省政府组织对各设区市和省直部门2011年度依法行政工作进行了考核。考核结果已经5月15日省政府常务会议讨论通过，6个设区市和30个省直部门被评定为优秀等次，将以省政府办公厅名义进行通报。各市在组织依法行政考核中也创造了很多经验。廊坊市统一标准评分，考核分数由考核组长签字负责，对外公布，有两个单位考核不及格。石家庄、张家口等市对考核的先进单位进行了表彰。邢台、衡水等市把考核结果作为领导班子和领导干部综合考核评价的重要内容，强化了考核结果的运用，对依法行政工作起到了很大推动作用。三是制度建设质量明显提高。去年省政府共制定地方性法规草案和政府规章23件。各市也围绕经济社会发展大局制定了相应的政府规章和规范性文件，为当地党委、政府中心工作的推进提供了强有力的制度保障。加强对规范性文件制定工作的规范，普遍建立了规范性文件合法性审查制度，出台规范性文件之前由法制机构进行审核把关，规范性文件质量明显提升。如，唐山、沧州等市颁布实施了《规范性文件管理办法》，邢台、保定、张家口等市向省政府及时报备市政府文件。四是行政执法监督取得明显效果。各地注重加强执法程序建设，规范行政自由裁量权，落实行政执法主体和执法人员资格制度，加大行政执法监督力度，深化行政执法体制改革，行政执法行为日趋规范。邢台、廊坊等市出台《行政处罚自由裁量权实施标准》，使行政执法做到了“处罚有据，裁量有度”。廊坊市制定《行政处罚程序规定》，推行“查、审、定、执、监”五分离，“三步式”柔性执法程序。邯郸、张家口等市在行政执法系统实现了行政处罚标准、程序和文书的统一。全省已有6个设区市、13个县（市）在城市管理领域开展了相对集中行政处罚权工作。五是行政复议工作进一步加强。积极受理行政复议申请，全省行政复议受案数量逐年增加，去年全省收到行政复议申请3366件，受理2668件，结案2661，对维护社会和谐稳定发挥了积极作用。创新行政复议方式，加大实地调研、听证、调解工作力度，行政复议案件办案质量和效率进一步提高。廊坊市充分发挥行政复议委员会作用，行政复议案件全部由行政复议委员会公开审理，综合纠错率达到30%以上。石家庄坚持运用听证方式当面审理复杂案件，坚持运用调解和解方式办案，申请人撤回申请数量占案件总数的39%。秦皇岛市建立执法部门、法院、法制办联席会议制度，定期召开案件分析会，查找办案中存在的问题，收到很好效果。各市法制办在依法行政制度建设、依法行政示范创建、领导干部学法、依法行政宣传、法制队伍建设等方面也作了大量工作，取得了明显成效。这些成绩的取得是省委、省政府正确领导的结果，是各地各部门特别是各级政府法制机构共同努力的结果。我们要总结经验、发扬成绩，抓住机遇、乘势而上，努力开创政府法制工作的新局面。

二、认清形势、明确任务，扎实推进政府法制工作

当前，政府法制工作面临着前所未有的发展机遇。去年3月28日，中共中央政治局就推进依法行政和弘扬社会主义法治精神进行集体学习，胡锦涛总书记发表重要讲话；2010年，国务院召开全国依法行政工作会议、发布《关于加强法治政府建设的意见》，对新形势下的依法行政工作进行全面部署。今年2月8日，八届省委常委会围绕“和谐河北与依法行政”进行集体学习，张庆黎书记在讲话中强调，依法行政是我们党为人民掌好权、执好政的重要前提，是认真贯彻中央决策部署和省第八次党代会精神，实现建设经济强省、和谐河北战略目标的重要保证。要大力推进依法行政，强化抓法治就是抓发展、就是促和谐的观念。他要求领导干部一定要忠诚于党、忠诚于人民、忠诚于宪法和法律，再忙不能忘法，再急不能违法，再亲不能枉法。同时，对政府法制机构也寄予了重托，强调各级党委、政府文件出台前必须由法制办把关。4月10日，省政府第六次全体会议举行依法行政专题讲座，张庆伟省长讲话强调，领导干部要坚持守法用法，想问题、作决策、办事情都要在法律规定的范围内，严格按照法定权限和程序行使职权、履行职责。5月15日，张庆伟省长主持召开省政府常务会议听取2011年度依法行政考核情况报告，从五个方面对当前和今后一个时期的依法行政工作提出了要求。一是加大行政机关特别是领导干部学法的组织推动力度；二是围绕中心工作选好立法项目，加快完善全省与国家立法相配套、与河北实际相适应的法规规章；三是加大对法律实施的监督推动力度，提升行政执法机关及其执法人员严格规范公正文明的执法水平；四是加大推进行政复议规范化建设力度，提升防范和化解社会矛盾工作机制的实效；五是加大依法行政保障机制建立和完善力度，提升推进法治政府建设和依法行政工作能力。党中央、国务院和省委、省政府对依法行政工作作出一系列战略部署，并大力推进，说明我国建设法治政府的步伐将越迈越快，也预示着政府法制机构的任务会越来越重，责任会越来越大。我们要认清面临的形势，认识我们的地位和作用，进一步增强做好政府法制工作的责任感和使命感，切实担负起历史赋予我们的重任，努力完成好各项工作任务。

当前和今后一个时期政府法制工作的总体思路是：按照党中央、国务院和省委、省政府关于推进依法行政的要求，紧紧围绕建设法治政府这一主题，认真抓好制度建设、行政执法监督、行政复议、规范性文件合法性审查等各项工作，大力推进依法行政，加快建设法治政府，为建设经济强省、和谐河北创造良好的法治环境。具体讲，要抓好以下六项重点工作：

（一）围绕建设法治政府，进一步做好依法行政的组织推动工作。一是继续抓好依法行政各项制度的贯彻落实。省政府出台的依法行政“四项制度”，为推进依法行政提供了制度保障。各地要认真总结经验，完善配套制度，采取强力措施，推动“四项制度”以及其他依法行政制度的贯彻落实。今年下半年，省办将组织一次“四项制度”落实情况专项检查，各市要做好相关准备工作。二是严格实施依法行政考核。2011年度依法行政考核结果已经省政府常务会议研究确定，省办将积极协调有关部门把考核结果与领导班子和领导干部政绩考核挂钩。各地也要积极协调组织、人事等有关部门充分运用这次依法行政考核的结果，纳入省政府绩效管理考核试点工作之中。对考核优秀单位的经验，要认真总结推广，广泛宣传报道。同时，总结2011年度依法行政考核工作的经验，抓紧制定完善2012年度依法行政考核实施方案，细化考核标准，突出考核重点，严格考核程序，保证考核及时顺利进行。三是深化依法行政示范创建工作。全省开展的依法行政示范创建活动，得到国务院的充分肯定，在推进依法行政中发挥了重要作用。今年4月，省政府又命名石家庄市环保局和保定市地税局为依法行政示范单位，使全省依法行政示范县、示范单位达到35个。要加强对示范县、示范单位的动态管理，通过召开联席会议、走访、推广典型经验等形式，不断深化依法行政示范创建工作。同时，要加大对县级政府依法行政工作的督导力度，破解基层政府依法行政工作中遇到的难题，提升基层政府依法行政工作水平。各市要根据省政府的部署，结合实际，对本地依法行政工作及时作出具体安排。

（二）围绕建设经济强省、和谐河北，进一步加强制度建设。一是重点做好促进科学发展、深化改革开放、加强和创新社会管理、保障和改善民生等方面的立法和规范性文件制定工作，使党委、政府有关经济社会发展的重大决策部署及时上升为制度，提高执行力。省政府2012年立法计划已经下发，共安排年内完成的重点立法项目20件，各市要积极配合省法制办做好立法调研、征求意见等项工作。二是创新工作方式，扩大公众参与。要加强调查研究，准确把握经济社会发展规律，正确处理权力与权利、权力与责任、活力与有序、规范与引导的关系，力求使每项制度设计都体现规律要求、适应时代需要、符合人民意愿、解决实际问题。要畅通群众参与渠道，通过座谈会、论证会、听证会、公布草案等形式广泛听取公众意见，凡是事关社会管理、事关民生的立法项目一定要公开征求社会各界意见，保证人民群众的意见和建议能得到充分表达，合理诉求和合法利益能得到充分体现。要建立听取意见反馈和说明制度，对公众、专家意见的采纳情况要以适当方式进行反馈，并向政府常务会议予以说明。三是坚持立“新法”与改“旧法”并重，对出台时间早且长期没有修改的地方性法规、政府规章和规范性文件，要筛选建立目录，确定评估计划，及时进行评估，凡不符合经济社会发展要求或者与上位法相悖的，要及时修改或者废止，着力解决现有法律制度制约改革发展的问题。

（三）围绕严格规范公正文明执法，进一步强化行政执法监督工作。一是继续抓好规范行政裁量权工作。按照省政府的要求，去年各级行政执法部门基本都建立了行政裁量基准制度，今年的重点是督导行政执法部门在具体执法过程中严格执行这一制度，减少行政执法中的随意性。二是认真开展案卷评查工作。各地年内要组织一次以行政强制为重点，兼顾行政处罚和行政许可的行政执法案卷评查，进一步规范行政执法行为。三是组织专项行政执法监督检查。今年省办将以涉及民生的执法领域为重点组织几次行政执法监督检查活动，严厉查处行政执法中的不作为、乱作为和执法谋私案件。要针对检查中发现的问题，认真分析存在原因，研究解决对策，提出改进行政执法工作、优化发展环境的建议。同时，畅通行政执法投诉举报渠道，及时查处和纠正行政执法中存在的各种问题。四是加强行政执法人员管理。要进一步加强对行政执法人员的培训考试，提高行政执法队伍素质。要严格行政执法证件管理，实行持证上岗执法制度。目前，省办研究并已报省政府，今年不再换发新执法证，继续使用现行证件。各地要加大对无证执法、无资格人员持证等问题的监督检查，督促指导行政执法人员严格规范公正文明执法。五是强化责任追究。要深入推行行政执法责任制，抓好《河北省行政执法过错责任追究办法》的贯彻落实，对不履行或者不认真履行法定职责、滥用职权、越权执法、粗暴执法行为，要严肃追究责任。六是继续推进相对集中行政处罚权工作。各市要加大组织协调力度，分批次上报，分批次批准，力争明年上半年全部推开这项工作，从体制上解决多头执法、重复执法问题。七是做好行政执法与刑事司法衔接的牵头工作，建立健全工作机制，推动两法有效衔接，加大行政执法力度，解决食品安全、环境保护、生产安全等领域的突出问题。

（四）围绕规范化建设，进一步加强行政复议工作。一是进一步畅通行政复议渠道。要创新行政复议申请方式，简化行政复议申请手续，积极受理行政复议申请。要大力宣传行政复议制度，完善行政复议与信访衔接机制，积极引导公民、法人和其他组织通过行政复议解决行政纠纷，努力把更多的行政争议纳入行政复议渠道。二是进一步提高办案质量。要创新行政复议工作机制，综合运用书面审查、实地调查、听证、质证等手段办案，通过实地调查、组织听证，彻底查清事实，依法公正裁定，努力提高行政复议办案质量。三是积极推进行政复议委员会试点工作。从廊坊市开展这项工作的经验看，它对于弥补行政复议人员和能力不足，提高办案水平和行政复议的公信力具有非常重要的作用。各地要学习借鉴廊坊市以及外省市的经验，积极推动这项工作，尽早成立行政复议委员会。四是提出执法建议。要总结分析行政复议中发现的行政执法中存在的普遍性问题，及时向省办和本级政府提出改进行政执法工作的建议；也可以就个案向有关行政执法部门制发行政执法建议书，督促有关执法部门改进行政执法工作。五是推动行政调解工作。行政调解是定纷止争的有效手段，要提高行政调解率，化解矛盾，解决问题。我们要积极发挥牵头作用，做好行政调解的组织指导工作，加强对行政调解范围、行政调解程序、行政调解与司法调解和人民调解的衔接、行政调解监督与权利救济等方面问题的研究，不断规范行政调解工作。

（五）围绕提高行政决策水平，进一步加强行政行为的合法性审查工作。一是认真做好部门规范性文件的前置合法性审查工作。各地要依据《河北省规范性文件制定规定》，完善配套制度，加强监督检查，特别是严格落实“三统一”（统一登记、统一编号、统一发布）制度，保证所有部门规范性文件都经法制办进行合法性审查。同时，我们也要认真负责，严格把关，特别是加强对行政处罚、行政许可、行政强制、行政征收、行政收费等影响公民、法人和其他组织合法权益或者增加其义务的行政权力的设定和规定的审查，依法提出合理意见。二是做好政府规章和政府规范性文件的备案审查工作，切实做到有件必备，有备必审，有错必纠。还要积极受理、认真处理公民对政府规章和规范性文件提出的审查建议。三是认真做好政府有关决策事项的审查把关工作。要站在全局高度，认真依法审查，既敢于说“不”，指出存在的违法和风险问题，又善于说“行”，依法提出切实可行的建议，当好政府领导的参谋和助手，为促进本地经济社会健康有序发展提供有效服务。

（六）围绕提高行政机关工作人员依法行政意识和能力，进一步做好宣传教育以及法制研究工作。一是借省委、省政府领导干部学法的东风，进一步健全领导干部学法制度，推动全省领导干部学法用法。近日，省办下发通知，要求各地、各部门参照省委、省政府的做法，在近期举办一次领导干部依法行政专题讲座。各市法制办要及时向市政府领导汇报，积极谋划组织好专题讲座，同时要督导县（市、区）政府开展专题讲座。省办老主任张国钧为省政府第六次全会所作的《依法行政八题》讲座，得到省政府领导和与会人员的高度称赞，各地举办专题讲座第一讲要请国钧同志去讲。省政府将把举办领导干部依法行政讲座等领导干部学法情况作为2012年度依法行政考核的内容之一，推动领导干部学法用法。二是加大依法行政宣传力度。各地要充分利用新闻媒体，采取各种形式，加强依法行政宣传，让社会各界广泛了解本地推进依法行政的具体做法和取得的成效，并曝光依法行政中存在的突出问题，营造良好的法治氛围。三是加强信息交流工作。各市要善于总结工作，积极向省法制办报送政府法制信息，并组织好县（市、区）政府和市直部门的信息交流。年底，省办将对报送信息数量和采用数量较多的地方进行通报，并把报送信息反映的情况作为依法行政考核中省办日常掌握情况的重要依据，希望各地引起重视，切实组织好信息报送工作。四是加强政府法制研究工作。各地要围绕推进依法行政、建设法治政府中存在的突出问题进行研究，多出研究成果，为加强法治政府建设提供理论支持。省办近期下发了开展“推进依法行政改善发展环境”课题研究征文活动的通知，希望各市积极组织开展好这项活动。

三、创新思路、强化措施，全面提升政府法制工作水平

思路决定方法，方法决定效果。政府法制工作要想进一步做出成绩、提升地位、树立形象，必须有一个好的工作思路、工作方法和工作措施，保证高质量地完成工作任务，提高工作水平。

（一）围绕大局抓重点。当前我省的大局是建设经济强省、和谐河北，中心任务就是发展经济和改善民生。政府法制工作只有围绕这一大局，服务这一大局，才能发挥最大作用，彰显生命力。所以，我们不能把政府法制工作简单地看成一项业务工作，不能就“法制”谈“法制”，要胸怀全局，手中有典型，统筹谋划，突出重点。无论是制度建设、文件审查、执法监督、行政复议，都要放到建设经济强省、和谐河北这一大局中去审视、去研究、去把握，把党委、政府中心工作需要法制保障和法律服务的事项作为重点，积极谋划，主动建议，让党委、政府切实感受到我们的作用，进而更加重视政府法制工作。

（二）开拓创新抓亮点。政府法制是一项新的、开拓性的事业，可以借鉴的经验较少，很多工作需要去开拓创新，就是现在开展的一些工作也要研究如何进一步深化。如，行政调解工作是维护社会稳定的一项重要工作，党中央、国务院和省委、省政府都明确由政府法制机构来牵头，我们负有不可推卸的责任。但国家目前对行政调解工作还没有指导性文件，地方在这方面的实践经验也还很少，我们可以大胆创新，积极开展，争取走在全国前列，创造一个亮点。再如，行政执法责任制，虽然我省在全国率先开展，但近年来进展并不大，如何进一步深化，再创新亮点，也需要我们研究创新。

（三）精益求精抓精品。政府法制工作主要是制定规范、法律把关，工作质量高低直接关乎政府决策的正确与否，关系人民群众利益的维护，一点小小的疏忽可能导致无法弥补的损失或者无法挽救的影响。我们的工作不仅代表法制办的水平，对外也代表政府的水平，马虎不得，侥幸不得，应付不得。我们一定要树立精品意识，各项工作都要严谨细致、精益求精，确保审定的草案、提出的意见、裁定的案子准确无误，努力把每一件都办成精品，体现出法制办的高水平和法制队伍的高素质。

（四）求真务实抓落实。张庆黎书记指出，对干部来讲，能干就是水平，抓落实就是能力，干成事就是政绩。在抓落实中，要善于把我们的工作思路变成政府的决策，依靠政府的力量去推动工作；善于与监察、检察等部门联合，建立案件移送机制，借助他们的力量推动工作，以提高我们抓落实的能力。如行政执法监督检查，就可以联合监察部门一起开展，我们处理事，监察部门处理人，纠错与问责相结合，肯定会产生很好的效果。同时，我们也要大兴求真务实之风，脚踏实地，真抓实干，凡是部署的工作，都要全力以赴抓好落实，确保各项工作部署都落到实处。

（五）依法履职树权威。政府法制机构是推进依法行政的综合部门，担负着协调矛盾、平衡利益、监督检查、裁定纠纷等职责，只有站在政府高度，坚持依法立法、依法监督、依法复议，维护法律权威，维护公平正义，才能得到部门和公众认可，树立法制机构的权威，促进政府法制工作深入开展。在行政立法和规范文件制定中，我们要坚持原则，依法协调解决各种矛盾，坚决避免部门利益倾向，发挥法制机构在制度建设中的主导作用。在行政复议中，我们要坚持复议为民，依法公正处理行政争议，敢于纠正违法不当行政行为，提高行政复议的公信力。在行政执法监督中，要依法严肃查处一些典型案件，实施错案追究和行政问责，维护法律权威和尊严。

（六）团结协作抓合力。各级政府法制机构要进一步增强协作意识，树立政府法制工作上下一盘棋的思想，加强联系，密切合作，形成合力。对省政府和省法制办部署的工作，市县政府要结合实际抓好具体落实，并将落实情况及落实中遇到的问题及时向省办反馈；省办将深入调查研究，加强工作指导，尽力帮助市县政府解决工作中遇到的难题，推动市县政府法制机构建设，推进全省政府法制工作再上新水平。

同志们，今年时间将近过半，但任务还很艰巨。我们一定要按照省委提出的“一个好的工作状态、一个好的工作作风、一个好的工作业绩”的要求，振奋精神，加倍努力，确保今年各项工作顺利完成，以优异成绩迎接党的十八大胜利召开！

河北省人民政府法制办公室关于转发秦博勇同志在全省政府法制监督工作会议上讲话的通知

（2012年9月17日）

各设区市人民政府法制办公室：

2012年9月12日至14日，省政府法制办召开了全省政府法制监督工作会议。现将秦博勇主任在全省政府法制监督工作会议上的讲话印发给你们，请认真学习贯彻，切实抓好落实。

提升法制监督水平 保障两个着力改善

——秦博勇在全省政府法制监督工作会议上的讲话

（2012年9月14日）

同志们：

这次全省政府法制监督工作会议是贯彻落实省委理论学习中心组会议精神的又一次重要会议，主要任务就是：适应着力改善发展环境、着力改善生态环境的需要，研究部署依法行政考核、相对集中行政处罚权、规范行政执法行为等工作，进一步加大政府法制监督力度，推进各级各部门严格、规范、公正、文明执法，为实现“两个着力改善”提供坚强有力的法治保障。上午，各市法制办主任就政府法制监督工作进行了交流，亮点纷呈，有好多工作值得总结。刚才智勇同志对2012年度规范行政执法培训及教材发行工作进行了总结，我完全同意。下面，我就如何进一步加强政府法制监督工作，讲三点意见。

一、充分认识当前加强政府法制监督工作的重要性

政府法制监督是推进依法行政的重要手段，是政府法制工作的重要任务。关于政府法制监督的重要性可以简单地从国家和省两个层面去理解和体会。

从国家层面看，加强政府法制监督是加快建设法治国家、法治政府的内在要求。近年来，党中央、国务院和省委、省政府对推进依法行政工作十分重视，做了一系列的安排部署。2011年3月28日，中共中央政治局第二十七次会议就“推进依法行政和弘扬社会主义法治精神”进行专题学习，胡锦涛总书记发表重要讲话，对推进依法行政提出明确要求。国务院2010年召开全国依法行政工作会议、发布《关于加强法治政府建设的意见》对新形势下的依法行政工作进行了全面安排部署。省委换届后，八届省委常委会第一次集体学习就以“和谐河北与依法行政”为主题进行学习，张庆黎书记对推进依法行政提出了五个方面的要求，并特别强调“抓法治就是抓发展，就是促和谐。”今年4月10日省政府第六次全会集体学习依法行政，5月15日省政府常务会议又专题研究部署依法行政工作。这都凸显了党中央、国务院和省委、省政府贯彻依法治国基本方略、建设法治国家、法治政府的决心。推进依法行政、建设法治政府，法制监督是重要任务，无论是胡锦涛总书记的讲话还是国务院的文件都把法制监督作为重要任务之一进行强调和部署。没有监督，行政权力就不可能自动规范，法律法规就不可以自动实施，建设法治国家、法治政府的目标就不可能实现。特别是随着中国特色社会主义法律体系的形成，加强法制监督，提高行政执法水平，

保障法律法规的全面正确实施，将成为贯彻依法治国基本方略、推进依法行政更加重要和迫切的任务。

从我省实际看，加强政府法制监督是改善发展环境和生态环境的迫切需要。今年7月省委理论学习中心组以“深入贯彻落实科学发展观，着力改善发展环境，着力改善生态环境，促进经济社会更好更快更大发展”为主题进行集中学习，张庆黎书记讲话强调，要深刻认识着力改善发展环境、着力改善生态环境的重大现实意义和深远历史意义，切实把改善“两个环境”放在更加突出的战略位置，在“着力”二字上下功夫，采取硬措施、着力改善发展环境，采取大动作、着力改善生态环境，努力实现风清气正、开放文明，天蓝水净、地绿山青的总目标，为建设经济强省、和谐河北奠定坚实基础，提供坚强保障。“两个着力改善”是当前全省上下的重要任务，而政府法制工作与“两个着力改善”密切相关。发展环境很大程度上表现为依法行政、依法办事，严格、规范、公正、文明执法，同样生态环境的改善也离不开法治的引导、规范和保障。张庆黎书记在讲话中列举的发展环境中存在的多数问题，如借机“敲竹杠”，对企业乱检查、乱摊派，吃拿卡要、故意刁难，不给好处不办事、给了好处乱办事；办事“马拉松”，一站式服务大厅“只挂号不看病”，不能做到一次性告知；企业“包袱重”，对同一件事情，不同层次的部门重复罚款、重复收费；态度“冷硬横”，粗暴执法；经营“失诚信”，食品药品、金融流通、房地产开发、矿产资源领域的违法犯罪问题屡屡发生，等等，这些问题的发生以及生态环境破坏严重的现象，在一定程度上都与行政执法部门执法不严格、不规范、不公正、不文明有关。要解决这些问题，改善发展环境和生态环境，必须下大力加强政府法制监督，规范行政执法行为，不断提高行政执法水平，改善行政执法部门形象。我们一定要树立抓法治就是抓环境，就是抓发展，就是促和谐的观念，把政府法制工作、监督工作放在改善两个环境的大局中去思考、去谋划、去落实，通过加强监督检查，督促和保障行政机关严格依法履行职责，遏止不作为、乱作为现象的发生，按照省政府要求，省办配合有关部门起草着力优化两个环境意见和措施，为“两个着力改善”提供法律支持和法治保障。

政府法制监督是政府法制机构的重要任务。我省11个设区市只有三个较大市有地方立法权，其他市没有，法制机构的主要任务就是监督。随着行政执法重心的下移，基层政府法制机构的监督任务会越来越重。近年来，各级政府法制机构注意把政府法制监督工作与党委、政府的中心重点工作相结合，加强制度建设，完善保障措施，在规范行政执法行为方面取得了明显进展。一是围绕党委、政府工作重心开展法制监督工作，为改善本地发展环境服务。如，石家庄市实施了减轻企业负担和依法行政监督员制度；邢台市法制办与监察部门密切配合，对全市340多个行政审批项目进行再清理，取消129项，保留211项；张家口市制定了涉企“三乱”监督办法，减少了不作为、乱作为发生的机率。二是加强对行政执法行为的规范。如，邯郸市在行政执法系统全部实现了行政处罚标准、程序和文书的统一；廊坊市在全市推行了“三步式”执法程序，促进了行政处罚行为的公正、规范。三是积极推进相对集中行政处罚权工作。如，廊坊市所辖县已接近实现全覆盖，沧州市已有近一半县（市）开展了这项工作。四是加大了监督纠错力度。如，衡水市制定并严格落实了行政执法评议考核、行政执法过错责任追究等制度；石家庄市成立行政执法举报中心。总之，各地政府法制监督工作各具特色，各有亮点，都有值得深入总结的经验，大家要相互学习借鉴。但从总体情况看，政府法制监督无论是体制机制、制度建设，还是从监督力量、监督方式、监督力度，都还不适应推进依法行政、建设法治政府和改善发展环境的需要，急需改进和加强。各级政府法制机构一定要把政府法制监督当作落实省委“两个着力改善”的一项政治任务来抓，按照建设法治政府的要求，进一步完善制度，创新方式，加大力度，努力把全省政府法制监督工作提高到一个新的更高的水平。

二、当前政府法制监督的重点任务

政府法制监督涉及面广，任务重，我们既要统筹谋划、协调推进、全面发展，又要围绕中心、突出重点、突破难点，力争取得更好实效。当前应当着重做好以下三项工作：

（一）切实做好2012年度依法行政考核工作。依法行政考核

是推进依法行政的一个重要措施。近年来，党中央、国务院和省委、省政府对依法行政考核反复强调，多次部署。我省于2010年12月制定政府规章《河北省依法行政考核办法》，并成功组织了2011年度依法行政考核，最近我们又组织多家国家级和省级新闻媒体对考核优秀单位进行了集中采访报道，取得了很好效果。《2012年度依法行政考核指标》已经省政府同意，由省政府办公厅下发执行。今年的考核指标是在反复征求意见、多次修改、集体研究的基础上形成的，指标突出了行政复议规范化建设、规范行政执法、政府法制机构建设等基层基础工作，并增加了日常工作情况掌握指标的分值。今年的考核指标突出了重点和基础工作，去年考核是把制定制度作为重点，今年把制度的落实作为重点，体现了动态管理。做好今年的依法行政考核工作，更有利于推动基层政府法制工作，特别是政府法制监督工作。各级政府法制机构一定要高度重视依法行政考核工作，按照省政府的要求，结合当地实际，扎扎实实地组织好今年的考核工作，保证考核工作程序规范、公开，考核结果公平、公正，真正起到激励先进、鞭策后进的作用。首先要抓紧组织各级政府、各部门学习指标，掌握指标的具体内容，并按照指标的要求采取措施，进一步改进工作，提高依法行政水平。这是依法行政考核的目的所在，要广泛宣传和学习考核指标，加大协调力度，尽快研究考核指标的落实方案，为考核奠定好的基础。其次，要抓紧制定考核方案和评分操作办法。依法行政考核政治性强，涉及被考核单位的荣誉，是一项非常严肃的工作。我们一定要把考核方案制定详细，评分操作办法制定科学，以严格的标准和规范的程序来保证考核结果的公正。考核方案和评分操作办法，省法制办还要认真研究制定，各地可先结合实际做好相关准备，到时再进行修改完善。第三，要认真组织实施好。依法行政考核的主体是各级政府，但具体组织是各级政府法制机构。我们一定要负起责任，在政府的领导下，按照去年惯例，协调组织有关部门实施好依法行政考核工作，向政府提出一个高质量的考核报告。第四，要争取党委、政府支持，协调有关部门把依法行政考核结果与领导班子和领导干部的综合考核评价挂钩，占有一定分值，以充分发挥依法行政考核在推进依法行政、改善发展环境中的作用。

（二）全面推进相对集中行政处罚权工作。推进相对集中行政处罚权工作是解决长期存在的多头执法、职责交叉、重复处罚、执法扰民和执法力量分散、执法效能低下等问题的重要措施，是行政执法体制改革的一项重要内容。近年来，我省推进相对集中行政处罚权工作取得一定进展，全省已有6个设区市和20个县（市）开展了城市管理领域相对集中行政处罚权工作，但无论与国务院和省政府的要求相比，还是与其他兄弟省市相比，都还有很大差距，需加大推进力度。省办已经起草了“进一步做好相对集中行政处罚权工作的意见（代拟稿）”，拟报省政府下发。总的思路是分三步走，到明年年底前力争实现城市管理领域相对集中行政处罚权工作全覆盖。第一步，已经具备开展相对集中行政处罚权工作条件的县（市），即政府机构改革后，已挂牌开展相对集中行政处罚权工作未履行审批程序的县（市），于今年12月31日前报省政府批复；第二步，已经基本具备条件的扩权县、依法行政示范县（市），于明年6月底前报省政府批复；第三步，尚未具备条件的县（市），于明年12月底前报省政府批复。各设区市法制办要抓紧对本地区开展相对集中行政处罚权工作情况进行清理摸底，分开批次，加强帮助指导，并与编制部门积极协调，按照省政府的要求做好相关职能划转、综合执法机构设置等工作，制定好实施方案，按时上报省政府审批。同时，没有开展相对集中行政处罚权工作的设区市法制办要抓紧向市政府汇报并积极做好相关协调工作，尽早上报本市实施方案。

（三）继续做好规范行政执法监督检查的后续工作。为贯彻落实省委“两个着力改善”的要求，规范行政执法行为，从7月中旬开始，省法制办、省监察厅联合组织开展了“规范行政执法行为、优化发展环境”的专项监督检查活动。在各地自查的基础上，于8月对11个设区市的79个市直执法部门、22个县（市、区）的159个县直执法部门进行了抽查。这次行政执法检查，引起各地各部门的广泛重视，取得了很好的效果。检查不仅总结了各地各部门在规范行政执法方面的好经验、好做法，更主要的是发现了行政执法中存在的普遍问题，如，行政处罚基准标准不合理，执法不严、违法不究、处罚过轻、只罚不管，违反法定程序，投诉举报电话形同虚设，等等。对这些问题，我们进行了深入分析，提出了改进建议，将报请省政府进行通报。对一些共性问题，我们将在制度层面上加以完善，着手制定规章制度，用制度来规范和约束行政执法行为。对一些个性问题要向各市下发整改通知书。各市要按照省政府的要求，督促执法部门积极进行整改。对个别典型的问题，省办将直接查处和问责，确保这次检查发现的问题能够得到切实解决，真正起到检查的目的。根据这次检查中发现的问题，当前在规范行政执法方面要突出三个重点。一是继续抓好对行政自由裁量权的规范。建立行政处罚裁量基准制度是规范行政自由裁量权行使，防止自由裁量权滥用的重要保障。各地法制机构要指导督促行政执法部门尽快建立这项制度，已经建立的要进一步完善，保证标准划分科学，制度覆盖全面。同时，要以一定方式向社会公开行政处罚裁量基准，通过接受社会监督、行政执法案卷评查、行政执法评议考核等形式，加强监督检查，确保行政处罚裁量基准制度落到实处。二是健全监督制度。除了对现行有效的行政执法案卷评查、行政执法评议考核等制度进行完善外，还要根据实际探索建立一些有效的监督制度。一要建立行政执法统计报告制度。各级各类行政执法部门都要建立行政执法台账，各级政府法制机构要定期汇总逐级上报。这项工作要与行政执法信息化建设相结合，要编写统一的行政执法统计报表准入程序，自动生成统计数据。通过对行政执法有关数据的分析，随时掌控执法动态，搞清谁在执法、有多少人在执法，总结行政执法中存在的问题和趋势，有针对性地开展执法监督工作，用信息化手段加强对行政执法行为的规范。二要积极推行说理式行政执法文书，既做到严格执法程序，事实清楚，法律依据充分，又使管理相对人能够很容易明白执法的理由，积极配合执法活动，依法维护自身合法权益。三要建立健全重大行政行为备案制度。这项制度是行政机关内部层级监督的重要制度，各地近年来进行了积极探索，一些地方取得了很好效果，下一步要总结经验，在全省进行推广。省办将适时制定重大行政行为备案的具体办法，对这项工作进行统一规范。四是强化过错责任追究。通过最近统计数据来看，除个别市进行了行政执法过错责任追究外，大部分市的过错责任追究数字为零。问责不到位是当前行政执法监督工作中存在的一个共性的、普遍性的问题。问责不是目的，是手段，通过加强问责来促进规范执法。各地要认真落实《河北省行政执法过错责任追究办法》有关规定，多组织一些有用、有效、有力的执法监督检查。同时对落实中存在的问题进行分析，研究进一步完善的措施。要积极接受群众投诉举报，对不履行、违法履行或者不当履行法定职责，致使公民、法人和其他组织的合法权益受到损害的，要联合监察等有关部门进行查处，严格过错责任追究，督促行政执法机关严格、规范、公正、文明执法。

除了以上三项工作外，其他监督工作也要按照省政府年初的安排和要求，强化措施，扎实推进。关于行政执法队伍管理问题，按照原来规定今年需要换发行政执法证件，但考虑到行政成本等问题，我们提请省政府修改了《河北省行政执法证件和行政执法监督检查证件管理办法》，行政执法证件不再五年换发一次。所以，今年行政执法证件不再统一换发，但对行政执法人员和行政执法证件的管理要加大力度，不能放松。省办研究起草了《关于加强行政执法证件监督管理工作意见（征求意见稿）》，请大家提出修改意见。我们要研究如何进一步严格实行行政执法人员资格制度，对现有行政执法持证人员进行核查，及时清理，实现动态管理。要加强对行政执法人员持证上岗情况的监督检查，确保上岗执法的人员都具有行政执法资格，都持有有效行政执法证件，进一步规范行政执法行为，以高素质的行政执法队伍来保证行政执法的高水平。

三、完善政府法制监督的保障措施

当前，政府法制工作尤其是监督工作既面临新的发展机遇，也面临严峻挑战，我们一定要增强紧迫感和责任意识，按照庆黎书记提出的“一个好的精神状态、一个好的工作作风、一个好的工作业绩”的要求，下大力推进政府法制监督工作，保证各项任务的落实。

一是加强组织领导。各级政府法制机构一定要将政府法制监督工作列入重要议事日程，一把手要亲自抓，分管领导要具体抓，相关机构要认真负责，一级抓一级，层层抓落实。要积极向政府领导请示报告，争取政府支持，善于以政府名义开展监督工作，提高监督的权威。上级法制机构要加强对下级法制机构、政府法制机构要加强对部门法制机构开展监督工作的督促指导，确保监督工作全面推开。当前政府法制机构特别是基层法制机构力量薄弱是影响监督工作开展的重要因素，要积极争取增加政府法制监督力量，省办也将通过各种方式积极呼吁，争取政府法制监督力量能够尽快壮大，改变目前“小马拉大车”的现状。

二是转变思想观念。以往我们总认为，政府法制机构规格低，是弱势部门，监督别人力度不够，从而产生畏难情绪，不敢放开手脚开展工作，监督活动较少，监督力度偏软。政府法制机构是政府的办事机构，我们的监督包括立法、复议，都是受政府委托，代表政府进行的，政府希望我们积极开展工作，人民群众也期望我们加大监督力度。为此，各级政府法制机构一定要正确认识我们的地位，克服畏难情绪，理直气壮，敢抓敢管，认真履行监督职责，选准角度，确定重点，组织一些监督检查活动，不断有所突破，取得实效。

三是创新方式方法。目前，行政执法的环境、状况发生较大变化，我们的监督工作也要与时俱进，不断创新方式、方法，完善监督工作程序，提高工作效率。这里我想强调的是，善于围绕党委和政府的中心开展监督工作，这样才能进一步赢得党委、政府的支持和基层群众的拥护。如我们刚开展的“规范行政执法优化发展环境”监督检查，就很好地契合了省委、省政府中心工作，得到了省委、省政府的支持和肯定。各地要坚持把政府法制监督工作与社会发展紧密结合起来，围绕大局多组织一些监督检查活动。还要善于借助有关部门的力量，开展监督检查活动，如与监察部门联合检查，以弥补我们手段上的不足，提高监督的效果。

四是提高自身素质。打铁先得自身硬。政府法制监督是监督别人的，没有过硬的业务本领，是不能胜任工作，履行好职责的。希望做监督工作的同志要坚持不懈地学习公共和专业法律知识，努力把自己打造成法律方面的行家里手，政府法制监督的专家，提高监督的质量，也让受监督者佩服。各级政府法制机构多组织一些业务培训、外出学习、研讨交流活动，为全省从事政府监督的同志们提供更多的学习提高机会。同时，做监督的同志还要加强政治学习，提高政治修养，按照庆黎书记的要求，在思想上突出一个“正”字，在品格上突出一个“净”字，在行动上突出一个“硬”字，在律己上突出一个“严”字，不断提高自身的政治素质，打牢做好监督工作的政治基础。

五是整合监督资源。省、市、县政府法制监督力量要加强联系、交流，相互支持配合，形成监督合力，增强监督效果。对上一级法制机构交办的监督事项，下级法制机构要按要求积极办理；下级法制机构在监督中遇到的难题，可以申请上一级法制机构直接办理。要适时开展上下联查、各地互查以及交叉检查，弥补监督力量的不足，提高监督的效果。

同时，各地要结合本地实际，不断建立和完善政府法制监督制度，保障监督工作的有效开展。省办将研究起草行政执法监督的地方性法规草案，适时提交省政府审议。省办还研究通过了《关于加强行政执法监督工作的调研提纲》，下步我们将对兄弟省（区、市）加强机构建设和行政执法监督工作的先进经验和做法进行考察，到省内各市进行专题调研，向省政府提出进一步加强行政执法监督工作的具体意见和建议。

同志们，政府法制监督事关“两个着力改善”目标落实，事关建设经济强省、和谐河北大局，事关推进依法行政、建设法治政府进程。我们一定要认清形势，统一思想，以更加坚强的态度、更加有力的措施、更加有效的结果深入推进政府法制监督工作，为推进法治政府建设，保障“两个着力改善”，实现河北经济社会更好更快更大发展做出更大贡献！

河北省人民政府法制办公室关于抓紧做好仲裁委员会换届工作的通知

（2012年10月16日）

邢台、张家口、邯郸、衡水、保定、承德市人民政府法制办公室，各仲裁委员会：

按照国务院法制办公室《关于恢复仲裁委员会换届工作的通知》（国法〔2011〕72号）要求，我省政府法制办公室于2012年1

月5日向各市政府法制办公室和各仲裁委员会下发了《关于转发国务院法制办公室关于恢复仲裁换届工作的通知》。近日，在郑州召开了2012年全国仲裁工作年会，会上，国务院法制办公室协调司袁诗鸣副司长明确提出，要求各仲裁委员会严格按照国务院法制办公室国法〔2011〕72号文件精神，任期届满的要抓紧换届。目前，我省沧州、石家庄仲裁委员会已相继完成了仲裁委员会的换届工作。邢台、张家口、邯郸、衡水、保定、承德仲裁委员会任期虽已届满，但还没有进行换届。为使我省各仲裁机构依法做好换届工作，认真贯彻落实国务院法制办公室关于换届工作的通知，请你们严格按照《仲裁法》的规定，认真及时做好换届工作。现将有关事项进一步通知如下：

一、严格按照国务院办公厅国办发〔1995〕44号和国务院法制办公室国法〔2011〕72号文件要求进行换届。国家机关工作人员和社会组织领导人员不再担任仲裁委员会副主任和秘书长职务。依据仲裁委员会章程，驻会专职组成人员1至2人，仲裁委员会设秘书长1人，秘书长可以由驻会专职组成人员担任。

二、届期任满的仲裁委员会应当先考核后换届。考核重点及考核内容按照国务院法制办公室国法〔2011〕72号文件要求确定。考核报告不是人事考核，无须再报人事、纪检等部门。

三、请你们接到本通知后即向所在地的市人民政府提出换届报告，并于2012年12月31日前完成仲裁换届工作。

四、在换届的各项准备工作完成后，将有关材料报送省政府法制办公室，由省政府法制办公室审核并转呈国务院法制办公室复核。

河北省人民政府法制办公室关于贯彻实施《河北省人民政府关于进一步做好城市管理领域相对集中行政处罚权工作的意见》的通知

（2012年10月27日）

各设区市人民政府、各县（市、区）人民政府，省政府各部门：

2012年9月29日，《河北省人民政府关于进一步做好城市管理领域相对集中行政处罚权工作的意见》（冀政〔2012〕83号）已公布施行。为做好冀政〔2012〕83号文件的贯彻实施工作，经省政府同意，现就有关工作通知如下：

一、确定目标任务，加快推进步伐

（一）张家口、唐山、邯郸、衡水四个设区市政府，于2012年12月31日前提出集中行政处罚权工作方案，报省政府审批。

（二）各设区市、县（市）政府要根据推进相对集中行政处罚权三步走要求，深入研究本地区城市管理领域行政执法中的情况和问题，结合当地实际情况，统筹安排，本着先易后难的原则，排列出拟开展相对集中行政处罚权的县（市）名单。具备和基本具备条件的，尽快形成工作方案，按规定要求报省政府审批；尚未具备条件开展工作的，要组织有关部门，认真研究分析本地行政执法情况，深入调查论证，积极推进。设区市、县（市）政府主要领导要亲自过问这项工作，分管领导要帮助解决工作中出现的困难和问题，保证推进工作的顺利实施。

（三）实行推进相对集中行政处罚权工作双月报制度。各地对推进相对集中行政处罚权工作进展情况、上报的县（市）名单，由各设区市政府法制办负责，形成书面材料。从2012年11月1日开始，每逢单月的15日前，报省政府法制办。由省政府法制办汇总后，适时向全省进行通报。

二、明确条件范围，规范申报程序

（一）开展相对集中行政处罚权工作的基本条件。集中行使行政处罚权机关，必须是本级政府直接领导的行政执法部门，不得作为政府某个部门的内设机构或者下设机构。集中行使行政处罚权机关所需经费由财政予以保障，执行收支两条线制度，所有收费、罚没收入全部上缴财政，不得作为经费来源。

（二）相对集中行政处罚权的范围。相对集中行政处罚权的重点是存在职责交叉、重复处罚和执法效率不高，严重影响政府形象的领域。主要包括：市容环境卫生、城市规划、城市绿化、市政管理、环境保护、工商行政管理、公安交通管理方面法律、法规、规章规定的行政处罚权。有条件的设区市、县（市）可适当扩大相对集中行政处罚权的范围。

（三）履行相对集中行政处罚权的申报程序。各地在准备开展相对集中行政处罚权工作前，要深入调查研究，充分论证，依照有关规定提出调整行政处罚权的具体方案。方案的主要内容包括：集中行使行政处罚权的范围，执法机关及执法队伍的组建方案，经费保障，管理体制，组织领导以及相关配套措施等。其中，有关机构编制方面的事宜，由机构编制部门按照国家有关规定和程序办理。

呈报省政府的文件包括：设区市政府关于《××市开展城市管理相对集中行政处罚权工作方案》的请示；设区市或县（市）关于开展城市管理相对集中行政处罚权工作方案；设区市和县（市）政府常务会议纪要。

直送省政府法制办的材料包括：除报送上述文件外，同时报送上一级机构编制部门意见及部门三定方案，集中行政处罚权相关依据（条款项）。

三、加强协调指导，落实责任分工

（一）设区市、县（市）相对集中行政处罚权工作领导小组要按照省政府（冀政〔2012〕83号）文件规定，及时组织召开会议，研究推进工作措施，提出上报县（市）的名单；对工作进展缓慢的县（市），要加强调度，协助解决有关问题。相对集中行政处罚权工作领导小组办公室要加强对本地推进相对集中行政处罚权工作的协调、监督和指导，密切关注各地推进相对集中行政处罚权工作情况，按时上报工作进度，总结推广工作经验，及时研究并提出解决有关问题的意见和建议，积极协助本级政府做好相关工作。

（二）2013年第二季度，省相对集中行政处罚权工作领导小组办公室将组织成员单位对各地已经开展相对集中行政处罚权工作进行专项检查，检查的重点是：国务院或者省政府批复的落实情况以及配套制度建设及执行情况。

（三）2013年5月底前，各设区市相对集中行政处罚权工作领导小组办公室对所辖地区相对集中行政处罚权工作开展情况进行一次自查，及时解决存在的问题。

（四）开展相对集中行政处罚权工作是贯彻落实省委、省政府“着力改善发展环境，着力改善生态环境”的重要举措，是贯彻落实省政府（冀政〔2012〕83号）文件的主要任务，各地一定要高度重视。要充分发挥新闻媒体的引导作用，采取多种途径、多种形式，广泛、深入宣传开展相对集中行政处罚权工作的重大意义、基本条件、集中的范围、程序步骤、推进措施，公布已经开展相对集中行政处罚权工作或者呈报工作方案的县（市）名单，报道工作经验等。积极营造舆论氛围，加快推进相对集中行政处罚权工作步伐。

河北省人民政府法制办公室关于加强政府法制工作服务保障两个环境建设的意见

（2012年11月7日）

根据省委、省政府印发的《关于着力改善发展环境的实施意见》、《关于着力改善生态环境的实施意见》（冀发〔2012〕19号，以下简称《实施意见》）的要求和任务分工，现就做好政府法制有关工作，服务保障“两个环境”建设提出如下意见：

一、加强和改进政府立法工作，为“两个环境”建设提供制度保障

（一）加快改善“两个环境”的政府立法。紧紧围绕“两个环境”建设编制2013年度立法计划和五年立法规划，制定完善加强政府建设、强化市场监管、保护企业权益、创新社会管理等改善发展环境和加强水土保持、湿地保护、风景名胜管理、尾矿安全监管、肥料管理等改善生态环境的地方性法规和政府规章。2012年完成制定《河北省海洋环境保护管理规定》和《河北省机动车排气污染防治办法》，2013年重点做好固体废物和辐射污染防治、白洋淀和衡水湖水污染防治的立法工作，健全生态保护的制度体系。对列入立法计划的项目，或者根据改善“两个环境”需要临时增加的立法项目，要举全办之力，加快工作进度，保证高质量完成任务。

（二）坚持科学立法、民主立法、依法立法。围绕改善“两个环境”依法科学设定立法内容，更加注重约束行政行为，保护市场主体和消费者合法权益。严格控制行政审批事项的设定，规范程序，缩短时限，减少环节。没有法律法规依据，一律不予设定行政事业性收费。科学设定法律责任，尽量不设罚款或者少罚款，注重发挥好有关部门的监督职责，督促其限期改正违法行为。完善公开征求意见、专家咨询、调查研究三项制度，对重大或关系人民群众切身利益的立法草案，采取听证会、论证会、座谈会或者利用报纸、网络向社会公布草案等形式，广泛征求公众意见，编制年度立法计划和五年立法规划要公开征集立法项目建议，保证人民群众的意见得到充分表达，合理诉求和合法利益得到充分体现。

（三）全面清理现行政府规章和规范性文件。会同有关部门成立联合清理小组，自2012年11月开始利用三个月时间，对全省现行有效的政府规章和规范性文件进行一次全面清理，重点对违法设定行政许可和行政审批、行政处罚、行政强制、行政收费等可能影响“两个环境”建设的内容进行审查清理，清理结果报经省政府批准后向社会公布。对清理后需要修改的政府规章及时列入立法计划予以修订。研究制定规章和规范性文件评估办法，建立立法后评估长效机制。对与上位法相抵触、不适应市场经济发展需要、不符合政府职能转变要求的政府规章和规范性文件及时修改或废止。

（四）认真做好规范性文件合法性审查工作。积极做好省委、省政府联合制定和省政府或者省政府办公厅制定的规范性文件的合法性审查工作，依法提出完善和规范的意见和建议。认真做好省政府有关决策事项的审查把关工作，提出切实可行的意见和建议。认真落实《河北省规范性文件制定规定》，严格执行“统一登记、统一编号、统一发布”制度，切实做好省政府各部门规范性文件的前置合法性审查工作，重点加强对行政处罚、行政许可、行政强制、行政征收、行政收费等影响管理相对人权益或增加其义务内容的审查，保证规范性文件合法有效。做好设区市政府规章和规范性文件的备案审查工作，切实做到有件必备、有备必审、有错必纠。

二、规范行政执法行为，为着力改善市场环境提供保障

（五）规范行政处罚自由裁量权。认真贯彻落实《河北省人民政府关于建立行政裁量权基准制度的指导意见》（冀政〔2010〕152号），督导各地各部门建立和完善行政裁量权基准制度，到2013年6月底实现全省各级各类行政执法部门制定行政处罚裁量标准全覆盖。细化行政处罚自由裁量权，压缩行政处罚自由裁量空间，规范行政处罚自由裁量权行使。以环保、交通、国土、住建、卫生等系统为重点，加大对行政处罚自由裁量基准制度落实情况的监督检查力度，每年组织一次专项检查，对落实不力的责令限期整改并通报全省。

（六）严肃查处乱罚款现象。按照《河北省制止乱收费、乱罚款、乱摊派的若干规定》和有关规定要求，会同省监察厅、省财政厅组成联合检查小组，每年开展一次专项行政执法监督检查活动，并采取接受举报、明查暗访等多种形式加强日常监督，重点查处下达罚款指标、罚没收入与行政事业收费挂钩、超出法律规定罚款、以罚代管等乱罚款、乱处罚现象。严格把好罚没许可证年检关，规范行政处罚主体，从源头杜绝滥用行政处罚权现象。结合行政处罚裁量权基准制度的制定和实施，指导行政执法部门建立行政处罚预警制度，积极倡导柔性执法，推广“三步式”执法方式，推行说理式文书，减少行政处罚。

（七）深入推行行政执法责任制。合理划分执法环节，分解执法权力，加强对行政执法行为的规范和制约。一要建立依法界定执法职责动态工作机制。督导各行政执法部门根据法律法规制定情况和机构改革情况，适时梳理执法依据和分解执法职权，做到执法依据明晰，执法岗位、执法职权、执法标准明确，执法责任落实，并将行政执法依据、标准、条件、程序、时限和结果等向社会公布，接受公众监督。二要完善行政执法程序，根据有关法律、法规、规章的规定，对行政执法环节、步骤进行具体规范，切实做到流程清楚、要求具体、期限明确。三要督导行政执法部门加强对行政执法人员行使职权和履行法定义务情况开展评议考核，并将评议考核结果作为执法人员奖励惩处、晋职晋级的重要依据。

（八）加快推进相对集中行政处罚权工作。认真贯彻落实《河北省人民政府关于进一步做好城市管理领域相对集中行政处罚权工作的意见》（冀政〔2012〕83号），积极稳妥地推进相对集中行政处罚权工作，分“三步走”，到2013年底实现市县全覆盖。一是已经具备开展相对集中行政处罚权工作条件的设区市、县（市）政府，于2012年12月31日前报省政府审查批复；二是基本具备条件的扩权县（市）、依法行政示范县（市）政府，于2013年6月底前报省政府审查批复；三是对尚未具备条件的其他县（市），加强督导，保证2013年12月底前报省政府审查批复。适时召开推进相对集中行政处罚权工作交流会、座谈会或协作会，推动这项工作的顺利开展。

三、加强行政执法队伍监督管理，提高行政执法能力，为着力改善法治环境提供保障

（九）大力整顿行政执法队伍。认真落实《河北省行政执法证件和行政执法监督检查证件管理办法》，加强对行政执法队伍的监管，定期或不定期开展专项检查，重点对行政执法人员资格制度落实情况、执法人员持证上岗和亮证执法以及证件年检情况进行检查，发现问题及时纠正。2013年组织开展全省行政执法证件和行政执法监督检查证件清理工作，对无资格在岗执法人员予以清退，对离岗、退休或不合格执法人员收缴销毁其执法证件，对不作为、乱作为的行政执法人员吊销其执法证件。加强对行政执法人员公共法律知识的培训和考试，每年组织一次新增行政执法人员执法资格培训考试和行政执法人员新法律法规培训。

（十）健全行政执法监督制度。建立行政执法统计报告制度，通过网络和计算机对执法信息数据进行汇总分析，发现行政执法中存在的问题，有针对性地开展监督工作。建立健全行政执法人员档案，及时记录其执法行为，准确掌握执法人员数量和每个执法人员的执法动态。建立重大行政行为备案制度，加强对行政处罚、行政许可、行政强制等重大行政行为的事后监督，促进行政执法机关及其执法人员严格规范公正文明执法。

（十一）严格行政执法过错责任追究。完善投诉举报制度，制定《关于行政执法投诉举报案件事项办理工作规范》，积极受理和认真查处群众投诉举报案件，并以适当方式反馈查处结果。严格落实《河北省行政执法过错责任追究办法》，对在行政执法案卷评查、重大行政处罚决定备案审查、新闻媒体披露和群众投诉举报中发现的行政不作为、乱作为行为进行专项查处，会同省监察厅对有关责任主体实施责任追究，切实做到有错必究、有责必问。统一投诉举报事项办理、行政执法监督检查、行政执法过错责任追究格式文本，规范行政执法监督和过错责任追究工作。

（十二）加强典型案例剖析和通报。每年至少组织开展一次行政执法案卷评查活动，通过市、县互查互评，针对具体问题提出改进行政执法工作的意见和建议。对典型案例和带有普遍性问题的案例进行分析，指导行政执法部门规范执法行为。

四、加强行政复议和行政调解，积极化解行政争议，为改善社会环境服务

（十三）加强和和改进行政复议工作。大力宣传行政复议制度，积极引导公民、法人和其他组织通过行政复议解决行政纠纷。完善行政复议与信访衔接机制，将符合行政复议受理条件的信访案件引导到行政复议程序中解决。创新行政复议工作机制，综合运用书面审查、实地调查、听证、质证和专家咨询等手段，彻底查清事实，依法作出决定，切实提高办案质量。加强复议案件分析，针对复议案件中发现的行政执法存在的普遍性问题，提出改进行政执法工作的建议，制发改进行政执法建议书，督促有关执法部门整改。认真落实10月30日省政府调度会议要求，加强协调调度，做好27件涉及土地案件的督办工作，并将结果报告省政府。对全省落实行政复议规范化建设情况进行检查，提高全省行政复议工作水平。

（十四）努力做好行政调解工作。积极发挥政府法制机构在行政调解中的牵头作用，加大对各地各部门开展行政调解工作的组织指导力度，提高行政调解率。加强对行政调解范围、行政调解程序、行政调解与司法调解和人民调解的衔接、行政调解监督与权利救济等问题的研究，不断规范行政调解工作。

五、加强考核和督导，加大推进依法行政工作力度

（十五）切实做好依法行政考核工作。认真贯彻落实《河北省依法行政考核办法》，组织实施对各地各部门的依法行政考核工作，积极做好依法行政考核与绩效管理考核的衔接工作，考核结果报省委组织部作为对领导班子及领导干部综合考核评价的重要依据。根据省政府批准下发的《2012年度依法行政考核指标》，认真制定2012年度依法行政考核方案和评分标准，以“增强决策的透明度和公众参与度”、“规范行政处罚行为”、“加强执法能力建设”等与改善发展环境目标任务相关的内容作为考核重点，组织协调有关部门实施好2012年度全省依法行政考核工作，保证2013年一季度完成考核任务。

（十六）加强对市县政府依法行政工作督导。认真开展调查研究，针对市县政府在依法行政中存在的突出问题和薄弱环节，研究制定具体措施。围绕政府法制机构如何在着力改善两个环境中发挥职能作用进行深入研究，完成好我省“创新社会管理政策法规研究”课题，加强对近年来河北省土地纠纷复议应诉的案例分析，提出意见和建议，为推进依法行政、服务保障“两个环境”建设提供理论支持。

（十七）认真落实领导干部学法制度。根据省政府领导干部学法制度的要求，积极协助省政府办公厅组织好领导干部学法活动，每年组织不少于两次的集体学习。2013年上半年请国务院法制办领导就贯彻十八大精神、深入推进依法行政作一次形势报告；下半年请有关专家就行政复议法或者行政强制法进行讲解。会同河北行政学院每年组织两期领导干部依法行政研讨班，对各地各部门领导干部进行依法行政知识轮训。

六、加强组织领导，确保各项工作任务落到实处

（十八）建立工作责任制。成立法制办着力改善发展环境、着力改善生态环境工作领导小组，党组书记边黎明任第一组长，主任秦博勇任组长，党组副书记、副主任王桂海和党组成员、副主任石玉林以及副巡视员任智勇任副组长，各处处长为领导小组成员。领导小组办公室设在秘书处，负责具体组织协调工作。根据省委、省政府《实施意见》的分工，将我办负责牵头和参与办理的工作分解到处落实到人，建立严格的工作责任制。办主要领导亲自抓、负总责，分管领导具体抓，责任处和工作人员具体负责落实，相关处之间加强协调配合，一级抓一级，层层抓落实。各处、中心要根据分工，制定工作计划，细化工作流程，明确完成时间，确保各项目标任务圆满完成。健全目标考核机制，与年度个人考评挂钩，严格落实奖惩。

（十九）加强督促指导。建立涉及我办改善“两个环境”任务分解完成情况月报制度，各处、中心每月底要将当月工作完成情况经主管领导审视后报办着力改善两个环境工作领导小组办公室，由办公室汇总后报办主要领导。办领导要及时掌握各处、中心工作进展动态，加强沟通协调和督促指导，帮助解决工作中遇到的困难和问题，对重要工作要跟踪问效。办领导小组办公室要加强综合调度、分类指导、督促检查，总结推广工作经验。

（二十）加大宣传力度。对我办提出的贯彻落实省委、省政府《实施意见》的具体措施和有关工作进展情况以及取得的成效，要及时向省委、省政府两办报告，通过新闻媒体进行广泛宣传，同时大力宣传各地各部门法制机构服务保障“两个环境”建设的新举措和涌现出的先进典型，努力营造推进依法行政、改善“两个环境”的良好社会氛围。

附件：1. 省政府法制办工作任务细化分工表（略）
2. 省政府法制办着力改善发展环境着力改善生态环境工作领导小组名单（略）

河北省人民政府法制办公室关于印发《河北省行政执法监督文书》格式样本的通知

（2012年12月31日）

各设区市政府法制机构，省政府各部门法制机构：

为全面贯彻落实省委省政府关于着力改善发展环境和生态环境的相关要求，统一、规范行政执法监督所用文书格式，强化行政执法监督力度，进一步规范行政执法行为，我办制定了《河北省行政执法监督文书》格式样本，现印发给你们，请认真遵照执行。

附件：《河北省行政执法监督文书》（略）

河北省人民政府法制办公室关于报送2012年工作总结和2013年工作安排意见暨2012年行政复议工作情况的报告

（2013年1月8日）

省人民政府：

按照国务院《全面推进依法行政实施纲要》和《关于加强法治政府建设的意见》的要求，我们对2012年以来政府法制工作进行了总结，并研究制定了2013年的工作意见，起草了《河北省人民政府法制办公室关于2012年工作总结和2013年工作安排意见》。此外，为便于省政府领导掌握一年来行政复议工作的情况，起草了《河北省人民政府法制办公室关于2012年行政复议工作情况的报告》，一并上报，请阅示。

附件：1.《河北省人民政府法制办公室关于2012年工作总结

和2013年工作安排意见》

2.《河北省人民政府法制办公室关于2012年行政复议工作情况的报告》

附件1

河北省人民政府法制办公室关于2012年工作总结和2013年工作安排意见

一、2012年工作总结

在省委、省政府的正确领导下，在国务院法制办的具体指导下，我办认真学习贯彻党的十八大会议精神，全面落实科学发展观要求，紧紧围绕“着力改善发展环境、着力改善生态环境”和实现“建设经济强省、和谐河北”战略目标，以全面推进依法行政、加快建设法治政府为主线，突出政府立法重点，加大行政执法监督力度，强化行政复议和行政调解工作，求真务实、团结协作，较好地完成了工作任务。

（一）全面推进依法行政工作得到进一步加强。2月8日，省委常委会第一次围绕“和谐河北与依法行政”组织集体学习，张庆黎书记作重要讲话强调，推进依法行政，思想认识要提高，法律意识要增强，法律学习要跟上，依法行政要自觉，保障措施要完善。4月10日，张庆伟省长在省政府第六次全会举办法制讲座后作重要讲话要求，坚持科学行政、民主行政、依法行政，推动政府工作不断迈上新台阶。我办以此为契机在全省政府法制机构开展了学习贯彻省委、省政府主要领导讲话精神系列活动，营造了良好的氛围。办主要领导带领工作组到各设区市和部分县（市、区）的政府法制机构督导贯彻落实情况并就推进依法行政深入调研。经省政府批准，调整充实了全面推进依法行政工作领导小组成员，强化领导小组办公室的职责，进一步加强推进依法行政的组织领导。4月16日，召开全面推进依法行政工作领导小组成员单位会议，认真总结全省2011年依法行政考核情况，对全省推进依法行政工作作出部署。5月15日省政府召开第105次常务会议，专门听取了依法行政考核工作的情况汇报，肯定成绩，明确要求，研究通过了我办报送的《2011年度依法行政工作考核情况的报告》，并决定以省政府名义通报表彰考核成绩优秀的石家庄市、唐山市等6个设区市政府和省监察厅、省发展和改革委等30个省直部门。5月21日，我办专门组织召开全省法制办主任工作会议，办主要领导听取了各设区市法制办主任的工作汇报，对如何深入推进全省依法行政工作、完成好年度工作任务进行研究和部署。为谋划开展好2012年的考核工作，我们起草了《2012年度依法行政考核指标》报省政府，省政府以办公厅文件形式印发了该考核指标（办字〔2012〕99号），考核指标突出依法行政总要求、突出年度工作重点、突出责任落实、增强针对性和可操作性，对考核工作要求更加明确。为学习借鉴省外推进依法行政的经验，6月底我们在秦皇岛市成功主办了环渤海区域政府法制工作研讨会，以“推进依法行政与优化发展环境研究”为主题，与环渤海6个省级政府法制办共同研究和交流了深入推进依法行政工作做法和经验。在办领导班子的带领下，全办认真学习贯彻省委、省政府关于“着力改善发展环境、着力改善生态环境”的一系列会议精神，通过办领导班子工作会议、党组扩大会议和党组理论学习中心组学习会议，统一思想提高认识，结合实际深入研究新形势下如何做好政府法制工作，制定了我办《关于加强政府法制工作服务保障两个环境建设的意见》（冀法〔2012〕23号），明确提出20项围绕两个环境建设加强政府法制工作的具体措施，有计划分步骤加以落实，全面推动并促进了全省依法行政工作。

（二）政府立法工作成绩显著。认真谋划编制年度立法计划，加强调查研究和论证，广泛征求意见建议，高质量完成了地方性法规草案、政府规章25件，其中，地方性法规草案5件，政府规章20件。一是以“着力改善发展环境，着力改善生态环境”为主题，围绕我省改革发展亟待解决的突出矛盾，从促进政府职能转变，维护、实现、发展广大人民群众利益出发，筛选立法项目，提高立法计划的针对性和有效性。在起草、修改立法草案过程中，把发展循环经济、建设节约型社会、加强环境和资源保护、促进民营经济发展、促进城乡发展和完善社会保障等方面的制度建设作为重点，着力解决影响两个环境的突出问题，完成了《河北省海洋环境保护管理规定》、《河北省机动车排气污染防治办法》、《河北省港口岸线管理规定》和

《河北省地方教育附加征收使用管理规定（修订）》等相关法规草案和政府规章草案的审查修改工作。针对今年7月底我省多次大范围降雨，为及时做好应对暴雨灾害工作，按照省政府主要领导指示要求，在沈小平副省长带领下，我办组织人员与省气象局等有关部门组成立法小组，在较短时间内抓紧起草《河北省暴雨灾害防御办法》，经省政府研究通过，该办法作为应急处置依据，在应对台风“达维”中得到较好实施，有效减轻了灾害损失。这也是全国首部省级暴雨灾害防御的政府规章，是气象灾害防御工作的一项重大制度创新。在此基础上10月完成了《河北省气象灾害防御条例（草案）》的审查修改工作，12月又制定出台了《河北省暴雪大风寒潮大雾灾害防御办法》，建立健全了我省气象灾害防御的一整套制度。坚持依法立法，消减规范行政权力，简化办事程序，从源头上防止乱收费乱罚款。通过规范行政行为保护市场主体的合法权益，增强法律规范的可操作性。二是始终把提高立法质量作为根本要求。依照有关法律法规对地方性法规草案和政府规章草案进行认真审查，结合本省实际确定具体内容，既确保法制统一，又突出地方特点。注重加强调查研究，广泛听取有关部门、基层干部群众特别是管理相对人的意见建议，保证草案充分体现规律要求，符合人民意愿，解决实际问题。扩大公众参与程度，适时将草案内容通过燕赵都市报、河北政府法制信息网等媒体公开征求公众意见，在涉及民生较多内容的国有土地上房屋征收和补偿、燃气管理、餐厨废弃物管理和机动车排气污染防治的立法过程中，及时将草案通过新闻媒体公开征求公众意见，让更多的群众参与政府立法。同时将合理的意见建议吸收到草案中。今年共召开立法论证会26次，组织省政府专家咨询委员会成员专题研究立法项目3次，在网上和其他新闻媒体上公开征求群众意见，收集群众意见320多条，立法工作质量得到新的提高。三是大力抓好规章规范性文件清理工作。11月专门召开全省清理工作会议，利用两个月时间，对全省政府规章和规范性文件进行集中清理，明确了清理范围和重点以及完成的目标任务。成立清理工作领导小组，组成由省发改委、省财政厅、省物价局等部门和我办有关人员参加的联合审查组，对各市政府和省政府各部门的清理结果进行审查。目前清理工作已经在全省展开。

（三）行政执法监督工作得到强化。一是狠抓执法监督检查。在上半年与省监察厅联合开展三类事项监督检查活动的基础上，专门印发《关于开展规范行政执法行为优化发展环境专项监督检查的通知》，与省监察厅组成联合检查组利用一个月时间对各设区市79个执法部门和159个县（市、区）的执法部门进行了检查，电话回访管理相对人30人次，发现存在的问题300多个，基本掌握了全省行政执法工作现状。同时，及时开展了执法监督指导，对存在问题进行了纠正和解决，并就普遍存在的问题向省政府报告了改进行政执法的建议。二是深入推进行政处罚裁量基准制度。认真贯彻落实省政府《关于建立行政裁量权基准制度的指导意见》（冀政〔2010〕152号），积极推进各级各部门建立健全裁量权基准制度，今年以来，省直30个行政执法部门和各设区市政府绝大部分执法部门已经建立了行政处罚裁量基准制度。许多地方采取有效措施强化制度落实，如廊坊市在全市推行“三步式”执法程序，即：对初次违法的管理相对人先行教育规范，再限期整改，最后依法处罚；邯郸市政府通过立法规范行政处罚自由裁量权，明确了细化量化规则、行为规则和监督规则。通过建立健全行政裁量权基准制度，有力压缩了执法自由裁量空间，保证行政执法的公正和规范。三是全面推进相对集中行政处罚权工作。报省政府批准，印发了省政府《关于进一步做好相对集中行政处罚权工作的意见》（冀政〔2012〕83号），对全省加快推进相对集中行政处罚权工作进行了动员部署，明确时限，实现城市管理领域相对集中行政处罚权工作在市县全覆盖。四是积极推进行政执法信息化建设。争取财政支持100万元专项资金，通过政府采购方式，建设行政执法依据和行政执法人员数据库，加强对行政执法依据和行政执法人员信息的动态管理，强化监督手段，保证执法依据和执法人员信息真实可靠，实现信息化管理。五是召开全省法制监督工作会议。9月中旬组织召开全省法制监督工作会议，对今年部署的依法行政考核、规范行政执法行为和开展相对集中行政处罚权工作进行调度，明确了抓工作落实的要求。为强化指导，办主要领导分别带队到唐山、沧州等市组织督导调研，确保监督工作各项措施的落实。

（四）规范行政执法行为措施更加有力。一是报请省政府批准，及时修订《河北省行政执法证件和行政执法监督检查证件管理办法》。对有关换证内容作了修改，保证证件使用科学合理，满足执法需要。二是制定《关于加强行政执法证件监督管理工作意见》，对全省近28万名行政执法人员使用证件作出规范，解决越权执法、无证执法、不亮证执法等执法不规范问题。三是建立持证情况定期上报制度，及时向各设区市政府和省直执法部门印发通知，对证件管理工作提出要求，建立证件使用情况定期上报制度，解决证件申领不规范、执法人员信息和数量底数不清、证件年检迟漏问题。四是部署并抓好全省新增行政执法人员培训。11月底，专门印发通知，加强对新增行政执法人员培训，保证行政执法人员规范、公正、文明执法。

（五）行政复议能力和行政调解工作水平得到提升。依法办理行政复议案件，切实履行行政应诉职责，进一步加大对市县开展行政复议的指导力度。一是较好地完成行政复议、应诉任务。2012年共办理行政复议案件59件，已经审查终结35件，尚未审结24件。在已审结的案件中，作出维持决定的25件，作出撤销决定的1件，作出责令履行法定职责决定的1件，因调解、和解以及被申请人自行纠错后申请人撤回行政复议申请，决定终止行政复议的5件。通过行政复议工作，依法维护了申请人的合法权益，纠正了行政机关违法和不当的行政行为，较好地发挥了行政复议职能。全年办理以省政府为被告的行政应诉案件30件；向国务院申请裁决案件12件，均为对省政府征地批复不服的案件，其中维持的3件，终止的1件，正在审理的8件。针对今年重大案件多、案情复杂的特点，办领导高度重视，积极组织高层协调，及时向省委、省政府汇报。省政府领导重视复议案件办理，12次听取案情汇报，7次组织召开调度会，保证了案件能够依法妥善得到解决，促进了各级行政复议工作的有效开展。同时，办案人员坚持依法公正办理案件，严格办案程序，做到案结事了。二是加大行政调解工作力度。坚持案前先行调解，把调解贯穿于办案过程中，做到应调尽调。特别是对一些重大、复杂和敏感的群体性案件，做到了把行政调解放在首位。今年衡水市桃城区105名申请人对省政府的征地批复不服申请行政复议，经多次深入耐心细致的调解，得到了申请人的理解，全部自愿撤回申请，纠纷得到圆满解决。我们还主动协调有关部门和企业帮助一些生活困难的申请人解决存在问题，维护了当事人的合法权益。据不完全统计，今年仅省本级立案前调解的案件达36件。三是切实加大指导力度。贯彻国务院《关于进一步加强行政复议工作规范化建设的实施意见》，起草并以省政府办公厅文件转发了《河北省行政复议工作规范化建设标准》，5月底召开全省行政复议工作会议，重点部署推进复议规范化建设工作。11月中旬组织对各级政府法制机构落实规范化建设标准情况检查，重点推进复议办案基础条件的落实。积极推进行政复议委员会试点工作。在全省介绍廊坊市开展行政复议委员会的做法，7月在廊坊举办由各设区市法制办主任和复议处（科）长参加的办案现场观摩会，并对各市推行行政复议委员会的情况进行了跟踪了解和调研。四是加强复议工作制度建设。研究起草了行政复议工作人员守则、重大复杂案件会审制度、行政复议答复和行政应诉办法、行政复议案件责任追究制度等，草案基本成熟，经批准后下发，指导基层做好行政复议工作。

（六）规范性文件审查和备案工作卓有成效。贯彻落实《河北省规范性文件制定规定》，较好地完成了规范性文件合法性审查和备案工作，完成了省政府各部门报送前置合法性审查文件109件，对78件提出了审查修改意见，因违法或时机不成熟不予发布的5件；完成各设区市政府报送备案审查的规章和规范性文件140件，建议纠正的5件。一是严把前审关，对涉及政府重大项目、重大公共基础设施、公用事业价格调整等内容的规范性文件，在审查合法性同时兼顾合理性审查，严格要求相关部门落实规范性文件制定必经的有关程序，保证规范性文件合法有效；二是提高审查覆盖面。在加强对部门规范性文件审查同时，对部门所属的行业协会等事业单位名义或党委政府联合发文等规范性文件加强了审查，督促有关部门自行纠正了突破国家规定、扩大管理权限的有关违规问题。做到了有件必报，有报必审，有错必纠。三是加强了对市、县规范性文件制定审查的指导，编写印发了《规范性文件制定18问》读本，指导各地各部门开展规范性文件审查工作。

（七）法制宣传教育工作取得新成果。一是积极推进领导干部学法。配合省委、省政府两办举办八届省委常委会第一次集体学习活动和省政府全会的学法讲座做了相关工作；请省政协常委、时任法制办主任张国钧为省政府第六次全会作了题为《依法行政八题》的讲座，随后制发通知，要求各地各部门举办领导干部依法行政专题讲座，今年以来11个设区市政府、20多个省直部门都举办了法制讲座，增强各级领导干部的法治意识。在河北行政学院成功举办了两期领导干部依法行政专题研讨班，培训市县政府领导干部78人，提高市县政府领导依法行政的素质和能力。二是谋划并圆满完成了全省依法行政集中采访活动。7月至9月，利用50多天组织中央驻冀新闻媒体和我省主要新闻媒体的记者到依法行政优秀单位进行采访报道，刊发报道近百篇，取得了很好效果，进一步浓化了依法行政氛围。江波省长助理对这次集中采访活动给予高度评价，批示："省法制办依法行政的宣传工作棋高一着，很有看点。"三是继续办好一报一刊一网。今年以来加强了与河北法制报社合作，办好《政府法治周刊》，全年刊发49期。办报质量进一步提高，一些情况报道得到了省长助理江波的重视，如刊登廊坊市开展行政复议委员会的做法，得到江波的批示："廊坊复议工作颇有特色，值得各地借鉴学习。"充分发挥"河北政府法制信息网"在互联网上宣传政府法制的作用。开通规章草案网上征求意见功能和受理公众法制咨询和投诉功能，及时宣传省政府法制工作最新动态，全年刊登信息1500多条。认真做好平时的信息收集整理和报送工作，编发《政府法制动态》62期、《政府法制工作简报》8期。向省委、省政府以及国法办信息中心报送信息近千条，有10多条得到有关领导的批示。2012年因报送信息工作突出，得到国务院法制办通报表扬，连续6年受到国务院法制办表彰。主管法制工作的江波省长助理批示："今年我省法制信息报送工作做得出色，相信明年更值得期待。"四是注重加强政府法制理论研究，开展了"推进依法行政改善发展环境"征文活动，对130篇获奖论文作者通报表彰。编辑出版《建设法治政府的探索与思考》、《2011年政府法制工作发展报告》。完成了《河北法制年鉴（2012卷）》的编纂工作。

（八）学习型机关建设水平和干部队伍素质不断提高。一是大力开展建设学习型机关活动，抓好理论学习，不断提高处以上干部的思想政治觉悟，全面提高工作人员能力和素质。今年重点组织学习省第八次党代会精神，学习张庆黎书记今年以来的一系列重要讲话，学习张庆伟省长就做好政府法制工作所作的一系列重要指示。办党组书记边黎明就如何提高思想政治素质专门为全办干部职工授课。办党组定期组织中心组理论学习，注重提升领导干部的思想政治素质。在全办采取一系列措施认真学习贯彻党的十八大会议精神。二是深入开展基层建设年活动。明确一名厅级干部负责驻村工作，选派优秀干部骨干组成工作组，到帮扶村开展工作，解决基层生产生活问题，办主要领导定期听取汇报，研究帮扶工作，多次带队到联系点调研。从年度公用经费中挤出10万元作为村里修路启动经费，解决了村里的难题。作为省驻保定望都扶贫工作队队长单位，组织扶贫工作队及时进点开展工作，为我办帮扶的两个村制定了扶贫开发规划，协调资金各50万元作为扶贫项目经费。三是深化创先争优活动成果，制定了创先争优活动长效机制。在省直机关"走在前作表率"主题实践活动中受到省直工委的表扬，在省直工委表彰创先争优活动优秀成果中我办获得三等奖。四是努力提升干部队伍综合素质。专门印发《省法制办实施领导干部思想政治素质提升工程方案》和《省法制办落实〈关于关心干部心理健康提高干部心理素质教育的意见〉实施方案》。组织处、科级干部到省委党校和河北行政学院参加学习培训，组织干部到外省法制办开展学习交流，努力提升干部的综合素质。

2012年4月，按照省委、省政府的命令，我办主要领导调整，由新到任的党组书记边黎明和主任秦博勇接替原党组书记、主任张国钧。办领导由4人增加为5人，我办的领导力量得到加强。我办新领导班子按照省委"一个好的精神状态、一个好的工作作风、一个好的工作业绩"的要求，带领全办干部职工围绕大局发挥政府法制服务保障作用，扎扎实实谋划推进政府法制工作，得到了省委、省政府领导的重视和肯定。我办认真学习贯彻八届省委常委会第一次集体学习会议精神的情况报告报省委后，张庆黎书记批示："重视程度高，抓得早，抓得好。"张庆伟省长在2012年元旦来临之际，专门听取我办领导班子的工作汇报，并对进一步推进法治政府和服务型政府建设发表了重要意见。杨崇勇常务副省长和主管法制的江波省长助理曾先后到我办开展调研，对做好政府法制工作提出明确要求。杨崇勇常务副省长在我办报送的年度情况报告上批示："过去一年省法制办工作富有成效，今年要按照省党代会和两会要求在建设法治政府方面取得新进展。"江波省长助理对我办开展行政复议委员会办案现场会和依法行政集中宣传报道活动都作了肯定性批示。省第八次党代会报告把"全面推进法治政府建设和依法行政"作为实现建设经济强省、和谐河北目标的重要措施予以明确。省委、省政府出台着力改善发展环境、着力改善生态环境的两个《实施意见》明确赋予我办五项工作任务，充分表明省委、省政府对法制机构在服务保障全省改革发展稳定大局中高度重视并赋予重任，是对全办干部职工的鼓舞和鞭策。在总结成绩的同时，我们也正视全省政府法制工作还有一些薄弱环节和差距，一是一些地方和部门对依法行政的重要性和紧迫性认识不足，行政机关工作人员依法行政的意识和能力有待进一步提高；二是政府法制监督的机制不健全，监督力度还较弱，不作为乱作为的问题未能及时有效得到纠正；三是行政执法的能力还有待提高；四是行政复议的规范化建设水平需要大力提高，行政调解工作有待进一步加强；五是政府法制机构特别是市县两级的机构编制和队伍力量比较薄弱，已经很不适应当前形势和任务的需要。

二、2013年工作安排意见

2013年政府法制工作的基本思路是：深入学习贯彻党的十八大和省第八次党代会及八届三次全会精神，以邓小平理论、"三个代表"重要思想、科学发展观为指导，以2020年基本建成法治政府为奋斗目标，以事关全面建成小康社会的体制机制创新和解决影响"两个环境"建设的突出问题为突破口，以提高领导干部运用法治思维和法治方式深化改革推动发展化解矛盾维护稳定能力、加强重点领域立法、加强行政执法监督、强化行政复议和行政调解为着力点，以加强政府法制队伍建设为基础，解放思想，开拓进取，真抓实干，努力实现政府法制工作新跨越，为建设经济强省、和谐河北提供法治保障。

（一）加强和改进政府立法，为建设经济强省、和谐河北提供制度保障。

1. 加快重点领域的政府立法。紧紧围绕党的十八大和省委八届三次全会的工作部署，编制2013年度省政府立法工作计划和五年立法规划，把推进发展方式转变、强化市场监管、防治环境污染、保护自然资源、发展循环经济、加强社会管理、维护企业公民合法权益、加强政府自身建设等方法的立法作为立法重点，努力为省委省政府重大决策部署的贯彻落实提供制度保障。3月底前完成编制工作。对列入立法计划的项目，或者根据改善"两个环境"需要，经省政府批准增加的立法项目，要举全办之力，加快工作进度，保证高质量完成任务。

2. 坚持科学立法、民主立法、依法立法。要按照有利于调动人民群众积极性和创造性、激发社会活力和竞争力、解放和发展生产力、维护社会公平正义、规范权力运行的要求，依法科学设定立法内容，更加注重约束行政行为，保护市场主体和消费者合法权益。合理设定法律责任，尽量不设罚款或者少设罚款，注重发挥有关部门的监督职责，多措并举，督促有关管理相对人限期改正违法行为。建立专家参与立法或委托专家起草地方性法规规章草案制度，充分发挥专家在政府立法中的作用。完善调查研究和公开征求意见制度，采取听证会、论证会、座谈会等形式广泛征求立法草案意见，所有政府规章和重要地方性法规草案都要通过新闻媒体向社会公开征求意见，并建立征求意见吸收情况说明制度，保证人民群众的合理诉求和合法利益得到充分体现。严格依照法定权限、法定程序和上位法的规定立法，维护法制统一。

3. 全面清理现行政府规章和规范性文件。按照省政府的部署，按时完成对现行政府规章和规范性文件的清理任务，重点对违法设定行政许可、行政处罚、行政强制、行政收费等可能影响发展环境建设的内容进行审查清理，清理结果经同级政府批准后向社会公布。对清理后需要修改或废止的政府规章和规范性文件及时修订或废止。同时，选择与着力改善两个环境关系密切的政府规章开展立法后评估，并研究制定规章和规范性文件评估办法，建立立法后评估长效机制。

（二）认真做好规范性文件审查工作，当好政府依法行政的参谋助手。

4. 做好政府规范性文件和重大决策事项的审核把关工作。积极做好党委、政府联合制定和政府或者政府办公厅（办公室）制定的规范性文件的合法性审核工作，依法提出完善和规范的意见和建议。认真做好政府有关重大决策事项的合法性、合理性、科学性审查把关工作，提出切实可行的意见和建议，促进科学民主依法决策。

5. 做好部门规范性文件前置合法性审查工作。认真落实《河北省规范性文件制定规定》，严格执行“统一登记、统一编号、统一发布”制度，切实做好政府各部门规范性文件的前置合法性审查工作，重点加强对行政处罚、行政许可、行政强制、行政征收、行政收费等影响公民、法人和其他组织权益或增加其义务内容的审查，保证规范性文件合法有效。

6. 做好政府规章和规范性文件的备案审查工作。有立法权的设区市政府制定公布政府规章后，要按规定时限和要求报送备案。设区市、县（市、区）、乡镇人民政府制定公布规范性文件后，要按规定及时报上一级政府备案。接受备案的有关人民政府的法制机构要依法认真审查，并加强对政府规章和规范性文件报备工作的督促检查，切实做到有件必备、有备必审、有错必纠。要认真做好政府规章的译审工作。

（三）强化行政执法监督，促进行政机关严格规范公正文明执法。

7. 规范行政处罚自由裁量权。认真贯彻落实省政府《关于建立行政裁量权基准制度的指导意见》（冀政〔2010〕152号），建立和完善行政裁量权基准制度，到2013年6月底保证全省各级各类行政执法部门都制定出台行政处罚裁量标准。以环境保护、交通运输、国土资源、住房和城乡建设、卫生等系统为重点，加大对行政处罚自由裁量基准制度落实情况的监督检查力度，年中组织开展专项检查，对落实不力的责令限期整改并通报全省。

8. 严肃查处乱罚款现象。按照《河北省制止乱收费、乱罚款、乱摊派的若干规定》和有关规定要求，会同省监察厅、省财政厅组成联合检查小组，开展一次专项行政执法监督检查活动，并采取接受举报、明查暗访等多种形式加强日常监督，重点查处下达罚款指标、罚没收入与行政事业收费挂钩、超出法律规定罚款、以罚代管等乱罚款、乱处罚现象。严格把好罚没许可证年检关，规范行政处罚主体，从源头杜绝滥用行政处罚权现象。结合行政处罚裁量权基准制度的制定和实施，指导行政执法部门建立行政处罚预警制度，积极倡导柔性执法，推广“三步式”执法方式（对初次违法者先进行教育、再限期整改、最后依法处罚），推行说理式文书，大力推进文明执法。

9. 深入完善行政执法责任制。一是建立依法界定执法职责动态工作机制。督导各行政执法部门根据法律法规制定情况和机构改革情况，适时梳理执法依据和分解执法职权，做到执法依据明晰，执法岗位、执法职权、执法标准明确，执法责任落实，并将行政执法依据、标准、条件、程序、时限和结果等向社会公布，接受公众监督。二是完善行政执法程序，根据有关法律、法规、规章的规定，对行政执法环节、步骤进行具体规范，切实做到流程清楚、要求具体、期限明确。三是督导行政执法部门加强对行政执法人员开展评议考核，并将评议考核结果作为执法人员奖励惩处、晋职晋级的重要依据。四是建立完善投诉举报制度，积极受理和认真查处群众投诉举报案件，并及时反馈查处结果。五是认真落实《河北省行政执法过错责任追究办法》，对在行政执法案卷评查、重大行政处罚决定备案审查、新闻媒体披露和群众投诉举报中发现的行政不作为、乱作为行为进行专项查处，对有关责任主体实施责任追究，切实做到有错必究、有责必问。严格落实国务院关于行政执法与刑事司法衔接制度。

10. 加快推进相对集中行政处罚权工作。认真贯彻落实《河北省人民政府关于进一步做好城市管理领域相对集中行政处罚权工作的意见》（冀政〔2012〕83号），积极推进相对集中行政处罚权工作，到2013年9月底前基本完成市县全覆盖，12月底前全面实现全省市县全覆盖。上半年召开全省推进相对集中行政处罚权工作会议，总结交流贯彻落实省政府《意见》的情况，推动这项工作深入开展。

11. 健全行政执法监督制度。一是建立行政执法统计报告制度，通过网络和计算机对执法信息数据进行汇总分析，发现行政执法中存在的问题，有针对性地开展监督工作。二是建立健全行政执法人员档案，及时记录其执法行为，准确掌握执法人员数量和每个执法人员的执法动态。三是建立重大行政行为备案制度，加强对行政处罚、行政许可、行政强制等重大行政行为的事后监督，促进行政执法机关及其执法人员严格规范公正文明执法。四是完善行政执法案卷评查制度，年内组织一次行政执法案卷评查活动，针对具体问题提出改进行政执法工作的意见和建议。五是加强典型案例剖析和通报，指导行政执法部门规范执法行为。

12. 大力整顿行政执法队伍。严格落实《河北省人民政府法制办公室关于加强行政执法证件监督管理的意见》（冀法〔2012〕24号），加强对行政执法队伍的监管，定期或不定期开展专项检查，重点对行政执法人员资格制度落实情况、执法人员持证上岗和亮证执法以及证件年检情况进行检查，发现问题及时纠正。继续组织开展全省行政执法证件和行政执法监督检查证件清理工作，对无资格在岗执法人员予以清退，对离岗、退休或不合格执法人员收缴销毁其执法证件，对不作为、乱作为的行政执法人员吊销其执法证件。各地各部门要建立和完善行政执法证件管理电子档案和可查询持证人员的电子数据库，加强对行政执法人员的动态管理。加强对行政执法人员公共法律知识的培训和考试，组织开展新增行政执法人员执法资格培训考试和行政执法人员新法律法规培训。8月组织开展城市管理领域行政执法人员培训，提高城市管理执法水平。

（四）加强行政复议工作，充分发挥行政复议在化解行政争议、维护社会稳定中的作用。

13. 创新政复议工作机制。一是加强制度建设，重点是进一步健全与司法机关的协调沟通制度、建立行政复议答复和应诉制度、细化和完善行政复议机构内部工作制度。二是大力宣传行政复议制度，积极引导公民、法人和其他组织通过行政复议解决行政纠纷。完善行政复议与信访衔接机制，将符合行政复议受理条件的信访案件引导到行政复议程序中解决。三是综合运用书面审查、实地调查、听证质证和专家咨询等手段，彻底查清事实，依法作出决定，切实提高办案质量。四是注重运用调解、和解方式办案，提高调解结案率，切实做到案结事了。各地要加强把调解作为行政复议前置条件的探索，适时组织召开经验交流会进行推广。五是加强复议案件分析，针对复议案件中发现的行政执法存在的普遍性问题，提出改进行政执法工作的建议，制发改进行政执法建议书，督促有关执法部门整改。

14. 加强行政复议监督指导工作。一是在2013年3月底，召开全省行政复议工作会议，传达贯彻全国行政复议年度工作会议精神，通报全省行政复议规范化建设情况，对2013年的行政复议工作进行安排部署。加大调研力度，提出进一步健全行政复议机构和提高行政复议能力的意见建议，推动市县两级行政复议机构建设，今年年底前各县（市、区）做到至少有2名以上行政复议工作人员。大力推进行政复议规范化建设，结合依法行政考核工作，开展行政复议规范化大检查，并对检查结果予以通报。积极推进行政复议试点工作，在有条件的设区市、县（市、区）开展行政复议委员会试点。

（五）认真履行牵头职责，推动行政调解工作深入开展。

15. 健全工作机制。成立有行政调解职能的主要行政执法部门参加的省行政调解机构，指导和协调全省行政调解工作。各地各部门也要建立健全行政调解机构，积极开展行政解调工作。要完善行政调解制度，明确行政调解的范围、程序和效力。注重行政调解与司法调解、人民调解的衔接，有效整合调解资源，实现优势互补，提高调处效率。

16. 加强组织协调。要积极发挥在行政调解中的牵头作用，加强调查研究，借鉴先进省市做法，提出我省加强行政调解工作、特别是大力推行将行政调解作为行政复议前置条件的建议，加大对各地各部门开展行政调解工作的组织指导力度，适时组织召开政府部门行政调解工作联席会议，加强对行政调解工作人员培训，提高调解能力和水平。

（六）大力推动干部学法用法，进一步提高领导干部运用法治思维和法治方式抓工作的能力。

17. 认真组织落实领导干部学法制度。建议省政府组织一至两次集体学法活动，请国务院法制办领导就贯彻十八大精神、深入推进依法行政作一次形势报告；

请有关专家就行政复议法或者行政强制法进行讲解。会同河北行政学院再组织两期领导干部依法行政研讨班，对市县政府领导干部进行依法行政知识轮训。各地各部门要建立健全领导干部学法制度，采取政府常务会前学法、法制讲座、专题培训等多种方式，组织领导干部有计划地学习法律知识。

18. 加大政府法制宣传力度。充分利用新闻媒体，采取各种形式，大力宣传各地各部门推进依法行政创新措施和典型经验，曝光依法行政中存在的突出问题。加强政府法制系统信息化建设，充分利用河北政府法制信息网、《政府法治周刊》、《法治》和其他政府法制工作简报，加强政府法制信息交流，加大宣传力度，营造良好的政府法制工作环境。

（七）加强考核和督导，进一步加大推进依法行政工作力度。

19. 切实做好依法行政考核工作。认真贯彻落实《河北省依法行政考核办法》，根据省政府批准下发的《2012 年度依法行政考核指标》，认真制定考核方案和评分标准，以增强决策的透明度和公众参与度、规范行政处罚行为、加强执法能力建设等与改善发展环境目标任务相关的内容作为考核重点，组织协调有关部门实施好 2012 年度全省依法行政考核工作，保证一季度完成考核任务。下半年谋划部署好 2013 年度依法行政考核工作。

20. 加强对市县政府依法行政工作督导。针对市县政府在依法行政中存在的突出问题和薄弱环节，研究制定具体措施。围绕政府法制机构如何在着力改善两个环境中发挥职能作用进行深入研究，完成好我省“创新社会管理政策法规研究”课题，加强对近年来河北省土地纠纷复议应诉的案例分析，提出意见和建议，为推进依法行政、服务保障“两个环境”建设提供理论支持。

（八）加强自身建设，进一步提高政府法制干部队伍素质。

21. 深入学习贯彻党的十八大和省八届三次全会精神。把学习宣传贯彻党的十八大精神作为加强政府法制干部思想政治建设的首要内容，组织政府法制干部继续深入学习，保证时间、人员、内容、效果四落实，真正入心入脑、融会贯通，切实把思想统一到十八大精神上来，把力量凝聚到贯彻十八大精神上来。

22. 加强学习型机关建设。采取专题培训、举办研讨班、组织学习考察和观摩等形式，进一步加强对政府法制干部的学习培训工作，重点组织各级干部及时学习与党中央、国务院和省委、省政府重大决策部署有关的法律法规和政策，提高政府法制工作的能力和水平。

23. 进一步转变工作作风。在全省政府法制机构大兴调查研究之风，围绕贯彻党的十八大精神、实现政府法制工作新跨越，多层次、多渠道开展调查研究工作，深入基层、深入实际，向群众学习、向实践学习，提高工作的针对性和实效性。全省政府法制工作者要树立强烈的事业心和责任感，始终保持昂扬向上、奋发有为的精神状态，勤奋敬业，真抓实干，努力把全省政府法制工作推上新台阶。

附件 2

河北省人民政府法制办公室关于 2012 年行政复议工作情况的报告

2012 年，在省委、省政府的正确领导下，省法制办进一步加强行政复议工作，强化行政复议在解决矛盾纠纷中的主渠道作用，依法办理行政复议案件，注重加强行政复议队伍建设，充分发挥行政复议的功能和作用，为促进社会和谐与稳定、优化经济社会发展环境作出了重要贡献。

一、案件受理情况分析

2012 年度全省共收到行政复议申请 3800 余件，新受理 3100 余件，比去年约减少 500 余件。省本级 2012 年共收到行政复议申请 158 件，接待当事人 1850 余人，来信来电来访 1400 余人次。其中受理的行政复议案件 59 件，不予受理或作出其他处理的 99 件。去年结转案件与今年新收案件共计 66 件，已审结 35 件，审结率 53%，法定期限内结案率 100%。其中驳回 3 件，维持 25 件，撤销 1 件，责令履行 1 件，终止 5 件。今年正式受理的案件数量比去年略少，主要是因为加大了案前调解的力度，案前调解 36 件。

从行政管理类别的划分看，本期新收 59 件案件中，土地类案件 40 件，占收到申请数量的 67.8%；劳动和社会保障类 4 件，房屋拆迁类 1 件，房屋登记类 9 件，其它 5 件。

从申请事项性质看，行政处罚案件 5 件，占 2.5%；行政确权 13 件，占 8.2%；行政确认 9 件，占

5.7%；行政强制措施案件11件，占7.0%；行政许可9件，占5.7%；行政征收62件，占39.2%；行政不作为23件，占14.6%；信息公开17件，占10.8%；其它9件，占5.7%。

2012年共办理行政应诉案件30件，其中29件为对不予受理决定或驳回决定不服提起的诉讼，一件是对省政府撤销土地证不服提起的诉讼。

2012年办理在国务院裁决的案件12件，均为对省政府的征地批复不服的案件。其中维持的3件，终止的1件，正在审理的8件。

二、注重高层协调，收到良好效果

2012年以来，对于一些案情复杂、影响较大、协调有困难的复议、裁决或诉讼案件，省法制办领导亲自出面协调。有些案件省法制办向省委、省政府有关领导汇报，取得支持。省政府领导对重大行政复议案件的办理非常重视，把案件办理与当前的维稳工作结合起来一起抓，分管领导亲自研究，亲自批示，亲自协调，亲自召集会议部署。10月下旬，省法制办将2012年以来收到的27件复杂、重大的复议案件书面报告省政府，建议召开涉案地市领导参加的案件调解交办会，分管领导迅速作出批示，该次专项会议于10月30日召开。根据会议精神，各地迅速行动，对有关案件进行了研究调度，目前调解工作取得了明显成效。对于一些难以处理、涉及群体性纠纷、影响社会稳定的复议案件，通过当地政府、有关部门共同做工作，发挥当地政府的作用，使案件得到了妥善解决，实现了案结事了，已有三分之一案件得到妥善处理。

三、着眼大局，加大调解力度

2012年以来，我们加强了行政复议调解的力度，不仅坚持在办案当中调解，还对一些案情简单的复议申请，坚持立案前的积极调解，调解不成，再视情况立案。

注重案前协调，既提高了办案效率，又可以减少由于人手少、案件多带来的压力。今年据不完全统计，仅省政府本级立案前调解的案件就达36起。一是采取简易程序方式调解处理明显的案件。唐山市有一名大学教师，花3万多元买了一辆电动车作为上下班途中的交通工具。在唐山市进行的清理三轮车非法营运活动中，被唐山市交警扣住、没收，而开出的没收罚单由于没有加盖公章，到唐山市政府申请行政复议不予受理，找到唐山市交警队又互相推诿，并被告知车辆早已被拍卖。申请人在走投无路的情况下，向省法制办申请行政复议。省法制办在接到该申请后，没有急于立案，先向唐山市法制办电话了解情况，并告诉唐山市法制办：如情况属实，将作为典型案件追究有关责任人的责任。唐山市政府法制办和有关部门及时了解情况，自行进行了纠正，将扣留的电动车返还了申请人，使其非常感动。

二是着力化解一批陈案积案。今年适逢党的十八大召开，为确保十八大前的社会稳定，我们梳理查找了一批陈案、积案，通过积极主动的调解，化解了一大批矛盾。唐山市居民王焕才1996年与唐山钢铁集团有限公司发生土地纠纷，2011年7月向省政府申请行政复议。该案经历两次法院民事判决，关系错综复杂，但存在调解成功的可能性。于是，我们建议案件中止审理，三次派人到唐山市调查案情，耐心细致地做各方当事人的工作，最后在十八大期间使有关各方达成了调解协议，案件圆满解决。

三是重点调解国务院裁决案件。顺平县村民邹春雷因对省政府的征地批复不服申请行政复议，后来又按照法定渠道向国务院申请裁决。据我们调查了解，纠纷的主要原因是邹春雷的养殖场由于征地被强拆，补偿费没有到位。为了妥善解决问题，行政复议处三次到顺平县协调政府和用地单位，要求合理给予邹春雷拆迁补偿，终于使案件得到妥善解决，达到案结事了、多方满意的效果。目前在国务院法制办裁决的所有案件都在积极调解过程中，初步达成了和解意见。

四是积极调解群体性案件。衡水市桃城区康新建等105人对省政府的征地批复不服，向省政府申请行政复议。案件受理后，经调查了解发现，纠纷的直接原因是部分当事人与镇政府有矛盾。因为是群体性纠纷，又适时十八大的召开前夕。为此，行政复议处集中力量，首先选择调解方式，派出了3名办案人员深入乡村，找多名当事人和镇政府有关人员耐心做工作，105名当事人自愿撤回了复议申请，使纠纷得到圆满解决。康新建等105人为感谢行政复议处为群众认真负责的工作作风，专门制做一面“以人为本、复议为民”的锦旗送到行政复议处。

四、加强对全省各级行政复议工作的检查指导

为全面贯彻落实国务院法制办公室《关于进一步加强行政复议工作规范化建设的实施意见》，省法制办起草、省政府办公厅转发了《河北省行政复议工作规范化建设标准》。为在全省落实该标准，省法制办于5月22日至24日利用3天时间，在邢台市召开了全省行政复议工作会议，王桂海副主任在会上认真总结分析了以往全省的行政复议工作，重点部署了推进行政复议规范化建设工作，提出了具体要求。目前，全省各市、县依据《河北省行政复议工作规范化建设标准》普遍进行了行政复议工作规范化建设的自查。从各市自查的情况来看，各级领导对行政复议工作重视程度逐步提高，行政复议的作用越来越明显，办案程序更加规范，行政复议工作保障得到明显改善。

在大力推动全省行政复议规范化建设的同时，为促进全省在审理复议案件方式上的创新，提高办案质量，提升行政复议的公信力，省法制办推广了廊坊市开展行政复议委员会的做法。2012年7月31日，省法制办在廊坊市召开了由各设区市法制办主任或主管主任、复议处处长（科长）参加的行政复议委员会办案观摩座谈会，会上省政府法制办秦博勇主任、王桂海副主任就推广廊坊经验等问题分别讲话提出了具体要求。廊坊市法制办采取公开选聘、有关组织推荐的方式，经过严格审查，选聘一批在法学领域成绩突出、具有一定影响的专家、教授、律师为复议委员会委员，在审理重大疑难案件前随机选取3至5名委员参加开庭式审理，提出审理意见，保证了案件办理质量，提高了行政复议的公信力，取得了良好的法律效果和社会效果。目前，我省邢台、衡水等市正在制定关于实施行政复议委员会的制度或意见。

积极指导市县提高案件办理质量。省法制办对市县行政复议工作给予了充分的业务指导和帮助。尽力解决他们在案件办理中遇到的疑难问题。平时通过书面或电话形式，对市县提出的问题给予了细致耐心的解答。有些我们把握不准的问题，也会通过征求专家意见或向国务院法制办请示等方式，帮助市县解决。有时对于市县请示的个别疑难案件如何处理等问题，省法制办召集复议处或有关专家专门召开分析会，为市县出主意想办法，帮助市县依法、合情、合理的处理好疑难案件。

河北省人民政府法制办公室关于开展“推进依法行政改善发展环境”课题研究征文活动的通知

（2012年5月2日）

各设区市人民政府法制办公室，省政府各部门法制机构：

按照省政府法制办2012年工作安排（冀法〔2012〕2号）中确定的“在全省政府法制系统组织开展‘推进依法行政，改善发展环境’专题调研”的要求，为进一步提高全省政府法制工作水平和解决实际问题的能力，决定在全省开展“推进依法行政，改善发展环境”课题研究征文活动。现将有关事项通知如下：

一、征文活动主题

以邓小平理论和“三个代表”重要思想为指导，深入贯彻落实科学发展观，认真落实党的十七大以及十七届六中全会和省第八次党代会精神，按照《国务院关于加强法治政府建设的意见》和《河北省人民政府关于推进依法行政加强法治政府建设的意见》要求，紧紧围绕省委、省政府的工作部署，以提高依法行政意识和能力为着力点，以优化河北发展环境为主题，大力开展专题调研活动，进一步解放思想，深刻认识推进依法行政对于优化河北发展环境的重要作用，探索依法行政的制度创新，着力解决影响我省改革发展的制度环境、措施方法和体制机制等方面问题，为依法行政工作向深度、广度发展提供理论创新和实践经验，为优化河北发展环境提供新思路、新办法。

二、论文要求

主题鲜明，具有原创性，侧重应用对策研究。字数在5000字以上，电子文本使用Word文档。体裁可以是研究论文、调查报告或者案例分析。参加者可以根据课题指南进行专题调研，也可以自拟题目。各参加单位组织选送论文2至3篇。

三、时间安排

此次征文活动自5月2日至7月31日。请于7月31日前将论文报送，同时将电子文档发至邮箱。

各设区市法制办负责组织辖

区县（市、区）征文工作，并集中报送。各地各部门要高度重视此次征文活动，采取措施认真组织。论文征集后，将进行优秀论文评选，并将优秀论文辑印成册。

具体工作由省法制研究中心负责。

附件：1. 研究课题指南（略）

2. 课题作者登记表（略）

河北省人民政府法制办公室关于印发《政府立法工作操作规范》的通知

（2012 年 11 月 2 日）

各设区市人民政府法制办公室，省政府各部门法制工作机构：

《河北省人民政府法制办公室政府立法工作操作规范》已经省政府法制办研究通过，现予印发，自公布之日起施行。

河北省人民政府法制办公室政府立法工作操作规范

第一章 总 则

第一条 为进一步完善政府立法工作程序，规范政府立法行为，提高政府立法工作质量和效率，根据有关规定，制定本规范。

第二条 审查修改省政府各有关部门报送省政府的地方性法规送审稿、政府规章送审稿（以下简称送审稿），适用本规范。

第三条 送审稿的审查修改工作，必须严格执行《中华人民共和国立法法》、《河北省地方政府立法规定》以及国家有关保密的规定。

第四条 省政府各有关部门上报送审稿，应当由部门主要负责人签发，连同送审报告、起草说明、送审稿以及立法依据、参考资料等各一式 5 份，上报省政府，直送省政府法制办。

第五条 秘书处收到起草部门报送的送审稿后，应当及时按规定程序提出办文建议，经办主要领导审批后，分送经济法规处、行政法规处（以下简称承办处）办理。

承办处应当以办主要领导审批的日期，作为启动政府立法程序的起始日。

第二章 审查与修改

第六条 承办处负责收文的人员收文后，应当进行登记，承办处负责人安排承办人办理。

承办人接受工作任务后，应当在 2 日内就送审稿的下列内容进行初审：

（一）上报送审稿的送审报告的主送机关是否为省政府；

（二）上报送审稿的材料是否齐全，包括送审报告、起草说明、送审稿、征求有关部门意见的原件或者复印件以及按规定已经召开论证会、听证会的论证听证意见；

（三）涉及的重要问题是否经过调研，是否经过论证、听证，是否征求了省政府相关部门和有关设区的市、县（市、区）政府以及专家的意见；

（四）起草说明是否完整，所附的立法依据、参考资料是否齐全；

（五）送审稿是否经部门法制工作机构审核和领导集体讨论通过；

（六）其他需要初审的内容。

第七条 对初审不符合要求的，承办人应当通知报送部门限期补报所缺材料或者补办所缺事项；逾期不补报补办的，应当自期限届满之日草拟送审稿退回函，报请办主要领导批准后，退回报送部门。

第八条 承办人应当根据初审阶段了解、掌握的情况，对审查修改送审稿提出初步工作设想。

承办处负责人应当根据承办人提出的初步工作设想，拟定审查修改工作方案，经办分管领导与承办处研究后，报办主要领导审定。

审查修改工作方案应当包括以下内容：

（一）需要研究、解决的主要问题；

（二）送审稿初次审查修改完成的时间；

（三）初审后形成的征求意见稿征求意见的范围及时限；

（四）调研及论证听证的有关情况及时限；

（五）报办领导班子工作会议集体会审和报省政府常务会议讨论的时间。

第九条 办主要领导对承办处提出的审查修改工作方案审定后，承办人应当按审查修改工作方案提出的要求，尽快与有关部门集中时间对送审稿进行审查修改。

办分管领导对重要的或者政府领导关注的以及办主要领导认为需要的送审稿，应当全程参与审查修改，及早提请审议。

第十条 审查修改送审稿，应当符合以下要求：

（一）以邓小平理论和“三个

代表”重要思想为指导，贯彻落实科学发展观，坚持党的基本路线和方针、政策；

（二）坚持以广大人民群众的根本利益为立法的出发点和落脚点，切实保障公民的合法权益，保障企业的合法权益，在规定其应当履行的义务的同时，应当规定其相应的权利和保障权利实现的途径；

（三）体现改革精神，科学规范行政行为，促进政府职能向经济调节、市场监管、社会管理、公共服务转变；

（四）遵循立法法确定的立法原则，符合上位法的规定，对违法设定行政许可、行政处罚、行政收费、行政强制和违法设定影响管理相对人权利、增加管理相对人义务以及其他行政措施的内容必须予以删除；

（五）符合精简、统一、效能的原则，涉及部门职能交叉的，按相同或者相近的职能由一个行政机关承担的原则进行规范，严格执行行政许可法，减少环节，提高效率，所规范的内容应当有利于改善发展环境、生态环境；

（六）体现行政机关的职权与责任相统一原则，在赋予有关行政机关必要的职权的同时，应当规定其行使职权的条件、程序和应当承担的责任；

（七）上位法规定了行为但未规定行政处罚的，不得规定行政处罚，上位法规定了给予行政处罚的行为、种类和幅度的，不得超出其规定的行为、种类和幅度范围规定处罚，依法可以规定罚款处罚的，必须减少这类处罚，并尽量细化自由裁量权。

第十一条 经对送审稿进行审查修改，承办处应当提出地方性法规征求意见稿、政府规章征求意见稿（以下简称征求意见稿），经办分管领导审批后，采取定向或者非定向的方式征求有关方面及社会意见。征求意见应当在25日内完成。

第十二条 承办人应当将征求意见稿定向发送省政府有关部门、单位，设区的市、有关县（市、区）政府及有关部门和专家征求意见，其中地方性法规、重要的政府规章征求意见稿应当征求省人大常委会法工委的意见，征求省政协社会和法制委员会及有关民主党派的意见，涉及职工、妇女儿童等不同社会群体利益的，应当征求省总工会、省妇联和省工经联等社会团体的意见。

第十三条 重要的地方性法规和全部政府规章征求意见稿，除依法需要保密的外，均应当采取非定向的方式，在省政府网站、省政府法制办网站上公开，并在《河北日报》、《河北经济日报》、《燕赵都市报》、《河北法制报》等有关新闻媒体上刊登通知，广泛征求人民群众和社会各界意见。

第十四条 在征求意见的时限内，应当对征求意见稿所规范的内容进行广泛、深入的调查研究，掌握第一手材料，为决策提供依据。

第十五条 承担立法调研任务的人员在开展调查研究前，应当拟定调研方案，报请办主要领导批准。

调研方案应当包括下列内容：

（一）调研的原因和主要内容；

（二）调研的时间、地点；

（三）参加调研的人员；

（四）需要说明的其他事项。

第十六条 立法调研应当召开有关部门参加的座谈会，召开基层干部包括基层行政执法人员参加的座谈会，召开管理相对人参加的征求意见会。

召开管理相对人征求意见会应当封闭进行，单独召开，起草部门及有关部门的领导和工作人员不能在场，参加人员应当有不同利益的代表参加，并由设区的市或者县（市、区）政府法制办确定，以便充分听取人民群众的意见。

第十七条 立法调研工作完成后，承办处应当及时向办领导汇报外出调研情况，认为需要将有关情况书面报办领导的，应当写出立法调研报告。

立法调研报告应当包括：调研的主要内容、调查了解的基本情况、所要解决的问题存在的根本原因及对策和其他需要说明的问题。到省外调研的，立法调研报告还应当附省外的相关立法参考资料。

第十八条 重要的征求意见稿以及征求意见稿中涉及重大问题、疑难问题以及有关方面争议较大问题的，应当组织有关方面及专家召开论证会。

组织召开论证会，承办处应当做好下列工作：

（一）制定论证方案，包括需要论证的主要问题、参加论证的部门和人员、论证的时间和地点；

（二）全面收集国家和省外对该问题的有关规定，并对这些问题进行研究；

（三）论证会上提出需要论证的问题，介绍国家和省外对该问题的有关规定；

（四）承办人应当做好出席论证会人员的签名、发言记录。

第十九条 征求意见稿中直接涉及公民、法人和其他组织切身利益，有关部门、组织或者公民存在重大意见分歧的，应当组织召开听证会。

组织召开听证会，承办处应当按下列规定做好听证会的有关事务：

（一）立法听证会举行前，应当搜集与听证有关的资料和信息，制定具体实施方案；

（二）立法听证会举行的30日前，应当将听证会的时间、地点和听证事项，以及申请作为听证陈述人的条件、申请的方式和截止时间等，通过省政府网站、省政府法制办网站及其他新闻媒体向社会公告；

（三）拟定听证主持人一名，由办主要领导或者分管领导担任；

（四）拟定听证人二名，由承办人及熟悉这项征求意见稿的人员担任，负责在听证会上对听证事项进行说明、解释；

（五）拟定陈述人十至二十名，根据代表广泛性、利益相关性等原则，从申请作为听证陈述人中选定，必要时，可以直接指定有利害关系的部门和个人或者邀请有关人大代表、政协委员及民主党派、无党派人士和专家、学者作为陈述人；

（六）听证人应当做好记录，如实记录发言人的意见和理由；

（七）认真研究吸收听证会反映的各种意见，并在省政府常务会议上说明对听证会意见采纳情况及理由。

第二十条 召开论证会应当报请办主要领导审批确定，召开听证会应当经办主要领导审定后上报省政府批准，由办主要领导或者分管领导负责组织并参加。

第二十一条 承办处对存在分歧意见的送审稿，应当及时召开有关部门参加的协调会进行协商。部门间如有重大分歧意见，办领导应当主动与有关部门负责同志协商，必要时，可由办主要领导与部门的主要负责人协商。原则上不带矛盾提请省政府常务会议审议。

经协调达成一致意见的，承办人应当对送审稿的相关内容进行修改，并发送有关部门对修改内容进行确认。

第二十二条 承办处应当全面、准确、客观地对各方面特别是管理相对人提出的意见建议进行归纳、整理。

承办处应当认真分析、比较各方面的意见，对征求意见稿进行重点审查修改，并形成地方性法规草案、政府规章草案（以下简称草案），经办分管领导审查修改后，报请办主要领导审批。

第二十三条 承办处在送审稿、征求意见稿、草案的审查修改过程中，应当全面汇报各有关方面的意见和情况。

第二十四条 承办处对于地方性法规草案，应当按省人大常委会要求的时限，提前2个月报办主要领导审批。政府规章草案，一般应当自收件之日起2至3个月内完成审查修改工作，报办主要领导审批。

草案审查修改时间确需延长的，经办主要领导批准，可以延长1个月。确因特殊情况无法完成的立法项目，应当以书面形式报请省政府批准。

第二十五条 草案的审查修改时限，可以按以下原则要求掌握：

一般政府规章草案在收到送审稿后2日内完成初审；用10日提出征求意见稿；用25日完成征求意见工作，在征求意见的时限内，完成立法调研，需要召开论证会的开完论证会并对征求意见稿进行全面、细致修改；存在分歧意见的，用20日完成协调工作，连同协调一致的意见再次对征求意见稿进行过细修改，形成草案报办领导。需要召开听证会的，可以用3个月时间完成审查修改工作。

地方性法规草案审查修改完成时限，参照上述审查修改时限的原则要求办理。

对省人大常委会、省政府有明确报送时限要求的立法项目，应当在时限内及时办理并上报审议。

第三章 审定与上报

第二十六条 经办主要领导审批的草案，应当提交办领导班子工作会议集体会审。

报请办主要领导审批草案时，应当附《关于〈河北省……（草案）〉的会审说明》、审查报告、采纳意见情况、草案和部门原报件及全部征求意见原件。

第二十七条 办领导班子工作会议集体会审草案，承办人、承办处负责人应当较翔实汇报各方面的意见，重点是不同意见，明确说明有否行政许可，有否违反上位法设定了行政收费、行政处罚特别是罚款和行政强制的内容，有否增设了管理相对人义务以及影响管理相对人权利的条款，有否不利于改善发展环境、生态环境的规范等。

第二十八条 办领导班子工作会议集体会审草案时，与会人员应当高度重视草案的会审工作，集思广益，从不同角度把好草案审查关，应当按省委、省政府对政府立法工作的要求，以为人民立法、立人民需要之法的责任感，站在全局的高度，依据上位法的有关规定及经济社会发展实际情况进行充分讨论，敢于和善于提出不同意见并阐明修改理由。承办人必须做好记录。

提请集体会审的草案应当将审查说明、审查报告、会签意见采纳情况和草案及立法依据、参考资料等，由承办人至少提前3日印发给与会人员。与会人员应当认真研究，征求本处人员意见，做好充分准备。

第二十九条 草案经办领导班子工作会议集体会审后，承办处无充分理由，应当吸收会审提出的修改意见，并对草案进行认真、细致的修改完善。修改完善的内容应当符合集体会审提出的意见，如需改变，应当向办主要领导报告，并不得遗漏。

第三十条 经办领导班子工作会议集体会审通过后需上报省政府常务会议讨论的草案，承办处应当填写《法规规章草案呈批单》，并附办领导班子工作会议集体会审草案所提意见采纳情况的报告、提请省政府审批的请示、审查报告、采纳意见情况、草案和部门原报件，经办分管领导审查后，报请办主要领导审批签发。

第三十一条 办主要领导签发前，重要的草案应当向省政府分管领导、主管领导汇报，经征得同意后，再按规定程序提请省政府常务会议讨论。

第三十二条 经省政府常务会议讨论并原则通过的草案，承办处应当根据常务会议讨论的意见，会同有关部门抓紧进行修改，撰写向省政府办公厅的修改情况的报告、议案代拟稿或者省政府令代拟稿、修改后删去草案的完整稿以及修改后的草案花脸稿，经分管办领导审核后，报请办主要领导审批签发。

第三十三条 部门起草上报的地方性法规、省政府规章送审稿，在立法的各阶段按下列规则使用：

（一）在立法起草上报阶段，使用《河北省……（送审稿）》；

（二）在征求意见阶段，使用《河北省……（征求意见稿）》；

（三）在报办主要领导审批阶段、报省政府常务会议讨论阶段和提请省人大常委会审议阶段，使用《河北省……（草案）》。

第四章 送印、送审、宣传与归档

第三十四条 办主要领导审批签发后的草案，由秘书处统一登记、编号后交承办人送印和校对。

第三十五条 承办处负责草案的送审上报工作。送审上报前，应当对草案的主件、附件、印章使用和文件编号等进行认真核对。

第三十六条 关系人民群众切身利益、影响重大的政府规章公布后，应当通过答记者问等形式进行宣传。承办处应当在政府规章草案经省长签署批准后，拟就新闻宣传稿，送《河北日报》、《河北经济日报》、《燕赵都市报》、《河北法制报》刊登，送河北电视台、河北电台播发消息。

省政府常务会议讨论通过地方性法规草案、政府规章草案后，承办人应当在通过当日通知宣传教育处，以便及时进行宣传。

第三十七条 省长签署公布的省政府规章，依照省政府规定，《河北省人民政府公报》、《河北日报》、《河北经济日报》应当在签署公布后30日内全文刊登，河北电视台、河北电台应当播发消息。

备案译审处负责将省政府规章正式文本，及时发送《河北日报》、《河北经济日报》、河北电视台和河北电台编辑部刊登、播发。

第三十八条 省政府规章正式文本印刷后，秘书处应当将省政府规章及时送办领导，并按规定送备案译审处上报国务院、省人大常委会备案。

第三十九条 地方性法规草案办结、政府规章公布后，承办人应当按省政府法制办机关档案管理的有关规定及时归档。同时，承办人应当存有全套资料或者复印的全套资料，以备查用。

第五章 附 则

第四十条 省政府法制办起草或者组织有关部门起草地方性法规草案、省政府规章草案和其他有关文件，参照本规范执行。

第四十一条 本规范自公布之日起施行。

以法治保障两个环境建设 开创政府法制工作新局面

——秦博勇在全办干部职工大会上的讲话

（2012年11月22日）

同志们：

今天召开全办干部职工大会是经办领导班子会议研究确定的，

目的是对贯彻省委省政府着力改善发展环境、着力改善生态环境动员大会精神进行动员部署，研究政府法制工作如何在实现“两个着力改善”方面提供法治保障，营造良好的法治环境。刚才王主任传达了省委书记张庆黎和省长张庆伟的重要讲话，石主任宣读了省委省政府《关于着力改善发展环境的实施意见》和《关于着力改善生态环境的实施意见》。最后请边书记作重要讲话。下面，我就如何贯彻落实好省委省政府主要领导的重要讲话精神，落实省委省政府着力改善两个环境的《实施意见》，结合当前我办的工作实际作个综合性发言。

一、统一思想，提高认识，深刻领会贯彻落实着力改善两个环境的重要意义

*（一）着力改善两个环境是实现建设经济强省、和谐河北战略目标的必然要求。*2011年底召开了省第八次党代会，确立了建设“经济强省、和谐河北”的战略目标。今年年初，省委提出了“一产抓特色、二产抓提升、三产抓拓展”的经济发展战略，紧锣密鼓地部署开展了“两个举全省之力（举全省之力，打造沿海增长极；举全省之力，打好扶贫攻坚战）”、百家央企进河北、百家院所校进河北、创先争优和加强基层建设年活动等一系列重点工作，一步一个脚印地推进各项工作的实施。但在谋划和推动这些大事的过程中，越来越强烈地感受到发展环境和生态环境的制约，如果不下大力解决河北环境方面的突出矛盾和问题，再好的优势也难以发挥，再好的机遇也难以抓住，再好的目标也难以实现。5月18日，庆黎书记在廊坊调研时首次提出，着力改善发展环境，着力改善生态环境，努力推动河北经济社会更好更快更大发展。7月7日至10日，省委召开理论学习中心组学习会议，围绕“深入贯彻落实科学发展观，着力改善发展环境，着力改善生态环境，促进经济社会更好更快更大发展”主题进行专题学习研讨。会议强调，要深刻认识着力改善发展环境、着力改善生态环境的重大现实意义和深远历史意义，增强责任意识、忧患意识，以对国家、对人民、对子孙后代高度负责的精神，切实把改善“两个环境”放在更加突出的战略位置，在“着力”二字上下功夫，采取硬措施着力改善发展环境，采取大动作着力改善生态环境，努力实现风清气正、开放文明，天蓝水净、地绿山青的总目标，为建设经济强省、和谐河北奠定坚实基础，提供坚强保障。之后，省委办公厅和省政府办公厅会同有关部门专门组织人员谋划着力改善两个环境的具体措施，在广泛调研和征求各方面意见建议基础上，召开座谈会，起草了讨论稿，多次对《实施意见》进行讨论修改，筹备召开了近十万人参加的动员大会，制定出台了省委省政府《关于着力改善发展环境的实施意见》和《关于着力改善生态环境的实施意见》。规模空前，反响热烈。环境就是吸引力，环境就是创造力，环境就是竞争力，环境就是生产力。谋划和推动经济社会又好又快发展，必须从着力改善发展环境和生态环境入手，省委省政府科学决策，为河北的发展想实招，干实事，出重拳，抓着力改善两个环境建设，抓住了河北更好更快更大发展的关键。改善环境成为建设经济强省、和谐河北的迫切需要、战略之举和必然要求。

*（二）着力改善两个环境为全面推进依法行政加快建设法治政府提供了重要契机。*省委省政府主要领导对于大力推进依法行政始终高度关注。新春伊始，省委召开八届省委常委会第一次集体学习会议，庆黎书记在会上作重要讲话，他说：“依法行政是我们党为人民掌好权、执好政的重要前提，是认真贯彻落实中央决策部署和省第八次党代会精神，实现建设经济强省、和谐河北战略目标的重要保证。”一个“重要前提”、一个“重要保证”，阐述了依法行政与依法执政、依法行政与经济社会发展的辩证关系，论述非常深刻。庆伟省长在省十届人大五次会议上作政府工作报告时指出，努力建设人民群众满意的服务型政府。加强科学决策，依法行政。健全科学民主决策机制，完善重大行政决策程序，加强行政决策合法性审查和风险评估。严格按照法定权限和程序行使权力、履行职责。提高政府立法质量，规范行政执法行为。“十二五”期间推进依法行政、建设法治政府进入攻坚阶段。近年来，我们贯彻《纲要》和《国务院关于加强法治政府建设的意见》（国发〔2010〕33号），采取了一系列行之有效措，取得了显著成绩，但与《纲要》和《意见》确定的目标和要求相比，还有较大差距，一些问题尚未得到很好的解决，诸如政府职能转变不到位，对微观经济干预过多；清理减少许可

和审批后，管理服务并没有及时到位；行政执法体制不完善，行政执法行为不规范；促进经济发展方式转变的地方性法规和政府规章没有得到很好地实施等，因此这些问题也正是我们着力发展两个环境中遇到的问题，解决好这些难题已经成为全省的共识。省委省政府下这样大的决心，举全省之力抓两个环境改善，为我们提供了难得的机遇。

（三）着力改善两个环境对政府法制工作提出了新要求。着力改善发展环境和生态环境环境涉及政府管理、社会领域、市场规则等诸多方面，需要在制度提供和保障方面提出更高要求，制度设计上更为复杂，需要形成更有效的制度安排并保障这些制度得到有效贯彻和实施。这对政府法制工作提出了新的更高的要求。政府法制工作要在着力改善两个环境中有所作为，为加快转变经济发展方式提供高质量的法律服务，必须注意不断研究新情况解决新问题，紧紧围绕着力改善两个环境，重点研究如何突出政府立法，及时把省委省政府的决策转化为法律制度，增强政府立法针对性；重点研究如何创新立法工作机制，准确把握规律，有效平衡各方利益关系，充分反映不同主体的利益诉求，切实解决在改善发展环境方面的实际问题，增强立法的科学性、民主性；重点研究如何加强规章和规范性文件清理工作，及时修改和废止与改善环境相悖的规定，清除影响环境的制度障碍；重点研究如何强化审查备案，坚决纠正违反法律规定、不符合改善两个环境要求的规章和规范性文件，切实维护法制统一和政令畅通；重点研究如何加强行政执法监督工作，严格落实执法责任制，加大案件查办力度，规范执法行为，加强执法能力建设；重点研究如何运用法律手段解决在改善环境中产生的矛盾和争议，充分发挥行政复议在化解行政纠纷中的作用，切实维护社会稳定。全办干部职工要深刻领会这次动员大会精神。切实把思想统一到省委、省政府的决策部署上来，切实增强抓好环境建设的责任感和紧迫感。

二、认真谋划，积极推进，落实好我办贯彻省委省政府着力改善两个环境的《意见》

着力改善“两个环境”既是当前和今后一个时间的政治任务，也是长久之计、系统工程，必须加强领导，形成合力，铁腕抓落实，确保得实效。

（一）加强组织领导。成立法制办着力改善发展环境、着力改善生态环境工作领导小组，党组书记边黎明任第一组长，主任秦博勇任组长，党组副书记、副主任王桂海和党组成员、副主任石玉林以及副巡视员任智勇任副组长，各处处长为领导小组成员。领导小组办公室设在秘书处，负责具体工作。领导小组要定期、不定期对贯彻落实省委、政府两个《实施意见》和本《意见》情况进行研究部署和检查督导，及时总结经验，完善制度，建立推进“两个环境”建设的长效机制。

（二）明确责任分工。根据省委、省政府两个《实施意见》的分工，把需要我办牵头和参与办理的工作责任到处，落实到人，建立严格的工作责任制。办主要领导要亲自抓、负总责，分管领导具体抓，相关责任处和工作人员具体负责落实，一级抓一级，层层抓落实。各处、中心要根据分工，制定工作计划，细化工作流程，明确完成时间，相关处之间要加强协调配合，确保各项目标任务圆满完成。要健全目标考核机制，严格落实奖惩，对失职渎职行为，严肃追究有关责任人员的行政责任。

（三）加强督促指导。建立涉及“两个环境”工作完成情况月报制度，各处、中心要将当月工作完成情况于月底报经主管领导阅示后送办着力改善发展环境、着力改善生态环境工作领导小组办公室，由办公室汇总后报办主要领导。办领导要及时掌握各处、中心工作进展动态，加强沟通协调和督促指导，帮助解决工作中遇到的困难和问题，对重要工作要逐一跟踪、跟紧、跟实。办领导小组办公室要按照办领导的要求，加强综合调度、分类指导、督促检查，及时发现存在问题，总结推广经验。

三、抓住机遇，勇于创新，实现政府法制工作新突破

（一）进一步加强政府立法工作，为着力改善两个环境提供制度保障。紧紧围绕着力改善发展环境和生态环境安排2013年度立法项目和五年立法规划项目，抓紧完善制定加强政府建设、强化市场监管、保护企业权益、创新社会管理等优化发展环境的地方性法规和政府规章。在着力改善生态环境方面，今年抓紧制定《河北省机动车排气污染防治办法》，明年重点做好固体废物和辐射污染防治、白洋淀和衡水湖水污染防治的立法工作。在立法过程中着力解决影响两个环境的突出问题，积极优化政务环境，减少和规范行政审批事项，简化审批环节，提高行政效率和服务质量。把规范行政行为作为立法的重要内容，坚持依法立法，从源头上防止乱收费乱罚款。通过规范行政行为保护市场主体合法权益，保障公民的合法权益。

进一步提高社会公众对政府立法的参与度。编制年度立法计划项目和五年立法规划项目，要公开向社会公众广泛征集立法项目建议，从中选择既符合着力改善两个环境又有广泛民意基础的项目纳入年度立法计划或五年的立法规划。完善公开征求意见、专家咨询、调查研究三项制度，对重大或关系人民群众切身利益的立法草案，采取听证会、论证会、座谈会或者利用报纸、网络向社会公布草案等形式，广泛征求公众意见。立法过程中要深入基层、深入群众，广泛开展调查研究，在综合各方面意见的基础上科学合理地确定法律规范的内容，切实增强针对性和可操作性。

全面清理现行的政府规章和规范性文件，对不适应市场经济发展需要、不符合政府职能转变要求的及时修改或废止。自2012年11月开始利用三个月时间，对全省现行有效的政府规章和规范性文件进行全面清理，重点对违法规定行政许可和行政审批内容，违法设置行政处罚、行政收费等内容进行审查清理，成立联合审查组集中进行审查，经省政府批准后将清理结果向社会公布。对清理后需要修改的政府规章及时列入计划进行修订。积极做好立法后评估工作，研究制定规章和规范性文件评估办法。

*（二）加强规范性文件审查工作，着力改善政策环境。*积极做好省委、省政府联合制定的规范性文件的合法性审查工作，严格依法审查，认真筛查可能存在的违法和风险问题，提出切实可行的意见建议。认真做好省政府有关决策事项的审查把关工作和省政府各部门规范性文件的前置合法性审查工作。落实《河北省规范性文件制定规定》，完善配套制度，加强监督检查，对省政府各部门制定的规范性文件，严格落实“统一登记、统一编号和统一发布”规定，保证规范性文件合法有效。要加强对文件中涉及行政处罚、行政许可、行政强制、行政征收、行政收费等影响管理相对人权益或增加其义务的内容审查，依法提出合理意见。做好政府规章和政府规范性文件的备案审查工作，坚持做到有件必备、有备必审、有错必纠。

*（三）加强政府法制监督工作，着力改善市场环境。*压缩行政处罚自由裁量空间。一要整体推进落实。认真贯彻落实《河北省人民政府关于建立行政裁量权基准制度的指导意见》，进一步规范和细化行政裁量权，严格规范行政裁量权行使，到2013年上半年，实现全省行政执法部门制定行政处罚裁量标准全覆盖。二要重点规范提高。把环保、交通、国土、住建、卫生等系统作为规范重点，对已建立行政处罚自由裁量权基准制度的地方和部门，组织开展专项检查，对存在的问题或者落实不力的限期整改并通报全省。

坚决制止乱罚款现象。加大对私自下达罚没指标、乱罚款情形的检查和追责力度。2012年底前，按照《河北省制止乱收费、乱罚款、乱摊派的若干规定》要求，会同省财政厅组成二至三个检查小组，结合群众投诉举报，对全省各级各行政执法部门进行明查暗访，重点检查是否有超出法律法规的规定执行行政处罚情形、是否有下达罚款指标任务的情形、是否有罚没收入与行政事业收费挂钩情形以及其它乱罚款的现象，一经发现坚决严肃处理。严格把好全省罚没许可证2013年年检审核关，从源头杜绝滥用行政处罚权现象。

合理划分执法环节，分解执法权力。一是建立依法界定执法职责动态工作机制，实现执法依据梳理和执法职权分解的动态管理，确实做到执法依据明晰，执法岗位、执法职权、执法标准明确，执法程序清楚，执法责任落实。二是督导各行政执法部门，根据机构改革情况，进一步梳理执法依据，并将行政执法依据、标准、条件、程序、时限和结果等向社会进行公布，接受社会监督。三是督导行政执法部门对行政执法人员行使职权和履行法定义务情况进行评议考核。

严格错案追究和问责。严格落实《河北省行政执法过错责任追究办法》，坚持有错必究、有责必问。完善投诉举报制度，加大追责力度。统一“投诉举报事项办理、行政执法监督检查、行政执法过错责任追究”格式文本，制定《关于行政执法投诉举报案件事项办理工作规范》，积极受理群众投诉，对违法案件认真查处，坚持做到“件件有着落”。对在行政执法案卷评查、重大行政处罚决定备案审查、新闻媒体披露和群众投诉举报的行政不作为、乱作为事项进行专项追查，结合省纪检监察部门对违法案件坚决实施责任追究，促进行政执法合理、合法、规范。

加快推进相对集中行政处罚权工作。贯彻落实《河北省人民政府关于进一步做好城市管理领域相对集中行政处罚权工作的意见》（冀政〔2012〕83号），按照“三步走”的要求，加强学习培训，做好督导服务，加快推进步伐；加强检查和调度，确保各阶段任务落实；适时召开交流会、座谈会或协作会，确保相对集中行政处罚权工作积极、稳妥的开展。

组织行政执法专项检查活动。今年11月底前，会同监察机关针对行政执法部门存在的重罚轻管、以罚代管等现象，采取形式多样的行政执法监督检查活动，形成行政执法监督工作合力，督促执法部门严格依法履行职责，提高执法水平。2013年全年组织开展不少于两次的专项检查活动，真正解决重罚轻管、以罚代管的问题。

完善健全监督制度。建立行政执法统计报告制度。充分运用网络和计算机系统，建立行政执法信息系统，统一行政执法统计报表，通过网络和计算机对执法信息数据进行汇总，生成统计数据。建立执法人员档案和执法行为记录，加强对执法数据的分析，准确掌握执法动态、执法人员数量和执法中存在问题，有针对性地开展监督工作，用信息化手段促进行政执法行为规范。建立我办受理行政执法投诉举报案件制度和平台，加大对投诉举报案件的查处力度。建立重大行政行为备案制度，抓紧制定重大行政行为备案的具体办法。

（四）加强行政执法队伍管理，着力改善法治环境。下大力整顿执法队伍。抓紧对全省行政执法证件和行政执法监督检查证件清理进行动员部署，明确要求，切实做到“清退一批、上缴一批、问责一批”，即：清退一批无资格在岗执法人员、上缴销毁一批离岗退休或不合格执法人员的执法证件，问责追究一批不作为、乱作为行政执法人员。加强对行政执法人员的管理和监督。加强对行政执法人员公共法律知识培训和考试，组织编写新的行政执法培训教材，建立全省统一的培训考试题库，明年上半年完成对新增行政执法人员的培训考试工作。2012年底前完成对已取得执法资格的行政执法人员的年检培训考试工作。落实《河北省行政执法证件和行政执法监督检查证件管理办法》，通过年检和定期检查，加强日常监管，定期或不定期开展专项检查，重点对行政执法人员资格、执法人员持证上岗和亮证执法以及证件年检情况进行检查，发现问题及时制止、纠正和查处。

积极推行柔性执法。结合行政处罚裁量权制度的制定和实施，通过案卷评查、专项检查等多种方式，指导各级各部门建立行政处罚预警制度，积极倡导柔性执法，推行说理式文书，推广“三步式”执法方式，对轻微违法只警告不罚款，实现规范、公正、文明执法。加强典型案例剖析和通报。2013年，组织开展行政执法案卷评查活动，通过省、市、县互查互评，针对具体问题提出改进方案。对典型案例和带有普遍性问题的案例进行分析，指导执法部门规范执法行为。对检查中发现的问题进行通报，力求解决一个问题，规范一个领域。

（五）加强行政复议和行政调解，切实化解矛盾和纠纷。大力宣传行政复议制度，完善行政复议与信访衔接机制，积极引导公民、法人和其他组织通过行政复议解决行政纠纷，努力把更多的行政争议纳入行政复议渠道。切实提高办案质量。依法受理行政复议申请，创新行政复议申请方式，简化行政复议申请手续。要综合运用书面审查、实地调查、听证、质证等手段办案，通过要实地调查、组织听证彻底查清实事，依法公正裁定，努力提高办案质量。加强复议案件分析，针对复议案件中发现的行政执法中存在的普遍性问题，及时向省政府提出改进行政执法工作建议，向行政执法部门制发行政执法建议书，督促有关执法部门改进行政执法工作。认真督导落实10月30日省长调度会要求，加强协调调度，做好27件涉及土地案件的督办工作并将结果报省政府。年底前，组织对全省落实行政复议规范化建设情况进行检查。

积极开展行政调解工作，提高行政调解率，化解矛盾，解决问题。积极发挥牵头作用，做好行政调解的组织指导工作，加强对行政调解范围、行政调解程序、行政调解与司法调解和人民调解的衔接、行政调解监督与权利救济等方面问题的研究，不断规范调解工作。

（六）加强依法行政考核和督导，大力推进依法行政工作。贯彻落实《河北省依法行政考核办法》，今年年底前，认真制定考核方案和评分标准，把开展年度依法行政考核作为保障“两个着力改善”的重要保障，将“增强决策的透明度和公众参与度”、“规范行政处罚行为”、“加强执法能力建设”等优化环境目标任务作为考核重点。2013年一季度，协调组织有关部门实施好全省依法行政考核工作并向省政府提交高质量的考核报告。做好依法行政考核与我省绩效管理考核的衔接工作，考核结果报省委组织部作为对领导班子及领导干部综合考核评价的重要依据。

加强对市县和基层政府依法行政督导。认真开展调查研究，针对市县政府在依法行政中存在的突出问题和薄弱环节，研究制定具体措施。围绕政府法制机构如何在着力改善两个环境中充分发挥职能作用进行深入研究，完成好我省“创新社会管理政策法规研究”课题，加强对近年来河北省土地纠纷复议应诉的案例分析，搞好行政执法监督和行政复议的调研，争取多出成果快出成果，为法制服务保障两个环境建设提供理论支持。

（七）进一步加强宣传教育和法制研究工作。一要积极开展好学法活动，落实好学法制度。今年以来省委、省政府都举办了依法行政讲座，在各级行政机关和广大干部职工中产生了良好的反响。在这样的影响带动下，各市普遍举办了领导干部依法行政专题讲座，收到了很好的效果，进一步浓化了氛围。我们要保持这个好的态势，围绕改善两个环境，进一步做好学法用法讲法工作，采取多种形式开展学法用法活动，进一步增强各级各部门领导干部和公务员的法律意识，提高学法用法的能力水平。二要加大以法治保障两个环境建设的宣传力度。充分利用新闻媒体，采取各种形式，加强对各级法制机构在优化环境中涌现的典型进行宣传，让社会各界广泛了解本地法制机构和执法部门在优化环境中的具体做法和取得的成效，曝光那些执法违法、不作为、乱作为的现象，营造良好的法治环境。三要加强信息报送工作。要主动与各地联络，积极寻找有价值的信息，善于发掘好的信息，做好信息整理和报送工作，向省委省政府报送全省法制机构和执法部门在改善环境中认真履职尽责做法和典型。四要加强对改善两个环境的法制研究工作。要围绕政府法制机构如何在着力改善两个环境中充分发挥职能作用进行深入研究，针对如何提高立法质量、强化行政执法监督、提高执法能力、把好行政行为审查关和加强行政复议等方面开展法制研究，争取多出成果快出成果，为改善两个环境、优化法治环境提供理论支持。

希望全办干部职工要切实加强自身学习，进一步提高政治素质、业务素质和实际工作能力，能够担当起肩负的各项工作任务；坚持求真务实，深入调查研究，脚踏实地，真抓实干，提高工作实效；进一步解放思想，转变观念，围绕着力改善两个环境，以开拓创新精神谋划和推进各项工作，努力开创政府法制工作的新局面！

秦博勇在办党组理论学习中心组学习扩大会议上的发言

（2012年12月6日）

同志们：

今天，我列席办党组理论学习中心组学习扩大会议，刚才听了各位领导和各处处长、中心主任的发言，很受启发。十八大开会期间，我也一直在通过新闻媒体、网络密切关注着十八大的进展情况，浏览每天的人民日报、河北日报，既有十八大的总体情况，也有我们河北代表的发言情况，这些都对我产生了很大的震撼和鼓舞。十八大闭幕后，省委及时召开省委常委扩大会，对十八大盛况以及学习贯彻十八大精神作出安排，我和边书记都列席了这次会议；紧接着召开的省委八届三次全会，对全省学习贯彻落实十八大精神进一步作了全面部署，明确提出学习贯彻十八大精神是全省上下当前首要的政治任务，要用十八大精神指导我们当前的工作。省委理论中心组率先垂范，对十八大进行学习，对厅级干部进行分批次培训，都是省委采取的重要措施，从领导干部做起，来带头学习十八大精神。而在我们法制办，学习贯彻十八大精神，用十八大精神来推动我们法制办的工作，完成和谋划下一步的工作，是我们每一个同志都要深入思考的问题，在这里，我想谈三点体会：

一是认真学习，深刻领会，真正把握好十八大的精神。

十八大报告是一篇马克思主

义的光辉文献，通篇闪耀着马克思主义思想的光芒，并且把科学发展观作为指导思想写进党章，这在大家学习当中，交流当中，都有共识。因此，对十八大报告的学习，一定要掌握它的新要求。在厅级干部培训的开班仪式上，赵勇副书记结合自己的学习体会，对十八大精神的新要求曾作过一个总结，那就是“一二三四五五八”，“一”就是一个主题，“二”就是两个目标，“三”就是三个自信，“四”是四化，“五五”是党的建设的五项要求和五个布局，“八”是八个必须，我听后感觉豁然开朗，这个总结一下就把十八大的精髓涵盖了，因此，也说出来与大家分享。

下一步，我们就是要按照张庆黎书记提出的“十八大精神是方向，引领我们在中国特色社会主义伟大旗帜下阔步前进；十八大精神是动力，激励我们为实现全面建成小康社会的宏伟目标而努力奋斗；十八大精神是保证，指导我们以抓好党的建设新的伟大工程来推动伟大事业的健康发展”总要求，把十八大精神作为我们的方向，作为我们的动力，作为我们的保证，使十八大精神入脑入心，融会贯通，武装头脑，使我们工作的开展都在十八大精神的指引下来进行，这样才能保证理论上的清醒和政治上的坚定，从而保证我们工作的有序完成。

二是凝心聚力，履职尽责，完成好党的十八大布置的任务。

十八大报告中出现法的字眼有30余处，涉及到了第三部分“全面建成小康社会和全面深化改革开放的目标”、第四部分“加快完善社会主义市场经济体制和加快转变经济发展方式”、第五部分“坚持走中国特色社会主义政治发展道路和推进政治体制改革”、第七部分“在改善民生和创新管理中加强社会建设”。其中，第三部分明确提出到2020年基本建成法治政府，第五部分运用大量的文字来讲法治，让我们深切地感受到法治的春天来了！党的十八大报告中拿出大量的篇幅来讲法治，这里面传递出一个非常重要的指导思想，一个非常重要的信号，也就是说，我们党和法之间是一个什么样的关系，党对法治工作的领导是通过什么来实现的，这些都是我们要深入思考的。我个人认为，党对法的领导可以从以下三方面来体现，首先是立法层面，报告中提出要科学立法，我们讲，科学立法，民主立法，依法立法提出来，对我们全党全国都有一个重要的提示就是党高度重视立法工作，对法律工作的领导是通过立法来实现；其次是守法层面，十八大报告中强调“任何组织或者个人都不得有超越宪法和法律的特权，决不允许以言代法、以权压法、徇私枉法”，习近平总书记在宪法颁布三十周年大会上的讲话再次强调党要带头守法，在法律框架内实现对法的领导。党在带头守法，通过自己的守法，来带动全社会包括各级国家机关、公民来守法；第三是法治思维层面，报告中要求领导干部提高运用法治思维、法治方式深化改革、推动发展、化解矛盾、维护稳定的能力，运用法治思维和法治方式实现对国家对社会的领导。作为我们省人民政府法制办，我们是省级的专司政府法制工作的机构，我们每一名同志都应该感觉到肩上沉甸甸的责任，大政方针已经确定，目标任务已经明确，措施办法也已交给我们，关键就在于我们如何去做。我觉得，就是既要抓本级，又要抓系统，同时要摆布好我们与政府的关系，我们与部门的关系。要发挥好参谋部的作用，加强调研，谋划好推动工作的思路，提好建议，当好政府的外脑；要履行好作战部的职能，带领全省政府法制机构和工作人员把政府决策不折不扣扎扎实实地落到实处，在大局当中定位，在大局当中谋划，把我们一些思路、调研的成果、提出的建议变成政府的决策，推动工作的落实，最终在建成法治政府的时候，我们可以欣慰地说，我们做了，我们也做到了。

三是以十八大精神为指针，做好法制办当前的工作。

年终岁尾，法制办的各项任务还很重，还有许多工作需要我们去谋划。首先是立法工作。要进一步加快工作节奏，加大协调力度，力争保质保量按时完成今年的立法任务。另外，要统筹考虑编制好2013年立法计划和未来五年的立法规划，依据十八大精神和省委省政府改善“两个环境”建设的要求，分清轻重缓急，围绕中心，服务大局，把一些急用的、与老百姓生活密切相关的立法项目尽快纳入到计划和规划中。要严把立法准入关，严把法规内容设定关，什么情况该立，什么内容该进，都要以十八大精神的要求来设定。第二是行政复议工作。十八大报告提出运用法治思维和法治方式化解矛盾、维护稳定，完善人民调解、行政调解、司法调解联动的工作体系，这也是对行政复议工作的要求，我们要把这一指导思想牢牢地印在脑子里，充分发挥法治主渠道作用，综合运用各种手段，化解各种矛盾纠纷，做到案结事了，维护社会和谐稳定。第三是协调监督工作。要认真组织好2012年度的依法行政考核工作，合理划分考核小组，科学设定考核流程，严格把握评分尺度，确保考核结果公平公正权威。要加快推进相对集中行政处罚权工作的步伐，今年，相对集中行政处罚权形势很好，已有将近50余个县市报送了实施方案，我们要加强指导，加大协调力度，只要是符合要求的，只要是程序上没有瑕疵的，都要加以推动。要加强行政执法人员的管理，严把执法资格准入关，严格管理，严格要求，完善投诉处理机制，形成执法监督良性运转的链条。第四是加大政府规章和规范性文件的组织协调力度。当前进行的政府规章和规范性文件清理是全省的一件大事，要加大组织协调力度，不光自己要干，还组织好各级各部门搞好清理。第五是创新领导干部学法模式。十八大报告中把领导干部用法治思维方式解决问题作为一个重大课题提出来，是对领导干部学法提出了更高的要求，因此，要做好调研，善于运用主题培训、专题培训、急用先学培训、不同类别培训等形式，变“要我学”为“我要学”，创领导干部学法精品，提高领导干部学法效果。第六是行政调解工作。要深入研究如何加强行政调解工作，探索制定行政调解的相关规定，建立健全多部门联动机制，背靠政府，面向部门，充分发挥法制办的牵头作用，准确界定行政调解适用范围，严格调解程序，严把调解标准，确保行政调解成效。

边黎明在办党组理论学习中心组学习会议暨办党组扩大会上的发言

（2012年7月18日）

同志们：

这次召开党组扩大会议和党组理论学习中心组学习会议，目的就是贯彻省委理论学习中心组学习会议精神，围绕“深入贯彻落实科学发展观，着力改善发展环境，着力改善生态环境，促进经济社会更好更快更大发展”这一主题，研究我们政府法制工作如何在实现“两个着力改善”方面，提供法治保障，营造良好的法治环境。同时，我们理论学习中心组也就牢记“两个务必”、保持党的纯洁性，结合实现“两个着力改善”提供法治保障进行理性思考和研讨。昨天，各位办领导，各处处长和中心主任都发了言，围绕主题谈了很好的想法。今天下午各处和中心又分别汇报了上半年工作，围绕“两个着力改善”讲了下半年工作打算。刚才，各位副主任对做好下半年工作分别讲了意见，对围绕省委确定的两个着力，努力打造良好的法制环境，为建设“经济强省、和谐河北”搞好服务，提出了明确要求。我都完全赞同。希望各处和中心认真抓好会议精神的贯彻落实。下面，我想就如何贯彻落实好省委学习会议精神，结合当前我办的工作实际作个综合性发言。

一、统一思想，提高认识，深刻领会实现“两个着力改善”的重要意义

这次省委学习会议是经过省委主要领导同志反复研究和认真准备之后召开的一次重要会议。省委书记张庆黎和省长张庆伟在会议上都作了重要讲话。两位主要领导的讲话深刻阐述了着力改善两个环境的重大意义，对两个着力改善作出战略部署，提出了要达到的总目标。贯彻落实好讲话精神，在思想上与省委保持高度一致，在行动上自觉服从和服务好省委中心和重点工作大局，是我办和全省政府法制系统当前和今后一个时期必须集中全力做好的一项重要工作。

在学习研讨中，大家普遍认识到我们省在发展环境和生态环境方面与中央要求相比，与市场主体、人民群众的期望相比存在不小的差距，例如：发展环境不好，市场主体和人民满意度低，政策不宽松、行政机关服务意识差、办事效率低、企业负担重，企业经营缺乏诚信等；生态环境承载压力日渐加大，改善生态环境的任务非常繁重。从法治环境看，也还有许多不尽如人意的地方，如一些亟待立法的项目还没有提上议事日程；对地方政府执政行为的监督，包括对一些行政执法行为的监督还没有完全到位，一些地方有法不依、违法行政有行为还没有得到有效地纠正；政府法制机构建设亟待加强。目前政府法制机构的设置和人员配置都已经远远不适应法制工作和任务的需要等等。庆黎书记在讲话中把两个环境建设存在的突出问题形象地比喻为制约全省科学发

展的“拦路虎”和“绊脚石”。这两个环境问题不解决就无法实现既定的战略目标，就不可能建设“经济强省、和谐河北”。所以，抓“两个着力改善”就是抓住了制约河北更好更快更大发展的主要矛盾和矛盾的主要方面，就抓住了以人为本、科学发展，实现“风清气正、开放文明、天蓝水净、地绿山青”这一总目标的关键。

庆黎书记在讲话中强调，改善发展环境，要突出抓好五个着力：第一是着力深化行政体制改革，第二是着力完善落实扶持政策，第三是着力规范市场秩序，第四是着力加强和创新社会管理，第五是着力优化政治生态；改善生态环境，要着力组织开展好三方面工作：一是要实施大工程，二是要进行大发动，三是要构筑大支撑。实施大工程包括实施水系改造工程，对河北的主要河流进行改造，实现水清。（举例：赵州桥景点的河水污染严重。）此外，目前河北还有四千多万亩宜林荒山荒坡，亟待改造，省委、省政府要把这个项目分解到各市、县和省直各部门，进行分包绿化，我们也要积极地参与这项大工程之中。改善两个环境实施八项任务都与做好政府法制工作密不可分、息息相关。在深化行政管理体制改革方面，我们还将会面临集中进行立法和修法的小高潮，更需要我们进一步解放思想，在落实扶植政策、规范市场秩序，涉及重大利益调整单靠发文件开会不行，需要从立法的角度，更关注管理相对人的利益，尊重市场主体的利益，给企业更多的自主权，调动企业的生产积极性，吸引更多的企业来河北投资发展，增加制度的含金量，都需要通过我们的工作来实现。我们承担的政府立法、行政执法监督、规范性文件合法性审查、行政复议和法治宣传等方面都要围绕“两个着力改善”来谋划我们今后的工作，只有紧紧围绕大局开展工作，找准定位，为省委、省政府当好参谋、助手，发挥政府法制工作的应有作用。我们一定会大有作为。

二、创新务实，扎实工作，全面完成今年下半年政府法制各项工作任务

从各处、中心汇报的上半年工作情况看，全办认真贯彻办党组和办领导班子今年的工作部署，做了大量扎扎实实、卓有成效的工作，很好地完成了各项任务。我与秦主任来办里工作三个月零七天，总体感到，我们法制办的班子是团结的、富有战斗力的，各支部党员和全办干部职工政治素质高，业务水平高，工作作风严谨细致，看到大家工作勤恳兢业，给我们留下了非常深刻的印象。同时我也感到有很大的工作压力，需要学习和掌握的内容很多。能够在我的工作经历中，来法制办与大家共事，这也是一种缘分，这期间得到了大家的帮助和支持，借此机会，对同志们给予我和秦主任的帮助支持表示感谢！同时，就如何做好下半年工作，围绕实现“两个着力改善”、创造良好的法治环境我想强调几点：

（一）立法工作要在深入细致、求真务实上狠下功夫。一是要确保完成好下半年立法任务。针对《河北省企业国有资产监督管理条例》等重点立法项目，全力以赴，抓紧审查修改和协调，要倒排工期，协调安排好立法件的审查修改、调研论证和会审工作，保证年度立法任务的顺利完成。同时，要着手谋划明年的立法计划。明年的立法计划重点要围绕实现“两个着力改善”、侧重于两个环境的改善，编制立法计划。二是立法调研工作要进一步深化。今后开展立法调研应将行政管理人与管理相对人分开进行，关注弱势群体的意见和建议，特别要保障管理相对人的知情权、建言献策权，充分听取和吸收管理相对人的正确意见和建议，以使立法能够最大限度地实现和维护相对人的合法权益。另外，调研要深入，在调研中还要尽可能深入企业、事业单位及其他与立法有密切关系的单位，实地考察感受法律适用环境，增加感性认识，深化理性认识，使之融入立法的条款之中。三是进一步实行开门立法，扩大公众参与的力度和程度。现在我们已经有了一个良好的开头，例如，现在正在办理的《河北餐厨废弃物管理办法》，在网上广泛征求意见。今后要进一步扩大，通过各种媒体来、运用各种方式广泛征求意见，需要我们统筹合理安排时间，使群众的意见和建议能够充分表达，我们能够充分地采纳和吸收合理的意见和建议，保证立法更符合民意。

（二）要切实强化行政执法监督工作。我办在编制少、力量相对较弱的情况下，这些年来在行政执法监督方面做了大量工作，也取得了明显成绩。但从总体看，我们这项工作与形势和任务需要还不相适应，主要原因在于我们的人员少、力量小，许多应当做的工作还没有完全开展起来，如行政执法监督，只做到了每年安排一两次执法检查，但经常性的抽查更少。据了解，每年我们省办查办的案件也只有四、五件。有一些还有交办件，交给市、县法制办去查办。这个工作理念应当改变。我们是代表省政府办案的，交办案件也要向市、县政府交办，而不是对法制办去交办。这样做可以一可以增加我们的权威性，二可以引起市、县政府对问题解决的高度重视，三可以为市、县法制办撑腰打气壮胆。关于开展相对集中行政处罚权工作，已超出了省政府规定的时限还未完成，我们要摸清底数，提出方案，报经省政府领导同意后，加大组织协调和督办力度，组织各市分批次上报，分批次批准，力争在明年上半年全面推开这项工作。下半年我们要开展优化发展环境的执法大检查活动，这是我们贯彻省委会议精神、实现“两个着力改善”的第一大举措，那么我们就把全面推进相对集中行政处罚权工作做为第二大举措，通过相对集中行政处罚权，从体制上彻底解决多头执法、重复执法、不作为、乱作为的问题。第三是考虑我们下半年如何把市、县的行政执法监督力量充分调动起来，发挥他们的作用，调动他们的积极性，组织交叉检查和督查。发挥上级行政执法部门对下级行政执法部门的执法监督作用，壮大执法监督队伍和力量。今后，不仅要继续与监察机关搞好协调和配合，而且要协调省级行政执法部门参与到行政执法监督中来，开展更多的行政执法监督活动。

（三）切实加强行政复议工作，全面推进行政复议规范化建设。一是省政府已经转发了行政复议规范化建设标准。下半年的工作重点就是落实好行政复议的标准化建设，通过抓标准化建设，一是把行政复议队伍建立健全起来，实现行政复议办案至少两个人的配置；二是把应当在基层解决的行政纠纷都纳入县里的行政争议解决机制中来，通过行政调解和行政复议来解决。我们办是省社会治安综合治理委员会的成员单位，我们有这项职责。通过抓标准化落实，抓大我们的政府法制队伍，加强我们的行政复议机构建设。二是要把行政调解作为办理行政复议案件的前置程序，必须先行调解。凡是申请行政复议的必须要进行调解，最大限度地减少行政争议。开展行政调解是省委、省政府始终要求做好三项调解的重要内容之一，目前行政调解是最弱的一项，我们必须要强化行政调解，把这项工作做好做扎实做出成效。三是要积极探索相对集中行政复议权的试点工作。积极与国法办沟通协调，争取我省能够参与全国的相对集中行政复议权的试点。可以通过开展试点，提高复议能力建设，增加复议工作力量和权威性，使工作面貌大大改观，示范效应非常好。对条件好、有意愿的市县，可以组织相对集中行政复议权的试点工作，摸索经验。

（四）针对政府法制系统存在的突出问题展开调研，寻求破解之道。从当前看，全省法制系统有三个突出问题亟待解决。一是县级法制机构不健全。有些县法制办只有一个人，主要精力还不在法制工作上，这样就无从谈及做好政府法制工作；二是行政复议力量薄弱。应当开展的工作没有很好地开展起来；三是行政执法监督力量薄弱。这三个问题严重制约了全省政府法制工作的开展，也是创造良好法制环境的“拦路虎”，必须下决心解决。经过与秦主任和其他办领导沟通，并征求了部分处级干部的意见，初步考虑，今年下半年，从有关处室抽调人员，有关主任参加，组织调研组对三个问题的破解之道在本省和外省进行调研考察。法制机构应当如何建设，达到什么标准，就能够适应当前形势和任务的需要，条件成熟时向省委、省政府提出相关建议，争取在两年左右取得进展，至少有所改善。此外，行政执法监督工作如何开展，是搞“大监督”，还是“小监督”，都需要我们去研究和探索，拓宽工作思路，寻求解决之道。

三、抓好办、处两级班子建设，提升全办干部队伍素质

全面提升政府法制的服务保障水平，充分发挥好在依法行政方面的参谋、助手作用，关键在于办、处两级班子充分发挥作用。要努力在提高政治思想素质上下功夫，要贯彻落实好民主集中制原则，加强团结、协作和互助，切实提高全办干部队伍素质。一要加强办、处两级班子的思想政治建设。要增强讲政治、顾大局意识，从大局出发来把握和推动政府法制工作，在大局中找准政府法制工作的切入点，要勇于开拓，不怕困难。通过加强思想政治建设，进一步增强党性观念，转变工作作风，振奋精神状态，

促进工作效率和工作质量的不断提高。二要认真贯彻落实好民主集中制原则。民主集中制是我们党和国家的根本组织制度和领导制度。正确贯彻执行民主集中制，才能充分发挥我办党组织和广大党员的积极性，集中全体智慧，保证党的决策的正确和有效实施，增强党的纪律和战斗力，促进政府法制工作。要充分发扬民主，深入开展调查研究，广泛听取党员干部和群众的意见，坚持集体领导，提高决策水平和领导水平，重要决策必须经过充分酝酿、协商和讨论，通过会议决定。要按照分工切实履行好班子成员职责，集体决定的事情，就要分头去做，各司其职，各负其责。要在实践中完善组织内部的议事和决策机制。要更多地关心同志们的工作和生活，营造良好愉快的工作生活环境。三是加强团结、协作和互助。要从大局出发，求同存异，宽容大度，做到容人、容话、容事，严于律己、宽以待人，心往一处想，劲往一处使，努力营造团结共进、和谐共事、和睦共处的氛围。要相互配合，相互支持。我们办作为综合部门，领导职数少，承担的各项工作和任务多，更需要增强协作意识，做到互补互助。办领导和各处处长、中心主任都要在用心做好各自分管工作基础上，努力做到相互协作，拾遗补缺，无论是讨论日常工作还是研究重大问题，都要积极发表意见和建议，实事求是地分析利弊关系，在相互讨论中形成共识，求得一致，齐心合力，共同促进政府法制工作不断实现新发展。

还有四件具体事项需要做好。一是这次会后要把我们贯彻省委理论学习中心组学习会议精神的情况，向省委和省直工委报告；二是要积极做好我们的基层帮扶工作，落实好重点帮扶任务，驻村干部要认真做好基础工作，保证各项帮扶工作落实，保证驻村的安全稳定。三是做好我们联系点邢台县的创新和加强社会管理工作，指导帮助他们做好行政调解和社会治安综合治理工作。四是行政复议处要在下半年受理复议申请都要认真细致做好调解工作和案件审理工作，保证不出任何纰漏。这次学习仅是初步的，今后我们要在工作中进一步加强学习，学深学透学出成效。

我要讲的就是这些，不妥之处请大家批评指正。谢谢！

加强思想政治建设
永葆共产党员的先进性

——边黎明在全办职工党课上的讲话

（2012年7月9日）

同志们：

按照省委组织部和省直工委的部署和要求，今天机关党委安排由我与大家一起上党课，以《加强思想政治建设永葆共产党员的先进性》为题，谈一谈对提升党员干部思想政治素质的体会和思考，希望能够抛砖引玉，同大家交流共勉。

首先，谈谈为什么要提高党员干部思想政治素质

今年以来，省委为落实中央关于换届后要加强领导班子和领导干部思想政治建设要求，在中国浦东干部学院，以提高领导科学发展和社会管理能力为主题，连续举办两期（共六期）县（市、区）党政正职培训班，集中培训全省党政领导干部。6月1日，省委书记张庆黎在全省领导干部思想政治素质提升工程主题报告会上讲话。庆黎书记以自己三十多年的工作经历，深刻阐述了新形势下党员领导干部特别是县委书记如何履职尽责，在全面分析我省省情的基础上，明确县委书记要切实做到“六个突出”，即：政治上突出忠诚和坚定，工作上突出干事和担当，作风上突出勤奋和亲民，团结上突出规矩和自觉，方法上突出大局和重点，廉洁上突出干净和刚正。这也是对全省党员干部如何提升思想政治素质提出的要求，通过提升思想政治素质，展现好的精神状态，培树好的工作作风，争创好的工作业绩。

随着改革不断深入推进，社会各种矛盾解决和利益调整进入关键时期和攻坚阶段，解决好诸多矛盾和问题，调整好利益分配格局，必然选择法治。2011年3月中央政治局第二十七次集体学习以“推进依法行政弘扬社会主义法治精神”为题，胡锦涛总书记发表重要讲话，指出，推进依法行政，弘扬社会主义法治精神，是党的十七大为适应全面建设小康社会新形势、推进依法治国进程而提出的一项战略任务，对深化政治体制改革、发展社会主义民主政治，对全面实施依法治国基本方略、加快建设社会主义法治国家，对建设富强民主文明和谐的社会主义现代化国家、实现党和国家长治久安具有十分重要意义。强调以建设法治政府为目标，以事关依法行政全局的体制机制创新为突破口，以增强领导干部依法行政意识和能力、提高制度建设质量、规范行政权力运行、保证法律法规严格执行为着力点，更加注重制度建设，更加注重行政执法，更加注重行政监督和问责，更加注重依法化解社会矛盾纠纷。

国务院狠抓《关于加强法治政府建设的意见》的落实，大力推进依法行政，省委、省政府认真贯彻落实党中央和国务院的部署，采取一系列措施推动法治政府建设。省第八次党代会把“全面推进法治政府建设和依法行政”作为实现建设经济强省和谐河北目标的重要措施予以明确。省委、省政府主要领导对推进依法行政工作高度关注。省委副书记、省长张庆伟到任之初就专门听取我办领导的工作汇报，指出，政府是通过法律、法规来实施社会管理和公共服务的。法制建设是政府各项工作的基本保障，法制办是推进依法行政的重要责任单位，要加强对新情况、新问题的研究，进一步强化职能和作用，为建设经济强省和谐河北作出更大贡献。今年 2 月 8 日，省委书记张庆黎在八届省委常委会第一次集体学习时强调，依法行政是我们党为人民掌好权、执好政的重要前提，是认真贯彻落实中央决策部署，实现建设经济强省、和谐河北战略目标的重要保证。要切实做到思想认识要提高，法律意识要增强，法律学习要跟上，依法行政要自觉，保障措施要完善，全面推进依法行政，大力弘扬社会主义法治精神，为推动全省经济又好又快发展提供有力法治保障和良好法治环境。4 月 6 日，省政府第六次全体会议专门举办依法行政讲座，张庆伟省长要求省政府各部门，坚持依法行政，加强法律法规的学习，毫不懈怠地履行政府职责，担当起建设经济强省、和谐河北的重任。省委、省政府主要领导都把依法行政作为实现建设经济强省、和谐河北战略目标的重要保证，对我们全办党员干部乃至全省的政府法制党员干部来说，给我们提出了一个重要课题，如何在新形势下全面提升思想政治素质，履行好我们在推进依法行政工作中的职责，担当这一重任。

第二，新形势下党员干部应当具备的思想政治素质和提高这一素质的重要性

（一）思想政治素质包括哪些内容。思想政治素质是人们在社会政治活动中应当具备基本条件和基本品质，包括政治素质和思想道德素质。江泽民同志在《关于教育问题的谈话》中指出“思想政治素质是最重要的素质”，“是素质教育的灵魂”。曾庆红同志曾对党员干部的应当具备的思想政治素质概括为“热爱祖国、忠于人民，求真务实、开拓创新，顾全大局、团结协作，恪尽职守、廉洁奉公”四个方面。这一言简意赅的概括不仅深刻体现了对党员干部思想政治素质的内在本质要求，而且蕴涵了鲜明的时代要求。在四个要素中，“热爱祖国、忠于人民”是灵魂，明确了对党员干部思想政治素质的最基本要求；“求真务实、开拓创新”是核心，明确了具备这一素质体现出的工作态度和工作作风；“顾全大局、团结协作，恪尽职守、廉洁奉公，”则是具备该素质的必备要件和工作中处理各种关系时的基本要求。

党员干部的思想政治素质根本体现在政治素质即“讲政治”，政治素质的科学内涵与“讲政治”的内容在本质上是相同的。讲政治，包括政治方向、政治立场、政治观点、政治纪律、政治鉴别力、政治敏锐性和政治责任感。主要表现在大是大非问题上，在事关方向、原则问题上，一定要旗帜鲜明，保持清醒的头脑和坚定的立场，而不能政治方向不清，政治立场不稳；要有坚定的组织观念和党性原则，模范地遵守党的纪律；面对错综复杂的情况，要有较强的政治鉴别力和政治敏锐性。政治素质是灵魂和统帅。一是坚持正确的政治方向。政治素质中第一位是要保持坚定正确的政治方向，这是政治素质的核心问题。政治方向是否正确，是关系到党和国家事业兴衰成败的头等大事。如果党员干部在政治方向上模糊不清，就会摇摆不定，就难以肩负起党和国家赋予的历史重任。正确的政治方向就是要坚持走有中国特色社会主义道路，努力实现全面建设小康社会的奋斗目标，实现国富民强和长治久安。作为党员干部如果政治方向模糊不清，就难当大任，难受重托。二是坚定的政治立场。党员干部必须坚定不移的站在无产阶级的立场、党性的立场上，坚定不移地维护党的利益，国家的利益和人民的利益。政治立场是观察事物、处理问题的政治立足点和着眼点，直接决定着党员干部的政治视野和价值取向。毛泽东曾深刻地指出：“我们是站在无产阶级的和人民大众的立场。对于共产党来说，也就是要站在党的立场，站在党性和党的政策的立场”。新形势下保持坚定的政治立场，最重要的是要自觉维护最广大人民群众的根本利益，坚持党的群众观点和群众路线，保持与人民群众的血肉联系。坚定的政治立场，对党员干部至关重要的是在大是大非、大风大浪面前站稳脚跟，是对党员干部政治素质最直接的考验。三是鲜明的政治观点。政治观点是指从一定阶级利益出发，对社会政治现象和政治问题的基本看法。党员干部要旗帜鲜明、始终不渝的坚持邓小平理论和“三个代表”重要思想，全面落实科学发展观，坚持党的基本路线和党的各项方针政策，坚持共产主义的世界观、人生观和价值观；坚持社会主义荣辱观，正确认识美与丑、善与恶、荣与辱；坚持社会主义的民主观、自由观，坚决同西方个人主义的人生观、价值观，同资本主义的人权观、自由观从根本上划清界限。只有掌握了正确的政治观点，才能形成正确的政治理想和政治信念，才能有正确的政治方向、政治立场和政治行动。当前，应当坚持的政治观点就是国家利益高于一切，个人利益服从服务于国家利益。在改革进入攻坚阶段和社会矛盾解决各方利益调整错综复杂的情况下，运用科学发展观这个锐利武器，确立正确的政治观点，运用这些基本观点观察、分析问题，作出正确研判。四是严格的政治纪律。政治纪律是党政机关等为维护政治利益，保证工作正常进行而制定的要求每个成员都必须遵守的规章、制度。实际上就是坚持民主集中制、坚持个人服从组织、少数服从多数、下级服从上级、全党服从中央。新形势下就是要紧密团结在以胡锦涛同志为总书记的党中央周围，坚决维护党中央的最高权威，做到有令必行，有禁必止，确保政令畅通。政治纪律不同于一般纪律。它是党员干部纪律中最重要的组成部分，带有全局性和根本性的特点。它要求更严格，有质的规定性。政治纪律是党员干部实践政治行为的规范，是增强党和国家凝聚力的重要保证。不但要遵守国家的法规法纪、党的规章制度，更要把它内化为严格的政治纪律观念，成为严守政治纪律的楷模，使党、国家的意志在各自工作岗位上不折不扣地贯彻执行。五是高超的政治鉴别力。政治鉴别力是指用政治眼光辨别真伪的能力。党员干部要在错综复杂的国际国内环境中，善于辨别方向，判别是非；要透过现象，认清本质，分析矛盾，把握大局；要善于从政治上认识问题，处理问题，在事关方向、原则问题上保持清醒的头脑和坚定的立场。具有高超的政治鉴别力是政治能力的突出表现，是政治素质强的前提。六是超强的政治敏锐性。政治敏锐性是通过政治上的锤炼，对外界事物反应灵敏，眼光锐利。政治敏锐性体现在对来自社会各方面的各种问题以及内部的矛盾，从政治上善于防微杜渐，深谋远虑，对新生事物能及时发现，依照党和国家的大政方针，从人民群众的根本利益出发，对不良倾向迅速作出反应，牢牢把握主动权。七是高度的政治责任感。党员干部对自己所担负的政治责任的清醒认识和积极态度，是坚持正确的政治方向和政治立场，确立正确的政治观点，自觉遵守和执行政治纪律，不断提高政治鉴别力和政治敏锐性必不可少的重要条件，也是政治素质的实际体现。判断一位党员干部的政治素质，最为现实、最为直接的就是看他是否具有强烈的政治责任感，按照党和人民的要求意愿，尽职尽责的做好工作。强烈的政治责任感来源于对党和社会主义事业和现代化建设的无限忠诚，对祖国和人民的无限热爱，来源于对自己所处地位和肩负责任的清醒认识。

除政治素质外，还要具备相应的思想道德素质，包括理论素质，文化素质，心理素质，道德素质和作风素质等等。一要有扎实的理论素质，主要是坚实的马克思主义理论素质。尤其强调必须掌握邓小平理论，掌握邓小平理论的科学体系，通过学习掌握理论，进一步运用马克思主义的世界观和方法论指导实践活动，在实际工作中增强预见性和创造性。一个具备坚实理论素质的党员干部，就会对党的方针、政策理解得比较深，对精神吃得比较透，理论上清醒才能保证政治上的坚定。二要有良好的心理素质和文化素质。心理素质是认识和把握自我的能力，包括认识、情绪、情感、意志、气质和性格等个性心理特征，综合体现在性格品质、心理能力、心理健康状况等方面。拥有良好的心理素质，保持健康的心理状态，是党员干部履行好职责、应对竞争不断提高执政能力的客观要求。领导干部身处特殊地位和肩负重要责任，其承受的心理压力比一般群众要大，其心理健康与否对社会的作用和影响也更大，自然对其心理素质的要求也更高。应该说，当前大多数领导干部的心理是健康的，保持着良好的精神状态，但毋庸讳言，的确有一些领导干部心理素质较差，一些领导干部因心理负担过重，出现焦虑、抑郁等问题，甚至有个别干部心理严重失调，导致精神崩溃，这样的事例并不鲜见。领导干部通过不断加强学习和修养，自觉锤炼意志品质，培养坚定执着、乐观自信、沉稳平和、奋发有为的良好心态和情绪，面对挫折和一时无法解决的困难，能够百折不挠，锐意进取。在文化素质方面，现在全办的党员干部都是大学本科以上学历，有几位同志还是硕士，有将超过三分之一的同志都拥有研究生学历，还有几位同志正在读研。上个世纪末，一些专家就预言，进入二十一世纪，成为人才必须具备的三种本领：一是使用计算机，二是会驾驶汽车，三是掌握一门外语。现在周围的许多同志都具备这三种本领中的至少一种，有的同志三种本领都具备。计算机和互联网已经成为我们日常工作生活学习的工具和平台，不懂网络语言就没办法在网上与人交流。当今知识更新的速度非常快，每天的信息量也非常大，不提升文化素质，也就无法适应时代的发展。三要有崇高的道德素质。道德素质是一个综合性的范畴。构成要素一般地包括道德认知、道德情感、道德意志和道德行为，四个要素相对独立又相互联系，形成一个完整有序的结构。在认知、情感和意志的作用下，外化表现为道德行为。崇高的道德素质应当表现为团结协作的胸怀，宽以待人的修养，谦虚谨慎的态度，率先垂范的作用、廉洁自律的形象和无私奉献的精神。四要有过硬的作风素质。作风素质是作风建设经常化的体现，主要通过思想、工作和生活反映和表现。党员干部要具备过硬的作风素质，在思想上牢固树立马克思主义理论学风，工作上坚持理论联系实际和实事求是，坚持走群众路线和，生活中树立和保持共产党人的高尚情操和革命气节，牢记“两个务必”，自觉抵制各种腐朽思想的侵蚀，做艰苦奋斗、廉洁奉公的表率。以上这些都是党员干部应当具备的思想政治素质。

（二）提高思想政治素质的重要性。党员干部的思想政治素质体现了其工作水平，决定了党和政府的管理服务水平。

1. 党员干部的地位和作用，决定了提高思想政治素质是其首选和必然。正确的政治路线确定之后，干部就是决定的因素。党的各级领导干部都是管路线、管方向的，是驾驭全局、统领全局的。从一定程度上讲，党、国家和人民的命运是掌握在这部分人手里。是党和国家路线、方针、政策的忠实贯彻者，是上级各项规定、指示的具体执行者，承担着带领人民发展经济、改善生活的实际任务。顺应时代发展的要求，迫切需要一支政治过硬、业务精通、思想成熟、知识广博、行动坚决的具有较高思想政治素质的党员干部队伍，这是能否完成党中央提出的全面建设小康社会的战略目标的关键，也是我们党能否带领人民群众实现中华民族伟大复兴重任的根本。

2. 落实中央和省委要求，实现“让人民满意”最现实需要，决定了必须提高思想政治素质。党员干部要做到让人民满意，政治上必须靠得住，牢记全心全意为人民服务宗旨；工作上要有为人民服务的本领，热爱工作，勇于任事，小事不嫌弃，大事不畏惧，凡事不计较，挫折不灰心；作风上过得硬。要牢记“两个务必”，不断强化公仆意识，要体察民情，了解民意，集中民智，珍惜民力，多办利民之事。

3. 能够战胜各种消极腐朽思想文化侵蚀渗透，成为提高思想政治素质的必然选择。随着改革开放的不断深入，资本主义的腐朽思想文化乘虚而入，尤其是同我国历史上遗留下来的剥削阶级的腐朽思想文化结合起来。拜金主义、个人主义和腐朽生活方式等消极现象又有所滋长，对人们的信念和价值观产生了很大的冲击，也侵蚀了一部党员干部的思想。有的向往那种花天酒地、一掷千金的生活，认为活得洒脱、活的自在，这才叫生活。不讲信念、不讲道德、不讲纪律、不讲党性原则，个人主义、享乐主义恶性膨胀，铺张之风、挥霍之风、奢华之风盛行。在金钱、美色、利诱面前束手就擒，做了俘虏。与这种消极腐朽思想斗争必然是长期性和复杂性的，这也必然对党员干部提升思想政治素质提出新的更高的要求。

第三，当前一些党员干部在思想政治素质方面存在的主要问题和问题产生的原因

（一）思想政治素质方面存在

的问题。当前，绝大多数党员干部的思想政治素质，总体上同党肩负的历史使命是适应的。但相当一部分党员干部的思想政治素养还存在一些突出问题。

在理论学习方面：一些党员干部忽视、轻视理论的作用、学用脱节，学风不正；理论学习动力不足、效果不佳；党性修养差距较大，原则性不强、正义感退化、是非观念淡薄，信奉实用主义、功利主义。

在理想信念方面：一些党员干部对马克思主义信仰不坚定，对中国特色社会主义缺乏信心，对西方资本主义意识形态和思想观念缺乏鉴别力。一些同志在为党的事业奋斗实践中掺杂个人意愿。在利益调整格局中一些党员干部把个人利益放在首位，热心于个人职务提升，还有的同志不是把个人利益融入党的利益之中，而是分开来算，打“小算盘”。

在组织纪律方面：一些党员干部贯彻民主集中制不力，有令不行、有禁不止，搞“上有政策，下有对策”；少数党员领导干部家长制作风严重，不愿意听取不同意见，不习惯在民主的气氛中推进工作。

在执政能力方面：一些党员干部虽然有学历，但推动科学发展、促进社会和谐、处理复杂问题的能力不够，尤其是遇到突发性事件、急难险重任务，就束手无策；也有一些基层党组织组织动员能力和带领群众发展致富能力不强。

在宗旨意识方面：有的党员干部唯上严重，对群众感情不深；作风飘浮，好大喜功，想自己的东西过多，不从党的事业、人民的利益出发来想事干事；形式主义、官僚主义盛行。

在党风廉政方面：少数领导干部特别是高级干部中发生的腐败案件影响恶劣，一些领域腐败现象易发多发。

在道德素质方面：极少数党员干部道德滑坡，经不住权力、金钱、美色的诱惑，以权谋私、贪图享受甚至腐化堕落等等。

在心理素质方面：一些党员干部心胸狭隘，思路封闭，坐井观天，夜郎自大，与过去比，有成绩沾沾自喜，与先进比有差距，妄自菲薄。

（二）分析存在问题的原因。部分党员领导干部思想政治素质存在以上问题，其产生与发展由来已久，有着深刻的时代背景和社会背景。主要是由以下两方面原因造成的：

1. 从主观方面讲，放松了思想政治建设。

一是缺乏坚实的理论武装。坚持理论武装是保持党的纯洁性的基础。部分党员领导干部对理论学习缺乏正确的认识，缺乏理论而又轻视理论，认为学与不学工作照样干；甚至有个别的领导干部认为学习理论又苦又累，枯燥无味，学的好也不如关系好，理论学习与职务的升迁没有关系，从内心厌倦学习。

二是缺乏党性修养和思想修养。一些党员领导干部放松了党性修养，共产主义理想信念动摇甚至缺失，对党的忠诚意识逐渐弱化。“不信马列信鬼神、不信组织信个人”。有的求神问仙，亵渎科学，走火入魔，整天疑神疑鬼，热衷算卦占卜。还有少数干部把对党的忠诚变成对某个人的忠诚、对关系网的忠诚，培植个人亲信、搞团团伙伙、人身依附。“官本位”思想根深蒂固，不能树立正确的权力观。把对党忠诚作为向党等价交换的筹码，斤斤计较，患得患失，把“党票”当成升官发财的“门票”。一些领导干部不能按照党员干部的标准来规范自己，不比贡献比报酬，追求名利地位，攀比生活享受。

三是责任意识淡薄。政治责任意识不强，工作标准不高，抓落实力度不够，敷衍塞责，得过且过，错误地认为讲不讲政治、讲不讲大局无关紧要，滋长了本位主义思想。对上级政策合意的执行，不合意的就不执行，造成政令不畅。

2. 从客观环境讲，特定历史条件下外因对党员干部产生影响。

近些年来，随着社会主义市场经济体制的不断建立和完善，市场经济的固有特性对人们的思想观念、行为方式、精神状态等产生了十分深刻的影响。资本主义的腐朽思想文化同我国历史上遗留下来的剥削阶级腐朽思想文化影响相结合，滋长拜金主义、极端个人主义和腐朽生活方式等消极现象，对人们正确的理想、信念和价值观产生冲击；市场经济的竞争性特点，增强了人们的竞争拼搏、力争上游的良好风尚，同时也引发了少数领导干部的不讲规矩、不讲法纪的行为偏差。

以上列举了当前一些党员干部在思想政治素质方面存在的主要问题，我想，应当以此为鉴，我们全办的党员干部也要对照一下，看看我们自身存在哪些问题，引以为戒，切实加以纠正。

第四，如何提高党员干部的

思想政治素质

（一）坚持政治上坚定。

1. 学习理论。政治上的清醒来源于理论上的坚定。一个政党要走在时代前列，一刻也离不开理论指导；一个领导干部要做好本职工作，一刻也离不开理论武装。重视学习、善于学习是我们党的优良传统和政治优势，是推进学习型党组织建设，推动党和国家事业蓬勃发展、从胜利走向胜利的重要保证。当今世界正在发生广泛而深刻的变化，当代中国正在发生广泛而深刻的变革。这种前所未有的深刻变化和变革，使党员干部所处的领导环境和肩负的任务面临着前所未有的重大挑战和考验，应对挑战，经受考验，对党员干部的思想政治素养提出了新的要求。党员干部只有牢固树立终身学习、不断学习的理念，真正把学习当成一种生活态度、一种工作责任、一种精神追求、一种自觉持续的行为，重视学习、抓紧学习、刻苦学习、善于学习、善于重新学习，做到学而思，思而信，信而行，才能不断提高思想政治素养，进而提高领导科学发展的素质和能力，更好团结带领人民群众完成新历史时期的新任务。

人生命的过程就是一个不断学习的过程。每个人的一生基本分为三个阶段：成长学习、干事创业、安享晚年。人一出生开始学习发音、学习站立、行走，又从幼儿园、小学、中学到大学学习自然知识、公共知识、专业知识，参加工作后又要学习岗位知识、社会知识，退休离岗后还要学习保健知识、养生知识，可以说人的一生就从来没有离开过学习，也不可能离开。学习改变命运，知识成就未来。在座的各位都是党员干部，都是具有大专及以上学历的，试想我们现在所拥有的位子、票子、车子、房子，有哪一项是离开学习所获得的？想一想我们儿时的伙伴，尤其是没有上过大学的，有几个人走出了农村、进了城市，又有几个人脱离了种地、走上领导干部岗位？我们之所以能坐在这里，是因为学习改变了我们。细节决定成败，学习决定素质。面对新形势、新任务，我们都要防止能力不足的危险。不学习跟不上形势，思想上要掉队；不学习干不好工作，工作上要掉队。

政府法制工作政策性强、头绪多，忙于应对，挤占了大量的属于个人的时间，看书学习的时间、效率都会受影响，但绝不能以此为借口忽视了学习。加强学习，是法制办干部“营养灵魂”、提高素质的根本途径。

对于政府法制干部来说，学习的内容应该是广泛的，除了要学习中国特色社会主义理论体系、社会主义核心价值体系等内容外，还应学习法律知识、管理知识，学习政府立法技术与程序、政府法制监督协调工作基础、行政复议案件审理理论与实务、行政应诉和法律顾问工作概论、依法行政工作概论、审查备案工作相关制度等方面的知识。坚持学用结合，讲求学习效果，注重成果转化，使之真正成为化解矛盾、维护稳定、促进发展的有力武器，成为驾驭本职工作、解决实际问题的有效工具。

2. 与中央和省委保持高度一致。党员干部都必须与中央保持高度一致，表现在几个方面：一是坚决贯彻执行党的路线方针政策，自觉维护中央权威，保证中央政令畅通。中央和省委决定了的事情，各方面都必须认真去办。二是要增强纪律观念和法制观念，自觉用党纪国法规范自己的行动。领导干部自觉做到讲政治、顾大局、守纪律，增强政治敏锐性，始终坚持正确的政治方向，在路线原则问题上立场坚定，在大是大非面前旗帜鲜明，在关键时刻和重大事件中经得起考验，不为杂音噪音所扰，不为传闻谣言所惑，始终与党中央和省委同频共振、步调一致，自觉维护党的形象。三是紧紧围绕党的中心任务来谋划工作、部署工作、推进工作，把党的路线方针政策落实到最基层，把党的利民惠民政策送到千家万户。

3. 坚定走中国特色社会主义道路的信仰。共产党人最重要的党性就是坚定的理想信念，有了坚定的理想信念，就有了灵魂、方向，就有了强大的精神支柱和力量源泉。“理想的滑坡是最致命的滑坡，信念的动摇是最危险的动摇”，我们党之所以能够在过去非常困难的情况下星火燎原，战胜千难万险，走向革命胜利，走上执政地位，就是因为我们有理想，有马克思主义信念，有共产主义信念。作为政府法制干部，坚定走中国特色社会主义道路的信仰，就要把忠于党、忠于人民放在心中最高位置，要在政治上、思想上、行动上与党中央、国务院、省委、省政府和法制办党组保持高度一致，服从指挥，听众安排，善于从政治上考虑问题，注意从政治上、全局上、发展上、本质上分析、判断、把握国际国内形势，了解省情，把握省情，增强政治敏锐性和敏感性，不断提高工作的预见性和科学性，对党和组织要满怀感激之情，并将这种感情转化为刻苦学习、勤奋工作、孝敬父母、奉献法制事业、回报社会的实际行动。

（二）树立强烈的事业心、责任感。

1. 干一行爱一行钻一行。我本人从事信访工作二十五个年头，工作上遇到的人和事，也见了不少，举个例子，一个几十人的群访案例，有的人去了，几句话就把上访人说得心悦诚服，怨气顿消；而有的人去了，唠唠叨叨一大堆，收效甚微，搞不好还激发了上访者的怨气，火上浇油，进而酿成群体性事件。

我一直是这么认为的，既然干上了这一行，就要踏踏实实做到最好，不断提高自己的理论水平和业务技能，如果抱着混日子的想法干工作，那是自取其辱。有的人参加工作时，是什么水平，临近退休，还是老样子，整天抱怨组织没有给机会，他就没有想到机会是给有准备、有能力的人的，不努力提高自己的理论水平和业务技能，怎么能得到同事和领导的尊重？怎么才能适应新问题、新规律、新体制的挑战？一个人只有在干好本职工作的同时不断地提高自我、完善自我，脚踏实地做到干一行、爱一行、钻一行，才能真正实现岗位的价值、人生的价值！法制办的工作虽然大多是服务性工作，但都很重要，都会“牵一发而动全身”。因此，我们每一位同志无论身在何种岗位上，都应当干一行爱一行、钻一行、精一行，“身”到“心”到，尽职尽责地干好本职工作，以一流的工作态度来诠释“爱岗敬业”。同时，要以奋斗为本，以奉献为荣，以建功为乐，不图名、不图利，默默无闻、忘我工作，多比服务质量高低、少比个人升迁快慢，在奉献中实践和升华人生价值。

2. 开拓创新、与时俱进。创新是一种能力，是一种境界，是一种风格，也是一种责任。创新是一个民族进步的灵魂，是一个国家兴旺发达的不竭动力，也是一个政党永葆生机的源泉。当前，河北的发展已经站在了一个新的起点上。法制办要按照省委的战略部署，立足于新的发展，思想要再解放，观念要再更新，善于遇事早想、逢难先想，发挥首创精神，大胆探索，不断闯出新路子，拼出新局面，实现新跨越。开拓创新要坚决消除从本本出发、从经验出发、从权威出发，满足于“以文件落实文件、以会议落实会议、以讲话落实讲话、以决定落实决定”等不良现象。要克服片面性、孤立性、表面性、静止性和主观性等错误思想方法。在工作方法上，要将高涨的热情和科学的态度与实干精神结合起来，要既讲原则性、科学性，又注意灵活性。正确处理对上和对下，民意和官意，民主和集中，全局和局部，长远和眼前的关系。要吃透上情、掌握下情、了解外情，把上级的决策意图和政策精神扎扎实实地体现在解决实际问题上。善于把本职工作融入到全省事业发展的全局中来思考、来定位、来把握，创造性地开展工作。要敢于冲破主观偏见、僵化模式、陈旧框架的束缚，更准确地把握客观规律，更好地实现富民强省和谐河北的目标。

（三）培育良好的思想作风、工作作风。

1. 勤于钻研思考。“艰难困苦，玉汝于成”。政府法制工作是一项事关全局的综合性工作，既承担组织推动依法行政职责，又承担着政府立法、决策把关、纠纷化解、执法监督等具体职能，不仅任务重、要求高，而且往往是人手少、时间紧。所以，政府法制工作要想做好，做出成效，不辜负党委政府和人民群众的期望，首先需要我们钻研思考。在立法调研、复议取证、备案审查等工作中，要搜肠刮肚，挖空心思，绞尽脑汁，努力把事情想透、悟透、搞懂、弄通，探索发现总结归纳出规律性的东西，上升到理性高度，从而更好地推动工作。绝不能浅尝辄止、蜻蜓点水，更不能不假思索，随意下结论。我们政府法制工作做的多是文字工作、政策性工作，做到这一点尤其重要。

2. 惯于谋划全局。随着经济全球化和新技术革命的飞速发展，新情况、新问题、新知识不断涌现，国内与国际的联系与互动越来越紧密，对党员干部把握全局、谋划全局、服从全局的要求越来越迫切。这就要求党员干部以宽广的眼界胸怀全局，以宏观的战略思维分析全局，以“牵一发而动全身”的辩证思维谋划全局。政府法制工作要谋求发展，就不能仅停留在原来的认识水平和经验做法之上。因为一方面现在的政府法制工作所担负的任务已远远超出了传统意义上的法制监督、行政复议、规范性文件审查备案的范围，从更高的层面上提出了政府法制机构作为政府依法行政的参谋、助手和法律顾问，强调的是政府层面依法行政；另一方面政府法制工作的领域更宽、职能更广、作用更大，政府依法行政的方方面面几乎都涉及，如果还是按过去的思路和做法显然不合时宜，也将行不通。现在政府法制工作发展很快，如果仅局限于“发证件，审文件，办案件”，政府法制工作就会落后，就不会发展。因此，要增强大局意识，善于把政府法制工作始终放到党和国家的大局来考虑，放在省委省政府的大局来考虑，坚持用科学发展观统领，要本着对党、对人民、对政府法制事业高度负责的精神，确保政府法制的每一项工作都能够充分体现党的意志、路线、方针、政策，都能代表最广大人民群众的最根本利益，都能体现人民群众最关心、最直接、最现实的利益问题，经得起实践、历史和人民的检验；增强服务意识，要服务好省委、省政府的工作中心，服务好基层，服务好民生。

3. 肯于埋头实干。埋头苦干，顾名思义就是专心一意地刻苦工作，就是对所从事的事业具有孜孜以求的热情与执著。一个人，一个地方乃至一个国家，要想取得进步、获得发展，必须依靠扎扎实实的工作、坚持不懈的努力，耽于幻想不行，投机取巧也不行。当今社会，一些人把持不住自己，被浮躁情绪所左右，对不显山露水的事，能推则推，对成绩易显、上级重视的事，快而再快；对见效期长的事，能丢则丢，对立竿见影的事，抢而又抢；对无关自己前程的事，袖手旁观，对与前程关系密切的事，拼而又拼。也有一些领导干部，冷落埋头苦干者，“宁得罪君子，不得罪小人”，从而使埋头苦干的人得到的关心和支持越来越少，导致埋头苦干、默默奉献的人越来越少。但是事业发展需要埋头苦干的人。

“埋头”，就是要坚定信念，咬定目标，排除干扰，顺境不骄，逆境不馁。“出头”，过去讲出人头地、光宗耀祖，今天多指能担当大任，有所建树，高人一筹，也就是老百姓所说的“有出息”。只要坚守自己认定的目标“埋头”苦干，自然会有“出头”的那一天。干事业需要埋头苦干的人，也只有埋头苦干的人，才能在激烈的竞争中成就事业。“唯有埋头，乃能出头。”埋头孕育实力，出头凸显能力。人生在世，谁不想实现自身价值、有一番作为？如果一味急于出人头地，却不付出艰辛努力，除了出乖露丑之外，不会有什么收获。欲想出头，必先埋头。埋头干事业是实现抱负的必然要求。人的成长过程应该是一个不断埋头追求成功的过程。成就与成长成正比，埋头与出头也成正比。成就越多，成长越快；埋头越深，出头越快。不埋头就出不了头，不苦干前途就无希望。

4. 敢于求真务实。中国有句古语：“实言实行实心，无不孚人之理”。此话的意思是，说话实在，办事实在，为人实在，没有不被人信服的道理。求真务实中的“求真”，即追求真理；“务实”即务实事、求实效。对一个人而言，能力在求实中体现，实力在求实中显现，潜力在求实中凸现。坚持求真务实，就要少说多干，只干不说，干好再说，任何时候都要讲实话、干实事、求实效、报实数。求真务实，是对政府法制干部最基本的要求。法制办要为政府当好参谋、协助解决问题，每一项工作都要“求真”，任何时候都要“务实”。坚持求真务实，就是要有科学的理念，以科学发展观和正确政绩观为指导，把做好政府法制工作建立在科学理性的基础上，建立在正确把握和运用规律上，兢兢业业、任劳任怨，工作中注重务实、精益求精，把质量作为工作的生命线。要树立精品意识，强化“自己就是最后一道关口”的理念，高标准、严要求，认真负责，严格把关，决不能粗心大意、马马虎虎，得过且过、虚于应付。“细节决定成败”，“勿以善小而不为”。做到严谨细致，必须从小事抓起，一句话、一个字、一个标点符号都不放过，细上加细，努力做到“零失误”。

5. 精于狠抓落实。落实、落实，就是落到实处；抓落实，首先是抓，然后是落实，关键在抓，重在落实。落实既是工作方法、工作要求，又是工作内容、素质要求，同时，落实还是一种观念、一种态度、一种文化和一种责任。习近平指出：所谓抓落实，从各级党委、政府和领导干部工作方面讲，就是抓党和国家各项方针政策、工作部署、措施要求的落实。一是吃透精神抓落实。狠抓落实、善抓落实务必做到正确把握中央以及省委精神、决策、措施不走样。二突出重点抓落实。抓落实，要有具体落实方向，并不是眉毛胡子一起抓，也不是捡芝麻丢西瓜，要围绕群众最关切的问题抓落实。

6. 勇于承担责任。我们在各项工作推进中，不可避免地会遇到这样那样的困难和问题，解决这些困难和问题，需要我们拿出勇于担当的精神和勇气，不以任何理由延误工作，勇敢地承担该担的责任，做好该做的工作，真正做到责任上身、工作上心。

“为官避事平生耻，大事难事看担当”。在现实工作中，风险、责任无处不在，任何地方、任何部门、任何岗位、任何时候，都会有责任和风险，都会有困难和艰辛。如果前怕狼、后怕虎，这也怕，那也怕，畏首畏尾，就谈不上“担当”。敢担责任就是在急难险重任务面前，不回避、不推诿、不扯皮、不懈怠，能主动靠前请命，勇挑重担，为党分忧、为民解难。作为一名政府法制干部，就必须敢担责任，不能惹事，但决不能怕事，该负责时一定要挺身而出。在工作中，要以推动政府法制工作为已任，努力为建设法治政府作贡献，为党为民勇于承担责任，主动工作，分内的工作精细做，协同的工作协力做，开创性的工作大胆做，急难险重的工作勇敢做。工作中要一心为公，认真负责，不怕担责、不怕批评、不怕误解。

7. 善于联系群众。重不重视、善不善于做好新形势下的群众工作，是不是坚持从群众中来、到群众中去，这是衡量党员干部政治上合不合格、工作上称不称职的重要标志。党员干部要自觉摆正同群众的关系，始终把权力的运用置于人民群众的监督之下。深入研究和把握新形势下所从事群众工作的特点与规律，针对新时期人民群众思想观念、利益需求、生活方式发生的新变化，有效地协调利益、化解矛盾、排忧解难，不断增强组织群众、宣传群众、教育群众、服务群众，团结和激励群众共同前进的能力与水平。

一是要对人民群众有真感情，坚持用真心对待群众、用真诚打动群众、用真情感动群众。要虚心拜人民群众为师，真正把人民群众当主人、当先生，把政治智慧的增长、执政本领的增强、领导艺术的提高，深深扎根于人民群众的实践沃土中，不断从人民群众中汲取营养和力量，与群众一道破解难题、推动科学发展。

二是要主动为人民群众搞好服务，创新服务方式，简化办事程序，缩短办事时限，改善服务环境，增加服务时间，实实在在地为群众排忧解难。要提升为人民群众服务的能力，不断提高领导科学发展的能力、维护社会稳定的能力、解决民生突出问题的能力。要为人民群众用好权，把清正廉洁作为党性修养的必修课，作为做人、做事、做官的基本“底线”和不可逾越的“红线”。

8. 乐于团结合作。团结出凝聚力、出生产力、出战斗力。唯有团结协作，法制办公室的整体效能才能充分显现出来。加利福尼亚大学副教授查尔斯·卡费尔德对美国 1500 名取得了杰出成就的人物进行了调查和研究，发现这些有杰出成就者有一些共同的特点，其中之一就是善于同他人团结合作。

帮助别人就是强大自己，帮助别人也就是帮助自己，别人得到的并非是你自己失去的。在一些人的固有思维模式中，一直认为要帮助别自己就要有所牺牲；别人得到了自己就一定会失去。比如你帮助别人提了东西，你就可能耗费了自己的体力，耽误自己的时间。其实很多时候帮助别人，并不就意味着自己吃亏。相信大家都听到这样一个故事：有一个人被带去观赏天堂和地狱，以便在比较之后能选择他的归宿。他先去看了魔鬼掌管的地狱。第一眼看去令人十分吃惊，因为所有的人都坐在酒桌旁边，桌上摆满了各种佳肴，包括肉、水果、蔬菜。然而，当他仔细看那些人时，他发现没有一个笑脸，也没有伴随盛宴的音乐或狂欢的迹象。坐在桌子旁边的人看起来沉闷，无精打采，而皮包骨。这个人发现每人左臂都捆着一把叉，右臂捆着一把刀，刀和叉都有 4 尺长的把手。所以即使每一样食品都在他们手边，结果党政军是吃不到，一直在挨饿。然后他又去天堂，景象完全一样：同样的食物、刀、叉与那些 4 尺长的把手，然而，天堂里的居民却都在唱歌、欢笑。这位参观者困惑了，他不知道为什么情况相同，结果却如此不同。在地狱的人都挨饿而可怜，可是在天堂的人却很快乐。最后，终于看到答案：地狱里每一个人都试图喂自己，可是 4 尺长的把手根本不可能吃到东西；天堂上的每一个人都是喂对面的人，而且也被对方的人所喂，帮助别人，也帮助了自己。这个启示说明，如果你帮助其他人获得他们需要的东西，你也会因此而得到想要的东西，而且你帮助的人越多，你得到的也越多。

（四）严格遵守党纪国法。

1. 树立正确的世界观、人生观、价值观，践行“两个务必”。树立正确的世界观和人生观，无论过去、现在和将来，对于每一个干部和党员来说，都是首要的问题。这个问题不解决，或解决得不牢靠，不论搞革命，还是搞建设，是不可能兢兢业业的，也不可能做出什么成绩来。在革命战争年代，入党、当干部是为了推翻旧制度、实现民族和人民的解放。现在我们党处于执政地位，担负着领导改革开放和现代化建设的重任，入党、当干部是为了国家富强、民族振兴和人民的幸福富裕，而决不能为个人升官发财。共产党人是历史唯物论者，我们从来不否认社会成员有个人的利益、个人的抱负和追求。但个人利益必须服从国家利益、局部利益必须服从整体利益、眼前利益必须服从长远利益，使个人的理想、抱负和追求符合社会主义道德规范。我们的干部和党员，一定要把人为什么活着这个问题弄清楚。如果只是为自己、为家庭而活着，那个意义是很有限的。只有为国家、为社会、为民族、为集体的利益奋不顾身地工作着，毫无保留地贡献出自己的聪明才智，这样的人生才有真正的意义，才是光荣的人生、闪光的人生。近年来，一些党员干部，有的革命意志衰退了，有的走到邪路上去了，有的甚至堕落成为社会的蛀虫和罪犯，归根到底就是这些人在世界观和人生观上出了问题。

2. 坚持以党章、党内政治生活准则和国家法律法规规范自己的言行，时刻做到自重、自省、自警、自励。党员干部作为党章的忠实维护者和捍卫者，要严格按照党章的规定，以更高的标准、更高的要求、更高的境界要求自己，树立正确的世界观、人生观、价值观和权力观、利益观、地位观，始终保持信念上的坚定性、思想上的先进性、工作上的开拓性、作风上的朴实性、廉政上的自律性，真正把党章的各项要求融入思想、化为自觉行动，自觉遵守党的政治纪律、组织纪律、经济工作纪律和群众工作纪律，做到凡要求和监督别人做到的，自己首先做到；禁止别人做的，自己坚决不做。自觉接受党章和纪律的约束，坚持一切行为以党章为参照、为准则，严格按原则办事、按制度办事、按程序办事、依纪依法办事，用党章衡量检查自己的一言一行，在党纪国法面前不碰“高压线”、不闯“警戒线”、不打“擦边球”。自觉树立以“八荣八耻”为核心的社会主义荣辱观，做到自重、自省、自警、自励，任何时候都不能忘记自己作为共产党员的职责，不忘共产党员应尽的义务和责任，以更高、更严的自律风范，树立政府法制队伍“可亲、可敬、可信”的良好形象。

3. 认真坚持民主集中制。具备民主集中制意识，执行民主集中制原则，是党员领导干部思想政治素质的重要内容。自觉坚持党的民主集中制原则，是维护领导班子团结和统一的根本武器。要认真落实民主集中制，用制度管人理事，大力营造知无不言、言无不尽、言者无罪、闻者足戒的良好氛围，真正形成领导班子团结协作、高效运转、能及时发现解决自身问题与矛盾的工作机制和管理机制。严格遵守省委制定的“约法八章”，自觉做到襟怀坦荡、以诚待人，心胸开阔、和衷共济，不搞宗派活动，不搞亲亲疏疏，不拉小圈。抓住用人导向这个关键，加强对《干部任用条例》贯彻执行力度，要坚持德才兼备、任人唯贤，要坚持看人的本质、看大节、看主流、看发展，注重政治品德、注重工作实绩、注重群众公论，不能让那些埋头苦干、任劳任怨，政绩突出而不事张扬的人吃亏，也决不能让那些追名逐利、投机取巧、弄虚作假的人得势。在用人问题上，既要德才兼备，又不求全责备，既要坚持标准，又要不拘一格，做到人尽其才、才尽其用，各展其长、各得其所。

4. 严格要求、严格管理、严格监督。党要管党、从严治党，首先要体现在从严管理干部上。俗话说“严师出高徒”。对干部的工作学习“严”，有利于鞭策其以知难而进、持之以恒的精神状态艰苦奋斗，鼓励其以只争朝夕、力争上游的敬业精神建功立业。对干部的业余生活“严”，可以砥砺其洁身自好，保持高尚的生活情趣和道德操守。当他们中有人出现思想偏差、道德滑坡苗头时，予以及时提醒，可以把问题消灭在萌芽状态；当他们中的少数人腐败堕落、违法乱纪时，进行严厉查处，就会警示多数人免蹈覆辙。这是对干部的真爱，更是对党的事业的大爱。

当前，在不少地方，对干部的管理失之于宽、失之于软：有的干部出了问题，上级部门和领导干部不是以负责任的态度对当事人从严教育、从严处理，而是出于私心保护或者包庇。这么做，要么是怕伤了感情拉不开面子，不愿得罪人；要么是怕影响本地本部门的形象，想“内部消化”；要么是自身不干净，怕查严查深了会牵扯到自己。这对党的事业和干部的成长非常有害。干部也是人，也会有惰性和缺陷，也都有七情六欲。如果疏于教育、放任管理，面对功名利禄与灯红酒绿，一些自律不严、责任心不强的人难免就会迷失自我、迷失方向，思想上不思进取、得过且过，工作上散漫飘浮、敷衍塞责，生活上不拘小节、热衷应酬，从庸俗化和“小毛病”最终到“小洞不补，大洞吃苦”，“千里之堤，溃于蚁穴”。

对干部严格要求、严格管理，与对干部关心爱护不仅不矛盾，而且恰恰是关心爱护的具体体现。各级党组织和领导干部要明白“严是爱，宽是害”的道理，旗帜鲜明地对干部严格教育、严格管理、严格监督。对极少数屡教不改、顶风违纪者，要严肃查处，绳之以法，以正纲纪、以儆效尤。

万事严中取。对干部自身来讲，要正确认识组织上的“严”，摆正心态，认真对待，真正把监督当作一种爱护，真心实意地接受监督，对自己严格要求，常修为政之德，常思贪欲之害，常怀律己之心，时时刻刻自重、自省、自警、自励，努力做到“心不动于微利之诱，目不眩于五色之惑”，在各种诱惑面前永保不败。

同志们，推进法治政府建设关键是要建设一支思想素质过硬、业务水平优良的干部队伍。只有不断加强和改进政府法制队伍的思想政治作风，树立干部队伍素质过硬、能力突出的良好形象，才能真正做到在服务领导决策上有新作为，化解行政纠纷上有新本领，规范行政执法上有新举措，推进制度建设上有新局面，浓厚法治氛围上有新提高。

边黎明在办党组理论学习中心组学习扩大会议上的讲话

（2012 年 12 月 6 日）

同志们：

这次党组理论学习中心组学习扩大会议开得非常好。从大家的发言情况看，同志们能够按照办党组的部署，迅速行动，积极投身于学习贯彻党的十八大会议精神活动中，取得了初步成果。我归纳了一下，主要有四个方面特点：

第一，办党组和各支部对学习贯彻活动高度重视。

各处（中心）党支部确实发挥了核心督导作用。及时组织学习，不仅原原本本地学习了十八大报告和党章等，而且组织学习了习近平总书记近期的一系列重要讲话，拓宽了学习面。

第二，各支部能够紧密结合实际开展学习，深入思考。

第三，各支部紧密结合本处（中心）的工作开展学习，有了初步的想法。

我办的学习宣传贯彻活动是符合省委要求的，做到了认真学，深入学，学以致用。以学习促工作，大家对十八大确定的建设有中国特色社会主义的这个主题，举什么旗，走什么路，实现什么目标，以何种精神状态来做好工作，对于我们建设有中国特色社会主义要把握的五位一体的总布局和具体的工作部署，党的建设的五位一体的总要求，都有了比较全面的了解和把握。也可以说，已经把全办党员干部的思想统一到党的十八大精神上来，把大家凝聚的力量集中到贯彻党的十八大精神上来了。这是我们此次学习要达到的目的。

当然，我办在学习贯彻十八大精神方面虽然取得了一定成绩，有了一些收获。但这只是初步的。党的十八大报告两万多字，做为一个国家，安排今后五年乃至今后相当长的一个时期和阶段我们国家要做的事情、要完成的任务，这里包含的内容十分丰富。我们学习理解和深化认识也需要一个过程。在今后的学习中更要注重三点：一是，办党组和各支部要按照省委的要求和我们制定的学习计划，把学习抓紧抓好，增强学习的针对性，与全办的工作及各处室工作紧密结合起来，通过深入学习和思考使我们在今后的工作中，做到思路上有创新，方法和措施上有突破，这才是我们下一步需要进一步达到的目的。二是，近两年来，我们在推进依法行政工作方面取得了很大成绩，较好地发挥了参谋助手作用，得到了省委和省政府领导的充分肯定，但对照十八大报告中推进依法行政工作的要求，我们还有很多不足、很大差距，还有较大的创新发展、改进完善的空间，我们在今后的学习中应当着力加强的。进一步强化“学以致用，以学促用”，这是庆黎书记反复强调的。三是，要确实抓好处以上干部的学习。真正成为重点，每位干部都要自觉地学习，深入进行思考，确实做到，通过学习，深入思考，形成思路，化为行动。今天的发言情况也看出来，大多数同志发言谈体会谈得不错，但个别同志谈得还比较浮浅，停留在报告内容的重复和简单的认识理解，缺乏深入的思考和认识。我们应当进一步把学习推向深入。机关党委可以适时组织一次全办处以上干部学习体会交流活动，听大家谈学习体会，谈认识，谈想法，这是学习的过程，也是深化认识、促进学习深入的过程，同时也是对干部进行考察的过程。既能看到干部的理论基础、思考的深度，也能看出干部学以致用的情况，反映出干部的思想水平、理论水平和工作能力。

第四，要结合当前的工作实际，认真总结好今年的工作并谋划好明年的工作。

一要总结好今年工作。各处支部要全面总结今年以来本单位履行职责完成工作任务情况，召开专题会议，认真总结本单位一年来所取得的突出成绩，存在的主要问题并分析问题存在的原因，提出改进完善的措施和方法，这也是结合贯彻十八大精神，总结谋划年度工作。做到思路上有创新，措施方法上有突破。建议办领导班子选择适当时间专门听一次各处总结和谋划工作的汇报，汇集好的想法和思路，制定出我办的明年工作安排意见。二要紧紧围绕贯彻十八大精神和省委着力改善“两个环境”要求谋划工作。明年是贯彻十八大精神的开局之年，各处要深刻领会十八大精神中关于法治方面的内容。十八大报告中把有关法治的内容较为集中地体现在政治体制改革方面，这给了我们一个重要明确的提示，政府法制机构是服务于上层建筑的重要部门，把法治工作纳入政治体制改革中，进一步明确了政府法制工作的重要地位和作用。政治体制改革包括：加强和改进党的领导、建设法治政府、扩大协商民主等等。要善于使党的主张通过法定程序成为国家意志。要加快推进依法行政、建设法治政府的步伐，建立法治社会，这都与政府法制工作密切相关。健全协商民主制度，通过建立完善民主选举、民主决策、民主管理和民主监督，实现建立公民社会，政府所做的一切都要置于人民监督之下。我们政府法制机构在其中必然会赋予重要的任务，因此我们当下就要做好充分的思想准备和工作准备，政府法制工作如何围绕这些内容进行谋划，做为省级政府法制机构的党员干部，在谋划今后工作中要进行深入思考，加强调查研究，确实在思想上有所准备，在理论上有所积累，在行动加才会更加自觉。三要做好年底前各项收尾工作，确实按照省委张庆黎书记强调的：“社会大局稳，经济结硕果。”同时，在学习贯彻十八大精神中做到学习和工作两不误两促进。

领导讲话及重要文件（2013 年）

河北省人民政府关于严格控制设定行政许可的通　知

（2013 年 11 月 30 日）

各设区市人民政府，定州、辛集市人民政府，省政府各部门：

为贯彻落实《国务院关于严格控制新设行政许可的通知》（国发〔2013〕39 号）要求，进一步规范审查程序，切实加强监督管理，现就有关问题通知如下：

一、严格设定标准

各级各部门在起草地方性法规草案和政府规章草案中一般不得新设行政许可，确需新设的，必须严格遵守《中华人民共和国行政许可法》的规定，严格设定标准。在起草制定规范性文件中一律不得设定行政许可或非行政许可审批。严禁在制定规范性文件中存在变相扩大许可范围，严禁增设行政许可条件，严禁以备案、登记、年检、监制、认定、认证和审定等形式变相设定行政许可，严禁以非行政许可审批名义变相设定行政许可。除法律、行政法规外，各级行政机关对实施行政许可以及监督检查被许可人从事行政许可事项的活动，一律不得设定收费；不得借实施行政许可变相收费。我省在年初清理政府规章中尚有一些行政许可未及时作出处理，要通过法定程序予以废止。对国务院分期分批取消和下放的 334 项行政许可事项，要进行对接和落实。各市、县（市、区）政府及其部门要全面正确履行政府职能，进一步简政放权，深化行政审批制度改革，最大限度减少政府对微观事务的管理，市场机制能有效调节的经济活动，一律取消审批，对保留的行政审批事项要规范管理、提高效率。

二、规范审查程序

严格执行《中华人民共和国行政许可法》和国务院的有关规定，严格规范审查程序。在立法过程中，地方性法规草案拟设定行政许可的、政府规章草案拟设定临时行政许可或非行政许可审批的，起草单位和审查机关要深入开展调研，认真做好审查论证工作。起草单位向政府报送地方性法规草案或政府规章草案时要将有关论证材料、各方面对拟设置行政许可或非行政许可审批的意见和采纳情况及外省（市、区）的相关立法资料一并报送。政府法制机构要严格审查论证草案拟设定的行政许可或非行政许可审批，并及时征求相关部门的意见。有关论证材料内容要符合国发〔2013〕39号文件中规定的合法性、必要性、合理性要求。在公开征求社会公众意见时要对拟设定的行政许可或非行政许可审批的理由作重点说明。有关部门要对拟设定的行政许可或非行政许可审批进行审查，提出审查意见，对不符合法律规定和国发〔2013〕39号文件要求的或者理由不充分的，不得设定行政许可或非行政许可审批。有关情况要在地方性法规草案、政府规章草案审查报告中予以说明。对于立法中涉及重大公共利益需要实行行政许可管理的，经政府常务会议讨论通过后依法采用政府令的方式设定，并根据实际变化情况决定停止实施该行政许可，确有必要长期实施的，依照《中华人民共和国行政许可法》的相关规定，及时提请地方人大及其常委会制定地方性法规。

三、加强管理监督

各级各部门要制定本级本部门的行政许可、非行政许可审批目录并向社会公布，做到目录的项目、依据、实施主体、程序、条件、期限和收费等情况一目了然。实施的行政许可或非行政许可审批需要调整和变动的，要对目录及时更新。制定的行政许可、非行政许可审批目录要报本级行政审批改革部门备案。要适时对实施的行政许可或非行政许可审批情况进行评价，对不适应经济社会发展要求的，及时提出修改或废止建议。政府法制机构要会同有关行政许可的实施机关开展评估工作，对不适应经济社会发展要求的，及时提出修改或废止建议。

各级政府制定的政府规章和规范性文件要报上一级政府备案，做到有件必备、有备必审、有错必纠。政府法制机构要加强对以政府或政府办公厅（室）名义制发的规范性文件的合法性审查。依照省政府的规定，政府各部门制发的规范性文件须进行前置合法性审查。政府法制机构要严格审查，切实把好设定关，坚决杜绝违法设置行政许可或非行政许可审批。严格执行行政问责，对违法设定行政许可、增设行政许可条件、违法实施行政许可，以及不依法履行监督职责或监督不力、造成严重后果的，有关机关要依照《中华人民共和国行政监察法》和《行政机关公务员处分条例》等法律法规的规定，严格追究责任。

各设区市政府及定州、辛集市政府要根据国务院文件和本通知要求，制定具体措施，对规章和规范性文件进行一次全面清理，于2013年12月20日前，将贯彻落实情况和对政府规章、规范性文件清理情况报送省法制办。省政府规章、规范性文件，由负责实施的省政府部门清理后，按时报送省法制办。省法制办要将全省严格控制设定行政许可和清理情况汇总后，报省政府常务会议审议。省政府将于2014年适时组织开展一次贯彻本通知情况的督促检查。

河北省人民政府关于印发2013年立法工作计划的通知

（2013年4月8日）

各设区市人民政府，各县（市、区）人民政府，省政府各部门：

《河北省人民政府2013年立法工作计划》已经2013年3月28日省政府第2次常务会议通过，现印发给你们，并提出如下意见：

一、着力为建设经济强省、和谐河北提供有力的制度保障。要紧紧围绕省委、省政府的工作部署，深入贯彻落实科学发展观，切实加强重点领域立法，着力抓好改善发展环境、规范行政行为，改善生态环境、节约能源资源，保障和改善民生、维护社会和谐稳定，加强和创新社会管理、完善公共安全体系，加强市场监管、促进经济持续健康发展等方面急需制定或者修订的地方性法规、政府规章项目。在中国特色社会主义法律体系形成的新形势下，要适应加快建设法治政府的需要，该立法的加快立法，该配套的抓紧配套，该修订的抓紧修订，该废止的及时废止。要按照着力改善发展环境的要求，在制度设计上始终坚持规范行政行为，保障人民群众合法权益，维护企业合法权益，为市场主体创造宽松的制度环境。在设定法律责任时，要坚持教育引导优先，切实减少设定行政处罚，特别是罚款条款，能不设的不设，能减少的减少，充分运用相关管理部门的监督手段，多措并举，督促有关管理相对人纠正违法行为，不能为行政执法人员处理违法行为“一罚了之”、“拿钱走人”提供依据。

二、努力提高政府立法工作质量。要坚持科学立法，正确把握经济社会发展规律，力求使政府立法准确反映发展要求、符合人民意愿；政府立法要深入基层开展调研，召开有关部门、基层行政执法人员、管理相对人参加的不同类型的座谈会，特别是征求管理相对人意见时，应当有不同利益的代表参加，并单独召开，切实增强立法的针对性；要注重增强法律制度的可操作性，做好成本效益分析和立法后评估工作，使法规规章的规定在理论上站得住，实践中行得通。要坚持民主立法，积极推进公众参与政府立法向广度、深度发展，实现公众的有序参与、广泛参与和有效参与，要鼓励公众参与政府立法项目提出、初稿起草、审查修改等政府立法的各个环节；除依法需要保密的项目外，所有政府规章草案和重要的法规草案都应当通过主要报刊、河北政府法制信息网等新闻媒体向公众征集意见，并给公众预留充足时间，对公众提出的建议，要充分采纳，并通过适当方式向公众反馈建议采纳情况；要采取委托专家立法，邀请专家参与立法论证等形式，充分发挥专家学者在立法中的作用。要坚持依法立法，严格遵守法定权限和程序，防止越权立法，切实维护法制统一。

三、进一步加强立法工作中的沟通协调配合。有关部门起草的初稿涉及其他部门职责的，要主动与相关部门协商、沟通，书面征求意见。相关部门要从促进我省经济社会发展的大局出发，认真研究，及时合理地提出意见。对同一问题提出不同于前一次意见或者提出新的意见的，应当提供充分理由，并经本部门主要领导签字同意。有关部门经充分协商仍不能取得一致意见的，省法制办要加强协调，尽早提出解决问题的意见。省法制办在起草、审查地方性法规草案时，要进一步加强与省人大有关专门委员会和省人大法工委的联系与沟通，主动听取并高度重视有关专门委员会和工作委员会的意见。

四、切实维护立法工作计划的严肃性。对列入立法工作计划力争年内完成的一档立法项目，各有关部门要加强领导，制定具体工作方案，落实工作责任，切实做到人员和经费有保障，争取在5月底前将较成熟的送审稿送省法制办审查；不能报送的，起草部门要向省政府提交书面报告，说明情况。对需要进行立法调研适时立法的二档立法项目，各有关部门也要抓紧工作，认真论证，待条件成熟后按程序报送审查。省法制办要切实做到规范立法，执行《政府立法工作操作规范》，加强与有立法任务部门的联系，认真做好组织、指导和协调工作，确保今年省政府立法任务的全面完成。

河北省人民政府 2013 年立法工作计划

省政府 2013 年立法工作的重点是：以科学发展观为指导，着力抓好改善发展环境和生态环境、促进经济社会全面协调发展、加强和创新社会管理、提高公共服务水平、保障和改善民生、推动文化发展繁荣以及加强政府自身建设等方面急需制定或者修订的地方性法规、省政府规章项目。在力争完成一档立法项目的前提下，兼顾二档立法项目。据此，对省政府 2013 年立法工作作如下安排：

一、力争 2013 年年内完成的立法项目（22 件）

（一）需要省政府提请省人大常委会审议的地方性法规草案、地方性法规修订草案（4 件）。

1. 为预防和治理水土流失，保护和合理利用水土资源，减轻水、旱、风沙灾害，改善生态环境，修订实施《中华人民共和国水土保持法》办法（省水利厅起草）。

2. 为规范企业国有资产监督管理，实现企业国有资产保值增值，巩固和发展国有经济，制定国有资产监督管理条例（省国资委起草）。

3. 为满足公民终身学习需求，完善终身教育体系，促进人的全面发展，制定终身教育促进条例（省教育厅起草）。

4. 为继承和弘扬优秀传统文化，促进社会主义精神文明建设，加强非物质文化遗产保护、保存工作，制定非物质文化遗产条例

（省文化厅起草，同时也是公众建议项目）。

（二）需要年内制定、修订的省政府规章（18件）。

1. 为加强湿地资源保护和管理，维护湿地生态功能，制定湿地保护规定（省林业厅起草，同时也是公众建议项目）。

2. 为加强历史文化名城、名镇、名村的保护与管理，制定历史文化名城名镇名村保护办法（省住房和城乡建设厅起草）。

3. 为加强供热用热管理，规范供热采暖行为，维护用热户、供热单位和热源单位的合法权益，制定供热管理办法（省住房和城乡建设厅起草）。

4. 为保护企业和企业经营者合法权益，改善和优化企业经营环境，制定企业和企业经营者权益保护规定（省工业和信息化厅起草）。

5. 为规范水路运输经营行为，维护水路运输市场秩序，保障水路运输安全，制定水路运输管理规定（省交通运输厅起草）。

6. 为加强对农业机械及其驾驶、操作人员的安全监督管理，预防和减少农业机械事故，修订农业机械安全监督管理办法（省农业厅起草）。

7. 为预防和减少尾矿库生产安全事故，保障人民群众生命和财产安全，制定尾矿库安全监督管理规定（省安全监管局起草）。

8. 为适应气候变化，提高防灾减灾能力，制定气象灾害风险评估办法（省气象局起草）。

9. 为加强土地复垦管理，提高土地利用的社会效益、经济效益和生态效益，制定土地复垦规定（省国土资源厅起草）。

10. 为加强石油化工建设工程质量管理，保证建设工程质量，保护人民生命财产安全和环境质量，制定石油和化工建设工程质量管理规定（省发展改革委起草）。

11. 为加强沿海船舶边防治安管理，维护沿海边防治安秩序，保护渔民、船民生命财产安全，制定沿海船舶边防治安管理实施办法（省公安厅起草）。

12. 为规范退役士兵安置工作，保障退役士兵的合法权益，制定退役士兵接收安置办法（省民政厅起草）。

13. 为加强生活饮用水卫生监督管理，保障人体健康，制定生活饮用水卫生监督管理规定（省卫生厅起草，同时也是公众建议项目）。

14. 为加强机关事务管理，规范机关事务工作，保障机关正常运行，建设节约型机关，制定机关事务管理办法（省直机关事务管理局起草）。

15. 为规范地理信息交换共享行为，提高经济社会信息化水平，制定地理信息交换共享管理办法（省地理信息局起草）。

16. 为创造无障碍环境，保障残疾人等社会成员平等参与社会生活，制定无障碍环境建设管理规定（省残联起草）。

17. 为预防制止餐桌浪费，提倡勤俭节约，引导理性消费，推动餐饮业健康发展，制定预防和制止餐桌浪费办法（省法制办会同有关部门起草）。

18. 为加大行政执法违法行为的查处力度，完善行政执法案件和行政执法行为投诉举报办理制度，制定行政执法投诉举报办理办法（省法制办起草）。

二、需要先行调研，待立法条件成熟时提出的立法项目（36件）

（一）需要进行立法调研，待条件成熟时适时由省政府提请省人大常委会审议的地方性法规草案、地方性法规修订草案建议（20件）。

1. 实施《中华人民共和国农产品质量安全法》办法（省农业厅起草）

2. 草原管理条例（省农业厅起草）

3. 白洋淀水污染防治条例（省环境保护厅起草）

4. 固体废弃物污染环境防治条例（修订）（省环境保护厅起草）

5. 风景名胜区管理条例（省住房和城乡建设厅起草）

6. 奖励和保护见义勇为人员条例（修订）（省综治办起草，同时也是公众建议项目）

7. 食品生产加工小作坊和食品摊贩监督管理条例（省食安办起草，同时也是公众建议项目）

8. 地下水管理条例（省水利厅起草）

9. 经济技术开发区条例（修订）（省商务厅起草）

10. 价格监督检查条例（省物价局起草）

11. 促进循环经济发展条例（省发展改革委起草）

12. 土地管理条例（修订）（省国土资源厅起草）

13. 民办教育条例（修订）（省教育厅起草）

14. 实施《中华人民共和国农业专业合作社法》办法（省农工办起草）

15. 公路条例（修订）（省交

通运输厅起草）

16. 安全生产条例（修订）（省安全监管局起草）

17. 无线电管理条例（省工业和信息化厅起草）

18. 气候资源开发利用保护条例（省气象局起草）

19. 电信条例（省通信管理局起草）

20. 行政执法监督条例（省法制办起草）

（二）需要进行立法调研，适时制定、修订的省政府规章（16件）。

1. 个人所得税减征办法（省财政厅起草）

2. 预算管理规定（省财政厅起草）

3. 信息化工程项目建设管理规定（省工业和信息化厅起草）

4. 工程造价管理办法（省住房和城乡建设厅起草）

5. 水功能区管理办法（省水利厅起草）

6. 古树名木保护办法（省林业厅起草，同时也是公众建议项目）

7. 作业场所职业卫生监督管理办法（修订）（省安全监管局起草）

8. 气象灾害预警信息发布传播办法（省气象局起草）

9. 行业协会管理办法（省工经联起草）

10. 海域使用权出让与回收管理规定（省国土资源厅起草）

11. 校车安全管理规定（省教育厅起草）

12. 社会生活噪声污染防治办法（省环境保护厅起草，同时也是公众建议项目）

13. 火灾高危单位消防安全管理规定（省公安厅起草）

14. 大型群众活动安全管理规定（省公安厅起草）

15. 电信领域涉及国家安全事项规定（省国家安全厅起草）

16. 促进实验室发展办法（省质监局起草）

河北省人民政府关于印发立法规划（2013—2017年）的通知

（2013年4月8日）

各设区市人民政府，各县（市、区）人民政府，省政府各部门：

《河北省人民政府立法规划（2013－2017年）》已经2013年3月28日省政府第2次常务会议通过，现予印发，请认真组织实施。

河北省人民政府立法规划（2013－2017年）

一、力争2013年年内完成的立法项目（22件）

（一）需要省政府提请省人大常委会审议的地方性法规草案、地方性法规修订草案（4件）。

1. 实施《中华人民共和国水土保持法》办法（修订）（省水利厅起草）

2. 企业国有资产监督管理条例（省国资委起草）

3. 终身教育促进条例（省教育厅起草）

4. 非物质文化遗产条例（省文化厅起草，同时也是公众建议项目）

（二）需要年内制定、修订的省政府规章（18件）。

1. 湿地保护规定（省林业厅起草，同时也是公众建议项目）

2. 历史文化名城名镇名村保护办法（省住房和城乡建设厅起草）

3. 供热管理办法（省住房和城乡建设厅起草）

4. 企业和企业经营者权益保护规定（省工业和信息化厅起草）

5. 水路运输管理规定（省交通运输厅起草）

6. 农业机械安全监督管理办法（修订）（省农业厅起草）

7. 尾矿库安全监督管理规定（省安全监管局起草）

8. 气象灾害风险评估办法（省气象局起草）

9. 土地复垦规定（省国土资源厅起草）

10. 石油和化工建设工程质量管理规定（省发展改革委起草）

11. 沿海船舶边防治安管理实施办法（省公安厅起草）

12. 退役士兵接收安置办法（省民政厅起草）

13. 生活饮用水卫生监督管理规定（省卫生厅起草，同时也是公众建议项目）

14. 机关事务管理办法（省直机关事务管理局起草）

15. 地理信息交换共享管理办法（省地理信息局起草）

16. 无障碍环境建设管理规定（省残联起草）

17. 预防和制止餐桌浪费办法（省法制办会同有关部门起草）

18. 行政执法投诉举报办理办法（省法制办起草）

二、力争2014年年内完成的立法项目（29件）

（一）需要省政府提请省人大常委会审议的地方性法规草案、地方性法规修订草案建议（11

件）。

1. 实施《中华人民共和国农产品质量安全法》办法（省农业厅起草）

2. 地下水管理条例（省水利厅起草）

3. 城市绿化条例（修订）（省住房和城乡建设厅起草）

4. 经济技术开发区条例（修订）（省商务厅起草）

5. 价格监督检查条例（省物价局起草）

6. 实施《中华人民共和国气象法》办法（修订）（省气象局起草）

7. 政府投资条例（省发展改革委起草）

8. 固体废弃物污染环境防治条例（修订）（省环境保护厅起草）

9. 白洋淀水污染防治条例（省环境保护厅起草）

10. 民办教育条例（修订）（省教育厅起草）

11. 食品生产加工小作坊和食品摊贩监督管理条例（省食安办起草，同时也是公众建议项目）

（二）需要制定、修订的省政府规章（18件）。

1. 信息化工程项目建设管理规定（省工业和信息化厅起草）

2. 工程造价管理办法（省住房和城乡建设厅起草）

3. 预算管理规定（省财政厅起草）

4. 水功能区管理办法（省水利厅起草）

5. 古树名木保护办法（省林业厅起草，同时也是公众建议项目）

6. 休闲渔业管理办法（省农业厅起草）

7. 作业场所职业卫生监督管理办法（修订）（省安全监管局起草）

8. 气象灾害预警信息发布传播办法（省气象局起草）

9. 行业协会管理办法（省工经联起草）

10. 社会保险费征缴暂行办法（修订）（省人力资源和社会保障厅起草）

11. 海域使用权出让与回收管理规定（省国土资源厅起草）

12. 校车安全管理规定（省教育厅起草）

13. 社会生活噪声污染防治办法（省环境保护厅起草，同时也是公众建议项目）

14. 火灾高危单位消防安全管理规定（省公安厅起草）

15. 大型群众活动安全管理规定（省公安厅起草）

16. 电信领域涉及国家安全事项规定（省国家安全厅起草）

17. 老年人优待办法（省民政厅起草，同时也是公众建议项目）

18. 促进实验室发展办法（省质监局起草）

三、力争2015年年内完成的立法项目（29件）

（一）需要省政府提请省人大常委会审议的地方性法规草案、地方性法规修订草案建议（12件）。

1. 住房保障条例（省住房和城乡建设厅起草，同时也是公众建议项目）

2. 实施《中华人民共和国农业技术推广法》办法（修订）（省农业厅起草）

3. 实施《中华人民共和国农业专业合作社法》办法（省农工办起草）

4. 公路条例（修订）（省交通运输厅起草）

5. 酒类商品监督条例（修订）（省商务厅起草）

6. 安全生产条例（修订）（省安全监管局起草）

7. 气象设施和气象探测环境保护条例（省气象局起草）

8. 促进循环经济发展条例（省发展改革委起草）

9. 大气污染防治条例（修订）（省环境保护厅起草，同时也是公众建议项目）

10. 衡水湖水污染防治条例（省环境保护厅起草）

11. 土地管理条例（修订）（省国土资源厅起草）

12. 消费者权益保护条例（修订）（省工商局、省消费者协会起草，同时也是公众建议项目）

（二）需要制定、修订的省政府规章（17件）。

1. 公共交通管理规定（省交通运输厅起草）

2. 会展业管理办法（省商务厅起草）

3. 森林病虫害防治办法（修订）（省林业厅起草）

4. 城乡规划督查办法（省住房和城乡建设厅起草）

5. 煤矿防治水规定（省安全监管局起草）

6. 邮政普遍服务设施监督管理规定（省邮政管理局起草）

7. 失业保险实施办法（修订）（省人力资源和社会保障厅起草）

8. 规划环境评价管理规定（省环境保护厅起草）

9. 海岛管理规定（省国土资源厅起草）

10. 道路交通事故社会救助

实施办法（省公安厅起草）

11. 养犬管理规定（省公安厅起草，同时也是公众建议项目）

12. 公共图书馆规定（省文化厅起草）

13. 性病防治管理暂行规定（修订）（省卫生厅起草）

14. 教育督导办法（省教育厅起草）

15. 行政区域界线管理办法（省民政厅起草）

16. 药品生产监督管理办法（省食品药品监管局起草，同时也是公众建议项目）

17. 旅游投诉处理办法（修订）（省旅游局起草）

四、力争2016年年内完成的立法项目（29件）

（一）需要省政府提请省人大常委会审议的地方性法规草案、地方性法规修订草案建议（12件）。

1. 新能源开发利用管理条例（修订）（省发展改革委起草）

2. 河道管理条例（省水利厅起草）

3. 建筑条例（修订）（省住房和城乡建设厅起草）

4. 环境保护条例（修订）（省环境保护厅起草）

5. 人力资源市场管理条例（修订）（省人力资源和社会保障厅起草）

6. 基本农田保护条例（修订）（省国土资源厅起草）

7. 实施《中华人民共和国职业教育法》办法（修订）（省教育厅起草）

8. 老年人权益保障条例（修订）（省民政厅起草）

9. 村务公开条例（修订）（省民政厅起草）

10. 科学技术普及条例（修订）（省科技厅起草）

11. 旅游条例（修订）（省旅游局起草）

12. 实施《中华人民共和国行政复议法》办法（省法制办起草）

（二）需要制定、修订的省政府规章（17件）。

1. 工业新产品促进规定（省工业和信息化厅起草）

2. 政府性债务管理规定（省财政厅起草）

3. 城市二次供水管理办法（省住房和城乡建设厅起草）

4. 出租汽车管理办法（省交通运输厅起草，同时也是公众建议项目）

5. 畜禽屠宰管理办法（修订）（省商务厅起草）

6. 森林植物检疫实施办法（省林业厅起草）

7. 气象探测和气象资料管理办法（省气象局起草）

8. 瞒报谎报生产事故调查处理办法（省安全监管局起草）

9. 促进股权投资基金业发展规定（省发展改革委起草）

10. 陆上石油勘探开发环境保护管理办法（修订）（省环境保护厅起草）

11. 就业失业登记办法（省人力资源和社会保障厅起草）

12. 电动自行车管理办法（省公安厅起草）

13. 医疗机构管理实施办法（修订）（省卫生厅起草）

14. 地图编制管理办法（修订）（省地理信息局起草）

15. 旅游区、旅游点导游人员管理办法（修订）（省旅游局起草）

16. 残疾人教育实施办法（修订）（省残联起草）

17. 政府规章规范性文件后评估规定（省法制办起草）

五、力争2017年年内完成的立法项目（28件）

（一）需要省政府提请省人大常委会审议的地方性法规草案、地方性法规修订草案建议（11件）。

1. 企业技术创新条例（省工业和信息化厅起草）

2. 实施《中华人民共和国森林法》办法（修订）（省林业厅起草）

3. 村镇规划建设管理条例（修订）（省住房和城乡建设厅起草）

4. 矿产资源管理条例（修订）（省国土资源厅起草）

5. 企业投资项目核准备案条例（省发展改革委起草）

6. 司法鉴定管理条例（修订）（省司法厅起草）

7. 水污染防治条例（修订）（省环境保护厅起草）

8. 儿童计划免疫条例（修订）（省卫生厅起草）

9. 实施《中华人民共和国高等教育法》办法（省教育厅起草）

10. 征兵工作条例（修订）（省军区起草）

11. 信访条例（修订）（省信访局起草）

（二）需要制定、修订的省政府规章（17件）。

1. 工业设计促进办法（省工业和信息化厅起草）

2. 实施《农药管理条例》办法（修订）（省农业厅起草）

3. 家电维修服务业管理规定（省商务厅起草）

4. 生产经营单位主要负责人安全生产责任规定（省安全监管局起草）

5. 气候可行性研究论证管理办法（省气象局起草）

6. 邮政市场监督管理规定（省邮政管理局起草）

7. 社会保险基金监督管理办法（省人力资源和社会保障厅起草）

8. 境外投资管理办法（省发展改革委起草）

9. 公共安全技术防范管理规定（修订）（省公安厅起草）

10. 社区矫正实施办法（省司法厅起草，同时也是公众建议项目）

11. 公益性服务性社会组织注册登记管理办法（省民政厅起草）

12. 环境监测管理办法（修订）（省环境保护厅起草）

13. 人口与计划生育条例实施细则（修订）（省人口计生委起草）

14. 残疾人康复办法（省残联起草）

15. 医疗器械管理规定（省食品药品监管局起草）

16. 公共场所播放电视节目管理规定（省广电局起草）

17. 民营企业档案管理办法（省档案局起草）

六、需要先行调研、待立法条件成熟时提出的立法项目（47件）

（一）需要进行立法调研，待立法条件成熟时适时由省政府提请省人大常委会审议的地方性法规草案、地方性法规修订草案建议（30件）。

1. 风景名胜区管理条例（省住房和城乡建设厅起草）

2. 奖励和保护见义勇为人员条例（修订）（省综治办起草，同时也是公众建议项目）

3. 航道管理条例（省交通运输厅起草）

4. 水政监察条例（省水利厅起草）

5. 肥料管理条例（省农业厅起草）

6. 草原管理条例（省农业厅起草）

7. 曹妃甸综合保税区管理条例（省发展改革委起草）

8. 应对气候变化条例（省发展改革委起草）

9. 劳动保障监察条例（修订）（省人力资源和社会保障厅起草）

10. 法制宣传教育工作若干规定（修订）（省司法厅起草）

11. 未成年人保护条例（团省委起草）

12. 地质勘查管理条例（修订）（省国土资源厅起草）

13. 实施《中华人民共和国道路交通安全法》办法（修订）（省公安厅起草）

14. 建设项目环境保护条例（修订）（省环境保护厅起草）

15. 实施《中华人民共和国教师法》办法（修订）（省教育厅起草）

16. 实施《中华人民共和国献血法》办法（修订）（省卫生厅起草）

17. 遗体捐献条例（省红十字会起草）

18. 气候资源开发利用保护条例（省气象局起草）

19. 人工影响天气管理条例（省气象局起草）

20. 实施《中华人民共和国测绘法》办法（修订）（省地理信息局起草）

21. 统计条例（修订）（省统计局起草）

22. 清真食品管理条例（修订）（省民族宗教厅起草）

23. 体育经营活动管理条例（省体育局起草）

24. 民兵工作条例（修订）（省军区起草）

25. 商品条码管理条例（省质监局起草）

26. 盐业管理条例（省盐务局起草）

27. 粮食流通管理条例（省粮食局起草）

28. 无线电管理条例（省工业和信息化厅起草）

29. 电信条例（省通信管理局起草）

30. 行政执法监督条例（省法制办起草）

（二）需要进行立法调研，适时制定、修订的省政府规章（17件）。

1. 个人所得税减征办法（省财政厅起草）

2. 行政事业单位国有资产管理规定（省财政厅起草）

3. 专业技术人员继续教育暂行规定（修订）（省人力资源和社会保障厅起草）

4. 政务信息资源管理办法（省工业和信息化厅起草）

5. 海洋观测预报管理办法（省国土资源厅起草）

6. 古生物化石保护办法（省国土资源厅起草）

7. 林木采伐管理办法（修订）（省林业厅起草）

8. 经济运行调节管理办法

(省发展改革委起草)

9. 电力保护实施办法(省发展改革委起草)

10. 对外劳务管理规定(省商务厅起草)

11. 社会组织年检办法(省民政厅起草)

12. 消防技术服务管理办法(省公安厅起草)

13. 地震重点监视防御区管理办法(省地震局起草)

14. 释放气球管理办法(省气象局起草)

15. 保守国家秘密实施细则(修订)(省保密局起草)

16. 保健食品管理规定(省食品药品监管局起草)

17. 地方政府立法规定(修订)(省法制办起草)

河北省人民政府办公厅关于印发2012年度依法行政工作情况报告的通知

(2013年7月4日)

各设区市人民政府,各县(市、区)人民政府,省政府各部门:

《2012年度依法行政工作情况的报告》已经省政府第4次常务会议讨论通过,现印发给你们,请结合本地本部门实际,认真学习贯彻。

2012年度依法行政工作情况的报告

一、2012年度依法行政工作成效

(一)服务大局,把着力改善"两个环境"作为推进依法行政、建设法治政府的首要任务和中心工作。全省各级各部门以依法行政促进和服务科学发展,通过推进法治政府建设为改善"两个环境"提供有力保障。省发展改革委起草了《河北省着力改善发展环境的实施意见》,及时完善优化环境的各项工作制度,清理影响和制约经济社会发展、不符合政府职能转变要求的政策规定,为我省经济社会又好又快发展创造了良好政策环境。省监察厅、省纠风办、省法制办结合工作职能对全省各级行政执法部门就贯彻落实省委、省政府着力改善"两个环境"有关政策规定、行政执法行为情况进行了联合检查。同时,省监察厅、省法制办先后对11个设区市和45个部门"三类事项"和规范执法情况进行了3次专项监督检查,对检查出的问题提出了整改建议,为"两个环境"建设提供了法制服务保障。省民政厅清理社会组织527家,依法注销了一批不作为、不规范、不守法、政社不分的不良社会组织,评出138家3A级以上社会组织和99家诚信建设先进单位。省物价局组织开展了涉农、医药、教育、银行业、商品房销售明码标价等价格收费专项检查。省新闻出版局加强市场监管和"扫黄打非"检查,全年共出动检查人员8.2万余人次,收缴各类非法出版物54.9万件,堵封网上政治性非法出版物100多种,排查互联网服务器1.2万台(次),查办各类案件100余起。石家庄、沧州、邢台等市把提高依法行政水平和优化环境作为2012年重点工作,加强考核,统筹安排,整体推进,取得显著效果。

(二)学法活动深入开展,行政机关工作人员特别是领导干部依法行政能力和水平进一步提高。

1. 落实领导干部学法制度。石家庄、秦皇岛市政府坚持政府常务会议前学法制度。唐山、张家口等市建立健全专业法制讲座制度。省交通运输厅、省工商局等部门制定领导班子集体学法和个人自学制度。省司法厅领导干部坚持落实学法制度,努力提升自身运用法治思维和方式推动工作、化解矛盾、维护稳定的能力。省文物局领导班子树立在法律范围内活动的理念,自觉增强依法行政、依法办事意识。

2. 落实领导干部任前法律知识考试制度。沧州、邢台等市制发了加强领导干部依法行政知识培训和法律知识测试的规定。省文化厅把依法行政能力和素质作为提拔和使用干部的重要依据,2012年对20余名拟提拔干部进行了法律知识考试。

3. 积极开展法制宣传。邢台市以建设法治政府为主题,大力开展了"依法治市"工作的宣传报道。省人防办、省新闻出版局、省地理信息局以依法行政、建设法治政府为主题,组织开展本系统征文评选、知识竞赛等活动,积极宣传依法行政的先进经验和做法。省广电局发挥广电媒体优势,除新闻节目外,每天播出法制宣传节目时长达250分钟,努力营造浓厚的社会法制氛围。

(三)工作机制得到落实,对依法行政工作的组织领导和监督检查进一步加强。

1. 依法行政工作组织领导有力。秦皇岛、沧州等市政府常务会每年至少听取2次依法行政工作汇报,研究部署全面推进依法

行政、加强法治政府建设的具体任务和措施。省公安厅、省工商局等部门制定年度工作计划，扎实推进依法行政工作目标任务。省财政厅积极推进财政管理规范化、制度化，现已建立了19项财政专项资金的管理制度。

2. 加强依法行政工作的监督检查。秦皇岛、衡水、廊坊、邯郸等9个设区市和省交通运输厅、省水利厅、省工商局等17个省政府部门认真落实年度依法行政报告制度，自觉接受省政府和本级人大对依法行政工作的监督指导。石家庄、邢台、沧州、保定等市坚持对县（市、区）政府和市直各部门依法行政工作进行评议考核，将依法行政工作作为约束性指标纳入对领导班子的考核内容。秦皇岛、衡水等市将依法行政工作纳入对政府部门领导班子实绩考核体系。省地税局、省工商局等部门制定了本部门、本系统依法行政考核办法，将考核结果作为评定干部业绩的重要依据。

3. 发挥法制机构在推进依法行政、建设法治政府方面的组织协调和督促指导作用。邯郸市注重基层政府法制工作队伍建设，其所辖19个县（市、区）政府法制机构人员配备和人员素质与其承担的职责任务相适应。省交通运输厅政法处列席厅长办公会议。省审计厅以规范和完善审计项目制度为核心，努力把法规部门打造成统领审计业务的核心处（科）室，构建以依法审理为核心的法制工作新格局，推进全省依法审计进程。

（四）转变政府职能，促进经济社会发展环境进一步优化。

1. 优化审批流程。省本级共削减行政审批事项1936项，削减率80%，各设区市削减率均超过70%。承德市本级行政审批服务事项由1158项削减为296项，削减率为74.4%。石家庄市行政许可项目由104项削减为85项，非行政许可审批由141项削减为83项，审批环节平均由原来5个减少到3个。邢台市本级行政审批事项削减308项，平均审批时限由原来14天压缩至3.5天，同时，在全市推行了政府服务“零收费”，所有政府服务性收费一律取消。

2. 规范行政审批。省监察厅对市、县（市、区）和省直部门“三类事项”审批采取专项检查和日常监督管理相结合，2012年发出整改通知书56份，效能问责56人。省住房和城乡建设厅对全省房地产行政审批制度改革工作进行了全面总结，行政审批进一步规范和提速。省国土资源厅建立以行政监察为着力点的标准化、绩效、行政监察“三位一体”管理新机制，明确了全系统参与审批的各个岗位的职责和考核方法。省质监局深入开展了“六查活动”，管理相对人满意度达100%。省科技厅加强了厅行政服务中心的管理，29项行政事项统一由行政服务中心负责受理、反馈或现场即时办理，全年受理4765项各类业务，方便了人民群众。

3. 健全政府信息公开监督和保障机制。省民政厅、省国土资源厅、省环境保护厅、省住房和城乡建设厅、省交通运输厅、省水利厅、省商务厅、省卫生厅等部门将公共资源配置、重大建设项目批准和实施、重大民生工程和社会事业建设等领域的政务信息作为公开重点，依法公开办事依据、条件、要求、过程和结果，公开岗位职责、服务承诺、收费项目、工作流程、监督渠道等内容。省工业和信息化厅、省地税局、省质监局、省物价局等部门充分利用现代化信息技术、互联网技术，完善互联网信息服务和便民服务网络平台，方便群众通过互联网办事。

（五）完善机制建设，依法科学民主决策进一步加强。

1. 规范决策程序。衡水市实现了对市政府常务会议议题会前、会中和会后三个阶段的全方位合法性审查。保定、唐山等市对事关社会经济发展的重大决策，坚持先专家论证，后上会讨论。省司法厅每次决策前都要组织多场论证会和座谈会，坚持厅局领导班子集体研究，确保依法科学决策。

2. 严格依法决策。张家口、廊坊、邯郸等市政府将合法性、合理性作为重大决策必经程序，均由法制部门提出法律审核意见。省体育局每项行政决策都坚持进行合法性审查，保障了合法决策、依法决策。省发展改革委对制定的“河北省重点项目管理办法”、“河北省钢铁产业结构调整方案”等10余项重大决策事项均进行了合法性审查，从源头上杜绝了不合法决策的出台。

3. 完善评估制度。全省各级各部门认真贯彻落实中央《关于建立健全重大决策社会风险评估机制的指导意见》（中办发〔2012〕2号），积极开展重大行政决策风险评估，完善了部门论证、公众参与、专业机构测评相结合的风险评估机制。省民政厅、省卫生厅、省人防办等部门作出了没有对社会稳定风险进行调查分析和评估的，一律不得作出决策的规定。

4. 强化决策监测。省住房和城乡建设厅、省水利厅对年度每个项目和实施方案，均进行跟踪评估。省发展改革委开发了河北省重点项目监管信息系统，实现了重点建设项目全过程动态监测，增强了决策执行的科学化、规范化水平。省物价局强化动态管理，提升价格政策的合法性、合理性和可行性，全年受理各类价格鉴定、认证案件79440件，涉及金额60.64亿元。

（六）维护法制统一，制度建设质量进一步提高。

1. 立法质量不断提高。全省各级各部门围绕经济社会发展大局和着力改善“两个环境”，以促进经济社会全面协调发展，加强和创新社会管理，提高公共服务水平，保障和改善民生，推动文化发展以及加强政府自身建设方面的立法项目为重点，2012年完成了《河北省海洋环境保护管理规定》、《河北省机动车排气污染防治办法》和《河北省暴雨灾害防御办法》等25件相关法规草案和政府规章草案的审查修改工作。石家庄、唐山、邯郸等市坚持依法立法，削减规范行政权力，从源头上防止乱收费乱罚款，努力做到既确保法制统一，又突出地方特点，圆满完成了年度立法任务。

2. 规范性文件管理逐步规范。省政府部门的规范性文件报备率达到了98%。省工业和信息化厅、省教育厅等部门制定了行政规范性文件制定程序，并针对行政规范性文件的起草、征求意见、合法性审查、备案登记编号、正式印刷文本等环节，制定了样本。石家庄市对全市85件政府规章和325件行政规范性文件进行了集中清理，废止12件，修订20件。承德市对现行有效规范性文件进行了全面清理，并制定了《现行有效的规范性文件目录》。

（七）加大监督规范力度，行政执法能力进一步提升。

1. 全面提升行政执法人员素质。沧州、承德市对市本级行政执法主体的持证执法人员加大培训力度，参训率达到97.2%以上。秦皇岛市严把行政执法资格“入口关”，新增行政执法人员的考试执行全国司法考试纪律，及格率仅为50%，促进了行政执法人员法律学习的积极性。省无线电管理局加强本系统行政执法人员资格审核，对不具备执法资格的45人进行了清理，及时收缴作废了执法证件。省交通运输厅做到执法服装、执法标志、执法证件和执法外观场所“四统一”，增强了执法的公信力。

2. 加强行政执法监督，着力规范行政执法行为。张家口市加大对食品药品、环境保护等重点领域的监督检查力度，共检查市、县56个部门835卷执法案卷。省住房和城乡建设厅、省粮食局开展执法监督检查，并在本系统通报考核结果。省安全监管局建立健全了内部执法制度、制定和执行执法方案制度和行政执法评议考核制度，并制定了执法人员“十条守则”和“六条纪律”，及时查处执法人员违法违纪现象。省供销合作总社开展了全省盐政执法案卷评查活动，通报了评查结果，对存在问题限期整改，规范了行政执法行为。省交通运输厅实现了在一体化办公平台进行网上行政处罚案件的审核审批，提高了执法效能、促进了案卷标准化。省工商局全年共开展行政指导14.5万次，实现了法律效果、社会效果和整治效果的统一。

3. 深入推进行政处罚裁量基准制度。11个设区市和省政府42个行政执法部门在建立行政处罚裁量基准制度后，根据执法实际，积极开展后评估和标准的修改完善。廊坊市实行“三步式”执法程序。邢台市依法推行轻微违法和初次一般违法不罚款，以教育纠正为主的行政罚款“减半”执法模式。邯郸、保定等市通过立法规范行政处罚自由裁量权，明确了细化量化规则、行为规则和监督规则，有力压缩了执法自由裁量空间，保证行政执法的公正和规范。

4. 完善投诉举报机制，加强执法过错责任追究。省公安厅受理群众举报投诉319件，对每件投诉都建立了投诉台账，及时向投诉人反馈办理结果和意见。11个设区市和42个省政府部门根据《河北省行政执法过错责任追究办法》，结合本地本部门实际制定了实施细则，加大对行政执法行为的过错责任追究，有效预防和纠正行政过错。省地税局将税务登记、发票管理等5大类32项执法过错行为作为追究重点，引入集体审议程序。唐山、沧州等市对行政执法过错行为严格进行处理和问责，全面向社会公开及时通报。

5. 落实行政执法与刑事司法

衔接工作规定。石家庄市率先建立了信息共享平台，畅通了移送涉嫌犯罪案件的渠道。省质监局针对食品安全行政执法与刑事司法衔接问题，与法院、检察、公安等部门制定了《河北省食品安全行政执法与刑事司法衔接工作机制》。省商务厅会同有关部门积极推进打击侵犯知识产权和假冒伪劣产品领域“两法衔接”工作，推进了依法行政和司法公正。

6. 城市管理领域相对集中行政处罚权和综合执法工作得到全面落实。沧州、廊坊市率先实现了开展城市管理领域相对集中行政处罚权工作的市、县两级全覆盖。廊坊市还在香河、文安县开展城市管理相对集中行政处罚权向重点乡镇延伸试点工作，取得了积极效果。省林业厅在省林业系统实施了林业综合执法，较好解决了多头执法、执法扰民问题，降低了执法成本，提高了执法效率。省农业厅不断推进农业综合执法，在市级农业部门均组建了综合执法机构，在全省 42 个县（市、区）实现了大农业综合执法，机构单设的县级农业部门全部设立了综合执法大队，76 个县（市、区）的畜牧、水产部门实现了综合执法，占系统机构的 50.3%。

（八）推进行政复议规范化建设，依法化解社会矛盾职能进一步得到落实。

1. 加大行政复议调解力度。全省各级行政复议机关 2012 年度共收到行政复议申请 3800 余件，法定期限内结案率达 100%，纠正了一大批违法和不当行政行为。沧州、衡水等市运用调解、和解方式办理案情简单、争议不大的案件，通过调解、和解，申请人主动撤回的行政复议申请，占办结案件的 48%。省人力资源和社会保障厅健全调解机制、加大调解力度，全年有 24 个案件得到化解，占案件总量的 1/4。

2. 创新行政复议审理方式。廊坊市成立了市行政复议委员会，完善了工作机制，全年受理行政复议案件 226 件，通过复议委员会审结 121 件，全面提升行政复议工作的质量和效率。省卫生厅创新行政复议模式，积极化解行政争议，针对医疗纠纷引发的行政复议案件，聘请相关法律专家为法律顾问，每个案件都做到了“案结事了”。

3. 切实抓好行政调解制度建设。省民族宗教事务厅全年排查出隐患 312 起，调处 155 起，稳控 157 起，依法制止、取缔非法宗教活动 162 起。全省公安机关共排查各类矛盾纠纷 56794 起，化解 42961 起，化解率 76%。省国土资源厅全年共排查信访积案 241 件，化解 173 件，化解率 71.2%。省水利厅在全省范围集中开展了水事纠纷矛盾排查，对排查出来的 21 起水事矛盾进行了化解。省人力资源和社会保障厅建立了重点信访事项专案调度会制度，有效促进了历史积案的解决。

二、存在的问题

（一）个别地方和部门对依法行政工作认识不够到位。特别是新形势下对依法行政重要性认识不足，依法行政工作各项要求任务没有真正落实到具体工作之中，地区之间、部门之间进展不平衡的问题依然存在。有的地方和部门把依法行政仅局限在行政执法范围内，将行政执法工作仅局限于行政许可和行政处罚，依法行政认识狭隘化。

（二）基层依法行政工作推进力度仍需加强。基层法制机构建设亟待规范，少数地方未明确依法行政工作具体科室和责任人员，有些地方和部门不能发挥法制机构在推进依法行政工作中的职能作用，法制机构级别低、人员少的问题也在一定程度上影响了一些地方和部门依法行政工作的开展。

（三）重大行政决策机制有待完善。有些地方和部门行政决策程序不健全，有制度不落实，不按程序进行决策的情形还时有发生，行政决策不进行合法性审查等问题没有得到纠正，决策缺乏有效监督等问题还不同程度存在。有的地方和部门解决问题还习惯于借助行政力量，不能用法治思维指导工作。

（四）行政执法违法问题依然突出。执法乱作为、不作为甚至滥用权力的现象仍然存在。在食品安全、生态环境、安全生产、社会治安等领域一些严重违法行为还不能得到及时制止与严厉惩处，执法中的地方保护主义、部门保护主义依然存在；行政处罚自由裁量权基准制度还没有得到全面实行，执法不公现象时有发生。行政执法监督力量还显薄弱，执法监督制度还需要进一步完善。

（五）行政复议规范化建设有待加强。基层行政复议力量薄弱，复议渠道不畅，群众对行政复议认识不足，“信访不信法”现象还比较普遍，导致大量案件未经行政复议或行政诉讼，直接进入信访程序。

三、下一步工作建议

2013年将深入贯彻落实党的十八大和省委八届三次全会精神，以解决影响“两个环境”建设的突出问题为突破口，围绕省委省政府中心工作，创新工作方式方法，努力实现依法行政工作新跨越，为建设经济强省、和谐河北提供法治服务和保障。加强组织领导，继续着力推动依法行政工作深入开展。健全和完善推进依法行政工作领导体制和机制，加强法制机构和队伍建设，实现推进依法行政工作的规范化、制度化。营造法治氛围，着力提升运用法治思维和法治方式的能力，强化领导干部依法行政观念。加快职能转变，推进服务型政府建设，减少和下放行政审批事项，完善我省与国家立法相配套的法规规章。加大监督力度，促进行政执法机关严格规范公正文明执法。推进行政复议规范化建设，畅通行政复议渠道，努力提高行政复议的公信力，完善行政复议与信访的衔接机制，构建防范和化解社会矛盾的综合平台。

河北省人民政府办公厅关于印发河北省政府规章翻译审定办法的通知

（2013年7月23日）

石家庄、唐山、邯郸市人民政府，省政府各部门：

《河北省政府规章翻译审定办法》已经省政府同意，现印发给你们，请认真贯彻执行。

河北省政府规章翻译审定办法

第一条 为规范政府规章的英文翻译、审定工作，提高政府规章的译审质量，根据国务院和省政府有关规定，制定本办法。

第二条 省和较大市人民政府规章的翻译、审定工作适用本办法。政府规章翻译、审定包括初译、初审、核校、复审、审定和公布（以下简称译审）等程序。

第三条 具有下列内容的政府规章应当进行译审：

（一）涉及货物贸易、服务贸易及与贸易有关的知识产权内容的；

（二）具有扩大对外开放及鼓励外商投资的政策和措施内容的；

（三）涉及行政处罚、行政审批、行政收费和行政强制等内容需要涉外的个人、法人或其他组织遵守的；

（四）其他需要翻译的政府规章。

第四条 省和较大市人民政府应当做好政府规章译审工作，及时帮助解决政府规章译审工作遇到的问题，并将译审工作所需经费列入本级财政相关部门预算。

第五条 省和较大市政府法制机构负责政府规章译审工作。政府规章的起草部门负责政府规章译审的核校工作。

第六条 政府法制机构和政府规章起草部门应当重视政府规章译审工作，配备专职或兼职人员负责政府规章译审的组织实施工作。

第七条 政府规章译审可以从高等院校、外事翻译事务所和省外语人才库中选聘译审专家承担初译和审查工作。选聘译审专家应当以政府名义颁发聘书。

选聘的译审专家应具备以下基本条件：

（一）高等院校英语专业本科以上学历；

（二）从事英语教学、翻译工作5年以上；

（三）翻译文字50万字以上；

（四）有翻译、审校正规法律法规文件的经验；

（五）能及时、准确完成所承担的译审工作任务；

（六）译审人员应具备的其他素质和品质。

译审专家具体承担政府规章的初译、初审和复审3个环节工作。同一译审专家只能担任同一部政府规章译审工作中一个环节的工作。

第八条 政府法制机构应当根据第三条的规定确定需要译审的政府规章，经主管负责人审核后，报主要负责人审定。

第九条 起草、审查政府规章，应当注意用词和语言表述与上位法和国际通用方式相衔接，保持译审的政府规章与国际规范一致。

政府规章译审应当做到译文、专业术语准确，符合立法原意，语言流畅，格式体例规范、统一。

第十条 政府法制机构在组织政府规章译审过程中，应当及时掌握政府规章译审程序的进展情况，协调解决译审过程中出现的问题，合理安排进度，确保政府规章的译审质量。

第十一条 政府法制机构应当在取得政府规章中文文本后，及时联系确定译审专家，向其提交政府规章的中文文本，并登记政府规章的名称、字数和初译专家姓名。

接受委托的译审专家应当在

接到政府规章译审任务之日起20日内完成初译工作，并向政府法制机构报送初译稿。

第十二条 政府法制机构收到政府规章初译稿后，应当进行登记，并选择2名译审专家共同承担初审工作。译审专家应当在接到初译稿后15日内完成初审工作，并向政府法制机构报送初审稿。

第十三条 译审专家进行初审时发现初译稿有下列情形之一的，应当通过政府法制机构将初译稿退回重译。政府法制机构可以根据具体情况安排原初译专家或其他译审专家进行重译：

（一）译文明显不符合立法原意的；

（二）有较多语法错误或者遗漏的；

（三）多处专业术语不正确、表述不准确、格式不规范的；

（四）其他不符合要求的。

第十四条 政府法制机构收到政府规章初审稿后应当进行登记，并送政府规章的起草部门核校。起草部门应当自收到初审稿之日起15日内完成核校工作，并向政府法制机构反馈核校意见。起草部门可以委托译审专家承担核校工作并负担核校费用。

第十五条 政府法制机构收到起草部门核校意见后，应当联系有关译审专家对所提意见进行审查确认，对正确的意见应当吸收。

第十六条 政府规章核校稿经审查确认后，政府法制机构应当联系确定承担复审工作的译审专家，并向政府提交其核校后的英文和中文文本。译审专家应当在15日内完成复审工作，并向政府法制机构报送复审稿。

第十七条 在政府规章译审过程中，遇到疑难问题和较大意见分歧时，应当与政府法制机构或规章起草部门进行沟通。必要时经政府法制机构主管负责人同意，可以组织召开论证会，听取有关译审专家、法律专家和英语语言专家的意见。

第十八条 政府规章经复审后，应当写出译审说明，一并报经政府法制机构主管负责人审查后，报主要负责人审定。

第十九条 经批准的政府规章英文文本应当及时在本级政府和政府法制机构网站上公布。

公布的政府规章英文文本为正式译本，英文文本与中文文本有歧义的，以中文文本为准。

第二十条 根据需要可以将政府规章英文文本汇编成中英文对照文本，并应用在以下方面：

（一）在贸易洽谈会和国际法治交流活动中赠阅；

（二）向外商投资企业、国际贸易公司或其他组织赠阅；

（三）在对外交往中，向境外机构赠阅；

（四）其他方面需要应用的。

第二十一条 本办法自2013年8月1日起施行。

河北省人民政府办公厅关于印发2013年度依法行政考核指标的通知

（2013年8月26日）

各设区市人民政府，定州、辛集市人民政府，省政府各部门：

《2013年度依法行政考核指标》已经省政府同意，现印发给你们，请结合本地本部门实际认真贯彻执行。

2013年度依法行政考核指标

根据《河北省依法行政考核办法》的规定，2013年度依法行政考核的内容主要包括：法治思维和法治方式能力建设、提高制度建设质量、规范行政执法行为和提高行政复议功效4项指标。具体的考核方案和评分操作办法由省法制办制定。考核以百分计，4项指标满分100分。

一、设区市政府及定州、辛集市政府考核指标

（一）法治思维和法治方式能力建设方面（35分）。

1. 落实政府领导干部学法制度情况。包括：集体学法、政府常务会议专题学法、专题法制讲座和集中培训等学法活动情况；领导干部任职前法律知识测试和任职期内依法行政情况考察制度落实情况。

2. 政府重大行政行为决策过程和结果情况。

3. 推进行政审批制度改革、转变政府职能、简政放权情况。包括梳理公布本级衔接国务院、省政府有关规定取消事项、衔接下放事项落实和转变管理方式项目执行情况等。

4. 有依法行政工作年度规划和部署，实施年度依法行政考核。

5. 按时向省政府、本级人大报告依法行政工作情况，向省政府报告年度市政府重大决策事项。

6. 依法行政宣传工作开展情况。

7. 落实行政问责制度，严格责任追究并向社会公布情况。

8. 法制机构健全，人员配备与工作任务相适应情况。

（二）提高制度建设质量方面（15分）。

1. 完善公众参与政府立法的制度与机制，建立健全专家咨询制度。

2. 落实规范性文件制定公开征求意见、三统一、有效期、责任追究等制度。较大市政府落实政府规章译审制度。

3. 规范性文件报备率、及时率、规范率达到100%。

4. 对被确认有违法内容的规范性文件能够按要求修改、纠正或废止。定期清理规章和规范性文件。

（三）规范行政执法行为方面（30分）。

1. 城市管理领域实行相对集中行政处罚权工作。

2. 全面落实行政执法责任制，实施行政执法评议考核。

3. 完善行政执法与刑事司法衔接工作机制，落实联席会议制度，按时上报统计分析。

4. 健全行政执法监督制度，开展规范行政执法监督检查活动。

5. 加强行政执法人员培训，依法确定行政执法资格，并向社会公告。

（四）提高行政复议功效方面（20分）。

1. 行政复议机构健全，建立接待制度并公示。

2. 办案设备齐全，专项经费有保障。

3. 依法受理行政复议申请，行政复议办案程序规范，运用调解和解方式处理纠纷，实现法律效果、社会效果的统一。

本年度凡因违法行政引发恶性事件或者重特大安全、环境事故的，影响考核评分。特别严重的，直接评为不及格。

二、省政府部门考核指标

（一）法治思维和法治方式能力建设方面（30分）。

1. 落实领导班子集体学法制度情况。包括组织法律法规知识学习培训和开展法制方面专题讲座情况等。

2. 重大行政行为决策过程和结果情况。

3. 部门领导班子定期听取依法行政专题汇报。

4. 国家和省取消、下放行政审批项目等事项落实情况。包括公开公布、取消项目执行、下放管理层级项目执行、转变管理方式项目执行、清理部门规章和规范性文件执行情况等。

5. 推进政务公开，提高服务水平工作开展情况。

6. 按时向省政府报告依法行政工作情况。

（二）提高制度建设质量方面（20分）。

1. 按时完成省政府2013年规定的立法项目，起草文稿质量高，配合完成审查工作。

2. 落实规范性文件制定公开征求意见、三统一、有效期和责任追究等制度情况。

3. 规范性文件印发前报送省政府法制机构进行前置性合法审查。

4. 落实规范性文件备案审查制度，报备率、及时率、规范率达到100%。

5. 对被确认有违法内容的规范性文件能够按要求修改、纠正或废止。

（三）规范行政执法行为方面（30分）。

1. 根据法律、法规、规章修改情况，及时梳理本部门行政执法依据和职权，并向社会公布。

2. 推行行政执法责任制，开展行政执法评议考核，考核结果得到应用。

3. 贯彻落实行政处罚裁量权基准制度情况。

4. 落实群众投诉举报制度，严格行政执法过错责任追究。

5. 完善行政执法与刑事司法衔接工作机制，依法移送涉嫌犯罪案件。

6. 在本部门或本系统开展行政处罚、行政许可或规范性文件制定备案情况为重点的行政执法监督检查。

（四）提高行政复议功效方面（20分）。

1. 接待制度健全并进行了公示。

2. 确保2名以上专职复议人员办理案件。

3. 办案设备齐全，专项经费有保障。

4. 依法受理行政复议申请，行政复议办案程序规范，运用调解和解方式处理纠纷，实现法律效果、社会效果的统一。

本年度凡因违法行政引发恶性事件或者重特大安全、环境事故的，影响考核评分。特别严重的，直接评为不及格。

河北省人民政府法制办公室关于印发2013年政府法制工作要点的通知

（2013年1月8日）

各设区市、县（市、区）人民政

府法制办公室，省政府各部门法制机构：

现将我办2013年政府法制工作要点印发给你们，请结合本地本部门实际，抓好贯彻落实。

河北省人民政府法制办公室 2013年政府法制工作要点

（2013年1月8日）

2013年政府法制工作的基本思路是：深入学习贯彻党的十八大和省第八次党代会及八届三次全会精神，以邓小平理论、“三个代表”重要思想、科学发展观为指导，以2020年基本建成法治政府为奋斗目标，以事关全面建成小康社会的体制机制创新和解决影响“两个环境”建设的突出问题为突破口，以提高领导干部运用法治思维和法治方式深化改革推动发展化解矛盾维护稳定能力、加强重点领域立法、加强行政执法监督、强化行政复议和行政调解为着力点，以加强政府法制队伍建设为基础，解放思想，开拓进取，真抓实干，努力实现政府法制工作新跨越，为建设经济强省、和谐河北提供法治保障。

一、加强和改进政府立法，为建设经济强省、和谐河北提供制度保障

1. 加快重点领域的政府立法。紧紧围绕党的十八大和省委八届三次全会的工作部署，编制2013年度省政府立法工作计划和五年立法规划，把推进发展方式转变、强化市场监管、防治环境污染、保护自然资源、发展循环经济、加强社会管理、维护企业公民合法权益、加强政府自身建设等方面的立法作为重点，努力为省委省政府重大决策部署的贯彻落实提供制度保障。3月底前完成编制工作。对列入立法计划的项目，或者根据改善“两个环境”需要、经省政府批准增加的立法项目，要举全办之力，加快工作进度，保证高质量完成任务。

2. 坚持科学立法、民主立法、依法立法。要按照有利于调动人民群众积极性和创造性、激发社会活力和竞争力、解放和发展生产力、维护社会公平正义、规范权力运行的要求，依法科学设定立法内容，更加注重约束行政行为，保护市场主体和消费者合法权益。合理设定法律责任，尽量不设罚款或者少设罚款。注重发挥有关部门的监督职责，多措并举，督促有关管理相对人限期改正违法行为。建立专家参与立法或委托专家起草地方性法规规章草案制度，充分发挥专家在政府立法中的作用。完善调查研究和公开征求意见制度，采取听证会、论证会、座谈会等形式广泛征求立法草案意见，所有政府规章和重要地方性法规草案都要通过新闻媒体向社会公开征求意见，并建立征求意见吸收情况说明制度，保证人民群众的意见得到充分表达，合理诉求和合法利益得到充分体现。严格依照法定权限、法定程序和上位法的规定立法，维护法制统一。

3. 全面清理现行政府规章和规范性文件。按照省政府的部署，按时完成对现行政府规章和规范性文件的清理任务，重点对违法设定行政许可、行政处罚、行政强制、行政收费等可能影响发展环境建设的内容进行审查清理，清理结果经同级政府批准后向社会公布。对清理后需要修改或废止的政府规章和规范性文件及时修订或废止。同时，选择与着力改善“两个环境”关系密切的政府规章开展立法后评估，并研究制定规章和规范性文件评估办法，建立立法后评估长效机制。

二、认真做好规范性文件审查工作，当好政府依法行政的参谋助手

4. 做好政府规范性文件和重大决策事项的审核把关工作。积极做好党委、政府联合制定和政府或者政府办公厅（办公室）制定的规范性文件的合法性审核工作，依法提出完善和规范的意见和建议。认真做好政府有关重大决策事项的合法性、合理性、科学性审查把关工作，提出切实可行的意见和建议，促进科学民主依法决策。

5. 做好部门规范性文件前置合法性审查工作。认真落实《河北省规范性文件制定规定》，严格执行“统一登记、统一编号、统一发布”制度，切实做好政府各部门规范性文件的前置合法性审查工作，重点加强对行政处罚、行政许可、行政强制、行政征收、行政收费等影响公民、法人和其他组织权益或增加其义务内容的审查，保证规范性文件合法有效。

6. 做好政府规章和规范性文件的备案审查工作。有立法权的设区市政府制定公布政府规章后，要按规定时限和要求报送备案。设区市、县（市、区）、乡镇人民政府制定公布规范性文件后，要按规定及时报上一级政府备案。接受备案的有关人民政府的法制机构要依法认真审查，并加强对政府规章和规范性文件报备工作

的督促检查，切实做到有件必备、有备必审、有错必纠。要认真做好政府规章的译审工作。

三、强化行政执法监督，促进行政机关严格规范公正文明执法

7. 规范行政处罚自由裁量权。认真贯彻落实《河北省人民政府关于建立行政裁量权基准制度的指导意见》（冀政〔2010〕152号），建立和完善行政裁量权基准制度，到2013年6月底全省各级各类行政执法部门都制定出台行政处罚裁量标准。以环境保护、交通运输、国土资源、住房和城乡建设、卫生等系统为重点，加大对行政处罚自由裁量基准制度落实情况的监督检查力度。年中组织一次专项检查，对落实不力的责令限期整改并通报全省。

8. 严肃查处乱罚款现象。严格落实《河北省制止乱收费、乱罚款、乱摊派的若干规定》和有关规定要求，会同省监察厅、省财政厅组成联合检查组，开展一次专项行政执法监督检查活动，并采取接受举报、明查暗访等多种形式加强日常监督，重点查处下达罚款指标、罚没收入与行政事业收费挂钩、超出法律规定罚款、以罚代管等乱罚款、乱处罚现象。严格把好罚没许可证年检关，规范行政处罚主体，从源头杜绝滥用行政处罚权现象。指导行政执法部门建立行政处罚预警制度，积极倡导柔性执法，推广"三步式"执法方式（对初次违法者先进行教育、再限期整改、最后依法处罚），推行说理式文书，大力推进文明执法。

9. 深入完善行政执法责任制。一是建立依法界定执法职责动态工作机制。督导各行政执法部门根据法律法规制定情况和机构改革情况，适时梳理执法依据和分解执法职权，做到执法依据明晰，执法岗位、执法职权、执法标准明确，执法责任落实，并将行政执法依据、标准、条件、程序、时限和结果等向社会公布，接受公众监督。二是完善行政执法程序，根据有关法律、法规、规章的规定，对行政执法环节、步骤进行具体规范，切实做到流程清楚、要求具体、期限明确。三是督导行政执法部门加强对行政执法人员开展评议考核，并将评议考核结果作为执法人员奖励惩处、晋职晋级的重要依据。四是建立完善投诉举报制度，积极受理和认真查处群众投诉举报案件，并及时反馈查处结果。五是认真落实《河北省行政执法过错责任追究办法》，对在行政执法案卷评查、重大行政处罚决定备案审查、新闻媒体披露和群众投诉举报中发现的行政不作为、乱作为行为进行专项查处，对有关责任主体实施责任追究，切实做到有错必究、有责必问。严格落实国务院关于行政执法与刑事司法衔接制度。

10. 加快推进相对集中行政处罚权工作。认真贯彻落实《河北省人民政府关于进一步做好城市管理领域相对集中行政处罚权工作的意见》（冀政〔2012〕83号），积极推进相对集中行政处罚权工作，到2013年9月底前基本完成市县全覆盖，12月底前全面实现全省全覆盖。上半年召开全省推进相对集中行政处罚权工作会议，总结交流贯彻落实省政府《意见》的情况，推动这项工作深入开展。

11. 健全行政执法监督制度。一是建立行政执法统计报告制度，通过网络和计算机对执法信息数据进行汇总分析，发现行政执法中存在的问题，有针对性地开展监督工作。二是建立健全行政执法人员档案，及时记录其执法行为，准确掌握执法人员数量和每个执法人员的执法动态。三是建立重大行政行为备案制度，加强对行政处罚、行政许可、行政强制等重大行政行为的事后监督，促进行政执法机关及其执法人员严格规范公正文明执法。四是完善行政执法案卷评查制度，组织行政执法案卷评查，针对具体问题提出改进行政执法工作的意见和建议。五是加强典型案例剖析和通报，指导行政执法部门规范执法行为。

12. 大力整顿行政执法队伍。按照《河北省人民政府法制办公室关于加强行政执法证件监督管理的意见》（冀法〔2012〕24号），加强对行政执法队伍的监管，定期或不定期开展专项检查，重点对行政执法人员资格制度落实情况、执法人员持证上岗和亮证执法以及证件年检情况进行检查，发现问题及时纠正。继续组织开展全省行政执法证件和行政执法监督检查证件清理工作，对无资格在岗执法人员予以清退，对离岗、退休或不合格执法人员收缴销毁其执法证件，对不作为、乱作为的行政执法人员吊销其执法证件。要加强行政执法证件管理信息化建设，建立和完善行政执法证件管理电子档案和可查询持证人员的电子数据库，加强对行政执法人员的动态管理。加强对行政执法人员公共法律知识的培

训和考试，组织开展新增行政执法人员执法资格培训考试和行政执法人员新法律法规培训。8月组织开展城市管理领域行政执法人员培训，提高城市管理执法水平。

四、加强行政复议工作，充分发挥行政复议在化解行政争议、维护社会稳定中的作用

13. 创新行政复议工作机制。一是加强制度建设，重点是进一步健全与司法机关的协调沟通制度、建立行政复议答复和应诉制度、细化和完善行政复议机构内部工作制度。二是大力宣传行政复议制度，积极引导公民、法人和其他组织通过行政复议解决行政纠纷。完善行政复议与信访衔接机制，将符合行政复议受理条件的信访案件引导到行政复议程序中解决。三是综合运用书面审查、实地调查、听证质证和专家咨询等手段，彻底查清事实，依法作出决定，切实提高办案质量。四是注重运用调解、和解方式办案，提高调解结案率，切实做到案结事了。各地要加强把调解作为行政复议前置条件的探索，适时组织召开经验交流会进行推广。五是加强复议案件分析，针对复议案件中发现的行政执法存在的普遍性问题，提出改进行政执法工作的建议，制发改进行政执法建议书，督促有关执法部门整改。

14. 加强行政复议监督指导工作。在2013年3月底，召开全省行政复议工作会议，传达贯彻全国行政复议年度工作会议精神，通报全省行政复议规范化建设情况，对2013年的行政复议工作进行安排部署。加大调研力度，提出进一步健全行政复议机构和提高行政复议能力的意见建议，推动市县两级行政复议机构建设，今年年底前各县（市、区）做到至少有2名以上行政复议工作人员。大力推进行政复议规范化建设，结合依法行政考核工作，开展行政复议规范化大检查，并对检查结果予以通报。积极推进行政复议试点工作，在有条件的设区市、县（市、区）开展行政复议委员会试点。

五、认真履行牵头职责，推动行政调解工作深入开展

15. 健全工作机制。成立有行政调解职能的主要行政执法部门参加的省行政调解机构，指导和协调全省行政调解工作。各地各部门也要建立健全行政调解机构，积极开展行政解调工作。要完善行政调解制度，明确行政调解的范围、程序和效力。注重行政调解与司法调解、人民调解的衔接，有效整合调解资源，实现优势互补，提高调处效率。

16. 加强组织协调。要积极发挥在行政调解中的牵头作用，加强调查研究，借鉴先进省市做法，提出我省加强行政调解工作、特别是大力推行将行政调解作为行政复议前置条件的建议，加大对各地各部门开展行政调解工作的组织指导力度，适时组织召开政府部门行政调解工作联席会议，加强对行政调解工作人员培训，提高调解能力和水平。

六、大力推动干部学法用法，进一步提高领导干部运用法治思维和法治方式抓工作的能力

17. 认真组织落实领导干部学法制度。建议省政府组织一至两次集体学法活动，请国务院法制办领导就贯彻十八大精神、深入推进依法行政作一次形势报告；请有关专家就行政复议法或者行政强制法进行讲解。会同河北行政学院组织两期领导干部依法行政研讨班，对市县政府领导干部进行依法行政知识轮训。各地各部门要建立健全领导干部学法制度，采取政府常务会前学法、法制讲座、专题培训等多种方式，组织领导干部有计划地学习法律知识。

18. 加大政府法制宣传力度。充分利用新闻媒体，采取各种形式，大力宣传各地各部门推进依法行政创新措施和典型经验，曝光依法行政中存在的突出问题。加强政府法制系统信息报送工作，充分利用河北政府法制信息网、《政府法治周刊》、《法治》和其他政府法制工作简报，加强政府法制信息交流，加大宣传力度，营造良好的政府法制工作环境。

七、加强考核和督导，进一步加大推进依法行政工作力度

19. 切实做好依法行政考核工作。认真贯彻落实《河北省依法行政考核办法》，根据《河北省人民政府办公厅关于印发2012年度依法行政考核指标的通知》（办字〔2012〕99号），认真制定考核方案和评分标准，以增强决策的透明度和公众参与度、规范行政处罚行为、加强执法能力建设等与改善发展环境目标任务相关的内容作为考核重点，组织协调有关部门实施好2012年度全省依法行政考核工作，保证一季度完成考核任务。

20. 加强对市县政府依法行政工作督导。针对市县政府在依法行政中存在的突出问题和薄弱环节，研究制定具体措施。围绕政府法制机构如何在着力改善“两个环境”中发挥职能作用进行深入研究，完成好我省“创新社会管理政策法规研究”课题，加强对近年来河北省土地纠纷复议应诉的案例分析，提出意见和建议，为推进依法行政、服务保障“两个环境”建设提供理论支持。

八、加强自身建设，进一步提高政府法制干部队伍素质

21. 深入学习贯彻党的十八大和省八届三次全会精神。把学习宣传贯彻党的十八大作为加强政府法制干部思想政治建设的首要内容，组织政府法制干部继续深入学习，保证时间、人员、内容、效果四落实，真正入心入脑、融会贯通，切实把思想统一到十八大精神上来，把力量凝聚到贯彻十八大精神上来。

22. 加强学习型机关建设。采取专题培训、举办研讨班、组织学习考察和观摩等形式，进一步加强对政府法制干部的学习培训工作，重点组织各级干部及时学习与党中央、国务院和省委、省政府重大决策部署有关的法律法规和政策，提高政府法制工作的能力和水平。

23. 进一步转变工作作风。在全省政府法制机构大兴调查研究之风，围绕贯彻党的十八大、实现政府法制工作新跨越，多层次、多渠道开展调查研究工作，深入基层、深入实际，向群众学习、向实践学习，提高工作的针对性和实效性。全省政府法制工作者要树立强烈的事业心和责任感，始终保持昂扬向上、奋发有为的精神状态，勤奋敬业，真抓实干，努力把全省政府法制工作推上新台阶。

河北省人民政府法制办公室关于印发2012年度依法行政考核实施方案的通知

（2013年3月4日）

各设区市人民政府，省政府各部门：

经省政府同意，现将《2012年度依法行政考核实施方案》印发给你们，请认真做好准备。

2012年度依法行政考核实施方案

根据《河北省依法行政考核办法》（省政府令〔2010〕12号）和《2012年度依法行政考核指标》（办字〔2012〕99号），结合工作实际，制订本方案。

一、考核对象

各设区市人民政府和省政府部门。

实行国家垂直管理的部门，对其依法行政情况进行了解掌握，并将有关情况通报其上级管理部门。

二、考核内容

根据《2012年度依法行政考核指标》（办字〔2012〕99号）确定的设区市政府考核指标和省政府所属部门考核指标，分别进行具体评价。具体评价标准见《2012年度各设区市依法行政考核评分标准》和《2012年度省政府部门依法行政考核评分标准》（附后）。

三、考核时间

2013年3月上旬至2013年4月上旬。

四、考核实施

（一）考核组织。考核在省政府领导下，由省全面推进依法行政领导小组办公室具体组织，省全面推进依法行政工作领导小组成员单位组成考核组，成员单位各抽一名厅级干部担任组长，共同参与2012年度依法行政考核。

3月7日前，成员单位将参加考核人员名单报省全面推进依法行政领导小组办公室，并于3月11日前进行考核分组和集中培训。

（二）自查自评。2013年3月15日前，各考核对象对照《2012年度依法行政考核指标》进行自查自评，并将自查自评情况和有关资料报送省全面推进依法行政领导小组办公室。

省全面推进依法行政领导小组办公室根据日常收集和统计考核对象依法行政各项数据、报送有关资料或信息的完成情况作为该项指标评分依据。

（三）现场考核。2013年3月15日前，考核组结合日常掌握和自查自评情况，赴被考核单位进行现场考核。现场考核采取听取汇报、召开座谈会、查阅有关文件资料、现场考察、走访有关单位和人员、抽选一定数量行政执法人员进行通用法律知识考试等方法进行。考核前5天，由考核组向被考核单位发出考核通知，提出具体要求。

（四）确定结果。2013年4月10日前，考核组完成各组考核汇总情况的上报工作。省全面推进依法行政工作领导小组办公室综合全省考核情况，提请省全面推进依法行政工作领导小组会议研究，然后报省政府研究确定考核结果。考核结果分为优秀、合格、基本合格和不合格四个等次。

各设区市年度依法行政考核产生的优秀等次单位1—2个一并

上报。

五、考核结果的运用

（一）省政府对考核结果进行通报，考核结果作为对领导班子及领导干部综合考核评价的重要依据。

（二）被考核单位要对考核中发现的问题进行整改，省全面推进依法行政工作领导小组办公室负责对整改情况进行督查。

附件：1. 2012年度设区市政府依法行政考核评分标准（略）

2. 2012年度省政府部门依法行政考核评分标准（略）

河北省人民政府法制办公室 河北省财政厅 河北省监察厅 关于行政处罚行为专项监督检查的通知

（2013年5月7日）

各设区市政府法制机构、财政局、监察局，省政府有关执法部门：

为深入贯彻落实党的十八大精神和省委省政府着力改善“两个环境”的重要部署，努力解决我省在行政处罚行为方面影响发展环境的突出问题，经省法制办、省财政厅、省监察厅研究，决定在全省范围内组织一次行政处罚行为的专项监督检查活动，现将有关事项通知如下：

一、指导思想

坚持以科学发展观为指导，紧紧围绕着力改善“两个环境”这一中心工作，以规范行政处罚权力为目标，以自由裁量权运用和罚没财务管理为重点，以行政执法过错责任追究为保障，进一步强化行政执法监督，推进依法行政，解决行政执法行为中随意处罚、乱处罚，损害、侵犯群众利益的突出问题，维护社会公平正义，进一步优化发展环境，为建设经济强省、和谐河北提供法制保障。

二、监督检查的范围

全省各级具有行政执法职能的行政机关和法律、法规授权实施行政处罚行为的组织。

三、监督检查的内容

主要对2012年度行政处罚行为进行检查。

1.《行政处罚法》及相关法律的贯彻落实情况。实施行政处罚的部门是否具备行政处罚的主体资格，并取得罚没许可证；行政机关是否在法定职权范围内实施行政处罚；是否按照法定程序实施行政处罚；是否按照《行政执法机关移送涉嫌犯罪案件的规定》进行移送，是否存在以行政处罚代替刑事处罚问题。

2. 行政处罚自由裁量基准制度的建立及落实情况。是否全面建立行政处罚裁量自由基准制度；行政处罚自由裁量基准制度是否合法、合理；行政处罚自由裁量基准及制度是否贯彻落实了处罚与教育相结合的原则；行政处罚裁量基准制度描述的违法情形是否清晰明确；是否落实行政处罚自由裁量基准制度。

3. 行政处罚罚没财物管理相关制度的落实情况。是否严格执行收支两条线和罚缴分离规定；对罚没的物品是否设立了专项账册登记，是否建立了罚没物品的交接、登记、保管、定期结算、清仓等制度；是否有隐瞒、私分、挪用、调换或擅自使用和处理罚没财物的；对涉案物品暂扣、移交和执行处罚时，是否使用河北省财政厅监制的罚没物资专用票据；按规定由执法部门依法自行销毁、变卖的罚没物资是否报相关部门审批、备案。

四、监督检查的方式和步骤

（一）自查阶段。（2013年5月中旬）各级各行政执法部门，要对照有关法律、法规、规章的要求，结合落实行政执法责任制，认真进行自查。各设区市对本辖区内行政执法部门行政处罚行为进行监督检查。

（二）检查阶段。（2013年5月下旬至6月上旬）省法制办、省财政厅、省监察厅将组成联合检查组对各设区市、县（市）区和省直有关执法单位进行巡回明查暗访，并按以下步骤开展检查：

1. 听取汇报。由被检查单位向联合检查组汇报行政处罚的执法现状，分析行政处罚行为中存在的重点问题和解决办法。

2. 摸清底数。由财政部门提供2012年度本地区罚没财物的罚款数额。

3. 查阅资料。根据财政部门提供的罚没财物的底数抽查行政处罚案卷和有关票据，查阅行政处罚裁量基准制度及相关配套的规范性文件。

4. 实地比对。对罚没财物进行实物勘察、盘点库存并与台账进行比对。

5. 延伸检查。根据案卷、票据中发现的问题和群众投诉举报的线索，进行追踪检查。

（三）总结阶段（2013年6月中下旬）各级各部门对自查和

检查中发现的问题，一是要对有关行政执法部门下发《行政执法监督整改通知书》，限期整改；二是要进行行政执法过错责任认定，对涉及违纪的，严肃追究相关领导及人员的责任，做到有错必整改、有错必问责；三是要总结行政处罚行为中出现的突出问题，分析问题发生的原因，出台有关制度，进一步规范行政处罚行为。

监督检查结果报省政府后进行通报，对查处的典型案件予以曝光，作为2013年度罚没许可证年检和依法行政考核的重要依据。

五、有关要求

1. 加强组织领导。各设区市政府法制机构、财政局、监察局和省政府有关执法部门要紧紧围绕省委、省政府关于全面规范行政处罚行为，优化发展环境的总体要求，切实加强领导，有关部门协调配合，制定详细、可行、有效的工作方案，确保专项监督检查工作出实效，并将工作方案、检查情况于5月中旬报省法制办（协调监督处）。

2. 抓好正反典型。各级各部门要将监督检查活动的开展情况、取得的阶段成果、典型先进经验和反面案例及时报送省法制办、省财政厅、省监察厅，对共性的执法问题将进行专门研究，深入调研，建立长效制约机制。

3. 准备齐相关材料。被检查单位应提前准备好行政处罚台账、案卷和罚没财物的票据、台账以及行政处罚自由裁量基准制度等相关配套规范性文件。

河北省人民政府法制办公室
河北省财政厅
河北省监察厅

关于行政处罚行为专项监督检查情况的通报

（2013年9月30日）

各设区市人民政府，定州、辛集市人民政府，省政府各部门：

为深入贯彻落实党的十八大精神，努力解决我省在行政处罚方面影响发展环境和群众利益的突出问题，省法制办、省财政厅、省监察厅前一段时间对全省11个设区市部分执法部门和7个省直执法部门2012年度行政处罚行为进行了抽查，并向省政府专题报告。省委、省政府主要领导高度重视，省委书记周本顺同志批示：“这项工作要坚持不懈地抓下去，抓出群众满意的效果。”省委副书记、省长张庆伟同志批示：“报本顺书记阅示，这项工作抓得有针对性，要以问题反复出现的单位为重点，由所在地方党委政府重点帮助整改。”根据省委、省政府领导的批示精神和有关要求，现将联合检查的情况通报如下：

一、各地规范行政处罚行为的有关情况

（一）*以强化制度建设为基础，建立规范行政执法的制度框架。*石家庄市、邯郸市、保定市建立重大行政处罚备案、行政处罚案件统计、“首违不罚”、行政执法监督员等制度，廊坊市统一处罚标准、统一处罚程序、统一处罚文书、健全配套制度，促进公平、公正执法；省质量技术监督局积极推行“说理式”执法文书，行政处罚决定书由“填空式”变为“制作式”，不仅要求调查终结报告和行政处罚决定书要讲清违法事实的“事理”和适用法律的“法理”，还讲明适用裁量标准的“情理”；承德市环保局对办理的行政处罚案件，实行《行政处罚执行后督察报告》，对处罚案件涉及违法行为的纠正情况进行事后监督，减少了“以罚代管”的问题。

（二）*行政处罚自由裁量基准制度基本建立并得到一定程度落实。*省政府37个行政执法部门已经建立行政处罚裁量基准制度并报省法制办审查备案，11个设区市的绝大部分行政执法部门也已经建立相应的行政处罚裁量基准制度；邢台市建立了行政处罚自由裁量权实施标准动态长效管理机制，对2009年制定的裁量标准于2011年和2013年进行了两次修订；省交通运输厅2012年出台《行政处罚自由裁量权基准制度》，科学设定处罚阶次，细化裁量标准，有效减少了同案不同罚的现象；秦皇岛市交通运输局把是否引用行政处罚自由裁量标准作为执法单位评议和执法人员考核的“硬性”标准，执法人员学习法律及相关裁量基准制度由“被动”变为“主动”，有效落实裁量基准制度。

（三）*强化行政执法监督，行政处罚行为有效规范。*秦皇岛市围绕市委市政府提出的“两转三服务”总体部署，开展了规范行政执法行为优化发展环境专项监督检查、农业及环保系统案卷评查等监督检查活动；衡水市将罚没许可证年检和案卷评查、行政执法监督检查和行政处罚数据统计、自由裁量实施和重大处罚备案、执法人员培训和证件管理四个工作相结合，严格、科学、规范、公正、文明执法；唐山市开展执法主体、执法程序、执法用语、执法文书和行政处罚案卷制作“五规范”活动；沧州市组织执法人员培训将执法检查中发现的典型案例进行以案说法；廊坊市全年下发行政执法监督通知书140余份，提高了执法监督质量；张家口市建立了800多平方米的罚没物资公务仓，无论是进仓还是出仓，都在执法部门、财政部门、监察部门、法制部门监督下进行；省卫生厅建立覆盖省、市、县三级的“行政处罚网上管理系统”，实现了行政处罚信息工作动态管理和网上稽查功能，有效规范了卫生系统行政处罚行为。

二、存在的主要问题

（一）违反法律规定，乱处罚、随意处罚的问题。

1. 超越法定权限随意处罚。行政机关只有法律授权才能行使行政处罚职能，检查中发现有个别单位不是法定的行政处罚主体仍实施行政处罚。如乐亭县冀东果菜批发市场管委会未办理罚没许可证，2012年度罚款130686元，同时也没有行政处罚案卷。

2. 行政处罚法定程序缺失、程序倒置。张家口市质监局行政处罚告知在行政处罚审批之后；固安县国土局处罚告知书、行政处罚决定书缺少具体处罚内容和审批日期；唐山市商务局个别案卷无立案、无调查、无领导审批、无告知陈述申辩权，实施行政处罚仅有询问笔录；沧州市食药局有的案件先结案后缴罚款；邢台市国土局有的处罚决定书和领导审批时间倒置；抚宁县盐业管理所行政处罚决定书没有日期；霸州市城管局有的先行登记保存决定书无领导审批环节。

3. 以罚代管。石家庄市房管局、规划局、城管局，衡水市规划局、冀州市住建局、安平县商务局，邢台县工商局、沙河市工商局，沧州市城管局，邯郸市建设局、规划局有的案件仅进行了罚款，案卷中未显示纠正、整改的情况。

4. 无行政处罚案卷、不组卷。定兴县治沙办公室2012年度罚款入库为1234510元，没有任何案卷；秦皇岛市海港区食品稽查大队2012年使用50元定额发票的案件共计21.5万元，罚款没有任何案卷，甚至对被处罚对象一次性使用50元定额发票16张。

5. 其他问题。一是证据类问题，如黄骅市交警酒驾案件中酒精测试单有明显涂改痕迹；二是不规范的问题，现场勘验笔录、询问笔录过于简单不能充分认定违法事实，有的执法文书项目填写不完整，案件集体讨论笔录未体现每位领导成员发言的内容，处罚决定书引用法律依据不完整，管理相对人的信息填写不完整等等，如霸州市质监局个别案卷中只有一名执法人员的签字；邢台县交警大队有的案件中当事人的签名笔迹在几个文书中不一致；三是其他类型的问题，如重大行政处罚未到本级政府法制机构备案。

（二）行政处罚裁量基准制度方面的问题。

1. 个别单位尚未制定行政处罚裁量基准制度。截至目前，省直极个别执法部门还尚未建立或尚未向省政府法制机构备案审查行政处罚裁量基准制度。

2. 个别行政处罚裁量基准制度不合法、不合理、不全面、不清晰。一是制度不合法。如法律规定“可并罚”，法律原意是指可罚款，也可只警告不罚款，但基准制度中定为“并罚”，就成了必须罚款，违背了立法原意；二是制度不合理。如有的环保局在细化《河北省大气污染防治条例》第二十六条中将未办理排污许可证的定为轻微情形罚1000－5000元，逾期未办理排污许可证年审的定为一般情形罚5000－10000元，未办证的比办证不年审的处罚额度还低；三是制度不全面。有的部门基准制度没有覆盖本部门行政处罚权所有的法律、所有的处罚条款和条款中的所有内容，致使有的行政处罚没有自由裁量的依据；四是制度不清晰。裁量制度中只分轻微、一般、严重的情形罚款，而没有描述什么样的行为是轻微、一般和严重违法行为。

3. 行政处罚裁量基准制度落实不到位。有的执法部门虽然制定了裁量标准，但没有严格执行，如：秦皇岛市海港区市政管理处对违章占道的处罚未落实裁量基准制度，处罚100元至900元不等；唐山市古冶区城管局对在城市道路行驶的车辆罚款300、500、800、1000、2000、3000元不等；乐亭县交警大队对无证驾驶二轮摩托车有的拘留三日，有的拘留十五日；承德市公安局、承德市公安交通警察支队直属一大队、兴隆县公安局、兴隆县公安交通警察大队、滦平县公安局、滦平县公安交通警察大队，张家口市安监局、保定市工商局、涞源县安监局、沧州市食药局、任丘市商务局、衡水市环保局均存在同案不同罚的现象。

4. 相关配套制度落实不够。根据《河北省人民政府关于建立行政裁量权基准制度的指导意见》的规定，各地各部门应制定相关的回避制度、说明理由制度、公开制度、重大裁量事项集体讨论制度、重大具体行政行为备案制度、执法责任制度、适时评估修订制度等七项配套制度。在检查中发现，有些执法部门配套制度不健全，有的行政处罚案卷中对于减轻、从轻、从重的行政处罚说理不透彻，或者根本不说明理由，或者不同时引用相应的自由裁量依据，致使行政处罚裁量标准成为“摆设”；有的裁量标准没有向社会公开，作为“内部掌握”使用；有的裁量标准明显不合理，也没有及时评估和修订；有的没有将是否使用裁量标准作为执法评议考核的内容，出现了“用和不用裁量标准”都一样的问题。

（三）罚没物资管理存在的问题。

1. 罚没物资不按规定使用票据。《河北省罚没财物管理暂行办法》规定：执法机关在执行罚没财物处罚时，应当向当事人出具省财政部门统一制发的罚没财物专用票据。检查到的省、市、县公安交警部门、运管部门、商务部门、质监部门在没收、暂扣违法车辆或物品时，一些部门未按规定要求使用省财政厅统一制作的罚没、暂扣财物专用票据。

2. 罚没、暂扣物资出入库管理不规范。交警部门对暂扣车辆、商务部门对没收的假酒、烟草部门对没收的香烟没有罚没物资台账和出入库登记，有的库存数量与台账不符，罚没或暂扣物资管理相当混乱。如石家庄市公安交警部门暂扣台账中 7 台车辆，仅在停车场找到 1 辆；保定市烟草专卖局没收的香烟存放在职工宿舍，账物不符。

3. 罚款汇缴不规范、不及时。沽源县公安局、路政管理所、交警大队、食药局、商务局，2012 年的罚款于 2013 年才交到财政，个别单位甚至到检查时还未把 2012 年度的罚款交到财政；衡水市公安局取保候审保证金在工商银行开设专户，12 月 31 日银行存款余额 7432442.13 元，取保候审保证金应缴未缴财政专户，其中银行账户存款利息收入 22049.32 元，未缴国库；石家庄市公安局治安大队在处罚赌博案中，当事人缴纳的 47 万赌资缴入财政支付中心（支出户），未缴国库。

三、下一步工作要求

（一）落实党的群众路线教育实践活动的有关要求，对发现的问题进行督促整改。一是认真学习贯彻本顺书记和庆伟省长的批示精神。各设区市政府要向当地党委就省委、省政府主要领导的批示精神进行专题汇报，对通报中指出的问题拿出整改方案。各设区市政府，定州、辛集市政府和省直有关执法部门要将学习贯彻批示精神情况及整改方案于 2013 年 10 月 30 日前报省法制办；二是抓紧整改落实。对检查出的问题（见附件），第一类为内部整改提高的问题，由所在单位进行整改；第二类为需督促整改报送整改结果的问题，存在问题的单位写出整改报告，由各设区市政府法制机构汇总报主管市领导审查后报省法制办。11 月，省法制办、省监察厅、省财政厅将联合对整改结果逐一验收，确保监督检查实效；三是责任追究。对第三类需要立案调查的单位及问题，由监察部门牵头，政府法制机构和财政部门配合，进一步调查，分清责任，对相关责任人分别进行党政纪问责和行政执法过错责任追究。

（二）深入开展提质提效专项行动，全面规范全省行政处罚行为。落实省委下发的《河北省执法监管部门和窗口单位为民服务提质提效专项行动工作方案》的有关要求，今后一段时间着力做好以下工作：

1. 完善现有的行政处罚裁量基准制度。对尚未建立行政处罚裁量基准制度的行政执法部门，要于 2013 年底前全部建立并向本级政府法制机构备案。已经建立的，各地各部门要适时组织对裁量基准制度实施效果进行评估分析，完善修订相关制度，使行政处罚裁量基准制度合法、合理。

2. 加大对行政处罚裁量基准制度的落实力度。一是公开。落实政府信息公开制度的要求，各级行政执法部门要将执法程序制度、执法流程和行政处罚裁量基准制度通过政府公报、政府网站、新闻发布会以及报刊、广播、电视等便于公众知晓的方式主动公开；二是落实。要将“调查终结报告”和“行政处罚决定书”是否引用行政处罚裁量基准制度作为“硬性”规定予以落实，切实减少同案不同罚的问题；三是考核。要将执法单位和执法人员落实行政处罚裁量基准制度作为行政执法评议考核的主要内容，对不落实裁量基准制度的降低考核等次。

3. 强化对罚没物资的管理。严格落实《河北省罚没财物管理暂行办法》，确保罚没物资管理规范、有序，各地要对公安、交通、工商、质监、商务、烟草等没收、暂扣、销毁物品较多的部门进行一次专项治理。

（三）上下联动，建立长效监督检查机制。

1. 全面自查整改。各地各执法部门，要认真对检查出的问题进行自查整改。此次没有检查到的单位，也应对照其他单位检查出的问题进行内部自查，完善和落实执法责任制，全面规范各级行政执法机关的行政处罚行为。

2. 强化内部监督。各级执法部门要建立轻微违规问题预先警告制度、整改复查制度和有效的内部监督制约机制，把好本部门行政处罚行为的法律关，力求做到每一起行政处罚案件都能做到合法、合理、有效、规范。充分发挥行业主管部门系统性解决问题的作用，对问题比较集中的公安系统、商务系统、建设系统，建议由省公安厅、省商务厅、省住建厅对本系统进行行业治理。

3. 重点监督提升。省法制办、省财政厅、省监察厅每年将对行政处罚行为分重点领域或重点地域进行联合监督检查，各地各部门每年也要有重点、有针对性的组织相关监督检查活动，对检查出的问题进行通报并督促整改，通过几年的检查、整改、提高，有效提升我省行政执法工作水平，不断优化发展环境，达到群众满意的效果。

附件：行政处罚专项监督检查查出的问题

附件

行政处罚专项监督检查查出的问题

一、需内部整改的单位及问题

石家庄市

石家庄市房管局、石家庄市规划局、石家庄市城管局以罚代管，仅进行了处罚，案卷中未显示改正的情况。

承德市

1. 承德市城管局执法文书填写不够规范，有的案卷责令限期改正通知书没有明确时间期限。

2. 承德市环保局个别案件存在适用本局环境行政处罚自由裁量标准处罚档次的情节证据不够充分的问题，如是否编报《环境影响登记表》没有相关证据资料；个别案件存在证据资料复印件未注明提供者及时间的问题。

3. 兴隆县城管局执法文书填写不够规范，个别简易程序行政处罚决定书中没有填写当事人姓名。

4. 兴隆县国土局执法文书填写不够规范，个别案件的询问笔录无询问人签字；个别案件存在案件定性证据不够充分。

5. 滦平县城管局现场检查笔录、调查笔录制作不够规范（过于简单），导致违法行为定性证据不够充分；执法文书填写不够规范，个别案件处罚依据条款填写没有具体到法律（法规、规章）条、款、项；个别案件存在简易程序执法文书与一般程序执法文书混用问题。

张家口市

张家口市安监局落实行政处罚自由裁量权基准制度不到位。

秦皇岛市

1. 秦皇岛海关行政处罚审理程序未落实海关总署有关文件的要求。

2. 秦皇岛市文广新局处罚裁量基准制度细化不够。

3. 海港区质监分局未使用罚没物资专用票据。

4. 海港区城管局行政处罚决定内部审批表，领导只签字不写日期。

5. 抚宁县水务局自由裁量基准制度落实不到位，在询问中发现执法人员对自由裁量基准制度不会使用。

6. 抚宁县交通局对2012年11月以前的超限运输处罚未适用自由裁量基准制度。

7. 抚宁县边防大队自由裁量基准制度落实不到位，在询问中发现执法人员对自由裁量基准制度不会使用。

8. 抚宁县物价局自由裁量基准制度落实不到位，在询问中发现执法人员对自由裁量基准制度不会使用；未落实自由裁量基准制度，只没收违法所得，对应罚款的违法行为未进行相应处罚。

9. 南戴河城管大队不是行政处罚主体，应为县城乡建设局。

唐山市

1. 唐山市安监局《小型露天采石场安全管理与监督检查规定》无细化行政处罚裁量标准。

2. 唐山市交通局承唐高速公路管理处对逃缴公路通行费的罚款，无内部审批表。

3. 唐山市规划局对变更规划建设的处罚案卷中没有事后的监管和处理记载。

4. 古冶区环保局对大气污染和水污染案件的处罚未落实自由裁量基准制度，执法人员对自由裁量基准制度掌握程度不高。

5. 古冶区质监局2012年未适用行政处罚裁量基准制度；个别案件无领导审批就处罚。

6. 乐亭县水务局《取水许可和水资源费征收管理条例》无细化行政处罚裁量标准，导致有同案不同罚现象。

7. 乐亭县国土局未适用自由裁量基准制度。

8. 乐亭县水务局有的案卷行政处罚没有领导审批。

9. 乐亭县渔港监督站对个人处罚1000元使用简易程序，应使用一般程序并立卷。

廊坊市

1. 廊坊市质监局送达回证中有涂改；审批和告知时间倒置；处罚决定书中文字不严密，违法事实表述不清楚。

2. 廊坊市农业局对涉案物品没有处理结果（补检）；动物卫生监督未落实罚缴分离。

3. 廊坊市卫生局单位财务直接收取罚没款，未落实罚缴分离制度。

4. 廊坊市食药局单位财务直接收取罚款，未落实罚缴分离制度；扣押物资没有经过领导审批。

5. 廊坊市交通局2013年存档上半年的案卷部分处罚决定书未加盖公章。

6. 霸州市公安交警大队扣押机动车辆没有经过领导审批；银行缴款材料没有附在案卷中；案卷中没有结案说明。

7. 霸州市国土局处罚决定书中没有明确收款单位、开户银行及账号；超期缴罚款没有滞纳金的体现。

8. 霸州市城管局罚没票据没按规定使用；案卷中没有通过银行缴款的证明。

9. 霸州市质监局案卷中没有通过银行缴款证明；案卷中有些文书只有一个办案人员的签名。

10. 霸州市商务局没有通过银行缴款的材料；现场执法只有1名执法人员签名；案卷中案件事实表述不清楚。

11. 固安县国土局询问笔录中当事人资料不全；文书中没有执法人员证书号码、签字；会审记录中对处罚建议的内容表述不规范；处罚告知书、决定书审批表中没有处罚具体内容、没有审批日期；一个案卷中责令改正通知书与立案时间相隔两年，案卷中没有事实的表述；个别案件罚款、拆除建筑等处罚措施没有落实；询问笔录太简单，事实表述不完整；法律文书送达回证上没有送达、收件时间；立案呈批表中时间有改动迹象；处罚决定书中没有注明收款单位、开户行、账号。

12. 固安县公安局处罚决定书中没有明确收款单位、开户银行及账号；一个案子中三个当事人中只有两个缴纳罚款，另一个的罚款没有落实；扣押车辆没有经领导审批。

13. 固安县质监局案卷中文书内容表述不规范；集体讨论中没有完整记载每位领导的意见；一个案卷的处罚审批表中没有明确处罚的金额。

14. 固安县房管局罚款金额与自由裁量标准不一致；案卷中只有一个办案人员的签名；处罚决定书中没有明确收款单位、开户行、账号；案件集体讨论中完整记载每位领导的意见。

15. 固安县工商局责令停止违法行为是否得到纠正在结案报告中没有体现；案件审核表上没有办案人签字；对一个无照加工生产铁件的案件只有罚款，没有没收等处罚。

16. 廊坊市公安交通警察支队文书不规范；案卷内日期有涂改。

保定市

1. 保定市烟草专卖局罚没物资管理较混乱，罚没物资台账与库存数量不相符。

2. 涞源县公安交警落实行政处罚自由裁量权基准制度不到位。

3. 涞源县安监局落实政行政处罚自由裁量权基准制度不到位。

4. 定兴县安监局落实行政处罚自由裁量基准制度不到位。

5. 涞源县食药局落实行政处罚自由裁量基准制度不到位。

沧州市

1. 沧州市公安局案卷无调查终结报告、结案报告；审批表中审核部门栏空白；对查扣物品未有证据先行登记保存通知书，无处理通知书；处罚决定引用依据未引用到款；未对《烟花爆竹安全管理条例》第36条，10000元到50000元罚款进行自由裁量细化；未用河北省罚没财物专用票据；销毁处理罚没财物未经财政部门审定。

2. 沧州市交警无调查终结报告、结案报告；案卷中无酒精测试单，测试结果写在违法通知书上不规范；案卷中未有证据先行登记保存通知书，无处理通知书。

3. 沧州市卫生局案卷中无违法当事人身份信息，未将营业执照、组织代码、法定代表人证明、授权委托书等入卷；引用法律依据错误，如应为《医疗机构管理条例实施细则》第77条第2项，案卷中为第77条第2款第2项；调查终结报告简单，未写依据的具体款项内容；案卷中无责令改正通知；案卷中无违法行为改正情况，只以收缴罚款结案；案卷中无结案报告；未按处罚裁量权标准处罚（标准1500－3000，但处罚1000）；对未办健康证的同案不同罚较多。

4. 沧州市环保局案卷制作不规范，没有封皮、没有页码；只有责令改正违法行为决定书，没有后续改正监督情况；有监督报告的，没有执法人员和执法机构盖章签字；有的案卷没有集体讨论笔录。

5. 沧州市食药局案卷未按省统一格式规范；案卷制作不规范，目录有的未编页码，有的页码与实际不符；有的先结案后缴罚款；有的审批没有签署时间；有的集体合议人员均是承办人。个别案卷办理时间过长；在同案处罚上裁量标准掌握不一；以罚代管，没有责令改正限期通知书或责令改正后的监督情况。

6. 任丘市公安局只有扣押物品清单，未有罚没物资专用票据，未有罚没物资处置情况；未实行罚缴分离；送达回证只有当事人签字，其他部分空白；未按处罚裁量标准执行，有的仍按两种情节：情节较轻或情节较重进行处罚，同案不同罚；有的案卷除承办单位意见有签名外，审核部门和领导审批意见栏都没有签名。

7. 任丘市消防支队结案报告只有罚款执行情况，违法行为改正情况无显示；电话回访当事人，案卷中的电话均错误。

8. 任丘市公安交警案卷中缺少案件调查终结报告；案卷中缺少结案报告；未悬挂机动车号牌案照片等证据应附卷。

9. 任丘市城管局案卷中未引用自由裁量权标准；未办理规划许可证案，依规定有两种情况，一是可消除影响的，给予处罚，二是不可消除影响的拆除或没收，案卷中对此无显示，只给予罚款；结案报告未有违法改正情况；限期补办规划许可证非行政处罚内容，写入处罚决定不妥；调查终结报告不规范。

10. 任丘市药监局案卷中均无违法当事人信息；没有责令限期整改通知书。

11. 任丘市环保局调查笔录不规范；无企业营业执照，组织代码证等复印件，不能证实负责人，无法分辨单位还是个人；未按自由裁量权标准进行处罚；结案报告无改正情况显示。

12. 任丘市卫生局无营业执照、组织代码证等复印件，不能证实负责人，无法分辨单位还是个人；未按自由裁量权标准进行处罚；结案报告未有违法行为改正情况；无处罚事先告知，只有听证告知；违法行为督查情况，没有督查人员签名和督查机构盖章；有的案卷装订顺序乱；有的没有案件集体讨论笔录和案件处理内部审批表。

13. 黄骅市卫生局案卷中未有违法当事人身份信息；无责令整改通知书；询问笔录中当事人无“以上记录属实”记载；结案报告未有违法改正情况。

14. 黄骅市商务局案卷格式不统一，未按省政府统一文本规范；有的把法律法规规章条中的款，写成项。有的引用出现笔误，如，第*条第三款，但是该条只有第一款和第二款，并没有第三款；处理通知书没有印章；受送达人未签字和盖章。

15. 黄骅市环保局有的罚款23000元，但在处罚事先（听证）告知书写拟作出25000元罚款，未有罚款数额变化的情况说明记载；未建立重大案件集体讨论制度；没有责令改正后续监督情况的记载。

衡水市

1. 重大处罚未按规定到市法制办备案：衡水市公安局、公安消防支队、衡水市交警支队、衡水市规划局、安平县公安局等。

2. 以罚代管，仅进行了处罚，案卷中未显示改正的情况：衡水市规划局、冀州市住建局、安平县商务局。

3. 冀州市药监局在执行罚没财物处罚时，未向当事人出具省财政部门统一制发的罚没财物专用票据，销毁罚没物资未报同级财政部门审定。

4. 冀州市住建局违规预售商品房处罚案无违规预售的票据等证据。

5. 安平县公安局重大处罚未经集体讨论。

邢台市

1. 邢台市安监局罚没收入票据未按制度做账务处理。

2. 沙河市城管局单位执法人员收取罚款后交局财务，未实行罚缴分离。

3. 邢台市工商局行政执法人员执法证号码登记不全；无罚款缴纳票据或复印件；案卷中是否

改正违法行为结案报告无体现。

4. 邢台市国土局案卷中有处罚决定书和领导审批时间倒置的问题；文书送达回证中没有送达人签名。

5. 邢台市城管局冀中能源集团金牛贸易有限公司违章施工案，集体讨论无参加人意见、无限期拆除结果；执行简易程序的罚款收入不能及时入账。

6. 邢台县工商局处罚决定书中“责令改正”的内容在结案报告中没有落实说明；案卷中没有通过银行缴纳款的证明材料。

7. 邢台县安监局被处罚对象没有通过银行缴款。

8. 邢台县卫生局责令改正违法行为是否得到纠正，在结案报告中没有体现；当事人没有通过银行缴纳罚款。

9. 邢台县国土局案卷中对处罚没有集体讨论意见；告知书送达回证没有签字；案件没有执行结果、没有结案。

10. 沙河市工商局责令改正的处罚在结案报告中没有体现；没收违法所得、罚款没有落实。

11. 沙河市国土局结案报告仅仅落实了罚款，其他没收违法建筑物、没收违法所得没有落实。

邯郸市

1. 邯郸市城管局超过罚款期限没有滞纳金的体现；个别案卷中没有写明执法人员证件号码；个别重大处罚案件案卷中处罚没有集体讨论；案卷中没有当事人通过银行缴纳罚款的证明材料。

2. 邯郸市食药局责令改正与调查终结报告相差超过半年；案件合议记录中没有参加人的具体意见；案卷中没有当事人通过银行缴款的证明材料。

3. 武安市公安局单位直接收取罚款，未执行罚缴分离。

4. 武安市住房和城乡规划建设局直接收取罚款，未执行罚缴分离。

5. 武安市安监局直接收取罚款，未执行罚缴分离；行政执法调查与集体讨论未实行分离制度。

6. 武安市工商局单位直接收取罚款，未执行罚缴分离。

7. 武安市食药局直接收取罚款，未执行罚缴分离；责令改正、补办变更登记等处罚没有落实的记录。

8. 邯郸市公安局案卷中未附当事人通过银行缴纳罚款的材料。

二、需督促整改并报整改结果的单位及问题

省直部门

1. 省环保厅环监局的处罚案件缺少法制机构的审查；环监局2012年度案件未组卷；冀环罚字〔2012〕223号，按照水污染物超标排放标准应当处罚67441.5元，行政处罚决定书中处罚6万元整；行政处罚事先告知书、听证告知书、调查终结报告均拟处罚10万元，最后只罚7万元，未说明理由。

2. 省工商局案卷中没有办案人员执法证件号；案卷内只有一名执法人员签名；北国谈固店案、保龙仓中华大街店案中行政处罚建议审批表与行政处罚告知书时间倒置；保龙仓中华大街店案中超过规定时间三个月缴纳罚款，但未体现滞纳金。

3. 省公安厅冀中公安局在中行开设罚没收入收缴过渡户，2012年末滚存结余应缴未缴国库；在工行开设取保候审保证金专户，取保候审保证金应缴未缴财政专户；两个帐户利息应缴未缴国库。

石家庄市

1. 石家庄市交通局陈君锋冀A04694超载处罚案处罚1万元，未经集体讨论；左根立冀A68693超高处罚案货物超高0.02米，属于情形轻微，处罚1000元畸重，且没有丈量尺寸的现场照片，证据不足。正定县治超站对超载沙土处罚卸载后，当事人因运输成本较高，多数不要卸载后的沙土，每天累计数量较大，但检查发现卸载沙土不在现场，该治超站也无相应处理记录。

2. 石家庄城管局同案不同罚、以罚代管：石家庄中泰华银房地产开发公司擅自设置围栏广告处罚案、河北宁辰房地产公司擅自设置围栏广告处罚案属同类违法，且情形相当，但处罚额度相差较大，未说明裁量理由；河北省电力建设第一工程公司遗洒建筑垃圾污染路面案、河北冀兴房地产公司沿街遗洒处罚案、河北超达房地产公司渣土车辆污染路面处罚案、石家庄鑫利房地产公司擅自处置建筑垃圾案未说明裁量理由；有的《河北省非税收入一般缴款书》作废未注明标记、付款人空白。

3.《罚没许可证》年审不合格：石家庄公安交通管理局12个副本、石家庄市房管局1个副本没有财政部门审核意见，石家庄公安局治安支队副本没有颁发机关盖章。

4. 石家庄市国土局植物园广场新增违法建设用地处罚案、西营村便民市场新增违法建设用地处罚案中行政执法与刑事司法衔接不畅。

5. 藁城市交通局路政管理站、运输管理站在建行开设基本户，利息收入，应缴未缴国库；冀ASZC218出租车、冀EXH885货车、冀JDQ660货车处罚未说明裁量理由、无扣车返还记录。

6. 藁城市环保局河北德瑞化工有限公司水处理设施未正常运转案，该案对应的罚则是，应处排污费1倍以上3倍以下罚款，不足1万的处1万到5万罚款。此案处罚5万元，但卷中未显示应缴排污费数额；藁城市奥林木业有限公司原料露天存放，粉尘无组织排放问题严重案中参照石家庄市对《大气污染防治法》46条的裁量基准划分，此类处罚划分两个阶次，分别是1万一3万、3万一5万。此案没有参照裁量标准，处罚了5000元。

7. 藁城市公安交警大队城区中队暂扣车辆无台账，检查时发现两天前暂扣的大众迈腾轿车未履行任何手续，暂扣的一些摩托车也没有台账；执法主体身份不明确，城区中队六名正式人员中，正式警察4人，干部1人，担任队长的却不是正式警察也不是干部身份的人员。

8. 藁城市工商局在农业银行开设收入过渡户和支出户，2012年两个账户银行存款利息收入3925.69元，列其他收入，应缴未缴国库。

承德市

承德市公安局、承德市公安交通警察支队直属一大队、兴隆县公安局、兴隆县公安交通警察大队、滦平县公安局、滦平县公安交通警察大队的个别案件未严格落实自由裁量权制度，导致同类违法案件，处罚依据条款相同而处罚幅度不同。以上单位所有一般程序办理的案件均无立案审批表和结案报告；简易程序办理的案件没有备案表，处罚是否已执行没有相关资料及票据；采取查封扣押强制措施，未依据《中华人民共和国行政强制法》要求制作相关执法文书；执法文书填写不够规范，导致有的案卷责令限期改正没有明确时间期限，处罚依据法律（法规、规章）条、款、项填写不规范；投诉举报事项受理、办理的相关记录不齐全，导致有的事项受理人、处理结果没有记录。

张家口市

1. 张家口市质监局行政处罚程序倒置，行政处罚告知书在行政处罚审批表之后；以罚代管，其中责令改正的内容案卷中没有体现。

2. 沽源县抽查到的公安局、路政管理所、交警大队、食品药品监督管理局、商务局违反《行政处罚法》关于罚缴分离的规定，2012年的罚没款到2013年6月检查时还没有全部缴纳到财政部门。

秦皇岛市

1. 海港区商务局未落实自由裁量基准制度，导致有的案件并未依据违法事实情节决定处罚额度，如2012年度秦海商酒档字第10号存在随意处罚；对没收假冒伪劣商品无鉴定证明；罚没物资管理混乱，对解除扣押物资未下达解除扣押通知书，销毁物资没有备案。

2. 海港区市政管理处对违章占道的处罚未落实自由裁量权，海建简罚字〔2012〕第001号至005号对同类事项个人处罚100元至900元不等，并且均使用简易程序，应当使用一般程序。

3. 海港区食品稽查大队2012年使用定额发票的21.5万元的案件都没有案卷，如对有的被处罚对象一次性用50元定额的发票16张（800元）。

4. 抚宁县盐业管理所行政处罚2012年度罚字第03号领导审批日期在行政处罚决定书之后，行政处罚决定书不书写日期；未使用罚没物资专用收据；未建立罚没物资登记制度。

唐山市

1. 唐山市城管局对《城市道路管理条例》无行政处罚裁量基准制度，唐执罚决字〔2012〕第0000126号，超载90吨罚5000元，唐执罚决字〔2012〕第0000115号，超载6吨罚6000元。

2. 唐山市食药局对使用过期食品罚款处罚标准不一致，唐食行罚〔2012〕第104号违法所得88元，罚款4000元，唐食行罚〔2012〕第106号违法所得208元，罚款2000元；对责令改正的案件案卷中无后续的监管记载；罚没物资台账与案卷中扣押物品清单不一致。

3. 唐山市地震局行政处罚决定书唐震罚〔2012〕第01号罚款20万元，缺少告知当事人听证权利的程序；文书中所写"所处罚款收到本决定书之日起30日内交清。否则，逾期每日按罚款数额的3%加处罚款"不符合《行政处罚法》应在15日缴纳罚款，到期不缴纳罚款每日按罚款数额的百分之三加处罚款的要求。

4. 唐山市商务局落实自由裁量基准制度不到位，没有对假酒的销售金额确认直接进行处罚；对赵胜利、滦南利民食品有限公司和古冶食品公司屠宰含有“瘦肉精”牛、猪肉案件的处罚，无立案、无调查、无领导审批，无告知陈述申辩的权利，仅存有询问笔录；罚没物资管理制度不健全，罚没物资管理混乱。

5. 古冶区卫生局行政处罚决定书古卫医罚决字〔2012〕第004号引用的《处方管理办法》没有授权可以对改变行医地点进行处罚；所有案件均无领导审批就处罚。

6. 古冶区城管局对擅自在城市道路行驶的车辆罚款300、500、800、1000、2000、3000元不等（比如唐古住建罚决字〔2012〕第001号、第004号、第024号、第25号、第026号、第028号等）；所有案件均无领导审批就处罚；2012年50万罚款中只有19万行政处罚案卷，其余罚款无案卷。

7. 古冶区物价局行政处罚决定书古价检处〔2012〕1号、2号、3号、4号、5号和6号，均为1月13日下发行政处罚决定书，相应的罚款收据日期均为2012年1月26日，但其中的“26日”明显由“6日”改为“26日”。

8. 古冶区商务局对假酒的处罚未适用自由裁量基准制度，比如古商酒决字〔2012〕第02号对6件假酒罚款3000元，古商酒决字〔2012〕第038号对7件假酒罚款1000元；先行羁押物品未经领导审批就执行，而且先行羁押空白格式文书均已先行盖章；行政复议救济途径告知不完整；无涉案物品扣押票据，而且无罚没物资登记台账，罚没物资销毁台账与案卷涉案物品不符；罚没物资管理制度不健全，罚没物资管理混乱。

9. 乐亭县农机监理站行政处罚使用已废止的河北省农业厅《河北省农业机械及驾驶、操作人员违章处罚实施细则》〔1995〕第133号文件进行处罚。

10. 乐亭县交警大队同案不同罚，同样是无证驾驶两轮摩托车，乐公交决字〔2012〕第16号处罚拘留十五日并处罚款700元，乐公交决字〔2012〕第25号拘留三日并处罚款500元。

廊坊市

1. 廊坊市公安交通支队二大队，（廊公安决字〔2013〕第131002—2600053506号），刘玉华未缴机动车第三者责任强制险罚款1200元，无票据；扣押8个月，无扣押清单和凭证；公安交通管理行政强制措施凭证时间是2012年9月6日，立案时间2013年5月20日相差8个月。

2. 廊坊市城市管理执法局撤销行政处罚（廊城撤罚字〔2012〕第003号），罚款150万没有退回被处罚对象。

3. 霸州市城管局超重行驶案（归档号350031）扣车先行登记保存无领导审批意见。

保定市

1. 保定市工商局“保工商处字〔2012〕第0021号”案卷没有落实行政处罚自由裁量基准制度。

2. 涞源县国土局“涞国土罚〔2012〕01—008号”案卷存在执法过程当中存在只有一个执法人员具有执法资格，另外的人员没有执法资格的现象。

3. 定兴县食药局在“内章门诊部”、“沿村门诊部”涉嫌非法渠道购进药品案件中没有落实行政处罚自由裁量权基准制度。

沧州市

1. 沧州市城管局案卷中无违法当事人身份信息，未将营业执照、组织代码、法定代表人证明、授权委托书等入卷；案卷中无违法行为改正情况。如拆除违法建筑，没有有关后续监督是否拆除的记载；随意扩大简易处罚程序，如对当事人（个人）处罚50元以上至200元均用简易程序。处罚时直接收缴罚金，未执行罚缴分离；处罚格式文本未按省统一文本规范；未实行处罚裁量权标准实施处罚。

2. 任丘市商务局案卷现场检查笔录不规范，无查获的物品数量；调查笔录不完整，未依法询问违法所得、销售金额相关内容；无登记保存证据通知，无处理通知；法律条款引用错误，如应为《河北省酒类商品监督管理条例》第三十条第三项，写为第三款，调查报告、审批表写为第五款；处罚不到位，如对假酒案只给予罚款，未责令停止销售、没收违法所得；案卷中无违法当事人身份信息，未将营业执照、组织代码、法定代表人证明、授权委托书等入卷；认定事实不清，假酒案中无系假酒证据；未用河北省罚没财物专用票据；罚没物处理未经财政部门审定；未按照自由裁量权标准进行处罚。

3. 黄骅市城管局案卷中未有当事人身份信息；立案审批表当事人栏记载混乱，既有企业信息，又有个人信息，且承办人意见与承办机构意见倒置；检查笔录没有亮证程序；询问笔录不全面；案卷中被处罚人均简写错误；依法初次不予处罚而处罚；处罚决定太简单，缺项严重。如无当事人信息，法律条款未明确，未交待诉权及缴款方式等；复议机关只有本级政府没有上级机关；限期整改非行政处罚内容，写入处罚决定不妥；未办理规划许可证案，依规定有两种情况，一是可消除影响的，给予处罚，二是不可消除影响的拆除或没收，案卷中对此无显示，只给予罚款；对个人处1000元罚款、500元罚款均当场处罚，且使用简易程序错误；调查终结报告无内容；案卷中结案报告在处罚决定之前位置错误，且无违法行为改正情况。

衡水市

1. 衡水市国土局对票据管理随意性大。开具的票号为No0035401454的《河北省非税收入一般缴款书》，国土局在票据上注明作废，后经科目调整为罚没收入，国土局在票据No0035403150上也注明作废，却复印此票作为收款依据入卷，经检查组指出后，该局工作人员随意改动，又当场纠正为不作废。

2. 衡水市公安局在工商银行设立取保候审保证金专户，取保候审保证金7432442.13元应缴未缴财政专户，存款利息22049.32元应缴未缴国库；治安支队罚没物资没有登记造册；销毁罚没物资未报财政部门审定。

3. 衡水市环保局同案不同罚，欧派橡塑管业股份有限公司、盛达金属制品有限公司、奥冠电源有限责任公司三个无排污许可证排污处罚案，分别处罚3万元、2万元、3万元；以罚代管，未显示补办排污许可证的情况。

4. 冀州市安监局金华橡胶有限公司违法生产处罚案处罚不到位，未按照法条要求处罚单位，仅对单位负责人进行了处罚。

5. 衡水市交警支队暂扣车辆停车场出入库管理不规范，未严格执行见单放车制度。

6. 安平县交警大队有返还物品凭证，无暂扣物品凭证；张二牛擅自改变机动车外形和登记的有关技术数据处罚案，仅对改变外形和登记的有关数据行为进行了处罚，而未对驾驶无照车辆的行为进行处罚。

7. 安平县卫生局处罚不到位，博爱医院皮肤泌尿男科未办理医疗机构执业许可证擅自开展诊疗活动处罚案按法条规定，本案应予没收违法所得和药品、器械，本案仅进行了罚款，未没收药品和器械。

邢台市

1. 邢台市公安交警支队一大队案卷第130502300010408号中，公安交通管理行政强制措施凭证时间为2012年9月20日，但立案时间为2012年12月12日；四大队案卷第130542300007046号，罚款1900元，最后无结果、无收据；个别卷宗程序倒置（第130541300003828）；处罚尺度与规定有出入（第130541300001120）；处罚告知书与实际处罚数字不一致（第130502300010408）；一些案卷中没有缴纳罚款的票据复印件。

2. 邢台市卫生局票据使用不规范，在没有收到罚款的情况下开出了票据，票据时间、缴款时间和记账时间跨度很大；邢卫放罚决字第〔2013〕第2号，罚款到位后，什么时间启动补充检验结案报告无体现。

3. 邢台县公安交警大队邢县公交行决字公交决字〔2012〕第130521－2600052541号，王永庆驾证超期驾车一案，决定书、告知书、告知笔录、询问笔录中当事人签名笔迹不一致；代收罚款收据中无印章。

邯郸市

1. 邯郸市建设局（2012第015A号），邯郸市奇正房地产开发有限公司规划许可证规定建18层，擅自增建12层，下达责令改正通知书没有落实；责令15日内改正违法行为，在下达处罚决定书的当天结案；违章建筑是否恢复原貌的结案报告没有体现。

2. 邯郸市城乡规划局（邯规罚字〔2013〕第003号），邯郸市恒嘉房地产开发有限公司未取得建设工程许可证擅自建设一栋3层热力站办公楼，下达责令改正通知书没有落实；河北鼎鑫房地产开发有限公司未按照建设工程规划许可证的规定进行建设，批建14层，实建32层，市规划局下达的罚款和责令停建通知书，罚款已落实，责令停建没有得到落实。在检查2012年度5个案卷和2013年10个行政处罚案卷中，存在相同的问题。

三、需立案调查的单位及问题

石家庄市

1. 石家庄市公安交管局在河北银行和中国银行开设收入过渡户，在交通银行开设支出户（2013年已取消），2012年至2013年5月三个银行存款的利息收入共计432199.96元，应缴未缴国库；第三批收缴车辆残值款95457.3元应缴未缴国库；截止2012年12月31日市区交通违法罚款账户余额为－3426759.63

元；暂扣车辆未使用财政厅暂扣财物票据；个别案例处罚不到位，两种违法行为只对其中一种进行了处罚，杨爱红无驾驶证驾驶二类机动车案未对驾驶无牌车辆的行为进行处罚、张凤坡无证无牌驾驶三轮摩托车行政拘留案对驾驶无牌车辆行为的处罚未组卷；桥西交警大队暂扣车辆台帐填写不规范，抽查7辆台帐中显示未返还的车辆，在停车场有6辆车未找到。经查6辆车的处罚案卷，有2辆车无返还记录，1辆车无暂扣车辆手续；桥西交警大队组卷不及时，检查时正在组今年1月的案卷，已时隔六个月之久。

2. 石家庄市公安局治安支队暂扣款4338394.52元应缴未缴财政专户；取保候审金25000元应缴未缴财政专户；暂扣物品未使用财政厅暂扣物资票据；石公(治)受〔2013〕3号赌博处罚案当事人缴纳的47万赌资应缴国库，此案缴入财政支付中心(支出户)；从暂扣款中支付犬类管理大厅、留检所未结剩余部分工程款10万元，属不合理开支；暂存款—个人所得税2011年结转90392.6元，2012年收入13990.58元，2012年结转下年104383.18元，应缴未缴国库。

3. 石家庄市国土局新华分局在石家庄环城路违法建设用地处罚案中，为应付土地卫片检查，未按照规定程序由市国土局移交纪检监察机关，而是直接发函石家庄市交通局纪检组并建议到具体人员给予党政纪处分，后石家庄市交通局既未立案调查、也未走任何规定程序，就采取出证明的方式给予一名工作人员党政纪处分交国土新华分局入卷。

保定市

4. 定兴县治沙办2012年度罚款1234510元，没有行政处罚案卷。

唐山市

5. 乐亭县冀东果菜批发市场管委会(唐山市冀东果菜批发总公司)非法定的行政处罚主体，未办理罚没许可证，2012年度罚款13万元，没有任何案卷。

沧州市

6. 黄骅市交警酒驾案共三卷，两卷酒精测试单有明显涂改，应醉驾按酒驾处理，另一卷酒精测试单显示135mg/100ml，应为醉驾，按35mg/100ml处理。

河北省人民政府法制办公室关于印发2013年度依法行政考核实施方案的通知

(2013年11月4日)

各设区市人民政府，定州、辛集市人民政府，省政府各部门：

经省政府同意，现将《2013年度依法行政考核实施方案》印发给你们，请认真做好准备。

2013年度依法行政考核实施方案

根据《河北省依法行政考核办法》(省政府令〔2010〕12号)和《2013年度依法行政考核指标》(办字〔2013〕92号)，结合工作实际，制定本方案。

一、考核对象

各设区市人民政府，定州市、辛集市人民政府和省政府部门。

实行国家垂直管理的部门，对其依法行政情况进行了解掌握，并将有关情况通报其上级管理部门。

二、考核内容

根据《2013年度依法行政考核指标》(办字〔2013〕92号)确定的设区市政府考核指标和省政府部门考核指标，分别进行具体评价。具体评价标准见《2013年度依法行政考核评分标准》(附后)。

各设区市、定州和辛集市参照《2013年度依法行政考核评分标准》，结合本地实际制定具体考核标准。

三、考核时间

2013年12月25日至2014年1月25日。

四、考核实施

(一)考核组织。考核在省政府领导下，由省全面推进依法行政领导小组办公室具体组织，省全面推进依法行政工作领导小组成员单位组成考核组，由成员单位厅级干部担任组长，共同参与2013年度依法行政考核。

2013年12月15日前，成员单位将参加考核人员名单报省全面推进依法行政领导小组办公室，并于12月25日前进行考核分组和集中培训。

(二)自查自评。2013年12月25日前，各考核对象对照《2013年度依法行政考核指标》进行自查自评，并将自查自评情况和有关资料报送省全面推进依法行政领导小组办公室。省全面推进依法行政领导小组办公室根据日常收集各考核对象依法行政有关数据、报送资料或信息进行评分。

(三)现场考核。2014年1月4日开始，考核组赴被考核单位进行现场考核。现场考核采取听取汇报、召开座谈会（社会测评）、查阅有关文件资料、现场考察、走访有关单位和人员、抽选一定数量领导干部和行政执法人员进行通用法律知识考试等方法进行。考核前3天，由考核组向被考核单位发出考核通知，提出具体要求。

（四）集中考试。2013年12月30日，省政府部门各选派5名行政执法人员（或机关工作人员），集中参加法律知识测试。考试地点和具体要求另行通知。

（五）确定结果。2014年1月25日，各考核组完成考核汇总情况。省全面推进依法行政工作领导小组办公室综合全省考核情况，由省全面推进依法行政工作领导小组会议研究后，提请省政府常务会议审议。考核结果分为优秀、良好、合格和不合格四个等次。

各设区市对本辖区县（市、区）人民政府的考核结果（按分数排序），各设区市、定州和辛集市对所属部门考核产生的年度优秀等次市直部门1—2个，由各考核组一并带回。

五、考核结果的运用

（一）省政府对考核结果进行通报，考核结果纳入省委组织部对领导班子和领导干部考核内容。

（二）被考核单位要对考核中发现的问题进行整改，省全面推进依法行政工作领导小组办公室负责对整改情况进行督查。

附件：1. 2013年度依法行政考核评分标准（略）
2. 2013年度依法行政考核评分细则（略）

河北省人民政府法制办公室关于报送2013年工作总结和2014年工作安排意见暨2013年行政复议工作情况的报告

（2014年2月21日）

省人民政府：

按照国务院《全面推进依法行政实施纲要》和《关于加强法治政府建设的意见》的要求，我们对2013年政府法制工作进行了全面总结，研究制定了2014年的工作意见，起草了《河北省人民政府法制办公室2013年工作总结和2014年工作安排》。此外，为保障省政府领导掌握一年来行政复议工作的情况，起草了《河北省人民政府法制办公室关于2013年行政复议工作情况的报告》，一并上报，请阅示。

附件：1.《河北省人民政府法制办公室2013年工作总结和2014年工作安排》
2.《河北省人民政府法制办公室关于2013年行政复议工作情况的报告》

附件1

河北省人民政府法制办公室2013年工作总结和2014年工作安排

一、2013年工作总结

2013年，全省政府法制工作认真贯彻党的十八大、十八届三中全会和省委八届五次全会精神，紧紧围绕省委、省政府重大决策部署，以事关体制机制创新和解决影响“两个环境”建设的突出问题为突破口，以增强领导干部运用法治思维和法治方式能力、加强重点领域立法、加强行政执法监督、强化行政复议工作为着力点，开拓进取，真抓实干，较好地完成了全年工作任务。

（一）推进依法行政取得新突破。年初，认真落实《河北省依法行政考核办法》，精心组织了2012年度依法行政考核。经省政府第4次常务会议审定，石家庄、沧州等6个设区市和省监察厅、省发改委、省司法厅等17个省直部门被评为优秀单位。在认真调研基础上，提请省政府印发《2013年度依法行政考核指标》，加强对各地各部门依法行政工作的指导。9月16日，省委印发《河北省设区市党政领导班子和领导干部综合考核评价办法（试行）》、《河北省省直党政工作部门领导班子和领导干部综合考核评价办法（试行）》（冀发〔2013〕25号）等三个制度文件，首次把依法行政考核纳入到对党政领导班子和领导干部的综合考评中，与党政领导班子和领导干部政绩挂钩。根据省委文件要求，11月初召开全省依法行政考核工作座谈会，对2013年度依法行政考核工作进行了研究部署。随后，各设区市政府组织了对市直部门和各县（市、区）的依法行政考核。从12月下旬开始，省全面推进依法行政工作领导小组成员单位抽调厅级领导带队，对各设区市和定州市、辛集市以及42个省直部门的依法行政工作进行考核。将依法行政考核纳入党政领导班子和领导干部综合考核评价体系，引起各地各部门对推进依法行政、建设法治政府的高度重视。沧州、衡水等市着力加强依法行政工作，拟提交政府常务会议审议的文件必须经合法性前置审查。邯郸市为进一步强化依法行政工作，为法制办增加了人员编制。廊坊市编制、财政和法制部门联合印发文件，对县（市、区）推进依法行政工作作出部署，对法制机构的人员、经费保障和相关工作条件提出明确要求。秦皇岛市政府选调优秀人才充实政府法制工作岗位。这都对依法行政工作顺利开展起到了保障作用。

（二）政府立法工作取得新进展。全年完成立法项目17件，其中地方性法规4件，政府规章13件。一是制定五年立法规划。在广泛征求意见、反复论证的基础上，科学编制《河北省人民政府立法规划（2013—2017年）》，对今后五年政府立法工作进行规划、作出部署，增强了立法工作的计划性和前瞻性。国务院法制办工作简报专题介绍了我省五年立法规划的制定过程、原则和重点。二是抓紧抓实年度立法工作。凡属“四大攻坚战”和改善发展环境急需制定或者修订的地方性法规和政府规章，优先安排列入年度立法计划，加快调研、起草、审查等进程，一批与改革发展相适应的政府规章及时出台。为改善和优化发展环境，保护企业和企业经营者合法权益，制定了《河北省企业权益保护规定》；进一步健全完善公共安全体系，制定了《河北省农业机械安全监督管理办法》；加强我省历史文化名城、名镇、名村的保护与管理，制定了《河北省历史文化名城名镇名村保护办法》；着力改善民生并促进就业，制定《河北省无障碍环境建设管理办法》、《河北省退役士兵安置办法》；大力推进河北经济发展，及时修订《河北省城镇土地使用税实施办法》。三是充分听取公众意见。采取听证会、论证会、座谈会等形式广泛征求立法草案意见，政府规章和重要地方性法规草案都通过新闻媒体向社会公开征求意见。在审查修改《河北省供热用热办法（草案）》中广泛听取公众意见，组织专家充分论证，该政府规章出台后得到社会的普遍认可和好评。四是建立立法协商工作机制。与省政协社会法制委联合制发文件，就立法协商的内容、形式、程序和结果反馈作出规定，建立了立法协商工作机制，充分发挥政协委员和专家学者在政府立法中的作用。今年就2件立法草案召开立法协商会。此举得到省政府和省政协领导的充分肯定。五是认真开展规章和规范性文件清理。组织省政府各有关部门对2012年12月31日前公布的现行有效的231件省政府规章进行了集中清理，废止和宣布失效8件，修订29件，继续保留的194件。对全省现行有效的538件规范性文件全面清理，废止64件，修改18件，继续保留456件。积极配合省委开展党内法规和规范性文件清理工作，较好完成了清理任务。六是认真贯彻落实国务院《关于严格控制新设行政许可的通知》。研究起草了《河北省人民政府关于严格控制设定行政许可的通知》（冀政〔2013〕74号）。组织各设区市和省政府有关部门对现行有效政府规章中有关行政许可的事项进行全面清理。省政府常务会议研究通过，对省政府规章修改32件，废止4件；对省政府规范性文件修改5件，废止12件。涉及修改取消下放行政许可事项30项。各地各部门也对现行政府规章和规范性文件进行了清理，各设区市修改、废止政府规章和规范性文件982件。七是加强省政府规章译审工作。制定印发《河北省政府规章翻译审定办法》（办字〔2013〕80号）同时，指导三个较大市开展规章译审工作。配合“5·18”国际经贸洽谈会在廊坊召开，向中外客商提供《河北省政府规章选编（2010—2012年）》中英对照本700多册。

（三）规范性文件和行政决策合法性审查工作取得新成效。一是做好省委、省政府批件的办理。全年共审查办理省委、省政府批转的文件、合同、协议等388件，其中省委书记、省长批办件49件，副省长批办件143件。认真办理，反复研究，依法提出意见和建议310多条。二是严把规范性文件合法性审查关。对涉及政府重大项目、群众切身利益等内容的规范性文件，在审查合法性同时兼顾合理性审查。审查省政府各部门报送前置合法性审查文件91件，对55件提出了审查修改意见，因违法或时机不成熟建议不制发或暂缓制发的8件。三是加强对市、县规范性文件制定审查工作的指导，11月在衡水组织召开了全省规范性文件审查备案工作现场会。全年审查各设区市政府报送备案的规章和规范性文件281件，报备及时率提高了35%。

（四）行政执法监督得到新加

强。一是狠抓乱收费、乱罚款专项治理。会同省监察厅、省财政厅组成联合检查组，从5月24日开始用一个月时间，采取接受举报、明查暗访等多种形式，对各个设区市和有行政处罚权的省直部门开展专项行政执法监督检查，通报存在问题，要求限期整改。此项工作得到省委、省政府主要领导的充分肯定，周本顺书记批示："这项工作要坚持不懈地抓下去，抓出群众满意的效果。"张庆伟省长批示："这项工作抓得有针对性，要以问题反复出现的单位为重点，由所在地方党委政府重点帮助整改。"按照省政府要求，我们会同监察厅、财政厅对通报问题的整改落实情况进行了督办。这对各地各部门规范行政执法工作起到了很大推动作用。二是配合省监察厅对各设区市和17个省直部门取消下放行政审批项目的衔接落实情况进行了督导检查，提请省政府办公厅印发了情况通报（办字〔2013〕81号）。三是大力推进城管领域相对集中行政处罚工作。加强协调督导，9月召开各设区市和省直管县调度会，通报推进情况，强化责任落实，使这项工作进展顺利，到年底城市管理领域集中行政处罚权工作基本实现了市县全覆盖，并在规范城管执法上采取了有力措施，有效促进了城管执法的改进。四是督导各部门制定完善行政处罚自由裁量权基准制度，省直55个部门全部建立了基准制度，绝大多数部门还完善了相关配套制度。五是开展对罚款行为的清理和规范。从9月开始，对省直部门罚款行为涉及的依据及其相关条款进行审核清理。共涉及法律、行政法规、地方性法规、政府规章、部委规章和规范性文件1045部，涉及罚款3190条、4144项，并向省政府提出了清理规范建议。六是加强行政执法人员管理。组织对7个设区市和部分省直部门的不合格执法人员进行清理，吊销注销不在岗人员行政执法证件9820多件。加强对执法人员培训，组织完成省直1550名新增执法人员资格培训和省直6360名执法人员证件年检考试工作。七是完成了行政执法人员证件的数据库项目建设，已经组织开展试点运行工作。

（五）行政复议能力得到新提升。省本级共收到行政复议申请185件，其中受理100件，告知、转办或案前调解处理的70件。加大对违法行政行为的纠错力度，全省行政复议综合纠错率22%。代省政府参加行政应诉35起；向国务院法制办提交行政裁决答辩5起。一是积极建立行政复议和应诉办案协调机制。6月与石家庄市中级人民法院召开联席会议，就土地征收类案件，协调统一裁判尺度，形成了共识。邢台市、邯郸市法制办参照省办做法，也与当地法院建立联席会议制度，协调、研究办案疑难问题，保证了复议案件的妥善处理。二是加强行政复议制度建设。制定《行政复议答复和行政诉讼应诉管理办法》、《行政复议工作人员守则》等规定，完成《行政复议工作人员手册》汇编。三是积极开展行政调解，妥善化解行政争议。全年通过调解化解行政争议数量占提起复议申请总数的30%。四是积极指导邢台、张家口、沧州、邯郸等设区市开展了仲裁换届工作。

（六）法制宣传教育取得新成绩。一是积极开展领导干部学法活动。5月省委省政府特邀全国人大常委会法工委主任李适时就强化法治建设在河北会堂作了辅导报告。配合河北行政学院组织2期领导干部依法行政专题研讨班，培训市县政府领导干部90人。二是加强与新闻媒体联系，做好我省依法行政工作的宣传报道，在省级新闻媒体刊发稿件50多篇。三是办好"两刊一网"，编发《政府法治周刊》42期，编发《法治》双月刊5期，"河北政府法制信息网"刊发法制信息1500多条。积极做好向国法办和省委、省政府两办的信息报送工作。国法办采用我省信息422条，居全国前列。四是加强政府法制理论研究。较好地完成了省委交办的《法治河北建设实施纲要》有关法治政府建设部分的调研和起草工作。高质量完成为我省改善发展环境提供法治保障、加快推进我省社会信用体系建设、创新社会管理政策法规研究等课题，有的课题在全国学术研讨会上进行了交流。

（七）党建工作和自身建设取得新进步。一是深入开展党的群众路线教育实践活动，认真查摆领导班子和领导干部存在的"四风"问题，严格落实各项规定和要求，办主要领导带头查摆问题，开好专题民主生活会，做到边查边改、立改立行，建立了克服"四风"、加强作风建设的长效机制，得到省委督导组和活动办的多次表扬。二是围绕"法治是最大的保障"，深入开展解放思想大讨论，并把大讨论的成果体现在政府法制科学决策上，体现在体制机制的突破上，体现在实现跨越发展上，形成了一系列调研成果。梳理涉企行政事业性收费、税费征收、行业协会收取会费、乱摊派、隐性收费等8个方面问题，并有针对性地向省政府提出了建议。三是积极推行机关标准化管理。认真抓好学习培训，扎扎实实做好标准化各项工作，顺利通过审核认证并取得了标准化认证证书。四是积极推进事业单位改革，经省编办批准，我办两个中心分别更名为“河北省人民政府法制研究中心”和“河北省人民政府法制信息中心”。五是认真抓好基层建设年和扶贫工作。为基层建设和扶贫点——望都县北贾村协调项目资金近500万元，较好完成“10件实事”，并增加7个自选项目，其中硬化道路1万多平方米，安装自来水600多户，发展优质核桃500多亩，新谋划养羊和长毛兔养殖项目，创办幼儿园一所，对电力设施进行了彻底改造，使村容村貌焕然一新。

二、2014年工作安排意见

2014年政府法制工作的基本思路：深入贯彻党的十八大、十八届三中全会、习近平总书记一系列讲话和省委八届六次全会精神，以邓小平理论、“三个代表”重要思想、科学发展观为指导，紧紧围绕全面深化改革的重大决策部署，解放思想、开拓创新、真抓实干，着力抓好重点领域立法、规范性文件和重大决策合法性审查、行政执法监督、行政复议和行政调解、政府法制宣传教育等工作，大力提高政府法制干部队伍素质，推进全省政府法制工作再上新台阶，为建设全面小康的河北、富裕殷实的河北、山清水秀的河北提供有力的法治保障。

*（一）着力发挥好综合协调职能，进一步加大推进依法行政力度。*一是认真做好依法行政考核工作。根据省委对党政领导班子和领导干部综合考核评价的要求，在认真总结近年来依法行政考核经验的基础上，科学制定2014年度依法行政考核指标，突出考核重点，创新考核方式，确保考核内容切合实际、程序公开透明、结果公平公正。二是健全推进依法行政制度。完善政府领导干部学法用法、行政决策程序等推进依法行政制度。配合省政府办公厅研究起草《河北省科学民主依法决策及后评估规定》。三是加大对市县政府依法行政工作的推动力度。要深入基层，加强调研，建立健全依法行政统计制度和依法行政工作台账，全面掌握全省依法行政工作情况，总结推广经验，研究提出改进措施，积极帮助基层解决实际问题，着力加强基层基础工作，努力提升全省法治政府建设水平。

*（二）着力加强政府立法工作，进一步提高制度建设质量。*一是围绕全面深化改革，加快重点领域立法。按照急需先立与相对成熟相结合的原则，科学编制2014年度省政府立法计划，把完善市场经济体系、促进政府职能转变、转变经济发展方式、强化市场监管、防治环境污染、保护自然资源、改善保障民生、加强社会治理等方面的立法作为重点，努力为省委省政府重大决策部署的贯彻落实提供制度保障。要坚持立改废并重，注重对现行地方性法规和政府规章的修订，特别是做好行政许可取消后地方性法规和政府规章的修订工作，为全面深化改革清除制度障碍。二是创新立法工作机制，在提高制度建设质量上下功夫。健全立法起草、论证、协调和审查机制，加大立法协调力度，严格依法审查修改，防止地方保护和部门利益法制化。要探索多渠道立法，适当扩大法制办直接组织起草、委托专家起草范围，加强与高等院校的联系与合作，充分发挥专家学者在立法中的作用。要扩大公众参与立法途径，对关系人民群众切身利益的立法草案，采取听证会、论证会、座谈会、问卷调查、公布草案等形式，广泛征求公众意见，特别是基层群众和行政管理相对人的意见。建立行政管理相对人与行政管理部门分别召开座谈会制度，便于人民群众充分表达意见。要进一步完善立法协商工作机制，加强与省政协社法委的联系，选择2至3件地方性法规和政府规章草案进行立法协商，更好地发挥政协的民主协商作用和政协委员的智力优势，促进政府立法质量的提高。三是严控行政许可设定。认真贯彻国务院和省政府关于严格控制设定行政许可的通知精神，在起草地方性法规草案和制定政府规章时一般不再设定新的行政许可，确需设定的要严格按规定程序和标准进行充分论证。建立行政许可实施情况评估机制，对不适应改革发展要求的行政许可及时提出取消建议。四是研究提出修改政府规章设定罚款限额规定的建议。对食品药品、安全生产、环境保护、社会治安等领域严重违法行

为提高罚款限额，以增加对违法侵害群众利益行为的惩戒力度。五是积极推进立法后评估工作，建立健全政府规章和规范性文件定期清理机制，及时修订或废止与改革发展不相适应的法律规范。六是集中力量，抓紧组织研究提出我省服务业领域对香港投资特别管理措施（负面清单）的建议，为省政府推进对外开放提供法治保障。

（三）*着力加强规范性文件、重大行政决策合法性审查工作，进一步发挥好参谋助手作用。*一是完善重大行政决策合法性审查制度，认真做好省政府规范性文件和省政府重大决策事项的合法性审查工作，依法提出切实可行的意见建议。二是认真做好省政府各部门规范性文件的前置合法性审查工作，着重审查行政许可、行政处罚、行政强制、行政收费等与群众切身利益密切相关的内容，防止违法规范性文件的出台。加强对市县和省直有关部门规范性文件制定工作的指导，建立全省规范性文件审查文书统一格式，适时组织规范性文件制定程序培训。三是加强政府规章、规范性文件备案审查工作，切实做到有件必备、有备必审、有错必纠。四是完善社会公众对政府规章和规范性文件提出书面审查建议的办理流程，确保来信必审，做到件件有回音。五是建立完善政府法律顾问制度。抓紧调整省政府法制专家咨询委员会组成人员，健全有关工作制度，推进专家咨询委员会有效运转，同时督促市县建立健全政府法律顾问制度，充分发挥专家学者在政府依法决策、依法行政中的作用。六是积极筹备做好中国廊坊“5·18”经贸洽谈会期间的法律咨询和政策解读工作。

（四）*着力加强行政执法监督，进一步促进严格规范公正文明执法。*一是积极推进行政执法体制改革。按照三中全会要求，会同有关部门加强对推进综合执法、减少执法层次的调查研究，适时向省政府提出意见和建议，稳步推动这项工作的开展。要着重加强对城市管理领域相对集中行政处罚权工作的组织推动，着力解决集中权力不符合要求问题，完善原职能部门与集中行使处罚权部门之间的相互衔接机制。加强对城管执法的业务指导和城管执法人员的法律知识培训，推动城管执法方式创新，提高城管执法和服务水平。二是完善行政执法程序。指导行政执法部门结合实际，依法细化行政执法流程，完善行政执法告知、说明理由、回避、调查取证、听证、集体决定等制度，推进行政执法机关严格按程序执法。督导行政执法部门规范行政执法文书，逐步推行行政执法文书制作与管理电子化。三是规范行政自由裁量权。指导各级各部门建立和完善行政裁量权基准制度，并对实施效果进行评估分析，及时修订完善处罚裁量基准，保证行政裁量权基准的科学性。四是健全行政执法监督制度。研究起草河北省行政执法监督条例。进一步完善和严格执行重大行政行为备案、行政执法案卷评查等制度，加强对行政执法活动的日常监督。五是有重点地开展行政执法专项检查。要围绕清理规范罚款、行政许可和农民工拖薪问题，会同在有关部门组织开展专项检查，重点查处行政执法机关的不作为、乱作为等侵害群众利益和影响发展环境的问题。六是深化行政执法责任制。根据机构改革和法律法规变动情况，修订行政执法责任制文本，进一步明确执法依据、执法权限、执法程序、执法责任，加强评议考核，严格责任追究，促进行政执法机关及其执法人员严格规范公正文明执法。七是加强行政执法人员监督管理。严格落实行政执法人员资格制度和执法人员持证上岗制度，对行政执法人员进行全面清理，对无证执法人员予以清退，对离岗、退休或不合格执法人员及时收缴销毁其执法证件。同时，建立健全行政执法人员电子档案，加强对行政执法人员的动态管理。建立完善行政执法信息平台，公开执法人员基本情况和执法信息，自觉接受公众监督。严格行政执法证件办理程序，进一步提高证件办理效率。继续做好行政执法人员公共法律知识的培训和考试工作，提高行政执法队伍素质。八是协调做好“两法”衔接工作，督导有关行政执法部门建立并落实行政执法与刑事司法衔接制度。

（五）*着力加强行政复议和行政调解，进一步畅通化解行政争议渠道。*一是加强和改进行政复议工作，提高行政复议公信力。大力宣传行政复议制度，积极引导公民、法人和其他组织通过行政复议解决行政纠纷，把更多的行政争议解决在行政机关内部。创新复议申请方式，积极受理行政复议申请。健全行政复议案件审理机制，综合运用书面审查、实地调查、听证、质证等手段，查清事实、依法裁决，坚决纠正违法或者不当行政行为，提高行政复议的办案水平和公信力。加强行政复议制度建设，完善行政复议专家咨询制度。加大调研力度，进一步加强市县两级行政复议机构建设，督导各级各部门落实行政复议规范化建设标准，通过举办全省行政复议人员培训班、开展行政复议知识竞赛等方式，着力提高全省行政复议工作水平。积极稳妥推进行政复议委员会试点工作。二是切实做好行政应诉工作。认真准备答辩材料，积极出庭应诉；加强对基层行政应诉的指导，借鉴省外先进经验，倡导市县政府行政首长出庭应诉；坚持和完善与法院的联席会议制度，做好与法院的沟通协调，妥善处理行政应诉案件。三是积极推动行政调解工作。加强对各部门行政调解工作的组织协调和督促指导，推动各部门开展行政调解工作，加强对行政调解范围、程序、效力以及与司法调解和人民调解的衔接等问题的研究探索，逐步健全行政调解相关制度，规范行政调解工作，不断提高行政调解水平。四是加强对仲裁工作的指导，提高仲裁公信力，促进仲裁事业健康发展。

*（六）着力加强法制宣传教育工作，进一步浓化依法行政的氛围。*一是积极组织推动领导干部学法。按照省政府要求，周密做好省政府领导干部学法的服务工作。加强对市县政府领导干部的轮训，会同河北行政学院继续举办领导干部依法行政研讨班。指导各地各部门建立健全领导干部学法制度，推动领导干部学法用法。二是加大依法行政宣传工作力度。加强同新闻媒体的联系，及时向新闻媒体提供素材，积极配合新闻媒体的采访活动，适时组织新闻媒体对依法行政先进典型进行集中采访，充分利用新闻媒体宣传依法行政。办好《政府法治周刊》、《法治》和政府法制信息网，采取多种形式，加大对各地各部门推进依法行政典型的宣传力度，加强对法治理念和法律知识的宣传，努力营造良好的法治氛围。三是加强政府法制理论研究。加强对全省政府法制理论研究的指导，组织全省政府法制机构围绕全面深化改革的法治保障深入开展研究，为全面深化改革、推进政府法制工作提供理论支持。四是落实标准化管理，加强政府法制信息化建设。严格按照我办质量管理体系文件要求，认真落实机关工作标准化管理。加强机关内外网建设，对“河北政府法制信息网”改版升级，逐步实现机关工作网上办理。

*（七）完善和深化群众路线教育实践活动整改工作，进一步加强党建和机关自身建设。*一是加强政治理论学习。当前要把学习宣传贯彻党的十八大、十八届三中全会和省委八届六次全会精神作为重要政治任务，组织广大干部职工结合政府法制工作实际，深入学习、深刻领会、学以致用，指导做好政府法制各项工作。二是强化措施，认真整改。严格落实整改方案，做到思想整改、作风整改、能力整改、制度整改和机制整改，进一步提高工作效能。紧密结合实际，制定工作方案，责任到人，确保整改工作得到落实。三是建立并落实好长效机制。严格落实领导班子提出的加强班子思想政治建设、大力推进提质提效切实转变作风、严格党风廉政纪律、强化干部队伍建设等十四项整改措施。认真做好我办《领导班子克服“四风”公开承诺》、《进一步加强作风建设的若干规定》、《关于厉行勤俭节约反对铺张浪费的实施意见》等42项制度成果汇编工作，并严格按照制度规定抓好落实。四是认真抓好《关于培育和践行社会主义核心价值观的意见》贯彻落实，组织开展多种形式活动，把“三个倡导”落实到政府法制的各项工作之中。五是加强业务学习培训。要严把进人关，把学法律、具有法律职业资格作为选人用人的必备条件。要通过开展专题培训、举办研讨班、讲座、学习考察等形式，有计划、有步骤、有重点地加强对在职人员的业务知识和职业操守培训，不断提高政府法制干部队伍的综合素质和工作能力。六是加强对全省政府法制工作的指导。办领导带头深入基层调研，全面了解掌握基层政府法制工作情况，帮助基层解决机构建设和工作中遇到的实际困难。适时组织开展业务工作现场观摩和交流活动，促进各地各部门相互学习，共同提高，着力提升全省政府法制工作水平。

附件2

河北省人民政府法制办公室关于2013年行政复议工作情况的报告

2013年，省法制办充分发挥行政复议作为解决行政争议主渠道的作用，以加强行政复议规范化建设为着力点，在坚持办好省本级行政复议案件的基础上，加大对全省行政复议工作的监督指导力度，省本级和全省两个层面上的行政复议工作都取得了新的进展和明显成效。现将有关情况报告如下：

一、省本级行政复议工作情况

（一）积极受理行政复议案件，案件受理数量创新高。全年省政府共收到行政复议申请185件，其中受理100件，不予受理15件，告知、转办或案前调解处理的70件。行政复议案件增加的主要原因：一是不断畅通行政复议渠道。省法制办积极受理行政复议案件，做到不推不拖、来件必处理、件件有着落。对于符合法定条件的行政复议申请，均能依法受理，依法办理；对不符合法定受理条件、尚有其他诉求方式的，耐心告知救济渠道及注意事项；需要由其他机关办理的，及时转送转办，使各类当事人都能得到满意的答复。二是行政复议的公信力逐步提高。省法制办始终坚持“以人为本、复议为民”的办案原则，依法公平公正办理行政复议案件，办案质量明显提高，行政复议制度逐渐得到群众的信任和认可。三是行政复议具有方便、快捷、成本低、效率高等特点，也使得公民愿意选择这一救济途径。四是注重加强行政复议的宣传工作，积极引导群众依法理性表达利益诉求。充分利用报纸、杂志、电视和网络等媒体，广泛宣传行政复议知识，提高了行政复议的社会认知度。五是近几年我省的城市化进程加快，各市、县（区）征地拆迁增多，涉及的人员数量大，引起的行政纠纷也随之增多。另外，涉及政府信息公开、行政不作为等方面的新型矛盾纠纷与往年相比有所上升。六是公民依法维权的意识不断提高。随着社会的不断进步，广大公民的文化、法律素质明显增强。当他们认为行政机关的具体行政行为侵犯其自身权益时，越来越多的寻求行政复议这一法定渠道进行维权。

（二）坚持以“案结事了，定纷止争”为目标，注重从根本上化解行政争议。当前，大量的社会矛盾以行政争议的形式表现出来，如得不到及时有效解决，容易引发集体上访或群体性事件。我办坚持把“案结事了，定纷止争”作为衡量行政复议工作优劣的基本标准，采取多种措施，通过办理行政复议案件和解答大量来访群众提出的法律问题，解决行政争议，缓和社会矛盾，为保持经济发展和维护社会和谐稳定发挥应有作用。一是把社会热点、难点问题作为重点，有效解决了一批群体性纠纷。2013年，受理的征地、房屋拆迁类行政复议案件占70%左右。此类案件大多有群体性倾向，一宗案件申请人数量达10人以上的有16件，有的案件涉及申请人达上百户、近千人，关系复杂，矛盾尖锐，解决起来比较困难。省法制办从实际情况出发，坚持依法办理，灵活处置。重大案件及时向领导汇报，通过党委、政府统一协调解决。注重发挥基层政府的作用，主动协调有关方面帮助解决申请人的实际困难，努力做好群众工作。一年来，秦博勇副省长多次听取法制办对行政复议案件个案的汇报，重大复杂案件亲自主持召集有关设区市政府领导、省市两级国土部门主要领导参加的案件协调调度会，化解了多起积案。鹿泉市5名村民因修建西柏坡高速公路征地补偿问题多年到国务院法制办和省市县有关部门反映情况，问题一直没有得到解决。后到省政府申请复议，秦省长亲自主持召开协调会，在省市县有关部门的共同努力下，使问题得到圆满解决。5名村民专门制作了锦旗表示感谢。另外，对于两起工伤认定案件，坚持依法保护弱势群体的利益不受侵害的原则，协调有关部门重新对当事人认定了工伤，当事人向省法制办送来了感谢信和锦旗。二是坚持调解优先，在处理行政复议案件中努力实现法律效果和社会效果的统一。办理行政复议案件，简单的维持或撤销有时不仅不利于问题的解决，还容易激化社会矛盾。在办案过程中，把和解、调解作为首要选择，通过耐心细致的工作，在法律规定的范围内协调各方当事人，使当事人在自愿的基础上达成谅解和解。三是创新审理方式，推行行政复议咨询、听证和现场调查制度。对案情复杂、利益冲突较大的案件，坚持通过专家咨询、听证、现场调查，查清事实，明辨是非，有效化解矛盾。

（三）注重强化复议纠错功能，不断推进行政机关依法行政水平的提高。把加强行政复议与推进依法行政结合起来，充分发挥行政复议的监督纠错功能。通过对某些个别违法或不当的行政行为的及时纠正，可以规范某一类的行政行为，从而促进行政机关合法、公正地行使职权，不断提高行政机关的整体依法行政水平。省法制办在办案过程中，对于行政机关作出的具体行政行为严格依据法律进行审查，发现违法和不当的，坚决予以撤销、变更或者确认违法，规范了行政机关的执法行为。2013年，已经审结的案件中，通过撤销、变更、责令履行、确认违法等方式直接纠错的案件5件；通过和解、调解、撤回复议申请等方式间接纠错的案件9件，综合纠错率达到近30%。

（四）加强对行政复议工作的督促指导，提高全省行政复议整体工作水平。在办好省本级行政复议案件的基础上，我们加大了对全省行政复议工作的督促、指导力度。一是将行政复议工作纳入全省依法行政考核内容，重点对各级各部门落实《河北省行政复议工作规范化建设标准》情况进行考核。二是加强对基层行政复议工作人员的培训。采取召开专题会、研讨会、疑难典型案件分析会、专家讲座、考察调研等方式，对全省行政复议工作人员，尤其是市、县（市）区的工作人员进行培训，提高其工作能力。三是为了方便行政复议人员开展工作，省法制办组织汇编了《河北省行政复议工作人员手册》，手册包括常用法律法规规章、有关司法解释及批复、重要文件、行政法律文书等四方面的内容。手册下发各市县及省政府有关部门全体行政复议工作人员。另外，起草了《河北省行政复议答复工作规定》、《行政复议工作人员守则》等制度。

（五）积极做好行政应诉和行政裁决答复工作。全年法制办代省政府行政应诉35起，3起胜诉，32起正在审理；代省政府提交行政裁决答复5起，国务院法制办正在审理。为了更好地做好行政应诉工作，一方面，我们从整体上建立健全了与司法机关的联席会议制度。2013年6月，我办与石家庄市中级人民法院首次召开联席会议，双方主要领导参加会议，复议处工作人员与法院行政庭、立案庭法官就行政复议、行政诉讼中遇到的问题进行了分析研讨，统一了裁判尺度，会后就有关疑难问题形成了会议纪要。与省高院的联席会议已经准备完毕，择机召开。另一方面，就个案加强与司法机关的沟通。对于一些疑难复杂案件，在作出行政复议决定前，采取提前与司法机关进行沟通的方式，统一思想和裁判尺度，进一步提高了办案质量。在今年的办案工作中，办案人员多次到市中院和省高院进行咨询，了解司法机关司法工作中掌握的标准，力求在复议决定中与司法机关的标准保持一致。办领导与市中院、省高院的主管院长进行高层协调沟通，提高了行政复议、应诉工作的主动性。对于到国务院申请裁决的案件，法制办会同相关业务主管部门，耐心细致地做好答复工作，及时做好同国务院法制办的协调沟通工作。

二、全省行政复议工作情况

近几年来，我省的行政复议工作取得了较大发展和明显进步，各级政府领导法制观念逐步提高，行政复议机构得到一定的加强，全省复议队伍素质有了明显改善，办案质量普遍提高，行政复议的公信力和认可度逐步提升。从行政复议案件数量来看，呈现稳中有升趋势，2013年全省共办理行政复议案件3100余件，涉及申请人达3700余人。

（一）领导重视，认识提高。全省各级行政机关和部门领导对行政复议工作重视程度越来越高。大部分行政领导每年能够听取本地区、本部门行政复议工作汇报，积极支持行政复议机构依法办理行政复议案件，帮助解决行政复议工作中遇到的困难和问题。许多市、县将行政复议工作纳入政府目标责任制，并相应出台考评文件。

（二）创新机制体制，行政复议公信力得到提升。一是不断拓宽受理渠道，积极受理行政复议申请。全省有3个设区市本级受理行政复议案件超百件，迁安市、兴隆县等县级政府办理行政复议案件也超过了30件。二是坚持公开、公平、公正、便民原则，不断提高办案质量，力争将行政争议化解在初发阶段，化解在行政机关内部，化解在行政程序之中。三是积极开展行政复议审理方式创新。廊坊市政府进一步完善行政复议委员会试点工作，使行政复议委员会的作用得到充分发挥。许多市、县成立了法律专家咨询委员会，借“外脑”解决疑难杂症，促进办案水平的提高。

（三）夯实基础，行政复议能力建设得到加强。一是行政复议机构、人员得到加强。我省11个设区市法制办，均内设了行政复议科（处）。县（市）、区法制办机构的设置大多数设在政府办公室内部，一般能保证2人以上办案的基本要求。二是办案保障得到改善。大部分市、县将行政复议经费单独列支，有的还配备了复议专用车。三是行政复议案件文书制作和立卷归档逐步统一规范。四是积极组织培训，行政复议人员的素质明显提高。

三、存在的突出问题

（一）行政复议能力建设有待进一步加强。近几年来，受理行政复议案件数量逐年上升，省法制办设有一个行政复议处。11个设区市当中，只有石家庄市设立了行政复议处和应诉指导处。县级行政复议机构工作人员绝大多数兼有其他工作。全省的行政复议工作机构与同级法院的行政审判机构相比较，人员少，条件差，力量较薄弱。另外，行政复议属于事后监督，是对行政权力行使的再审查，办案过程中，涉及到的有关行政机关和部门，在领导的重视程度、配合的积极性、纠错的自觉性、善后的主动性等方面，大多数做得较好，但是消极对待的也有，甚至有的还人为设置障碍。由于缺乏有效地问责手段，行政复议决定，尤其是带有纠错性质的决定的执行力度还有待加强。

（二）行政复议工作不平衡的问题突出。通过检查发现，设区市之间、县级之间不平衡的问题比较突出。如在行政复议机构的设置和人员配备上，11个设区市和定州、辛集2个省直管县级市法制机构中，正处级6个，副处级5个，正科级2个。172个县（市、区）法制机构中，正科级85个，副科级33个，股级54个，其中单设行政复议股的有19个，分布在6个设区市内。行政复议人员共421名，其中专职人员24名。从各县级政府的机构人员配备和办案量的对比看，凡是机构人员健全的县（市、区），其办案量都处于较高水平，所属各县（市、区）全年的办案量均在100件以上，个别的达近500件，明显多于其他设区市。所属各县（市、区）的法制机构全部是股级的设区市，所属各县（市、区）全年的办案量有的只有十几件。据统计，我省每年有30多个行政复议案件受理的空白县，其中三年连续空白的县（市、区）多达15个。这15个县（市、区）中有9个为股级，全部没有行政复议专职人员。而邯郸市的武安市、承德市的兴隆县，法制机构级别为正科级，专职复议人员均保证在2人以上，全年办理行政复议案件分别达到了32件和39件。

（三）少数地方存在对行政复议工作重视不够的问题。有些政府领导缺乏对行政复议法律法规的学习，对行政复议工作的性质、地位和作用缺乏足够的认识，对依法解决行政争议作为政府一项基本职能认识不到位，对行政复议工作采取消极应付的态度。有的政府领导对复议人员关心不够，导致一些复议人员不安心本职工作，谋求机会调动、调整，导致行政复议队伍不稳定。

四、今后工作打算

2014年，我们将以党的十八届三中全会和省委八届六次会议精神为指导，在省委省政府的坚强领导下，进一步提高运用法治思维和法治方式解决问题的能力，围绕“改革行政复议体制，健全行政复议案件审理机制，纠正违法或不当行政行为”积极开展工作。一是牢固树立“以人为本、复议为民”的思想，进一步完善专家咨询制度，规范办案程序，不断提高办案质量和水平。二是通过各种方式，进一步加强行政复议法律知识的宣传，扩大行政复议工作的影响，增强行政复议工作的公信力，使人民群众愿意利用行政复议这一渠道维护自身的合法权益。三是加强对全省行政复议工作的指导。通过不同方式组织全省复议人员进行办案实务培训，重点提高县级复议人员的办案能力。四是进一步规范内部办案程序。结合实际，指导市、县建立规范的复议办案程序。加强培训，提高全省复议人员素质。五是进一步抓好行政调解工作。六是抓好仲裁工作指导，尽快成立省级仲裁协会组织。七是加强考察调研，促进工作创新。借鉴外省经验，组织推行行政复议委员会试点工作。八是加强复议理论研究，提高行政复议工作人员的理论水平和办案能力。

中共河北省人民政府法制办公室党组关于印发《河北省人民政府法制办公室党的群众路线教育实践活动实施方案》的通知

（2013年7月9日）

各设区市政府法制办公室，定州、辛集市政府法制办公室，机关各处（室），研究中心、事务中心：

《河北省人民政府法制办公室党的群众路线教育实践活动实施方案》已经省法制办党组研究同意，现予以印发。

河北省人民政府法制办公室党的群众路线教育实践活动实施方案

为认真贯彻落实中央和省委关于党的群众路线教育实践活动的部署要求，根据省委《关于开展党的群众路线教育实践活动的实施意见》（冀发〔2013〕14号）和《中共河北省委办公厅关于印发〈河北省省直部门党的群众路线教育实践活动实施方案〉的通知》（冀办发〔2013〕23号）的要求，结合政府法制工作实际，制定我办开展党的群众路线教育实践活动实施方案。

一、指导思想

高举中国特色社会主义伟大旗帜，以马克思列宁主义、毛泽东思想、邓小平理论、“三个代表”重要思想、科学发展观为指导，深入贯彻党的十八大、省委八届五次全会精神，紧紧围绕保持党的先进性和纯洁性，以为民务实清廉为主要内容，把贯彻落实中央八项规定作为切入点，坚决反对形式主义、官僚主义、享乐主义和奢靡之风，树立群众观点，自觉践行党的群众路线。以整风精神运用法治思维和法治方式推动群众路线教育实践活动的深入开展，加强政府法制队伍建设，全面提升政府法制服务保障水平，为实现河北奋进崛起、科学发展发挥重要作用。

二、基本原则

（一）坚持正面教育为主。加强党的群众观点和群众路线教育，加强党性党风党纪教育和道德品行教育，引导党员、干部坚定理想信念，增强公仆意识，讲党性、重品行、作表率。

（二）坚持领导带头。上级带下级，主要领导带班子成员，领导干部带一般干部，一级抓一级、层层抓落实。

（三）坚持批评和自我批评。发扬整风精神，敢于抛开面子，揭短亮丑，崇尚真理、改正缺点、修正错误，真正让党员、干部思想受到教育，作风得到改进，行为更加规范。

（四）坚持实事求是，开门搞活动。广泛听取意见建议，努力解决作风不实、不正和行为不廉的问题，在提高群众工作能力、密切党群干群关系上取得实效。

（五）坚持分类指导。根据不同的情况，提出有针对性的目标要求和方法措施，制定相应的活动方案，解决各自的突出问题。

三、目标要求

以办领导班子及成员和处以上干部为重点，以加强作风建设为核心，以建立制度规范为保障，以群众满意认可为根本，通过开展党的群众路线教育实践活动，教育引导党员、干部树立群众观点，弘扬优良作风，解决突出问题，保持清廉本色。在思想上进一步提高，作风上进一步转变，党群干群关系进一步密切，为民务实清廉形象进一步树立，以作风建设的新成效凝聚起推动政府法制工作实现大发展的正能量和强大精神动力。

落实为民务实清廉要求，坚持不折不扣地贯彻中央精神和省委要求，聚焦作风建设，紧扣“四风”问题，突出领导干部带头，认真查摆、剖析根源，找准病症、对症下药，确保活动不虚、不空、不偏，以优良的作风促进政府法制服务保障水平的全面提升。

四、主要内容

（一）解决“四风”问题。

1. 坚决反对形式主义。重点解决工作不实的问题，端正学风，改进文风会风，在大是大非面前敢于担当、敢于坚持原则，真正把心思用在干事业上，把功夫下到察实情、出实招、办实事、求实效上。

2. 坚决反对官僚主义。重点解决在人民群众利益上不维护、不作为的问题，深入群众、深入基层、深入实际，接地气、得实情，坚持民主集中制，加强调查研究，虚心向群众学习，真心对群众负责，热心为群众服务，诚心接受群众监督。

3. 坚决反对享乐主义。重点消除及时行乐思想和特权现象，牢记“两个务必”，克己奉公，勤政廉政，保持昂扬向上、奋发有为的精神状态。

4. 坚决反对奢靡之风。重点狠刹挥霍享乐和骄奢淫逸的不良风气，坚守节约光荣、浪费可耻的思想观念，做到艰苦朴素、精打细算，勤俭办一切事情。

解决“四风”问题，要认真组织对照检查，重点对照中央4号文件和习近平总书记讲话及周本顺书记讲话中列举的表现，逐条对号、逐一查摆。在此基础上，着重剖析和对照检查以下突出问题：

（1）既不全面贯彻中央、省委决策部署，又脱离基层实际盲目决策；

（2）浮在上面，不干实事，执行力不强；

（3）不负责任，推诿扯皮，办事效率不高；

(4) 揽权谋私，不转职能不放权，不给好处不办事，给了好处乱办事；

(5) 精神懈怠，不思进取，得过且过，不干事的非议干事的；

(6) 贪图享受，超标占房、配车，违规配备秘书，收受礼金礼卡礼品；

(7) 吃吃喝喝，拉拉扯扯，拉票跑官等。

(二) 落实“四句话”总要求。认真贯彻中央精神和省委要求，把“照镜子、正衣冠、洗洗澡、治治病”的总要求贯穿于教育实践活动全过程。

1.“照镜子”。做到“五照五看”：以党章为镜，看是否符合共产党员标准；以廉政准则为镜，看廉洁自律方面存在哪些突出问题；以中央的新要求为镜，看落实八项规定、克服“四风”方面存在哪些突出问题；以群众期盼和意见为镜，看克服“四风”着力要解决哪些突出问题；以焦裕禄、谷文昌、杨善洲等先进典型为镜，看自己对标先进、修身正己的努力方向。

2.“正衣冠”。主要是按照为民务实清廉的要求，严明党的纪律特别是政治纪律，敢于触及思想，正视矛盾和问题，端正自身行为，维护良好形象。

3.“洗洗澡”。根据征求的意见建议，在自查自纠、自我整改的基础上，深入剖析存在问题的原因，以整风精神开展批评和自我批评，既解决实际问题，又解决思想问题。

4.“治治病”。主要是坚持惩前毖后、治病救人的方针，区别情况、对症下药，对作风方面存在问题的进行教育提醒，对问题严重的坚决予以查处。

(三) 开展专项行动。按照省委开展四个专项行动的要求，围绕解决群众反映强烈的问题，从具体事情做起，有针对性地开展专项行动，达到“转作风、见行动、惠民生、聚民心”的目的。

一是正风肃纪行动。办党组要带头正风肃纪，在全办着力解决15个方面的突出问题。(1) 治理文山会海，坚决取消一切没有实质内容、不解决实际问题的会议、活动和文件。(办秘书处牵头，各处室协助，7月底前完成) (2) 对各类评比考核培训表彰进行集中清理，制定管理办法，严格报批程序。(机关党委人事处牵头，秘书处协助，7月底前完成) (3) 对机关和公务人员勤政情况进行专项检查，整治推诿扯皮、办事效率低下等问题。(纪检监察员负责，动员会后开始) (4) 纠正行业不正之风，治理不作为乱作为、侵害群众利益等问题。(机关党委人事处和秘书处牵头，有关处配合，动员会后开始) (5) 整治行政执法不公不廉、违法执法、以权谋私等问题。(协调监督处负责，动员会后开始) (6) 规范公务接待，按照中央八项规定的要求，完善和落实相关制度。(秘书处负责，8月底前建立完善相关制度) (7) 纠正违反规定配备秘书的问题。(纪检监察员负责，7月底前完成) (8) 整治领导干部超标准使用办公用房、多占住房问题。(秘书处负责，8月底前完成) (9) 清查和治理超编制、超标准配备公务用车问题。(纪检监察员和秘书处负责，8月底前完成) (10) 清理“小金库”问题。(纪检监察员负责，秘书处配合，8月底前完成) (11) 全面审计和检查“三公”经费使用情况，追究违规者责任。(秘书处牵头，纪检监察员配合，8月底前完成) (12) 坚决制止铺张浪费，严厉查处以各种名义用公款互相宴请、大吃大喝和安排高消费娱乐活动。(纪检监察员负责，有关处配合，动员会后开始) (13) 整治变相旅游问题。(纪检监察员负责，秘书处配合，动员会后开始) (14) 治理违反规定搞楼堂馆所建设等问题。(秘书处负责，8月底前完成) (15) 加强对联系群众工作的检查，重点解决干部脱离群众、对待群众简单粗暴、联系群众工作制度不落实等问题。(纪检监察员负责，机关党委人事处配合，动员会后开始) 坚持以“亮剑”精神抓整治，集中一个月时间，解决15个方面的突出问题，抓好正反两个方面的典型。整改情况及时上报省委活动办和督导组，并在全办通报。

二是提质提效行动。重点抓好机关提高服务质量和工作效率。各处和中心要规范和公开服务内容、办事程序、办结时限，坚决杜绝“门难进、脸难看、事难办”现象的发生，各处和中心要结合工作实际，做好政府法制各项服务保障工作。要进一步加大行政执法监督力度，抓好重点行政执法部门的规范、公正、文明执法，配合纪检监察部门对违法执法、执法不公、执法谋利的行为坚决予以查处，教育引导行政执法人员恪守职业道德，自觉抵制各种人情关系干扰，强化法律监督，以良好的作风和优质高效的工作维护社会公平正义。(纪检监察员负责，有关处配合)

三是为大气污染综合防治提供法治保障行动。密切关注全省大气污染防治有关的实施方案和具体措施实施，积极予以配合，需要政府立法和规范性文件审查的，必须全力予以保障。同时，涉及大气污染的具体执法监督和行政复议、行政调解工作，也要严格时限，优质高效地完成好相关工作任务。（秘书处牵头，有关处配合）

四是积极投入农村面貌改造提升行动。认真贯彻习近平总书记对美丽乡村建设的重要批示和在我省阜平视察慰问时的重要指示精神，积极参与这项行动，从多方面给予有力支持。结合我办扶贫和基层建设年联系点，积极协调省直各部门，争取资金，改善村里的电力、道路和排水等基础设施，做好帮扶村的村容、村貌改造提升工作，发展特色农业项目，帮助村民脱贫致富。（宣传教育处负责）

五是积极化解行政争议行动。做好行政复议和行政调解工作，畅通行政复议申请渠道，依法严格办理行政复议案件，坚持在法定期间内作出复议决定。同时加大行政调解工作力度，做到应调尽调，把行政调解贯穿于行政复议全过程，切实维护人民群众的合法权益。（行政复议处负责，有关处配合）

以上五项专项行动，由牵头处室制定具体方案，有关处室要主动配合，7月20日前报办活动办公室。

（四）建立六项重点制度。坚持以改革的办法、法治的思维固化作风建设成果，使转变工作作风、密切联系群众实现制度化、规范化和常态化。按照中央和省委要求，在建立健全相关制度的基础上，结合我办实际，建立完善以下六项重点制度：

1. 公开承诺制度。办领导班子及成员紧密联系工作实际，围绕政治纪律、班子建设、群众路线、重大决策、干部工作和廉洁自律等方面要求，向全省政府法制系统和全办作出郑重承诺，接受各方面的监督。（秘书处和机关党委人事处负责）

2. 加强办领导班子自身建设制度。加强领导班子理论学习，进一步规范组织形式，在入心入脑、提高政治素养上下功夫；坚持民主集中制原则，在提高班子凝聚力和战斗力上下功夫；切实改进工作作风，深入基层，加强调研，密切联系群众。（机关党委人事处负责）

3. 直接联系群众制度。确定办领导班子基层联系点，定期开展民意调查，了解掌握群众的意见和建议，加强对干部服务群众的监督。办领导班子成员分别与建立的联系点联系，了解政策落实情况，帮助解决实际问题。（机关党委人事处负责）

4. 干部考核选拔任用制度。根据《党政领导干部选拔作用工作条例》和相关规定，建立健全我办体现政府法制、作风建设等重点内容的干部政绩考核方案，用科学的政绩考核评价推动作风转变。完善有利于优秀人才脱颖而出、有利于激发干部干事创业热情的选拔任用机制，让作风好的干部得到重用，让作风不好的干部受到警醒和惩戒。（机关党委人事处负责）

5. 进一步提高政府法制工作效能制度。加强机关作风建设，在进一步提高政府法制各项工作效能上下功夫，确保省委、省政府交办和我办部署的各项任务有效落实。（秘书处牵头，机关党委人事处和纪检监察配合）

6. 领导干部工作生活待遇制度。认真贯彻中央和省委规定，在涉及我办干部办公用房住房、公务接待、福利、休假、公费出国出境、下基层调研等方面，坚决执行规定的标准和落实有关要求，存在问题的坚决整改。对于没有明确规定的，要结合我办工作实际，制定明确具体的办法，严格标准、规范管理，并定期检查报告。（秘书处负责，有关处室配合）

五、方法步骤

全办教育实践活动，从2013年7月开始，12月底结束。为确保活动取得实效，在方法和内容上，科学组织、统筹安排，紧扣“四风”问题，逐条对号、认真查摆，剖析根源、找准病症、对症下药，确保活动扎实有效开展。

（一）学习动员阶段（2013年7月）。按照省委要求，各支部要结合实际，制定本支部方案，广泛进行发动。动员部署教育实践活动，开展形式多样的学习讨论，查摆问题，明确方向，统一思想，提高认识。

1. 个人自学。召开动员大会前，安排党员干部认真研读中国特色社会主义理论体系、党章、十八大报告，习近平总书记在中央教育实践活动工作会议、中央政治局专门会议等一系列重要讲话，以及《论群众路线——重要论述摘编》、《党的群众路线教育实践活动学习文件选编》、《厉行节约、反对浪费——重要论述摘编》等篇目。学习省委八届五次全会精神和全省动员大会精神。各支部要制定学习计划，采取集中学习、个人自学、撰写体会和交流学习心得等形式，激发学习热情，提高学习效率。统一学习专用笔记本；党员、干部认真撰写学习心得，全办将适时举办专栏展评。

2. 集中学习。7月中下旬，采取理论中心组学习、主题报告会、专题研讨班等形式，组织党员干部开展理想信念、党性党风党纪和道德品行教育，开展中国特色社会主义宣传教育，开展群众观点和群众路线专题学习讨论，学习焦裕禄、谷文昌、杨善洲等先进典型事迹，增强党员、干部的忧患意识、宗旨意识、自律意识。教育引导党员干部深刻把握教育实践活动的主题和实质。党组理论学习中心组集中学习不少于7天，各支部集中学习不少于6天。

（二）实施推进阶段（2013年8月）。根据教育实践活动的总体安排，结合工作实际，确定工作方案，精心组织实施，扎实推进教育实践活动。

3. 广泛征求意见。8月上旬至中旬，办领导班子成员和厅级干部要通过随机走访、谈心交流、约谈交心、蹲点调研等方式征求意见。深入基层面对面听取群众意见，通过专门网站、问卷调查、群众来信、来访等形式，面向社会和群众征求意见。

4. 开展“我为‘三清’献一计”活动。8月中旬，围绕促进全办党员干部清正、政府清廉、政治清明以及政府法制工作的服务保障作用如何得以充分发挥为主要内容，以支部为单位，组织党员干部献计献策。

5. 梳理意见建议。8月中旬，办活动办公室将征求到的意见建议，进行认真梳理汇总，报办党组和省委督导组，并向各支部进行反馈。各支部书记要向所在支部党员干部职工进行原汁原味反馈，作为查摆、分析和整改的重要内容。

6. 公开承诺。按照省委要求，围绕克服“四风”问题，从政治纪律、群众纪律、科学决策、求真务实、干部工作、清正廉洁、艰苦朴素等方面，办党组和各支部要联系工作实际，确定承诺事项，通过印发文件、报纸、网站发布和机关张贴等形式作出公开承诺，接受监督，并以实际行动履约践诺。

7. 自查自纠。按照中央精神和省委要求，办党组、各支部要围绕着力改进学风文风会风，着力控制“三公”经费支出，着力整治跑官要官等选人用人上的不正之风，着力解决吃拿卡要问题，着力解决接受会员卡、商业预付卡问题，着力解决“形象工程”、“政绩工程”和各种节庆、论坛泛滥等问题，着力制止滥建楼堂馆所问题，着力规范领导干部工作生活待遇标准等八个方面进行自查自纠。从活动开始后，用一个月时间就上述8个方面搞好自查自纠，形成自查自纠情况报告，向省委督导组报告。研究制定完善相关制度和规范，建立长效机制。

8. 随机核查。办党组根据个人申报情况、组织掌握情况、群众反映情况，由办活动办进行督导，随机进行检查，发现问题，责令整改。

9. 见面谈心。8月中旬，开展“一一见面”活动，即与上级有关领导、同级人员、分管处室负责同志、与党员干部见面，与基层群众见面，采取谈心形式，充分听取意见建议。

10. 沟通提醒。8月下旬，请省委督导组谈话提醒，办主要领导与班子成员谈话提醒，班子成员之间互相谈话提醒，并主动征求下级意见。办主要领导要同所有处室负责人谈心，班子成员要与分管处室全体人员谈心。

11. 撰写对照检查材料。8月下旬，办领导班子和领导干部在充分谈心的基础上认真撰写对照检查材料，重点剖析存在的“四风”问题及根源，做到查摆问题准、原因分析透、整改措施实。处级以上干部也要开展对照检查，撰写对照检查材料，经支部负责人修改把关后，报办活动办公室。

（三）深化提高阶段（2013年9月至11月）。根据梳理总结排查出的在践行群众路线方面的突出问题，总结经验，认真提高。

12. 召开民主生活会。9月上旬到中旬，召开办领导班子民主生活会，以整风精神开展积极的善意的实事求是的批评与自我批评，营造严肃和谐的氛围，达到提高认识、统一思想、改进提高、团结鼓劲的目的。各支部要认真组织党员参加所在党支部召开的专题民主生活会。民主生活会要做到有的放矢、触及灵魂、点中要害、思想交锋、接受监督。

办党组民主生活会后，各支部负责人要主持召开通报会，向所在支部通报民主生活会情况。9

月15日前，各支部要将召开民主生活会情况上报办活动办公室。办活动办公室按要求于9月20日前将民主生活会情况上报省委活动办。

13. 开展警示教育。积极参加全省警示教育，从典型案件中举一反三、汲取教训，自我警醒、防微杜渐。

14. 开展党课教育。9月上旬，邀请专家、教授为我办党员干部职工进行一次以“延安整风”为背景题材的党课教育。把上党课作为教育活动的重要环节，通过集中授课、观看光碟、自主学习等形式开展党课教育，丰富党课教育形式，提高学习成效。

15. 组织观看反映活动主题的影片。9月上旬，组织全办党员干部观看反映教育实践活动主题的影片，通过观看，进一步加强作风建设，增强党员干部密切联系群众的意识，增强保持党的纯洁性和先进性。

16. 牢记“两个务必”。9月中旬，组织全办党员干部到西柏坡参观学习，牢记毛泽东同志“两个务必”的谆谆教导，保持谦虚、谨慎、不骄、不躁的作风和艰苦奋斗的作风，进一步转变工作作风，提高工作效率，提升工作质量，树立为民、务实、清廉的良好形象。

17. 参观学习革命老区。9月中旬，组织全办党员赴革命老区进行参观学习，牢记党的宗旨，发扬优良传统，始终保持艰苦奋斗的作风。

18. 开展大讨论活动。9月下旬，组织全办人员开展以加强作风建设，实现“法治是最大的保障”为主要内容的大讨论活动。各支部要组织党员干部职工在广泛学习、撰写心得体会的基础上进行学习交流，通过学习交流不断强化全办人员的群众路线观念，增强做好群众工作的自觉性。

19. 开展民主测评和民主评议。7月中旬，召开全办动员会，组织全办党员、干部和职工进行民主测评；10月下旬，集中整改阶段后，邀请“两代表一委员”、离退休干部、服务对象等群众代表，邀请实名提出意见建议的群众代表，对我办开展活动情况和整改落实效果进行民主评议。

20. 集中整改。9月底前，办党组带头进行整改，研究制定整改措施，及时上报省委督导组和省委活动办。各支部要针对生活会查摆出的问题，制定落实整改方案。抓住重点问题，制定整改任务书、时间表，分解细化，责任到人。办党组整改方案在全办范围内公示，进一步征求党员干部和群众意见，增强方案的针对性和可操作性。

21. 查处违纪行为。视问题严重程度，根据法律和党规，分别进行诫勉谈话、组织处理、依法依纪查处。

22. 建立长效机制。10月中旬，针对存在的突出问题，围绕克服“四风”、改进作风，密切与人民群众的联系，建立完善作风建设相关制度。

23. 开展“回头看”。10月下旬至11月下旬，组织开展“回头看”，进一步抓好整改措施落实。12月上旬，搞好活动的总结工作。

六、组织领导

全办党员干部要把开展党的群众路线教育实践活动，作为贯彻落实党的十八大精神的重大举措，作为全面提升政府法制工作水平的重要步骤，高度重视，精心组织，扎实推动，确保实效。

（一）成立工作机构。办党组成立党的群众路线教育实践活动领导小组，办党组书记王桂海同志任组长，巡视员石玉林同志，党组成员、副主任任智勇同志为副组长，各处处长、纪检监察员、中心主任为成员。办教育实践活动征求时清霜主任作为党外人士的重要意见。领导小组下设办公室，办公室主任由刘建新同志担任，活动办公室成员有蒋力、耿云飞、梁炜、孙威亚、王勇组成。各支部开展教育实践活动，支部书记为具体责任人，要制定完善工作机制和推进措施，一级抓一级，层层抓落实，务求活动取得实效。

（二）明确责任，加强督导。办教育实践活动领导小组及其办公室在办党组领导下负责全办教育实践活动的组织协调和具体指导。办活动办公室负责组织指导和协调，加强督导。各支部要全员参与，形成全办教育实践活动既分合有序又集中统一。机关党委要加强督促检查，促进活动扎实开展，确保收到实效。

（三）加大宣传力度。办教育实践活动办公室和宣传教育处要把教育实践活动作为当前宣传报道的重中之重，精心搞好宣传计划、宣传载体、视角创意、栏目设置等方面工作，大力宣传教育实践活动开展的重要意义、推进要求和主要任务，在河北法制报、法治月刊和我办网站及时报道我办教育实践活动进展情况，及时宣传先进典型和经验，全面展示教育实践活动中的新举措、新成效。

（四）坚持统筹兼顾。要把教育实践活动当作当前一项重大的政治任务，做到精心组织、统筹兼顾、周密安排。要正确处理好完成正常工作与教育实践活动的关系，把教育实践活动作为推动各项工作的重要动力，把教育实践活动融入到各项工作中去，把各项工作结合到学习教育实践活动中来，确保各项目标任务的圆满完成，做到两手抓、两协调、两促进。

附件：1. 省法制办教育实践活动领导小组及办公室人员和职责（略）

2. 省法制办党的群众路线教育实践活动推进方案（略）

河北省人民政府法制办公室印发《关于贯彻落实〈中共河北省委、河北省人民政府关于贯彻落实中央政治局“八项规定”的办法〉的意见》的通知

（2013年1月24日）

机关各处，各中心：

经办党组暨领导班子会议研究同意，现将《河北省人民政府法制办公室关于贯彻落实〈中共河北省委、河北省人民政府关于贯彻落实中央政治局“八项规定”的办法〉的意见》印发，请认真贯彻执行。

河北省人民政府法制办公室关于贯彻落实《中共河北省委、河北省人民政府关于贯彻落实中央政治局“八项规定”的办法》的意见

为深入贯彻习近平总书记关于厉行节约反对铺张浪费重要批示和在中央政治局会议上的重要讲话精神，认真落实省委、省政府关于贯彻落实中央政治局关于改进工作作风、密切联系群众的八项规定要求，结合我办实际，提出如下贯彻落实意见：

一、改进调查研究

注重调研时效。把调查研究作为改进工作作风、密切联系群众的重要途径，经常深入到基层和群众中，了解真实情况，总结经验、研究问题、解决困难、指导工作。调研要明确主题、突出针对性，多到困难较多、情况复杂、矛盾集中、群众意见多的地方去。除工作需要外，不去名胜古迹、风景区参观。每年到基层调研时间不少于30天，形成1—2项调研成果。改进调研方式。多搞蹲点调研、解剖典型，多搞随机调研、明察暗访，多与基层干部群众直接交流，多听问题反映和意见建议，防止形式主义、走过场；立法调研要多听取基层群众意见和呼声，充分反映群众诉求。坚持轻车简从。到基层调研，严格控制工作人员。办领导到基层考察调研，陪同的业务处负责同志原则上不超过2人，设区市、县陪同人员不超过2人。

二、精简会议活动

本着务实高效的原则，可开可不开的会议不开，严格控制、切实减少召开各类会议；会议安排要主题突出、内容翔实；认真落实“无会月”制度；压缩会议活动时间，按有关会议费用标准从严制定、执行会议预算，减少会议经费支出；切实改进会风，开短会、讲短话，力戒空话、套话；精心设置会议讨论议题，发言要开门见山、直奔主题，不作空泛议论，提高会议活动效率和质量。

三、精简文件简报

按照省委、省政府要求，办里只保留一种简报。简报形式要多种多样，既要有动态，又要有通报和经验介绍等多种形式；要充分运用这一简报和其他各种媒介，及时将中央和省里的精神宣传贯彻下去，指导和推进全省各市、县依法行政工作。改进文风，提倡短、实、新。文件要突出思想性、针对性和可操作性，严格控制篇幅，一般不超过3000字。如果电子媒介能够满足工作需要，则不发纸质文件，控制纸质文件发放范围和数量，发文范围和数量主管领导审批后制发。加快推进机关电子公文及信息化建设，进一步减少纸质文件和简报资料数量。

四、厉行勤俭节约

严格执行中央和省关于车辆、办公用房配备使用的有关规定。严格按照规定配备和使用公车，不做豪华装修，不借用占用其他车辆。

简化公务接待。安排会议和调研要简约、俭朴，切实做到“十不”：不张贴悬挂标语横幅、不安排群众迎送、不铺设迎宾地毯、不摆放花草、不组织专场文艺表演、不安排超规格房间、一般不安排接见合影、不赠送各类纪念品和土特产、不安排宴请、不上高档菜肴。严格控制会议经

费，严禁组织高消费娱乐、健身活动，严禁提高会议用餐、住宿标准，有条件安排自助餐的也要注意节俭。会议活动现场布置要庄重朴实，一律不制作背景板。各市、县法制机构人员来省汇报工作，一般安排自助餐，特殊情况经秘书处主管领导同意后按照有关标准安排桌餐，可由业务处主管领导和处内 1－2 名同志陪同。

机关全体人员在日常工作中，要从点滴小事做起，节约使用各种资源。做到人走灯灭，下班时关闭电脑、打印机、空调电源；小心使用电子办公设备，减少维修和耗材支出；除需要存档资料外，打印纸做到两面使用；提倡低碳、环保、绿色出行，尽量减少公务用车使用频率，提高公务用车使用效率；长途出差尽量选乘火车等公共交通工具；在保障行车安全前提下尽量减少车辆维修支出。纪检监察和秘书处要对厉行节约情况进行检查并通报相关情况。

机关全体人员尤其是领导干部要坚持以人为本、执政为民，以身作则、率先垂范；要不折不扣地执行中央和省委、省政府的各项规定，坚决不走形式、不搞变通。办党组每年就执行情况按要求向省委、省政府作出专题报告。

大事记（2012 年）

1 月

5 日

在 2012 年新年伊始和《政府法治》周刊创办五周年之际，省法制办主任、党组书记张国钧在《政府法治》周刊上发表题为《立足新起点谋求新发展》的署名文章。

17 日

省委常委、常务副省长杨崇勇在省法制办报送的《2011 年工作总结和 2012 年工作安排意见》上作出重要批示："过去一年，法制办工作富有成效。今年要按照党代会和两会要求在建设法治政府方面取得新进展"。

31 日

省长助理江波到省法制办调研。在听取了省法制办主任张国钧作的工作汇报后，江波对省法制办的工作给予充分肯定并就进一步做好法制工作作了重要讲话。

2 月

9 日

按照省政府要求，由省法制办牵头，省全面推进依法行政工作领导小组成员单位联合组成的七个考核组分赴各设区市、省直部分行政部门，组织开展了 2011 年度依法行政考核工作。

10 日

省法制办党组书记、主任张国钧主持召开党组扩大会议，集中学习讨论张庆黎书记在 2 月 8 日八届省委常委会围绕和谐河北与依法行政第一次集体学习会议上的讲话精神。

17 日

省委书记张庆黎在省法制办报送的《关于学习讨论张庆黎书记在八届省委常委会第一次集体学习会议上讲话精神的报告》上作出重要批示："重视程度高，抓得早、抓得好。"省委常委、秘书长景春华也作了肯定性批示。

3 月

13 日

省法制办主任张国钧应邀出席《唐山市公务员依法行政常用读本》首发仪式暨唐山市坚持依法行政、优化发展环境座谈会，并就推进依法行政、建设法治政府作了发言。

22 日

省政府第 102 次常务会议审议通过了省法制办提交的《河北省人民政府 2012 年立法工作计划》。省政府办公厅以文件形式印发了《河北省人民政府 2012 年立法工作计划》（冀政函〔2012〕40 号）。

4 月

10 日

省政府第六次全体会议举办依法行政专题学习，省法制办主任张国钧作了《依法行政八题》讲座。省委副书记、省长张庆伟主持会议并讲话。省委常委、常务副省长杨崇勇，省委常委、副省长聂辰席，副省长宋恩华，省政府特邀咨询张和、孙士彬，副省长龙庄伟、张杰辉、杨汭，省长助理、省政府秘书长尹亚力，省长助理、省金融办主任江波出席会议。张主任从八个方面对依法行政作了系统阐释。

11 日

省委组织部常务副部长张古江，副部长王亮到省法制办召开全办干部大会，宣读省委印发的关于边黎明、秦博勇的任职通知。边黎明任省法制办党组书记，秦博勇任省法制办主任。

16日

受省长张庆伟、省长助理江波的委托，省法制办在太行国宾馆组织召开河北省全面推进依法行政工作领导小组会议。党组书记边黎明、主任秦博勇和省全面推进依法行政工作领导小组成员单位的有关负责人参加了会议，党组副书记、副主任王桂海主持会议。会议专题研究了全省依法行政考核工作。

5　月

3日

省法制办召开全办干部职工大会。省法制办党组书记边黎明、主任秦博勇出席会议并作重要讲话。党组副书记、副主任王桂海主持会议。会议对全办以后的机关建设和做好政府法制工作提出了明确要求。这是省法制办领导班子调整后首次召开全体干部职工大会。

15日

省政府召开第105次常务会议，听取了省法制办主任秦博勇所作的《2011年度依法行政工作考核情况汇报》。此次考核确定6个设区市和30个省直部门为优秀等次，将以省政府名义对考核评定为优秀等次单位进行通报。会议还审议通过了省法制办提交的《河北省抗旱规定》。

21日

省法制办召开全省法制办主任工作会议。会议听取了各设区市法制办主任的工作汇报，对做好政府法制工作进行了安排和部署。省法制办党组书记边黎明、主任秦博勇出席会议并作重要讲话。省法制办副主任、党组副书记王桂海主持会议。

23日

省政府办公厅印发《关于2011年度依法行政工作优秀等效单位的通报》（冀政办函〔2012〕47号），经考核评定，石家庄、唐山等6个设区市政府，省监察厅、省发改等30个省直部门被评定为2011年度依法行政工作优秀等次。

△23日

省法制办在邢台市召开全省行政复议工作会议。会议总结了2011年全省行政复议工作，认真分析当前行政复议工作面临的新形势、新任务，进一步明确做好新形势下行政复议工作思路和工作重点。省法制办党组副书记、副主任王桂海出席会议并讲话，邢台市副市长王东到会致辞。

6　月

12日

省政府第106次常务会议审议通过了省法制办提交的《河北省国有土地上房屋征收与补偿实施办法》。

14日

省法制办党组书记边黎明赴基层联系点邢台县调研社会管理创新和综合治理工作。边书记与邢台市委常委、常务副市长常丽虹，副市长王东就社会管理创新和综合治理等有关工作进行座谈。

15日

省政府法制研究会召开常务理事会议，省法制办党组书记边黎明、主任秦博勇出席会议并讲话。省政府法制研究会会长张国钧对做好政府法制研究工作进行部署。

27日

2012年度环渤海区域政府法制工作研讨会在秦皇岛市召开，来自环渤海区域的北京市、天津市、河北省、辽宁省、山东省、陕西省、内蒙古自治区政府法制办公室的主任、主管副主任和有关处长参加了会议。此次研讨会由河北省主办，省法制办党组书记边黎明出席会议致辞并作总结发言，秦皇岛市政府副市长王亚洲到会致辞，省法制办副巡视员任智勇主持会议。

29日

省法制办党组书记边黎明就加强基层建设年活动，到大城县长芦疃村进行调研并慰问老党员。

7　月

3日

省政府第107次常务会议审议通过了省法制办提交的《河北省突发事件应对条例（草案）》和《河北省沿海船舶边防治安管理条例（草案）》两部法规草案。

16日

省法制办召开党组扩大会暨党组理论学习中心组学习会议，集中学习贯彻省委理论学习中心组学习会议精神和学习牢记“两个务必”、保持党的纯洁性的有关理论。省法制办党组书记边黎明主持会议并讲话。省法制办主任秦博勇作为党外人士参加会议并发言，谈了学习体会。省法制办党组副书记、副主任王桂海，党组成员、副主任石玉林，副巡视员任智勇分别发言。与会人员紧密联系思想和工作实际，畅谈学习体会，围绕实现“经济强省、和谐河北”战略目标、为着力改善发展环境和生态环境提供法治保障这一主题，积极谋划政府法制工作的新思路和新举措。

△16 日

根据省政府领导同志工作分工调整和工作需要，经省政府同意，对河北省全面推进依法行政工作领导小组等 3 个领导小组组成人员进行相应调整。调整后，河北省全面推进依法行政工作领导小组组长为省长张庆伟；河北省贯彻实施行政许可法工作领导小组组长和河北省相对集中行政处罚权工作领导小组组长为省长助理江波。这三个领导小组办公室均设在省政府法制办公室，负责领导小组的日常工作。办公室主任均由省法制办主任秦博勇兼任。

19 日

全省依法行政集中采访活动启动仪式在省高速公路管理局举行。省法制办主任秦博勇，省委宣传部秘书长、新闻发言人魏平，省交通运输厅厅长高金浩、省法制办副主任王桂海作了讲话。省交通运输厅副厅长宋晓瑛介绍了省交通运输厅依法行政工作情况。省交通运输厅党组成员、高管局局长康彦民等交通运输厅领导出席仪式。省法制办副巡视员任智勇主持启动仪式。

30 日

省法制办主任秦博勇、副主任王桂海和副巡视员任智勇代表全办干部职工，到基层建设年活动的定点帮扶村——廊坊市大城县长芦疃村进行走访慰问。为该村送去 10 万元帮扶资金，解决村里街道硬化修缮急需的资金缺口。

31 日

省行政复议委员会办案观摩现场会在廊坊市举行。此会旨在学习廊坊复议委员会通过专家委员庭审式办案模式，公开透明审理行政复议案件，提高政府公信力。全省 11 个设区市法制办负责人和分管复议的领导以及复议处（科）室工作人员到会观摩学习，省法制办主任秦博勇、副主任王桂海参加观摩现场会并讲话。

8　月

22 日

省政府第 108 次常务会议审议通过了省法制办提交的《河北省民用运力国防动员办法》和《河北省行政执法证件和行政执法监督检查证件管理办法（修订案）》。

14 日

全省政府法制监督工作会议在石家庄市召开。此次会议的主要任务是，适应着力改善发展环境、着力改善生态环境的需要，研究部署依法行政考核、相对集中行政处罚权、规范行政执法行为等工作，进一步加大政府法制监督力度，推进各级各部门严格、规范、公正、文明执法，为实现“两个着力改善”提供坚强有力的法治保障。省法制办主任秦博勇出席会议并讲话，副主任王桂海主持会议，副巡视员任智勇对《2012 年度依法行政考核指标》进行了深入解读。

17 日

省法制办在石家庄市举行依法行政集中采访答谢会，对新闻媒体利用两个月时间开展依法行政集中采访报道工作表示感谢。省法制办副主任石玉林，省委宣传部新闻处处长丁伟出席并讲话，中新社河北分社、法制日报河北记者站、河北电台、河北经济日报、河北法制报等十一家中央有关新闻媒体、省主要新闻媒体的有关负责人和记者参加。

25 日

省法制办主任秦博勇就加强规范性文件制定审查工作、服务保障全省改善两个环境建设，接受了河北法制报记者专访。

27 日

省政府第 110 次常务会议审议通过了省法制办提交的《河北省燃气管理办法》、《关于进一步做好城市管理领域相对集中行政处罚权工作的意见》和《石家庄市开展城市管理相对集中行政处罚权工作方案》。

29 日

省政府印发了省法制办起草的《河北省人民政府关于进一步做好城市管理领域相对集中行政处罚权工作的意见》（冀政〔2012〕83 号）文件。

10　月

16日

省法制办派出工作组赴唐山、沧州等市，对全省法制监督工作会议落实及依法行政工作整体推进和行政执法监督情况进行督导调研。

23日

省法制办发出公告，向社会公开征集2013年度立法工作计划项目建议和今后五年立法规划项目建议。

31日

省法制办主任秦博勇就全省在城市管理领域开展相对集中行政处罚权工作接受河北法制报记者专访。提出到2013年底基本实现相对集中行政处罚权工作市县全覆盖。

11 月

7日

省法制办印发《河北省人民政府法制办公室关于加强政府法制工作服务保障两个环境建设的意见》（冀法〔2012〕23号）文件，从六个方面提出了二十项措施，为贯彻落实省委、省政府改善两个环境建设提供法治保障。

14日

全省政府规章规范性文件清理工作会议在石家庄市召开。各设区市法制办主任及法规科科长和省直部门主管领导及法规处处长近200人参加会议。省法制办主任秦博勇出席会议并讲话，对全省清理工作进行动员部署。副主任王桂海、石玉林出席会议。会议由王桂海主持。

19日

省法制办召开党组扩大会议，传达11月17日省委常委（扩大）会议精神，对学习宣传贯彻党的十八大会议精神作出动员部署。

22日

省政府第112次常务会议审议通过了省法制办提交的《河北省机动车排气污染防治办法》、《河北省档案收集管理办法》和《河北省海洋环境保护管理规定》三部政府规章。

12 月

6日

省法制办召开党组理论学习中心组扩大会议，办党组成员和各处、中心主要负责同志参加会议。组织座谈交流学习贯彻党十八大精神的体会。

11日

省政府第113次常务会议审议通过了省法制办提交的《河北省促进散装水泥发展条例（草案）》《河北省人口与计划生育条例（修订草案）》两部地方性法规草案和《河北省餐厨废弃物管理办法》、《河北省暴雪大风寒潮大雾高温灾害防御办法》、《河北省邮政业安全监督管理规定》和《河北省地方教育附加征收使用管理规定（修订案）》等四部政府规章。

20日

省法制办组织召开河北省人民政府五年立法规划（2013年—2017年）专家论证会，对2013年度立法计划和五年立法规划进行研究论证。

23日

省长张庆伟在省法制办上报省政府的《关于2012年政府立法工作完成情况的报告》上作出重要批示：今年计划执行情况较好，特别是急事急办，明年计划要研究早、制定早。

大事记(2013年)

1 月

8日

省法制办印发2013年政府法制工作要点。明确提出，推进政府法制工作，要以事关全面建成小康社会的体制机制创新和解决影响“两个环境”建设的突出问题为突破口，以加强重点领域立法、加强行政执法监督、强化行政复议和行政调解为着力点，提高领导干部增强法治思维和法治方式能力，加强政府法制队伍建设，努力实现政府法制工作新跨越，为建设经济强省、和谐河北提供法治保障。要点从七个方面对2013年度工作进行了部署，提出了要求。

10日

省政府第116次常务会议审议通过了省法制办提交的《河北省食品安全监督管理规定》。

15日

省法制办印发《河北省行政执法监督文书》格式样本。文书种类共25种，其中通用文书5种，举报专用类3种，行政执法过错责任追究专用类10种及其他监督检查类7种。

18日

省法制办召开推进机关标准化管理工作动员会。办领导王桂海、石玉林出席会议。党组副书记、副主任王桂海作动员讲话，党组成员、副主任石玉林主持会议。方圆标志认证集团的培训老师对全办干部职工进行了培训。

3 月

1日

全省行政执法与刑事司法衔接工作联席会议在河北会堂召开。省政府副省长、省法制办主任秦博勇作了书面讲话，石玉林副主任主持会议，任智勇副巡视员对全省“两法衔接”工作开展情况作了汇报。各成员单位就工作进展情况进行了研讨和交流。会议总结2011年以来全省“两法衔接”工作开展情况，对做好2013年主要工作进行了安排部署。

15日

省全面推进依法行政工作领导小组组织实施2012年度依法行政考核。九个考核小组对各设区市政府和45个省政府组成部门、直属机构、部门管理机构的依法行政工作进行全面考核。考核工作在4月中旬结束。2012年的考核指标和评分标准与2011年度相比，更具有针对性和可操作性考核主要采取现场查看资料、与管理相对人座谈等方式进行。

28日

省政府第2次常务会议审议通过了省法制办提交的《河北省人民政府2013年立法工作计划》和《河北省人民政府立法规划（2013－2017年）》。首次编制的省政府五年立法规划，在国务院法制办工作简报上作了专题介绍。

30日

省法制办组织开展了政府规章和规范性文件清理工作，对2012年12月31日前公布的现行有效的231件省政府规章进行了集中清理，废止和宣布失效8件，修订29件，继续保留194件；对全省现行有效的538件规范性文件全面清理，废止64件，修改18件，继续保留456件。

4 月

3日

省法制办召开领导班子工作会议。省政府主管法制工作副省长、法制办主任秦博勇出席会议，办领导王桂海、石玉林、任智勇和各处处长、中心主任及秘书处副处长、各处有关人员参加了会议。会议由王桂海副主任主持。会议传达了省政府第一次全体会议和省政府廉政工作会议精神，并就贯彻落实好会议精神进行了部署。秦博勇在会上作了重要讲话。会议组织传达学习了张庆伟省长在新一届省政府第一次全会和省政府廉政工作会议上的讲话。传达学习了张庆伟省长对全省各级行政机关及其工作人员提出十项要求。

5 月

7日

省法制办会同省监察厅、省财政厅联合印发通知，组织开展行政处罚行为专项监督检查。组成5个检查组，采取接受举报、明查暗访等多种形式，对11个设区市和有行政处罚权的省直部门开展专项行政执法监督检查，重点解决行政执法行为中随意处罚，侵犯损害群众利益的突出问题。发现问题400多个，通报存在问题并要求地方和部门限期整改。此项工作得到省委、省政府主要领导的充分肯定，省委书记周本顺批示：“这项工作要坚持不懈地抓下去，抓出群众满意的效果。”省长张庆伟批示：“这项工作抓得有针对性，要以问题反复出现的单位为重点，由所在地方党委政府重点帮助整改。”

8日

省委八届五次全委（扩大）会议召开。省法制办党组及时组织领导班子和各支部通过多种形式认真贯彻会议精神。组织传达了学习周本顺书记和张庆伟省长在省委八届五次全委（扩大）会议上的重要讲话。

10日

省法制办召开党组扩大会暨党组理论学习中心组学习会议，集中学习讨论了省委书记周本顺和省委副书记、省长张庆伟在五次全会上的重要讲话，就开展“解放思想、改革开放、创新驱动、科学发展”大讨论活动进行动员部署。省法制办围绕“如何以法治思维和法治方式促进科学发展”、“如何进一步调动全办干事创业的积极性和创造性”为主题，开展解放思想大讨论活动。根据省委《关于在全省开展“解放思想、改革开放、创新驱动、科学发展”大讨论活动的决定》和省委办公厅《关于开展“我为河北科学发展献良策”活动的实施方案的通知》要求，省法制办结合工作实际，制定并实施了“解放思想、改革开放、创新驱动、科学发展”大讨论活动方案，召开动员会，在全办和全省政府法制机构开展大讨论活动。

18 日

省法制办副主任石玉林带队参加中国廊坊国际经济贸易洽谈会为与会中外客商提供政策法律服务。

20 日

按秦博勇副省长的批示，省法制办组织开展清理规范罚款工作。组织对省直 50 个行政执法部门实施的罚款行为所涉及的依据及其相关条款进行审核清理。清理工作共涉及法律、法规、规章和规范性文件 1045 部，涉及罚款 3190 条、4144 项，60 个执法类别。逐条逐款审核，提出了清理建议报告。

23 日

全省法制办主任会议在石家庄市召开。会议在总结去年以来政府法制工作的基础上，对 2013 年的工作进行了部署。特别对全省推进相对集中行政处罚权工作进行了调度，要求到 2013 年底前相对集中行政处罚权工作实现全省全覆盖。省法制办副主任王桂海、副巡视员任智勇出席会议。会议由副主任石玉林主持。

6 月

4 日

省法制办举办专题讲座，邀请省委党校丁万明教授讲授从贞观政要看中国历代盛世兴衰及其现代启示。全办干部职工参加了专题讲座。

13 日

省法制办召开了党组扩大会议，传达学习中共中央《关于在全党深入开展党的群众路线教育实践活动的意见》（中发〔2013〕4 号）文件和省委办公厅印发的《关于认真组织学习习近平总书记一系列重要讲话精神的通知》，并组织了讨论。会议要求，要围绕重要问题和重大观点进行理论研讨，加深理解，巩固学习成果。要充分运用好周刊、月刊和网站宣传我办开展学习活动情况，交流学习成果。要谋划好当前和今后的政府法制工作，进一步增强领导干部法制意识和提高干部服务保障的能力，推进政府法制工作迈上新台阶。

16 日

省法制办与石家庄市中级法院联合召开座谈会，建立联席会议制度，建立了行政复议和应诉办案协调机制，协调统一裁判尺度，就解决好有关疑难问题达成共识。

7 月

6 日

省法制办召开全办干部职工大会。省政府副省长秦博勇、省人大常委会内司委主任边黎明和省委组织部副部长朱政学和办党组书记王桂海及主任时清霜出席会议。会议宣布了省委关于王桂海、时清霜、石玉林和任智勇的任职通知。秦省长和边主任分别作了重要讲话，王桂海书记代表班子作了讲话，表示坚决服从省委的决定，与清霜主任和其他班子成员一起，带领全办人员认真履行职责，推进政府法制工作再上新台阶。省委决定，王桂海任法制办党组书记，省司法厅副厅长时清霜任省法制办主任，石玉林任巡视员，任智勇任省法制办党组成员、副主任。

9 日

省法制办在教育实践活动中领导班子和厅级干部作出坚决克服“四风”（形式主义、官僚主义、享乐主义和奢靡之风）的公开承诺。领导班子的公开承诺包括遵守党的政治纪律、贯彻民主集中制、牢固树立大局意识等 8 项内容。党组成员和厅级干部也都分别作出公开承诺。

11 日

省法制办召开了党的群众路线教育实践活动动员大会，全办党员、干部和职工参加了动员会。省委第三督导组唐树钰组长、边红军副组长及有关人员出席动员会。会上，唐树钰组长作了重要讲话，对我办扎实推进教育实践活动开展提出明确要求。办党组书记王桂海作了题为《运用法治思维和法治方式以整风精神扎实开展群众路线教育实践活动在解决“四风”上求实效》的动员报告，对全办开展教育实践活动进行动员部署。

16 日

省政府第 6 次常务会议审议通过了省法制办提交的《河北省机关事务管理办法》、《河北省历史文化名城名镇名村保护办法》和《河北省沿海船舶边防治安管理实施细则》三部政府规章。省法制办主任时清霜向会议作了政府规章草案的说明。

23 日

为规范政府规章翻译审定工作，提高政府规章译审质量，省法制办报请省政府同意，以省政府办公厅文件形式印发了《河北省政府规章翻译审定办法》（办字〔2013〕80号）。

27日

省法制办召开党组理论学习中心组学习会议。办领导王桂海、时清霜、石玉林、任智勇和各处处长、中心主任参加了集中学习会。省委督导组唐树钰组长出席了省法制办的座谈会，对省法制办开展好群众路线教育实践活动进行了指导，提出了明确要求。

29日

国务院法制办宋大涵主任、甘藏春副主任带队一行六人到河北开展党的群众路线教育实践活动征求意见工作。在河北会堂廊坊厅组织召开座谈会，秦博勇副省长、王桂海书记、时清霜主任出席座谈会，石家庄、邢台、保定、衡水的法制办主任、省直管县法制办主任及有关人员参加了座谈。

8 月

9日

省政府与省政协联合召开立法协商会，对《河北省实施〈中华人民共和国水土保持法〉办法（征求意见稿）》和《河北省无障碍环境建设办法（征求意见稿）》进行协商讨论。省政协副主席崔江水出席会议并讲话。省政府秘书长李璞，省法制办主任时清霜、巡视员石玉林参加会议，并对两部征求意见稿的立法情况进行了说明。省水利厅和省残联的有关负责人参加了会议。

15日

省法制办组织全办干部职工集体上党课。请省委党校李芬副教授作延安整风精神专题讲座。这是法制办深入开展群众路线教育实践活动的一项重要活动。党组书记王桂海会后进行了讲评，就开展好教育实践活动提出三点要求：一是加强理论学习，把学习贯穿于活动全过程；二是紧密结合实际，解决好存在问题；三是以活动促进政府法制工作水平全面提升。

23日

省法制办召开党组扩大会议，专题查摆问题。党组书记王桂海，主任时清霜，巡视员石玉林，党组成员、副主任任智勇及办教育实践活动办公室有关人员参加了会议。会议由王桂海主持。省委第三督导组陆松处长出席了法制办领导班子查摆问题会议。王桂海传达了省委第三督导组收集反馈法制办领导班子在“四风”方面存在的13个问题和对领导班子的8项意见建议，通报了省法制办开展教育实践活动查摆“四风”方面存在的问题和征求意见建议的情况。省法制办通过民主评议、发放征求意见表、召开座谈会、入户走访、蹲点调研、设置电子信箱和意见箱等方式，广泛征求各方面意见建议共计171条。为进一步聚焦省法制办领导班子“四风”问题，领导班子成员和厅级干部一一发言，大家坦诚交流，提意见、找原因、议对策，对领导班子存在的问题进行集中查摆。陆松对省法制办领导班子查摆问题情况作了讲评。

29日

省政府第8次常务会议审议通过了省法制办提交的《河北省供热用热办法》。

9 月

5日

省法制办领导班子专门召开会议，梳理归纳意见建议、自查提出的问题以及在谈心中得到的问题和意见建议，形成法制办领导班子12项查摆问题，经党组扩大会议讨论研究通过，作为领导班子对照检查的重要依据，为撰写对照检查材料、开好民主生活会奠定基础。这12项问题包括：贯彻落实民主集中制存在一定差距、围绕中心服务大局提供法治保障不到位和开拓创新不够、立法工作中听取部门意见多征求管理相对人和公众意见少等12项问题，为教育实践活动撰写对照检查材料、开好民主生活会奠定了基础。

10日

省政府法制办巡视员石玉林陪同国务院法制办秘书行政司副司长高寅、农林司副巡视员郭文芳和水利部农水司副司长顾斌杰、政法司副司长陈琴等领导，到阜城县就有关扶持项目的落实进行考察，并就国务院《农田水利条例》的制定工作进行立法调研。省水利厅有关领导陪同参加了考察活动。

16日

省政府召开第9次常务会议审议通过了省法制办报送的《河北省企业权益保护规定》。该规定系统规范了行政机关的行政行为，并对为企业提供服务救济予以明确。为更好地介绍此政府规章的制定背景、意义以及主要内容，省法制办主任时清霜授受了河北法制报记者的专访，并在河北法制报政府法治周刊第一版刊载了专访文章。

△16 日

省委印发《河北省设区市党政领导班子和领导干部综合考核评价办法（试行）》、《河北省省直党政工作部门领导班子和领导干部综合考核评价办法（试行）》等三个制度文件，将依法行政工作纳入党政领导班子和领导干部综合考核评价体系，全省依法行政考核工作取得突破性进展。引起各地各部门特别是领导干部对依法行政的高度重视。对各地各部门推进依法行政起到很好地促进作用。根据省委文件要求，完善考核标准和考核程序，创新考核方式和方法。

30 日

按张庆伟省长的批示，省法制办组织对政府规章和规范性文件再次进行清理。经省政府审定修改、废止省政府规章 36 件（修改 32 件，废止 4 件），修改、废止省政府规范性文件 17 件（修改 5 件，废止 12 件），涉及修改取消下放行政许可事项 30 项，修改取消违法设定的行政收费、基金等 15 项。此项工作得到省政府的充分肯定。

10 月

14 日

省法制办接受了方圆标志认证集团对机关推行标准化工作的认证审核，并顺利通过了审核。2013 年以来，全办认真抓好学习培训，扎扎实实做好标准化各项工作，对全机关各项职责和岗位进行梳理，对所有工作程序进行规范，编制标准化体系文件，全员参与学习培训和审核，为顺利通过审核认证打下了坚实基础。

21 日

省政府召开第 10 次常务会议，审议通过省法制办报送的《河北省终身教育促进条例（草案）》和《唐山市和衡水市开展城市管理相对集中行政处罚权工作方案》。

22 日

省法制办召开领导班子专题民主生活会。省人大常务委员会副主任马兰翠、省委第三督导组组长唐树钰、副组长边红军、成员庞所有，法制办党组书记王桂海和党组成员、副主任任智勇出席会议。主任时清霜、巡视员石玉林、原主任张国钧和法制办活动办有关人员列席了会议。会议由王桂海主持。会前，省法制办专门拟制了领导班子专题民主生活会方案，严格按照省委教育实践活动有关要求，对召开领导班子专题民主生活会进行了认真准备。会上，王桂海率先代表领导班子进行对照检查，紧紧围绕“四风”认真查摆问题，深刻剖析原因，明确整改措施。班子成员和级干部一一发言，并开展了批评与自我批评。时清霜主任作为党外人士，就进一步加强政府法制工作提出了意见建议。省委第三督导组组长唐树钰在会上讲话，对办领导班子专题民主生活会召开情况作了点评。省人大常务委员会副主任马兰翠作了重要讲话，她对省法制办的专题民主生活会给予充分肯定，对省法制办深化教育实践活动提出要求。

29 日

省政府召开第 11 次常务会议，审议通过了省法制办报送的《河北省化工建设项目安装工程质量管理规定》、《河北省城镇土地使用税实施办法（修订案）》两部政府规章和《河北省实施〈中华人民共和国水土保持法〉办法（草案）》、《河北省非物质文化遗产条例（草案）》两部地方性法规草案。两部地方性法规将由省长签署议案提交省人大常委会审议。

31 日

省法制办组织召开专题民主生活会情况通报会。法制办领导班子成员、省委第三督导组有关领导、12 名省法制办服务对象代表以及法制办全体党员干部参加了会议。会议由法制办党组书记王桂海主持。王书记通报了领导班子专题民主生活会召开情况，介绍了省领导和省委督导组领导对会议的评价并就做好第三阶段有关工作进行部署。省委督导组组织与会人员对领导班子专题民主生活会情况进行了民主评议。

11 月

1 日

全省规范性文件审查备案工作现场会在衡水市召开。衡水市常务副市长董晓宇出席会议并致辞。省法制办巡视员石玉林出席会议，对进一步做好规范性文件审查备案工作提出了要求。

4 日

河北省首家政府法制与仲裁研究会于在张家口市成立，并召开了由全体会员参加的成立大会，表决通过了《章程》、《会费收缴管理办法》、《财务管理办法》、《选举办法》，选举产生了第一届理事会及常务理事，推举了侯桂兰为名誉会长，选举了刘光福为会长。研究会现有会员 165 人，理事 59 人，常务理事 18 人。张家口市政府法制与仲裁研究会是由张家口市关心、从事政府法制与民商仲裁工作的事业、企业、社团等单位及有关专家、学者及实际工作者自愿结成的地方性学术类非营利性社会团体。

6 日

为做好全省的依法行政考核工作，省法制办组织召开 2013 年度依法行政考核工作座谈会。省法制办党组书记王桂海、主任时清霜出席会议并讲话；巡视员石玉林主持会议；党组成员、副主任任智勇对《2013 年度依法行政考核指标》进行了解读，11 个设区市和定州市、辛集市法制办主任以及省法制办机关副处级以上干部参加了会议。会议听取了各设区市、定州和辛集市法制办主任对 2013 年推进依法行政工作的情况汇报。时清霜就如何做好 2013 年依法行政考核工作提出了明确要求。王桂海书记就做好考核工作作了重要讲话，提出了四点要求。

14 日

2013 年度环渤海区域政府法制工作研讨会在山东烟台召开，2013 年的研讨会是第四届，主题是“如何推进法治政府建设”。来自北京、天津、河北、山东、辽宁、山西、内蒙古七省市区政府的法制办主任及有关工作人员参加了会议，各自介绍了各自近年来在推进依法行政、建设法治政府中的做法和经验，结合贯彻落实党的十八届三中全会精神，就如何推进法治政府建设进行了研讨。省法制办主任时清霜参加会议并在会上作了发言。

16 日

省法制办与省政协社会和法制委员会联合印发《关于建立政府立法协商工作机制的实施意见（试行）》（冀协社法〔2013〕4 号）。建立立法协商工作机制，得到省政府、省政协领导的充分肯定。在总结近两年政府立法协商经验的基础上，与省政协社会法制委联合制发实施意见，就立法协商的内容、形式、程序和结果反馈作出规定，以充分发挥政协委员和专家学者在政府立法中的作用。此举得到省政协领导的充分肯定。政协主席付志方批示：“很好！”政协副主席刘永瑞批示：“非常赞成。”政协副主席崔江水批示：“这是群众路线教育实践活动整改方面又一实在举措，是创新工作方式、全面履职举措。”

18 日

省法制办召开全体大会，集体学习党的十八届三中全会精神。省法制办党组书记王桂海、主任时清霜出席会议。巡视员石玉林向全体党员干部传达了《中共中央关于全面深化改革若干重大问题的决定》和《习近平关于〈中共中央关于全面深化改革若干重大问题的决定〉的说明》。会议由党组成员、副主任任智勇主持。王书记就全办深入学习贯彻会议精神作重要讲话。

23 日

国务院法制办公室秘书行政司副司长高寅、国务院法制办教科文卫司副司长李敬鹉、国家卫计委规划与信息司有关领导到阜城县考察调研卫生及扶贫工作。省政府法制办巡视员石玉林、省卫计委有关负责人陪同调研。国务院法制办、国家卫计委调研组一行实地考察了县妇幼保健院、县中医院、县医院及县医院新址施工现场。听取了阜城县委县政府汇报。考察组对阜城县基本药物制度实施、基层医疗服务体系建设等医疗卫生工作开展情况给予了肯定，高度关注卫生基础薄弱、医疗设施老化等问题，共同研究了解决办法。

26 日

省法制办组织对省本级 6360 余名持行政执法证件人员进行年检考试。此次年检是近年来首次采取粘贴年检标识的方式，以此识别是否为有效行政执法证件。这次年检考试强化了对行政执法人员的监督，有力促进了行政执法人员规范执法行为。

12 月

17 日

省政府召开第 14 次常务会议，审议通过了省法制办报送的《河北省湿地保护规定》、《河北省无障碍环境建设管理办法》、《河北省生活饮用水卫生监督管理办法》三部政府规章。省法制办主任时清霜向会议作了这三部政府规章草案的说明。

25 日

省法制办对全年推进相对集中行政处罚权工作进行了总结。经过一年的积极推动，除张家口、邯郸两市外，全省 9 个设区市、141 个县（市、区）实行了相对集中行政处罚权工作。如期实现了全省县级全覆盖，推进相对集中行政处罚权工作取得显著成效，成为全国第二个实现全覆盖的省份。

设区市、省直管县政府法制建设

【石家庄市政府法制建设】 2012年、2013年，石家庄市政府法制工作在市委、市政府的正确领导下，在省政府法制办的帮助指导下，坚持以邓小平理论、“三个代表”重要思想、科学发展观为指导，深入贯彻党的十八大和十八届二中、三中全会精神，紧紧围绕“全面推进依法行政、努力建设法治政府”目标，进一步落实国务院《全面推进依法行政实施纲要》、《关于加强市县政府依法行政的决定》和《关于加强法治政府建设的意见》，以增强领导干部依法行政能力、深化行政审批制度改革、提高制度建设质量、推进严格规范公正文明执法、有效化解矛盾纠纷和确保政府决策合法有效为着力点，解放思想、科学谋划、突出重点、整体推进，政府法制各项工作取得新进展，为全市改善生态环境、优化发展环境和实现转型升级、跨越赶超、建设幸福石家庄创造了良好的法治环境。

一、统筹规划，依法行政工作取得新成效

切实发挥政府法制工作在全面推进依法行政中的统筹规划、综合协调和督促指导作用，每年初，都对依法行政工作取得的成绩、经验进行总结，深入分析存在的问题，向市政府提出本年度全面推进依法行政工作的意见、建议，并以市政府名义制发年度依法行政工作安排意见，对年度重点工作进行安排部署，明确责任单位、任务目标和时限要求。坚持评议考核，把依法行政工作纳入对县（市）、区党政和市直部门领导班子综合考核评价体系，每年底，由政府法制部门牵头，邀请市人大、市政协、市考核办参加，分别对各县（市）、区政府和市直各部门进行评议考核，并通报表彰依法行政工作先进单位。2012年、2013年，石家庄市依法行政工作在省政府的年度考核中，每年都取得优秀等次，得到了省政府的通报表彰。

二、围绕中心，制度建设质量不断提高

一是加强重点领域立法。紧紧围绕全市中心和重点工作，把加强环境保护、治理大气污染、推进城乡建设、保障改善民生等方面的制度建设作为重点，全面提升立法质量。两年来，共组织审修完成了地方性法规草案5件，制定出台政府规章8件。为切实防治大气污染，改善大气环境质量，制定出台了《石家庄市大气污染防治管理办法》、《石家庄市建设工程施工现场扬尘污染防治办法》；为保护水源、防治水源污染和促进节约用水、科学合理利用水资源，向市人大常委会提交了《石家庄市市区生活饮用水地下水源污染防治条例（草案）》、《石家庄市城市排水管理条例（草案）》，制定出台了《石家庄市节约用水办法》；为加强城乡规划管理，提高城乡规划的科学性、权威性，向市人大常委会提交了《石家庄市城乡规划条例（草案）》；为缓解供热供需矛盾，推进节能减排和保障医疗服务设施规划建设，解决医疗资源配置不够合理等问题，向市人大常委会提交了《石家庄市供热用热条例（草案）》和《石家庄市医疗卫生设施规划建设条例（草案）》；为规范轨道交通建设管理，保障轨道交通建设的顺利进行，制定出台了《石家庄市轨道交通建设管理办法》；为规范知名商标认定工作，保护知名商标所有人和消费者的合法权益，制定出台了《石家庄市知名商标认定和保护办法》；为规范行政执法，维护公民、法人和其他组织的合法权益，制定了《石家庄市行政执法过错责任追究实施办法》；为规范行政应诉工作，促进依法行政，制定了《石家庄市人民政府应诉办法》；为全面落实消防安全责任制，完善社会化消防工作格局，切实保障人民群众生命财产安全，制定了《石家庄市消防安全责任制实施办法》。

二是积极推进科学立法。认真做好立法协调工作，法制部门始终加强与起草部门、人大专业工委和法制工委的联系沟通，及时将各方的意见进行汇总和梳理，提高了立法的科学性。依法审核把关。牢固树立公平正义、高效便民的立法理念，坚持以规范、限制、约束公权力为导向，突出保障行政管理相对人的合法权益，对法规规章草案进行依法审查、严格把关，确保法规规章的合法性，努力把权力关进制度的笼子里。加强调研指导。对于部门起草的法规规章草案，政府法制部门都提前参与调研，加强立法指导，从源头上防止部门立法倾向，有效遏制了部门利益法制化。

三是切实推进民主立法。坚持把广泛听取各方面意见作为立法的必经程序，凡涉及公民、法人和其他组织合法权益、切身利益的法规规章，都通过报纸、网站等媒体向社会公开征求意见。注重发挥专家学者在政府立法中的作用，每个立法草案在审修阶段，都要邀请3名以上专家学者参与审核把关。如：在《正定古城保护管理办法》草案的审修中，石家庄市法制办邀请了法律、文化、旅游方面的专家进行讨论，不仅从法律层面，还从历史文化、旅游开发等方面听取意见建议，收到良好效果，切实提高了制度建设质量。

三、审查备案，规范性文件管理不断加强

积极推进行政决策的科学化、民主化、法治化，认真组织对市政府行政决策进行法律审查、把关。2012年、2013年，共完成了《石家庄市空气重污染日预警应急方案》、《市政府关于限制黄标车和无标车通行的通告》、《石家庄市棚户区改造实施意见》等229项政府重大行政决策的合法性审查任务，向市政府及时提供了法律意见和建议，确保了政府行政决策的合法有效。严格执行《河北省规范性文件制定规定》，组织对《石家庄市行政规范性文件管理规定》实施以来，有效期已满五年的行政规范性文件进行了集中审查，对需要继续执行的规范性文件进行了评估和修订。严格落实规范性文件前置审查和备案管理制度，共组织对市直各部门印发的113件行政规范性文件进行了前置合法性审查，对36件提出了修改意见和建议；备案审查县（市）、区政府规范性文件68件，提出修改意见3件。加强对规范性文件的检查，共组织查阅市直各部门规范性文件4080件，对发现未及时报送备案审查的4件规范性文件进行了纠正、处理。积极开展规章和规范性文件清理工作，2012年，组织对全市现行有效的85件政府规章和325件行政规范性文件进行了集中清理，决定对8件政府规章进行修改、12件规范性文件进行修订，依法废止规范性文件12件；2013年，组织对涉及行政许可事项的规范性文件进行了集中清理，市政府各部门共修改规范性文件13件、废止45件，依法保留302件。严格执行统一登记、统一编号、统一公布制度，凡经审查同意印发和备案的行政规范性文件，都由市法制办统一编号，并通过市政府门户网站和市政府法制网进行公开公布；每次规章和规范性文件清理后，都坚持通过《石家庄日报》和市政府门户网站对外公布继续有效的规章和规范性文件目录。

四、强化监督，行政执法行为不断规范

一是积极推进相对集中行政处罚权工作。加强对相对集中行政处罚权工作的督促指导，继市本级及市内五区实施相对集中行政处罚权后，平山、藁城等17个县（市）全部启动了城市管理管理领域相对集中行政处罚权工作，实现了全覆盖。二是完善监督机制。印发了《关于加强执法监督检查提高执法水平的八项措施》，成立了“行政执法监督检查办公室”；借助信息化手段，依托市政府电子政务网络，建立了覆盖市政府各执法部门和所有行政执法人员的行政执法监督信息平台，公众可通过该平台对全市行政执法工作和执法人员进行监督、评议。三是规范行政执法主体。以贯彻落实《行政强制法》为契机，组织对市直各部门行政强制实施主体资格进行了清理、确认，并通过市政府网站对外进行了公告。四是开展行政执法标准化建设。在石家庄市具有行政执法职能的部门，特别是以重点领域、关键岗位和基层站所为重点，开展了执法标准化建设活动；各部门按照法律法规和优化发展环境建设的要求，对执法依据、程序和标准进行了全面梳理和自查，并结合自由裁量基准制度的规定，对所执法事项，从处罚原则、执法程序、情节界定、处罚标准等方面进行了细划和规范，建立了符合实际操作的执法标准。五是严格执行各项监督制度。印发了《关于健全和完善行政处罚自由裁量基准制度的通知》，各执法部门进一步修订完善了本部门自由裁量基准制度的有关内容；进一步加强对重大行政处罚案件的备案审查，组织对市建设局等部门作出的521件重大行政处罚案件进行了审查备案，较好地规范了各部门重大行政处罚行为。六是加强对涉企执法的监督。进一步落实“首违不罚”和涉企检查审批备案制度，在全市126家减轻企业负担联系点单位中，聘任了132名“企业负担和行政执法监督员”，经过培训为每位监督员颁发了入企执法监督证。七是开展行政执法案卷评查工作。每年组织对全市行政执法部门的行政执法案卷进行评查，2012 年、2013 年共查阅执法案卷 680 余件，并对发现的事实不清、适用法律错误、程序不当等问题进行了通报；同时，各部门积极参加本系统内开展的案卷评查评比活动，石家庄市农业行政综合执法支队办理的“经营标签不符合法律规定棉花种子案”等 2 个案卷被农业部评为 2012 年全国农业行政处罚优秀案卷。八是加强对行政执法人员管理。以行政执法资格年检为契机，简化培训形式，每年组织对市直各部门行政执法人员进行法律知识培训考试，共计培训行政执法人员 13600 余人次，进一步提升了行政执法人员的法律素养和执法水平。

五、转变职能，行政审批事项大幅削减

贯彻落实省、市着力改善“两个环境”的要求，坚持简政放权、改革创新，制定出台了《进一步深化行政审批制度改革的八项措施》，以精简下放后“社会管理不失范、行业监管得到加强、有利于经济社会发展”为原则，通过衔接落实国务院和省政府取消下放审批项目，大力精简下放、调整合并和委托实施行政审批事项，市本级审批事项从 190 项削减到 87 项，在全国省会城市最少。进一步清理、规范行政审批项目的前置条件，能格式化的实行统一格式，不能统一格式的实行目录管理，并向社会公开，审批项目的前置条件由 2230 份（项）削减为 1661 份（项），削减率为 26%。进一步优化审批流程，按照“申请—受理—审核—办结”的模式，对所有审批流程进行了优化再造，审批环节平均由原来 5 个减少到 3 个，削减率为 40%。进一步提高行政效能，制定出台《石家庄市行政机关限时办结制度》，市政府各部门编制了《办理事项流程时限表》，将办理事项和时限要求具体到每个部门、每个环节、每个岗位，并对外公开。全面实施职能整合，按照“应进必进”的要求，各部门行政审批事项集中到行政服务中心办公，全面推行部门主要领导“周坐班”、首席代表负责、“零障碍”服务全程协办、行政审批专用章等制度，变窗口受理为窗口办理，窗口即办件比率超过 50%，限时办结率达 100%。进一步推进政府信息公开。积极推进公共资源配置、政府投资项目、环境污染治理、安全生产、社会保障、财政预决算以及政府性基金、国有资本经营等重点领域信息公开，并加大行政决策、行政审批、行政执法等信息公开力度，较好地保障了群众的知情权、参与权、表达权和监督权。

六、化解纠纷，行政复议和调解应诉工作整体推进

一是认真办理行政复议案件。贯彻落实《行政复议法》及其实施条例，坚持“以人为本、复议为民”，努力做到定纷止争、案结事了。2012 年、2013 年，石家庄市政府本级共收到行政复议申请 488 件，依法受理并办结行政复议案件 346 件；其中，维持原具体行政行为的 130 件，撤销原具体行政行为 7 件，责令履行 6 件，驳回 11 件，终止及其他处理 192 件。坚持书面审查和实地调查相结合，力争把实地调查的过程，作为法制宣传教育、作为有效化解矛盾、作为树立政府亲民形象的过程，对宅基地纠纷、土地确权和房屋征收案件，全部通过实地调查、现场勘验来准确把握案情，确保依法公正作出复议决定，共深入现场实地勘验 26 次。对一些情况复杂、争议较大的案件，坚持采用听证方式当面审查，全面听取各方意见，并进行集体会审作出复议决定；共举行行政复议听证 15 次，集体会审 18 次，较好地提高了办案质量。坚持把调解、和解作为快速、便捷化解矛盾纠纷的重要方式，对一些案情简单、争议不大的复议案件，充分运用调解、和解手段，灵活办案，努力做到案结事了；在已办结的行政复议案件中，有 59% 的案件通过及时开展调解、和解工作，复议各方达成一致意见，有效化解了矛盾纠纷，大大提高了复议工作效率，取得了良好的社会效果。同时，市政府各部门也结合实际，创新复议工作方式方法，市公安局搭建了网上行政复议受理平台，建立了行政复议案件快速处理机制，收案、受理、审理、决定、送达五个环节全面提速；市人社局、质监局、建设局、国土资源局等部门，邀请专家学者参与一些专业性强、疑难复杂的案件审理，听取专业人员的意见，增强了行政复议透明度，提高了行政复议的社会公信力。

二是积极开展行政应诉工作。以政府规章形式颁布实施《石家庄市人民政府行政应诉办法》，进一步健全完善了案件接转登记制度、委托代理人推荐制度、答辩材料规范审查制度和结案报告制度。组织全市行政执法机关进行了应诉业务培训，较好地提高了行政机关依法应诉的能力和水平。积极配合审判和复议机关做好诉讼案件的调解工作，在法院或行政复议机关立案前后，凡依法能够调解的案件，尊重双方意愿，积极组织被诉具体行政行为机关协调处理，努力促成原告或申请人撤诉、息诉。同时，针对行政诉讼、行政复议答复过程中发现的问题和不足，及时督促相关部门查找原因，认真整改，并履行人民法院和复议机关生效的判决、裁定、决定和司法建议书。2012年、2013年，共办理以市政府为主体的行政诉讼和行政复议答复案件84件，其中，行政应诉案件67件、行政复议答复15件、民事诉讼案件2件。

三是全面推进行政调解工作。成立了以市政府主管市长为组长，各部门主管领导为成员，政府法制机构牵头的行政调解工作领导小组，明确了各部门行政调解职能和工作任务。同时，为切实将矛盾隐患发现在基层、解决在基层，积极整合省会法律资源，组织普法骨干、律师、公证员、调解员、基层法律服务工作者和司法干警等力量，深入社区主动上门服务，开展各类矛盾纠纷的调解工作。通过在各社区设立法律服务律师会客厅，社区律师与居委会签订《常年法律服务协议》，公证员和律师轮流到各社区开展法律知识公益讲座和法律咨询服务，在社区居民楼宇公示对口律师和律师事务所联系电话等方式，进一步把普法宣传、法律服务、矛盾调解、特殊人群管理等工作做到社区居民家门口。两年来，法律服务进社区活动已实现了市内社区全覆盖，共计开展各种法制讲座300余场，提供法律咨询12000多人次，调处矛盾纠纷2300余起，进一步促进了社会和谐稳定。

七、学法普法，法治思维和法治能力不断提高

坚持把法律法规知识学习作为提高领导干部运用法治思维和法治方式推动工作能力的重要举措，每年制定市政府领导干部学法计划，积极服务和保障市政府领导在政府常务会上的学法活动。2012年、2013年，共组织市政府领导集中学习了《中共中央关于全面深化改革若干重大问题的决定》和《大气污染防治法》、《水污染防治法》、《突发事件应对法》，以及《关于进一步加强作风建设的若干规定》等政策和法律法规。认真组织开展专题法制讲座，2012年，邀请省委党校政法教研部杨亚佳教授为各县（市）、区政府和市直各部门主管法制工作的领导和法制机构负责人宣讲了《行政强制法》；2013年，在“解放思想、改革开放、创新驱动、科学发展”大讨论活动中，围绕“如何以法治思维和法治方式促进科学发展”主题，邀请中国政法大学王敬波教授为全市科级以上领导干部作了依法行政知识专题讲座。市政府各部门也结合实际，深入开展学法活动，共组织领导干部和机关工作人员学习了《行政诉讼法》、《国家赔偿法》、《行政许可法》等法律法规260余场次。认真执行《“六五”普法规划》，“法律八进”、“法治八建”、依法治理和法治创建活动扎实开展，以宪法为核心的法律知识得到广泛普及，公民的法律意识和法律素质进一步增强，法治化管理水平进一步提高。

（刘　军）

【承德市政府法制建设】 2012年、2013年，承德市政府法制工作在市委、市政府的正确领导下，在省法制办的指导下，在市人大、市政协的监督和支持下，深入贯彻落实科学发展观，全面贯彻落实党的十八大、十八届三中全会和省委八届六次全会精神，坚持科学发展主题、加快转变经济发展方式主线和富民强市、社会和谐主旨，围绕打造建设国际旅游城市，建设和合承德的总体目标，全面贯彻落实国务院《全面推进依法行政实施纲要》、《关于加强市县政府依法行政的决定》和《关于加强法治政府建设的意见》的各项要求，为建设法治型、服务型政府，着力打造安居乐业、城乡统筹、人文法治的城市创造了良好的法治环境。

一、强化载体作用，依法行政工作推进扎实有效

2012年、2013年，承德市在推进依法行政的进程中，结合工作实际强化依法行政工作载体建设与作用发挥，确保了依法行政工作的持续、健康、有效开展。

（一）健全工作机构，明确工作任务。承德市政府成立了依法行政工作推进领导机构和评议考核机构，市长担任组长，分管市政府常务工作的副市长、市政府法制办公室以及市主要执法部门的一把手为成员，为全面推进依法行政工作提供了可靠的组织保障。各县区政府和市政府各部门也及时地成立了依法行政工作领导小组，明确了工作协调机构。全市上下形成了以一把手为第一责任人、分工明确、责任明晰的依法行政工作推进机制，确保了依法行政工作载体的正常运行。并就“加快政府职能转变、完善科学民主决策机制、切实提高制定规范性文件的工作质量、加强和改进规范性文件法律审查、深化行政执法规范化建设、积极预防和化解社会矛盾纠纷、努力推动公民权益依法保障行动计划目标顺利实现、继续深入开展依法行政示范单位创建活动、强化依法行政工作监督”等九项工作提出了年度的具体要求。

（二）认真落实学法用法培训制度。加强对行政机关工作人员依法行政意识与能力的培养，利用报告会、专家论坛、专题讲座、专题研讨班、公务员网上学法、综合法律知识培训等载体，对行政机关工作人员特别是领导干部进行全员培训，进一步提升了各级行政机关领导干部和工作人员依法行政的意识和能力，学法、尊法、守法、用法蔚然成风，特别是领导干部运用法治思维和法治方式深化改革、推动发展、化解矛盾、维护稳定的能力不断提高。市政府常务会议前学习法律成为制度，先后学习了行政许可法、行政处罚法、行政强制法、物权法、合同法等。承德市市管领导干部在承德市行政学院进行了培训，部分县区和市级行政机关分管领导共40多人参加了培训，此次培训着眼提高行政机关各级领导干部依法决策、依法行政和依法管理的能力与水平，行政学院的法学教授就政府依法行政工作的相关理论、法律和专业知识进行授课，在理论与实践的结合上思考和回答了行政机关如何依法履行职责问题，对拟新任职的干部的考试中有相关的法律知识，为承德市的依法行政和法治政府建设奠定了扎实的干部基础。

二、强化规范实施，依法行政工作开展卓有成效

为进一步提高市政府决策的民主化、科学化程度，推进依法行政，加快承德市经济社会发展，市政府常务会议及政府办公会始终遵循“依法决策、科学决策、民主决策”的原则。

（一）完善规范性文件制定程序，加强规范性文件监管。

1. 完善规范性文件制定程序。在调查研究和反复论证的基础上，按照“不抵触、有特色、可操作”的要求，从促进经济发展和解决民生问题、解决人民群众最关心的热点难点问题出发，2012年、2013年，承德市重点做好推进低碳城市建设、推动城乡区域统筹发展、加强和创新社会管理、优化城市建设管理、强化环境保护和生态建设、维护社会稳定和公共安全等方面的规范性文件制定工作，完成了《承德市人民政府工作规则》、《承德市农村公路养护管理办法》、《承德市中小学生校外托管班监督管理办法》等规范性文件的制定，促进了经济社会协调发展。

不断提高规范性文件制定工作的透明度和公众参与度，制定与群众利益密切相关的规范性文件草案，均严格按照《承德市人民政府规范性文件制定公众参与办法》（政府令〔2008〕2号）的要求，广泛征求社会各界意见，并展开调研，同时采取召开座谈会等方式充分征求行政管理相对人代表的意见，对于重要的规范性文件还邀请人大代表和政协委员参与。注意规范性文件制定工作与改革进程相协调，立、改、废工作并重，不断加大清理、修改、废止规范性文件的工作力度。完成了对476件市政府规范性文件的清理工作，保留现行有效的《承德市停车场管理办法》等规范性文件252件，修改《承德市加强城市管理若干规定》等1件市政府规范性文件。

以积极开展政府规范性文件后评估工作为抓手，及时发现规范性文件实施过程中工作的不足，以有针对性地改进规范性文件制定工作，提高规范性文件质量，进而通过总结执法经验和分析评估客体中存在的问题，进一步加强管理，完善制度设计和应对措施。

另外，还先后完成了《河北省城镇土地使用税实施办法（修订草案）》、《河北省湿地保护规定（草案）》等39件省地方性法规、政府规章的征求意见工作，参与部分立法草案在市的立法座谈会，组织本市相关管理部门、基层组织和行政管理相对人代表深入研究提出修改建议，充分反映全市在相关领域内的实际情况，为上级立法的科学性提供依据。

2. 加强规范性文件监管。规范性文件合法性审查工作，主要做好以下几方面：一是认真进行合法性审查，严把市政府规范性文件质量关。严格按照《河北省规范性文件制定规定》（省政府令〔2010〕14号）的要求，对市政府规范性文件草案的制定主体、制定依据、制定权限、制定程序、草案内容和形式是否合法逐一进行审查，并提出相应的审查建议，提高了市政府规范性文件的质量。2012年、2013年，市政府共制定102件规范性文件，均无违法设定或规定行政许可、行政处罚、行政强制措施和行政收费等内容，均无违法增加公民、法人或者其他组织义务等情况。二是积极拓展审查方式，建立行政规范性文件审查专家论证制度和部门集体会审制度。通过对复杂行政规范性文件的集体讨论、研究等制度，切实提高了审查质量，确保行政规范性文件的合法性。三是积极做好行政规范性文件实行“三统一”制度的工作。根据省政府行政规范性文件实行“三统一”(统一登记、统一编号、统一公布）制度以及省法制办的要求，从文件制作、发布等环节进行了规范，各项制度得到落实。

依法全面履行对行政规范性文件的监督管理职责，严格做好各县区政府规范性文件备案审查和市政府各部门规范性文件法律审查工作，增强规范性文件审查的针对性和实效性，努力确保规范性文件的合法性、有效性。2012年、2013年共审查各县区政府上报备案规范性文件86件和市政府工作部门上报前置法律审查规范性文件2件。按照国务院和省政府有关规定，及时开展行政规范性文件清理工作。同时继续做好规范性文件清理有关后续工作。

（二）依法履行法定职责、严格规范行政执法行为。

1. 认真做好规范行使行政裁量权工作。2013年初，市制定下发了《关于规范行政处罚自由裁量权工作的实施意见》，要求各行政执法单位按照部门、本单位所执行的法律、法规、规章范围，参照省级机关公布的裁量权基准制度，确定本单位自由裁量权基准，并依法向社会公布实施。市政府法制办公室与市监察局一起对市直具有行政处罚权的39个部门的4000项行政处罚自由裁量权进行了清理，细化、量化后共划分为14401个处罚档次，按照自由裁量空间趋零的原则制订了14401项处罚标准，除极个别违法情节比较复杂的处罚事项没有制定量化指标外，量化率达到95%以上。按照市依法执行“下限处罚”和“首违不罚”的原则，本次清理共明确1389项行政处罚事项执行“首违不罚”，8303项裁量标准执行“下限处罚”，需集体研究决定处罚标准6615项，现市直部门上报的行政处罚裁量标准已经汇集成册。12月19日市政府办公室印发了《关于执行新的行政处罚自由裁量权实施标准的通知》（承市政办字〔2013〕217号），并在网上公开。行政处罚自由裁量权制度的实施，能够有效地防止自由裁量权的滥用，确保从源头上预防和减少行政争议。

2. 加强对行政执法人员的监督管理。对行政执法人员不仅考核公共法律知识，还要考核其专业法律知识。强化证件管理，严格审核办理人员身份。加强对行政执法人员、行政执法监督人员的资格管理，对于办证人员不但要通过资格考试，还要由本单位人事机构出具证明，对临时工、合同工等不符合执法要求的人员坚决不予颁发行政执法证件。2012年、2013年为全市11302名行政执法人员的行政执法证件、142名行政执法监督证件进行了年检，其中市直执法证件为3181件。对于转换岗位、退休人员，身份不符的人员注销执法证件289件。

三、强化预防化解，依法行政工作落实取得实效

依法化解行政争议，是依法行政的重要组成部分，根据中办、国办《关于预防和化解行政争议、健全行政争议解决机制的意见》（中办发〔2006〕27号）文件精神，承德市法制办依法处理了大量行政争议案件，维护了当事人的合法权益，促进了经济的发展，维护了社会的和谐稳定。坚持依法行政，从源头上预防和减少行政争议；提高规范性文件制发质量，为解决行政争议提供有力的保障；加强法制宣传教育，提高行政机关工作人员的法律素质和水平；加强领导，确保各项措施落到实处。把行政复议作为政府主导的群众诉求表达机制、维护群众权益机制和利益协调机制以及化解行政争议的重要法定渠道，加强行政调解和行政复议工作，充分发挥其在解决行政争议中的重要作用。

（一）积极推进行政调解，努力预防化解行政争议。为贯彻落实中治委等16部委发布的《关于深入推进矛盾纠纷大调解工作的指导意见》（综治委〔2011〕10号），按照建立“由各级政府负总责、政府法制机构牵头、各职能部门为主体的行政调解工作体制”要求，强化了“调解优先”的工作意识，进一步推进“行政调解”工作体系的建设。通过行政复议渠道，引导当事人走法律程序，

减轻各级政府忙于接待上访，市信访局和市法制办进行工作联动，积极引导符合复议条件的上访人员走行政复议程序，2012年、2013年市政府共受理16起因上访后走复议途径的案件。各级复议机关在办理复议案件过程中，坚持“调解优先”，将调解、和解贯穿于复议办案的各个环节，也取得了良好成效，取得了定纷止争、案结事了的良好效果，为建设和合承德发挥了行政复议应有的职能作用。

（二）认真履行行政复议职责，依法办理复议案件。

1. 坚持依法办理复议案件。各级行政复议机关认真践行“复议为民”的工作宗旨，坚持监督保障依法行政与维护群众合法权益与相结合，坚持复议监督与规范指导相结合，积极受理、妥善处理好每一起复议案件。行政复议工作坚持“以人为本，复议为民，促进依法行政”为宗旨，切实维护公民、法人和其他组织的合法权益，推动了全市行政执法机关依法行政水平的提高。2012年、2013年全市共受理行政复议案件546件，市政府受理293件，占全市受理案件54%。行政复议案件主要集中违法建筑、土地纠纷、行政处罚、宅基地确权、工伤认定等方面，约占整个复议案件的98.6%。各级复议机关通过依法办案，及时维护了行政机关的合法行政，保障了法律法规的正确实施；依法纠正了一批违法或不当的具体行政行为，促进了依法行政能力和水平的提升，维护了人民群众的合法权益。

2. 进一步推动行政复议规范化建设。认真贯彻落实国务院《关于加强法治政府建设的意见》以及《关于进一步加强行政复议工作规范化建设的实施意见》，着力以“行政复议规范化建设”为有效抓手和突破口，进一步规范行政复议办案程序，完善行政复议工作制度，积极推进阳光复议，强化复议监督指导。

3. 认真落实各项行政复议工作制度。积极践行复议听证等各项工作制度，采用现场调查、听证等多种方式公开办理行政复议案件，推进阳光办案、开门审案。认真落实复议应诉统计分析报告制度，对全市行政复议应诉工作情况进行了统计分析，并提出了下一步规范和改进工作的意见。

（孙艳杰）

【张家口市政府法治建设】 张家口市政府坚持以邓小平理论、科学发展观和党的十八大精神为指导，深入贯彻国务院《全面推进依法行政实施纲要》、《国务院关于加强市县政府依法行政的决定》和省政府《依法行政考核办法》等“四项制度”，围绕市委市政府中心工作和全市经济社会发展需要，强化服务意识，积极开展工作创新，政府法制工作得到全面发展：

一、深入贯彻《纲要》、《决定》和《意见》，积极推进依法行政和法治政府建设

2012年、2013年，张家口市把贯彻落实国务院《纲要》、《决定》和《意见》和省政府颁布的《河北省依法行政考核办法》等“四项制度”作为重点，积极推进依法行政和法治政府建设。一是以依法行政考核为契机，张家口市把推进依法行政重点工作责任进行分解，市政府办公室印发2012年、2013年《市政府依法行政工作要点》，对全年依法行政工作进行了全面安排。2012年7月19日，市法制办在全市政府法制工作会议上，对依法行政和政府法制重点工作进行了安排部署。10月26日，市依法行政领导小组会议对全市依法行政工作进行了专题研究。11月27日至12月4日，市依法行政领导小组办公室组织对4个依法行政示范县区和4个市直依法行政示范单位进行了调研督导，对照省、市考核指标任务的落实，逐项检查落实情况，及时发现“亮点”工作和存在的不足，提出工作意见和建议。2013年7月19日，全市政府法制工作会议对依法行政和政府法制重点工作又进行了安排部署。2013年11月14日，市委常委、常务副市长武卫东同志在全市依法行政工作调度会暨依法行政示范经验交流会议上，对依法行政工作进行再强调再部署，打牢依法行政工作基础。二是全面落实政府常务会议会前学法制度，有力地提高了领导干部的依法行政意识和能力。按照《张家口市政府系统领导干部学法制度》的要求，2012年6月4日邀请省法制办原主任张国钧同志在市政府常务会议前做了《依法行政八题》的专题讲座，全面阐释了依法行政内涵和工作内容。在10月26日市政府常务会议上，市政府法制办公室主任刘光福同志作了《地方政府在招商引资中参与项目谈判应当注意的几个法律问题》的专题讲座。2013年6月13日市政府常务会前，听取了市政府法制办公室主任刘光福同志做了

《领导干部法治思维的养成和法治方式的运用》的专题讲座。邀请市委党校法学教授、市法制专家分别作的《行政强制法解读》和《行政处罚法解析》等专题讲座，全面提升领导干部法制思维能力。三是修订完善了张家口市人民政府重大行政决策工作制度。2012年起草了《张家口市人民政府重大行政决策工作规则（草案）》，并广泛征求了市人大、市政协、市直各部门、各单位和各县区意见，经市依法行政领导小组工作会议讨论，经市政府第32次常务会议审议通过，并以张政〔2012〕10号“关于印发《张家口市人民政府重大行政决策工作规则》的通知”印发。四是开展典型引路，带动依法行政工作的整体推进。2012年，张家口市开展了市级依法行政示范县和依法行政示范单位创建活动。经市依法行政领导小组研究并经市政府决定宣化县、崇礼县、怀来县和宣化区4个县区为“依法行政示范县区”；市物价局等25个市、县（区）政府部门为市级“依法行政示范单位”。2013年11月，在市住建局专门召开了全市依法行政工作示范现场会议。市住建局、张北县政府等5家单位从不同角度汇报交流了各自的依法行政工作经验，示范先行，典型引领，有力地推动了依法行政工作整体推进。五是全面开展依法行政考核工作，强化依法行政工作力度。按照省政府要求，市政府依法行政领导小组于2013年11月25日至12月5日，对20个县区政府和46个市级执法部门2013年度依法行政工作进行了年度考核，目前已完成了考核评定工作。各县区按照省市依法行政考核精神，相继开展了对县区各部门和乡镇一级政府的依法行政考核。

二、围绕服务发展、促进发展，做好政府规范性文件制定和备案审查工作，为全市改革和发展提供了有力的法律支撑

各级政府和政府各部门认真落实《河北省规范性文件制定规定》，围绕中心、服务大局，全力做好政府规范性文件的审核制定工作，及时审核出台了一批保障经济发展、改善民生的政策措施性文件。在审核制定中，坚持广泛征求各方面意见，突出大局利益和群众利益，营造良好的政务环境。一是严格规范性文件和市政府涉法事务的审查，为市政府依法管理经济和社会事务，促进政府依法决策水平的提升发挥了积极作用。市法制办在制定规范性文件工作中，严守程序规则，严格质量管理。2012年，共审核各类文件178件，其中规范性文件审核16件，部门前置审查11件，省征求意见24件，市政府征求意见1件，其他涉法性文件16件；报省政府备案件7件，受理县区报备的规范性文件110件。2013年共审核文件115件，其中市政府规范性文件32件，部门规范性文件前置合法性审查13件，部门备案17件，省征求意见24件，市征求意见9件，审核起草其他涉法类文件件20件。二是认真做好规范性文件清理工作。2012年清理共收到市政府及市政府办公室印发的规范性文件361件，其中保留了规范性文件165件，修改规范性文件102件，废止规范性文77件。清理市政府部门规范性文件477件，其中保留规范性文件375件，修改规范性文件21件，废止规范性文件81件；清理县区政府（包括乡镇）规范性文件965件，其中保留规范性文件831件，修改规范性文件35件，废止规范性文件99件；清理县区政府部门规范性文件47件，其中保留规范性文件27件，修改规范性文件2件，废止规范性文件18件。2013年重点围绕规范性文件违法设定行政许可、增设行政许可条件，以备案、登记、年检、监制、认定、认证、审定等形式变相设定行政许可，以非行政许可审批名义变相设定行政许可，以及违法设定行政许可收费或借实施行政许可变相收费等内容，对规范性文件进行清理。经清理，2013年张家口市规范性文件共1558件，均无违法设定行政许可，增设行政许可条件，以及备案、登记、年检、监制、认定、认证、审定等形式变相设定行政许可收费或借实施行政许可变相收费等内容。三是积极开展了市政府重大决策的法律审核工作。市政府法制办通过参与谈判、出具法律审核意见书，起草、修改合同文本等形式，为市政府重大决策提供法律意见。2013年，参与了美国温德克飞机项目、空军张家口机场军民合用使用管理协议、水务固废环境投资协议、万达广场投资协议和市政府与国内多家金融机构合作框架协议等市政府对外招商合作项目的洽谈及协议、向书的审核把关工作。为市政府决策和依法施政提供了法律保障和智力支持。四是全面清理行政审批项目，进一步优化投资环境。依据《国务院取消和下放一批行政审批项目等事项的决定》(国发〔2013〕19号)、《国务院取消和下放50项行政审批项目等事项的决定》(国发〔2013〕27号)和《河北省2013年第一批决定取消和下放管理层级的行政许可、非行政许可审批和行政监管事项目录》、《河北省人民政府办公厅关于做好与省政府第二批公布取消下放行政审批项目等事项衔接落实工作的通知》(冀政办〔2013〕27号),对2013年全市实施的行政审批项目目录进行了衔接。全市原实施行政审批项目191项,调整后目前全市依法实施和行政审批项目共计219项。

三、强化执法监督,规范行政执法

一是开展了规范行政执法行为优化发展环境专项监督检查。2012年7-8月,市法制办、市监察局组成两个检查组,先后赴张北县、沽源县、赤城县、尚义县、万全县、蔚县、宣化区和市直相关行政执法部门,重点对食品药品、环境保护、安全生产、交通运输、住房保障、城市管理等领域进行了监督检查。共检查了市、县(区)56个部门835卷执法案卷。对检查出的有关问题,提出了整改意见,并责成被查单位限期整改。此外,配合省政府法制办、省监察厅完成了对全市的此项检查。2013年制发了《张家口市规范基层执法行为提高行政执法能力专项活动工作方案》,对具有行政执法主体资格的47个部门和单位的行政执法依据目录、本机关的行政执法职责、行政执法岗位划分进行了规范。完善行政处罚自由裁量权基准制度,按照《张家口市规范行政处罚自由裁量权规定》,对45个市直行政执法部门涉及的行政处罚内容,进行了细化量化,严格执行处罚标准,实现行政执法规范、公正和公平。二是开展行政执法案卷评查,加大行政执法监督力度。根据《河北省人民政府法制办公室河北省财政厅河北省监察厅〈关于行政处罚行为专项监督检查的通知〉》(冀法〔2013〕7号)规定,市政府法制办公室、市财政局和市监察局于2013年6月5日联合对冀法〔2013〕7号文件进行了转发,并对张北县、怀来县、怀安县、万全县的交通局、住建局、公安局等21个单位和3000余份案卷进行了抽查,重点对执法单位和人员主体的认定、执法程序、罚缴分离等进行了检查。对存在问题的单位下发了整改通知书,要求存在问题的单位必须要认真整改,并对个别单位进行了行政处罚,进一步优化全市行政执法环境。三是认真做好两证年检工作,严格行政执法主体资格审查。2012年较好履行了行政执法主体资格合法性审查,严格了罚没许可证年检的质量关,并将各行政执法部门的罚没许可证(副本)在《张家口日报》进行了公示,接受社会监督。2013年对全市市直54个罚没许可主体的罚没许可证进行了严格的年检,共年检和办理副本212个,注销副本5个,并在《张家口日报》进行了公示。同时对全市市直2207名行政执法人员的行政执法证件进行了年检并公示,对市直49个行政执法主体进行了确认并公示。四是强化对行政执法人员的法律知识培训,提升行政执法人员素质。2012年8月27日至9月15日共分10期,对2207名市直部门行政执法人员进行了专题培训。各县区的《行政强制法》专题培训也相继完成。2013年我办重点围绕《行政许可法》、《行政处罚法》、《行政强制法》等政府工作所涉及的法律法规,举办了行政执法培训班,对公安系统479名行政执法人员进行了行政强制法专题培训。还组织了全市新增行政执法人员法律知识培训,对全市2197名新增行政执法人员法律知识培训考试,严把执法人员“入口关”。

四、加强行政复议和行政调解工作,依法化解社会矛盾纠纷,促进社会和谐稳定

一是积极完善行政复议制度,畅通复议渠道。2012年,为积极完善行政复议制度,细化复议机关的职能和责任,起草了《行政复议案件简易程序办理制度》、《行政复议责任追究制度》、《案件公示上墙》、《案件流程公开》等项制度,并实行行政复议网上申请,网上答疑,这些制度和措施的贯彻和执行,促进了全市行政复议工作制度化、规范化和科学化,当年全市共受理了行政复议案件36件,已审结31件,2013年全市法制机构依法办理行政复议案件105件,已审结103件,已审结的行政复议案件,基本做到了“案结事了”。二是健全行政调解工作体制,有效化解社会矛盾。加强对行政调解工作的组织领导,建立健全行政调解与人民调解、司法调解相衔接的大调解联动机制,认真做好矛盾纠纷排查处理工作。2013年,全市共排查调处民间纠纷21472件,调处成功21128件,调处成功率达98.3%,有效维护了社会和谐稳定。三是认真落实《河北省行政复议工作规范化建设标准》工作。2012年8月，市法制办向市政府上报了《关于加强行政复议机构建设和复议工作保障的报告》，对健全行政复议机构方面提出了建议，市政府领导对此专门做了批示。

五、推动政府法制宣传信息工作，营造了良好的法制舆论氛围

一是强化政府法制宣传信息工作力度。2012年，市办下发了《关于加强政府法制宣传信息工作的通知》，力促宣传信息工作的提高。政府法制信息网上报信息35条，信息稿件被国务院法制办网站、省办《政府法制周刊》、《法治》期刊、网站等媒体采用30篇（条）。编发《政府法制》内刊31期。在2012年单独对政府法制宣传信息工作单独考核的基础上，强化《政府法制宣传、信息、调研工作考评奖励暂行办法》（张政法〔2007〕9号）的落实，取得了较好的效果。2013年张家口市法制办还新创刊《法制内参》，加强理论研究。全年政府法制信息网上报信息319条，信息稿件被国务院法制办网站、省办《政府法制周刊》、《法治》期刊、网站等媒体采用48篇（条）。编发《政府法制》内刊30期。二是加强了政府法制理论研究。2012年自行开展或组织参加了省办政府法制理论研究征文活动。刘光福同志撰写的论文《企业并购中法律风险的控制与防范》被省办《法治》期刊采用。积极组织参加了省法制办开展的“推行依法行政改善发展环境”课题研究征文活动，全市有23篇论文获奖，市法制办获得了省法制办组织奖。2013年新成立了张家口市政府法制与仲裁研究会，大力宣传、研究依法行政工作，推广依法行政工作经验，为全市依法行政工作营造了良好的法治氛围。

六、加强对仲裁工作的领导，促进仲裁工作健康发展。

一是加强案件管理，提升案件质量。强化仲裁员对案件的实体责任，办案秘书对案件的程序责任，并把提高“三率”贯穿于仲裁程序的每个环节，突出程序优先的特点。实行疑难复杂案件专家咨询制度和裁决书逐级审核制度，既保证了案件裁决质量又提高了裁决书书写水平。2012年年共受理仲裁案件37件，标的额1.6亿元，2013年共受理仲裁案件69件，标的额达8500万元。二是进一步加强仲裁队伍建设。2012年、2013两年来不断增聘部分市场经济专家、企业家，并吸收了部分优秀律师，在仲裁庭的组成上注重专业搭配，突出仲裁的市场特性和法律特性的有机结合。同时加强了对仲裁员和秘书处工作人员的培训，利用多种方法，提高办案秘书的工作水平和服务质量。

（赵　辉）

【秦皇岛市政府法制建设】 2012年、2013年，秦皇岛市政府法制工作以建设法治政府为目标，以提高依法行政能力和水平为重点，以推进“两个环境”建设活动为载体，加强组织领导，狠抓工作落实，全市依法行政工作取得新成效，为全市经济社会发展提供了强有力的法治保障。

一、健全机制，夯实依法行政工作基础

健全领导机制。适时调整领导小组，为依法行政工作提供坚强组织保障的基础。认真落实领导干部学法、用法、法律知识测试等制度，进一步提高领导干部依法行政意识和能力。

健全决策机制。坚持重大行政决策征求意见、集体决定、实施情况风险评估及跟踪制度，切实将公众参与、专家论证、风险评估、合法性审查和集体讨论决定作为重大决策的必经程序。制定了《市政府法律专家咨询制度》并组建了市政府法律专家咨询组。

健全执法监督机制。进一步规范行政执法责任制，着力抓好行政执法主体、行政执法职权、行政执法依据的清理工作。制定《进一步规范行政裁量权工作方案》，健全回避、说明理由等七项制度，进一步梳理细化基准，规范行政处罚裁量权，并统一向社会公布。

二、加强审查，进一步提高制度建设质量

强化制度建设，为法治政府建设提供制度保障。先后制定和完善了规范性文件公开征求意见、社会风险评估、提请公众审查等11项制度，建立起较为完善的依法行政工作制度体系。

严格审查程序，不断提高规范性文件制定质量。共审查各类规范性文件244件，办理省政府法规性文件征求意见稿56件，向省政府备案市本级规范性文件30件。

坚持立改废并举，认真开展规范性文件清理工作。先后两次对涉及的市本级规范性文件155件，县、区政府规范性文件326

件，部门规范性文件131件和有关政策文件进行拉网式的筛查和梳理，保证政府法制统一。

三、简政放权，深化行政体制改革

认真清理“三类事项”，大力削减行政审批事项。对市本级43家具有行政审批职能部门的723项“三类事项”，进行4轮全面的清理审核，消减审批事项318项，保留405项，同时，明确事项名称、实施主体、设定依据、办理时限、收费标准等内容，编制完成了《秦皇岛市本级“三类事项”目录》，并向社会公布。

做好国务院、省政府取消和下放事项的衔接工作。对照国务院、省政府取消和下放事项目录，经过梳理，先后两批取消下放审批事项共120项，通过报纸、网络等方式，向社会公布，并制定有效的跟进和配套措施，加强对衔接事项事中、事后监管。

加快行政执法体制改革，理顺城市管理体制。成立市政府机构改革和职能转变工作领导小组，制定《秦皇岛市政府职能转变实施方案》，统筹推进政府机构改革。调整推进城市管理相对集中行政处罚权工作领导小组，制定《秦皇岛市推进城市管理相对集中行政处罚权工作方案》，全力推进城市管理相对集中行政处罚权工作。

四、强化监督，规范行政执法行为

严格执法资格管理。按照部门“三定”方案确定的机构编制和行政职能情况，对市直各行政执法主体的罚没资格严格审查，共年检罚没许可证（副本）55个，换发罚没许可证（副本）13个，收回罚没许可证1个，从源头上规范行政执法行为。组织开展新办执法证及执法证件年检考试工作，及格率分别达到62.7%和95%。

积极开展行政执法监督检查。采取集中监督检查与日常监督检查相结合，专项监督检查与明察暗访相结合方式，加强法制监督。监督检查结果报市政府同意后进行通报，对查处的典型案件予以曝光，检查及整改情况纳入到依法行政考核的重要依据。

严格依法行政考核。制定市委管理领导班子和干部工作实际综合考核评价、市直单位领导班子和市委管理干部综合考核评价等办法，将依法行政工作纳入市委、市政府对政府部门领导班子实绩考核体系之中。对推进依法行政、建设法治政府成绩突出的单位和个人给予表彰，对工作不力的予以通报批评。

五、化解争议，充分发挥行政复议职能

制定行政复议工作标准及接待登记、受理、审理、决定履行、案件统计报告等一系列制度，规范复议工作流程，并在政府网站上公示。坚持把复议渠道作为加强行政复议工作的着力点和突破口，合理拓展受案范围，凡侵犯公民、法人或其他组织合法权益的具体行政行为，均予以受理。坚持程序审查和实体审查并重，案件审查、受理、调查核实、证据认定、作出决定、送达等环节严格依法依规办理。注重运用和解、调解等多种手段，化解矛盾，平衡利益，促进当事人与行政机关的相互理解和信任，将行政纠纷化解在初发阶段、化解在基层、化解在行政机关内部。2012年、2013年，秦皇岛市政府共接待了当事人120余人次，接到行政复议申请73件，受理了65件，已全部办结；办理行政诉讼案件4件，全部胜诉。

六、丰富载体，加强政府法制宣传

印发《关于加强政府法制宣传工作的通知》，明确将政府法制宣传工作落实情况作为年度依法行政考核内容。开通秦皇岛政府法制网站，并以此为平台，加强政府法制宣传工作。2013年通过新闻媒体和各种信息载体报道或刊发政府法制信息共计857篇，其中，国务院法制办网站15篇，省政府法制办网站18篇。开办《港城法制》电视宣传专栏，通过现场报道、以事述法、举案说法等形式，全面宣传政府法制建设成效。

（史东静）

【唐山市政府法制建设】 2012年、2013年，在省政府法制办的正确指导下，唐山市政府法制工作紧紧围绕全市工作大局，以深化依法行政考核、提高制度建设质量、规范行政执法行为、强化行政执法监督、依法化解社会矛盾等工作为重点，积极发挥参谋助手作用，进一步加快“法治唐山”建设，努力为推进全市经济社会发展创造良好的法治环境。

一、立足本市实际，加强立法工作，为全市科学发展、转型升级提供制度支撑

始终坚持科学立法、民主立法、依法立法，积极探索立法规律，努力更新立法观念，不断提高立法的科学性、针对性和必要性。

一是加强立法工作，建立和完善全市的法律法规体系。两年来，围绕全市中心工作，特别是“两个环境”建设，起草了《唐山市城乡规划管理条例》、《唐山市市容环境卫生管理条例》等3部地方性法规，经市政府审议后，市人大已审议通过。《唐山市物业管理条例》2012年经省人大常委会批准后，2013年5月1日起正式施行，这是该市第一部关于物业管理的地方性法规，标志着物业管理将逐步走上法制化和规范化的轨道。起草审核了《唐山市供热管理办法》、《唐山市征收土地地上附着物补偿标准暂行规定》、《唐山市防止二手烟草烟雾危害管理办法》、《唐山市供热管理办法》、《唐山市餐厨废弃物管理办法》、《唐山市市区河道管理办法》、《唐山市行政执法过错责任追究办法》等8部政府规章。2012年，起草了《关于进一步加强招标投标、土地出让、政府采购、国有资产处置工作的意见》，并以市委、市政府文件形式印发。2013年初，围绕保护环境、改善民生、推动经济发展等重点领域，在广泛调研和深入征求各部门意见的基础上，起草了《唐山市2013－2017年立法规划（草案）》和《唐山市政府2013年政府规章制定计划（草案）》，经市人大和市政府分别批准后，均以正式文件印发。按照市政府主要领导的指示，市法制办与市政府办、市纪委多次组织召开制度建设协调会，研究部署建设工程领域招投标、土地出让等方面管理制度工作。

二是坚持开门立法，进一步完善立法工作的公众参与机制。2012年，起草了《规范性文件制定程序若干规定》，以政府令形式公布，为全市规范性文件的制发设立了规矩，有效提高了规范性文件的质量。在地方性法规和政府规章起草过程中，广泛征求社会各界的意见和建议。法规和规章（草案）形成后，及时在政府网站和报纸等新闻媒体予以公示，对社会各方面、各界别、各领域提出的意见和建议认真研究，合理吸纳。通过召开座谈会、听证会等形式广泛进行调研，征求市政府法制专家咨询委员会及各相关部门的意见和建议。通过多渠道征求意见，广泛集中民智，不断提高立法工作水平。

三是坚持“立、改、废”并重原则，对现有政府规章和规范性文件进行全面清理。按照全省的统一安排，在做好新出台的政府规章和规范性文件制定工作的同时，对2013年11月底之前有效的政府规章和规范性文件开展清理工作两次。经过清理，决定保留政府规章43部、政府规范性文件306件，废止政府规章15部，规范性文件148件，向全市印发了公告。2012年、2013年，完成《河北省尾矿库安全管理规定》等69部法规和规章的征求意见办理工作，共提出意见130余条。

四是认真进行合法性审查，确保文件制发合法。凡是市政府以及市政府办公厅制发的涉及公民、法人及有关部门权利和义务的规范性文件，都认真地对照国家和省、市法律、法规的相关规定认真审查，并及时提出修改意见和建议，从而确保制发文件的合法性。2012年、2013年，完成80件规范性文件的合法性审查，办理征求意见9件，审查合同文本26部，共提出意见100余条。加强对规范性文件的监督管理，县区政府向市法制办报送规范性文件备案30多件。

二、规范执法行为，强化执法监督，为优化发展环境提供法制保障

积极推进行政执法“五规范”，不断创新行政执法监督的方式和方法，采取案卷评查、完善工作机制、加强工作指导等多种形式，努力加强对行政执法的监督检查。

一是规范行政执法行为。2012年，按照市优化办的安排部署，以市政府名义印发了《关于推行行政执法“五规范”的实施方案》。按照相关法律法规规定，对执法主体、执法程序、执法用语、执法文书和行政处罚案卷制作进一步予以规范，督导各级行政执法部门对社会公开“五规范”制度，并接受社会监督。为加强督导检查，制定下发了规范行政执法考评细则和检查方案。市法制办与市纪委、市监察局联合对行政执法“五规范”落实情况，采取听汇报、查档案、民主测评等方式进行了集中检查。共查阅案卷709部，召开座谈会22次，回访服务对象和处罚对象176人次。以案卷评查和行政执法检查等形式，配合市纪委先后组织开展了3次检查，有力推动了“五规范”活动的深入开展。督导各级各部门落实行政执法“五规范”和行政处罚自由裁量权基准制度，对执法主体、执法程序、执法用语、执法文书和行政处罚案卷制作进一步予以规范，督促各执法部门公开本部门的“五规范”和自由裁量权基准制度，并接受社会监督。2013年，加强行政执法证件管理，对全市各县（市）区和市直行政执法部门的执法证件进行年检，共回收行政执法证件2000余个。2012年、2013年，加强合法性审查，完成78件重大具体行政行为的合法性审查。

二是加大监督检查力度。为进一步优化发展环境，加大行政执法监督力度，2012年、2013年，市法制办先后与市监察局联合开展了行政执法检查3次。采取听汇报、查资料、问卷调查、回访当事人以及追踪检查等方式，对各级各部门开展行政执法“五规范”和规范执法执纪行为情况进行监督检查。现场查阅市直和县（市）区重点行政执法部门罚没财物账册、有关票据和行政处罚案卷1200多部，对有关部门印发整改通知书77份，并根据检查情况下发了专项检查通报。

三是加大工作指导力度。2012年，为贯彻落实《行政强制法》，组织开展了行政强制法骨干培训班，全市2200多名执法骨干参加了培训。2013年5月中旬，组织举办了全市行政处罚案卷制作暨案卷评查培训班，就行政执法案卷的标准化制作和做好案卷评查工作进行培训，各县（市）区和市直执法部门150多名法制骨干参加，进一步提高了行政执法人员的素质和能力。2012年、2013年，共组织开展新增执法人员培训考试工作，共培训考试4600人，2300余人取得了执法证件的申报资格。为提高全市行政执法人员的素质和能力，2013年10月21日至24日，市法制办和中国政法大学联合举办了“2013年依法行政专题培训班”，60多名县（市）区法制办主任和市直部门法制机构负责人参加了培训。培训期间，围绕推进依法行政和建设法治政府、国有土地上房屋征收与补偿、《行政复议法》解读等热点问题，邀请国务院法制办、国家行政学院、中国政法大学等专家教授进行讲解，并现场开展了研讨和交流。

四是健全和完善自由裁量权基准制度。认真贯彻落实省政府《关于建立行政裁量权的指导意见》，严格落实行政处罚自由裁量权基准制度，2012年，印发了《关于统一行政处罚自由裁量标准格式的通知》，统一规范了全市的行政处罚自由裁量格式文本。在对各部门上报的基准制度和阶次划分基准的基础上，经过3个多月的收集、整理，对照法律法规核实确认，与市纪委、市监察局联合印制了《唐山市行政处罚自由裁量权标准（试行）》。内容共涉及全市43个行政执法部门，将现行有效的365部法律、法规、规章相关处罚条款中的自由裁量权进行了细化量化。共量化行政处罚条款1575项，细化违法行为2221项，建立处罚裁量标准5040项。截止2012年底，全市各行政执法部门基本建立了行政裁量权基准制度，使随意执法、多头执法、重复执法、违法裁量、乱收费、乱罚款等问题得到有效遏制。

五是积极推进相对集中行政处罚权工作。为整合城市行政执法资源，切实解决多头执法、职责交叉、重复处罚等问题，按照全省的统一安排，召开专题会议进行安排部署，不断推进相对集中行政处罚权工作逐步向县（市）区拓展。2013年7月，市本级和遵化、玉田、丰润、丰南4个县（市）区的工作方案经省政府批准。到2013年12月底，迁安、玉田等7个县（市）区的工作方案，经市政府常务会议审议通过后，报省政府并获得批准，从而使城市管理相对集中行政处罚权工作在全市得以铺开。

六是建立健全监督问责机制。2013年，起草了《唐山市行政执法过错责任追究办法》，经市政府常务会审议通过后，并以政府令形式印发。《办法》整合了监察、法制、财政、审计、编办等职能部门的力量，明确了各部门的职责，将为全市规范行政执法行为、追究执法过错工作提供有力的制度保障。

三、认真开展“三类事项”清理，精减审批事项，进一步提高行政效能

按照全省的统一安排，围绕“双提双减”活动，积极发挥职能作用，扎实开展“三类事项”清理工作，努力做到简政放权，优化发展环境。

一是积极做好与上级下放和取消事项的衔接工作。把与上级取消和下放事项的衔接工作纳入到“三类事项”清理工作之中，对国务院、省政府取消和下放的事项，坚持能取消的取消，能下放的坚决下放，可调整的坚决调整。经过清理，市本级“三类事项”共取消、下放、改变管理方式95项，其中，衔接上级取消和下放18项，市本级主动削减77项。

二是突出集中审核，全面开

展“三类事项”清理。在清理工作中，采取部门自查、集中审核、沟通协调、市政府决定的步骤，开展了“三类事项”清理。坚持以集中审核为重点，严格清理工作标准，努力做到“三个到位”：协调指导到位，与上级下放事项衔接到位，清理工作到位。经过清理，衔接和反复沟通，继续实施的行政许可和非许可类行政审批事项为163项（行政许可128项，非许可类行政审批35项）；行政监管事项为136项。

三是及时公告清理结果，着力提高行政效能。2013年7月15日，“三类事项”清理报告经市政府十四届三次常务会议讨论通过，以市政府名义下发文件，并通过《唐山劳动日报》和政府网站对社会公布。通过开展清理工作，进一步减少了审批事项，压缩了办理时限，为打造高效便捷的发展环境、推进全市科学发展营造了良好环境。

四、建立健全行政复议和行政调解工作机制，努力维护社会和谐稳定

围绕推进“和谐唐山”建设，进一步畅通行政复议渠道，加强规范化管理，改进办案方式，推进行政复议和行政调解工作，维护社会和谐稳定。一是积极推进行政复议工作规范化建设。2012年，起草了《关于贯彻落实〈河北省行政复议工作规范化建设标准〉的意见》，并以市政府文件向全市印发。2012年，举办了全市行政复议应诉培训班，60余人参加了培训。认真贯彻落实《河北省行政复议工作规范化建设标准》，督导检查各级各部门积极推进行政复议工作规范化建设。2012年、2013年，共收到复议申请255件，其中立案受理182件，已办结156件。同时，积极开展行政应诉工作，代市政府开展行政应诉11件。二是完善行政复议制度。制定了行政复议接待登记、行政复议立案、行政复议案件审理等制度，努力将行政复议办案程序纳入制度化轨道，并做到公开透明。三是创新行政复议调解机制。2012年，以政府办文件印发了《关于建立市行政调解联席会议制度的通知》，并在全市建立了行政调解联席会议制度。对申请行政复议的案件，坚持每案必调，先调后审，行政调解率达100%。全市659个单位建立了行政调解委员会，并设立了行政调解室和行政调解专兼工作人员，全市行政调解工作队伍和工作网络初步建立。

五、不断加大法制宣传力度，积极推进干部学法活动

2012年，在编纂《唐山市公务员依法行政常用读本》的基础上，与市委组织部、市委党校共同举办了《读本》首发仪式暨坚持依法行政、优化发展环境座谈会。省政府法制办原主任张国钧等省市领导出席会议并讲话，该书被列为市委党校学习培训教材。2012年，按照省政府法制办的统一安排，组织开展“推进依法行政、改善发展环境”课题研究征文活动，共收到100余篇调研论文，择优推荐15篇论文上报省法制办，市法制办主任张国华同志撰写的《深入推进依法行政、不断优化发展环境》获得一等奖，另有10篇分获二、三等奖，唐山市法制办荣获了优秀组织奖。加大宣传力度，在市级以上媒体登载政府法制工作信息70篇。落实领导干部学法制度，2013年11月28日，邀请国家环保部政策法规司副司长别涛同志举办了《环保法》专题讲座，市政府党组全体成员、市人大、市政协有关领导和各县（市）区主要负责同志30余人听取了辅导讲座。为适应加强依法行政、加快法治政府建设的需要，便于全市各级政府及行政执法部门学习、掌握和使用法律、法规、规章及规范性文件，组织编印《政府法制工作文件汇编》，共收录法律、法规、规章及规范性文件57部。对唐山市第十届人民代表大会至第十三届人民代表大会期间，经省人大常委会批准的37部地方性法规进行收辑，组织编印《唐山市地方性法规汇编》。在全面清理政府规章、规范性文件基础上，对2013年12月底之前决定保留的现行有效政府规章进行收集整理，组织编印《唐山市政府规章汇编》。截止到2013年底，这三本书已基本编辑成册，将为各级干部开展学法活动提供教材，为增强法制意识创造条件。

（孟庆稳）

【廊坊市政府法制建设】 2012年、2013年，在廊坊市委、市政府的正确领导下，在省政府法制办的关心指导下，廊坊市政府法制工作以加强依法行政能力建设、完善行政决策机制、提高制度建设质量、规范行政执法行为、努力化解行政纠纷为着力点，认真贯彻落实法治政府建设的总体要求，加强组织领导，突出工作重点，强化工作措施，狠抓督导检查，不断提高政府公信力和执行力，为促进全市经济社会持续健康发展提供了有力的法治保障。

一、加强法治思维和法治方式能力建设，有力夯实依法行政工作基础

（一）*积极开展领导干部学法活动*。一是领导干部学法制度化。为提高领导干部学法活动质量和效率，建立了行政机关领导干部学法制度，每年年初制定本年度领导干部学法计划，并依照计划安排领导干部学法活动，做到学法计划、内容、时间、人员、效果“五落实”。二是常务会议学法常态化。坚持常务会议前利用半小时左右时间，集中学习公共法律知识和政府业务知识。两年来，共组织11期常务会议学法活动，内容涉及行政复议、生态文明建设、政府债务管理、国有土地房屋征收与补偿以及安全生产等相关知识。三是专题法制讲座质量高。为提高培训质量，确保培训效果，充分发挥毗邻首都的区位优势，积极邀请首都法学理论功底深厚、实践经验丰富的专家学者为全市领导干部授课。2012年，邀请了北京大学法学院副院长王锡锌教授为全市副处级以上领导干部讲解依法行政相关内容。2013年，邀请了中国人民大学竺效教授就“廊坊市生态文明建设与环境执法、司法、守法暨解读两高关于办理环境污染刑事案件司法解释”，为全市3000余名领导干部和行政执法人员作了专题讲座及巡回培训；邀请了国务院法制办行政复议司方军副司长和农林城建资源环保司王宛生副司长，分别就加强行政复议能力建设、规范性文件制定和审查工作，为全市500余名领导干部进行了专题讲座；邀请了最高人民法院行政审判庭李广宇副庭长就加强政府信息公开工作，为全市各级行政机关负责法制和信息公开工作的人员及市县两级法院负责同志进行了专题培训，通过举办系列法制培训讲座，各级领导干部受益匪浅。四是领导干部任职前法律知识测试和任职期间依法行政考察制度落实好。市政府法制办与市委组织部、市纪委联合印发了《关于加强领导干部依法行政知识培训和法律知识测试的意见》，要求凡是提拔任用的干部，必须经过廉政、依法行政和专业法律知识测试，考试合格后方可任用。

（二）*充分履行决策审查职责*。市政府先后制定了《廊坊市重大行政决策程序规定》、《廊坊市人民政府关于进一步完善行政决策机制的意见》和《廊坊市人民政府关于进一步加强政府法制工作推进依法行政的意见》，将公众参与、专家咨询、风险评估、合法性审查和集体决定作为行政决策的必经程序，对行政决策权进行了严格规范。同时，要求各类政府文件、会议纪要和对外签署的行政合同等事项，均由法制办进行审查把关。2012年、2013年，共对40余件次政府重大决策事项进行了合法性审查，通过召开座谈会、论证会、听证会等形式广泛征求社会各界意见，收集意见、建议共计1000余条，有效避免了政府决策中可能出现的法律风险。

（三）*协调推进依法行政工作*。按照《河北省依法行政考核办法》要求，每年年初制定依法行政工作要点，确定工作内容，明确具体措施；年中进行检查调度，切实解决依法行政工作中存在的具体问题；年底按照全省统一安排部署，组织依法行政领导小组成员单位分组对县（市、区）政府和市政府各部门依法行政工作进行全面考核。依法行政考核结果纳入市委组织部对领导干部和领导班子的综合考核评价体系，充分发挥了依法行政考核指挥棒作用。同时，主动接受同级人大及其委员会的监督，定期报告依法行政工作情况。

（四）*广泛宣传依法行政工作*。在《河北法制报·政府法治周刊》开辟专版，全面介绍廊坊市行政执法示范单位工作经验；在《廊坊日报》开辟“推进依法行政”专栏，连续两期刊载廊坊市政府推进依法行政方面的经验做法。同时，通过多种形式向国家、省有关法制信息平台报送廊坊市各级各部门政府法制动态、信息200余条。

（五）*全力加强法制机构建设*。2013年，为切实解决县级政府法制机构与承担工作任务不相适应的问题，先后印发了《市政府办公室关于推进县级政府法制机构规范化建设的意见》和《市政府法制办、市编委办、市财政局关于进一步加强行政复议工作的意见》，对县级法制机构人员配备、经费保障提出了明确要求。按照要求，10个县（市、区）政府法制机构均达到科级设置，工作人员4人以上，专职行政复议人员2人以上。

二、狠抓制度建设，不断提高规范性文件制定质量

（一）*建立健全审查制度*。为健全规范性文件制定程序，市政府制定了《廊坊市行政规范性文件管理办法》、《关于进一步加强规范性文件制定工作的意见》、《廊坊市行政规范性文件制定技术规范》和《关于做好行政规范性文件前置审查和备案审查工作的通知》，市政府法制办制定了《关于落实规范性文件“三统一”制度有关问题的通知》等一系列配套措施和文件，初步形成了规范性文件制定审查工作的制度体系。

（二）创新完善公众参与机制。严格遵守法定权限和程序，完善公众参与政府规范性文件制定机制。2012年、2013年，廊坊市政府制定的所有规范性文件，全部征求了有关单位的意见。对重要的或与群众切身利益密切相关的规范性文件草案都通过听证会、论证会、座谈会或在政府门户网站全文公布等形式，广泛征求社会各界的意见，充分保障人民群众的知情权、参与权、表达权和监督权。另外通过召开座谈会、书面征求意见等形式，充分发挥政府法制咨询委员会在规范性文件制定过程中的外脑作用。两年以来，政府法制咨询委员会累计提出法律意见1700余条。

（三）严格落实日常监督管理。坚持有件必备，廊坊市政府2012年、2013年，按时向省政府报送政府规范性文件26件。坚持有备必审，对98件县级政府规范性文件进行了备案审查。认真落实“三统一”制度，对16件部门规范性文件实行“统一登记、统一编号、统一发布”。坚持规范性文件清理，结合上级安排部署，2013年，先后组织了两次规范性文件清理工作，对市本级现行有效的规范性文件进行了全面清理审核，并对75件保留有效的政府规范性文件向社会予以公布。

（四）切实完善规范性文件档案化管理。2013年，市政府法制办结合多年工作实践，制定了《关于规范文件审查档案管理工作的意见（试行）》，从案卷卷面、卷内目录、卷内备考表、卷内材料收集、材料排列顺序以及档案管理等方面提出了具体要求。同时制定了详细的文件审查标准化文书格式，囊括审查接收登记表、文稿批审笺、起草说明、制定依据、征求意见情况、咨询论证情况、常务会议审议情况、正式印发情况等内容。按照标准，对2009年以来的规范性文件审查成果全部归档立卷实现了规范性文件制定工作的标准化。

三、规范行政执法行为，着力改善发展环境

（一）积极推进相对集中行政处罚权。认真贯彻落实上级有关推进相对集中行政处罚权工作精神，立足实际，积极探索，大力推进城市管理相对集中行政处罚权工作，全市六县、两市、两区全部经省政府批准建立了综合执法机构，在全省率先实现城市管理领域相对集中行政处罚权工作县级全覆盖，“权责明确、行为规范、监督有效、保障有力”的城镇管理执法体制初步建立。在全面总结相对集中行政处罚权工作经验的基础上，按照合法有效、积极稳妥、机制创新的原则，采取有力措施进一步理顺行政执法管理体制，探索城乡建设管理一体化模式。

（二）大力深化行政执法责任制。为切实规范行政执法行为，优化发展环境，以重点领域、关键岗位和基层站所为重点，在全市具有行政执法职能的部门全面推行行政执法责任制，大力推行行政执法评议考核。一是梳理执法依据。各行政执法部门共梳理现行法律法规330余部，建立行政执法案卷评查、规范行政处罚自由裁量权、行政执法投诉举报、行政执法过错责任追究、行政处罚案件审理委员会等规范行政执法的各项配套制度500余项，逐步形成一套符合廊坊实际的行政执法责任制度体系。二是开展行政执法评议。市政府47个行政执法部门全部制定了行政执法评议方案，在本部门本系统开展了评议考核活动。通过评议考核，全市320余名执法人员被评为优秀执法人员，对执法不规范的执法部门（科室）进行了通报批评，评议考核结果作为评先和任职的重要依据。三是深入开展行政执法示范创建活动。市政府在全市41个行政执法系统，500余个一线执法单位中组织开展了“行政执法示范单位”和“行政执法标兵”创建活动，通过各行政执法系统自评申报、组织行政执法案卷集中评查、实地考核验收、法律知识测试、社会公示等程序，评选出21个一线行政执法单位和25名行政执法人员，由市政府分别授予“行政执法示范单位”和“行政执法标兵”称号，通过典型示范带动全市整体执法水平全面提升。

（三）定期开展执法检查工作。一是实现案卷评查常态化。每季度有计划、分系统地随机抽取部分案卷组织案卷评查活动。2013年，共随机抽查市直50个行政执法部门678件行政执法案卷，其中抽取行政许可案卷406件，行政处罚案卷272件。归纳梳理各部门执法案卷中存在的具体问题12类、320余条，向行政执法部门提出整改意见并加强督促整改。同时将整改到位、符合要求的行政执法案卷和部分行政执法案卷样本辑印成册，发至各级各部门参照执行。二是开展专项检查。市政府组织了规范行政执法行为和优化发展环境等多次全市性的专项检查。重点对食品药品安全、环境保护、安全生产、城市管理等与人民群众密切相关的领域进行监督检查。共检查市县两级执法部门148个，抽查行政执法案卷1560件，归纳梳理了各部门执法中存在的具体问题七大类390余条，下达限期整改通知书69份，帮助部门整改存在的问题累计210余项，全市整体执法水平显著提升。

（四）全面落实行政执法人员培训。每年组织行政执法人员全员培训考试，全市新增行政执法人员全部由市政府法制办集中时间、集中地点、统一培训、统一考试。为提高执法人员准入门槛，市政府法制办委托院校研究开发了行政执法人员在线考试系统，考试系统采用B/S架构设计，高效严密，覆盖了与考试相关的考生报名、考试安排、考生答题、系统判卷等各个环节，能够满足海量考生同时在线，减轻了考试的组织负担。目前全市执法人员考试全部实现了网上报名、在线考试，试题和成绩由系统自动生成，达到“一人一机一卷”，确保了考试过程公平公正。2012年、2013年，共组织培训3700余人，通过培训考核调整、取消行政执法人员147人，年审合格的行政执法人员基本信息根据调整取消情况及时更新，在政府门户网站予以公示，接受社会监督。

（五）强力推进执法信息化建设。积极开展“两法衔接”工作，研究制定了《廊坊市行政执法与刑事司法衔接工作实施办法》、《廊坊市行政执法与刑事司法衔接工作联席会议制度》和《廊坊市行政执法与刑事司法衔接信息共享平台运行管理办法》，并制作了“两法衔接”具体工作文书和工作流程图，开展了联席会议、平台建设等重点工作。两年来，各级行政机关共移送案件215件，切实维护了人民群众切身利益。2013年，联合市监察局研究开发行政执法电子监察系统，重点针对执法过程中的巡查检查—立案—处罚三个关键环节实行网上留痕，使政府内部监督机构能够及时、全面地掌握全市行政执法工作状况。同时，将行政处罚自由裁量权的适用以及“两法衔接”等内容，嵌入电子监察系统，自动实时收集相关信息，加入统计分析功能和自由裁量权适用预警功能，实现执法监察和法制监督的“全覆盖”。

（六）认真办理投诉举报案件。研究制定了《廊坊市行政执法投诉举报规定》，明确了举报范围和程序，并在政府门户网站公开投诉举报电话和投诉举报信箱。两年来，市政府法制办直接受理、办理行政执法投诉案件36件，有效纠正了违法行为，处理结果全部向举报人进行反馈，群众满意率100%。市政府领导对投诉案件办理工作给予高度评价，市委常委、副市长贾永清批示：“每个人都是发展环境，每个干部都代表政府形象。法制办办的这件小事不‘小’，它是群众心头的大事，是党政机关‘为民、务实’的具体体现，希望同志们保持这样的好作风!”市政府副市长兼市政府秘书长王俊臣批示“为百姓解决实际问题，好!”同时以政府内部通报的形式，将办理投诉举报案件具体做法予以印发，要求各级各部门切实规范行政执法行为，积极做好行政执法投诉举报案件处理工作。

四、提升行政复议功效，积极化解社会矛盾纠纷

（一）着力化解矛盾纠纷。2012年、2013年，全市各级行政复议机关共受理行政复议案件426件，市本级受理行政复议案件264件，接待复议申请人600余人次，接受电话咨询400余次。案件涉及土地纠纷、工伤认定、房产纠纷、行政不作为、行政处罚等类型。各级行政复议机关通过撤销、变更、确认违法、责令履行义务等方式直接纠错的比例为20%；通过撤回申请、和解、调解等方式结案间接纠错的比例达到32%，综合纠错率达到52%，维护了行政相对人的合法权益，行政复议的社会公信力不断提升。

（二）扎实做好行政复议保障工作。为确保行政复议工作顺利开展，市政府法制办一方面完善制度保障，制定了《廊坊市行政复议案件审委会制度》、《廊坊市行政复议简易程序规定》、《廊坊市行政复议接待制度》、《廊坊市行政复议调解和解办法》、《廊坊市人民政府行政复议责任追究制度》、《廊坊市行政复议证据交换

规则》、《行政审判与行政复议联席会议制度》等，促进了行政复议工作的制度化、规范化和科学化。另一方面加强机构和经费保障，与市编委办、市财政局制定了《关于进一步加强行政复议工作的意见》，对机构设立、复议经费、设备、人员配备提出了明确要求。各县（市、区）政府积极落实，全部设立行政复议机构，设置了专门的接待室、审理室、档案室，配备了照相机、摄像机等办案设备，配齐了专职行政复议人员，行政复议经费也全部单独列入财政预算，行政复议能力得到了全面提升。

（三）努力推动行政调解工作。市政府法制办充分发挥牵头组织协调作用，制定了《关于进一步规范和加强行政调解工作的意见》、《廊坊市行政调解案卷标准（试行）》，确定了市本级15个行政部门承担的43项重点行政调解事项，通过政府公告对外发布，专门设立了行政调解中心，定期组织召开全市行政调解工作座谈会，不断提升各级各部门用行政调解方法解决行政争议的职责意识和工作能力。两年来，全市各级行政调解组织共受理47572件调解案件，调解结案42203件，行政调解结案率达到89%，有效预防和化解了社会矛盾纠纷。

（孟　靖）

【保定市政府法制建设】 2012年、2013年，在市委和市政府的坚强领导下，保定市政府法制工作紧紧围绕全市重大决策部署，以体制机制创新和优化“两个环境”为突破口，以规范行政行为、加强行政执法监督、强化行政复议和行政调解为着力点，开拓进取，真抓实干，为建设“京畿强市，善美保定”提供了有力法治保障。

一、突出重点，推进依法行政工作向纵深发展

（一）大力强化依法行政工作考核。根据全市依法行政工作要点和市委市政府科学发展目标考核的要求，制定了依法行政工作考核标准，加大了对薄弱环节和问题整改情况的考核力度，充分发挥依法行政考核在推进依法行政中的督促引导作用。2012年、2013年年初，分别组织了对上年度全市依法行政工作的考核，22个县（市、区）政府和市直部门受到市政府通报表彰。同时，顺利通过了省政府对全市依法行政工作的考核。涿州市政府、定州市政府、市地税局、市工商局连续两年被省政府评定为优秀等次。2013年9月，河北省委出台了《河北省设区市党政领导班子和领导干部综合考核评价办法（试行）》（冀发〔2013〕25号）等通知，首次明确将依法行政考核纳入党政领导班子考核体系。为落实文件精神，进一步做好依法行政考核工作，保定市就此项工作向省法制办和其他设区市开展了调研，向市政府进行了专题汇报，并提出工作建议。目前依法行政考核已纳入全市领导班子和领导干部考核评价体系。11月下旬，召开了市全面推进依法行政工作领导小组成员单位工作会议，对全市2013年度依法行政考核工作进行了安排和培训。12月，市全面推进依法行政工作领导小组成员单位抽调县级领导和工作人员分成7个考核组，通过听取汇报、召开座谈会、进行民主测评的方式，对全市24个县（市、区）和60个市政府部门的依法行政工作进行了全面考核，并将考核情况以市政府名义进行了通报。下一步我们将强化考核结果的深度运用，充分发挥依法行政考核“指挥棒”的作用，推动各级各部门依法行政工作取得新进展。

（二）深入开展依法行政示范单位创建活动。保定市在徐水县和涿州市成功创建依法行政示范县的基础上，继续开展市直机关的依法行政示范单位创建活动。2012年，在深入调研的基础上，经保定市推荐，省政府验收，市地税局被确定为省依法行政示范单位，填补了保定市省依法行政示范单位的空白。

二、加强规范性文件审查备案，为政府依法决策提供法制保障

（一）科学拟定规范性文件制定计划。每年年初，按照《保定市规范性文件制定办法》（保市政〔2011〕100号）的规定，以市政府法制办的名义，向市政府各部门印发报送年度规范性文件制定计划的通知。在对各部门报送的拟以市政府或市政府办公厅名义印发的规范性文件草案目录进行认真筛选和甄别的基础上，拟定本年度规范性文件制定计划，经市政府批准，以市政府办公厅的名义印发执行。

（二）认真做好规范性文件审查工作。2012年、2013年，共审查文件234件，涉及安全生产、城市建设、市场管理、经济发展政策、招商引资、园林绿化管理、大气污染和环境治理等内容，其中规范性文件61件（含对部门规范性文件前置审查9件），其余均为政府重大经济决策事项，包括市政府签订的各类框架协议、合同、投资意向书、协议书，关于市场管理、规范土地使用、加强城中村改造工作方面的通知、决定、意见等。在审查中，充分发挥市政府法制专家咨询委员会的作用，努力提高规范性文件审查质量。特别是涉及重大事项和群众切身利益的规范性文件，在广泛征求专家意见的基础上，反复论证，从源头上为市政府领导决策把好关、当好法律参谋。

（三）扎实开展规范性文件备案和清理工作。2012年、2013年，市本级向省政府和市人大备案规范性文件27件，审查备案各县（市、区）和政府部门规范性文件46件。

2013年1月根据省政府要求，对全市现行有效的规范性文件进行了清理，清理的143件规范性文件中，确认保留110件、拟修改7件、废止26件，清理结果在市主要媒体上进行了公布，接受社会和群众监督。12月，根据省政府《关于严格控制设定行政许可的通知》（冀政〔2013〕74号）精神，针对违法设定行政许可、违法收费以及为衔接取消和下放的行政许可项目，应修改、删除有关行政许可条款等内容为重点，对现行有效的136件规范性文件进行了再清理，确定废止15件、拟修改32件，继续保留89件，报市政府批准后，以市政府名义予以公布。

三、强化政府法制监督，进一步提升执法水平，优化发展环境

（一）积极开展相对集中行政处罚权工作。涿州市于2006年在全省率先成立了县级城市管理行政执法局后，高碑店等5个县（市）经省政府批准也相继开展相对集中行政处罚权工作。为进一步推进此项工作，2013年保定市先后下发了《关于进一步做好城市管理领域相对集中行政处罚权工作的通知》和《关于加快推进相对集中行政处罚权工作的通知》，全面加强对县（市）相对集中行政处罚权工作的协调指导，落实了责任分工。阜平等10个县（市）获得省政府正式批复，其余5个县的实施方案经市政府常务会议通过，已上报省政府，将很快获得批复。目前，此项工作在县（市）实现了全覆盖，从体制机制上进一步解决多头执法、执法力量分散、执法效能低下的问题。

（二）严格落实重大行政处罚备案制度。强化备案审查，要求各行政执法机关在做出重大处罚行为后的15日内报本级政府法制机构备案。2012年、2013年，对市本级行政执法部门报备的129份重大行政处罚案卷进行了认真审核。制发备案审查意见书，对处罚内容和程序基本符合要求的案卷提出进一步完善的建议，对存在严重问题的案卷，进行了监督整改。

（三）开展行政执法监督检查活动。一是扎实做好行政执法案卷评查工作。市、县两级均建立健全了行政执法案卷评查制度，明确了案卷评查的程序和方式，细化、量化了评查标准，使行政执法案卷评查工作规范有序。市本级坚持每季度对行政处罚案卷、行政许可案卷进行一次抽查，对优秀案卷进行表彰，对存在的问题督促整改。2012年重点对行政处罚中程序缺失或不当等问题，梳理出行政处罚工作中存在的典型问题，并组织整改提高。2013年重点对行政处罚自由裁量权基准制度的落实情况进行了检查，纠正趋利执法、滥用行政处罚权等问题，促进了全市执法水平的提高。二是认真组织行政处罚行为专项监督检查活动。2013年5月，成立了由市法制办、市财政局、市监察局组成的专项监督检查组，制定了专项检查的工作方案，对全市2012年度行政处罚行为进行了监督检查。对检查中发现的问题，三部门联合下发了《限期整改通知书》，要求存在问题的单位进行认真整改，对没有被检查到的单位，也要求对照检查出的问题进行内部自查，完善和落实执法责任制。三是开展规范基层执法行为提高行政执法能力专项活动。在充分研究，广泛征求各部门意见基础上，结合全市实际，市监察局、市财政局、市编办、市政府法制办四部门制定了《规范基层执法行为提高行政执法能力专项活动工作方案》和《任务分解表》，推动开展了规范基层执法行为、提高行政执法能力专项活动。

（四）加强行政执法主体和执法人员资格管理。一是开展行政强制实施主体及事项清理工作。为贯彻落实《行政强制法》，2012年，全市对各部门上报的行政强制实施主体和行政强制项目，依据有关法律、法规逐一逐项进行了严格的审核，经市政府确认后通过保定日报向社会公布。二是加大依法行政培训和考试力度。严把行政执法人员准入关，从源头促进规范、文明执法。全市所有行政执法人员必须经过严格的资格审查、培训和考试等程序后，方可取得行政执法资格，持证上岗，亮证执法。2012 年，全市结合国家新出台的《行政强制法》，对全市行政执法人员进行了专题培训，并组织了微机无纸化闭卷考试。2013 年，又重点组织了 2615 名新增行政执法人员的法律知识培训和考试。三是加强行政执法证件管理。2012 年，全市开展了全市行政执法证件清理，共清理出需吊（注）销证件 3000 余个。2013 年，对全市 28294 个行政执法证件进行了年检，并对转岗、调离、退休等行政执法证件进行了清理，结果已通过政府网站和媒体向社会公告。此外，还进一步完善了行政执法人员信息录入制度，建立健全了行政执法人员信息查询系统，实行动态化管理，及时更新行政执法人员信息，使行政执法人员资格认证更加规范化、透明化。

四、推进行政复议规范化建设，认真做好行政复议和应诉工作，促进社会和谐

2012 年、2013 年，市政府本级共受理并办结行政复议案件 130 件。其中维持 62 件，调解和解结案 30 件，撤销 22 件，调解和解结率达 23%，按期办结率 100%，行政复议权威性和公信力得到加强。至今没有因当事人对行政复议决定不服向法院起诉市政府案件发生，复议案件办理质量进一步提高。

（一）建立健全行政复议制度机制。制定完善了保定市《行政复议办案程序制度》、《行政复议听证制度》、《行政复议简易程序制度》等相关制度，建立健全了统一受理、分组审理、专家咨询、集体讨论等一系列行政复议工作机制，有效促进行政复议工作规范化、制度化。

（二）进一步畅通复议受理渠道。为依法履行行政复议法定职责，真正发挥行政复议化解行政争议主渠道作用，我办强化行政复议宣传，完善受理机制，规范受理程序，主动承办各类行政复议案件。2013 年案件受理数量较去年同期增长近 30%，受理案件种类也明显增加，案件覆盖面进一步扩大。其中行政处罚类案件增长 110%，行政不作为案件增长 350%，信息公开案件增长 300%。随着行政复议作用的进一步发挥，有效保障和监督了行政机关依法行使职权，保护了相对人合法权益，化解了矛盾纠纷，维护了社会稳定。

（三）坚持依法从严审理复议案件。坚持“以事实为依据，以法律为准绳”，对行政行为的合法性、合理性进行全面审查，该撤销、变更的具体行政行为绝不维持。2013 年以撤销、变更、责令履行方式结案的占 40%，较去年增长 300%。同时，十分注重调解、沟通和解释工作，充分利用行政复议调解和解机制，最大限度把行政争议化解在基层、在萌芽状态。这样既有利于树立行政复议的权威和公信力，赢得群众的信任和支持，又能得到下级政府和部门的理解和尊重，促进依法履责和依法行政。

（四）创新行政复议案件审理方式。为提高办案质量和工作效率，全市行政复议工作在书面审查的基础上，强化实地调查，不搞闭门办案；加强听证会、调解会等审理方式应用，建立听证室，配齐听证设备，健全听证制度，对重大、复杂案件，依法采取听证的方式审理。通过公开审理和辩论，提升了行政复议工作的透明度和公信力，更有利于客观公正的作出行政复议决定。

（五）建立复议案件同比分析制度。建立了行政复议案件同比分析制度，即至少每半年将当年行政复议案件受理和办理情况与上一年或几年情况进行对比，汇总数据，分析变化趋势，形成分析报告，提出下步工作安排。通过对 2013 年与 2012 年行政复议案件比对分析发现，2013 年公安交警行政处罚类案件数量明显增加，案件被撤销比例有所增大，我办及时与交警部门进行了沟通，并针对案件审理中发现的普遍性执法问题和不足进行了专项指导。该项制度的实施有利于全面掌握行政复议工作发展动态，并及时采取针对性措施。

（李建忠）

【沧州市政府法制建设】 2012 年、2013 年，沧州市政府法制工作在沧州市委、市政府的正确领导和省政府法制办的精心指导下，深入贯彻落实党的十八大和十八届三中全会精神，坚持以邓小平理论、“三个代表”重要思想、科学发展观为指导，紧紧围绕全市中心工作，全面贯彻落实国务院《全面推进依法行政实施纲要》和《关于加强市县政府依法行政的决定》，切实履行政府法制工作在推进依法行政方面的参谋、助手和法律顾问的职能，扎实推进依法行政，努力建设法治政府，不断创新工作方式，提高执法水平，优化发展环境，为加快“沿海强市、和谐沧州”建设提供有力的法治保障。2012年、2013年，沧州市政府法制工作多次受到国家和省表彰，沧州市政府在2012年度省政府依法行政考核中被评为依法行政工作优秀等次单位。

一、加强学习，依法行政意识和能力进一步增强

（一）2012年制定出台了《沧州市人民政府领导干部学法制度》，对学习内容、方法、时间、要求等做出了明确规定。沧州市政府高度重视法律知识的学习，尤其是加强对新出台法律法规和与社会公众利益密切关联法律法规的学习，增强依靠法律手段应对复杂局面、解决复杂问题的能力。两年来，先后6次邀请国务院法制办行政复议司副司长田昕来沧州，举办依法行政法律知识，政府信息公开法律知识，学习十八大精神、推进依法行政等专题讲座。2012年6月，分6期对市政府各行政执法部门、各县（市、区）政府及所属行政执法部门行政执法人员进行了《行政强制法》集中培训，参训率达到90%以上。2013年7月，邀请沧州市委党校杜玉先教授为全市党政领导干部讲授以提高“严格依法行政能力”为主题的专家报告会。2013年8月，邀请中央党校傅思明教授来沧州举办“推进依法行政、提高依法行政能力”专题讲座。同月，还举办了为期一周的行政复议法律知识培训班，对各县（市、区）、市政府相关部门主管领导和法制机构负责人进行了轮训。通过培训，广大干部进一步认识到了依法行政的重要意义，丰富了法律知识，强化了法治意识，增强了依法行政的自觉性和自信心。

（二）定期组织国家公职人员法律知识考试。每年12月，组织国家公职人员法律知识考试，采取统一命题、统一时间、分级组织、相对集中、开闭卷相结合方式，以副处级以上干部为重点，组织开展了涵盖各级党政机关、群众团体、具有行政管理职能等单位的在职国家公职人员法律知识考试，检测对《领导干部公务员学法用法读本》的学习以及对有关法律法规、十八大关于法制建设理论的理解和掌握情况。对因故不能参加考试的，及时组织了补考，确保县处级领导干部参考率达到100%。对新提拔县处级领导干部进行了任职前法律知识测试和任职期内依法行政情况考察，增强了广大领导干部加强法制学习、坚持依法行政的积极性和主动性。通过法律知识测试，增强了各级领导干部学习法律知识的紧迫感，为提高全市各级各部门依法行政水平起到了有力的推动作用。

二、强化措施，依法行政各项制度得到有效落实

（一）加强对推进依法行政工作的组织领导。两年来，多次召开推进依法行政工作领导小组会议，就加强依法行政工作、推进法治政府建设进行研究。为组织好全市依法行政年度考核工作，领导小组召开专门会议，研究通过了2012年度、2013年度《沧州市依法行政考核实施方案》，本着降低行政成本、优化办事程序、提高工作效率的原则，明确了依法行政考核工作的指导思想、组织领导、考核方法、指标设定等，增强了依法行政考核工作的针对性和可操作性。

（二）积极落实依法行政工作报告制度。对于全市推进依法行政工作，按照有关要求，做到了及时向省政府作出汇报，自觉接受上级机关指导；定期向市人大报告依法行政工作，主动接受人大的法律监督和民主监督。

（三）进一步健全了领导干部问责制度。先后出台了《沧州市行政执法与刑事司法相衔接工作管理办法》、《沧州市行政执法过错责任追究办法》、《沧州市国家机关及其工作人员问责规定（试行）》等一系列问责制度，进一步强化了领导干部依法行政责任。2013年，全市纪检监察机关共初核案件线索1203件；立案查处各类违法违纪案件1052件；结案1041件，给予1136人党政纪处分，其中涉及县处级领导干部8人、乡科级领导干部99人。

三、完善机制，政府行政决策水平不断提高

（一）广泛征求意见，确保政府决策更加符合人民群众利益。在重大事项决策前，都广泛征求相关部门和单位的意见。有不同意见的，提出法律依据，由主管领导牵头进一步协调，形成一致意见后再安排上会研究。对于涉及国计民生的重大决策事项，组织专家进行社会风险评估，并适时组织召开听证会，增强了政府决策的科学性和民主性。

（二）严格落实行政决策合法性审查程序，确保政府行政行为合法。严格落实《沧州市人民政府重大行政决策制度》、《沧州市人民政府重大决策听证制度》等一系列工作制度，坚持把公众参与、专家咨询、风险评估、合法性审查和集体讨论决定作为市政府决策的必经程序，保证了政府行政决策依法、科学、民主进行。在进行重大决策前都由市政府法制部门进行合法性审查，审查通过后再组织上会研究。要求政府法制部门全程参加市政府常务会议和市长办公会议，做到了法制工作对政府决策全程跟踪、深度参与、有效辅助。2012年，先后对《关于调整我市市区出租车运价暨完善汽运价格联动机制方案》、《沧州市人民政府关于落实最严格水资源管理制度的意见》等一批重大决策事项提供了重要的法律、法规咨询，做到了法制工作对政府决策全程跟踪、深度参与、有效辅助。2013年，对《中盐转让股权支持渤海新区发展的意见》、《沧州市扶持企业上市奖励办法》、《沧州市金融支持地方经济发展考核奖励办法》等特别重大决策事项，还要提请市委常委会或市委财经工作领导小组会议研究决定。沧州市政府依照法定程序，作出了包含《沧州渤海新区飞地开发管理办法》、《关于进一步支持全民创业的十条措施》等在内的共28项重大决策。

（三）严格执行规范性文件的制定程序，确保政府行政管理工作规范有序。认真贯彻落实《河北省规范性文件制定规定》和规范性文件“三统一”（统一登记、统一编号、统一发布）规定，认真做好政府部门规范性文件的前置审查、登记、公布等各个环节的工作。2012年、2013年，共向省政府报备市本级规范性文件40件，承办省政府立法征求意见稿42件，登记备案各县（市、区）规范性文件167件，保证了政府规范性文件制定的效率和质量。

（四）组织开展了规范性文件清理工作，确保规范性文件的合法性。对纳入清理范围的361件规范性文件进行了重新审核，宣布失效54件，废止79件，修订28件，继续保留有效200件。

（五）行政审批流程再精简工作取得阶段性成果。2013年，对全市51个具有行政审批职能的部门和单位共436项行政审批项目进行了再精简，审批时限从法定时限的12377天削减到4312天，精简率为65.1%。全部审批环节从2891个精简到2234个，精简率为22.7%。将社会关注度高、涉及部门多、程序复杂的政府投资项目审批、企业投资项目核准、企业投资项目备案、房地产开发项目审批、政府开发保障房项目审批、外资企业设立和内资企业设立共七类事项确定为并联审批的重点，分别制定了并联审批流程图，使这七类重点行政审批事项的审批时限大幅压缩、审批环节进一步优化，审批效率大大提高，得到了行政相对人的普遍好评。同时，按照国家和省取消和下放行政审批事项文件要求，认真做好相关行政审批事项下放和衔接工作，共衔接取消行政审批事项11项，衔接下放的行政审批事项62项，有效确保了相关行政审批工作的连续性。

四、加强监督，行政执法行为进一步规范

（一）严格审核行政执法主体资格。组织开展了罚没许可证年检工作，强化了对罚没主体的监管，确保了行政执法主体资格的合法性。对55个行政执法主体资格进行了审核确认，审验罚没许可证副本150个，新办理《罚没许可证》正本14个，换发10个，收回1个。对27个部门上报的实施行政强制法律依据进行了审查，共审核确定了16个行政执法部门的强制主体资格。审核结果在《沧州日报》上进行了通告，公布了投诉举报电话，强化了舆论监督，增强了工作透明度。

（二）加强行政执法人员管理。严把新增行政执法人员执法资格“入口关”。两年间，共培训19个县（市、区）新增行政执法人员4271名，其中有1023人由于考试成绩不合格而没有取得行政执法资格。同时，开展了持证行政执法人员培训和考试。培训市直行政执法人员4513名，其中有153名行政执法人员因考试不合格被取消了行政执法资格。组织开展了行政执法证件清理工作，全年由于退休、离岗、调离执法岗位、死亡等原因，共吊销行政执法证件1014个。为加强社会公众对行政执法行为的监督，建立了行政执法人员管理系统。社会公众可以通过该系统查询行政执法人员所在部门、执法种类、执法区域等内容，增强了行政执法监督工作的透明度。

（三）开展行政执法案卷评查活动。为规范行政执法行为，提高行政执法水平，优化经济发展环境，每年定期由市政府法制办、市财政局、市监察局组成联合检查组，对全市行政执法部门开展监督检查活动，同时开展行政执法案卷评查工作，及时发现和纠

正各级各部门在行政执法过程中的问题，最大程度地维护公民法人和其他组织的合法权益。两年间，共检查市、县行政执法部门250个，抽查行政执法案卷2556件，及时纠正了行政处罚行为中存在的共性问题，对249项个性问题进行了通报并限时整改，规范了行政执法行为。

（四）积极推动依法行政工作提质提效。认真做好行政执法与刑事司法衔接工作，市政府法制部门下发了《关于做好行政执法与刑事司法衔接工作统计分析及上报的通知》，2013年共向司法机关移送案件32件，有效确保了行政执法与刑事司法衔接机制的有效运行。

（五）相对集中行政处罚权工作实现全覆盖。2012年、2013年，开展城市管理相对集中行政处罚权工作步伐不断加快。继市本级以及任丘、黄骅、泊头、河间、青县、肃宁、献县、吴桥、东光9个县（市）以及新华、运河2个区得到省政府批复成立城管执法局以来，2012年，沧县、孟村、盐山、海兴、南皮5个县开展相对集中行政处罚权工作方案也得到省政府批复，开展城市管理相对集中行政处罚权工作在全省设区市中率先实现了开展城市管理相对集中行政处罚权工作的市县两级全覆盖，《河北法制报》对沧州市此项工作进行了报道。

（六）行政裁量权基准制度得到进一步落实。2012年组织开展了规范行政处罚自由裁量权工作，对44个具有行政处罚权部门的行政处罚自由裁量权标准进行了认真审核，查阅相关法律、法规、规章480部，审查弹性处罚条款2553条，共量化行政处罚标准8375项，进一步规范了行政执法行为。

五、注重实效，行政复议规范化建设取得明显成效

（一）完善了行政复议工作运行机制。2012年，将行政复议工作作为推进依法行政工作的重要内容，成立了行政复议委员会。2013年对行政复议委员会进行了调整，加强了对行政复议工作的领导。市政府法制部门建立了日常专人值班制度，及时受理群众提出的复议申请，规范了《行政复议来访记录》、《调解意见函》等法律文书，进一步完善了行政复议案件的立案和审理程序，使行政复议工作更加公开、透明，保障了行政复议各方当事人的知情权、参与权和监督权，维护了行政复议的公信力。两年来，共收到行政复议申请148件，其中受理123件，已审结105件。出庭应诉22次，已判决的12件，原告撤回起诉的2件，维持1件，有效维护了社会和谐稳定。2012年、2013年，没有发生以市政府为被申请人的行政复议案件。

（二）加强了行政复议队伍建设和保障力度。市政府法制办设有行政复议科，配有专职行政复议人员4名。各县（市、区）政府法制办也都配备了2名以上行政复议人员，达到了行政复议案件办理的法律要求。市级财政预算增列了行政复议工作经费，设有专门的行政复议接待室和行政复议听证庭，配备了齐全的办公设施和办案设备，为顺利开展行政复议工作创造了条件。

（三）行政机关在化解行政争议中发挥了积极作用。针对征地、拆迁、补偿等群众关注的热点问题，积极组织相关部门按照有案必受、按程序办案、强化调解、和解结案原则，耐心细致地做好相关法律法规的解释工作，不断提升行政复议办案质量。受理的行政复议案件中，2012年调解结案率达到了25%，2013年调解结案率达到了30%，实现了案结事了，定纷止争，和谐结案，得到行政复议各方当事人的信任和好评。

六、营造氛围，强化政府法制宣传工作

（一）政府法制理论研究成果丰硕。2012年5月，在省政府法制办组织的“推进依法行政，优化发展环境”主题征文活动中，沧州市有30篇论文分获省一、二、三等奖和优秀奖，获奖论文总数占到全省获奖论文总数的四分之一，市政府法制办获得组织奖。2013年8月，在全市范围组织开展了“强化法治思维，提高依法行政能力和水平”主题调研征文活动。共收到各级各部门报送的调研论文99篇。这些论文紧扣十八大报告提出的新目标、新任务、新要求，结合沧州当前发展的新形势，从不同层面深刻阐述了如何提高行政效能、如何保障群众利益、如何优化发展环境、如何着力解决影响改革发展的体制机制等问题，对于加强法制理论研究，增强广大干部法治意识，开展经验交流，营造法治氛围起到了重要的推动作用。11月，参加了全省创新社会管理模式理论专题研讨会，沧州市作为设区市代表在会上作了题为《创新社会管理模式必须坚持实事求是》的主题发言，得到与会领导和专家学者的高度评价。

（二）政府法制宣传工作继续走在全省前列。充分发挥《政府法制快报》、《法制工作简报》等宣传平台作用，加大对各级各部门在推进依法行政中的新做法、新亮点、新经验的宣传力度，活跃了全市法制工作，营造了依法行政的浓厚氛围。两年来，共编发《政府法制信息快报》391期，《政府法制信息简报》5期，共组织上报法制信息770篇，被国务院法制办采用297篇，被省政府法制办采用306篇，被《河北法制报》采用159篇。2012年，市政府法制办先后被国务院法制办和省政府法制办评为法制信息报送工作先进单位，吴桥、南皮2个县政府法制办和6名同志被省政府法制办评为2012年法制信息报送工作先进单位和先进个人，2013年沧州市法制宣传工作继续在全省各设区市中名列前茅。

（侯　聪）

【衡水市政府法制建设】 2012年、2013年，衡水市坚持以建设法治政府为目标，认真贯彻落实国务院《全面推进依法行政实施纲要》、《关于加强法治政府建设的意见》及省政府《关于推进依法行政加强法治政府建设的意见》等文件精神，不断强化组织领导，完善工作机制，狠抓工作落实，全市依法行政工作再获新成效，为衡水“强势开局、跨越赶超”提供了有力的法治保障。

一、完善组织领导

2012年，市政府及时调整充实了由市长杨慧任组长的全市全面推进依法行政工作领导小组，在常规人事调整的基础上，重点扩充了依法行政工作的成员单位，由调整前的10个单位增加到52个单位，加强了依法行政工作的组织领导。2013年，市政府又印发《关于调整衡水市全面推进依法行政工作领导小组的通知》，对全市依法行政工作领导小组进行了充实，增加为65个单位，将各县市区政府的“一把手”列入领导小组成员，实现了全市依法行政工作组织领导的“全覆盖”。

二、建立实施依法行政目标制度

市政府制定出台了《关于加强法治政府建设的实施意见》，明确了依法行政工作的新方向。同时，每年都印发《衡水市政府法制系统工作要点》，进一步细化政府法制工作各阶段的具体目标和实现途径。例如：《2013年衡水市政府法制工作要点》明确了发挥法制服务作用、提高规范性文件质量、加大行政执法监督、强化复议规范化建设和提高依法行政能力等5个方面的12项具体任务。

三、健全政府重大行政行为决策制度

市政府将重大行政决策合法性审查放在依法科学民主决策的首要位置。制定了《衡水市人民政府议事规则》，将全市重大事项列为市政府全体会讨论范畴，将重要事项和政策性问题及文件列为市政府常务会议讨论内容，构建了重大行政行为决策的基本程序。重新修订了《衡水市人民政府工作规则》将依法行政作为基本要求，提出：“市政府及各部门制定规范性文件，要符合法律、法规、规章及国家和省有关政策的规定，严格遵守法定权限和程序”。强调：“把公众参与、专家论证、风险评估、合法性审查和集体讨论决定作为重大决策必经程序，增强公共政策制定透明度和公众参与度”，确保重大行政行为决策的合法化、科学化和民主化，不断提高行政决策效能。同时，对市政府常务会议议题进行会前、会中和会后三个阶段的合法性审查已经成为常态。先后印发了《市政府办公室关于进一步做好市政府常务会议议题前置审查及议题收集工作的意见》、《市政府法制办关于做好政府常务会议材料前置审查工作的意见》等一系列文件，提出了一系列“刚性标准”。

四、注重领导干部学法多样化

为提高领导干部依法行政意识和水平，将市政府常务会议作为市政府领导干部学法的“中心平台”，制定学习计划，坚持会前集中学法“常态化”。积极搭建学法“专业平台”，2012年7月21日，举办了全市领导干部依法行政专题讲座，邀请国务院法制办政府法制研究中心副主任赵振华亲临授课，省政府法制办边黎明书记也应邀出席。市长杨慧亲自主持，市政府各市长、县市区政府主管领导、市直部门党组成员以及市政府办公室和县市区政府法制办全体同志共计369人参加了集中学习。2012年10月9日—16日，市政府首次联合中国政法大学举办了“衡水市政府法制系统领导干部理论研修班”，县市区政府和市直部门法制机构的主管领导、科室负责同志以及市政府法制办的有关人员共计69人参加了培训。2013 年又再次举办了全市提高运用法治思维和法治方式能力理论研修班，对政府法制系统 134 名人员进行为期 1 周的集中封闭式培训，国务院法制办相关司的司长和主任及中国政法大学的知名专家教授亲临授课，提升了培训的“含金量”。

五、严格依法行政考核

一方面，考核工作制度化。市政府常务会议研究通过了《衡水市依法行政考核办法》和《衡水市行政执法过错责任追究实施细则》，为科学评价县市区政府和部门依法行政工作奠定了基础。制定下发了《衡水市县市区党政领导班子综合考核评价办法（试行）》和《衡水市市直单位领导班子综合考核评价办法（试行）》，首次将依法行政考核结果列入了党政领导班子综合考核评价体系，确保了考核结果的直接运用。另一方面，实施考核严格化。2013 年 11 月，专门召开党政领导班子考核目标运行分析会议，强调要按照“强势开局、跨越赶超”的要求，各项工作都要与落后说不，与“倒数第一”说“再见”，部分指标要力争进入全省前列。2013 年 11 月 26 日，市政府组织召开了全市依法行政考核工作会议，对迎接省依法行政考核和安排市本级依法行政工作进行了专题部署。市政府对各县市区及 48 个市直单位进行了依法行政考核，对 7 个二级行政执法单位进行了行政执法考核。

六、组织调度工作

2012 年 4 月 20 日召开全市政府法制办主任会议，各县市区法制办主任、市政府法制办全体人员参加会议，会议由市政府法制办主任李亚美主持，市政府秘书长韩克俭出席会议并作重要讲话。2012 年 11 月 23 日，组织召开了全市政府法制工作会议，进一步要求有关单位抓紧建立健全依法行政考核制度，实现与省市考核要求的“无缝对接”。2013 年 5 月 7 日，市政府召开全市政府法制办主任会议，总结去年工作情况，强调今年工作重点，市政府秘书长白金芳出席会议并提出指导意见。同时，为推进县级政府法制工作整体上水平，步调统一，2013 年 8 月 23 日和 9 月 4 日，分别召开全市南部片区和北部片区县市区政府法制办主任座谈会议，沟通情况，交流经验，进一步加强各县市区之间的横向和纵向比较，达到互相促进的效果。

七、推进城市管理相对集中行政处罚权工作

市政府主要领导对城市管理领域相对集中行政处罚权工作高度重视，多次作出重要批示。印发了《市政府关于开展城市管理领域相对集中行政处罚权工作的实施意见》（衡政〔2012〕72 号），制定了市本级《关于开展城市管理领域相对集中行政处罚权工作方案》，并被省政府正式批复。另外，枣强等八县开展城市管理相对集中行政处罚权工作方案也正式获批，加之省政府先前已经批复的冀州市和深州市，全市市县城市管理领域相对集中行政处罚权工作已经提前实现“全覆盖”。

八、规范行政执法行为

针对全市人民关注的热点、焦点问题，以推进行政执法体制改革、规范行政处罚统计和重大处罚备案等工作为抓手，实现严格规范公正文明执法。一是规范行政处罚统计和备案工作。市政府办公室对全市行政处罚情况于年中和年底各进行了一次通报，分析存在问题，提出改进意见。印发了《关于规范报送政府法制工作相关材料的通知》（衡法办〔2013〕2 号），进一步明确行政处罚统计、移送涉嫌犯罪案件统计和重大处罚备案工作报送要求，通过采用新式行政处罚统计报表、实行零报告制度、制定专人负责等一系列举措，规范报送工作。2012 年、2013 年，共审查市直部门报送的重大处罚备案案件 723 件，均已全部备案。二是加大行政处罚检查力度。结合年度罚没许可证年检工作，对市直 50 个具有行政处罚职能和 38 个具有行政许可职能的部门开展了行政执法案卷评查活动，并在全市通报评查结果。对案卷存在突出问题的部门，暂扣其罚没许可证，下发监督通知书限期整改，防止乱作为；对 2012 年、2013 年未实施任何处罚的部门，要求说明原因，否则将注销其罚没许可证，防止不作为。2013 年 9 月—10 月，由市纪委监察局、市政府法制办、市财政局等有关部门组成三个市行政处罚行为专项检查组，对各县市区和 20 个市直重点行政执法部门开展了为期 40 天的联合专项检查，并将行政处罚实施、自由裁量权运用和罚款及罚没物资管理作为本次检查的重中之重，将查处可以追责的问题作为基本要求。三是加强行政执法人员管理。每年对县市区新增行政执法人员进行集中封闭式培训，主要侧重行政执法的基础和实务的结合，确保培训的系统性。行政执法人员考试运用“三统一模式”（统一时间、统一试卷、统一要求)，对经补考仍然不合格的行政执法人员由市政府法制办统一吊销其行政执法政件，为一年一度的行政执法人员考试增加了亮点。2013年，市政府秘书长白金芳等市领导对衡水职业技术学院92个考场的工业新区、滨湖新区和58个市直部门共计2700余名行政执法人员进行了重点巡视。同时，由市政府法制办和部分市直部门负责同志带队的市政府巡视组分别到11个县市区162个考场进行巡视，全程监督考试过程，提升考试的公正性。四是严把强制执行主体资格关口。对市直各行政执法部门的行政强制主体资格进行了清理确认，并将首批具有行政强制主体资格的21个部门在衡水日报和衡水市政府公众信息网进行了公布，明确了具体强制权限和法律依据。

九、提高制度建设质量

按照“围绕政务、协调事务、搞好服务”的工作思路，积极创新运行机制，努力深化制度建设和法律服务，初步形成了具有衡水特色的工作机制。一是工作要求高。明确要求：“市政府及办公室所有文件都要经法制办把关；市政府所有常务会议材料均需法制办审查，市长参加的所有会议法制办也都要参加，政府法制机构要当好市政府依法行政的称职参谋、得力助手”。市政府将规范性文件列入依法行政考核范畴，每年制定具有衡水特色考核目标。二是跟进中心紧。市政府常务会议议题在上会之前，都要经过法制办合法性审查把关，由法制办提出审查意见，为领导决策提供法律咨询意见；以市政府和市政府办公室名义印发的全部文件，都要事先经法制办审核把关才能进入下一环节办理；政府和政府部门签订的政府合同在正式签订之前都要经过法制办审查把关后，才进入正式签约程序。启动了党政联合发文合法性审查机制，对拟以市委、市政府或“两办”名义联合行文的公文文稿需，经市政府法制办合法性审查。三是创新举措多。坚持每半年对全市各单位规范性文件的报备情况进行统计通报。市法制办专门研发了衡水市规范性文件数据库，通过标题、发文字号、制定机关、发布时间、实施日期、失效日期、时效等检索要素，对规范性文件进行查询。同时，研究推进规范性文件电子报备工作，以政府门户网站和政府公文传输网络为依托，完成各县市区政府法制办、市政府法制办与省政府法制办电子报备系统的连接，实现了省市县三级规范性文件备案审查的联网。两年来，市法制办共审备案各类文件1048件。其中市本级规范性文件34件；审查政府及办公室文件、党委政府联发文件686件；审查常务会议材料、行政机关合同和各类请示报告153件；审查各县市区备案和市直部门前置审查的文件139件；办理省会签文件37件。

十、提升行政复议办案质量

一是坚持调解优先，调裁结合。进一步规范行政复议调解程序，创新行政复议调解方法，在不损害国家利益、公共利益和他人利益的前提下，在行政复议立案、审理、决定等各个环节积极采用调解、和解方法，寻求当事人之间的利益平衡点，确保“定纷止争，案结事了，气畅人和”。对当事人不愿意或调解无余地的案件，尽快依法作出行政复议裁决，防止矛盾激化。二是坚持调查调解，规范办案。在审理过程中，保证一般行政复议案件两人办理，重大疑难案件3人办理，每件案件集体讨论；规范行政复议调查取证工作，行政复议案件需要调查取证的2人参与，保证调查取证的合法性，重现场调查，不搞闭门办案；根据规定需要举行听证的案件一律实行听证，行政复议案件审理结果及时向当事人公开，充分体现行政公开原则；在行政复议案件审理过程中充分利用好行政复议调解和解机制，尽量把行政争议化解在基层，在萌芽状态。三是坚持探索创新，完善制度。为防止下级行政机关不履行或消极履行行政复议决定的情况发生，在行政复议工作中实行了行政复议决定履行情况督查制度。重点对2013年以来市政府做出的行政复议决定书进行了梳理，凡涉及下级行政机关具体行政行为被撤销、确认违法、责令履行行政职责、重新做出处理等情况的，逐一下发行政复议决定履行情况调查函，限期反馈情况。共向安平县、冀州市下发行政复议履行情况调查函4份，两县市均对复议决定的履行情况提交了书面报告，进一步促进了行政复议决定书的全面履行。两年来，受理行政复议案件89件。其中维持51件，撤销30件，确认违法6件，责令履行2件。下发行政复议建议书函12份和行政复议案件督办函2份。参与行政诉讼案件18起，均全部胜诉，能够依法公正、公平公开的审理行政复议案件，未发生当事人对复议决定不服起诉到人民法院被判败诉或向上级行政机关申请监督的案件。

十一、创新依法行政宣传工作

2012年2月22日，《衡水市依法行政考核办法》和《衡水市行政执法责任过错追究实施细则》分别以市政府令第3号和第4号公布施行。为扩大政府法制工作的影响力，提高公众参与的认知度，组织召开了市政府新闻发布会，通过法制办解读、部门表态发言，回答记者提问三个环节，大力宣传，营造依法行政的氛围。邀请了河北日报、燕赵都市报、长城网等14家新闻媒体参加。同时，市城乡规划局等20个市直相关部门和各县市区政府主管负责同志也参加了发布会，收到了学习、动员和宣传“三效合一”的综合效果。

（李　贤）

【邢台市政府法制建设】 2012年、2013年，在省委省政府的正确领导下，邢台市政府认真贯彻落实中央和省决策部署，强力转变政府职能，积极推进创新驱动、简政放权和提质提效工作，全面改善和优化发展环境，依法行政和法治政府建设各项工作取得了新成效。

一、树立法治思维，营造依法科学的行政决策环境

领导干部法治意识显著增强。《邢台市政府领导干部学法制度》在全市各级各部门得到有效落实，市县两级政府常务会议和部门行政班子会议都把学法作为集体学习的重要内容，积极推进领导干部法治观念、法治思维养成，年初制定印发领导干部学法计划，联系年度中心任务拉出学习清单逐一落实。市政府常务会议还把学习固定为每次政府常务会的第一个议题。2012年、2013年，市县两级政府共开展常务会学法150余次，举办专题法制讲座60余场，集中学法培训50余次，市政府部门开展领导班子集体学法200余次，基本实现了学法制度化、常态化。同时，还通过市委党校培训平台建立了领导干部法治培训学习机制，把每期市管干部、乡镇干部、后备干部培训班的涉法课程，整体安排到总课时的30%以上，仅2013年，市委党校就先后培训市管干部9期1731人，乡镇和后备干部2期170人，此举收到了很好效果。此外，为提高领导干部法治意识，增强学法用法自觉性，市政府还印发了《邢台市领导干部任职前依法行政考察和法律知识测试办法》，通过制定出台“倒逼制度”形式推进提高干部的学法积极性。2013年，市本级先后对31名拟提拔和新任行政职务县处级领导干部进行了任职前法律知识测试，各县市区先后对473名拟任行政职务的科级干部进行了法律知识测试。

行政决策程序日益规范。市县两级政府基本实现了行政决策合法性审查、公开征求意见、集体讨论、听证论证、风险评估等制度，未经合法性审查的一律不上会决策，未经征求、听取公众意见的一律不列入研究议题，未经听证、论证、评估的重大决策事项和民生问题，一律不提交会议。2012年、2013年，市县政府及其部门累计向社会征集意见建议6100多条，召开各类论证会、咨询会260余次，进行社会风险评估140余次。市政府在作出医疗保险市级统筹、机动车限速限行等事关民生的决策时，都积极召开听证会听取社会意见，广泛吸纳民意民智。南宫市政府在县级政府率先建立了常务会议旁听制度，每次会议都邀请3－5名群众代表参加旁听，既提高了政府决策透明度，又为落实政府决策扩大了传播渠道。临西县政府在全县推行了“低保听证制度”，把惠及百姓的事情让百姓自己“做主”，拉近了党群、干群感情，该做法被央视“焦点访谈”和“人民日报”作为典型经验进行了深入报道和推广。

行政权力运行制度更加健全。为全方位规范行政权力运行，把权力装进“制度的笼子”，邢台市在全省率先制定出台了《行政程序规定》（以下简称《规定》），从多个方面、多重角度、多个领域对行政权力运行进行规制。该《规定》已于2013年12月1日正式实施。《规定》共10章、172条、1.6万余字，不仅填补了邢台市规范行政权力运行的程序制度空白，而且成了指导全市依法行政和法治政府建设的纲领性文件。为强化《规定》的贯彻落实，市政府又专门印发通知提出要求，下一步将加大落实情况的监督检查力度，强力推进，全面执行。

机关建设逐步迈向标准化。为提高机关工作运转质量、效率和管理水平，强化依法、有序、规范、高效运转，年初，市政府对73项工作运行制度进行了修订完善，并结合工作实际新制定出台制度规定8项。同时，在市政府办公室系统率先推行了机关标准化管理，对依法行政等各项工作在依据、制度、流程、分工、时限、责任、审批等方面实行统一标准、统一模式管理，确保各项工作运行规范、岗位职责明晰、管理服务高效。2013年10月，该项标准化管理工作顺利通过了ISO9000管理体系认证验收。

行政决策智力支持系统更加完善。自2004年以来，市县两级政府相继健全了政府法制专家咨询机制，为政府重大行政决策提供法律咨询服务，2012年、2013年，在政府的一些民生事业、项目建设、重大管理等决策方面发挥了重要智囊作用，既降低了决策风险，又拓宽了政府的管理视野。两年来，专咨委相继为政府提供决策咨询建议800余条，参与重大合作项目70余个，其中，政府采纳咨询论证建议190余条，160多条“立法建议”被采用。2013年，新一届市政府组成后，根据形势变化情况，对法制专家咨询委员会又及时进行了调整充实，修订完善了《法制专家咨询委员会工作规则》，为进一步提高法制专家的咨询服务提供了保障。

二、坚持服务导向，建设务实高效的政治生态环境

强力简政放权，激发社会活力。为切实规范权力运行，依法推进经济社会事业发展，2012年，全市相继清理削减各种行政审批事项2611项，仅市本级先后两次清理削减行政审批事项308项，平均承诺审批时限由原来14天压缩至3.5天。2013年，市政府又专门对一些核心权力进行强力“精减”和“下放”，用政府权力的“减法”换取市场活力的“加法”，通过四个多月时间工作，拉出了进一步“减和放”的权力清单310多项。此外，市政府还积极做好衔接国务院、省政府取消、下放行政审批事项工作，并以此为契机进一步清理明晰本市的权力项目，先后又取消行政审批事项6项，下放58项，取消行政事业性收费事项6项。为切实转变政府职能，提高服务水平，增强服务能力，全市还全面推行了“并联审批”制度，把过去“一环接一环”的传统审批改为“全面开花”式审批，一个窗口受理，多个承办部门分头同时进行，彻底破解了行政审批“转圈”问题，不仅减少了行政成本，也大大提高了工作效率。威县政府在全省首创了“县乡村便民服务平台”制度，把县级审批和服务事项，逐一列出清单，明确并公开办事依据、流程、收费、时限，以及由谁代理服务等，使政府服务下延至乡，乡级服务下延至村，村级服务延至老百姓，该做法受到省委省政府主要领导的肯定。

完善“立法”机制，提高制度质量。按照“围绕中心、服务大局，科学统筹、突出重点，思路超前、学习借鉴”的原则，制定年度规范性文件出台计划，力求做到少发文、发精文、发管用的文和多发约束行政权力的文，在具体操作上严格落实征求意见、风险评估、“三统一”制度。2012至2013年，市县两级政府共制发规范性文件435件，市本级向省政府报备率和及时率均达100%，为省、市重大决策部署的贯彻落实提供了有力制度保障。

清理“红头文件”，扫除发展羁绊。2012年，根据市委市政府的统一部署，全市范围内先后两次开展规范性文件集中清理，相继废止和宣布失效规范性文件455件，修改392件，为进一步优化全市“两个环境”建设提供了有力保障。2013年，新一届市政府成立后专门安排部署了一次全方位、地毯式文件清理工作，仅市本级就审查政府“红头文件”3298件，确认有效规范性文件446件，一次性废止和宣布失效171件，修改20件。通过清理废止和宣布失效不合时宜的“红头文件”，大大释放了市场活力。市政府还积极创新管理模式，全面推进“规范性文件动态管理数据库预警”工作，将市政府及其部门和县（市、区）政府制发的所有规范性文件全部纳入数字化管理系统，实现文件效力状态明示化、评估清理警示化、到期失效自动化、检索查询便民化。

三、规范执法行为，维护公平正义的市场竞争环境

加大工作力度，推进综合执法。按照省政府的统一部署，在全市提前完成了城市管理领域相对集中行政处罚权工作，实现了“全覆盖”目标。目前，16个县市都健全了机构，开展了正常执法活动，彻底杜绝了执法交叉、执法重复问题。同时，还通过《行政程序规定》约束，把法律授权的多部门执法内容、形式、先后等进行强制性规定，严禁二次执法、互不认可、相互扯皮“伤害”百姓问题发生。

加强案卷评查，规范执法程序。2012年，全市累计抽查规范执法案卷11785个，现场监督检查和暗访监督291次，纠正违法或不当问题621个，印发执法监督文书234个，通报批评执法部门45个，暂扣执法证件118个，责令待岗培训人员160名，调离执法岗位人员193名，培训行政执法人员19113名。2013年，又结合食品药品管理领域的安全问题和百姓的关注状况，专门部署了对食药系统的行政处罚案卷进行专项检查，查阅23个执法单位的卷宗3517个，对发现的6大类问题和近2万个具体情况，全部责令限期整改，并向全市通报。为提高执法案卷质量，完善执法程序，增强执法水平，2013年，对全市行政执法人员还首次进行了"案卷评查式培训考试"，手把手的向行政执法人员施教，通过实际操作和查验具体行政执法行为，提高执法能力。为进一步压缩规范执法裁量空间，2013年，在原已经规范自由裁量空间的基础上，对新颁布36部法律法规的205个处罚条款进行了量化细化，并通过政务公开平台向社会进行发布，提醒百姓对行政执法行为进行监督，实现了自由裁量权长效动态管理。

创新工作机制，促进"两法"衔接。为推进行政执法与刑事司法衔接工作，完善执法体系，严处执法违法行为，制定出台了《邢台市行政执法与刑事司法衔接工作联席会议制度》，把定期召开会议、行政执法信息共享、案件移送文书样本等，通过制度形式固定规范，及时予以衔接配合。针对衔接机制运行中存在的问题，组织人员进行专题调研分析，提出有针对性的指导意见，印发各行政执法部门借鉴改进。同时，积极推进"两法衔接"电子信息平台建设，市本级利用现有网络平台开辟了"两法衔接"信息专栏，各执法单位通过密码登录实现信息共享。任县探索利用腾讯、邮箱等方式加强信息互联。威县探索实现了行政执法案件与刑事司法案件的"双向移交"。

强化执法监督，提高执法水平。2012年，为全面规范执法行为，市政府制定印发了《关于加强和改善行政执法工作的意见》，就转变执法理念、严格执法程序、规范执法行为、加强执法监督等提出了更加严格的要求。2013年，结合基层执法一线实际，印发了《规范基层执法行为提高行政执法能力专项活动工作方案》和《关于开展行政处罚行为专项监督检查的通知》，就完善执法机构，改善执法环境，加大执法力度，提高执法效果进行全方位加强和规范。2013年，市县两级政府职能部门先后开展现场监督检查和暗访监督351次，印发执法监督文书214份，纠正违法或不当问题462个，依法调离执法岗位和责令待岗培训人员414名。为增强监督效果，全市各级行政执法部门还新设、开通24小时投诉举报热线电话61部，公开投诉举报电子邮箱86个，部分单位部门还开通了官方微博、微信。市交通局按照"队伍职业化、站所标准化、制度规范化"要求，重点对基层执法力量进行强化。市工商局通过邀请企业代表听取述职述廉，对工商执法活动进行逆向监督。市审计局建立了量化考核评分系统，全面落实审计执法责任。

创新考核方式，发挥绩效优势。市全面推进依法行政工作领导小组连年组织开展依法行政考核，实际查验督促各级政府及其部门的依法行政各项工作落实情况，每年的考核结果经市政府常务会议审定后，报市委纳入领导班子综合评价考核体系，并向全市通报。2013年，邢台在全市还全面推行了绩效管理制度，包括依法行政在内的各项工作任务普遍实行了绩效考核与管理，按照依法行政要求，印发了《依法行政工作绩效评分办法》，每季度对各单位依法行政工作进行一次绩效评分，年终进行总评，考核结果纳入全市整体绩效考核体系，实行"末位淘汰"。

四、强化政府层级监督，构筑和谐稳定的社会发展环境

针对经济社会发展中出现的矛盾纠纷，各级政府及其部门积极引导群众通过法律途径解决问题和表达诉求，并通过发挥行政复议解决行政争议主渠道作用，加大政府层级监督力度，树立法治权威，提高政府公信力。

畅通复议渠道，提高案件受理率。2012年，全市各级行政复议机关共收到行政复议申请571件，依法受理行政复议案件240件，办理行政应诉案件265件，提供百姓咨询服务7000余人次。在受理的行政复议案件中，通过审理予以维持的占70%，依法予以撤销、变更、确认违法，以及责令履行行政职务的案件占30%，上级政府对下级政府的层级监督力度进一步加大。2013年，全市各级行政复议机关受理行政复议案件数量大幅增加，上级对下级政府和政府部门的监督进一步加强。全市共收到行政复议申请362件，依法受理行政复议案件285件，其中，市政府本级受理行政复议案件118件，达到了历史新高，县市区受案数也以12%的速度递增。案件受理和案件维持率逐年攀升，一方面说明了百姓依法维护自身权益的意识进一步提高，同时，也说明了行政机关工作人员依法行政观念普遍得到增强。

创新工作方式，发挥调解优越性。在“三位一体”大调解格局中，市县政府及其部门积极发挥行政调解优势作用，努力把发生在行政机关的行政争议解决在萌芽和基层，政府普遍成立了“行政调解工作领导小组”，部门和基层普遍明确了行政调解人员，公开调解内容、调解原则、调解方式，凡与行政行为有牵连的争议纠纷，优先采取调解和解方式化解，实现“案结事了”，提高政府公信力。2012年，全市各级行政复议机关先后调解和解行政争议281件，化解行政纠纷问题36起。2013年，全市行政机关调解和解行政争议案件180多件，基本达到了“定纷止争”效果。广宗县建立了行政复议与信访衔接机制，通过多元化矛盾纠纷解决渠道，化解行政争议案件，该县郭家屯村被授予“全国模范人民调解委员会”。

及时分析案情，指导执法实践。对下级政府和政府部门的具体行政行为监督，上级政府变依申请事后监督和现场监督为提前提示“预警”，减少和杜绝新的行政违法行为发生，特别是对“民告官”的行政复议案件，定期进行统计分析，研究提出注意事项和改进意见，有针对性地指导基层政府执法工作。2013年，针对征收拆迁类案件较多情况，市政府法制办公室及时调研分析，向基层执法部门印发了《行政执法机关行政处罚程序规定及注意事项》，提醒应注意问题，促进了行政机关规范、公正、文明执法。

加大抽象行政行为监督。规范性文件是约束行政管理相对人权利义务的强制性文件，制定出台规范性文件必须合法依规，切实保障管理相对人的权益。2013年，市本级审查县市区政府报备规范性文件150件。前置审查市政府部门规范性文件10件，审查通过8件，严格落实了“三统一”制度。对基层政府和政府部门出台实施的规范性文件，全部做到了件件审查、个个把关。

五、加强法制宣传，形成尊法守法的社会舆论环境

全市各级各部门立足本职、创新方式，积极开展普法宣传活动，在全社会营造了学法、信法、尊法、守法、用法的浓厚氛围。

广泛开展法制宣传。通过邢台政府信息网、邢台政府法制网等及时发布依法行政和法治政府建设有关信息，通过邢台日报等市级媒体宣传报道依法行政各项工作，通过网络媒体公开信息发布平台及时发布政府各类公开信息。据统计，两年间各级媒体共登载法制信息7500余条，通过媒体专访、特别报道、“行风热线”、专栏专刊等形式宣传依法行政和法治政府建设350余篇次。一些县市区政府还开展了灵活多样的宣传活动，把依法治国、依法执政、依法行政理念宣传到群众生活的各个角落、延伸到各个层面。开发区建立了普法一条街，南和县推行了乡村普法“大喇叭”，广宗县设立了“乡镇综治大院”，市财政局开展了“每周一讲法”活动。

积极上报法制信息。市县两级政府法制机构积极向国法办、省政府法制办报送法制信息，把政府的依法行政活动及时传递给上级部门，2012年、2013年，先后向省级以上媒体报送依法行政和政府法制信息4500余条，被采纳刊登信息1000余条。“财政供养人员编制只减不增”，“阳光救助、把底儿交给群众”，“邢台市并联审批制破解行政审批转圈难题”等一大批信息被国家主流媒体报道和刊发。

大力开展示范单位创建。邢台市被评为“全省六五普法法治城市”，桥东区被评为“全国法治县市区创建先进单位”，桥东区三合庄村被评为“全省创建民主法治示范村先进典型”，桥西区南大郭镇被评为“省级人口和计划生育依法行政示范乡镇”，全市11所学校通过省“依法治校”示范学校评估验收。

（高林蔓）

【邯郸市政府法制建设】 2012年、2013年，邯郸市政府法制工作在邯郸市委、市政府的正确领导下，在省政府法制办的帮助指导下，以邓小平理论、“三个代表”重要思想和科学发展观为指导，以全面推进依法行政、加快建设法治政府为目标，以中央决定在全党深入开展党的群众路线教育实践活动为契机，以邯郸市委将依法行政列入了县级领导班子和领导干部综合考核评价体系为抓手，以着力解决影响“两个环境”建设的问题为突破口，认真履责、努力创新、扎实工作，推进政府法制各项工作取得了新进展、新成绩。为建设宜居宜业宜游的富强邯郸美丽邯郸提供了坚强有力法制保障和创造了良好法治环境。

一、政府立法和制度建设进展快、质量高

一是紧紧围绕全市中心工作，以促发展、保民生、保稳定为目标，突出以改善“两个环境”建设，强化市场监管、维护企业合法权益、改善保障民生、加强社会建设等为重点，制订实施了年度立法计划。完成了《邯郸生态水网建设与保护条例》、《邯郸市减少污染物排放条例》等地方性法规议案5件；完成《邯郸市规范处罚自由裁量权若干规定》、《邯郸市物业消防安全管理办法》、《邯郸市餐厨废弃物管理办法》、《邯郸市建设领域农民工工资保障办法》、《邯郸市医患纠纷预防与处罚办法》等政府规章8件。二是认真落实规范性文件制定公开征求意见、三统一、有效期等制度。加大了对社会及管理相对人征求意见的广度和深度，保证人民群众的意见得到充分表达，合理诉求和合法利益得到充分体现，共召开各种类型的征求意见会、论证会、座谈会90余次，在“吃透上头、借鉴外头、了解下头”方面做了大量细致工作，为科学民主依法立法奠定了基础。三是根据省政府的统一安排，2012年对全市政府规章和规范性文件进行了清理，对59件政府规章、712件市政府规范性文件和500件市政府部门规范性文件，进行了认真彻底清理。清理后，政府规章保留56件，市政府规范性文件保留434件，以市政府文件、政府网站等形式向社会公布。四是认真执行政府规章、规范性文件备案制度。向国务院、省人大、省政府、市人大备案政府规章8件，向省政府备案规范性文件137件，并将2013年制定的政府规章全部翻译成了英文并在网上公布。五是认真执行合法性审查制度。对政府批转审查的规范性文件、市政府签订的所有合同、市政府常务会议涉及的重大决策事项约310余件，全部按时高效依法进行了合法性审查；对市直部门制定的34个规范性文件全部执行了前置合法性审查制度。

二、全面推进行政审批制度改革

2013年与国务院、省政府取消和下放的行政审批事项目录逐项进行了对接，形成了对接目录并在《邯郸日报》上进行了公布。根据省市关于改善“两个环境”的意见，认真清理三类事项，市本级行政许可事项由2010年保留的206项，经2012年和2013年两次清理后保留95项，削减率为53.9%；市本级非行政许可审批事项由部门上报的221项，清理规范为63项；行政监管事项由部门上报的388项，清理规范为192项。积极配合省检查组对各相关单位行政审批制度改革情况进行了督导检查。

三、强化法制监督，大力推进严格规范公正文明执法

一是完成了全市行政执法证件年检工作。根据省统一安排，对全市行政执法部门的3169名执法证件进行了年检，并通过网站向社会公布。二是完成了市直行政执法部门罚没许可证年检工作，根据《河北省罚没物资管理暂行办法》，对全市68个行政执法单位及其216个罚没副本进行了年检并向社会公布。从源头上杜绝滥用行政处罚权现象。三是积极稳妥推进城市管理相对集中行政处罚权工作，实现了市县级全覆盖。根据省政府冀政〔2012〕83号文件要求，市法制办抽调人员组成两个督导组，积极督导相对集中行政处罚权工作落实，于2012年底和2013年5月分二批将城管领域相对集中行政处罚权实施方案上报省政府，2013年4月1日和9月23日分别收到省政府《关于同意永年等五县开展城市管理相对集中行政处罚权工作的批复》（冀政函〔2013〕46号）和《关于同意武安等十县（市、区）开展城市管理相对集中行政处罚权工作的批复》（冀政函〔2013〕128号）。市政府又制定了具体实施方案，切实将相对集中行政处罚权工作落到实处。四是健全行政执法监督制度，积极开展规范行政执法监督检查活动。严格落实《邯郸市重大行政处罚备案和行政处罚统计实施办法》（〔2012〕240号），重大行政处罚决定作出后15日内报同级政府法制机构备案。按照《邯郸市规范行政处罚自由裁量权若干规定》（市政府令第139号），狠抓行政处罚自由裁量权制度的落实。在执法监督检查和案卷评查中，重点检查行政处罚裁量标准落实情况，促进了公平公正执法。组织了“行政处罚行为”和“规范基层执法行为，提高行政执法能力”两次专项监督检查，对行政执法单位的执法情况和处罚案卷进行了抽查，纠正了一批不规范处罚案卷和一些不规范执法行为，防止行政执法活动中不作为、乱作为现象发生。六是国庆节前对全市党政机关、企事业单位和社会团体使用、悬挂国旗情况进行了检查，对悬挂国旗不符合规定的19个单位下发了行政执法监督通知书，责令限期进行了改正，切实维护了国旗形象。七是严格落实联席会议制度，进一步完善行政执法与刑事司法衔接工作。召开了行政执法与刑事司法衔接工作联席会议，进一步强调了做好“两法衔接”工作的重要性，加快推进信息平台建设，不断完善工作机制，促进了“两法衔接”工作深入开展。八是为贯彻市委、市政府“简政放权”的要求，在充分调研的基础上，2013年，市法制办积极协调督导完成了市直33个单位和部门与冀南新区管委会委托执法工作，对部分行政许可权和行政处罚权委托冀南新区实施，推动了冀南新区规范执法，提高了行政效能。

四、行政复议工作取得新成绩

一是受理行政复议申请169件，作出复议决定150件，其中，维持决定87件，撤销决定13件，责令履行2件，终止14件，驳回25件，不予受理9件，以上案件均按法律程序在法定期限内办理，有力维护了公民、法人和其他组织的合法权益，有效保障了行政机关依法行政职权。二是办理行政应诉案件高效。严格执行市政府2012年制定的《邯郸市人民政府行政应诉程序暂行规定》，合理运用市中级法院和市法制办建立的沟通协调机制，依法办结市政府交办的行政应诉案件10起，经市政府行政复议后的行政诉讼案件政府胜诉率达100%，市法制办将依法办理以维持市政府的合法权益。三是加强了行政复议工作规范化建设。2012年，根据省政府办公厅《关于转发河北省行政复议工作规范化建设标准的通知》，市政府组织召开专题会议进行了安排部署，印发实施方案，按照要求，市法制办在办公用房十分紧张的情况下，又调剂出行政复议办公用房一间，并增添和配备了电脑、复印机、摄像机、录音笔等办案设备，使硬件设备进一步完善，为优质高效办理行政复议案件提供了物质保障。与此同时，市法制办还加强了对县（市、区）和政府部门行政复议规范化建设工作的督导检查，推动了行政复议规范化建设工作在全市铺开，行政复议规范化建设工作取得了明显成效。四是按照国务院和省政府要求，2013年11月28日，根据国务院法制办《关于邯郸仲裁委员会换届工作方案的复核意见》（国法秘协函〔2013〕479）和省法制办《关于批准邯郸仲裁委员会换届工作方案的复函》（冀法函〔2013〕32）通知，市法制办还积极督促指导了第三届邯郸仲裁委员会换届工作顺利完成。

五、认真抓好依法行政考核工作

认真组织了年度依法行政考核工作。根据依法行政工作新要求，及时对市依法行政工作领导小组成员进行调整和充实，市政府印发年度依法行政工作安排意见，对推进依法行政工作进行了安排部署，适时进行督导检查，确保各项工作落到实处，10月，对考核指标在进行充分调研基础上，制定年度依法行政考核实施方案，12月，在市政府统一领导下，由市法制办牵头，会同市依法行政工作领导小组成员单位组成若干个考核小组，对各县（市、区）政府、冀南新区、邯郸市经济开发区管委会和市政府所属行政部门进行了年度依法行政考核，并将考核情况进行汇总。考核结果经市依法行政工作领导小组会议审议后，对考核为优秀等次拟表彰的单位分别经同级纪检部门做了廉政审查，报市政府审定后通报表彰，市政府每年遴选若干个考核结果优秀的县（市、区）政府，授予“法治政府建设先进单位”；遴选若干个工作部门和单位，授予“依法行政先进单位”。特别是2013年市委将依法行政列入了县级领导班子和领导干部综合考核评价体系，进一步凸显了对依法行政考核工作重视。同时，市法制办牵头组织迎接了省政府对市政府的年度依法行政考核工作，得到省政府充分肯定，2013年获得“优秀”等次。通过以考核促规范、以考核促落实，全面规范了行政行为，进一步增强了各级政府和部门依法行政意识和能力，加快了法治政府建设步伐。

六、扎实开展创先争优、作风纪律整顿和政府绩效管理等活动，促使法制办机关自身建设得到进一步加强

2012年、2013年，按照省市部署，市法制办先后扎实开展了创先争优、作风纪律整顿、政府绩效管理、基层建设年、“解放思想、改革开放、创新驱动、科学发展”大讨论和正风肃纪等活动，对各项活动都十分重视，及时召开党组会议和主任办公会，专题研究部署各项活动，加强领导、明确到人，制定了各项活动具体实施方案和落实措施，适时督导推进，确保各项活动不走形式、不走过场，通过各项活动大力开展，有力促进了机关工作作风转变，工作效率也得到明显提高，促使机关自身建设取得了明显成效。

七、政府法制宣传和执法人员培训工作迈出新步伐

政府法制宣传工作取得新成果，组织向《河北法制报·政府法治周刊》、河北《法治》和省法制办《政府法制工作简报》等省级载体刊登依法行政信息110余篇；编辑《政府公报》24期；通过政府门户网站、本办网站等载体发布政府规章、规范性文件、综合政务等信息300余条；2012年7月25日市法制办在《邯郸日报》发表了“铸就邯郸繁荣和谐发展基石”，纪念邯郸市被国务院批准为“较大的市”20周年评论员文章；在省法制办组织的“关于推进依法行政改善发展环境课题研究征文”活动中，市法制办获得优秀组织奖，邯郸市荣获得一、二、三等奖和优秀奖共15名，受到了省法制办领导的充分肯定。两年来，对5000余名新增执法人员进行了法律知识培训，2013年对全市近500余名法制机构骨干人员在立法技术、规范性文件制定备案和行政复议实务方面进行了培训，收到了良好效果，有力提高了行政执法人员法制意识和依法办事能力和水平。

（郝俊涛）

【定州市政府法制建设】 2012年、2013年定州市政府法制工作紧紧围绕建设现代化区域中心城市总目标，认真贯彻党的十八大和十八届三中全会精神，抢抓省直管机遇，在加强自身建设的基础上，突出抓好行政复议案件的审理，规范性文件的审核把关，健全行政监督等方面的工作，严格落实《全面推进依法行政实施纲要》，全力打造法治政府，有效保障和促进了经济社会又好又快发展，连续2012年、2013年被省、保定市评为依法行政工作优秀单位、法治政府建设先进单位。

一、行政复议

把做好行政复议、行政调解和行政应诉工作作为及时化解社会争议、减少社会对抗和有效提高政府执行力的重要举措。成立由市政府常务副市长担任组长的市行政调解领导小组，形成了政府法制办牵头、行政部门具体负责的行政调解工作机制，重点围绕土地征收、社会保险、医患纠纷、劳动人事等方面开展行政调解工作，确保了社会稳定，全年没有发生因违法行政而引发的集体上访和群体性事件。设立专门的行政复议接待室和听证室，配备行政复议人员3名，各项复议制度、工作流程公开上墙，专项经费由市财政给予足额保障。坚持实体与程序并重，把好案件的事实关、证据关、定性关、适用法律关和程序关，切实做到依法受理、平等对待、公正裁决。2012年办理行政复议案件2件，全部办结，全年没有行政应诉案件。2013年受理行政复议案件4件，办结3件、中止1件。

二、规范性文件审核把关

充分发挥市政府法制专家咨询委员会作用，由5名资深律师担任委员，参与规范性文件制定、重要合同审查等工作，并就招商引资、国有企业改制等重大经济项目的论证、洽谈，提出意见建议。2012年共审核把关规范性文件15件，审查修改四方力欧畜牧项目、伊利液态奶二期、中山路地下商城等各类投资合作协议57件，提出修改意见200余条，并参与了银河铝业投资谈判、赴俄罗斯非法务工等重大法律事务的协调解决，确保了政府决策的合法有效。2013年审核把关涉及城市建设、安全生产、环境治理、招商引资等内容的规范性文件89份，为中汽零定州基地、航空无人机等重大项目签约合同文本提出法律意见369条，其中符合报备条件的规范性文件2件已全部按要求报备。定期清理规章和规范性文件，印发《关于公布继续保留的规范性文件目录的通知》（定市府〔2013〕53号）其中保留27件、废止12件、修改2件，为政府工作提供了有效的法律参谋保障。

三、行政执法检查及执法监督工作

制定行政执法监督检查实施方案，集中开展行政许可、行政处罚案卷评查活动。2012年对500余份行政许可、行政处罚案卷进行了监督检查，指出了存在的文书适用、送达程序、案卷整理等方面问题，当场制发《行政执法监督通知书》20余份。聘请专家对全市2000多名行政执法人员进行了《行政强制法》等通用法律知识的培训和考试，参加人数达到100%。2013年严格落实行政执法责任制，对13名违纪公职人员给予行政警告和行政记过处分，并进行通报。

四、落实社会监督和承办工作

主动邀请市人大、市政协进行有关食品安全、农村居民低保、外派劳务、城市建管等案由的监督检查。定期向人大报告工作，向政协通报情况，市政府就定州城区集中供热项目、定州古城恢复改造工程、定州市沙河经济开发区筹建、定州市城乡总体规划、银河铝业铝合金预拉伸板项目、定州中学新校区建设、定州职业工业工程技术学院筹建等7项重大决策事项主动报告，争取支持。认真办理人大代表建议和政协提案，2012年办理人大代表建议70件、政协委员提案207件。2013年人大代表建议、政协委员提案办结率、回访率、代表满意率达100%。

（成永强）

【辛集市政府法制建设】 2012年、2013年在省委、省政府和法制部门的领导支持下，全面贯彻落实党的十八大、十八届二中、三中全会和省委八届五次全会精神，紧紧围绕建设法治政府这一主题，以全面贯彻国务院《全面推进依法行政实施纲要》《关于加强市县政府依法行政的决定》为主线，坚持用法治思维和法治方式履行政府职能，着力提高政府的执行力和公信力，推动依法行政向纵深发展，为全市实现创新发展、跨越发展、科学发展创造了良好的法治环境。

一、行政复议

为进一步提高行政复议能力和效率，在坚持“书面审理”的基础上，对案情较为复杂的案件，灵活运用实地调查走访等方式，进一步理清案情，依法公正做出复议决定。同时，在自愿原则、事实原则、合法原则的前提下，积极运用调解方式，化解纠纷，促进当事人与行政机关的相互理解，最大限度地减少行政争议的负面影响，提高行政复议的效率和作用。2012年办理行政复议案件8件，全部办结。2013年受理行政复议案件10件，办结10件。

二、规范性文件审核把关

严格执行《河北省规范性文件制定规定》，进一步完善规范性文件制发程序，建立了专家论证、听证、社会风险评估等十项制度，促进了规范性文件管理的科学化、法制化。对拟由市政府、政府办印发的规范性文件，做到应审尽审，应备尽备。2012年共审查规范性文件5件，其他各类文件99件，向石家庄市法制办报备规范性文件5件。2013年共审查规范性文件9件，其他各类文件102件，全部向省政府法制办报备。定期清理规章和规范性文件，2013年对全市2005年－2012年制定发布的规范性文件进行了清理，共清理政府及政府办制定的规范性文件797件，废止44件，修订55件。为政府工作提供了有效的法律参谋保障。

三、行政执法检查及执法监督工作

联合纪检监察、财政等部门，对全市43个行政执法单位的行政执法工作进行了监督检查；检查建设、交通、交警、城管等单位一线执法人员10次，检查深入执法现场，对执法主体资格、执法程序规范等进行现场监督检查，现场指导，确保执法行为进一步规范；组织开展行政处罚案卷评查活动2次，同时法制办不定期进行抽查，及时发现问题、及时解决问题，以此来规范执法案卷和执法行为。

四、落实社会监督和承办工作

认真办理人大代表建议、政协提案，在办理过程中，要求各承办单位以求实效、办实事为基本要求，以高质量办理为目的，把承办工作往深里做、往实里做。为及时掌握全市承办工作开展情况，分别联合人大代表委、政协提案法制委，对重点建议、提案进行督导检查，通过抓重点、难点、热点问题的解决，切实提高问题实际解决效率，有效促进了整体办理质量的提高。2012年办理人大代表建议76件、政协提案67件。2013年办理人大代表建议100件、政协提案109件。做到了建议、提案答复率、走访率、答复格式规范率、满意率均为100%。

（李　新）

政府有关部门法制建设

发展和改革法制建设

【概况】 2012年、2013年，全省发展改革系统紧紧围绕全省经济社会发展中心工作，以推动法治机关建设为目标，认真贯彻落实省政府《关于推进依法行政加强法治政府建设的意见》，积极主动服务，严格规范管理，将法制工作融入到发展改革各项工作中，在加强制度建设、深化行政审批制度改革、加快发展改革立法进程、搞好法制宣传教育、强化执法监督、化解行政争议等方面做了大量工作，取得了较好成效。

一、加强制度建设，构建依法行政长效机制

制度建设具有全局性、稳定性和长期性，是推进依法行政、建设法治机关的关键。2012年、2013年，进一步加强依法行政制度建设，注意抓好"三个结合"，不断完善各项工作制度，着力构建依法行政长效机制。

一是结合发展改革部门实际，制定操作性较强的依法行政实施意见。按照省政府推进依法行政加强法治政府建设的决策部署，结合发展改革部门实际，制定印发了《河北省发展和改革委员会贯彻落实〈河北省人民政府关于推进依法行政加强法治政府建设的意见〉的实施意见》，从加强学习培训、加强法规制度建设、完善决策机制、规范执法行为、推进政务公开、改进复议工作、加强组织领导等方面，对全委依法行政工作进行了全面部署，明确了当前和今后一个时期加快推进依法行政的目标和任务。

二是结合成熟的工作机制，建立健全各项工作制度。首先，完善立法工作程序。为规范全委立法工作，切实提高立法质量和水平，制定印发了《河北省发展和改革委员会立法工作规则》，明确了立法项目建议提出、立法规划和年度计划制定、立法草案起草、修改完善、审查报送等工作程序，实现了立法工作的制度化和规范化。其次，严格行政执法证件办理制度。制定印发了《河北省发展和改革委员会行政执法证件和行政执法监督检查证件管理办法》，对行政执法证件的申领条件、办理程序、适用范围、保管方式等内容进行了明确，实现了执法证件管理的规范化、常态化和制度化。再次，规范行政案件办理制度。制定印发了《河北省发展和改革委员会行政复议工作规则》和《河北省发展和改革委员会行政应诉工作规则》，以制度形式明确了各有关处室在行政复议和诉讼案件办理中的职责分工，进一步提高了行政复议和诉讼案件办理的质量和效率。

三是结合全省和各地的先进经验，制定具有发改委特色的相关制度。《河北省规范性文件制定规定》发布后，为进一步加强对规范性文件的监督，从源头上防止行政违法现象发生，制定印发了《河北省发展和改革委员会规范性文件制定规定》，对规范性文件的立项起草、调研论证、征求意见、风险评估、合法性审查、决定和公布、有效期等进行了明确，进一步提高了规范性文件制定质量，增强规范性文件的公信度。《河北省行政执法过错责任追究办法》颁布实施后，结合发展改革工作实际，制定印发了《河北省发展和改革委员会行政执法过错责任追究实施细则》，建立了行政执法过错责任追究制度，明确了行政执法过错责任的追究范围、责任主体、责任形式和适用等内容，有效地规范了行政执法过错责任追究行为，预防和纠正行政执法过错。

二、实施简政放权，提升发展改革行政效能

2012年、2013年，省发改委将深化行政审批制度改革作为推进依法行政、加强法治机关建设的重要内容，以简政放权为突破口，注重"放、简、管、廉"系统推进，行政效率和行政效能明显提高。

一是坚持"放"。进一步下放审批事项，把该放的权力放开放到位。首先，做好与国务院取消和下放行政审批事项的衔接。对国务院三批取消和下放的行政审批事项中涉及省发改委的26项，及时提出了衔接意见，确保所有事项落实到位。其次，加大省本级取消和下放行政审批事项的力度。分两批取消了10项、下放了18项行政审批事项，将5项行政审批事项转为日常服务事项（这些事项占省发改委正在行使的行政审批事项的20%），将行政监管事项由164项减少为29项，其余135项转为日常服务事项。

二是力促“简”。进一步简化审批环节，提高行政服务效率。首先，优化审批流程。对保留的审批事项实施流程再造，初步实现了简单事项即时办理、复杂事项两岗审核终结，同一内容最多由两个岗位审核把关。同时，优化了省、市、县三级办理流程，简化了多层级审批环节。其次，缩短办理时间。将一般行政许可事项的办理时限由20个工作日缩短到10个工作日，将非行政许可审批事项的办理时限由30个工作日缩短到15个工作日，将行政监管事项的办理时限规范为30个工作日。再次，提升一站式服务水平。研究制定了《河北省发展和改革委员会关于落实“零障碍”服务全程协办机制实施意见》；将所有行政许可事项、非行政许可审批事项和面向社会的行政监管事项统一集中到了受理中心办理，实行一个窗口对外，为企业和基层提供了更加便捷高效的服务。

三是规范“管”。首先，规范行政审批事项管理。2012年、2013年，对全委行政审批事项进行了四轮系统清理，掌握了全委行政职权全貌，做到了底数清楚，为规范行政审批事项的管理打下了坚实基础。对全委保留的50项行政许可、非行政许可审批和行政监管事项，都做到了设定有依据、申报有条件、办理有程序、办结有时限，并交由大厅统一受理；同时，研究起草了《河北省行政审批事项动态管理办法》，探索对行政审批事项实行动态管理，严格新设、增加行政审批事项，对取消、下放、改变管理方式、合并、接收上级部门下放的行政审批事项等调整行为进行了规范。其次，完善项目稽察制度。研究制定了《河北省发展和改革委员会关于进一步加强项目稽察工作的意见》，进一步完善了项目稽察体制机制，明确了项目投资文件抄送制度、项目稽察情况通报制度、项目稽察责任制度和项目稽察重大问题审理制度，加强了对投资项目的事后监管，实现了项目监管全覆盖，有效规范了行政审批行为。最后，注重项目信息管理。开发完成了河北省项目监管信息系统，并逐步在全省范围内推广使用，实现了项目建设情况网上动态监管。编制完成了河北省固定资产投资项目信息管理软件，将固定资产投资项目的审批、核准和备案均纳入信息化管理范畴，该软件已进入调试运行阶段。

四是严格“廉”。进一步健全廉政风险防范机制，加强权力运行监控。对省发改委保留的行政许可、非行政许可审批和行政监管事项逐项进行了清理规范，重新查找了廉政风险点、评定了风险等级、制定了防控措施，并编制了权力运行流程图和廉政风险等级目录，使各类行政职权做到了“进系统、留痕迹、可追溯、能监督”，从源头上预防和化解了不廉洁行为的发生。

三、加快立法进度，夯实依法行政基础

省发改委一直将立法工作作为发展改革依法行政的基础和重点。2012年、2013年，进一步加强了与国家发改委、省人大常委会和省法制办的沟通联系，坚持“三个注重”，立法工作取得重大突破。

一是注重立法谋划。为增强立法的计划性、科学性和前瞻性，加快推进立法进程，提前与国家发改委立法规划对接，按照省法制办统一部署，认真谋划了2013年度、2014年度立法项目和2013—2017年立法规划项目。经努力汇报衔接、积极争取，将《河北省政府投资条例》、《河北省曹妃甸综合保税区管理条例》、《河北省新能源开发利用管理条例》等8部地方性法规或政府规章列入了省政府2013－2017年立法规划，为省发改委下一步立法工作的开展奠定了良好基础。

二是注重立法进度。经不懈努力，2012年、2013年，立法工作取得了重大突破。《河北省促进散装水泥发展条例》高票通过了省十二届人大常委会第五次会议审议，并以第16号公告发布施行。《河北省化工建设项目安装工程质量管理规定》通过了省政府第11次常务会审议，并以省政府令第11号发布。《河北省电力保护条例》也通过了省人大常委会一审，正在做进一步修改完善，准备提交省人大常委会二审。

三是注重定期清理。按照省人大常委会和省政府法制办部署，对负责执行的《河北省地方煤矿管理条例》、《河北省经济信息市场管理条例》、《河北省新能源开发利用管理条例》等8部地方性法规和省发改委实施的157件政府规章、规范性文件进行了认真审视梳理，分别提出废止、修订和保留建议；对负责执行的14部政府规章中设定的行政处罚规定进行了全面清理，如期将结果报送省法制办。

四、开展法制宣传，提高依法行政意识

2012年、2013年，以领导干部学法为重点，重点抓好骨干培训，突出做好“六五”普法中期检查评估，重视系统内和社会的法制宣传教育，广大干部依法行政意识明显增强，发展改革法制工作认可度显著提高。

一是抓好以领导干部为重点的法制学习。坚持把法律知识作为委党组理论学习中心组学习的重要内容，先后组织了9次法制专题学习。在干部使用上，坚持将掌握相关法律知识情况作为干部任职前考察的重要内容，新提拔的58名处级干部在任职前全部参加了法律考试并取得了良好的成绩。同时，先后邀请了省司法厅原厅长李益民同志、国家发改委法规司副司长梁彦同志来我委作依法行政专题讲座，对省发改委班子成员、机关干部、物价局处长以上干部、委属单位班子成员约180余名干部进行了专题培训。

二是抓好对法制工作骨干和执法人员的培训。积极参加了国家发改委举办的全国发展改革系统“六五”普法骨干培训，发挥法制工作人员的骨干组织、协调作用。专门召开了系统行政复议工作会议，对系统内从事行政复议和诉讼的工作人员进行了专项培训，提高了法制工作人员办理相关案件的能力和水平。按照省委组织部、省委宣传部、省司法厅、省法宣办统一安排，组织了机关全体干部参加了全省干部法律知识考试。结合系统行政执法工作特点，以行政许可法、行政处罚法、招标投标法、节约能源法、电力法等重点法律知识为内容，组织了专门法律知识培训并进行了测试，参考率均达到了98%以上。

三是抓好系统“六五”普法中期检查评估。在全面系统自查的基础上，认真撰写了省发改委“六五”普法中期自查报告，分类汇总了普法成果材料，做好了迎接国家发改委和省普法办的各项检查准备工作。同时，制定了全省发展改革系统“六五”普法中期督查方案，按照“面上普查与重点抽查相结合、平时检查与综合考评相结合、展示成效与整改提升相结合”的原则，采取听取汇报、召开座谈会、查看台账、实地察看、随机抽查等形式，对各地实施法制宣传教育第六个五年规划的情况进行了全面督查，并在此基础上组织召开系统普法经验交流会，收到了良好效果。

四是抓好对系统和社会法制宣传。先后制定印发了2012年和2013年全省发展改革系统法制宣传教育工作实施意见，对系统年度法制宣传教育工作进行了安排部署，明确了工作重点和任务分工，做到了有的放矢。在石家庄市集中举办了两期《招标投标法实施条例》（以下简称《条例》）培训班，组织全省各市、县发改委（局）、各有关项目建设单位及招标代理机构600余人参加培训，加深了对《条例》的理解，提高了依法组织招标的能力。组织机关干部参加了省法宣办举办的全省领导干部学法用法征文活动、国家发改委举办的全国“六五”普法成果网上展示活动、“12·4”全国法制宣传日活动等，进一步提升了系统内外依法行政能力和水平，宣传了发展改革依法行政良好形象。围绕群众普遍关注的重点、难点和热点问题，我委主要领导主动参与“阳光热线”、“阳光理政”等访谈节目，进行相关法规政策解读，加大向社会宣传力度，提高了发展改革法制工作的认知度和认同感。

五、依法办理案件，妥善处理行政争议

在坚持依法依规的前提下，省发改委不断创新案件审理方式，大胆引入调解和解机制，发挥了行政复议解决矛盾纠纷的主渠道作用。2012年、2013年，共办理了18起行政复议案件。其中，作为复议机关审理了8起案件，做好了10起案件的答复工作。经多方努力，案件均取得了满意结果，在维护申请人合法权益的同时，有效维护了发展改革系统形象。实际工作中，重点从创新工作机制、加强业务培训和推进规范化建设三个方面进行了改进。

一是创新办案机制。在严格依法办案的前提下，灵活运用调解和解手段，积极引导当事人自愿、合法开展复议调解，争取当事人的理解和误解的消除，有效疏导行政争议。

二是加强业务培训。在年度系统法规工作会议的基础上，增加了系统行政复议专题会议，通过典型案例剖析、邀请专家讲座等多种形式，对系统法制工作人员，特别是复议工作人员进行了专题培训，提高了其专业素养和处理复杂问题的能力。

三是推进复议规范化建设。认真贯彻执行《河北省行政复议工作规范化建设标准》，将行政复议工作规范化建设作为提升工作质量和水平的有效抓手，设立了专门的行政复议接待室，制作了行政复议流程图，公布了行政复议咨询电话，切实提升了办案效率和办案质量。

六、加强执法监督，切实规范行政行为

2012年、2013年，坚持预防与规范并重的原则，严格规范性文件审核、强化行政执法监督、注重执法队伍建设，促进了发展改革行政执法行为的规范。

一是严格规范性文件审核。全年共对40余件出台的文件进行了审查，其中6件规范性文件报送省法制办进行了前置审查，确保了行政执法依据的合法有效，从源头上杜绝了行政违法现象的发生。

二是创新案卷评查方式。在认真开展年度行政执法案卷评查的基础上，以开展优秀执法案卷推荐活动为抓手，研究制定了优秀执法案卷标准，组织开展了全委“企业投资项目核准”类执法案卷推荐活动。

三是实地调研执法状况。为加强对各地发展改革行政执法工作的指导，省发改委深入区县发展改革部门，对发展改革系统依法行政情况进行专题调研，通过听取汇报和实地考察，对系统行政执法工作进行了全面检查，针对发现的问题及时提出了改进建议。

四是加强执法队伍建设。为提高执法人员法律素养和执法水平，严格行政执法证件工作，组织全委100多名行政执法人员参加了省政府法制办举办的行政执法证件年检考试。同时，结合发展改革行政执法特点，以行政许可法、招标投标法、节约能源法等重点法律知识为内容，组织专门法律知识考试，参考率达到了100%，优秀率达到了97%。此外，组织对全委行政执法证件进行了全面梳理，对离退休人员和调离执法岗位人员持有的执法证件予以收回。

七、做好法规件反馈，维护政府职能部门之间的有序性

2012年、2013年，省发改委认真组织有关处室完成了《粮食法》、《河北省海洋环境保护管理规定》、《河北省国有土地上房屋征收与补偿实施办法》、《河北省人口与计划生育条例》、《河北省突发事件应对条例》等55件次法律法规规章征求意见件的反馈工作。在工作中，从维护政府职能部门工作的稳定和有序性出发，对一些条例、规章和规范性文件的合法性认真提出修改意见，提高了法规件协调工作质量。

（史志俊）

教育法制建设

【概况】 2012年、2013年，省教育厅围绕全省教育改革发展中心任务，以教育立法为基础，以教育普法为重点，以章程制度建设和依法治校示范校评估为抓手，切实加强教育法制建设，努力提高依法治教、依法治校工作水平，有力地推动了全省教育事业的持续、健康、科学发展。

一、教育立法与政策调研

积极配合省人大、省政府有关部门做好地方教育立法的调研工作。按照全省立法计划，《河北省终身教育条例》（以下简称《条例》）被列为2013年省人大立法项目。为做好《条例》草案起草工作，2012年下半年，省教育厅即组织力量进行了充分论证和认真调研，起草了《条例》草案，2013年4月，草案经厅党组研究通过后报省法制办。从2013年5月起，省法制办先后到唐山和石家庄两市进行了立法调研，三次召开座谈会进行讨论，两次正式书面征求有关部门意见，反复修改，最终形成了《条例》（草案）。《条例》（草案）于2013年10月14日经省政府常务会审议通过，报省人大进行审议。

二、行政审批制度改革与依法行政

一是认真落实《国务院关于取消和下放一批行政审批项目等事项的决定》和《河北省人民政府办公厅关于做好与省政府公布取消下放行政审批项目等事项衔接落实工作的通知》精神，积极做好行政审批事项的清理衔接和行政审批工作。

二是认真清理精简“三类事项”。省教育厅原有“三类事项”64项，2012年教育部下放行政许可3项，共计67项。经过认真清理，保留“三类事项”52项，其中行政许可13项、非行政许可审批事项21项、行政监管事项18项，总计减少行政审批事项15项。积极推进行政审批网上受理、网上审批、网上查询、限时办结制度，简化办事程序，提高行政效能，为申请人提供更为便捷高效的行政审批服务。实行“一口对外、一次告知、限时办结、封闭运行”的工作机制，在行政服务中心大厅公布各事项目录、审批流程、办理时限、服务承诺。2012年、2013年，服务大厅网上共受理行政许可事项46项，受理来人办理其他事项138项，全部按时办结，没有超时办理的事项，三类事项办结率100%。

三、依法治校工作

坚持将依法治校做为提升学校办学水平和教育质量的基础和保障，印发了《关于全面推进依法治校工作的实施意见》，对全省依法治校工作提出了明确要求，提出了到2015年，各级各类学校全面形成一校一章程的格局，到2020年，全面完善学校章程制度，全面实行现代学校制度的目标；组织开展了对首批79所国家和省级依法治校示范校的复查工作，与省司法厅和省法制宣传教育领导小组办公室联合开展了关于评选第五批河北省依法治校示范校活动，对各地推荐的学校逐一检查评估，共认定134所学校为河北省第五批依法治校示范校。

四、法治文化建设

突出法治文化主线，创新法制宣传教育，在营造崇尚法治环境氛围方面进行了有益的探索和实践，有力地促进教育系统法治文化建设和谐发展。

一是加强机关干部普法工作。通过集中办班和举办讲座的方式进行法治培训，先后组织了依法行政、贯彻实施《行政许可法》、《政府信息公开条例》等专题培训和考试。同时，配合省政府法制办，组织厅机关公务员和事业单位人员参加全省统一组织的干部法律知识考试，不断提高广大干部依法行政的能力和水平。

二是推进教师普法工作。以教育部《新编教师法治教育读本》为主要内容，组织了全省中小学（含中等职业学校和幼儿园）教师和管理人员法律法规知识学习和考试，全省共计有65万名中小学教师和管理人员参加。

三是积极开展“法律进学校”活动。继续推动学校法制教育教学计划、课时、教材、师资“四落实”工作，在课堂法制教育主渠道的基础上，各地组织学生广泛开展了知识竞赛、模拟法庭、文艺节目表演、法律知识考试、开辟法制园地、板报、手抄报等多种形式的法制教育活动。在此基础上，省教育厅、省司法厅还联合举办了全省中小学生法律知识竞赛，共有400多万中小学生参加，普及了学生的法律知识，增强了学生法制观念。

五、教育维权工作

按照相关法律要求，进一步建立健全各级教育行政及校内申诉、调解、复议工作机制，理顺工作关系，完善申诉程序，规范行政申诉工作；做好教育系统教育行政申诉、行政调解、行政复核、行政复议案件的受理工作，依法公正办理有关案件，提高办案质量，化解争议和纠纷，促进教育和谐稳定。2012年、2013年，共受理教师和学生申诉案件15件，其中5件责令学校重新做出处理，另10件维持学校决定。同时受理其他涉法案件4件。

（陈光华）

科学技术法制建设

【概况】 2012年、2013年，科技法制工作取得重要成果，进一步完善了地方性科技法规体系，规范性文件合法性前置审查逐渐规范严格，圆满完成了预定的各项依法行政目标、任务和要求。

一、积极推动《河北省技术市场条例》（以下简称《条例》）立法修订工作，完善技术市场法规保障体系

该《条例》制定于1991年，是全国技术市场管理的第一部地方性法规。该《条例》实施二十年来，有力推动了全省科技成果的商品化和省外技术成果在全省的推广应用。但随着近年来技术市场的快速发展和国家相继颁布了修订后的《科学技术进步法》、《促进科技成果转化法》、《合同法》、《仲裁法》、《行政处罚法》，制定出台了一系列支持自主创新的配套政策，其部分条款和规定已经不适应新形势下技术市场管理和科技成果转化工作，需要进行修订和调整。为进一步规范技术市场秩序，保障技术交易当事人的合法权益，促进技术转移，推动经济建设和社会发展，我厅积极配合省人大及时启动了条例的修订工作。修订后的《条例》于2012年11月25日由河北省第十一届人民代表大会常务委员会第三十三次会议通过，并自2013年1月1日起施行。随着《条例》的施行，2013年12月底，科技厅组织专家对《条例》内容进行了解读，形成了《〈河北省技术市场条例〉解读及应用指南》。

二、积极加大《河北省科学技术进步条例》的宣传落实工作，保障其内容有效落实

2011年3月30日，省第十一届人民代表大会常务委员会第二十二次会议表决通过了《河北省科学技术进步条例》，并于2011年6月1日起正式施行。2012年，在《河北省科学技术进步条例》施行一周年之际，科技厅组织科技政策方面的专家，编纂形成了近20万字的《〈河北省科学技术进步条例〉释义及实用指南》。指南对该条例进行了逐条逐句的分析解读，详细介绍了相关的国家法律规定、条款制定背景以及相关科技政策，对条例内容的宣传和落实起到了积极促进作用。2013年，科技厅配合省人大教科文卫委员会对石家庄、保定、邯郸、唐山、秦皇岛、张家口等市开展了条例实施情况的检查调研工作，深入多家当地各类企业进行走访调研，掌握了第一手实施效果情况，进一步促进了法规的落实。

三、不断加强依法行政，制定印发了一批规范性文件，确保各项工作依法依规开展

一是为推进省级科学技术奖励工作的科学化、规范化、制度化，提高省级科学技术奖励的权威性和公信力，对《河北省科学技术奖励办法实施细则（试行）》（冀科成市函〔2009〕3号）进行了修改完善。修订后的《河北省科学技术奖励办法实施实施细则》经省政府法制办审查，并报经省政府同意，于2012年2月23日印发。从实施2011年度获奖项目奖励起，执行一、二、三等奖8万元、5万元、2万元奖金新标准，从组织2012年奖励工作起贯彻实施新《河北省科学技术奖励办法实施细则》。

二是为进一步规范省级科技项目的管理程序，明确项目管理各方的责任、权利和义务，提高项目管理的效率和水平，省科技厅依据《河北省科学技术进步条例》，同时参照国家相关规定，起草了《河北省省级科技计划项目管理办法》。

三是为规范和加强河北省自然科学基金资助项目的验收管理工作，根据《河北省自然科学基金管理办法》（省政府令〔2009〕第5号）和《河北省省级科技计划项目管理办法》（冀科计〔2012〕15号），制定印发了《河北省自然科学基金资助项目验收管理办法》。

四是为进一步贯彻《省委、省政府关于加快推进科技创新与改革的意见》，推进全省国际科技合作工作，规范省国际科技合作基地建设和管理，省科技厅参照《国家国际科技合作基地管理办法》，制定印发了《河北省国际科技合作基地管理办法》。

五是为深入贯彻落实省政府《关于支持科技型中小企业发展的实施意见》（冀政〔2013〕43号），加强科技型中小企业认定与管理，推动科技型中小企业做大做强，促进科技型中小企业创新能力全面提升，制定印发了《河北省科技型中小企业认定管理办法》。

六是为加强河北省软科学研究计划项目管理，提高软科学研究水平，省科技厅根据《河北省省级科技计划项目管理办法》（冀科计〔2012〕15号），参照国家软科学研究计划管理的相关规定，制定印发了《河北省软科学研究计划项目管理办法》。

四、严把前置审核关，确保规范性文件制定程序规范，内容合法

依据《河北省规范性文件制定规定》（省政府令〔2010〕第14号）的要求，2012年、2013年，科技厅法制部门对起草的所有6项对外发布的规范文件逐一进行了合法性初审，及时完成了报省政府法制办进行合法性审查和备案工作。

在以后工作当中，省科技厅将在以往工作的基础上，扎实工作，开拓创新，根据全省社会经济科技发展实际需要，进一步做好科技法制建设工作，充分发挥科技对社会经济发展的引领和支撑作用。

（周　辉）

工业和信息法制建设

【概况】 2012年、2013年，在省委、省人大、省政府的坚强领导下，在省政府法制办的大力支持和正确指导下，工业和信息化厅深入贯彻落实省政府《关于推进依法行政加强法治政府建设的意见》和工业和信息化部《关于加强法治政府建设的实施意见》，以党的群众路线教育实践活动为契机，认真组织开展“双减双提”和“为民服务提质提效”专项活动，积极配合国家和省审改办做好取消和下放行政审批事项有关工作，突出转变发展方式和转变政府职能，加强法治政府和服务型政府建设，全面推进依法行政，为全省工业经济平稳较快发展、信息化助推经济社会进步提供了制度保障。

一、加快推进工业和信息化立法

一是出台了《河北省信息化条例》（以下简称《条例》）。会同省人大到邯郸、邢台、沧州等市和部分企业进行调研，到已经出台条例的江苏、浙江、贵州等省进行考察学习，召开9次座谈会和专家论证会，征求48个部门和各人大常委的意见，先后修改16稿，省人大常委会三次审议，2012年9月26日在省人大常委会第三十二次会议上通过了审议表决，2013年1月1日正式施行。该《条例》是河北省信息化领域的第一部地方性法规，共8章58条，主要从信息化规划与建设、信息产业发展、信息资源开发利用、信息技术推广应用、信息安全保障和法律责任等几个方面对信息化行为进行了规范。与兄弟省市的条例相比较，该《条例》在强化政府支持和引导、规范信息化建设行为、加强信息化与工业化深度融合、促进“四化”同步发展、加强三网融合、个人信息保护、加强灾备建设等方面实现了突破，凸显了亮点，对于促进全省信息化发展、规范信息化建设行为提供了法律依据。

二是制定出台了《河北省企业权益保护规定》。为优化企业发展环境，减轻企业负担，会同省法制办先后到山东、安徽等省和唐山、沧州、石家庄3市调研考察，充分征求意见，反复修改论证的基础上，《河北省企业权益保护规定》在省政府第9次常务会上审议通过，2013年11月1日正式施行。这是河北省第一部系统规范行政机关涉企行为的政府规章，共5章38条，主要包括保护措施、服务救济、法律责任等方面内容，明确了企业权益保障责任主体，严格规定了行政机关涉企行为的约束性和禁止性条款，设立了对企业救济服务专章，严格了法律责任。

三是全面清理规范各项政府规章和规范性文件。按照省法制办统一部署，对现运行的地方性法规、省政府规章和规范性文件、厅规范性文件进行认真清理和审核，决定保留政府规章2个、规范性文件24个、废止政府规章1个，并进行公布，修订了《河北省传统工艺美术保护办法》、《河北省无线电管理规定》两部省政府规章。

四是有7个项目列入了省五年立法规划。积极加强工业和信息化法律制度建设，做了大量立法前期准备工作，共有7个项目《河北省人民政府立法规划（2013—2017年）》（冀政函〔2013〕52号）。其中地方性法规3项：《河北省无线电管理条例》为2013年立法调研项目；《河北省企业技术创新条例》列入省政府2017年完成立法项目；《河北省盐业管理条例》列入省政府2013－2017年立法规划，为待立法条件成熟时提出立法项目；政府规章4项：《河北省信息化工程项目建设管理规定》列入2013年立法调研、2014年完成立法项目，《河北省工业新产品促进规定》列入省政府2016年完成立法项目，《河北省工业设计促进办法》列入省政府2017年完成立法项目，《河北省政务信息资源管理办法》列入省政府五年立法规划，为待立法条件成熟时提出立法项目。

二、深入推进依法行政

一是清理规范行政审批事项。对国家和省取消和下放行的政审批事项进行了衔接部署，开展了行政许可、非行政许可审批和行政监管事项专项清理，基本确定省厅5项行政许可、3项非行政许可审批、28项行政监管事项，并对相关依据等资料进行梳理，将在省政府确认后予以公开。

二是提高审批服务水平。建立了两岗审核终结制度，重新梳理制定了“三类事项”流程时限表，压缩了部分事项的审批时间。规范省厅政务服务中心和各厅管局政务服务窗口，制定了《河北省工业和信息化厅政务服务中心运行管理办法》和审批服务业务指南，明确了进驻事项。建立了“零障碍”服务全程协办机制。启动建设了网上审批服务系统。

三是严格规范行政处罚行为。2013年2月，省政府对行政执法主体资格进行了确认，全面清理了行政执法证件和行政执法监督检查证件，要求所有执法人员必须持证上岗，无证人员一律不得上岗执法。制定了《河北省工业和信息化厅行政处罚自由裁量权基准制度（试行）》规范行政执法人员的随意性，确保行政处罚的合法性，合理性、公正性。自觉接受人大、政府、法制办和人民群众的监督，在厅网站上开设了行政执法监督举报专栏。

三、积极开展法制培训宣传

一是加强学习培训。采取党组理论中心组学习（扩大）会、知识讲座、全省工业转型升级专题研讨班等形式，组织对厅、局机关和全省工业和信息化系统管理干部开展党的十八大精神、新党章、工业和信息化专业知识和相关法律法规。组织新提拔任用干部进行法律知识测试，组织部分工作人员参加省法制办组织的依法行政知识培训和考试。

二是扩大法规宣贯。组织编印了《〈河北省企业权益保护规定〉释义读本》、《减轻企业负担政策解答（2013年）》、《国家和省中小企业支持政策百问百答》等政策法规宣传资料。组织全系统积极参加“12·4”法制宣传日活动，向参观企业和群众发放了《〈河北省信息化条例〉宣传问答》、《〈河北省企业权益保护规定〉宣传问答》、《国家和省中小企业支持政策百问百答》、《漫画无线电知识》、《石家庄市企业负担监督管理办法》等5000余册资料、宣传单上万张，起到了很好的宣传效果。

（常　青）

民族宗教法制建设

【概况】 2012年、2013年，省民族宗教法制建设坚持以科学发展观为指导，深入贯彻《中华人民共和国民族区域自治法》、国务院《宗教事务条例》等法律法规，全面落实《河北省人民政府关于推进依法行政加强法治政府建设的意见》要求，紧紧围绕维护民族团结、促进宗教和谐中心任务，深入普法，规范执法，不断提高民族宗教法治化水平，为少数民族和民族地区经济发展提供法制保障，为促进宗教与社会主义社会相适应提供有力支撑。

一、大力开展民族宗教法律法规宣传教育，夯实依法办事基础

一是制定目标规划，为工作开展提供依据。厅党组对依法行政高度重视，依据“六五”普法规划，明确年度工作指导思想、原则、目标、任务、对象和要求，为全省民族宗教系统依法行政提供依据。指导市、县民宗部门以给群众办实事、办好事为切入点，引导大家充分认识各民族共同团结进步、宗教与社会主义社会相适应的重要性和必要性，激发广大干部群众自觉学法、守法、用法的积极性。

二是创新方法手段，促进依法行政深入扎实开展。大力开展“法律进机关、进乡村、进社区、进团体、进场所、进企业”活动。每年6月组织开展全省宗教界“宗教政策法规学习月”活动，每年9月组织开展全省“民族团结进步宣传月”活动，每年12月组织开展法制宣传日集中宣讲活动。印发《民族政策法规学习问答》等资料，在长城网、厅机关网站和《河北民族宗教》、《民族宗教工作通讯》等刊物开设民族政策法规专栏，厅机关设立政策法规咨询热线电话等。据不完全统计，2012年、2013年，全省民族宗教工作系统召开普法动员会20余场次，举办各类普法学习班40余期，在少数民族和信教群众中培训普法宣传骨干1800余人，为依法行政奠定了坚实基础。

三是加强学习培训，增强机关干部特别是领导干部依法行政的意识和能力。制定厅机关领导干部学法制度，厅党组成员坚持集体学与自学相结合，坚持参加法律知识考试。为扩大厅机关干部依法行政知识面，全厅订阅《河北法制报》，组织全体机关干部参加省直行政执法法律知识考试，多次选派机关干部参加国家民委、国家宗教局、省委党校、省行政学院组织的专业和法律学习培训，丰富知识，开拓视野，增强依法行政能力。

二、规范重大行政决策程序，完善依法行政工作机制

一是建立健全决策制度。将公众参与、专家咨询、风险评估、合法性审查、集体讨论决定作为重大行政决策的必经程序。重大决策事项由相关业务处室提出意见和工作方案后，经机关政法处进行合法性审查，尔后经厅党组集体讨论决定。涉及民族宗教公共利益或者少数民族和信教群众切身利益的重大决策事项，都要按照相关程序认真组织调研，广泛听取意见。

二是建立规章和规范性文件制定工作规程。明确要求机关业务处室制定规章或规范性文件严格遵守法定权限，履行立项、起草、审查、决定、公布、解释、备案、监督等程序，对于涉及民族宗教重大和敏感事项的规章或规范性文件，广泛征求相关部门和民族宗教界的意见。2012年制定出台规范性文件《河北省基督教传道员管理办法（试行）》，2013年制定出台《关于筹备设立其他固定宗教活动处所规定（暂行）》，均按要求履行了相关程序。

三是建立民族宗教信息公开配套制度。以河北省民族宗教事务厅网站和《河北民族宗教》、《民族宗教工作通讯》等刊物为主要载体，公布民族宗教工作动态信息，并及时更新，听取各方面意见，加强和改进工作。

四是认真落实行政监察制度。积极与省委统战部、省人大民侨外委、省政协民宗委、省法院沟通交流，配合纪检监察、审计部门工作，主动接受监督检查。建立完善受理群众举报机制，设立群众来访接待室，专人办理接访事宜，并公开举报电话，方便群众投诉举报。

五是建立行政执法考核评议和问责制度。制定完善《河北省民族宗教事务厅行政执法过错责任追究办法实施细则》，对执法人员执法情况进行考核评议，作为奖惩和职务晋升的重要依据。

三、规范行政执法行为，做到正确行使权力

一是完善执法体制机制。指导市、县民族宗教工作部门完善权责明确、行为规范、监督有效、保障有力的行政执法体制机制，加强与公安、工商、教育、规划、城管、土地等部门合作，推进全省民族宗教系统综合执法取得实质性进展。

二是严格实行罚缴分离。督导市、县民族宗教工作部门严格执行行政处罚罚缴分离和收支两条线管理制度，杜绝将罚款据为己有。

三是健全执法程序。依法申领《罚没许可证》，按要求进行年审。执法程序健全，执法流程规范。建立案卷评查制度。按照《河北省人民政府关于建立行政裁量权基准制度的指导意见》要求，拟制《河北省民族宗教行政处罚裁量权基准制度（试行）》文本，规范处罚裁量。

四是严格规范行政执法权限。在国务院简政放权的大背景下，依据省委、省政府指示精神，对2001年以来取消和下放行政审批事项进行认真梳理，与国家民委、国家宗教局取消和下放管理层级行政审批事项进行衔接，规范了全省民族宗教行政审批项目。

五是加强行政执法队伍建设。认真落实《河北省行政执法证件和行政执法监督检查证件管理办法》，对执法证件坚持年审，要求行政执法人员持证上岗，严格、文明、按程序执法。

六是加强行政复议和行政应诉工作。指导各市、县民宗部门与当地公安、工商、法院等部门沟通，建立以行政调解为主的协调联动机制，对出现的民族宗教事务纠纷和争议，注重运用调解的方式解决，促进当事人互谅互让，实现“案结事了”。两年来没有出现行政复议和行政诉讼案例。

四、认真排查隐患，依法化解矛盾，全力维护民族宗教领域安全稳定

省民族宗教厅深入开展矛盾隐患排查工作，全力维护民族宗教领域安全稳定，努力营造良好的社会环境。

一是健全维护稳定工作机制。成立维稳工作领导小组，配备专职工作人员，坚持重大社情报告、矛盾纠纷排查、阶段工作总结等制度，定期研究分析维稳形势，与国家民委、国家宗教局及省内外相关单位联防联动、信息共享，及时处理涉及民族宗教的突发情况，认真落实管理服务和维护稳定双重责任。

二是建立维护稳定信息网点。在民族宗教工作重点县明确维稳信息员，在153个宗教团体（院校）、275个重点宗教活动场所和133个千人以上信教群众聚居村明确维稳联络员，建立覆盖全省的维稳网点，为及时发现、及时报告、及时处置、有效应对不稳定因素奠定了坚实基础。

三是对不稳定因素苗头隐患开展拉网式排查。按照“纵向到底、横向到边，不留缝隙、不留疑点”的要求，采取领导分包重点团体和重点人员、干部分包联系点等方式，定期对民族村、教徒聚居村、宗教活动场所逐一走访，对建筑安全、活动安全、财产安全、矛盾纠纷进行全面排查，对可能引发群体性事件的问题隐患早处理、早化解，实现了大事不出、小事也不出的目标。

四是扎实开展“保稳定、促和谐”专项行动。围绕确保“六个不发生”制定工作方案，在全省上下持续开展“保稳定、促和谐”活动。深入重点区域、场所、院校、清真食品生产经营企业进行摸排、分析、登统，对一般、重大、复杂三类矛盾隐患，分别采取不同处置措施，会同基层解决问题。2012年、2013年，厅机关接受办理群众信访事项30余件，全省民族宗教领域排查调处矛盾纠纷100余起，依法制止、取缔非法宗教活动27起。

五、加强监管，热情服务，努力增强依法行政成效

依据民族宗教法律法规和国家宗教局令，严格执法，热情服务，努力将依法行政体现在为广大少数民族和信教群众办实事之中。

一是圆满完成全省宗教教职人员认定备案工作，并纳入常态化管理。坚持按照《宗教教职人员备案办法》和《河北省宗教教职人员认定备案工作流程》要求，对教职人员进行认真审核把关，确保教职人员的基本素质和质量达标。对传道员应具备的条件、责任义务、认定备案的方法程序及责任追究等方面作出明确规定，经省法制办审核同意，以规范性文件形式印发各地执行，为加强全省基督教传道员的规范化管理提供了依据。截至2013年底，全省宗教教职人员认定备案工作圆满完成，并纳入常态化管理。

二是严格加强对宗教活动场所的财务监督管理。按照“总体谋划、分步实施、试点先行、巩固提高”的工作思路，创新举措，扎实推进。成立领导小组和办事机构，制定具体工作方案，辑印《宗教事务条例配套规章及相关办法汇编》和《宗教活动场所财务监督管理办法（试行）》开展宣传，举办专题学习培训班，试点先行引路，深入一线督导检查，工作实效明显。全省较大的宗教活动场所建立基本财务管理制度的已达94.6%，已开立单位银行账户的达61%。较小的宗教活动场所财务监督管理形式创新，形成了培训考试合格后持证上岗、集中委托财务代理、片区中心场所代理等一些行之有效的财务管理模式，得到国家宗教局的认可和做法推广。

三是高标准完成全省宗教教职人员社会保障任务。持续推进教职人员社保工作力度，认真贯彻落实国家五部门文件精神，与省有关部门共同制定下发河北的实施意见，解决操作中的政策性问题，深入了解宗教教职人员参加社保中遇到的困难，针对不同情况因地制宜、合理解决。对认识不到位、不积极、有顾虑的做耐心细致解释工作，对户籍不在本省、本地的积极争取社保部门给予支持，对于流动较频繁的及时办理往来备案手续，对缴费确有困难的协调各地政府补助资金。协调有关部门为宗教教职人员入保开辟“绿色通道”和专门窗口，提供便捷服务。全省认定备案的宗教教职人员基本养老保险参保率为99.1%，基本医疗保险参保率为99.5%。

（鲁万宗）

民政法制建设

【概况】 2012年、2013年，全省民政系统在省委、省政府和民政部的领导下，以贯彻落实党的十八大和十八届三中全会精神为统领，以习近平总书记视察河北，特别是视察调研省民政厅党的群众路线教育实践活动时重要讲话精神为指引，加快立法进程、加强执法监督、提升普法实效、提高履职能力，为民政事业健康发展提供坚强有力的法制保障。省民政厅打造阳光行政新模式的做法，得到了中央和省委充分肯定。中央办公厅《情况交流》、省委办公厅《河北快报》、省政府办公厅《内部通报》印发了其做法。全省25项民政工作受到省部级领导和上级部门的批示肯定或表彰，10个具有引领性的政策文件或经验做法被民政部转发推广。周本顺书记、张庆伟省长、李立国部长多次对河北民政工作给予肯定。

一、推进立法进程，民政法律法规体系不断完善

一是加快法制建设，积极推进民政立法。推进省政府确定的立法项目《河北省退役士兵接收安置实施办法》，已于2014年1月13日省政府常务会研究通过。制定下发了《河北省民政厅关于加强民政法制工作的实施意见》，进一步明确了民政法制建设的指导思想、基本原则和工作目标、主要工作任务和组织领导。

二是建立规范性文件管理长效机制。2012年，全面清理了涉及民政工作的政府规章和规范性文件，共审核文件120余件，保留政府规章7件、规范性文件76件，废止规范性文件37件。2013年，全面清理后的政府规章6件，以省政府办公厅名义制发的规范性文件19件，部门制发的规范性文件45件，以正式文件《河北省民政厅关于公布保留和废止规范性文件的通知》形式对外公布。制发规范性文件，按程序征求了相关部门意见，进行了前置合法性审查，报备率、及时率、规范率均达到100%。

三是进一步规范行政执法行为。紧紧围绕依法行政建设总体目标，按照省法制办行政执法具体要求，结合民政系统行政执法工作实际，制发了《河北省民政行政处罚裁量权细化标准》，为规范民政行政处罚行为，防止出现裁量不当、处理畸轻畸重、同案异罚、宽严失度等问题提供了政策保障。

二、加强法制建设，让权力在阳光下运行

认真贯彻落实习近平总书记到省民政厅调研指导群众路线教育实践活动时提出的“权力是人民赋予的，要为人民用好权，让权力在阳光下运行”的重要指示精神，持续深入开展了行政权力公开透明运行工作，制定了《关于贯彻落实习近平总书记重要指示深化权力公开运行监控机制建设的决定》和《关于权力阳光运行与监管的规定》，大力推行“六个阳光”即：阳光决策、阳光运行、阳光审批、阳光工程、阳光督查、阳光问责，实现“制度保障、阳光运行、自我约束、相互制约、循环监督、制约监督无盲区”的目标。加强党风廉政建设，印发了《河北省民政厅党风廉政建设责任制实施细则等六项制度的通知》，制定了落实“八项规定”、正风肃纪、双减双提等12项廉政制度。对每年9大类、22项近百亿专项资金的决策分配、拨付使用、管理发放、督导检查、责任追究等进行全面规范。创建了“三库一网”督查体系，对工程建设和采购项目，建设单位主动申请、自觉公开，纪检审计全面介入、全程监督。重新修订《厅领导班子民主议事决策规则》，把主要领导“四个不直接分管”和“末位表态”要求作为刚性纪律。中央办公厅《情况交流》、省委办公厅《河北快报》、省政府办公厅《内部通报》都以落实习近平总书记指示精神河北省民政厅以改革的办法规范权力运行扎紧项目、资金管理的“篱笆”为题进行通报，要求各地学习借鉴。

三、民政工作成绩显著，多项工作走在全国前列

2012年、2013年，河北民政在保障和改善民生上实现了新突破，在加强和创新社会管理上取得了新进展，在服务国防和军队建设上创造了新业绩，在公共服务建设上得到了新提高，多项工作走在全国前列，为实现河北奋进崛起、科学发展做出了新贡献。一是率先建立了城乡低保标准与全国平均水平同步增长机制。二是率先推行“阳光低保”管理模式。三是率先开展接送流浪儿童回家活动。四是率先建立了省级救灾准备金机制，实现了常态减灾和非常态救灾的有效结合。五是率先开展“多院合一”民政事业服务中心建设。五保供养能力达到60%，超过全国平均水平近一倍。六是率先推行“农村互助幸福院”养老模式，国务院主要领导听取了汇报，给予充分肯定。七是率先实现了“一键通”养老呼叫服务网络全覆盖。八是率先普及重点优抚对象医疗费用“一站式”即时结算服务。九是率先建立“四有一创”社区建设模式，为城市社区建设提供了新经验，中央几位领导专门批示推广。

（房小明）

财政法制建设

【概况】 2012年、2013年，在省委、省政府的正确领导下，省财政厅认真贯彻落实党的十八大、十八届三中全会和省委八届五次、六次全会精神，坚决执行省十二届人大第一次会议的各项决议，大力推进法治财政建设，圆满完成了省委省政府交办的各项工作任务，财政法制工作迈上新台阶。

一、依法行政、依法理财的主要成绩

党的十八届三中全会将财政的地位提高到前所未有的高度，明确财政是国家治理的基础和重要支柱，为全面推进依法行政、依法理财工作，将增收节支、公开透明、便民利民、惠及民生、科学规范作为依法行政的重点，各项工作取得显著成绩。

一是依法组织收入、规范支出，建设法治财政。依法组织收入、加强支出管理是财税法律法规赋予重要职责。按照法治化、规范化的要求，组织收入、规范支出，在全省范围建立完善综合治税大格局，开展财源普查、收入专项清查活动，推广以电控税、以地控税等经验做法。完善纳税服务体系，深化税源专业化管理，依法加强税费征管，组织优质收入。推进非税收入集中收缴，强化财政票据的源头管控，着力防止虚收空转，努力提高财政收入质量。在认真贯彻落实中央“八项规定”精神，出台《全省党政机关厉行节约反对铺张浪费的意见》、《河北省省级部门“三公”经费管理办法（试行）》等，全面检查省级“三公”经费，在全省开展“吃空饷”、“小金库”专项治理。厉行勤俭节约，对省级部门正常公用经费定额压减10%，要求各地各部门在前3年平均水平基础上，将会议费支出压减10%、培训费和“三公”经费支出各压减5%，挤出更多资金保障各项重点支出需求。初步预计，省级“三公”经费支出比上年压减6%左右。

二是突出公开透明，建设廉洁财政。公开透明是推动政府职能转变，规范权力运行，建设廉洁政府的最有效手段，大力推进预决算公开。按照财政部的统一部署和省政府的要求，推动省级预决算公开取得突破性进展，在率先公开全省预算、决算的情况下，凝聚合力、细化方案、完善机制，推动102个省直部门公开2013年部门预算，101个公开2013年部门“三公”经费预算，101个公开2012年部门决算，分别占应公开部门总数的98%、97%和99%，基本实现省级财政预决算全面公开；全面实现规范性文件的公开。在全面清理，彻底扫清家底的基础上，先后两次公布清理结果，合计保留279件，转发财政部846件继续使用，限期修改97件，废止152件，失效228件，并向社会公开承诺，未列入保留目录的规范性文件一律无效，不得作为行政管理的依据。加强财政相关信息公开工作。强化组织领导，建立一把手负总责、分管领导亲自抓的工作机制，拓宽公开渠道，充分利用门户网站、报刊杂志、广播电视等主动公开财政信息，2013年通过门户网站公开信息124条，在中央和省内主流媒体刊播宣传稿件308篇，有效推动了透明财政建设。

三是推进便民利民，建设服务财政。按照省委、省政府改善发展环境，推动双提双减的要求，清事项、减程序、放权力，全面推进行政审批改革工作。清事项。用9个月的时间全面清理了我厅行政审批事项，逐一核对项目名称、设定依据、办事流程，取消了依据不合法、不充分，尤其是厅文件自设的工资发放人员、项目变动审核，省直部门预算初审等5项，对保留的50项行政审批明确办理流程、责任岗位、办理时限，并对外公开。减程序。压减环节、便民利民，针对办事群众反映的实际问题，减少不必要的环节，提高办事效率，经过清理，压减了变更股东出具证明、审查股东资格两个环节，将注册会计师注册审批时限由20个工作日减少到15个工作日。放权力。承接国务院决定取消的2项财政部审批项目，加强后续监管，切实防止变相审批。在法定范围内，将代理记账机构审批权限下放至设区市、县级审批，切实方便群众。

四是落实倾斜政策，建设民生财政。城乡居民社会养老保险参保率达到97.1%，新农合和城镇居民医疗保险财政补助标准提高到每人每年280元，基本公共卫生服务经费标准提高到每人每年30元，企业退休人员基本养老金水平月人均增加170元左右。优抚对象抚恤待遇继续提高，孤儿基本生活费发放范围适当扩大。教育支出823.4亿元，加快发展学前教育，提高义务教育经费保障水平，支持职业教育基础能力建设，推动高校提高创新能力，覆盖各教育阶段的国家资助政策进一步健全。医疗卫生支出375.1亿元，推进基本公共卫生服务体系建设，县级公立医院改革试点扩大到116个县（市、区）的134所医院，居民大病保险改革试点启动实施。落实省级以上资金70.1亿元，开工建设保障性住房22.5万套，竣工22.4万套。

五是健全运行机制，建设规范财政。积极开展行政事业性收费清理规范工作，取消免征了18项收费，降低19项收费标准，编制涉企收费目录，全面公开面向企业的收费项目和政策依据。规范政府性债务管理，出台《关于加强政府性债务管理工作的意见（试行）》，实行债务风险等级控制，推动偿债资金落实与预算编制相结合，在全国率先试编政府性债务预算。全口径预算编制取得突破，成功编制2014年省级国有资本经营预算、社会保险基金预算，与公共财政预算、政府性基金预算一并提交省人代会审议和备案。专项资金管理进一步规范，按照“整、并、减”的方式，对性质和用途相近的项目资金进行整合，对补助对象、投向交叉重复的项目资金进行归并，省本级项目个数由415个整合为285个，压减30%。改进预算管理机制，省级部门预算编报程序简化，绩效预算、资产配置预算和部门预算实现同步编制。建立政府综合财务报告制度，编制报告试点扩展到省本级和11个设区市、21个县（市）。夯实基层财政基础，乡镇财政所标准化建设实现“全覆盖”。

二、依法行政、依法理财的主要做法

省委八届五次全会提出“要树立法治思维，以法治方式促进科学发展，改善全省发展的软环境”，适应新的形势和要求，全厅将提高法律素质作为基础，全面规范对内、对外制度，强化督导检查，扎实推动依法行政、依法理财工作。

一是领导率先垂范，牢固树立依法行政理念。建设法治政府、推进依法理财，理念是根本，领导是关键，为此，在工作中坚持领导班子带头，创新方式、狠抓成效，推动重视规则、依靠规则、按规则办事共识的形成。

首先，领导班子带头，完善学法机制。为推动学法制度化、规范化，树立鲜明的学习导向，将法制培训列入党组中心组学习计划，厅领导带头、各处室负责同志轮流授课，内容涵盖法律法规、财政政策、工作规则等多个方面，为全系统培训树立了标杆。在此基础上，按照“缺什么、补什么，需要什么、培训什么”的原则，集中时间开展机关和系统干部培训，紧紧围绕财政改革发展面临的实际问题和国家、河北省最新颁布的法律法规进行讲解。由于培训内容贴近工作实际，针对性强，广大干部踊跃参加，切实收到了统一思想、提升能力的作用。

其次，创新学法方式，提高全体干部学法用法积极性。法制培训意义重大，但由于内容枯燥、形式单一，往往使广大干部“想学”又“怕学”，为此，针对财政工作实际，探索出一系列普法培训方法，努力提高全员参与学法的积极性：加强案例互动培训。改变过去台上口干舌燥、台下昏昏欲睡的状况，将一年内发生在财政系统的典型事件做成案例，在分组讨论的基础上，抽取各组代表上台作答并现场点评，用身边事、评对错切实增强财政干部学法热情。推进分类培训。针对财政业务涉及范围广、专业性强的特点，建立分类培训的工作机制，对财政资金管理处室加强预算管理、财政体制、专项资金的培训，对面向社会处室，加强政府采购、会计管理、行政处罚、行政复议、行政诉讼等方面法律法规的培训，切实提高培训效果。探索建立随机培训机制。在坚持例行培训的基础上，随时针对日常工作中面临的热点、难点问题，组织各相关处室、单位针对特定事项的历史沿革、客观现状、政策规定、法律适用进行全面讨论，在理清思路、统一思想的基础上，切实达到了普及法律知识的目的。

最后，坚持以考促学，切实提高学法成效。法律考试只是手段，不是目的，但往往由于内容空泛、组织呆板，最终沦为形式，为此，从改变考试形式入手，扎实提高以考促学的成效。考前，改变死考法条的方式，将财政系统身边案例引入考卷，同时，改变设定单一标准答案的做法，引入开放式的案例问答，开阔思维、提高兴趣；考中，改变了传统发卷、答题模式，在过程中引入竞赛环节，通过现场提问、抢答、讲解的方式，调动全体干部学法积极性，形成上下互动、答疑解难的浓厚氛围，增强了考试的新颖性和开放性；考后，聘请专门人员对考卷进行评判，划分档次、奖优罚劣，将考试成绩作为年终考核的重要依据。

二是完善财政管理制度体系，推动依法理财制度化规范化。全面推进建章立制，既是巩固教育实践成果的有效途径，也是新形势下推进财政工作必要手段，为此，在工作中按照亟需先立的原则，围绕专项资金的管理，建立全程监控机制，在此基础上，全面梳理财政职责，分期分批推动各项制度建设。

首先，突出重点，围绕专项资金建立全程监管制度。专项资金是财政管理的重中之重，涉及资金量大、与群众关系密切、管理风险较高，为有效规范自由裁量权，划清违法红线边界，围绕专项资金的设立、分配、使用，全面加强制度建设，明确专项资金的设立依据。要求设立专项资金必须有法律、地方性法规、政府规章、政府规范性文件，年度预算、报经政府批准作为依据，各部门包括财政部门均无权创设专项资金，从根源上规范了资金设立。明确专项资金的管理原则。规定所有的专项资金必须“先定办法、后分资金”，除一次性、紧急情况下安排的资金可以在拨付文件中明确管理办法外，其他所有专项资金必须在分配前制定管理办法，同时，对专项资金管理办法每两年进行一次清理，法定依据不存在的管理办法，即行废止。完善支付管理制度。以国库集中收付系统为主体，以预算指标系统为龙头，逐步实现指标流、资金流、业务流的流程统一，推动建立科学规范的业务流程体系，修改国库集中支付管理制度，完善国库资金运行规则，截至目前已经完成支付电子化管理等8方面的制度建设。

其次，立足长远，分类分批全面推进制度建设。财政管理涉及面广，需要遵守的法规中，仅财税专业的就包括法律9部、行政法规91部，地方性法规3部、部门规章100余部、省政府规章20余部。为切实推动上述法律法规规章的贯彻落实，全厅按照标准化的要求，从财政职能角度出发，将制度建设归纳为预算管理、财政收入管理、财政支出管理、财务管理、资产管理、会计管理、中介机构管理、财政监督管理等8个方面，分项落实责任处室，查找管理制度漏洞，拟定工作方案，明确完成时限，有重点、有计划地推动建章立制工作。第一批38项制度已经制定或修订完成，并汇总编辑成册印发全厅，第二批中长期计划也已经布置完成，有效提高了财政管理的规范化水平。

三是加强监督检查，推动依法行政的贯彻落实。推动财政法律法规贯彻落实，不仅需要完善的政策制度，更需要强有力的监督检查。按照“打铁先要自身硬”的原则，在加强内部规范性文件和具体行政审批事项监督的基础上，围绕省委省政府中心工作开展专项检查，各项工作取得明显成效。

首先，定期调度检查行政审批事项，及时发现和解决工作中的问题。清理和规范行政审批工作关系群众切身利益，办理的好坏直接影响政府形象和经济发展环境。为此，建立完善了定期会议制度，分季度召开涉及行政审批相关处室参加的调度会，采取职能处室汇报工作情况，法制机构查阅相关的文件办理记录、工作台账等资料的方式，按照法定标准对各相关职能处室行政审批事项办理工作进行评估，找出存在的问题，明确注意事项，纠正发现的违规问题。

其次，加强规范性文件管理，努力提高规范性文件质量。财政规范性文件是财政部门贯彻执行法律和管理社会的重要手段，对于财政政策的执行、预算资金的分配、财政事项的管理发挥着非常重要而直接的作用，为了用好人民赋予的权力，在规范性文件的制定过程中从完善制度建设入手，建立了一整套覆盖面广、程序完备的管理机制，坚持用制度管钱、管事、管人，切实将权力装进了制度的笼子：完善规范性文件制定程序。严格执行处室起草、法制部门合法性审查、办公室核稿、厅领导把关、重要事项办公会集体决策的文件管理机制，规范性文件未经法制部门审查、未经办公室核稿不得提交厅领导，既实现了推进财政管理工作的需要，也保障了文件形式合规、内容合法；既实现了行政机关效率优先，也保障了文件不会因仓促出台而留有硬伤；建立全领域审查覆盖制度，切实保障合法性审查不留死角。规范性文件类型多样，仅常用的公文就包括通知、公告、通报、请示、意见等多种，如果仅从文件名称辨识什么是规范性文件，难免陷入只见树木、不见森林的误区，为此，从规范性文件的本质入手，将具有普遍约束力、涉及公民法人或其他组织权利义务作为是否列入审查范围的依据，确保审查全覆盖。扩大规范性文件审查范围，提高规范性文件质量。财政部门作为省政府综合部门，出台的规范性文件不仅涉及公众利益，还指导着省直相关部门，绝对不能留有“硬伤”，既不能出现违法违规，也不应出现明显有失公平的事项，为此，在审查中逐步将审查范围从合法性扩大到合规性、合理性，要求出台的文件不仅不能违反行政许可、行政处罚、行政强制等法律，也不能违反相关法规规章和上级机关的规定，不能超越职权、违反程序规定事项，切实保障了规范性文件的质量，近年来没有一起因文件规定不合法、不合理引发的诉讼、复议事件。

最后，围绕中心工作，扎实开展监督检查工作。中央出台“八项规定”，坚决反对“四风”，十八届三中全会部署财税体制改革，对专项资金的管理提出了更高的要求，围绕这两大中心工作，省财政厅在继续深化部门派驻工作的基础上，深入开展“三公”经费、“小金库”检查和省级产业发展资金专项检查工作：继续推进部门派驻监督。对30个派驻部门、11个设区市、100多个县开展监督检查，认真做好省直部门57个项目的重点跟踪检查工作，涉及资金114.26亿元，共发现问题资金22.54亿元，下达整改通知书124份，提出检查建议124条，真正起到了以检查促管理、以检查促预防、以检查促改革的良好效果。积极开展“三公”经费和“小金库”专项检查工作。与省纪委、监察厅、审计厅组成9个联合检查组，对50个部门和104个单位进行了重点检查，发现部分单位存在因公出国（境）经费无预算支出、未履行经费来源审批程序、公务接待费超预算支出、会计核算不规范、超标准配备公务用车、借用占用下级单位及其他单位车辆、单车运行维护费较高等问题，按照纪委要求，对发现的部分“小金库”线索及其他问题线索70条进行了移交。深入开展省级产业发展资金专项检查工作。抽查省级八大类产业发展专项资金中的220多个项目，检查中发现资金分配过程中存在下达晚、项目散、安排随意等现象，资金使用中存在滞留、挪用、进度慢等问题，共涉及问题资金5.03亿元，占检查资金总量的32%，针对检查中存在的问题提出了抓制度建设求规范、抓审批管理明责任、抓资金整合体效益、抓全程监管保安全、抓追踪整改促落实等意见建议，得到了省领导的高度重视和充分肯定。

（葛大海）

人力资源和社会保障法制建设

【概况】 2012年、2013年，省人力资源和社会保障厅认真贯彻党的十八大和省委八届五次全会关于转变政府职能、建设法治政府的各项部署，进一步清理和规范行政审批，不断完善行政行政监督制度，着力培养法治思维和依法行政能力，依法开展制度建设和重大行政决策，依法行政工作得到进一步加强。

一、推进依法行政工作的长效机制不断健全

厅党组通过加强法制机构建设，创新工作形式，进一步健全了各级推进依法行政的领导体制和工作机制。各级领导小组根据人事变动，及时调整人员结构，在全省人社系统形成了各有关职能机构分工明确的工作推进机制。为确保各项决策合法性，建立重大决策上厅务会前，由法规处先期审核的制度，并在修订的《厅务会规则》中明确法规处长为厅务会成员，参与厅全部决策。

二、人力资源和社会保障立法工作扎实推进

结合省人力资源和社会保障工作的实际，认真研究筛选立法项目，对专业技术人员继续教育、人力资源市场管理、劳动人事调解仲裁、劳动保障监察等重点领域的立法可行性进行研究，分别向省人大、省法制办提出了立法建议。对条件基本成熟的立法项目，均成立专门工作小组稳步推进。《河北省专业技术人员继续教育管理办法》列入2014年省政府立法计划，《人力资源市场管理条例》列入2014年省人大立法计划。加强规范性文件合法性审查，协调厅内处室单位对厅制定的规范性文件逐件预审，及时呈报省法制办进行合法性审核。同时，配合省总工会完成《河北省农民工权益保障条例》调研起草工作，已经河北省第十二届人民代表大会常务委员会第四次会议通过，公布施行。

三、进一步精简规范行政审批

按照国家和省机构改革和转变职能的总体部署，精简取消了7项行政监管项目、2项评比项目、1项收费项目。对厅本级实施的行政审批和管理服务事项进行了全面的清理规范。结合厅教育实践活动，邀请省委有关部门、省直部门代表，高校和科研机构代表，企业代表，系统代表，部分省人大代表、政协委员五个方面的代表，对前期梳理出的141项行政审批、管理服务事项的设定依据、经办流程等进行了论证。论证结果经厅党组研究后，合并取消25项，减少前置条件和优化流程39项，30项办理时限平均减半合并调整取消18个审批事项，修改审批流程23项，调整审批前置条件2类事项。厅本级建成政务服务中心，将94项行政审批和管理服务事项纳入政务服务中心运行，其中82项业务事项窗口直接办理，12项业务事项委托窗口代理，实现了“一门受理、充分授权、集中办理、限时办结”。各市也按照省统一部署，清理行政审批和管理服务事项，优化办理流程，精简了一大批审批项目，大幅度缩短了办理时限。

四、依法行政水平不断提高

继续坚持把处置行政争议作为推进法律法规实施、强化依法行政理念、促进社会公平正义的重要环节，提高复议和行政应诉水平。组织召开了全省人力资源社会保障法制工作务虚会，研讨交流行政复议典型案例、规范重点领域（工伤认定）行政行为和答辩书格式。加强劳动保障监察执法，认真开展人力资源市场整顿、非法用工整治、解决农民工工资拖欠等专项执法检查活动。有效维护了社会稳定。强化人力资源社会保障内部上级部门对下级部门贯彻实施法律、法规、规章情况的监督检查，积极探索层级监督的新方式，建立经常性的监督检查制度。积极组织厅136名行政执法人员换领执法证培训、参加资格考试工作。

五、行政复议和行政应诉工作平稳推进

截至2013年12月底，省本级依法办理行政复议案件110件。在办案过程中积极运用调解审理方式，做到案结事了，定纷止争。承办应诉案件15起，出庭应诉、答辩35次。在行政诉讼案件应诉过程中，积极出庭，按时作出行政诉讼答辩状和提供相关证据、依据。坚持把妥善处理信访案件作为推进依法行政工作的一个重要方面，建立重点信访事项专案调度会制度，通过案件梳理，推动相关政策的补充完善，增强依法行政意识。厅主要领导每周末召开由分管领导、相关处室负责人，相关部门、市县、企业负责同志参加的调度会，研究剖析信访事项，从政策执行以及政策衔接的角度，梳理提出解决问题的思路和方法，有效促进了历史积案化解。

六、法制宣传教育工作取得新进展

配合人社部法规司在河北省开展了第三届“律动中国”普法宣讲活动。围绕《劳动合同法（修正案）》进行深度解析，开展主题演讲和相关律师解读，座谈研讨了《劳动合同法（修正案）》的热点问题。在厅内部，采取“周末大讲堂”的形式，定期安排处室负责人进行相关业务、法律知识讲座，培训内容涵盖了人社领域各项法律法规。

（刘　辉）

国土资源法制建设

【概况】 2012年、2013年，在省委、省政府正确领导和省政府法制办公室、省普法办公室的指导下，全省国土资源系统认真贯彻依法治国基本方略，努力建设法制国土，大力推进依法行政，不断强化立法、普法与执法工作，保证了国土资源政策法规的全面实施。

一、积极开展国土资源立法工作

一是《河北省海洋环境保护管理规定》（河北省人民政府令〔2012〕第10号）经省政府第112次常务会议讨论通过，2013年2月1日起施行。

二是为加强国土资源管理，省政府印发了《河北省土地利用总体规划实施管理办法》（冀政〔2012〕50号）、《河北省城乡建设用地增减挂钩试点管理暂行办法》（办字〔2012〕112号）和《河北省人民政府关于进一步加强和规范海洋开发管理的意见》（冀政〔2012〕56号）等一批规范性文件。

三是为强化土地资源支撑，大力推进县城建设、促进县域经济发展，省政府办公厅出台了《关于强化土地资源支撑推进县城建设促进县域经济发展的意见》（办字〔2013〕72号）。

二、全面推进国土资源依法行政工作

为推进新形势下国土资源管理依法行政，实现国土资源管理法治化，制订了《河北省国土资源管理系统深入推进依法行政五年规划（2011－2015年）》（冀国土资发〔2012〕5号），认真组织开展各项依法行政工作。

一是精简行政审批事项。为进一步优化发展环境，减少审批事项，2012年至2013年组织开展了行政许可、非行政许可审批、行政监管“三类事项”清理工作，通过清理，取消了11项行政审批事项，下放2项。有41项行政审批事项，其中行政许可审批13项、非行政许可审批11项、行政监管17项。为加强行政审批管理，印发了《河北省国土资源厅行政审批事项上网流程管理规定》（冀国土资办字〔2013〕67号）和《河北省国土资源厅行政审批会审办法》（冀国土资发〔2013〕54号）。

二是开展了行政审批事项前置条件清理工作。经清理，涉及外单位及中介机构服务事项的行政审批共7项（行政许可4项、非行政许可3项）。

三是开展了推进依法行政和“六五”普法中期检查工作。按要求上报了《关于推进依法行政和“六五”普法中期检查情况的报告》（冀国土资呈字〔2013〕822号）。

四是认真做好规范性文件清理和审查备案工作。经过清理，2012年对起草、省政府发布的现行的8件规章，修改《河北省土地复垦实施办法》，其余7件予以保留；对起草、省政府发布的现行的36件规范性文件，修改2件、废止5件、保留29件；对制订发布现行的179件规范性文件，废止73件、保留106件。2013年完成了《河北省工矿废弃地复垦项目管理暂行办法》、《河北省招标拍卖挂牌出让海域使用权管理办法》、《河北省闲置海域处置办法》、《关于集体建设用地和宅基地使用权确权登记发证的指导意见》等规范性文件审查和备案工作。

三、切实加强法制宣传教育工作

按照《河北省国土资源系统开展法制宣传教育的第六个五年规划（2011年－2015年）的通知》（冀国土资发〔2011〕76号）要求，每年制订《全省国土资源法制宣传教育工作要点》。2012年6月8日，按照《〈海域使用管理法〉颁布实施十周年宣传活动实施方案》，在黄骅市举办了大型法制宣传活动。2012年12月，在廊坊市香河县举办了全省国土资源法律法规培训，邀请了国土资源部政策法规司和国务院法制办公室行政复议司领导进行授课，全省国土资源系统管理人员400多人参加了培训。2013年为加强领导干部学法用法，下发了《领导干部学法用法安排意见》（冀国土资发〔2013〕33号），组织全省国土资源系统参加“全省领导干部学法用法”征文活动，以学习宣传《河北省法制宣传条例》为契机，广泛开展送法下乡活动，全年分别对石家庄、保定、唐山等有关村庄送发各种法律法规书籍1000多本。同时利用“12·4”法制宣传日，在西清公园开展了法律咨询活动，共发放法制宣传单3000多份；土地管理法、矿产资源法、海洋环境保护法单行本600多本。为在全社会营造良好的国土资源法制环境，全面推进国土资源依法行政打下了良好的基础。

四、认真做好行政复议、行政应诉工作

2012年、2013年，在办理行政复议案件过程中，不断创新行政复议理念、完善行政复议制度、规范行政复议程序、加强行政复议能力建设。2013年所有的行政复议案件从受理到作出决定整个工作流程均通过内网来办理，使行政复议审理逐步实现规范化、程序化、制度化。充分发挥了行政复议的救济和监督职能，妥善解决和化解了大量行政争议，促进了执法行为的进一步规范。2012年，因行政复议工作突出，被国土资源部评为全国国土资源行政复议先进单位。2012年、2013年，共收到行政复议申请99件，受理76件，已审结67件，其中责令履行19件，维持被申请人行政行为12件，驳回申请13件，确认具体行政行为违法6件，撤回申请11件，撤销被申请人具体行政行为6件，未审结9件；由省政府受理，省国土资源厅为被申请人以及以省政府为被申请人，省国土资源厅代为答复的行政复议案件共计73件，已审结38件，其中维持被申请人具体行政行为17件，驳回申请16件，撤回申请4件，确认被申请人具体行政行为违法1件。未审结35件；省国土资源厅应诉案件共计26件，已审结16件，其中维持2件，驳回3件，撤销省国土资源厅具体行政行为6件，原告撤回起诉5件，未审结10件。

（郭全京）

环境保护法制建设

【概况】 2012年、2013年，省环保厅在省委、省政府的坚强领导下，以污染减排为主线，以环境治理攻坚行动为重点，强化环境执法，创新环境管理，在环境法制建设、环境政策研究、开展环境执法等方面做了大量工作，取得了明显成效。

一、环境法制工作取得长足发展

一是制定一部地方性环保法规。2013年9月27日，河北省第十二届人民代表大会常务委员会第四次会议通过《河北省辐射污染防治条例》，自2013年12月1日起施行。

二是制定一批规范性文件。报请省政府印发了《河北省空气重污染应急管理办法（暂行）》；经省法制办审核同意，省环保厅印发了《河北省建设项目环境监理试点工作方案》、《河北省危险废物经营许可证审批管理程序》。省环保厅印发了《关于进一步加强重点污染源环境监管工作的通知》、《关于加强2013年重点污染源自动监控工作的通》、《关于加强2013年辐射安全监管工作有关问题的通知》、《关于深入开展排污权交易工作的通知》、《关于进一步加强建设项目环保管理的通知》、《全省农村污染企业治理和环境监管实施方案》、《河北省环境保护厅环境行政处罚自由裁量标准（试行）》、《关于加强环境保护专项资金项目储备库建设管理的意见》、《关于进一步加强环境保护专项资金项目实施管理工作的意见》、《河北省环境保护厅委托机动车尾气检测管理流程》、《河北省环境保护厅环境污染治理设施运营乙级资质审批流程》、《河北省环境保护厅环境污染治理设施运营甲级资质预审流程》、《河北省环境保护厅为民服务提质提效专项行动工作方案》、《关于调整辐射项目环境影响评价文件层级的通知》等规范性文件，对加强环境管理，改善环境质量发挥了重要作用。

三是制定了多项地方环境标准。经省政府同意，省质监局、省环保厅发布了六项技术规范，即：水污染物连续自动监测系统第1部分：技术要求和安装技术规范（DB13/T1642.1－2012）、水污染物连续自动监测系统第2部分：验收技术规范（DB13/T1642.2—2012）、水污染物连续自动监测系统第3部分：运行与考核技术规范（DB13/T1642.3—2012）、固定污染源烟气连续自动监测系统第1部分：安装技术规范（DB13/T1643.1－2012）、固定污染源烟气连续自动监测系统第2部分：验收技术规范（DB13/T1643.2－2012）、固定污染源烟气连续自动监测系统第3部分：运行技术规范（DB13/T1643.3－2012。12月11日，省质监局、省环保厅发布了《在用点燃式发动机汽车排气污染物排放限值及测量方法》、《在用压燃式发动机汽车排气烟度排放限值及测量方法》两项地方污染物排放控制标准。

二、积极研究污染减排、环境治理攻坚新环境政策

一是加快制定大气污染治理政策措施。报请省政府印发了《河北省大气污染防治行动计划实施方案》，根据国务院大气污染防治10条措施，细化明确了50条治理措施，分为四部分，概括为“1485”行动计划，即：实现一个目标，突出四个重点，实施八项举措，构筑五大支撑。《实施方案》结合开展的全省分行业、分类别污染源调查情况，立足自身实际，强化和增加了一些具有河北省特色且对大气环境质量改善具有重要作用的新要求、新做法。

二是继续深化排污权交易工作，研究出台排污权质押贷款政策，促进污染减排和改善环境质量。首先，省环保厅、光大银行在石家庄举办的“河北省排污权质押贷款启动仪式暨政策发布会”。光大银行石家庄分行副行长朱军现场与河北昌泰纸业有限公司、唐山旭阳化工有限公司、唐山凯源实业有限公司的负责人现场签订了排污权质押授信合作意向书，还有10家企业与光大银行达成了银企合作协议，13家企业合同贷款总金额3444.8万元。其次，在河北经贸大学召开河北省推进排污权抵押贷款座谈会。光大银行、河北银行等金融界代表，湖南、陕西等排污权交易试点省份负责同志，石家庄、唐山、秦皇岛、邯郸等设区市环保局负责同志，石家庄铁道大学、河北师范大学等高校专家学者、环保NGO组织负责同志参加了座谈会。与会人员对《河北省排污权抵押（质押）贷款管理办法（草拟稿）》进行了热烈探讨，结合各自领域的实际情况交流了做法和看法，提出了修改意见和建议。排污权质押贷款工作，充分契合了河北省当前环保工作的实际需求，是金融机构与环保部门相互促进、合作共赢的创新之举，是省环保厅落实省委提出的“解放思想、改革开放、创新驱动、科学发展”要求的重大举措，积极推进，充分利用排污权质押贷款这一新的融资渠道，使之成为促进污染减排、改善环境质量的助推器。

三是创新“绿色信贷”工作。为畅通绿色信贷信息通道，会同人民银行石家庄中心支行、河北银监局制定了完善绿色信贷信息共享机制的协议，由“企业环境保护信用信息系统”自动生成最新上报数据，定期传送至约定的网上数据缓存区，实现了数据的及时上传和及时更新。

四是积极推动环境污染损害鉴定评估试点工作。完成了省环境监测中心站司法鉴定资质认证的关键审核环节，省司法厅实地考察了省环境监测中心站的软硬件条件；省环境监测中心站正式获得省司法厅的环境污染损害鉴定和评估资质。这是继昆明环境污染损害司法鉴定中心、重庆市环境损害司法鉴定中心之后，全国环保系统第三家获得司法鉴定资质的单位。

五是进一步推进环境污染强制责任保险工作。省环保厅、省金融办、保监会河北监管局共同向省政府报送了《关于在全省重污染行业开展环境污染强制责任保险试点的请示》，经省政府同意后，联合印发《关于开展环境污染强制责任保险试点工作的实施意见》，在全省范围内积极组织开展环境污染强制责任保险试点工作。

三、加强环境执法

一是部署开展“三查”专项行动，效果显著。省环保厅召开整治违法排污企业“三查”行动视频会议，在全省迅速展开了以查非法排污、查超标排污、查恶意排污为内容的“三查”行动，对三类违法排污行为予以坚决痛击。非法排污，主要是小塑料、小化工、小炼油、小制革等违反国家产业政策的“十五小”、“新六小”企业，以及国家2011年产业结构调整指导目录中明确时限的淘汰类重污染项目；超标排污，主要是不正常使用污染物治理设施，以及污染物治理设施老化、处理工艺落后、处理能力不够，导致污染物超标排放的违法排污企业；恶意排污，主要是擅自拆除、闲置污染物治理设施，恶意排放污染物的企业；利用暗管偷排废水、将废水稀释后排放、通过储水罐等运输工具转移倾倒废水废液和危险废物的；白天停产夜间偷产偷排的企业。专项行动要求各地结合群众举报、来信来访、媒体曝光等，对重点区域、重点行业企业进行拉网式全面排查，不留死角。利用公休日、八小时以外时间以及恶劣天气条件下，开展错时检查、突击检查。对排查出的环境问题一律进行严肃查处，做到“五个一批”即：限期整改一批、行政处罚一批，挂牌督办一批，停产治理一批，媒体曝光一批。对工作开展不力、问题突出、隐瞒不报的，要按照河北省纪委、监察厅印发的《河北省关于对损害生态环境行为实行实行问责任的暂行规定》，采取通报批评、诫勉谈话、纪律处分等方式进行行政问责。

二是规范打击环境犯罪工作，有效遏制环境污染进一步加剧的趋势。省政府新闻办召开“严厉打击环境污染刑事犯罪”新闻发布会，省环保厅、省公安厅、省检察院的有关领导分别从不同方面向新闻媒体介绍了“两高”司法解释发布以来打击环境污染犯罪的有关情况。特别是向媒体通报了省环保厅、省公安厅、省检察院联合印发的《关于办理环境污染犯罪案件的若干规定（试行）》，这既是一个全省环保、公安、人民检察三部门办理环境污染犯罪案件的原则性指导文件，又是一个具体的操作性很强的实用指南。《规定》充分发挥环保、公安部门、人民检察院各自优势，畅通部门信息沟通渠道，有利于各部门积极依职权联合办理环境污染犯罪案件，拓展案件线索来源，确保行政执法和刑事司法的有机统一，有效提高环保行政执法权威和对环境污染违法犯罪的打击效能，形成环保执法合力，为全省处理环境污染犯罪案件提供了武器和方法，有力地震慑了环境违法企业。

三是开展打击环境污染违法犯罪“利剑斩污”专项行动。省环保厅、省公安厅联合召开打击环境污染违法犯罪“利剑斩污”专项行动电视电话会议。全省各级环保、公安部门联合开展为期半年的打击环境污染违法犯罪专项行动，对非法排放、倾倒污染物等环境污染违法犯罪进行专项打击。此次活动是河北省环保史上最大规模的联合执法行动。此次专项行动重点整治行业是电力、钢铁、建材、焦化、造纸、纺织、石化、制药、化工、食品、制革、垃圾处理等，特别是“十五小”、“新六小”企业以及国家明确淘汰类污染项目。省环保厅、省公安厅联合印发《全省打击环境污染违法犯罪“利剑斩污”专项行动考核办法》，实行定期通报，并将其纳入2013年省对市综合考评指标体系，严格予以考评，对成绩突出、战果显著的单位和个人进行表彰奖励。

四、环境执法能力建设

一是基础能力建设进一步加强。全省11个设区市、2个直管县、54个县区都建立了环保警察队伍，环保警察人员已达300余人。保定、衡水、承德分别承诺，年内辖区内所有县均建立环保警察队伍。

二是省环保厅和省公安厅在石家庄举办全省“两高”司法解释培训班。全省环保、公安系统的有关同志，环保厅有关处室、单位，省公安厅环境安全保卫总队全体人员，约150余人参加了培训。本次培训班邀请了最高人民法院、环保部的领导和专家，及山东省、浙江省公安部门的同志讲解了有关办理污染环境犯罪案件实务，收到了良好效果。

三是开展行政处罚案卷评查，进一步规范环境行政处罚工作。根据省法制办要求和环境保护部安排部署，省环保厅组织各设区市、省直管县环保局科处长，统一编组，对11个设区市和部分县（市、区）环保局的行政处罚案卷进行了认真评查，总结各地经验，指出存在问题，提出行政处罚规范化的意见和要求，达到共同提高的目的。

（华冰群）

住房和城乡建设法制建设

【概况】 2012年、2013年，在省委、省政府的领导和省政府法制办的指导下，省住房和城乡建设厅深入贯彻《全面推进依法行政实施纲要》，认真围绕全省住房城乡建设事业大局，凝心聚力，开拓创新，依法行政各项工作取得新的进展。

一、完善制度机制，依法行政各项要求有效执行

一是坚持领导班子集体学法制度。制定了加强领导干部学法用法的通知，确定了年度学法计划，明确了领导干部学法用法的目标、形式和内容。坚持厅党组会、常务会会前集体学法。聘请专家进行专题讲座。

二是认真落实重大决策前合法性审查和公众参与决策制度。高度重视法规、规章制定以及重大政策的合法性审查，注重在决策前、决策中的公众参与和决策后的公众监督工作，不断健全和完善公众参与决策机制，以确保决策的科学性、合法性。如在《河北省国有土地上房屋征收和补偿实施办法》、《河北省历史文化名城名镇名村保护办法》、《河北省供热用热办法》制定过程中，严格执行制定程序，在上报省政府法制办前，首先征求市、县主管部门意见，之后通过省厅门户网站向全社会公开征求意见，又分别组织召开由相关方面专家参加的论证会和管理相对人参加的座谈会，广泛征求公众意见，对各方提出的修改意见认真加以研究，并吸收合理建议，切实保障公众的合法权益。同时，为确保重大决策前合法性审查制度落实，充分利用信息化手段，对机关行政办公系统进行升级，将制度要求固化到网上文件办理流程中，如处室起草的规范性文件必须经法制机构进行合法性审查后，方可提交厅领导签发。

三是推进政务信息公开制度。积极推动重点领域信息公开。印发了《关于当前政府信息公开重点工作安排涉及省住建厅工作分解的通知》，充分发挥厅门户网站作用，开设了“河北住房保障”、“国有土地上房屋征收补偿”、“在线服务”等多个专栏，大力推进行政审批、保障性住房、安全生产、房屋征收拆迁等重点领域信息公开。加大内部信息公开力度。制定了厅《内部信息公开管理办法》，明确了内部信息公开事项目录。2012年、2013年，在厅门户网站发布文件类信息1103条，在省政府信息公开平台发布政府信息2897条。先后组织了11次新闻发布会，在各级媒体刊（播）稿件2027余篇。按季度编制厅政府信息公开目录，并按要求向省图书馆、档案馆提供。认真办理政府信息公开事项，全年收到政府信息公开申请67件，均在规定时限内答复申请人。

二、加快立法步伐，夯实依法行政工作基础

一是圆满完成各项立法及立法协调任务。按照“以人为本、服务大局、科学民主、符合实际”的原则，深入研究、不断完善城乡建设法规体系，从社会最需要、群众最关注的实际问题出发，确定立法项目，研究政策措施，以更加科学、系统的法规政策和制度体系，奠定依法行政的坚实基础。2012年、2013年，共有《河北省国有土地上房屋征收和补偿实施办法》、《河北省燃气管理办法》、《河北省餐厨废弃物管理办法》、《河北省历史文化名城名镇名村保护办法》和《河北省供热用热管理办法》等五部规章出台，有效填补了河北省相关领域的立法空白。参加省人大、省法制办立法协调会108次，办理立法协调件94件，提出会签意见274条。

二是规范性文件审查备案工作进一步加强。认真落实规范性文件制定公开征求意见、“三统一”、有效期等制度，严格落实《河北省规范性文件制定规定》，确保规范性文件的合法性、科学性和民主性。两年共出台《河北省城市照明管理规定》、《河北省城市红线管理规定》、《河北省城市绿线管理规定》、《河北省城市紫线管理规定》、《河北省城市黄线管理规定》、《河北省城市蓝线管理规定》、《河北省燃气经营许可管理办法》、《河北省餐厨垃圾废弃物收集运输从业许可管理规定》、《河北省餐厨垃圾废弃物处置从业许可管理规定》、《河北省古树名木保护管理办法》和《关于进一步加强建筑工程施工扬尘治理的若干规定》等13件规范性文件，所有文件均经过内部合法性审查和省政府法制办的前置合法性审查、统一编号，颁发后及时报省政府法制办备案。

三是全面清理法规性文件。按照“立、改、废相结合，定期与动态清理相结合”的原则，围绕行政处罚、行政审批等重点内容，先后对各类法规性文件进行了3次全面清理。首先，对现行有效的406件厅发规范性文件进行了清理，对397件提出了保留意见、5件提出了修改意见、4件提出了废止意见。其次，对20部省政府规章、46件省政府规范性文件的进行了全面清理，向省政府法制办提出了保留省政府规章19部、修改1部和保留省政府规范性文件43件、修改1件、废止2件的清理建议并被采纳。最后，对执行的91部法律、法规中的罚款依据、标准、范围、执行单位进行了清理，对其中5个条款提出了废除或修改的建议，确保行政处罚行为依据合法、标准明确、范围清楚。

三、深化审批制度改革，依法行政的法制环境不断优化

省住房和城乡建设厅不断深化行政审批制度改革，创新行政管理方式，依法行政的法制环境不断改善。

一是建立行政审批提质提效

制度。按照省委省政府有关文件精神，制定了《为民服务提质提效专项行动实施方案》，对18项重点工作提质提效作出安排；出台《关于进一步深化行政审批制度改革的若干意见》，从减少审批事项、提高行政审批效率和工作质量等5个方面，提出了12项具体举措。

二是清理行政审批事项。按照“能减则减，能放则放，精简统一，便捷高效”的总体要求，省住房和城乡建设厅对负责实施的行政许可事项的名称、审批条件、申请材料、审批程序等方面逐项进行清理审核和简化。先后三次落实与国务院、省政府公布取消、下放行政审批项目等事项衔接工作，其中，取消行政许可、评比达标表彰、行政事业性收费各1项，承接住建部下放的许可事项1项。主动取消行政监管事项2项，取消行政审批延期事项4项，将1项行政许可事项下放至各设区市实施，将4项许可事项下放至省直管县实施，将2项行政许可事项的组织申报、培训和实际操作考核或初审工作，委托省直管县实施。

三是优化行政审批流程。制发了《关于做好优化多层级审批流程和厅机关内部审批流程工作的通知》，对需多层级审核事项的名称、各级侧重审核的内容、实施依据、材料呈报衔接的程序和时限等进行清理规范。编制完成了“优化省本级部门内部审批流程统计表”、“部门内部审批流程图”和“取消部门内部审批环节目录”。

四是提高行政审批效率。首先，建立“容缺预审预批”制度，制定了“容缺预审预批目录”并向社会公布，对申请许可时申报材料携带原件不全，其所缺材料原件在目录范围内的，实行预先受理并审查。审查通过的，予以预先办证，企业在领证时将所缺材料原件提交核查。其次，实行“即来即办”制度。对实施许可的各类企业资质有关内容的变更、相关证书遗失、损坏补办等16类58项事项，实行即来即办。最后，进一步畅通“绿色通道”。对国家、省重点工程建设项目急需开工的建筑施工许可、涉及与央企合作项目的行政审批等事项，3个工作日内完成审批。

五是提升“一站式”服务水平。按照“科技支撑、强化功能、提升水平”的总体思路，不断加强和改进厅行政服务中心服务水平。首先，加强了对办事群众的政策指导和咨询服务，优化窗口运行流程，实行一个窗口对外，统一受理申请，统一送达审批结果，切实解决群众同一事项在多个处室跑办问题，有效提升了窗口的服务功能。其次，加强了网上审批系统建设，制定《行政审批系统升级工作方案》，围绕提高系统运行速度，实现人员查重、业绩核查、标准比对等功能提出了进一步服务群众的具体措施。再次，为方便群众办事，在服务中心增设了1个服务窗口，专门办理企业资质变更等事项。最后，建立了“零障碍”服务全程协办机制，明确了协办员和带班领导，负责提供全程跟踪服务，做好接待受理、咨询答复、办事引导、办结回复等工作。

四、严格行政执法和执法监督，推进依法行政工作落实

一是依法严格公正执法，开展了一系列的执法活动。会同监察厅、人社厅开展全省城乡规划实施管理执法专项检查，围绕总规实施、控规执行、项目许可、违法建设查处、法规制度建设五个方面，检查项目443个，发现了一批违法行为和管理上的薄弱环节；组织开展房地产市场专项治理，检查房地产企业5893家，共发现查处违法行为1501起。检查房地产中介机构1715家，发出限期整改通知书721份，停业整顿3家，行政处罚12家，罚款14.4万元，记入信用档案145家，把不符合备案条件、存在重大违法行为的4家机构清出市场，公开曝光19起典型案件；组织开展建筑市场执法检查，检查在建工程项目49个，对20个项目发出建筑市场整顿建议书；开展建设工程质量监督执法巡查，全年组织巡查3次、暗访4次，共计检查134项单位工程，抽测各类建筑材料819组，对53项单位工程、1家审图机构、5家商品混凝土生产厂家发出整改通知书，对其中14项工程的相关责任主体、7家检测机构向市县有关管理部门发出行政处罚建议书。检查检测机构114家，对23家检测机构发出整改通知书，对20家检测机构向市县有关管理部门发出行政处罚建议；组织开展全省建筑施工安全生产执法检查，共抽查229个在建项目，下发停工整改通知书22个、隐患通知书19个。一系列专项执法检查、巡查活动，有效打击了违法行为，净化了市场环境。

二是严格规范行政执法行为。坚持依法行政、执法为民，严格按照法律法规规定的条件、权限、程序执法，印发了《加强建设稽查执法队伍建设指导意见》，修订完善了《住房城乡建设系统行政处罚文书格式》，制定了《河北省建设稽查执法巡查办法》、《关于进一步加强违法行为记录管理工作的意见》，形成了执法情况报告、定期通报、执法巡查、执法考核、重点督查、执法约谈、责任追究等一套完整的层级监督“七项制度”，构建了建设行政执法监督制度体系，并在全系统推行稽查执法标准化管理，强化行政执法监督。开展了建设稽查执法工作考核，对11个设区市建设、规划（城市管理综合执法）、房管、住房公积金等系统43个主管部门的制度建设、案件查办、执法监督、执法保障和措施等情况进行了集中考核，并印发了考核情况通报。加强行政政法人员管理，按照省法制办部署，对本单位所属执法人员重新进行审核，共确认264人具备持有行政执法证资格，对88名新申领行政执法证人员的信息进行采集并报法制办。组织全体行政政法人员参加了省法制办组织的执法人员资格考试。

三是认真开展行政执法案卷评查。从本机关实施的65750件行政许可案卷和行政处罚案卷中，随机抽取了138个案卷进行评查，针对发现的问题，提出了整改措施。

四是进一步规范行政处罚行为。完善行政裁量权基准制度，制发了《职责范围内部分行政处罚自由裁量权执行标准》，在全系统推行行政处罚自由裁量基准制度，针对违法行为情节轻重，对现行建设领域部分法律、法规和规章的行政处罚权进行了分档细化、量化。指导保定市住房和城乡建设局建立了全省第一套标准化稽查规程和处罚案卷评查标准，指导衡水市规划局出台了《行政处罚自由裁量权实施办法》、《行政处罚自由裁量权执行标准》等规范性文件。制定了《提升标准化管理水平工作方案》，推行稽查执法标准化管理，指导保定市住房和城乡建设局及石家庄市、邢台市城乡规划局将ISO9000管理标准认证引入稽查执法工作。

五是大力推进信用体系建设。完善违法行为记录制度，制定《进一步加强违法行为记录管理工作的意见》，从违法行为管理、记录、应用等13个方面规范违法行为记录工作。组织对建设、房管、规划、城市管理等4大类637项“违法行为记录范围目录”进行更新或修订，截止2013年底，全系统共记入违法行为记录信息1625条，利用违法行为记录系统提供建设行政相对人守法证明服务信息29871份。升级违法行为记录系统，实现了与“全省建筑业企业信用综合评价平台”信息共享，并将违法行为记录信息在房地产系统、住房保障系统应用。此项工作有效推进了诚信体系建设，《中国建设报》以“河北：大力构筑建设市场诚信体系”为题进行了专题报道。

六是公开曝光典型违法案件。重点查处了省中医院病房楼工程、河北师范大学教师宿舍工程、河北纤维检验局棉花实验室工程、石家庄铁道大学教学楼土源热泵工程、河北考试院数据处理中心装饰工程等多起违法典型案件；对衡水腾达房地产开发有限公司未办理招投标手续擅自开工建设、廊坊市中房房地产股份有限公司未按规划许可规定建设等涉及违规招投标、违法建设、违法预售、变更规划、质量安全、违反建筑节能标准等7个方面的51起典型违法案件进行了公开曝光，增强了查办案件震慑力，有效遏制违法违规行为的发生。

五、不断规范管理，依法化解矛盾纠纷工作取得实效

一是推进行政复议规范化建设。把行政复议规范化、标准化建设，作为提高办案质量的重要抓手，全面规范行政复议工作。首先，完善了《河北省住房和城乡建设厅行政复议工作规程》，制作了《行政复议流程图》，对行政复议案件受理、审查、调解、审理、决定等环节作出了具体规定，确保案件审理全过程有章可循。其次，专门设立了行政复议接待室，安排专人负责相关工作，方便群众申请行政复议，接受群众咨询，受理复议案件。将《行政复议办案规则》和《行政复议流程图》悬挂在显著位置，方便了申请人学习参考和进行监督。最后，严格按照《河北省行政复议案件文书立卷归档办法》规定，做好行政复议案件文书立卷归档工作，明确专人负责行政复议档案管理，做到规范、及时归档。

二是行政复议案件审理效果显著。按照“加强监督、规范行为，化解矛盾、促进和谐”的工作思路，综合运用调解、和解、决定等方法，化解矛盾，定纷止争。首先，按期审结案件。2012年、2013年，共审结行政复议案件136起（含上年度结转9起），其中维持101起，责令履行18起，驳回5起，撤销2起，确认违法2起，经调解申请人撤回复议终止8起，实现了法律效果和社会效果的统一。其次，发挥监督职责。针对被申请人作出的具体行政行为存在瑕疵的情况，先后约谈设区市相关部门12次，制发《行政复议意见书》16件，具体指出具体行政行为存在的问题，要求立即整改，避免同类问题再次发生。最后，及时进行案件总结。通过对行政复议案件进行统计分析，撰写分析报告，结合案件类型、特点等提出了进一步加强行政复议工作的措施。

三是行政诉讼和被行政复议无一败诉。2013年度没有作为被告参加行政应诉，对2012年新华区法院受理的3起行政诉讼案件进行了答辩及相关协调，经过充分沟通协调，3起案件原告均撤回起诉而终结。2012年、2013年，被行政复议案件6起，其中5起复议机关未予受理，1起作出了维持决定。

六、扎实开展普法宣传，为依法行政创造良好氛围

省住房和城乡建设厅始终将法制宣传教育工作作为推进依法行政的重要抓手，按照“突出重点、创新形式、上下联动、点面结合”的思路，推动全行业“学法、尊法、守法、用法”氛围的形成。

一是举办“规划法规宣传周”活动。组织全省各市规划局、部分城市管理综合执法局，在36处广场、公园等大型公共场所，开展了《城乡规划法》、《河北省城乡规划条例》大型宣传咨询活动，悬挂大型横幅60余幅，免费发放城乡规划法规宣传品92000份，现场回答咨询3710次。

二是开展“两个创建”工作。为全面推进全省住房城乡建设系统依法行政，建设法治政府，按照省普法办统一部署，结合住房城乡建设工作实际，在全系统组织开展了“诚信守法示范企业”和“依法行政示范单位”创建活动，印发了《河北省住房城乡建设系统诚信守法示范企业创建活动方案》和《河北省住房城乡建设系统依法行政示范单位创建活动方案》，明确了指导思想、基本目标、创建标准和相关工作要求。共有140多家企业、单位参与创建活动，推进了普法工作深入开展。

三是开展了“六五”普法中期检查督导。按照住建部、省普法办部署，组织开展了“六五普法中期检查督导”，印发了《关于开展“六五”普法中期检查督导的通知》，以召开座谈会和问卷调查的形式，全面总结经验六五普法工作，深入查找不足，对发现的问题，提出改进意见，有力促进了全系统普法工作的顺利开展。

四是组织了形式多样的普法宣传。按照省法制宣传教育办法室安排，开展了全省领导干部学法用法征文活动，共收到稿件53篇，极大调动了全系统学习法律、研究问题的积极性。组织了全系统参加普法宣传书画摄影、动漫微电影大赛、反邪教知识竞赛等主题活动。组织了全省干部法律知识考试，以考促学，以学促干，全厅500多人参加考试，严密的组织工作受到了省干部法律知识考试巡视组领导的充分肯定。

五是开展“12·4”法制宣传日宣传活动。连续两年成功组织开展了“12·4”法制宣传月宣传活动，集中发送法制宣传短信，悬挂法制宣传标语，浓厚了法制宣传氛围。在石家庄市西清公园公开进行法律宣传咨询服务活动，现场解答群众咨询60多人，向市民免费发放宣传材料6000多份，收到了良好的宣传效果。

（卜占业）

交通运输法制建设

【概况】 2012年、2013年，省交通运输厅以省八次党代会提出的建设“经济强省、和谐河北”奋斗目标为指引，按照省委、省政府改善“两个环境”的总体要求，围绕“率先建设交通强省，率先建设交通现代化，搞好和谐交通建设”的工作目标，深入推进交通运输系统的依法行政工作，取得了新的成效。2012年9月，省交通运输厅被交通运输部评为全国交通运输行业依法行政先进集体。2012年9月，在全国交通运输法制工作会议上，省交通运输厅“通过建立执法人员业绩档案落实执法责任制”的做法受到交通运输部领导充分肯定，并被交通运输部在全国推广。2013年，省交通运输厅农村公路建设“七公开”制度，被交通运输部在全国推广，并得到中央书记处书记、中纪委副书记赵洪祝同志批示给予肯定，省委书记周本顺同志也两次作出批示要求在全省推广省交通运输厅经验。

一、厅党组高度重视，大力推进依法行政

省交通运输厅坚持以法治思

维和法治方式促进交通运输科学发展，提出把依法行政作为交通运输工作的一项根本准则，贯穿于行业工作的方方面面和各项工作的始终。2013 年 6 月，省交通运输厅印发了《关于进一步加强交通运输法治机关建设的实施意见》，对全省交通运输系统依法行政、依法治理进行了规划和部署。省交通运输厅坚持做到重大决策在提交厅长办公会议前进行合法性审查和论证，政策法规处负责同志全程列席厅长办公会议；所有涉及民生重大决策均召开听证会，听取群众意见；厅领导班子带头学习法律法规，多次听取依法行政汇报，对依法行政工作给予指导，始终保持对依法行政工作的关注、关心。在厅党组的带领下，省交通运输厅逐步形成了浓厚的依法行政氛围，“依法依规”成为我们处理各种矛盾和问题的一把利刃，想依法行政、会依法行政成为评价干部能力水平高低的重要指标。

二、交通运输立法工作取得新进展，为依法行政提供了制度保障

一是地方性法规、省政府规章制定取得重大进展。《河北省港口条例》于 2012 年 1 月 1 日起施行，填补了河北省港口立法工作的空白；《河北省民用运力国防动员办法》、《河北省港口岸线管理规定》两部省政府规章出台，使河北省交通运输行业现行有效的规章增加到 8 部。

二是制定了一批交通运输行业发展急需的规范性文件。这些规范性文件细化了相应的管理制度，进一步完善了厅制度体系建设，确保了各项重要工作运行都有章可循，按规矩办事。

三是集中进行了政府规章和规范性文件的清理工作。先后三次对省政府规章和规范性文件进行了全面清理。

三、进一步规范了交通运输执法行为

一是制定并向社会公布了《河北省交通运输行政处罚自由裁量权标准和适用规则》。标准涵盖了交通运输执法的所有领域，涉及违法行为 261 项。标准公布后，交通运输行业的从业单位和个人给予高度评价，有关媒体做了积极报导。

二是重新修订编制了《交通运输行政执法责任制手册》。通过对现行的执法依据、执法职权进行了重新梳理，将执法职责落实到具体的执法部门和执法岗位，实现了执法职权与执法责任的统一。

三是积极推进交通运输执法形象建设。通过执法形象建设“四统一”工作（即：统一执法服装、执法标志、执法证件和执法外观场所），改善了交通运输执法的社会形象，提高了群众对交通运输执法的认知度和认同感，增强了交通运输执法的公信力。

四是自下而上开展了交通运输执法评议考核工作。2012 年、2013 年，省交通运输厅两次组织全省各级交通运输主管部门通过执法案卷评查、执法人员考试、交叉互查、实地督导检查等形式，对各级交通运输执法单位的执法工作进行全面考核。

四、推进行政审批改革，进一步优化发展环境

一是对省本级所负责的审批事项（含行政许可、非行政许可审批和行政监管事项）进行了全面清理，先后两次共取消 11 项，转为日常工作 16 项，下放 3 项（其中 1 项为部分下放），取消和下放后实际保留 47 项。

二是做好与国务院取消和下放管理层级的行政审批事项的衔接工作。共衔接国务院取消审批事项 5 项，承接下放事项 2 项，均按照要求逐项制定了具体的后续监督措施和承接方案。

三是推行行政审批事项网上办理。厅本级 21 项行政许可全部实现网上审批，行政服务对象可以通过全省统一的网上审批平台申请办理，并可以实时查看办理进度。2012 年、2013 年，省交通运输厅网上受理行政许可 24048 件，办结率 100%，无一例违反规定。

五、健全制度，将执法监督推向深入

一是推行农村公路建设“七公开”。“七公开”，即将县、乡、村公路建设项目中的年度计划、资金补助政策、招标管理、施工管理、质量监督、资金使用情况和竣（交）工验收等七个关键环节，通过网络、媒体和公开栏、公示牌向社会、群众公开。通过制度规范，构建起“政策透明、制度公开、管理有效”的长效机制，实现把“公权力”关进制度的笼子里，置于阳光下。“七公开”推行以来，实现了工程管理“四个不”（监管不失控、计划不走样、资金不流失、质量不降低）、廉政建设“三个零”（干部零违纪、群众零上访、企业零投诉）、党政形象“三提高”（提高了党和政府的公信力、提高了群众民主意识、提高了社会和谐度）。2013年5月27日，在全国农村公路建设现场会上，交通运输部决定在全国农村公路建设中推广省交通运输厅“七公开”经验，人民日报、新华社、中央电视台等26家新闻媒体对“七公开”经验做了报道；2013年6月4日，中央书记处书记、中纪委副书记赵洪祝同志对“交通运输部在全国推广省交通运输厅‘七公开’经验”作出批示给予充分肯定；省委书记周本顺同志两次批示，分别要求在全省提质提效行动和全省重点部门中进行推广；省委常委、省纪委书记臧胜业、省委常委、宣传部长艾文礼等领导也多次对宣传推广“七公开”经验作出批示。

二是推行行政执法“六公开”。对全省交通运输执法所涉及的行政审批、行政检查、行政强制、行政处罚、当事人享有的权利、监督执法等六项内容全部实行“六公开”，每项内容均明确公开主体、公开内容、公开方式、公开范围、公开时间、公开监督检查部门。2013年5月，在全国农村公路现场会上，省交通运输厅行政执法“六公开”取得的经验和做法被交通运输部在全系统进行了推广。

三是完善行政执法投诉举报工作机制。设立了投诉举报受理工作AB岗，完善了投诉举报台账，并定期对外公布投诉事项办理情况，形成了“专人负责、受理登记、案件跟踪、结果通报”的工作机制。2012年、2013年，省交通运输厅共受理投诉举报电话（信）49件，均在规定时间内办结并将办理结果反馈给举报人；网上受理投诉事项689件，受理率100%，全部及时办理，并在网上将办理情况进行公布。

（齐树平）

水利法制建设

【概况】 2012年、2013年，省水利厅认真贯彻落实党的十八大和习总书记一系列重要讲话精神，全力推进依法治水、依法管水，为建设和谐河北，生态文明，维护了良好的水事秩序。

一、立法工作

2012年5月，省政府制定出台《河北省抗旱规定》。2013年初，将《河北省实施〈中华人民共和国水土保持法〉办法》、《河北省地下水管理条例》等5部水利法规规章争取列入了省人大和省政府今后五年立法规划，为不断健全水法体系提供了保障。按照2013年初谋划的水利立法工作，积极推进《河北省实施〈中华人民共和国水土保持法〉办法》修订立法工作，并已通过省人大常委会的一审。认真准备《河北省地下水管理条例》立法前期工作，征求各设区市对地下水立法工作的意见和建议，初步确立了立法结构。完成了11件涉水政府规章的清理工作，对涉及行政处罚的条款逐一进行了审查，进一步优化了水利发展的法制环境。认真落实规范性文件制定公开征求意见、三统一、有效期等制度，保证了规范性文件备案审查报备率、及时率、规范率100%。

二、执法队伍建设

认真落实水利部《关于加强水政监察工作的意见》，加强水政执法队伍建设。

一是专职水政执法队伍进一步健全。在各级党委政府的支持下，石家庄、唐山、邢台、沧州等市成立了水政监察支队，省水政监察总队更名为省水利厅水政监察局，进一步理顺了执法机制。

二是执法队伍稳步发展。各级下大力气抓了以提高人员素质和执法水平为核心的学习、培训、考核工作，部分单位还积极创造条件，通过函授学习、委托培训等方式来提高水政监察人员的学历和水利、法律业务水平。2012年、2013年，全省各级水行政主管部门共组织各类水行政执法培训班230多次，有效地促进了执法工作的顺利开展。

三是执法装备进一步完善。各级水行政主管部门能够把装备建设作为开展水行政执法的必备条件来抓，全省水政监察队伍的执法装备明显改观，配置了必要的办公设备和执法装备。

四是执法效能显著提升。各级水政监察队伍基本建立健全了《水行政执法办案制度》、《水政监察巡查制度》、《水行政执法责任追究制度》、《水行政执法公示制度》等水政执法制度，并做到制度上墙，上网公示，自觉接受公众的监督，基本实现了执法行为规范化和程序化。

三、水行政执法

为进一步规范和强化水政执法工作，省水利厅多措并举，收效明显。

一是加快推进水行政综合执法改革。不断整合执法力量，进一步解决了多头执法的问题，执法效能明显增强。指导邯郸市水务局开展水利综合执法试点，按水利部要求完成了试点任务。

二是及时梳理行政执法的依据和职权。绘制了流程图，并辑印成册，向社会公布，加强了执法监督。

三是严格落实行政处罚裁量权基准制度。制定了《河北省水行政处罚自由裁量权实施办法》和《河北省水行政罚款自由裁量权执行标准》，在制度上规范水政执法工作。

四是开展了全省河湖专项执法检查。严格查处侵占河湖水域、违法设障、破坏水工程、非法采砂等河湖违法行为。2012 年、2013 年，共查处水事违法案件 2347 件，清障 858 处，清除树障 3.2 万亩、176.16 万棵，河道垃圾 315.7 万方，采矿弃渣 335.5 万方，取缔违规采砂场、选铁厂 176 处，清除砂堆 851 处，253.1 万方，回填砂坑 559 处，56.9 万方，拆除阻水障碍物 228 处，4.29 万方。

四、水事纠纷调处

坚持以预防为主，预防与调处相结合的方针，积极主动协调化解各类水事纠纷。

一是抓预防、早安排。为确保春节和“两会”期间的水事稳定，印发了实施方案，在全省集中开展矛盾纠纷大排查，集中处理涉水纠纷，确保了全省水事秩序稳定。

二是全力维护十八大期间北京周边地区水事稳定。在张家口怀来县召开了全省水事稳定工作会议，安排部署北京周边地区维稳工作，环北京周边地区各级水行政主管部门深入一线，逐村排查，严防死守，为十八大的顺利召开创造良好的水事环境。

三是化解重点省际水事矛盾。配合水利部海委解决了清漳河涉县漳西渠被破坏事件，及时修复了渠道，保证了涉县 35 个村庄、3.4 万亩耕地的春灌；及时化解了“7·21”洪水北拒马河行洪改道引发的全省与北京水事纠纷；配合协调了山西省修建昔阳县松溪河供水工程引发的冀晋水事纠纷。

四是加强沟通协调。自觉和北京市、山西、河南、内蒙和天津等水务部门的沟通、联系和合作，积极探索和尝试建立方便、快捷实用的沟通会商机制，及时妥善解决纠纷。

五、普法宣传

稳步开展“六五”法制宣传教育工作，制定印发了年度全省水利普法依法治理工作要点，对全省水法规的学习宣传工作进行了全面安排部署。制定了全省水利“六五”普法中期督导实施意见，认真安排部署了“六五”普法中期督导工作，大力推进“六五”普法工作进程。组织开展了全省水利系统领导干部学法用法征文活动、《河北省法制宣传条例》的学习活动，通过举办辅导班、法制讲座、答题竞赛等形式，组织水利系统工作人员学法用法，全面提高依法行政水平和依法办事能力。为创新 3·22“世界水日”和“中国水周”宣传形式，围绕宣传主题，组织开展了形式多样、亮点纷呈的宣传活动。联合河北经贸大学在邢台威县举办了志愿者在行动启动仪式，与石家庄市水务局、鹿泉县委县政府在鹿泉举办千人广场集中宣传活动，组织省内相关部门专家召开座谈会探讨河北省的水问题，参与阳光热线访谈等一系列活动。认真开展“深化法制宣传教育为实现伟大中国梦营造良好法治环境”主题活动，贯彻落实党的十八大精神和习近平总书记关于实现中华民族伟大复兴中国梦的一系列重要讲话精神。

六、河道采砂专项治理

全力开展河道采砂专项治理工作。

一是抓好河道采砂规划工作。对保定、张家口、邢台、廊坊等市 12 条河道开展了河道采砂规划工作，完成了对唐河支曹林场段和龙门水库的河道采砂规划编制工作，并组织有关专家进行了评审。

二是联合省公安厅、分四个阶段开展打击河道采砂违法犯罪专项整治活动，开展了汛前全面禁采执法检查，汛期督导检查，及时制止汛期非法采砂行为，确保河道行洪安全。

三是开展河道采砂执法检查活动。2012 年、2013 年，累计巡查 400 余次，出动人员 1100 人次，车辆 520 车次，查处违法取土 10 余处，有效避免了因河道采砂引起的安全事故以及群众集体到京上访事件的发生，确保了全省水事稳定。

四是加大河道采砂规范化管理和审批。对符合采砂条件的，第一时间给予审批，对不符合条件的申请，及时予以答复，提高采砂许可审批效率和质量。

七、行政许可

在行政审批管理中，结合开展标准化管理，对行政许可事项的流程进行了再审查、设计，编纂了《河北省水利厅行政许可办理手册》《河北省水利厅非行政许可审批办理手册》《河北省水利厅行政监管办理手册》，对办理时限、审核、审查和审批流程进行了再完善，做到科学化、精细化，提高办理效能。设计的非行政许可审批办理流程，得到了省监察厅的好评。行政审批窗口，被中共河北省委创先争优领导小组表彰为“为民服务创先争优群众满意窗口”。在推进网上审批过程中，第一家与省经济信息中心联合，开展了数字签名，达到了提速、提质、保密安全的要求。2012年，2013年，共受理行政许可1152项，其中办结1121项，办理非行政许可审批事项109项，行政监管事项24项。

（张栓堂）

农业法制建设

【概况】 2012年、2013年，省农业厅认真贯彻落实国务院《全面推进依法行政实施纲要》，切实加强依法行政工作。通过不断努力，各项工作取得明显成效。

一、切实加强依法行政工作

一是围绕省政府依法行政考核目标，完善省农业厅行政执法责任制考评内容，采取自评＋互评＋分管领导评价的方式，组织对省农业厅执法单位2012年度执法责任制贯彻落实情况进行评议考核，并对评议考核情况在全厅进行了通报。同时，顺利通过了省政府对省农业厅2012年的依法行政考核，并被评定为优秀等次。

二是为贯彻落实全国农业政策法规工作会议和全省农业工作会议精神，召开了2012年、2013年全省农业政策法规工作会议。

三是建立了行政处罚自由裁量权基准制度，进一步规范了行政处罚行为。

四是组织开展了2012年、2013年度全省农业行政处罚案卷评查活动，评出省优秀案卷40卷，其中有4案卷被评为全国优秀案卷，1份行政处罚文书被评为全国农业行政处罚优秀文书。

五是推动了厅领导班子会前学法和依法行政讲座制度的落实，组织了四期厅领导班子会前学法和三期领导干部依法行政讲座。

二、努力加强农业立法和规范性文件审查备案工作

一是推动出台了《河北省农业机械管理条例》、《河北省农村土地承包条例》和《河北省农业机械安全监督管理办法》。

二是按照《河北省规范性文件制定规定》和《河北省农业厅规范性文件起草报送制度》要求，加强对规范性文件的审核把关，对7件规范性文件进行了合法性初审，并报省政府法制办进行合法性审查和备案。

三是做好地方性法规、省政府规章和规范性文件清理工作。制定了《河北省农业厅地方性法规清理工作实施方案》，组织专门人员，并征求有关专家意见，对涉及省农业厅的19部地方性法规、22部省政府规章和35件规范性文件逐一研究评价，提出清理意见。

四是对省人大、省政府41件法规规章草案认真审查，提出了修改意见。

五是对14件省政府规章和17件省政府制发的规范性文件进行了清理，提出了清理意见。对涉及省农业厅的有关罚款的法律法规进行了清理。

三、着力提高农业综合执法规范化建设水平

一是创新完善农业行政综合执法工作机制。在完善工作体制建设的基础上，研究制定了农业综合执法“四大机制”，即农业行政综合执法信息共享机制、农业行政执法监督机制、农业行政综合执法与外部执法部门协调会商机制、农业行政处罚重大、跨区域案件协调协作机制。在解决体制机制的障碍、解决制约综合执法体系作用发挥的问题上，实现了新突破。

二是开展规范执法行为提升执法能力专项活动。制定了《河北省农业厅规范基层农业执法行为提高农业行政执法能力专项活动工作方案》，规范了全省农业综合执法标志和标识，规范了行政执法流程和文明用语，严肃了执法纪律，提升了农业综合执法形象，组织相关人员研发农业执法信息系统，完善有关内容，促进农业行政执法能力提升。

三是强化示范带动。为了提高综合执法规范化水平，从理顺执法主体、规范体系建设、整合执法力量、强化执法手段入手，连续五年在全省开展农业综合执法规范化建设“示范单位”创建活动，为推进全省农业综合执法深入发展提供模式、树立样板。全省有65%的市县基本达到了农业部规定的“五有”综合执法规范化建设标准。

四是强化督导检查。根据省政府法制办、财政厅、监察厅要求，组织开展了行政处罚行为专项监督检查。为深入推进农业综合执法工作，实现农业执法部门提质提效，对全省11个市、24

个县级农业部门开展了农业执法综合督导检查工作。

四、扎实开展农业普法

一是构建新的普法工作机制。制定了《河北省农业厅领导干部学法制度》、《2012年全省农业法制宣传教育工作要点》、《河北省农业厅关于进一步加强领导干部学法用法提高运用法治思维和法治方式能力的意见》和《河北省农业厅2013年领导干部学法用法实施意见》，明确宣传、培训内容和要求，组织和指导全系统法制宣传教育培训工作有效开展。

二是加强行政执法人员的法律知识培训制度建设，落实《2011－2015年全省执法人员培训规划》。严格准入条件，全省1443名农业执法人员全部持证上岗，执法人员的能力和素质得到了新的提升。

三是为进一步提高农业执法队伍整体水平，确定了全省师资人员人选，建立了执法培训师资库。组织开展了由全省师资人员参加的农业行政执法师资暨执法骨干培训班，进一步提升了全省农业执法师资培训能力和水平。

四是创新执法培训方式。以增强执法培训效果为着力点，组织开展了全省农业示范执法培训活动，进一步强化了执法素质建设，全面提升了农业综合执法能力。

五是在2013年省委组织部、省委宣传部和省法宣办联合组织开展的“领导干部学法用法征文活动”中，全系统共提交征文72篇，省厅获优秀组织奖，一名厅级领导和2名处级干部的征文获一等奖和优秀奖。

五、完善行政许可工作

以“规范、高效、廉洁、便民”为原则，以创新服务机制为动力，以推进标准化管理为目标，着力推进行政服务的效能建设，全力提升服务水平和服务质量。

一是创新行政审批服务方式，推进服务型机关建设。按照公开透明、便民高效的要求，依法进一步简化和规范审批程序。对进驻的行政许可项目实行“一站式”服务，即一个窗口进、一个窗口出的办理方式，为申办对象提供“一条龙”服务。通过集中受理，规范化管理，最大限度地为办事群众提供优质服务。

二是不断完善监督体制，强化行政审批的全过程监控。建立健全相关制度，编印了《河北省农业行政服务中心制度汇编》，制定了《河北省农业厅行政许可工作管理考核暂行办法》、《农业厅行政许可事项办理情况督办卡》、《首问首办负责制度》、《过错追究规定》等16项规章制度，明确规定了中心领导和窗口工作人员的工作责任、行政审批的监督投诉、违法设定和实施行政审批过错行为的责任等，进一步规范了行政审批行为。

三是大幅精简行政审批事项。认真清理行政许可、非行政许可审批、行政监管事项，对每一项行政审批事项，从依据到条件、从程序到时限、从材料到内容都进行了认真分析、研究，共取消和下放两批三类行政审批事项26项，全厅行政许可审批事项保留32项，承接农业部下放行政许可审批项目12项。

四是行政审批程序进一步优化。一方面对保留的行政许可、非行政许可审批、行政监管事项依法依规进行审查，进一步规范审批服务行为，优化办事程序，明确工作职责，在法定时限的基础上再缩短1－3天，提高了审批服务效率和服务水平。另一方面对取消和下放的三类事项，分别提出指导意见和具体落实措施，对已经取消的项目坚决取消，对下放项目以厅名义向设区市、县级农业部门专门提出要求，搞好无缝衔接，防止出现监管真空。同时严格落实限时办结制度。2012年，2013年，受理行政许可事项4108项，按时办结率100%，接受各类咨询950余人次，接待群众来访243批、717人次，群众满意率达到100%。2012年，农业行政服务中心被省委创先争优办授予全省“群众满意服务窗口”称号，袁淑荣同志被授予“服务标兵”称号。2013年农业行政服务中心被共青团河北省直工委授予“2012年度青年文明号”称号。

（牛庆敏）

林业法制建设

【概况】 2012年、2013年，领导高度重视林业法制工作，紧紧围绕《全面推进依法行政实施纲要》建设法治政府的目标，结合林业工作实际，采取一系列措施，稳步推进林业法制工作。林业立法、执法、普法及监督工作取得了显著成效。

一、完善立法，夯实林业法制基础

一是完善法规规章体系。改革开放以来，经过多年的努力，以《森林法》、《野生动物保护法》、《防沙治沙法》、《种子法》等为核心的林业法律法规体系已经初步形成。与上位法相适应，省林业地方法规建设取得较大的成绩，先后制定了《河北省实施〈中华人民共和国森林法〉办法》、《河北省陆生野生动物保护条例》、《河北省义务植树条例》、《河北省实施〈中华人民共和国种子法〉办法》等地方性法规。省政府第14次常务会议讨论通过了《河北省湿地保护规定》，并于2013年12月26日以政府令〔2013〕15号发布。随着林业法律法规体系的建立，修改和完善工作也有新突破：向省人大农经工委报送了《河北省封山育林条例》修订草案，启动了《河北省封山育林条例》的修订工作。省政府第16次常务会议通过了对32件省政府规章的修订，其中包括《河北省木材经营加工运输管理办法》、《河北省林木采伐管理办法》两件。上述立法工作的有效实施，进一步推动了林业法律法规体系的逐步完善。

二是规范规范性文件制定。严格执行《河北省规范性文件制定规定》和《河北省林业厅制定规范性文件和起草法规规章草案规定》，凡是规范性文件，必须由法规处把关后，报省政府法制办进行合法性审查。规范性文件经过省政府法制办的合法性审查，并按照“统一登记、统一编号、统一公布”的规定进行了发布。此外，还对规范性文件及时进行清理并动态公布清理结果，公布有效的规范性文件共44件。

二、规范执法，强化林业行政执法监督

一是加强主体资格管理。对全省4846名林业行政执法人员的基本信息通过电子信息系统进行网上动态管理，保证在岗行政执法人员资格合法，做到持证上岗。按要求组织厅机关及有执法权的直属单位持有省政府执法证的人员参加省政府法制办举办的执法证年检考试。加强了对林业行政执法人员执法资格和执法行为的监督。

二是规范行政执法行为。严格执行《河北省林业厅行政执法责任制实施方案及相关配套制度》的规定，要求行政执法人员树立“授权有依据，用权受监督，侵权要赔偿”的基本理念，严格在法律法规规定的范围内行使权力。制定了《河北省林业厅行政处罚自由裁量权基准制度》，对行政处罚自由裁量权进行严格规范。为依法规范省森林公安局直属各分局的林业行政执法行为，印发了《关于委托省森林公安局直属各分局代行部分林业处罚权有关事项的通知》，依法委托省森林公安局直属各分局在各自管辖区域内以省林业厅名义查处各类行政处罚案件，并对直属各分局以省林业厅名义办理林业行政处罚案件的管理权限、办案程序、文书使用及执法监督等做了规范。

三是进一步加强综合行政执法。以相对集中行政处罚权为核心内容，省林业系统实施了林业综合行政执法，不但解决了多头执法、执法扰民问题，也降低了执法成本，提高了执法效率。截止2013年底，全省已建立起各级林业综合行政执法机构152个，其中省林业厅设立林业综合行政执法监察处，10个设区市林业局建立了林业综合行政执法大队，141个县（市、区）的林业部门组建了林业综合行政执法机构（其中依托县级森林公安机关组建的53个，单独组建的88个）。全省明确和落实林业综合行政执法人员1400多人。

四是严格行政审批管理。按照《河北省林业厅行政许可工作制度》的规定，根据“受理、送达和审查决定”分开的原则，行政审批实行“一门受理，内部运作，限时办结”的运行模式。逐步精简行政审批事项，并利用河北林业网及公示栏将审批事项名称、设立依据、办理条件、承办处室、办结时限、收费标准等全面公开，接受社会监督。将行政审批事项进行分类管理，实行“两岗终审”和“三岗终结”制度，优化审批流程，提高审批效率。建立“零障碍”服务全程协办机制，协办人员名单全部上网公告，行政许可窗口取消门禁制度，在门口显要位置设置服务引导台，确保获取信息、找人和办事三个“零障碍”。实行“行政审批绿色通道”制度，凡进入“绿色通道”的审批事项，办结时限最长不超过2个工作日。2012年、2013年共实施行政审批1178件。

三、加强普法，提高依法行政和守法意识

一是明确普法重点。首先，把机关工作人员和行政执法人员及林农作为普法的重点对象。结合学习型机关创建活动，深入开展干部法律法规学习活动。坚持对新上任林业局长和新上岗执法人员进行法律知识培训，使他们达到与岗位相适应的法律知识水平。结合集体林权制度改革，加强对林农的法律宣传，提高林农守法和依法维权意识，让林农了解和掌握解决矛盾纠纷、维护合法权益和表达合理诉求的法律途径。其次，把依法行政和集体林权制度改革的相关法律知识作为重点培训内容。将约束行政权力实施的行政许可、行政处罚、行政确认、行政收费以及与林改相关的土地承包、村民自治、林木采伐、林地流转、合作组织建设等法律法规作为重点内容加强宣传。

二是强化普法宣传。把林业相关法律法规及政策编印成册，为普法宣传提供教材和资料。先后组织编写了《林业政策法律汇编》、《林业政策法规知识问答》、《河北省集体林权制度改革政策问答》、《集体林权制度改革法规汇编》等教材，为林业法制宣传教育提供了很好的参考教材。利用许可大厅、便民服务场所、阳光热线等平台为群众提供方便快捷的法律咨询和服务。利用“植树节”、“爱鸟周”、“保护野生动物宣传月”、“防治荒漠化与干旱日”、“世界环境日”等主题宣传活动，开展形式多样的法制宣传。坚持利用“12·4”法制宣传日宣传林业法律法规知识，通过发放明白纸、宣传册等形式，送法上街、送法下乡、送法入户，提高全民遵守林业法律法规意识。

（刘家晔）

商务法制建设

【概况】 2012年、2013年，省商务厅围绕商务中心工作，坚持依法行政，积极开展立法、普法、行政许可效能监督、行政执法检查、商务法律服务等工作，指导企业依法经营、依法维护国家利益和自身合法权益，为商务事业发展起到了保驾护航作用。

一、商务立法工作稳步推进

一是研究制定符合省情的商务法律规范。立法方面，出台了《河北省再生资源回收管理规定》，调研起草了《河北省会展业促进管理办法（草案）》，制定了2013年—2017年的五年商务立法规划。规范性文件制定方面，出台了《河北省对外劳务合作经营资格管理办法》、《河北省成品油零售市场管理实施细则》、《河北省商务行政执法自由裁量权基准制度》等10件规范性文件。

二是下大力做好政策法规的清理工作。针对部分政策措施已严重滞后于社会经济发展的现状，提出了修订《河北省经济开发区（园区）条例》的建议；建议废止了省政府规章《河北省调味品生产销售管理办法》、《河北省机电产品国际招标投标管理办法》、《河北省酒类产（商）品监督管理规定》等3件；废止了《河北省人民政府办公厅关于做好对外劳务合作管理工作的通知》、《关于印发〈河北省外商投资企业联合年检实施方案〉的通知》等6件。

二、商务普法工作成效明显

一是不断加强商务系统法律培训工作。围绕商务中心工作，举办了《树立法治思维践行依法行政》专题讲座等商务法律培训活动10余次。对机关全体公务员重点培训了包括行政许可法、行政处罚法等基础法律知识；对商务系统执法人员，侧重了专业领域法律的培训，专题解读了《对外劳务合作条例》、《商务行政处罚程序规定》、《河北省再生资源回收管理规定》等最新出台的商务领域法律法规。2012年，组织了商务厅全体在职干部参加了法律知识考试，参加人数共计299人，合格率达100%。

二是积极为全省企业提供涉外法律培训服务。面向全省大中型企业，举办了“两反一保”、“企业海外维权”、“走出去企业风险防范”、“自贸区政策解读”等服务性法律培训，同时也为成品油、酒类、典当行业组织专题法律培训，开展了行政审批改革法律法规政策解读活动，为企业增强法律维权意识、提高海外维权能力、有效规避投资风险等起到了良好作用。

三是“六五”普法工作取得实效。首先，开展了“依法行政示范机关”创建活动，建立健全依法行政工作制度，修改完善了行政执法资格审查制度、行政执法上岗培训制度、持证执法制度、执法过错责任追求制度、重大诉讼（仲裁）及非诉案件报告制度等11项行政内部制度规范；其次，推进政务公开，通过省政府信息公开网站、商务厅网站、行政服务大厅、新闻发布会、商务服务热线以及面向社会的临街电子展示屏等方式，拓宽公众获取政府信息的途径。2012年，2013年，“中国河北商务”点击量达3500万次，行政服务大厅等“窗口”接待公众信息咨询达3万余人次；再次，辑印并免费发放《河北省商务行政执法法律法规规章规范性文件汇编》、《典当行业法律法规文件汇编》、《商务行政执法手册》、《河北省商务厅规范性文件汇编》等书共计3000余册；最后，利用各种会议、报刊媒体、大型招商活动、“12·4”法制宣传日等，开展形式多样、丰富多彩的法律宣传，面向社会发放商务法律宣传书籍、宣传册1500余本。

三、加强行政执法监督，规范行政执法行为

一是大力做好商务执法监督工作。首先，先后两次在全省范围内开展商务行政执法监督检查活动，对11个设区市及部分县商务执法工作进行了摸底和指导，对秦皇岛、唐山、沧州、廊坊等地的个别执法问题进行了纠正；其次，针对商务行政职能调整后出现的酒类、定点屠宰执法工作衔接问题，赴唐山、廊坊、沧州、邯郸、保定等地进行了工作调研，研究提出了商务行政执法工作的整体思路和突破点；最后，加强对商务系统执行行政复议法和行政诉讼法情况的监督和指导，2013年，办结行政诉讼案件1件，保障了行政相对人的合法权益。

二是依法修订《河北省商务行政执法自由裁量权基准制度》。为更好地适用于基层做好行政处罚，依据法律规范对《河北省商务行政执法自由裁量权基准制度》进行了修订，完善了《河北省商务行政处罚自由裁量权细化标准》，经省政府法制办合法性审查后于2013年2月1日起正式实施。

三是加强省级商务行政执法工作力度。首先，每年度组织执法人员参加法律知识考试，参训人员达百余人次；其次，组织相关人员参加了商务部举办的“12312”商务举报投诉服务中心工作人员上岗培训，共受理举报案件23件，咨询168件，均做到了妥善处理；最后，对省厅商务执法证件进行了清理，注销了未通过年检及调离执法岗位人员所持的证件，参与了执法证件网上信息录入工作，在省行政执法证件管理平台上初步建立了商务厅执法证件网上申报、管理信息库。

四、行政审批事项办理规范、高效

一是进一步下放审批权限。为进一步优化审批环境，在取消行政审批52项、下放行政审批10项的基础上，又将“商业特许经营备案”、“旧机动车鉴定评估机构审批”、“外商投资企业设立及企业变更审批（投资总额3亿美元以上，不需国家综合平衡的鼓励类项目）”、“成品油零售经营资格核准（原址改扩建）”4项行政审批下放至设区的市。省本级保留的商务行政许可项目为16项，非行政许可审批事项7项，行政监管事项17项。

二是进一步简化审批程序。经论证评估，决定将部分许可事项的打证环节、受理环节及立等即办的事项前移至行政服务中心，对下放到设区市、县的审批事项进行跟踪、检查、评估、指导，及时纠正衔接中的不妥做做法，杜绝增加审批环节的现象。

三是依法解决审批投诉。2013年，因某加油站行政许可申请涉及第三方利益，依利害关系人申请曾两次组织行政许可听证会，根据行政许可审查人、行政许可申请人、第三人提供的相关证据材料和辩论意见，作出了听证报告，保障了行政决定的合法性和正确性。

五、商务法律服务工作取得新突破

一是依法受理外商投诉案件。2012年、2013年，共受理并协调解决外商投诉案件16起，这些案件案情较复杂，涉及纠纷数额较大，在秉持优化河北省发展环境、保护国内外企业合法权益的办案原则基础上，经过大量的调查、协调工作，所受理案件得以妥善解决或依法进入司法、仲裁程序。

二是搭建商贸法律服务新平台。根据河北省涉外经济发展和应对国际贸易摩擦的需要，以商贸法律服务所为平台，成立了省商务厅商贸法律事务所，为河北省“走出去”企业提供法律政策咨询和服务。此外，还组织了部分涉外律师与德国泰乐信律师事务所进行了业务交流活动。

三是协助企业应对国际贸易争端。指导了3起河北省企业的申诉工作，对26起涉及河北省企业的贸易救济案件进行了协调应对，其中反倾销调查17起、反规避调查1起、“双反”调查4起、保障措施调查4起，涉案企业270家，涉案金额8228万美元。协调指导华北制药集团维尔康公司应对美国反垄断诉讼案件。

（郝媛媛）

文化法制建设

【概况】 2012年、2013年，全省文化系统认真贯彻落实国务院《全面推进依法行政实施纲要》，不断提高思想认识，切实规范文化执法，着力完善制度措施，文化法制建设各项工作取得明显成效。

一、着力提高依法行政意识能力

高度重视文化法制建设，着力深化认识、强化领导、完善制度，不断推动文化工作法治化、制度化、规范化。思想认识方面，增强法制观念，加强文化立法工作，依法规范行政行为，坚持用法治理念、法制思维武装头脑、处理问题。组织领导方面，建立了厅依法行政工作领导小组，坚持依法决策，加强工作部署，形成了领导有力、责任明确的领导体制和工作机制。学法用法方面，建立了领导干部学法制度，通过多种形式和渠道开展法制学习教育，并将培训、学习成绩作为年度考核重要内容之一。

二、着力打造平安文化市场

认真贯彻落实文化市场法律法规，在重点文化市场集中整治和综合执法队伍建设中同步推进依法行政工作，实现了有效衔接、良性互动、互相促进。

一是落实行政执法责任制。按照“属地管理”和“谁主管谁负责”的原则，突出抓好梳理执法依据、分解执法职权、落实执法责任、开展案卷评查四个环节，确保责任全面落实。

二是推进文化市场综合执法。突出重点时期、区域和环节，以高密度执法检查、暗访督导为主要形式，开展了文化市场专项保障和集中治理行动，累计出动各级执法人员68.6万人次，检查文化市场经营单位29.2万家次。

三是加强执法规范化建设。通过实行文化市场标准化管理、搭建信息化监管平台、开展全省综合执法队伍练兵比武、推进行政审批规范化、加强制度建设，全省文化市场执法规范化水平显著提升。

三、着力维护文化遗产安全

严格落实文化领域相关法律，坚持“保护为主、抢救第一、合理利用、加强管理”的方针，文化遗产保护法治化工作有效提升。

一是保护文物安全。强化属地管理，建立健全文物安全工作责任制，层层签订安全责任书，完善文物安保机制，加强文物安全检查工作力度，确保文物安全。

二是强化文物抢救修缮。严格执行《文物保护法》有关规定，抓好重大文物抢救修缮工作。承德避暑山庄及周围寺庙文化遗产保护工程、清东陵清西陵文物保护工程、正定古城文物保护工作等重点文物保护维修工程项目顺利实施，体现了依法开展文物保护的物质成果。

三是制定非遗立法。会同省财政厅制定了《河北省非物质文化遗产保护转型资金管理办法》。《河北省非物质文化遗产保护条例（草案）》已通过省政府常务会议审议和省十二届人大第五次会议一审。文化遗产法制宣传。围绕主题，全省各地举办了一系列文化遗产宣传展示特色活动，有效地扩大了社会影响力。

四、着力推进行政管理法治化

通过加强学习教育，积极推进法律进机关活动，有力推进了各项依法行政工作开展。规范性文件制定清理。制定实施了规范性文件制定管理制度，严格规范性文件制定实施程序，完成了年度规范性文件清理工作。

一是精简行政审批。积极精简下放行政许可项目，已精简为5项。规范行政许可行为，严格执行工作标准化流程及服务制度，建立了全厅协办工作机制。审批事项全部限时办结，群众满意率100%。

二是加强政府信息公开。厅机关文化信息服务网完成了改版升级。通过网络媒体平台主动对外公开文件38份、重要信息300多条篇，加强在中央和省媒体信息公开工作。积极推进党务政务内部信息公开。

三是加强行政复议。加大了行政复议及行政诉讼在各地文化市场执法工作中的评分权重，制定实施了《河北省文化厅行政复议工作规定（试行）》，明确了办公场所和工作人员。

四是做好保密工作。认真学习《保密法》等法律法规。严格执行保密工作制度。

五是加强廉政工作。严格落实反腐倡廉法律法规，建立严密的党风廉政建设责任体系。

六是强化安全生产。加强安全生产与矛盾纠纷排查调处、维护社会稳定紧密结合，积极开展安全生产法律法规学习宣传，强化安全生产领域排查和管理，及时发现问题督促整改。

（王　松）

卫生和计划生育法制建设

【概况】 2012年、2013年，省卫生厅在卫生部和省委、省政府的正确领导下，全面贯彻落实党的十八大和十八届三中全会精神，紧紧围绕卫生中心工作，着力推动卫生法制建设，深入推进依法行政，卫生立法、执法、普法工作取得明显成效，为全省卫生事业的改革与发展起到了保驾护航的作用。

一、卫生法制建设

一是积极开展卫生立法工作。在省政府法制办的大力支持下，根据河北省实际，组织起草了《河北省食品安全监督管理规定》和《河北省生活饮用水卫生监督管理办法》两个政府规章，并经省政府常务会议讨论通过，分别于2013年3月1日和2014年2月1日起正式施行。

二是全面清理现行有效的政府规章和规范性文件。保留了《河北省突发公共卫生事件应急实施办法》、《河北省医疗机构管理实施办法》等7个政府规章，对《河北省性病防治管理规定》等2部政府规章进行了修订，废止了《河北省预防接种补助经费使用管理办法》、《河北省〈出生医学证明〉管理使用办法（试行）》等7个规范性文件，

三是严格卫生规范性文件的制定和审查。为加强对抽象行政行为的监督管理，提高规范性文件质量，制发了《河北省卫生厅规范性文件制定与合法性审查办法》，对卫生规范性文件的起草、审查、决定和公布等各个环节进行了规范。完成了对《河北省卫生行政执法案件办理工作规范》、《河北省医师多点执业实施方案》、《河北省餐饮具集中消毒服务单位卫生监督管理办法》、《河北省公共场所卫生许可管理办法》等14个规范性文件的合法性审查和备案，并按规定公布实行。

二、行政审批改革

一是全面清理调整“三类事项”。按照“清、减、放、快”原则，对行政许可、非行政许可审批和行政监管“三类”事项进行全面清理、精简、合并。清理后，省本级卫生系统“三类事项”共计36项（行政许可审批21项，非行政许可审批6项，行政监管9项），审批流程由原须经116岗审核简化为66岗审核，除2项监管事项不需审批、2项许可直接办理外全部两岗审结，审批时间比法定缩短473天，比现状缩短358天；36项中有9项属于多层级审批，有4项拟取消县市审核环节。

二是规范办理行政审批。实现窗口审批工作标准化、规范化，积极发展电子政务，实行网上审批，严格限定办理时间，切实解决超时审批问题。2013年，共受理“三类”事项2613件，办结2552件。其中受理行政许可事项951件，办结933件；受理非行政许可审批事项477件，办结437件；受理行政监管事项1185件，办结1182件，所有事项均在规定期限内办结。

三、行政执法工作

一是健全行政执法规范管理制度。制发了《河北省卫生行政执法案件办理工作规范》、《河北省卫生行政处罚听证程序》，进一步修订了《河北省卫生行政执法文书样式（2013版）》，组织编写了卫生监督执法规范用语，严格落实了省政府规定的行政执法案卷标准。

二是加强卫生行政裁量权管理。对公共场所卫生、生活饮用水卫生、传染病防治、职业病防治、放射防护、医疗服务和采供血服务等7个监督领域的1622项“违法事实”及相应的“定性依据”、“处理依据”等进行了规范；对21部卫生法律法规涉及的179项行政处罚条款中的“违法事实”逐一进行了细化。2012年11月22日，印发了卫生行政裁量权基准制度及7个配套制度、行政处罚裁量权行使办法及裁量权基准，2013年1月1日起在全省范围内施行。

三是探索开展行政处罚信息化管理。组织开发了“河北省卫生行政处罚网上管理系统”，支持省、市、县三级卫生行政部门从立案到结案全过程网上操作，实现了行政处罚信息工作动态管理和网上稽查功能，有效规范了卫生系统行政处罚行为，提高了行政处罚管理水平。同时，进一步加强了行政处罚网上受理举报系统建设，畅通了举报受理渠道。

四、行政复议工作

加强行政复议与行政应诉工作培训指导，充分发挥行政复议在解决矛盾纠纷中的作用，保护了管理相对人的合法权益。

一是2012年“关于患者田某某与河北医科大学第X医院医疗纠纷”引发的行政复议案件，通过召开研讨会、调研论证，并与相关处室会商，对同一申请人一年内2次行政复议申请，分别作出了维持1次、责令履行1次的行政复议决定。

二是对省厅受理的行政复议案件进行了认真梳理，对案件发生趋势进行了详细分析，提出了省市卫生行政部门应高度重视的问题。

三是举办了由卫生厅机关和各市卫生局相关人员参加的行政

复议与行政应诉培训班，提高了行政复议与行政应诉的能力和水平。

五、法制宣教工作

一是编制法律法规文件汇编。采用文献研究方法，对601部卫生法律、法规、部门规章及有关文件进行收集、整理，编印了《卫生法律法规政策名录索引》，为卫生法律法规政策管理和法制宣传提供了参考资料。

二是加强对卫生系统领导干部培训考试。定期组织领导干部参加通用法律法规知识培训、专门法律知识轮训和新法专题培训，不断提高卫生行政人员和执法监督人员依法行政意识。2012年，共组织210名省本级行政执法人员参加了12个班次的法律知识培训，2013年，举办了全系统省级依法行政培训班。同时，加强行政执法证件管理，对未参加培训及考试不及格者证件不予审验、换发，不允许上岗执法。2013年，共组织138人参加了省本级行政执法人员执法证件年检考试和新调整、新录入行政执法岗位人员法律知识考试。

三是加大对社会普法宣传力度。指导各地认真做好12320卫生服务热线，通过服务热线，向公众传播卫生法律、法规和政策信息，普及健康知识与技能；充分利用职业病防治法宣传周、《护士条例》实施五周年纪念、精神卫生法宣传月、食品安全宣传周、“12·4”全国法制宣传日等卫生宣传日、宣传月和宣传周，组织开展了面向全社会的卫生法制主题宣传活动；紧密结合卫生工作特点，利用卫生工作网络在全系统认真开展了“法律进机关、进单位、进社区、进家庭、进乡村、进学校、进企业、进医院”法律八进和法治八建工作。

△2012年、2013年，省人口计生委在省委、省政府和国家人口计生委的正确领导下，认真贯彻落实国务院《全面推进依法行政实施纲要》、《关于加强法治政府建设的意见》等重要文件和省委、省政府加强法治政府建设总体要求，依法履行职责，狠抓工作落实，计划生育法制工作水平不断提高，利益导向机制建设、计生特困家庭救助和计划生育证件办理等重点、难点工作取得新进展。

一、加强人口计生立法，完善依法行政制度

一是积极开展了人口计生立法工作。首先，启动了《河北省人口与计划生育条例》（以下简称《条例》）修订工作。配合省政府法制办召开了5次《条例》（修订草案）审改会，先后数次征求了国家人口计生委、省直相关部门、各设区市政府、全省人口计生系统和群众的意见，并到廊坊市、承德市进行了专题立法调研，多次研究修改草案。其次，配合省政府法制办，对《河北省流动人口计划生育管理办法》进行了修订。

二是坚持和完善了科学民主决策机制。在行政首长负责制基础上，坚持和完善了重大决策听取意见、集体决定、实施情况评价等各项民主决策制度，凡重大决策的出台均通过研究论证、征求意见、合法性审查、领导集体讨论和检查评估等环节。此外，进一步健全了决策责任追究制度，按照“谁决策、谁负责”的原则，对未经认真调查研究、充分论证或者领导集体讨论作出决策以及因决策过错给国家和群众利益造成重大损失的，严格追究有关责任人的责任。

三是加强了规范性文件的管理。认真执行规范性文件制发“两审一备案”程序，“两审”即规范性文件起草后，先由政法处进行合法性审查，正式发布前还需报送省政府法制办进行合法性审查，未经合法性审查或未执行审查意见的不得发布施行。“一备案”即规范性文件出台后15日内按照规定报送省政府法制办备案，并通过媒体向社会公布。此外，对2013年10月31日以前省人口计生委现行有效的政府规章、规范性文件进行了集中清理，经过清理，决定对其中48件规范性文件予以保留。

二、规范行政执法行为，加强依法行政工作

一是进一步规范了人口计生执法行为。2012年，在全省组织开展了治理乱收费乱罚款基层文明执法和信访工作专项督查行动。在各设区市自查的基础上，2012年4月中旬，省人口计生委对该项工作进行了专项督导调研，由委领导带队，抽调业务骨干30名，分6个组，深入到11个设区市的23个县、24个乡、24个村，走访群众240多名。在本次活动中，共查处乱收费乱罚款案件1件，涉及金额8100元，已全部清退；接受群众来电来访500余人次，处理群众反映问题80余件；清理文件641件，废止50件，修改41件，促进了行政执法规范化水平的提高。2013年，按照国家人口计生委要求，结合河北省实际，对人口计生依法行政工作从执法制度、执法主体、执法依据、执法程序、执法责任、执法文书等方面进行了再规范、再部署，确保有法可依、有法必依、执法必严、违法必究。

二是进行了简化办证和再生育审批改革试点。为进一步深化便民维权，提高群众满意度，促进执法规范化，对办理计划生育证件的有关政策、所需材料、办理程序等进行了进一步规范，对办证程序进行了全面简化。2013年8月1日起，以乐亭县、鹿泉市、东光县、定州市、辛集市等5个县（市）为试点，进行简化办证和再生育审批改革。此次改革有以下五个特点：对群众提出的再生育申请，免去不必要的证明材料，不再预留复印件；取消部分再生育条件的集体审定制，符合条件，立即审批；进一步缩短审批时限，按照《行政许可法》规定最长不超过20个工作日；取消生育证延签和换证制度，再生育证一经发放长期有效；减少审批层级，最大限度地方便群众。经过试点，2013年12月在全省下发了《关于进一步简化生育证件办理工作的指导意见（试行）》。

三是加强了人口计生信息公开和社会监督。在全省人口计生系统全方位推行三个公开——政务公开、办事公开和村务公开，积极打造“阳光计生”。县以上人口计生部门普遍开设了政务公开网页，开通了“12356”服务热线，全省各级共设置公开栏52715块，设立了“一站式便民服务大厅”1993个，设置电子触摸屏、电子显示屏557个，并通过免费提供宣传册、明白卡等多种形式向群众公开人口计生政策法规、办事依据、办事程序、工作纪律、服务承诺等信息，保障了群众的知情权和监督权。全省聘请行风监督员8837名，定期听取行风监督员的意见建议。全方位的公开和多方面的监督，有力地推动了依法行政、文明执法。

三、落实奖励扶助政策，推进利益导向机制建设

按照“保稳定、促统筹、强服务、惠民生”的总体思路，全面落实计生奖扶政策，进一步推进计划生育利益导向政策机制建设。2013年全省共发放计生惠民资金9.8亿元，惠及351万计生群众和家庭。

一是认真落实了《条例》规定的各项奖励优惠政策。2013年度共为全省138.77万名农村独生子女父母、153.65万名城镇独生子女父母兑现了每人每月10元的奖励；为6.12万名农村独生子女落实了中考、高考加分奖励；为7.4万名国家工作人员、企事业单位独生子女父母发放退休3000元一次性奖励，当年新增对象全部兑现，历史遗留问题落实率为88.9%。

二是全面推进了国家“两项制度”的落实。全省11个设区市全部按照年初奖扶特扶对象资格确认和信息录入工作安排部署，保质保量完成年度工作任务。2013年度全省共确认奖扶对象396612名，其中新增奖扶对象82872名。全省共确认特扶对象21757名，其中独生子女伤残家庭7066名，比2012年新增973名；独生子女死亡家庭14691名，比2012年新增1979名。

三是提高了独生子女死亡家庭的特扶标准。2013年1月1日起独生子女死亡家庭特扶标准由现在的每人每月不低于135元提高到每人每月不低于200元。部分市县尝试建立了独生子女死亡、伤残家庭救助机制，唐山市进一步提高了特扶标准和实施一次性救助制度，石家庄市建立了以家庭尊严、经济补贴、亲情关怀、医疗保障、应急帮扶为主要内容的“五位一体”服务保障体系。

四、强化教育培训工作，加大人口计生法制宣传力度

一是加强了人口计生干部法制教育工作。健全了全省各级人口计生干部学法制度，领导干部学法以理论中心组集中学习为主，机关干部学法以自学与定期组织学习为主，人口计生系统以对口举办岗位培训为主，法制教育工作实现了“五有”：有计划、有制度、有教材、有登记、有考试，行政执法人员守法意识和执法能力得到进一步增强。2012年，省人口计生委25名行政执法人员全部参加了省政府法制办组织的法律知识培训考试；2013年，省人口计生委28名行政执法人员参加了执法证年检考试。

二是加大了人口计生法制宣传的广度和深度。协调广播电视、新闻出版、信息产业等部门，运用报刊、广播、电视、网络等媒体，广泛组织动员各级人口计生部门和工作人员，结合“5·29”计划生育协会成立日、“7·11”世界人口日、“9·1”国家《人口与计划生育法》颁布日、全国“12·4”法制宣传日等重大纪念日开展宣传教育活动，普及了人口计生知识，提高了群众计划生育政策法规意识。

（杨雅丽）

外事侨务法制建设

【概况】 2012年、2013年，外事侨务系统积极开展法制宣传教育，大力推进依法行政，严格规范依法行政行为，努力提高依法行政效能。按照《河北省法制宣传教育领导小组关于在公民中开展法制宣传教育的第六个五年规划》、国务院侨办《关于印发“六五”普法期间开展法制宣传教育工作的规划的通知》要求，认真贯彻落实省办制定的《关于“六五”普法期间开展侨务法规宣传教育工作的规划》，深入推进侨务法制建设。积极完成省委、省政府规章和规范性文件的清理，各项工作取得明显成效。

一、健全工作机制，全面提高依法行政能力

一是健全推进依法行政的领导体制和机制。成立法制宣传教育工作领导小组，深入推动机关干部学法用法的积极性、主动性。成立全省侨务系统法制宣传教育“六五”普法工作领导小组，积极推进侨务工作依法行政，切实维护侨界合法权益。

二是健全完善落实党组中心组集体学法、主任办公会前学法、法制培训、法律考核等制度。全面学习贯彻《中华人民共和国出境入境管理法》，积极开展《党政机关公文处理工作条例》讲座，推进机关干部学法经常化、制度化。

三是充分发挥“四侨联席会议”机制作用。定期召开省人大民侨外工委、省政协港澳台侨外委、省侨联参加的联席会议，沟通工作情况，研究侨务法制建设。认真承办人大代表建议和政协委员提案，积极配合省人大、省政协视察组的执法检查工作，认真抓好侨务法规配套政策的贯彻落实。

二、规范制度建设，大力提高依法行政效能

一是严格遵守法定权限和程序，依法制定和出台规范性文件。2012年，起草并提请省委外事工作领导小组审定下发《河北省省级领导干部因公临时出国实施细则》、《关于进一步做好市厅级及其以下人员因公出国赴港澳工作的通知》，配合省纪委、省委组织部起草并报请省委批准，以两办名义下发《因公出国人员审批管理实施办法》。2013年，起草河北省关于“进一步规范因公出国管理全国电视电话会议”精神的贯彻落实意见，完善《河北省省级领导干部因公临时出国实施细则》。认真开展对有外事审批权单位的年度审核工作，简化因公出访审核审批工作程序，确保因公出访工作开展健康、规范高效。

二是制定制度，规范侨务。2012年，起草省政府《关于贯彻落实国家侨务工作发展纲要的实施意见》，经省政府110次常务会议通过，下发执行。2013年，会同省公安厅起草下发《河北省华侨回国定居办理实施暂行办法》，规范华侨回国定居的办理工作，保障华侨的合法权益。出台《关于进一步做好“四侨”考生认证工作的通知》，对“四侨”考生认证工作的办理程序、依据、时限和要求做出明确规定，使该政策更具体明晰，便于操作。并将认证有关事项在省办门户网站上公布，接受社会监督。

三是清理规章和规范性文件，积极推进依法行政。2012年，根据省政府规范性文件清理方案和省法制办要求，清理文件22份，拟保留的文件20份，拟废止的文件2份，清理工作结束后，按照省法制要求，通过网站、报刊向社会公布了《现行有效的规范性文件目录》。2013年，根据省委要求，对涉及省办的省委规范性文件进行全面清理，废止18份，予以修改的文件1份，继续有效的文件6份，规范了依法行政行为。

四是积极推行机关标准化管理。2013年，认真落实省政府部署，依据部门职责，详细梳理责任和工作程序，按照ISO9001：2008标准，经过全员培训，反复核准，制定38项程序文件、65项规章制度，顺利通过权威机构认证，在机关全面实施。

三、树立为侨服务理念，全方位开展侨法宣传教育

一是加大“侨法宣传角”建设力度。使“侨法宣传角”成为党和政府联系归侨侨眷和生活在社区的海外侨胞的桥梁和纽带，成为侨务部门为侨服务的平台，成为涉侨法规宣传的阵地。全省“侨法宣传角”已达26个。

二是大力推进“侨法进社区”。积极整合社区侨务资源，依托社区，把侨务法规宣传教育落实到基层。在秦皇岛市、沧州等市建立侨务工作示范点，推动全省侨务法规宣传教育工作，相机把法制宣传和执法有机结合起来。

三是充分利用网络和新闻媒体宣传侨法。通过省市政府信息网和省市外办门户网站，广播、电视、报刊等新闻媒体，多渠道宣传侨务法规，切实方便群众知情和办事。

四、强化涉外涉侨管理和服务，积极维护社会和谐稳定

一是依法加强非政府组织管理工作。建立完善省市两级非政府组织管理工作协调机制，加强对境外非政府组织在冀活动及全省民间组织参与国际非政府组织活动管理。

二是加强外国记者来冀采访管理和服务。认真贯彻国务院537号令和上级指示精神，2012年制定了《外国记者采访突发事件预案》、《涉十八大外国记者来冀采访管理工作预案》，主动引导外媒宣传党的十八大精神及全省的经济社会发展成就。坚持“善待、善管、善用”外国记者、港澳记者。实现了外国记者、港澳记者管理工作的平稳有序。

三是依法依规及时协调处置涉外案（事）件61起，涉及刑事民事、经济纠纷、意外死亡、“三非”人员等。妥善处置海外领事保护事项，有效地维护了全省海外企业和人员的正当权益及人身安全。

四是坚持以人为本，为侨服务，紧紧围绕侨界民生热点难点，实施“关爱”、“侨爱”两大工程。2012年、2013年，全省侨务系统受理归侨侨眷及海外侨胞信访6900多件次，积极协调解决反映的问题，做到件件有回音，事事有结果，确保侨界平安和社会和谐稳定。

（张延领）

审计法制建设

【概况】 2012年、2013年，省审计厅以科学发展观为指导，全面贯彻落实全国审计工作会议精神和省委、省政府的安排部署，坚持“规范、完善、提高”的思路，强化大局意识、规范意识、创新意识和服务意识，推动审计法制工作又上新台阶，较好地发挥了审理把关、审计法律法规宣传和统领、调度、协调全省审计业务的职能。

一、领导重视，亲自部署，切实加强对法制宣传和依法行政工作的组织领导

2012年、2013年，省审计厅立足于推动和完善国家治理，紧密结合审计工作实际，研究部署依法行政工作，依法审计和法制宣传教育取得重大进展。为保证工作取得成效，在年度工作计划中把依法行政、法制宣传教育等工作列入重要内容和议事日程。在工作中，确立了法规部门的业务核心地位，发挥统领审计业务的作用，以规范和完善审计项目审理制度为核心，指导各业务部门加强审计法律法规培训和审计现场控制，达到了规范行为，提高审计质量的目的，也推动了依法审计能力的提高。2012年、2013年，在省政府统一组织的省直单位依法行政工作考核中，省审计厅考核成绩均被评为优秀等次。

二、结合实践，规范完善，以审理为重点加强对审计业务的法治化管理

根据新的审计条例和审计准则，省审计厅从2010年开始探索实行审理制度，并逐步形成了具有河北省特色的审理办法，总结出了几项行之有效的审理制度。通过审理基本上把住了审计质量的最后一道关口，一定程度上解决了审计存在的取证不充分、定性不准确、处理不恰当等问题，实现了由程序性复核向实质性审理的转变。2012年，共完成55个项目的审理工作，重点开展了社保资金审计项目和2011年度财政预算执行审计项目的审理工作，并完成了河北医科大学党委书记温进坤和校长蔡文清任期经济责任审计、河北银行资产负债损益审计、河北广播电视大学、河北政法职业学院、省文联、省供销社和省社科院经济责任审计、部分外资审计等项目，共提出审理意见520条，其中，规范事实描述296条，补充取证42条，修改定性和处理依据98条，调整具体处理处罚意见84条。2013年，以预算执行审计和政府性债务审计为重点，共完成67个项目的审理工作，提出审理意见850条。

三、创新思维，转变观念，法规部门参与省直单位预算执行审计

为进一步强化审理的作用，提高审计质量，从2012年起，省审计厅打破以往法规部门不承担审计项目的惯例，开始在年初审计计划中安排省直单位预算执行审计项目，由审理人员参与实施审计项目，不断熟悉审计业务，较好地解决了因审理人员不熟悉审计业务而影响审理效率和质量的问题，同时有利于审计干部综合能力的提升。

一是组织实施省司法厅2011

年度预算执行审计。2012年2—3月，省审计厅安排法规处实施了省司法厅2011年度预算执行及其他财政财务收支审计，发现了该单位及其下属的法律援助中心、司法警官职业学院违规招投标、无证收费、扩大开支范围、财务收支不规范等12类问题，违规资金金额944.13万元，罚没资金17.22万元。此次预算执行审计，是由法规处首次独立实施的审计项目，通过审计，对审计过程中的各项工作细节有个更加感性的认识，有助于熟悉审计业务、提高项目审理水平。

二是组织实施中共河北省委党校预算执行审计。按照2013年审计计划安排，省审计厅安排法规处组织实施了省委党校2012年度预算执行及其他财政财务收支情况审计。审计揭示了省委党校存在的13类27个违规和管理不规范问题，涉及违规金额2486362.77元，管理不规范金额44771199元。审计决定书对未纳入统一核算等8个问题作出了处理处罚，罚款20000元，责令上缴省财政专户1783510.66元。

四、严格把关，认真履职，保障全国性审计项目的顺利开展

2012年，审计署组织全国审计机关统一实施了社会保障资金审计。2013年，统一组织了全国政府性债务审计。在这两次全国性大型审计中，省审计厅坚持按照审计署的要求的程序依法审计，在审计过程中重视发挥审理的作用，提前介入审理，加强法律法规的现场指导，保障了在既定时间节点前高质量完成审计任务。

一是2012年全国社会保障资金审计。首先，学习社保政策法规，做好审理准备。参加了审计署社保政策法规培训，及时了解相关政策法规，学习研究16张社保审计报表，准确掌握每项指标的涵义和统计范围、标准，为开展审理做好充分准备。其次，深入现场跟踪审理，及时规范审计。为及时掌握各审计组审计进展，随厅领导到廊坊、邯郸、邢台、张家口等市进行督导调研，起草了《关于社会保障资金审计相关取证等问题的通知》，对各审计组提出了统一要求。审理人员分组到各设区市进行现场跟踪审理，针对审计底稿和证据资料等方面的问题提出了规范审计底稿和审计取证、充分听取被审计单位意见等规范性要求。最后，严把质量集中审理，确保审理实效。2012年4月底，社保资金审计进入集中审理阶段。一方面提前介入审理。对审计报告征求意见稿进行逐项审核把关，组织集中会审，参照审计署有关标准，对共性问题明确定性处理依据和处理原则。另一方面关注重点案件线索。对重点案件线索逐项核实并提出处理建议。针对医院骗保等涉嫌刑事犯罪且存在争议的问题，聘请河北张金龙律师事务所律师进行了研究讨论，向厅领导提出合法合理的处理意见。社保审计业务会召开后，指导各审计组按业务会精神调整了审计报告，将有关案件线索分别移送有关市委依法处理。

二是2013年政府性债务审计。在政府性债务审计中，法规部门安排人员参加了邯郸、保定、唐山、张家口4个市本级的政府性债务审计，同时对这些项目进行了现场跟踪审理，提高了效率，节省了后期审理时间。审计期间，法规部门多次陪厅领导赴各市指导现场审计，同时对相关审计资料进行跟踪审理。2013年9月中旬，政府性债务审计现场结束后，加班加点对全省12个市（含辛集、定州）1个区（曹妃甸区）共计13个项目进行了集中正式审理。2013年9月16日，利用一天时间召开了审理会，对政府债务审计13个项目进行集体会审，逐个逐项研究各审计组在债务审计中发现的违规问题，哪些问题是共性问题，哪些问题是个性问题，通过集体研究讨论，对楼堂馆所等重点问题议定了定性和处理的法规依据及处理意见。2013年9月17—18日，对13个项目分别出具了正式审理意见书，确保了按时向审计署上报政府性债务审计报告上报稿。

五、大胆尝试，积极探索，总结完善了集中实施综合审计项目的组织模式

2012年3月5日，审计署经责司和财政司人员组成联合调研组到河北省实地调研，调研组总结形成了调研文章《创新审计组织方式的有益探索》，分别在《中国审计》（2012年第10期）和审计署办公厅、中央五部委联席会议办公室的内部刊物刊发，推广了河北省的经验做法，也为以后实施综合审计项目奠定了良好的基础。2012年8月底至9月底，省审计厅利用一个月时间组织了衡水市原市长经济责任综合实施审计项目，共协调经济责任审计组、财政决算审计组、商业银行审计组共40多人参加审计。审计期间，制定了专门的操作规程，严格落实了审计组长负责制、定期碰头会、请销假、保密等一系列制度，制发上报信息简报9期。2013年8月，安排出具了正式审计报告和审计决定。

六、以查促改，及时规范，不断提高审计执法水平

2013年7月，审计署法规司组成检查组赴河北省审计厅开展了审计业务质量检查，并与部分业务处室负责人就如何加强审计质量控制、审计现场管理、审计移送管理等问题进行了座谈调研。此次检查，从省厅2012年度43个审计项目的374个案卷中，抽查了2011年省本级预算执行审计、省供销社2011年度预算执行及其他财政收支情况审计、省文联经责审计项目、省供销社经责审计项目、援疆审计项目和廊坊社保审计项目6个审计项目的28个审计案卷。检查发现了审计实施方案的编制执行、审计证据和审计记录、审计结论性文书、审计程序等方面存在的一些问题。检查组还到邯郸市审计局抽查了部分市本级审计项目案卷，就需要规范的问题提出了改进建议和意见。检查结束后，省审计厅以本次检查为契机，对照审计署提出的工作标准，对各业务处审计项目案卷进行了全面清理检查，排查问题，规范完善，极大促进了审计执法水平的提高，收到较好效果。

七、细化标准、规范程序，组织开展了优秀审计项目评比和年度业务工作考核

为了规范审计工作，提高审计质量，省审计厅已连续十多年组织优秀审计项目评比工作。2012年，为组织好优秀审计项目评比工作，研究制定了优秀审计项目评比办法，确保了评比结果的公平公正。通过评比，邯郸市和廊坊市审计局选送的2个审计项目被推荐参加全国优秀项目评比，分别评为全国优秀和表彰审计项目。2013年10月，印发了《河北省审计厅关于开展2013年评选优秀审计项目工作的通知》，继续组织省厅各处室和各市县审计机关开展了优秀审计项目评比。此次评选共有36个审计项目参评，其中，市级审计机关推荐审计项目19个，厅各业务处推荐审计项目17个。评比过程中，坚持公开、公平、公正的原则，将项目案卷分为各市组和省厅组，通过抓阄确定评委组别，从厅各业务处聘请具有高级审计师资格的业务骨干对参评项目基本规范部分进行评分，聘请石家庄、邯郸、秦皇岛市3名具备评比经验的业务骨干参加对成果部分评分，并对全体评委进行了培训，确保了评比结果的公平公正。通过评比，石家庄市审计局实施的任丘市政府2009－2010年度财政决算及其他财政收支情况审计被推荐到审计署参加全国优秀审计项目评比，被评为全国优秀审计项目。

2012年，在充分调研的基础上，省审计厅责成法规部门拟定了《河北省审计厅审计业务综合考核暂行办法》，明确了考核原则、考核对象、考核程序、考核内容及标准，对各业务处2012年度审计业务工作进行了模拟考核，达到了以考核鼓干劲、促规范、提水平的目的。2013年，进一步修订了考核办法，加大了揭示重大问题和移送案件线索在业务考核中的比重，目的就是要通过量化指标，全面、准确、客观地评价业务处室以及每个审计人员的工作业绩，根据考核结果，对单位综合考核和部分单项考核排名靠前的，予以通报表扬，并作为评选先进集体的重要依据。对个人考核结果，在评先以及干部任用中作为重要参考依据之一。

八、结合实践，规范完善，进一步健全审计业务管理制度

为加强审计现场管理，制定并实行了《河北省审计厅审计项目重大事项报告制度》、《河北省审计厅重大审计线索直报厅长制度》、《河北省审计厅对审计期间发现的严重违法违纪问题及时处理处罚的规定》和《关于填写审计发现问题表的通知》等，约束了审计人员行为，规范了审计现场执法。2013年，组织制定了《河北省审计厅协助查询通知书内部登记管理办法》、《河北省审计厅关于进一步规范审计征求意见等阶段工作的通知》和《河北省审计厅关于在地方财政决算审计中增加对审计机关经费保障情况审计内容的通知》等制度，对进一步依法规范审计行为提出了更为具体的要求。为加强审计移送处理事项管理，印发了《河北省审计厅移送处理事项督办办法》的通知，对向司法机关、纪检监察机关和有关部门移送处理的事项实行督办责任制，进行台帐式管理，及时更新移送事项处理进展。

九、广泛宣传、强化培训，准确领会和应用审计法规文件

省审计厅在省“六五”普法工作领导小组的领导下，按照《关于开展法制宣传教育的第六个五年规划》的要求，将“法律八进”和“法治八建”等“六五”

普法内容落实到审计实践中。每个审计项目开始前，审计组都组织成员学习相关政策法规，为审计实施提供政策保障。审计开始后，审计组都要对被审计单位宣传讲解审计法律法规和政策，既普及了法律知识，又争取了被审计单位财务人员的理解和支持，一定程度上提高了审计效率。每年12月4日法制宣传日，省审计厅与石家庄市审计局和桥西区审计局一起进行审计法律法规宣传，向广大市民讲解审计法规知识和财务管理常识，收到较好效果。为加强审计干部行政执法培训，2012年、2013年连续组织厅机关各处室业务干部参加了行政执法培训，参训人员全部通过行政执法资格测试，统一办理了行政执法证。为推进法治河北建设，2012年，深入开展了审计法治建设调研，形成专题调研报告上报省委政法委。对审计署、省人大常委会和省法制办多项规定征求意见稿和法律法规草案，结合审计工作研究论证，提出了有深度、高质量的意见建议，进一步发挥了审计机关在国家法律法规制定中的建设性作用，促使提高了立法工作质量。

十、创新形式、总结提炼，加强审计法治文化建设

2012年、2013年，厅领导先后8次做客河北电台的“阳光热线”节目，专题解读修订后的审计法及实施条例、审计准则和中央两办经济责任审计规定等审计法律法规，依法解答听众现场提问，加强了对依法审计知识的宣传。2012年，编辑出版了《审计实施启示录—河北省审计案例文集》。2013年，审计法规部门继续收集修改各市县整理的审计经验技巧案例，为编辑《审计攻略》做准备，将于2014年正式出版。为进一步宣传审计工作，普及审计法律法规知识，省审计厅与省委宣传部、中国传媒大学共同拍摄完成了审计题材电视连续剧《守候》。这部电视剧弘扬了社会主旋律，传递了正能量，充分展现了国家审计在国家治理中的作用。为切实解决审计工作中查找法规难、定性难、处理处罚宽严不一等问题，在审计专网上建立了“河北省审计法规数据库”平台。该平台由法规库（含中央库和地方库）、法规应用库、审计案例分析库三个子数据库组成。河北省地方法规库已整理录入156条；法规应用数据库已整理典型问题及审计定性、处理处罚依据776条；案例库已收集了预算执行审计、低保资金审计、债务审计等多个审计案例，供全省审计干部参考。

（李跃先）

国有资产管理法制建设

【概况】 2012年、2013年，省国资委深入贯彻党的十八大、十八届二中三中全会提出的关于加强社会主义法治建设一系列要求，坚持以邓小平理论、“三个代表”重要思想、科学发展观为指导，紧紧围绕省委省政府经济社会发展目标，坚持“依法、科学、民主”方针，以规范监管行为、防范出资人法律风险为目标，审核制定规范性文件，完善完善国资监管法规体系，开展机关法律事务工作；以提高企业法律风险防范能力为核心，着力完善企业法律风险防范机制、法律风险防范组织体系和法律管理工作体系，加快提高法律顾问队伍素质和依法治企能力水平；以强化法律保障为目标，积极协调企业涉法涉诉案件，开展“六五”普法工作。

一、夯实基础，国资监管法规体系不断完善

一是省委省政府主要领导高度重视国资立法工作，《河北省企业国有资产监督管理条例》列入省人大、省政府2012年、2013年立法计划。省国资委负责起草了条例草案，完成了委内处室意见征求工作；与省法制办一起对条例草案进行修改，形成条例征求意见稿；配合省法制办分别召开了14个省直部门、十家省属企业的条例座谈会，征求意见；代省法制办向十一个设区市政府、23个省直有关部门、18家省国资委监管企业发了征求意见函。省国资委将继续配合省人大、省法制办做好《河北省企业国有资产监督管理条例》的制定工作，争取早日通过省政府常务会议后提交省人大常委会审议。

二是省国资委陆续出台了一系列规范性文件，进一步完善了国资监管法规体系。省国资委出台了《关于规范企业实物资产转让工作的通知》，对监管企业实物资产处置做了具体规定，要求企业阳光操作；制定了《省国资委监管企业境外国有资产监督管理暂行办法》、《省国资委监管企业境外国有产权管理暂行办法》、《省国资委监管企业境外国有资产投资管理暂行办法》，依法报省法制办备案后公布实施，境外国有资产监督管理制度进一步完善。省国资委制定的与《河北省企业国有资产监督管理实施办法》配套的规范性文件达39个，国资监管法规体系日趋完善。

三是清理规范性文件，推进省国资委依法监管工作，确保服务提质、监管提效。2013年，省国资委对成立以来制定的规范性文件进行了一次全面清理，本次清理工作共涉及规范性文件93件，其中拟予以继续保留的36件，重新发布的29件，重新修订的20件，废止的8件。本次清理对重新予以修订的规范性文件明确了修订期限。

二、落实权责，企业法律风险防范机制作用进一步发挥

一是以企业总法律顾问为核心的法律风险防范组织体系进一步健全。为推动企业总法律顾问岗位和人员到位，各企业结合自身实际，通过内部培养选拔、领导班子成员兼任、对外公开招聘等多种途径，有效解决人才缺乏问题，不少企业明确企业总法律顾问属于高级管理成员，将总法律顾问制度落实到公司章程和董事会议事规则，已有16家企业设置了总法律顾问岗位。河北港口集团、省外贸资产公司、航空投资集团、国富投资公司新设立了独立的法律事务部，为企业法制工作顺利开展奠定了的组织基础，省国资委监管企业已有22家设立了法律事务机构。大批具备企业法律顾问执业资格或具有法律专业知识的法律人才，被充实吸纳到了基层法律顾问队伍当中，促进了企业法律事务工作持续向纵深发展。

二是全岗位、全流程的法律风险防范机制不断完善。省国资委监管企业以落实规章制度、经济合同和重要决策的法律审核为重点，积极推动法律服务与企业经营管理的全面融合。通过制定和完善规章制度，明确法律工作内容，规范法律工作流程，从制度上保障法律顾问参与企业重大决策和重要经营活动等职责的落实。通过重要决策的法律审核，将法律管理上升到企业决策管理的层面，有效避免了决策的法律风险。创新管理手段，通过合同的信息化管理，固化法律管理流程，使法律审核论证嵌入业务流程，通过推行合同示范文本等方式，实现合同管理规范化、标准化。部分企业还结合自身实际，加强法律风险体系研究，系统识别、梳理企业法律风险点，实现了对法律风险隐患的集中、动态管控。

三是企业法制工作内容和范围不断拓展。首先，监管企业境外投资法律风险防范工作进一步加强，企业在“走出去”的过程中面临的投资环境日趋复杂，法律风险大幅增加，企业法律部门通过尽职调查、合同审核等方式发挥了重要的作用。其次，企业重组上市和重大经营业务中的法律服务领域进一步拓展，各监管企业在并购重组、投融资、公司上司、合资合作、新业务开展等重大经营活动中发挥着越来越重要的作用。最后，知识产权管理与保护逐渐深入，许多监管企业加大知识产权保护有关课题研究力度，健全知识产权管理体系，积极开展知识产权保护，加强企业品牌建设。

四是法制工作的支撑服务作用进一步显现。首先，企业依法经营意识不断增强，重大经营活动依法保障更加有力，企业主要领导更加重视企业法律风险防范工作。领导班子形成了依法决策的机制，坚持“决策先问法，违法不决策”，企业全员法律意识普遍增强。其次，企业依法经营管理水平进一步提高。在重大经营决策方面上，企业法律事务人员全程参与，避免了决策的法律风险。在规章制度建设方面，企业法律事务机构通过发挥统筹、审核作用，进一步促进了企业管理制度的规范化。在合同管理方面，企业法律事务机构严把合同的签订、履行、变更、终止等各个关口，大幅提高了合同履约率，降低了合同纠纷的发生率。再次，企业改革发展工作进一步规范。各企业法律事务机构在参与企业改革发展工作方面，尤其是在制定企业改制方案、完善企业法人治理结构、依法保障和促进现代企业制度建立等方面，提供了许多重要的法律意见，发挥了不可替代的作用。最后，企业合法权益得到有效维护，企业诉讼案件得到妥善处理，依法清欠收效明显。2012年、2013年均未发生因企业领导班子违法决策、违法经营而造成的重大国有资产损失案件。

三、普治结合，推进法制宣传教育活动深入开展

2012年、2013年，省国资委系统认真贯彻落实《关于在公民中开展法制宣传教育的第六个五年规划》要求，按照省法宣办的统一部署安排，加强领导，强化保障，突出重点，创新形式，积极开展“六五”普法宣传教育活动，扎实进行法治实践活动。

一是强化学习教育，着重培训提高，坚持做到学习教育制度化、培训提高经常化。学习教育制度化。认真贯彻落实全省关于领导干部学法用法工作的有关文件精神以及《省国资委党委领导干部学法用法工作计划》，建立健全了党委理论中心组集体学法、领导干部法制讲座、法律知识年度培训考试和学法档案制度等，坚持学习教育制度化，切实保证了领导干部学法时间和效果。同时，坚持以考促学，组织委机关公务员参加省直干部年度法律知识考试，并将学法用法考试考核成绩作为任职、定级、晋升和年度考核的重要依据，充分调动了干部职工的学法热情。河钢集团、建投集团、建工集团等企业自发组织参加省直干部年度法律知识考试，极大地调动了企业广大员工学习法律知识的积极性。

二是采取多种形式，扎实开展法制宣传教育，着力在三个方面下功夫。首先，扎实推进法制进企业活动。以“法律进企业”活动为载体，强化企业经营管理人员及广大职工学法用法。重点抓好企业经营管理人员的法制宣传教育，督导各监管企业领导班子认真学习《公司法》、《劳动合同法》、《安全生产法》、《企业国有资产法》等法律法规，并定期组织学法考试，切实提高了企业经营管理人员诚信守法、依法决策、依法经营管理的能力；开展职工法制宣传教育，先后深入10余家监管企业，开展政策法规专题讲座，介绍国家关于规范改制的有关规定，对涉及职工切身利益的热点法律问题进行宣传解答，增强了职工依法办事、依法维权、依法从业的自觉性和积极性。利用阵地，广泛宣传。充分发挥刊物、报纸、电视、LED电子显示屏、橱窗、牌板等宣传阵地反映直观、动作快捷的优势，及时刷新内容，以喜闻乐见的形式做好宣传。省国资委系统通过购置《领导干部公务员学法用法读本》、《“六五”普法学习读本》、《公民学法用法读本》等学习材料、充分利用在内部局域网开设法律法规、案件精选、法制文摘等网页，为广大干部职工提供了大量的学习资料，营造了良好的学习氛围。据统计，“六五”普法以来，在局域网发布各类案例两千余个，法律法规等各类普法学习资料数百篇，并通过局域网、报纸、电视等媒体及时反映了普法工作动态和相关内容。其次，创新载体，确保实效。以专项活动为载体扩大法制宣传教育覆盖面。在开展法律进企业活动的基础上结合不同时期和重大节日广泛开展法制宣传主题活动。充分发挥“3·15”消费者权益保护日、“12·4”法制宣传日等宣传载体作用，省国资委系统组织开展了解困答疑专项服务、百题征答、印发宣传材料等一系列主题鲜明、形式多样的宣传活动。开辟新的法制宣传方式，加强了法制宣传的渗透力。除了继续加强电视、广播、网络等宣传主阵地宣传力度，一些企业结合自身特点，大胆创新，通过开展专题法律知识培训、选典型案例、参观教育等方式，确保法制宣传实效。最后，通过开展普法教育活动，省国资委机关干部法律法律意识明显增强，机关工作人员学法用法的自学性进一步增强，依法履职能力不断提高。企业企业依法经营管理水平明显提高，合规文化建设取得明显成效，企业领导人员形成了依法决策的思维方式，“市场竞争、法律先行”的理念深入人心，依法决策、依法经营管理正成为各级管理者自觉行动。

四、严格规范，认真处理法律事务

一是严格把关，重大决策法律风险防范做到关口前移。省国资委非常重视重大决策的法律风险事前防范，出台了一系列内控管理制度，严格执行《省国资委立法和制定规范性文件工作规则》，政策法规处与委机关常年法律顾问，对各处制定的规范性文件全部进行合规性审核，确保出台文件符合国家和本省法律法规；对全委重大决策事项进行法律审核，政策法规处全程列席委主任办公会议，对决策事项提供法律服务，省国资委监管企业并购、债务重组、股权转让、章程修改等事项政策法规处与委机关常年法律顾问都全程参与并进行法律审核，必要时出具法律意见书。

二是进一步强协调工作，积极联系司法部门，就省国资委监管企业涉诉案件中的立案、审判、执行等各个环节积极开展协调工作依法维护监管企业合法权益。2012年、2013年，省国资委共协调监管企业涉法案件37起，涉案金额22亿元。

五、协调沟通，配合其他部门做好法制工作

一是加强企业知识产权工作。配合省知识产权局积极开展2012年省知识产权优势培育工程专利奖组织推荐工作，其中，三友集团一项专利获二等奖，河钢集团五项专利获三等奖，政策法规处获“优秀组织奖”。配合省打侵办开展打击侵犯知识产权和制售假冒伪劣商品专项活动。

二是顺利完成了国务院国资委交办的企业法律顾问备案管理工作。完成 2012 年度、2013 年度河北省企业法律顾问备案备案工作。对 200 余名新考取企业法律顾问资格的人员进行了注册培训；对 600 余名已到注册期限且符合注册条件的企业法律顾问进行了注册登记和备案。

（孙谧璟）

地税法制建设

【概况】 2012 年、2013 年，省地税局在省委、省政府的正确领导下，认真贯彻科学发展观和党的十八届三中全会精神，紧紧围绕全省“稳中求进、改革创新”的工作核心，坚持依法行政原则，增强法治理念，加强制度建设，规范执法行为，依法行政工作取得了显著成效。

一、加强法治思维法治方式能力建设

一是完善组织建设。省地税局高度重视依法行政工作，在每年年初的全省地税工作会议上，将依法行政工作贯穿于税收工作各个方面，进行全面部署。针对领导岗位变动情况，及时调整依法行政领导小组，成立由局长任组长，分管局长为副组长，税政(法规)、征管、督察内审、稽查、监察等有关部门为成员的依法行政领导小组；重新明确重大税务案件审理工作机构人员，调整税务行政复议委员会成员。各市、县（市、区）局也都建立健全相应组织，为依法行政工作提供了坚实的组织保障。

二是落实领导班子学法制度。为发挥领导干部学法、用法的带头作用，认真落实省地税局《关于进一步加强领导干部学法用法提高依法治税能力的意见》，通过党组中心组集中学、局务会或局长办公会会前学或利用研讨会、读书大讲堂等形式学习有关法律法规；同时加强对全系统领导干部的法律知识培训，建立法律法规知识和各项税收业务内容相结合的年度培训计划，按期进行干部法律知识培训，2012 年、2013 年，省地税局共举办各类培训班 226 期，参训人员 10596 人次；举办视频培训 6 期，参训人员达 5.3 万人次，进一步提高了地税干部的法律素养和执法水平。

三是实行科学民主决策。建立完善了党组议事决策规则、省局机关工作规则等制度，对涉及全局的工作部署，实行局务会议或局长办公会集体讨论制；对涉及全局的重要税收制度等，实行合法性审查、专家论证、法律顾问咨询和向社会公示或举行听证等形式的全程参与制度；实行经费预算项目实施前审定和大额经费支出审批制度；完善省局《政府采购管理办法》，规范工程建设招投标和政府采购行为，增强了全系统工作的透明度和广大群众的参与度，推进了决策程序的科学化、民主化。

四是规范涉税行政审批。按照国务院有关取消和下放管理层级的行政审批项目文件规定，对涉及税务机关应取消的“印制有本单位名称发票的审批”等项目及时明确，彻底取消，不再审批。进一步梳理整合全省审批、备案项目，整合后保留 37 项，取消审批备案项目 5 项，下放管理权限和改变管理方式事项 28 项。同时在全系统组织开展取消和下放事项落实情况的集中检查，确保税务行政审批事项落实到位，提高了征纳效率。

五是推进政务公开。修订了《政府信息公开工作管理办法》，成立了由局长任组长的政府信息公开工作领导小组，明确了主管部门和有关部门职责，确定公开的范围、时限和方式，建立了依申请公开事项工作流程。同时拓展地税网站功能，建立政府信息公开系统，形成外网受理、内网办理、外网反馈的运行机制，实现了政府信息公开的信息化。2012 年、2013 年共受理并办结依申请公开事项 5 件，发布政策法规、收入进度、涉税案件曝光等信息公开内容 410 余条，进一步规范了政府信息公开工作。

六是推行依法行政绩效考核。以推行绩效管理为契机，认真贯彻省政府《2013 年度依法行政考核指标》和《河北省地税系统依法行政考核办法》，细化考核指标、考核标准、评价方法等内容，并将其纳入绩效管理；实行省、市、县（市、区）地税局分级考核，通过考核监控，进一步推进依法行政工作。

二、加强制度建设，进一步夯实依法行政基础

一是大力组织优质税收。为落实依法征收、应收尽收的组织收入原则，制定了《组织优质税收指导意见》、《税收收入质量评价办法》，逐步建立健全税收收入质量导向机制，实现了税收收入从任务导向型向质量导向型的转变。向精细化管理要税收，不断加强税源控管，克服经济下滑、实施“营改增”、结构性减税等不利因素影响，促进了税费收入质量的提高。2012年共组织各项收入2034亿元，同比增收277亿元，增长15.8%。2013年共组织各项收入2223亿元，同比增收189.14亿元，增长9.3%。

二是修订完善《地方税收业务工作规程》。根据省地税局《地方税收业务重组工作实施方案》，全面修订《地方税收业务工作规程》，明晰岗责，统一流程，规范文书。结合《地方税收业务工作规程》对全省征管应用系统进行升级完善，确保了规程的贯彻落实。配套制定了《个体工商户定期定额征收管理办法》，进一步规范执法程序，提高了税收征管水平。

三是强化规范性文件管理。严格按照《河北省规范性文件制定规定》起草规范性文件，通过开展调研、采取书面征求意见、召开座谈会或论证会等形式，广泛听取意见，并经法制办进行前置合法性审查，按时发布、备案或备查，提高了规范性文件质量。共审核规范性文件7件，清理973件次，现行全文有效的222件，全文废止或失效的247件，部分条款废止或失效的49件，保证了依法行政源头的合法性。

四是开展依法行政示范单位创建工作。为落实国家税务总局和省法制办等四部门有关要求，印发了《规范基层执法行为提高行政执法能力专项活动工作方案》，配套制定了《依法行政示范单位创建工作实施办法（试行）》及《依法行政示范单位创建工作评价标准》，将省政府依法行政考核内容融入到《依法行政示范单位创建工作评价标准》中，设定评价内容113项，明确评价方法、评价标准，增强了可操作性。各地积极开展创建活动，制定方案，确定试点，发挥了示范单带头作用，促进了全省依法行政工作水平的提高。

五是开展公职律师试点。为进一步推进全省依法行政工作，在全系统开展公职律师试点，制定了《公职律师管理暂行办法（试行）》，规定了公职律师应具备的条件、职责等内容，为加强公职律师管理提供了制度保障。全系统申报获批公职律师资格6名，已在省、市地税局层面参与开展了法律咨询、大要案审理等相关工作，为创造良好法治环境起到了积极的促进作用。

三、加强执法监督，进一步规范税收执法行为

一是严格执法过错责任追究。认真落实《税收执法过错责任追究办法》，并依托执法监控系统，按月监控疑点数据，促进落实、整改、追究。通过税收执法督察、疑点数据核查、监控疑点数据筛查等途径，扩大执法监督面，强化结果运用，将追究结果传递给监察、人事、绩效管理部门，进行党纪、政纪处分和绩效管理扣分处理，大大提高了追究的效果。

二是强化税收稽查。进一步加大稽查力度，在全省开展了房地产等五个行业的税收专项检查、区域税收专项整治等活动，收到明显成效。为做好税务执法与刑事司法衔接工作，实行稽查报告纳税人是否涉嫌犯罪说明制，保证了涉嫌犯罪案件的依法移送。为规范稽查执法行为，组织开展了税务稽查案件复查，复查案件114户，复查面达12%，并将复查结果通报全省，针对个别案件存在的行政处罚不当等问题提出了整改要求。同时规范开展重大税务案件审理工作，全省审理1053件，入库税费款5.1亿元。

三是完善税收行政处罚裁量制度。随着经济形势的发展和税收政策的调整变化，省地税局修订了《河北省地方税收行政处罚裁量权实法施办法（修订）》及《行政处罚裁量权执行标准》，明确税务行政处罚裁量权应遵循的原则，细化了裁量标准，有效压缩了裁量空间。各地通过组织培训、调研考核、执法检查等方式促进该项制度落实，避免了执法裁量的随意性。

四是加强税务行政复议工作。为做好行政复议工作，认真落实行政复议制度，完善工作程序，明晰职责，专人负责，并拨付专项经费，充实办案设备，设立接待室，依法受理行政复议申请。审理中，创新审理方式，实行简单案件书面审理，复杂案件听证方式审理，疑难案件吸收专家参与审理，探索运用行政复议委员会、集中行政复议权方式审理案件。受理行政复议案件6件，其中维持4件、驳回1件、改变调查部门意见1件，维护了纳税人合法权益。

五是加强税收风险防范。以风险管理为导向，加强税源监控，落实省地税局《税源监控业务工作规范》，搭建起了税源监控平台，为风险分析和纳税评估工作提供了有力支撑；加强执法监察，实施执法联动、执法事项合议等系列制度，依托廉政风险防控管理平台，实现纪检监察工作与税收业务工作深度融合，解决了监督制约乏力、风险防控不到位等问题。全系统联动传递各类事项33650项，开展合议工作765次，涉及审批备案类事项1987项次，涉及税款13亿元。

四、优化纳税服务，促进地方经济发展

一是创建税收专家服务团队。为满足纳税人税收政策需求，提供专业化、个性化服务，省地税局制定了《税收专家服务团队管理暂行办法》，配套制定《税收专家团队服务暂行办法》，并通过个人报名、考试、组织推荐、公示等程序确定了专家小组成员，全系统共建立税收专家小组14个、成员131人，为纳税人化解税收风险，提高税法遵从度，提供了智力保障。

二是创新纳税服务机制。为深化纳税服务，在全省开展纳税服务品牌建设和办税厅星级评定工作，全省涌现出了一系列有代表性的服务品牌，评定出五星级办税厅24个、四星级办税厅36个；大力优化“12366”纳税服务热线，拓展网上办税功能，相继开通网上纳税人学校和纳税人涉税风险提醒业务，并落实投诉举报制度，建立举报台账，进一步密切了征纳关系。

三是加强税法宣传。为落实《河北省地税系统开展法制宣传教育的第六个五年规划（2011－2015年）》，认真组织“税收宣传月”、“个人所得税宣传月”、“12·4”法制宣传日等一系列普法宣传活动，结合党的群众路线教育实践活动，组织开展了“百千万”访谈活动，全系统共走访相关部门和单位102个，面谈基层税务干部1218人，走访纳税人13277户，收到调查问卷11074份，收集建议意见1126条（次），并针对问题建议编辑整理《百问百答》宣传手册，制定整改完善措施，得到了省委领导肯定，收到了良好的社会效果。

（张进才）

工商行政管理法制建设

【概况】 2012年、2013年，省工商局在省委省政府的正确领导下，在省政府法制办公室的具体指导下，紧紧围绕党的十八大提出的“全面推进依法治国”方略，深入贯彻落实国务院《全面推进依法行政实施纲要》和省政府《关于推进依法行政和加强法治政府建设的意见》，结合党的群众路线教育实践活动，立足本职，突出重点，以法治工商建设为主线，进一步健全依法行政制度，提高队伍法律素质，规范行政执法行为，强化行政执法监督，全省工商系统依法行政的能力和水平明显提高。

一、加强队伍素质建设，提高运用法治思维和法治方式解决问题的能力和水平

一是坚持领导干部学法用法制度。制定了《河北省工商局领导干部学法用法工作制度》，成立了省工商局领导干部学法用法领导小组，2013年7月，刘云峰局长到任后，高度重视法律学习，明确要求用法治思维和法治方式推进工商改革和发展，党组第一次集中学习首先由法制处讲解工商行政管理基础法律制度与新形势下的法治工商建设，之后连续8天集中学法，分别由8位业务处长讲解工商业务法律知识。新修订的《消费者权益保护法》和《商标法》等新法律法规出台后，刘云峰局长和各位局领导带头学习听讲座，起到了很好地示范引领作用。同时，根据制度规定和刘云峰局长指示，每年年初制定党组中心组及省局领导干部年度学习计划，采取集中学习与个人自学相结合，个人自学每年不少于40学时。在全系统营造了浓厚的学法用法氛围。

二是组织开展“履职尽责、加强监管”主题教育培训。2012年，省工商局利用三级视频系统在全省工商系统组织开展了“履职尽责、加强监管”主题教育活动，省工商局设主会场，各市、县级工商局设分会场。活动邀请最高人民检察院渎职侵权检察厅李忠诚副厅长作了专题讲座，省工商局八位业务处处长结合自身工作、以实际案例的形式就如何履职尽责、加强市场监管进行了授课，在全省工商系统广大干部职工特别是一线执法人员中引起强烈反响。2012年9月，省工商局组织开展了以“着力改善两个环境，依法提升监管效能”为主题的“履职尽责、加强监管”成果交流会，通过三级视频系统对全体干部职工进行了再教育再培训。

三是严格执行领导干部任职前依法行政情况考察和法律知识考试制度。省工商局对拟提拔的处级干部、市工商局对拟提拔的科级干部分别进行任职前依法行政情况考察和法律知识测试，考察考试结果作为任职的重要依据。

二、加强行政决策制度建设，提高依法决策水平

一是完善集体领导制度。建立健全了《党组关于加强党组自身建设的规定》、《党组关于进一步加强全省系统领导班子和干部队伍建设的意见》、《党组会议议事规则》、《局务会议制度》等8项制度，提高了决策的民主化、科学化、规范化、法制化水平。

二是落实案件审理委员会制度。对案情复杂、重大、涉嫌犯罪的行政处罚案件，疑难、复杂的行政复议、行政赔偿和行政应诉案件由案件审理委员会集体研究决定。

三是加强法律顾问团建设。采用多种方式继续加强法律顾问团建设，充分发挥参谋助手的作用，为领导决策和系统执法提供法律支持。

四是建立法制联系点制度。为进一步加强与基层单位的联系，及时了解掌握基层法制工作情况，为领导决策提供有针对性的参考意见，推动全系统“法治工商”建设，制定了《法制工作基层联系点工作制度》，确定石家庄鹿泉市工商局等33个县（市、区）工商局及工商分局为省工商局的法制工作联系点。

五是实行“三项制度”。法制机构负责人列席局务会议制度、局务会议定期听取依法行政工作专题汇报制度和下级向上级书面汇报年度依法行政工作情况制度在全系统得到很好的贯彻落实，这“三项制度”已经成为推进依法行政工作的有力抓手。

三、优化发展环境，促进经济社会健康持续发展

一是立足职能，改革创新，出台了多项支持企业发展的工作制度。其中主要有：制定《关于改善“两个环境”，培育支持市场主体发展的实施意见》。在认真研究分析河北省市场主体发展情况的基础上，借鉴先进地区经验，结合河北省实际，制定该实施意见，从放宽准入条件、培育市场主体，指导帮扶、做大做强市场主体等方面，为各类市场主体健康快速发展营造了良好环境，有力促进了各类市场主体数量增加、质量提高。制定《关于减轻市场主体负担规范执法办案工作的意见》，切实减少罚款处罚。在党的群众路线教育活动开展之际，根据省委周本顺书记重要批示，在尊重法律精神的前提下，共梳理出了101项减少罚款处罚项目，制定了《关于减轻市场主体负担规范执法办案工作的意见》，报省政府法制办公室合法性审查并经省政府第九次常务会议研究通过后，印发全省工商系统执行。为确保这项措施贯彻落实好，组织召开了视频动员会、调度会，解读了文件精神，下派督导组进行督促检查，推动了深入贯彻落实。制定《关于支持全民创业，促进市场主体增量发展的实施意见》，支持市场主体发展。切实做到两降低一简化：降低注册登记门槛，降低注册登记费用，简化审批程序。对各级政府确定的重点项目、重点企业及高校毕业生、返乡农民工等特殊群体开辟注册登记“绿色通道”，激发市场主体活力，促进全民创业。截至2013年底，全省登记各类内资市场主体总量达到222.22万户，注册资本（金）达到29636.1亿元，同比分别增长10.39%、26.57%。此外，还出台了《关于充分发挥工商咨政作用的实施意见》、《支持省直管县（市）体制改革的八项措施》、《关于建立“零障碍”服务全程协办机制工作方案》、《市场主体信息分析制度》、《加强服务窗口建设制度》、《深入企业帮扶制度》等制度，进一步改进了工作作风，优化了发展环境，为市场主体发展保驾护航，为党委政府宏观决策提供参考。

二是结合群众路线教育实践活动，在全系统深入开展了“四个专项行动”。首先，市场主体增量行动。采取有效措施，努力促进全省市场主体总量扩张，质量提升。按照为民服务、方便群众原则，加强服务窗口建设，拓展服务功能，方便企业、降低成本、提高效率。实行一审一核制、首办责任制、限时办结制、跟踪服务制等制度，进一步提质提效。大力支持“个转企”，重点支持生产加工型、连锁经营型、科技创新型的个体工商户、个人独资企业、合伙企业改制为公司制企业。其次，兴企强省行动。以“商标强企、广告兴企、融资助企、帮扶联企、资政引企、党建促企”为支撑，以促进调整结构和转型升级为重点，通过帮助企业提升商标注册、运用、保护和管理水平，促进广告业健康发展，做好动产抵押、股权出质、股权出资、商标权质押等方式，帮助企业盘活有形资产和无形资产，2012年和2013年均为各类市场主体融资960多亿元，特别是帮助小微企业拓宽融资渠道等方式支持企业做大做强。再次，市场秩序整顿行动。扎实开展以查食品、保健康，查农资、保增长，查商标、保名牌，查广告、保诚信，查欺诈、保公平，查传销、保稳定等"六查六保"为主要内容的市场秩序整顿行动。经过全系统的共同努力，查处假冒案件2281件，商业贿赂案件259件；责令整改、停止发布医疗、药品广告31925条次，公告曝光12297条；红盾护农行动中，为农民挽回经济损失1065.36万元；查处取缔无照经营18669家，移送有关部门13356件，补办营业执照11561户；捣毁、取缔传销窝点、场所397个，清查、教育遣返传销人员7035人次。净化了市场环境，维护了社会稳定。最后，12315护民生行动。践行以人为本、执法为民的宗旨，把保障和改善民生放在更加突出的位置。加强消费教育引导，普及消费知识，及时发布消费警示和提示。探索工商主导、社会联动、经营者参与、消费者受益的纠纷调处模式，建立行政调解、人民调解、司法调解联动机制。深入推进12315"五进"和"一会两站"建设，扩大消费维权网络覆盖面，促进消费纠纷和解在企业、化解在基层。

四、规范行政执法行为，提高工商执法水平

一是加强行政执法制度建设。制定了《企业信用分类监管办法》、《市场主体及其行为监管制度》、《市场巡查办法》，以制度促进工商执法的规范化。

二是规范执法主体资格。在全系统开展了执法主体资格清查，对非在编、辞退、退休、调离执法岗位人员进行了清理，解决了部分地区存在的一人持证多人执法现象。

三是加强行政执法与刑事司法衔接工作。各级工商机关主动加强与公安、检察等部门的沟通协调，建立了有效的衔接机制，进一步畅通了移送涉嫌犯罪案件的渠道，有效防止了以罚代刑和职务犯罪行为的发生。

四是认真执行《规范自由裁量权暂行规定》。贯彻行政处罚与违法行为的事实、性质、情节以及社会危害程度相当的基本原则，在正确理解法律、法规立法宗旨的基础上，确定自由裁量权的原则和标准，减少行政处罚的随意性，保证公正公平执法。各市局结合本地实际，对自由裁量权的范围和幅度进一步细化量化，有效防止了滥用自由裁量权问题，确保在辖区内不发生过罚不相当、同案不同罚的现象。

五是完善规范性文件制发程序。2012年，制定了《河北省工商行政管理局规范性文件制定办法》，规范性文件印发前由法制机构进行合法性审查。完善规范性文件备案机制和规范性文件清理机制，定期对本局制发的规范性文件进行清理。

六是加强行政复议，积极化解行政争议。认真落实《行政调解制度》，在审理行政复议案件过程中，优先适用调解方式解决行政争议，用协商说服的方法化解矛盾纠纷，有效维护了管理相对人的权益。针对"职业打假人"以消费者的名义提起行政复议趋增的形势，下发了《关于妥善处理消费者投诉、申诉举报问题的紧急通知》，规范投诉举报处理程序，化解了因此引起的复议增多问题，得到总局肯定，并在全国工商系统行政复议工作会议上作了发言。

七是编印《工商行政管理执法实用手册》。为使各级工商机关及内设机构的法律责任和执法依据一目了然，为基层执法提供方便，组织编写并印发了《工商行政管理执法实用手册》，将现行有效的法律依据按"认定依据"和"处罚依据"逐条逐项予以列示，并辅以国家工商总局的相关答复，方便了执法人员查找运用法律法规，有效避免了因"缺位"、"错位"、"越位"带来的执法风险。

五、强化行政执法监督，严格落实执法责任制

一是对重大案件实行督查督办制度。对重大案件、社会反映强烈的热点难点问题和人民群众关心的民生问题，实行督查督办，限时办结，对敷衍推诿，造成不良影响的，严肃追究有关人员责任。

二是深入开展案件清查工作。2012年下半年，在全系统组织开展了行政处罚案卷清查工作，重点对食品违法、商标侵权、违法广告、"两虚一逃"、商业贿赂、传销、农资违法、伪劣商品、无照经营等案件进行了全面清查。并对清查情况在全系统进行了通报，要求各单位研究制定切实可行改进措施，进一步规范执法行为、提高执法水平。

三是开展行政执法评议考核和执法检查。在全省工商系统开展年度执法评议考核和执法检查，对11个设区市工商局、13个县级工商局及13个基层工商分局依法行政情况进行了考核检查，共抽查行政处罚案件185个，并对检查情况进行了专项通报。

四是严格责任追究。认真执行《河北省工商行政管理机关行政过错责任追究办法》，对有令不行、有禁不止、行政不作为、失职渎职、滥用职权，导致发生重大责任事故、事件的，严格追究有关单位和人员的责任。

五是开展面向监管服务对象述职述廉。制定了《面向监管服务对象述职述廉工作制度》，采取召开述职述廉会议等形式，接受社会各界的质询。与会代表主要包括人大代表、政协委员、民主评议代表、监管服务对象代表等，代表总人数不低于20人，监管服务代表不低于总代表人数的三分之一。述职述廉测评结果与党风廉政建设责任制、年度工作考核、评优评先等结合运用。

六是加强政府信息公开。通过“河北省工商局”网站公开政府规章文件130件、各类动态信息2593件、全省企业基本信息45万件，最大限度地保障了人民群众的知情权和监督权。

七是畅通投诉举报渠道，完善信访机制。面向社会公开群众投诉举报电话，逐步完善信访机制，充分发挥12315职能，加强投诉举报与信访、监察部门的沟通，引导行政相对人通过合法渠道解决实际问题。

六、加强落实梳理工作，夯实依法行政基础

一是认真做好取消下放事项的衔接落实工作。根据省政府办公厅《关于做好与省政府公布取消下放行政审批项目等事项衔接落实工作的通知》和《关于做好取消和下放行政审批项目等事项自查自纠的工作通知》的精神，对涉及工商系统的4项行政审批项目认真贯彻实施。通过下发通知，在政府网站、电子显示屏、信息公开栏公开，加强监督检查等方式确保下放事项落实到位。

二是修订工商行政职权目录。对涉及工商职权的法律规范的“立、改、废”情况进行认真梳理，共梳理出职权目录753项，其中行政处罚634项，行政许可62项，行政强制措施20项，涉及工商行政职权的法律43部，行政法规规章（含规范性文件）145部，地方性法规规章12部，为预防和降低工作风险提供了有效保障。

三是认真梳理涉及罚款处罚项目。按照省法制办要求，对法律、法规、规章中涉及工商罚款处罚的项目逐一进行了梳理，共梳出了常用罚款处罚项目294项，其中可以减少、减轻罚款处罚的项目101项，为规范执法打下了基础。

四是圆满完成省政府规章、规范性文件清理工作。按照省法制办要求，对由省工商局起草的9部省政府规章和规范性文件进行了全面审查和梳理，分别提出了修改、废止及保留的建议。

七、加强法制宣传教育，认真做好“六五”普法

一是深入开展社会普法活动。制定了《全省工商行政管理系统法制宣传教育第六个五年规划》和年度普法计划，进一步深化“法律八进”，开展“法治八建”活动，各级工商机关充分利用广播、电视、报刊等媒体和采取法律咨询、知识竞赛、文艺表演、现场宣传等方式，切实增强普法的针对性和时效性，扩大受众面和影响力。特别是对新《消法》、新《商标法》等加大宣传培训力度，提高了经营者和消费者的法制观念和依法维权的能力。

二是认真开展“六五”普法中期自查。按照中宣部、司法部、全国普法办和国家工商总局的要求，2013年在，全系统开展“六五”普法中期自查自纠活动，采取切实可行的措施解决存在的问题和不足，进一步促进了法制宣传教育工作再上新台阶。

三是开展学法用法征文活动。2013年，在全系统组织开展学法用法征文活动，共收集学法用法征文作品100余篇，筛选出优秀作品16篇，推荐到省法宣办参加评选，有8篇获奖，省工商局获优秀组织奖。

（许彦华）

质量技术监督法制建设

【概况】 2012年、2013年，全省质监系统法制建设工作在省政府法制办、国家质检总局和省质监局党组的正确领导下，按照确定的目标任务，牢固树立围绕中心、服务全局的理念，以严格规范行政执法行为为基础，努力打造窗口亮点工程、不断强化行政执法监督工作，扎实推动立法普法工作，努力推进法治质监建设，扎实有效地开展了各项工作。

一、科学谋划，深入推进全

省质监法制工作开展

一是组织编制了省质监局法制工作“十二五”规划。制定下发了省质监局法制工作“十二五”规划，客观分析了“十一五”全省质监系统法制建设取得的成绩，明确了“十二五”全省质监系统法制工作的指导思想、发展目标和主要任务，为“十二五”全省质监系统法制工作开展勾画了蓝图。

二是制定印发了《河北省质量技术监督局关于全面加强法治质监建设的实施意见》。明确了全面加强法治质监建设的指导思想、工作目标、主要任务和工作措施等四部分内容。着重对全面加强法治质监建设的主要任务进行了细化，从增强依法行政意识、建立健全行政决策机制、加强规范性文件管理、规范行政执法行为、强化行政行为监督、着力化解社会矛盾等六个方面30项具体工作措施进行了任务分解。

二、推进立法，进一步健全了全省质监法规体系

一是立法工作取得新进展。将《河北省促进实验室发展办法》列入了省政府2013年立法调研项目，《河北省商品条码管理条例》列入了2017年立法调研项目。利用省人大全面审视梳理地方性法规的有利时机，将《河北省产品质量监督条例》被列入省人大正式立法计划，将《河北省商品条码管理条例》列入了立法调研计划。

二是认真做好立法协调工作。2012年，参与省政府法制办和国家质检总局组织的立法协调会议10次，研究回复各类立法件30余件。2013年，参与省政府法制办和国家质检总局组织的立法协调会议8次，研究审查了《重大设备监理条例》、《河北省化工建设项目安装工程质量管理规定》等法规规章14件，共提出修改意见30多条。

三是严格加强规范性文件管理。认真落实《河北省规范性文件制定规定》，坚持有件必备、有备必审、有错必纠的规范性文件审查原则，将省质监局对外公开的文件逐一进行了合法性审查，对属于规范性的文件提出了审查意见，开展了省质监局执行的省政府规章、规范性文件和省质监局制订发布的规范性文件清理，确保了规范性文件的合法性。对《河北省食品生产加工小作坊登记备案管理办法》进行了初审，并报送省法制办审查通过。

三、加强监督，进一步规范行政执法行为

一是制定出台行政处罚裁量规则和适用标准。通过认真反复修改，出台印发了《河北省质监系统行政处罚裁量权适用规则》和《河北省质监系统行政处罚裁量权适用参照标准》，对质监领域重要法律法规涉及的所有处罚条款进行细化，明确了轻微、一般、严重三个档次，规范和制约了行政处罚裁量行为。

二是组织开展了全省系统行政执法案卷评查。2012年、2013年组织开展了行政执法案卷评查和重点案件督导活动，采取督导重点案卷、随机抽查案卷、调取绩效档案、核查罚没票据等形式，开展了对重点案件的督导检查和案卷评查工作，对发现的问题进行分析并下发了通报。

三是完成了案件初审把关工作。严格监督省局稽查局和省纤检局的具体执法行为，对立案、调查、审理等法定程序严格把关。2012年，初审行政处罚案件19件；2013年，初审行政处罚案件20件，通过对案件主体、事实、证据、适用法律、自由裁量、程序等关键问题的把关，确保了行政处罚案件的办理质量。

四是行政复议工作成效显著。2012年，办理申诉案件1件、受理行政复议案件2件；2013年，收到行政复议申请30件，正式受理21件，并全部办结，裁决维持1件，因申请人撤回申请终止14件，驳回申请6件。

五是推动行政执法与刑事司法衔接工作。转发了国家质检总局《关于印发关于加强质检行政执法与刑事司法衔接工作的指导意见的通知》，明确了13项重点工作内容。同时，对以质监部门为主要执法主体的法律、法规中涉及与刑法衔接的具体条款、罪名、涉刑标准等进行了梳理汇总，并报省政府法制办审查。共涉及生产、销售伪劣产品罪等12项罪名，相关法律法规条文80余条。

四、推进行政审批制度改革工作取得新成效

一是对已取消调整的行政审批事项坚决落实到位。对因法律法规废止或修订取消以及国务院第六批涉及省质监局的电焊条、验配眼镜生产许可和设立认证咨询机构审批三项许可项目进行了取消；对国务院第六批涉及下放的设备监理单位乙级资格证书核发、气瓶检测机构核准、电力整流器生产许可证核发、化妆品生产许可证核发等7项许可项目完成了及时衔接和增补工作。

二是下放了一批行政审批事项。2013年，分2次共下放管理层级行政许可事项1项、委托市局办理行政许可事项4项。下放的1项分别为：将特种设备作业人员发证（含取证和复审）许可原由省局发证的项目（11项）全部下放至作业人员单位所在地的设区市和省直管县质量技术监督局受理、审批、发证。

三是简化了行政许可审批流程。按照省委省政府要求“行政审批建立两岗审核终结制度、同一内容最多由两个岗位审核把关”的精神，进一步减少内部审批环节，简化审批流程。行政许可审批环节实行许可业务处室一岗审核把关后，报主管局长审批，即作出是否准予许可的决定，减少了以往处室多岗审批和取消了审批委员会审批等环节，优化了审批程序，提高了审批效率。

四是压缩了行政许可审批时限。为了提高行政审批效率，在2009年第一次压缩时限的基础上又再次压缩办理时限，将工业产品生产许可证核发的审批时限由30个工作日再次压缩到22个工作日，将计量的五项许可、认证认可的二项许可、特种设备的四项许可、机动车安检机构资质、珠宝玉石检验师、棉花检验师三项许可，共14项许可审批事项的审批时限由法定时限均压缩为15个工作日；送达行政许可证件时间由法定时限10个工作日压缩为5个工作日；审查和检验的完成时限原则为30个工作日，特殊事项在法定时限内完成，并力争加快完成进度，提高办事效率。

五是强化了服务窗口建设。为切实解决门难进、脸难看、话难听、事难办的问题，树立质监部门的良好形象，进一步强化服务窗口的规范化标准化建设，建立了“零障碍”服务全程协办机制，更加方便申请人办理业务。全省质监系统行政许可、代码编码、检验检测所有服务窗口全部建立了“零障碍”服务全程协办机制，明确协办员和带班领导，负责提供全程跟踪服务，做好接待受理、咨询答复、办事引导、办结回复等工作。

六是实现了行政许可网上受理审批，行政许可工作更加方便快捷。为方便企业办理行政许可业务，最大限度地提高行政审批效率，组织开发了行政许可网上受理审批软件系统，此软件系统可实现远程申报、网上受理、网上审批、实时监控，预警提示、超时警告、电子监察的工作目标模式。17项行政许可事项全部实现了网上受理审批，极大方便了企业和申请人办理许可业务。

七是三类事项清理工作取得阶段性成效。在全面清理行政许可、非行政许可审批和行政监管项目的基础上，制定了三类事项办理流程时限表，并上报省审改。按照省委省政府《关于印发〈河北省“双减双提”专项行动工作方案〉的通知》和省审改办《关于开展清理行政审批事项前置条件的通知》要求，对行政许可事项和非行政许可审批事项的前置条件，进行了一次全面清理。对凡没有法律和政策依据、自行增加的办理条件和申请资料等前置条件进行了取消废止。

五、依法行政工作取得优异成绩

2013年4月3日，省政府依法行政考核组通过听取依法行政工作汇报、对机关工作人员进行测评、对执法人员进行法律考试、对照考核细则逐项检查打分、抽查行政执法案卷、回访相对人等步骤，对省质监局2012年度依法行政工作进行了全面细致的严格考核。考核组对省质监局的考核结果比较满意并对省质监局的依法行政工作给予了充分肯定。2013年7月1日，省政府办公厅印发了《河北省人民政府办公厅关于2012年度依法行政工作优秀等次单位的通报》（冀政办函〔2013〕52号）通报表扬了17个省政府部门依法行政优秀单位，省质监局名列其中。

六、执法队伍建设工作成绩显著

严格审核执法主体资格。重新办理省纤检局执法权委托手续。组织开展并完成了省本级行政执法证件年检工作。组织开展了质监系统罚没许可证年检工作。圆满完成了全省质监系统新式行政执法服装更新补充工作。组织开展对行政执法人员的培训工作。以行政处罚法、行政复议法、食品安全法、特种设备安全条例等法律法规为重点培训内容，组织了对全系统行政执法人员的培训工作，2012年，组织行政执法人员培训班2期，共培训执法人员500人次；2013年，组织行政执法人员培训班2期，共培训执法人员800人次，通过培训进一步增强了行政执法执法人员依法行政的能力和水平。

七、形式多样，普法宣传教育活动取得实效

一是制定下发了《河北省质量技术监督局关于开展法制宣传

教育的第六个五年规划》（以下简称《规划》）。该《规划》明确了全省质监系统开展“六五”普法工作的指导思想、主要目标、工作原则、开展宣传教育的对象和内容、主要任务和要求、工作步骤和安排等内容。

二是制定出台了2012年、2013年度省质监系统普法工作计划。为有计划、有步骤的推进全省质监系统普法工作，制定下发了2012年、2013年度省质监系统普法工作计划，并提出了年度普法工作措施。

三是开展了全省质监系统“六五”普法中期检查工作。组织人员，采取实地考察、听取汇报、查阅档案材料、等方式，重点对各单位开展普法内容的学习宣传情况，领导干部、执法人员、技术机构人员等重点普法对象学法用法情况等内容进行了检查。各单位按照省局工作部署，结合实际制定了工作方案，对本单位及下级单位进行了自查和检查。通过持之以恒的普法宣传，质监系统内部普法的组织领导和保障等基础工作进一步加强、广大干部职工依法行政意识明显提高，企业依法生产经营的理念得到加强，社会各界更加关注质监法律法规的实施工作。

四是采取多种形式广泛开展普法宣传活动。首先，组织开展学法用法征文活动。2012年，组织开展了行政复议理论研究征文活动，经择优筛选，共上报国家质检总局6篇高质量征文，激发了系统学法用法的积极性和主动性。2013年，组织开展了领导干部学法用法征文活动，共报送省法制宣传教育领导小组办公室8篇征文参加评选，其中厅级1篇，处级5篇，科级2篇。各单位主要领导带头撰写征文，发挥示范引领作用，促进了全省质监系统领导干部学法用法工作深入开展。其次，组织开展了对新颁布法律法规的宣贯培训工作。2012年，参加了总局开展的食品安全法知识竞赛答题活动。全省质监系统共有6700名干部职工参加了竞赛答题活动，动员企业4200人、社会公众6500人参与了竞赛答题活动，发放各类宣传材料2万余份。2013年，组织开展了全省质监系统特种设备安全法网上答题活动和《家用汽车产品修理、更换、退货责任规定》法律知识的培训，为特种设备安全法和家用汽车三包规定的顺利实施奠定了基础。最后，参加了2012年、2013年“12·4”全国法制宣传日活动。2012年在省会共发放食品、特种设备等质监法律法规宣传资料2万余份，接受群众咨询200余人次。2013年，在石家庄市共发放《家用汽车产品修理、更换、退货责任规定》、《中华人民共和国特种设备安全法》等质监法律法规宣传资料2万余份，接受群众咨询300余人次。通过采取向群众免费发放普法宣传资料、现场解答咨询等形式，宣传质监工作法律法规，提高了广大人民群众的法律意识和对质监部门的认知度，

（姚　明）

新闻出版广电法制建设

【概况】　2012年、2013年，省新闻出版局在省委省政府的正确领导和省政府法制办的正确指导下，按照建设法治政府、推进依法行政的工作要求，紧紧围绕全省法制工作重点，结合新闻出版法制工作的目标和任务，坚持法制宣传与法制实践相结合，深入开展法制宣传教育，大力推进依法行政工作，全面提高本部门执法和本系统法制建设水平。

一、加强法制宣传教育，增强依法行政意识和能力

结合“六五”普法开展，加强了对领导干部、新闻出版行政人员和新闻出版从业人员的普法宣传教育。坚持领导干部带头学法用法，明确规定领导干部学法作为局党组中心组的学习内容。坚持干部职工学法日制度，领导干部及职工每周集中学习法律、法规和有关知识。同时不断加强对新闻出版从业人员的普法宣传教育和对广大公民的普法宣传。2012年举办各类法制培训班13期，培训各类人员2700余人。2013年举办法制培训班8期，培训人员1600余人。另外在世界知识产权日、法制宣传日和重大节日，组织大规模宣传活动，通过发放宣传品、演出文艺节目等多种形式宣传新闻出版行业法律、法规。为了营造浓厚社会舆论氛围，教育群众，震慑不法分子，每年4月组织全省11个市同时举行集中销毁侵权盗版制品及各类非法出版物活动。出版物经营单位、扫黄打非保护版权志愿者、河北人民广播电台、河北电视台、河北日报、燕赵都市报等多家新闻单位及各界群众参加销毁活动，并在各大媒体上进行宣传报道。

通过广泛深入的法制宣传教

育，各级领导干部学法用法的自觉性明显提高，依法行政的意识和能力不断增强。各级行政部门依法管理的水平有了较大提高，行政执法人员能够较熟练地运用法律、法规开展工作，依法行政。广大新闻出版从业人员的法律意识明显增强，守法经营，依法履行义务、维护自身合法权益的自觉性不断提高。广大群众对新闻出版法律、法规的了解和认识不断加深。在省委组织部、省委宣传部和省法宣办举办的“领导干部学法用法征文活动”中，我局系统共荣获一等奖一名，优秀奖六名。因成绩突出，我局荣获优秀组织奖。其中，党组书记李晓明撰写的《进一步完善新闻出版（版权）法律法规解决“非管不可但于法无据”问题》获得一等奖。2013年，国家新闻出版广电总局在全国范围内开展了新闻出版（版权）依法行政检查工作。省新闻出版局法规处、承德市文化广电新闻出版局被评为2013年度新闻出版（版权）依法行政先进单位；石家庄市文化广电新闻出版局、唐山市文化广电新闻出版局被评为2013年度新闻出版（版权）执法责任制先进单位。

二、推进行政审批制度改革，规范行政执法行为

省新闻出版局涉及行政审批事项包括行政许可事项24项，非行政许可事项5项，行政监管事项18项。由于工作规范、严谨、有制度、有章法，多次受到国家新闻出版广电总局的表扬。

一是结合工作实际，认真研究修订了行政审批工作规程。2012年，按照新修订的《出版管理条例》和《音像制品管理条例》，对行政审批项目进行了修改，同时修改了审批项目的审批流程和办理权限，重新修订了《行政审批工作规程》。建立了行政审批工作会议制度，对重大审批事项专门召开会议共同研究审批。成立了行政审批监督检查领导小组，对行政审批事项的办理进行监督检查。实行“月通报”制度，每月对全局的行政审批事项办理情况进行检查，并就有关情况进行通报。

二是行政审批事项办理情况。2012年，行政审批中心共受理各类行政审批事项申请89项，全部按时办结。2013年，共受理行政许可申请120项，按时办结120项。同时认真做好档案管理工作，每月编制月度审批开展情况一览表，报局领导和业务处室。及时与各业务处室沟通审批情况，将审批与行业监管有效结合起来，避免了相互脱节现象。

三是认真贯彻落实国务院取消和下放行政审批事项精神，做好省新闻出版局三类事项清理工作。按照省监察厅、审改办和效能办全面清理行政许可、非行政许可审批和行政监管事项的要求，对省新闻出版局三类事项进行清理确认。共取消项目16项，下放项目8项。取消和下放情况在系统内发文公布，并在省新闻出版局政务网站进行公布。按照省编办要求，清理确认了2001年以来取消、下放的共74项行政审批事项。

三、加强依法行政力度，深入开展“扫黄打非”斗争

加大依法行政力度，深入开展扫黄打非斗争，积极开展整治医疗广告类非法出版物专项行动、打击侵犯知识产权和制售假冒伪劣商品专项行动、网络侵权盗版专项治理“剑网”行动、印刷复制业和报刊记者站集中整治“百日行动”、红色旅游景点出版物市场专项整治活动、中小学教辅材料出版发行专项检查活动、网络淫秽色情信息专项治理“净网”行动、查堵非法出版专项治理“清源”行动，以及以集中打击非法报刊、非法网络报刊、非法报刊机构和假记者为主要内容的非法报刊专项治理“秋风”行动。严厉打击各类非法经营行为，进一步规范了出版物市场秩序，打击各类侵权盗版等非法出版活动。2012年，全省共出动检查人员9.2万余人（次），检查出版物市场、店档摊点、印刷复制企业5.6万多家（次），收缴各类非法出版物64.9万多件，查办各类案件100起。2013年，全省共出动检查人员7.76万余人（次），检查出版物市场、店档摊点、印刷复制企业4.12万家（次），收缴各类非法出版物30.89多万件，取缔非法出版物店档摊点及印刷企业310家，删除网上有害信息3.51多万条，查办网上传播淫秽物品案件10余起，抓获犯罪嫌疑人41名，关闭网站29家，列入黑名单13家。

中央政治局委员、国务委员刘延东同志对河北省组织开展的整治医疗广告类非法出版物专项行动给予充分肯定。全国“扫黄打非”工作小组副组长兼办公室主任、原新闻出版总署党组书记蒋建国同志用“三个重大”（工作有重大进展、取得重大成效、出版物市场发生重大变化）肯定了河北省“扫黄打非”整改工作取得的成效。中共中央委员、全国“扫黄打非”工作小组专职副组长李长江同志在河北省进行督导检查时，评价河北省“扫黄打非”工作“领导高度重视，工作扎实，成效显著”。省委书记张庆黎同志先后3次做出重要批示；省委常委会、省政府常务会专门听取“扫黄打非”工作汇报；省委常委、宣传部长、省“扫黄打非”领导小组组长艾文礼和省政府副省长、省“扫黄打非”领导小组副组长杨汭先后3次组织召开全省“扫黄打非”领导小组会议，2次召开全省电视电话会议，多次组织召开专题会议。

四、强化公共服务意识，做好版权保护工作

加强版权宣传教育培训。充分利用各种媒体，采取多种形式，宣传版权法律规章、版权重点工作、版权重要活动，努力在全社会营造“尊重知识、崇尚创新、诚实守信”的舆论氛围。

一是积极推进政府部门和企业开展软件正版化工作。2012年5月省政府专题会议后，省新闻出版局会同有关部门采取有力措施，积极为省直单位申请采购正版软件专项资金。持续开展企业软件正版化工作，将企业使用正版软件工作向纵深推进，共推进全省203家企业和104家省直单位使用正版软件。省直104家单位建立健全了监督管理使用正版软件的长效机制，实现了软件管理的“五到位、三统一”。在完成省级政府机关软件正版化的基础上，2013年重点抓好市、县两级政府机关的软件正版化工作，2013年10月，全面完成了11个设区市，定州、辛集2个直管市和全省192个县（市、区）政府机关软件正版化工作任务。国务院督查组两次来河北省督导检查软件正版化工作，对河北省工作给予了高度评价，指出河北省软件正版化工作有五个鲜明特点：组织有力，责任到位；督导有力，落实到位；保障有力，资金到位；管理有力，制度到位；宣传有力，意识到位。河北省软件正版化工作受到了省委省政府的表扬。

二是积极开展打击侵犯知识产权专项行动。在新闻出版领域开展打击侵犯知识产权和制售假冒伪劣商品专项治理，分阶段、有重点地推进印刷源头治理、出版物市场监管、打击网络侵权盗版、查处大案要案等工作。开展了以打击网络侵权盗版为主要内容的“剑网”行动。重点围绕网络文学、音乐、影视、游戏、动漫和软件以及网络销售平台等领域，严厉打击未经许可非法上传、传播他人作品以及通过电子商务平台销售盗版制品等违法行为，严厉打击故意为侵权盗版分子提供搜索链接、信息存储空间以及服务器托管、网络接入等服务的违法行为，严厉打击利用手机等移动设备、电视机顶盒、电视棒和音视频播放器等软硬件工具侵权盗版的违法犯罪活动。

三是加强两法衔接，建立和完善打击侵权盗版长效工作机制。为推动打击侵犯知识产权和制售假冒伪劣商品领域行政执法与刑事司法衔接相关信息的互联互通和顺畅流转，提高衔接效率，强化监督制约，加大对侵权假冒违法犯罪打击合力，与省公安厅等部门建立了联合打击防范侵权假冒违法犯罪工作协作机制。对联席会议制度、案件移送制度、相互协作配合制度、案件信息共享、机制执法保障等内容达成一致意见，共同印发了《联合打击防范侵权假冒违法犯罪工作协作机制》。

（张胜利）

△2012年、2013年，省广播影视法制工作认真落实推进依法行政，以贯彻实施《全面推进依法行政实施纲要》为主线，以推行执法责任制为重点，狠抓制度建设，强化队伍建设，建立执法协调机制，广播影视依法行政工作水平显著提高，为广播影视发展提供了强有力的法治保障。

一、行政执法更加规范

省广电局成立推进依法行政领导小组，加强广播影视依法行政领导力度，进一步完善《局党组会规则》、《局党组民主生活会制度》、《局长办公会规则》，决策前严格履行提出论题、调查研究、部门论证、拟制方案、反复协商、集体讨论等程序。继续深化行政执法公示制、行政执法监督检查制、考核评议制、行政执法过错责任追究制。依法行政工作年初有部署、年中有检查、年底有总结，形成良性工作机制。

提高行政执法人员素质，采取分散与集中学习相统一，远程授课与面对面交流相结合的方式开展培训，内容包括行政法律法规、广播影视相关法规、规章。省广电局行政执法人员认真履行职责，遵守法定权限、法定程序和法定期限，严格依法办事。2012年办理行政审批事项32件，所有审批事项都在承诺的15个工作日内办结。省监察厅和省法制办多次检查都给予好评。未发现行政不作为、乱作为情况，也没有接到一起行政执法方面的投诉和行政复议。

二、“立、改、废”工作稳步推进

省广电局深入开展调研活动，完成了《广播影视行业管理转型初探》、《新形势下广播电视宣传管理规范化研究》、《依法加强广播影视管理促进广播影视健康发展》等课题，制定了《河北省广播影视今后五年立法工作规划》。全面清理实施的非行政许可事项，取消不符合要求的3项事项。并结合全省实际对国务院公布的行政许可事项和取消的行政审批事项进行确认和取消。废止1部政府规章，17件规范性文件，对现行有效的54件规范性文件进行了确认。收集整理现行有效的广播影视法律法规，辑印《广播电影电视管理政策法规及案例摘编》一书，共收录全国广播影视系统现行有效的行政法规、部门规章和规范性文件20多件，并编录部分违反广播影视法律法规的典型案例。

三、依法管理成效显著

一是加强宣传管理，规范广播电视播出秩序。2012年，在全省广电系统组织开展了“净化声频荧屏，规范播出秩序，迎接党的十八大”专项整治行动，共发出《督查通知》、《整改通知》86份，停播、整改违规节目、广告280个，关闭违规从事互联网视听节目、传播淫秽色情或境外节目网站51个。2013年开展“护城河”专项行动，整顿治理首都周边广播电视播出秩序。确保了全省各级播出机构舆论导向正确，节目内容健康，规范播出秩序，营造了良好的视听环境。净化广告播出环境，切实规范全省广播电视广告播出秩序。2012年，省广电局连续下发了《关于转发国家广电总局〈关于贯彻执行广播电视广告播出管理办法的补充规定的通知〉的通知》、《关于严禁在传输广播电视节目时插播广告的紧急通知》、《关于进一步加强广播电视广告播出管理的通知》、《关于切实规范广播电视广告播放及节目传送秩序的紧急通知》，强化政策指导和制度规范，全面治理整治违规广告播出。2012年共下发违规整改通知书117份，与8家违规播出机构进行了警示谈话，共停播、整改违法医疗类广告480余项，停播相关资讯、座谈、电视购物节目25项，清查涉性或低俗医疗类广告13项，核查处理群众投诉问题360余项。

二是加强社会管理，集中开展集中整治。突出行业监管重点，依法行政，上下联动，齐抓共管，以规范广播电视播出秩序为目标，持续开展全省广播电视节目制作及播出专项整治、县级广播电视播出机构集中整治、卫星地面接收设施专项整治和全省互联网及手机媒体有害视听节目集中整治等多项活动。2012年，对违规从事互联网视听节目服务、传播低俗视听节目的网站予以警告、查处。关闭违规从事互联网视听节目服务，传播有害及淫秽色情节目网站141家。互联网传播秩序管理取得较大进展。2013年，全省各级广播影视管理部门共收缴违规安装使用的卫星地面接收设施5600余套，卫星接收机、高频头700余个，取缔非法销售摊点128个，查处擅自安装卫星地面接收设施的单位189家，拆除违规使用的卫星地面接收设施407套，清查卫星地面接收设施生产企业14家，在全省形成了打击非法违规地面卫星接收设施的高压态势，遏制了非法销售、安装和使用卫星接收设施势头，卫星传播秩序专项治理工作取得突破性进展。

三是加强监管，规范市场，电影放映工作持续较快发展。省广电局印发了《关于进一步明确农村电影放映工程县级行政主管部门职责和加强农村数字电影院线公司及其工作站管理通知》，明确县级行政主管部门职责和农村数字电影院线公司及其工作站的管理，清理不能完成农村电影放映工程任务的农村院线，查处农村电影放映工程中违规现象，维护院线公司、工作站、放映员各方利益，确保行政主管部门依法行政、科学施政，保障农村电影放映工程持续发展。起草拟定《河北省国家电影事业发展专项资金管理办法》，进一步规范电影专项资金收缴管理工作，荣获2012年度全国电影事业专项资金征收工作二等奖。2013年，开展城市影院电影放映经营专项检查行动，强化督导检查，保持全省电影产业的较快发展。院线数量持续增加，除我省河北中联院线外，共有万达等16条院线的影院在我省运营。影院规模不断扩大，全省影院数量达到244家，比2012年增加30家。全省票房收入快速增长。

四是加强技术管理。省广电局多次部署整顿无线调频广播发射台播出秩序，严肃查处擅自变更呼号、开办频率/频道、扩大发射功率等违法违规问题，并组织现场收测、现场治理，进一步规范了全省广播电视播出秩序。

四、法制宣传引导有力

全省法制宣传工作紧紧围绕全省工作大局，以全面贯彻实施“六五”普法规划为重点，学习宣传中国特色社会主义法律体系，弘扬社会主义法治精神，扎实推进普法依法治理工作，为建设经济强省、和谐河北营造良好的法治环境。

一是加强新闻宣传，持续动态管理。省广电局明确宣传管理处专人负责，省两台和长城网总编室、主要新闻栏目和相关频率、频道、专栏责任到人，在严格执行法制宣传纪律的前提下，密切关注法律、制度、政策的出台，配合相关部门认真组织开展各项宣传工作，提高公民学法、用法积极性，河北电台《河北新闻》、《全省新闻联播》节目和河北电视台《河北新闻联播》等新闻栏目，对国家各项法律、法规，尤其是与百姓关系密切的法律、法规以及各级领导干部依法决策、依法行政、依法管理进行充分深入报道，充分发挥了主流媒体在普法中的作用。

二是做深专题报道，挖掘法制节目宣传亮点。河北电台新闻频率《第一民生》、《阳光热线》节目，交通频率《992 大家帮》节目，生活频率《生活互助汇》节目，围绕人民群众关心的热点问题，深入学习宣传与社会保障、安全生产、医疗卫生、食品安全和社会救助等相关的法律法规；新闻频率《法治集结号》、农民频率《律师说法》节目则集中做好法律法规解读和依法维权宣传工作，坚持教育群众与服务群众相结合。河北电视台对综合性法制栏目《法治河北》进行扩版，播出时间由每期 15 分钟延长至 20 分钟，2012 年共播出具有普法宣传意义的专题片 260 期；配合各个时期宣传任务，相继推出十八大安保、“6·26”国际禁毒日、弘扬宪法精神等主题宣传，共播发专题片 12 部，消息 46 条。《法制河北》栏目创作的专题片《向爱而生》，获 2012 年度中国广播电视协会法制节目工作委员会专题节目一等奖；论文《公信力—法制节目的生命线》获中国广播电视协会法制节目论文二等奖。

（朱彤彤）

安全生产监管法制建设

【概况】 2012 年、2013 年，在省委、省政府的正确领导下，省安全生产法制建设取得了新的进展。

一、强化立法工作，为依法行政提供法制保障

2012 年起草了《河北省安全生产应急管理规定》，于 2012 年 12 月 28 日省政府第 115 次常务会议通过并出台，2013 年 2 月 1 日起开始实施。《河北省安全生产应急管理规定》明确了安全生产应急管理的机制和体制，规范了应急准备工作，对监测与预警、应急处置与救援明确了要求，规定了相应的法律责任。该《规定》的出台，对加强安全生产应急管理体系建设，规范安全生产应急救援活动，提高安全生产应急救援能力和水平，预防和减少生产安全事故，发挥了积极作用。

同时，对规范性文件的制定审查工作也十分重视，制定了《河北省安全生产监督管理局规范性文件审查办法》，以及规范性文件公开征求意见制度、社会风险评估制度、有效期制度、三统一制度、公众提请审查制度、责任追究制度等，与省政府规章做到了配套一致，使规范性文件的制定做到了法制化、规范化。

二、规范执法行为，提高依法行政水平

2012 年、2013 年，十分注重规范执法行为，不断加大监督管理力度，有效提高了依法行政的能力和水平。

一是建立健全执法制度。如行政执法程序制度、重大案件集体讨论决定制度、错案和行政执法过错责任追究制度、重大案件督查等执法制度，对所有的案件，在立案审批、调查取证、处罚告知、作出处罚决定、送达、执行等各个环节，都严格执行程序规定，形成“用制度管人，用制度管事，用制度执法”的良性执法机制。

二是依法办理行政许可、审批。按照行政权力公开透明运行的有关要求，制订了《省安全生产监督管理局行政许可暂行规定》，制作了《行政许可权力一览表》、《行政许可审批程序表》、《行政许可审批流程图》等。所有行政许可的受理和发证全部由行政许可大厅负责，许可事项的类别、审批要件、设立依据及办理时限等全部在审批大厅进行公示，实施了网上审批，做到了一口对外、内部运行、限时办结、统一送达。

三是坚持开展考核评议。先后制定了《安全生产行政执法工作考评制度》、《安全生产行政执法责任制实施意见》、《安全生产行政执法责任制评议考核办法》，每年对执法处室、执法队员的工作进行认真考评，对各设区市、承担安全生产监管任务部门的执法情况进行考核。在注重内部考核的同时，十分注重外部评议，每次集中执法活动都邀请新闻记者全程参加，活动结束后，均由机关党委、监察室组织被处罚企业、管理相对人意见座谈会，听取他们对我局执法的意见和建议，有针对性地改进执法工作，同时在报刊、网站公布举报电话和网址，接受社会各界对行政执法情况进行举报和评议，有效地促进了行政执法水平的提高。

四是坚持开展案卷评查。制订了《行政处罚案卷评分标准》，每年采取省局抽查，各市、县局互查的方式，坚持组织开展执法案卷评查活动。对发现的问题责令有关单位及时整改，对普遍存在的共性问题采取印发通报、召开会议讲解等方式，督促指导各级安监部门予以改正，从而减少了类似问题的再次发生，提高了执法水平。2012 年、2013 年，未发生行政处罚或行政许可案件被行政复议机关改变、撤销和被法院判决败诉的情况。

三、创新执法模式，提高行政执法效果

2012 年、2013 年，省局始终把行政执法作为安监工作的核心和灵魂来抓，安全生产执法工作取得了较大进展，安全生产形势稳定好转。

一是围绕重点时期，组织开展集中执法。针对河北省拱卫京津，区位特殊、政治敏感性强的特点，每年重点敏感时期，都组织全省范围的集中执法活动，为重点时期安全稳定提供有力保障。2012 年，围绕为党的十八大创造安全、稳定的生产环境，在全省范围内开展了“决战四十天，迎接十八大”专项执法整治特别行动和历时 8 个多月的“打非治违”专项行动，全省安监系统共检查生产经营建设单位 4.5 万家次，查处隐患和问题 8.7 万条。2013 年，全省安全生产行政执法系统，牢固树立“红线”意识和底线思维，扎实开展安全生产大检查，全省共检查生产经营建设单位 11.7 万家，查处隐患和问题 24.2 万项，实施经济处罚 1.5 亿元，暂扣安全生产许可证 226 家，责令停产、停业、停建整顿 572 家，为全省安全生产形势持续稳定好转做出了积极贡献。

二是汲取事故教训，组织开展专项执法。注重从意外的事故中找出不意外的隐患，举一反三防范事故。2012 年“2·28”河北克尔化工爆炸事故后，组织对全省 2009 年以来首次取得安全生产许可证的 184 家危化生产企业专项执法，促进了全省危化企业安全管理水平的提高。2013 年，吉林宝源丰禽业有限公司特别重大火灾液氨爆炸事故发生后，省安监局联合省质监局和省消防总队，利用 2 个多月的时间，直接对 6 个设区市、54 个县（市、区）、178 家涉液氨液氯企业，进行了重点执法检查，查处隐患和问题 2072 条。

三是整合执法资源，大力开展协同执法。在深入总结 2012 年“打非治违”专项行动成果基础上，进一步整合执法资源，创新执法理念，以省监察总队为主导，整合执法资源，调配市县执法骨干，聘请高水平专家，混合编组，集中一段时间，针对同类企业进行交叉式执法。通过省、市、县协同执法，有效解决了基层执法技术力量薄弱和整改难、处罚难的问题，避免了人情关、说情风干扰，消除了一大批安全隐患，培养锻炼了基层执法队伍，促进和带动了基层执法工作。

四是放大执法效果，压实“两个责任”。对非法违法生产经营建设行为依法执法、严肃处罚，同时坚持“执法检查六步工作法”，大力开展“预告式”、“说理式”、“观摩式”、“专家会诊式”执法，既当执法队，又当宣传队、帮扶队，督促企业落实安全生产主体责任。省执法队每次执法结束后，都要与当地安监部门主要领导交换意见，必要时向当地人民政府下达《安全生产行政执法监察意见》，重大问题下达《安全生产行政执法特别监察意见》。对不及时采取整改措施或问题较为严重的，提请省安委办下达督办函。情况严重的，以公函方式，向当地党委和政府的主要负责人、分管负责人、安全监管部门负责人通报情况、提出建议，督促党委、政府及相关部门履行监管责任，提升执法功效。

四、抓好法制宣传教育，提高安全生产法律意识

紧紧抓住普法的重点对象，采取各种生动灵活的方式，加强安全生产法律法规的宣传教育，收到了较好的效果。

一是强化领导学法。局党组理论学习中心组把安全生产法律、法规的学习作为重要内容，规定中心组成员每月学法时间不少于3小时，并不定期举办领导干部法制讲座，就有关重要政策和法律问题开展专题法制讲座和法律知识学习。

二是抓好干部学法。除组织局机关公务员积极参加省法制办举办的行政执法培训班和国家安监总局举办的安全生产监察员培训班外，每年还定期对执法人员及时进行新法律法规培训，并进行法律法规知识考试，并把每周五下午确定为固定的学习时间，统一组织全体干部，采取请专家讲解、观看视频讲座等方式，系统地进行安全生产法律法规的学习，全面提高了干部职工的法律素质。截止目前，省局有150人取得了执法资格。

三是开展普法宣传。每年6月，按照国家“安全生产月”活动的统一部署，组织安委会成员单位及全省安监系统，开展不同主题的安全法制宣传活动，以省长电视讲话、报刊登载文章、悬挂标语、法律咨询、亲情签名、编发短信、展出图片、“安康杯”竞赛、送法下乡、安全生产燕赵行等系列活动，将安全法律知识普及到单位、家庭和职工，形成了良好的安全法制氛围。

（窦天奇）

统计法制建设

【概况】 2012年、2013年，省统计局在省委、省政府和国家统计局的正确领导下，紧紧围绕“四大工程”建设、数据质量求实、第三次经济普查等中心工作，积极推进依法行政，大力开展普法宣传，不断强化执法检查，全面加强法制基础建设，各方面工作都取得显著成绩，被国家统计局评为2012年度统计执法工作先进集体和统计法制工作开拓创新集体。为依法统计、提高统计数据质量做出了应有的贡献。

一、普法宣传成效显著

全省各地扎实推进“六五”普法规划，将统计法制宣传融入企业一套表等专业工作的全过程。省局制定“六五”普法中期督导检查方案，对邯郸、廊坊、衡水3个市进行督导检查。对全省40多位主管统计的县（市、区）长和80多名市、县统计局新任领导进行了统计法律法规知识培训。开展了统计法律知识进校园活动，在石家庄经济学院向师生宣传统计法律知识。以《统计法》颁布30周年纪念宣传为主线，结合第三次经济普查宣传，编印下发《“六五”统计普法资料汇编》，开展了经济普查宣传月、统计法制征文、统计普法宣传口号征集、《统计法》和《全国经济普查条例》知识竞赛等一系列宣教活动。请张庆伟省长在河北日报、河北电视台等省级主要媒体发表第三次经济普查宣传动员讲话，省局领导做客长城网《面对面》节目对社会公众解疑释惑。2012年全年在《河北法制报》开辟统计法制专栏，刊发20多期。2012年、2013年，培训统计工作人员3万多人次，全省各地编印发放宣传教材3.8万册、宣传单23万份，电视台、电台播放宣传语2300余条，报纸登载宣传文章280余篇。为依法统计营造了良好的社会氛围。

二、执法检查力度加大

建立执法检查与统计业务联动机制，坚持每季度对各地执法检查情况进行通报和对统计违法违纪案件曝光。加大直查力度，开展专项执法检查，对11个设区市22个县的198个投资项目和22个房地产企业的数据质量进行了抽查。对邯郸、衡水、廊坊三个市的文化产业统计和石家庄、邯郸两个市的服务业统计进行了专项执法检查。以一套表联网直报和第三次经济普查为重点，分别对石家庄市和沧州市、保定市和衡水市的统计工作进行了巡查，对巡查中发现的问题，及时进行了反馈，促使问题得以尽快解决。根据国家局转办和省局接到的举报材料，对邯郸、沧州有关企业和投资项目的数据质量组织了核查。配合国家统计局调查处理广平县6家企业虚报工业总产值的违法案件，并在河北日报、省政府官方网站和省局门户网站通报曝光。2012年、2013年，全省共检查单位42644个，累计立案1168起，结案1151起，警告377起，通报批评241起，罚款64.38万元。进一步增强了执法检查的震慑力，净化了统计环境，促进了数据质量提高。

三、健全制度建设

为解决联网直报形式下的统计执法难题，出台了《河北省统计局关于加强企业一套表联网直报执法检查的实施意见》。重新修订了《河北省统计行政执法程序规则》、《河北省统计行政执法过错责任追究暂行办法》、《河北省统计局统计行政执法责任制实施方案》，制定了《河北省统计行政处罚监督检查制度》、《河北省统计行政执法评议考核制度》、《河北省统计局规范性文件制定办法》、《河北省统计局规范基层执法行为提高行政执法能力专项活动工作方案》、《河北省统计行政处罚裁量基准》等文件。这些制度的施行，对加强一套表联网直报统计执法，严肃查处统计违法违纪行为，改善、净化统计工作环境，规范统计执法行为，提高办案质量和水平起到了积极的推动作用。组织清理了规范性文件，对新增执法人员进行上岗培训，颁发执法证件，还组织开展了修订《河北省统计条例》调研等准备工作。有效推进了建立权责明确、行为规范、监督有效、保障有力的统计行政执法体制的建设。

四、队伍建设取得突破

邢台市统计局和21个县（市、区）统计局全部成立了统计执法大队；张家口市积极创新执法人才管理，整合、加强了全市的执法力量。在加强执法队伍建设上，省局建立了全省统计执法人才库，加强执法人才管理，加大了人才培训的力度。两次召开视频培训会议，从一套表执法检查技巧、执法流程、执法程序、执法文书与制作等方面对省、市、县1200多名执法人员进行培训。召开全省依法治统研讨会，围绕如何创新统计普法方式、破解县级统计机构执法办案难、查处联网直报统计违法行为等问题，深入研讨交流，提高了新形势下的执法能力建设水平。

（焦　雄）

粮食法制建设

【概况】 2012年、2013年，省粮食局在省委、省政府的领导和国家粮食局的指导下，着力推进粮食法制建设，为全省粮食流通事业科学发展创造了良好的法治环境。

一、加强机关自身建设，为粮食依法行政工作建立了完善的制度保障体系

一是实现标准化管理，明确执法责任。2013年初，省政府在包括省粮食局在内的19个省直厅局启动了第二轮机关标准化管理工作，经过组织人员培训、编写文件、体系运行、管理评审等各阶段工作，通过了第三方认证，机关推行标准化管理使执法责任更加明确，执法流程得到优化。

二是创新办公方式，提高行政效能。局机关推行了协同电子政务系统，经过一年的实际运行，省局下发文件和机关内部文件基本实现了网上流转、电子归档，从文件的起草、审核、签批到印发全部可以查阅追踪，加强了对权力运行的制约和监督，大大提高了依法行政责任意识和行政效能。

三是加强法规制度建设，规范执法行为。首先，开展了地方立法前期调研工作。在张家口、廊坊等6市分别组织了不同人员参加的座谈会，了解粮食部门干部群众和粮食经营者的立法建议。其次，起草修订规范性文件。修订了《河北省省级储备粮管理办法》；起草制定了《河北省粮油仓储单位备案管理办法》和修订印发了《河北省粮食监督检查行政处罚程序》2个规范性文件。最后，制定修订相关制度。制定了《河北省粮食行政执法监督办法》、《河北省粮食局调查研究工作制度》等依法行政配套制度。

二、积极营造法治氛围，提高了行政执法人员业务素质和依法行政能力

一是抓好培训，提升素质。首先，加强领导干部培训，注重提高依法决策能力。组织处长以上领导干部和各市粮食局长到延安干部学院培训；局务会学习依法行政法律知识，听取依法行政专题汇报；选派领导干部到党校学习。其次，加强行政执法人员培训，注重提高依法行政能力。组织依法行政专题讲座，宪法、法律体系与中国法治专题讲座，全省粮食行政复议培训班，全省粮食库存检查培训班，全省粮食财经政策暨财务软件培训班，组织本局行政执法人员进行了专业和通用法律知识的培训考试。

二是多种方式宣传造势。制定年度普法要点，在全省开展了“六五”普法中期检查督导工作；参加了省直文化科技卫生“三下乡”活动；组织全省粮食系统大张旗鼓地开展了《粮食流通管理条例》颁布实施八周年和九周年主题宣传活动；在中华大街保龙仓广场分别举办了“粮油食品安全消费宣传日”和“世界粮食日”设点宣传活动；举办“省粮油质检中心开放日”活动；向媒体提供宣传稿件，2012年、2013年，省粮食局被省内媒体和国家粮食局刊物采用的宣传稿件有40余篇。

三、依法行政规范有序，执法监管成效明显

一是执法依据和行政职权严格审查清理。首先，清理行政处罚执法依据。全省各级粮食部门行政处罚所依据的法律、法规和规章共有三件，即：《粮食流通管理条例》、《河北省粮食流通管理规定》和《粮油仓储管理办法》，经梳理分解共有17项罚款依据。其次，完成了规章和规范性文件清理任务。省粮食局建议保留4件省政府规章和省政府规范性文件、保留7件本局制发的规范性文件。最后，审查清理了“三类事项”。省粮食局实施的2项行政许可事项为粮食收购资格审批和军粮供应站军粮代供点资格认定，申请增加1项非行政许可审批事项为国有粮食仓储设施处置审批，保留1项中央储备粮代储资格认定受理报批。

二是规范性文件审查严格认真。为严格规范性文件合法性审查程序，省粮食局完善了发文流程，明确文件起草处室首先要确认是否规范性文件。2012年、2013年，省粮食局对起草制定和修订的2件规范性文件，均报经省法制办进行了审查和备案后出台。

三是行政审批工作高效便民。进一步简化了审批程序，实行行政审批零障碍服务。2012年、2013年，省粮食局共办理粮食收购资格审批事项11件，核发3个军粮供应站、军粮代供点资格证书，对全省军粮供应站和军粮代供点资格全部进行了年审，平均办结时间为1.5个工作日。还完成了32家企业中央储备粮代储资格的受理和报批工作。

四是执法监管成效明显。重点开展了国家政策性粮食销售出库、夏粮收购入库、省级储备粮油等监督检查和粮食流通统计制度执行情况、收购资格核查等专项检查，保证了粮食政策落实到位。2012年、2013年，全省开展各类专项检查9375次，共查处涉粮案件1178起，罚款处理295起，共罚款29.71万元。同时，省粮食局第一次在全省范围开展了粮食行政执法监督工作，收到良好效果。

（孟瑞英）

旅游法制建设

【概况】 2012年、2013年，全省旅游系统认真贯彻落实国务院《全面推进依法行政实施纲要》和“六五”普法规划，全面推进和深化依法行政工作，有效推动全省旅游业实现了平稳较快发展。

一、省四大班子对旅游法制建设工作空前重视

省委首次把旅游业列入加快转变经济发展方式督导检查范围，有力推动了各项旅游业发展政策措施的落实。省人大常委会组织开展了对《河北省旅游条例》的执法检查，对全省11个市的旅游执法情况及贯彻《河北省旅游条例》的情况，进行了认真深入的检查，有效推进了依法治旅进程。省政府召开了全省旅游业发展电视电话会议，张庆黎书记做出重要批示，张庆伟省长发表重要讲话。省政协委员共提交涉旅提案28件，为旅游业加快发展建言献策。省旅游局在深入调研、走访的基础上一一作了答复，满意率达到100%。调研走访工作也为全省旅游法制建设提供了重要依据。

二、省政府主导出台系列规范性政策文件

在深入调研的基础上，省政府制定出台了“一主七辅”系列规范性政策文件。省政府于2012年4月5日出台了《关于进一步加快旅游业实现跨越式发展的若干意见》（冀政〔2012〕22号）。经省政府批准，省旅游局制定发布了相关配套的七个部门规范性文件：《河北省旅行社管理若干办法》（冀旅字〔2012〕4号）、《河北省导游员管理若干办法》（冀旅字〔2012〕5号）、《河北省旅游星级饭店管理若干办法》（冀旅字〔2012〕6号）、《河北省旅游景区管理若干办法》（冀旅字〔2012〕7号）、《河北省旅游局游客招徕奖励办法》（试行）（冀旅字〔2012〕8号）、《河北省旅游发展专项资金使用管理办法》（冀旅字〔2012〕9号）。

三、切实加强对依法行政工作的组织领导

切实加强对依法行政工作的组织领导，不断健全各种制度规范，不断完善依法行政组织领导体系。

一是不断完善依法行政工作的组织机构建设。始终把依法行政工作的组织机构建设作为依法行政工作中的重点工作来抓。省旅游局成立了依法行政工作领导小组，一把手挂帅任组长，办公室设在政策法规处，配备了专职工作人员负责依法行政具体工作的协调实施和监督。同时领导小组办公室还吸收了各处室部分工作人员参加，既扩充了领导小组的力量，又使得依法行政能够直接与各处室业务工作相衔接。

二是将依法行政工作纳入年

度工作目标。制定了《河北省旅游局贯彻落实〈河北省依法行政考核办法〉的实施意见》，成立了行政执法责任制评议考核领导小组，制定了依法行政责任制评议考核办法，将依法行政工作纳入局年度工作目标，与公务员年度考核工作一起部署、一起检查、一起考核，对行政执法成绩突出的予以表彰奖励，对经考核达不到规定标准的，或发生违法违纪行为的，追究责任人的责任。

四、完善依法行政机制建设

一是建立健全行政决策制度。不断完善行政决策制度，在决策中按照民主集中的方式，充分征求各方面意见建议，集中讨论，在决策中，我们行政决策坚持科学决策、民主决策、依法决策的原则。重大事项决策实行局长负责制，分管领导协助局长决策或由局长授权行使决策权。一般行政决策实行主管领导个人决定的决策方式，涉及多个业务科室的，实行专题会议决定、重大行政决策实行局长办公会议集体研究决定的决策方式，确保了全局重大决策权责分明，程序规范。

二是实行决策事项公开。在广泛征求意见建议的同时，更通过多种方式对决策事项面对社会公开。对依法行政的内容、程序、结果、决策过程、决策方式等通过公开栏、旅游信息网站、召开座谈会、发放资料等方式面向社会广大党员群众进行公开，保证了行政决策全程的信息公开、决策透明、反馈渠道畅通。

三是严格规范性文件的制定和发布。依法严格做好规范性文件的制定和发布工作。制定了《河北省旅游局规范性文件制定工作规定》，对所有规范性文件的立项、起草、审查、修改、报送、发布、备案进行了严格的规定，建立了规范性文件公开征求意见、论证会、听证会、风险评估以及通报报告、公众提请审查等多项制度，局内所有规范性文件均经局务会议讨论通过，由法制机构审核后按程序办理。对省政府各种规范性文件草案征求意见及时进行反馈，按期反馈率达100%。

五、坚持依法行政，加强旅游市场综合治理

一是强化行政执法行为。强化联合执法，加强旅游市场综合治理，建立健全旅游企业和导游员动态管理制度。针对全省旅游市场实际，积极开展了“旅游质监、执法在行动”系列活动；针对非法经营、超范围经营等违规行为开展系列“治非打违”专项治理活动；针对旅游企业销价竞争，低价运作扰乱市场的实际，开展了“旅行社团队档案”专项检查活动；针对旅游市场广告，开展了“旅游市场虚假广告宣传”专项整治活动。2012年，按照国家旅游局的要求，组织全省旅游质监执法系统在4月、9月分别开展了旅游市场检查周活动；对非法经营、超范围经营及旅行社零负团费、挂靠承包、强迫和变相强迫消费等违规违法行为进行了重拳打击。加大对旅游市场规范力度，联合公安、工商、交通、物价、质监等部门进行执法检查211次，检查旅游经营单位共2524家。其中旅行社1162家，星级饭店415家，景区（点）353家，旅游车船公司39家，导游员1324人次。处罚违法违规旅行社26家，A级景区6家，星级饭店3家。组织和指导全省各级旅游质监执法机构进行质监执法检查591次，出动旅游质监执法人员共3648人次。2013年，对全省旅行社、分社、服务网点进行全方位、拉网式检查，出动执法人员160余人，检查执法6700多人次，共检查旅行社1228家，占总数的90.8%，下发整改通知书528份，占检查旅行社总数的43%。因内部管理制度不健全受到即时和限期整改的企业385家，因违规违法并依法受到行政处罚的企业15家，全省旅游市场秩序明显好转，旅游企业管理水平和服务质量快速提升，形成了遵法守法、依法经营的良好氛围。

二是不断提高行政审批效率和服务水平。在机关内设立行政审批服务室，将各项依法行政工作流程上墙公布，切实提高行政审批效率和服务水平。认真受理旅游投诉，以报纸、杂志、广播、电视、网络等多种形式向社会公布旅游投诉电话，公平、公正处理旅游投诉，确保所有投诉在第一时间、第一地点得到有效处理。同时，积极做好游客的咨询和维稳工作。完善了投诉电话接听制度和投诉案件的受理、处理及转办制度，认真做好各项记录，及时处理各种矛盾，避免了因旅游投诉受理、处理程度不当，而引发问题和矛盾。2012年，共处理和指导处理旅游投诉案件257起，接听游客咨询电话1741次，为游客挽回直接经济损失8.6万元，旅游投诉结案率100%，游客满意率95%以上。2013年，共处理和指导处理旅游投诉案件百余起，接听游客咨询电话2060次，为游客挽回直接经济损失近7万元，旅游投诉结案率100%，游客满意率95%以上。

三是加强行政复议和行政诉讼工作。建立健全了行政复议和行政诉讼案件的办理制度，设立了专门的办公场所，明确了办案人员，公开了办案程序，配备了办案设备。调整了省局行政复议工作领导小组的成员，由局长任组长，办公室设在政策法规处，处长兼任办公室主任。通过以上机制，随时做好处理行政复议案件和行政诉讼案件的准备工作。

六、切实推进行政执法责任制

一是完善制度建设。建立健全了法规、规章、规范性文件公开征求意见、论证会、听证会、风险评估以及依法行政责任追究、依法行政诉讼、行政复议诉讼等多项制度。同时按照《行政执法责任制》、《错案责任追究制》、《执法公示制》和《执法监督制》执法的工作要求，逐步健全和完善了《首问负责制度》、《行政执法过错责任追究制度》、《执法奖罚制度》、《案件集体审议制度》和《廉政工作意见》，为营造良好的依法行政环境提供了保障。

二是落实执法责任。根据分解的责任，将执法依据及执法人员信息在旅游网上进行了公示，并严格落实执法人员的执法责任，严禁越权执法行为和无证执法现象的发生，对出现的违法现象进行了严厉查处。

三是清理制度。对依法行政相关制度进行了清理和规范，梳理并形成了法制学习宣传类、行政决策类、执法类、行政复议和应诉类等制度，行政执法制度建设不断完善，全省旅游依法行政工作进一步规范、透明和严谨。

七、加强法制宣传，积极营造依法行政工作氛围

《旅游法》于2013年4月颁布，2013年10月1日正式实施。省旅游局以此为契机，下大力气加强依法治旅工作宣传，采用群众喜闻乐见的多种形式，运用微博、微信等新媒体，对《旅游法》进行广泛宣传。

一是对推进依法治旅工作的经验做法、探索和创新情况、取得的新成效，以及推进依法行政进程中涌现出来的先进单位、先进个人的事迹积极宣传报道，在省级以上新闻媒体以及门户刊发信息30余条。

二是精心印制附有《旅游法》宣传漫画的河北旅游地图折页3万册，分发至省内各大旅行社门店，免费供游客索取和查阅，让广大旅游者了解、明确自己在参与旅游活动中的法定权利和义务。

三是在省旅游政务网举办“河北省《旅游法》知识有奖测试”活动，制作《旅游法》文本及《旅游法》相关知识60道试题，要求全省各级旅游行政机关及直属单位干部职工及旅行社、饭店、景区工作人员参加答题，鼓励旅游院校师生及社会各界群众积极参与，在限定时间内完成答题，成绩合格者可参与抽奖。此次活动点击率突破3万人次，参与答题超过一万七千余人次，参与范围涵盖全省旅游行政单位、景区、饭店、旅行社、旅游院校及广大游客，有效激发了旅游行业干部职工和社会公众学法积极性，扩大了《旅游法》宣传范围，提升了《旅游法》的社会关注度。

（冯禄昭）

人民防空法制建设

【概况】 2012年、2013年，全省人防法制工作坚持以邓小平理论、“三个代表”重要思想、科学发展观为指导，深入贯彻落实党的十八大、十八届二、三中全会和省委八届五、六次全会及全省人防工作会议精神，认真学习贯彻党的十八大有关依法行政部署和省委、省政府有关要求，积极贯彻落实人防法律、法规和政策，围绕省人防办提出的“人防工程精品化、组织指挥信息化、人防宣传大众化、干部职工人才化”的总体要求，进一步健全完善人防法规政策体系，加强执法队伍建设，加大行政执法力度，强化执法监督和法制宣传，积极营造人防良好法治氛围，取得了明显的效果。

一、人防法规政策相关配套制度建设

为做好人防政策法规相关配套制度建设，按照国家人防办和办年度工作计划安排，做好各项工作。

一是做好《人民防空法》修订征求意见工作。按照国家人防办、省政府和省政府法制办以及上级有关部门的部署要求，会同发展和改革等16个部门对《中华人民共和国人民防空法》修订（征求意见稿）进行了认真研究，提出了14个方面的修改建议，及时上报了省人防办关于《中华人民共和国人民防空法》修订（征求意见稿）修改建议的报告（冀人防字〔2013〕34号）。

二是制定人防法规相关配套

制度。制定了《河北省人民防空行政执法人员问责规定》、《河北省人民防空行政执法人员学法规定》、《河北省人民防空重大决策规定》、《河北省人民防空行政许可听证规定》、《河北省人民防空信息公开规定》、《河北省人民防空行政执法投诉举报规定》、《河北省人民防空行政执法评议考核规定》、《河北省人民防空行政处罚裁量权基准制度》、《河北省人民防空行政执法过错责任追究实施细则》、《河北省人民防空规范性文件制定公开征求意见规定》、《河北省人民防空规范性文件有效期规定》、《河北省人民防空规范性文件“三统一”规定》、《河北省人民防空规范性文件制定考核通报规定》和《河北省人民防空行政复议接待规定》。其中省人防办制定《河北省人民防空行政执法人员问责规定》等7项配套制度在国家人防办《人民防空通讯》2012年第10期刊登，这些制度得到国家人防办的认可和肯定，并向全国人防系统推广。

三是对人防政府规章和规范性文件进行了清理。省人防办通过清理，提出了拟保留人防政府规章2部、规范性文件31件，修改6件、废止1件的建议，保持了人防规范性文件制定与人防法律、法规、规章相关规定的统一，为全省人防建设的健康顺利开展奠定了制度保障。

四是设区市制定了人防政策法规相关配套文件。廊坊市人民政府制定下发了《关于加强和规范人防工程建设管理的通知》，秦皇岛市人民政府制定下发《贯彻落实河北省结合民用建筑修建防空地下室管理规定实施意见》，石家庄市人防办制定了《石家庄市地下空间开发利用管理办法》，同时全省人防系统制定的规范性文件都及时上报各地政府法制办进行了前置合法性审查和备案，全省制定规范文件18份，备案18份，做到了有件必备，有备必审，有错必纠。

二、人防执法队伍建设

为加强人防行政执法队伍建设，提高人防行政执法人员素质和能力。

一是举办人防法制学习讲座。2012年10月29日，省人防办通过人防通信网络举办《河北省结合民用建筑修建空地下室管理规定》（省政府22号令）学习讲座。省人防办党组副书记、副主任阎会力作了专题解读。全省11个设区市人防办相继举办贯彻实施《规定》培训班，执法监督处长王奎恩同志先后为廊坊、邯郸、承德、唐山市人防办举办的培训班进行辅导。

二是参加国家人防办举办的培训班。省人防办及时选派保定、唐山、石家庄、承德市人防办执法监督处（科）长参加国家人防办举办的人防法律培训班。

三是组织行政执法人员培训考试。2013年3月28日，省人防办举办行政执法人员培训班，执法监督处长王奎恩、工程处长王建强、财务处调研员傅云霞同志分别就人防法规政策、“结建”审批和人防工程、易地建设费收取、上缴、使用等知识进行专题辅导。2013年10月28日，组织了机关行政执法人员人防法律、法规知识考试，有32名参训人员考试成绩都在良好以上，占全办行政执法人员的100%，平均成绩93.45分。全省11个设区市人防办先后举办了人防行政执法人员培训班，并进行了人防政策法规考试，取得了良好成绩。

四是组织省办机关干部参加全省机关干部法律知识考试。2012年12月8日组织省办机关干部参加全省机关干部法律知识考试。为确保考试取得较好成绩，及时购买了《领导干部公务员学法用法读本》，并下发通知，提出工作要求。按照省法宣办的部署，认真做好考试的报名、阅卷、登统和考卷上报工作，圆满地完成了考试任务，取得了较好成绩。

五是组织机关行政执法人员参加公共法律知识考试。按照省法制办的部署要求，省人防办分别于2012年12月、2013年11月组织机关行政执法人员参加了省直单位通用法律知识考试，考前对行政执法人员进行了通用法律知识辅导，20名行政执法人员参加了考试，其中4名同志考试成绩优秀、16名同志考试成绩合格。

三、人防行政执法工作

为进一步加强人防行政执法工作，切实提高执法效果。

一是修订《人防行政执法责任制手册》和相关配套制度。2013年在修订《人防行政执法责任制手册》的基础上，修订完善了《河北省人民防空行政执法责任制考核办法》、《河北省人民防空行政执法责任追究规定》、《河北省人民防空行政许可过错责任追究暂行规定》、《河北省人民防空行政执法监督检查规定》和《河北省人民防空行政许可过错监督暂行规定》。

二是编写下发《人民防空法

律、法规和政策文件汇编》。为抓好全省人防法规政策落实年的各项工作，2012年编写下发《人民防空法律、法规和政策文件汇编》，向全省人防行政执法人员提供学习服务保障，为进一步搞好人民防空依法建设和管理奠定了良好基础。

三是对省本级行政许可、非行政许可审批和行政监管事项进行自查自清。按照省审改办、省效能办要求，认真组织省人防办工程、指通、财务处进行自查自清，及时上报了《关于行政许可、非行政许可审批和行政监管事项自查自清的情况报告》，提出了处理的建议。

四是搞好行政收费、行政处罚清理工作。按照省政府的安排部署，及时组织有关处室清理了人防行政收费和行政处罚项目，及时向省政府法制办上报了有关的情况报告，提出了处理的建议。

五是制定了“三类事项”流程时限表。按照省委、省政府优化审批流程、精简审批环节要求，省人防办组织有关处室对审批流程进行了认真研究，做到了审批岗位能合并的合并，审批环节能减少的减少，审批时限能缩短的缩短。及时制定了“三类事项”流程时限表，明确了25项“三类事项”的事项名称、设定依据、承办机构、责任岗位、办理时限等信息，将办理时限细化到每一环节、每一个岗位，经办领导批准后，及时将有关材料上报省政府监察厅效能办，并在我办机关大院进行公示。

六是抓好人防行政审批服务水平提升。省人防办及时修订完善限时办结、联系服务群众、公开承诺制度。省人防办组织工程、指挥通信、财务处对25项审批项目逐项修订了流程时限表，把办理时限细化落实到每个环节、每个岗位。制定了开门联系和服务群众制度，指定专人接待办事群众，做好引导、帮办、领办、答复等工作。建立公开承诺制度，做出公开承诺。

七是建立“零障碍”服务全程协办机制。省人防办按照省纪委、监察厅部署要求，确定省人防办阎会力、吴建刚、张世杰副主任为带班领导，工程处耿卿莉、袁磊，指挥通信处谢俊敬、韩晶，财务处杨俊霞、曹畅6人为协办员。每月明确带班领导和主、副协办员各1人，每月轮换一次，专门为前来办事的企业、群众提供接待受理、咨询答疑、全程导引、办结回复等服务，纪检监察员王奎恩同志负责对协办情况进行监督。同时将带班领导、协办员和纪检监察员姓名、职务、办公室房间号、办公电话等信息及时在单位大门门岗公示栏和省人防办网站更新公示。机关纪委并在2013年9月对6名协办员的工作职责、办事流程、服务规范等进行了专门培训，提高了有关人员的业务素质和服务水平。

八是督导检查了人防行政审批工作。2013年4、5月机关纪委、执法监督处、工程处有关人员组成检查组，先后到廊坊、秦皇岛市及所辖18个县（市、区）人防办对行政审批工作进行了检查，查看了审批资料，对存在的问题提出了整改意见，有效地完善了人防系统行政许可、非行政许可和监管事项审批流程，减少了审批程序，缩短了审批时限，提高了行政审批效能和服务质量。

四、人防执法监督工作

为进一步抓好人防执法监督工作，切实发挥监督作用。

一是举办人防行政执法监督处（科）长培训班。省人防办于2012年9月11日至16日在石家庄市举办了全省设区市人防执法监督科（处）长培训班。省人防办副主任张世杰在会上作了动员讲话，秦皇岛、邯郸、廊坊等市人防办做了人防执法和执法监督经验介绍，执法监督处长王奎恩同志对行政执法、执法监督知识及规范性文件制定、行政复议、行政诉讼相关知识进行了辅导、演练了人防行政诉讼模拟法庭程序。为了提高培训效果，到陕西省和西安市人防办学习考察人防行政执法和执法监督工作，学习兄弟省市人防执法的先进经验和做法。

二是人防行政执法监督力度加大。2012年省人防办抽调执法监督、工程、指挥通信、财务处有关同志组成执法监督检查组，分别对沧州、邯郸、石家庄、张家口、承德、秦皇岛、唐山等市及所辖28个县（市、区）人防办进行人防法律、法规和重点工作落实督导检查。全省人防系统邀请各级人大、政协和法制部门开展执法检查73次，人防层级监督检查216次，处理违法违章56起，申请人民法院强制执行5起，挽回经济损失7510万元。

三是开展全省人防“结建”执法纠偏专项行动。2013年按照省人防办的安排部署，11个设区市人防办在搞好本级自查的基础上，着力抓好对所辖县（市、区）人防办的检查。省人防办组成检查组于4至5月深入廊坊、秦皇岛市及所辖县（市、区）人防办督导检查，10月对石家庄、唐山、保定、沧州、衡水、邢台、邯郸市人防办及晋州、丰南、清苑、黄骅、枣强、清河、峰峰矿区（县、市）人防办进行了明察暗访。及时转发了承德、张家口、衡水、廊坊、秦皇岛等市人防办执法纠偏信息。通过开展全省人防“结建”执法纠偏专项行动，全省人防系统共修改、废止人防规范性文件91件；查处欠缴防空地下室易地建设费1.1379亿元、追缴6669万元；117个违法违章建设项目得到整改；纠正了2个政府招商建设项目和9个县（市、区）在防空地下室审批和收费标准执行有偏差的问题，人防“结建”审批、行政处罚档案得到规范完善，易地建设费的收缴和使用趋于规范。

五、人防法制宣传工作

按照“六五”普法部署和人防法律法规“五进”要求，全省各级人防部门将人防法律、法规宣传列入了工作重要议事日程，紧紧抓住各种宣传机遇，开展形式多样的人防法律宣传活动，取得了良好效果。

一是认真开展人防法制宣传活动。2012年、2013年，省人防办分别与石家庄市、石家庄市桥西区人防办在西清公园联合开展“12·4”法制宣传日宣传活动。各级人防部门采取多种形式、运用多种方法重点开展宪法、公共行政法律和人防法律、法规政策的宣传活动。全省人防法制宣传在市以上报刊刊稿804篇，电视台播发专题篇97部，新闻394条；开展人防法律法规宣传活动310次，受教育群众1041.6万人。2013年，为开展好“12·4”法制宣传日活动，省人防办执法监督处与石家庄市人防办联合摄制《人民防空法律法规规定知多少》人防法制专题宣传片，12月在石家庄市电视3台每星期五晚9：25分播出，同时组织了省办机关和直属事业单位干部职工参加网上法律知识答卷活动。

二是人防法制理论研究和通讯报道取得好成绩。为搞好人防法制理论研究和通讯报道工作，积极参加省法制办、省法制研究会法制理论论文评选活动，王奎恩、于海霞同志撰写的《浅谈人防管理方式转变到市场手段与宏观调控手段综合运用上的几点思考》荣获一等奖、贾玉龙同志撰写的《进一步提高执法水平推进依法行政建设》和李胜红同志撰写的《突出四个环节推进人防依法行政》分别荣获二等奖；省人防办执法监督处获组织奖。王奎恩同志撰写的《关于人防规范性文件制定的几点思考》在《中国人民防空》刊登，获2012年优秀作者奖；王奎恩、贾玉龙同志分别撰写的《关于搞好党风廉政责任制的几点意见》、《军转干部做好人防工作应做到四个到位》在《华北人防》杂志发表；王奎恩、李胜红同志撰写的《坚持“五抓”促发展——河北省人防办加强人防法制建设纪实》、《人民防空法治建设现状与对策的思考》、《关于进一步做好人防调研工作的思考》、分别在《中国人民防空》2013年第10期、《华北人防》2013年第9、11期刊登；在2013年全省机关干部学法用法活动中，执法监督处王奎恩、李胜红同志撰写的《坚持人防法治“五抓”确保人防建设顺利发展》、《关于完善人民防空法律体系的几点思考》2篇理论研讨文章获得优秀奖；省人防办行政执法人员还在人防报刊和其他报刊分别刊登信息、理论研讨文章14条、24篇，王奎恩同志被国家人防办评为2013年度全国人防通讯报道先进个人。

（王奎恩　贾玉龙）

价格法制建设

【概况】　2012年、2013年，全省物价系统以规范行政执法行为为重点，以落实行政执法责任制为抓手，结合党的群众路线教育实践活动，切实加大依法治价工作力度，不断加强依法行政制度建设，进一步规范行政执法行为，不断增强干部职工的法制观念和法制素质，加强价格法规宣传力度，全面落实行政执法责任制，积极履行价格管理职能，优化价格服务，保证了依法行政，为社会经济事业健康发展营造了良好的价格环境。价格信息、价格认证、涉案涉纪评估、县级公立医院价格改革等多项工作受到国家部委和省政府表彰，省价格监督检查局被人社部、国家发改委授予全国价格工作先进集体，价格宣传被国家发改委价格司评为价格理论宣传先进集体。

一、加强组织领导和学习培训，依法行政能力得到进一步增强

一是进一步强化组织领导。高度重视依法行政工作，成立了以局长为组长，副局长为副组长的省物价局依法行政工作领导小组。各处室主要负责同志为成员，进一步细化了任务，落实了责任，明确了措施，并将依法行政工作纳入全局年度考核内容，领导小组不定时召开专门会议，定期听取各部门依法行政工作情况的报告、交换意见，确保各项工作落到实处。

二是加强法律法规学习和培训。落实领导班子集体学法制度，明确学习内容、学习方式，结合学习贯彻“十八大”精神、促进“两个环境”建设等中央和省委重大工作部署，从物价工作实际出发，不断丰富依法行政学习的形式和内容，推进学习型机关建设，引导机关干部多读书、多学法。

三是开展全方位、多层次的法制宣传。以宣传橱窗、门户网站等为载体，开展多种形式的法制宣传活动，在门户网站建立政策法规专栏，将国家法规、政府规章、地方法规及我局最新政策文件分门别类的进行公开，方便工作人员和群众学习查阅。通过召开新闻发布会，在《河北日报》、《河北经济日报》等省内主要媒体宣传报道物价政策，发布价格信息，宣传价格方面的法律法规，耐心解答群众咨询。

二、严格依法决策，价格监管服务水平明显提升

一是规范行政审批，提高行政效能和服务质量。首先，进一步转变职能简政放权。取消了1项行政许可事项。将24项原实行政府定价、政府指导价的价费项目取消行政审批转为市场调节，进一步扩充、细化市县物价部门的工作职能，对适宜由市县管理的20项公用事业价格和收费授权给市县管理，取消了对授权市县管理价费审批项目的备案要求。其次，加强对规范性文件管理。按照《河北省规范性文件制定规定》要求，依照规定程序，对省物价局制发的规范性文件进行合法性审查。开展规范性文件清理，对2012年12月31日前公布现行有效的1530个法规、规章、规范性文件和价费文件进行了集中全面清理。废止内容明显不适应经济社会发展需要的文件189件，列入修改目录34件，继续保留893件，增强了价格政策的科学性和有效性。最后，制定了首问负责制、办文办事限时办结制和“零障碍”服务全程协办制度，进一步提高行政效率和服务质量。开展了为民服务提质提效专项行动，制定了《省物价局为民服务提质提效专项行动工作方案》。按照机关标准化建设要求，梳理编制行政职权目录，明确实施主体、依据和程序并向社会公布。认真梳理工作流程，制定了《办理行政审批和行政许可事项流程时限表》。对办理审批、许可和监管事项的时限进行了明确和规范，推行过错责任追究制。在价格执法监管和行政许可窗口单位建立了“零障碍”服务全程协办机制，明确协办员和带班领导，协办员负责提供全程跟踪服务，保障企业和群众办事无障碍。

二是创新价格决策机制，进一步增强行政权力透明度。首先，严格规范各种议事规则和程序。围绕提高价格决策的民主性、科学性，进一步健全完善了成本监审、集体审价、价格听证、专家评审、定调价前网上公示5项制度。通过健全和完善决策机制，由一对一、随机性审批向程序化审批转变，把科学、民主的工作作风贯穿于价格监管的全过程。实现了制度制约力、监督制衡力的有机结合。其次，在全国率先实行了价格政策跟踪评估制度。对涉及重要民生和公共利益，且关系人民群众基本生活需求、涉及领域较广、金额较大，或者社会反映强烈的价费政策和措施，正式实施超过3年的，进行政策跟踪评估。最后，认真做好价格听证工作。严格执行《价格法》和《政府制定价格听证办法》的相关规定，对列入《河北省定价听证目录》的重要调价项目，严格按照有关规定公开举行价格听证会。

三是积极推进政务信息公开，提升价格公共服务水平。不断创新政府信息公开方式和内容。首先，进一步健全政府信息公开制度体系。制定完善了《河北省物价局政府信息公开工作制度》、《河北省物价局政府信息公开保密审查制度》、《河北省物价局政府信息公开主动公开制度》、《河北省物价局政府信息公开依申请公开制度》等规章制度。做到了组织保障、内容规范、形式多样、机制健全。其次，拓展信息发布渠道。优化“河北物价”门户网站，及时发布各类价格政策和信息，公示各类政府定价、政府指导价以及各类收费标准，及时跟踪市场价格热点并发布各类价格监测信息，快速解答和受理企业和群众的咨询和投诉，打造政府信息公开便民利民新平台。

四是做好行政复议工作，维护企业和群众合法价格权益。认真落实《行政复议法》各项规定，对行政复议工作安排专人负责，绘制了《省物价局行政复议流程图》。

三、从抓好重点工作入手，依法行政环境明显改善

一是开展收费清理整治，进一步优化价格和收费环境。围绕改善和优化社会经济发展的价费环境，主要开展了八个方面的专项清理和整治。开展收费项目专项清理。按照省政府职能转变任务分工，会同财政部门开展行政事业性收费清理，共取消、免征18项行政事业性收费项目，降低了19项行政事业性收费标准，平均降幅10%－20%。牵头对经营服务性收费开展全面清理规范，取消、取缔依托行政职能、行政审批前置，具有垄断性、强制性的经营服务性收费项目45项，规范管理11项。通过清理整顿，每年可减轻社会负担6亿元左右。这项工作几位省领导都作了肯定批示，张庆伟省长批示“很好”。《河北日报》在头版头条进行了重点报道。开展涉企收费专项检查。在全省开展涉企收费专项检查。检查范围为环保、工商、消防、交通、商业银行、建设（包括规划、房管）部门及其下属单位的收费政策执行情况。特别突出对银行乱收费和涉及中小微企业乱收费行为的查处。开展道路救援服务和驾驶员培训收费重点整治。对近年来社会反映强烈的高速公路救援收费问题，经过反复调研，与有关部门沟通协商，重新规范道路救援服务收费标准，建立以高速公路经营单位为主体的救援体制。针对驾校收费存在的乱设项目多收费的现象，研究制定了规范驾驶员培训收费政策措施，明确了驾校可收取的4项费用，对超范围收费、提前散布涨价信息、搭车涨价、串通涨价、价格联盟等价格违法行为进行整治。开展医药价格收费专项整治。降低了400多个品种、1600多个品规药品价格，平均降幅15%。降低大型医用设备检查价格，磁共振平扫、增强扫描在现行价格基础上降低10%。配合全省公立医院医药价格改革，开展了全省医药卫生服务价格专项检查，对违反药品加价政策、强制检查检验并乱收费行为进行严厉处罚。开展教育收费专项整治。研究制定了幼儿园收费管理办法。对地方政府、有关单位及学校收取与入学挂钩的捐资助学款的行为、公办幼儿园相关收费政策、高中“三限”政策、中外合作办学收费以及服务性收费和代收费政策落实情况进行了专项检查。开展商贸流通领域价格行为专项整治。严厉查处商贸流通企业虚构原价、虚假折扣、不履行价格承诺等价格欺诈行为。对零售商向供应商违规收费、未按规定实行明码标价等各类价格垄断和价格违法行为依法进行查处和规范。开展涉农收费专项整治。对涉及农民生产、生活的价格和收费政策执行情况进行检查。开展旅游行业价格专项整治。研究制定了《全省游览参观景点明码标价规定》，对旅游行业的明码标价统一公示内容，统一公示格式。开展旅游行业价格行为专项检查，对部分游览参观点违规收费行为进行了规范处理。

二是积极推进资源环境价格改革，运用价格调节手段促进改善“两个环境”。在保证市场物价和社会和谐稳定的前提下较好地完成了国家部署的各项价格改革任务。顺利实施天然气价格改革。区分存量气和增量气，调整了非居民天然气价格。针对全省增量需求较大的情况，经过反复测算论证，制定了符合河北省实际情况的综合提价方案，最大限度地减轻企业调价压力，保证了改革方案的顺利实施。研究制定了河北省销售电价分类结构改革方案。开展了居民生活用电峰谷分时电价试点。加大差别电价实施力度。对38家高耗能企业实施差别电价政策，对9家超能耗企业实行惩罚性电价。加大脱硝、脱硫环保电价政策落实力度，运用价格政策鼓励企业节能减排。截至2013年第三季度，全省安装脱硝设施并投入运行的机组容量为2166万千瓦。完善供热计量价格和收费政策，研究建立了煤热价格联动机制。在石津灌区试行了农业供水终端水价改革。深入推进公立医院价格改革，将改革范围扩大到全省70%的县级公立医院。实行药品零差率销售，降低大型医用设备检查费用，合理调整医疗服务价格，促使医药收入比例调整，很好地体现了县级公立医院综合改革惠民利民的目的，得到国务院医改办和国家发改委的肯定。

三是强化价格调控监管，保持了市场价格总水平的基本稳定。强化价格监测预警。针对元旦、春节期间蔬菜等农副产品价格出现大幅上涨的情况，以省政府名义下发《关于保障近期蔬菜市场供应和价格基本稳定的紧急通知》，对30种主要蔬菜等重要农产品实行应急价格监测。及时发布猪粮比价预警信息，建议省政府建立了2000吨省级冻猪肉储备，调控猪肉价格。降低农产品生产流通成本。代省政府研究制定了降低流通费用工作方案。出台了加强农贸市场收费管理和降低农产品生产流通环节电价的政策。管理通胀预期。利用物价门户网站、新闻媒体及时发布价格形势分析、重要商品市场价格变化趋势信息，合理引导群众消费预期。强化价格执法检查。加强市场价格监管和节日市场价格巡查，加大对价格违法行为的打击力度。这些为实现价格总水平调控预期目标发挥了重要作用。

四、规范执法行为，价格行政执法水平明显提高

围绕进一步提高全系统价格执法水平，在规范执法范围、执法程序和执法行为方面，做了大量工作。

一是下发了《关于进一步规范执法行为提高执法水平的意见》，指导全省价格执法工作。

二是修订了《河北省价格行政处罚管辖规定》，重新划分了价格执法管辖分工。由原来按照价格管理权限实行分级管辖，价格执法和处罚权主要集中在省、市两级，改为实行属地管辖和分级管辖相结合，以属地管辖为主的原则。通过重新划分管辖分工，把该管的切实管住管好，能下放的坚决下放。彻底解决了以前价格执法级别管辖分工不明确、不科学，权责不统一，“管得了的看不见，看得见的管不了”的老大难问题，有效地规避了容易导致行政不作为，执法效果不佳，群众不满意的潜在风险和问题，也提高了基层价格执法的积极性和实效性。

三是制定了《河北省价格行政处罚案件审理、审查规则》，进一步严格执法程序。规范、细化了价格行政处罚案件的审理、审查程序，使之更便于具体的操作和执行。

四是建立了轻微违规问题预先警告制度和整改复查制度两项制度，进一步规范价格执法行为。着力解决“以罚代教”“重罚轻管”等问题。同时进一步落实和完善执法责任制，重新修订了价格行政处罚自由裁量权办法，严格执行执法回避和过错责任追究有关规定。强化执法监督，避免渎职和滥用行政权力。组织开展了涉农价格和收费、旅游行业价格行为、医药价格、教育收费、涉企和商业银行收费专项检查，没有发生一起复议案件。

五、加强窗口建设，物价部门执政为民形象突出

一是建立了局长接听举报电话工作日制度。为进一步发挥价格举报电话的“窗口、纽带”作用，在全省物价系统推行每周一下午为物价局长接听12358价格举报电话工作日。通过局长接听举报电话，与群众直接交流对话，可以更好地接地气，更好地了解群众在价格方面的诉求，更及时地抓住当前热点难点问题，改进工作，在为老百姓实实在在解决问题中，不断提升工作水平，推动各项工作深入开展。全省各级物价部门均已建立了这项制度。为进一步完善价格举报快速反应机制，下发了《进一步加强全省价格举报工作的意见》，细化工作程序，提高举报案件办理质量。

二是开展价格争议行政调解工作。为了给群众提供解决价格争议的便民平台。研究出台了价格争议调解办法，在全省配备了360多名价格争议调解员，一些市县还成立了专门的价格争议调解办公室。当前正在下大力推进这项工作。

三是完善转办、督办工作机制，畅通群众意见受理处理渠道。制定了《阳光理政网民留言办理工作规则》。建立了网上留言办理情况每月通报制度，定期通报各处室单位承办的网上留言办理情况。对受理的《阳光热线》、《阳光理政》栏目中群众的咨询投诉、民主评议办公室的转办件和其他渠道受理的来电、来信、来访等事项，强化督办机制，安排专人负责，实行台账管理，按照有关要求和程序，在规定时限内认真调查处理并及时向当事人反馈。努力化解价格矛盾，着力构建为民释疑解惑、排忧解难新平台。

（秦　浩）

国防科技工业法制建设

【概况】 2012年、2013年，省国防科技工业局在省委、省政府、国家国防科工局和省工信厅的正确领导下，组织和团结全省国防科技工业，全面贯彻十八大精神，以建设法治政府为目标、以深化行政审批制度改革为重点、以提高法治思维和发展方式能力为抓手，法制建设取得了新进展。

一、强化法律学习，提高法治思维和法治方式能力

一是按照学法计划，把法律学习、讲座与业务工作有机结合。

针对军工保密工作的极端重要性，每年春节后上班的第一天，均安排安排半天时间开展保密法培训学习，增强全局保密意识、保密观念和保密责任。利用春节后、正月十五前一周多的时间，以机关大会培训或处室组织两种方式，集中组织机关学习业务法律知识。在日常，要求机关干部特别是执法人员结合岗位职责，学法知法用法，努力将合法行政、合理行政、程序正当、高效便民、诚实守信和权责一致的要求落实到工作的每一个环节。在每年年底，结合执法人员证件年检，开展专业法律学习培训并组织考试。把领导班子学法作为重点，利用局党委会、局务会、党委中心组学习等机会，学法、座谈、交流，努力提高班子成员的法治观念和能力。坚持处级干部任前学法和新进公务员学法制度，保证机关工作人员整体的法律思维水平。在“12·4”普法宣传日，参加省工信厅的组织，大力宣传国防军工法律法规和民爆安全法律法规，在社会努力营造良好的发展环境。

二是在学法内容上，强化法治思维。学习宣传《宪法》和中国特色社会主义法律体系，突出《宪法》的学习宣传，大力增强干部职工的宪法意识、公民意识、爱国意识、国家安全统一意识和民主法制意识。学习贯彻《行政处罚法》、《行政许可法》、《行政强制法》、《公务员法》、《行政监察法》以及国务院《全面推进依法行政实施纲要》、《关于加强法治政府建设的意见》等行政法律法规和依法行政基本理论，增强机关干部依法行政、权责统一的自觉性。学习贯彻《武器装备科研生产许可管理条例》、《武器装备质量管理条例》、《军品出口管理条例》、《国防计量监督管理条例》、《军工关键设备设施管理条例》、《核材料管理条例》、《核电厂核事故应急管理条例》等军工专业法律法规，进一步增强机关干部开展军工管理工作的法律思维和观念，提高国防科技工业管理服务工作的规范化、法制化。学习贯彻《国务院中央军委关于建立和完善军民结合寓军于民武器装备科研生产体系的若干意见》，推进河北省军民结合产业的健康发展。学习宣传贯彻《安全生产法》、《安全生产许可证条例》、《民用爆炸物品管理条例》以及河北省、原国防科工委的《民用爆炸物品安全管理实施办法》等民爆行业管理和安全生产管理的法律法规规章，促进民爆行业和军工安全生产。

二、坚持民主决策，保证重大决策的科学民主法治化

坚持依法、民主、科学决策，班子集体研究决策问题时，畅所欲言，充分发表意见；在提交领导班子研究前，所有重大事项均经过事前合法审查、专家论证。比如，在军民结合产业发展资金的使用上，与财政厅按照《关于加快军民结合产业发展意见》（冀政〔2011〕145号）、《河北省省级军民结合产业发展专项资金管理办法》（冀财企〔2012〕7号）有关规定，对支持的项目，采取网上申报、筛选入库、专家评审的程序，初步确定支持项目。其中在申报和入库两个环节，采取省、市、县三级工信、财政两个部门进行“三级双审双签”，严格把关；在专家评审前，对初审项目，认真征求局机关职能处室的意见。在专家评审阶段，坚持专家独立评审的原则，排除外界干扰，保证评审的公正性。最后将由专家组评审出的项目提交局党委会集体研究决定，并经省工信厅、省财政厅同意，由财政厅统一拨付支持资金。在推进省部合作、促进产业项目对接上，省国防科技工业局加强法律审查、专家咨询、集体决策。在2013年，省国防科技工业局促成了省政府与工信部、国家国防科技工业局签署《深化军民融合战略合作协议》。作为该项工作的承办单位，省国防科技工业局起草协议文本时广泛征求发改委、财政厅、国土厅等单位的意见，并经由法制办合法性审查，使该项工作进展顺利。

三、深化行政审批制度改革，保证行政权力均源于法定

根据河北省深化行政审批制度改革领导小组的工作部署，先后近十次清理现有的行政职权，特别是针对行政许可、非许可审批、行政监管等三类事项，逐项对照法律法规开展梳理、清查，对于没有具体的法律、法规依据的审批事项严格取消，其中在5项行政许可事项中，发现2项许可事项依据的法律或已废止、或已不再使用，省国防科技工业局坚决予以取消。截至2013年底，省国防科技工业局历年取消的行政审批和监管事项33项，以“壮士断腕”的决心和勇气，简政放权。做到了“对市场主体‘法无禁止即可为’，对政府机关‘法无授权不可为’。”使省国防科技工业局把更多的精力放在研究制定政策和优化军工发展环境上来。

在减少审批事项、简政放权的基础上，省国防科技工业局对现有三类事项，按照法律法规规定，根据“优化流程、公开透明、便捷高效、全程监控”的要求，设计编制了行政权力运行流程图，确定了各类廉政风险点，对包括15项三类事项在内的行政权力，做到了全规范、全覆盖、不遗漏，并对三类事项制定了“办理事项流程时限表”，简化流程、高效便民。在此基础上，省国防科技工业局建立并实施了行政权力运行监控机制，认真实施“三重一大”民主决策制度，对重大决策及时跟踪和反馈。同时，省国防科技工业局严格行政执法责任制，按照权力运行监控机制建设的要求，落实工信厅的有关工作措施，优化权力设置、健全监督机制、公开权力运行，针对执法部门和岗位，把权力、责任、监督有机结合，保证了权力在阳光下运行。

四、提高制度建设质量，坚持以制度规范机关工作

省国防科技工业局非常重视制度建设，坚持以制度管人、约束人，以制度提升工作质量和效率。其中，用一年的时间，全局动员，按照机关标准化建设的要求，针对各自岗位、各自工作制定了工作目标、任务、要求、流程、时限，全局工作均有了制度要求和依据。此外补充完善了《河北省国防科技工业局工作制度汇编》，涵盖机关工作规则、党委会议议事规则、党委中心组学习、保障工作、人事管理、财务管理、保密工作，一直到后勤管理、车辆管理等制度制度，用制度要求、约束、衡量、考核每个岗位、每位员工，避免管理的粗放和随意性，有力促进了机关工作作风的改进。

五、强化履职尽责，以优质服务和依法监管促进全省国防科技工业的健康发展

省国防科技工业局认真履行职责，尽心服务企业，依法开展行业监管，总计完成三级国防计量技术机构行政许可及复查单位××家；完成武器装备科研生产许可现场审查以及年检××家；对××家民口军品配套单位军工关键设备设施进行初始登记，其中符合条件××家，登记军工关键设备设施××台套（上述许可、复查、年检、登记事项内容均涉密）。民爆处完成12家民用爆炸物品销售企业年检，按照《民用爆炸物品管理条例》和《民用爆炸物品行政处罚裁量权基准标准》针对一家违规生产民爆器材的生产企业做出罚款决定，净化了民爆生产行业的有序开展。2012年、2013年，未接到群众投诉举报，未发现执法对象有触犯刑事法律的违法行为，省国防科技工业局行政执法人员也未发生违法乱纪行为。全省国防科技工业和民爆行业取得长足发展。

（李宝麟）

食品药品监管法制建设

【概况】　2012年、2013年，全省食品药品监管系统以保障公众饮食用药安全为中心，大力推进食品药品监管法制建设，加大食品药品安全监管和整治力度，食品药品安全监管水平显著提升，食品药品监管事业取得了长足发展。

一、加强法制建设，提高依法行政意识和能力

一是采取多种形式，强化法律法规培训。始终把学法用法作为公务员培训教育的重点，要求全体执法人员熟知相关法律知识并能在实践中具体应用。2012年、2013年，开展了省市县三级局执法人员法律法规业务知识培训，选派人员参加国家局、省法制办、省局培训，共组织集中培训考试60余次，参训人员达9000余人次。还通过知识竞赛、执法案卷评比、执法案件讨论等多种形式，不断加大教育培训力度，提高执法人员业务理论水平。2013年11月，邀请了省法制办王桂海副主任，对全局执法人员进行了依法行政专题讲座。

二是抓制度和机制建设，规范行政执法行为。首先，补充完善食品药品监管相关制度。整合、补充完善行政执法文书，弥补了执法空白。在多次调研、座谈、征求意见的基础上，对药品、餐饮、保化三种文书，进行了大规模整合，补充完善了行政执法文书，出台了《河北省食品药品监督行政执法文书规范》，经过省法制办合法性审查后，已于2013年7月1日正式实施。这一做法在全国食品药品监管系统实属首创。为进一步规范行政许可和行政执法行为，加强重大、复杂食品药品行政许可事项的办理和行政处罚案件的审理工作，健全重大行政决策集体讨论规则，制定出台了《行政许可审批委员会议事规则》、《行政处罚案件审理委员会议事规则》，对促进重大、复杂行政许可事项审批及案件审理工作制度化、规范化，推行重大行政决策集体讨论机制，具有积极作用和意义。这几项工作都得到了国家总局的充分肯定，并在国家总局网站予以报道。其次，行政执法监督工作的力度进一步加大。进一步加大了行政执法监督检查力度，保障行政执法行为合法、规范。再次，进一步规范行政处罚自由裁量权。制定、落实、督查到位，行政裁量权基准制度执行严格。按照《河北省人民政府关于建立行政裁量权基准制度的指导意见》，制定实施了《河北省食品药品监督系统行政裁量权基准制度》并在具体执法活动中严格执行。该制度为一线执法人员提供了细化的执法依据，有利于减少同案不同罚、滥用自由裁量权的行为。圆满完成了国家总局《药品和医疗器械行政处罚裁量适用规则》在基层执法中实施情况的课题研究，为进一步强化落实依法行政提供了坚实的理论基础。最后，做好行政许可、非行政许可、行政监管事项梳理确认工作。按照省编办、省监察厅的要求，多次确认梳理省局“三类事项”，并做好国务院决定取消和下放管理层级的行政审批项目等事项衔接工作，对承接国家总局下放的审批事项等事项，制定了相关承接方案和规范管理措施，确保衔接到位。

二、拓展平台，丰富载体，法制宣传教育工作不断创新

一是组织各种宣传活动。积极创新法制宣传形式，扩大法制宣传覆盖面，重点进行食品药品法律基本知识、饮食用药安全知识以及依法表达诉求、依法维护权利意识培育，推进“法律八进”活动不断深入，真正将食品药品安全法制宣传做到老百姓心坎上。首先，统一设计编印多种科普宣传资料。2012年、2013年，先后创意编印了《食品药品安全知识手册》、《家庭用药常识》、宣传折页、宣传扑克、宣传台历、宣传海报等近10种宣传资料，总印数近200万份。这些资料形式多样、反映监管工作，贴近百姓健康需要，受到群众的一致欢迎。其次，创新法制宣传教育载体、形式、方法。为有效调动各方力量积极参与食品药品安全社会监督，推动形成食品药品安全社会共治格局，省局启动了“12331”系列公益宣传活动。一方面聘请4名河北籍知名人士担任“河北省食品药品安全道德诚信形象大使”，充分发挥他们的社会影响力和号召力，引导社会各界积极参与和维护全省食品药品安全。二方面设计了系列公益宣传作品（包括图文、音视频），首先选定6幅平面作品，印制了第一批大小两种规格的海报21万张，投送到各市县广泛张贴，同时协调河北日报、燕赵都市报、河北电台、河北电视台等新闻媒体集中刊播公益广告。最后，打造科普品牌。全省着力打造“全国安全用药月”、“食品药品安全知识大讲堂”、“公益宣传片播放”、“户外公益宣传”四大科普宣传品牌，累计举办“全国安全用药月”启动仪式400场次，发放科普宣传资料近400万份，在各级电视台播出公益广告近10万次，投放公交路牌广告及社区户外宣传栏近1万块，累计开展大讲堂900余场次，播放电影公益宣传片2500场次，力求倡导健康的生活方式，构建科学的法治理念。

二是突出重点，借助媒体加强宣传。2012年、2013年，围绕食品药品监管中心工作，突出全系统的重点、亮点工作，先后策划并组织编写了新闻通稿60多篇，其中3篇在《中国医药报》头版头条刊发，全国各类媒体共刊发我局稿件近200篇。向省委、省政府和国家局累计报送465条（期）信息，很多篇信息被上级采用，得到省领导的高度重视并批示。在编辑上报的关于全省食品药品隐患大排查大整治行动进展情况的信息上，张庆伟省长批示“全省食品药品安全形势严峻，做好这项工作意义重大。省食药监局边组建边狠抓工作落实，体现了学习教育实践活动的成效，值得肯定。”许宁副省长批示“‘第一战’既注重排查，更注重整治，效果很明显，首战告捷。下一步要在巩固、加强制度建设上下功夫。”该稿同时在《中国医药报》头版头条刊发，在《医药经济报》二版头条刊发。

三、强化举措，依法治理，确保公众饮食用药安全

一是组织开展了打“四非”专项行动督查工作。全省共出动执法人员4931人次，执法车辆741台次，监督检查企业数3135家，发现非法经营行为81起，非法宣传行为30起，违法广告移送工商行政管理部门24件，违法案件立案42件，结案25件，没收违法所得6800元，没收产品货值11151元，行政处罚67600元，有效打击了保健食品“四非”等违法违规行为，进一步规范了企业生产经营行为，净化了保健食品市场，专项行动取得了阶段性工作成果。

二是开展了食品药品安全隐患大排查大整治活动。据统计，截至2013年10月31日，全省共排查食品、药品、保健食品、化妆品、医疗器械生产经营单位358598个，排查出隐患共计52285项，已整改47170项，整改率为90.22%，其余正在抓紧整改落实。发现案件线索3454个，立案查办2706起，刑事拘留101人。

（周玉红）

档案法制建设

【概况】 2012年、2013年，在省委、省政府的正确领导下，全省档案部门认真贯彻落实党的十八大精神和国务院《全面推进依法行政实施纲要》、《河北省人民政府关于推进依法行政加强法治政府建设的意见》，从强化档案法制意识、完善档案法规体系、规范行政执法行为入手，不断提高档案工作的服务质量和效率，全省档案法制工作取得了显著的成绩，各项工作再上新台阶。

一、强化档案法制宣传教育和培训，全省档案法制意识明显增强

全省各级档案部门，按照《河北省档案系统“六五”法制宣传教育规划》要求，积极开展形式多样、丰富多彩的法制宣传教育和培训。

一是加强档案法律知识的学习和培训。首先，将领导干部学法用法工作摆上重要议事日程，落实《年度领导干部学法计划》并列入年度考核范围。定期组织培训学习和开展专题法制讲座，对拟任部门领导掌握相关法律和依法行政情况进行考察与测试。省档案局要求各地档案局每年制定年度领导干部学法计划，并将依法行政相关法律法规纳入中心组理论学习计划，积极开展了领导班子集体学法活动；保定市档案局采用以会代训形式，利用每年全市档案工作会议，把各个部门档案管理人员和主管领导集中起来，现场讲解法律知识。唐山市档案局每年利用中心组学习、民主会等形式学习通过领导干部带头学习，带动档案系统学好用好法律法规，提高依法行政理论水平。其次，加强执法人员法律知识学习和培训。采取自学与集中培训相结合，组织档案行政执法人员学习通用法律知识和本职工作有关的专门法律知识，提高运用法律手段解决实际问题的能力。邢台市档案局举办了各县（市、区）档案局局长和市直相关单位负责人参加的“档案执法检查工作暨档案管理违法违纪处分规定培训会”，此外，制定出台了《邢台市档案局关于在职行政执法人员专业法律知识培训考试实施方案》。最后，实行行政执法人员持证上岗制度。定期组织档案行政执法人员参加法制办的培训考核，2012年、2013年全省档案行政执法人员上岗培训合格率达100%，持证上岗率达100%。

二是多种方式开展普法宣传教育。首先，运用网络、报刊、电视等大众媒体开展档案法制宣传教育活动。秦皇岛市档案局在《秦皇岛日报》共刊登纪念档案法和依法维权事例、领导署名文章等宣传稿件15篇，同时，通过网站开设“档案法规”“信息公开”等栏目，为公众提供高效、便捷的服务。唐山市档案局在《河北省经济日报》、《唐山劳动日报》、《政府法制工作简报》、《普法工作简报》刊登法制宣传稿件50多条，利用“8·20档案馆日”在电视台直播50分栏目进行普法报道。石家庄市档案局在《石家庄日报》发表了《让档案源于民利于民—纪念〈档案法〉颁布26周年市档案局负责人答记者问》等文章。其次，利用每年6月9日国际档案日、9月15日《档案法》颁布日及12月4日法制宣传日，组织知识竞赛、开展法制座谈、摆放宣传展牌、悬挂横幅、发放宣传材料、解答群众咨询等活动。2012年、2013年，共举办大规模宣传活动5次，展出普法展牌70多块，悬挂横幅40多条，发放普法材料2000多份。大张旗鼓的宣传档案法规和档案工作。衡水市档案局利用报刊开展了档案法律法规知识竞赛，全市700人参加了竞赛。保定市档案局组织3727人参加了国家档案局组织的“飞狐灵通杯”法制知识竞赛。

2012年、2013年，全省档案部门深入开展档案法制宣传工作，推进了依法治档进程，取得了突出成绩，涌现出一批先进典型：唐山市档案局被市委市政府评为“全市普法依法管理先进单位”，石家庄市档案局荣获“2011年度全市普法先进集体”、“全市2012度暨六五普法中期先进集体”。

二、坚持依法行政，全面推动档案事业发展

全省各级档案部门不断加强依法行政工作，规范执法行为，优化三类事项审批流程，加大执法力度，提高了工作的服务效率。

一是规范性文件的制定和清理。为贯彻落实《河北省规范性文件制定规定》，全省档案系统，结合档案工作实际，出台制定了各级档案部门《规范文件制定规定》，对本单位的规范性文件制定的主体、程序等进行了明确规定，使档案部门的规范性文件制定工作有了具体可操作的依据。同时，还针对规范性文件的制定工作要求，各市相继建立了公开征求意见、论证会、听证会、社会风险评估、有效期、前置合法性审查、“三统一”、考核通报、公众提出审查监督、责任追究等各项配套制度。在实际工作中严格执行规范性文件前置合法审查和备案制度，确保了各级档案部门出台的规范性文件的科学性、合法性。2012年、2013年，全省档案系统共出台新的规章1件、规范性文件14件。档案系统按照省政府办公厅下发的《关于印发2012年政府规章规范性文件清理工作实施方案的通知》要求和各级法制部门安排部署，各级档案部门对本单位的规章、规范性文件按时进行法理。省档案局对省委规范性文件进行清理，废止7件，失效7件，有效3件，予以修改1件；省政府规章、规范性文件清理结果为：保留规章2件，规范性文件3件；省档案局规范性文件清理结果为：继续有效的43件，予以废止或宣布失效的26件，并将清理结果印发全省。

二是优化行政审批流程，规范执法行为。为规范行政审批事项，优化部门内部审批流程，实行阳光办理，按照省审改办行政审批要求，全省档案系统对本系统原有的行政许可、非行政许可审批、行政监管等三类事项进行全面清理。做好国务院、省政府取消和下放事项的衔接工作，对国家档案局、省政府已取消的事项，相应进行衔接取消。加大取消和下放审批事项力度，对所有涉及的审批事项及法律法规依据进行排查，对设定依据不充分的、不适应经济社会发展需要的、不符合国家有关规定的审批事项，一律取消，可以下放管理层级的一律下放。省档案局2013年分别于4月、6月、8月、10月分四次上报有关“三类事项”清理情况，并与国家档案局、省审改办进行多次沟通，确定保留、取消和下放的事项。同时，为进一步规范办事程序和提高工作效率，对三类事项审批流程进行优化，时限进行压缩，重新制定了河北省档案局《办理事项流程时限表》及《内部审批流程统计表》和《河北省档案局行政审批事项办理指南》。为进一步提高档案部门为民服务的质量和效率，提升服务水平，还制定了《河北省档案局为民服务提质提效专项行动工作方案》和《河北省档案局“零障碍”服务全程协办制度》，明确了“零障碍”服务全程协办带班领导及协办员。各设区市也根据《省政府2013年第二批取消和下放管理层级行政审批事项》（冀政办〔2013〕27号）目录，对原有审批项目开展全面清理，梳理了法律依据，重新确认审批项目，修改完善审批流图，规范制作了审批文书。同时，也指导各县（市、区）参照省市确定的审批项目，结合本地实际重新规范了审批项目。

三是加大执法力度，推进档案事业又快又好发展。2012年、2013年，全省各级档案部门在不断加大档案行政执法检查力度，坚持执法检查与业务督导相结合，普遍检查与重点专项检查相结合，档案部门与相关职能部门检查相结合的方式，多层次多角度开展综合行政执法工作。秦皇岛市档案局大规模执法检查10次，检查单位800多家，提出整改意见70多条，下发《限期改正通知书》31份。张家口市档案局2013年开展专项执法检查和档案安全督查，共检查67个单位，开具即期整改23份，做到了公开透明、阳光执法。唐山市档案局联合人大、政协等相关部门178家单位进行检查，扎实推进档案工作的开展。石家庄市档案局每年对1—2个系统开展档案行政执法检查，2012年，对23个县（市、区）档案馆进行了防汛安全检查。衡水市档案局对粮食、环保、药监等16个大系统进行专项执法检查，检查单位100余个，发放整改通知书40余份，查处违法案件1起，补收补立档案4000余件，有效确保了国家档案安全。邢台市档案局2013年对全市108个市直单位、19个县（市、区）档案局、高开区、大曹庄、40个县（市、区）直单位、20个乡镇和40个村的档案工作进行了集中执法检查。对促进全市档案工作大发展起到了重要作用。

（吴君红）

无线电管理法制建设

【概况】 2012年、2013年，省无线电管理局以科学发展观为统领，坚持把无线电管理工作融入到全省经济社会发展大局，认真分析法制建设工作面临的形势，积极推动无线电管理法制建设，为建设社会主义和谐社会做出了积极的贡献。

一、启动《河北省无线电管理条例》的立法工作

省无线电管理局现有实施的法规和规章为1993年颁布的《中华人民共和国无线电管理条例》和1997年公布的《河北省无线电管理规定》，面对现有法律、法规滞后于无线电管理发展现状的情况，经过局领导研究决定，于2012年启动了《河北省无线电管理条例》的立法工作。

一是组织专人起草《河北省无线电管理条例》（草案），与国家无线电管理办公室进行了沟通，吸收和细化了正在起草修订的《中华人民共和国无线电管理条例》。

二是学习参照了《中华人民共和国立法法》、《中华人民共和国行政许可法》、《中华人民共和国行政处罚法》、《中华人民共和国民用机场管理条例》、《中华人民共和国无线电管制规定》等法律法规和原信息产业部、国家无线电管理局颁布的《无线电管理监督检查办法》、《无线电管理处罚规定》、《无线电管理收费规定》、《无线电台执照管理规定》、《研制、生产、进口无线电发射设备管理规定》、《关于加强无线电发射设备管理的通告》等。

三是借鉴了云南、福建、江苏、山东、广东、海南等省立法实践和条例实施过程中的成功经验。

四是总结和汲取了《河北省无线电管理规定》实施以来的管理实践经验和教训。

五是与省直相关部门和部分用频单位就无线电台（站）的审批和管理等问题进行了多次座谈、讨论，吸收了他们的部分意见。

通过以上立法启动工作，多次研究、修改《河北省无线电管理条例（草案）》。期间为更好地落实国家相关法律法规、借鉴兄弟省市的做法，汇编印制了《〈河北省无线电管理条例〉立法资料汇编》，根据草案逐条编写了《河北省无线电管理条例》条款依据对照表。《河北省无线电管理条例》已列入省人大五年立法规划的一类项目。

二、强化行政执法力度

省无线电管理局行政执法处室为：监督检查处、频率台站管理处，全省有141人持有行政执法证件。行政许可事项为十项，非行政许可一项，行政监管三项。

一是行政许可方面。2012年，全年办理行政许可事项158件，对全省无线电台（站）进行了核查，全省录入数据库台（站）数为12万2千余台。2013年，全年办理行政许可事项230件，进行了台站规范化管理，对行政许可申请和审批进行了规范，从有利于方便设台用户着想，调整了审批权限，按地域就近申请和审批，按照行政许可法的规定，做到了及时受理，尽快审批。

二是行政处罚方面。2012年，立案查处违法案件145起。针对省无线电管理局行政执法的特殊性，对无主案卷格式进行了整理，通过了省法制办有关处室的审查和认可。组织全省无线电应急演练，参加人员达100多人，出动车辆、设备40多台套，提高了处置无线电突发事件的应急能力。2012年在全省依法行政检查中被评为省直优秀单位。2013年，立案查处违法案件152起。按照省政府办公厅关于整治航空无线电秩序的文件要求，联合广电、公安、工商等部门对154个问题台站逐一进行了清理，保障了民航飞行安全和全省航空事业的健康发展。

三是政务信息公开方面。在省无线电管理局网站上及时公开有关行政许可事项、规范性文件等相关信息。

四是法制宣传方面。2013年，在全国无线电管理行政执法工作会议上，局长邵建华做了“以行政执法规范化全面推进无线电管理依法行政”的典型发言，介绍了省无线电管理局行政执法工作，受到了国家无线电管理局领导和与会者的好评。

（何小梅）

盐务法制建设

【概况】 2012年、2013年，省盐政管理工作在省委、省政府的正确领导下，坚持以科学发展观为指导，以依法行政为核心，以普法教育为基础，以执法监督为手段，着力转职能转作风，着力推进依法治盐，着力保障食盐安全，为促进河北盐业健康发展和维护盐业市场秩序做出了积极贡献。

一、严格开展执法检查，确保食盐安全

省盐务管理局始终把依法落实食盐计划、保障食盐安全、维护食盐市场秩序作为主要工作来抓，针对不断变化的盐业市场形势，重点抓了三个环节。

一是进一步规范河北盐业市场秩序。省盐务局从源头入手，坚持依法严厉打击各类盐业违法行为，加大对食盐定点生产企业和盐加工企业的监管力度，确保了食盐安全。重点开展了以查处“工业废渣盐”和“规范盐产品包装”为主要内容的专项整治行动。

首先，2012 年初针对镇江海天盐化公司的“农药废渣盐”销往多省市盐业市场，部分“农药废渣盐”冒充食盐流向餐桌，在社会上造成了恶劣影响的事件。2012 年 2 月省盐务局立即下发《关于加大盐业市场监管力度的紧急通知》，对全省盐产区涉盐企业进行了全面的检查。2012 年 10 月又下发了《河北省盐务管理局关于加强“工业废渣盐”监管工作的通知》，再次强调对“工业废渣盐”监管工作重要性和必要性。唐山、沧州两市盐务局对此项专项治理工作非常重视，分别结合当地实际制定了落实方案，召开辖区盐业市场监管调度工作会议，组织市县盐务局力量对辖区涉盐企业进行了认真排查。经排查，全省盐产区有生产“工业废渣盐”能力的化工企业 3 家，年生产能力 11400 吨；两碱工业用盐企业 4 家，年用盐量 486 万吨。上述企业合同备案齐全，销售渠道规范，无私销乱卖、冲击食盐市场的现象。通过这次专项整治行动，做到了企业底数清、销售渠道清、产品用途清，有效防范了工业废渣盐对消费者健康可能带来的危害和影响。2013 年 3 月 11 日，河北省消费者协会召开 3·15 新闻发布会，向社会发布了 2012 年度全省消费维权专项活动成果，将此项“查处‘工业废渣盐’专项整治行动”列入全省 13 项消费维权专项活动成果之一。

其次，针对检查中发现的盐产品包装不规范问题，2013 年省盐务局印发《河北省盐务局关于进一步规范盐产品包装标识的通知》。为解决一些企业盐产品包装无标识、标识不规范和标识信息不真实等问题，在盐产区开展了规范盐产品包装专项治理活动。沧州盐区召开由各食盐定点生产企业、盐加工企业负责人和各级盐政工作人员参加的盐产品包装专项治理工作会议，规范盐产品包装。开展专项治理活动以来，共查处了黄骅市帝凯塑业有限公司等 4 家违规制盐企业，查获 46 吨违规产品，有力打击了产品包装不规范的现象。同时，责成黄骅市盐务局对辖区盐加工企业进行了为期一周的停业整顿，对所有盐加工企业进行了全面排查和整改，进一步完善了各项制度和措施，重新签订了盐政责任状和管理办法，有效防止了工业盐冲击食盐市场现象的发生。

二是持续抓好工业盐市场监管。为了防止工业盐冲击食盐市场，坚决落实省政府办公厅《关于加强和改进工业盐管理的通知》精神，规范工业盐运输程序，每月定时发送工业用盐合同备案信息，指导各级盐政部门抓好工业盐合同备案的落实。2012 年、2013 年共发送信息 1200 多条，保证了工业盐合同备案的有效实施。

三是加强十八大期间和重大节日的监督检查。全省盐政部门高度关注重大节假日期间的食盐安全，每逢重大节日，省市盐政部门都分别印发专门通知，提出明确要求，开展专项检查活动。特别是党的十八大召开前，省市县三级盐政部门联合行动，全体动员，深入盐企，逐一排查，对全省盐产区制盐企业，以及盐业运销环节进行全面检查，发现可能影响食盐安全的隐患及时解决，较好地保证了十八大期间全省和京津地区的食盐安全。2012 年，为保证十八大期间食盐安全，全省盐政部门围绕打击私盐贩销等违法行为，盐产区共出动盐政执法车辆 2280 台次，出动执法人员 16340 人次，共查获各类盐业违法案件 74 起，没收盐斤 316 吨，罚款 50.72 万元。唐山、沧州市盐务局是打击私盐贩销的一线指挥部，主管盐政工作的副局长带头谋划，带队执法，为维护盐产区食盐市场秩序做了大量工作。各盐政所驻场员，积极克服交通不便、执法环境恶劣、执法装备不足等困难，长年坚守在工作第一线，是把好食盐安全关口的“前沿哨兵”。黄骅市盐务局组建了三个源头稽查队，对制盐企业和过境盐实施了有效监控。尤其是对外埠精制盐监控付出了艰辛，查获 2 起较大案件，2 个食盐加工窝点，刑拘 1 人，创造了多年来盐政执法的新纪录。海兴县盐务局做到“三克服、三坚持”，在监控山东过境盐和治理包装无标识盐产品工作中做了大量工作。2012年9月在查获海兴县副食盐业违法案件中，面对气焰嚣张、谩骂恐吓的私盐贩子，执法人员无一退缩，不徇私情，彰显了海兴盐政执法的过硬作风。黄骅盐政所对食盐定点厂监控有力，工作扎实，对驻厂员管理严格，为沧州盐区食盐安全提供了坚实的保障；京唐港盐政所结合实际开展食盐定点生产企业食品添加剂“回头看”检查活动，保证了食盐质量。2012年、2013年，全省盐产区共查处各类盐业违法案件120起，查处违法盐产品536吨，罚没款74.72万元。

二、加强盐业法制建设，优化盐业法治环境

一是规范行政处罚裁量权。2012年初，省盐务局下发《河北省盐务管理局盐业行政处罚裁量权实施办法》（试行）（冀盐政〔2012〕1号）对盐业行政处罚裁量权予以细化量化，防止在盐业行政执法过程中裁量不当、同案异罚、宽严失度等情形的发生，为规范行政执法行为打下了坚实的基础。唐山局、沧州局分别结合实际，开展了落实《自由裁量基准制度》培训等活动，使执法队伍整体素质有了新提高。

二是清理盐业规章、规范性文件。按照省政府《2012年政府规章和规范性文件清理工作实施方案》要求，省盐务局组织全局机关对制定的现行有效的政府规章和规范性文件进行了集中清理，对清理结果进行了公示。通过这次清理工作，对《河北省盐业管理实施办法》（1992年省政府第75号令）、《河北省人民政府办公厅关于加强和改进工业盐管理工作的通知》（冀政办函〔2006〕21号）提出保留建议；保留本局制定的规范性文件4件：《盐业行政处罚裁量权实施办法（试行）》（冀盐政〔2012〕1号）、《关于规范工业盐包装标识的紧急通知》（冀盐规字〔2002〕55号）、《关于加强对畜牧盐监管工作的通知》（冀盐政字〔2005〕72号）、《关于加强工业盐运输管理的通知》（冀盐运〔2006〕28号）；废止本局制定的规范性文件3件：《关于进一步规范小型制盐企业生产、经营等问题的通知》（冀盐规字〔2005〕42号）、《关于饲料盐项目及产品问题的通知》（冀盐规字〔2005〕70号）、《关于规范劳动合同管理的通知》（冀盐人字〔2007〕46号）。

三是修订《河北省盐务管理局行政执法责任制实施方案》。由于制定依据多处发生变化，经2013年1月10日省盐务管理局局长办公会议审议，对《河北省盐务管理局行政执法责任制实施方案》（2006年版），进行了修定。

四是国务院将食盐准运许可审批下放到省级盐业主管机构。2012年，《国务院关于第六批取消和调整行政审批项目的决定》（国发〔2012〕52号）中明确，将食盐准运许可审批项目从国务院盐业主管部门下放到省级人民政府盐业主管机构。省盐务局顺利完成新证印制和新旧证使用的衔接，继续实行签发食盐准运证“垂直型一站式”服务，保障了食盐运输安全可控。

五是国务院取消对制盐项目的核准并将食盐定点生产企业的审批下放至省级盐业行政主管部门。2013年11月8日，《国务院关于取消和下放一批行政审批项目等事项的决定》（国发〔2013〕19号）：取消工信部对制盐项目的核准；将食盐定点生产企业的审批下放至省级人民政府盐业行政主管部门。

六是国务院下放食盐定点审批后修改食盐专营办法条款。2013年12月7日国务院公布《国务院关于修改部分行政法规的决定》（中华人民共和国国务院令第645号，2013年12月4日国务院第32次常务会议通过）。将《食盐专营办法》第五条第二款修改为：“食盐定点生产企业由省、自治区、直辖市人民政府盐业主管机构审批。”；第六条中的“国务院盐业主管机构”修改为“省、自治区、直辖市人民政府盐业主管机构”；删去第十八条第一款中的“国务院盐业主管机构或者其授权的”。

七是进一步规范盐业行政执法案卷。根据《河北省行政处罚案卷标准》等有关法律、法规和规章的规定，省盐务局制订了《盐业行政处罚文书样本》常用样式，下发到各市、县盐务局征求意见。2012年12月，又专门对各级盐政执法案卷负责同志进行了专业培训，为提高盐政执法案卷质量打下了基础。

八是重视抓好盐政执法队伍自身建设。围绕推进全省盐政公正、文明、规范执法的目标，2013年，重点抓了“四个规范”的工作，即规范执法队伍主体、规范盐政人员执法活动、规范行政处罚裁量权、规范盐业行政执法案卷。进一步理顺了唐山、沧州盐产区盐政执法队伍管理体制，规范了全省盐政执法活动和盐业执法案卷，在经常性学习法律法规的基础上，组织了盐政执法人员盐业法规和执法资格考核，提升了市县盐政队伍的素质和能力。

九是整顿清理盐业行政执法人员。2012年，按照省政府法制办的要求，对全省盐业执法证监督证进行全面清理。清理后，省盐务局和唐山、沧州盐产区具备执法资格人员分别为12人、39人、17人，省盐务局对4名不在执法岗位的执法人员资格进行了清理。

三、积极推进职能转变，建设服务型机关

按照省委省政府关于“着力改善两个环境”要求，全省盐政部门推进职能转变，主要完成了以下几方面工作。

一是积极开展为民服务提质提效专项行动。2013年，根据省委省政府的工作部署，按照《河北省执法监管部门和窗口单位为民服务提质提效专项工作方案》等一系列文件的要求，省盐务局高度重视抓好优化政务环境的工作，结合正在开展的群众路线教育实践活动，重点完成了7个方面的工作。一是对“三类事项”进行了专项清理。二是对“三类事项”内部审批流程进行了优化。三是对历年来取消的8项行政审批事项进行了逐条梳理。四是对国务院下放的行政审批事项进行了衔接。五是对行政处罚收费情况进行了专项清理。六是落实了行政审批“零障碍”全程协办机制。七是落实了省政府的行政审批事项限时办结制度。

二是扎实举办了“送法入企”活动。为提高全省盐管干部和盐业企业依法经营、依法管理、依法维权的意识和能力，2013年上半年，省盐务局盐政处长杨进刚率领有关同志精心筹划、周密组织，分别在石家庄、唐山、沧州三地举办了“送法入企”活动。针对盐业企业经营管理中易发生的法律风险，聘请律师从企业的角度、专业的视角，通过典型案例分析，讲解了公司法、担保法、合同法、劳动法和企业维权等法律规范。这一活动是着眼转变职能、服务企业的一次创新实践，受到企业欢迎。

三是深入开展盐业法规宣传教育活动。2012年，“5·15”防治碘缺乏病宣传日和“12·4”法制宣传日，省盐务局分别在保定蓉城文化广场和石家庄市西清法制公园开展了盐业法规政策和碘盐新标准宣传，现场向群众免费发放各类盐产品200余袋、宣传材料2500余份、解答群众咨询1200余人次、首次向全省各界群众发送宣传短信8000余条，受到广大群众的欢迎和好评，为推进依法治盐、提高人们的法律意识起到积极作用。基层建设年期间，省盐务局局长檀献国带领10多名干部职工，深入井陉县黄沟村，向当地群众宣传消除碘缺乏危害相关法规和知识，共计发放宣传资料1000余份；发放加碘食盐5000余斤，使广大村民对防治碘缺乏病有了更深入的认识。2013年，省盐务局继续利用“5·15”防治碘缺乏病宣传日”、“12·4”法制宣传日等活动的有利时机，分别在承德兴隆县中心广场、石家庄西清法制公园、以及对口扶贫的丰宁县双井子村精心组织开展了3次盐业法规宣传活动。通过悬挂宣传条幅、发放宣传资料、摆放宣传展板、发放盐产品等形式，接受群众咨询3200余人次，发放宣传挂图、宣传手册5500余份，发放碘盐4500余斤，累计行程约1400公里。为推进依法治盐、提高群众科学补碘意识起到积极作用。

（肇　原）

地理信息法制建设

【概况】　2012年、2013年，省地理信息局在省委、省政府的领导下，深入贯彻落实党的十八大精神，以科学发展观为指导，围绕全面推进依法行政、建设法治政府的目标要求，坚持把推进依法行政与深化行政管理体制改革、转变政府职能有机结合，坚持开拓创新与循序渐进的统一，不断创新地理信息管理方式方法，切实履行法律法规赋予的各项职能，全省地理信息法制工作再上新的台阶。因工作突出，在2013年度全国测绘地理信息系统科学发展观考核中，省地理信息法制工作名列前茅。

一、健全管理机构，夯实依法行政工作基础

省测绘局于2012年1月更名为省地理信息局，以此为契机，省地理信息局积极协调省编办印发了《关于加强市、县（市）测绘地理信息工作机构建设的通知》，并出台了具体指导意见，明确了市、县管理机构职责。按照文件要求，各市、县（市）相继启动更名和机构建设步伐，截至2013年底，11个设区市的增设科室、扩编人员的报告均上报当地编办，其中廊坊、沧州、邯郸、石家庄、张家口、保定等6个市已经批准先后挂起了地理信息局牌子，批准内设2个职能科室，并增加了指导地理信息产业发展、数字城市建设和管理等职能；全省70余个县（市）已经实现了管理机构的转型与设置，在符合文件要求的基础上，又有一定的扩展，为在全省尽快建立起主体合法、权责清晰、运行顺畅的测绘地理信息行政管理体系打下坚实基础。

二、围绕事业发展大局，着力加强立法工作和制度建设

一是加强地理信息制度建设。2013年11月19日《河北省地理信息交换共享管理办法》（以下简称《办法》）经省政府第12次常务会议审议通过，自2014年1月1日起施行。《办法》的出台将依法全面规范地理信息交换共享工作，加强地理信息资源管理，促进地理信息的开发和利用，进一步提高地理信息的服务保障能力。2012年、2013年，省地理信息局制定出台多项规范性文件。其中，为保障测绘外业人员进行测绘活动的基本权利，修订完善了《河北省测绘作业证管理规定》；为进一步落实各级测绘地理信息行政主管部门的执法职责，修订出台了《河北省测绘地理信息行政执法依据》和《河北省测绘地理信息行政执法职权分解》；为保障相对人合法行使诉权维护自身权益，制定了《河北省地理信息局行政复议和行政应诉办法》；协助国家测绘地理信息局完成甲级测绘单位信用信息评价发布工作，制定发布了《河北省测绘地理信息市场信用信息管理办法》，已自主完成515家乙、丙、丁级测绘单位信用信息评价发布工作，初步建设完成全省测绘地理信息市场信用体系。这些规范性文件的发布实施，既填补了地理信息法律法规的空白，又在法律许可范围内制定了一些具体可行的措施，使测绘法得到延伸，填补了测绘法律法规的空白，增强了测绘法律法规实施的可操作性，成为全省测绘法制体系中不可或缺的一部分。

二是重视科学民主决策制度建设。先后制定了《河北省地理信息局工作规则》、《河北省地理信息局领导班子议事决策规则》、《河北省地理信息局会议制度》、《河北省地理信息局督查督办工作规定》等制度，明确了重大行政决策的范围，进一步建立健全了重大行政决策程序机制；贯彻落实《政府信息公开条例》，相继出台了《河北省地理信息局公文处理实施细则》、《河北省地理信息局内部信息公开管理办法》、《河北省地理信息局精简机关公文管理规定》，建设完善了“河北省地理信息局政务办公平台”，内部公文流转、会议、日常事务管理全部实行网上运行。

三、深化行政审批改革，进一步提高行政效能

在新一轮“三类事项”清理过程中，根据减少审批环节、提高审批效率的精神，提出关于调整部分行政管理事项的意见，对保留的“三类事项”进一步精简压缩，同时，按照“简政放权、能放则放”的原则，将行政行为中发生频率较高、与行政相对人利害关系较为密切的事项按照法定程序，下放给市、县地理信息行政主管部门行使，最大限度地方便了相对人。按照省法制办、省审改办的统一部署，就测绘地理信息政府规章、规范性文件中涉及行政处罚和行政许可的条款、非行政许可审批和行政监管事项逐一进行清理，经研究，报送省政府批准，完成了《河北省测绘成果管理办法》的修订，保留非行政许可审批事项2项、行政监管事项8项以及规范性文件23件；结合群众路线教育实践活动，以优化流程、压缩时限为重点，开展行政审批项目流程再造，对保留事项的办理流程按照统一模式进行重新设计。流程再造后，明确了专人全程协办，建立了两岗审结制度，实现了主要事项网上办理；印发了《关于进一步下放行政管理事权的通知》，明确下放丁级测绘资质审核、测绘作业证审核发放与注册、测绘项目备案登记、基础测绘成果资料提供使用审批、地图审核等一批行政管理事权，既增强市、县行政管理的职责和活力，又降低了部门、企业和群众的办事成本，提升了行政效能。

四、强化执法监督，进一步加大行政执法力度

2012年、2013年，初步形成了规范地理信息执法和法制监督的制度体系。地理信息行政执法人员的法制意识明显增强，行政管理观念和方式发生深刻变化。执法人员在执法活动中始终注意执法行为的合法性，经常检查执法主体、执法权限、执法程序、执法依据等是否合法，既保障了执法权行使到位，又保护了行政相对人的合法权益。印发了《关于加强测绘地理信息行政执法工作的通知》，继续加大对测绘地理信息市场的整治力度，拓宽行政执法覆盖面，为整体推进行政执法工作的开展提供了有效的制度保障；制定了地理信息行政执法案卷评查工作方案，在全省部署开展了地理信息行政执法案卷评查活动。在2012年国家局组织开展的优秀行政处罚案卷（件）评选活动中，省地理信息局选送的“保定市健业测绘有限公司违法分包测绘项目案”被评为测绘地理信息系统优秀行政处罚案卷（件）。2012年、2013年省地理信息局直接查处各类违法案件30起，作出行政处罚决定7起，涉及罚款6万余元，责令汇交测绘航空摄影成果1项。在国家测绘地理信息局公布的全国十大测绘违法典型案件中，省地理信息局2007年、2008年、2010年、2011年、2012年先后5年都有案件入选。

五、重视法制宣传教育，进一步深化法治氛围

举办了全省数字城市建设县（市）长专题研讨班和地理信息行政管理培训班，共培训设区市、省直管市、扩权县（市）和其他重点县（市）测绘地理信息主管领导及管理人员200余人，有针对性地举办了核心涉密人员、标准化和质检人员培训班，累计培训各级测绘地理信息管理人员400多人次；先后印发了《关于贯彻实施〈河北省测绘航空摄影管理规定〉的通知》、《关于贯彻实施〈河北省地理信息交换共享管理办法〉的通知》，对新测绘法律法规的贯彻实施进行了部署；深入开展“8·29”测绘法集中宣传活动，围绕《中华人民共和国测绘法》修订颁布10周年的主题，开展了测绘地理信息法律知识有奖竞赛活动，与省人大环资委共同组织召开了《测绘法》修订实施10周年座谈会；在2012年、2013年，测绘法集中宣传期间全省共设立了宣传站点近600个，共有2000多名各级测管人员和测绘工作人员参加了测绘法宣传日活动，设置宣传展板1500多块，悬挂横幅、标语2000多幅，发放宣传材料近50万份，形成了多种媒体交叉配合的立体宣传局面，收到了良好的宣传教育效果。

（*石卫方*）

文物管理法制建设

【概况】 2012年、2013年，在省委、省政府和省文化厅的正确领导下，省文物局进一步加强依法行政工作的组织领导，不断推进法治文物建设工作。

一、制度建设

2013年11月，由省文物局起草制订、省法制办审查通过的《河北省文物行政处罚裁量基准》和《河北省文物局行政复议办案程序规定》发布施行。2013年7月，国家文物局文物保护法修订调研组到河北省省直文博系统进行调研，听取有关单位和人员对文物保护法修订的意见和建议。

二、文物执法

2012年7月至8月，省文物局和省海洋局共同开展了河北省管辖海域内文化遗产联合执法专项行动。专项行动由省文物局李恩佳副局长和省海洋局海监总队曹东昌总队长担任总指挥，统一指挥了河北省沿海各市管辖海域内文化遗产联合执法专项行动。通过联合执法行动，建立了河北省文物部门和海监部门联合工作机制，联合执法行动成为常态化，对加强河北省管辖海域内文化遗产保护工作具有积极的意义。

三、文物执法检查

2012年4月16日至20日，全国人大常委会副委员长韩启德带领全国人大常委会文物保护法执法检查组，到河北省检查文物保护法执法情况。检查组先后深入到河北省邯郸市峰峰矿区北响堂山石窟、磁县磁州窑博物馆，保定市直隶总督署、古莲花池，张家口市怀来县鸡鸣驿城、蔚县暖泉镇等文物保护单位，现场检查文物保护和修缮情况，听取了有关方面的情况汇报，同文物管理单位负责人和专家学者进行了座谈。检查组认为，河北省贯彻实施文物保护法的工作稳步推进，在文物普查、抢救保护、合理利用、执法能力建设以及宣传普法方面取得了一定的成绩。

2012年5月29日至30日，省人大常委会副主任宋太平率省人大常委会文物保护执法检查组赴邢台市，就贯彻落实文物保护“一法一办法”情况进行执法检查。执法检查组一行实地考察了开元寺、文物库房、英谈村、天河山、扁鹊庙、邢窑遗址、邢窑博物馆和普利寺塔。

2012年6月5日，省人大常委会副主任宋太平率省人大常委会文物保护执法检查组赴石家庄市，就贯彻落实《中华人民共和国文物保护法》及《河北省实施〈中华人民共和国文物保护法〉办法》情况进行执法检查。执法检查组一行深入正定县，对正定境内的华塔、临济寺、开元寺、文庙、隆兴寺等文保单位进行了实地视察。

2012年、2013年，省文物局大力开展文物安全执法活动，先后督办了张家口大境门保护范围和建设控制地带违法建设景区管理人员办公用房、邯郸赵王城遗址违法建设生态园、承德丰宁县凤山镇擅自转让关帝庙管理使用权、沧州冯国璋故居被盗等一批文物违法和犯罪案件。

四、联合打击犯罪

2012年5月14日，省公安厅、省文化厅、省文物局联合召开了“2011打击文物犯罪专项行动”电视电话总结表彰会议，石家庄市公安局刑警支队情报大队等10个单位和25名公安干警作为先进集体和先进个人受到了表彰。全省公安、文物部门的负责同志共计一千五百余人在各市公安局、冀中公安局、县（区）公安局所设的分会场参加了会议。河北省公安、文物部门按照公安部、国家文物局部署，紧密配合，周密部署，精心组织，深入扎实地开展了“打击文物犯罪专项行动”，共破获文物犯罪案件19起，抓获文物犯罪嫌疑人87名，打掉文物犯罪团伙9个，追缴文物总数193件，其中一级文物6件、二级17件、三级41件、一般文物129件，沉重打击了文物犯罪分子的嚣张气焰，有力保护了全省文物的安全。

五、文物法制宣传

2012年12月8日，省文物局组织召开了省直文物系统《中华人民共和国文物保护法》颁布30周年暨修订10周年座谈会。与会的各位领导和专家建议，面对文物保护的新形势、新情况和新问题，迫切需要进一步明确界定文物保护类别和对象，加强对文物市场准入和监管的立法工作，加大对文物违法犯罪活动的惩处力度。

2012年12月11日，全国人大教科文卫委员会、国务院法制办、文化部和国家文物局在北京人民大会堂召开座谈会，纪念《中华人民共和国文物保护法》颁布30周年暨修订10周年。省文物局李恩佳副局长作了典型发言，并就河北省如何进一步贯彻实施文物保护法提出了意见和建议。

（李家文 刘忠伟）

信访法制建设

【概况】 2012年、2013年，省信访局始终把信访法制建设作为推动信访工作科学发展的治本之策，在构建经济发展和社会稳定动态平衡机制方面进行了尝试和创新，建立了新机制，开创了新局面。

一、信访制度建设

2012年，围绕把省委“八三”工作法具体化、实践化、长效化，省信访局着眼于跳出信访抓信访、标本兼治抓信访、疏堵结合抓信访、综合施策抓信访、创新机制抓信访，构建了“八三”工作法制度体系。先后制定了《关于进一步加强和改进新时期信访工作的意见》、《河北省党政领导干部接访（约访、下访）包案实施办法》、《河北省依法有序信访工作规定》、《河北省信访工作问责暂行办法》、《关于加强和规范办理群众来信工作的办法》、《河北省“网上信访”工作暂行办法》、《关于处理“三跨三分离”信访问题实施办法》、《河北省信访事项复查、复核及依法终结工作实施细则》、《河北省律师参与信访工作办法》等十多个文件，初步形成了综合调控、标本兼治、齐抓共管的制度体系，大力推动了信访工作制度化、法制化建设。

2013年，省信访局按照省委、省政府要求，坚持把信访问题源头治理作为治本之策，制定了《关于信访稳定源头治理的实施方案》（冀办字〔2013〕34号），从规范执政行为、加强重点信访领域专项治理等方面作出安排部署，推动全省信访稳定源头治理深入开展。牢固树立法治理念，制定了《关于加强引导群众依法理性反映诉求的实施方案》，切实把涉法涉诉信访纳入法治轨道。稳步扩大社会参与，制定了《疑难信访事项公开评议的实施意见》、《河北省信访听证暂行办法》，引入人大代表、政协委员、群众代表、社会志愿者等第三方力量，以公开透明促进疑难信访问题解决。改进完善督查和通报工作，制定了《关于进一步加强信访事项交办督办工作的实施方案》、《关于对各设区市信访事项办理工作通报办法》和《关于完善信访工作通报的实施方案》，引导基层把精力和时间用在解决问题、提高信访事项办理质量上来，确保各项工作举措落实。

二、集中接访工作

各市、县（市、区）大力整合资源和力量，全部建立了联合接访中心，并不断加大对联合接访中心硬件设施、软件建设的投入，联合接待群众来访工作有序开展，服务群众和及时解决问题作用初步显现。其中，2012 年，省、市、县三级联合接访中心共接待来访群众 98865 批次、425368 人次，2013 年，共接待来访群众 96472 批次、454815 人次。

（郝国平）

国税法制建设

【概况】 2012 年、2013 年，省国家税务局按照全国税务系统依法行政工作会议精神，继续落实并不断完善符合法治精神和税务机关依法行政发展方向的各项制度和规定，切实抓出成效，不断提高全省各级国税机关依法行政水平。

一、积极推进依法行政体系建设

2012 年，积极探索全省“依法行政综合绩效考核”和“依法行政示范单位创建”两项工作。在国家税务总局制定的总框架基础上，结合全省实际，丰富完善全省税务系统“依法行政综合绩效考核”和“依法行政示范单位创建”评价体系标准，为全省“两项工作”的开展做好推行准备工作。

2013 年，建立了全系统税务干部学法用法制度。制定并下发《河北省国家税务局关于建立税务干部学法用法制度进一步推进依法行政工作的实施意见》（以下简称《意见》），建立了三项制度：一是建立领导干部学法制度；二是健全税务干部法律知识学习培训长效机制；三是建立领导干部依法行政能力考察和法律知识测试制度。《意见》构建了河北省国税系统依法行政工作的基本框架。

二、规范行使税务行政处罚裁量权

制定并下发了《河北省国家税务局税务行政处罚裁量权适用规则》，整合归类了 7 大类共计 46 项税务行政违法行为，按照违法程度的轻重分别制订了裁量基准，从执行情况来看，文件的实施保证了税务机关的规范、公正执法，有效降低了税务机关和税务人员的执法风险。

三、扎实开展法制教育

2012 年，举办了两期县（市）区局领导干部依法行政培训班。培训从依法行政理念、行政执法规范和行政执法风险三个方面进行了阐述和讲解，并紧密结合税收执法实践，对相关案例进行分析介绍。通过这次培训使参训人员在思想上产生强烈的反响和共鸣，认清了在执法理念上存在的盲区和误区，加深了对依法行政的认识。

2013 年，与省司法厅合作开展了省国家税务公职律师队伍试点工作。此举有效整合了全省税务系统法律专业人才资源，为他们搭起了展示平台。首批 13 名公职律师已开展工作，并得到了税务总局的充分肯定，相关信息刊登在总局《情况反映》上，并将河北省的经验做法向全国推广。

四、继续做好行政审批清理规范工作

为着力改善河北省发展环境，进一步简政放权，根据省行政审批制度改革工作领导小组办公室的要求，按照《河北省“双减双提”专项行动工作方案》的精神，组织对省本级行政许可及非行政许可审批事项逐批逐次进行清理规范工作，对省局机关实施的行政许可、审批项目以及具有审批性质的备案、年检事项，组织各部门进行清理，确保每一项取消和下放的行政审批项目落实衔接到位，使行政审批进一步规范、高效和便民。

五、开展综合性税收政策调研工作

开展了对现代服务业、文化产业发展相关税收政策，环境保护税，节能环保税收优惠政策执行情况，城市建设维护税改革，促进就业、结构性减税等税收优惠政策等一系列综合性税收政策调研工作，充分发挥了政策法规部门对税收政策调研的参谋作用。此外，为落实中央领导对促进河北经济转型升级、加快河北沿海地区率先发展的批示，协助省政府、省发改委等相关部门开展了相关税收政策调研工作。

（郑恩尧）

通信法制建设

【概况】 2012 年、2013 年，省通信管理局坚持以科学发展为主题，深入推进基层建设年和农村面貌改造提升行动，积极实施“宽带中国”和信息消费战略，综合通信能力不断增强，电信市场秩序整体稳定，电信行业服务经济社会发展、服务民生的能力和水平得到进一步提升。截至 2013 年底，全省电话用户总数达到 7158.6 万户，列全国第 7 位（固定电话用户达到 1152.4 万，列全国第 8 位，移动电话用户达到 6006.2 万，列全国第 7 位），3G

用户达到2003.5万户，全省电话普及率达98.2%。全省互联网出省带宽达到1396G，互联网宽带接入用户总数达到1031.6万户，列全国第5位。

一、加强制度建设，提高全局职工的法律素质

一是为了更好地依法行政，提高行政效能，省通信管理管局大力加强制度建设。在局党组的支持下，《河北省电信条例》（送审稿）已经纳入省人大常委会五年立法规划中二类项目。对省政府规章和规范性文件进行了清理。组织答复了相关厅局起草的地方性法规、规章草案15件。审核局规范性文件1件。对局行政处罚政府规章、行政处罚罚款行为法规进行了清理。为进一步规范行政执法行为，按照《河北省依法行政考核办法》的要求，制定了《河北省通信管理局行政执法评议考核办法》、《河北省通信管理局行政执法监督办法》、《河北省通信管理局行政处罚听证办法》、《河北省通信管理局行政处罚合议办法》、《河北省通信管理局行政执法案卷管理办法》。在廉洁从政方面，制订了《河北省通信管理局贯彻落实中央关于改进工作作风密切联系群众八项规定的实施意见（试行）》，连续第11年编制了《反腐倡廉工作实施意见》，对全局反腐倡廉工作任务进行了分解。

二是加强法制宣传教育。制订了《河北省通信管理局2012年法制宣传教育计划》。组织全局行政执法人员参加了全省干部法律知识考试、年检法律知识考试，并取得了优异成绩。分十批组织参加了《行政强制法》培训。举办了全省《招标投标法实施条例》的宣贯培训以及通信建设项目评标专家的培训。购买了《工业通信业信息化法规汇编》、《六五普法学习读本》等书籍。自行组织了局内法律知识考试和《行政许可法》讲座。

二、加大行政执法力度，创造公平、有序的市场环境

一是规范行政审批。精简行政审批项目。2013年，取消了通信信息网络系统集成企业资质认定、通信用户管线建设企业资质认定、通信建设工程概预算人员资格认定、通信建设监理企业资质认证和监理工程师资格认定四项行政许可项目。实施流程再造，优化部门内部审批流程，使每一项行政许可都不超过三个岗位审批。网上行政服务大厅系统正式运行，实现了行政申请事项的电子化审批。加大了信息公开力度，将全局的行政管理工作分为行政许可审批和行政监管两大类，每一事项的办理条件、期限、程序、流程、负责人全部在大厅及局网站上公开。2012年、2013年，审核备案增值电信业务2016家，跨省经营单位备案2642家；强化码号资源管理，核配、备案码号469个，依法收回码号228个；规范网站备案管理，开展网站备案及存量数据的真实性核验工作，新增备案44925个，备案总数达到13.08万个；规范IP地址备案及管理，共报备IP地址991万个。

二是规范电信业务市场。开展电信市场秩序检查。多次深入基层企业，对违规开展光纤宽带业务和违规开展驻地网业务进行调查处理；对燕山大学、唐山师范学院等校园市场发生的问题进行了妥善处理。对网内网间电话差别定价、违规开展移动固定电话业务、随意变更固定电话号码用途等违规经营行为进行了整治。开展通信建设领域突出问题专项治理行动。开展行风建设监督检查。组成“河北省通信企业服务质量调研组”，对10个县的基础企业进行了电信服务质量检查；组织开展满意度测评，公示服务质量。加强资费备案管理。启用了“河北省电信资费备案在线管理系统”，清理各类资费套餐2050个。开展全省范围内的垃圾短信治理工作，协查伪基站25台套，关闭行业端口15453个，拦截垃圾短信4.95亿条；治理垃圾邮件9批次740余万封。组织5次电话用户实名登记工作落实情况检查，对存在问题的企业进行了通报批评。强化安全生产监督检查。2012年、2013年，电信市场秩序总体良好，只发生一件行政处罚案件。

三是互联网管理进一步强化。组织开展省内基础电信企业、增值电信企业互联网接入市场的专项治理，打击非法经营IDC、ISP业务以及非法提供接入行为。参加和配合“扫黄打非”等15项专项行动。共配合部、省等有关部门对135个问题网站进行了关停处理。组织开展对全省四家基础电信企业23家增值接入企业互联网网络资源调查核实工作。

四是互联网网络安全工作深入开展。全力做好通信网络安全防护工作。组织开展2013年度通信网络安全防护检查工作，对省内4家基础电信运营企业的14个网元进行了抽查，配合工信部完

成对全省基础电信企业3个网元的抽查。深入开展防范治理黑客地下产业链专项行动。制订专项行动方案，强化网络安全日常监测，加大了对网页篡改、仿冒等安全事件处置力度。基础电信企业网络信息安全责任考核工作有序开展。组织了4次信息安全政策知识培训和3次信息安全责任考核检查，协调督促企业加快企业侧信息安全系统的建设。

三、加强组织机构建设，严格执法监督

2013年1月，管局将政策法规处从办公室分离出来，主要负责组织起草重要文件，牵头承担相关行政复议、行政应诉、政务公开工作，组织开展通信执法监督检查等工作。

一是运用科技手段加强监督。在局行政受理中心和电信申诉中心安装监控设备，在局OA系统安装电子监察系统，对局工作人员的依法行政情况进行监督。加强对合同的审查，累计审查合同65件。

二是做好日常工作。完成行政处罚案件听证1件，申请强制执行1件；主办信访2件、信息公开申请1件；办理法院、公安、律师调查6件；完成行政诉讼应诉1件。

三是做好专项治理。完成了人民法院生效裁判积案专项清理工作；对局及直属单位经营服务性收费项目的清理工作；对部、省行政执法证件和行政执法监督检查证件进行了清理。

（王敬东）

邮政法制建设

【概况】 在省政府法制办、国家邮政局的正确领导下，省邮政管理局进一步加强依法行政工作的组织领导，不断推进法治邮政建设工作。

一、不断提高依法行政意识和能力

一是坚持领导干部和工作人员学法制度。为强化法治思维和法治方式能力建设，省邮政管理局坚持学习规范化、制度化，领导干部带头学法，除安排自学任务外，还充分利用局务会和学习日，组织干部职工集中学习，并组织开展了业务法律知识考试，注重加强对行政法律法规、业务法律法规和党纪政纪的理解。

二是加大法律法规贯彻落实力度。提请省人大常委会开展《邮政法》和《河北省邮政条例》执行情况专项检查，检查对象涵盖发展改革、财政、住建、工商、邮政管理等政府部门，以及全省主要邮政、快递企业。省十二届人大常委会第四次会议听取了并审议通过了省邮政管理局代表省政府作的法律法规贯彻实施情况报告以及省人大常委会财经工委作的执法检查情况报告。

三是大力开展法制宣传。建立了一把手亲自挂帅的“六五”普法领导小组。围绕《河北省邮政条例》和邮政业一法十规章的中央法制体系，开展了新闻发布会、培训宣讲、印发汇编等多种形式的普法宣传活动。组织起草了《河北省邮政条例》重点条文解读，形成了学习读本。

四是推进政府信息公开。严格贯彻执行《政府信息公开条例》，凡是不涉及国家秘密、商业秘密和个人隐私的政府信息，都在政府信息公开网站和局网站进行公开。对公民、法人和其他组织申请公开政府信息的，依法在规定时间予以答复，同时自觉接受人大、政协和司法机关的监督，充分保障当事人的合法权益。

二、着力转变政府职能

一是完善邮政地方法制体系。2012年3月，《河北省邮政条例》在省委书记、省人大常委会主任张庆黎同志主持的省人大常委会第二十九次会议上获高票通过，作出13个方面的先行规定。2012年12月，出台了《河北省邮政行业安全监督管理规定》，成为全国首部专门针对邮政业安全监管的地方政府规章。

二是明确和下放政职权。结合国家邮政局职权明确和下放意见和《河北省邮政管理条例》、《河北省邮政业安全监督管理规定》，逐条梳理了现行邮政法律法规规章关于省市邮政管理机构职责权限的规定，进行分析归纳后予以明确，并将部分职权下放到市级邮政管理机构。

三是推进行政审批改革。根据省行政审批改革领导小组要求，开展了行政许可、非行政许可审批和行政监管事项清理工作。从便民高效、减轻行政相对人负担的角度出发，主动转变邮政管理工作的思路和方式，取消了1项行政监管事项，并将1项行政许可事项和若干行政许可下放到市级邮政管理机构。

四是提高制度建设质量。积极推动规章和规范性文件清理工作。按照清理工作有关要求对照梳理了有关规章、规范性文件，对省政府规章《河北省邮政业安全监督管理规定》和六件省政府办公厅出台的规范性文件提出了保留建议。局规范性文件清理工作圆满完成，保留20件，废止2件。

三、规范机关行政行为

一是加强行政队伍建设。根据省政府法制办要求，组织新增执法人员参加了省政府新增执法人员考试和执法证年检考试，完成了2013年度执法证件清理、年检工作。圆满完成了2次国家邮政局执法资格统一考试，全省99名干部参加了考试。

二是强化执法综合管理。成立了依法行政领导小组，推进行政执法责任制和评议考核制，完善《处罚听证程序实施办法》、《执法案件评查标准》等执法规程。印制下发了《邮政行政处罚程序学习手册》，制作了行政执法制式文书，并将自由裁量权基准报省政府法制办备案。

三是依法化解矛盾纠纷。积极做好邮政业消费者申诉处理工作，依照法定权限和程序，遵循合法、公正、合理的原则，及时有效地处理消费者提出的对邮政企业、快递企业服务质量的申诉。推动行政复议规范化建设，健全行政复议机构和工作力量，组织行政复议工作人员参加国家邮政局专题培训，并通过考试取得行政复议工作证件。

（刘文婷）

检验检疫法制建设

【概况】 为推动对外经贸发展，加快检验检疫体制改革，更好地与国际形势接轨，省检验检疫局不断加强自身建设，牢固树立依法行政理念，以法制工作为引领，注重法制建设的投入，把加强检验检疫法制工作作为一项长期的、重要的任务来抓，不断推进检验检疫法制建设。在建章立制、法制宣传、内部培训、打击违法等方面取得了显著成绩，为顺利开展检验检疫工作提供了法制保障。

一、规章制度修订及审查

2012年，研究出台了《河北局行政执法人员培训考核管理办法（试行）》、《河北局行政处罚工作程序（试行）》等基础性制度文件，对业务规范性文件管理、法律培训考核、执法证件管理、证单签字人管理、行政处罚和案件调查程序等工作进行了明确、规范和程序环节设定，法制工作制度体系逐步健全。对89个管理文件进行了3轮梳理，认定现行有效文件，同时废止过期、失效文件。审查通过并出台《河北出口食品包装容器、包装材料检验监管工作规范（试行）》等10件业务管理文件。

2013年，研究出台了省检验检疫局《行政许可实施程序（试行）》、《关于对“行政许可、非行政许可审批、行政监管”项目进行确认的函》等文件，从行政许可项目、流程、操作、文书、用章等方面进行了规范，全年共出台及审核印发了《出口双边协议国家装运前检验工作规范（试行）》等18个管理文件，完善了制度建设。

二、普法工作及法制宣传教育

2012年，共召开全系统法制讲座视频会4次，小规模法制工作研讨会12次，组织法制工作交流活动20余次，充分运用局内“教育培训电子平台”，进行法律知识在线学习、考核与竞赛，保证了在职人员百分之百参加网上在线学习培训。先后在石家庄市和承德市举办了两期“法制工作培训研讨班”，邀请质检总局法规司领导和系统内法制工作专家为行政执法部门共计70余人次进行现场培训和互动研讨。

2013年，开展“六五”普法中期检查，以检促学。通过自查和督查，督促落实各项普法宣教工作，推动形成“平时学法律、遇事找依据、处置问题守程序”的法治氛围。推进依法行政示范单位创建活动。紧紧围绕全面建设法治质检的目标要求，通过以点带面，树立榜样，鼓励先进，鞭策后进，全面提高全系统依法行政的意识和能力。

三、执法监督

2012年，以“行政处罚、行政审批、行政监督”排查为具体抓手，组织开展了“行政执法风险排查专项行动”，着力改进省检疫检验局存在的行政执法力度与当前工作任务不相适应、自身约束监管与当前工作任务不相适应的局面。圆满完成迎接质检总局“双打”和质量安全督查工作，接受现场工作检查，有效确保了河北辖区内不发生系统性、行业性、区域性质量安全事件。做好“12365投诉举报热线”运行，全年累计接听12365投诉、举报、咨询电话330余个，全部及时答复或转交相关处室进行解答。

2013年，深入开展各专项执法监督行动。一是按照质检总局部署，组织开展打击假冒检验检疫证书专项行动，检查进出口企业70余家，涉及商品150批次，强化检验检疫证书权威。二是组织开展“防骗单”排查工作。共排查重点企业380家，抽查各类检验检疫单证200余份，发现多条违法线索，取得良好工作效果。

四、行政执法管理

2012年，组织开展了全系统行政执法证办理和证单签字人资格申报工作。对各单位（部门）初审上报的194人信息进行审核，通过并上报质检总局170人。对各单位、部门报送的283名证单签字人资格进行了全面审核。按照省纪委、省法制办要求，对行政审批事项进行梳理，根据质检总局“八公开”内容，对11项行政许可执法流程环节及时限进行梳理，制作出了行政许可流程图。全年共计完成5起行政处罚案件，累计罚款人民币10.88万元。

2013年，做好行政执法案卷评查迎检工作。组织开展各分支机构和省检验检疫局业务部门行政执法案件自查、评查工作，10月，在质检总局“行政执法案卷评查”抽查工作中，省检验检疫局行政执法案卷和行政许可窗口建设工作获得好评。积极推行行政许可受理、告知、送达工作下放至各执行机构，同时组织协调业务部门对各行政许可项目制定操作流程规范，明确岗位责任义务和各环节流程时限。全年共计完成47起行政处罚案件，累计罚款人民币91.02万元。

（魏云昊）

气象法制建设

【概况】 2012年、2013年，省气象局认真贯彻落实省委、省政府和中国气象局的工作部署，以执法体制改革和强化社会管理职能为抓手，重点加强社会管理和防雷综合治理，在地方立法、法制建设、依法治理等方面取得了明显进展。

一、气象立法

《河北省气象灾害防御条例》草案于2012年10月25日经省政府常务会议讨论通过，同年11月25日通过省人大常委会第一次审议。2013年5月30日，经省十二届人大常委会第二次会议表决通过，自2013年7月1日起施行。该法规是河北省第二部有关气象工作的地方性法规，它规定了县级以上人民政府应当成立气象灾害防御指挥机构，赋予了气象主管机构依法组织管理气候可行性论证和气象灾害风险评估工作的职责，明确了重点企事业单位防御气象灾害的主体责任。

2012年8月1日，省政府以〔2012〕第3号令的形式，在全国率先公布施行了《河北省暴雨灾害防御办法》。该规章首次明确了气象灾害防御实行行政首长负责制，充分体现了以人为本、科学防御、政府主导、部门联动、社会参与的原则，得到了各级领导、专家、媒体和公众的高度关注和广泛赞誉，多名著名学者、评论员撰文表示赞扬，人民日报、新华社、中央政府网站、人民网、新华网、凤凰网等各类媒体转载了信息。2012年12月18日，省政府以〔2012〕第11号令的形式，公布施行了《河北省暴雪大风寒潮大雾高温灾害防御办法》。以上两个办法以政府规章的形式明确了暴雨、暴雪、大风、寒潮、大雾、高温六种气象灾害的预警等级，细化了各有关部门和单位，在应对不同灾种、不同级别应急响应时，应采取的具体措施。

《河北省气象灾害风险评估管理办法》已列入省政府2013年立法计划。到2013年底，已完成征求各市政府及省直部门意见、省内调研和召开行政相对人座谈会工作。2013年，依据《人工影响天气管理条例》和《河北省人工影响天气管理规定》，制定了《河北省人工影响天气作业单位资格管理办法》，经省政府法制办审查后，正式印发施行。

二、气象执法

一是组建队伍提高业务能力。2012年，省气象局开展了行政执法体制改革，省气象局成立了气象行政执法总队，11个设区市气象局均成立了法规科和执法支队，各县气象局成立了执法大队。2012年，在保定市召开了“河北省气象执法工作推进会”，对气象行政执法体制改革工作进行了中期督导，对执法骨干进行了执法培训，推行了市、县气象局集约执法、交叉执法模式。2013年，组织34名执法人员参加了省法制办举办的培训考试。组织沧州、廊坊、保定等市有关人员参加了中国气象局举办的第三期地（市）级气象行政执法骨干综合能力培训班，逐步提高基层执法队伍的理论能力和实践能力。

二是配备装备加强硬件建设。2012年，省气象局出资120万元，统一为省气象执法总队和11个市气象执法支队配备了气象行政执法专用车。2012年，从中国气象局争取到气象行政执法器材采购专项资金40万，为各市气象局配置了执法记录仪，其中还另外为邯郸、保定、承德、秦皇岛四个试点市气象局配备了笔记本电脑、便携式打印机、照相机、摄像机等执法器材。2013 年，利用中国气象局行政执法能力建设项目经费，为其余 7 个市气象局配置了照相机、摄像机、笔记本电脑等执法器材。

三是完善制度规范管理工作。2012 年，进一步完善了行政执法人员管理制度、行政执法案卷评查制度、执法过错责任追究制度、行政执法责任规定、联合执法实施方案、行政许可管理制度等一系列规章制度。组织开展了行政许可、行政执法案卷评查工作，并参加了全国的案卷评查，促进了行政许可、行政执法案卷的规范化管理。2013 年按照省政府法制办要求，对现行有效的 2 部地方性法规、5 部政府规章涉及的行政许可事项进行了清理，就气象法律、法规和规章所涉及的罚款内容作了统计。

三、行政审批

按照省政府要求，对省气象部门承担的行政许可、非行政许可审批和行政监管事项进行了全面清理。截至 2013 年底，省本级现行有效的行政许可 6 项，非行政许可审批 5 项，行政监管 5 项。

2 年内审批防雷工程资质企业 9 家，取消防雷工程资质企业 2 家；对防雷工程、检测资质进行了年检；依法受理了 31 个公司的防雷工程乙、丙级资质延续申请，办理了延续手续；为 235 家企业 1038 个防雷产品以及 42 家防雷工程资质企业办理了备案手续。受理了围场满族蒙古族自治县优能风电有限公司设立测风塔的非行政许可审批申请，批准其开展测风观测，观测期两年，对其观测资料的使用和汇交提出了要求。

四、执法检查

2012 年、2013 年，省气象局与省政府法制办分别联合开展了《河北省人工影响天气管理规定》和《河北省暴雨灾害防御办法》公布实施一周年的督导检查。重点检查各地制度、机制建立落实情况，以及实施一年来取得的成效和存在的问题。2013 年，按照《全国人大常委会办公厅关于委托检查气象法贯彻实施情况的通知》要求，省人大常委会组成执法检查组，赴廊坊、唐山、秦皇岛 3 个设区市及所辖的霸州、香河、丰南、玉田、抚宁、青龙等县（市、区）和基层气象台站，对贯彻实施《气象法》情况进行检查，有效推动了气象法贯彻力度。

五、依法治理

一是开展防雷综合治理。2012 年 6 月，省气象局参加了由省安监局牵头的河北省民航“打非治违”联合执法组，分别对秦皇岛山海关机场，北戴河机场（新建）、唐山三女河机场、石家庄 2 号航站楼（新建）、中航油配套站等进行防雷安全专项检查。下达法律文书 9 件，提出整改意见 12 条。各市、县气象部门按照省气象局要求配合当地政府部门开展了“打非治违”专项活动。2012 年 10 月至 11 月，省气象局组织防雷督查调研组对各市气象局和各防雷企业进行了专项督察。现场查看了各市气象局的行政许可案卷、执法案卷、防雷检测报告、雷电灾害风险评估报告以及防雷企业的资质资格证件、工程技术档案、行政许可手续等。督察过程中有效宣传了有关防雷的法规、政策，对有关单位存在的问题，进行了指正，进一步强化了防雷社会管理工作。2013 年，组织各市气象局对辖区内的防雷企业逐一进行了专项检查；省气象局先后两次组成检查组，对市、县气象部门的防雷综合治理工作进行督导检查；与天津、北京市气象局进行防雷综合治理交互检查。通过开展防雷综合治理工作，发现了防雷管理、技术服务和市场行为方面存在问题，引起了各级气象主管机构领导的高度重视，为下一步规范防雷技术服务工作明确了方向。

二是开展安全生产大检查。首先，按照省政府和省安委会办公室的要求，2013 年 6 月，省气象局统一部署，各级气象部门集中执法力量，广泛开展市县联合执法、部门联合执法，重点对烟花爆竹、石油化工、涉氯涉氨等危化场所，学校、医院等人员密集场所，建筑物、文物等防雷安全重点行业开展了拉网式检查。全省气象部门共派出检查组 215 个，出动执法人员 5142 人次，督导检查企事业单位 2508 家，查处安全隐患 1275 个，下达责令整改通知书 584 份；与安监、教育、消防等部门联合执法 98 次，检查企业和单位 341 个，查处安全隐患 454 个，下达责令整改通知书 167 份。在大检查活动的基础上，省气象局组织全省气象部门对防雷安全重点监管单位进行了梳理，确定了一批防雷安全重点监管单位，建立了相关数据信息库。其次，根据全省安全生产工作电视电话会议精神，组织全省气象部门按照“全覆盖、零容忍、严执法、重实效”的要求，开展安全生产大检查回头看活动。2013年8月，省气象局彭军副局长亲自带队，对张家口、承德、唐山等地市县气象部门安全生产监督管理工作进行督导检查，听取了当地气象主管机构关于安全生产大检查活动开展情况的汇报。2013年8月至10月，全省各级气象部门共检查安全生产重点监管企业和问题企业633家，其中524家完成整改，109家未能及时整改的企业做出了整改承诺，制订了整改计划，并将有关经费纳入预算。最后，按照国家安全监管总局和中国气象局《关于加强烟花爆竹企业防雷工作的通知》（安监总管三〔2013〕98号）要求，省气象局与省安监局联合对烟花爆竹企业的防雷安全大检查进行了全面部署。各市气象局按照要求，对辖区内烟花爆竹企业的防雷设施进行了拉网式排查，对未经过正规的设计、施工和复核评价不合格的防雷设施，下达了整改通知书，限期整改。

（张永红）

防震减灾法制建设

【概况】 2012年、2013年，在省委、省人大、省政府和中国地震局的正确领导下，全省防震减灾法律体系逐步完善、执法队伍逐步壮大和规范、执法工作全面推进、普法效果日益明显、防震减灾政策法规工作不断深入。

一、防震减灾法制体系逐步健全

早在1996年，全省在全国率先出台第一部防震减灾地方性法规《河北省地震安全性评价管理条例》。它的颁布开辟了河北省防震减灾法制建设的新篇章。此后，相继颁布了《河北省实施〈中华人民共和国防震减灾法〉办法》、《河北省地震监测台站与监测设施保护管理办法》。自2012年4月《河北省实施〈中华人民共和国防震减灾法〉办法》正式进入修法程序后，修订后《河北省防震减灾条例》（以下简称《条例》）取代原《河北省实施〈中华人民共和国防震减灾法〉办法》，经河北省第十二届人民代表大会常务委员会第二次会议于2013年5月30日通过，自2013年7月1日起施行。

新《条例》对河北省既往防震减灾经验和现有做法进行总结和规范，将《中华人民共和国防震减灾法》的规定进一步进行了细化、补充和完善。新《条例》在地震监测、震害防御、地震应急、防震减灾知识宣传等工作方面均有所突破，重点强调了地震、地质、水文、气象、地理信息等方面的监测、观测信息共享机制，建设工程的抗震设防要求纳入建设项目管理程序并作为建设工程可行性研究、施工图审查、竣工验收的必备内容，抗震设防作为村镇规划编制的内容、要开展地震环境和场地条件勘察、避开地震断裂带和抗震不良场地，县级以上人民政府应当建设地震应急指挥场所和抗震救灾现场应急指挥系统，学校、机关团体、企业、事业单位每年应当组织一次以上地震应急救援演练等方面。新《条例》对全省防震减灾社会关系做了进一步调整和完善，充分体现了防震减灾工作管理的完整性、系统性和规范性，标志着河北省防震减灾工作有了新的更加切实可行的法规依据，必将推动全省防震减灾事业的快速发展。

二、配套管理制度不断完善

为配合法律法规的实施，增强可操作性，还出台了大量规范性文件。2012年，全省建立了地震安全性评价工作备案制度，明确要求地震安全性评价资质单位应到当地设区市地震工作主管部门的震害防御科（处）进行备案，不应增加领取工作许可证环节。为贯彻落实《河北省人民政府关于建立行政裁量权基准制度的指导意见》（冀政〔2010〕152号）文件精神，规范全省地震行政处罚裁量权的行使，促进行政处罚行为公平、公正，提高行政执法水平，下发了《关于印发河北省地震行政处罚裁量标准适用规则和河北省地震行政处罚裁量标准（试行）的通知》（冀震发〔2012〕43号），对相关法律法规中的罚则，进行了细化设定了裁量幅度和违法行为表现情形，并根据表现情形对行政处罚标准进行了细化。

三、防震减灾执法队伍逐渐壮大

全省11个设区市都设置了建设工程抗震设防要求管理部门，并配备了执法人员。据统计，省、市、县三级防震减灾行政执法人员已达400余名，执法队伍规模稳步发展，能够有效履行法律法规赋予的职责任务。为提高执法人员的素质，全省开展了不同层面的法制培训和技术培训，编制了《河北省防震减灾培训教材》，该教材体系全面，深入浅出，特别是针对地震执法中的很多问题进行了具体的有针对性的讲解，收到了很好的效果。同时，为约束地震执法行为，依法执法，编印了《防震减灾行政执法文书》，该文书贯穿地震执法全过程，表格详细，流程严谨，有利于统一全省防震减灾执法行为，杜绝违法乱纪现象的发生。

四、执法调研力度进一步加大

一是开展了全省范围的防震减灾执法情况调研和执法检查。调研和检查期间，配合省人大城建环保委及部分人大常委分别到各市开展工作，以检查抗震设防要求行政审批和地震监测环境和观测设施保护工作为切入点，以推进《防震减灾法》各项职能的落实为目标，从中发现问题，找出不足，并配合城建环保委向省人大常委会提交视察报告，转发省政府，要求政府有关部门采取有力措施，取得了积极成效。

二是台站保护问题依法得到有效的解决。按照法律有关规定，2010年开始，全省开始着手制定全省地震监测台站保护方案，这个方案更为具体，主要是针对不同的台站、不同的测项，为每个台站划定环境保护范围，并与规划、建设等部门进行联动，把台站保护工作由事后处理向前期预防推进。河北省范围内共发生4起地震监测环境遭受较大破坏的事例（主要涉及赤城台、丰宁台、张家口台、广平台）都依据有关法律法规，积极沟通协调，得到了妥善解决。

五、防震减灾普法工作不断加强

通过广播电台、电视台和报纸进行不定期的防震减灾法律、法规知识宣传外，在网站上开辟专门的普法专栏，还制作了大量的防震减灾科普知识光盘和小图册等宣传品。同时，充分利用5·12、科技周、科普日、7·28宣传周、国际减灾日、“12·4”全国法制宣传日等重点时期和特殊时段的强化防震减灾法制宣传，并联合教育、科技等部门大规模开展了防震减灾知识进学校、进党校、进行政学院、进机关、进军营、进公安消防、进企业、进社区、进农村等活动。

（边学峰）

经济信息法制建设

【概况】 2012年、2013年，省经济信息中心按照省委、省政府及省发改委的部署要求，加强组织领导，坚持以科学发展观为指导，通过不断努力，使广大干部职工法律意识和法律素质进一步增强，依法行政能力和水平进一步提高，依法行政、依法管理制度进一步健全和完善，圆满地完成了在依法行政、普法宣传、建设全省网上依法行政服务窗口等方面的各项任务。

一、全面实施依法行政

一是完善推进依法行政工作领导工作。2012年，为进一步加强对全省经济信息管理依法行政工作的领导，决定对省经济信息中心全面推进依法行政工作领导小组成员进行调整，领导小组办公室设在信息市场管理处，负责领导小组的日常工作。领导小组调整后认真贯彻落实《河北省人民政府关于推进依法行政加强法治政府建设的意见》和河北省人民政府依法行政“四项制度”及相关《考核办法》，采取多种形式，学习法律知识，强化责任意识，正确履行职责，积极推进依法行政。

二是严格执行行政执法和行政执法监督检查。对拟上岗执法和在岗执法的人员都要组织参加省政府法制办举办的相关法律知识培训和考试，经考试合格由省政府授予其行政执法和行政执法监督资格，方准许持证执法。2012年，省中心根据省政府法制办统一安排，组织经济信息行政执法人员、行政执法监督检查人员16人参加了《中华人民共和国行政强制法》等法规的培训并考试，作为行政执法证件换发前的资格认定培训考试。省内11个设区市的经济信息管理部门也参加了当地政府法制部门组织的培训和考试。截至2013年底，全省共持执法证的人员一百余人，执法监督证人员40余人。沧州市认真贯彻执行《河北省经济信息市场管理实施办法》和《河北省经济信息保密管理办法》，及时将修订的政策法规在“沧州市发改委”网站“信息执法”栏目公布，并公布了市县两级监督举报电话。保持同保密、公安、工商、人保等部门沟通协调，进行联合执法等相关工作。组织执法人员参加市法制办的执法培训，按要求做好《罚没许可证》和《行政执法证》的年检工作。同时参加了各级政府组织的政务公开培训，保证了政务公开。建立了规范性文件备案制度，实现该工作的常态。涿州市、新乐市、渤海新区等市通过“政府信息公开平台”主动公开政府信息，加大了政府信息公开的力度，进一步提高了政府工作的透明度。廊坊市、遵化市加大执法力度，会同相关部门采取联合行动，对经济信息服务单位进行执法检查，并通过政府网站、宣传橱窗、发放资料等形式宣传信息市场管理的有关法律、法规、办法。涿州市建立健全经济信息档案制度和检查制度，发放经济信息明白纸1万余份，重点对经营房地产信息的信息咨询及中介机构进行摸底排查，对房源情况、预售房价情况、已经交易买卖双方详细资料等。资料存档后，由涿州市经济信息执法队派专人负责走访、调查其真实性、可靠性。有力地促进经济信息市场的准确性，杜绝虚假信息的存在，促进各商家合理合法有序地经营，让百姓拥有一个公平公正透明的信息空间。

二、认真做好行政审批清理工作

强化职权法定意识，严格依照法律法规规章的规定进行，没有法律法规规章依据，不能作出影响公民、法人和其他组织权益或增加义务的决定，严格依照法定权限和程序行使权力、履行职责。按照省政府法制办《关于就政府规章中设定的行政处罚规定进行专项清理的通知》要求，对省信息中心的《河北省经济信息市场管理实施办法》及《河北省经济信息保密办法》进行了清理，填报了《拟保留的政府规章登记表》。按照省人大常委《关于进一步审视梳理地方性法规的函》和《对地方性法规和立法工作进行全面审视和梳理的标准》和省发改委法规处的要求，上报了继续保留《河北省经济信息市场管理条例》的意见。按照《河北省人民政府法制办公室关于清理规范罚款行为的通知》（冀法函〔2013〕30号）要求，填报了《依据法律、法规、规章罚款情况统计表》。并按规定上报了省发改委《关于对行政事业性收费项目和经营服务性收费项目进行自查自纠的通知》的情况汇报。

三、扎实开展法制学习宣传教育

根据省发改委《关于全省发展改革系统开展法制宣传教育的第六个五年规划（2011－2015）的通知》（冀发改办法规〔2011〕2316号）文件及《河北省经济信息中心学法制度》，结合我中心经济信息管理工作，制定了2012年、2013年《河北省经济信息中心学法安排计划》，进一步明确了年度法制学习重点，将省发改委规划要求落实到年度计划中。省中心分党组成员发挥表率、带头作用，集体学习了《中华人民共和国行政强制法》，加深了对这部我国新的发展阶段新的法规有了更深的理解，也增强了依法实施行政强制的意识。全体干部职工自觉学习各种法律知识，以自学与集中辅导相结合，保证一定数量的学法时间。

四、建设省内网上依法行政服务窗口

网上政务服务中心是按照“加快行政管理体制改革，建设服务型政府”的总体要求，充分利用全省电子政务网络平台，以河北省现有网上审批和电子监察系统为基础，大力推进系统应用，完善和提升系统功能的原则建设的省内网上依法行政服务窗口。网上政务服务中心统筹各级各部门政务服务中心（窗口）资源，不断扩大网上服务事项，积极推进省、市、县三级行政服务事项网上一体化办理和电子监察，最终实现所有行政服务事项网上集中管理和“一站式”办理。

自省政府关于印发关于建设河北省网上行政服务中心工作方案的通知（冀政〔2010〕102号）文件，赋予省中心相关的管理职能以来，作为增补的河北省网上办公网上审批协调小组成员和办公室副主任单位，省中心担负起河北省网上政务服务中心的建设、运行、管理和组织推进工作。对省直58个部门和单位的1300多项行政服务事项，逐项、逐部门进行了审核梳理，与省审改办、法制办沟通，初步摸清了省直各部门行政许可事项、非行政许可审批事项、行政监管事项的底数。同时在网上审批系统的基础上完成了非行政许可事项网上办理和省市县一体化办理的试点工作，并且积极推进省网上行政审批数字证书认证和管理工作。借助这个平台实现以网上服务大厅为窗口、网上审批为核心、电子监察为保障的全新政务服务体系。截至2012年底，省本级共有30个部门，245个事项在网上审批统一平台办理，系统共受理行政许可项目396314项。网上政务服务中心的运行起到了横向连接各审批部门，纵向连接各市、县政务服务中心的网络核心作用。为规范行政权力，提质增效，优化发展环境，促进全省经济社会又好又快发展提供了有力保障。

五、接受社会监督，继续做好法规规章的咨询服务工作

省经济信息市场管理三级监督举报网络体系由省经济信息中

心会同各设区市及各县（市、区）三级经济信息管理部门联合建设，监督举报网络有专人专部电话专门邮箱，都在各自市区的门户网站上公开。监督举报的内容主要是对从事经济信息商品交易及其中介活动的单位和个人，涉嫌经营违反国家法律、法规和规章，损害社会公共利益或者侵害其他单位和个人合法权益，以及经济信息管理部门工作人员涉嫌违反《河北省经济信息市场管理条例》及《河北省经济信息市场管理实施办法》等行为。廊坊、沧州等市认真查看“经济信息市场管理监督举报邮箱”，接听举报电话，及时做好监督举报受理工作。

同时，省经济信息中心虽然取得了一些成绩，但与依法行政的能力和水平的要求相比，还存在着很大的差距。针对以后的工作和新的形势发展的要求，进一步完善行政执法责任制，贯彻抓好“六五”普法规划，加强法制宣传和执法人员的培训和考核，提高执法能力和水平，争取依法行政工作再上一个新台阶。

（李长妍）

残疾人事业法制建设

【概况】 2012年、2013年，省残疾人法制建设工作在省委、省人大、省政府的正确领导下，在省法制办的直接指导下，认真贯彻国家和省残疾人事业“十二五”规划及年度计划，突出重点，狠抓落实，各项工作有了新的发展，推动残疾人事业依法治理水平不断提高。

一、残疾人事业法规规章体系日趋完善

一是修订《河北省实施〈残疾人就业条例〉办法》。提请省政府将修订《河北省实施〈残疾人就业条例〉办法》列为2012年度立法项目，配合省法制办，根据相关立法程序，完成草案调研起草工作，按时提交省政府常务会议审议，2012年12月28日省政府第115次常务会议审议通过。

二是制定《河北省无障碍环境建设管理办法》。提请省政府将制定《河北省无障碍环境建设管理办法》列为2013年度立法项目，省残联作为规章的起草部门，配合省法制办，形成征求意见稿，并按照立法程序征求了省财政厅、住建厅等14个有关部门、单位和11个设区市政府的意见，到衡水、保定等市进行了专题调研，向社会公开征求了意见，形成提交省政府审议的《河北省无障碍环境建设管理办法（草案）》，12月17日由省政府第14次常务会议审议通过。河北省成为全国第一个完成相关政府规章修订的省（市）。

三是积极推动残疾人立法项目列入省政府立法规划。为使残疾人康复、教育和无障碍建设规章的制定修订能够列入立法规划，省残联向省政府提交了《关于报送2013年政府立法工作计划项目建议和2013—2017年立法规划项目建议的请示》，经积极争取，2013年4月省政府印发的《河北省人民政府立法规划（2013—2017年）》，将制定《河北省无障碍环境建设管理办法》列为力争2013年年内完成的立法项目，修订《河北省残疾人教育实施办法》列为力争2016年年内完成的立法项目，制定《河北省实施〈残疾人康复条例〉办法》列为力争2017年年内完成的立法项目，为残疾人保障法规规章体系不断完善打下良好基础。

四是按时完成省政府规章和规范性文件清理。根据省政府统一部署，对涉及省残疾人联合会的政府规章和规范性文件进行全面清理，分别提出了保留、修改和废止建议，按时上报清理报告，并按要求印发《河北省残疾人联合会关于公布保留和废止规范性文件的通知》，向社会公布。

二、残疾人法制宣传教育深入开展

制定《河北省残疾人联合会系统法制宣传教育的第六个五年规划》，结合残疾人工作实际提出具体要求。为贯彻国家《无障碍环境建设条例》，省残联与省电视台、省人民广播电台联合开展了一系列专题节目，向社会深入宣传条例，呼吁增强无障碍环境建设意识。订购《河北省领导干部公务员学法用法读本》，编印《残疾人保障法律法规规章汇编》，作为普法重点读本发放到广大残疾人工作者手中。组织全体在职干部参加了全省第七次干部法律知识考试。每年全国残疾人日、国际残疾人日、全国法制宣传日期间，通过广播、电视、报纸、杂志、网络等多种途径，采取座谈会、报告会、知识讲座、法律咨询等多种形式，深入宣传有关残疾人事业的法律、法规、规章、政策，累计发放普法宣传册（单）1万余份，大力倡导社会理解、尊重、关心、帮助残疾人，自觉维护残疾人权益，依法发展残疾人事业，取得良好效果。

三、残疾人法律救助工作不断深化

一是会同省人大内司委、省政协社法委等部门制定下发《关于加强残疾人法律救助工作的意见》和《河北省残疾人法律救助工作站管理规定》，进一步明确了残疾人法律救助工作的原则、内容和申请程序。

二是省和大部分市、县（市、区）成立了由人大、政协、法院、检察院、公安、司法、民政、财政、人社、教育、卫生、残联等部门组成的残疾人法律救助工作领导小组，在同级残联设立办公室，并建立联席会议制度，定期召开领导小组会议，各成员单位间形成密切协作、相互配合、积极参与的工作格局，有力地推动了残疾人法律救助工作的开展。

三是会同省人大内司委等十二部门联合批准石家庄市、张家口市宣化区等12个市、县（市、区）为第一批省级残疾人法律救助工作站。积极推动市、县（市、区）残疾人法律救助工作站建设，全省60%以上的县（市、区）建立了残疾人法律救助工作协调机构，初步形成了省、市、县（市、区）有残疾人法律救助工作站，乡、镇（街道）有残疾人维权联络站，村（社区）有维权联络员的工作网络。同时河北省为1个国家级和12个省级工作站共下拨13万元资金补贴。

四是每年六月全省广泛开展“残疾人法律援助月”活动，各地残联会同当地人大、法院、司法、公安、人社等部门对重大涉残案件进行集中排查和处理，使残疾人的合法权益得到很好维护。2012年、2013年，全省各级残疾人法律援助机构共为残疾人提供法律咨询17710人次，办理各类援助案件3400余件，减免各项法律服务费用450万余元，使残疾人合法权益得到较好维护。

四、残疾人执法检查视察富有成效

省残联提请省人大将残疾人保障法法律法规执行情况检查列入2012年工作计划，积极协助组织检查。2012年5月14日至25日，省人大组成执法检查组，对石家庄、张家口、秦皇岛、廊坊、保定、邯郸6个设区市残疾人保障法律法规实施情况进行了检查；同时委托承德、唐山、沧州、衡水、邢台5个设区市人大常委会在当地进行检查；责成省政府残工委、教育厅、民政厅、人社厅、卫生厅、省扶贫办等19个省直部门和单位开展自查，并按规定时限和要求报送自查情况报告。省检查组听取了所到6市及各1个县级政府情况汇报，召开了由有关单位负责人、残疾人、残疾人工作者和专家学者座谈会，并深入到社区、乡村、企业、学校和残疾人康复服务机构等进行了实地考察。检查结束后，执法检查组向省十一届人大常委会第三十一次会议提交了《关于检查残疾人保障法律法规实施情况的报告》，审议通过后，由省人大转交省政府研究办理。在2012年7月10日召开的省人大主任会议上，时任省委书记、省人大常委会主任张庆黎对这次执法检查和河北省残疾人工作给予充分肯定。时任副省长宋恩华在对报告的批示中，要求对执法检查的意见给予重视，相关部门要提出改进的有力措施。省残联还协助省政协调研组对河北省残疾人服务与管理情况进行了专题调研，向省政协会议提交了相关提案；配合省人大内司委开展了《河北省实施〈残疾人保障法〉办法》立法后评估工作。各市、县（市、区）残联也根据当地残疾人工作特点，积极配合人大、政府、政协开展执法检查、专题调研和视察，2012年、2013年，全省共进行各级人大执法检查170余次，各级政协执法视察150余次，各级政府专项检查210余次，通过检查视察，有力地促进了残疾人保障法律法规落实和相关工作开展。

五、残疾人参政议政更加活跃

按照中国残联《关于做好全国人大代表候选人和全国政协委员提名推荐工作的通知》要求，各级残联积极推荐优秀残疾人及其亲属和残疾人工作者人大代表、政协委员候选人进入各级人大、政协。全省有255名残疾人及其亲属和残疾人工作者担任人大代表、政协委员，同比增加了11名，为扩大残疾人参政议政创造了条件。每年年初人大、政协会议召开前夕，各级残联都组织由残疾人及其亲属和残疾人工作者人大代表、政协委员参加的座谈会，围绕残疾人事业发展中的热点、难点问题进行专题研讨，协助代表委员提交有关残疾人事业发展的建议提案。2012年、2013年，各级残联认真办理人大代表建议、政协委员提案，共办理建议、提案108件，办理结果代表委员均表示满意。

六、残疾人信访工作扎实有

效

做好信访维稳工作，事关社会和谐稳定的大局，省残联党组、理事会高度重视，认真落实信访工作"一岗双责"，扎实做好接访（约访、下访）和包案工作，确保信访渠道畅通，妥善解决残疾人的合理诉求。成立了河北省残疾人进京上访及突发群体性事件快速协调处理工作领导小组，出台了《河北省残疾人信访工作问责暂行办法》和《河北省设区市残疾人信访工作评价办法（试行）》，建立了重案、大案"挂牌督办"和机关干部轮流接访制度。2013 年 7 月召开了全省残疾人信访工作视频会议。针对唐山市部分县（市、区）残疾人因机动轮椅车运营问题引发的多次进京集体访事件，省残联致函唐山市政府，引起高度重视，唐山市主要领导分别作出批示，进行妥善处置。2012 年、2013 年，全省各级残联共接待残疾人来访 16000 余人次，办理残疾人来信 2800 多件，基本做到了事事有着落、件件有回音，保持全省残疾人信访形势总体稳定。

（于　尧）

供销合作法制建设

【概况】 2012 年、2013 年，全省各级供销社及盐政执法机构认真履行法定职责，紧紧围绕打击私盐贩销、维护市场稳定、确保合格食盐供应的工作中心，不断加强依法行政建设，全面整治盐业市场，共查处涉盐案件 10933 起，查没私盐 9257 吨，检查用盐户（厂）37854 家（次）、食盐零售商店 223798 家（次），取缔私盐窝点 1954 个，配合司法部门刑事判决涉盐违法分子 11 人，有效地维护了全省盐业市场稳定，保证了合格食盐的持续、稳定、安全供应，维护了食盐安全，巩固了碘缺乏病防治成果。在 2013 年 11 月国家卫计委组织开展的全国"十二五地方病防治目标中期达标考核验收"中，全省顺利通过考核验收，现场考评中碘盐普及率、合格碘盐食用率、居民碘缺乏病防治知识普及率三项指标全部满分，受到国家考评组的高度肯定。

一、建立省内外盐政部门联动稽查机制，开展盐业市场集中整治

2012 年、2013 年，受多种因素综合影响，私盐大幅反弹，且点多面广，批量分散，主要面向乡村食盐零售市场和餐饮用盐市场。根据全省盐业市场形势变化，为加大市场整治力度，省供销合作总社盐业管理办公室（以下简称"省社盐管办"）建立省内外盐政部门联合稽查机制，开展了一系列集中整治活动。

一是开展重点区域盐业市场集中治理。省社盐管办加大对邯郸、邢台、石家庄、保定、沧州、衡水六市盐政处的组织调度力度，加强对私盐冲销问题比较突出的县域市场治理。2012 年 4 月—6 月，采取"集中数县查一县"的办法，组织六市盐政处开展了为期三个月的市县联合稽查，重点稽查 22 个县；2013 年 5 月—10 月，制定了《邯邢石保衡沧东部落后县市场集中检查整治工作方案》，成立专项检查整治领导小组，抽调上述六市盐政处执法骨干，联合县级盐政所执法人员，分成两个稽查组，对上述六市的 31 个落后县开展了两轮集中检查整治。两次集中治理期间，共检查饭店 2450 个、零售网点 5260 个、农贸市场（早市）21 个，学校 18 个、查办各类涉盐违法案件 1625 起、查获违法盐产品 431 吨、清理较大私盐窝点 38 处。

二是开展秋冬季食盐销售旺季盐业市场集中整顿。每年秋冬季是食盐销售旺季，也是私盐贩销比较严重的时期。2012 年 9 月，省社盐管办、省盐业集团公司联合下发《关于组织开展全省食盐销售旺季盐业市场集中整顿的通知》，于 10 月 1 日—12 月 31 日期间，在全省开展了"全省食盐销售旺季盐业市场集中整顿"；2013 年 10 月，省社盐管办与省公安厅食品药品安全保卫总队研究决定，河北省打击涉盐违法犯罪工作领导小组办公室下发《关于集中开展全省食盐市场冬季清查整治行动的通知》，于 11 月 1 日—12 月 31 日期间，在全省开展了食盐市场"冬季清查整治行动"，集中打击工业盐冲击食盐市场行为，查办重大违法犯罪案件。两次旺季整治期间，全省共查处各类盐业违法案件 2381 起，查处私盐 789 吨；共检查用盐企业（户）4780 家、食盐批零网点约 3 万余个，查抄较大私盐窝点 370 个。

三是开展全省春季食盐零售市场集中整顿。省社盐管办、省盐业专营集团公司于 2013 年 4 月下发《关于组织开展 2013 年全省春季食盐零售市场集中整顿》的通知，于 4 月 20 日—6 月 20 日期间，组织开展了全省食盐零售市场集中整顿，重点加强对贩销精制工业盐、假冒小包装食盐行为的整治。期间，全省共查处各类盐业违法案件3384起，查处私盐795.37吨；共检查用盐企业（户）7800家、食盐批零点约4.9万个。

四是开展国庆假期期间盐业市场检查。为确保中秋、国庆及购销旺季食盐安全，2012年、2013年，省社盐管办、省盐业集团公司连续下发《关于组织好国庆放假期间盐业市场稽查工作的通知》，组织全省各级盐政执法机构加强国庆放假期间市场检查，防止不法分子利用节假日贩销私盐。期间共出动稽查车辆2388部次、稽查人员6235人，检查食盐零售网点7065个、饭店5229个、用盐户730家，查办各类涉盐违法案件442起、查没私盐99.201吨、取缔较大私盐窝点18处。

五是开展省际边界地区联合执法活动。省际边界地区是盐政管理相对薄弱的区域，也是私盐贩销易发、多发的部位。为加强省际边界地区盐业市场治理，打击跨省私盐贩销活动，2012年、2013年，省社盐管办坚持“京津冀晋蒙辽”六省（市区）和“晋冀鲁豫”三省联合执法机制，加强与周边省份盐政部门日常信息交流、共同分析市场状况、联合开展检查、协力排查大案要案线索、查办重大案件，共同维护省际边界地区市场秩序。根据冀鲁豫边界联席会议协议，2012年8月，省社盐管办在保定市组织召开了“晋冀鲁豫四省共建共护安全和谐省际边界盐业市场座谈会”。与此同时，邯郸、邢台、沧州、衡水、承德、石家庄等市盐政处与毗邻省市县盐政部门联合开展了一系列联查互查活动，有效地维护了省际边界地区盐业市场稳定，确保了食盐安全。

二、加强与相关执法部门联合，齐抓共治盐业市场

为不断加大盐业市场整治力度，在加强各级盐政部门联合执法的同时，省社盐管办不断拓展与其他执法部门的联合，构建盐政与相关执法部门齐抓共管的联合执法机制，强力维护盐业市场秩序。

一是建立盐政与公安部门联合打击涉盐违法犯罪长效机制，加大打击涉盐违法犯罪工作力度。在与公安部门联合开展市场整顿的同时，为加大联合执法力度，根据《河北省关于加强行政执法与刑事司法衔接工作的实施意见》，结合全省盐政管理实际，2013年5月2日，省供销社、省公安厅联合下发了《关于联合打击涉盐违法犯罪维护食盐安全的意见》，成立了“河北省打击涉盐违法犯罪工作领导小组”及其办公室，建立了联络员、联席会议、案件移送、案件督办、工作报告等五项制度，启动了省市县三级盐政公安打击涉盐违法犯罪工作日常衔接机制，并先后联合开展了“全省打击涉盐犯罪专项行动”和“全省食盐市场冬季清查整治行动”，对查办重大案件，取缔制假售价窝点，打击团伙化、网络化私盐贩销行为发挥了巨大作用。到2013年底，全省盐政执法部门共向公安机关移交21起涉盐犯罪案件，其中省公安厅挂牌督办案件10起，公安部督办3起。

二是建立盐政与食品药品管理部门联合执法机制，加强餐饮用盐市场管理。为进一步加强餐饮业用盐安全管理，杜绝不符合食品安全标准的盐产品和非食用盐流入餐饮业用盐单位（户），防止群体性食盐安全事故发生，省供销社、省食药监督管理局与2013年5月联合下发《关于加强餐饮业用盐安全管理的通知》，建立了省市县三级盐政与食品药品管理部门日常联合执法机制，并开展了全省联合执法检查活动，进一步规范了餐饮业用盐市场秩序，确保了全省餐饮业用盐安全。

三是坚持盐政与铁路公安部门协作执法机制，联合打击铁路贩销私盐行为。为规范铁路运盐秩序，防止不法单位和个人利用铁路倒卖私盐、无碘盐、工业盐冲击食盐市场，按照2010年3月省社盐管办、北京铁路局石家庄办事处、石家庄铁路公安处联合下发的《关于加强盐类铁路运输监督打击私盐贩销保障食盐安全的通知》（冀供销盐管办字〔2010〕6号）规定，省社盐管办组织相关市、县盐政部门与铁路公安部门协作，加强对铁路运盐秩序的日常监控，联合查处非法运盐行为。2012年、2013年，先后在邯郸、邢台、石家庄三市铁路车站查获来自省外的违法精制工业盐12个集装箱，共计324余吨。

三、加强制度建设，规范执法行为，提高服务水平

为进一步推进政务公开，规范执法行为，提升服务水平，2012年、2013年，省社盐管办制定了《行政许可、行政处罚、咨询受理提质提效管理制度》、《“零障碍”服务全程协办机制工作方案》，确定了食盐批发许可证审批受理、群众举报盐业违法案件和投诉、接受盐业法律政策咨询的带班领导和协办员，并将其姓名、职务、办公房间号、办公电话等信息每天在单位办公场所和单位网站予以公示；优化了食盐批发许可流程，减少了审批环节，审批和送达时间由法定的20个工作日减为10个工作日；建立了《食盐批发许可证受理登记册》，对接件、补证、受理、审查、送达等主要环节进行详细登记，以便于查询和复核；修订了《群众来信、来访举报投诉台帐》，对举报时间、举报人、举报方式、被举报单位和个人、举报内容和处理结果进行详细登记；修订了《河北省供销合作总社食盐批发行政许可时限流程图》、《河北省供销合作总社行政处罚时限流程图》。以上制度和流程图通过省盐业网站和办公场所公示等方式向社会公布，接受社会监督。

四、加强盐政队伍培训，不断提高执法人员整体素质

2012年、2013年，省社盐管办继续将执法培训作为队伍建设和管理的重要工作，常抓不懈。2012年初，先后组织唐山、石家庄、张家口三市市县盐政执法部门领导和执法骨干进行专题培训；2012年2月28日，在石家庄市召开全省盐政工作座谈会，同时集中学习工业盐管理法规政策，研讨加强工业盐管理的问题；2012年7月9日—10日，在石家庄市平山县组织全省盐政执法培训班，各市县260余名盐政执法骨干参加培训，省政府法制办领导和律师参与授课；2012年10月30日—11月2日，组织邯郸、邢台、石家庄、沧州、衡水五个重点市盐政处负责人参加中国盐业协会举办的全国盐政人员培训班；2013年5月、8月、9月，先后组织邢台市、鹿泉市、廊坊市盐政处（所）计130余名执法人员进行培训；2013年12月在石家庄市举办了全省11个设区市和辛集、定州两市及52个重点县共计150名执法人员参加的盐政执法业务综合培训。通过一系列的学习培训活动，全省盐政执法人员的执法素质、执法效能、执法水平实现了较大的提高。

五、坚持开展盐业宣传，增强人民群众盐业法制和卫生保健意识

2012年、2013年，全省供销社系统各级盐政执法机构按照省社盐管办统一部署，组织开展了“3·15”消费者权益日、“12·4”全国法制宣传日、第十九、二十届5·15防治碘缺乏病宣传日等节日盐业宣传活动；省社盐管办在《河北日报》、《河北农民报》等报刊刊登宣传版面，宣传碘缺乏病防治和涉盐法律、政策知识；市、县级盐政执法机构坚持宣传日常化、基层化，下伸宣传触角，采取出动宣传车深入市郊和农村宣传、设立固定咨询点接受群众咨询、入户检测群众盐灌子、制作播放电视宣传片和滚动字幕、报纸发表专题文章、在重点乡村和集市设立固定宣传标语、在食盐零售网点和村级卫生站张贴宣传画、发放宣传材料等多种形式普及碘缺乏病防治和盐业法制知识，启发城乡群众自觉抵制私盐、无碘盐，主动举报盐业违法案件，有力地促进了合格食盐的供应。期间，全省共发放各种宣传材料234.7万份册，进行电视、报纸、广播宣传2950次。

（张振宇）

社会管理综合治理

综　　述

2012年，在省委、省政府的正确领导下，在中央综治办的精心指导下，河北省综治工作以创新体制机制为主线，以改善“两个环境”为重点，以十八大安保工作为首要任务，坚持统筹全局，社会管理体系更加健全；坚持民生优先，服务管理创新纵深推进；坚持典型引领，重点工作实现突破；坚持协调联动，综治体制优势有效发挥；坚持源头治理，大量矛盾纠纷和隐患在第一时间得到化解，为充分发挥首都“护城河”作用奠定了坚实基础，为建设经济强省、和谐河北作出了应有贡献。一年来，全省有43项社会管理创新工作在全国会议上介绍了经验，有18项工作中央和国家部委在全省召开现场会推广经验。全省连续8年被评为全国社会治安综合治理工作优秀省。

一、在全局中统筹规划，全面提升社会管理水平

一是省委、省政府高度重视。连续召开省委常委会、领导干部大会、现场会、电视电话会等会议进行部署和推动，对社会管理格局、工作体制机制进行系统安排。省委书记张庆黎同志从思路、方法、重点等方面多次作出重要指示，亲自深入基层调研。省长张庆伟、省委副书记赵勇同志多次深入基层调研指导，研究解决重大问题，推动重点工作。省委常委、政法委书记、省综治委主任张越同志亲自谋划部署，强力推动工作落实，在肃宁“四个覆盖”等典型培树上深入乡村指导，具体组织经验的完善、深化、推广工作。年初，省委、省政府主要领导亲自与各设区市、省直部门主要负责同志签订综治责任书，进一步压实领导责任。

二是工作重心向民生倾斜。各级党委、政府把解决民生问题作为加强和创新社会管理的基础工程。2012年，省政府确定了十项民生实事，省本级财政安排民生支出720.9亿元，集中力量实施就业再就业、城市保障性住房建设、重点区域和生态环境治理等六大工程。合并实施新型农村和城镇居民社会养老保险制度，农村合作医疗参合率达到96.24%。举全省之力打好扶贫攻坚战，环首都扶贫开发示范区建设全面启动，已投入各类资金104.4亿元。扎实开展加强基层建设年活动，组织全省15000名机关干部深入5010个帮扶村，完成帮扶项目81685个，极大地改变了帮扶村的落后面貌。

三是工作领域向源头延伸。各级党委、政府积极推进顶层设计，全面实施《流动人口服务管理规定》，以养老、助残、大学生医保等为重点，加快完善社会保障体系，把以人为本、服务为先的理念落实到具体政策措施中。省人大加强社会领域立法，制定颁布了5部地方性法规及9部政府规章，为重点难点问题的解决提供了法治保障。从矛盾纠纷形成的源头入手，认真落实社会稳定风险评估机制，稳步推进和谐劳动关系创建。实施社会稳定指数评价办法，推动各级各部门源头管理责任的落实。规范整合平安志愿者队伍，引导非公企业和非公经济人士承担社会责任，进一步完善了“大维稳”格局。

二、在机遇中乘势而上，加快推进社会管理创新

一是整体推进农村社会管理创新。以肃宁“四个覆盖”做法为基本模式，各级党委、政府主要领导亲自抓，通过召开现场会、出台意见、巡视督导等措施强力推广。目前全省已有52%的村实现“四个覆盖”，超额完成了预定目标。肃宁经验在全国产生了广泛影响，成为全国农村地区整体推进社会管理创新的样板，推行“四个覆盖”被中央综治委列入2012年综治考评内容。各地结合实际，形成了秦皇岛市“双六工程”、沧州市“平安五网”、廊坊市“4＋×”模式等一批创新成果。

二是扎实推进社区服务管理创新。做实为民服务管理平台，将社区建设经费列入省级财政预算，社区综合服务设施覆盖率达71%。完善社区服务功能，全面推进“一刻钟”社区服务圈建设。大力推进社区网格化管理，各设区市全部建成社区信息综合服务平台，并开通“12349”公益服务热线。创新社区党组织设置，强化居委会服务职能，建立矛盾纠纷调解协会、心理疏导小组、文化体育组织等社区组织。石家庄市社区党建网格化等做法在全国推广，涌现出唐山路南区社区网格化管理、邢台桥西区物居合作等一批典型经验。承德“四有一创”经验进一步深化，双滦区被授予“全国和谐社区建设示范城区”荣誉称号，双桥区和平泉县分别被确定为“全国社区管理和服务创新实验区”、“全国农村社区建设试点县”。

三是积极推进社会管理理论创新。针对转型期的社会心态，举办河北省首届见义勇为法治论坛；针对市场机制在社会管理创新中的应用，举办保险与社会管理创新高层研讨会；针对“深化社会体制改革与推进科学发展”，廊坊市委与北京市社工委、北京师范大学联合举办第二届中国社会管理论坛，形成了一批研究成果。省人大组织全省和中直参选的全国人大代表进行专题调研，提出建议20多件；省政协组织政协常委、委员进行广泛调研，提出的建议被细化分解为67项任务，批转到21个党政部门研究落实。组织省综治委各专项工作组和成员单位开展专题调研，促进了对十八大精神的学习贯彻。

四是借势推进综治工作机制创新。提前着手做好十八大安保工作，完善“日排查、周调度、月汇总、季分析”工作机制，深入推进矛盾纠纷排查调处和社会治安重点地区、突出治安问题排查整治工作。全省共排查矛盾纠纷121574起，成功调处117265起，调处率96%。围绕暑期工作“四个上新水平”总目标，建立实行网格化社会管控机制，确保了暑期工作万无一失。围绕省委改善“两个环境”重要决策，扎实推进平安建设。在去年完善社会治安重点地区排查整治长效机制的基础上，今年又在全国率先出台了《河北省社会治安重点地区认定标准》，推进了重点工作的制度化、规范化。认真实施科技防范第二个五年规划，完善立体化社会治安防控体系建设，对危及经济运行安全的涉众型经济犯罪、制售假烟等突出犯罪组织联合打击，对危及群众生命财产安全的“两抢一盗”、涉爆等犯罪组织专项打击，增强了群众的安全感。

三、在协调中凝聚合力，把体制优势转化为社会管理创新的强大动力

一是强化综治平台建设。年初，将省综治委及时更名，调整理顺社会管理综合治理工作组织领导体系和职责任务，实现工作职能的拓展；充实成员单位，省综治委成员单位由38个增加到51个，体制优势进一步凸显；启动省综治委8个专项组工作，明确牵头单位，细化工作责任，有序推进工作开展；建立综治委工作会议、专项负责、联系点、请示报告、述职等工作制度，实现了规范运转；调整充实省综治办工作机构和人员力量，强化职能作用，为推动全局工作奠定了坚实基础。

二是强化联动协作。组织各成员单位、相关部门和社会各界，全方位参与社会管理创新。省公安厅、省交通厅、省金融办、省教育厅等多家单位主动与省综治办联系，联合推动打击处置非法集资、道路交通安全综合治理、社区戒毒和校园及周边治安整治等工作。省保监局、省人保公司与省综治办联合推广治安保险，实现了群众利益、企业效益和社会效益的多方共赢。省护路办与北京铁路局、太原铁路局开展路地协作，圆满完成了重要时期铁路护路联防任务，铁路护路联防工作在全国会议上介绍了经验。省委组织部深入推进基层党组织建设，李源潮同志8次作出肯定性批示。省委宣传部组织各级新闻媒体开展集中宣传活动，历时5个月，为加强和创新社会管理营造了舆论氛围。省信访局积极推动信访工作创新，先后4次在全国会议上介绍经验。省公安厅在社会管理创新中充分发挥职能作用，有7项工作在全国会议上介绍了经验，公安部两次在全省召开现场会推广相关做法。省财政厅积极发挥财政职能履行综治责任，3项工作得到财政部通报表扬。省民政厅狠抓社会养老服务体系建设，民政部在邯郸召开现场会，推广全省互助式养老模式。省司法厅在社区矫正、法制宣传教育等工作中探索创新，先后8次在全国会议上介绍经验。省人社厅从就业创业服务入手推动社会管理创新，人社部在石家庄召开现场会，推广全省高校毕业生就业工作经验。省民宗厅积极探索民间信仰事务管理工作新路子，在全国会议上介绍了经验。省计生委加快推进人口计生信息化建设，相关工作3次在全国会议上介绍经验。省工信厅着力构建食品诚信、工程建设监管、阳光理政工作体系，在全国工信系统为民服务创先争优活动座谈会上介绍了经验。省广电局加强卫星电视管理工作，两次在全国会议上介绍了经验。省安监局加强安全生产应急管理等工作，6次在全国会议上介绍经验。省见义勇为基金会与省国资委、省烟草专卖局等部门加强协作，加大救助力度，积极搭建见仁勇助、扶危救难平台，全国见义勇为英雄张青彬、“最美农民工”王俊旺、“最美学警”李博亚、“最美90后”张志鹏等先进典型层出不穷，见义勇为在燕赵大地蔚然成风。

三是强化对接指导。发挥综治成员单位的资金、技术、职能、政策等方面优势，对试点地区给予重点扶持。在推广肃宁经验中，省纪委等五部门联合下发意见，对村监会的规范化建设作出详细规定；省委农工部制定了农村经合组织规范化管理意见和全覆盖工作方案，鼓励引导专业合作社发展；省委组织部在大城县召开现场会推广党员“七权七责”制度，推动基层党组织全覆盖；省民政厅结合村委会换届工作，指导加强村委会、村代会、村监会建设。对接指导使石家庄综合试点工作不断深化，建立了“大排查、大调处、大帮扶”一体化社会矛盾解决新机制，取得了矛盾解决、群众满意、社会和谐的综合效果。职能部门也在对接指导中找到了创新的突破口。省总工会积极推动和谐劳动关系建设，两次在全国会议上介绍经验。省妇联在妇女信访代理和留守流动儿童服务管理工作中积极探索，先后两次在全国会议上介绍了经验。

四是强化基层基础。扎实推进乡镇（街道）综治维稳中心和村（居）综治工作站建设，大力发展专业性、行业性调解组织。采取培训班、座谈会等多种形式开展教育培训，提高工作能力。树立“四种精神”，加强综治干部队伍建设。对平安建设先进集体和先进个人，优秀调解员、优秀调解室进行评选表彰，调动了基层积极性。支持基层创新，及时跟上指导帮扶措施，望都县民情档案、栾城县视频监控村村通、邢台市桥东区群众工作机制、枣强县芍药村道德建设等一批经验得到培育和推广。

四、在问效中推进落实，把省委部署转化为各级各部门的实际行动

一是抓巡视督导。将加强和创新社会管理纳入各级党委、政府的督查内容，实施多层次、多波次专项督查。根据省委主要领导的指示精神，省“两办”下发通知，省综治委组成巡视督导组，对各设区市推广肃宁经验进行巡视督导。会同省开展基层建设年活动办公室，对落实“两个排查”工作机制、基层平安创建等工作进行督导。针对十八大、全国“两会”等重要时期安保工作，组织集中督导。一年来，省、市两级共派出督导组700多个，形成了以督导促落实的强大声势。

二是抓暗访调度。注重到落实的第一线发现和解决问题。对影响和谐稳定的重大问题采取省级挂牌督办、成员单位督导、省综治办暗访检查、召开调度会通报情况、发督办函等一系列措施，形成闭合的解决问题链条。在十八大召开前夕，组织5个暗访组，对各市开展“两个排查”专项行动等情况进行暗访检查，将发现的问题以视频调度会的形式通报全省，并下发督办函督促整改。一年来，省综治办分三批对64起重大矛盾纠纷和59个社会治安重点地区、突出治安问题进行挂牌督办，推动整改和化解工作，在十八大安保中未发生任何问题。

三是抓考核问责。提高推广肃宁经验、开展“两个排查”、综合试点等重点工作考核比重，发挥考评工作的激励作用。建立群众安全感度与一票否决制度的联动机制，对群众安全感度低于60%的县（市、区），一律实施一票否决警示。对发生重大恶性刑事案件、治安灾害事故、群体性事件等严重危害社会稳定重大问题的，坚决追究责任。

2012年，省、市两级共对17个地方（单位）实施了一票否决警示，对14个地方（单位）实施了一票否决。

2013年，按照中央和省委关于平安建设一系列工作部署，各级各部门坚持以贯彻落实党的十八大、十八届三中全会精神为主线，以建设平安河北为主题，深入贯彻落实全国、全省政法综治工作会议精神，更加注重顶层设计，更加注重源头治理，更加注重动态管理，更加注重基层基础，全面落实平安河北建设各项工作措施，创新社会治理，不断提升群众安全感，促进社会和谐稳定。中央综治动态先后转发了《河北省制定社会治安重点地区认定标准》、《河北省承德市大力加强平安建设》、《河北省委书记周本顺就贯彻落实深化平安中国建设工作会议精神提出四点要求》、《河北、山东大力发挥治安保险在平安建设中的作用》等4篇（2013年中央综治动态共刊发39期），中央政法委“三建办”发河北两期专刊。另外，2013年4月18日，人民日报大篇幅报道了《河北省：“护城河”上的平安气象》；9月17日，河北日报、河北法制报等新闻媒体先后分别对《“三角地带”综合整治工作》进行了报道；10月6日，河北日报头版头条报道了《着力把河北建成全国首安之区》。

一、更加注重顶层规划设计，着力把“大维稳”格局提升为“大平安”格局

全省从顶层方面进行规划设计，把平安河北建设置于中国特色社会主义发展事业全局中来谋划，把人民群众对平安的要求作为努力的方向，推动“大维稳”格局提升为“大平安”格局，在更高起点上推进平安河北建设。一是强化组织领导。成立高规格平安建设领导小组，由省委书记任组长，省长，省委副书记，省委常委、政法委书记，省委常委、省委秘书长，分管政法工作的副省长任副组长，办公室主任由省委政法委书记、省综治委主任兼任。7月，省委、省政府召开全省深化平安河北建设工作电视电话会议，本顺书记明确提出把“大维稳”格局提升为“大平安”格局，从更高层次、更高水平上推进平安河北建设。二是强化保障措施。省委、省政府相继出台《河北省社会治安重点地区认定标准》、《深化平安河北建设规划（2013—2015）》、《关于进一步深化平安河北建设的指导意见》，对平安建设作出顶层规划设计，明确推进工作的时间表和路径图。各市、县（市、区）分别召开了平安建设会议，出台深化平安建设相关文件，推动齐抓共管措施落实。三是强化责任。各级综治委用足用好社会治安综合治理一票否决权制和一票否决警示制度，全省对存在重大社会治安隐患和突出问题的14个地方和单位实行了一票否决，对47个地方和单位实行了一票否决警示，对42个地方和单位领导实行了诫勉谈话，对191个地方和单位实行了挂牌督办。四是强化考核。省委、省政府出台了《河北省平安建设考核办法》，统筹信访、维稳、综治考核为平安建设考评，并将考评结果列入党政领导班子综合考核评价体系，所占分值权重为10%。制定了《2013年度设区市、省直管县（市）平安建设考评实施细则》、《2013年度省直部门（单位）平安建设考核评介实施细则》及评分表。

二、更加注重试点引领作用，着力带动平安建设水平整体提升

全省在326个社会管理创新试点工作基础上，确定31个县（市、区）为省级平安建设试点，通过建立省综治成员单位对口指导制度、省综治办处级干部联系指导平安建设试点、各市党政主要领导分包试点等措施，努力从不同层面破解平安建设重点难点问题，引领整体工作水平提升。先后推广了承德市“四有一创”、石家庄市党建网格化、衡水市“星级创建”、沧州市“平安五网”、邯郸市“五个延伸”等典型经验做法，充分发挥了典型的示范引领作用，以“点”上开花促进“面”上结果。截止到2012年，全省连续9年保持全国社会管理综合治理工作优秀省。2013年5月，人社部、中央综治委决定：授予河北省邯郸市综治办等4个单位“全国社会管理综合治理先进集体”荣誉称号和肃宁县委书记安伟华等4名同志“全国社会管理综合治理先进工作者”荣誉称号；中央综治委决定：继续保留河北省承德市、廊坊市、秦皇岛市全国社会管理综合治理优秀市荣誉称号，继续保留全省肃宁县等8个全国平安建设先进县（市、区、旗）荣誉称号。中央综治委决定：全省承德市、秦皇岛市、香河县被授予“长安杯”；中央综治委、中组部决定：嘉奖全省32名平安建设先进个人。同时，全省每年表彰平安建设先进单位100个，平安建设先进个人100名。

一是以平安和谐为主线，深入推进农村“四个覆盖”。在承德市召开了全省推进“四个覆盖”工作现场会，推广了承德市、石家庄市等地的经验做法，全省社会治安形势明显好转。二是以网格化管理为抓手，深入推进社区服务管理创新。在社区以网格为单元，整合各种力量，把政法、综治、信访、维稳、安监、劳动保障及群防群治等资源最大限度延伸到网格，大力发展了社会志愿者、综治协管员、治安信息员等群防群治队伍，形成了全民参与治安防范、基层平安创建的良好局面。市、县（市、区）建成了社区综合服务平台，提高了社区现代化管理能力。三是以安居乐业为目标，深入推进“天网”工程建设。按照社会化、网络化、信息化要求，全面落实第二个五年科技防范规划（2011－2015），大力实施“天网”覆盖工程，重点推广安装视频监控系统，提高了社会管理和平安建设水平。全省累计安装技防设施220多万个，其中在实施第二个五年规划中，新增技防设施数117万多个；全省重点单位科技防范设施的覆盖面达到了100%，入网率达到了90%以上，内部单位、城区学校的重要部位科技防范设施安装率达到了100%；全省居民小区科技防范设施的覆盖面要达到了83%以上，公共复杂场所安装科技防范设施要达到了95%以上；全省区域科技防范报警服务中心的普及率达到了90%以上；农村科技防范设施的覆盖面达到了96%以上。四是以“六无”为目标，深化基层平安创建活动。各地认真落实全省政法工作会议部署，以“无重大刑事发案、无大规模群体上访、无重大安全事故、无邪教组织活动、无个人极端事件、无重点人员漏管失控”为目标，深入推进基层平安创建活动，积小安为大安。

三、更加注重综治专项工作深入推进，社会治安突出问题得到有效解决

一是抓好实有人口管理服务。各地以开展“实有人口、实有房屋”全覆盖活动为载体，全面做好基础信息采集，基本实现“人房一致”和“以房找人、查人知住”。目前，全省公安机关共登记流动人口283万人、出租房屋58万户，发现案件线索10655条，破获刑事案件1701起，查处治安案件11429起，抓获各类违法犯罪嫌疑人4082名。二是强化特殊人群服务管理工作。建立社会管理动态管控机制，依托公安大情报平台，加强对涉稳涉恐重点组织、群体和人员动态管控，实现对重点领域、要害部位、核心人物的全覆盖和实时动态监控。2013年6月至9月组织了全省刑释解教人员排查列管“百日会战”专项行动，全面排查清理了5年来的全部刑释解教人员，落实管控措施六万多人，管控率达到了89%，列管率达到100%，失控人员布控率达到100%。三是强化非公有制经济组织、社会组织服务管理工作。省委统战部开展了“加快全省民营经济发展”专题调研活动，形成了《关于加快我省民营经济发展的调研报告》；积极组织民营企业家、小微企业负责人、非公有制经济代表人士进行培训，不断提高企业家的综合素质和经营管理水平。省民政厅印发了《河北省公益性、服务性社会组织注册登记管理办法》，截至目前，全省直接登记社会组织3314家，备案登记社区社会组织709家；深入推进社会组织党建工作，新成立的77家社会组织全部建立了党组织，省属社会组织党组织应建必建率达100%。四是强化社会治安整治工作。开展社会治安集中整治。全省围绕春节和全国、全省“两会”、暑期安保工作和社会面整体防控工作，集中组织开展了3次排查整治行动。全省共排查社会治安重点地区191个，已整治好191个，整好率为100%。其中，对47个社会治安重点地区、突出治安问题实行了省级挂牌督办，现已全部化解整治完毕。开展“三角地带”职业盗抢综合整治工作。2013年8月，省综治办、省公安厅、省法院、省检察院联合印发《关于组织对饶阳县、献县、肃宁县“三角地带”综合整治工作方案》；9月，召开“三角地带”综合整治工作调度会，对综合整治工作进行部署安排。全省共打掉“三角地带”籍职业盗抢犯罪团伙94个，破获盗抢汽车案件1195起，抓获犯罪嫌疑人689名，打击整治工作成效明显。各地在整治的同时建立了长效机制，确保三角地带长治久安。开展专项治理整治工作。从9月开始，在全省组织开展了打击“两抢一盗”百日攻坚行动，截至行动结束，共破获“两抢一盗”案件61142起，抓获犯罪嫌疑人33971名。开展危爆物品安全管理整治工作。全省组织召开有关省直部门召开危爆物品安全管理工作调度会，认真研究贯彻落实措施。省综治办决定对全省危爆物品安全管理隐患突出的13个重点县（市、区）进行挂牌督办，限期整改。开展消防安全隐患排查工作。省委主要领导就消防安全工作多次作出重要批示，省综治办会同省公安厅联合印发了《关于贯彻落实省领导重要批示精神充分发挥综治优势做好消防安全工作的通知》，切实把消防安全工作纳入社会治安重点地区排查整治、纳入社会治安防控体系建设、纳入基层综合服务管理平台建设、纳入检查考核，切实加大工作力度，确保消防安全工作顺利开展。五是强化社会管理政策法规的调研工作。先后制定颁布了《河北省法制宣传教育条例》、《河北省防震减灾条例》、《河北省气象灾害条例》、《河北省人民代表大会常务委员会组成人员守则》、《河北省突发事件应急管理条例》、《河北省农村土地承包管理条例》和《河北省辐射污染防治条例》等7部具有河北省特色的关于创新社会治理方面的省本级地方性法规。对29件省政府规章进行了修改，废止了8件省政府规章。六是强化预防青少年违法犯罪工作。团省委联合教育、司法、公安、法院、检察院等单位在全省10－18岁青少年群体中广泛开展法制安全大讲堂活动，实现年底前全省10－18岁青少年普法参与率20%、全省有关院校普法覆盖率60%的工作目标。开展了重点青少年群体服务管理和预防犯罪试点工作，2013年11月底，在石家庄召开了全省重点青少年群体服务管理和预防犯罪工作推进会。七是强化校园及周边治安综合治理工作。开展了全省学校安全大检查活动，共排查出各类安全隐患2115个，其中较大安全隐患271个，重大安全隐患4个，按照“属地管理、分级负责”的原则，逐级明确整改责任，实行挂帐销号制度，已整治2050个，整治率97%。八是强化护路护线联防工作。全省在铁路沿线深入开展了“一打三整治”活动（打击涉路违法犯罪，整治危行治安问题和安全隐患、整治调处涉路矛盾纠纷、整治取缔非法废旧金属收购站点），严厉打击涉路犯罪。全省共排查出3548名涉路重点人员、1183个重点单位（站点），全部采取了稳控措施；排查出148起涉路矛盾纠纷、519处（个）治安问题和安全隐患，逐一采取了整治和调处措施，落实了责任。

四、更加注重社会治理方式创新，“四大工程”不断深化

一是加强源头治理，着力构筑源头预防工程。健全完善科学决策机制，建立了社会稳定指数评价体系，对各设区市和维稳工作每月进行综合评估，通报评估结果，从源头上过滤了一大批涉稳隐患。健全完善民意导向机制，把平安建设考核指标纳入各级党政领导班子实绩考核体系，所占分值为10%，把评判权交给群众。2013年，对全省105项重点建设项目进行了挂账督办，从源头上防范了风险。二是加强系统治理，着力构筑社会安全系统工程。健全完善维护国家安全、公共安全、经济安全、网络安全、首都“护城河”工作体系，坚持以推进“护城河”指挥部、环京4市及17个公安检查站，环京防线、省内防线、环省防线等“三道防线”建设为抓手，不断完善提升“护城河”工程。十八届三中全会期间，依托“四环、三道、两区”建设，共检查车辆65.9万余辆、人员219万余人，查获违法犯罪嫌疑人115人，有效发挥了首都“护城河”作用。省综治办就解决进京非正常访问题进行专题研究，充分发挥一票否决、一票警示和通报制度作用，积极推动问题解决。省直各部门加强系统治理，开展系统平安创建，推进系统重点地区排查整治，有效实现了系统平安。加强综治成员单位联系点制度建设，发挥综治成员单位职能作用，指导帮助基层单位完善基平安创建工作。三是加强综合治理，着力构筑社会治安净化工程。深入推进严打整治、社会治安防控体系建设，实施社会治理创新工程，大力推进基层网格化管理，推动平安建设向居民区和自然村延伸，建立“人、地、物、情、事、组织”为主要内容的基础信息数据库，实现社区（村）网格化管理全覆盖。全省建成市、县（市、区）、乡镇（街道）、村（社区）四级联网的视频监控系统，主要街道、重点部位、案件多发地段和巡控节点的视频巡控达到90%，技防单位创建率达到95%，技防小区创建率达到90%，技防村创建率达到80%以上。四是加强依法治理，着力构筑法治保障工程。省委、省政府研究出台《法治河北建设实施纲要》，用五年至七年时间，推进依法治省各项任务全面落实，建成地方法规健全完善、公民权利保障有力、公共权力运行规范、执法严格高效、司法公正权威、法治氛围良好、社会和谐稳定的法治河北。

五、更加注重长效工作机制建设，平安建设、社会治理规范化、科学化程度不断提高

一是健全完善基层服务管理机制。深化平安建设，重点在基层。各地以完善基层综合服务管理平台为重要载体，截至目前，全省县（市、区）、乡镇（街道）、村（社区）三级平台覆盖率分别为96.2%、95.4%、90.3%，31个试点县（市、区）实现全覆盖。群众工作站、社区综合服务站、社区心理咨询服务站等经验做法受到推广。二是健全完善群众参与综治工作机制。全省综治部门紧紧依靠人民群众，发展壮大平安志愿者、社区工作者、义工、群防群治队伍等专业化、职业化、社会化力量，通过政府购买服务、提供公益性岗位、治安保险、举报奖励等办法，形成平安建设人人参与、平安成果人人共享的生动局面。尤其是全省平安志愿者队伍建设，完善平战结合工作机制，在重要时期数量达100万名以上，日常时期数量达50万名以上。三是健全重点地区整治长效机制。各地普遍健全完善了重点地区排查整治工作领导机制、排查机制、研判机制、整治机制、考评机制，推动社会治安重点地区排查整治工作的常态化、规范化建设。同时，建立集中排查整治与日常排查整治相结合，重点排查整治与专项排查整治相结合，重点时期排查整治与滚动排查相结合的工作机制，实现重点地区排查整治全覆盖、无死角。四是健全矛盾排查调处长效机制。各地各部门加强"日排查、周调度、月汇总、季分析"工作机制建设，确保矛盾纠纷"小事不出村，大事不出镇，矛盾不上交"化解在基层。大力发展社区工作者、义工等社会志愿者队伍，打牢预防化解矛盾纠纷的社会基础，省综治委印发了《关于进一步加强行业性、专业性调解组织建设推进社会矛盾纠纷化解工作的意见》，截至目前，全省义务调解员达38万余人，建立专业性、行业性人民调解组织663个，共排查矛盾纠纷103530件，调处100617件，调处率97%。五是健全完善社会治安形势分析研判机制。省、市、县三级都建立了社会治安形势分析研判机制，定期召开分析研判会议，省每半年、设区市每季、县（市、区）每月分析区域及各部门各系统重大矛盾纠纷、社会治安重点地区、突出治安问题产生的原因及规律。特别是加强对流动人口服务管理、特殊人群服务管理和预防青少年违法犯罪、校园及周边治安综合治理、护路护线联防等工作的分析研判，增强工作针对性。

社会管理综合治理

【饶阳县、献县、肃宁县"三角地带"综合整治情况】 经省委常委、政法委书记张越同志批准，决定自2013年8月至12月底，集中开展"三角地带"综合整治工作。全省共抓获"三角地带"职业盗抢犯罪嫌疑人689名，打掉犯罪团伙94个，破获盗抢汽车案件1195起，收缴各类赃款、赃物价值3400余万元，追缴被盗汽车179辆，全省盗窃机动车案件同比下降23.6%，有力维护了全省社会治安大局稳定。

一、综合整治工作基本情况

2013年8月，省综治办、省公安厅、省法院、省检察院联合印发了《关于组织对饶阳县、献县、肃宁县"三角地带"综合整治工作方案的通知》，明确了任务目标和措施要求。省、市、县三级都成立了综合整治工作领导小组及办公室。2013年9月12日，召开全省"三角地带"综合整治工作调度会，推动综合整治工作深入开展。

（一）各级党委、政府高度重视，全力推动综合整治工作顺利开展。衡水市委、市政府及时调换了饶阳县公安局局长、政委，解决整治办案经费1200多万元，投入2180万元升级改造技侦、网安装备。饶阳县新招聘30名特警和10名文职人员，进一步充实了警力。沧州市先后召开不同层面的动员会、部署会、调度会、决战会等17次，印发《关于建立"三角地带"综合整治工作长效机制的通知》等4个文件。

（二）充分发挥基层组织和群众参与作用。饶阳县推行"1+10"党员联系户制度，开展"警官、法官、检察官、村官"对接活动，将全县刑释人员全部纳入重点管理范围，建立了包含31项信息的档案卡。在16个重点村实施"六个一"工程，每村有一个综治工作站、一名综治干部、一支巡防队、一套监控系统、一支部门包村工作队、一名包村民警。献县、肃宁县推行"县级、县直、乡镇三级干部包村"的工作责任制度，实行包村入驻，包村干部与县委、县政府签订责任状，强化基层基础工作的落实。献县优先在"三角地带"及周边地区建设智能卡口、电子围栏、高清视频监控系统，强化落实"一村一警一员"防控模式。肃宁县充分发挥"四个覆盖""3+1"综治维稳组织的作用，深入摸排重点村无业人员和有劣迹及犯罪倾向人员的动向，切实加强法制教育、落实管控措施。

（三）严厉打击违法犯罪。衡水市成立了打击职业盗抢犯罪专案组和"打孔盗油"专案组，对重点案件、重点逃犯逐一成立工作专班，分设抓捕组、审查组和技术组，办案行程跨越冀、晋、鲁、豫、湘、粤等省数十万公里。共打掉涉车职业盗抢团伙27个、

"打孔盗油"犯罪团伙14个，饶阳县"成建制"的犯罪团伙除个别成员漏网外，全部被缉拿归案。沧州市成立了由公安局情报中心牵头，刑侦、经侦、技侦、网安等部门捆绑作战的合成作战办公室，抽调10名警力集中办公，以信息技术侦察手段为牵引，加强深度研判，有力推进综合整治工作。破获涉"三角地带"职业盗抢案件902起，打掉职业性跨区域流窜犯罪团伙25个，省督捕网上逃犯抓获率达67.4%，超额完成省委政法委、省公安厅制定的60%抓逃目标。

（四）责任部门齐抓共管，形成合力。省综治办建立了综合整治工作旬报分析制度，每10天对省直有关部门和两市3县工作进展情况进行汇总并分析研判，写出专题报告，为领导决策提供参考，推进综合整治工作不断深化。2013年11月，组织省公安厅、省检察院、省法院等单位对综合整治情况进行了暗访，将发现的问题通报"三角地带"所涉两市三县。省公安厅召开专题会议，对打击治理"三角地带"工作进行全面部署。成立了以副厅长李国华同志任总指挥的"三角地带"多警种联合专项行动指挥部，将指挥部设在衡水市公安局，全程驻地开展工作，统筹协调两市3县公安局开展破案缉捕工作。省检察院成立了以副检察长张峰同志为组长的领导小组，切实加强与公安机关的沟通协调，共批准逮捕犯罪嫌疑人106人，受理公安移送审查起诉案件27件44人，提起公诉15件21人。省法院对破获的重点区域案件实行指定管辖，对相关案件做到"七快"：快审查、快受理、快送达、快开庭、快合议、快宣判、快交付执行。省司法厅以"法律八进"为重点，深入开展法制宣传教育，举办培训班2期，组织集中法制宣传77次。综合整治期间，3县共接收社区矫正人员149名、刑释解教人员113名，安置率和帮扶率达100%。

（五）建立长效机制，防止问题反弹。一是建立社会面管控机制。衡水市在饶阳县重点区域建立了4个综合执法站，各站分别由饶阳县公安局一名班子成员负责，常驻警力20人，24小时值守，专司设卡盘查、巡逻防控等工作；在河石管道沿线建立了2个安保基地，分别常驻15名警力，负责日常入户走访、物建特情耳目、巡逻防控等工作，提高输油管道防护能力；自主研发了重点人员信息平台，广泛采集16至30周岁男性信息（手机号、QQ号、微信号、从业情况、居住地等），对录入重点人员划分5个等级进行分类管控。沧州市及献县、肃宁县强化治安巡控工作，组织公安民警和群防群治力量在主要路段、易发案区域、人口密集场所开展治安巡逻和打现行活动；在"三角地带"及其周边县区主要道口和进出城区路口设置卡点，开展车辆集中清查行动，严密盘查过往车辆和人员，有效震慑和打击违法犯罪。二是建立区域协调联动机制。"三角地带"所涉两市3县与保定蠡县、沧州任丘、河间、泊头建立区域性打击整治"三角地带"职业盗抢犯罪联防、联打、联治机制。加强与山东、天津、上海、内蒙等涉案区域的联系，实现信息交流、资源共享。建立联席会议制度，开展跨区域性打击、追逃、重大案件协查和突出治安问题联治、区域性矛盾纠纷联调、潜在不稳定因素联合预警等联合行动。三是建立经济社会协调发展机制。3县把所属重点乡镇、重点村纳入本地经济社会发展总体规划，加大对当地优势经济产业项目的扶持力度。市、县两级有关部门开展包村帮扶，在政策资金、项目引进、劳动就业和务工技能培训等方面给予指导和帮助。注重发挥农村经合组织的作用，引领发展特色经济，切实带领和帮助村民特别是刑释解教等重点人员合法致富，最大限度地化解基层不稳定因素。四是建立考核奖惩机制。"三角地带"所涉两市3县综治办、公安局建立综合整治工作考核奖惩机制，以省委政法委、省综治办、省公安厅下达的任务指标完成情况、当地群众安全感和对政法部门的满意度作为考核主要目标，严格落实奖惩。衡水市决定以市委名义召开一次表彰大会，沧州市拿出50万元作为专项奖励资金。

二、存在的主要问题

综合整治工作取得了很大成效，但还存在一些不容忽视的问题。

（一）个别村基层政权软弱涣散。有的村"两委"班子长期配不齐，名存实亡；有的村党支部、村委会组织健全，但作用发挥不好，没有起到贯彻落实党的政策、凝聚人心、带领广大村民劳动致富的作用。

（二）不良社会风气依然存在。据公安部门同志讲，有的村"笑贫不笑盗"、"不劳而获"等观念深入人心，青少年辍学、盗抢全家齐上阵等现象屡见不鲜，参与职业盗抢犯罪的未成年人逐年大量增加，令人担忧。

（三）基层治安防控体系不够健全。在这次综合整治前，3县治安防控建设重点在县城，乡、村两级基本上处于空白。截至目前，有的乡镇、村依然没有建立起相应的防控体系；有的村虽然安装了技防设施，但存在具体操作人员不会使用或使用不熟练问题。

（四）赃物的追缴和返还力度不大。各地在工作中往往更关注破案抓人、快起诉、重判决，赃物特别是赃车的追缴和返还工作做得不够，而这恰恰是受害群众最关心的。

【平安河北建设依托“大平安”服务大发展】 “河北是京畿重地，负有拱卫首都的政治责任。如果说北京是首善之区，那么河北就必须是首安之区。”在全省深化平安河北建设工作电视电话会议上，省委书记周本顺同志的讲话掷地有声，吹响了在更高起点上推进平安河北建设的冲锋号。按照构建“大平安”格局的要求，各级各部门积极投身平安建设，各层次、各领域的工作形成联动，为全省经济社会发展创造了平安和谐的社会环境。

一、从“大维稳”到“大平安”，平安建设提升到更高起点

实施“一把手”工程。年初，本顺书记、庆伟省长与各市党委、政府及省直部门“一把手”签订平安建设责任书，强化平安建设的领导责任。6月，省“两办”印发《深化平安河北建设规划（2013—2015）》，明确了平安河北建设的“时间表”和“路线图”。7月，省委、省政府召开全省深化平安河北建设工作电视电话会，本顺书记到会部署，明确提出把“大维稳”格局提升为“大平安”格局。9月，省委、省政府出台《关于进一步深化平安河北建设的指导意见》，确定了“一提升二增强四下降四提高”目标，着力构筑源头预防工程、社会安全系统工程、社会治安净化工程、法治保障工程等四大工程。创新平安建设考核机制，按照权重为10，将平安建设考核纳入省委对各设区市领导班子考核评价体系，印发全省执行。各市、县党政主要领导在具体工作中亲自挂帅，在人财物上加大投入，有力推动了工作落实。

加强工作联动。充分发挥综治体制优势，组织各职能部门全方位参与平安建设。省军区积极推动全省与北京军区空军签订《平安建设协作机制意见书》，启动了军地平安建设协作机制。省环保厅、省公安厅、省检察院联合印发《关于办理环境污染犯罪案件的若干规定（试行）》，实现了行政执法与刑事司法的有序衔接。省发改委、省文明办、省扶贫办、省烟草局等职能部门主动融入综治工作平台，组织开展保护电力电信广播电视设施安全、“流浪孩子回校园”、未成年人网络游戏成瘾综合防治等工作，解决了一批突出问题。省教育厅、省民宗厅等单位负责同志亲自带队深入基层，掌握联系点情况、督导社会治安重点地区排查整治，有力推动了平安建设重点工作落实。石家庄市综治、团委、民政等部门大力实施“关心老年人、关爱青少年”工程，建立各类养老机构2396个，“青年就业创业见习基地”381家。唐山市卫生、司法、财政、保监等八部门共同组建市医疗纠纷人民调解工作领导小组，把齐抓共管的工作格局转化为化解矛盾纠纷的工作合力。

掀起全民创安高潮。加强平安志愿者协会、见义勇为基金会等各类组织建设，拓展群众参与平安建设的渠道。积极推动人民调解组织向道路交通、医疗纠纷、劳动争议、保险行业等多发行业和领域延伸，有5142家规模以上企业和较大的事业单位、行业协会及社会组织建立了矛盾纠纷调解工作中心或调解室，人民调解组织达到6万多个。在传统媒体和新媒体上设置宣传栏，通过拍摄微电影、组织摄影书画展、制作专题片、过年送春联等群众喜闻乐见的形式广泛宣传，开通网上邮箱、热线电话倾听群众意见和呼声。河北长安网点击量已超过300万次，社会影响力日益扩大。秦皇岛市在村（社区）大力推行网格管控机制，已建立管控网格2.7万个，每个网格设网格长和信息员。廊坊市建立了市县两级医患、劳资、交通事故、土地流转、环境保护“五类纠纷”专业调解委员会，吸纳会员13800人，参与解决各类纠纷15470起。邯郸市每个村（社区）按照辖区人口千分之五且不少于4人的标准建立治安巡防队伍，形成人人参与平安建设的“民网”。

二、从“重点整治”到“源头治理”，民意导向实现常态化

完善源头治理工作体系。在

农村全面推行“四个覆盖”，在社区推广“四有一创”等工作经验，加强基层基础建设。整合市、县、乡三级服务管理资源，在市、县两级建立社会服务管理平台，在乡镇拓展综治维稳中心服务管理职能，在城乡社区（村）建立综合服务管理站（室）或服务代办点，把服务和管理的触角延伸到基层和群众身边。出台加强专业性调解组织建设实施意见，全面提升矛盾纠纷化解的专业化水平。在土地、劳动、医患、环境等部门和领域全部建立专业性调解组织，确保“有人员、有场地、有经费、有制度”。加强行政调解，县级以上政府法制办设立行政调解中心，加强对行政调解的组织推动。建立全国第一支环保警察队伍，严厉打击破坏环境的违法犯罪活动。唐山市积极推广路北区“社区1+6警务”和曹妃甸“集宿式”管理做法，有效解决了流动人口排查难、管控难、服务难等问题。衡水市投资2600多万元建设了56座社会管理综合服务站，抽调公安、城管、交通、司法等有关部门工作人员进驻，24小时全天候开展治安巡查并接受困难求助，发挥了服务群众“便捷站”、维护社会治安“桥头堡”的作用。

促进科学民主依法决策。把社会稳定风险评估作为决策“前置程序”。对容易引发社会矛盾的征地拆迁、劳动保障、食品药品安全等重点领域，全面实施社会稳定风险评估。建立健全公示、听证、对话、协商等制度，使评估过程成为倾听民意、化解民忧、赢得群众理解支持的过程。省维稳办会同省发改委对全省重点建设项目进行梳理，筛选出105项涉及群众利益，可能引发不稳定问题的重大项目进行挂帐督办，从源头上预防和减少不稳定因素的发生。张家口市采取“一办两组、三个结合”工作模式，对29个项目进行风险评估，确保京张高铁、张呼高铁等重点项目顺利推进。邢台市探索制定“集体上访信息预警办法”，通过实行市县乡村四级排查、分级预警、分级响应等措施，努力实现集体访隐患的提前预知、及时防范。石家庄市对13000条涉稳情报信息进行分类研判，顺利完成应急处突任务185起，有效维护社会大局稳定。廊坊市对涉及广大群众切身利益的工程建设、拆迁、企业改制和破产等项目逐项进行风险评估，今年已完成114项重点项目和717项投资亿元以上项目风险评估。

大力实施“平安细胞工程”。以“无重大刑事发案、无大规模群体上访、无重大安全事故、无邪教组织活动、无个人极端事件、无重点人员漏管失控”为目标，组织各地各部门不断丰富基层平安创建内容和形式，深入推进基层平安创建活动，积小安为大安。承德市进一步创新社区建设工作机制、“四有”实现方式、社区管理服务方式，形成了“大社区”工作格局。张家口市通过返聘离岗民警等形式，积极推行社区“1+2”警务模式。秦皇岛市全面开展“六无”基层平安创建，在全市A级以上景区全部建立综治工作站，使打击、防范、管控和服务管理等措施在基层得到较好落实。唐山市路南区探索实施“三全七化”网格化管理模式，按照社情全掌握、矛盾纠纷全化解、服务全方位的工作要求，构建网络化定位、责任化分工、精细化管理、亲情化服务、多元化参与、规范化运行、信息化支撑工作体系。廊坊市不断深化“平安校园”建设，有1348家实现平安创建目标，完成率为93.5%。衡水市开展“星级创建”活动，初步建立起一套符合农村实际的平安创建模式，全市星级平安乡镇、村、家庭比例分别达到71%、76%和80%。

三、从“人海战术”到“科技创安”，重点工作实现信息化支撑

打造护城河工程升级版。从“三道防线”建设提升为“四环、三道、两区”建设（环京、环设区市、环县、环省；高速公路、国道、省道及交通枢纽；设区市核心区、县城核心区）。把护城河工程列入各级党委、政府重要议事日程，建立完善与首都社会管理模式对接的常态化工作机制。整合区域内打、防、管、建、控、查等各种资源和力量，形成京津冀地区联打联防联控模式。以信息化手段为支撑，采取“环状布局”、“线状布局”相结合的方式，根据职责任务，确定点位建设固定、机动、科技“警务站”，以各级指挥中心为核心，连点成环、连点成线、环线成网，点、环、线互相补充、相互支撑，打破区域、警种、信息壁垒，推动全省动态科技防控格局建设实现跨越式发展。十八届三中全会期间，依托“四环、三道、两区”建设，共检查车辆65.9万余辆、人员219万余人，查获违法犯罪嫌疑人115人，有效发挥了首都护城

河作用。

推进“天网”工程建设。按照社会化、网络化、信息化要求，大力实施“天网”覆盖工程，重点推广安装视频监控系统。目前，全省新建视频监控点37000个，城市重点部位、重点区域、重点场所等技防设施覆盖率达到100%，在预防和打击犯罪中发挥了不可替代的作用。沧州市已在全市主要道路、重点要害部位安装视频监控系统3.3万个，整合社会视频监控资源4.6万套，高标准建成129处高清智能卡口。邢台市累计投入3.5亿元，安装视频监控46000多个，党政机关、金融单位、学校、医院全部安装了技防设施。承德市探索建立“信息引领、人机互动、精确打防”技防新格局，今年以来通过技防设施提供案件线索1580条，破获案件1021件，抓获犯罪嫌疑人1031人。

加快综治维稳信息系统建设。建立高标准流动人口管理信息系统，以“实有人口实有房屋”全覆盖活动为载体，大力开展基础信息采集，基本实现“人房一致”和“以房找人、查人知住”。依托政法网，建立矛盾纠纷排查调处数据网上登统制度，实现基础数据实时填报、汇总分析自动生成，促进工作的高效运转。建立社会管理动态管控机制，依托公安大情报平台，加强对涉稳涉恐重点组织、群体和人员动态管控，实现对重点领域、要害部位、核心人物的全覆盖和实时动态监控。唐山市研发了流动人口信息移动采集核查仪和具有本地特色的地理信息应用平台，为解决实有房屋底数不清、用途不明等问题创造了条件。廊坊市在完成综治维稳信息系统基础信息采集任务的基础上，按照实战标准，调整、完善系统模块相应内容，基本形成了重点部门信息互通，市、县、乡三级资源共享的综合性工作平台。定州市全面使用社区矫正信息管理系统和全市GPS定位系统，对社区矫正人员实施信息化管控。

【综治组织建设及其职能作用发挥基本情况】

一、综治组织建设

加强乡镇（街道）综治委、综治办和综治工作中心建设，配齐配强乡镇（街道）综治办主任、副主任和专职干部，在全省深入推进乡镇（街道）综治维稳中心建设，形成综治维稳基层一线实战平台，实现一个体系领导、一个平台统揽、一个机制运行、一个窗口服务，充实基层政法维稳力量，全省191个县区综治办配齐了综治工作人员、2337个乡镇（街道）配备了专职副主任和综治工作专干，全部建立了综治维稳工作中心，在村（居）建立综治工作站，综治委主任全部由乡镇（街道）党（工）委、政府（办）主要领导担任，综治办主任由党（工）委副书记担任。在实现乡镇（街道）综治维稳中心全覆盖的基础上，进一步探索把综治维稳平台做大做强的有效途径，积极推进综治服务平台建设。先后推广了承德市“四有一创”、石家庄市党建网格化、衡水市“星级创建”、沧州市“平安五网”、邯郸市“五个延伸”等典型经验做法，充分发挥了典型的示范引领作用。

二、基层综治干部教育培训工作

创新培训方式、加大培训力度，集中对全省综治干部开展教育培训活动，有效提升全省综治干部工作能力。2012年6月28日至29日，在肃宁县举办了全省学习推广肃宁经验培训班，各设区市综治办主任和组织、农工、民政部门的负责同志，全省社会管理创新综合试点县和学习推广肃宁经验试点县党委或政府分管负责同志、综治办主任参加了培训。编印了《综治工作培训教材》，并制作了学习推广肃宁经验光盘发到县、乡级综治办。8月23日，省综治办在石家庄市组织了由各设区市和华油综治办主任，省综治委各专项组办公室主任、各成员单位联络员，省社会管理创新综合试点和学习推广肃宁经验试点县综治委主任参加的培训，期间，组织各市交叉观摩了学习推广肃宁经验试点和社会管理创新综合试点工作。各地在省级培训的基础上，在当地党委、政府的领导下，积极组织了各地综治干部培训班，按要求分别完成了对市、县、乡三级培训工作。指导省直政法部门有计划、分批次对本系统领导班子成员、新任政法综治领导干部和2009年以来新进政法机关的青年干警进行了政法干警核心价值观专题培训。2013年4月23日至5月31日，充分发挥现代信息技术优势，利用省、市、县三级政法网络平台开办了“政法网络大讲堂”，在全省政法系统组织开展了以“三大建设”（法治建设、平安建设、队伍建设）为主要内容的集中培训活动。机关领导、有关专家学者进行授课。培训共举办了11期讲座，每期设立1个主课堂和1172个分课堂，累计参训近40万人次。

三、群防群治队伍建设

2010年2月，省委办公厅、省政府办公厅转发了省综治委《关于进一步加强群防群治工作的意见》，要求各级各部门大力加强群防群治工作，就切实加强群防群治队伍管理，严格选拔、加强教育培训、健全日常管理制度，完善运行和保障机制等方面均提出明确要求。在省综治办指导和推动下，各地加强组织领导，加大投入，紧紧依靠社会力量，最大限度地发挥基层组织的作用，不断加强群众自治力量建设，群防群治工作有了创新发展。截至12月底，全省建立了70万人的平安志愿者队伍；建立健全治保会53971个，治保干部194881名，治保小组61566个，治保小组人员211738名；各类巡防队达到89387个，巡防（联防）队员达到348657名，群防群治队伍在配合专门机关开展治安防范和维护社会稳定中发挥了不可替代的作用。

【关于基层综合服务管理平台建设工作基本情况】

一、积极推进集成化

在乡镇（街道）整合各部门资源，将乡镇（街道）综治维稳中心统一建设成为社会服务管理中心，组织有关部门集中办公、集成服务。有的地方依托城乡社区综合服务设施设立便民服务中心，将劳动就业、社会保险、社会救助、社会福利、计划生育等与群众生产生活息息相关的内容纳入其中，公开规范办理，在城乡社区（村）设立便民服务代办点等，将便民服务向广大城乡社区（村）延伸。通过大力整合乡镇“七站八所”力量，深入推进乡镇（街道）综治维稳中心建设，全省形成综治维稳基层一线实战平台。目前，全省2247个乡镇（街道）全部建立综治工作中心，在所有村（居）建立了综治工作站，建立起综治委统一指挥、各部门协调联动、有关事项归口办理的乡镇（街道）综治工作体系，基本实现了治安联防、矛盾联调、工作联动、问题联治、平安联创。

二、积极推进网格化

将网格化作为重要抓手，延伸基层综合服务管理平台功能。从党建联建、资源联享、事务联办、稳定联管、治安联防、文明联创等方面，划网定格，完善网格化机制，推动基层综合服务管理平台网格化建设深入开展。不断完善社区服务，全面推进“一刻钟”社区服务圈建设，社区综合服务设施覆盖率达71%。在11个设区市全部建成社区信息综合服务平台，并开通“12349”公益服务热线。省综治办制定专门意见，在环京四市实施了基层管控网格化。各地在乡镇（街道）创新社区党组织设置，强化居委会服务职能，推动实施网格化管理，在居委会普遍建立矛盾纠纷调解协会、心理疏导小组、文化体育组织等社区组织。将政府的服务职能向村（居）拓展，在居委会和条件好的中心村建立了流动服务站。通过网格化管理，常住人口访查覆盖率达到98%以上，刑释解教、社区矫正人员的安置率和帮教率位居全国前列。石家庄市在街道全面推行“1+3”大工委制，街道党工委下设居民区党委、驻区单位联合党委和综合党委三个功能型党委，分别负责对社区党组织、驻区单位党组织和“两新组织”党组织的协调管理，进一步整合了资源、凝聚了力量，实现了驻区单位和“两新组织”管理由“各自为战”向“同驻共建”的转变；在社区，全部设立党总支，楼院全部设立党支部，楼栋全部设立党小组，各商务楼宇、驻区单位、两新组织全部健全了党组织，实现了党建网格在基层的全覆盖，以党建网格化带动平安建设网络化，由基层党组织统一领导社区各项事务，依靠党组织牵头，整合网格各种力量，凝聚社区整体合力，确保了情报信息准确采集、矛盾隐患及时消除、防控措施严格落实、重点管控真正到位，夯实了社会管理的基础。

三、积极推进信息化

加快建设社会管理的科技支撑体系，充分运用信息化等先进手段，建设网络化、广覆盖的公共服务平台，在整合基层服务管理资源、建立信息共享方面进行了大胆实践。目前，在省、市、县、乡四级建设并开通了“政法综治网”，开发和应用一批实用功能软件，力求用信息化规范工作流程，将服务管理延伸到村居、延伸到社区，实现数据整合、信息共享、全面覆盖、动态管理，把基层综合服务管理平台建设推向新的阶段。廊坊市探索建立了综治维稳社会管理服务信息系统，集成综治维稳组织管理、矛盾纠纷排查调处、常住人口信息、重点部位信息、特殊人群服务管理、两新组织管理、虚拟社会管理、重点地区排查整治等各项功能模块，形成了集信息共享、动态管理、形势分析、网上交办、研判预警各类功能于一体的社会管理工作指挥决策平台。目前，系统各项功能逐步完善。

四、积极推动基层创新

尊重基层的首创经验，鼓励各地从实际出发积极探索，大胆实践。同时，协调综治各成员单位，发挥其资金、技术、职能、政策等方面优势，对基层综合服务管理平台建设给予重点扶持。通过发挥综治职能优势，加强协调和督促指导，及时总结基层好的经验做法，也在各地培树了一批典型。沧州市肃宁县探索推行了“四个覆盖”做法，以基层党组织为核心，以村代会为平台，以农村经合组织和维稳组织为骨架，以服务群众和协调整合农村各方利益为职能，推进基层党组织、民主组织、经合组织和综治维稳组织全覆盖，形成了系统化的农村社会服务管理平台。经过在全省大力度推广后，已有2.56万个行政村推行了“四个覆盖”，占全省行政村总数的52%，“四个覆盖”不仅带来了农村生产生活方式的全新变化，而且成为一项惠及农村群众、巩固党的执政基础的奠基工程。衡水市以建立县、乡镇、村（社区）三级社会服务管理中心为基础，以推进信息化建设为载体，以完善工作机制为着力点，大力推进基层综合服务管理平台建设，进一步夯实了平安建设根基。唐山市路南区探索实行社区“网格化管理、心连心服务”工作模式，即在街道、社区行政区划不变的前提下，把社区划分成若干网格，以责任制为依托，整合各类组织资源，对应每个网格组建服务管理团队，全面承担网格内联系群众、掌握民情、改善民生、化解矛盾、维护稳定、促进发展等职责，对网格内人、房、地、事、物、组织等各种要素进行精细化服务管理。

各地社会管理综合治理

【石家庄市社会管理综合治理】

△2012年，石家庄市各级、各部门深入贯彻落实省委、省综治委各项知识精神，紧紧围绕推动全市经济社会又好又快发展，主动服务，积极作为，开拓创新，锐意进取，综治各项工作取得明显成效，群众安全感全省排名第一，实现四连冠，为全市经济社会发展和人民群众安居乐业创造了良好的社会环境。

一、注重谋划，确保了社会管理的基本方向

在摸底调研的基础上，对全年综治工作进行认真谋划，研究确定了“巩固两大成果，推进三大创新”的年度综治重点工作基本思路。研究出台了《关于加强和创新社会管理推进社会建设的实施意见》，确定了在农村全面推进“四个覆盖”和在城区大力加强社区建设的基本思路，明确了综治工作的推进方向。

二、注重创新，打造了社会管理的亮点品牌

一是下大力组织开展了“三大”活动，并在正定召开了现场会。通过开展“三大”活动，组织体系进一步完善，新建各类排查和调解组织5200个，实现了基层调解组织全覆盖；调处形式进一步创新，各级普遍完善了领导包案、部门承办、联席会议等工作机制，正定县“帮大哥”“帮大姐”信访调解协会实行连锁经营，成为全省调解品牌；帮扶措施进一步强化，筛选确定重点帮扶对象3250人，通过各项措施，全部实施了帮扶。活动开展以来，全市圆满调处各类重点矛盾纠纷9288件，消除不稳定隐患1100余起。二是扎实推进了农村“四个覆盖”。研究出台《关于学习推广肃宁经验加强和创新农村社会管理的实施意见》，制定了市领导责任分工意见，逐一明确了责任部门和牵头单位，形成具有石家庄市特色的推进模式和具体的操作规程，各县市区都建成了一批“四个覆盖”示范村，有力促进了广大农村经济社会发展。三是大力推广了栾城加强县域视频监控网络建设的经验。在市区投资1.1亿建立视频监控网的基础上，2012年重点推进了县域视频联网系统建设，全市17个县（市）和矿区全部建成了县级视频监控平台，县（市）出入口、重点要害部位全部安装了视频监控，并实现了市县联网。四是创新建立了安全感和满意度调查机制。制定了《关于建立群众安全感和满意度调查机制的实施意见（试行）》，建设完善了“群众安全感和满意度网络调查系统”“计算机辅助电话调查系统”。五是探索创新了加强铁路护路工作站建设的经验。在无氏县组织召开现场会，在铁路沿线285个推广建设了村（居）护路工作站，统一标识、统一制度、统一工作内容和要求，实行路地民警进站，通过建立基层护路平台，整合了护路力量，把护路隐患解决在基层，确保了铁路安全畅通。六是基层试点工作亮点纷呈。裕华区实施“心理减压计划”，鹿泉市建立法制教育基地，长安区、藁城市建立了见义勇为爱心帮扶中心，通过典型培树，基层的一批鲜活经验在全省乃至全国树立了品牌。

三、注重协调，推动部门的社会管理创新

一是积极推进构建设区域化党建工作新格局。在市区49个街道全部建立“1＋3”大工委制的基础上，2012年推行了驻区单位党组织联系街道社区制度，市直、区直机关844个党组织同驻地街道党工委进行了联系对接；推行市、区两级机关、企事业单位、社会团体等组织的在职党员到居住地党组织报到制度，积极参与社区组织的各类公益活动。二是积极推进“两法衔接”工作。指导项目建设办公室制定了行政执法与刑事司法衔接工作的《实施办法》《信息共享平台运行管理办法》和《考核办法》，建立和完善了联席会议、信息交流、案件咨询、提前介入、责任追究等工作制度，建设了行政执法与刑事司法信息共享平台并于8月投入运行。

△2013年，在各级党委、政府的坚强领导下，石家庄市各级、各部门围绕中心、服务大局，开拓创新，锐意进取，省会平安建设深化发展，社会治理水平不断提高，确保了省会社会政治大局持续稳定。建立完善“三大”工作机制、积极实施“双关”工程的经验被《中央综治动态》和《长安》杂志刊发，护路工作站建设、青少年法育基地建设、农村“四个覆盖”、“六无”基层平安创建、加强“两法衔接”等经验被全省推广，群众安全感名列全省第一，实现五连冠。

一、围绕将“大维稳”格局提升为“大平安”格局，切实强化了组织领导，平安省会建设在更高层次上得到扎实推进

一是提升了平安建设领导小组层次。全市各地成立了高规格的深化平安建设工作领导小组，并明确党委副书记与政法委书记、政府主管副职共同负责平安建设工作，形成了工作合力。二是规范了部门协作机制。由综治部门牵头，建立健全了矛盾联调、问题联治、工作联动、平安联创、实绩联考的协作机制，形成各部门齐抓共管的局面。三是完善了考核评价体系。市考核办牵头，市综治办配合，对综治、信访、稳定三方面考核指标进行一下整合，建立石家庄市平安建设考核体系。平安建设在综合考核评价体系的比重要提高到10%。四是理顺了综治工作机构。市综治办设立了四个处，编制增加到20人，并设领导指数3名。各县（市、区）也都加强了综治办机构建设。

二、围绕提高社会管理综合治理能力，切实创新社会治理措施，平安省会建设基础更加牢固

一是大力加强平台建设。乡镇（街道）依托综治维稳中心，村（社区）依托综治工作站，成立了社会管理服务管理中心，完善了体制机制，规范了工作制度。“四个覆盖”工作经验得到普遍推广，70%的村达到了村代会主席由村支书担任的创新标准。石家庄市就该工作在全省现场会上作了发言交流。二是积极推进“双关工程”。协调民政部门加强各类养老机构建设，协调团市委加强关爱青少年工作，协调教育局积极推广鹿泉市法育基地建设经验，全市召开了现场会。三是强化推进“两法衔接”。市级“两法衔接”信息共享平台规范运行，县级“两法衔接”信息共享平台得到推进，工作运行机制和工作制度不断规范，行政机关依法行政能力明显增强。四是不断完善防控体系。研究制定《2013年度县域视频监控建设推进意见》，建成市局、分局、派出所三级视频监控平台75个，17个县（市）全部完成视频监控平台建设。全面加强三防建设，治安防控体系更加完善。另外，构建了石家庄市特色的法律服务体系；大力实施“六五普法”，严格落实稳定风险评估机制，大量社会矛盾在源头上得到预防。

三、围绕解决突出问题，积极化解社会矛盾，深入开展严打整治，群众的安全感不断提升

一是不断完善“大排查、大调处、大帮扶”工作机制。深化“三大”活动成果，在织密组织网络、落实工作制度的基础上，加强行业性、专业性调委会建设，指导县（市、区）普遍建立了“五类纠纷”调委会；加强行政调解工作，督导法制办完善了行政调解工作体系；以大调解中心为平台，完善了“三调联动”工作机制；推广了灵寿“十大帮扶”工作经验，树立了“帮大哥帮大姐”调解品牌。二是积极开展“六无”基层平安创建活动。在全市全面开展了“六无”基层平安创建活动，印发了《活动的实施方案》，出台了《考评办法》。三是大力开展严打整治专项行动。积极开展了各类严打专项行动，遏制了犯罪高发的势头。深入开展社会治安重点地区和突出治安问题排查整治活动，着眼建立长效工作机制，出台了《石家庄市社会治安重点地区排查整治工作实施办法》，狠抓排查、整治、验收三个环节的落实和规范，一年来挂牌整治社会治安重点地区68个，解决群众关心的突出治安问题13个。

【承德市社会管理综合治理】

△2012年，承德市坚持“经济发展为第一要务、维护稳定为第一责任”，把加强和创新社会管理作为深化改革、推动发展、化解矛盾、维护稳定的基础和保障，注重顶层设计，注重源头治理，注重基层基础，注重动态管理，努力在保障和改善民生中推进社会建设，社会管理能力和水平不断提升，保持了社会持续稳定。特别是重点村治理、社区“四有一创”、社区矫正、农村“三防”建设、应急处突队伍建设、妇女三级维权站建设等做法，得到了中央领导同志、中央有关部委和省综治委的充分肯定，在全国、全省得到推广。群众安全感达91.64%，高于全省平均水平2.15个百分点，年度综治工作考核、社会稳定指数全省排名第一。

一、坚持高站位设计，统筹谋划社会管理综合治理工作

将社会管理综合治理纳入“十二五”规划，出台了加强和创新社会管理、深化平安建设、科技防范等一系列文件，在政策支持、经费保障、力量配置等方面给予大力支持。实施了“六大工程”55项社会服务管理重点项目建设，量化分解，挂图推进。

二、坚持创新体制机制，夯实社会管理基层基础工作

不断强化基层服务功能，创新城市社区“四有一创”（有人干事、有钱办事、有场所议事、有章理事，创建文明和谐社区）建设模式，提供“一站式、一条龙”服务，着力打造事务、生活、文化、健康、平安服务型社区。深入学习借鉴肃宁“四个覆盖”工作经验，农村社会管理体系的传导性、整体性和联动性明显增强。着力搭建综合服务平台，全市215个乡镇（街道）全部建成社会管理服务中心和管理服务站、点，为群众提供集成服务。

三、着力抓好公共安全体系建设，预防和减少公共安全事故

健全完善食品药品安全、安全生产等基层公共安全监管网络，探索建立政府、社会、企业多方参与的安全监管方式，有效防止重特大公共安全事故和事件的发生。建立了网上舆论引导、沟通、回应机制，实施“十百千”网评员队伍建设和培训工程，开展领导干部与网民对话互动活动，发挥媒体正面引导作用。

四、积极探索新方法、新途径，大力化解社会矛盾纠纷

落实“日排查、周调度、月汇总、季分析”工作制度，创新了党政领导干部公开接访、政法部门领导带案下访、下访巡回调解、边界纠纷联合调解、涉法涉诉信访“三访结合、三措并举、三查联动”调解、劳动争议“四级联调”、消费纠纷“四位一体”等多元化调解方法，形成了党和政府主导的维护群众权益机制。

五、大力建设立体化治安防控体系，不断提高群众安全感

构建“六大防控网络”，完善“七个一”基层综治体系，实施“天网覆盖”、“数字城管”科技化工程，组建专职综治维稳应急处突队伍，形成了“大维稳、大刑侦、大治安、大交通、大情报”工作格局。围绕“十八大”安保，市委统一组织严打整治行动，有力地震慑了犯罪。

六、扎实推进基层平安创建，形成“人人共创平安局面、人人共享平安成果”的格局

广泛开展平安家庭、村居、乡镇、部门、机关、企事业单位、学校、医院、景区、军营、铁路、边界等一系列创建活动，形成层层创建的格局。平安家庭创建工作迈入全国先进行列。

△2013年，承德市综治工作在市委、市政府和省综治办的正确领导下，着力构建“大平安”格局，有力遏制刑事犯罪案件、重大安全事故、重大群体性事件的发生。连续四届16年获得全国社会管理综合治理优秀市称号，并第二次获得长安杯；全省深入推推进农村“四个覆盖”工作现场会在承德市召开，推广承德市经验；铁路护路联防工作获得了全国平安铁路示范市称号；人民群众安全感达91.96%，排位全省第三，高于上年0.32个百分点；社会稳定指数评价，承德市总体排名靠前。

一、深化平安建设工作高效推进

市委、市政府制定了《关于深入推进“三大建设”的实施意见》《深化平安承德建设规划（2013—2015）》《关于进一步深化平安承德建设的实施意见》，成立了由市委书记郑雪碧任组长的平安建设工作领导小组。基层平安创建成效显著，全市实现“六无”的村居占总数76.8%；实现“五无”的乡镇（街道）占总数81.4%；11个县区基本上实现了“一升三降”。

二、预防和减少矛盾纠纷工作取得明显成效

制定并实施了对重大决策、事项、活动进行合法性、经济可行性、稳定风险评估的具体办法，未出现由此引发的不稳定问题。严格落实“日排查、周调度、月汇总、季分析”制度，每月召开一次协调调度会议，每季进行一次形势分析，积极创新基层调解新方法、新模式，矛盾纠纷调成率达97.6%，信访工作实现“四少两高三无”。建立了医患纠纷调解机构和第三方调解机制，探索了劳动纠纷“四级调联”模式，强化交警部门交通事故调解机构建设，专业性、行业性调解组织建设取得突破性进展。全市综治维稳处突专业队伍，实现集中办公，独立账户，成为平安建设重要力量，快速处置突发事件能力增强。

三、立体化社会治安防控体系不断完善

在全市范围内统一开展了“六打六治”综合严打整治和“两抢一盗”百日攻坚行动，刑事、治安案件同比下降16.7%和56.3%。建立健全了社会治安“六张防控网”，创新了“政府引导、社会支持、市场运作、群众参与”相结合的农村技防建设模式和“信息引领、人机互动、精确打防”城区技防动态巡控格局，全面推行城镇社区网格化服务管理模式，整体防控能力和水平得到提升。

四、“护城河”工程三道防线形成

设置了“三道防线”检查站（防控点、服务点）34个，深化完善环京七县治安联防、承唐区域警务协作、五盟市警务协作框架，强化跨区域联打联防联治联管，圆满完成了重要敏感时期安保任务。

五、基层管理服务能力和水平提高

农村社会管理“四个覆盖”工作全面完成，全省“四个覆盖”工作现场会在承德市召开。社区“四有一创”建设形成了党建、管理、服务、平安建设一体抓的“大社区”工作格局，80%以上的社区达到文明和谐社区创建标准。

六、综治基层基础进一步巩固

在全市开展了“一村（居）一名政法干警”活动，推行了“一村联一警、一警带一员”、农村中心派出所建设、“七个一”农村综治网络建设等模式，平安建设根基不断夯实。大力推行治安保险，运用市场化手段帮助群众降低治安风险、减少治安损失。制定了《关于严重影响群众安全感的重大事项报告规定》、调整制定了社会管理综合治理《一票否决权制警示实施办法》和《一票否决权制实施办法》，确保平安建设责任落实。

七、平安建设工作针对性明显增强

围绕平安建设重要方面，加强调查研究，撰写调研文章10篇，市领导批示7篇，其中市委书记批示3篇。开办“执法司法部门做客直播间”“法理民生”“平安与法治”“法治社会”等法治宣传专题、专栏，推动平安建设法制化进程。

【张家口市社会管理综合治理】

△2012年，在市委、市政府的坚强领导下，在省综治委的正确指导下，全市各级各部门紧紧围绕十八大安保这个中心，在夯实基层基础上下功夫、在社会管理创新上求突破、在构建大维稳格局上见成效，确保了中心目标的实现。

一、以确保党的十八大胜利召开为目标，突出六方面的工作

一是以情报信息为引领，超前搜集，集中研判，牢牢掌握了主动权。二是以排查化解矛盾为主线，环环相扣，集中攻坚，夯实了安保基础。三是以“32445”工程为载体，创新机制，全面查控，筑牢了护城河防线。四是以人员稳控为重点，明确责任，强化管控，确保了信访形势总体平稳。五是以社会治安整治为内容，严字当头，以打开路，确保了全市社会治安秩序持续平稳。六是以“打非治违”为抓手，强化整治，堵塞漏洞，确保事故隐患消除在萌芽状态。

二、以制度构架设计和平台建设为抓手，着力做实三方面的工作

进一步健全社会管理制度构架。一是健全了维护群众利益机制。建立健全了党委政府主导的利益协调机制、诉求表达机制、矛盾调处机制和权益保障机制。二是健全了综治维稳工作机制。先后建立了矛盾纠纷排查化解、社会稳定风险评估、县区稳定指数评价、领导干部接访等八项制度，实现了由事件维稳向机制维稳的转变，确保了综治维稳工作始终在科学发展的轨道上运行。三是建立了实有人口动态管理机制。在市、县两级成立了人口管理办公室，在乡镇（街道）建立了流动人口服务管理工作站，按照500∶1的比例配备了专职协管员，协管员工资列入县区财政预算。四是健全了特殊人群管理帮教机制。对刑释解教人员，坚持平等对待、给出路，建立健全了衔接安置机制，在法制教育和职业技术培训、经常性心理咨询、政府补助企业接收等办法方面进行了很好地落实。以万全县为试点，逐步在全市推行万全县“3469”监管模式。五是健全了虚拟社会管理机制。积极探索建立“手机认证管理”和“微博客服务准入”、“舆情控制先审后贴”三大制度，切实提高对网上“虚拟人口”的有效管控能力。公安机关在重点网站建立了“网上警务室”。六是健全了公共安全监管机制。整合商务、卫生、农业、公安等部门力量，建立了食品药品监督管理联合执法机制，消灭监管盲区，确保群众用上放心药、吃上放心食品。第三季度，各级对公共交通、校车安全、消防安全、食品安全等领域进行了一次彻底整治。

进一步搭建起了社会管理服务平台。一是以基层党组织为依托，搭建党建工作平台。抓住村两委班子换届的时机，配齐配强村级两委班子。把直接服务群众、做群众工作作为基层党组织的核心任务和基层党员干部的基本职责。二是以政府职能部门为依托，搭建公共服务平台。劳动保障、卫生、教育、工商、土地、房管、环保等有关部门扩大公共财政对社会发展和社会事业的投入，把人力、物力、财力更多地向社会管理和公共服务倾斜，把工作着力点更多地放在解决社会矛盾和社会问题上。三是以乡镇综治维稳中心为依托，搭建综治维稳平台。进一步完善了乡镇（街道）综治维稳中心和村（居）综治工作站建设，整合基层综治、维稳、信访、司法行政等部门形成工作合力。四是以110综合警务站为依托，搭建社会治安防控平台。在“三级巡控”的基础上，进一步整合巡特警、交警、派出所警力，在主城区街面设立集视频监控、信息采集、指挥调度于一体的可移动综合警务站，实现5分钟内快速出警。市委、市政府投资2.5亿元用于城市智能管理系统建设，覆盖率达到了76.6%。五是以接访服务中心为依托，搭建信访服务平台。各县区完善了日常接访处访工作机制，政法各部门每天安排一名班子成员到中心值班接访，一般性问题当场答复，疑难问题在做好疏导劝返的基础上，限期解决。

下大力夯实社会管理基层基础。一是进一步配齐配强了基层工作力量。实施了在社区核定事业编制、配备专职工作人员和加强村“两委”班子建设的办法。二是进一步强化基层自治和服务功能。在社区，推行了由社区党总支领导，社区综合服务站、社区和谐建设工作站、党群工作站和社区居委会协调配合的“三站一会”管理模式；在农村实现了“四个全覆盖”。三是大力推行网格化管理。将社区划分为若干基础网格，推行“社区—院落—楼栋—居民”四级网络管理模式，配备专兼职协管员，实行专人专责，实现管理服务全覆盖。

三、认真落实省委指示，强势推进“四个覆盖”深入开展

在基层党组织覆盖上，打破了以行政村为单位设置党组织的传统模式，整合基层党员力量，共建立基层党组织4040个。在基层民主组织覆盖上，进一步巩固第九届村委会换届成果，由每5—15户推出一名村民选举产生了村代会和村监会，形成了“一清三议一行一监督”的民主运行机制。在经合组织覆盖上，各县区在优势农产品、特色农产品和人口比较集中、条件比较的乡村普遍建立了专业合作社、专业协会，目前，全市共建立经合组织1933个，辐射带动农民45.6万人实现增收。在综治维稳组织覆盖上，在乡镇建立完善了“三个一”，即：一个综治维稳平台、一个矛盾纠纷调处中心和一支巡逻队。在村居建立完善了“四个一”，即：一名信息员、一名排调员、一个综治工作站、一个警务室。

△2013年，在市委、市政府的坚强领导下，在省综治办的指导帮助下，市综治委（办）以“平安张家口”建设为统揽，按照“守住底线、夯实基础、打造亮点”的工作思路，统筹谋划、系

统推进，始终坚持底线思维，超前化解矛盾隐患，97%以上的矛盾纠纷得到有效化解；始终坚持源头治理，大力加强社区“网格化”管理、农村“四个覆盖”推广、城市技防设施系统建设等基础性工作，基层基础得到进一步加强；始终坚持综合施治，适时开展“山城利剑”、“破小案、保民生”、“打盗抢、保民安”等一系列专项行动，社会治安环境得到进一步净化；始终坚持围绕中心，参与整顿和规范市场秩序，营造了良好的发展环境和政务环境。

一、强化源头治理，基层基础更加扎实

始终坚持关口前移、科学预防，下大力解决影响社会平安和谐的源头性、根本性问题。一是大批矛盾隐患得以有效化解。在排查化解上，重点抓了两个方面：第一，全面落实日排查、周调度、月汇总、季分析工作机制，对排查出的矛盾纠纷逐案建立台账、限期督办。第二，建立完善五大调委会和品牌调解室，市县两级共建立“五类纠纷”调解委员会58个，培树了桥东区孙玉山调解室、阳原县丙贵调解室等一批以个人姓名命名的调解室。今年以来，全市共排查矛盾纠纷21471件，调处21128件，调处率98.4%。二是社会稳定风险评估扎实推进。全市共对29个重大事项、重点项目进行了风险评估，先期化解各类隐患89起。三是逐月分析评估社会稳定指数。每月对12类涉及稳定的重点指标进行打分评价，并排名通报。根据工作发现的问题，及时调整工作部署。四是强化情报信息引领。在全省率先成立了维稳情报信息中心，中心成立以来，共收集整合各类基础性数据1.5亿余条。

二、强化系统治理，专项工作有效推进

针对重要领域、重点问题，坚持统筹谋划和属地管理，系统性地抓好相关工作开展。

一是全力维护国家政治安全。对境内外敌对势力、法轮功、天主教地下势力等重点人逐人落实了稳控措施。二是高度关注公共安全问题。把危爆物品管理作为重中之重，不间断地开展排查整治。全市共签订危爆物品安全管理责任状5995份，排查重点部位30646个，排查涉爆人员2712名，查缴雷管11031枚，收缴炸药5799.4公斤。常态化开展消防安全检查，共整改火灾隐患27831处，全市没有发生亡人火灾事故。三是切实加强网络舆情导控。高度关注网络舆情，全市政法机关组建网评员队伍800人，实行24小时网上巡查制度。加大网络犯罪打击力度，成功侦破了涉案1059人、覆盖20多个省市的特大侵害公民个人信息犯罪，新华社、中央电视台、《人民日报》等国内10余家进行了大篇幅报道。四是强化食品药品安全监管。开展了“餐桌安全保卫战”和“药品安全保卫战”等一系列专项行动，开展专项检查25次，破获相关案件11起，涉案价值51.226万元。另外，市公安局专门成立了食品药品安全保卫支队，标志着张家口市打击食品药品犯罪工作步入了专业化轨道。

三、强化综合治理，社会治安持续稳定

综合运用政治、经济、行政、法律等多种手段，统筹推进，协调联动，不断提升社会服务管理水平。一是严厉打击违法犯罪。围绕影响人民群众生命财产安全的突出问题，先后组织开展了“山城利剑”、“网上追逃”、“破小案、保民生”、“打盗抢、保民安”等一系列专项行动。强化社会面防控，从市公安局巡警、特警支队抽调300多名警力充实到主城区派出所，将市区划分32为个网格，建立11个警务站，实行昼夜巡控。二是创新社会服务管理体系。在城市，重点推行了网格化管理，把每座楼栋、每家住户全部纳入网格。同时，在社区警务室推行了“1+2”警务模式，即：每个警务室配备一名正式民警、2名协警。目前全市共返聘提前离岗干警73人。在农村，重点推广“四个覆盖”经验，截至目前，全市4175个行政村有4042个村实现了“四个覆盖”，占总数的96.8%。三是大力加强技防建设。去年，经市委常委会研究决定投资2.5亿元，采取BT模式，积极推进主城区“天网覆盖”工程。目前，已经完成90%的建设任务，建成了治安监控平台，智能交通平台、电子警察系统、卡口系统、超速监测系统，且成效初显。四是强化重点群体教育稳控。对13类利益诉求群体、5类重点人先后两次组织集中摸排，共摸排梳理重点人员1173名，逐人等级建档，逐人组建专门稳控小组。对社区矫正和刑释解教人员，实行一人一档管理，健全了接收、监管、帮扶、安置一条龙管理制度，全市建立过渡性安置培训基地14处。对吸扎毒人员，依托劳教所进行集中收治，全省10个设区市司法局和11个省、市属劳教所到张家口市学习强制戒毒经验。对重性精神病人，完善了救助管理模式，对“五保”、“三无”和异地流浪精神病患者实行100%救助。五是积极稳妥处置群体性苗头事件。对群体性事件苗头隐患，强化跟踪研判，超前稳控化解，今年以来，先后稳妥化解、处置群体性苗头事件15起，没有一起因处置不当激化矛盾，没有一起事件升级引发进京访。

【秦皇岛市社会管理综合治理】△2012年，市委、市政府的正确领导下，秦皇岛市综治系统按照“民生重于一切、稳定压倒一切、发展高于一切”的总体思路，以打造平安秦皇岛、争创全国综治“五连优”为目标，以维护北戴河暑期安全稳定为重点，严格落实各项综治工作措施，深入推进加强和创新社会管理工作，取得了明显成效。

一、坚持科学发展观统领全市综治工作

研究制定了《关于加强和创新社会管理的实施意见》、《关于深入推进平安秦皇岛建设的实施意见》等一系列规范性文件，为全市综治工作提供了明确思路和工作方向。市综治委、办充分发挥组织协调作用，建立健全党委、政府领导下的加强和创新社会管理组织领导体系，成立市综治委八个专项工作组的，进一步完善五部门联席会议制度。

二、坚持创新举措推动流动人口服务管理

进一步完善以政府为主导，以公安为主体，房管、地税等职能部门齐抓共管的流动人口管理与服务工作机制。加强国家人口基础信息库建设，排查实有房屋128370户，登记出租房屋信息307285条，排查实有人口246366人，累计登记暂住人口235563人，信息录入比对率均达到100%，流动人口犯罪率控制在了8‰以内。积极稳妥地推进户籍制度改革，全面实行居住证制度，全部启动“一卡通”。

三、坚持以人为本做好特殊人群服务管理

扎实开展社区矫正工作，重新违法犯罪率始终控制在0.01%。在全省率先建立了“司法e通”社区矫正网络管理平台，录入社区矫正人员1704名。认真开展刑释解教人员安置帮教，衔接率始终保持在90%以上，建立了15个过渡性安置（培训）基地。严格落实各类特殊人群的服务管理政策，对全市列管对象和治安重点人员全部落实了三级监控措施。加强预防青少年违违法犯罪工作，积极做好“优秀青少年维权岗”创建和认定，网上开通了秦皇岛新青年频道，设立“12355”青少年心理咨询服务热线，探索建立“爱心接力”机制和“亲情驿站”。

四、坚持源头治理深化“三位一体”大调解体系建设

市、县（区）综治办全部建立工作领导小组及办公室，各级行政执法部门分别建立了行政调解委员会及行政调解室，1086个市、县（区）规模以上的机关、团体、企事业单位和社会组织相继建立了综治工作站，111个乡镇（街道）、2425个村（居）分别建立了综治维稳中心和综治工作站，与辽宁、唐山、承德等省、市行政接边地区建立了38个联合调解组织。

五、坚持多措并举深入开展社会治安综合治理

保持严打整治高压态势，深入开展严打黑恶犯罪、治爆缉枪和整治矿山等专项行动，全市八类主要案件同比上年下降7.21%。坚决遏制“两抢一盗”等多发性侵财犯罪，打击涉电犯罪行动势头强劲，禁毒人民战争取得突出成绩，危爆物品管理进一步加强。全市分级确定了45个省、市、县（区）挂牌督办社会治安重点地区和突出治安问题，全部得到有效整治。

六、坚持以暑期为重点推进治安防控体系建设

坚持情报引领警务，完善公安大情报平台建设，深入摸排各类情报信息，完善分析研判机制，布建信息员6082名，搜集情报线索4292条。大力提升扁平化指挥能力，推进“天网”工程建设，城市区社会面和重点要害部位视频监控覆盖率达到90%以上。科学布警强化社会巡控，组织专门巡控力量，定期分析研判发案特点，健全完善巡逻防控和群防群治工作机制。加强北戴河区“六张网”和“三道防线”建设，建立“环秦板块”区域警务合作机制实现了暑期安保万无一失。

七、坚持灵活多样的基层平安创建活动

先后开展一系列平安创建活动和军地平安创建及涉军维权工作，基层平安创建活动的覆盖面进一步扩大。大力推行“治安保险”工作，全市已有近3.4万农户参加治安保险。加大见义勇为表彰、奖励工作力度，四名同志被授予秦皇岛市见义勇为模范荣誉称号，张立军同志被评为“省见义勇为英雄”。

八、坚持科学谋划社会管理创新试点工作

研究制定了《关于学习推广肃宁经验，实施“双六工程”，加强和创新农村社会管理的实施意见》和《秦皇岛市社会管理综合试点工作推进计划》，在全市农村地区实施“双六工程”，在以海港区为试点的城市区作出“六个体系实现六项创新”的总体部署，将推进全市政治、经济、社会、文化建设统筹起来，初步形成“聚民心、畅民意、谋民富、保民安、促民乐、惠民生”的工作模式。

九、坚持夯实基层基础确保综治工作

综治基层基础工作平台规范化建设进一步加强，全市111个乡镇（街道）完善了由党（工）委副书记牵头的综治维稳中心，强化了全市基层网格管控机制建设，增强了服务管理功能，提高了规范化建设水平。各级综治维稳组织作用进一步发挥，加强了市、县区、乡镇（街道）综治委、办建设，推进了村（社区）和企事业单位综治组织建设，确保社会治安综合治理工作有人抓、有人管。市、县、乡三级不断加大财政保障力度，将综治维稳经费以高于省定标准列入财政预算。积极探索新时期群防群治工作的新方式、新途径，进一步完善了群防群治队伍类别、运行和保障、奖惩等工作机制，群防群治队伍建设得到全面加强。

△2013年，秦皇岛市综治系统紧紧围绕市委、市政府工作大局，以“保暑期、创平安、促发展”为目标，全面落实各项工作措施，深入开展平安建设，人民群众安全感位居全省第二位，暑期安保现了万无一失，被中央综治委评为“全国社会管理综合治理优秀市”，再次荣膺“长安杯”，成为全省唯一一个实现“五连优”的城市。

一、组织领导力度进一步加大

全市各级党委、政府把综治工作作为“一把手”工程，纳入经济和社会发展总体规划，列入“十项民心工程”，出台了《关于2013年深入推进平安秦皇岛建设的实施方案》等规范性文件9个，切实做到与经济工作同部署、同检查、同考核。在全省率先建立与“市委管理领导班子和干部”联合考核机制，各级党政主要领导层层签订责任书形成了层层互联、环环相扣的责任体系和工作格局。

二、打防管控能力进一步提升

重拳打击严重刑事犯罪，精确打击多发性侵财案件，深入推进“打黑除恶”、打击“两抢一盗”等专项行动，全年刑事、治安案件发案同比去年分别下降18.2%和23%，暑期北戴河区实现了28天刑事“零发案”。强化社会治安防控，推广治安防控“六张网”建设经验，着力加强省界、市界、区界“三道防线”建设，完善“环秦板块”区域警务协作机制和智能卡口查缉布控系统，与承德、唐山两市和辽宁省葫芦岛市初步建立“六联”工作机制。大力加强技防建设，全市党政机关、国家重点科研机构、广播电视、供水（电、气、暖）等重点单位技防设施覆盖面达到100%，公共复杂场所达到95%，内部单位、城区学校的重要部位达到100%，居民小区覆盖面达到82%，农村平安互助网覆盖率达到95%。

三、“两个排查”效果进一步彰显

建立健全大维稳工作格局，推进社会稳定风险评估工作深入开展，完成省挂账重大项目评估4件，市挂账重大项目评估16件。深入开展社会矛盾纠纷化解，建立人民调解组织2684个，配备调解员23684名，全年排查各类矛盾纠纷6745起，化解6547起，化解率达到97%，6件省挂账督办重大矛盾纠纷全部化解。市、县、乡三级确定的社会治安重点地区和突出治安问题整好率达到92.2%，12个省、市挂账重点地区全部整治完毕。

四、服务管理模式进一步创新

加强流动人口服务管理，建立流动人口和出租房屋综合管理体制和“以证管人＋以房管人＋以业管人”三位一体的管理模式，流动人口犯罪率控制在8‰以内。加强特殊人群服务管理，健全刑释解教人员必送必接、两头衔接和有效安置的协调联动机制，衔接率达到100%，建立市、县两级过渡性安置（培训）基地，在全省率先建立社区矫正网络管理平台，重新犯罪率始终控制在0.15%以下。加强重点人员管控，建立了“专业机构＋社工＋志愿者”工作模式，9945名列管对象和891名治安重点人员全部落实三级管控措施。加强薄弱环节管理，建立网络应急协调机制，组建网络评论员队伍，积极构建“大网监”格局，培育监管“两新组织”，严把准入关，提升服务管理水平。

五、基层基础力量进一步夯实

加强各级综治组织建设，强化乡镇（街道）党委“一把手”为第一责任人，配齐配强工作人员；建立治保会近2.5万个，各类专兼职巡防队2386个，在全省率先建立了区级平安志愿者协会，在册人数超过3.5万人。加大财政保障力度，将市、县、乡三级综治事业费和平安建设工作经费纳入政府财政预算保障足额拨付到位，并随经济发展逐年增加。全完善工作平台建设，全市所有乡镇（街道）全部设立综治维稳中心，建立城乡社区综合服务管理平台，设立“一站式”服务大厅，打造“一刻钟服务圈”。学习推广“四个覆盖”经验，大力实施“双六工程”，全市2265个行政村覆盖率达到100%，形成了秦皇岛市自己的品牌和特色。全面推行网格化管理，全市建立管控网格近2.7万个，发展网格长近2.8万人，网格信息员近3万人。深化平安创建活动。严格按照“六无”要求，深入开展“平安县区”、“平安乡镇”、“平安村（社区）”、“平安铁路”等13项基层平安创建活动，覆盖面分别达到了90%以上，同时在全市A级以上景区全部建立综治工作站。“治安保险”覆盖面持续扩大，全市近3.4万农户参保，充分调动了广大群众参与平安创建的积极性。

【唐山市社会管理综合治理】

△2012年，唐山市社会管理综合治理工作，全面贯彻落实中央和省综治委的工作部署，紧紧围绕服务唐山“科学发展、争先进位，努力使各项工作走在全省改革发展前面”的目标，以深入开展“社会管理基层基础年”活动为载体，以加快完善“大维稳”格局和深化“三项重点工作”为着力点，以扎实推进“平安唐山创建、优化发展环境”活动为抓手，以强化基层基础建设为保障，积极预防和化解社会矛盾，扎实推进社会管理创新。全市各级各部门按照中央提出的“党委领导、政府主导，统筹兼顾、源头治理，以人为本、服务为先，依法管理、综合施策，科学管理、提高效能，立足国情、改革创新”六项基本原则，牢牢把握最大限度激发社会活力、最大限度增加和谐因素、最大限度减少不和谐因素的总要求，把加强和创新社会管理工作作为科学发展、争先进位的重要内容，全面部署、精心组织、强力推进。把社会矛盾纠纷排查调处作为加强社会管理创新的一项经常性、基础性工作，深入细致搞排查，多措并举抓化解，确保了各类社会矛盾和突出治安问题早发现、早控制、早解决；着眼解决严重影响人民群众安全的突出治安问题，坚持“打防结合、预防为主”的方针，把深入开展“平安唐山创建”活动作为社会管理创新的有效载体，狠抓严打整治，强化重点领域、重点行业和重点部位监管，有力促进了社会和谐稳定；坚持“巡、卡、控”多措并举，不断加大社会面管控力度，把技术防范纳入城乡规划和建设，社会治安防范信息化水平不断提高；紧紧围绕流动人口、特殊人群、“两新组织”、虚拟社会、城市和农村社会管理等影响社会稳定的重点难点问题，坚持从实际出发，组织力量，大胆探索，勇于实践，有效提升了社会管理水平；围绕“大事不出、小事也不出”和“八个确保”的工作目标，超前谋划，精心组织，加强组织领导，狠抓暑期安保工作落实；坚持把社会管理的重点放在基层，加大人财物投入力度，确保了基层有机构管事、有人干事、有钱办事、按章理事。一年来，在市委、市政府的坚强领导下，在各级各部门的共同努力下，全市未发生在全国、全省有影响的重大刑事案件，未发生有影响的重大治安案件、未发生有影响的群体性事件和重大安全生产事故、进京赴省入市访大幅下降，有力维护了社会和谐稳定，为党的十八大胜利召开创造了良好的社会环境。

△2013年，唐山市社会管理综合治理工作，认真贯彻落实中央、省关于深化平安建设的一系列决策部署，牢牢把握最大限度增加社会和谐因素、最大限度减少社会不和谐因素的总要求，坚持“硬道理”与“硬任务”统筹抓，“第一要务”与“第一责任”一起担，以解决影响社会和谐稳定的突出问题为突破口，以构建“大平安”格局为支撑，以基层基础建设为重点，以体制机制创新为动力，强化综合治理，狠抓责任落实。围绕保稳定，深入开展矛盾纠纷排查化解。坚持重心下

沉、关口前移，认真落实“日排查、周调度、月汇总、季分析”工作制度，建立全方位、常态化社会矛盾排查预警体系；紧紧围绕14个特殊利益群体和征地拆迁、劳资纠纷、环境污染、医患纠纷、非法集资和交通事故等社会热点问题，整合各种资源，集中多方力量，综合多种手段，建立健全社会矛盾纠纷“大调解”工作机制，及时化解各类矛盾纠纷。围绕保暑期，狠抓社会面管控。以打击黑恶势力犯罪、涉枪涉爆犯罪、严重暴力犯罪、“两抢一盗”犯罪和涉众经济犯罪为重点，持续开展严打斗争；本着“有什么问题就解决什么问题、什么问题突出就整治什么问题”的原则，深入开展社会治安重点地区排查整治；结合工作实际和特点，不断加强对特殊人群尤其是有现实危害倾向人员的管控，实现了暑期大事不出、小事也不出的工作目标。围绕保民安，狠抓公共安全整治。围绕自然灾害事故应急处置，按照“全覆盖、零容忍、严执法、重实效”的要求，在全市深入开展危爆物品、消防、交通、生产安全大检查、大整治，全面落实严查、严打、严治、严管各项措施，成效显著。围绕上水平，狠抓社会管理创新。针对流动人口排查难、管控难、服务难问题，依托专管机构，发动多方力量，积极探索流动人口以房管人、以证管人、以业管人的管理新模式；按照“底数清、情况明、管得住、服务好、不失控”的原则，全面建立刑释解教人员、社区矫正对象、法轮功等邪教痴迷人员、不良行为青少年、吸毒人员、重性精神病人“六类重点人员”等级化管理信息库，积极探索特殊人群管理精细化、帮教社会化、就业市场化新途径；坚持用党建引领“两新组织”的服务管理，加强非公有制经济组织、社会组织中党组织和群众组织建设；坚持建设与规范并重，发展与管理同步，大力加强互联网管理，严格落实上网场所、网络网址、网民上网、手机用户等实名登记制度，健全完善互联网违法和不良信息、垃圾信息举报查处机制，加强网络舆情引导，防止形成现实危害。围绕固根基，狠抓基层基础建设。按照“增强基层实力、激发基层活力、提高基层战斗力”的要求，全面推行农村组织“四个覆盖”和社区网格化服务管理模式；通过整合公安、司法、民政、社保、信访、计生等服务管理资源，不断加强基层综合服务管理平台建设；以“六无”为标准，拓展创建领域，创新活动载体，深入推进各种形式的基层平安创建活动。一年来，通过各方努力，全市经济快速发展，社会和谐稳定，未发生在全国、全省有重大影响的案事件，进京非正常访大幅下降，群众安全感明显增强，为建设沿海强市、美丽唐山创造了良好的社会环境和法治环境。

【保定市社会管理综合治理】

△2012年，保定市综治办紧紧围绕加强基层基础建设，加强基层平安建设，不断创新和加强社会管理工作，圆满完成了年度工作任务，各项工作取得了显著成效。

一、高度重视，认真谋划，“四个覆盖”推广工作成效显著

一是先行先试，积累经验。确定望都县为全市推广“四个覆盖”经验工作试点并成立领导小组，乡镇党委书记为第一责任人。县财政先行对18个试点村按每村5万元的标准落实补贴，为领导小组办公室拨付工作启动经费20万元。二是加强调研，指导全市。肃宁现场会特别是全市试点工作会议后，保定市有十余个县（市、区）先后到肃宁县实地参观学习。市综治办成立调研组，对望都县固店镇井泉村开展“四个覆盖”运行、成效、存在的问题以及深入推进工作应重点把握的问题进行了认真调查研究。三是大力督导，狠抓落实。市综治办组成了三个督导检查组对各县（市、区）推广“四个覆盖”的总体情况和已经完成“四个覆盖”推广村的工作情况进行全面的检查督导。目前，全市2384个行政村实现了“四个覆盖”，占全市农村总数比例38.4%，基层党组织不断延伸，村级民主更加规范，农村社会更加稳定，经合组织带动增收作用明显，农村治安形势明显好转，群众安全感显著增强。

二、加强排查，认真治理，社会治安重点地区整治工作深入开展

（一）认真部署、严格落实。村（居）、乡镇（街道）实行日报告制度，对排查出来的矛盾隐患和治安问题，逐案、逐人、逐项建立工作台账。对各类隐患苗头分析原因，制定稳控措施，提出解决方案，按照“四明确”要求落实责任制。（二）专项排查、严格督导。一是集中开展了危爆物品、重点人员和机动车辆、安全隐患和交通消防安全大排查。二是开展了涉毒违法犯罪、金融网点安全隐患、非法人体器官移植行为、学校周边环境、易肇事肇祸精神病、治安重点地区专项整治活动。三是加强督导，严格问责。重点对“两个排查”的工作情况进行了督导检查。对部分县（市、区）实施了一票否决警示、一票否决对相关责任人提出处理意见；责成南市区委对五尧乡党委主管副书记、政府主管副乡长进行责任追究。（三）战果丰硕、成效明显。“大清查”行动取得明显成效，省挂牌督办问题得到有效化解整治。

三、领导重视、科学配置，社会管理工作不断加强

市委、市政府把社会管理创新工作纳入第一责任、纳入经济社会发展规划、纳入整体工作部署、纳入绩效考核。大力加强综治机构建设，增加人员、经费、编制，充实加强力量，并成立市综治委11个专项工作组。

一是加强流动人口服务管理。在全市推行“一证通”居住证制度，落实“以房管人、以业控人”的工作机制，积极组建流动人口协管员队伍，推行“集约化”日租房管理模式，有效破解了日租房不易规范、难以管理、治安案件高发的问题。二是加强社区矫正工作和刑释解教人员安置帮教。今年以来，全市已累计接收社区矫正人员八千多人，累计解除社区矫正人员五千多人。三是加强重点青少年群体和老小病残人员的帮扶。开展关爱农民工子女志愿服务活动，加强农村留守儿童、孤残儿童、流浪乞讨未成年人、农村五保老人集中供养、孤老优抚对象集中收养、社会孤老人员养老等服务管理。四是加强易肇事肇祸精神病人的管理。开展“入户访查专项行动”，对排查对象进行梳理，按照风险等级制定相应措施。对确无能力承担基本医疗费用，需要帮助、救助的精神疾患人员，由民政、财政和残联等部门协调解决，每年的维稳综治经费中增加20万准备金，用于支付特困肇事肇祸精神病人在院的治疗费，取得了较好的效果。

△2013年，保定市综治办紧紧围绕加强基层基础建设，加强基层平安建设，不断创新和加强社会管理工作，圆满完成了年度工作任务，各项工作取得了显著成效。

一、加强平安建设顶层设计，大平安格局初步形成

一是认真谋划部署，主要领导亲自抓。坚持把平安建设与经济发展同谋划、同部署、同落实，在人力、物力、财力上给予重点倾斜，全市形成了主要领导亲自抓，分管领导全力抓，其他领导“一岗双责”，层层抓综治的良好局面。二是狠抓建章立制，构建“大平安”格局。市委提出“十抓八制”建设，构建，作为全市深化平安建设的总纲。“十抓八制”，即抓导向、抓排查、抓调处、抓积案、抓法治、抓安全、抓大事要案、抓两个环境、抓班子队伍、抓三个效果统一，健全完善一岗双责、双向责任追究、信访稳定安全一票否决、领导干部包案、“四访”维稳、应急协调联动、执法公正监督、政法干部队伍奖惩机制。三是坚持目标管理，落实领导责任。把平安建设工作重心纳入各级领导的任期目标，将工作实绩与各级领导的晋职晋级、与单位的评先授奖直接挂钩。建立完善了平安建设考核工作机制，强化了对基层单位的日常考核和重点督导。

二、构筑严密的防范体系，提高社会治安管控能力

一是加大三级巡逻力量建设。强化市、县、乡镇三级巡特警、专职巡逻队员、便衣警察队建设，落实武警联勤巡逻机制。二是强化城乡社区村庄防控网建设。强力推动社区（农村）警务建设，牵领防控网络建设，出台完善了信息员队伍建设工作机制。三是加强单位和行业场所防控网建设。全面组建保卫组织并向中小学、幼儿园派驻职业保安员，设立治安岗亭256个，护学岗。强力打造以信息化为主导的行业场所管理新格局，还加强了区域警务协作网以及“虚拟社会”防控网建设。四是加强覆盖城市与乡村的科技防范体系建设。市财政投资3亿元，开展“平安城市”监控系统建设。市综治委在全市谋划、启动、实施了“天眼”工程建设，并达到全覆盖。

三、贯彻打防结合方针，推动平安建设深入开展

一是保持严打高压态势，有力遏制犯罪。全市政法机关合力开展了为期100天的“秋收100”打击整治专项行动。打掉了一批有较大影响的涉黑涉恶、破坏“两个环境”大案要案，取得了良好社会效果，受到省领导肯定。二是源头预防，化解矛盾纠纷和信访苗头。省挂牌督办的4件重大矛盾纠纷全部化解结案。市交办的12件和督办的10件均已化解。全市共排查出各类信访苗头隐患3000多件次，截至目前已化解2800多件，实现了“人口大市、信访小市”任务目标。三是重点整治，化解治安问题隐患。共排查发现的11个治安重点问题已全部整治完毕，市挂牌督办的7个社会治安问题和省挂牌督办的2个治安问题已经得到彻底整治。

四、夯实综治基层基础，筑牢长治久安基石

一是狠抓综治基层组织建设。全市338个乡、镇、办事处全部单设了综治办，组织人员齐备。县级综治办实现40万人口以上的配5名专职工作人员、40万人口以下的配3名专职工作人员。二是加强乡镇综合服务平台建设。各乡镇全部建立了综治维稳中心，各村（社区）全部建立了综治工作站。最大限度地发挥综治维稳中心的效能，把影响稳定的突出矛盾和问题解决在基层、化解在萌芽状态。三是深化基层平安创建活动。大力推进平安社区创建活动，严密各项防范措施，不断加强小区居民自治组织建设，强化对居民小区的日常管理和安全防范工作。

【沧州市社会管理综合治理】
△2012年，沧州市综治委严格按照上级工作部署，以保障民生、维护群众权益为出发点和落脚点，以深入开展“社会管理基层基础年”活动为载体，以构建乡村“平安五网”工作为重点，全面推广“四个覆盖”先进经验，社会服务管理水平得到了整体提升。

一、加强组织领导，为从“治安”到“管理”顺利转型奠定了坚实基础

（一）*建立夯实组织体系*。市调整充实综治成员单位11个，总数达到48个。市综治委成立了实有人口、“两新组织”、特殊人群、社会治安、预防青少年违法犯罪、校园及周边治安综合治理、护路护线联防、法律政策8个专项工作组，明确了工作职责。

（二）*健全完善机制建设*。市综治委建立了会议、专项工作、联系点、请示报告、联络员、述职、督导检查和考核评比8项工作制度。市委、市政府先后印发了《关于推广学习肃宁县“四个覆盖”工作模式加强和创新农村社会管理的通知》、《关于认真贯彻落实冀发〔2012〕12号文件精神进一步推进“四个覆盖”工作提升农村社会管理水平的意见》、《关于进一步推进乡村“平安五网”建设的通知》等一系列文件，明确了工作目标和任务，为沧州市社会管理工作高效有序运行，提供了完备的制度保障。

（三）*严格落实工作责任*。市委书记、市长代表市综治委与各综治成员单位、各县（市、区）签订了社会管理工作责任状，将党政领导抓社会管理工作做为班子政绩考核的重要内容，建立了党政领导干部综治工作实绩档案。

二、扎实推进综治专项工作，齐抓共管局面切实形成

一是进一步强化实有人口服务管理工作。以政府名义印发了《沧州市流动人口服务管理工作手册》、《沧州市办理居住证操作规范》等文件，组织开展了市县乡三级培训会。全市县乡村三级“推居”领导办事机构全部建成。二是进一步强化特殊人群服务管理工作。安置帮教工作有了新进展。阳光工程培训基地挂牌成立，为刑释解教人员免费培训就业技能；对200余名服刑人员开展了进监帮教活动。社区矫正工作有了新突破。社区矫正信息网络管理平台系统在市县乡三级全面铺开，全市累计接受社区服刑人员近五千名，重新犯罪率控制在1‰以下。三是进一步强化非公有制经济组织、社会组织服务管理工作。非公有制经济组织方面，市县成立了个体私营企业委员会、狮城企业英才学习俱乐部、“法律维权服务中心”。社会组织方面，研究制定了《社会组织服务管理创新工作实施意见》，建立了社会组织行政处罚自由量裁基准制度。四是进一步强化社会治安服务管理工作。坚持专项打击和整体防控相结合，特别是“百日会战”全面打响后，全市破获的刑事案件和现行案件分别较去年同期增长13.6%和24.8%，刑事发案总数同比下降5.3%。五是进一步强化社会管理法规政策制定实施工作。研究提出了加强和创新社会管理规划措施的建议，积极促进社会管理成功经验上升为政策法规，推进了社会管理的法治化、规范化。六是进一步强化预防青少年违法犯罪工作。开展青年文明社区创建活动和志愿者“一助一”长期结对服务计划、“金晖行动”、助残行动、便民服务等活动。七是进一步强化校园及周边治安综合治理工作。市直义务教育学校“三防”配备资金全部纳入了财政预算，开展教育系统安全工作人员教育培训工作、“平安校园”创建活动，对影响教学、科研、生活及交通秩序的，重新规划整顿。八是进一步强化铁路护路联防工作。为铁路沿线乡镇、村居统一制作了257张《铁路护路示意图》，将基本情况、线路里程、职责任务、人员分工等内容逐一标记。

△2013 年，沧州市综治工作以建设平安沧州、推广“四个覆盖”为主题，以解决影响社会和谐稳定和人民群众反映强烈的突出问题为切入点，坚持把顶层设计与基层创新相结合，整体推进与重点突破相结合，打击违法犯罪与深化治安防范相结合，将平安建设工作触角延伸到了政治、经济、文化、生态安全等各个领域，全市社会治安秩序持续好转，社会治理模式逐步改善，为建设沿海强市、和谐沧州做出了新的贡献。

一、强化顶层设计，科学部署平安沧州建设

一是为市级层面设计部署当好参谋助手。市委、市政府出台了《深化平安沧州建设规划(2013—2015 年)》、《关于进一步深化平安沧州建设的实施意见》两个文件，谋划部署了接下来三年沧州市的工作任务，明确、细化了各单位的职责分工。二是深入调研确保设计有的放矢。全市加大力度，多次组织人员深入一线调研，分析存在问题，确保推进措施有针对性。第一是组织了两次全市性平安沧州建设工作专题调研；第二是组织召开了学习“枫桥经验”深化“四个覆盖”研讨会；第三是开展“四个覆盖”工作调研；第四是开展“三角地带”调研。三是明确责任奖惩确保设计落实。市委书记、市长分别与各县（市、区）、各综治成员单位签订了综治工作责任状，市综治委建立了党政领导干部综治工作实绩档案。肃宁县荣获 2009 至 2012 年度全国平安建设先进县荣誉称号，1 人荣获全国综治先进工作者称号，2 人受到中组部、综治委嘉奖。全市有 5 个集体、6 名个人荣获全省社会管理综合治理先进集体、先进工作者荣誉称号，有 10 人受到省委组织部、综治委嘉奖。

二、扎实推进综治专项工作，齐抓共管局面切实形成

一是进一步强化实有人口服务管理工作。规范完善了流管专职队伍建设，积极推进户籍管理改革和流动人口居住证制度，全面推行公安、教育、卫生、计生、劳动保障“五位一体”管理模式，流动人口凭居住证可以享有 12 项社会公共服务。二是进一步强化特殊人群服务管理工作。海兴县“五老”帮教团先后与沧州监狱、沧南监狱等机构建立了帮教合作关系。海兴县“五老”帮教团的事迹和经验得到领导充分肯定，要求总结推广这一经验。三是进一步强化非公有制经济组织、社会组织服务管理工作。非公有制经济组织方面，对全市非公有制经济组织进行摸底调查，开展非公企业党组织建设。社会组织方面，完善登记管理工作，优化审批程序，扩大社会组织党组织建设的覆盖面。四是进一步强化社会管理政策法规的调研建议工作。做好社会救助工作调研，促进保障和改善民生；调研法律援助工作，促进弱势群体司法保障；提前介入，开展了《河北省老年人保护条例（草案）》修改稿的建议征集工作。五是进一步强化预防青少年违法犯罪工作。开展“青少年成长护航直通车”活动，成立了中捷青少年教育关爱中心，开展以“关爱未来，共建和谐”为主题的优秀“青少年维权岗”创建活动。六是进一步强化校园及周边治安综合治理工作。做好全国中小学幼儿园安全交叉检查工作，承办召开了“河北省综治委校园及周边治安综治工作现场会”，加强校园安全宣传、教育培训及演练，对全市 1100 名学校“一把手”和 1500 名安全管理人员进行了培训。

【廊坊市社会管理综合治理】
△2012 年，廊坊市认真按照省委政法委、省综治委的决策部署，在市委、市政府的正确领导下，以党的“十八大”安全保卫为主线，以打造京畿平安示范区为目标，以培育政法干警“忠诚、为民、公正、廉洁”的核心价值观为保障，坚持抓基层打基础、抓班子带队伍，深入学习推广肃宁经验，进一步加强和创新社会管理，努力保障和服务民生，圆满完成了社会管理综合治理各项目标任务。全市没有发生大的有影响的问题，有效保持了全市的和谐稳定。

针对 2012 年严峻复杂的国际国内和社会治安形势，经过广泛调研和思考，提出了在工作理念上要实现“四个转变”。一是立足于解决维护社会和谐稳定的源头性、根本性、基础性问题，努力从偏重排查化解老矛盾向排查化解老矛盾与预防减少新矛盾并重转变。二是立足于增进社会和谐，努力从偏重管控重点人向管控重点人与教育众多人并重转变。三是立足于充分发挥现代科技手段作用，努力从偏重人防和人为管理向人防和人为管理与技防和信息化管理并重转变。四是立足于全民参与，努力从偏重发挥专业队伍作用向发挥专业队伍作用与依靠群众、发动群众并重转变。

工作中，一是调整充实机构，理顺社会管理综合治理工作机制，市、县两级综治委、办基本完成了更名，增加了机构，扩充了编制，建成了“八个专项工作组”。二是更新工作理念，确保适应新的职能定位。与北京师范大学社会管理研究院、北京市社工委共同主办了第二届中国社会管理论坛，市委书记赵世洪亲自带队与全国政协副主席陈宗兴等国家领导人、北师大魏礼群等社会管理知名专家学者同台交流。市委常委、政法委书记肖双胜亲自带领考察组分赴浙江、湖南等全国社会管理综合试点地区进行考察。使得加强和创新社会管理工作从理念到认识、从思维到做法都有很大的提升。三是加强专项调研，谋划建立与全市经济社会发展相适应的社会管理体系。在充分调研，借鉴先进地区成功做法的基础上，研究制定了《加强和创新社会管理实施纲要》，第一次形成了比较系统的纲领性文件，并以市委、市政府文件印发。四是夯实基础工作，大力推进“三网四会五中心”建设。织密政法网、平安廊坊视频监控网、综治维稳社会管理服务信息网“三张网”，实现了社会管理由传统模式向科技化手段的新突破；发挥调解志愿者协会、平安志愿者协会、见义勇为工作协会、青少年爱心帮教工作协会“四会”作用，特别是平安志愿者协会、调解志愿者协会建设，实现了社会管理由“单一主体”向“多元主体”的新突破；完善“三位一体”矛盾纠纷调解中心、涉法涉诉联合接访中心、乡镇街道综治维稳中心、司法为民服务中心和社区矫正中心“五个中心”建设，有效减少了矛盾纠纷的发生，发挥了政法部门服务大局、服务民生的良好作用，实现了社会管理由“重管理轻服务”向“管理服务并重”的新突破。五是加强农村社会管理，力求“四个覆盖”经验本地化。将肃宁“四个覆盖”经验与廊坊实际相结合，制定了全市《学习推广肃宁经验加强和创新农村社会管理的实施意见》，以香河县为试点，有针对性地提出了以筑强基层战斗堡垒、建强民主管理机制、做强经济合作平台、加强综治维稳基础为基本动作的“四+×”工作机制，有力促进了肃宁经验在廊坊落地开花。截至年底，全市已有40%的行政村完成了推进任务。六是创新方法手段，推动工作措施的落实。实施项目管理，研究制定工作分解表，对各项重点工作都制定细化的目标管理计划，实行项目化管理、工程化推进、挂图式作战；组织观摩拉练，对部署的重点工作逐地走、逐项看，对各地各部门的工作完成情况进行组团观摩，实地检查，取长补短，激先策后；加强督办督导，对各县（市、区）政法部门政法综治维稳重点工作和政法队伍建设进行巡查和考核，大力整改发现的问题；开展群众满意度调查，委托专业机构开展治安状况群众满意度调查工作，形成了全市总体治安状况及群众满意度调查报告，为进一步加强和改进工作提供了依据。七是做好十八大安保，坚定不移地维护政治稳定。通过深入开展“六大”工程（即搞好危险物品、重点人员、矛盾纠纷和安全生产四大排查；开展基层基础工作会战、解决信访问题会战、严打整治会战、治安管控会战四大会战；牢牢掌控情报信息、网络舆情、进京通道、重点部位四大阵地；进一步加强应急处突、铁路护路、驻村帮扶、群防群治四大队伍建设、进一步落实了一把手责任、分管责任、“一岗双责”和具体人员责任四大责任；建立组织、投入、制度、队伍四大保障），圆满完成了十八大安保工作，真正实现了集体进京访、极端恶性事件、重大群体性事件、重复进京非正常访“四个零指标”，真正做到十八大期间全市“大事不出、小事也不出”。

△2013年，廊坊市政法机关以党的十八大和十八届二中、三中全会精神为指导，深入贯彻落实全国、全省政法工作会议精神，紧紧围绕党委政府工作大局和人民群众关注关切，以平安建设、法治建设、政法队伍建设“三大建设”为重点，坚持源头治理、动态管理、应急处理相结合，努力创建安全稳定的社会环境和公平正义的法治环境，为加快实现全市“两个率先”做出了新的贡献。其中，廊坊市被中央综治委继续保留全国社会管理综合治理优秀市荣誉称号，香河县继续保留全国平安建设先进县荣誉称号并获得“长安杯”。

总的来看，2013年综治工作主要有三个特点：一是重视程度高。市委市政府主要领导多次组织召开市委常委会、市长办公会以及政法委全委会进行专题研究部署。制定实施了市委、市政府《关于进一步深化平安廊坊建设的实施意见》，细化29个重点项目，把“平安建设”纳入廊坊经济社会发展总体规划，工作经费纳入财政预算，工作内容纳入市委、市政府年度督查重点，工作项目纳入社会管理综合治理责任体系，形成了党委政府负责、有关部门协同、政法各部门主抓、社会群众共同参与的政法综治工作格局。二是工作亮点多。在高标准完成好上级规定动作的基础上，全市结合实际，积极谋划，开拓思路，使基层科技创安工作、农村综治维稳组织建设、调解志愿者协会建设、青少年爱心帮教志愿者协会建设、综治维稳社会管理服务信息系统建设以及司法服务工作站建设等项工作得到创新发展。其中，在永清县召开现场会，分别对司法服务工作站建设和青少年爱心帮教志愿者协会建设经验进行推广；在固安县召开全市基层科技创安工作现场会，推广了视频监控“村村通”经验。三是推动措施实。加强学习借鉴，派出考察组先后赴广东省广州市、东莞市、深圳市、江苏省南通市进行学习考察。认真开展调查研究，对涉日维稳、处理涉法涉诉信访终结案件、基层政法机关警力短缺现状以及在新一轮转变经济发展方式调整经济结构中政法稳定工作面临形势与任务等开展了专题调研。组织开展了全市治安状况群众安全感和满意度调查，针对存在的问题集中开展了整改。搞好督导检查，开展各项明察暗访、专项督导和现场督导等20余次。加大奖优罚劣力度，对“全国公安系统二级英雄模范”陈彩凤等一批先进典型进行大张旗鼓表彰，针对永清县管家务乡得成私立小学猥亵学生案以及大学城东方职业技术学院学生聚集事件，先后对永清县教育局和廊坊东方职业技术学院坚决实施了一票否决警示。

【衡水市社会管理综合治理】

△2012年，衡水市社会管理综合治理工作，在市委、市政府的正确领导下，迎难而上，主动作为，协调联动，全力以赴，紧紧围绕市委中心工作，大力开展了以推进矛盾纠纷化解、公共安全、基层社管、四个覆盖的“四大体系”建设。及时处理了一批疑难复杂问题，有效化解了一批矛盾纠纷，社会管理综合服务水平得到进一步提升，综治基层基础工作得到进一步加强，各项工作得到了省市领导的好评。

一、推进社会矛盾化解体系建设

一是建立了“党委领导、政府实施、部门负责、综治考核”的组织领导体制和运行机制，把风险评估作为出台重大决策、项目、事项的前置条件和必经程序，实现稳评工作对全市各级各重点领域全覆盖。二是全市通过开展网络问政、建立热线、建立“网络连心桥”、“警民知音网”、设立“基层群众问政问事栏”、开展网格化民意收集等方式，搭建沟通对话平台。三是定期召开矛盾纠纷信息分析例会，市每季度一次，县（市、区）每月一次，乡镇（街道）每周一次，梳理分析排查出的矛盾纠纠纷情况，研判发展趋势并提出对策，对苗头性、倾向性突出的问题，及时采取措施，最大限度地使社会矛盾和问题及时化解稳控在当地。

二、推进公共安全体系建设

一是各相关部门以“净网、震慑、网上斗争护城河战役”等为载体，以加强情报信息为抓手，千方百计搜集掌握各类敌对分子内幕性情报信息，并落地查人，有力地维护了政治大局的稳定。二是对各类重点人员进行深入排查，建立了微机数据库，严格落实属地管理和包案领导、包案人责任，逐人落实稳控措施。全年共及时妥善处置了各类利益诉求群体串联聚集和赴省进京访十余起。三是全年多起民族问题均妥善化解处置，未造成不良影响。

三、推进基层社会管理服务体系建设

一是在县（市、区）建立社会管理服务中心，整合服务资源，实行统一管理、集中办公，一站式服务，拓展了12345热线服务范围。二是在各县市区出入城口和重点复杂区域建设社会管理综合服务站，统一规定了建设和服务标准，整合了9个与民生相关的部门，第一批已建成23个，在建9个。三是加强乡镇（街道）综治维稳中心规范化建设。制定了中心软硬件方面统一规范化标准，年内全市乡镇（街道）综治维稳中心已全部整合到位。四是大力推广“一委一居一站一办”的组织架构，以村（社区）党支部或党总支为核心，以村委会（居委会）推进村（居）民自治，以管理服务站承接公共服务，以综治办维护稳定，并推行网格化、精细化、规范化管理。

四、推进农村“四个覆盖”组织体系建设

一是强化了基层党组织建设。积极推广“1+10”党员联系群众工作法，充分调动广大党员带领群众致富的积极性。横向上建立联合党总支，纵向上扩建村级党组织，改变过去以村民小组为单位设立党小组的做法，在党支部下面设置专业、产业、科技、兴趣、外销等不同类型党小组，实施党员分类管理，全市农村已划分不同类型党小组5000多个。二是强化了群众性自治组织建设。三是强化了农村经济合作组织建设。农民专业合作社覆盖了种植、林果、养殖、加工、流通运销、农机等各个产业。四是强化了农村综治维稳组织建设。目前，全市118个乡镇（街道）已全部建立“乡镇综治维稳中心”，4994个村全部建立了综治工作站，全市农村建立综治小区3万余个、综治小组12万余个、巡逻队9200多个，有巡逻队员7.5万余人。

△2013年，衡水市市委、政府对全市社会管理工作高度重视，全力支持以构建“五大体系”（政治安全体系、经济安全体系、社会安全体系、文化安全体系和生态安全体系）、实施“五大工程”（“护城河”防线工程、“平安细胞”工程、食品药品安全工程、生产安全工程、智慧平安工程）的“大平安”格局建设，为全市经济和社会各项事业的快速健康发展提供了良好的外部环境。

一、强化领导责任制落实

市委先后三次专题研究综治和平安建设工作，召开两次由县市区党政主要领导参加的全市大会，对具体工作进行安排部署。先后两次专题调度饶阳县“三角地带”治安重点区域专项整治工作、调研打击“两抢一盗”犯罪专项行动。市委、市政府把平安建设工作的考核比重由原来的2分提升到7分，占到了定量考核70分的10%。

二、抓基层基础工作

一是“平安细胞”基层创安活动。按照《衡水市平安建设星级创建活动三年规划》，坚持以“六无”标准，确定了7个县（市、区）、24个乡镇（街道），及20个市直平安示范部门、2个市直平安示范企业、8所市直平安示范院校、5个市直平安示范医院为市级平安建设试点，由市综治成员单位分包县市区设立平安建设联系点，加大对口指导帮扶，实现了积小安为大安的工作目标。

二是推广农村“四个覆盖”。全市各级各部门通过加强阵地建设、健全完善机制、强化保障、对接帮扶和培树典型等方式，深入推进农村“四个覆盖”建设。到目前，全市4994个行政村“四个覆盖”达到了100%，农村各类案件实现了大幅幅下降

三是大力加强社会管理综合服务站建设。全年，在全市各县市区出入城区口、重点部位、区域投资3600多万元建设了54座社会管理综合服务站。54座服务站已经接出警3780次，为群众提供救助服务16000多次，全市城区治安刑事案件发案率同比下降12.6%，部分县城区还连续出现了“零发案周”。

四是大力支持治安保险推广工作。人保财险衡水市分公司、市综治办联合下发了《衡水市2013年治安保险推广实施方案》和《衡水市2013年治安保险推广先进单位和先进个人评选办法》，高标准开启了2013年度治安保险推广工作。

三、抓矛盾纠纷化解工作

一是全市稳步推进社会矛盾纠纷排查调处工作制度化、经常化，及时化解和处置了一批矛盾纠纷，有力维护了全市社会稳定。截至2013年底，全市共排查矛盾纠纷1万余起，调处率95.7%，做到了“小事不出村，大事不出乡镇”。二是制定下发了《关于进一步加强市直部门行政调解室建设的意见》，规范统一了行政调解室的各项制度和工作流程。目前，已在市信访局、公安局、法院、检察院、司法局、住建局、人社局、国土局、工商局等15个部门建立和完善了行政调解室，深入开展矛盾纠纷排查调处工作。

四、抓防控体系建设工作

一是严厉打击了敌对势力捣乱破坏活动。进一步加强了对各类邪教和危害气功组织的打防控工作，确保了社会政治大局稳定。二是严厉打击了各类突出犯罪活动。全市接连组织开展了一系列严打整治行动，37起现行命案全部告破，共破获八类现行案件510起。三是从严整治治安混乱区域。加大对饶阳“三角地带”的整治力度。从7月30日起，对“三角地带”职业盗抢机动车犯罪展开了破案攻坚，共抓获“三角地带”职业盗抢犯罪嫌疑人100多人，打掉职业盗抢团伙17个，破案800余起。四是强化了特殊人群管控能力。开展核查纠正社区矫正人员脱管、漏管专项活动，

加强对社区矫正人员的管控，社区矫正对象表现良好；全市建立安置帮教基地25个，为刑释解教人员重新融入社会搭建了平台。五是加大了科技防范建设力度。根据全市科技防范五年规划分解意见，全市“科技防范”建设工作在总体规划、资金投入、整合资源、机制建设、强化应用等方面有序展开。

【邢台市社会管理综合治理】

△2012年，在市委、市政府和省综治委的正确领导下，邢台市综治系统紧紧围绕“还邢台青山绿水、走生态发展之路”战略部署，以平安邢台建设为载体，不断加强和创新农村社会管理，深入推进矛盾纠纷排查调处和社会治安重点地区排查整治工作，全面落实社会管理综合治理各项措施，有力维护了全市社会和谐稳定。一年来，平安邢台建设取得重大成效，实现了“两下降”、“两上升”（全市刑事立案同比下降5.42%，破案率上升72.87%；全市进京非访、进京集体访、进京个访、赴省集体访分别下降57.6%、75.3%、33.3%和26.3%；群众安全感连续3年提升，2012年位居全省第4名）。

一、高度重视，坚持把综治工作摆在突出位置来抓

市委、市政府把“平安邢台”列入环境建设“十项重点工程”之一，多次召开市委常委会、市政府常务会议进行专题研究部署，全力推动综治工作向纵深发展。年初，市、县、乡三级逐级签订社会管理综合治理目标责任书，进一步明确了各级各部门的职责任务。

二、凝心聚力，扎实开展平安城市创建

一是狠抓平安社区创建。113个“单位型小区”、148个“地缘型小区”全部完善人防、技防，建立和规范了物业管理。市区176个社区中有63个社区达到了“六有”目标。二是拓展平安创建领域。全市命名表彰了100个平安建设示范单位和100个平安建设村居（社区）。其中，“平安铁路”创建活动成果显著，2012年，邢台市被评为“全国平安铁路示范市”。三是推进防控体系建设。全市共投入3.5亿元，安装视频探头总量达到46000多个。在市、县主城区全面启动“大巡控”机制，最大限度屯警街面，提高见警率。投资600多万元，在市区高标准建设警务工作站22个，成为打击犯罪、快速反应、服务群众的综合平台。

三、广泛动员，深化社会矛盾纠纷排查调处

一是拓宽调解组织外延。市、县两级共建立交通事故纠纷、征地拆迁纠纷、劳资纠纷等各类专业性调解组织330余个，先后在近千家大中型企业、学校、医院等建立人民调解委员会。二是健全排调机制。规范完善村居日排查、乡镇周调度、县（市、区）月汇总、市季分析及重大问题、疑难事项情况会商制度，使大量的矛盾纠纷在基层得到有效化解。2012年，全市共排查各类矛盾纠纷8022起，化解7621起，化解率达95%。省、市挂帐督办的19个社会治安重点地区、15个重大矛盾纠纷，全部得到彻底化解和有效整治。三是创新排调方法。总结推广了沙河市“农村大管事”、巨鹿县“平安特派员”等经验做法，得到省综治办充分肯定。法院系统深入开展“一村一法官”和“法官走基层、创建无讼村”活动，受到中央政法委、最高法院高度评价。

四、固本强基，夯实综治基层基础

（一）扎实推进“四个覆盖”，加强和创新农村社会管理。以推进“四个覆盖”作为加强农村社会管理创新的总抓手，明确了“典型带动、全面推行、纵深发展”的工作思路，整合资源，突出重点，全面推行基层党组织、基层民主组织、农村经济合作组织、农村维稳组织“四个覆盖”工作模式，取得初步成效。

（二）搭建综治平台，推动重点工作取得新突破。市综治委成立了实有人口、特殊人群等8个专项工作组，有效推动了各项综治重点工作实现新突破。市公安局开展以流动人口、出租房屋为重点的“清房行动”，对从中发现的重点人口实行等级化管理，受到省公安厅的充分肯定，经验做法在全省推广。

（三）加强群防群治，抓实宣传培训。各级综治部门进一步健全长效宣传机制，通过在报纸、电视设专版、专栏，网络通讯发短信等形式，多渠道、多角度开展综治宣传活动。加强培训制度建设，2012年9月，组织召开由各县（市、区）综治办主任、专职护路队员共百余人参加的培训班，从四个覆盖、两个排查等方面进行了为期一天的封闭式培训，收到良好效果。

△2013年，邢台市坚持以贯

彻落实党的十八大精神为主线，以平安邢台、法治邢台建设为主题，进一步深化平安建设，加强社会管理创新，着力健全完善社会管理体制，着力加强源头治理，着力夯实基层基础，全面提升社会管理科学化水平，社会治安秩序持续好转，群众安全感进一步提升。

一、扎实推进平安建设试点建设

确定邢台县、广宗县、沙河市为深化平安建设省级试点，桥西区团结街道办事处、平乡县丰州镇人民街村为典型培树基层点。市及各有关县市区均成立了推进省级试点工作领导小组及办公室，围绕构建“大平安”格局，研究制定了《邢台市关于深化平安建设省级试点及典型培树工作推进方案》。各试点县（市）结合实际，进一步理清工作思路，制定出切实可行的试点工作方案和工作规划，明确推进时间表和路径图，挂图作战，确保了各项任务目标圆满完成。

二、进一步完善矛盾纠纷调解机制

一是完善调解组织。在全市210个乡镇全部建立综治维稳中心，85％以上农村、400所学校建立综治工作站。市综治办起草制定了《邢台市医疗纠纷调解处置管理办法》。二是健全排调机制。逐级建立了日排查、周调度、月汇总、季分析及情况会商工作机制。8月，在全市组织开展了为期100天的重大突出矛盾纠纷排查化解“百日攻坚”行动，集中化解了一大批矛盾隐患。

三、集中整治社会治安突出问题

坚持以打开路，全市共打掉55个黑恶犯罪团伙。1－11月，刑事发案同比下降13.02％；“两抢一盗”同比下降7.49％。强化专项打击，各级综治部门每季度组织公安、工商、文化、安监等部门，开展拉网式排查，对排查出的突出治安问题，综合运用“打击、防控、治理”等多种措施进行整治，2013年以来，全市先后有10个治安突出问题得到根本解决。

四、不断提升城乡治安立体防控能力

2012年以来，邢台市共投入3.9亿元，安装视频探头总量达5.2万多个。其中市、县两级财政共投入1.8亿元，在市区建立22个警务工作站，各县市区建成三级公安机关监控中心和治安卡口平台291个。全市95％以上的农村推广“平安互助网”、电子狗等小技防。在市、县主城区全面启动“大巡控”机制，形成“两级巡控、三道防线”常态化模式，最大限度屯警街面。全市共组建专职和义务巡逻队6900余支，平安志愿者队伍达15万名。

五、着力深化基层平安创建活动

制定出台了《关于进一步加强平安社区建设的意见》，市直部门牵头管理的113个居民小区全部安装视频监控系统，并组建专职巡防队，全部建立和规范物业管理。对地缘型社区、新建商品小区，采取“属地管理”的办法，积极落实各项平安创建措施。目前，市区329个居民小区技防设施完善的小区有148个，配备专职巡逻队伍的小区有146个，其它小区均组建义务巡逻队。积极探索“三会一网、物居合作”的平安社区建设模式，市区176个社区有85％以上达到了“六有”目标。为规范市区养犬管理工作，市综治办于7月15日起在市区部署开展了为期6个月的养犬管理整治活动，市委、市政府主要领导多次给予批示肯定。

六、加强和创新基层基础工作

一是创新基层组织管理方式。平乡县整合村居治保会、民调会、红白理事会、理财小组、妇女禁赌协会和农村经合组织等现有资源，在全县建立起“六位一体”的“平安自治村（社）管会”。二是推进“四个覆盖”。认真贯彻落实省委、省政府《关于推广肃宁县“四个覆盖”经验加强和创新农村社会管理的意见》，全面推行“四个覆盖”工作模式，取得明显成效。截止到2013年底，邢台市5162个行政村全部实现了四个全覆盖。三是健全基层治保会。由各级综治办牵头，强力推行治保主任专职、专司工作的落实。

【邯郸市社会管理综合治理】 △2012年，邯郸市综治委在去年取得成绩的基础上，加强和创新社会管理工作又实现了新的突破，深化“五个延伸”，率先在农村（社区）设立了警务室，推行“四化”管理新机制，推行了农村互助养老模式，建成了全省规模最大的城市报警与监控系统，建立了农民工综合服务中心，农村治安保险覆盖率达到60％以上，推出了“全国见义勇为英雄”张青彬。

一、高规格部署，大力度推进社会管理创新工作

一是严格落实工作责任制。推行了由“一把手”对“一把手”签订责任状为主要形式的目标管理责任制，在各级领导班子中实行“一岗双责”责任制，建立健全了社会治安综合治理检查考核制度，建立了领导干部综治实绩档案，实行了对重大案（事）件的“一票否决”制。二是综治人员编制到位。率先在全省实现了机构、编制、人员“三到位”。

二、深入推进“五个延伸”，全力筑牢基层基础

“五个延伸”工作初见成效。市委提出了“五个延伸”（即把矛盾纠纷排查的工作延伸到人，把社会治安综合治理的触角延伸到户，把群众工作的平台延伸到村，把安全生产的责任链条延伸到各个岗位，把食品药品安全的环节延伸到田间地头、工厂车间）的工作思路，全市投资9.2亿多元全部建成了“两个中心”、“一站一室”群众工作四级平台。市、县两级财政投入5亿多元，在全市5000个村庄（社区）全部建立警务室、配备治安管理员。在全省率先完成了市、县食品安全委员会及办公室机构建设，组建了主城区4个监管分局和覆盖市、县、乡、村四级的监管网络。

平安创建提高了人民群众的安全感和满意度。相继组织开展了“基层平安建设示范单位”等系列创建活动，创建了一批平安乡镇、平安村庄（社区）、平安企业、平安医院、平安校园和平安家庭，人民群众对社会治安的满意率达到95%以上。

全方位社会治安防控体系充分发挥作用。一是打造主城区“五网一机制”防控体系。二是构筑“两道防线”。在环市主城区、环县城区的主要路口，设立警务工作站或治安卡点。三是强化虚拟社会管理，建立了网上舆情预警和监测体系。流动人口服务管理得到加强。一是多渠道管理。将人口信息全部在村（社区）建立台账，全面准确掌握辖区实有人口和出租房屋管理基本情况。二是全方位服务。在全省首创了开放式的农民工综合服务中心，使20万外来务工人员有序融入了城市。探索推行了农村党建“四化”管理新机制。在全市农村推行以“待遇制度化、经费保障化、工作专职化、服务常态化”为主要内容的农村党建“四化”管理新机制，有效激发了农村党组织的活力，促进了农村各项工作的开展。农村互助养老模式全国推广。把破解农村养老难题作为创新农村社会管理的重点，积极探索、大胆尝试，走出了一条符合当前农村经济社会发展阶段性特征的新路子，形成了一套全新的农村养老模式。科技防范工作得到中央综治委的肯定。建成了市公安局一级监控中心和21个县、区（市）公安局二级监控中心及派出所三级监控中心，实现了“三级联网，四级贯通”的目标，改善服务质量，提高精确打击的能力。社会治安重点混乱地区得到有效整治。建立健全排查机制、研判机制、整治机制、考核奖惩机制，推动重点地区排查整治工作常态化，形成了“综治牵头、公安为主、部门配合、上下联动、群众参与、重点整治”的工作格局。省市挂牌督办的案件全部按时办结，并实现了由“乱点”到“亮点”的转变。

三、认真学习“肃宁经验”，强力推进农村社会管理“四个覆盖”工作

市领导带领市综治办、市委办、信访局、农工委、统战部和19个县、区（市）的县委副书记到沧州肃宁县学习考察“四个覆盖”的经验。目前取得阶段性成果，全市实现“四个覆盖”的行政村有1709个，占全市总数的30%。

一是以农村“四化”管理机制为切入点，全面加强基层党组织建设。探索推行了以“待遇工资化、经费财政化、工作专职化、服务常态化”为主要内容的农村党建“四化”管理新机制，推行村支部书记定时坐班制，有效激发了农村党组织的活力。二是以村代会建设为重点，积极推进农村基层民主组织建设。从保障和落实农民群众的知情权、参与权、决策权和监督权入手，在全市的1709个行政村建立村代会和村监会，有1653个村的村支部书记兼任村代会主席，建立“党组织领导、村代会决策、村委会执行、村民监督委员会监督”的村级治理新构架。三是以提高农民组织化程度和增收致富为目的，积极推进农村经合组织建设。全市已发展各类农村经济合作组织1530个，较好地发挥了规模效应，促进了农业增效、农民增收和农村发展。四是以警务室建设为平台，普遍建立综治维稳组织。在全市5678个农村普建立了警务室，为治安管理员全部落实了工资待遇、政治待遇，90%的村建立一支5—15人的专职巡防队。

△2013年，邯郸市社会管理

综合治理工作以平安邯郸建设为目标，以建立“警网、天网、民网”三网合一的“天罗地网”为抓手，在平安中国建设大会上，市综治办被授予“全国社会管理综合治理先进集体”荣誉称号，大名县再次荣获“全国平安建设先进县”殊荣。

一、把平安建设作为“一把手”工程，强力推进

一是高站位制定实施方案。市委办公厅、市政府办公厅印发了《平安邯郸建设的实施方案》（邯办发〔2013〕39号）。文件明确了创建标准、创建任务、推进措施等，力争每年解决一些关系老百姓切身利益的问题。二是标注纳入考核。市委制定出台了《邯郸市乡镇党委考核办法（试行）》（邯字〔2013〕29号）。文件规定考核满分为400分，党建、发展、稳定、民生各占100分，在信访稳定工作100分中，信访和平安建设各占50分。

二、把深化“网格化”巡防体系建设作为龙头，努力构建平安邯郸建设的“天罗地网”

（一）深化“网格化”巡防体系建设，形成坚强有力的“警网”。“网格化”巡防体系成效明显。市主城区120平方公里共划设87个巡区，在地域上实现了无缝隙全覆盖。一是刑事发案和刑事类报警大幅度下降，二是快速反应能力显著提升。三是群众的安全感显著增强。四是社会矛盾化解能力大幅提升。

（二）加大推进视频监控系统建设力度，形成疏而不漏的“天网”。预计半年内，在主城区的303条街道，207个十字路口，187个丁字路口，156个重点部位，41个制高点，安装球机、枪机、高倍摄像机13000多个。其中，城区街道路口3636个摄像机、重点部位372个摄像机以及城区制高点的97个监控摄像机直接接入市局，与市公安局平台相连；城区街道路面上的8834个监控摄像及分别与所在辖区的分县公安局相连。

（三）加强群防群治和社会协同，形成人人参与的“民网”。健全各级专职治安巡防队伍和多种形式的群防群治组织，按照辖区人口千分之五且不少于四人的标准建立治安巡防队伍，鼓励有条件的村（社区）聘用专职保安人员、建立专业保安队伍。

三、高度重视学习推广肃宁经验，强力推进农村社会管理“四个覆盖”工作

一是以农村“四化”管理机制为切入点，全面加强基层党组织建设。二是以村代会建设为重点，积极推进农村基层民主组织建设。三是以提高农民组织化程度和增收致富为目的，积极推进农村经合组织建设。四是以警务室建设为平台，建立综治维稳组织。

四、加强矛盾纠纷排调和重点地区整治工作

一是全力化解挂账督办案件。二是定期召开会议。三是整治非法办学。四是织密排调网络。五是完善排调机制。建立了“村（居）日排查、乡镇（街道）周排查、县（市、区）月排查的经常性矛盾纠纷排查制度和在重大节日、重要活动期间、敏感时段开展矛盾纠纷“大排查、大调处”的专项活动排查制度。六是强化激励，将人民调解补贴经费列入同级财政预算。

五、其他工作

（一）见义勇为。王俊旺被追授为“河北省见义勇为英雄”。邯郸市人民政府作出了命名表彰邯郸银行职工李劲松的决定，授予李劲松见义勇为模范荣誉称号，并奖励人民币2万元。

（二）责任制的落实情况。完善了社会治安综合治理检查考核制度，建立了领导干部综治实绩档案，实行了对重大案事件的“一票否决”制。

（三）铁路护路联防工作。一是年度考核成绩突出；二是全国“两会”、“十八届三中全会”期间的护路工作圆满完成；三是高铁护路工作站顺利开展；四是开展涉路安全隐患治理工作；五是相继处置了几起涉铁事件。

（四）会务接待等工作。主要有全市综治维稳工作会议、全市治安保险参与平安建设会议、全市学校安全稳定工作会议，继续坚持了每月的综治办主任例会制度。

（五）考核工作。一是完成了2012年度综治考核工作。二是组织完成了市对全市各乡（镇）上半年综治工作考核。

（六）调研工作。一是组织市交通局、市安监局、市公安局交警支队有关人员完成了“加强和完善客货运车辆安全监管情况”的调研。二是完成了关于在邯郸市筹建社会管理综合信息平台的调研报告。三是完成了全市治安管理员队伍现状调研工作。

【定州市社会管理综合治理】

△2012年，定州市按照上级的工作部署和要求，坚持以科学发展

观为指导，认真贯彻全国、全省、保定市政法工作会议和市委全会精神，紧紧围绕服务“十二五”、构建大维稳格局，大力实施社会管理创新工程，继续深入开展平安建设，最大限度地从源头上、根本上、基础上化解社会矛盾，最大限度地提升社会治安水平。维稳综治信访工作体系进一步完善，在夯实基层基础工作方面作用突出；创新机制，综治工作实效全面提升；严打整治各专项行动接连开展，社会治安形势明显好转；社会治安重点地区排查整治长效机制充分落实，全年未出现省挂账督办重点地区；适时开展矛盾纠纷和信访隐患排查化解，以及重要时期安全保卫工作，为党的十八大胜利召开营造了安定团结的社会环境。

△2013 年，定州市认真学习贯彻党的十八大精神和全国、全省政法工作会议精神，以《2013 年度全省社会管理综合治理工作要点》和《关于进一步深化平安河北建设的指导意见》为指导，围绕“首安之区”总目标，积极构建大平安格局。护城河工程进一步强化，平安村试点培树工作取得重要进展，特殊人群服务管理进一步规范，“四个覆盖”推广工作圆满完成。平安定州市建设深入人心，治安秩序持续好转，社会大局总体稳定，为全市经济社会发展和现代化区域中心城市建设创造了良好的社会环境。

【辛集市社会管理综合治理】

△2012 年，辛集市综治工作以党的“十八大”安保为主线，以社会管理创新动力，全力推进安全防范、矛盾化解和严打整治工作，较好地完成了目标任务，未发生影响社会稳定的刑事治安案件和治安灾害事故，维护了社会政治稳定。

一是强化安全防范，提升社会管理水平

将四大班子机关大院、法、检及 30 人以上的机关事业单位列为工作重点，强化了视频监控系统安装，落实了出入登记查验制度。对全市的 78 个内部单位，35 个要害部位处进行了安全检查。对 10 个治安问题较多的重点区域和部位进行集中整治。投资 120 万元建设 10 个城区警务服务站，预防打击街面违法犯罪的能力明显提高。

二是以“三大活动”为载体，排查化解矛盾纠纷

开展了大排查、大调处、大帮扶一体化社会矛盾化解活动，全市成立排查工作站 349 个，行政部门排查机构 99 个，全市建立了 16655 人的排查信息员队伍，网络实现全覆盖无缝隙。全市共排查各类矛盾纠纷 790 件，化解率 95.4%。确定各类帮扶对象 238 人，进行心理辅导、落实低保、技能培训、法律援助等多种形式的帮扶，落实各类帮扶资金 358000 元。

三是开展流动人口、出租房屋服务管理

共清查流动人口 9102 人，清查公共复杂场所、娱乐场所 2780 家次，有力地震慑了各类违法犯罪活动。在流动人口聚集区—国际皮革城投资 20 余万元建立了高标准的流动人口服务中心，内设信息发布区、医疗保健区、网吧服务区、文化阅览区、关怀扶助区等五个功能区，全方位、多角度为流动人口（新居民）服务，流动人口服务率达到 90%以上。

四是试点推进“四个覆盖”工作

确定了新城镇白龙邱村为市级“四个覆盖”试点村，对农村党组织、村民自治组织、综治维稳组织、农村合作组织四个全覆盖进行重点培养。各乡镇明确两个村以市级试点为标准开展工作。有 34 个村完成四个覆盖工作。

五是加强铁路护路联防，确保铁路安全畅通

全国“两会”和“十八大”期间，组织 50 个市直部门、4 个沿线乡镇、街村和公安干警由领导带队开展集中护路。综治办和市司法局组成督导组，每天进行不定期、不定时的督导。稳控重点人员 17 人，排查整治安全隐患 5 起。确保了重要时期铁路大动脉的安全畅通，全市没有发生影响铁路安全的重大案事件。市护路办加强了工作规范化建设，在铁路沿线 17 个街村建立护路工作站，巩固充实了护路志愿者队伍。被省综治委评为 2009－2011 年平安铁路示范市。

△2013 年，坚持以科学发展观为指导，认真贯彻落实党的十八大、十八届三中全会和全国、全省政法工作会议精神，深入推进“三大建设”，以打造平安辛集为目标，以社会管理创新为手段，全面推进综治各项工作，取得了明显成效。全市未发生影响社会稳定的重大案（事）件。

一是强化基层基础建设

在全市 344 个街村建立了综治室，全市社会治安志愿者队伍达到6000人，市区治安巡防队达到200人；保安队伍达到750人，乡镇治安巡控中队232人，街村治安巡防分队2351人，配备了必要的执勤装备，健全了巡逻防控、巡逻日志、业务培训等制度。

二是设立“百姓法庭”

百姓法庭是农村群众自我教育、自我管理、自我约束、自我评判的自治组织，主要受理邻里纠纷、家庭琐事、轻微打架斗殴等一些既涉及法律法规又涉及伦理道德的矛盾纠纷。通过评事、评理、评审、评议、评定、评判等“六评”明晰事理、调解纠纷。通过领导分包、抓试点和推展，全市已有60个村建立了“百姓法庭”，有力地促进了乡村和谐。

三是开展“四个覆盖”

按照“四个覆盖”要求，由民政局、组织部、农工委、农牧局、综治办主要领导分别负责推广试点经验，建立完善了组织机构、“四个覆盖”流程图，工作台帐等工作内容。344个行政村基层党组织、群众性自治组织、综治维稳组织覆盖率、经合组织覆盖率达到100%。

四是推行“治安保险”

在农村积极推行治安保险。通过下发文件、宣传教育、致乡镇党委书记的一封信、工作进展通报、治安保险排队考核等手段，细化农村治安险和农村干部险责任目标及完成时限，有力推动了工作开展。

五是推进见义勇为工作

通过各种手段，集中开展了见义勇为宣传活动，组织辛集市的书画界、摄影界人士，参加省见义勇为协会书画展。9月在全省率先成立了县级见义勇为工作协会。

六是加强科技创安

加大技防建设投入，健全完善了城区视频监控范围，把城区主要街道全部纳入视频监控。104个村建成了监控系统。

七是开展“辛苦一夜、平安一月”活动

在全市选取21个村为试点，以十户村民为一组，建立若干个“十户联防”组织，每组出一人，组成联防巡逻队，开展夜间巡逻，轮流执勤，为全体村民守夜巡护，形成了对违法犯罪行为的震慑态势，最大限度的挤压了违法犯罪活动空间，社会治安环境得到进一步净化。

社会管理综合治理典型

【扎实推进“四个覆盖”工作　构建运行顺畅的农村社会治理体系】

平泉县位于河北省东北部，地处冀、辽、蒙三省区交界处。总面积3296平方公里，辖11个镇、8个乡、1个街道办事处，263个行政村、9个社区居委会，总人口48万。作为省、市确定的学习推广肃宁“四个覆盖”经验试点县，平泉县按照上级统一部署，找准推进“四个覆盖”工作的结合点和切入点，强力推动肃宁经验本地化，全部行政村实现了“四个覆盖”。

一、立足实际，扎实推广“四个覆盖”经验

平泉县委、县政府对学习推广肃宁经验高度重视，精心谋划，强力推动。平泉县有近2000个自然村落，农村社会管理问题多、难度大，把学习推广“四个覆盖”经验的切入点定位在加快农村社区化建设，统筹城乡协调发展上。提出了“两强化、五提升”的工作目标，即：强化农村社区建设、强化乡镇服务管理职能；提升农村基层党组织、自治组织、民主监督组织、经济合作组织、综治维稳组织建设水平。努力打造布局优化、住宅美化、道路硬化、村庄亮化、环境净化、四旁绿化的新型农村社区，带动农村整体面貌的改变和治理水平的提升。

二、注重实效，全面提升农村治理水平

着眼于社会秩序好、经济发展快、幸福指数高的新型农村建设目标，通过强化党在农村的领导地位、调动群众自我管理积极性、开展村级组织建设提升工程，全面提高农村社会治理水平。第一，创新党组织建设模式。广泛开展产业型、服务型、和谐型、流动型、创业型、活力型“六型”党组织建设，推行党员服务圈模式，建立党员中心户，使全县1.2万名农村党员活跃在农村社会每个角落。探索实行了“一推直选”的村代会主席选举模式，即：推荐村党组织书记为第一候选人，实行等额选举；由村党组织书记召集选举会议，乡镇包村干部、驻村工作组成员列席、村民代表直接选举。全县261个村的党组织负责人顺利兼任村代会主席，占行政村总数的99.2%，其中90%的村党组织负责人以满票当选。第二，规范村级事务运行。落实党组织领导下的村代会（村民大会）决议、村委会执行、村监会监督新机制，严格执行村级事务管理流程。去年以来，全县村代会共决议项目建设、土地流转、污水处理、道路硬化、垃圾处理等重大事项3126个，全部得以顺利实施，有效解决了以往村级建设项目开展难的问题。许多村主任表示：村级事务由村代会决议，看似我们的权力缩小了，但威信提高了、事情好办了、麻烦事少了、工作舒心了。第三，构建多元化经合实体。目前，全县已建立农村经济合作组织781家，行业协会和专业协会7家，吸附近6.6万农户，年创产值46亿元，农民人均增收2950元，被评为省级农民专业合作组织建设与发展先进县。食用菌、设施蔬菜、畜牧养殖等产业迅猛发展，在国内国际市场占有举足轻重的地位。北五十家子镇亚欧山杏专业合作社，以承德亚欧杏仁贸易有限公司为依托，杏仁交易量占全球交易量50%，带动了5000余农户从事山杏产业，解决农村剩余劳动力1万余人。第四，完善治安防控体系。积极探索建立综治专管员、政法干警兼任村法制副主任、村级治安巡逻队的“一员一警一队”村级平安创建组织体系。全县263个行政村综治专管员达到309名；选拔政治素质高、业务能力强、熟悉农村工作的政法干警兼任各行政村法制副主任，负责协调、指导村级平安创建活动。实施“开窗工程”，加大人防、物防、技防投入力度，以综治小区和综治小组为依托，建立专兼职巡逻队896个，人员达到9872人。基层平安创建实现了联防、联控、联调、联治，确保了农村社会的长治久安。去年以来，全县农村矛盾纠纷下降14.5%，信访案件下降35.2%，治安、刑事案件同比分别下降23.6%和32.1%，今年以来，有229个村实现了零发案。

三、创新发展，开创社会治理新局面

平泉县坚持学习借鉴，不断创新，为农村社会发展注入新的生机和活力，努力开创社会治理新局面。第一，打造精品。本着有利于城镇聚集辐射、有利于资源优化配置、有利于公共服务的原则，对全县城乡建设、产业发展、要素配置进行统一规划，构建了城乡一体化发展新格局。以桲椤树镇桲椤树社区为示范，确立了“三园三区”发展战略，努力打造精品，形成了红色革命传统教育与休闲观光采摘相结合的旅游观光产业框架。第二，协调发展。通过专业化经济合作组织，拉动农业产业规模化经营，加快农村工业化、城镇化发展进程。卧龙镇杏树园子社区充分发挥区位优势，建成亿达、润隆、森源食品加工公司，形成了集生产、包装、物流于一体的产业聚集区，有效解决了农村剩余劳动力就业问题。三是创新管理。结合乡镇机构改革，着力推进乡镇职能由侧重“抓经济”向侧重“抓治理”转变。出台了《平泉县群众工作暂行办法》、《关于创新乡镇管理体制加强行政执法的实施意见》和《平泉县简政放权加强乡镇政权建设意见》。将国土、安监、水务、林业等职能部门的一些审批、执法、处罚权限下放到乡镇，增强乡镇的社会治理和公共服务职能，保证了乡镇能够在更大的范围、更多的事项上服务群众，帮助群众解决实际问题。目前，已有11个职能部门与20个乡镇（街道）签订了46项行政权力下放委托书。依托群众工作站，为群众提供“一站式”便捷服务。

【完善组织体系　健全体制机制　在拓展延伸中全面打造“四个覆盖”升级版】 作为农村“四个覆盖”经验发源地，肃宁县按照“巩固、完善、拓展、提升”的要求，坚持把完善组织体系，健全体制机制作为重要抓手，“全面推、重点抓、出特色、树亮点”，大力实施整体提升工程，全面打造“四个覆盖”升级版，取得了一定成效。

一、进一步推进“四个覆盖”规范化建设

一是围绕解决基层党建虚化和党员发挥作用难的问题，抓好农村党组织体系建设。按照“行业相同、性质相近或地域相邻”的原则，合理设置党组织，理顺党员隶属关系，统筹抓好“农村、社区、新经济组织、新社会组织”四类党建工作，深入开展发展党员“关口前移”和无职党员“三定一评”等系列活动，充分发挥党组织的战斗堡垒和党员的先锋模范作用。去年以来，全县新建农村党总支15个、党支部80个、党小组2046个，新发展农村党员2471名，进一步提高了党组织覆盖密度。

二是围绕解决乡政村治结构建设问题，抓好基层自治组织体系建设。加强督导检查，进一步明确村民代表产生条件、权利、义务和村民代表会议职责，规范村民代表队伍，严格履行“三议一行一监督”村民代表会议议事程序，村民代表会议更加规范有序。为进一步拓展村监会职能，今年印发了《关于成立村民监督委员会的实施意见》、《村民监督委员会换届选举办法》、《村民监督委员会工作规程》等规范性文件。完善了村委会、村监会定期向村代会报告工作制度，建立了以村代会听取村委会工作汇报、村监会监督村务运行和群众监督相结合“三位一体”的村务监督体系。

三是围绕解决农村经济发展和农民共同富裕问题，抓好农村经济合作组织体系建设。以“有组织制度、有合作手段、有较大规模、有明显效益”为目标，推动经合组织规范化建设，在扩大规模、提高效益上功夫。加大扶持指导力度，制定出台奖励办法和评定标准，创建国家级示范社4家，省级示范社4家。以重点合作社为依托，全面进行整合，建立了肃宁县养殖协会、蔬菜协会、大田作物协会和果品协会等“四大协会”，进一步提高了农民的组织化、合作化程度。目前，全县经合组织总数达到541个，新增70个，入社会员数量达到1.7万多人，涉及全县240个村，带动农户7.1万余户。

四是围绕解决农村和谐稳定问题，加强综治维稳组织体系建设。新制定了《深入推进平安肃宁建设试点典型培树工作方案》，确定了尚村镇西河庄村、付佐乡西泊庄村和融天社区等平安创建试点，全程跟踪、指导和帮扶，肃宁县“平安五网”建设工作已全部完成。进一步丰富拓展了“3＋1”组织职能，使其从单纯的调处矛盾、维护稳定向农村社会管理各个领域拓展延伸，赋予小区长、小组长更多职责。进一步完善了“3＋1”组织体系考核办法，切实解决小区长、小组长和巡防队员作用发挥不到位问题。

二、进一步完善“四个覆盖”工作机制

一是建立健全工作推进机制。充实了“四个覆盖”工作领导小组，成立了专门办公室，具体负责“四个覆盖”的整体推进工作，通过整合机构、强化培训、典型示范、拓展延伸、升华理论、督促考核强力推进。整合各种督查力量，发挥纪检监察机关、党政督查部门、舆论宣传部门的职能作用，加大了督导检查力度，确保了工作实效。

二是建立健全资金筹集机制。通过“县财政奖一点、乡镇单位出一点、大户能人捐一点、广大群众凑一点”，建立了乡村建设资金筹措机制，并灵活运用“一事一议”和“村村通”等政策性资金，打捆使用，最大限度发挥资金的使用效益；设立“四个覆盖”建设专项资金，向重点村和精品观摩村倾斜；发动农村在外能人、企业老板自觉自愿投资筹资，为本村发展出资助力；充分调动群众的积极性，采取多种方式捐资投劳。

三是建立健全长效常态机制。注重在制度化、常态化上下功夫，努力把那些实践证明行之有效的做法逐步提炼总结；严格执行“三议一行一监督”工作机制，真正做到民主选举、民主决策、民主管理、民主监督；充分发挥农村干部、党员、村民代表和综治区长、组长的模范带头作用，利用“四个覆盖”组织网络形成健全的管护网络，采取卫生责任区、门前三包、专人清扫、定期清理等形式，使之成为日常性的管理工作，通过建立长期保洁机制，共同维护农村良好的卫生环境。

四是建立健全依靠动员群众工作机制。建立健全群众工作机构，畅通信息传送渠道，利用“3＋1”综治维稳组织，采取“十、五、一”工作法，收集整理村民意见和建议，同时发挥老乡亲、老面子的作用，及时化解各种矛盾纠纷。对在纵深推进“四个覆盖”过程中涌现出的经济发展、文化宣传、致富领富、矛盾纠纷调解的方面能人，全部纳入农村优秀人才库，目前聘请20多名专家教授建立了“四个覆盖”专家人才库，共吸纳各类优秀人才11958人。

三、进一步拓展“四个覆盖”工作领域

一是抓好村容村貌整治工作。2011年8月以来，肃宁县坚持把农村环境卫生整治作为组织群众，服务群众，深化“四个覆盖”的有力抓手，先后投入4亿多元对全县农村进行了治理，131个村达到了精品村标准，160个村建成达标村。以满足人民群众精神文化需求为目标，着力推进“四个覆盖”工作经验向农村文化事业拓展延伸，实现了以“农村文化阵地全覆盖、农村文化队伍全覆盖、农村文化活动全覆盖”为标志的“城乡文化全覆盖”。目前全县各乡镇全部建起了综合文化站，每个行政村建起了村级文化中心和农家书屋，村村组织起了文艺宣传队、小剧团等农民文艺团体，不间断开展丰富多彩、健康向上的文艺活动，构筑起“文化软实力”。

二是加强城市社区建设。借鉴“四个覆盖”成功经验，建立健全了以党组织为核心、以居民自治为主体的各类社区组织，建立服务大厅，实行一站式服务，推进党群服务、劳动就业、社会保障、医疗卫生、计划生育、文明创建“六进社区”，实现了群众自我服务、自我管理，促进社区和谐发展。全县已初步建成7个管理有序、服务完善、环境优美、治安良好、生活便利、关系和谐的现代化社区。

三是搞好村民服务中心。立足于公共服务均等化，为村民提供“零距离”、“一站式”服务的目标，按照公开、便民、依法、高效的原则，整合各类农村社会资源，成立了8个便民服务中心，为广大农民生产生活提供了便利。开展“千名干部下基层”活动，动员各级党员干部进村入户接地气，办实事，搞对接，引导和鼓励各级各部门立足自身部门职能，找准与“四个覆盖”的对接融合点。通过这项活动，实现向上对接项目189个，争取各类援助资金2.5亿元。

四、进一步强化理论研究指导

针对“四个覆盖”推进过程中的瓶颈问题和实践困惑，坚持聘高参，借外脑，升华理论，指导实践。肃宁县进一步密切清华、北师大以及省委党校的联系，签订长期合作协议，把肃宁确定为社会治理教学实践基地。组织召开了“四个覆盖”与党的群众路线教育实践活动对接研讨会，对“四个覆盖”模式进行制度升级和内涵扩大，推进制度化建设，力促提档升级。

（省综治办）

审判工作

综 述

2012年、2013年，在省委的坚强领导下，在省人大及其常委会的有力监督、省政府的大力支持、省政协的民主监督以及社会各界的关心支持下，全省法院坚持司法为民、公正司法，充分发挥审判职能，深入推进平安建设、法治建设、队伍建设，各项工作取得新进展。2012年、2013年，全省法院共受理案件1164450件，审结1126489件。

一、坚持能动司法，服务经济社会发展大局

为依法促进经济社会平稳较快发展，2012年、2013年，省法院相继出台了服务和保障农村农业发展、农村面貌改造提升、为“解放思想、改革开放、创新驱动、科学发展”提供司法保障和服务等一系列指导意见，指导全省法院围绕中心、服务大局。各地法院积极响应，结合实际，及时制定贯彻意见，服务当地经济社会发展。针对审判执行工作中发现的新情况新问题，及时向党委、政府提出对策建议，为党委政府科学决策、依法决策当好参谋助手。

（一）加强刑事审判工作。始终把维护国家安全和社会稳定作为首要任务，坚决贯彻落实中央和省委的重大部署，深入开展“打黑除恶”、打击“两抢一盗”、整顿和规范市场经济秩序、惩治商业贿赂、禁毒等专项斗争，依法打击犯罪，保护人民。其中，审结衡水“明胶”案、邢台地沟油案、王书金等一大批大案要案。认真贯彻宽严相济刑事政策，严把案件事实关、证据关和法律关，确保刑事案件质量。坚持尊重和保障人权，依法保护被害人和被告人的合法权益。2012年、2013年，共审结各类刑事案件65800件，判处罪犯90092人。

（二）加强民商事审判工作。牢固树立服务大局意识，准确把握经济社会发展新形势，依法审理事关经济发展的各类案件，妥善解决在加强宏观调控、调整经济结构、加强“三农”工作、深化经济改革、推动出口增长等方面发生的各类纠纷，依法审理知识产权、节能减排、企业破产、重组改制、商贸服务等方面的案件，为全省经济社会和谐发展提供优质服务。积极妥善审理民间借贷、损害赔偿以及教育、医疗、住房、环境保护、食品药品安全、征地拆迁、劳动争议等案件，依法保护人民群众的合法利益。2012年、2013年，共审结各类民商事案件833088件。

（三）加强行政审判和国家赔偿审判工作。依法保护行政相对人的合法权益，监督支持行政机关依法行政，审慎处理在推进城镇化等过程中发生的土地征收、房屋拆迁等行政争议，统筹兼顾支持地方发展与保护行政相对人合法权益，有效维护行政管理秩序和社会和谐稳定。2012年、2013年，共审结行政案件9163件。严格依法办理国家赔偿案件，把好立案关、审理关、决定关、送达关，全部案件无一件超审限和违反规定办理的情况。同时，重视特困群体的帮扶支持，将司法为民理念落到实处。2012年、2013年，共审结国家赔偿案件209件，给予国家赔偿708.68万元。

（四）积极参与社会管理综合治理。坚持立足执法办案，不断拓展司法服务职能。大力推广“廊坊经验”、“迁安经验”，健全诉讼与非诉讼相衔接的矛盾纠纷解决机制，推动完善人民调解、行政调解、司法调解“三位一体”大调解工作体系，加强诉前调解和人民调解协议司法确认工作，支持调解组织、仲裁机构、行业协会充分发挥作用，共同化解社会矛盾。大力推进未成年人犯罪案件审判工作，严格减刑、假释条件及办理程序，完善审判工作与社区矫正衔接机制，针对办案中发现的问题及时向有关部门提出司法建议，促进社会和谐稳定。积极参与平安社区创建活动，开展送法进基层、送法进军营等活动，加强法制宣传，推动形成良好法治环境。

二、坚持司法为民，积极回

应人民群众关切

全省法院牢牢把握群众司法需求，始终把群众利益放在最高位置，着力解决群众反映强烈的执行难、涉诉信访难等突出问题，依法维护人民群众合法权益。

（一）*着力破解执行难题*。进一步加强执行工作制度化、规范化建设，深入开展集中清理执行积案、创建“无执行积案先进法院”、反规避执行以及集中清理委托执行积案等专项活动，努力破解执行难题，全力维护当事人合法权益。同时，积极参与社会诚信体系建设，主动将案件执行情况纳入社会征信系统。积极探索司法拍卖新机制，主动引入第三方交易平台，实现了诉讼资产网上拍卖。2012年、2013年，全省法院共受理执行案件181741件，执结171595件，执行标的额631.70亿元。

（二）*努力做好涉诉信访工作*。全省三级法院领导班子成员对信访案件实行包片包案，一抓到底，形成“全盘统筹、齐抓共管”的工作格局；省法院每季度对各市法院越级访数量进行倒排通报，对信访处置不力的办案人和相关领导，严肃追究责任；依托全省各级涉法涉诉接访服务中心，综合运用评查听证、教育疏导、困难帮扶等多种方法解决信访问题；通过信访风险评估、纪检监察提前介入、责任倒查等举措，加强和改进执法办案工作。

（三）*完善司法便民举措*。大力推进“立案信访窗口”规范化建设，强化导诉、查询、材料收转等九大功能，为当事人提供“一站式”服务；积极推行节假日立案、网上立案、预约开庭、巡回审判等措施，方便当事人诉讼。对有关抚育费、扶养费、赡养费、退休金、劳动报酬等事关民生的案件实行优先立案、审理和执行，坚持在岁末年初开展涉农民工追索劳动报酬案件集中执行活动，依法保护其合法权益。

三、坚持改革创新，努力提升司法公信力

全省法院坚持以改革促发展，稳步推进司法改革，积极创新工作机制，全面加强审判管理，加大司法公开力度，努力维护公平正义，不断提升司法公信力。

（一）*稳步推进司法改革*。从影响司法公正的体制性、机制性、保障性障碍入手，不断优化司法职权和司法资源配置。积极开展量刑规范化改革，基本实现了量刑程序和实体量刑的规范化，强化了审判人员的量刑意识和量刑能力，量刑更加公正和均衡。大力推进执行体制改革，积极探索执行指挥中心建设和执行联动机制建设，加强协调配合，强化执行监督，规范执行行为，提高执行效能。积极开展小额速裁试点工作，依法扩大简易程序适用范围，缩短审理周期，提高审判效率。

（二）*全面加强审判管理*。建立健全案件流程管理体系、审判监督管理体系和案件质量评估体系，加强审判流程管理的软、硬件建设，提升审判管理规范化、科学化、信息化水平。各级法院还通过深入开展“执法大检查”、长期未结诉讼案件专项清理，以及庭审和裁判文书“两评查”等活动加强日常管理，有力地促进了审判质效的提升。

（三）*扩大司法公开与司法民主*。全省法院通过实行院长接访制度、设立公众开放日、推行裁判文书上网、网络庭审直播、定期举办新闻发布会、设立院长邮箱、开通24小时群众监督电话等措施，有效保障人民群众的知情权、参与权、表达权、监督权，广泛听取社会各界和基层群众意见。进一步落实人民陪审员制度，切实保障陪审职权。

四、坚持从严治院，大力加强法院自身建设

坚持严管与厚爱并重、教育与机制并举，努力打造一支高素质法官队伍，全省法院涌现出一大批先进集体和个人。

（一）*加强思想政治建设*。加强社会主义法治理念和政法干警核心价值观教育，确保法院队伍始终坚持正确的政治方向和司法为民的根本宗旨。坚持抓党建带队建，建立“条块结合、上下联动、整体推进”的法院系统党建工作新格局，实现了基层党组织全覆盖。大力加强法院文化建设，广泛开展形式多样的文化活动，陶冶干警情操，增强队伍的凝聚力和战斗力。

（二）*加强司法能力建设*。组织各类业务培训班，全面提升干警的业务素质能力。各级法院还组织开展了调解能手评选、书记员技能演练等多种形式的岗位大练兵活动，不断提高执法办案的常规本领和基本技能。

（三）*加强反腐倡廉建设*。严格落实党风廉政建设责任制，坚持院领导上廉政党课制度，深入开展廉政警示教育，不断增强廉洁自律意识。认真落实违法违纪审判责任追究制度，加强对各类投诉、举报案件的核查，严肃查处违法违纪干警，坚决维护队伍的纯洁。

（四）加强基层基础建设。完善人民法庭工作制度，推行人民法庭直接立案和网络立案机制，进一步解决当事人立案不便困难。加强信息技术应用，依托政法网，全省法院已实现三级联网，全面开通语音系统、远程提讯系统，积极推行远程立案、电子签章、公众信息查询等举措，不断提高法院工作科技含量。

五、坚持自觉接受监督，确保依法正确行使审判职权

自觉接受监督是人民法院正确履行职责、实现司法公正的重要保障。全省法院始终将法院工作置于人大和社会各界监督之下，坚持重大部署、重点工作、重要问题向人大报告制度，认真负责地做好年度工作报告和专项报告，坚决贯彻人大决议及常委会审议意见，积极协助人大开展旁听评议庭审、专项调研和执法检查，不断改进工作。坚持登门走访、邀请视察和寄送《法院要讯》、《河北审判》相结合，全方位加强代表联络工作。

刑事审判

【概况】 全省法院不断强化忧患意识和责任意识，继续坚持把维护社会稳定作为硬任务，作为第一责任。进一步落实宽严相济刑事政策，依法严厉打击危害国家安全、扰乱社会治安、侵害群众利益、破坏市场秩序以及贪污受贿等刑事犯罪活动，加大打黑除恶力度，同时对具有法定从轻、减轻处罚情节的，依法从宽处理，最大限度地减少对抗，消除矛盾。继续推进量刑规范化试点工作，努力实现量刑的公正与平衡。积极参与社会管理创新工作，特别是配合有关部门做好特殊人群帮教工作，做好预防未成年人犯罪工作，积极参与重点地区综合治理和网络虚拟社会建设管理，有力地促进了社会管理水平的提高。

全省法院认真贯彻落实中央、省委、省委政法委维稳工作部署，大力加强刑事审判工作，深入开展打黑除恶等专项斗争，依法严惩刑事犯罪，全力维护社会稳定。2012 年，全省法院共审结一审刑事案件 30359 件 44500 人，同比分别下降 0.66%、7.15%，其中审结黑社会性质组织犯罪以及杀人、抢劫、绑架等严重影响群众安全感的刑事犯罪案件 8452 件 11128 人。对重大敏感案件及其他挂牌督办案件，各级法院院长亲自包案，制定详细审理方案，依法快审快结，确保社会效果与法律效果的有机统一。深入开展打击经济领域违法犯罪专项行动，对重大项目建设、金融流通、涉众型经济犯罪等重点领域，与有关部门开展联合执法，实施专项治理。认真贯彻宽严相济的刑事政策，深入推进量刑规范化改革，切实增强证据裁判意识，确保每一起案件都经得起历史检验。近年来，全省死刑案件上报最高法院核准率位居全国前列。

2013 年，全省法院深入贯彻宽严相济刑事政策，坚持打击与保护并重，惩治与防范并举，全力维护国家安全和社会稳定。共审结各类刑事案件 35441 件，判处罪犯 45592 人，同比上升 0.07%和 2.45%。一是依法惩治严重刑事犯罪。准确把握社会治安形势变化，依法严厉打击危害国家安全、公共安全犯罪以及故意杀人、绑架、抢劫等严重危害社会治安的犯罪，切实增强人民群众安全感，共审结此类案件 7560 件，判处罪犯 9552 人；依法严厉打击贪污、贿赂、渎职等职务犯罪，积极参与治理商业贿赂工作，推动反腐败斗争深入开展，共审结此类案件 1195 件，判处罪犯 1352 人。二是深入开展各类专项行动。紧紧抓住影响社会和谐稳定的突出问题，开展打黑除恶专项斗争，共判决黑恶势力犯罪 13 案 189 人；开展打击“两抢一盗”犯罪专项行动，共判决抢劫、抢夺和盗窃犯罪 7236 案 10939 人；紧紧抓住人民群众反映强烈的突出问题，开展打击环境污染犯罪专项行动，集中宣判了一批环境污染犯罪案件；高度重视打击危害食品药品安全、侵犯知识产权和制售假冒伪劣商品犯罪，共审结此类案件 269 件。三是坚持打击犯罪和保障人权并重。牢固树立程序公正意识，维护被告人的诉讼权利，依法保护被害人及其亲属的合法权益。坚持罪刑法定、疑罪从无原则，保证无罪的人不受刑事追究，依法宣告 8 名被告人无罪。积极探索实施轻微刑事案件快速审理机制，刑事案件简易程序适用率达 49.72%。全面推行量刑规范化改革，适用量刑规范化程序审结一审案件 18981 件，上诉率为 3.30%，抗诉率为 0.38%。四是积极参与社会综合治理。与有关部门配合，加强网络虚拟社会管理；认真推行减刑、假释裁前公示和开庭制度，共审结减刑、假释案件20103件；切实落实“教育、感化、挽救”方针，推行未成年人犯罪前科封存制度，完善未成年人审判制度，共审结未成年人案件810件；协助做好刑满释放人员、非监禁刑人员等特殊人群的跟踪帮教工作；深入开展社会矛盾纠纷排查调处工作，有效发挥人民法院参与平安建设和综合治理的积极作用。

民事审判

【概况】 全省法院牢固树立服务大局意识，依法审理事关经济发展的各类案件，妥善解决在加强宏观调控、调整经济结构、加强“三农”工作、深化经济改革、推动出口增长等方面发生的各类纠纷，为全省经济社会科学、和谐发展提供优质服务。同时，高度关注民生，依法保障民生，把维护好人民群众权益作为根本出发点和落脚点。

2012年，全省各地法院认真落实省法院制定的关于为科学发展、富民强省，为全省加快经济发展方式转变，以及为优化“两个环境”提供司法保障和服务等一系列指导意见，牢牢把握主题主线和“稳中求进”总基调，及时调整工作重点，主动整合司法资源，着力在服务经济平稳较快发展、服务经济发展方式加快转变、服务文化大发展大繁荣等方面下功夫、求实效。2012年，全省法院共审结各类民商事案件446602件，其中审结一审合同纠纷案件209541件，公司证券类纠纷案件641件，知识产权民事案件686件。省法院与省直金融机构和行政执法部门进一步完善联席会议制度，搭建了稳定的沟通协调交流平台，提升了服务经济社会发展的针对性和有效性。同时，创新和完善便民利民举措，全面落实司法便民利民“二十条措施”，公开向社会作出司法服务承诺。大力推进“立案信访窗口”建设，认真落实日常接待、院长接访、首问负责、服务承诺等制度，推行立案“一站式”服务。积极采取预约办案、巡回审理、远程立案等举措，依法适用简易程序和速裁程序，加大司法救助力度，降低群众诉讼成本。全年共为生活确有困难的当事人减缓免诉讼费用3381.19万元。

2013年，全省法院共审结民事案件284031件，同比下降12.45%。一是妥善审理涉民生案件。共审结财产权属确认、人身损害赔偿等权属、侵权案件47983件，审结医疗、住房、供水供电等消费者权益保护案件3163件，审结婚姻家庭、遗产继承案件106831件，审结农村土地承包经营权、宅基地使用权、农民工劳务合同等涉农案件7872件，依法维护人民群众合法权益。着眼于化解矛盾、促进和谐，正确发挥诉讼调解作用，一审民事案件调解撤诉率为82.35%。高度重视涉军案件审理工作，积极开展送法进军营活动，切实维护国防利益和军人军属合法权益。二是不断健全司法为民工作机制。省法院制定了加强和改进立案工作的指导意见，进一步畅通立案渠道，简化立案手续，方便群众诉讼。健全基层司法服务网络，通过在较大乡镇和人口稠密社区建立司法服务工作站，为人民群众提供便利。根据群众需求，因地制宜开展节假日预约办案、巡回审理、网上办案等便民举措。倾力落实司法救助制度，让当事人感受司法的关怀和温暖，共缓、减、免交诉讼费4731.87万元，发放涉诉信访救助金791.9万元，同比分别上升39.95%和1.05%。三是完善诉讼与非诉讼纠纷解决机制。以深化发展“司法服务中心”为主导的廊坊经验为重点，总结推广了法院内部设立人民调解室模式的沧州经验和实行“三级调控”大调解平台的玉田经验，不断创新和完善诉调对接机制。积极参与和指导诉前调解，全面做好司法确认工作，把大量矛盾纠纷化解在诉讼之前，全省法院诉前指导和参与调解各类纠纷达20余万件。对进入诉讼程序的案件，坚持繁简分流，尽快将案件引入快速处理渠道，全省法院民事一审案件简易程序适用率达89.80%。

行政审判

【概况】 全省法院依法审理行政诉讼案件，依法保护公民、法人和其他组织的合法权益，维护和支持行政机关依法行使职权。

积极发挥司法建议作用，2012年初，省法院出台文件，进一步规范司法建议提出和反馈程序。针对审判中发现的问题，向党委、政府及有关部门提出多条司法建议，并通过每年发布行政审判白皮书，就过去一年行政审判中发现的问题向党委政府提出综合性意见和建议。依法保护行政相对人的合法权益，监督支持行政机关依法行政，有效维护行政管理秩序和社会和谐稳定。2012年共审结各类行政案件4415件。加强行政案件协调和解工作，健全当事人诉权保护、非诉案件审查等长效机制，提高行政案件当事人服判息诉率。一审行政案件以和解撤诉方式结案1634件，占50.53%。依法做好国家赔偿审判工作，促进国家机关及其工作人员依法规范行使职权。全年共审结国家赔偿案件89件，赔偿金额138.25万元。

坚持维护行政相对人合法权益和支持依法行政并重，2013年，判决维持行政机关具体行政行为592件，撤销、变更、确认行政行为违法或无效374件。依法妥善审理了一大批涉及土地征收、城建拆迁、社会保障等领域的行政案件，努力以协调方式解决纠纷，行政诉讼案件和解率达20.84%，最大限度促进官民和谐。依法维护赔偿请求人的合法权益，共受理国家赔偿案件142件，审结120件，给予国家赔偿570.43万元。

执行工作

【概况】 全省法院不断完善执行机制，规范执行行为，提高执行质效，加大对逃避执行、抗拒执行的惩治力度，形成综合治理执行工作的新格局。

2012年，全省法院进一步创新执行机制，强化执行举措，用足用好各项法律措施，加大对逃避和抗拒执行的惩治力度。省法院进一步推进落实执行案件流程管理、执行财产调查、执行款物管理等八个方面59项规章制度。认真组织开展创建“无执行积案先进法院”、委托执行案件专项清理以及集中清理涉党政机关执行积案等专项执行活动，提高执行效率，依法维护了人民群众的合法权益。全年共受理执行案件90063件，执结87241件，标的金额达438.81亿元，执行和解与自动履行率达84.28%。

2013年，全省法院深入推进全省“点对点”网络执行查控系统建设，实现了法院和各金融机构之间的信息互通。通过多种形式向社会公布“老赖”名单，全省已有1032名被执行人在最高法院失信被执行人名单库曝光，截至目前，已全部履行71件，部分履行56件。积极探索司法拍卖新机制，主动引入第三方交易平台，实现了诉讼资产网上拍卖。积极推进执行指挥中心建设，进一步提高执行工作快速反应和应急处置能力。全省法院受理执行案件91678件，执结84354件，执行标的额192.89亿元。特别是在涉党政机关执行积案专项清理活动中，各级党政机关积极履行法院生效裁判，1145件积案全部执结，到位金额6.67亿元。

信访工作

【概况】 全省法院坚持以化解矛盾纠纷、维护人民权益、促进社会和谐为目标，多措并举，妥善解决涉诉信访问题，并进一步完善了涉诉信访工作长效机制。

2012年，全省法院深入贯彻最高法院“四个必须、五项制度”和全省“八三”工作法，扎实开展“清积案、减新访、理访序、促和谐”等专项活动，着力解决群众合法合理诉求，全面加强涉诉信访工作，实现了最高法院要求和省委提出的“六个确保”目标，受到省委、省委政法委领导的表彰。一是坚持领导包片包案制度。全省三级法院领导班子成员打破分工界限，包片督导，省法院领导包市，中院院领导包县区，基层法院领导包乡镇，对所包辖区的涉诉信访工作定期调度督导，重大政治活动等敏感时期开展专项督导。对重点信访案件实行领导包案，对所包信访案件做到上访诉求上门去听、明理释法工作上门去做、案件进展上门通报、调解协议上门去签。二是严格落实信访通报和刚性问责。对于因自身工作原因造成当事人重复进京越级上访的，视情对案件承办人给予党纪政纪处分。三是大力推行“分级约谈”制度，实行由办案人、承办部门负责人、分管院领导三级约谈，提高约期接谈的实际效果。四是切实强化驻京接访功能。对于劝返回当地的当事人，一律由案件所属法院中层以上领导包案，解决实际问题，做好思想疏导，防止当事人重复进京越级上访。五是充分发挥本地接访吸附作用。充分依托省涉法涉诉联合接访服务中心，先后选派素质高、能力强的业务骨干106人参加联合接访，同时根据省政法委对处级以上领导干部参加群众工作培训的要求，到年底共安排44批共88人到中心接访，确保最大程度解决群众反映的问题。

2013年，省法院重新组建了河北法院驻京接访站，凡是全省涉诉进京上访的，一律由驻京接访站接待，变拦访、截访为主动接访，就地及时化解矛盾纠纷。依托省涉法涉诉联合接访中心这一重要平台，全省法院共化解各类涉诉进京访案件3663件，化解赴省信访积案3805件。省法院制定出台了《关于诉访分离工作机制的意见》，明确诉访分离的标准及处理程序，建立与检察院的工作衔接机制，积极推动涉诉信访问题在法治轨道内解决。

基层基础建设

【概况】 全省法院不断加强基层基础建设，积极帮助基层解决实际困难，更好地为执法办案服务。

2012年，省法院认真制定并实施全省法院基层建设和信息化建设规划，不断改善基层司法环境和条件。为解决基层法官待遇偏低问题，与省委政法委联合下发了《推进法官审判津贴、法院办案人员岗位津贴落实的通知》，确保法院“两项津贴”落实到位。为加强对基层法院的工作指导，省法院和各中级法院均建立了院领导定点联系基层法院制度。努力提高信息化水平，全省三级法院网络全部建成，并在审判流程管理、案件质量评估、视频会议系统方面广泛应用。省法院机关的基础建设也取得了长足发展，改扩建了北戴河法官培训中心、龙凤湖法官培训中心，完成了8个高标准数字化法庭建设，实现了档案数字化，物质装备保障水平得到明显提升。

2013年，为缓解“案多人少”矛盾，新招录的321名干警中，有93.5%被充实到基层。完善人民法庭工作制度，推行人民法庭直接立案和网络立案机制，进一步解决当事人立案不便困难。加强信息技术应用，依托政法网，全省法院已实现三级联网，全面开通语音系统、远程提讯系统，积极推行远程立案、电子签章、公众信息查询等举措，不断提高法院工作科技含量。

队伍建设

【概况】 全省法院积极适应日益繁重的审判任务对司法能力的新要求，坚持立足实际，固本强基，大力加强队伍建设。

2012年，全省法院始终把队伍建设作为根本任务来抓，坚持严管与厚爱相结合，努力打造一支政治坚定、业务精通、作风优良、清正廉洁的干警队伍。一是加强思想政治建设。以开展“争创学习型党支部、争当学习型共产党员”活动为载体，大力加强政治理论学习和政治思想教育。深入开展政法干警核心价值观教育实践活动，各级法院均成立了一把手任组长的活动领导小组，制定了具体实施方案并积极推进实施。省法院还认真开展了“十佳亲民法官”评选、先进人物巡回宣讲和“忠诚教育大讲堂”等活动，不断把教育实践活动引向深入。二是加强领导班子建设。省法院党组坚持不懈地狠抓自身建设，不断提高政策理论水平和执政能力，全年省法院中心组集中学习12次。认真履行对中级法院领导班子的协管职责，先后对石家庄、廊坊、邯郸、承德、张家口、保定等中院进行了司法巡查。三是加强司法能力建设。深入开展岗位大练兵，不断加大教育培训力度。从2012年3月开始，全省法院部署开展了庭审评查和裁判文书评查“两评查”活动，规定每一名法官都要接受庭审评查，对2011年、2012年所有裁判文书全部进行评查。活动中，认真查找问题，深刻剖析原因，有针对性地加强整改，推动了严格规范司法，最高法院以简报形式推广了全省法院的做法。2012年，省法院举办各类培训班25期，培训干警3100余人。省法院制定出台了《关于进一步加强全省法院教育培训工作的指导意见》和《关于全省法院高层次人才培养实施方案》，努力培养和造就一批高层次人才，带动全省法院司法能力不断提升。同时，大力改善教育培训基础设施，龙凤湖法官培训基地改扩建进展顺利，固安法官培训基地建设规划也获正式批复。四是加强反腐倡廉建设。认真落实领导干部上廉政党课制度，强化廉洁自律意识。省法院出台了《瑕疵案件责任追究办法》，建立部门廉政监察员制度，加强了对审判权和执行权的内部监督。认真贯彻执行“五个严禁”、“十条禁令”等纪律规定和各项廉政制度，促进公正廉洁司法。认真落实违法违纪审判责任追究制度，确保队伍清正廉洁。五是加强法院文化建设。大力弘扬政法干警核心价值观，增强干警自我教育、自我管理、自我约束、自我提高的内在动力。召开了全省法院文化建设工作会议，省法院研究制定了《关于加强全省法院文化建设的规划》，不断将全省法院文化建设推向深入。省法院成立全省法院读书研究会、司法礼仪研究会、司法传统研究会，创办了《读书月报》，并通过开展读书交流以及业余文体等活动，陶冶情操，提高修养。

2013年，全省法院以开展党的群众路线教育实践活动为契机，以思想政治建设为主线，以司法作风为突破口，着力建设一支为民务实清廉的法院队伍。全省法院共有46个集体、73名个人受到中央和省委有关部门表彰奖励。一是理想信念更加坚定。在广泛征求意见的基础上，领导干部带头查摆问题，带头开展批评与自我批评，带头制定落实整改措施，切实解决好世界观、人生观、价值观这个“总开关”问题。加强党组织建设，深入开展革命传统教育、党性教育、正反典型教育，广大干警的理想信念进一步坚定，群众观念进一步增强。二是司法作风明显改进。省法院向社会作出克服“四风”十项公开承诺，自觉接受社会各方面的监督。扎实开展正风肃纪、提质提效、公务（警务）用车治理等专项行动，全面清理超标办公用房和“O”牌车，省法院全体干警共同讨论和签订《厉行勤俭节约、反对铺张浪费公约》，机关公务用车购置及运行费用、公务接待费用实现大幅下降。三是司法能力有效提升。通过教育培训、交流挂职、调查研究、岗位练兵、高层次人才培养等多种形式，切实增强广大干警做好新形势下群众工作能力、维护社会公平正义能力、新媒体时代舆论引导能力和科技信息化应用能力。省法院共举办各类培训班34期，培训干警4095人次，并选送参加国家法官学院培训64批391人次。四是廉政建设持续推进。加强纪律作风建设，认真落实党风廉政建设责任制，加强司法廉洁教育，完善廉政风险防控机制，加大对重点领域的监控力度。采取问卷调查、明查暗访、召开座谈会等方式，加大司法巡查力度，对发现的问题扭住不放，抓好整改落实。积极拓宽举报受理渠道，坚持有案必查，违纪必惩，共查处干警违纪违法案件32件，给予党政纪处分37人。

司法公开与民主

【概况】 2012年，省法院制定了《关于进一步加强和规范审判公开工作的实施意见》，通过强化审务院务公开、实行院长接访日制度、设立公众开放日、推行裁判文书上网、定期举办新闻发布会、在法院网站设立院长邮箱、开通24小时群众监督举报电话等措施，及时让社会了解法院工作，广泛听取社会各界和基层群众意见。坚持采取登门走访、邀请视察、举行座谈会、寄送《法院要讯》等方式，加强与人大代表、政协委员联络工作，主动征求意见建议，有效改进法院工作。

2013年，积极拓展二审开庭范围，提高审判工作透明度，二审刑事和民事案件开庭率分别达到56.03%和83.59%。其中，依法公开开庭审理了社会广泛关注的王书金故意杀人等重大敏感案件。充分利用网络传媒等现代信息技术，创新司法公开方式，积极推进裁判文书上网，共上网裁判文书8210件，举办公众开放日200余场，参与20000余人次，对600余件案件进行网络庭审直播。积极扩大司法民主，认真落实人民陪审员“倍增”计划，规范人民陪审员参审的方式和流程，人民陪审员共参审案件31996件，同比上升79.52%。

重要工作会议和重要活动（2012年）

1月3日，“百姓在我心中——十佳亲民法官”评选活动颁奖晚会隆重举行，十位来自基层的“亲民法官”受到表彰。省委常委、政法委书记张越、省人大常委会副主任侯志奎、省政协副主席崔江水、省法院院长高勇及有关领导出席表彰晚会并亲自为获奖法官颁奖。

1月8日，在河北省十一届人民代表大会第五次会议上，省法院院长高勇所做的工作报告，以按键表决方式获得通过，赞成率达91.26%，这是继去年报告首次突破90%赞成率关口之后，创下的又一新佳绩。至此，省法院报告在省人代会上的赞成率已经连续四年高位攀升。

2月9日至10日，省委常委、省纪委书记臧胜业率省委检查组对省法院2011年推进惩防体系建设和落实党风廉政建设责任制的情况进行检查。

2月8日，省法院召开全省中级法院院长会议，深入学习贯彻全国高级法院院长会议、省八次党代会和全省政法工作会议精神，回顾总结去年全省法院主要工作情况，研究部署今年和今后一个时期各项工作，并对2011年立功受奖单位和个人进行表彰。

2月8日，全省法院队伍建设工作会议在石家庄召开，省法院党组书记、院长高勇同志及其他在家院领导出席会议。省法院各部门主要负责同志，各市中院院长、政治部主任、办公室主任参加了会议。

2月21日，省法院召开全省法院系统清理化解基础设施建设债务工作会议，传达国务院办公厅有关通知精神和省委政法委有关会议精神，研究部署全省法院系统基建债务摸底统计等工作。

2月24日，省法院召开全省法院深化司法拍卖改革工作电视电话会议。省法院党组成员、副院长朱良酷出席会议并做重要讲话。党组成员、执行局局长徐茂明主持会议。

2月28日，省法院召开全省法院2012年反腐倡廉建设工作电视电话会议，省法院党组书记、院长高勇出席并作重要讲话，党组成员、纪检组长周勇作工作报告。

3月15日，全省中级法院审判管理工作座谈会在衡水召开，总结回顾2011年审判管理工作，并对2012年工作进行安排部署。

4月27日，省委常委、政法委书记张越到省法院调研指导工作。

5月25日，省法院特邀中央政法委政法队伍建设指导室许尔锋主任，为全省法院干警作了题为“践行政法干警核心价值观，做中国特色社会主义事业的建设者捍卫者”讲座，这是省法院举办的“忠诚大讲堂”活动的第一讲。

6月15日，石家庄铁路运输法院、检察院交接签字仪式在石家庄举行，省委常委、秘书长景春华出席签字仪式并讲话。铁道部党组成员、中华全国铁路总工会主席、北京铁路局局长何玉华，省法院院长高勇，省检察院检察长张德利，省委政法委常务副书记傅剑仁分别代表移交方和接受方签署移交协议。

7月11—13日，全省中级法院院长座谈会在唐山召开。会议认真贯彻落实全国大法官研讨班和全省维护稳定工作电视电话会议精神，回顾总结上半年工作情况，对今年下半年工作进行了安排部署。省法院党组书记、院长高勇，党组副书记、常务副院长穆思山出席会议并讲话。省法院副院长甄树清主持会议。各市中级法院院长、办公室或审判管理部门主要负责同志，以及省法院各业务部门主要负责同志参加了会议。

9月10日，国家法官学院河北分院揭牌暨龙凤湖培训中心升级改造工程竣工落成剪彩仪式举行，高勇院长、穆思山常务副院长为国家法官学院河北分院揭牌。

9月13日—14日，全省法院文化建设工作会议在法官学院龙凤湖培训中心召开，省法院党组书记、院长高勇出席会议并做重要讲话，省法院正厅级审判员郭羊成做工作报告。

9月18日，省法院邀请部分驻邯郸市全国、省、市人大代表到邯郸中院进行视察。

10月17日和19日上午，省人大常委会副主任马兰翠，省人大常委、内司工委主任游江率部分省人大常委、代表、内司委委员一行13人到省法院旁听了民一庭审理的两起民事案件。省法院党组副书记、常务副院长穆思山，副院长甄树清陪同旁听庭审。

10月18日，省法院召开全省法院贯彻实施民诉法修改决定电视电话会议。省法院党组副书记、常务副院长穆思山，副院长甄树清出席会议并讲话。党组成员、副院长赵超英主持会议。

10月31日，省法院召开高层次人才培养工作推进会，对全省法院高层次人才培养工作进行了总体动员部署。省法院党组书记、院长高勇，党组副书记、常务副院长穆思山出席会议并作重要讲话。各市中院政治部主任和教育培训处长参加会议。

为贯彻落实最高法院、省委有关加强值班工作的会议、通知精神，进一步规范全省法院干部值班工作，确保全省法院系统上下联络畅通，省法院制定了《河北省高级人民法院干部值班工作检查制度》。

11月23日，全省法院司法传统研究会成员单位第一次会议召开，省法院正厅级审判员郭羊成出席会议并讲话。

重要工作会议和重要活动（2013年）

1月5日，省法院召开机关全体干部和直属单位领导班子会议，省委宣布省法院主要领导同志职务调整决定：卫彦明同志担任省法院党组书记、省政法委委员职务，高勇同志不再担任省法院党组书记、省政法委委员职务。

1月11日，省法院召开司法廉洁教育动员大会，省法院党组成员、纪检组长周勇宣读实施方案并就活动开展作出部署。

1月24日，省法院召开全省法院“两评查”活动总结讲评电视电话会议。全省各级法院“两评查”活动领导小组成员、各业务部门和审判管理部门全体人员参加会议。省法院副院长朱良酷同志、赵超英同志、付金联同志分别做了重要讲话，会议由省法院副厅级审判员骆春杰主持。

3月13日，“河北省第四次金融司法环境建设工作联席会议”在人民银行石家庄中心支行召开，省法院党组副书记、副院长李少平，党组成员、执行局长徐茂明及省法院联席会议办公室成员参加了会议。会上，徐茂明局长与省内五家金融机构负责人就专线集中查询被执行人账户信息签署合作意向书，正式启动河北省法院“点对点”网络执行查控机制建设工作。

3月27日，省法院召开反腐倡廉建设工作会议，省法院党组书记、院长卫彦明就当前做好党风廉政建设和反腐败工作对全省法院提出“五个必须”。

5月28日，省法院出台《关于为“解放思想、改革开放、创新驱动、科学发展”提供司法保障和服务的指导意见》，省委书记周本顺，省委常委、常务副省长杨崇勇，省委常委、政法委书记张越为此作出批示，充分肯定省法院工作。

6月5—6日，全省法院院长会议在龙凤湖法官培训中心召开，省委常委、政法委书记张越，省法院党组书记、院长卫彦明出席会议并作重要讲话。

6月18日，为进一步加强与各级人大代表的联络，主动接受监督，省法院邀请部分驻唐山市全国、省、市人大代表到唐山中院视察工作。省法院党组副书记、副院长李少平，省人大选任委副主任李建军，唐山市人大以及唐山中院有关负责同志陪同视察并参加了座谈会。

7月4日，天津高院副院长臧力军、蔡志萍等一行就刑场建设和管理经验等工作到河北学习考察。省法院副院长李少平、朱良酷出席座谈会，省法院司法技术辅助室、计财处、法警总队负责同志及石家庄中院有关同志参加座谈。

7月12日，省法院召开厅级以上领导干部会议。省委组织部副部长、省人大选任委主任刘建合等领导同志出席会议，并代表省委宣布省法院部分领导同志职务调整的决定：杨泰安同志任省法院党组副书记，穆思山同志不再担任省法院党组副书记职务。

7月17日，省法院召开机关动员大会，对深入开展党的群众路线教育实践活动进行动员部署，省法院党组书记、院长卫彦明代表院党组对活动开展提出要求。

7月24日，省法院召开全省中级法院院长座谈会，卫彦明院长出席会议并作重要讲话，省法院院级领导以及各市中院、省法院机关各部门、石家庄铁路法院、定州法院、辛集法院的主要负责同志参加会议。各市中院及参会基层法院院长对省法院开展党的群众路线教育实践活动提出意见建议。

8月7日，省法院召开全省法院队伍建设工作会议，学习贯彻全国法院队伍建设工作会议精神，总结去年以来队伍建设工作，深入分析人民法院队伍建设面临的新形势新任务，对当前和今后一个时期全省法院队伍建设进行研究部署。党组成员、副院长赵超英提出三点要求。

8月15日、16日，按照省委深入开展党的群众路线教育实践活动要求，省法院分别邀请9名企业界人大代表、8名省法院老干部代表、9名律师界代表召开座谈会，征求意见建议，倾听群众心声，回应民众诉求。省法院党组书记、院长卫彦明出席座谈会。

8月28日，省法院召开党组扩大会议，认真查找班子成员在“四风”方面存在的突出问题，与会院领导分别结合各自分管工作对自身问题进行深刻剖析，机关部分中层正职结合工作实际对院党组提出了意见建议。

9月13日，为进一步推动全省法院信息工作再上新台阶，省法院召开全省法院信息工作视频会议。省法院党组副书记、常务副院长杨泰安出席并做重要讲话，最高法院办公厅蒋蔚同志就如何做好信息工作进行了培训。

9月24日，省法院在省产权交易中心举办了首次网络司法拍卖会，成功拍卖了涉诉资产。为确保拍卖顺利进行，省法院专门制定了《关于司法拍卖网络试拍规则》，就网络拍卖的启动、拍卖机构的确定、拍卖的委托、拍卖的实施等作出了明确规定，保障了网络司法拍卖工作规范、有序推进。

9月12日至15日，全省法院刑事审判业务培训班在国家法官学院河北分院龙凤湖法官培训中心举行。本次培训班由省法院刑二庭与国家法官学院河北分院共同举办，省法院各刑事审判庭在家全体人员，各中院刑庭庭长、业务骨干，各基层法院和石家庄铁路运输法院的刑庭庭长、业务骨干共260余人参加了培训。

10月21日，根据中央统一部署和省委群众路线教育实践活动总体安排，省法院召开党组专题民主生活会，院级领导出席会议，党组成员逐一进行个人对照检查。中央第一督导组有关同志和省委督导组王新民组长等到会指导。

10月23日，省法院召开党组会议，讨论研究并原则通过《省法院领导班子党的群众路线教育实践活动整改落实方案》；研究制定《省法院关于进一步尊重和保障律师执业权利、规范法官与律师关系的意见》；传达贯彻全国人民法院信息化工作会议精神，并讨论通过《省法院数据中心建设方案》和《省法院执行指挥中心建设方案》。

11月1日，省法院召开全省法院电视电话会议，党组成员、副院长朱良酷就全省法院开展打击环境污染刑事犯罪专项行动进行再部署。

11月1日，省法院召开全省法院“实行轻微刑事案件快速办理机制暨依法加大拘役刑”工作电视电话会议，贯彻落实省委政法委关于在全省推广北京市“实行轻微刑事案件快速办理机制、发挥拘役刑教育矫治作用”工作经验部署会精神。省法院党组成员、副院长朱良酷立足全省法院实际做出工作部署。

11月27日，省法院召开全省法院刑事审判工作会议，深入贯彻落实第六次全国刑事审判工作会议精神，对全省刑事审判工作进行全面部署。省委常委、政法委书记张越，省法院党组书记、院长卫彦明出席并作重要讲话。

11月28日，省法院召开全省法院信息化工作会议，深入贯彻落实人民法院信息化工作会议精神，推动部署信息化工作，省法院党组副书记、副院长李少平出席会议并作重要讲话，邢台、廊坊中院，黄骅法院作为先进典型，对信息化建设推进情况进行了介绍。

12月25日，省法院召开全省推进司法公开工作电视电话会议，杨泰安常务副院长出席会议并作重要讲话。

省和各地法院审判工作事迹介绍

【河北法院积极探索执行机制改革化解执行难题】 全省法院牢牢抓住司法为民、公正司法主线，积极推进执行管理体制和工作机制改革，在执行机构职责、执行机构跨区域设置、执行权分权集约运行、执行信息化建设及执行信访机制上进行了积极探索，取得了明显成效。

一、探索执行指挥中心建设模式，推进执行信息化建设

为提高法院执行工作的快速反应能力，整合法院执行资源，形成社会整体合力解决执行难，2011年以来全省法院积极探索执行指挥中心建设模式，抓好执行指挥中心试点工作，积极推进执行信息化建设，推进社会诚信体系建设。总结廊坊中院的试点经验，借鉴广东、福建等地法院的先进经验，省法院积极推进执行指挥中心建设，省指挥中心年底前开始正式运行，各市中院执行指挥中心建设明年年底全部建成。

作为全国执行指挥中心试点法院的廊坊中院，2011年率先在全省建立了法院系统执行指挥中心。中心由市委政法委牵头组建，成员单位包括有关行政、金融部门，以及各区市县委政法委。指挥中心实行纵横交叉的运行模式，横向在市县两级要全部成立指挥分中心，由同级政法委领导；纵向在各部门系统上由市级部门统一调度。领导小组办公室设在各法院执行局，负责本院执行案件和向本级指挥中心提供下级法院执行案件执行线索的受理、处理、转处，组织处置一般突发事件和具体组织执行总指挥对处置重大突发事件的命令，受理执行案件财产和被执行人下落线索，接受突发事件情况报告等。

执行指挥中心建有六大工作系统和两个辅助工作系统。六大工作系统为：远程指挥监控系统、被执行人信息查控系统、被执行人信息社会征集系统、执行诚信联动系统、执行信息发布系统、执行综合管理系统。两个辅助工作系统：车辆GPS定位系统和法警指挥调度系统。该指挥中心运行以来，实现了对全市执行力量和法警力量的迅速集结和统一指挥，提高了执行效率；成员单位各部门协调联动，加大了对规避执行被执行人的信用惩戒，形成强大执行合力，化解了一大批执行案件，社会反响良好。

二、探索分段集约执行新机制，推进执行工作规范化建设

2011年以来，全省法院积极推行执行方式改革，合理划分执行权，在执行机构内部加强制约和监督，在执行权合理配置和科学运行上进行探索。廊坊、衡水等市进一步规范执行案件流程，在全市两级法院范围内实行执行权分段执行，实现执行权公正、高效运行，取得较好效果。

衡水中院从2011年底开始推行执行权分权集约执行试点改革，到2012年9月在全市法院统一实行分权集约执行模式，推进执行工作规范化、专业化建设，初步形成了以公正高效为目标，以执行权分权和执行过程分段集约为核心，以节点控制为特征的“三分三并两统一”的执行权分权集约运行新机制。

“三分”即执行实施权与执行审查权相分离，交由不同的执行机构行使；执行实施权分段运行，财产查控、财产处置、款物发放三个阶段，分别由不同的执行小组办理；执行指令的作出与执行指令的实施相分离，明确由执行法官和执行员分工负责。“三并”即执行实施过程中，执行法官和执行员不再对个案执行的全过程负责，在财产查控、财产处置、款物发放三个阶段内部，对同性质的执行事项实行横向合并集约办理，极大地提高了工作效率。“两统一”即由协调处负责对案件流转、结案等进行统一审查，对执行每个阶段任务完成情况、案件执行到位率、实际执结率、执行结案率、执行信访发生量等指标一体考核。

分权集约执行机制运行后，一是强化了制约和监督，彻底改变了由一个执行员包案到底的执行模式，实现了对执行权的有效制约与监督，提高了执行的透明度和公开性，保证了执行权的公正行使。二是促进执行人员向专业化、规范化发展。三是案件质效明显提升。新机制的运行，使执行工作呈现出结案率、实结率、到位率逐步上升，执行信访逐步下降的良好局面。以首先试点的景县法院为例，自实行改革近两年来，案件执行结案率、实际执结率、执行到位率与同期相比分别提高了9、12、10个百分点；执行信访量下降了14个百分点。

三、探索执行机构区域设置，建立执行机构垂直管理新模式

为了破解“执行难”题，全省法院在法律和政策允许的框架内，在增设执行机构内设机构、实行执行权分权制约的同时，积极探索执行机构设置、管理新模式。以改革探索成效比较明显的唐山市为例，本着“先易后难、试点先行、总结经验、逐步推开”原则，唐山市从2010年7月第一执行分局（辖迁安市、滦县、迁西县）的组建，到2013年1月五个执行分局正式成立，在全国法院率先实现了市中院对全市执行机构的垂直管理。

唐山市打破原有的执行机构按行政区域设置模式，每三个县、区设一个执行分局，在全市设置五个执行分局，将符合条件的原执行人员人事关系上划至市中院，工资待遇与市中院工作人员相同，各分局局长由市委组织部统一选配，经费由市财政和辖区县区财政各负担50%，纳入财政预算。市中院执行局率先实现从“块块管理”变为纵向的垂直管理体制，既对全市法院执行工作和执行人员实行统一管理、统一协调、统一指挥，又对各基层法院执行工作进行管理和考评。各执行分局作为中院的派出机构，具体负责辖区基层法院执行案件的实施工作；各执行分局实行垂直领导，对辖区内的执行工作实行统一调度和指挥，分局内设各协调处分工不分家，相互配合，通力协作。

经过执行第一分局两年多的改革与探索，取得了初步成效。一是上下关系更加顺畅。执行分局成为相对独立的执行机构后，实行垂直领导体制，有利于对辖区内执行力量的统一管理、统一调配、统一指挥，提升了应对突发事件的能力，形成了执行工作整体合力。二是地方保护得到有效克服。人员管理统一上划市中院后，跨区整合执行力量，客观上降低了地方干扰，阻止了地方关系对办案的影响，减弱了被执行人的地方保护。三是执行成本大幅降低。分局区域内各协调处交叉执行、联合办案，各协调处跨辖区帮助调查财产线索，查找稳控被执行人，大大降低了执行成本。四是执行质效明显提升。分局加大对各协调处的执行督导，通过召开案件协调会、研究执行方案、增派机动人员补充等，执行案件执结率明显提高。2011年以来，执行一分局共收案2687件，同比上升6.4%，共执结2543件，同比上升12.3%，执结率为94.6%，收案标的2.823亿元，执结标的2.256亿元，标的到位率大幅上升，涉执行信访案件新增数量明显减少，当事人对执行工作的满意度明显提升。

四、统一执行局内设机构职责，加强对执行工作的统一管理

2009 年 7 月最高人民法院《关于进一步加强和规范执行工作的若干意见》(〔2009〕43 号）文件下发后，河北法院积极贯彻落实文件精神，根据执行工作的规律和特点，建立和实施科学的执行权分权监督制约机制，通过增设执行局内设机构，统一执行局内设机构的职能，将执行裁决权、实施权、管理权、监督权交由不同的内设机构负责，实现上下级法院执行局内设机构之间职能对接，上下联动，管理统一。

报经有关部门批准，2010 年底省法院执行局撤销了原来的两个内设机构，改设四个内设机构，即复议监督庭、协调指导庭、申诉审查庭和综合管理处，均为正处级规格，并重新核定了人员编制，充实了执行力量，2011 年初各庭处正式分开运转，实现了与最高人民法院执行局内设机构职能统一与对接。之后，比照省法院执行局内设机构的职能分工和模式，各市中院陆续向当地党委政府报批增加执行内设机构。现 11 个中院执行局中有 8 个中院执行局内设机构为 4 个，分别行使执行实施、执行裁决、申诉审查和综合管理职责，其余 3 个市中院执行局内设机构增设工作正在进行中。与此同时，有条件的基层法院执行局内设机构的增设工作也在积极进行中，将执行实施权、裁决权、监督权分开由不同的部门行使。目前已有 52 个基层法院执行局的内设机构为 3 个或 4 个，102 个基层法院执行局的内设机构为 2 个。

通过执行内设机构增设工作，将一些高素质的法官选配到执行机构中，执行法官数量明显增多，执行人员不仅在数量上有了很大增加，而且质量上也有了明显提高，执行队伍产生了结构性变化，极大地推动了执行工作的开展。

五、抓好案件归口管理工作，完善立审执协调配合机制

2009 年 7 月最高人民法院《关于进一步加强和规范执行工作的若干意见》（法发〔2009〕43 号）明确规定，要完善立审执协调配合机制，理顺执行机构与法院相关部门的职责分工，推进执行工作专业化和执行队伍职业化建设。实行严格的归口管理，明确行政非诉案件和行政诉讼案件的执行，财产保全、先予执行、财产刑等统一由执行机构负责实施。2011 年 10 月最高人民法院《关于执行权合理配置和科学运行的若干意见》（法发〔2011〕15 号），又进一步对案件归口管理工作做了详细规定。

为贯彻落实好两个文件精神，经过充分调研，省法院执行局起草了《关于实行归口管理完善立审执协调配合的暂行规定》，明确行政非诉案件和行政诉讼案件的执行，财产保全、先予执行、财产刑的实施等五类案件由执行机构负责，规定在五类案件执行或实施过程中立案、审判、执行机构的职责分工。2013 年 5 月 27 日经院审判委员会讨论通过后，6 月 27 日起施行，同时要求条件具备的法院参照执行；条件不具备的，逐步过渡到统一由执行局负责执行。之后，全省各级法院陆续开始对五类案件的归口管理工作，目前已有三分之一的法院完成此项工作。以省法院为例，实行案件归口管理以后，五类案件由执行机构负责实施，审判业务庭不用再考虑裁定保全后的具体实施工作，裁定保全案件数量明显增加。保全工作由执行机构负责实施，更加及时、规范、高效。从 7 月 1 日到 10 月 31 日，执行机构负责对 25 案财产实施了有效保全，保全财产价值 18 亿多元。因对被告财产依法采取了保全措施，被告丧失采取转移财产规避执行的机会，促成 3 案在诉讼中得到调解，也保证了案件将来的顺利执行。

六、积极探索涉执行信访改革，推进信访长效机制建设

全省涉执行进京赴省信访总量居高不下，案访比和化解率在全国排序后位，为扭转全省涉执信访工作落后局面，省法院制定了涉执信访工作三步走的工作思路，2012 年抓进京访，2013 年抓赴省访，2014 年抓赴市访，三年逐步建立起畅通高效的处访机制。为此，省法院执行局积极探索涉执信访工作改革，建立一系列涉执信访工作制度，强化源头治理，化解了一大批信访积案。

建立定期通报制度，对各市涉执进京、赴省访案件总数、化解率及省中心接访总数等情况每季度通报排名，对化解率达到 80%以上的中院予以通报表扬；对化解率低于 50%且排位落后的中院予以通报批评。实行约谈制度，对涉执信访工作不重视、措施不力、工作落后的市中院，对其主管领导或局长进行约谈。建立建议奖惩制度，对涉执信访工作成绩显著的单位，建议表彰奖励；对涉执信访工作不重视、措施不力、工作落后的单位，全省通报批评，建议不予评先晋优并对单位负责人予以诫勉谈话。实行涉执信访责任追究制度，对在涉执信访工作中，接访不及时，处置不力，造成不良影响的责任单位和责任人，予以全省通报批评并追究责任。改革涉执信访案件转办制度，区别上访人情况开具首访或重复访转办函，各中院接函后立即督办，限期化解，提高首访化解率，杜绝进京访、重复访的发生。对一直没有化解的重复访案件，省法院将视情况提级立案督办。建立全省法院涉执信访案件数据库，对涉执进京赴省信访案件信息进行收集、统计、发布，每季度对各中院的数据分类进行分析、排位、通报。改进涉执信访案件化解率考核办法，改变过去将进京访与赴省访单独考核、分项通报的做法，解决以往通报中对同一法院表彰某一项又批评另一项的弊端，将进京访和赴省访一体考核、一体通报，努力减少涉执信访总量。完善和落实执行救助机制，积极争取党委支持，与民政、劳动和社会保障等部门沟通协作，对特困申请执行人予以救助，使一大批涉执信访积案得到解决。据统计，2012年全省法院共救助1162件案件的特困申请执行人，发放救助资金2653万元。截至2013年第三季度，最高法院挂账督办的全省涉执信访案件累积共计428件，累计化解418件，化解率为97.66%，同比提高9.74%，在全国32个高级法院中排名第16位，同比上升5个位次；案访比万分之0.29，同比降低8.55%，排名第19位，同比上升8个位次，化解率和案访比首次超过全国平均值。

【创新网上拍卖机制从源头上遏制司法腐败】

一、领导重视，深入调研

省法院党组书记、院长卫彦明高度重视司法拍卖工作，要求要创新司法拍卖机制，利用科技化手段，建立公平公正公开的司法拍卖平台，提高司法拍卖的质量和效率，堵塞漏洞，从源头上遏制司法拍卖工作中存在的腐败问题。为此，省法院成立了司法拍卖工作改革领导小组，卫彦明院长亲自挂帅，宏观指导、把握方向。党组成员、纪检组长武力斌同志具体负责，院执行局、司法技术辅助室和纪检组等部门负责同志全程参与，为司法拍卖新机制建设提供了坚强的组织保障。省法院司法拍卖改革领导小组对建立新型的司法拍卖机制进行了深入调研，将改革的重点放在建立统一的交易场所和网络平台上，这样既有利于扩大拍卖信息的公开程度，提高拍卖成交率、增值率，又能够有效遏制暗箱操作、低估贱卖等隐患。

二、强化学习，建章立制

省法院组织石家庄、唐山、沧州、廊坊、秦皇岛等五个试点法院赴重庆市高级人民法院和重庆联合交易所参观学习，借鉴经验。在此基础上，结合河北法院实际，经过多次研讨，制定了河北法院《关于网络拍卖试行规则》。该规则涵盖总则、拍卖的启动、拍卖机构的确定等九项内容，重点为：一是拍卖机构从入选省法院、具有AA级以上拍卖机构中摇号确定。二是拍卖公告由产交中心代为发布，在纸质媒体、人民法院诉讼资产网、产交中心和拍卖机构拥有的网络资源上同步刊登；设定了流拍后重新选择拍卖机构、拍不成只给1000元实际支出费等条款，要求广泛招商。三是在拍卖公告中公开保留价，保留价即为起拍价，并设定了“竞买人签订协议时应承诺以不低于起拍价应价，否则所交纳的竞买保证金自动转为违约金；仅有1人报名参加竞买的，可以进行拍卖，只要公开竞价，即可成交”等增加司法拍卖强制力的条款，促使提升拍卖成交率。四是针对暂缓、中止或撤回等随意性大的现象，设定了要想暂缓、中止或撤回，必须在拍卖会召开三日前报省法院执行局审批等条款，确保司法拍卖顺利进行。

三、积极沟通，大力推进

司法拍卖新机制建设必须要依托于第三方交易平台建设。省法院主动与省产权交易中心沟通，积极寻求支持配合，协助该中心组建了司法拍卖项目部，制定了网络司法拍卖流程，与省法院签订了保密协议。组织省产权交易中心工作人员赴重庆联合交易所实地观摩个案交易内部操作系统，进行模拟网络司法拍卖。首次网上拍卖前，省法院又将重庆联合交易所专家请到省产权交易中心对相关工作人员进行培训，帮助他们尽快掌握相关业务知识，为全省司法拍卖新机制建设夯实了基础。省法院在省产权交易中心利用互联网拍卖竞价系统，顺利完成了唐山中院报送委托的“唐山国人集团名下位于路南区新华东道10号的土地使用权及地上附着物”的网上拍卖。该标的物总价值5222.3万余元，其中土地使用权估值4889.9万余元，商业用地剩余使用年限33.82年，最终以起拍价成交。实践证明，引入的第三方交易平台是安全可靠的，同时可以最大限度遏制各种腐败问题的发生。近期，省法院还将进行第二次网上司法拍卖。取得成熟经验以后，将在全省法院范围内全面铺开。

【沧州中院审判管理“五曲合奏”成效凸显】 2012年，沧州中院始终将创新和加强审判管理作为提高审判质量和效率、推进法院科学发展的重要举措，实施事前预防、事中控制、事后监督“三位一体”的全程管理措施，形成了管理与监督并举、预防与纠错并重的科学化、系统化、常态化、规范化、立体化的审判管理工作机制，促进了审判质效的不断提升。今年第一季度，该院审判质效各项正向指标均比去年有所提升，部分提升幅度明显，逆向指标实现了新的下降。据统计，该院一季度结案率为53.72%，同比上升1.21个百分点；结案均衡度为0.88，同比提高0.61；案件办理周期平均为42.4天，同比缩短12.1天；民事案件调撤率为51.02%，同比上升5.04个百分点；一审案件审判质量大幅提升，一审案件发改率位次已从2011年全省末三名跃居至全省第二。

一、案件受理源头规制

为彻底解决法院内部三个民事审判庭依据案由分案，人为造成的审判庭之间、审判员之间“忙闲不均”状况及案由“垄断”造成的当事人“挑人”和法官“挑案”现象，沧州中院大力强化了对审判流程中立案环节的管理和控制。一是实行“大民事收案”制度。打破案由限制，所有一、二审民事案件按立案时间均衡分配至三个民庭，并依照电脑自动生成的顺序确定相应主办人。二是在分案权的行使上引入“制约机制”，即由以往的立案庭固定专人负责分案改为由书记员轮流负责、随机分案，实现了法官与案件的“物理隔离”。三是强化立案的时限要求。凡符合立案条件的一审案件，必须当日立案并移交相关业务庭；符合立案条件的二审案件，必须当日立案登记，2日内移交相关审判庭室。

二、纪检监察强化预防

该院积极探索纪检监察部门参与审判管理模式，形成了纪检监察力量介入审判管理的工作机制。一是把纪检监察工作的重心从查处向预防转移，明确要求纪检监察部门将主要资源投入审判管理。二是在全省率先制定《审务督察工作实施细则》，从2月开始，选派纪检监察人员40余人次，对中院各类庭审活动进行11次不定期抽查，共向相关业务庭提出了20余项督察建议；协同审管办对长期未结诉讼案件逐案甄别原因，落实责任追究；对上诉、申诉、再审案件的案卷移送问题进行了摸底调查，对案卷移送时间过长、群众反映强烈的4起案件进行了责任追究；采取抽查方式，对47件案件的判决、裁定送达节点进行了检查，在纠正问题的基础上，提出了实行判决裁定送达集中控制的合理化建议。

三、判前评查防患未然

该院改“事后监督型”评查为“日常管理型”评查，除常规的事后评查外，开始对程序中的审判活动进行评查监督，对上访案件、上级机关和领导关注的案件以及发回重审案件和改判案件进行实时评查，对申请再审案件进行即时评查。2012年再次创新，将监督前置，推行“判前评查”：凡作出判决或裁定发回重审的一、二审民事案件，在判决书制作完毕、主管院领导签批后，将相关材料交院长，由“一把手”亲自挂帅逐案进行评查。截至今年5月21日，院长判前评查各类案件349件，共发现31件存在问题和瑕疵的案件，有效防止了“带病”案件、“带错”文书流出法院。

四、院长接访重在治本

由原来每周一次的“院长接待日”为“全日制院领导接访”制度，制度推行10个月以来，中院领导班子成员共接访1656人次，各基层法院领导班子成员接访共计2132人次，两级法院不仅通过个案处理来“治标”，更注重通过总结规律、找准症结等实现彻底“治本”。一是信访工作形势好转。2012年1—5月，全市法院共发生新访163起，较去年同期下降15%；发生赴省以上越级访150起，较去年同期下降10%。推行制度改革10个月以来，共有17件长期上访的“老大难”涉诉信访案件得到解决，其中5年以上6件，10年以上2件，20年以上1件。二是涉诉信访对审判管理的反馈作用明显增强。对接访中发现的问题，注重从管理角度反思审视，从制度建设入手改进工作，制定了大量审判管理指导制度，强化、填补了审判管理的弱项、空白，促进了审判管理机制的日趋完善。

五、严肃追责强化监督

为使信访工作真正成为提升审判管理工作的“增长点”和促进法院队伍建设的“助推器”，该院通过“责任性信访”强化对法官的内部监督。一是因主观过错引发责任性信访的，对案件主办人诫勉谈话或离岗培训；业务庭一年内出现两起或以上责任性信访的，在通报批评的基础上，对庭长、主管院长诫勉谈话，并视情调整工作岗位和分工。二是因执法过错被上级法院发回重审、改判的案件，对案件主办人和合议庭成员诫勉谈话或离岗培训；业务庭一年内出现两起或以上执法过错的，在通报批评基础上，对庭长、主管院长诫勉谈话，并视情调整工作岗位和分工。三是审判人员季度内、年度内审判质效考核得分或结案率、调撤率、判决维持率中，有一项低于全庭平均数90%的，对其进行诫勉谈话；民事业务庭审判质效考核得分连续两年在全院排名末位的，对庭长、主管院长诫勉谈话，并调整工作岗位和分工。

【邢台法院以信息化建设为支撑提升审判质量成效显著】 邢台中院以信息化建设为支撑，初步构建了审判流程管理、质量管理、效率管理、层级管理、绩效管理五大体系，有效提升了审判质效，有力推动了全院法官队伍能力素质和各项业务工作的提高。2011、2012年连续两年审判指标综合排名全省第一。

一、加大信息化投入，提升科技支撑能力

两级法院累计投入3300余万元，按照前瞻性起步、高标准建设、系统性推进的思路，联网建成以信息化集中控制指挥中心为基础，由43个服务器、22个视频会议室、100余套应用软件组成的内、外网安全隔离、移动OA办公平台辅助、功能强大、覆盖全面的信息化网络管理系统，打牢了硬件建设基础。在此基础上，市、县两级法院安装统一的法院信息管理系统，从侧重结案管理向监控案件各节点推进，明确案件从立案、分流、排期、开庭、签批、报结、送达各环节的操作标准和要求，发现违规行为及时纠正；安装统一的审判流程管理和数据交换系统，所有案件信息必须录入流程才能得到授权，而信息一旦录入，系统就会自动提取、同步生成，基层法院无法擅自修改，为确保数据真实可靠、有效服务领导决策打下了坚实基础；在全省法院率先建成数字化审委会议室，使音、文、视频图像实时记录，自动保存；引进裁判文书纠错系统，使裁判文书逻辑结构、法律运用更严谨；联网建设1个数字庭审指挥控制中心和33个数字化审判庭，实现所有案件开庭同步录音录像，随卷宗保存移送，为质量评查、审委会讨论案情提供可靠依据；建成电子卷宗同步生成系统，实现对案件细节的实时监控，解决了上诉案卷移送周期长的痼疾，初步实现了审判管理网络化、庭审活动科技化、行政管理智能化、网上办公自动化的目标，发挥了筛查问题、监控案件、服务决策、促进审判的作用。

二、建设信息平台，推行“阳光司法”

对外，利用外网网站电子公告系统、西门显示屏和电子触摸屏，发布案件排期开庭的时间地点、审理程序、诉讼须知等信息，将应该公开、能够公开、可以公开的信息全部公开，使司法活动更阳光、更公开。通过“邢台法院网”公开排期开庭公告22510期；在全省法院率先开展了裁判文书上网，公布生效裁判法律文书33431份，网上视频直（录）播1120次，网上点击达6万余人次。对内，通过“法院信息管理系统”的运行，对所有可能产生人为因素干扰的环节，全部利用信息化技术予以控制，做到微机自动分案、自动获取主办人，严格禁止先定人后登记，严格控制任意更换主办人，彻底杜绝先审后立和流程外循环问题；将所有案件分为6个类型、7个管理阶段、25个流转节点，逐阶段、逐节点明确管控责任、时限要求，变以往单纯的出入口管理为现在的阶梯式节点精细管控，形成了管理无盲区、督查无遗漏、考核无死角的监管网络。重大、疑难案件在数字化法庭开庭审理，同步录音录像，随卷保存，让审判执行过程在群众监督下进行，让公平正义以群众看得见的方式实现，降低社会管理的成本，最大限度地增加社会和谐因素。

三、开发应用软件系统，实行司法便民

建立诉讼服务中心，完善诉讼指导、诉前调解、信访接待等8项便民服务功能。利用信息技术手段，设立对外电子显示屏、电子触摸屏，引进身份证识别系统，安装案件信息查询系统，建立起全方位、一站式便民利民工作平台；中院自行研发同类案件筛查软件，成功预防一起标的额近千万元的以房抵债、逃避交易税的虚假诉讼案件；研发“诉前调解案件流程管理软件”，开展诉前调解工作，开展“法官走基层，创建无讼村”活动，建立法官包村制度，形成以服务点辐射、联络员支撑的扇形矛盾纠纷化解网络，让群众不出村就能得到法律服务；依托“审判流程管理软件”，建立电子档案管理系统，方便群众实时查阅；安装电子签章系统，方便群众就近领取法律文书，让百姓少跑一次腿、少受一次累。2011年9月，两级法院全面开展了电子卷宗同步生成工作，从立案到审结每一环节的信息，全部通过扫描输入微机，纸质卷宗和电子卷宗同步生成，既实现了对所有案件的实时动态监控，又极大地方便了群众查阅卷宗。

四、推行网上办公，规范绩效考核

在司法业务方面，安装绩效考核系统，使反映法官业绩的31项业务数据自动生成、动态排序、真实可靠，改变了以往人工填报随意性大、考核凭感觉、奖惩靠感情等问题，让真实可靠的数据成为领导决策、队伍管理的依据。审判管理办公室每月在网上随机抽查部分已结案件开展评查，评查结果每月在网上通报排位。在司法人事方面，建立了法院各类人事信息资源库，定期更新，确保数据真实；安装了绩效考核软件，自动生成体现办案质效的结案数、文书差错数、发改案件数等各项数据，在网上进行动态图表式排序通报；建立了干警执法瑕疵档案，对引发有理访案件的主办人启动责任追究倒查；加强对基层班子的协管力度，建立了基层法院班子业绩档案，定期向当地党委进行通报，及时提出调整建议。在司法政务方面，2011年12月，中院与邢台移动通信公司联合研发移动OA办公系统，将内网办公自动化、腾讯通等5个应用系统延伸至移动终端，所有公文可通过移动终端进行呈报、修改、签批、督办，同时能够完成远程数据交换，使干警摆脱了对固定办公环境、固定工作时间、固定电脑设备的限制，实现了办公设备随时随地跟人走，每年利用内网发布文件、通知500余次，法院信息2000余条，网站日点击率达1000余人次，提高法官的办公效率和流程运转速度。中院为所有办公车辆安装了GPS定位系统，提高了车辆使用效率，保障了办案需要；全面推行会计管理软件，实现会计电算化、精细化，有效提升了保障能力。

【邯郸市法院加快“两庭”建设步伐推动基层基础工作实现跨越式发展】 邯郸中院党组带领全市法院，紧紧依靠党委、政府和上级法院的支持，抢抓机遇，艰苦奋斗，迎难而上，“两庭”建设实现跨越式发展。全市有11个法院新建或升级扩建了综合审判大楼，另有7个法院综合审判大楼选定新址即将奠基开工，90%以上的人民法庭得以新建或修缮。市中院对审判区域进行了全面升级改造，建成了接访大厅、立案大厅和17个数字化审判法庭，受到最高法院和省法院领导的高度评价。

一、开拓创新，迎难而上，积极争取多方支持

由于多种因素制约，全市法院“两庭”建设严重滞后。2008年以前，全市19个基层法院有6个没有审判综合大楼，其他13个法院审判综合大楼也存在功能欠缺等问题。88个人民法庭有19个没有专门办公场所，有35个法庭房子破旧、院落狭小，难以适应审判任务需要。中院党组在深入调研的基础上，确立了“两庭”建设工作思路和奋斗目标。2012年7月专门召开“两庭”建设现场会，组织参观了部分法院新建审判综合大楼和人民法庭，使大家深受启发和鼓舞，更加坚定了加快推进“两庭”建设步伐的决心和信心。一是坚持依靠党委、政府，积极争取支持。推进“两庭”建设，最大的困难就是土地和资金问题。两级法院党组不等不靠，想方设法，狠抓土地划拨和资金筹集。中院党组书记、院长赵增国多次向邯郸市委、市政府作“两庭”建设专题汇报，赢得了市委市政府的大力支持，并把“两庭”建设列入了邯郸市经济发展规划。他还多次亲自带领临漳、邱县、馆陶、魏县、广平等法院院长，与当地县委领导沟通协调，及时解决建设用地和资金等困难。当地县委、政府专门在县城新区黄金地段为法院划拨了土地用于综合审判楼建设。有6个人民法庭在地理位置优越、人口稠密的乡镇得到重建。二是积极为当地经济社会发展排忧解难，赢得支持与帮助。有为才能有位。全市两级法院主动服务地方经济建设大局，积极为党委、政府排忧解难。据统计，县、区法院在选址、征地、立项、规划等手续办理及通水通电等环节，地方政府财政支持资金达1.3亿元。如峰峰矿区法院狠抓涉诉信访问题化解，为区党委分忧解难，受到区主要领导的充分肯定。今年年初，矿区主要领导拍板在寸土寸金的峰峰矿区为法院划拨了20亩土地用于建设综合审判大楼。武安市磁山法庭修缮改造时资金缺乏，驻地企业知道后踊跃捐款，解决了全部资金。三是自力更生，艰苦奋斗，多方筹措资金。首先，积极争取国债资金的支持。市中院、临漳、魏县、涉县、馆陶等法院主要领导亲自到上级争取部分国债资金的支持。其次，注重开源节流，通过压缩非审判性开支，从每个人做起，从节约一张纸、一度电、一滴水、一顿饭、一升汽油入手，坚持勤俭节约，集中财力办大事。再次，院领导以院为家，率先垂范。有的领导带病坚持工作，长期奋战在基建一线，积劳成疾；还有的到省里跑基建资金时为了节省费用，晚上就住最廉价的小旅馆等等，生动诠释了“九尺之台、起于垒土”的深刻内涵。

二、超前谋划，科学设计，建设一流精品工程

“两庭”建设的规划必须以长远的目光，发展的观点进行科学定位，高起点运作、高标准设计。在整体规划上，坚持庄重、大方、功能齐全的原则，实行审判区、办公区分离；在建筑设计上，坚持统筹规划，注重科技含量，并为今后发展留足充裕空间；在选址上，从有利于审判工作和方便群众诉讼的原则出发，尽可能设置在人口相对稠密、政务机关比较集中、交通条件比较便利的地方。在这一先进理念的支配下，全市两级法院“两庭”建设在基础设施、科技含量和文化底蕴上都有了质的飞跃。18个基层法院的综合审判大楼配套建起了干警健身房、图书资料室、餐厅等，较好地保障了审判工作需要。

全市法院始终把科学设计、科学施工作法院基础设施建设的主导思想。中院西副楼升级改造和11个基层法院综合审判大楼新建、扩建和装修时，都注重了科技含量、文化建设和人文环境的融合。许多基层法院新落成的综合审判楼中，体现出了规模较大、设计合理、功能齐全、科技含量高的特点。尤其是涉县法院综合审判大楼紧扣“大气、经济、实用、庄重”的标准，大楼外形设计独特，功能齐全，在老区的法制建设史上写下了浓墨重彩的一笔。中院西副楼审判区域改造面积约4000平方米，投资1970万元，设立了800平方米的立案大厅，内设8个服务窗口、银行柜员机等，一站式服务功能更加完善；设立了1000平方米的接访大厅，内设调解室、接谈室、接访室、案件听证室、心理咨询室等21个服务平台；建成了17个数字化审判法庭，全部实现了证据多媒体展示、同步音像录制、远程开庭、网络直播等功能，大大方便了群众诉讼，提高了审判质效。丛台区法院专门聘请了专家对审判法庭综合楼进行规划设计，重新进行了装修改造，弥补了原来在设计方面的不足，现在该建筑已成为矗立在邯郸市中华大街北端一颗璀璨的明珠。

三、强化监督，加强指导，精心构筑“阳光工程”

“两庭”建设事关法院发展和司法形象，中院党组把“两庭”建设的成绩作为考核法院工作和院长政绩的一个重要方面，采取切实有力措施，强化监督力度，着力打造“阳光工程”。一是狠抓工作廉政建设。两级法院院党组一班人特别是“一把手”高度重视两庭建设中的廉政工作，除了把好人员选用关外，并加强日常教育，规范程序操作。首先，把好招投标关。涉县、馆陶、临漳、广平等县法院在建综合审判大楼时，四面八方的建筑队便蜂拥而至，面对“糖衣炮弹”，这些法院的院党组断然拒绝，特别邀请了中院纪检组、县纪委参与监督，严格按国家规定实行公开招标，选出了技术过硬、信誉较好的施工单位。其次，明确了纪律责任，严格工程款额财务管理。工程款支付和其他费用开支，实行主管两庭专项建设的领导和主管财政的院领导共同签字审批的制度。二是严格建设质量监督。“两庭”建设工程质量请建设部门监督，工程进度请发改局（委）监督，中院也专门从两级法院纪检监察室抽调干部对全市“两庭”建设工程进行全程监督。全市法院无论是审判综合大楼建设还是法庭建设，无论是招标、投标，还是建筑材料采购，均由院党组或院长办公会集体研究商议，必要时请当地政府领导和纪检同志参加，每项工作都严格按制度办理，有效防止了基建中腐败行为的发生。两级法院还把建设质量和进度纳入岗位目标考核范畴，对质量不过关、进度跟不上的，以岗位目标进行处罚，以严格制度追究责任。由于管理到位，严字当头，涉县、临漳、广平、魏县和馆陶法院的审判综合楼建设，丛台区法院升级改造工程，以及中院西副楼升级改造工程全部提前竣工并通过验收，均属优质工程。三是强化资金使用监管。严格按照中央、省、市要求，对于中央拨付的专款和省、市、县以奖代拨的配套资金及原审判大楼、法庭财产处置的现金，设立两庭专项建设帐户，实行专人管理，严格做到分类、分庭设帐，专款专用，并请政府财政部门予以监督，绝不允许将建设专用款挪作他用。对于建设专项资金，不得以任何理由截留或挪用。

四、外塑形象，内强素质，提升司法服务水平

“两庭”建设的强力推进，带动了物质装备建设和信息化建设，进而极大促进了法官队伍素质、审判质量与司法公信力的提升。五年来共受理各类案件270660件，审结269700件，结案率为99.60%，收案数上升18.57%，结案率、调撤率、服判息诉率同比提高8.93、16.08、7.60个百分点，发还改判率同比下降11.75个百分点。全市法院审判执行工作保持了良好运行态势。一是司法公开深化了审判透明度。建立了内外网站，升级安装了全国法院统一适用的综合信息管理软件，实现对审判的同步监督和数据统计的自动提取。开通视频会议系统，使学习、培训和工作部署更加便捷。实行电脑“填平式”分案，减少案件流转环节和人为干扰因素。开通民意沟通电子信箱，积极吸纳和回应社情民意。及时向社会公布法院工作动态，方便群众了解司法。推进裁判文书上网工作，拓展了裁判文书的普法、教育、指导功能，增强了司法效果。二是功能齐全的审判设施方便了群众诉讼。通过完善立案大厅功能，实行立案、缴费、送达、保全、调解“一条龙”服务。依法适用简易程序和速裁程序，减轻群众诉讼负担，有力推动了“规范立案秩序，创建文明窗口”活动。去年，邯郸法院法官开通网上微博，方便群众咨询，取得良好效果，受到当事人的认可与好评。三是严格规范的司法管理促进了审判公正高效。两级法院全部与省法院联网，开通了视频会议系统，安装了审判流程管理软件，实现了远程视频提审讯问。依托软件系统开展案件质效评估分析、质量评定、检查通报，审判质效进一步提升。完善结案通报制度，开展预警监督、跟踪催办、审限提示，建立健全收结案动态平衡机制，实现均衡结案。中院和9个基层法院机关建立了数字网络监控系统和内部通讯系统，自动化办公和科技管理水平进一步提高。四是基层基础建设的加强提升了维护稳定和谐的能力与水平。基层基础建设特别是“两庭”建设的大力推进，极大地改善执法办案条件和群众诉讼环境，使广大法官司法归属感和职业尊荣感进一步增强，全力以赴地投入到深入基层化解社会矛盾工作中。依托人民法庭、农村基层组织、社区街道组织和企业工会组织，形成了诉前调解形成网络。从2009年开始，19个基层法院在乡（镇）村、街道社区、企业均聘请了人民调解员和司法联络员。延伸司法服务，实行法官联系社区、村庄制度，参与社区矫正、指导基层调解、开展普法宣传，从源头上排查化解矛盾纠纷。狠抓信访积案化解和源头治理，五年来妥善化解了1847件涉诉信访老案，没有发生新的进京赴省访。去年赴省进京访同比下降21.9%，全市涉诉信访工作日益步入良性循环轨道，进一步巩固了和谐稳定的局面。

【提升审判质效推进司法公开】2012年、2013年随着新乐市经济社会发展速度的不断提升，发展过程中产生的矛盾日益增多，大量新型、疑难案件涌入法院。同时，随着新媒体技术的发展应用，群众对法院工作的关注度越来越高，关注的方式越来越多样化，对司法公开的需求也越来越强烈。在法院内部，部分审判人员对社会舆论、群众评价却重视不够，甚至熟视无睹，思想上因循守旧，在司法公开方式上墨守陈规，影响了司法公信力。针对这种现状，新乐市法院党组高度重视，专门组织人员对司法公开进行调研评估，经过反复论证发现，社会各界之所以对法院工作公信力不高，关键原因是法院案件质效和司法公开程度不高。

为适应新形势的要求，新乐院党组首先把强化内部监督作为根本，从内部激发公正司法的动力和活力，形成互相监督、争先创优的浓厚氛围。一方面组织全体干警认真学习《最高人民法院关于司法公开的六项规定》，制定和下发《办案质效考核奖惩暂行规定》、《庭审评查和裁判文书评查活动实施方案》、《庭审观摩、裁判文书评查实施方案》、《审判委员会议事规则》等31个制度方案，从思想认识和制度规范上保障司法公开的顺利开展。另一方面，把建立发还改判案件公开讲评机制作为推行“阳光司法”工程和提高案件质量的切入点，借助数字化高科技手段，使庭审通过网络全方位同步公开，提高庭审透明度。在外部公开形式上，建立常态化的“公众开放日”，邀请社会各界走进法院，了解法院；加大宣传工作力度，和新乐市电视台携手打造精品栏目《法案透视》，提升人民群众对法院工作的公认度。

一、创新内部监督机制，在提升司法公开质效上下功夫

一是创新发还改判案件公开讲评制度，为瑕疵案件“把脉纠错”。新乐市法院把建立发还改判案件公开讲评机制作为推行“阳光司法”的突破口，将发还改判案件在法院内网上公开初评的基础上，组织全院干警，并邀请人大代表、政协委员、市中院法官、社会各界群众等，进行现场集中剖析案件、发表意见、民主评议，使有瑕疵的案件得以纠正，有分歧的案件达成共识。同时，为了保证讲评机制的严肃性，新乐市法院规定，凡发还改判案件，一律扣发主办人及合议庭成员奖金；对全年发还改判案件超过6件或超过承办案件总数5%的案件主办人，调离审判岗位一年；全年所办案件无发还改判的，奖励5000元。2012年，新乐市法院4名法官因发还改判案件超过5%被调离审判岗位，1名法官无发还改判案件，获得5000元奖励，全院发还改判率同比下降了51%，案件质量明显提升。

二是积极发挥数字法庭作用，使庭审活动“公开透明”。新乐市法院投资100余万元建成了5个国内先进的高清数字法庭，实现了庭审的同步录音录像和网络传输。院领导利用庭审直播、点播功能，在办公室里就能看到庭审的实况，对法官仪容仪表的整洁得体、法言法语的准确运用给予综合评价。在院门口设置了6平方米的大屏幕，在立案大厅设置了多个网络显示屏，对庭审情况适时直播和录播，接受群众监督。庭审的阳光透明，群众的及时监督，同事的事后评查，让法官们普遍感觉到了来自领导、同事、群众的多重监督压力。这一举措，不仅规范了法官的行为，也使当事人及其诉讼参与人的言行得到了规范，有效杜绝了当事人无理搅闹法庭、诬赖法官的现象。近年来，庭审行为日益规范，庭审秩序明显改善。

三是实施案件庭审实况评查，让不良言行“曝光现形”。为使法官尽快树立庭审规范化意识，新乐市法院利用星期五学习日时间，召集全院干警集中对典型案件及发还改判案件进行庭审录像的实况评查。评查中，每位干警都可随时“叫停庭审”，通过“慢镜头”的回放、定格，指出庭审过程中的不足，提出自己的意见建议，对庭审情况“可圈可点”。庭审中法官法言法语、仪容仪表、法庭秩序都直观地呈现在干警眼前，庭审过程的不良行为无处遁形，庭审人员对自己的“表现”心中有数，在今后的工作中高度警觉、积极避免不良言行，自觉规范庭审秩序，提升了全院的庭审规范化水平。为了将庭审实况评查推向更高层次，新乐市法院结合实际，在评查过程中增加打分环节，干警在观看庭审实况的同时，对照案件庭审实况评查标准逐项打分，使庭审实况评查“印象化”的同时，更加客观、全面、具体、公正。

四是完善数字化审委会系统，给审判活动“提质提速”。为提高审委会研究案件的质效，新乐市法院建立起数字化审委会系统，凡是须上报给审委会讨论的案件，先由审管办在会前一周将案件制作成电子档案，通过内网系统分发给各审委会委员了解案情，对争议较大的案件，建议审委会委员可以通过内网调看案件的庭审实况，召开会议时，审委会直接进入案件讨论研究环节，节约了大量听取报告的时间，提高了研究案件的质效。

二、完善外部监督机制，在提升司法公开透明度上下功夫

一是打造《法案透视》栏目。为及时向社会公开法院对各类案件的审理情况，听取社会各界对法院工作的意见和建议，在法院与社会各界间搭建起一个持续、稳定的交流平台，使公正司法以人民群众看得见、听得到、摸得着的方式得以实现，新乐市法院依托新乐市电视台创办了《法案透视》栏目，栏目以法院审理的真实案例为题材，通过直击庭审现场、法官说法、律师点评等形式，展示案件审理过程，展现法官风采，向社会公布法院裁判案件的标准和理由。由于栏目用老百姓听得懂的语言，说老百姓身边的事情，引起老百姓浓厚的兴趣，成为新乐市收视率最高的一档节目，播出54期以来，不仅取得了良好的普法效果，也让人民群众对法院的工作有了更深刻、更清晰的认识，提升了法院在群众中的司法权威和公信力，促进法院工作的持续健康发展，为助推法治新乐建设发挥了积极作用，受到到了新乐党政机关的高度评价和人民群众的高度赞扬。

二是搞活"公众开放日"活动。法院搞"公众开放日"，就是要打破法院工作在人民群众中的神秘感，主动接受人民群众监督。为使更多的群众走进法院、走近法官，打造群众和法院零距离的沟通平台，新乐市法院将"公众开放日"由原来的每年几次时间开放，转变为每星期开放一次。参加人员范围由原来的机关干部、企事业单位职工，逐步向学校学生、农村村民等社会各界辐射，保证了所有广大群众都能够走进法院，了解法院，监督法院。同时，为使"公众开放日"常态化，新乐市法院提请新乐市人大、政协专门制定了《人大代表、政协委员观摩法院庭审和旁听典型案件讲评活动的实施办法》，人大代表、政协委员定期到法院旁听庭审、参加案件讲评活动。去年以来，来自新乐市直机关、企业、学校、乡镇村的各界群众2000多人先后走进新乐市法院参观、旁听案件审理。"公众开放日"活动的开展，使新乐市法院的群众满意度不断上升，在石家庄市政法系统开展的群众满意度调查活动中，新乐市法院由去年上半年的第十七名跃居到年底的第七名。

三是推行人民陪审员驻庭工作机制。为了进一步发挥人民陪审员制度的作用，扩大司法民主，推进司法公开，确保司法公正，在新乐市委、市人和市政府的大力支持下，2011年，新乐市法院面向新乐市公开招录了包括从吉林大学、河北大学等高校毕业的10名具有法学本科学历的人民陪审员常驻法庭开展工作。在工作中，充分发挥陪审员的"审判员"、"监督员"、"宣传员"的作用，将人民陪审员的职责，由原先单一参与开庭审理转向全程参与案件办理和调解纠纷。并对人民陪审员实行分类管理，每半年异庭轮岗。自人民陪审员驻庭工作以来，适用普通程序审理案件的陪审率达到100%，切实发挥了人民陪审员对法院工作的监督和促进作用。

三、坚持司法为民，在提升司法公开公认度上下功夫

一是完善便民利民举措。为方便当事人诉讼，新乐市法院在当事人通道设置了司法透明长廊，以展牌的形式将有关法律知识展示出来。精心制作了导诉电视片，详细介绍了从立案、分案到审判、执行的流程细节，在立案大厅滚动播放，把"打官司"的每个细节交代的清清楚楚。在立案大厅放置了诉讼明白卡、常用诉状格式样本、温馨提示等材料，供当事人参考。在立案庭设置了触摸屏，当事人可以快捷地了解审判业务部门职能、人员状况、案件流向、开庭时间等信息。同时，为避免"人情案"、"关系案"的发生，工作人员将当事人立案信息通过电脑综合信息管理系统随机分配给办案法官，避免当事人"通过关系选法官"等现象的发生。

二是加强信息化管理。新乐市法院为每名法官配备了便携式执法监督仪，对法官接待当事人、调解案件、执行案件等活动全程进行录音录像，确保了司法过程的公开、公正。依托《法院信息管理系统》软件，将审判、执行案件从立案、分案、审理、执行、归档进行实时、全程、动态的无缝管理。加强裁判文书的说理性，是裁判理由充分公开，并利用裁判文书纠错系统，有效避免文书瑕疵。通过网上办案、网上评查、网上监督、裁判文书上网等举措，让每名法官的司法活动公开透明，避免了暗箱操作，损害当事人诉讼权利的现象。与此同时，各庭室、每位法官的案件审结情况、审判效率情况在院内电子屏幕上滚动显示，置于社会监督之下。

【唐山丰南区法院深化能动司法主动服务大局　努力为经济社会发展提供司法保障】

一、深化能动司法举措，依法服务经济社会发展大局

2012年、2013年，该院始终把服务科学发展作为重大政治责任，自觉将审判工作融入经济社会发展大局，密切关注经济社会发展新变化，深入调研，深刻思考，不断探索深化能动司法新模式，更加自觉、主动地为辖区经济社会发展服务。一是变被动受理为主动服务，实现工作方式转变。主动配合区委中心工作，努力在发挥能动性上下功夫，深入研究经济发展给法院工作带来的新情况新问题，不断增强对各类矛盾纠纷的预测能力和疑难纠纷的排解能力，着力解决影响和制约经济发展的突出问题。该院专门成立了由院领导牵头、优秀法官为主力的法律服务组，积极开展法律风险预警、案件督办、统筹协调、司法建议等工作。先后参与了相关企业改制、沿海工业区扩建、西城区生态景观工程建设、丰南港区开发等重大项目社会风险评估及论证工作，受到区委、区政府主要领导的充分肯定。二是变坐堂问案为源头化解，延伸司法服务触角。紧紧依靠党委领导并依托政府联席会议，建立和运行法律跟踪服务和保障机制，实现了由过去坐堂问案为延伸服务助力发展的转变。在参与社会管理和社会矛盾化解上，与乡村、社区建立紧密的沟通机制，发现问题后，及时联系，通过沟通互动、帮助指导，使大量矛盾纠纷在诉前、诉外得到化解。几年来，先后举办各类企业法律讲座16次，座谈会11次，规避经营风险21起，解决企业纠纷1460件。特别是在全区11个城中村动迁中，组建了11个流动法庭，3支党员志愿者服务队，聘请了100多名民情信息员，形成了法庭建在村上、志愿者住在户上、民情员穿梭在街上的司法服务格局，做到对矛盾纠纷第一时间了解、第一时间介入、第一时间协调、第一时间解决，实现了矛盾隐患化解前置。在拆迁工作中，共诉前化解矛盾847起，接受法律咨询3700余人次，使涉及8000多户的动迁没有形成一个强拆户，没有出现一起群体性事件，从而成为和谐动迁改造的典范。三是变就案办案为全程服务，架起能动司法桥梁。准确把握依法履职与服务发展的结合点、切入点，对每一起涉企案件，在助力长远发展上想点子、找出路。唐山泰丰钢铁有限公司和唐山恒泰机械制造有限公司曾是该区利税大户，但由于外部环境和内在因素影响，两家企业全面停产，负债总额高达11.6亿元，严重资不抵债，并拖欠1956名工人工资和工伤保险赔偿金近1500万元，成为社会稳定的重大隐患。丰南法院按照区委部署，经过反复论证、大胆设想，提出了破产租赁的思路，并通过有效运作，租赁方预支了两年租金，补发了拖欠工人工资和工伤保险赔偿金。最终在法院的主持协调下，唐山东华集团已拍得企业的所有权，并累计投入资金18亿元，对原企业完成改造升级，不仅又安排1000多名职工就业，而且已经开始赢利。对此，最高法院王胜俊院长曾作出重要批示："丰南法院处理唐山市泰钢和恒机两企业的问题，体现了人民法院立足党和国家工作全局，为大局服务、为人民司法和能动司法，主动服务的理念，体现了'三个至上'的工作指导思想，是'人民法官为人民'的典型范例。"近年来，丰南法院通过能动司法，先后使五家企业走出困境，挽回经济损失8000余万元，产生直接经济效益5亿多元。

二、强化审判管理机制，努力实现服务大局的良好效果

在巩固"创先争优达标年"活动成果基础上，该院党组及时确立了"向管理要业绩、向管理要公正、向管理要效率、向管理要效果"的理念，通过狠抓审判质量考评体系，促进办案质量、效率和效果的全面提升。一是抓导向，提高工作主动性。深入开展了"我为审判做贡献，我为发展添活力"活动，明确岗位目标责任，将审判结果是否能助推经济发展作为质量指标考核。通过专题培训、蹲点调研、自我剖析、集中整改等一系列活动，引导全院干警牢固树立服务大局的意识，彻底摒弃"前松后紧"的思维定势，月结案率均达90%以上。二是抓考评，严格落实奖惩。改变过去半年、年终考核制度，全面实施了审判运行态势月分析制度，院审管办将23项办案指标细化分解到各业务庭，将责任和压力层层分解到每名法官，通过月通报、月分析、月考评、月排名，运用指标杠杆奖优罚劣，鼓励先进，鞭策落后，实现了管理在平时、考评在平时、奖惩在平时的审判管理良性运行的态势。三是抓调节，实现优化组合。加强对立案、分案、开庭、裁判、执行、归档等各个流程节点的监控管理，同时找准影响审限的主要节点，及时进行预警、催办、督办。通过各节点之间的相互衔接、相互制约，形成环环相扣的流程链条。并按照案件数量、工作量多少合理配置人员，使审判岗位的人员分布更为合理。几年来，该院审判综合指标排名均居全市基层法院前列，较好地实现了法律效果和社会效果的有机统一。案件质效的不断提高，带动了法院整体工作、司法公信力、人民满意度的持续提升。

三、优化法官队伍素质，着力提高服务大局的能力水平

丰南法院坚持从加强队伍职业化建设入手，着力建设一流班子和优秀法官队伍，努力打造思想正、作风硬、能力强的战斗集体。一是更新执法理念，打牢服务大局的思想基础。以学习实践

“科学发展观”、“人民法官为人民”和“公正执法、执法为民”专项教育活动为契机，在全体干警中深入开展“我为稳定做贡献，我为经济添活力”主题实践活动，引导全院干警破除思想僵化、机械办案意识，全面树立审判就是服务，服务不仅仅是审判的理念，真正打牢服务大局的思想基础。二是加强队伍建设，全面提升干警综合素质。按照省法院“建设一流班子、带出合格队伍、创造一流业绩”的要求，该院党组一班人始终做到政治上坚定清醒，思想上开拓进取，决策上发扬民主，作风上求真务实。紧紧围绕增强法官庭审驾驭、法律适用和裁判文书制作等司法能力，深入开展了全员素质大培训、技能大练兵、作风大转变、“五民”大实践活动，通过开展质量高手、效率快手、调解好手、执行强手等活动评比，广大干警把握大局、认知社会、感知民情、和谐司法的能力明显提高。三是强化监督管理，树立公正廉洁司法良好形象。坚持把党风廉政教育作为一项经常性工作来抓，通过制度约束，警示教育、定期谈话、督办检查、建立司法档案等形式，形成外部有制约、全程有监督、管理无缝隙的监督格局。多年来，该院未发生一起违法违纪事件，连续八年被唐山市委授予“文明单位”；2010 年被最高法院评为“全国优秀法院”；2011 年被中央政法委评为全国政法系统“先进基层党组织”。同年，唐山市委政法委做出决定，号召全市政法系统向丰南法院学习。

四、把握“巩固、创新、提高”总要求，努力在服务大局上再有新作为

2013 年，省委提出“举全省之力打造曹妃甸新区和渤海新区两大增长极，使之成为全省经济发展的高地和龙头，成为建设经济强省、和谐河北的强大引擎和重要支撑。”这给丰南经济社会发展带来新的机遇与挑战，同时也为法院更好地为大局服务提出新课题。该院新一届领导班子按照省法院“巩固、提高、创新”总要求，及时确立了“12345”的总体工作思路。即：坚持以服务经济社会发展大局为中心，推动服务科学发展和实现自身科学发展，做好司法审判、队伍建设、司法管理三项工作，抓好社会管理、社会矛盾纠纷源头化解、司法调解、法官管理四个创新，制定政法干警核心价值观教育、法官业绩考核等五项保障机制。

在巩固原有成果基础上，他们不断强化创新意识，形成工作新思路，推出司法新举措，确保服务新成效，努力推动工作实现跨越式发展。一是紧紧围绕区委、区政府中心工作，结合实际制定出台了《关于为全区经济社会发展提供司法保障和服务的意见》，提出 20 条具体服务措施。二是认真开展调查研究，积极探索参与社会管理的新模式。在区委政法委组织协调下，设立了交通事故赔偿调解中心，把人民调解、行政调解、司法调解与审判工作有机对接起来，搭建了“三位一体”大调解服务平台。截至目前，已诉前调解纠纷 18 件，判决 26 件，司法确认 6 件，指导有关组织调解纠纷 20 件。三是专门成立了诉讼调解中心，设立了和谐调解室和婚姻家庭调解室，专门负责争议不大的矛盾纠纷的诉前调解，推进矛盾纠纷源头化解与和谐司法。截至目前，已诉前化解各类矛盾纠纷 30 多起。四是对于陷入困境的涉诉企业，积极采取重整、和解、债权转股权等司法措施，帮助企业重生再生，努力为全区经济社会发展提供有力司法保障。对此，丰南区委书记、区长均分别作出重要批示，对法院工作给予充分肯定，并号召全区各部门、各单位学习借鉴。

先进集体与人物

【2012 年度省法院机关先进集体和先进个人】

一、给下列 2 个部门分别记集体三等功：

办公室

立案第二庭

二、给下列 5 个部门分别授予 2012 年度先进大集体称号：

立案第一庭

刑事审判第二庭

民事审判第一庭

法警总队

机关党委

三、给下列 24 个科、组、办、合议庭、办案组分别授予 2012 年度先进小集体称号：

办公室干部总值班室

立案第一庭信访组

立案第二庭唐廊办案组

立案第二庭综合组

刑事审判第一庭第四办案组

刑事审判第二庭第二办案组

刑事审判第三庭第三合议庭

刑事审判第四庭第二合议庭

民事审判第一庭第一办案组

民事审判第二庭第二办案组

行政庭庭第二办案组

审判监督第一庭办案组

审判监督第三庭审判流程管理组

执行局复议监督庭复议案件组

执行局协调指导庭委托组

执行局申诉审查庭越级访处访组

执行局综合管理处综合管理组

研究室调研科

法警总队保卫科

计财装备处财务科

机关事务管理处房管科

纪检组追究办

法官学院北戴河培训中心

石家庄铁路运输法院政治处

四、给下列10名同志分别授予省法院机关2012年度十大办案能手称号：

窦淑霞、苏晨、冯江南、郑亚昕、马艳辉、张永平、宋菁、宋晓玉、任晓刚、魏立超

五、给下列3名同志分别记个人一等功：

冯江南、宋晓玉、郑良山

六、给下列2名同志分别记个人二等功：

窦淑霞、熊学军

七、给下列17名同志分别记个人三等功：

杨广辉、张宏图、苏晨、郎立惠、郑亚昕、任晓刚、马艳辉、苑秀霞、宋菁、魏立超、张永平、解占林、訾敏、李庆霞、付天文、于国营、王松（法官学院）

八、给下列52名同志分别予以个人嘉奖：

周继明、柴学哲、韩丽、李霁泊、师海涛、刘建敏、崔宪伟、张旭东、李宁、武雅静、李京山、付强、李学境、梁然、葛林、袁航、薄会军、陶坤峰、梁贤勇、董武、石明辉、杨忠、赵成燕、闫英敏、李道辉、王慧敏、宣建新、张守军、王天剑、邢金虎、刘士文、宋威、王倩、吴娇艳、王庆敏、王振健、邢伟菊、陈炜、吕静、张玉伟、曲东凯、宋辉、张曼、董殿举、田旭、赵立新、王洪洲、王孟礼、韩秀峰、于丽华、张海平、李靖

九、给下面单项工作成绩突出的1个部门予以集体嘉奖：

机关事务管理处

十、给下列单项工作成绩突出的2个科、室分别记集体三等功：

办公室档案科、研究室审判志编纂办公室

十一、给下面单项工作成绩突出的1名同志记个人一等功：

王　松（宣传处）

十二、给下列单项工作成绩突出的2名同志分别记个人二等功：

吕增才、晋登昆

十三、给下列单项工作成绩突出的13名同志分别记个人三等功：

刘光辉、宋瑞良、王富贵、王霞、苑丽乔、白峰、戴保生、田一民、王轩、段仁补、杨英民、吴悦、牛四海

十四、给下列单项工作成绩突出的10名同志分别予以个人嘉奖：

张传福、王晓辉、王巍、江南、徐正卫、张博海、臧建军、申永杰、王寅平、常进栓

十五、给下列20名合同制工人分别予以个人嘉奖：

李晓恒、尹建勇、赵红梅、孟祥辉、武肖彦、张萌、赵维莉、唐宇滨、李向导、陈宇、刘亮、吉立军、张瑞晓、景少华、尹宁、王圆圆、李爱军、王朝刚、云彦军、付彩霞

【2013年度省法院机关先进集体和先进个人】

一、给下面1个部门记集体三等功：

立案第二庭

二、给下列5个部门集体嘉奖：

刑三庭、民一庭、民二庭、执行局综合管理处、法警总队

三、给下列12个科、组、办、合议庭、办案组集体嘉奖：

办公室干部总值班室、办公室综合科、立案一庭立案组、刑一庭第三办案组、刑二庭第一合议庭、刑四庭第二合议庭、审监三庭考核综合组、研究室调研科、机关事务管理处车管科、纪检组办公室、法官学院龙凤湖培训中心、铁路法院民庭

四、给下列10名同志分别授予省法院机关2013年度十大办案能手称号：

张旭东、李京山、李霞、郎立惠、宣建新、王振健、魏立超、郑亚昕、宋菁、邢金虎

五、给下列4名同志分别记个人二等功：

熊学军、宋菁、邢金虎、王振健

六、给下列22名同志分别记个人三等功：

师海涛、张旭东、李京山、李霞、郎立惠、袁航、陶坤峰、石明辉、闫英敏、王慧敏、郑亚昕、马艳辉、宣建新、苑秀霞、王天剑、魏立超、宋威、张玉伟、

宋辉、田旭、于国营、王松（学院）

七、给下列55名同志分别予以个人嘉奖：

葛庆龙、贾建平、崔雪芹、胡华军、袁瑞玲、赵倩、周金华、刘洪波、李奋勇、郝守军、卢军卫、樊明非、邱振刚、李建丽、陈朝红、吴悦、吴艳霞、彭立忠、张传福、王辉、付竹竹、郭彦民、张新峰、孟慧、牛世红、习静、李彦敏、谢炳忠、汤瑞池、徐中来、马武臣、刘国胜、杨领波、叶密、鲍立斌、张永平、王倩、刘凯、苑丽乔、王会平、刘顺林、张美英、吕静、王飞、张斌、尚军利、宋辉（计财处）、李鹏飞、赵志荣、李贵平、王洪洲、苗存青、王绍波、张海平、郭连胜

八、给一个单项成绩特别突出的合议庭记集体二等功：

行政庭办理张文江案件合议庭（范艺娜、江悦、常站巍、梁俊丽）

九、给一个单项工作成绩突出的工作组记集体三等功：

省涉法涉诉联合接访中心接访组（刘中平、袁航、马雪君、李俊、魏立超、王振健、李靖、谢占林、王洋）

十、给下列单项工作成绩特别突出的8名同志分别记二等功：

吕宝春、韩秀峰、丁立新、李勇、赵成燕、石鋆、李文卿、张永生

十一、给下列单项工作成绩突出的11名同志分别记三等功：

韩丽、周养林、薄会军、董武、江南、白峰、扈亚丽、王晓明、于荣、张玉英、王松（宣传处）

十二、给下列单项工作成绩突出的7名同志分别给予嘉奖：

徐正卫、申永杰、白云翔、赵立新、吕增才、冀杰、张永路

十三、给下列21名合同制工人分别予以嘉奖：

崔艳茹、张良、张亚宁、孟祥辉、张盟、王文珊、赵维莉、唐宇滨、刘长健、孟鹏飞、付彩霞、邢淑芝、王利新、王春燕、许兵、高春学、杨玉华、代瑞文、张影、靳冰冰、王晓华

【2012年度全省法院集体和个人一等功名单及事迹】

一、3个基层人民法院记集体一等功

青龙满族自治县人民法院

广平县人民法院

沽源县人民法院

二、2个庭记集体一等功

廊坊市中级人民法院民事审判第一庭

衡水市中级人民法院民事审判第一庭

青龙县法院：2009年、2011年荣立集体二等功两次，2012年被评为全省优秀法院、全省两评查工作先进集体、全市法院队伍职业化建设标杆单位，2011年被评为秦皇岛市文明单位。连续五年被县委评为实绩突出领导班子。该院2012年收案3007件，审结2968件，结案率为98.7%。调撤率84.60%，诉前调解2154件。应执行案件608件，执结599件，执结率为96.9%，法官人均结案139件。

广平县法院：该院2010、2011年先后两次荣立“集体二等功”，2012年被评为“全省优秀法院”，连续3年被县委评为“优秀领导班子”。2012年全市法院综合考核，位居全市第一。2012年，该院共收案2178件，结案2178件，结案率为100%，应执行案件277件，执结272件，执结率为98.2%。法官人均结案121件。无发还改判，无超审限案件。

沽源县法院：该院2009年、2011年先后两次荣立集体二等功；2010年、2012年被评为“全省优秀法院”；同年分别被省委、市委评为“全省创先争优优秀基层党组织”、“全市创先争优优秀基层党组织”，审判质效评估连续两年名列全市法院前三名，2012年全市第一名；2011、2012年新办案件连续两年实现了“无发还改判、无申诉再审、无信访案件”。该院2012年共收案1757件，审结1757件，结案率为100%，无发还改判，无超审限案件，应执行案件82件，执结82件，执结率为100%，执行标的到位率为82%。

廊坊市中院民一庭：该庭2007、2008年连续2年荣立集体三等功，2010、2012年连续2年荣立集体二等功。该庭2012年共受理民事一、二审案件1570件，结案1492件，结案率为95%，人均结案为135件。2012年该庭在市中院机关绩效考核中排名第一。

衡水市中院民一庭：该庭连续六年被荣立集体三等功，2010年被荣立集体二等功、并荣获衡水市政法系统“十佳先进集体”，2009年被全国妇联评为“全国三八红旗集体”，2011年先后被评为“全国法院先进集体”、“全省政法系统先进基层党组织”。2012年该庭收案488件，结案483件，

结案率99%。

三、5名同志记个人一等功

丁凤俭　三河市人民法院院长

张秀艳（女）　唐山市丰润区人民法院燕山路人民法庭庭长

付东辉　任丘市人民法院鄚州人民法庭副庭长

袁相坡　秦皇岛市中级人民法院民事审判第四庭审判员

赵　岚（女）　保定市中级人民法院民事审判第一庭助理审判员

三河市法院院长丁凤俭：该同志2次荣立个人三等功，2次荣立个人二等功，2008年被廊坊市委市政府评为“奥运安保先进个人”，2009年被廊坊市委政法委评为政法系统先进个人，2011年被河北省委评为优秀共产党员。2011年三和法院案件质量综合指数全省排名第一，被省法院记集体一等功。该院2012年收案6102件，结案5831件，结案率为95.5%。

任丘市法院鄚州法庭副庭长付东辉：2008年荣立个人三等功，2009、2010、2011年连续三年荣立个人二等功，2010年被评为“全国法院办案标兵”。2012年结案207件。其中调解和撤诉案件168件，调撤率为81%。全年无超审限案件和无发还改判案件。2008年以来无一超审限和申诉、上访事件发生，无发还改判案件。

唐山市丰润区法院燕山路法庭庭长张秀艳：她连续多年被评为先进工作者，2008年度荣立个人三等功，2009被评为唐山政法战线执法为民十佳政法干警，2010年度被评为全省法院办案标兵，2011年被评为省十佳亲民法官，荣立个人二等功。所办结的刑、民事案件无一错案，未出现一起执法过错，无一当事人上访缠诉。

保定市中院民一庭助理审判员赵岚：连续三年获市中院办案能手称号，2009年荣立个人三等功，2010年被评为全省法院办案标兵，2010、2012年荣立个人二等功，2011年被评为全省法院系统职业素养标兵。2009、2010、2011、2012年，连续四年全院综合排名第一。2012年结案190件，调撤案件133件，所办案件无再审改判。

秦皇岛市中院民四庭审判员袁相坡：2008年以来，曾荣立二等功1次，三等功两次，先后荣获“全国法院办案标兵”、“秦皇岛市劳动模范”、“优秀共产党员”、“岗位服务标兵”、“建功立业标兵”、“信访工作先进个人”、“奥运安保工作先进个人”、“人民满意的政法干警”等荣誉称号。2012年审理案件102件，调撤41件，调撤率41%。

【2013年度全省法院集体和个人一等功名单及事迹】

一、2个基层人民法院记集体一等功

青龙满族自治县人民法院

玉田县人民法院

二、3个庭、局记集体一等功

晋州市人民法院执行局

承德市中级人民法院民事审判第四庭

迁安市人民法院婚姻家庭人民法庭

三、2名同志记个人一等功

杨红梅　昌黎县人民法院刑事审判庭副庭长

石广志　隆化县法院党组副书记、副院长

青龙县法院：辖区面积3510平方公里，人口53万，现有干警86人，坚持“为大局服务，为人民司法”的工作主题和“尚学尚进尚廉”的建院理念，以人民群众满意为标准，以队伍能力提升为抓手，以基层基础建设为支点，创新工作机制，各项工作都取得了突出成绩。2013年共受理各类案件3262件，审执结3204件，结案率为98.22%，诉前调解2360件，法官人均结案174件，全年人均结案65件，调解撤诉2610件，调撤率为80.01%，当事人对一审判决不服上诉125件，改判1件，发改率为0.8%，所审理案件无一超审限，全年共受理执行案件799件，执行760件，执结率为94.72%，案件质效综合指数在全市名列前茅。2009年被省高院荣记集体二等功；2011年被评为秦皇岛市文明单位，市中院党建工作先进单位，被省高院荣记集体二等功；2012年全院荣获全省优秀法院、全省两评查活动优秀法院等荣誉，被省高院荣记集体一等功，法警大队荣获全国优秀司法警察大队荣誉称号；2013年，该院先后被市委政法委评为全市十佳政法单位，被市纪委评为“三星级廉政文化示范点”，院党总支被市委组织部评选为“十有一好”党总支示范点，被市中院评为优秀党总支，司法警察大队被评为全国法院先进集体。

玉田县法院：2013年，玉田法院在县委领导、人大监督、政府支持和上级法院指导下，坚持以邓小平理论、“三个代表”重要思想、科学发展观为指导，认真贯彻落实党的十八大精神，以服务辖区发展和稳定大局为目标，以“强班子、严队伍、促审判、争上游”为主线，通过加强班子队伍建设，充分发挥审判职能，着力提高案件质效，强化诉外诉前调解工作，干警的精神面貌、办案司法能力、基层基础建设水平和涉诉信访工作等都得到了显著提高，法院全面建设取得了明显进步。玉田法院实有干警92名，全年共受理各类案件4149件(不含执行案件)，结案率100%，审限内结案率100%，发还改判案件1件，发改率为0.02%，未发生一起“两错”案件。该院领导班子连续7年被县委评为“优秀领导班子”，2007年以来被唐山市中院评为“先进基层法院”五次、荣记集体三等功三次，被市委、市政府评为“精神文明单位”三次，被河北省高院授予“全省优秀法院”称号并荣记集体二等功一次。

晋州法院执行局：全体干警在上级法院的正确指导下，深入开展群众路线教育实践活动，强力培树为民司法、人民群众利益至上的工作理念，团结一致，拼搏奉献，公正执法，争创一流，开创了执行工作崭新局势，为辖区内的社会稳定和经济发展做出了很大贡献，取得了较好的社会效果，赢得了辖区内党委政府和人民群众的一致好评。年内，共受理各类执行案件2638件（含旧存)，执行2176件，执结率为82.5%（含终本)，执结标的1.83亿元。执行局被晋州市委、市政府评为“先进集体”、“先进基层党组织”、“文明单位”等荣誉称号，被石家庄市中级人民法院评为“先进执行局”，被河北省高级人民法院荣记“集体二等功”，2013年荣获“全国法院先进集体”，一大批干警立功受奖。年内实现了涉执案件零进京、零赴省，将矛盾化解在萌芽状态。2013年11月，石家庄中院在晋州召开“执行工作经验交流现场会”。会上，纪兰生院长介绍了晋州法院执行工作的典型做法，受到了与会最高院、省院、中院、二十四个县市区法院领导的一致好评。

迁安法院婚姻家庭法庭：成立于2008年10月，共有干警12人，庭内另有城区街道办的2名工作人员，负责协助法庭办理诉前调解工作。因工作业绩突出，该庭2010年度被唐山市中级人民法院评为集体三等功、2012年度被河北省高级人民法院评为集体二等功、2012年度被唐山市妇联评为巾帼文明岗。2013年在院党组的正确领导下，该庭坚持公正司法，为民司法，努力践行司法为民的司法理念，较好地完成了以审判为中心的各项工作。

承德中院民事审判第四庭：2013年民四庭共收案559年比去年多50件。工作量加大，人员短缺，全庭以积极乐观的心态对待工作，每天坚守岗位，并且注重工作效率，在有限的时间内，快速审理各类人身伤害赔偿案件，及时解答当事人的疑问，对案件质量负责，保证案件公平、公正，最大限度减少再审和申诉信访。全年结案558件，结案率99.82%，全庭人均结案93件，顺利完成审判任务。

昌黎县法院刑事审判庭副庭长杨红梅：从事法院工作十余年来，该同志始终立足本职、积极进取，2006年和2009年两次被昌黎县委评为优秀共产党员，2011年被评为秦皇岛市十一届十佳（优秀）少先队志愿辅导员，全市法制宣传教育先进工作者。2012年被昌黎县授予“十大杰出母亲”称号。2007年和2008年连续两年被秦皇岛市中级法院荣记个人三等功，2009年和2012年被河北省高级法院荣记二等功各一次，2010年和2012年被河北省高级人民法院评为优秀法官，2013年被最高院评为刑事审判先进个人。2012年以来，共审结案件360件，结案率100%，服判率达到95%，上诉率3%，无一发还改判，无一信访案件发生。将调解工作贯穿于刑事附带民事案件、轻微刑事案件全过程，工作中摸索出“面对面”、“不见面”、“案例说服”、“冷处理”等多种调解方法，全年办理刑事附带民事案件100件，调解结案96件，调解率96%，兑现率100%。

隆化县法院党组副书记、副院长石广志：负责全院民商事、行政、刑事审判工作和执行工作，并协助院长管理政治部、监察室、法警队、办公室，负责全院党建工作、行政管理工作。法院整体工作没有因领导职数严重缺员受到影响，而各项工作还有提升和突破。其本人连续三年被评为优秀公务员，2010、2011、2012年受到县委嘉奖并荣记三等功；2010被承德市委、市政府评为

"全市社会治安综合治理工作"先进个人，被市中级人民法院记个人三等功两次、"宣传工作先进个人"一次；2010、2011 年被省高院连续两年记个人二等功。在完成分管工作的同时，协助院长抓好全面工作，促进了法院整体工作上位次，2011 年度隆化法院被省委政法委、省高院评为"全省集中清理执行积案先进集体"，被省高院评为"全省审判管理工作先进单位"和"全省党建工作先进集体"，2012 年隆化法院获省级文明单位称号并荣获"全国先进模范法院"殊荣。他一步一个脚印，兢兢业业，永远做所从事和所分管工作的"领头雁"，成为本领域名副其实的拔尖人才，为隆化法院的发展和进步做出了突出的贡献。

（省法院）

检察工作

侦查监督

【概况】 △2012年，全省检察机关侦查监督部门在省院党组的正确领导和高检院侦查监督厅的指导下，紧紧围绕“强化法律监督、维护公平正义”检察工作主题，认真贯彻落实十三检会议和全国、全省检察长会议精神，坚持以“六观”、“六个统一”、“四个必须”为统领，立足全省侦查监督工作实际，服务和服从全省工作大局，着力强化法律监督、强化自身监督、强化队伍建设，审查逮捕质量进一步提高，立案监督和侦查活动监督实效性进一步增强，综合治理和涉农检察工作进一步深入，为党的十八大胜利召开和改善全省“两个环境”营造了良好的社会环境、法治环境和市场环境。

一、基本情况

2012年全省检察机关共受理公安机关提请逮捕犯罪嫌疑人27133件38681人；经审查，批准逮捕犯罪嫌疑人24456件34616人；不批捕3982人。

二、主要做法和成效

（一）紧紧围绕和服务大局，全力维护社会和谐稳定。

1. 依法严厉打击各种严重刑事犯罪，维护社会和谐稳定。年初下发了《全省检察机关积极参与打黑除恶收网攻坚专项行动实施方案》，从4月到6月在全省范围内开展打黑除恶收网攻坚专项行动（代号“燕赵利剑3号”），严厉打击了黑恶势力犯罪活动的气焰，有效维护了社会秩序和提高了人民群众的安全感。

2. 依法严厉打击各种破坏市场经济秩序犯罪，确保全省经济平稳发展。年初，下发了《2012年全省检察机关开展打击侵犯知识产权和制售假冒伪劣商品工作方案》，全省检察机关按照方案要求，深入开展了打击侵犯知识产权和制售假冒伪劣商品工作。6月，转发了高检院侦查监督厅、公诉厅联合下发的《关于积极参与打击侵犯知识产权和制售假冒伪劣商品专项整治的通知》。6月，为配合“国门之盾”打击走私行动的顺利开展，下发了《关于全省检察机关积极参与“国门之盾”打击走私行动的通知》，提出要充分履行法律监督职责，突出打击重点，依法从重从快打击，快捕快诉，形成打击走私强大合力。

3. 依法严厉打击各类危害食品安全犯罪，维护人民群众生命安全和身体健康。全省各级检察机关认真贯彻高检院和省院要求，充分发挥检察职能，精心组织，突出重点，依法从重从快打击了一批危害食品安全的犯罪和食品安全监督管理失职渎职犯罪，有效遏制危害食品安全违法犯罪活动高发态势。全省检察机关依法从快批准逮捕生产、销售有毒、有害食品案件；依法从快批准逮捕生产、销售伪劣产品犯罪案件；依法从快批准逮捕生产、销售假药犯罪案件。

4. 依法严厉打击涉农职务犯罪，确保国家支农惠民政策落实。年初按照高检院统一部署，开展了“关于开展集中查办和预防涉农惠民领域贪污贿赂等职务犯罪专项工作”。7月6日，在省检察院召开了河北省查办和预防涉农惠民领域职务犯罪工作第一次联席会议。

5. 发挥侦查监督职能，积极推进社会管理创新。各级侦监部门充分发挥职能作用，积极探索检察机关参与社会管理创新的渠道和途径。如石家庄市院把“两法衔接”工作作为创新社会管理的一项重要举措，取得明显成效。石家庄市院会同有关单位先后制定了《石家庄市行政执法与刑事司法衔接工作实施办法》、《石家庄市行政执法与刑事司法衔接信息共享平台运行管理办法》、《石家庄市行政执法与刑事司法衔接工作考核办法》等制度，编写了《培训教材》。

（二）以办案质量为核心，不断提高审查逮捕工作水平。

1. 以学习修改后的刑诉法为契机，进一步转变执法理念。(1)加大对逮捕必要性的审查力度。各地侦查监督部门抓住学习修改后的刑诉法的机会，一方面转变

“构罪即捕”、“方便诉讼”等落后观念，提高侦查监督干警对逮捕必要性审查的自觉性和主动性，将对逮捕必要性条件的审查作为审查批捕的一种日常化、常态化的工作。另一方面加紧建章立制，要求侦查机关提请逮捕时，除明显具有逮捕必要的重罪案件外，对于轻罪、未成年人犯罪等案件，在提供犯罪事实证据的同时，还要提供犯罪嫌疑人有逮捕必要性的证明材料。对侦查机关提供的证据不能证明有逮捕必要或是拒绝提供有逮捕必要证据的，一般不予批捕。（2）严格执行两个“证据规定”，依法排除非法证据。各地侦监部门一方面组织干警学习新诉法及两个“证据规定”的相关内容，努力提高干警的证据审查和分析、判断能力。一方面在审查批捕过程中严格按照两个“证据规定”要求审查、判断、运用证据，依法排除以刑讯逼供等非法手段获取的口供和以暴力、威胁等非法手段获取的证人证言、被害人陈述；对于排除非法证据后其他证据不能证明犯罪嫌疑人实施犯罪的，应当依法作出不予批准逮捕的决定。（3）进一步深化讯问犯罪嫌疑人和听取律师意见工作。各地侦查监督部门把重点放在了讯问程序的完善、讯问方式的人性化、讯问规律的把握上，把讯问犯罪嫌疑人作为审查案卷材料的必要补充，切实起到核实证据真实性和排除违法证据的作用。

2. 进行审查逮捕质量分析。坚持定期进行审查逮捕质量分析，掌握全省审查逮捕案件质量动态，特别是针对高检院考核的各项指标，对各市办案情况全面分析，并将分析情况通报各地，督促落后地区分析本地区的薄弱环节，抓紧研究改进措施。

3. 开展侦查监督说理工作。一是深入推进不捕说理工作。各级侦查监督部门对不捕说理工作给予了充分重视，进一步完善不捕说理机制，规范不捕说理程序，同时着力提高干警的文字表达能力，加强对证据的论述工作，力求做到说理充分透彻，行文严谨规范，用语通俗准确，论证结果令人信服，真正把这项工作做实、做深、做细。二是全面推进侦查监督说理工作。年初，转发了高检院侦查监督厅《关于印发〈关于加强侦查监督说理工作的指导意见（试行）〉的通知》，要求各地认真遵照执行，不断加强和规范侦查监督说理工作，提升检察公信力，防范和化解社会矛盾。

4. 进一步规范案件批延和案件备案工作。结合省院案件管理办公室对受案、结案的有关要求，进一步加强对批延案件的监督力度，从案件材料、集体研究、专人承办、领导把关、报送时间等各个方面严格要求，提高案件质量，保障犯罪嫌疑人的合法权益，并对案件批延后的证据调取、侦查质量提出具体要求，加强延后监督。同时，通过备案审查，加强对一些重大案件不捕的跟踪监督，严防打击不力问题。

5. 妥善处理信访案件。近年来，一些案件当事人不服侦查机关的刑拘决定或检察机关的不捕、批捕决定而上访或信访。为妥善处理此类案件，接待人员均认真听取信访人的意见，深入研究案情，针对不同情况制定切实可行的处理方案，采取专函督办、主动约访等方式努力加快办案节奏，同时严格市县院的办理责任，要求每起案件均要专人专办，及时汇报办理结果或进度，增强了市、县院接访和处理的责任感和主动性。最大限度的化解了社会矛盾，促进社会和谐。

6. 加强机制建设，从制度上为办案质量提供保障。如保定市院在广泛调研和征求意见的基础上，与公安机关会签后，以市政法委的名义下发了《关于检察机关介入公安机关侦查工作办法》，有力地推进了全市检察机关侦查活动监督工作的开展。邢台市院制订了《关于办理逮捕案件有关工作的规定》，对批准逮捕工作进行规范。

（三）以专项监督活动为推手，不断增强“两个监督”实效。

1. 精心组织，摸清底数。在侦查监督专项监督活动中，坚持省院督导与市、县院推进相结合，省院6个督导组先后4次分赴各市院和基层院对专项监督活动进行督导检查。张峰副检察长6次专门听取督导组工作汇报，并先后4次深入到5市20多个基层院实地调研，督促指导活动开展。

2. 纠正违法，提高监督实效。各级侦查监督部门认真贯彻《关于刑事立案监督有关问题的规定（试行）》，坚持数量、质量、效率、效果相统一的原则，一方面，通过建立信息通报制度、完善投诉控告机制和行政执法与刑事司法衔接机制等方式，努力拓宽立案监督案件线索来源；一方面突出监督重点，加大监督力度。重点监督纠正该立案而不立案、不该立案而立案、该追究刑事责任而不追究、以罚代刑和动用刑事手段插手经济纠纷等问题。

3. 进行立案监督和侦查活动监督工作分析。针对2012年1至5月立案监督和侦查活动监督中部分数据同比增幅超常现象，及时进行了分析核查，全面客观地查找积极和消极两方面因素，分析存在问题，有针对性地制定有效措施，及时调整了开展“两项监督”的工作偏差，有力地提升了监督实效和办案质量。

4. 建章立制，探索长效机制。（1）建立信息通报制度。大部分市院都与公安机关建立了信息通报制度，出台了相关文件。保定院与市公安局会签了《刑事案件信息通报制度》，唐山、秦皇岛、沧州、邢台等市院也建立了通报制度。（2）针对公安机关在逮捕执行环节和捕后变更强制措施中存在的执行逮捕措施程序违法、变更逮捕措施存在随意性、不依法通知检察机关等执法不规范问题，各地出台了一系列制度。（3）出台了加强基层派出所执法监督工作的有关规定。（4）针对注明“在逃”、“另案处理”人员的处理及侦查进展情况，制定出台了有关规定。

（四）加强侦查监督能力建设，侦监干警整体素质得到进一步提高。以主题教育活动为核心，不断加强思想政治建设。以业务培训为平台，不断加强侦监业务建设。以修改后的刑诉法学习为抓手，不断提高侦监干警的业务能力。以贯彻全国检察机关侦查监督能力建设座谈会精神为切入点，不断加强全省侦查监督能力建设。

△2013年，认真贯彻落实全国、全省检察长会议和全国检察机关第四次侦查监督工作会议精神，按照年初制定的工作要点，紧紧围绕服务和保障民生的主线，立足侦查监督工作实际，严格执行新刑事诉讼法，全面贯彻落实全国检察机关第四次侦查监督工作会议精神，认真履行侦查监督职能，着力提高案件质量，不断增强监督力度和效果，狠抓侦监队伍建设，推动“一体两翼”协调发展，各项工作都取得了新的进展。

一、基本情况

至11月底，全省检察机关共受理审结公安机关提请审查逮捕案件24463件33795人，经审查，批准逮捕21569件29493人。

二、主要做法和成效

（一）围绕中心，服务大局，全力维护社会和谐稳定。

1. 依法严厉打击各种严重刑事犯罪，维护社会和谐稳定。全省侦查监督部门始终把维护稳定作为工作的首要任务，坚持“严打”方针不动摇，保持对严重刑事犯罪的高压态势，确保社会秩序和谐稳定和全国两胜利召开。

2. 依法严厉打击各种破坏市场经济秩序犯罪，努力为全省经济社会科学发展营造良好的法治环境。下发了《2013年全省检察机关开展打击侵犯知识产权和制售假冒伪劣商品工作方案》，全省检察机关按照方案要求，深入开展了打击侵犯知识产权和制售假冒伪劣商品工作，形成打击侵犯知识产权和制售假冒伪劣商品的强大合力。

3. 依法严厉打击各类危害食品安全犯罪，维护人民群众生命安全和身体健康。6月，转发《高检院关于对第一批危害食品安全、假劣药械、农资犯罪案件予以督办的通知》，9月，转发了《高检院关于对第二批危害食品安全、假劣药械、农资犯罪案件予以督办的通知》。

4. 依法严厉打击涉农职务犯罪，确保国家支农惠民政策落实。截止11月底，共受理涉农职务犯罪案件834件1425人，其中贪污贿赂案件654件1014人，通过办理涉农职务犯罪案件为国家挽回经济损失1056.9万元。

5. 依法严厉打击涉农刑事犯罪，确保农村和谐稳定。2013年以来，共受理公安机关提请审查逮捕涉农刑事犯罪案件4788件5863人，经审查，批准逮捕4350件5892人，为维护了农民群众的切身利益和农和谐稳定发挥了积极作用。

（二）以贯彻实施修改后的刑诉法为主线，不断提升审查逮捕工作质量水平。

1. 以贯彻实施修改后的刑诉法为契机，不断转变执法理念。一是加大对逮捕必要性的审查力度，确保审查逮捕案件质量。二是严格执行两个“证据规定”，依法排除非法证据。三是严格落实讯问犯罪嫌疑人和听取律师意见工作。四是贯彻落实捕后羁押必要性审查规定，完善捕后羁押必要性审查制度。

2. 加强动态监控，落实审查逮捕质量分析制度。坚持定期进行审查逮捕质量分析，掌握全省审查逮捕案件质量动态，同时将分析情况通报各地，督促落后地区分析本地区的薄弱环节，抓紧研究改进措施。

3. 深入推进不捕说理工作，

积极主动参加社会矛盾化解工作。各级侦查监督部门对不捕说理工作给予了充分重视，进一步完善不捕说理机制，规范不捕说理程序，同时着力提高干警的文字表达能力，加强对证据的论述工作，不断加强和规范侦查监督说理工作，提升检察公信力，防范和化解社会矛盾。

4. 进一步规范重大案件提前介入机制。通过提前介入侦查机关的侦查活动，配合侦查机关收集、固定证据，引导侦查取证，把涉及案件的关键性问题解决在侦查机关报捕之前。

5. 进一步规范案件批延和案件备案工作。结合省院案件管理办公室对受案、结案的有关要求，进一步加强对批延案件的监督力度，从案件材料、集体研究、专人承办、领导把关、报送时间等各个方面严格要求，提高案件质量，保障犯罪嫌疑人的合法权益，并对案件批延后的证据调取、侦查质量提出具体要求，加强延后监督。

6. 加大对办理新型刑事犯罪案件的指导力度。针对新型刑事犯罪案件无具体立案标准和司法解释可参考，无经验可借鉴，办案难度大的实际，强化对此类案件的指导力度。

7. 加强机制建设，从制度上为办案质量提供保障。省检察院与省公安厅联合会签了《关于建立逮捕必要性和不捕理由双向说明制度的实施办法》。2013 年以来，全省各级检察机关就有关侦查监督工作与公安侦查机关等部门会签各种机制、纪要、规定等相关制度近 30 余种，内容涵盖了侦查监督业务工作的主要方面。

（三）以侦查监督专项监督活动为推手，不断增强“两个监督”实效。为进一步统一执法尺度，加大对环境污染犯罪案件的打击力度，省院与省公安厅、省环境保护厅联合会签了《关于办理环境污染犯罪案件的若干规定（试行）》；沧州市院针对当地频繁出现环境污染问题，与市环境保护局联合签发了《沧州市人民检察院与沧州市环境保护局行政执法与刑事司法衔接工作机制》，专项立案监督活动取得了明显成效。

（四）立足职能，结合实际，健全完善侦查监督长效机制。一是建立信息通报制度。二是针对公安机关在逮捕执行环节和捕后变更强制措施中存在的执行逮捕措施程序违法、变更逮捕措施存在随意性、不依法通知检察机关等执法不规范问题，各地出台了一系列制度，全面加强了对捕后变更强制措施的监督。三是进一步探索了加强基层派出所的执法监督工作。四是建立职务犯罪立案监督和捕后跟踪监督有关制度。各市院积极探索创新工作机制，逐步将职务犯罪侦查监督工作向规范化、制度化管理推进。

（五）加强侦查监督能力建设，侦监干警整体素质得到进一步提升。以主题教育活动为核心，不断加强思想政治建设。以业务培训为平台，不断加强侦监业务建设。以贯彻修改后的刑诉法为抓手，不断提高侦监干警的业务能力。

（六）是充分发挥侦查监督职能，积极推进平安河北建设。一是加强组织领导，严格落实责任。二是维护社会稳定，严厉打击犯罪。三是推进社会矛盾排查调处，建立完善长效机制。四是加强未成年人刑事保护工作，维护未成年人合法权益。五是积极参与专项行动，推进平安建设。

（七）扎实推进涉农检察工作，全力维护农村和谐稳定。全省检察机关农村检察工作队深入乡镇 6585 次、农村 8831 次，开展法制宣传 3965 次，发放宣传资料 6307124 份，举办法制讲座 1424 次，各级电台、电视台报道 342 次，各级报刊报道 959 篇。依法严厉打击涉农刑事犯罪，维护农民群众合法权益。加大对各类破坏农村稳定、危害农业发展、侵害农民权益的刑事犯罪的打击力度，严厉打击杀人、强奸、绑架等暴力犯罪、严重影响群众安全感的“两抢一盗”、拐卖妇女儿童犯罪，全力维护农民群众的合法权益。突出打击盗窃农机具、大牲畜、农作物和生产资料的刑事犯罪分子，依法快捕快诉，确保农民群众的合法权益得到有效维护。依法严厉打击涉农职务犯罪，确保国家支农惠民政策落实。深入开展矛盾纠纷排查调处工作，积极参与加强和创新农村社会管理。全省检察机关共接待涉农访群众 2437 件 3349 人，其中集体访 177 件 599 人，平息集体访 107 件 378 人。全省检察机关受理涉农举报 794 件 1115 人，其中检察机关办理 470 件 709 人，转有关部门办理 305 件 398 人。

公诉工作

【概况】 △2012 年，在高检院和省院党组的正确领导下，全省各级检察机关公诉部门深入贯彻落实科学发展观，紧紧围绕经济社会发展大局，认真贯彻全省检察长会议精神，切实落实“六观”、“六个有机统一”，以执法办案为中心，以规范化建设为重点，以深化三项重点工作为载体，以加强高素质公诉人才建设为保障，以全面学习贯彻修改后的刑事诉讼法为契机，进一步提高思想水平、深化工作措施、破解实践难题、提高工作效果，充分发挥公诉工作服务科学发展、促进社会和谐的作用，积极为保障党的十八大胜利召开创造良好的法治环境。

一、认真履行公诉职能，维护社会和谐稳定，为经济社会科学发展提供有力的司法保障

2012年（2011年12月至2012年11月，下同）全省各级检察机关公诉部门共受理移送审查起诉各类刑事案件37748件59279人，经审查，提起公诉30111件45372人。认真开展打黑除恶收网攻坚专项行动，对黑社会性质组织犯罪提起公诉；加大对涉枪、涉暴、流窜作案、多发性侵财案件的打击力度，对故意杀人、故意伤害、绑架、抢劫、爆炸、强奸等严重暴力犯罪案件提起公诉8641件11849人；对重大涉企、涉众案件以及制售假冒伪劣商品、侵犯知识产权等破坏社会主义市场经济秩序犯罪案件提起公诉1376件2197人；妥善办理社会关注、媒体炒作的重大涉众型经济犯罪案件，确保案件法律效果、社会效果和政治效果有机统一；依法查处贪污贿赂、渎职侵权等职务犯罪，对人民群众反映强烈的重大贪污贿赂、渎职侵权犯罪案件提起公诉1257件2216人，有力地维护了经济社会的稳定和人民群众的安全感。

在指控犯罪的同时，着力化解社会矛盾，促进社会和谐。一是全面推行释法说理工作。加强对补充侦查、不起诉、不抗诉案件的释法解析，从法理、常理、情理等方面阐述理由。二是深入贯彻宽严相济刑事司法政策，对轻微犯罪、未成年人和老年人犯罪等依法适用“轻缓”政策，可诉可不诉的不诉，必须提起公诉的，依法提起从轻处理的量刑建议，做到该宽则宽，努力修复被破坏的社会关系，最大限度地减少社会对立面，促进社会和谐稳定。三是积极开展刑事和解、检调对接工作。四是建立风险评估预警机制。制定下发了《河北省检察机关公诉环节执法办案风险评估预警办法（试行）》，要求各地在办理涉众型经济犯罪案件、网络媒体关注的案件等重大敏感案件，以及拟作不起诉、不抗诉等决定时，提前做好防范工作，科学制定处置预案。

二、全面强化对刑事诉讼活动的法律监督，促进公正廉洁执法

侦查监督方面。认真贯彻新刑诉法关于非法证据排除的规定及两院三部“两个证据规定”，严把案件证据审查关口，加强对刑讯逼供、暴力取证或取证程序不规范等问题的监督，对非法证据坚决依法排除。进一步加大漏罪漏犯的追诉力度，对另案处理、随意改变强制措施、退侦后对案件自行消化处理等问题的监督，采取口头监督与发检察建议书、纠正违法通知书相结合的方式，及时对侦查违法行为进行监督。加强诉讼监督与查办职务犯罪工作的衔接和配合，对诉讼监督工作中发现的职务犯罪线索，及时移送职务犯罪侦查部门查处。

审判监督方面。积极开展全省连续三年、连续五年刑事抗诉空白院专项检查活动及刑事二审书面审理后改判案件诉讼监督专项检查活动，除重点监督有罪判无罪、无罪判有罪、量刑畸轻畸重以及严重违反法定程序等问题外，加强对薄弱环节、监督盲区、监督空白点的监督。通过专项检查活动，取得巨大突破，全省监督空白院基本消除。2012年，全省共提出刑事抗诉370件，对审判违法情况提出书面意见1146件。

落实人大决议方面。全省检察机关公诉部门成立专门小组，贯彻落实《河北省人大常委会关于加强人民检察院法律监督工作的决议》工作要点，确定邯郸、唐山两个市院，磁县、峰峰、丰南、遵化四个基层院为人大代表视察调研试点院，加强对侦查活动、对审判活动的监督。

死刑执行临场监督方面。各市级公诉部门严格依照法律规定派员参加死刑执行，进行临场监督，发现法律规定的暂停执行及执行不当的，及时予以纠正；省院公诉一处指派专人按月对各地区死刑执行临场监督情况进行审查，加强业务指导，确保全省死刑执行工作依法进行。

三、深入推进执法规范化建设，刑事案件办理质量稳步提升

规范办案程序。按照新《刑事诉讼法》、《人民检察院刑事诉讼规则》、《人民检察院公诉工作操作规程》等规定要求，对受理案件、审查案卷、讯问询问、退补侦查的程序，拟不起诉、提起公诉、撤回起诉、追加起诉、变更起诉的程序，出庭公诉、庭审监督、提请抗诉等程序进行严格规范，结合本地实际情况制定相关具体实施办法。

规范出庭工作。2012年，全省公诉部门认真执行《公诉人出庭举证质证指导意见》，规范出庭诉讼活动，组织开展公诉庭审实训活动，通过引导干警参与模拟庭审，提供公诉业务能力，通过参加庭审观摩，提升出庭工作水平，效果显著。

规范文书制作与案卷归档。按照高检院制定的《人民检察院法律文书格式样本》、《公诉案件（一审）审查报告（普通版样本）》和《公诉案件（一审）审查报告（简化版样本）》。严格按照《人民检察院法律文书格式样本》制定法律文书，从纸张到字体，从格式到组卷，从装订到归档，都规范统一，减少随意性，增强规范性，强化权威性。

规范案件的备案审查工作。全省公诉部门按照高检院对公诉案件备案审查、特别备案审查的规定要求，建章立制，按时限将相关材料报送上级检察院备案审查，加强了业务指导和工作监督，及时发现问题并纠正错误。

规范扣押、冻结涉案款物。2012年6月至9月，省委政法委在全省政法机关组织开展涉案款物集中清理专项活动。全省公诉部门根据高检院《人民检察院扣押、冻结款物工作规定》、省委政法委《关于开展涉案款物集中清理活动的通知》要求，对检察机关办案中扣押、冻结、处理涉案款物情况认真进行清理，逐案登记造册，涉案款物逐一甄别、核实，对诉讼阶段为审判阶段，扣押款物仍在检察机关扣押的案件进行挂牌督办。

四、继续深化公诉工作机制改革，不断提高公诉工作水平

深化公诉一体化机制改革。省院依托“全省公诉人才库”，实现对全省范围内的公诉人才进行整合，发挥各自优势，集中力量解决公诉疑难问题，进一步强化了公诉一体化机制。

进一步加强职务犯罪一审判决同步审查。紧紧围绕《关于加强对职务犯罪案件第一审判决法律监督的若干规定（试行）》确定的八个重点审查内容，结合本地实际，明确监督主攻方向和审查工作重点，把工作着力点放在解决职务犯罪案件判决轻刑化问题上，强化对职务犯罪案件审判活动的法律监督。截止11月底，全省对90件职务犯罪一审判决进行了同步审查，对判决确有错误案件提出抗诉5件。

深入推进量刑规范化改革。省公诉部门认真贯彻执行两高三部《关于规范量刑程序若干问题的意见（试行）》和最高人民检察院《人民检察院开展量刑建议工作的指导意见（试行）》，规范量刑建议的决策、提出和变更程序，加强对各种法定情节和被害人过错、赔偿等酌定情节在量刑中的作用以及常见犯罪量刑标准的总结和研究，跟踪落实量刑建议采纳情况，将量刑建议与刑事判决裁定审查、刑事抗诉工作相结合，提高刑事审判监督水平。

加强公诉环节信息化建设。探索实行网上办案，严格执行讯问职务犯罪嫌疑人和提审重特大刑事案件犯罪嫌疑人同步录音录像制度，推进多媒体示证、案卷传输、远程讯问（询问）等系统的应用，增强现代科技在公诉工作中的运用，提高信息化水平。

五、抓好修改后刑诉法的学习与贯彻，应对公诉工作新挑战

召开全省公诉工作会议，拉开学习新刑诉法序幕。2012年5月，召开全省公诉工作会议。

举办专项集中培训，强化新刑诉法学习。2012年5月14日至17日，省院组织举办全省基层检察机关公诉技能培训班，邀请业务专家重点学习修改后刑诉法，准确把握涉及公诉工作的修改内容。

参加高检院系列专题讲座，为新刑诉法实施做好知识储备。全省公诉干警认真参加高检院组织的新刑诉法系列讲座，明确了刑诉法修改的背景和过程，梳理了新刑诉法涉及公诉工作的修改条文，解读了新刑诉法的主要内容，认清了刑诉法修改后对检察工作带来的机遇和挑战，为明年新刑诉法的实施做好知识储备。

开展新刑诉法试点工作，实现新旧刑诉法顺利过渡。简易程序案件公诉人出庭是此次刑诉法修改的一大亮点，省院将石家庄市新华区院做为探索简易程序办理机制的试点，新华区检察院在省院的指导下探索出了“四简化、三集中、二固定、一重点”办案模式，该模式得到高检院的重视与肯定，并在全省召开的“全国检察机关办理适用简易程序审理公诉案件工作座谈会”作为经验进行介绍，与会专家也给予了充分肯定。

六、大力加强公诉人队伍建设，增强公诉干警的整体素质

开展政法干警核心价值观教育活动，提高思想政治素质。坚持把提高公诉人员思想政治素质作为首要任务来抓，积极开展“忠诚、公正、清廉、为民”政法干警核心价值观教育实践活动，引导公诉人员全面把握政法干警核心价值观的丰富内涵和基本要求。

开展岗位练兵活动，提高公诉队伍业务素质。各地以备战“第九届十佳公诉人”为契机，积极组织全市“第九届十佳公诉人暨优秀公诉人”评选活动及赛前培训活动，全省统一动作，掀起了今年岗位练兵热潮。

加强专家型和专门型公诉人才培养，推动公诉队伍专业化建设。结合全省公诉人员和公诉工作实际，制定《河北省人民检察院公诉人才库暂行办法（试行）》，建立全省检察机关公诉人才库。

举办检察论坛活动，强化理论研究。10月，召开以刑事抗诉为主题的“第三届河北检察论坛”，论坛共收到论文119篇。

△2013年，在高检院和省院党组的正确领导下，全省各级检察机关公诉部门深入贯彻落实十八大和全省检察长会议精神，紧紧围绕服务全省经济社会发展大局，强化诉讼监督，强化自身监督，强化公诉队伍建设，以贯彻执行修改后的刑事诉讼法为契机，以提高公诉执法办案质量、办案效率、办案效果为重点，进一步提升公诉工作水平和执法公信力，进一步推动公诉工作规范化、公诉队伍专业化、公诉手段信息化，为推进平安河北、法治河北建设提供有力的司法保障。

一、认真履行公诉职能，全力维护社会和谐稳定

2013年全省检察机关公诉部门共受理各类侦查机关（部门）移送案件39063件59091人，审结案件35170件51657人，其中提起公诉33846件49839人，决定不起诉1251件1692人。严厉打击危害人民群众生命安全、严重破坏社会管理秩序的刑事犯罪，对故意杀人、故意伤害、绑架、抢劫、爆炸、强奸等严重暴力犯罪案件提起公诉9998件13060人；配合公安部开展“打击食品犯罪保卫餐桌安全”专项行动和“打四黑除四害”、“打击侵犯知识产权和假冒伪劣商品”工作；对石家庄吕月庭“毒饺子案件”等提前介入、全程业务指导、跟踪督办，保证了案件的顺利开展，收到良好的法律效果、政治效果和社会效果；对人民群众反映强烈的重大贪污贿赂、渎职侵权犯罪案件提起公诉1781件2978人，有力地维护了经济社会的稳定和人民群众的安全感。

（一）积极适应刑诉法的修改，着力转变审查起诉工作方式。全面强化人权意识、程序意识、证据意识、时效意识、监督意识，围绕刑诉法、刑事诉讼规则的新规定、新要求，快速提升发现和排除非法证据的能力、审查新种类证据的能力、庭审应变能力、矛盾化解的能力、适应新程序的能力，切实肩负起指控犯罪的举证责任、量刑建议的举证责任以及对证据收集合法性的证明责任，提高指控犯罪的水平和法律监督的能力。

（二）积极应对案多人少矛盾，确保公诉工作顺利开展。全省各级公诉部门整合资源、挖潜增效，攻坚克难，积极应对案多人少矛盾，确保公诉工作有序开展。7月下旬，省院公诉一处从全省公诉人才库中抽调11名基层公诉人员到省院集中一个月的时间办理二审上诉案件。

（三）推进执法规范化建设，确保案件质量。引导干警坚持严格依法依规办案，认真学习好、执行好高检院《刑事诉讼规则》和《检察机关执法工作基本规范（2013年版）》，严格证据的审查和把关，严格依法排除非法证据，完善案件审查报告的制作，加强报告的说理性，强化审查结论部分对案件事实证据和法律适用的分析论证，严格案件的研讨和审批制度，确保案件质量。

（四）建立健全信访风险防控机制，积极化解矛盾。要求公诉干警要强化风险意识，善用群众工作方法化解矛盾，切实落实好“重大敏感案件风险评估机制”，增强风险规避能力，严防因执法方式不恰当、工作作风不严谨引发不稳定、不安全问题；要求各级公诉部门密切关注、妥善应对热点敏感案件的舆情反映，健全完善涉及公诉工作的舆情监测、研判、预警和处置机制，依法办好热点敏感案件，切实维护公诉执法的权威和公信力。

二、积极探索，建章立制，确保修改后刑诉法全面正确实施

（一）加强学习，促进交流。编发“公诉工作交流”16期，刊发了试点院开展非法证据排除工作的做法、适用庭前会议程序应

注意的问题、羁押性必要审查原则等执法中的热点、难点问题，信息量大、实用性强、时效性强、内容丰富，成为全省公诉人交流学习的平台。

（二）先行先试，示范引领。

1. 开展“非法证据排除程序”试点。全省公诉部门对收集物证、书证不符合法定程序，要求侦查机关补正或者作出书面解释案件 397 件 528 人，受理非法证据调查 438 件 629 人，提出纠正意见 398 件 553 人，已纠正 372 件 518 人。

2. 开展“庭前会议”试点。全省公诉部门出席庭前会议 1057 件，有效地提高了庭审效率，增强了庭审效果。唐山市院与法院联合制定了《庭前会议实施办法》。邢台市院公诉部门与法院刑事审判庭协调磋商，签署了《关于庭前会议工作实施细则》，为该市庭前会议制度的施行提供了具体实施办法。

3. 开展“量刑建议”试点。全省公诉部门一审案件发表量刑建议 23923 人，法院采纳量刑建议 22089 人。沧州、石家庄结合本地实际，制定了量刑规范化工作实施细则，注重把好量刑建议工作的范围关、内容关、程序关，有效地提高了量刑建议的科学化、规范化和精细化。

4. 开展公诉环节“刑事和解”试点。全省公诉部门共因刑事和解决定不起诉 722 人。石家庄市桥西区院制定了《刑事和解案件处理办法》，规范刑事和解案件的办理程序，密切与辖区街道办事处的联系，积极构建大调解格局。

（三）积极推进其他工作的开展。

1. 简易程序全部开庭。全省公诉部门一审案件适用简易程序出庭 9158 件。石家庄市新华区院作为探索简易程序办理机制的试点，经过实践探索，提出了“四简化、三集中、二固定、一重点”办案模式，得到高检院的重视与肯定。全省各基层院也针对简易程序出庭导致案多人少的矛盾，积极探索，出台了一系列规定，确保适用简易程序开庭的案件的集中和高效。

2. 认真开展羁押必要性审查工作。全省公诉部门在实践中逐步探索开展羁押必要性的审查的方式方法，细化审查的内容和标准。2013 年，在公诉环节共提出羁押必要性审查建议 784 件，604 件建议被采纳。如永年县院在开展羁押必要性的审查过程中，针对法院滥用逮捕权的问题，延伸监督触角，对羁押必要性进行全程监督，充分保障了被告人的合法权益。

3. 开展精神病人强制医疗程序。对依法不负刑事责任的精神病人强制医疗，一定程度上限制了其人身自由，因此强制医疗既是一项医学措施，又是一项强制措施，目前全省对这项程序适用较少，属于逐步探索阶段。邯郸、保定等地在开展此项工作中，多方面收集涉案精神病人是否有继续危害社会可能的材料，充分保障被告人的合法权益，不断总结经验，发现问题、完善机制。

4. 积极探索轻刑快办机制。为全面贯彻落实宽严相济刑事政策，提高诉讼效率，及时化解社会矛盾，2013 年与省法院、省公安厅、省司法厅联合会签了《关于快速办理犯罪嫌疑人、被告人认罪的轻微刑事案件的工作意见（试行）》，就快速办理犯罪嫌疑人、被告人认罪的轻微刑事案件工作进行了规范。

5. 推动鉴定人、证人出庭作证工作开展。全省公诉部门高度重视证人、鉴定人出庭对证明案件事实的作用，积极推动证人、鉴定人出庭工作。各级公诉部门不断探索加强与法院、司法行政部门的沟通协调，对证人、鉴定人、侦查人员出庭工作程序及保障措施等问题进行规范，逐步建立健全出庭保障工作机制。

6. 积极探索不抗诉案件说理工作。全省各级公诉部门认真落实检务公开制度，积极开展不抗诉案件说理工作。沧州、衡水等地对于一审判决后被害方请求抗诉而检察机关决定不抗诉的案件，在答复请求人时从事实认定、证据采信、诉讼程序、法律适用、量刑五个方面对一审裁判进行综合评判，充分阐述请求抗诉的理由不成立或抗诉理由不充分、不宜抗诉的依据，取得请求人的理解，促进社会和谐。

7. 二审上诉案件的开庭工作有序开展。新刑诉法实施以来，需要开庭审理的上诉案件激增，全省新增开庭审理的二审上诉案件 744 件 1339 人。省院和各市级院积极应对，创新机制，多措并举，保证了二审案件开庭工作的有序开展。

（四）建章立制，固化成绩。结合刑诉法的修改，与省法院、省公安厅、省司法厅共同起草了《关于贯彻执行中央政法委〈关于切实防止冤假错案的规定〉联席会议》的初稿；结合刑诉法的修改，与省法院确定了全省关于办理盗窃刑事案件、办理敲诈勒索刑事案件执行具体数额标准；与省法院、省公安厅、省司法厅联合会签了《关于快速办理犯罪嫌疑人、被告人认罪的轻微刑事案件的工作意见（试行）》、《关于发挥拘役刑教育矫治作用的指导意见》；与省法院、石家庄海关联合下发了《第三次反走私工作联席会议纪要》等规范性文件，进一步细化相关工作，有针对性的指导全省公诉工作。

三、强化对诉讼活动的法律监督，促进公正廉洁执法

（一）侦查监督方面。进一步加大漏罪漏犯的追诉力度。今年，全省公诉部门共纠正遗漏罪行859件1387人，纠正遗漏同案犯570件1929人。进一步加强诉讼监督与查办职务犯罪工作的衔接和配合。对诉讼监督工作中发现的职务犯罪线索，及时移送职务犯罪侦查部门查处，通过依法打击职务犯罪，促进国家工作人员廉政勤政和司法工作人员的公正廉洁。

（二）审判监督方面。进一步加强刑事审判监督，落实简易程序审理案件和二审、再审案件公诉人出庭、量刑建议等制度，强化监督措施，确保监督实效。

1. 完善刑事抗诉措施，切实提高审判监督成效。2013年，全省公诉部门共提出刑事抗诉497件。

2. 充分利用简易程序案件出庭、二审和再审案件开庭审理的有利契机，一方面坚持依法指控犯罪，一方面着力加强对案件审判活动的法律监督。2013年，全省公诉部门共出席简易程序开庭9158件，出席二审上诉案件开庭744件1339人，共书面提出纠正审判活动违法1887件次，审判机关采纳意见已纠正1859件次。

3. 强化量刑建议的审判监督作用。继续深入开展规范化量刑建议工作，将量刑建议作为审判监督的重要方式。沧州构建量刑建议与抗诉衔接机制。凡是法院判决超出法院量刑指导意见最低或最高标准、超出检察机关量刑建议幅度10%的，经县市两级院研究确定是否抗诉。

4. 加强对二审裁判文书不送达或者超期送达的监督。省院针对省法院二审裁判文书送达不及时问题，向省法院送达检察建议书，省法院对检察建议高度重视，制定了具体措施。

四、大力加强公诉人队伍建设，增强公诉干警的整体素质

（一）加强思想政治、纪律作风建设。全省公诉干警深入学习领会十八大关于全面推进依法治国的各项重大部署，认真贯彻中央改进工作作风、密切联系群众的八项规定和高检院的实施办法，认真开展为民务实清廉群众路线教育实践活动，贯彻“照镜子、正衣冠、洗洗澡、治治病”的总要求，进一步转变工作作风，集中解决形式主义、官僚主义、享乐主义和奢靡之风问题。强化自身纪律作风和反腐倡廉建设，提高公正廉洁执法水平。唐山市院公诉部门以为民执法扎实践行党的群众路线教育实践活动，有关经验材料被高检院公诉厅全文转发。

（二）学习培训常抓不懈，提高公诉实务能力。全省公诉干警认真参加省政法委组织的政法大讲堂培训，参加省院检察大讲堂培训，征订了《刑事司法指南》和《国家公诉人出庭指南》，通过集中学习和个人自学相结合，“在岗练”与“专门学”相结合，在日常工作中做到了工作、学习两不误，加快了知识更新，提升了执法水平。各地通过组织开展案例研讨、观摩庭、示范庭、优秀公诉案件评选、优秀法律文书评选等活动，以赛促学，以评促进，提高公诉人的公诉实务能力。

（三）开展岗位练兵活动，有效提升公诉队伍的整体素质。2013年上半年，成功举办了第九届全省十佳公诉人暨全省优秀公诉人业务竞赛，经过激烈的业务比拼，选拔出全省十佳公诉人、全省优秀公诉人以及最佳论文奖，最佳论辩奖等项奖，为全省推出了一批政治素质强、业务水平高、能熟练运用法律政策的优秀公诉人，进一步增强了广大公诉干警的职业荣誉感及工作责任心，有效带动了整个公诉队伍的岗位练兵和在职培训，促进了公诉队伍业务素质和工作水平不断提高。

反贪污贿赂

【概况】 △2012年，全省检察机关反贪部门认真贯彻全国、全省检察长会议精神，以迎接党的十八大胜利召开和学习贯彻十八大精神为契机，紧紧围绕“着力改善发展环境，着力改善生态环境”的工作大局，进一步坚定信心、振奋精神、依法积极履行贪污贿赂犯罪侦查工作职责，保持了查办案件工作的强劲势头，为促进全省经济社会平稳持续发展做出了应有的贡献。

一、坚持以办案为中心，推动全省反贪办案工作深入健康发展

各级反贪部门坚持把办案作为保障经济平稳较快发展的基本手段，牢牢把握加大办案力度这条主线，紧紧围绕全省反贪工作平稳健康发展的总体目标，充分发挥职能作用，以优异的办案成效增强了反贪办案的惩治力、遏制力和震慑力。全省共立案查处各类贪污贿赂犯罪嫌疑人 1159 件 1822 人，为国家挽回经济损失 53915 万元。

（一）强化宏观指导，加大办案力度，确保反贪工作健康发展。在对去年工作认真总结的基础上，省院反贪局提前谋划梳理出 2012 年工作思路，明确了全省反贪工作目标、工作重点、工作措施。2 月底召开全省反贪工作会议。5 月、6 月通报要求各地紧紧抓住二、三季度办案“黄金阶段”，采取有针对性措施，加大整体办案工作力度，力争十月前完成年初预定的工作目标。8 月再次召开全省反贪工作会议，从“稳定规模、调整结构、提升质量、提高效率、保证安全”等方面对反贪工作进行部署，提出更加有针对性的要求。对于全省反贪办案工作，省院始终注意及时掌握全省办案进度，加强督导调度。逐月、逐季通报各地办案进度，及时分析全省各地办案情况，使各地干有目标，行有动力。

（二）围绕大局，突出办案重点，推动反贪工作有力发展。一是突出查办有影响有震动大案要案。2012 年共立案查处大案 726 件。二是突出查办国家机关工作人员贪污贿赂犯罪案件，特别是发生在领导机关和领导干部中的案件。共立案查处国家机关工作人员贪贿犯罪案 467 人。三是突出查办涉及各种惠民补贴、扶贫救灾、移民安置、食品安全等损害民生民利、侵害人民群众合法权益的贪污贿赂犯罪案件。邯郸市院开展了生猪无害化补贴领域专项行动，正定县院开展了粮食补贴领域专项行动，全省共查办惠农政策性补贴领域案件 106 件 176 人。四是突出查办权钱交易的贿赂犯罪案件。共查办贿赂案件 517 件 714 人。在加大查办受贿犯罪的同时，切实加大打击行贿犯罪的力度，共查办行贿犯罪案件 150 件 224 人。

（三）充分发挥侦查一体化办案优势，推动反贪办案工作深入开展。一是加大上级院交办、参办、督办案件工作力度。二是加强和改进线索管理工作。按照高检院线索管理规定分级处置，进一步加强与省纪委及其他有关单位的案件线索相互移送、会商工作。三是大力开展侦查协作工作。四是加强侦查信息化建设，积极推行信息引导侦查工作。按照高检院反贪总局部署，省院反贪局引导各地积极使用“全国组织机构代码共享平台”，信息引导侦查，加快了办案效率，节约了办案成本，促进了办案工作。“民航旅客信息查询系统”已开通正式启用，全省在办案中共使用“全国组织机构代码共享平台”查询 2320 次。

（四）规范执法行为，加强安全防范，确保反贪办案工作规范发展。5 月组织全省反贪部门对自身规范执法和办案安全情况进行了专项自查，通过自查，进一步健全和完善办案安全防范工作机制，有效防止涉案人员死亡等办案安全事故发生。为落实好省院党组在全省检察机关实行办案工作区准用制度的决定，省院反贪局制定了《全省检察机关办案工作区准用标准》和《全省检察机关办案工作区验收方案》，从 2012 年 2 月起，牵头组成验收小组对全省检察机关办案工作区工作进行督导、验收。颁发《办案工作区准用证》。为推进在看守所设置职务犯罪专用讯问室的规范化建设，省院反贪局制定了《全省检察机关看守所职务犯罪专用讯问室建设、管理标准》。目前，已有 120 个基层检察院在看守所设置具有同步录音录像功能的职务犯罪专用讯问室；尚有 27 个看守所正在重建或改建，经协调已将专用讯问室列入建设规划之中。

二、深入开展专项工作，服务经济社会发展，努力为改善两个环境服务

（一）依法查处涉农惠民领域贪污贿赂犯罪，努力营造农村良好发展环境和生态环境。共查处涉农惠民领域贪污贿赂犯罪案件 808 件 1220 人，涉案总金额达 22327.5 万元，通过办案共返还惠民资金 2030.587 万元。一是在贫困地区重点查办扶贫、优抚、社保资金发放、使用环节发生的贪污贿赂犯罪案件。共查办该领域贪贿犯罪 76 件 114 人。二是重点打击贪污、挪用粮农补贴、家畜补贴、农机补贴等惠农政策性补贴案件，确保各项国家涉农惠农补贴真正落实到农民手中。共查办该领域贪贿犯罪 103 件 173

人。三是针对农民集中反映地方农村“两委”、乡镇工作人员贪污、挪用重大项目、工程建设土地补偿款比较严重的情况，重点查办土地征用开发领域的贪贿犯罪案件。共查办该领域贪贿犯罪170件296人。四是重点打击破坏国家退耕还林政策的贪贿犯罪案件，依法保障政策资金的安全，确保生态效益工程顺利进行。共查办贪贿犯罪47件47人。

（二）依法查处商业贿赂犯罪，努力营造竞争有序的市场环境。全省共查办商业贿赂案件415件538人，其中工程建设领域58件64人，土地出让领域49件54人；受贿犯罪案件269件364人，行贿犯罪案件91件115人。

（三）依法查处工程建设领域犯罪，努力营造国家重大工程建设项目良好的建设环境。共查办工程建设领域贪污贿赂犯罪案件156件211人。其中，查办工程项目决策、实施、管理中的贪贿犯罪案件33件37人，查办招投标中的贪贿犯罪案件27件27人、查办土地矿业权审批、出让、城乡规划管理等中的贪贿犯罪案件69件118人。

三、全面发挥反贪侦查工作作用，积极参与创新社会管理，促进社会和谐

（一）主动出击在办案中化解矛盾，促进社会和谐，维护稳定。全省检察机关反贪部门坚持把服务大局、维护稳定摆在突出位置，充分发挥执法办案在化解社会矛盾和维护社会稳定中的作用，立足本职主动出击，优先查办影响和谐稳定的案件，依法纠正国家工作人员在社会管理中存在的不作为、乱作为，最大限度地减少不和谐因素，努力实现案结事了，实现法律效果、政治效果、社会效果的有机统一，以实际行动为党的十八大胜利召开营造和谐稳定的社会环境，受到各级党委政府和人民群众的赞扬和肯定。

（二）惩防并举，延伸办案效果。按照“惩防并举，注重预防”的方针，紧密结合个案的查处，积极开展“一案一建议、一案一帮扶”活动。通过办案，适时提出有效地惩治和预防贪污贿赂犯罪的对策和建议，帮助发案单位和上级主管部门进一步完善制度，规范行业管理，削除产生腐败的条件和漏洞，努力扩大反腐败的政治效果和社会效果，积极促进惩防体系建设。今年以来，全省反贪部门结合办案共提出检察建议1162件，被采纳1146件，采纳率98.6%。

四、强化队伍建设，适应现代反贪侦查工作需要，反贪队伍素质不断提高

（一）加强思想政治建设和纪律作风建设。省院反贪局立足反贪工作实际，以开展政法干警核心价值观教育实践活动为契机，指导各级反贪部门采取各种形式，加强反贪干警的思想政治建设和纪律作风建设。及时推广邯郸市院围绕政治素质好、执法能力好、管理机制好、工作业绩好、社会形象好的“五好”目标，在全市检察机关开展创建人民满意反贪局活动的做法。各级反贪部门更加牢固树立了理性、平和、文明、规范执法理念，反贪干警的职业道德素养进一步提高，塑造了公正、廉洁、文明执法的良好形象。

（二）加强专业化建设，努力提高队伍执法水平。一是加强反贪技能培训。4月16日至20日举办全省检察机关反贪侦查法律文书制作与案卷装订师资培训班。围绕提高规范执法水平、强化实践基础训练，开展侦查原则及适用、检察笔录制作、侦查卷宗装订及实例研讨、证据合法性等内容进行了培训。二是以学习贯彻修改后的刑事诉讼法为契机，大力提升反贪侦查工作能力和水平。9月21日至25日在保定安新举办全省检察机关反贪部门提高侦查能力培训班。围绕修改后刑诉法对反贪侦查办案工作的影响和应对，开展了学习贯彻修改后刑诉法征文调研活动，在内刊《反贪污贿赂工作情况》中增设“贯彻实施新刑诉法工作”专刊，及时反映各地贯彻实施修改后刑诉法准备工作情况。12月举办了《关于检察机关反贪侦查工作贯彻实施修改后刑事诉讼法的指导意见》座谈会。

△2013年，全省检察机关反贪部门在省院党组和高检院反贪总局的领导下，认真贯彻全省检察长会议精神，按照稳定规模、调整结构、提升质量、提高效率、保证安全的工作思路，依法积极履行反贪工作职责，为反腐倡廉建设和反腐败工作作出了积极贡献。

一、坚持以办案为中心，推动全省反贪工作深入健康全面发展

全省检察机关反贪部门紧紧围绕省委八届五次全会确定的“四大攻坚战”的决策部署，共立案侦查贪污贿赂犯罪案件1082件1590人，保持了惩治腐败的高压态势。

（一）突出办案重点，优化办案结构。全省反贪部门顺应群众反腐意愿，紧紧抓住重点对象、重点领域、重点环节和重点案件，深入查办贪污贿赂案件，进一步优化案件结构，以优异的办案成效提振了社会反腐信心。共查办国家机关工作人员362人，查办贿赂案件犯罪嫌疑人530人。

（二）上下左右联动，侦查一体化办案优势得到加强。省、市两级院反贪局进一步加大侦查一体化办案力度，充分发挥侦查一体化办案优势，依法查处了一大批有影响、有震动的大案要案，推动了全省反贪办案工作深入发展。一是加大对下级院交办、督办案件工作力度。二是加强线索管理工作。三是大力开展侦查协作工作。

（三）充分发挥省、市院反贪局在办案中的示范带头作用。今年以来，省院反贪局在做好对下指导工作的同时，加大了直接办案的力度，先后承办了中纪委、高检院交办的两个重大专案。各市院反贪局也积极发挥办案的示范引领作用。

（四）大力推进侦查信息化和装备现代化建设。结合全省职务犯罪侦查装备配备情况和实际办案需要，按照急用优先、区别配备重点的原则，研究制定了2013年重点配备侦查装备名单，充分利用中央和省级财政装备建设专项资金采购指定侦查装备，同时，加强对职务犯罪侦查装备的管理和使用，建立健全了职务犯罪侦查装备管理使用制度。

（五）加强安全防范，确保反贪办案工作规范发展。在加大办案力度的同时，高度重视加强办案安全防范工作，要求各地严格规范执法，确保办案安全。在2012年对全省检察机关办案工作区和看守所职务犯罪专用讯问室建设工作进行检查验收的基础上，今年重点对15个新建成的办案工作区进行了督导检查。由于全省各地反贪部门把规范执法摆到十分重要的位置，认真落实各项办案安全制度，全省已连续十年未发生办案安全事故。

二、严查群众利益贪污贿赂犯罪件，专项工作取得明显成效

全省检察机关反贪部门认真贯彻落实高检院的工作部署，紧密结合反贪工作实际，在不同行业、部门、领域陆续查办了一批发生在群众身边、损害群众切身利益的贪污贿赂犯罪案件，收到了良好的政治、法律和社会效果。共查办发生在群众身边、损害群众利益贪污贿赂犯罪777件1160人，侦结认定涉案金额9459.4万元。

（一）主动把开展专项工作与党的群众路线教育实践活动相结合。全省反贪部门把深入推进专项工作作为开展党的群众路线教育实践活动的重要载体和抓手，围绕专项工作主题，紧紧抓住关系民生民利、群众反映强烈的腐败问题，精心研究部署工作方案，不断增强工作的针对性、操作性和实效性。坚持走群众路线，深入基层，广泛发动群众，紧紧依靠群众，收集摸排案件线索，不断增强办案的规模效应，形成强大打击声势，促进解决人民群众最关心、最直接、最现实的利益问题，让人民群众切实感受到社会的公平和正义。如衡水、沧州市院以服务“三农”保证民生为重点，在全市开展了查办家电下乡补贴领域职务犯罪案件专项治理活动，共立案149人，涉案金额达700余万元。

（二）积极拓宽案源渠道，不断提高工作的主动性。工作中不断加强举报宣传工作，广泛发动群众、依靠群众，认真受理群众举报，及时审查、依法处理，充分调动群众举报的积极性。增强干警对案件线索的敏锐性，注重从新闻媒体报道、网络舆论信息等渠道发现案件线索。加强线索的集中统一管理，完善线索评估制度，正确研判线索价值和初查时机，周密组织线索初查，对相互关联的同类线索统筹组织初查，最大限度地挖掘线索价值，提高线索利用率和初查成案率。如秦皇岛市院通过主动捕捉网络舆情信息、全面收集银行存储信息、及时查询公共平台信息、摸准案后背景信息、抓好办案信息管理等多种信息化手段，充分发挥信息引导侦查的功能和作用。

（三）通过组织灵活多样的“小专项”活动，带动专项工作的深入开展。各地在开展专项工作中，立足本地实际，加强组织谋划，科学安排部署，开展了灵活多样的“小专项”活动。通过采取以“小专项”带动“大专项”的办案模式，特别是从社会反映强烈、群众举报集中的重点行业、重点部位入手，认真评估线索价值，有计划地深入摸排，全面收集涉案信息，找准突破口，创造和总结了许多经验做法，严查了一批党委关注、群众反映强烈的行业腐败和团伙腐败案件。如石家庄、沧州、保定、衡水、秦皇

岛等市开展了查办交通运输管部门的职务犯罪案件专项活动。承德市院集中开展“征地拆迁”、“国企改制”、“家电下乡”和“新民居工程”领域四个专项活动。唐山、张家口市院通过对医疗卫生系统贿赂案件线索的整理筛查，立案查办医疗卫生系统贿赂案件。

（四）加强对专项工作经验的总结推广。专项工作开展以来，积极发挥办案指导和典型带动作用，加强对办案工作的动态掌控，注意了解各地查办不同领域、行业案件情况，总结推广各地在专项工作中的有效做法和成功经验。组织召开了全省检察机关反贪部门专项工作推进会，总结、推广、交流了全省各地开展专项工作的经验做法，并将全省11个市院开展专项工作的经验做法汇编成册印发全省，供各地相互学习借鉴。一些经验做法被高检院向全国推广。

三、加强调查研究，确保修改后刑诉法的顺利实施

（一）强化对实施修改后刑诉法的理论实务研究。组织开展了“反贪执法办案论坛”活动，围绕修改后刑诉法的实施与反贪工作的主题广泛开展调查研究和理论探索。一年来，共组织论坛三期，分别围绕“侦查阶段证据的审查与运用”、“强制措施的运用”等主题，形成了30余篇有价值的研究成果，先后在《检察日报》、《人民检察》、《中国检察官》、《反贪工作指导》、《反贪污贿赂工作情况》等报纸、期刊上发表。同时，在全省组织开展了以修改后刑诉法的实施为主要内容的征文调研活动，其中有11篇文章刊发在《河北检察》上。

（二）大力提高实施修改后刑诉法的能力和水平。为加强对修改后刑事诉讼法实施过程中可能遇到问题的研判与分析，提高反贪侦查办案能力和水平，进一步推动反贪侦查工作深入开展，省院反贪局组织召开了贯彻落实高检院《反贪侦查工作贯彻实施修改后刑诉法指导意见》律师座谈会和检察机关内部座谈会。

（三）加强贪贿案件犯罪规律分析研究。对五年来全省涉农惠民领域的贪污贿赂犯罪情况进行了调研分析，探索发案特点和规律，总结经验，查找不足，提出对策，形成了《涉农惠民领域职务犯罪特点及查办措施》的调研文章，先后被高检院反贪总局《反贪污贿赂工作情况》和《中国检察官》刊发。为进一步加大对行贿犯罪的打击力度，对全省检察机关2010年至2012年度查办的行贿犯罪案件进行了调查分析，重点对100起典型案件进行了深入研究，总结了三年来全省行贿犯罪的基本情况、主要特点和发展趋势，并提出了有针对性的应对措施。

反渎职侵权

【概况】 △2012年，全省检察机关反渎职侵权部门在高检院和省院党组的正确领导下，认真贯彻落实全国、全省检察长会议精神，继续深入贯彻落实中办发37号文件精神，进一步加大办案力度，完善办案机制，拓宽办案领域，深化办案效果，强化队伍建设，保持了全省反渎职侵权工作的全面深入协调发展的良好态势。

一、办案工作总体情况

2012年，全省各级检察机关反渎职侵权部门共立案查办各类渎职侵权犯罪案件389件915人。其中，滥用职权类案114件237人；玩忽职守类案232件474人；徇私舞弊类案13件30人；侵权类犯罪11件39人。公诉部门提起公诉377件872人，法院作出生效有罪判决351件814人。主要特点有：

一是办案规模平稳发展。2012年，全省11个市级院立案人数全部达到或超出今年立案参数。全省9个市级院立案人数同比上升。二是办案质量稳中有升。三是办案重点更加突出。全省检察机关反渎职侵权部门按照高检院、省院的统一部署，认真开展严肃查办危害民生民利渎职侵权犯罪专项活动。一年来，共查办危害民生民利渎职侵权犯罪213件503人，办案重点的突出，有力地推动了全省渎职侵权工作的发展。

二、工作中的主要做法

（一）深入开展严肃查办危害民生民利渎职侵权犯罪专项工作。办案规模、监督领域都较2011年有所扩大，涉及国土、林业、工商、城建、质监、医药卫生、民政、教育、税务、农业等多个部门。通过办案为公民个人和国家挽回直接经济损失540万元。专项工作取得了明显成效。各市院在专项工作中立足本地，紧扣实际，突出地域特色，采取“系统抓、抓系统”、“小专项”带动“大专项”等措施，明确查处重点，取得了良好效果。

（二）继续深入推进涉农专项工作和工程建设领域突出问题专

项治理工作。继续加强对涉农领域和工程建设领域的法律监督，依法查办了一批损害农民利益，危害新农村建设的渎职侵权案件，以及不作为、乱作为致国家工程建设项目遭受重大损失的渎职犯罪案件。一是严肃查处涉农渎职侵权犯罪，为新农村建设提供有力司法保障。二是认真查办工程建设领域渎职犯罪。

（三）认真贯彻落实“五侦会议”精神，充分发挥办案新机制作用。今年以来，各市院充分发挥反渎职侵权办案指挥平台和特别侦查团队在查办案件中有效整合办案力量、优化配置办案资源、增强攻坚克难和抗干扰能力的作用。基层院检察长带头查办那些严重影响当地经济发展和社会稳定的渎职侵权大案、要案，查办疑难、复杂或新类型、新领域以及在本地有重大影响的案件，认真落实基层院检察长每年领办一件以上渎职侵权案件的规定，有力地促进了办案工作。

（四）深入贯彻中办发37号文件精神，积极推进惩治和预防渎职侵权违法犯罪工作体制机制建设。一是进一步加强与相关部门的协作配合，完善工作机制。为加大惩治渎职侵权违法犯罪工作力度，今年4月，省院与省审计厅就认真贯彻落实2009年制定的《关于进一步完善案件移送制度和加强工作协作配合的通知》会签文件的要求，又联合印发通知发全省各级检察机关和审计机关。4月，省院反渎局还与省公安厅、省纪委召开联席会议，互相通报了查办公安民警渎职侵权违法犯罪工作情况，并就进一步加强线索移交、信息共享等协作配合工作达成了一致意见。10月，省院与河北省纪委及省监察厅联合会签转发了高检院会同中纪委、监察部会签印发的《查办重大复杂渎职侵权违法犯罪案件专案调查规定》，并在通知中就贯彻落实提出了明确的要求。二是进一步健全渎职侵权“惩防一体化”工作机制。制定了《河北省人民检察院2012年底前惩治和预防腐败体系建设重点工作任务分工》，明确规定了由反渎部门牵头负责和协助完成的各项惩治和预防腐败工作。全省反渎职侵权部门共发出纠正违法通知书77件（次），全部被采纳，其中，纠正行政人员违法59件，纠正司法人员违法18件。结合办案中发现的问题向发案单位发出检察建议496件（次），其中督促相关部门堵漏建制的预防建议369件（次），对尚不构成犯罪但应对责任人作出相应的党政纪处理的处理建议127件。检察建议的应用得到了相关部门的高度重视并收到了良好的法律、政治和社会效果。

（五）积极开展修改后刑事诉讼法学习培训和实施前准备工作。一是组织全员学习培训。8月27日至31日、9月24日至28日，省院组织了两期基层反渎职侵权干警业务培训班。积极参与《人民检察院刑事诉讼规则（试行）》的学习和全员网络培训，对修改后的刑诉规则进行了系统学习，做到了融汇贯通、熟练应用。二是强化督导调研，切实做好新法实施前的各项准备工作。

（六）加大对下工作指导力度，推动全省反渎职侵权工作健康发展。为全面掌握各市院查办渎职侵权犯罪案件情况，有针对性地加强指导工作，省院反渎局分别于2012年8月和11月派出督导组，由局长和局班子成员带队赴各市院就办案工作进行督导，有力地促进了办案工作。注重加强对重大、复杂、疑难案件的指导力度。共编发51期典型案例和综合工作信息，发挥了信息对全省反渎工作的及时指导作用。

（七）立足本职，服务大局，为党的十八大召开提供和谐稳定的社会环境。一是完善线索管理，畅通群众诉求渠道。为有效化解社会矛盾，满足群众诉求，省院反渎职侵权局于今年7月制定并下发了《关于加强对交办案件和督办转办案件线索办理工作的暂行规定（试行）》。明确了各级反渎职侵权局对案件线索的管辖范围、办理时限、办理程序。并要求省院督办、转办案件线索中有信访人、控告人的，承办单位要及时将办理情况回复信访人、控告人，并做好相关人员的息诉罢访工作。二是依法解决诉求，推进社会矛盾化解。全省各级反渎职侵权部门热情接待群众以来访、来信、来电等方式表达的控告、申诉和举报。对于成案案件，以查办案件为中心，充分发挥侦查一体化机制作用，分清矛盾点，破除办案阻力，通过依法办案化解社会矛盾。对于不成案案件，以解决问题为中心，充分运用内部协作和外部联动等机制，与控申、公安等部门一同释法说理，通过息诉罢访化解社会矛盾，全力保障社会和谐稳定。

（八）加强队伍建设，全面提高反渎职侵权工作能力。一是加强思想政治建设。全省反渎职侵权部门继续开展以“忠诚、为民、公正、廉洁”为主题的政法干警核心价值观教育实践活动。工作中牢固树立“六观”、自觉践行“六个有机统一”、切实做到“四个必须”。没有因为自身执法不当或发生违法违纪问题，引发群众不满、激化社会矛盾。二是加强业务素能建设。以加强反渎干警能力建设为核心，制定周密的培训方案和学习计划，克服了时间紧、办案任务重等客观因素，各级院积极参加省院组织的基层院反渎干警业务培训班，实现了办案工作与学习培训“两不误”。同时，继续开展岗位练兵，为全省反渎工作深入健康发展提供人才保障。三是加强执法规范化建设。组织干警认真学习《执法工作基本规范》，从办案的各个环节入手，坚持按规范办事，从而切实提高办案质量，尤其是重视扣押、冻结涉案款物工作、切实推进同步录音录像制度，实现了全省反渎职侵权系统“无事故、无违纪、无错案”的三无目标。

△2013年，全省反渎职侵权部门认真学习贯彻党的十八大精神，高度认识在实现“全面推进依法治国”方略中，检察机关反渎职侵权工作所担负的职责，全面贯彻落实全省检察长会议精神，进一步加大办案力度、完善办案机制、转变侦查方式、增强办案效果，使全省的反渎职侵权工作继续保持了健康深入发展的良好态势。

一、办案工作总体情况

2013年，全省反渎职侵权部门按照《2013年全国检察机关反渎职侵权工作要点》和《2013年全省检察工作要点》的要求，坚持以执法办案为中心，强化办案工作重点，创新办案工作模式，查办案件工作整体向好。全省检察机关反渎职侵权部门共立案411件909人。

二、工作中的主要做法

（一）全面部署开展查办和预防发生在群众身边、损害群众利益职务犯罪专项工作。制定《河北省检察机关反渎部门落实查办和预防发生在群众身边损害群众利益职务犯罪专项工作具体实施意见》，确定了十二类重点监督的渎职侵权犯罪案件，并在全省检察机关反渎职侵权工作电视电话会议上对专项工作进行全面部署。全省反渎职侵权部门高度重视，积极行动，并以此为契机，切实加大办案工作力度。

（二）进一步深化和完善办案新机制，强化各项办案措施。进一步深化和完善市级院办案指挥平台、特别侦查团队和基层院检察长领办渎职侵权案件等办案新机制。全面推行“惩防一体化”工作机制，注意发挥检察建议作用，加强预防工作。2013年以来，全省反渎职侵权部门共发出检察建议485件（次），被采纳474件（次），采纳率为97.7%。检察建议的应用得到了相关部门的高度重视，推动了社会管理创新，收到了良好的法律效果和社会效果。

（三）加大对下工作指导力度，促进全省反渎职侵权工作健康发展。为保证全年办案工作健康发展，2013年4月，省院反渎局班子成员带队分六个工作组赴各市院督导调研，确保实现2013年办案规模不低于去年的工作目标。为确保实现年初的工作目标。注重加强对重大、复杂、疑难案件的指导力度。根据高检院办案通报，结合全省办案工作实际情况，撰写了《全省检察机关2012年查办渎职侵权犯罪案件情况分析》，对去年全省办案总体情况、存在的主要问题进行了分析，并结合高检院和全省工作要点提出加强工作的措施。省院共编写了38期典型案例和综合工作信息，发挥了信息对全省工作的及时指导作用。为充分发挥典型案例和检察建议的指导借鉴作用，省院反渎局组织评选了2012年度全省反渎职侵权优秀案例和优秀检察建议，并汇编成册印发各地学习借鉴。

（四）全面贯彻落实修改后刑诉法、刑诉规则，积极推进侦查方式改革。为应对修改后刑诉法、刑诉规则对反渎侦查工作带来的各项挑战，2013年，全省反渎职侵权部门积极推进侦查方式改革。一是强化初查工作，实现办案重心前移。在认真分析研判案件线索的基础上，客观、全面、细致地开展精细化初查，综合运用多种手段调查取证，对关键证据以及易毁损、灭失的证据第一时间进行收集、固定和保全，为立案侦查奠定坚实基础。二是加快讯问取证模式的转变，处理好证供关系。进一步把侦查办案方式从以口供为中心的“由供到证”为主的模式，转到以物证为中心的“由证到供”为主、两者有机结合的模式。三是构建完整的证据体系，强化指控渎职侵权犯罪的能力。实行组合化证明，运用科技手段加强对新形态证据的收集和利用，对各类证据进行组织、整合，形成完整的证据链条和证据体系。

（五）深入开展全省检察机关反渎职侵权部门纪律作风整顿活动，切实提高执法规范化水平。结合省院开展的群众路线教育实践活动及正风肃纪专项行动，省院反渎局在全省检察机关深入开展反渎职侵权部门纪律作风整顿活动，紧紧围绕队伍思想政治、纪律作风、执法规范和办案安全等方面存在的突出问题，集中开展了一次教育整顿。认真解决反渎队伍特别是领导干部在思想作风、执法作风、工作作风和政治纪律、工作纪律、生活纪律等方面存在的突出问题，并通过自我净化、自我完善、自我提高和纪律作风的根本好转，推动反渎队伍整体素质的进一步提升。认真贯彻执行修改后刑事诉讼法和刑事诉讼规则，严格按照高检院印发的《检察机关执法工作基本规范（2013年版）》对职务犯罪侦查工作的要求，从办案的各个环节入手，坚持规范执法，切实提高反渎干警执法规范化水平。

监所检察

【概况】 △2012年，全省各级监所检察部门在省院党组的坚强领导和高检院监所检察厅的正确指导下，紧紧围绕社会稳定工作大局，牢固树立“三个维护”有机统一的监所检察工作理念，强化刑罚执行监督，大力推进派出派驻机构建设，各项监所检察业务稳步前进，有力地保障了刑事诉讼活动的顺利进行，有效地维护了被监管人员的合法权益。

一、突出抓好安全大检查和巡视检察，为党的十八大顺利召开营造和谐稳定的社会环境

安全大检查活动成效明显。2月份省院联合省公安厅、省司法厅，在全省监管场所开展了安全大检查活动，成立了领导小组，制定了活动实施方案。各市院监所检察部门将此次大检查活动作为全年监所检察工作的主线，均成立了联合领导机构，结合本地特点，制定了具体的落实方案。派驻检察室深入监区排查安全隐患，充分利用监控进行全方位动态监督，从安全秩序评估、目标责任落实、矛盾冲突化解等方面入手及时督促存在问题的监管单位落实整改。通过全年的工作努力，安全稳定监督工作成效明显，全年发现并纠正监管改造场所违法情况1049人次，全省监管场所无造成社会不良影响的重大恶性事件发生。

巡视检察工作有效提升规范化执法水平。按照高检院统一部署，在全省推行了上级院监所检察部门巡视检察制度。通过巡视检察工作，进一步强化了对监管场所刑罚执行和监管活动的监督力度，加强了对派驻检察机构履职情况的督导检查，有效地促进了监管场所依法文明管理，提升了派驻检察室规范化履职水平。在建立巡视检察制度的同时，还指导各级院建立了领导检查工作机制，主管领导经常深入到监管场所检查工作，解决工作中的实际难题，增强了监督的力度与实效，促进了派驻工作的顺利开展。

二、进一步强化法律监督职能，有力维护了刑罚执行和监管活动的公平公正

（一）提升和规范案件查办工作，公正廉洁执法得到有效保障。继续围绕“以办案促监督、以办案促规范、以办案确保监管活动和刑罚执行依法有序进行”的指导思想，不断加大办案力度，提升和规范办案工作。全年指导各级监所检察部门立案查处刑罚执行和监管活动中职务犯罪22件29人，其中贪污贿赂犯罪2件2人，渎职侵权犯罪20件27人。加强和规范了案件线索管理工作，下发了《关于进一步加强监所检察部门案件线索管理工作的通知》，建立了全省案件线索库。抓好《关于在监管场所开展职务犯罪预防工作的实施意见》的贯彻落实。对全省监管场所重大基础设施建设职务犯罪预防工作进行了专项摸底调查，共与监管场所35个新建、改建项目签订了职务犯罪预防协议，进一步减少了监管场所职务犯罪发案率。

（二）深化刑罚变更执行同步监督工作，进一步丰富细化了监督措施。引领各级监所检察人员牢固树立同步监督意识，指导派驻检察室充分发挥派驻优势，强化对计分考核等日常重点监管环节的监督，提升刑罚变更执行案件审查监督质量，全年检察发现并纠正减刑、假释、暂予监外执行等刑罚变更执行不当785人次。与省法院、省监狱管理局召开座谈会，共同研究、讨论、设计减刑、假释案件开庭审理的公示、审理、监督程序，制定了具体实施意见和工作细则。7月12日，联合省法院、省监狱管理局在承德监狱第一次开庭审理了减刑案件，发表了出庭意见，进一步探索拟定了减刑案件的开庭流程。

依照同等监督要求，全年共书面审查监督了省法院审理的减刑、假释案件299件。

（三）全面加强和规范监外执行和社区矫正法律监督工作，社会管理创新工作得到有效推进。联合转发了“两高两部”制定的《社区矫正实施办法》，结合本省实际细化了具体要求，指导监督全省社区矫正工作的规范开展。坚持定期检察与日常检察相结合、全面检察与重点检察相结合的监督方式，重点抓好对监外执行罪犯脱管漏管和重新犯罪的监督，全年检察发现并纠正监外执行违法情况1330人次。做好社会治安综合治理监外执行工作考核评比打分，检查了各地监外执行及社区矫正工作中有关法律法规、规范性文件和中央有关政策的执行情况，促进了各职能部门认真履职，保证了监外执行工作依法、规范进行。

三、强化羁押期限监督和被监管人死亡检察，有效维护了被监管人员的合法权益

（一）深入推进刑事羁押期限监督和清理久押不决案件工作。创新机制积极预防超期羁押，坚持“以防为主，纠防结合”的工作原则，指导各地继续加大纠防超期羁押工作力度，落实羁押期限提前告知、超期提示和责任追究等制度，巩固了清理纠正超期羁押工作成果，防止了超期羁押问题的反弹。深化监督内涵，集中清理久押不决案件。在全省推行分级督办、月报告和季通报等工作机制，保持对久押不决案件的清理力度。定时向省委政法委汇报工作进展情况，及时与省法院沟通协调，认真做好个案分析，积极清理积案，形成了较为有效的清纠机制，清理成果位于全国前列。

（二）进一步规范被监管人员死亡检察工作。以落实执行《关于监管场所被监管人死亡检察程序的规定》和《看守所在押人员死亡处理规定》为抓手，定期与监管机关通报情况，共同研究应对措施。完善了被监管人员死亡事故应急处理机制，努力做好舆情应对工作，全省未出现被监管人员死亡被媒体报道、炒作情况。

（三）在日常监督中深入贯彻人权保障理念。指导派驻检察人员因地制宜根据监管场所的现实条件提出合理化建议，不断改善被监管人员的关押环境；认真办理被监管人员及其亲属的控告、举报和申诉，要求派驻检察室切实利用好日常巡视检察、检察官信箱、出入所谈话、在押人员约见派驻检察官等制度，畅通在押人员的救济渠道；选择重点部位、关键时段，加大对体罚虐待、滥用械具、违法违规禁闭、超时超强度安排劳动、克扣囚粮囚款、不按规定安排医治等问题的监督纠正力度。为进一步强化对监管场所内特殊人群的合法权益维护，联合法院、公安、司法部门开展了老病残罪犯服刑情况专项检查活动。

四、全面落实规范化建设工作目标，派出派驻监所检察机构建设取得明显成效

检察室建设取得新进展。全省应由市院实行派驻工作的监管场所基本实现了市院派驻；检察室人员轮岗交流工作基本完成，47名符合条件的一线干警进行了交流轮岗；派驻检察工作力量得到明显加强，全省各级监所检察部门新增编制76名，20名派驻看守所检察室主任与看守所负责人达到相当级别；执法保障建设得到有效改善，邯郸、张家口等地为原来条件较差的检察室新配置了警车、电脑、传真机等办公设备。派出院建设进步明显。从规范派出院工作机制方面入手指导四个派出院强化自身建设。派出院工作在领导体制、工作机制、人员配备、执法保障等方面得到进一步加强，逐步发挥应有作用。其中，唐山市冀东地区人民检察院经当地编委批复编制68人，现落实正式干警32人，派驻检察工作规范开展，查办职务犯罪成绩显著。监所检察信息化建设有序开展。以高检院下发的《人民检察院派驻看守所检察室与看守所监控系统联网建设规范》为指导，省院监所检察处统一领导和部署，各市院监所检察处负责协调事宜和筹建指导，各派驻检察室落实联网互通的具体工作，争取检察技术部门的支持协作，加强与公安、司法部门的交流沟通，实现了全省工作“一盘棋”，监所检察信息化建设取得一定成效。各派驻检察室中，有62个实现了网络信息联网，128个实现了监控联网，25个建成了检察专线网支线。探索建立省级院与公安、司法行政部门之间的省级监管信息数据交换平台，与省公安厅监管支队建立了久押未决人员信息交流机制。

五、强化高素质监所检察队伍建设，有效提升了规范化执法监督水平

多措并举打造职业化监所检察队伍。进一步改进业务培训工作，部署了基层监所检察部门派出派驻检察干警全员轮训计划，对166名派驻检察室主任和业务骨干进行了业务培训；全省各级监所检察部门共举办各类监所检察业务培训1434人次。积极探索监所检察队伍职业化建设的新路径，组织开展了全省监所检察部门新进人员到派驻检察室经受锻炼活动。组织开展了全省首届监所检察业务竞赛。进一步规范派驻检察日志填报工作，制发了《河北省人民检察院关于派驻检察室检察工作日志填写规范》，开展了优秀派驻检察日志评选活动。抓好修改后刑诉法的学习贯彻工作。监所检察理论和实务研究取得新成果。发挥平台作用，鼓励各地推荐优秀文章予以刊发，设立的《监所检察业务调研专刊》共刊发了40余篇优秀调研文章。

△2013年，全省各级监所检察部门在高检院监所检察厅的正确指导和省院党组的坚强领导下，深入学习贯彻党的十八大精神，按照全省检察长会议工作部署，坚持以强化执行监督、强化执法办案、强化机构和队伍建设为主线，突出抓好新增监所检察业务落实和监所检察队伍职业化建设，着力提升监所检察部门执法水平和执法公信力，各项监所检察工作平稳健康发展。

一、积极部署，扎实推进，各项新增监所检察业务开局良好

一是全面谋划，系统部署，推动新增监所检察业务有序开展。二是真抓实干，潜心探索，各项新增业务工作成果显著。下发了《在全省监所检察部门积极开展羁押必要性审查工作的通知》，要求将开展羁押必要性审查作为驻所检察的重点工作。三是广泛调研，认真总结，积极推动新增监所检察业务建章立制。先后转发了保定市院制定的《执行死刑临场监督办法》、唐山路北区院制定的《审查批准逮捕后羁押必要性审查实施办法》等规范性文件。

二、加强督导，密切配合，查办刑罚执行和监管活动中发生的职务犯罪工作取得新进展

深化“省院为主导，市院为主体，基层院为基础”的监所检察一体化办案机制，充分发挥省级院主导作用，合理调配全省监所检察部门办案力量，细化督导分工，规范线索办理流程。进一步调整办案结构，将办案重点放在查办刑罚执行和监管活动中发生的权钱交易、徇私舞弊案件、监管民警体罚虐待被监管人案件以及发生在监管场所基础建设、物资采购、减刑、假释、保外就医等关键环节的贪腐案件上。

三、规范措施，强化监督，全省监管场所秩序保持稳定

派驻检察人员深入“三大现场”及时了解和掌握监管情况，重点监督纠正了混管混押、体罚虐待、违规使用械具和禁闭等监管违法行为，共监督纠正监管场所各类监管违法行为1276件次。利用监控联网加强对重点部门、重点部位的监督，检查消除安全隐患。联合监管单位开展打击“牢头狱霸”活动，全面清监收缴违禁品，保证了监管秩序稳定。

四、完善机制，深化措施，确保了刑罚执行的公平公正

一是强化重点罪犯监督工作，对于职务犯罪罪犯、涉黑涉恶罪犯等几类重点罪犯，驻狱检察室、市院、省院自下而上建立完善了重点监督罪犯信息数据档案。二是规范减刑、假释案件办理程序。加强与省监狱局、省法院沟通协调，通过召开联席会议，联合下发了《刑罚执行工作会议纪要》、《关于执行最高人民法院〈关于办理减刑、假释案件具体应用法律若干问题的规定〉的实施意见》等规范文件，进一步强化了对变更执行过程的同步监督。全年各级监所检察部门共检察纠正减刑、假释、暂予监外执行不当872件次。三是抓好社区矫正法律监督工作。重点监督司法部门落实《社区矫正实施办法》情况，共监督纠正发生在监外执行和社区矫正中违法情况1627人次。

五、突出重点，有的放矢，被监管人员合法权益得到有效保障

一是抓好久押不决案件清理工作。组织对全省羁押三年以上久押案件重新进行核查，严格落实责任追究制度；实行久押不决案件动态报告和提前督促清理制度；紧紧依靠当地政法委，加强与法院、公安机关的沟通与协调，清理久押不决案件。二是坚持预防为主，严格依照修改后的刑事诉讼法加强对羁押和办案期限的监督，督促看守所严格落实羁押期限提前告知、超期提示制度，规范换押制度，防止出现超期羁押反弹现象。三是联合公安、司法行政部门在全省开展了罪犯交付执行与留所服刑专项检查活动。

六、合理规划，强化落实，派出派驻机构建设和队伍建设稳步推进

一是推动派出院建设工作。4月17日召开了全省监所派出检察院工作座谈会，结合各派出院的建设情况，有针对性地分别指出了各院应着力加强的环节和重点解决的问题，要求各院在加强人员、机构建设的同时，务必保证各项法律监督职责履行到位。二是推动派驻检察室规范化建设，继续落实高检院《关于加强人民检察院派驻监管场所检察室建设的意见》的各项要求，加强派驻检察室规范化建设，提升派驻检察监督质量。“两网一线”建设稳步推进，省院与省监狱管理局下发了《关于做好监狱与驻狱检察室信息联网建设工作的通知》，建立了派驻检察室与监管部门的信息共享机制，进一步协调了省公安厅解决部分市驻所检察室与看守所联网工作上存在的阻力。三是推动监所检察队伍执法能力素质建设。

七、改进作风，加强管理，促进处室工作提质提效

一是积极参与党的群众路线教育实践活动，加强自身管理。省院监所检察处按照要求，完成了群众路线教育活动的一系列动作，并结合机关作风整顿、解放思想大讨论等活动，全面改革处室学习工作机制，强化工作纪律，落实责任制，提高执行力，规范了处务会等相关制度。二是加强对下指导，认真开展巡视检察，派出三个督导组对30个监管场所及相应检察室进行了巡视检察。三是实行了市院监所检察工作月报告制度，加强了上下工作情况沟通，及时掌握、分析各市监所检察工作开展情况，有针对性的加强分类指导。四是完善对下指导工作机制。进一步解放思想，加强对下指导的科学性，研究改进监所检察工作考核机制，根据新增监所检察业务特点和当前工作实际，对考核办法进行了合理调整。

民事行政检察

【概况】 △2012年，全省民行检察部门在高检院和省院党组的正确领导下，按照第十三次全国检察工作会议和全国、全省检察长会议的要求，继续深入贯彻落实全国检察机关第二次民事行政检察工作会议和省人大常委会《关于加强人民检察院法律监督工作的决议》精神，努力构建以抗诉为中心的多元化监督格局，认真落实中央司法体制和工作机制改革的各项措施，全面加强民事行政检察监督，为促进经济社会发展、维护社会和谐稳定，作出了积极贡献。

一、立足本职，服务大局，推动民事行政检察工作的深入开展

（一）加强执法办案，维护司法公正。2012年，全省共受理各类民事、行政申诉案件4590件，立案3446件，提出抗诉353件。法院再审审结346件，其中改判201件，撤销原判、发回重审23件，调解86件；提出再审检察建议1387件，法院采纳1044件；提请高检院抗诉2件，高检院均采纳提请抗诉意见向最高人民法院提出抗诉；提出各类检察建议1072件，采纳950件。针对审判程序中的违法行为发出检察建议253件，发出纠正违法通知书107件，向职务犯罪侦查部门移送审判人员、执行人员职务犯罪线索88件。办案数量和质量继续保持在全国前列。

2012年，全省共建议并促成申诉人和解案件123件。邢台清河县院在办理民行申诉案件中运用“三谈”工作法，在化解矛盾方面取得了很好的效果。

（二）坚持执法为民，积极服务发展、保障改善民生。各级检察机关把服务发展、保障改善民生作为民行检察工作的重要方面，努力为经济社会发展创造良好的法治环境。围绕营造诚信有序的市场环境，加强对金融、票据、证券、期货等领域民事行政裁判的监督，认真办理涉及不正当竞争、侵犯知识产权和公司设立、股权转让等事关企业合法权益的民事行政申诉案件。围绕保护国家利益和社会公共利益，对涉及国有资产流失、环境污染等案件，有关单位怠于行使起诉权的，开展督促起诉工作。围绕保障和改善民生，坚决监督纠正严重损害群众切身利益的错误民行裁判，对涉及人身损害赔偿、社会保障、医疗服务、劳动争议等申诉案件优先审查、快速办理。加强对妇女儿童、进城务工人员、下岗失业人员、残疾人等合法权益的司法保护。加大办理涉农民事行政申诉案件力度，对土地承包经营、林权改革、农村金融服务等领域严重损害农民利益的案件。

（三）延伸检察职能，服务经济社会发展。全省各级民行检察部门充分发挥自身职能，服务经济社会发展大局。一是通过办理行政申诉案件，纠正错误的裁判，促进人民法院公正司法。在依法纠正错误裁判的同时，发现、纠正行政机关在社会管理过程中存在的不规范行为以及工作中存在的漏洞。2012年，全省共受理行政申诉案件173件。二是在办案过程中，把对“事”的监督和对“人”的监督有机结合起来，注意发现和移送职务犯罪线索，切实增强监督实效。

二、健全机制，强化措施，进一步完善多元化监督格局

（一）优化抗诉案件结构，加大对二审生效裁判的抗诉力度。一是克服单一抗诉思想，大力推进其他监督工作的开展。到2012年下半年，全省初步形成了省院以抗诉为主，督办交办案件为辅，市院以提请省院抗诉和再审检察建议案件、指导基层院开展其他监督案件为主，以抗诉案件为辅，基层院以其他监督案件为主、以提请抗诉案件为辅的办案格局。二是控制一审生效裁判案件的抗诉，加大对二审生效裁判的办理力度。各级检察机关按照“两高”会签文件和高检院、省院的要求，逐步从只注重审查申请抗诉理由不注重审查未上诉理由向既注重审查申请抗诉理由也注重审查未上诉理由转变，进一步严格了一审生效裁判案件的受理条件。同时，充分运用检察建议，对不属于重大错误的一审生效裁判通过检察建议的方式提出纠正意见，减少了针对一审生效裁判的抗诉案件数量。在控制一审生效裁判抗诉案件的同时，全省针对二审生效裁判的监督力度有所增大。

（二）积极协调，进一步推进再审检察建议的适用。“两高”会签的《关于对民事审判和行政诉讼实行法律监督的若干意见（试行）》下发后，各地更加注重发挥再审检察建议相对温和、快捷、经济的优势，积极推动这种监督方式在更加广泛的范围内运用。省院通过发函的方式引导市院向同级法院发再审检察建议，从个案上深入、细致地指导再审检察建议的运用。各地民行检察部门积极与本地法院进行沟通、协调，就再审检察建议的有关规定进行讨论，逐步达成共识，促进了这项工作的开展。

（三）完善机制，深入开展民事执行监督工作。全省各级民行检察部门以“两高”会签的《关于在部分地方开展民事执行活动法律监督试点工作的通知》为契机，结合本地实际，深入探索、完善执行检察工作机制，切实增强监督实效，取得了良好效果。一是加大办案力度，增强监督实效。二是加强沟通协调，完善工作机制。全省已有四十多个县区院与当地法院会签执行监督的相关文件，初步形成了一套有效的工作制度，增强了执行检察工作开展的可操作性。

（四）注重效果，稳步推进督促起诉、支持起诉工作。鉴于督促起诉、支持起诉工作的适用范围、操作程序在理论和实践中争议较大的实际情况，全省各级民行检察部门在开展这项工作方面始终贯彻了既积极又稳妥的指导思想，把取得良好的法律效果、社会效果和政治效果作为出发点和落脚点。石家庄市民行检察部门针对当前农村信用社、工商银行、河北银行、交通银行等金融部门外欠款较多，且面临超诉讼时效的情况，及时督促有关部门提起诉讼，避免了国有资产的流失；邢台市民行检察部门积极为被拖欠工资的外地民工、赡养纠纷中的老年人等社会弱势群体提供法律帮助，支持他们起诉，取得了良好的社会效果。

三、强化管理，规范行为，进一步提高队伍的法律监督能力

（一）加强思想政治和业务能力建设。各级民行检察部门认真组织民行检察干警积极投入社会主义法治理念、恪守检察职业道德、政法干警核心价值观等主题教育实践活动，牢固树立“六观”，自觉践行“六个有机统一”，切实做到“四个必须”，筑牢忠诚、为民、公正、廉洁执法的思想道德基础。同时，针对民事行政检察工作涉及法律法规多、法律关系涉及面广、专业性强的特点，各地通过集中教学、岗位练兵、专题研讨等形式，开展民事行政检察业务培训，提升民行检察干警适用法律能力、审查证据能力、文书说理能力、调查取证能力、来访接待能力等。

（二）完善规章制度，进一步规范执法行为。省院民行处修订了《岗位职责》、制定了《河北省人民检察院民事行政案件审查终结报告格式》、《河北省人民检察院民事行政检察处报批案件材料装订顺序》，并对全省民事行政案件抗诉书、再审检察建议书、检察建议书和纠正违法通知书等法律文书实行备案审查，定期通报。

（三）加强调研，提升民行检察理论水平。全省各级民行检察部门充分认识到理论研究对实践的重大指导意义，积极加强调研，并结合自身工作实际，撰写了一批具有理论价值的文章，取得了一系列理论成果。

（四）强化指导，促进民行检察工作水平的整体提升。省院民行处综合采取召开会议、案件复函、现场指导、案卷抽查、工作通报、信息编发等多种方式，加强对下指导。2012 年，省院共对 120 件不抗诉案件向提请抗诉的市院发出了不抗诉理由复函，每件复函均从案件的证据采信、事实认定、法律适用、释法说理等多方面进行详细说明，有力地指导了下级院的办案工作。

（五）*及时部署，为实施修改后民事诉讼法打好基础*。围绕民事行政检察监督的新任务等开展了一系列调研工作，撰写了《关于贯彻实施修改后民事诉讼法有关问题的调研报告》，经院检委会研究后上报高检院。下发了《关于当前民事行政案件办理工作的通知》，要求各地依据修改后民事诉讼法的相关规定，妥善做好案件的办理工作，并限定了办理时限，确保办案工作与修改后民事诉讼法有关规定的顺利衔接。结合学习贯彻修改后民事诉讼法，进一步加强队伍建设。

△2013 年，全省民事行政检察工作在高检院和省院党组的正确领导下，以党的十八大精神为指导，深入贯彻全国检察机关学习贯彻修改后民事诉讼法座谈会和全省检察长会议精神，紧紧围绕服务全省经济社会发展大局，以贯彻实施修改后民事诉讼法为重点，更新执法理念，调整工作重心，创新监督机制，强化工作措施，取得了新的进步。

一、抓好民事诉讼法的学习培训，加强调研指导工作

省院针对修改后民诉法实施中民事检察工作必将面临很多新问题、新情况、新困难的实际，把调研指导作为今年的一项重点工作来抓。一是确定调研重点，把创新工作机制、规范执行监督、加强调解监督作为调研指导重点，全面部署，积极推进。二是安排专门时间，选择有代表性的市、县（区），掌握第一手材料，面对面解决工作中的实际问题，全年共深入 9 个市院、40 多个基层院开展调研指导。三是领导亲自挂帅，增强调研指导的效果。在深入调研的基础上，完成了高检院重点调研课题《修改后民事诉讼法实施中检察监督的新情况、新问题》，向院党组提交了《贯彻执行民事诉讼法第 209 条有关问题的报告》，形成了《关于全省民事执行和调解监督工作情况的调研报告》，下发了《关于做好当前民事行政检察工作的通知》，编发《民事行政检察工作情况》14 期。

二、构建多元化格局，民行检察监督工作取得新成效

（一）*案件数量大幅增加，释法说理工作成效明显*。全省共受理民事行政监督申请 8334 件。1—6 月，省院民行处按照高检院指示，开展了 2012 年 12 月 31 日之前受理案件的清理工作。全省民事行政检察部门将化解矛盾的理念贯穿于办案始终，对做出不予监督决定的案件做好解释工作，促成和解，经释法说理当事人撤回申诉 350 件，维护了社会和谐稳定，实现了法律监督与维护司法权威的统一。

（二）*抗诉案件结构明显优化，办案质量稳定*。全省共提出抗诉 275 件；各市院提出抗诉 184 件。抗诉案件质量继续保持较高水平。

（三）*监督内容、监督手段更加多元化，各项工作协调推进*。全省共提出再审检察建议 926 件。执行监督方面，提出检察建议 1961 件；采取其他监督措施 117 件。办理支持起诉、督促履行职责案件 2619 件。对审判程序中的违法行为提出检察建议 813 件。

三、创新监督机制，加强规范化建设

（一）*健全工作制度，强化监督制约*。针对民事诉讼法修改后案件数量激增、办案期限更为严格的新情况，省院民行处及时对接待申诉、案件审查、办案期限、处务会研究等制度和文书制作等进行了完善，把修改后的民行检察案件审查终结报告格式下发全省民行检察部门。

（二）*加强内外沟通，建立协调机制*。在检察机关内部，加强与控告申诉检察部门和案件管理部门之间的协调，明确案件受理条件和程序，规范案件流转，加强工作配合；加强与职务犯罪侦查部门的协作，建立健全案件线索、处理结果双向移送工作机制；加强与职务犯罪预防部门的协作，进一步落实《关于认真学习贯彻修改后民事诉讼法开展以“维护司法权威，促进司法公正”为主题的民事诉讼领域职务犯罪专题预防工作的通知》。在外部，积极推动检察监督与审判机关内部纠错机制的衔接互动，在执行监督、检察建议等多方面进行沟通，建立协调机制。

（三）*修改考评办法，发挥考评工作的引导作用*。按照省院考评办的要求，省院民行处在书面征求意见、召开部分市院人员参加的座谈会、借鉴外省经验的基础上，对原有的民事行政检察考评办法进行了完善，加大了对再审检察建议、执行监督、审判程序中违法行为监督、息诉和解的考评分值，降低了对一审生效裁判抗诉的考评分值，并及时作出解读下发全省。秦皇岛市院对考评内容进行了分解，对基层院制定了考评目标，并专门召开了全市民行工作调度会议。各市院认真学习修改后考评办法，及时调整工作方向，推动了全省民行检察工作深入科学发展。

控告申诉检察

【概况】 △2012年，全省控告申诉检察部门在高检院和省院党组正确领导下，坚持以确保全国“两会”和党的“十八大”期间安全稳定为主线，以建立常态化排查化解机制为重点，不断加强自身素能建设，加大控申办案工作力度。深入贯彻落实2012年全国检察机关举报暨涉检信访工作座谈会和全国检察机关刑事申诉检察工作座谈会会议精神。积极推进高检院《人民检察院刑事申诉案件公开审查程序规定》、《最高人民检察院关于办理不服人民法院生效刑事裁判申诉案件若干问题的规定》的贯彻落实，认真学习新修改的《刑事诉讼法》，以实践“忠诚、为民、公正、廉洁”的政法干警核心价值观教育活动为切入点，用群众工作统揽控申工作，全力化解社会矛盾。认真履行控告申诉检察职能，控告申诉检察工作稳步推进，圆满完成了年初既定的各项任务目标，为维护社会和谐稳定做出了积极贡献。

一、多措并举，全力做好涉检信访案件的化解工作

（一）继续扎实开展集中化解涉检进京访专项工作。在各级院党组坚强有力领导下，在相关部门的大力支持下，通过全省控申检察部门的努力，化解涉检访工作成效显著。在高检院5月29日至30日于吉林省召开的“全国检察机关举报工作及集中化解涉检信访案件工作座谈会”上，省检察院代表河北检察机关介绍集中化解涉检信访案件先进经验，并制作《做好送上门来的群众工作——河北省化解涉检信访工作纪实》宣传片进行播放，获得与会人员的一致好评。6月18日至19日，省院召开全省检察机关涉检信访暨控告申诉检察工作电视电话会议。

（二）“清积案、减新访、理访序、促和谐”专项活动开展情况。5月15日，省院向各市院下发了《关于在全省检察机关开展“清积案、减新访、理访序、促和谐”专项活动的实施方案》和《关于上报“清积案、减新访、理访序、促和谐”专项活动有关情况的通知》，要求全省各级检察机关严格按照省委政法委的工作部署，认真开展“清积案、减新访、理访序、促和谐”专项活动。

（三）涉检信访案件终结审查及备案工作稳步推进。截止2012年11月底，共受理终结案件22件，其中审查15件，办结7件；受理息诉案件备案22件。对2010年至2012年省检察院已批准的61件终结案件按照中央政法委、省委政法委和高检院的相关要求向高检院进行报备。

（四）上级交办信访案件办理情况。截至今年11月底，上级共交办信访案件25件，办结19件。

（五）办理来信、来访情况。截至今年11月底，全省办理来信6600件。全省共接待来访4943件次，其中省院来访接待室共接待来访群众2370人次，实际登记接待1176人次，涉及案件429批次。省院控申处全年编发《重要信访快报》8期。

二、进一步加强了举报工作，推动查办职务犯罪工作深入开展

截至2012年11月底，省院举报中心全年共受理群众举报国家工作人员职务犯罪案件线索3634件。在所受理的线索当中，涉及贪、贿3049件；涉及渎职侵权585件。目前，省院举报中心“12309”举报电话运行良好。根据最高人民检察院《关于全国检察机关开展2012年“举报宣传周”活动的通知》精神，全省各级检察机关积极行动，于6月25日至29日开展了全国检察机关第十四个“举报宣传周”活动。根据高检院《关于开展职务犯罪举报线索清理工作的通知》的要求，全省各级检察机关控申举报部门于11月全面开展了职务犯罪举报线索清理工作，对2010年1月至2012年6月受理的属于检察机关管理的职务犯罪举报线索进行了一次彻底清理。

三、提升了刑事申诉案件办理质量，大力推进社会矛盾化解

截至2012年11月底全省共办理刑事申诉案件278件，其中立案复查227件，审查结案51件。办理刑事被害人救助案件95件，救助金额178.58万元。省院控申处办理涉法涉诉困难救助资金案7件，救助金额35万元。

四、牢固树立政法干警核心价值观，进一步提高控申检察队伍能力建设

结合控申检察工作和队伍建设实际，通过开展控申检察业务培训和岗位练兵，积极组织开展主题教育实践活动，推动教育实践活动深入开展。紧密结合教育实践活动，以暗访抽查等形式加强了对文明接待室的动态管理，努力提高了控申检察干警化解矛盾的能力、法律监督的能力和群众工作水平。

△2013 年，全省控申检察部门在高检院和省院党组的正确领导下，以党的十八大精神为指导，认真贯彻全国政法工作会议、全国检察长会议、全国检察机关第二次刑事申诉检察工作会议和全省检察长会议精神，积极开展党的群众路线教育实践活动，全面履行修改后两大诉讼法赋予控申检察部门的职责任务，紧密结合控申检察工作职能和全省控申检察工作实际，进一步强化法律监督，着力排查化解矛盾纠纷，认真做好来信来访接待工作，深入化解涉检信访案件；充分发挥举报工作职能作用，完善举报线索管理工作；切实抓好刑事申诉、刑事赔偿案件和刑事被害人救助办理工作，积极稳妥地探索开展举报线索不立案审查工作、申诉案件出庭支持抗诉工作，为社会和谐稳定做出了积极贡献。

一、切实贯彻修改后诉讼法立法精神，全面履行新职责新任务，着力排查化解矛盾纠纷，服务维护社会和谐稳定大局

一是以维护社会稳定为重心，抓好涉检信访排查化解工作。扎实做好社会敏感时期的信访维稳工作。落实涉检信访动态排查机制。各级院本着“早发现、早预防、早稳控、早息诉”的原则，逐日、逐案、实时、动态进行滚动排查，确保重点案件、重点人员无一遗漏，做到底数清，情况明。全面推进重点涉检信访案件的化解。对排查出的重点案件，特别是针对可能引发进京集体访、个人极端访、媒体炒作的案件，建立台账，明确责任主体，及时调处化解；对重点隐患分别明确包案领导和办案责任人，对排查出的可能影响社会稳定的因素，进行梳理和分析，协调地方党委、政府和有关部门依法、及时解决问题，努力把矛盾纠纷化解在基层，解决在当地。

制定应急预案，预防重大突发信访事件发生。为妥善处置突发性告急访、群体访、集体访和非正常访，省院制定《河北省人民检察院关于处置突发告急访群体访集体访等信访工作预案》。按照高检院控告厅对预防和处置极端信访行为的有关要求，省院在 9 月份专门下发《关于预防和处置极端信访行为的通知》，对预防和处置极端信访行为从制度规范、应急预案、涉检案件情况梳理等方面作出明确要求。省院控申处与法警总队共同完善《关于加强省院机关来访接待安全保卫工作的规定》。

二是加强民事申诉案件的审查受理。把握受理的重点和原则，把民事检察监督的重点放在修改后民诉法第 209 条的三种情形上。审查受理时，准确把握“两个在先”原则，即坚持法院纠错在先、检察监督在后，下级院审查在先、上级院抗诉在后。为明确受理范围，把好受理质量关，草拟了《河北省人民检察院受理民事监督案件工作细则》，对控告申诉检察部门受理民事监督案件的条件、受理的程序及民事行政检察部门与控告申诉检察部门就受理、办理、息诉工作如何做好衔接、配合做了较为详细的规定，现已试行。同时加强与民事行政检察等部门及法院、党政等机关的协调配合，共同做好矛盾纠纷化解和息诉服判工作。进一步加大修改后两大诉讼法尤其是民诉法第 209 条规定情形所产生的进京信访案件的交办、督办力度，防止因受理不及时、工作不到位引起当事人再次进京上访。

三是加强对阻碍辩护人、诉讼代理人依法行使诉讼权利的控告申诉以及本院办理案件中违法行为的控告的审查办理。按照修改后刑事诉讼法第 47 条、第 55 条和第 115 条以及刑事诉讼规则的相关规定，结合全省控申检察工作实际，草拟了《河北省检察机关对阻碍依法行使诉讼权利行为的申诉或者控告审查办理工作办法》和《对本院办理案件中违法行为的申诉或者控告、对下级人民检察院和其他司法机关处理不服向人民检察院提出申诉的案件审查办理工作办法》，两个办法对受理条件、办理流程、督办、备案做了较为详细的规定，并配有相关法律和工作文书，现已试行。

四是加强文明接待窗口建设。高检院组织开展全国检察机关文明接待室第八轮评比工作，各级院认真对照《人民检察院文明接待室评比办法》的规定，积极做好评比工作。省院分别于10月22日、10月25日在衡水市阜城县院和唐山市路北区院召开了“河北省检察机关全国文明接待室创建活动现场会”。高检院控告厅编发的《控告检察工作简报》刊发了河北检察机关撰写的“检察机关全国文明接待室创建活动现场会”简讯和“廊坊连续七年无涉检进京访”经验材料。

五是积极推进涉法涉诉信访改革。根据中央政法委《关于依法处理涉法涉诉信访问题的意见》和省委政法委《关于依法处理涉法涉诉信访问题的实施意见》，全省检察机关控申部门积极开展涉法涉诉信访改革工作。

全省检察机关办理来信5710件，其中省院共受理来信3810件。

全省检察机关接待来访1553件次。其中省院来访接待室共登记接待来访群众720批次，1392人次，539案次。省院控申处编发《重要信访快报》11期，《控申检察工作情况》12期。

二、扎实推进举报工作，强化内部监督制约

以群众工作为统揽，突出重点，从最关键、最薄弱的环节抓起，扎实推进举报工作，全面落实《人民检察院举报工作规定》的各项内容。一是积极开展举报初核，加强要案举报线索的备案和审查工作。2008－2012年度，全省各级院举报中心初核举报线索3093件。二是稳步推进举报线索不立案审查。对自侦部门作出不立案决定的举报线索，应当进行审查并在法定期限内审结，认为不立案决定错误，符合立案条件的，应当报检察长决定予以立案。三是加强举报宣传。为规范举报宣传工作，省院起草《河北省检察机关开展举报宣传周工作制度》。6月24日至28日，深入开展了“举报宣传周”活动。“举报宣传周”期间，全省各级检察机关共设立宣传站点361个，出动检察干警3172人次，其中正副检察长431人，出动宣传车辆536台次，制作宣传展板2515块，发放宣传材料219885份，深入国企、社区等单位宣传448次。“举报宣传周”活动期间共接受群众咨询20834次，受理举报467件。

截至11月底，省院举报中心共受理群众举报国家工作人员职务犯罪案件线索3869件。接听12309举报电话530余次。

三、维护公平正义，促进司法公正，认真做好刑事申诉检察工作

一是全面提升不服检察机关处理决定刑事申诉案件办理质量和效果。坚持以执法办案为中心，按照数量、质量、效率、效果有机统一的要求，改进办案方法，提高办案效率，强化办案效果。加大申诉案件复查力度，复查决定作出后公开宣布、及时送达、执行到位，提高申诉人对复查结论的认同度。把化解社会矛盾、做好群众工作贯穿于案件办理始终，综合释法说理、心理咨询、帮扶救助等多种方式，做好案件息诉息访工作。注重风险防范，加强源头治理和监督制约。继续贯彻落实《人民检察院刑事申诉案件公开审查程序规定》，探索建立公开审查工作长效机制，筛选合适案件积极开展公开审查活动，灵活运用公开听证、公开论证、公开答复等形式。

二是不断强化对法院生效刑事裁判的法律监督。严格按照法律和高检院相关工作规定，依法受理、规范办理不服法院生效刑事裁判申诉案件。明确监督重点，实体监督与程序监督并重，充分发挥对刑事审判的法律监督职能。着力构建以抗诉为中心，灵活运用再审检察建议、纠正违法通知、检察意见等监督手段的多元化监督格局，准确把握各种监督方式适用范围和适用标准，切实提高监督的效率和效果，着力提高刑事申诉案件抗诉质量。

三是依法办理刑事赔偿案件，积极开展国家赔偿监督。依法及时受理赔偿申请，严格公正办理刑事赔偿案件，改进办理刑事赔偿案件的方式方法，保障赔偿请求人的合法权益。畅通赔偿监督案件来源渠道，准确把握赔偿监督的任务、范围和方式方法，将严重损害赔偿请求人合法权益和严重影响国家赔偿法正确执行的案件作为监督重点，依法、规范行使监督权，保证赔偿监督工作效果。

四是继续深化刑事被害人救助工作。全省检察机关在刑事被害人救助工作中采取有力措施，综合运用经济救助、精神抚慰和其他社会保障措施，确保了救助工作的实际效果。

截至2013年10月底，全省检察机关受理刑事申诉案件230件。受理刑事赔偿申请29件；办理刑事被害人救助案件53件，救助金额37.6万元。

四、努力提高控申检察工作规范化、队伍专业化水平

一是进一步规范执法办案行为。积极开展党的群众路线教育实践活动，认真落实活动中收集到的意见和建议。对部分群众反映接待人员接访态度冷漠，语言生硬的意见，省院来访接待室当即做出整改，要求接访人员做到“四个心”、“三个一”，即：一要热心，二要诚心，三要耐心，四要公心；一个笑脸，一句问候，一杯茶水。

二是落实业务部门负责人轮流接访、带案下访以及检察长接访等制度。为进一步改进工作作风，切实把群众路线贯穿于登记接待、审查受理、答复反馈等执法办案工作全过程，省院控申处继续深入开展检察长接待、业务部门负责人轮流接访以及带案下访活动，了解群众、服务群众，受理群众涉检诉求，拓宽案件线索来源，就地解决问题。

三是加强学习培训和人才推荐。2013年9月，在全省检察机关组织开展全省评选全国检察机关刑事申诉检察人才库人选活动，全省向高检院刑申厅共推荐5名人选。10月15日，省院控申处组织召开全省检察机关统一业务（控申工作）软件培训。

四是积极优化队伍结构。针对修改后两大诉讼法和刑事诉讼规则赋予控告申诉检察部门的新职责、新任务和新要求，积极争取适当增加控申部门人员编制，选调具有刑事出庭和民事行政办案经验的复合型人才充实控申检察队伍，优化队伍年龄、知识、专业结构。

职务犯罪预防

【概况】 △2012年，全省检察机关职务犯罪预防部门深入贯彻落实科学发展观，贯彻高检院、省委和省院党组各项工作部署，立足检察职能，准确把握职能定位，围绕职务犯罪预防工作与法律监督职能作用，结合执法办案，不断强化预防措施，以着力推进社会矛盾化解，积极参与社会管理创新，深入开展政法干警核心价值观主题实践活动，切实加强公正廉洁预防和预防队伍建设，努力从更高起点、更高层次、更高水平上改进预防工作，积极推进完善惩治和预防腐败体系建设，服务全省经济平稳较快发展，推动预防工作取得新成效。

一、重视专项预防工作，服务经济社会发展大局

（一）深入推进党委统一领导下的职务犯罪预防领导体制建设，服务党委政府工作大局。2012年，全省三级检察机关共向各级党委、人大、政府等有关部门提交惩治和预防年度报告175篇，其中，129篇年度报告得到了269名党政主要领导的批示肯定或批转有关部门。

（二）深入开展重大建设项目预防，保障政府投资安全。围绕省委、省政府重大决策部署，全省预防部门与相关职能部门积极配合，对重大项目实行主办责任制，立项审批、驻地、分级管辖制和上级巡视制等一整套制度，保障重大项目建设顺利进行，保障国有投资安全。围绕全省对口援建新疆项目、援建四川平武地震灾区项目，与当地预防部门实施跨区联合预防，确保援建项目顺利进行。为保障南水北调工程建设的顺利进行，省院与南水北调工程建设主管部门建立联席会议制度，重点做好征地补偿款发放使用、工程验收、资金拨付以及后续、配套工程的招标投标、物资采购等环节预防。

（三）主动服务和保障换届选举工作，营造风清气正用人环境。2012年来，检察机关作为国家的法律监督机关立足检察职能作用，结合自身实际，主动服务各级党委换届工作，在预防和打击破坏换届违法犯罪方面积极作为，为平稳顺利换届提供了强有力的支持。

（四）深入开展食品药品安全监管，抓好涉农惠民等民生领域职务犯罪预防工作。一是各级院党组成员包片分工，建立重点企业联系点，以“三鹿奶粉”、“昌黎假葡萄酒”、“阜城毒胶囊”等热点事件为突破口，综合运用预防措施，开展食品药品安全监管领域职务犯罪预防工作，督促有关部门加强食品药品安全监管，有效服务企业生产。二是加强民生领域专项预防工作。重点抓好社会保障和社会事业、保障性住房、社会管理和公共服务以及其他涉及民生领域的政策性和保障性投资在发放、使用、监管中的职务犯罪预防工作，切实保障民生民利需求。三是加强强农惠农富农政策实施过程中职务犯罪预防工作。重点抓好粮食生产直接补贴和利益补偿、农产品储运和农机补贴、农田水利基础设施建设、农村合作医疗等“三农”专项资金运行中的职务犯罪预防工作，切实保障人民群众得实惠。

二、创新预防工作形式，营造良好廉政文化氛围

（一）制作、播放廉政宣传短片，扩大预防工作的社会认知度和影响力。在最高人民检察院组织的全国检察机关首届廉政宣传短片、公益广告评比活动中，衡水市人民检察院报送的《父母是孩子最好的老师》获得一等奖；邯郸市人民检察院报送的《合适的椅子》获得三等奖；承德市人民检察院报送的《奢鉴》，武安市人民检察院报送的《黄粱梦》以及沧州市人民检察院报送的《你的选择，你的人生》均获得优秀奖。全省三级检察院在各级电视台播放廉政公益广告21个，在辖区广场、车站、交通要道、公交工具等显要位置悬挂、张贴反腐倡廉公益广告，播放预防职务犯罪logo的宣传短片《“正”字歌》，让人民群众更直观地了解职务犯罪预防工作，取得了良好的法律效果、政治效果和社会效果。

*（二）采取多种形式，多角度宣传预防工作，形成廉政文化氛围。*全省检察机关单独建立或与有关单位共建警示教育基地115个，建筑面积近4万平方米。以警示教育基地为依托，以服刑人员“现身说法”，检察人员“以案释法”，专家学者“高端讲座”为主要形式，对政府机关，国有企业等干部职工开展警示教育活动，扩大预防教育的社会影响，营造良好廉政氛围。

*（三）不断发展完善行贿犯罪档案查询工作，促进社会信用体系建设。*2012年以来，全省检察机关预防部门按照高检院《人民检察院行贿犯罪档案查询工作规定》和《最高人民检察院关于行贿犯罪档案查询工作管理办法》的要求，完成了行贿犯罪档案录入、相关信息报送及收录案件自查工作。共录入行贿犯罪案件1222件，及时完善了行贿犯罪档案查询资料库。各市检察机关主动与当地政府采购中心、建设局、招投标办等相关单位联系，积极推进行贿犯罪档案查询工作，把检察机关的行贿犯罪档案查询系统纳入政府采购和工程建设招投标等领域。

三、强化预防队伍建设，提升预防队伍综合能力水平

*（一）强化思想政治和业务能力学习。*大力开展“忠诚、为民、公正、廉洁”政法干警核心价值观教育实践活动。积极开展个人自学和集中学习相结合活动，以提高履职能力和公信力为核心，坚持不懈加强预防队伍建设，提高预防队伍素质，不断提升预防队伍综合能力水平，为预防工作科学发展提供保障。

*（二）加强预防机构建设和力量配备。*随着预防工作大有可为，各地检察机关党组领导对预防工作重视程度不断加大，目前石家庄桥西县院、沧州盐山县院已经完成了撤科设局，其他地市、县预防局也在积极筹备中。

*（三）抓好预防调查，深化侦防一体化机制建设。*紧密结合办案开展预防职务犯罪工作，充分发挥预防调查这一非诉讼预防手段在收集涉案信息、获取案件线索、掩盖侦查意图等方面的作用，积极服务侦查、引导侦查，推进“从预防开始到预防结束”的侦防一体化工作模式的建设。

△2013年，省院预防处认真学习党的十八大报告，深入贯彻习近平总书记“预防职务犯罪出生产力”等一系列重要讲话精神，紧密结合党的群众路线教育实践活动，在省院党组和分管检察长的领导下，立足法律监督职能，服务全省中心工作，切实加强对下指导，稳步开展各项业务，突出推进重点工作，积极探索工作机制，不断强化队伍建设，努力打造全省检察预防品牌，全省预防部门共开展预防教育8584人次，预防咨询12307人次，预防调查1275次，犯罪分析1581篇，制发检察建议2036个，撰写惩治和预防职务犯罪年度报告和专题报告193个，接受单位或个人行贿犯罪档案查询35523次。

一、各项预防业务稳步推进

*（一）多种形式开展预防教育。*一是利用大众媒体开展预防教育。密切与新闻媒体的协作，制作、播放、张贴廉政广告、预防短片、公益海报300余部（张），弘扬法治精神，教育受众面不断扩大。二是依托警示教育基地开展预防教育。利用教育基地，开展参观、讲座、座谈、讨论等一站式教育，教育针对性和效果有所增强。三是借助特殊阵地加强对特定主体开展预防教育。把各级各类党校作为阵地，把法治教育、预防教育作为必修课，提升培训对象依法履职、廉洁行政的自觉性。

*（二）作为重中之重着力推进预防调查。*落实全国检察机关预防调查承德会议精神，准确职能定位，把握工作规律，坚持非诉讼法律监督属性，思想认识统一，工作措施到位。把预防调查作为全部预防工作的核心强力推进，抓住重点领域，分解调查任务，形成高质量预防调查报告69篇，发现并移送职务犯罪线索50余条。

（三）注重成果转化加强犯罪分析、预防建议和预防咨询。针对职务犯罪多发易发部门提出的检察建议和咨询意见，90%以上被采纳，通过检察建议、预防咨询，推动有关行业建立制度160余项。

（四）不断强化行贿犯罪档案查询等科技信息手段。行贿犯罪信息录入实现制度化、常态化，查询系统信息量不断增加。对查询系统进行了升级改造，查询更加便捷，服务水平进一步提高，今年以来，78家单位或个人经查询有行贿犯罪记录，被工程建设等主管部门予以处置。

二、重点工作有力推进

（一）围绕“四大攻坚战”深度推进重大项目预防。一是靠制度预防。推行预防项目巡视、进驻、主办责任等项制度，不断规范预防行为，实行面对面贴身式同步预防，全省2800多个重大建设项目预防有序推进。二是挂牌督办预防。配合高检院挂牌督办全省石家庄轨道交通工程等4个项目，省、市院挂牌督办项目已经列入计划。三是抓龙头项目预防。把南水北调主干及配套工程作为重头戏，省院与省南水北调办公室制定预防方案分头下发。各级共召开协调、督导会21次，参与招投标37次。

（二）护航经济结构调整，服务企业发展。按照省院《关于充分发挥检察职能为全省经济社会科学发展营造良好法治环境的指导意见》，围绕淘汰落后产能，企业转型升级，细化预防措施，“问政于企，问计于企，问需于企”。衡水市院预防部门对全市确立109家企业进行跟踪服务，建立检察服务绿色通道，帮助解决困难29件，承德市院预防处提出了20条具体工作措施，把为服务企业发展作为一项基础性、常态性工作，秦皇岛以促进国有资产保值增值，保障和服务非公经济发展为目标，定期与企业召开联席会议，编发《情况交流》，发放《预防职务犯罪工作手册》。

（三）深入开展查办和预防发生在群众身边侵犯群众切身利益的职务犯罪专项工作和“五进”活动。按照高检院要求，各地制定了本地专项工作方案，成立领导机构，承担办公室日常工作。以多种形式，扎实有效地开展“五进”活动，共组建演讲团46个、预防演出队7个，巡回演讲、演出230余场次。

（四）拓宽行业预防，开展民政系统预防职务犯罪专门工作。截至目前，省院已与28个行业主管部门建立预防关系和联席会议制度，行业预防健康发展。全省预防部门根据形势，与国税、烟草等部门修改工作方案，完善监督措施。同时，减少监督薄弱领域和空白盲区，省院与省民政厅出台了在民政系统联合预防的实施意见，指导工作开展。

（五）深化惩治和预防职务犯罪年度报告。把年度报告作为各级党委、人大决策的重要依据，推进构建社会化大预防格局，预防部门牵头起草年度报告，推动惩防体系建设和社会管理创新，质量不断提高，效果已经凸现。制作、报送党委、人大的年度报告，全部得到批示或转发。其中，省院2012年年度报告，省委书记周本顺、省纪检委书记臧胜业等先后作出重要批示，石家庄、秦皇岛2012年年度报告，市委书记孙瑞彬、田向利分别予以批示，对检察机关惩治和预防成果予以充分肯定，并提出希望和要求。

三、预防队伍建设等取得新进展

（一）构建社会化预防格局有新收获。省、11个省辖市和90%以上的县区成立了预防领导机构，预防部门承担办公室日常工作，发挥协调督导作用，全省各级党委统一领导预防工作的格局已经基本形成。推动群防群治，全民预防，夯实了预防工作的群众基础，建立重点工程建设项目预防组织1236个，在有关部门建立联系点797个，组建预防专家咨询委员会17个，聘请预防信息员和志愿者1239名。

（二）预防法制化有新进展。立足以法治思维、法治方式反腐，积极推动预防地方立法，促进预防法制建设，预防职务犯罪法制化水平不断提高。邯郸市院着手修订《预防职务犯罪工作条例》，衡水市人大出台了《加强预防职务犯罪工作的意见》，唐山市已经启动地方立法，完成条例初稿，正在审批，石家庄市院已经列入计划。

（三）机构建设取得突破。全省预防部门撤处（科）设局步伐加快，沧州市院率先成立了市级院预防局，编制9人，下设综合处、调查处、社会预防处，16个基层院中14个成立预防局，计划今年全部完成撤科改局。

（四）业务培训完成计划。省院聘请省内外专家，本着缺什么、补什么的原则，围绕预防基础理论、预防实务、检察职业道德纪律、检察公文制作等，举办第二期预防干警培训班，为期一年的全省450余名预防干警全部接受培训，石家庄、沧州、衡水举办培训12期，政治素质、专业化水平普遍提高。

（五）参加业务评比、素能竞赛等成绩突出。全省预防部门把参加高检院一系列单项业务评比、岗位素能比武活动，作为锻炼队伍、发现人才的一个重要途径，14个单位、个人获得各级别奖项，成绩名列前茅，展现了全省预防部门的实力。

检察技术信息

【概况】 △2012年，全省检察技术信息工作在各级院党组的正确领导下，在高检院检察技术信息中心的指导下，深入贯彻落实高检院“宜昌会议”精神和工作部署，坚持“四统一”原则，大力开展基础工程建设，强力推进信息化应用，强化服务办案意识，结合职业化建设深入推进各项检察技术和信息化工作，取得了较大的成绩。

一、检察信息化工作成果显著

全面落实《“十二五”时期科技强检规划纲要》，稳步发展，不断深化，推动检察信息化工作水平全面提升。

（一）信息化基础平台建设不断推进。全省11个市级院和180个基层检察院已全部完成局域网和专线网建设，完成率为100%。通过技术部门与当地政法网改造建设领导小组、广电部门和设备供应商的协调、沟通，全省检察专网分支网建设取得了一定的进展，但与高检院要求还有一定差距。在省政法网改造建设领导小组办公室的指导下，开展了全省政法系统语音通信平台建设工作。

（二）信息化建设项目进展顺利。全省三级网视频会议系统的高清改造工作已接近尾声，但尚有个别地市此项工作未有实质性进展，严重影响了全省工程进度，下一步全省将进行华为高清视频设备割接，实现省市县三级级联，改造后的会议系统稳定性、图像音质效果都将有很大提高，届时未完成此项工作的地市开会将受到很大影响。远程办案管理系统一期工程经过省院与各市院的共同努力已建设完成，设备运行稳定，达到了预期的目标。各市正在积极筹集资金，克服困难，推进二期工程建设，从而实现省市县三级远程对看守所关押人员的提讯。驻所检察室“两网一线”建设取得一定进展，部分检察室已完成视频监控联网。

（三）信息化应用不断深化。2012年，全省各级院共开通信息发布系统（专网网站）186个。为提升全省各级检察机关值班应急网络平台的快速反应和处置能力，切实做好“十八大”期间安保维稳工作，在全省各级检察机关开通了值班视频监控系统。该系统开通以来，始终保持全天候运行状态，为省市县三级检察院值班室之间值班抽查、上报值班情况等工作提供了强有力的技术支持。石家庄市院建成“两法衔接”信息共享平台，提高了检察机关执法监督能力；唐山市院在机关日常管理上进行了新的尝试和探索，建成了集考勤、签到、消费、请假、定位等功能为一体的“智能管理一卡通系统”；邯郸市院，注重应用，强化管理，打造一体化信息平台；承德市院积极探索改进技术信息工作绩效考核方法。信息化的应用推进了全省各级检察机关整体工作制度化、规范化发展。

（四）网络信息安全工作得到加强。全省各级院在推进信息化发展的同时做到信息安全同步规划、同步建设、同步运行，制定了相应的工作制度、应用规范、技术标准、安全保密等管理规范体系，扎实抓好制度和责任落实，加强日常维护和管理，确保检察网络安全运行。在高检院的指导下，省院办公室和技术处起草了《河北省人民检察院涉密信息系统分级保护实施方案》，已通过高检院保密办的审批。省院互联网站《河北检察网》已完成了非涉密信息系统等级保护三级备案、测评工作。

（五）信息化日常工作按时完成。2012年依托视频会议平台，共参加全国检察系统视频会议21次，召开全省检察系统视频会议20次，各市院召开视频会议209次，为及时传达工作部署、有效节约检务运行经费发挥了重要作用。检察信息化工作情况发布16期，充分反映了全省信息化建设的情况和经验做法。

二、司法鉴定工作情况

2012年全省各级检察技术信息部门紧紧围绕检察中心工作，坚持“四统一”原则，按照“推进建设、突出应用、加强管理”的工作思路，在检验鉴定、实验室建设、同步录音录像等方面取得了阶段性成果。

（一）司法鉴定办案情况。

2012年全省各级技术部门共受理案件6329件，办结6250件，出具证据材料8042份。

（二）司法鉴定实验室建设取得阶段性进展。按照规划部署，省院继续稳步推进司法鉴定实验室的建设工作。一是按照国家认可委的要求，按时完成了司法部组织的法医临床损伤程度和文件检验两项司法鉴定能力验证计划。二是参考唐山、衡水市院等已通过认可实验室的经验，经过严格考察，聘请了专业人员进行实验室认可工作指导。目前培训工作已经开展。三是按照最高检下发的《人民检察院司法鉴定实验室分类建设参考标准》中二类实验室的要求，通过认真研究图纸，多方请教，确定了实验室用房方案。

（三）电子数据鉴定工作得到加强。2012年恢复提取有价值数据100多G，对18部手机，11张手机卡进行提取短信2000余条，同时注重鉴定人员的培养。

（四）全面落实讯问全程同步录音录像工作。加强与办案部门的协调配合，对办案工作区和驻所检察室进行了验收工作，进一步摸清了同录工作情况，为下一步更好的落实同录“三全”规定打下了坚实基础。2012年全省检察技术部门共完成同步录音录像时长达到4万小时。

三、检察技术队伍建设情况

2012年，全省各级检察机关技术部门都把加强队伍建设作为规范化和职业化建设的最佳切入点，通过引进人才、加强培训等措施，优化和加强了检察技术的职能作用，提升了技术保障能力。按照河北省职改办的部署和《2012年河北省法院、检察院系统专业技术职务任职资格评审工作实施方案》的安排，省院开展了自2007年以来的第三次职称评审工作。历时半年左右，严格按照省职改办的要求圆满完成了此次评审。本次评审共有246名检察技术人员报名，经过资格审查、专业考试、专家评审以及申报高级职称人员进行答辩等环节，33人获得高级职称，37人获得中级职称、34人获得初级职称，此外，对57名符合初聘条件的同志直接予以初聘。

△2013年，省院技术处全面落实高检院、省院各项工作部署，紧紧围绕全省检察中心工作，积极推进检察信息化建设，认真履行检察技术办案职能，充分发挥技术办案和检察信息化在法律监督工作中的保障和推动作用，各方面工作取得一定成效。

一、2013年信息化工作

（一）全省检察技术信息部门认真落实“三步走”战略。构建检察信息化工作新格局，着重在检察专网分级保护建设、统一业务应用系统支撑环境及部署和数据中心建设等方面做了大量工作。全面落实《“十二五”时期科技强检规划纲要》，稳步发展，不断深化，推动检察信息化工作水平全面提升。

（二）完善基础网络平台功能。基础网络平台建设是软件平台建设的基础。各地在专线网、局域网基本建成的基础上，着重对本地检察专网的主机设备、交换设备、路由设备、安全设备和线路进行升级改造，确保以统一业务应用系统为核心的检察机关信息化应用体系的安全、高效运转。

（三）视频会议系统全面实现高清。高检院一级网视频会议高清系统正式开通，全省三级网视频会议系统的高清改造工作已完成，改造后的会议系统稳定性、图像音质效果都将有很大提高。

（四）检察专网分级保护建设稳步推进。省院机关检察专网已经正式测评通过，取得了78.3分，在检察系统省级院已测评通过院中排名第三。各市检察专网分级保护建设均已展开，其中承德市院率先进行了测评，邢台、邯郸市院也刚刚通过测评。

（五）完成统一业务应用系统部署准备工作。按照高检院和省院党组统一部署，认真做好统一业务应用系统运行所需平台建设。按计划完成了省院数据中心建设，确定了以自主维护与服务外包相结合的运维方式，目前运维人员已经到位。

（六）信息化日常工作情况。2013年依托视频会议平台，共参加全国检察系统视频会议13次，召开全省检察系统视频会议11次，参加高检调试99次，保障本地会议145次，为及时传达工作部署、有效节约检务运行经费发挥了重要作用。处理各种网络、电话故障400余次。

二、司法鉴定工作情况

坚持以队伍的专业化和职业化为基础，在检验鉴定、实验室建设、同步录音录像等方面取得了阶段性成果。

（一）司法鉴定办案情况。截止到今年12月底，全省各级技术部门共受理案件8894件，办结7775件，出具证据材料7316份。

（二）司法鉴定实验室建设情况。按照规划部署，唐山成为全国第一个通过实验室认可的地级市、衡水随后也通过了实验室认可、邯郸和邢台正在稳步开展实验室的鉴定工作。省院司法鉴定实验室建设工作也稳步开展。

（三）同步录音录像工作情况。2013年全省检察技术部门对2870件案件、共计3808人次进行了全程同步录音录像。

三、检察技术队伍建设情况

为加强全省检察技术队伍建设，整合全省检察技术专业人才资源，培养一批专门技术人才，提高检察技术工作整体水平，省院技术处着眼长远，制发了《全省检察技术人才库暂行规定》，在现有已经评定的各门类共302人次高级职称（正高27人）的基础上，拟通过进一步优中选优，建立起涉及物证、法医、司法会计、信息技术等门类齐全的省级专家人才库。

（省检察院）

公 安 工 作

综　　述

全省各级公安机关在省委、省政府和公安部的正确领导下，紧紧围绕平安河北、法治河北的大局，牢牢锁定“一个目标”（实现“四个走在全国前列”）、把握“四个更加注重”（更加注重顺应民意、回应期待，更加注重强基固本、激发活力，更加注重科技应用、机制创新，更加注重转变作风、提升能力），强力推进“五项建设”（平安建设、法治建设、信息化建设、基层基础建设、过硬队伍建设），深入开展党的群众路线教育实践活动，公安工作和队伍建设取得新的发展进步。

一、以“护城河”工程为重点，全警动员、全力以赴，卓有成效地完成了十八大安保等各项重大安保任务

全省公安机关将重大安保作为一条工作主线，倾力打造政治“护城河”、平安“护城河”、民心“护城河”、科技“护城河”，忠实履行了“以河北稳定拱卫首都安全”的政治责任。坚持顶层设计、统筹谋划，构建了安保整体格局。坚持党政统揽、公安担当、部门履职、群众参与，形成了全党动员、群众参与的大维稳、大安保格局。在安保战略上，以“四环、三道、两区”（环京、环省、环市、环县，27条高速公路、17条国道、118条省道，设区市城区、县市城区）为总体架构，统筹环京区域和全省社会面“两个战场”，形成了整体防控格局。在安保指挥上，建立了以“一组两部”为核心的指挥架构，形成了扁平化、可视化、实战化的指挥体系。坚持以面保点、机制创新，筑牢了首都安全屏障。创新梯次过滤机制，科学布设三道防线，改进安检布局，优化安检流程，形成了省厅统一布控、流出地源头管控、三道防线比对查控的现代安检机制，实现安全与便民的高度统一。坚持干部带头、忠诚奉献，推动了工作刚性落实。实行领导干部上一线，形成了分片包线责任体系；实行督察落实上一线，坚持明察牵动、暗访促动、演练拉动，十八大期间，检查公安基层单位6600余个次，查纠整改问题1.2万个；实行思想政治工作上一线，形成了“学典型、当先进、创一流、保安全”的热潮。全省各级公安机关以“非常之时有非常之为、非常之事尽非常之力”的决心和行动，不断深化“护城河”工程建设，圆满完成了十八大安保、全国“两会”、暑期警卫、十八届三中全会等重大安保任务，得到了中央和省委、省政府领导的充分肯定。

二、以“八项工程”为重点，全面推进平安河北建设，确保社会大局的和谐稳定

全省公安机关按照中央和公安部打造平安建设“升级版”的新要求，围绕省委、省政府建设“首安之区”的新目标，依托全省“大平安”格局，深入推进“八项工程”。致力于维护政权安全。始终把情报信息作为核心优势、第一资源，增强了对敌斗争的主动性，始终保持了对敌对势力捣乱破坏活动的凌厉进攻态势；推动省反恐怖工作协调小组调整为反恐怖工作领导小组，成员单位扩展到39家，建立了反恐预案体系，完善了等级勤务机制，及时剔除了影响稳定的重大隐患。致力于维护社会安定。围绕严打击、强破案，抓住群众反映强烈的突出违法犯罪活动，深入开展了“打黑除恶”、严打“清剿”、整治“三角地带”、打击“两抢一盗”等系列专项行动。2012年以来，共破获刑事案件57.6万起，抓获犯罪嫌疑人15.5万名。围绕保发展、净环境，抓住影响经济发展的突出违法犯罪活动，相继开展了以经济犯罪为重点的“打假专项行动”；以环境污染犯罪为重点的“利剑斩污”攻坚战，战果位居全国第一；以食品药品犯罪为重点的“餐桌保卫战”，战果位居全国第六。围绕抓防范、创平安，统筹推进立体防控工程和天网覆盖工程建设，深入推广“三级巡控”和“乡镇巡控”模式，创建了242条平安样板街道，安全村居创建率达到90%。致力于维护人民安宁。全面强化对人、地、物、事、网的动态管理、综合治理。深化危爆物品掌控工程，扎实开展了力度空前的危爆物品大清查以及深入开展缉枪治爆专项行动，爆炸案件和持枪犯罪连续两年大幅下降，2013年分别下降了75%和50%，战果位居全国第三。深化排查化解工程，摸排各类矛盾纠纷22.24万起，没有化解的逐一按照“可化解、可稳控、可能激化”三个等级落实了稳控责任。深化虚拟社会管理工程，有效净化了网络空间。深化应急处突响应工程，健全了扁平、可视、联勤式指挥机制，推进了应急演练常态化、动态封控实战化、区域协作经常化，妥善处置了遵化市“9·10”爆炸案等多起重大案、事件。深化“大交管”格局，全省道路交通事故四项指标全面下降，国省道、高速公路没有发生长时间、长距离交通拥堵。深化消防安全“防火墙”工程，连续11年没有发生群死群伤重大火灾事故。公安部推广了全省探索形成的“消防信息化、作战规范化、管理正规化”经验。

三、以规范执法为重点，深入推进法治公安建设，提升了依法履职能力和执法公信力

全省公安机关紧紧扭住树立法治思维、治理突出问题、强化执法监督和推进司法改革四个关键环节，促进了严格规范公正文明执法。坚持问题导向，针对执法突出问题，健全了党委统揽、法制牵头、警种分线作战、基层就地“围歼”的大治理格局。深入开展了冤假错案、取保候审、久押不决、“清三托、治三乱”等专项治理。取保候审突出问题专项督察被评为全国先进。坚持强化监督，按照“集中、整合、共享”的模式，对执法办案系统进行了升级改造，严格落实网上办案“六个一律”和执法“六必录”等硬性规定，多数案件实现了网上办理，可督、可查；对网下执法活动进行“全景”监控，可视、可听；对流转案件实时考评，可审、可纠。同时，着力推进执法活动公开，阳光执法平台建设完成率达到89.7%。2013年通过网上考评发现大批执法瑕疵，整改率达99%。坚持推进四项改革，在劳教制度改革方面，全面废止了劳教制度；在涉法涉诉信访改革方面，制定了实施意见，试行了“诉”“访”分离，2013年新发信访案件同比下降39.8%；在司法权力运行机制改革方面，梳理出4方面25类67项具体司法权力，完成了权力分类和归属确定；在户籍制度改革方面，出台了简化户口落户手续七项规定，完善了居住证制度，促进了城乡公共服务均等化。

四、以深度建设、深度应用为重点，深入推进信息化建设，提升了公安机关的核心战斗力

始终把信息化当作一场深刻的警务革命，当作公安核心战斗力。更加注重顶层设计，在省、市两级成立了由主要负责同志任领导的科技信息化委员会，实行统一领导、统一规划、统一标准、统一管理，从源头上解决系统林立、资源分散、建用脱节、重复建设的问题；出台了三年规划，明确了信息化建设的路线图和时间表。更加注重深度建设。加快“一个中心”（数据中心）、“一张网”（天网）和“五个平台”建设；以“四环三道两区”的“护城河”工程为基本框架，实现了对重点部位、重点线路、重点区域的视频全覆盖。更加注重深度应用，建立了集约化管理、合成化研判、一体化运作的常态化情报合成作战机制；制定了基础信息应用奖励办法；从机制上引导、从技术上保障基层创新，涌现出唐山警务e超市、承德宽城、廊坊固安视频巡防等先进典型。

五、以做强派出所、做实社区警务为重点，深入推进基层基础建设，进一步增强了公安工作的发展后劲

全省公安机关坚持把壮大基层实力、激发基层活力、提高基层战斗力作为着力点和落脚点，持之以恒抓基层、打基础。强化政策保障，省“两办”印发了《公安派出所基础建设三年规划》，明确了对警务机制、勤务模式、服务保障等方面的一揽子解决措施；制定了《市县公安机关领导干部任职条件实施细则》，明确了干部从基层出的用人导向。强化基层实力，着眼增警增员，整合警力资源，新增警力全部充实派出所；及时调整、撤并警务区，75%的警务区实现了“一区一警”，524个警务区实现了“一区多警”；建立警辅人员“政府审批、财政购买、市场运作、公安管理使用”的模式，全省警辅达到6.3万名。强化服务保障，围绕实战需求，建立了公用经费正常增长机制和装备动态管理机制，派出所全部完成了功能分区改造任务，信息采集和执法记录仪等设备全部配备到位，全省一级、二级以上刑事技术室分别达到36%、72%，位居全国前列。

六、以群众路线教育实践活

动为重点，深入推进“四师”队伍建设，公安队伍职业化水平有了新的增强

全省公安机关以提升“五个能力”为重点，以职业化建设为方向，倾力打造“四师”公安队伍。围绕主题主线强化政治建警。坚定理想信念，以“六照六看”为主要内容，系统设计了“铸造忠诚警魂、树立优良警风、践行群众路线”等10余个专题，进一步坚定了理想信念和宗旨意识，涌现出了张广胜、吕建江、陈彩凤等一批先进模范人物，民警的职业归属感和荣誉感有了新的增强。不断提升职业形象，坚持“以群众为镜”，聚焦出四个方面共16类问题，对乱收滥罚、吃拿卡要、冷横硬推、公款浪费、用车用房等群众反映强烈的突出问题进行了严肃整治。2013年省厅机关的会议、文件、简报同比分别减少54.5%、21.1%和50%，“三公”经费同比减少12.2%。围绕拓展活动成果，深入开展“四大专项行动”，出台了服务经济发展、便民利民“双二十项”措施，有力保障和促进了经济社会发展；创新完善了联系群众、调查研究、服务基层、评比表彰、厉行节约等22项制度机制，从源头和根本上巩固和拓展了活动成效。围绕实战训练强化素质强警。立足科学施训，完善了课程生成机制，健全了课程模块和备选课程资源库，规范了培训秩序，提高了培训质量，共举办领导干部培训班47期，培训7754人次。立足岗位需求，深入开展了全警大练兵大比武活动，有效提升了民警业务能力。加强与上海、山西、兵团公安机关的交流合作，省厅24名民警赴上海市局跟班作业，12名兵团公安民警在全省挂职工作；立足实战实效，开展了庭审旁听、舆情应对、网上作战等系列专业培训活动，共举办培训班1500余期，培训民警7万余人次。围绕纪律作风强化从严治警。坚持严字当头、敢抓敢管，加强条规禁令的执行，强化党风廉政建设，加大监督检查力度，严肃查处违规违纪行为，建立了督察部门现场发现线索、审计部门深挖经济线索、纪检部门深入核实线索、政工部门加强监督结果运用的“大监督”格局，以铁的纪律打造铁的队伍。

经济侦查

【概况】 2012年、2013年，全省经侦部门在省公安厅党委的坚强领导下，以党的十八大精神为指引，深入贯彻全国公安厅局长座谈会和全省公安局长会议精神，紧紧围绕公安厅党委确定的55项重点工作和16件要事，强力推进五项建设，以打带建、以建促打，队伍素质和实战能力显著提升，打击经济犯罪成效显著增强。

一、全力投入“破案会战”，取得了突破性战果

全省公安机关6个月共立案侦办经济犯罪案件16054起，破案8093起，抓获犯罪嫌疑人16128人，分别超过去年全年的5倍、2倍和6倍；共侦办地方自侦大要案件225起，超过去年同期的3倍，破获公安部督办案件52起；公安部根据全省提供的线索成功发起跨省集群战役61个，数量在全国名列前茅；会战中全省公安机关共为企业、群众挽回经济损失5.5亿元，其中石家庄破获的卓某合同诈骗案一举为受害企业挽回损失1.2亿元；石家庄、保定两地破获的特大虚开成品油增值税专用发票案件涉及企业上百家，涉案金额5亿余元，受到社会广泛关注；保定定州市公安局破获涉案价值1200余万元的出售假贵金属纪念币案，入选全国十大精品案件，专案组荣立公安部集体一等功；因屡破大案、战果显著，公安部先后3次给予全省通令嘉奖，部经侦局44次发来贺电表彰，刘金国副部长先后13次对全省工作做出批示。

二、强化顶层设计，全面推进五项建设

一是深度应用，强力推动情报导侦机制建设。2013年全省经侦部门共利用信息化手段破获案件816起，抓获犯罪嫌疑1129人，同时利用经侦信息系统自行串并案件107起，抓获犯罪嫌疑人152人。二是科学规划，大力加强经侦情报技术手段建设。为进一步推进全省经侦情报技术规范化建设，省公安厅研究制定了《经侦总队情报技术中心建设规划》，明确了全省经侦研判分析平台、I2比对分析软件、资金查控平台“三位一体”的经侦情报技术建设目标，确定了情报技术装备配备标准。三是专项治理，深化执法规范化建设。省公安厅经侦总队以贯彻落实修改后的《刑事诉讼法》为重点，组织人员对原有的《主办侦查员制度》、《集体议案制度》、《统一受案制度》等原有制度进行了逐一修订和完善，保证各项制度规定与新修订的法律法规的一致性。在原有的执法监督案件办理程序的基础上，重点加强了对信访案件的全面审核和重点评查工作，并以此为契机，对信访案件进行统一归口管理，将信访工作纳入执法监督工作体系。2013年公安部还部署开展了“取保候审突出问题专项督察”活动，全省经侦部门对2011年以来所有取保候审嫌疑人的措施适用情况进行了一次全面梳理排查，对发现的问题及时予以纠正。

三、强化打击主业，组织开展三个专项斗争

按照公安部统一部署，2013年全国经侦部门开展了“打假专项行动”、“打击传销犯罪专项行动”和“打击发票犯罪专项行动”，其中打假专项行动贯穿全年。打假专项行动，行动期间全省共成功发起集群战役68起，参与全国性集群战役1049起，其中衡水市公安局经侦支队发起的“高煜瀛生产销售假酒案”集群战役被公安部打假办评为全国打假专项行动经典战役。专项行动中全省公安机关共破获各类假冒伪劣犯罪案件2775起，抓获犯罪嫌疑人3157名，缴获非法制造的注册商标标识、侵权复制品、假冒伪劣商品1.6亿余件，涉案价值7.6亿余元，公安部先后17次对全省发来贺电予以表扬。6月1日至8月31日，全省公安机关开展了“打传销，反欺诈，促和谐”专项执法行动。在对全省传销犯罪开展全面摸排、深入分析的基础上，省公安厅经侦总队明确了石家庄、保定、廊坊、沧州、张家口为全省打击传销工作的重点地区。行动期间，全省公安机关共立传销犯罪案件82起，破案71起，抓获犯罪嫌疑人145名，捣毁传销窝点521个。8月20日至23日，组织开展了全省打传集中行动，全面围剿了一批传销组织，捣毁了一批传销窝点。行动中，共出动警力325余名，破案12起，捣毁传销窝点158处，抓获犯罪嫌疑人18名，教育遣散参与传销人员2542名。5月15日至10月31日，公安部按照中央领导指示精神，组织全国公安机关开展打击整治发票违法犯罪专项行动。行动中，全省各级公安机关共立各类发票犯罪案件409起，破案314起，抓获犯罪嫌疑人335名，打掉大型假发票印制窝点2个、非法代开窝点4个、储藏窝点55个，缴获假发票387.48万余份，挽回经济损失4.05亿元，成功发起集群战役9起，参与外省市集群战役74起，沉重打击了发票犯罪分子的嚣张气焰，有效维护了全省税收征管秩序。

四、召开第三次全省经济犯罪侦查工作会议

2013年6月19日省公安厅召开了第三次全省经济犯罪侦查工作会议。就做好当前和今后一个时期的全省经侦工作，会议强调：一要强化打击主业意识，加大力度，优化方式，以打击引领经侦工作整体水平提升；二要坚持执法为民理念，完善规范，强化监督，实现政治效果、法律效果和社会效果的统一；三要着力夯实基层基础工作，情报导侦，科技强警，全力推动经侦工作机制创新；四要牢牢把握根本保证，健全机构，提高素质，打造能够胜任新时期打击经济犯罪任务的“四师”队伍。

全省“三侦会”后，省公安厅在省编办分解下达175名经侦专项编制的基础上，将招警工作纳入2013年度省市县乡公务员“四级联考”一并启动；积极研究解决经费保障问题，纳入省级年度预算；在基础工作建设方面，省公安厅经侦总队设立了情报技术中心，目前各项技术工作正在逐步开展；在执法规范化建设方面，全省12个市级经侦支队已全部设立了执法监督专门机构，各市均已成立案审委员会，集体议案工作得到进一步规范。在队伍建设方面，石家庄、唐山、保定、邢台、邯郸、承德等6市经侦支队长或政委高配为副处级，全省176个县（区）设立了经侦大队，比例为93.6%。通过“三侦会”精神的贯彻落实，全省经侦工作和队伍建设获得了显著增强，短时间内取得了重大突破。

（张丽晖）

治安工作

【概况】 2012年、2013年，全省经济保卫工作主要经历了十八大安保和十八届三中全会安保两项重大政治任务，全省结合实际情况，主要开展了重要基础设施和重点要害部位安全保护、油气田及输油气管道安全保护、企业周边治安秩序整治、推动服务重大工程项目建设、石油企业安全保卫工作大检查、军工重点企事业单位治安保卫工作大检查、中小学、幼儿园“护校安园”行动、维护医疗机构正常秩序严厉打击涉医违法犯罪行动等一系列专项行动，实现了重大活动安保的平稳过渡，期间未发生任何有重大影响的案、事件，取得了显著效果，得到了中央领导、公安部领导、省委省政府领导和省厅领导的首肯，受到了企事业单位和人民群众的高度评价和一致好评。

（高 飞）

【国有大中型企业内部的经济保卫和治安管理】 重要基础设施和重点要害部位安全保护工作是安全保卫任务中的重中之重。在每年的全国“两会”安保工作中，全省各级公安机关在巩固前期安保工作基础之上，陆续组织召开重要基础设施和重点单位、重要部位安保工作调度会专题部署此项工作，并连续组织开展了重点单位重点部位治安隐患排查整改专项行动，发现隐患立即督导单位进行了整改，细化了各项工作措施，进一步落实了人员和责任。工作中，重点加强了对内部单位各类重点对象的排查和监控。

一、部署开展重要基础设施和重点要害部位安全保护工作

2012年5月，省公安厅治安局组织开展了“保要害、除隐患、强基础、促平安”专项排查整治行动。专项排查整治行动期间，共检查单位17841家，督促整改3107处，查破危害重点单位安全治安案件108起、查处违法人员134人，破获刑事案件11起、抓获犯罪嫌疑人18人，排查化解矛盾纠纷208起，稳控单位内部重点人907人，查处易燃易爆危险品16桶，共计1000余公斤，清缴石油醚、甲酸、三氯甲烷、磷酸氢二钠等剧毒药剂200余瓶、废弃的易制毒麻醉品麻黄素290克，废弃试剂10箱。2012年11月份，省公安厅制定了《十八大安保期间全省重要基础设施安全保护工作实施方案》。专项行动期间，全省共投入公安力量25528人次、企业安保力量150571人次、群防群治力量152906人次，检查线路77639.26公里、重点单位、部位84967个，发现问题1442处、隐患整改1322处。

2012年11月5日至“十八”大结束，全省各级公安机关派驻进京超高压输电线路沿线500千伏变电站12座，派驻民警24人、武警战士29人；派驻重点热电厂5座、派驻民警18人、武警战士30人；派驻进京天然气管道沿线阀室、分输站44座，派驻民警76人、武警战士11人；派驻进京输油管道沿线阀室、泵站11座，派驻民警35人、武警战士30人；派驻南水北调京石段沿线闸室、渡槽22座，派驻民警45人。另外，各级公安机关按照要求每天派出2700余名民警、动员1.8万余名治保力量对重要基础设施进行巡护，每天巡护线路1万余公里。同时，各市公安机关指导监督有关企业按照“谁主管谁负责”和“单位负责、政府监管”的原则，在安全防范方面切实加大了人、财、物的投入，按照每公里1名巡线人员的标准组织专职巡护队伍对所辖管道、线路进行24小时不间断巡逻守护，按照输电线路每座塔基2人、输气输油管道每个阀室2人、每个分输站10人、输水线路每座渡槽6人、每个闸室2人的标准在重点要害部位实行专人全天候看守，并在重点要害部位建设了高标准的物防、技防设施，切实提高了治安防范能力。据了解，各有关企业按照要求，在党的“十八”大期间增加了1.2万余名巡护人员，有效保障了全省重要基础设施的安全。

二、积极开展部署油气田及输油气管道安全保护工作

2012年、2013年，全省结合党的“十八”大安保工作深入开展了油气田及输油气管道专项整治行动，对各类涉油涉气违法犯罪活动进行了严厉打击，对各类违法违规涉油厂点开展了清理取缔，对各类管道违章占压物进行了集中治理，油田和输油气管道生产治安秩序明显好转，打孔盗油案件发案明显下降（2012年全省境内长输管道发生打孔盗油案件172起，2013年发生98起，同比下降43%）。

按照全国油气田及输油气管道安全保护工作部际联席会议的统一部署和《2012年全国油气田及输油气管道安全保护工作要点》的工作要求，相继开展了“闲置、停运管道集中清查”、“灭油鼠、端黑窝”、“路检路查”、“严密打防控、迎接十八大”、“津冀鲁联合会战”等集中统一行动，成功破获了部督“2011.9.13”港枣成品油管道打孔盗油案，“2011.6.2”华北油田楚任管道打孔盗油案，先后破获各类涉油案件206起，抓获涉油犯罪嫌疑人354人，清除了部际联席会议挂牌督办的全省吴桥县桑园镇鑫兴建材厂违章占压。全省共破获涉油刑事案件236起，抓获涉油犯罪嫌疑人430人，打击处理205人，秦皇岛、唐山、邢台市所辖管道全年零发案，切实保障了党的“十八大”期间全省油气管道设施平稳运行。

2013年，按照全国油气安保部际联席会议的统一部署和

《2013 年全国油气安保工作要点》的工作要求，全省组织开展了冀津鲁豫四省市跨区域打击涉油犯罪联合会战、全省重点地区打击涉油犯罪专项行动、油气管道安全生产大检查等统一行动，成功破获了部督“2011.8.18”、“2012.9.17”、“2012.2.5”打孔盗油案，先后破获各类涉油案件290起，抓获涉油犯罪嫌疑人493人，秦皇岛、唐山、邢台市所辖管道全年零发案，全省打孔盗油案件同比去年下降了43%，切实保障了全省油气管道设施平稳运行。根据部际联席会议《2013 年全国油气田及输油气管道安全保护工作要点》的安排部署，全省结合本地实际，重拳打击涉油违法犯罪行为，重点整治影响管道安全的治安问题，全力以赴做好油气安全保护工作。为切实扭转全省局部地区涉油案件高发局面，5月28日，省公安厅召开重点地区打击涉油范围犯罪专项行动动员部署会议，印发了《2013 年河北省打击涉油犯罪专项行动工作方案》。专项行动期间，全省共破获打孔盗油案件117起，抓获犯罪嫌疑人239人，打掉涉油犯罪团伙26个。

在全省重点地区严打涉油犯罪专项行动中，各地公安机关共组织警力4000余人次指导、配合管道企业开展管道巡护工作，组织专项安全检查42次，下发治安隐患通知书130余份，督促管道企业增配视频监控、GPS巡更系统等技防、物防设施55套，增配巡防力量240人。排查违章占压建筑物15处、出租房屋1841处、闲置厂房278座，从中发现油坑2个，清理取缔土炼油厂点15处。同时，各级公安机关大力开展宣传攻势，公开举报电话及奖励政策，在管道沿线39个县区、140个乡镇张贴专项行动通告5200余份、喷刷永久性举报奖励宣传通告和宣传标语1000余条（块）。

三、深入推动服务重大工程项目建设

为进一步推进“保卫大项目”工作，切实保障全省国家级、省级重点工程、重点项目的建设施工顺利进行，河北省公安厅下发了《关于进一步推进“保卫大项目”工作的通知》，要求各市公安机关结合“三访三评”活动对重点工程、项目，逐一开展走访，深入了解企业在内部安全保卫工作中的具体需求和对公安机关的现实需要，及时排查化解矛盾纠纷等治安隐患，向企业征求在施工工地建立警务室的意见、建议，并建立走访台帐，逐一登记各企业意见、建议，研究制定“一对一”的保障措施。

省厅在工作中立足实际，多措并举，扎实推进，充分发挥公安机关职能作用，指导各级公安机关认真履行管理、防范、打击、服务、保障等职能作用，相继开展了平安工地创建全覆盖、打击公路铁路建设中抢载抢种抢建“三抢”违法犯罪等专项整治行动，成功组织实施了京沪高铁、邯黄铁路、京石客运专线、石武客运专线、张石高速等一系列重点项目保卫工作。各市公安机关治安、内保部门按照省厅要求，严格落实“一支服务队、一名联系领导、一套保障措施、一个好环境”的“四个一”工作要求，及时为重点工程建设提供法律咨询、公证、诉讼代理等服务，为重点建设项目提供优质高效的警务保障。积极推行“驻警制＋服务化”重保管理模式，把重点项目建立警务室、派驻民警作为对基层工作的硬性要求

四、深入开展“护校安园”专项行动

全省各级公安机关始终高度重视校园安保工作，认真贯彻落实全国、全省一系列关于加强校园安全工作的会议精神和文件要求，狠抓校园安保各项工作的落实，连续部署开展了“护校安园”专项行动、春季开学校园安全检查、高考校园安全保卫行动、暑期校园安全检查、秋季开学校园安全检查、冬季交叉检查等统一行动，不断提升维护校园安全的能力和水平。工作中，各地不断强化校园安保各项措施，筑牢校园周边安全屏障，提升校园安全防范能力。一是按照“一校一警”或“多校一警”联勤联动的模式，做到了思想认识到位、建设资金到位、警力落实到位、工作职责到位、协调指导到位的“五到位”，对校园安全实施了强有力的保护。目前，全省共建校园警务室2241个，配备校园警察4821名。二是不断加大对校园周边等重点区域、上下学等重点时段的巡逻防控力度。建立健全校园周边整治长效工作机制，大力整治学校、幼儿园及周边治安秩序，为师生创造良好的治安环境。三是不断加强矛盾纠纷排查化解和对重点人排查管控工作力度。各地公安机关会同有关部门积极排查化解校园及周边地区和涉校涉园矛盾纠纷。对容易激化、可能危及学校、幼儿园安全稳定的矛盾纠纷，及时报告党委、政府，

会同有关部门逐一开展工作。同时，各地公安机关对重性精神病人逐一落实管控措施，杜绝安全隐患。四是不断强化涉校案件快速反应和应急处置措施的落实，对涉及校园安全的案件快侦快破。会同教育部门和学校、幼儿园建立协调联动机制，强化应急处置措施，确保一旦发生侵害学生和儿童人身安全的案件，能够在第一时间快速反应，果断处置，采取一切有效措施坚决予以制止。加强对内部保卫人员和保安员的培训，加强应急处置演练，配备安全叉、防暴网、辣椒水等必要的应急处置装备，提高防范犯罪、制止犯罪和应对突发事件的能力，确保了在紧急情况下能够有效制服犯罪分子。五是充分利用信息化手段，摸索推进校园安全工作新模式。为有效预防校园恶性案件发生，确保学校及周边社会治安秩序稳定，切实增强群众安全感和满意度，省公安厅统一将校园的安全防范工作纳入警综平台建设，明确检查时限、检查内容，并做到系统到时自动提醒等功能，充分利用信息化手段落实了校园安全防范的长效工作机制。

五、大力开展医疗机构安全保卫工作

全国“平安医院”创建工作暨维护医疗秩序打击涉医违法犯罪专项行动会议后，省公安厅要求全省各级公安机关，明确责任、立足本职，在进一步加大社会面治安管控工作力度基础上，有针对性地采取措施，深入排查医疗机构安全防范工作中的隐患和不足，有效防范、坚决遏制伤害医务人员、扰乱医疗机构正常工作秩序的案事件发生，为“两会”的顺利召开创造良好的社会治安环境。

全省各级公安机关按照《企业事业单位内部治安保卫条例》的规定，对医疗机构内部安全保卫工作持续开展拉网式的督导检查，通过排查内部治安隐患，适时提出加强内部安全保卫工作的意见和建议，督促整改隐患，有效地促进了各项安防制度的完善和落实。通过督促医疗机构加大内部安全保卫工作投入，加强人防、物防、技防设施建设，提高了医院整体治安防范工作水平。通过对医院的保卫干部、保安人员进行业务培训，增强了处置应对紧急突发事件的能力。通过开展“大走访”、“三访三评”等活动，加强了医患矛盾纠纷的排查梳理工作，及时将可能导致医患矛盾激化，危及医疗机构、医务人员和患者安全以及扰乱医疗秩序的苗头隐患，通报卫生部门和医疗机构。积极协助司法、卫生部门推行医患纠纷第三方调解机制，配合做好患者及家属的宣传教育工作，引导患者及家属通过合法渠道解决医患纠纷，防止矛盾激化引发个人极端暴力事件和群体性事件。全省各级公安机关密切配合，加大整治力度，深入摸排医院及周边地区存在的突出治安问题和安全隐患，依法惩处各类违法犯罪活动，铲除了一批活动在医院及周边的犯罪团伙。

六、军工科研单位安全保卫工作

2012年，按照公安部和厅党委关于做好十八大安保工作的一系列部署要求，全省经文保、治安部门深入开展了“保要害、除隐患、强基础、促平安”专项行动，全面排查单位内部尤其是军工单位内部治安隐患，认真抓好治安防范措施的落实，指导和督促各军工单位严格按照《企业事业单位内部治安保卫条例》的规定，落实各项内部安全保卫制度。以重点军工单位及要害部位作为工作重点，深入开展治安隐患排查工作，严格落实内部安全保卫制度。对检查中发现的重大安全隐患和问题，及时提出整改意见，下发隐患整改通知书，督促限期整改，确保不发生问题。十八大期间，全省治安（内保）系统共检查重点军工单位206家次，发现整改治安隐患137处，在单位内部排查稳控重点人员33人，对重要岗位人员进行身份核查、背景审查1354人，督促单位新增保卫人员187人。通过开展安全大检查和隐患排查活动，促进了军工单位各项保卫工作的落实，及时剔除了隐患，堵塞了漏洞。

（高　飞）

【华北油田区域治安秩序治理整顿】 华北油田是国有特大型企业，横跨河北省境内6个市28个县（市），有油水井6796口，输油气管道3500公里，年产油气当量400万吨，是河北省上缴利税大户，在河北省经济发展中发挥着积极的重要作用。冀中公安局做为河北省公安厅直属公安局，承担着保卫华北油田生产建设的工作职责。2012年以来，在河北省公安厅和华北油田公司党委的坚强领导下，在地方各级政府和油田生产企业的大力配合下，冀中公安局认真贯彻落实全国整治油气田及输油气管道安全保护工作部际联席会议和河北省整治油气田及输油气管道安全保护工作联席会议的工作部署，以争创“全国一流平安油区”为目标，充分发挥专业公安机关的职能作用，严厉打击、严密防范、创新机制，加大华北油田区域治安秩序整治，取得了明显成效。2012年至2013年两年间，共破获管道钻孔盗油等涉油刑事案件296起，抓获涉油犯罪嫌疑人586名，打掉管道钻孔盗油等涉油犯罪团伙46个，取缔土炼油炉和原油净化点39座（处），缴获盗油汽车等车辆187台，收被缴盗抢原油504吨，调解油地纠纷415起，为油田挽回经济损失300余万元。经过打击治理，华北油田区域涉油犯罪得到有效遏制，发案连续两年下降，分别比上年下降8.5%和12.8%，13条外输油主管道实现了“零”钻孔，华北油田区域治安秩序达到了一个新的历史水平。

一、强化“严打”，狠抓涉油案件侦破，以严打促严防

2012年，在省公安厅的组织下，冀中公安局先后组织开展了“灭油鼠、端黑窝”、“严打清剿”、“三角地带整治”等严打专项行动，相继侦破了部督“6·2”楚任输油管线钻孔盗油案、省督“6·18”系列钻孔盗油案、“12·27”、“7·12”抢劫井站职工案、“8·16”团伙盗油案、“9·12”挖地道团伙钻孔盗油案等一大批涉油案件。特别是经过缜密侦查，打掉“10·15”盗、运、销一条龙的特大钻孔盗油犯罪团伙，抓获团伙犯罪嫌疑人16名，查实该团伙盗窃原油1300余吨的犯罪事实。在公安加大打击力度的同时，各采油厂投资1000余万元，不断加强油区自身人防、物防、技防建设，提升重点管线、油区防范能力。采油二厂充实内保队伍力量，投资引进视频监控、“智能声波防盗预警”系统等高科技防范设备，大大提高了油区安全防范水平。采油四厂落实管道巡护机制，投入内保力量加大对重点输油气管道的安全防护。在严打与严防两手都硬的态势下，油区发案明显减少，采油二厂、四厂辖区内的部分长输管线实现了“零”发案、“零”钻孔。

二、“除恶务尽”，狠抓涉油逃犯缉捕，做到剔除治安隐患

涉油逃犯的存在，对于油区治安是一种直接而现实的威胁。冀中公安局坚持打准、打狠的方针，对涉油逃犯“穷追猛打”，做到“斩草除根，除恶务尽”，“不抓逃犯绝不收兵”。2012年以来，充分依靠信息化科技手段，采取定点抓捕、集中搜捕、规劝投案、联合抓捕等方式开展追逃工作，共抓获125名涉油网上逃犯，为华北油区剔除了潜在的隐患。

三、“露头就打”，狠抓土炼油炉取缔，做到源头治理

冀中公安局广辟信息渠道，通过有偿举报、秘密巡查、以案查源等措施，发现隐藏在油区内外的土炼油炉厂点，及时联合企业保卫组织予以取缔。2012年以来，全局共取缔土炼油炉和原油净化点39座（处）。

四、主动服务，狠抓油地纠纷调处，做到构建平安和谐油田

冀中公安局坚持“油田生产推进到哪里，公安局的服务就延伸到哪里”的理念。油田井站遍布乡村，生产作业流动性大，在生产经营中，经常发生工农纠纷和油地纠纷，冀中公安局执法前移，设立油区流动警务站，配备专用警车，笔记本电脑及打印机，现场办公、现场调解，及时协助油田化解矛盾，维护了油田生产秩序。2012年以来共调处各类油地纠纷415起。

五、协同作战，狠抓警保联防机制，形成工作合力

警保联防机制是冀中公安局与华北油田采油三厂在共同保卫油田生产建设的长期使用中，建立起的以公安机关为主导，企业内保力量为支撑，充分发挥公安机关执法优势和内保部门人力、物力优势，开展联防、联治、联调、联建、联勤的一种有效的工作机制，在油区治理工作中发挥了重要的作用，得到华北油田公司主要领导的充分肯定。2012年9月5日，在华北油田公司油区综合治理暨警保联防工作现场观摩会上，对警保联防机制进行了总结推广。两年来，警保联防机制在华北油田各采油厂与冀中公安局各基层分局迅速得到推广应用，实现了华北油田治安形势的根本好转。

（冀中公安局）

【巡警特警队伍建设】 2012年、2013年，全省巡警特警部门全面加强巡警特警队伍职业化和规范化建设，有效推进巡控模式多元化发展，进一步提高了信息化建设和深度应用水平，队伍建设和业务工作都取得了长足进步。

一、全省巡警特警队伍机构进一步健全，力量进一步壮大

为进一步加强特警建设的组织领导，省公安厅成立了由曹爱平常务副厅长任组长的全省公安特警队建设领导小组，确立了

“特警队不是可建不可建，而是必须建好用好”总体思路，把市级特警建设列为市级公安机关“一把手”工程强力推进。全省市级公安巡警与特警实现了机构分设，独立建制公安特警支队达到了11支。全省首次新招录公安特警1000名，其中，五类近百个岗位实现了特警招录，人才结构得到了科学优化。截止2013年底，全省11个设区市均单独组建了巡警支队、特警支队，职责和任务进一步明确。全省专职巡逻民警达4409人，全省专职特警力量达1527人。

二、不断强化巡控典型引导和专项行动，社会面巡逻防控工作取得新突破

一是继续深化“城乡一体化治安巡控体系”建设，积极发展专业巡防力量。目前，全省专职巡逻警力达到4409名，专职巡逻辅警达到13225名。二是深入推进视频巡控与实兵巡控相结合的立体化巡控网络。在全省确定了24个县级公安机关为视频巡控试点单位，积极探索多元化视频巡控工作经验。三是继续探索移动与固定相结合的警务站勤务模式。继续跟踪指导石家庄进一步完善固定警务站巡控模式，积极指导唐山、张家口、邢台等地开展移动警务站建设，深入打造全省巡控模式多元化发展格局。

三、深入开展“平安街衢”、“巡逻查缉能手”争创活动，有效维护社会面治安秩序

一是深入开展“平安街衢”创建活动。紧紧围绕“平安河北”建设，按照《“平安街衢”创建实施细则》要求，重点指导全省242条街道开展争创活动，全省主要街区治安状况得到明显改善。二是积极推进“巡逻查缉能手”争创活动常态化运转。连续3年持之以恒抓好入打造全省首创的“巡逻查缉能手”争创平台建设工作，全省注册总人数达到13332人。通过开展“十大精品案例”和“2013上半年优秀案例”评选活动，有效激发全省巡逻民警争先创优的积极性。2013年全省通过巡逻勤务主动抓获各类违法犯罪嫌疑人2418人，网上逃犯469人，全省巡警特警系统抓获逃犯数量始终高于全国同警种平均水平。三是认真落实等级巡控机制，圆满完成重大节假日和重要敏感期社会面巡逻防控工作。坚持警情引导警务，提前部署启动“加强巡”、“武装巡”巡控等级，始终保持对街面违法犯罪活动的高压态势，有效维护了重大节假日和重要敏感期社会面治安秩序的稳定。四是适时开展专项巡逻防控行动。2012年在全省部署开展了“街区亮剑”专项巡控行动，其间组织开展了“平安街衢”创建、“警民万人大巡逻”等活动，有效遏制和打击了现行违法犯罪活动，全省社会面违法犯罪、街头“两抢”案件明显下降。行动中，全省累计投入巡逻警力230余万人次，社会巡逻力量300余万人次，巡逻车辆57万辆次；盘查可疑人员280万人次，可疑车辆150万辆次；抓获各类违法犯罪嫌疑人员21497人，抓获网上逃犯2203人；查获被盗抢车辆621辆，收缴仿真枪4148支、子弹21005发、易燃易爆物品8655公斤，特别是“十八大”期间，全省社会面治安秩序始终保持平稳，专项行动取得了显著战果。

四、深入开展特警训练比武活动，进一步提升了队伍的战斗力

一是认真组织开展特警比武练兵活动。紧密结合公安部关于“特警五项”和省厅“实战训练年”要求，在全省认真部署开展了“特警五项”和“红蓝对抗”技能大练兵，及时组织开展全省选拔集训，积极参加2012年公安部环京七省区市特警比武和全国公安特警大连比武活动，在“环首都警务合作区公安特警2012区域拉动暨红蓝对抗比武活动”中，全省取得了团体第三名的好成绩。2013年，认真对标先进省市特警队建设经验，采取走出去的办法，委托昆明特警支队培训业务骨干60名，委托北京特警总队举办6期狙击手培训班，培训30名市级特警狙击手，全省特警专业化水平得到明显提升。二是积极组织全省特警大比武行动。为更好地落实公安部以比促练，以练促建的要求，在2013年10月和11月份分两个阶段组织全省12支公安特警支队开展了全省公安特警大比武。此次活动由厅治安局联合厅政治部、省电视台等多个部门共同组织。第一阶段在沧州举行了综合体技能和突击攻坚科目比武，第二阶段在邯郸举行了狙击枪精度射击和长短枪应用互换射击科目比武。为确保活动顺利举办，省厅于9月13日、9月27日分别在邢台、沧州召开全省特警比武研讨会，充分征求各地市特警支队意见。通过同场竞技，激烈比拼，检验了各地特警队组建一年来在公安特警五项训练中取得的阶段性成果，调动了全省各地训练演练的积极性。比赛前后，各地掀起了冬季练兵的新高潮。

五、全力做好维稳处突各项工作，及时有效处置了一批群体性事件和个人极端暴力事件

针对全国不断出现的劫持人质案件和个人极端暴力案件上升趋势，组织全省特警队不断完善应急处突工作预案，从指挥、交通、警力、装备等方面完善劫持人质、个人泄愤、群体性事件等7大类案事件工作预案，同时部署各地开展预案拉动演练，各市巡警特警部门先后组织开展针对性较强的突发事件拉动演练30余次，有效提升了全省巡警特警部门快速反应和实战处置能力。牢牢把握“三慎”处置原则，积极配合处置各类群体性事件和突发重大紧急案件。2012年、2013年以来共处置群体性事件500余起。特别是党的“十八大”期间，全省各级特警队伍把群体性事件和应急处置工作作为重中之重，精心组织，认真部署，时刻保持临战状态，充分做好跨区处置准备，切实做到了有备无患。

（赵建飞）

刑事侦查

【概况】 2012年、2013年，全省刑侦部门在厅党委和公安部五局的坚强领导下，以落实55项重点工作和16件要事为抓手，以推动全省刑侦工作会议落实为主线，以提升打击刑事犯罪能力水平为目标，严打各类刑事犯罪，深入开展了打黑除恶、“打盗抢、保民安”、“两抢一盗”百日攻坚、打击治理“三角地带”等专项行动，相继破获了青县“1·27”特大持刀蒙面抢劫案、石家庄“3·16”盗窃107万美金的重大入室盗窃案、卢龙”5·31”特大杀人案等一批大要案件，成功抓获了涿鹿监狱脱逃罪犯王海涛，及时消除了社会负面影响，深入推进刑侦工作信息化、科技化、规范化、专业化，刑侦工作和队伍建设各个方面都取得了新的进展，为维护全省社会稳定做出了重要贡献。

一、深入推进打黑除恶工作

全省各级公安机关在省委、省政府的坚强领导下，紧紧围绕省委“改善和优化发展环境”等中心工作，认真贯彻落实省委关于打黑除恶工作的“十四条”意见建议及全省打黑除恶工作推进会议精神，相继组织开展了“打黑除恶收网攻坚专项行动”、“打黑除恶扫痞铲霸专项行动”、“打黑除恶集中打击专项行动”，均取得了良好的打击效果和社会效果。2012年及2013年，全省共打掉了承德李全杰、保定刘会民等17个黑社会性质组织，铲除了572个恶势力犯罪团伙，抓获黑恶痞霸犯罪分子5000余名，有力打击了黑恶犯罪分子的嚣张气焰，人民群众安全感和满意度得到明显提升，为全省经济发展“四大攻坚战”和打造“平安河北”提供了良好服务和保障，赢得了社会各界和广大人民群众的广泛赞誉，在公安部绩效考核中，打黑除恶工作取得了2012年全国第7，2013年全国第5的优良成绩，创历史新高。省委书记张庆黎作出批示：“全省打黑除恶专项斗争开展得扎扎实实，富有成效，为民除了害，净化了社会环境，深得广大人民群众的欢迎，希望继续加大工作力度，坚决把这个专项斗争善始善终地搞好。”省委常委、政法委书记、省公安厅党委书记厅张越批示：“工作思路清晰，基础扎实，机制顺畅，战果显著。严厉打击黑恶势力犯罪是平安建设的重要内容，要注意发挥体制优势，在内外联动和机制建设上创新突破，确保打黑除恶工作常态化和针对性。”

二、深入开展了打击“两抢一盗”百日攻坚行动

根据省委克服“四风问题”十件实事的部署要求，着眼于增强人民群众安全感和满意度，2013年9月9日至12月31日，省公安厅组织全省公安机关统一开展了打击“两抢一盗”百日攻坚行动，对直接侵害人民群众切身利益的“两抢一盗”等多发性侵财犯罪发起凌厉攻势，期间，分阶段、分步骤开展了夜查行动、清车行动、收网行动、打现行集中行动等4次全省性集中统一行动，不断掀起打击工作的高潮。取得显著成效。全省共抓获“两抢一盗”等多发性侵财犯罪嫌疑人33971名，其中批准逮捕7333名，破获刑事案件61142起，环比分别上升24.5%，92.7%，78.9%。通过这次专项行动，沉重打击了违法犯罪分子的嚣张气焰，有力地维护了社会治安大局稳定，得到了各级领导的充分肯定和人民群众的普遍赞誉。2013年10月至12月，全省“两抢一盗”案件同比下降20.7%。

三、开展打击治理饶阳、肃宁、献县“三角地带”职业犯罪专项行动

为有效遏制职业犯罪蔓延趋势，净化社会环境，根据全省饶阳、肃宁、献县三县交界处（三角地带）职业盗抢犯罪高发的情况，2012年、2013年省厅组织衡水、沧州、石家庄等“三角地带”犯罪案件高发地公安机关对该地区的职业犯罪活动进行了集中围剿，行动期间，共抓获“三角地带”职业犯罪嫌疑人1688名，打掉犯罪团伙196个，破获刑事案件5748起，收缴各类赃款、赃物价值7400余万元。

四、深入开展打击防范电信诈骗犯罪工作

为进一步遏制日益猖獗的电信诈骗犯罪活动，2012年、2013年河北省公安机关刑侦部门大力开展打击电信诈骗犯罪工作，破获了一批电信诈骗犯罪案件，抓获了一批电信诈骗犯罪嫌疑人，取得了显著成果，打击了电信诈骗犯罪的嚣张气焰。期间，全省共破获电信诈骗案件10836起，抓获电信诈骗犯罪嫌疑人2246名，打掉电信诈骗窝点230个，端掉电信诈骗平台136个，追缴、冻结资金5385965万元，缴获一大批涉案银行卡、存折、手机卡、群发器等作案工具，协助公安部侦破多起挂牌督办案件。

五、深入推进侦破命案工作

全省公安机关认真贯彻公安部和省厅的统一部署，始终坚持“命案必破”方针，以“两高一低”和“两个确保”为目标，严格贯彻落实“一长双责”制，不断创新工作思路，强化工作措施，加大对命案的攻坚力度，侦办命案工作取得显著成效，命案发案数持续下降，现行命案破案率稳中有升，网上命案逃犯存量逐年下降，社会治安持续好转。河北省公安厅不断推进刑侦部门实战化、实体化，实行领导亲自上案，侦破了一大批大案要案，强化命案新系统管理和创新，不断完善侦办命案工作机制，制定了《河北省公安机关侦办命案工作规定（试行）》，进一步规范了全省侦办命案工作，建立了全省侦办命案专家人才库，并多次组织侦技专家赴各地研究会诊疑难命案，督导各地认真贯彻省厅部署和问题整改，通过一系列的举措，全省侦办命案的能力和水平得到明显提高，现行命案破案率创历史新高。

六、深入开展打拐专项行动

按照公安部和省厅的统一部署，全省各级公安机关在本地党委政府的坚强领导下，进一步加强和完善了反拐、打拐工作机制，部门间协作更加顺畅和有力，省厅先后出台了《河北省反对拐卖人口行动实施计划（2013—2020年）》冀政办〔2013〕11号，关于做好被拐卖儿童安置工作的意见（试行）、关于妥善安置被拐卖妇女工作意见等一系列的制度性文件，有力地保障了河北省反拐工作的深入开展。相继侦破了公安部“3·3”拐卖儿童专案、“2012.12.27”拐骗操纵聋哑人犯罪专案、“2013.1.19”特大拐卖儿童专案、部督“2013.08.12”跨国拐卖柬埔寨妇女案件和部督邢台“8·08”拐卖儿童案等一大批重特大案件和公安部督办案件，解救找回一大批失踪被拐妇女儿童，抓获处理了一大批拐卖类案件犯罪嫌疑人，2012年2013年共帮助36名被拐儿童找到亲生父母，其中5名儿童被拐20年以上。全省共解救被拐外籍妇女222名，抓获涉案犯罪嫌疑人85名。

（王　刚）

公安交通管理

【概况】 2012年，全省各级交管部门以科学发展观为统领，紧紧围绕“三项建设”、“八项工程”、“十八大安保”等公安中心工作，按照张越书记提出的“事故少发、道路畅通、形象良好、群众满意”这一交管工作基本要求，“抓基础、破难题、建机制、惠民生、创品牌”，不断推进社会管理创新，持续开展全省交通秩序专项整治，全力预防道路交通事故，圆满完成了春运、“两会”、“两节”、暑期、“十八大”等一系列重大交通安保任务，全年未发生死亡10人以上重大交通事故和长时间、大范围交通拥堵。全省各级交管部门紧紧抓住预防重特大道路交通事故的“关键性、源头性”环节，坚持不整改到位不放松、不彻底解决不放手，堵塞了源头管理上的漏洞，剔除了重特大道路交通事故隐患。进一步完善了“源头管理、远端控制、分段管控、分类安检、科技支撑、规范执法”的安检模式，打造了科学设防、无缝连接，人车物留“痕”留“影”、轨迹跟踪的安检体系安保。为了解决交警警力严重不足的问题，协调省综治办出台了《关于深入开展道路交通安全综合治理的意见》，将道路交通安全工作纳入社会管理综合治理考核范围；出台了《河北省人民政府关于进一步加强道路交通安全工作的实施意见》，解决了一批长期制约全省交管工作的基础性、机制性、源头性问题，为推动交管工作科学发展提供了政策支持。2013年，全省交警系统以保安全、保畅通为主线，以城市防拥堵、公路防事故、农村不失管、队伍防违纪为重点，以信息化建设和应用为支撑，创新管理机制，夯实基层基础，转变工作作风，实现了“事故少发、道路畅通、群众满意、形象良好”的工作目标，整体工作呈现出多点突破、创新发展的良好态势。

【创建“畅通工程”情况】 2012年、2013年，全省公安交管部门充分利用国务院出台《关于加强交通安全工作的意见》的有利契机，努力寻求破解交通安全管理滞后问题的路径。为了解决警务保障的政策性难题，采取BT模式投入14亿元启动了路面动态科技防控工程，强力推进道路交通信息化建设。立足于扫清影响交管工作发展的机制性障碍，协调省综治办出台了《关于深入开展道路交通安全综合治理的意见》，将道路交通安全工作纳入社会管理综合治理考核范围；出台了《河北省人民政府关于进一步加强道路交通安全工作的实施意见》，解决了一批长期制约全省交管工作的基础性、机制性、源头性问题，为推动交管工作科学发展提供了政策支持。为了解决城市交通拥堵这个难点问题，省交管局聘请清华大学专家组开展了石家庄市道路交通发展对策研究，向省政府提交了专题报告。宋恩华副省长给予肯定，并要求建立健全城市道路交通拥堵情况评价办法和机制。石家庄市已投入9000万元进行城市智能交通指挥控制系统升级改造和主干道交通安全设施建设，并计划两年内投资4亿元实施13类43项道路工程建设项目。

全省交管部门紧紧围绕预防交通事故这一中心，不断强化对重点交通违法行为的严厉整治和事故隐患的排查整改，不断加强重点车辆、驾驶人和客运企业交通安全源头管理。省市县三级交管部门成立了运输企业、重点车辆和驾驶人管理机构，实行“红橙黄绿四色预警、分类管理、重点管理”，实现了源头管理制度化、机制化、常态化。全省文明交通示范公路创建工作效果明显。以京哈、京港澳、京沪高速公路等全国创建路段为核心，确定了创建路段68条（段），全长3537公里，全面覆盖了全省11个市交警支队、11个高速交警支队和136个县（市）交警大队，在省交管局“1020工程”的推动和当地党委政府的支持下，各地资金投入、信息化设备配备基本就位，全民参与的氛围初步形成，创建路段违法行为、交通事故明显下降。

【农村道路公安交通管理】 2012年、2013年，全省进一步深化文明交通示范公路创建活动，将全省所有国道纳入市级创建范围。在此基础上，对全省355个交通安全服务站重新进行规范，优化了布局，逐个明确了省界、市界、县界、高速公路上下站口、中途站担负的职责任务，进一步完善了路面全程动态管控机制，提高了公路管控的科学性、针对性、实效性，为打造“全省联动、区域联防、科学合理、严密有效”的公路交通安全防控体系奠定了基础。同时，在梳理、剖析近三年来交通事故规律特点的基础上，全面勘查现有道路，重点在县乡道路与高速公路、国省道路交叉或连接处增设安全提示标志，设置减速震动标线。及时向各地政府上报道路安全隐患排查报告和治理意见，对重大隐患实施政府挂牌督办整改，强化对整治工作的全过程监督，全省362处重大道路安全隐患已全部治理完毕，道路通行条件得到进一步改善。

另一方面，针对影响道路交通安全的突出问题，主动进攻、铁腕治理。一是全面开展道路交通安全大检查。按照国务院和省政府总体部署和“全覆盖、零容忍、严执法、重实效”的总体要求，紧紧抓住严重隐患、突出问题和防范管理的关键性环节，开展了为期2个月的道路交通安全大检查，对全省10446家中型客运企业、20656家中型货运企业以及27条高速公路、17条国道、108条省道进行了拉网式排查，检查车辆近30万台、排查驾驶人28万余名，对1000余名记满12分的客货驾驶人给予了降级处理，查处交通违法行为17万余起，剔除了一大批安全隐患，得到国务院检查组的充分肯定。二是深入开展货车违法行为“大排查、大教育、大整治”专项行动。进一步完善了货运车辆和驾驶人基础信息，“面对面”教育客货运驾驶人40.5万人次，查处货车野蛮驾驶行为50余万起，全省涉及重型货车的事故起数、死亡人数同比下降了30%和15%。三是强力开展突出交通违法行为集中整治。结合不同季节、不同时段、不同路段事故规律特点和交通违法发生态势，组织开展了“清零”、“降速”、“警钟”、酒驾治理、接送学生车辆安全管理集中整治、剧毒化学品道路运输交通安全大检查等一系列专项行动，通过多警种、多部门联合执法、异地交叉执法、区域联勤执法，全省共查处“三超一疲劳”等严重交通违法行为3000余万起，有效净化了道路交通环境。

（李继莹）

出入境管理

【概况】 2012年、2013年，全省公安机关出入境管理部门在厅党委的坚强领导下，紧紧围绕全省经济社会发展大局，牢固树立“以人为本、服务为先”的工作理念，以出入境证件电子化改革为契机，以贯彻落实《中华人民共和国出境入境管理法》及省厅《关于进一步加强和改进全省公安出入境管理工作的意见》为主线，以改革创新为动力，以信息化建设为支撑，全面加强动态化、信息化条件下的基层基础工作，努力提升出入境管理与服务的能力水平，为全省改革开放和经济社会发展营造了和谐稳定的出入境环境。全省共依法签发公民出国（境）证件2571348人次，同比增长75.10%，其中，签发因私护照753206，同比增长61.01%；签发出入境通行证284人次，同比增长73.17%；签发赴港澳地区签注1684714人次，同比增长80.22%；签发赴台湾地区签注133144人次，同比增长102.51%。签发外国人签证和居留许可21166人次，同比减少0.03%。签发台胞签注1293人次，同比增长4.36%。登记管理临时来冀境外人员435499人次，同比减少9.96%。

一、出入境科学管理

（一）深入开展《中华人民共和国出境入境管理法》的学习宣传和贯彻。配合新法的实施，着手修订了《河北省政府部门间外国人管理协作规定》和《河北省公安机关外国人管理分工配合规定（试行）》，进一步明确了有关部门的法律义务和法律责任，增强了工作协同的积极性。完善了现行涉外单位专办员制度，研究起草了《涉外单位信誉等级评价制度》，有效增强了涉外单位在外国人管理工作上的协同、自治、自律作用。

（二）积极推动外国人纳入实有人口管理。按照公安部《关于进一步加强外国人住宿登记管理工作的通知》和厅党委关于加强派出所基础工作要求，初步建立完善了分工明确、衔接科学、协调顺畅、操作性强的出入境与派出所外国人管理分工配合机制，进一步提高了外国人住宿登记信息的准确率和传输的及时性、完整性。研发并实行了外国人停居留证件签发信息反馈派出所系统，提高了派出所外国人管理信息化水平。为秦、唐、廊市及环首都所有县（市）户籍派出所，以及其他设区市、省直管县（市）市区部分派出所和警务室，购买并安装了755台外国护照阅读设备，有效解决了派出所手工录入外国人临住信息方式不准确的问题。改进了旅店业外国人住宿登记信息传输方式。进一步提高了外国人临住登记信息的及时性，全省旅店业外国人住宿登记信息24小时上报及时率由90%左右提高到近100%。推行了“驻区涉外警务模式”，全省共有实行驻区涉外警务模式的警务室34个，落实了外国人在驻社区警务室办理住宿登记等便民措施。

（三）强化对出入境控制对象的管控力度。进一步健全和落实与备案、交控单位的联系通报协调机制，加强与检、法、司、安和公安机关内部有关办案单位的沟通机制，主动与组织、人事部门研究构建快捷有效的备案机制，完善动态化备案机制。截止2013年底，全省国家工作人员登记备案数据443656条、法定不批准出境人员通报备案数据51547条，公民出境查控领域更加严密高效，为出入境证件的签发管理提供了坚实保障。借助“大情报”系统平台，实行积分预警，分类管控，对重点外国人进行了布控，并实现了与厅情报中心对外国人临时住宿登记信息和出国境人员申请信息的交换，进一步提高了管控打击能力。同时进一步规范对因私出入境中介机构的管理力度，制定印发了《河北省因私出入境中介机构受理审批管理工作操作细则》，进一步规范了因私出入境中介机构的受理审批工作，逐步建立健全了对因私出入境中介活动监管机制。截止2013年底，全省共有14家因私出入境中介机构，全部未发生违规经营问题。

（四）大力提升出入境管理基础工作信息化应用水平。一是圆满完成电子普通护照启用签发工作。按照全国统一部署，2012年5月15日全省顺利启用签发电子普通护照。二是应用人像比对系统，进一步提高了出入境证件签发水平。2012年5月15日，正式启用全国出入境人像比对系统，同时积极拓展应用范围，把人像比对系统从境内人员人像比对拓展到境外人员的人像比对，进一步提升了基层民警鉴别申请人身份证件能力和准确率。三是研发启用了出国（境）证件数字化审批系统。2012年底，全省公安机关出入境管理部门全部实行了出国（境）证件数字化审批，彻底解决了县、市级之间纸质材料传递迟缓的问题，极大提高了工作效率。四是积极推进电子往来港澳通行证启用筹备工作。按照公安部要求，制定了《电子往来港澳通行证启用筹备工作方案》和《电子往来港澳通行证项目建设实施方案》，拟定了项目建设需求，并纳入了“金盾工程”（二期）建设项目。五是深入应用网上巡查平台，提高基础数据采集质量。在做好日常巡查监管的同时，以图表形式显示各类业务量变化情况，增加了“境外控制人员信息查询系统”，实现了查询日志和查中信息记录功能，为环京检查站发现境外控制人员提供了技术手段。强化数据传输上报监控制度，对发现错（漏）登记数据或及时性、合格率未达标数据，逐条梳理，找出原因立即整改核查，实现了全省外国人住宿登记数据24小时内上报公安部情况稳定，住宿登记合格率均达到公安部规定标准。

（五）推进环首都七省区市区域出入境警务合作。成功承办了2012年度环首都七省区市区域出入境警务合作会议，进一步提升了环首都七省区市出入境管理部门打击、预防出入境违法犯罪活动的能力和水平。

（六）大力加强公安机关出入境管理机构建设。截止2013年底，全省135个县（市）已全部完成了出入境管理机构单设工作，为进一步推动出入境管理工作创新发展奠定了坚实的组织基础，并按照《出境入境管理法》规定和公安部有关要求，明确了首批符合条件的85个县级公安机关出入境管理机构依法独立行使《出境入境管理法》规定的警告或者五千元以下罚款行政处罚权，加大了基层公安机关出入境管理部门的执法管理力度。

二、简化出入境手续

一是推出就近办理因私出国（境）证件措施。2012年1月18日正式开展了省内居民就近办理因私出国（境）证件工作。2013年7月1日正式开通了三项非河北省户籍人员在全省申请出入境证件的异地办证便民措施，并严格按照公安部要求为非本省户籍人员办理出国（境）证件，促进了全省人才引进政策保障水平进一步提升。二是为公民提供本人出入境记录查询等便民措施。2012年1月1日正式起为公民提供出入境记录查询服务。2013年10月起，对于公民有特殊情况，可以为公民提供超过近5年内出入境记录的查询服务。三是完善公民出国（境）互联网申请系统。经过研发测试推广部署，完善了电子普通护照互联网申请系统，2012年4月23日起在全省推行大陆居民赴台湾地区互联网申请业务，进一步扩大了互联网申请出入境证件范围。四是积极推动全省实现往来港澳地区旅游再次签注自助受理业务，缩短办理时限。全省全部开通往来港澳地区旅游再次签注自助受理业务。自2013年6月1日起，全省居民通过自助签注机申请赴港澳旅游再次签注办理时限缩短为3个工作日，极大便利了全省居民往来港澳。五是在石家庄市实施了赴台湾个人旅游业务。按照公安部统一部署，2013年8月28日在石家庄市实施了居民赴台湾个人旅游业务，进一步促进了冀台交流。六是圆满完成前往港澳定居审批权限下放工作。根据公安部有关规范和厅党委要求，研究制定了《河北省居民前往港澳定居受理审批管理工作操作细则（试行）》。七是进一步简化了出国（境）证件办理手续。经报请公安部同意，全省年底试行了在全省实行居民申办出国（境）证件不再提交本人身份证、户口簿复印件及省内居民就近办理出国（境）证件不再提交居住证明的便民措施，进一步简化了手续，便利了公民就近申办出国（境）证件。

（揭海峰）

禁毒工作

【概况】 2012年、2013年，在国家禁毒委、公安部和省委、省政府、省禁毒委、公安厅党委的正确领导下，在地方各级党委政府的大力支持下，全省各级公安禁毒部门认真贯彻落实党的十八大会议和全国、全省公安厅局长会议精神，以学习习近平总书记系列重要讲话精神为指导，以深入组织开展禁毒严打“净土行动”、“扫毒害保平安”严打整治行动和“肃毒害创平安”禁毒百日攻坚会战为载体，以突出易制毒化学品和非法种植毒品原植物重点毒品问题源头治理为着力点，坚持抓情报导侦不放松，广辟情报来源，加强信息作战；抓目标案件引领不放松，盘活警力资源，集中力量攻坚；抓警种协作不放松，完善工作机制，打好联手仗、合成战；抓安全保卫不放松，积极投入两会和重大活动保卫工作，打好堵截战、阻击战，严厉打击毒品犯罪，攻克一批毒品大要案件，打掉一批贩毒团伙网络，抓捕一批贩毒分子，切断一批贩毒通道，进一步深化了禁毒人民战争开展，有力维护了社会治安大局稳定。两年来，全省共破获毒品违法犯罪案件12732起，抓获毒品违法犯罪嫌疑人12910人，其中破获公安部目标案件18起，省级目标案件91起。缴获海洛因、冰毒、杜冷丁等各类毒品约266.9千克，铲除非法种植罂粟256.8万余株。查获易制毒化学品12760余吨，查获量名列前茅。有力地打击和震慑了毒品违法犯罪活动。

【禁吸、强制戒毒和社区戒毒】 全省各级、各有关禁毒部门以贯彻落实国家禁毒办“贵阳会议”精神为抓手，以教育、挽救吸毒人员为出发点和落脚点，最大限度增加社会和谐因素，全力推进吸毒人员动态管控和强制隔离戒毒、社区戒毒、社区康复工作，为维护社会治安秩序稳定作出了积极贡献。统筹推进，加强基础工作，2012年研究制定了《河北省吸毒人员动态管控工作考评办法》。积极协调省综治办，出台了《深入推进社区戒毒社区康复工作的指导意见》，将社区戒毒社区康复落实执行情况，纳为各级党委政府社会治安综合治理“一票否决”考核项目。协调治安、刑侦等警种，制定了《涉毒人员警种间协同管控工作机制》。协调省厅法制部门，将吸毒人员排查管控工作作为“警种治理”考评项目，促进执法规范化建设。与此同时，为125名培训合格的民警制作颁发了吸毒检测资格证。2013年又在全省聘任53名“禁吸戒毒业务专家”，负责对本地吸毒人员动态管控答疑释惑、预警处置、临时布控、信息比对、执法监督、研析数据等工作，进一步激发了基层民警的工作积极性和创造性。为进一步改善和提高吸毒人员收戒管控工作奠定了坚实基础。严格执法，加大排查管控。各级公安禁毒部门认真落实2012年李国华副厅长提出的“五个一律”的严格要求：即对公安机关查处和自愿戒毒、入诊维持治疗人员，要逐一核实相应信息，一律录入“吸毒人员动态管控系统”；对吸毒成瘾人员，一律责令社区戒毒；对社区戒毒未及时报到、违反社区戒毒协议以及吸毒成瘾严重人员，一律强制隔离戒毒；对强戒出所人员，一律责令社区康复；对经过禁毒办释法宣传仍不接收社区戒毒、社区康复人员的乡镇和街道办事处，一律以省禁毒委名义通报，同时报告省综治委，启动“一票否决”警示。2013年积极协调省委政法委维稳办将吸毒人员排查管控纳为维稳指数考评内容，协调厅考核办、治安局，将吸毒人员动态管控工作纳为强化公安行政管理工作的考评项目，进一步理顺工作关系和工作机制。坚持发现一个，排查一群，应收尽收，全面筛选、核查降格处理吸毒人员、“以罚代戒”等一系列不规范执法现象，协调法制和司法戒毒部门，进一步规范调整了强制隔离戒毒人员出所审核工作流程。两年来，全省累计查获吸毒人员13725人次，其中新发现吸毒人员9462人，决定并执行强制隔离戒毒4217人。2013年吸毒人员动态管控综合排名全国第5名，省禁毒办被评为全国优秀组织单位，受到国家禁毒办通报表扬。树立典型，推广先进经验。省禁毒办依托基层组织，认真开展了社区戒毒社区康复工作，不断探索完善戒毒工作机制，秦皇岛海港区和唐山滦南县司各庄镇社区戒毒社区康复工作被国家禁毒委命名为示范单位和示范点，进一步带动了全省该项工作的顺利开展。

【精神药品、麻醉药品、易制毒化学品管理】 2012年，各级公安禁毒部门坚持管理模式创新，牢固树立服务发展和严格执法理念，堵塞漏洞，防止易制毒化学品流失用于制毒。创新管理模式，增强监管效能。召开了全省易制毒化学品管理创新现场观摩会，推出了巨鹿县“捆绑式”管理经验。推动开展了“百家易制毒化学品管理工作示范单位”评选活动，进一步提升了对全省易制毒化学品企业的管理效能。强化服务理念，创新发展方式。以“三访三评”深化“大走访”活动为载体，大力营造“网上键对键，网下面对面”和谐警企关系。坚持不断完善改进易制毒化学品监管信息系统入网登记、审批管理等服务功能，发挥QQ在线咨询交流短平快作用，深受企业欢迎。强化执法理念，严格查堵防流失。扎实开展易制毒化学品专项整治行动，各级公安、药监、卫生、工商、海关等部门联合部署、联合行动，积极开展硫酸、高锰酸钾等四种易制爆、易制毒化学品专项检查行动和麻黄碱类复方制剂核查工作。2012年查获各类易制毒化学品7166余吨，查获易制毒化学品数量位居全国第一，有效堵塞了易制毒化学品非法流失渠道。

2013年，各地坚持以打促防，通过网上摸排、信息员物建和案件原料来源倒查，依法严厉打击易制毒化学品违法犯罪活动，查获各类易制毒化学品5600余吨，责令整改安全隐患368处，重点整治违规企业156家。坚持重点整治，规范安国麻黄草经营，逐户签订责任书，逐笔核查来源去向。坚持优化服务，缩短审批时限，扩大省内企业产品宣传，提高了满意度。坚持典型引领，开展第二批百家示范企业评选，有效提升了市场主体的社会责任意识，规范了经营秩序。

【禁毒机构和专业队伍建设】 目前，全省公安禁毒专业机构和队伍建设保持了积极稳定发展。两年来，全省公安禁毒专业队伍得到进一步加强，总人数达到215人。其中总队人数19人，市级禁毒专业队伍156人，县（市、区）级禁毒专业队伍12个。2013年，省直管县定州、辛集分别成立公安禁毒专业队伍。同时涌现出了一批立功受奖集体和个人，其中，2013年，省禁毒办被评为全国优秀组织单位，受到国家禁毒办通报表扬，秦皇岛海港区和唐山滦南县司各庄镇社区戒毒社区康复工作被国家禁毒委命名为示范单位和示范点。秦皇岛市公安局禁毒支队副支队长刘妍、保定市公安局禁毒支队副支队长祁建立、省公安厅禁毒总队两禁支队长齐文件荣获“2013年度吸毒人员查控工作先进个人”；邯郸市公安局缉毒支队副大队长王琪、廊坊市公安局刑警支队缉毒追逃大队科员刘涛、邢台市公安局禁毒支队科员王振安、石家庄市公安局禁毒处科员张长雨荣获“2013年度吸毒人员信息维护工作先进个人”。

（于国勇）

消　防

【概况】 2012年、2013年，全省消防部队以科学发展观为指导，以贯彻落实国务院《关于加强和改进消防工作的意见》为主线，持续深化“三项建设”和“三项重点工作”，深入实施“五好四快”发展战略，圆满完成了党的十八大、全国“两会”、暑期保卫等各项工作任务，确保了全省火灾形势和部队管理形势“双稳定”。两年来，部队相继开展了“清剿火患”战役、党的十八大消防安全保卫、“除火患、保平安”、消防安全大排查大整治、冬春火灾防控暨第二次“清剿火患”战役等专项行动；成功扑救了“2·4”沧州南大港瑞盛源公司石油化工火灾、“8·23”石家庄育才药用包装材料有限公司爆炸火灾、“11·17”唐山市永新造纸厂火灾等一系列有影响的火灾事故；参与处置了“2·28”石家庄克尔化工有限公司爆炸事故抢险救援、“7·21”强降雨抢险救援、“8·3”秦唐地区抗洪抢险、“10·6”保定尧和宁苑小区居民楼爆炸事故救援、“11·3”张家口特大暴雪抢险救援等急难险重任务，为维护经济社会发展、保障人民群众安居乐业做出了重要贡献。2012年，省政府下发《决定》，为总队荣记集体一等功；总队被公安部消防局评为安全工作先进总队、“清剿火患”战役宣传工作先进总队、“网络消防宣传先进单位”、消防产品监管先进总队；信息化工作被通报表扬，258名同志在党的十八大消防安全保卫期间立功受奖，46名消防专职队员和文职人员因抗御“7·21”暴雨和10号台风而受到表彰。2013年，总队被公安部消防局评为信息化建设、消防产品监管先进总队；公安部对总队主官经济责任审计评定为“好”，总队党委班子被公安部评为2011－2012年度全国公安消防部队先进党委，石家庄、张家口支队被公安部消防局评为先进支队党委；秦皇岛支队北戴河区大队被评为全国青年文明号；先后有14个集体荣立三等功，410名个人荣立三等功以上奖励，56个集体、39名官兵受到地方党委政府表彰。

【消防法制建设】 2012年、2013年，全省消防机构以贯彻落实国务院46号文件为契机，紧紧围绕建设“法治消防”的工作目标，解放思想、锐意创新、狠抓落实，全面加强执法规范化、执法信息化和执法廉政建设，全省消防法治建设整体水平有了进一步提高，为实现全省火灾形势持续平稳提供了坚实保障。

加强立法，消防执法制度进一步健全。一是加强地方性消防立法，出台了《储罐式氮气灭火系统技术规程》等2部地方性消防标准，指导石家庄、邯郸等地制定了《石家庄消防安全责任制实施办法》、《邯郸市物业消防安全管理办法》等地方规章，并将《河北省消防技术服务管理办法》纳入了省政府2014年立法计划，进一步完善了全省消防法律法规体系。二是制修定规范性文件。制定了《关于加强和改进消防工作的实施意见》、《河北省火灾隐患常态化整治办法》、《河北省火灾高危单位消防安全管理规定》等10余份规范性文件，及时修订了《河北省消防行政处罚自由裁量权实施办法》、《消防监督执法网上督察暂行办法》、36项消防执法制度和13类消防执法样卷。三是及时清理规范性文件。2012年、2013年，总队先后2次对现行有效的消防机构执行的政府规章、规范性文件进行了集中清理，截至2013年底，全省共保留以省政府、省厅名义下发的规范性文件19份，废止5份，保留地方性法规1个，政府规章4个。

强化培训，执法队伍素质进一步提高。一是落实全员业务培训。两年累计组织培训80余次，培训消防执法人员和消防文员5000余人次。二是创新模拟火灾事故责任倒查新举措。在全省推行模拟火灾事故责任倒查机制，使基层执法单位和执法人员感受到严峻的执法后果、受到警示警醒，促进了执法质量意识、行政责任意识的警醒。三是执法示范单位培树取得实效。2012年，全省1个大队被公安部评为全国执法示范单位（为全国仅有的6个获奖单位之一），1个支队、1个大队、2个法制科被部消防局分别评为全国消防执法示范单位、全国优秀消防法制部门，3个大队被省厅评为全省公安机关执法示范单位；2013年，2个大队被部消防局评为消防执法质量达标单位；在2012年、2013年部消防局组织的消防法治论文评选中，共荣获二等奖、三等奖论文各4篇，获奖总数位居全国各省份前列，总队也因此获得优秀组织奖。

深化落实，执法整体水平进一步提升。一是加强网上监督执法。强化消防监督管理系统日常应用，全部实现“网上执法”，深化大队法律审核、支队网上法律复核的“集中法核”制度，全面推行“10+2”常态化执法质量考评机制，并将自由裁量权运用作为集中法核和执法考评的一项重要内容，有效减少了滥用自由裁量权行为，在2013年消防执法质量专项考评点评会上作了先进典型发言。二是规范基层执法行为。制定出台《基层消防大队监督执法工作若干意见》，从监督执法、执法监督、执法保障、社会化消防工作、责任追究五个方面全面规范基层大队规范化建设；提请省厅下发通知进一步明确了派出所消防职责、监管范围、工作要求和考评奖惩，并将派出所消防执法工作情况纳入了省厅“三级两类一网考”和“省对市”公安机关重点工作综合考评指标体系。三是治理执法突出问题。结合“解放思想大讨论”活动，以问题为导向，在全省持续开展了消防执法突出问题专项治理，实现了“两减少、两改善、两提升”（涉及消防执法信访举报明显减少，消防执法违法违纪案件明显减少；消防执法作风明显改善，消防执法形象明显改善；消防执法公信力明显提升，人民群众满意度明显提升）工作目标。四是曝光消防违法行为。自2013年6月《河北省消防安全不良行为公布实施办法》颁布实施以来，全省累计在河北消防网公布消防安全不良行为7批次422条，警示了一批违法单位和个人，起到了很好的社会效果。

【消防监督检查】 2012年、2013年，全省消防监督检查工作以党的十八大精神为指引，以贯彻落实国务院46号文件、省政府71号文件和消防工作“十二五”规划为主线，全面贯彻落实“政府统一领导、部门依法监管、单位全面负责、公民积极参与”的消防工作原则，不断加快消防重点目标建设和深化消防安全“防火墙”工程建设，圆满完成了各项工作任务。

开创社会单位管理新模式。一是在工作模式上，提炼了“361”网格化管理模式，总结了“三项报告备案制度”工作机制，2012年在邯郸支队召开了现场会，在全省予以推广。二是在工作方式上，注重依靠网格，畅通便民、利警渠道，开发了消防行政处罚笔录系统、户籍化管理申报备案系统、消防技术服务机构管理系统，指导开展了网格化管理系统。三是落实户籍化管理。

按照部消防局总体工作部署，至2013年底全省80%的消防安全重点单位列入户籍化管理。

持续保持火灾隐患整治的高压态势。2012年以来，先后组织开展了“清剿火患”战役、“除火患、保平安”、消防安全大排查大整治、冬春火灾防控暨第二次“清剿火患”战役等30多次消防安全专项整治行动，尤其是突出抓好了党的十八大、十八届三中全会、全国“两会”、暑期等消防重大安保等保卫任务，而且确保了全省第八次党代会、第十四届中国科协年会等重大活动和重大节日的消防安全。2012年，通过“清剿火患”战役，提升了全省消防监督队伍的执行力和战斗力；在十八大消防安全保卫战中，全省消防部队奋力争先，各阶段排名不断攀升，最终取得全胜；期间，全省共发生火灾2058起，死亡4人，受伤3人，直接财产损失3312.9万元，全省火灾形势平稳，未发生较大以上火灾事故；全省消防机构检查单位22.6万家，发现隐患和违法行为45.79万处，整改隐患和违法行为45.07万处，临时查封4816家，责令“三停”3417家，罚款8015.6万元，拘留1755人。2013年，组织开展的“除火患、保平安”冬春专项行动和消防安全大排查大整治活动，两项行动均被部消防局综合考评为“优秀”(最高等级)。2013年底，全省按照公安部统一部署，高强度部署推进了第二次“清剿火患”战役。2013年，全省共检查单位23.7万家，整改隐患40.1万处，罚款9861万元，责令“三停”3231家，拘留违法人员1718名。

社会单位“四个能力”建设深化升华。2013年，完成了重点单位和人员密集场所的一般单位达标任务；在持久推动上，根据建设形势部署开展了年度达标复验工作。同时，结合重点单位户籍化管理和乡镇街道网格化管理，不断在深度和广度上强化“四个能力”建设，使专项工作富有河北特色、工作主线更有新的特点。

坚持把重大火灾隐患整治作为消防工作的首要任务之一，整治成效显著。两年来，全省各级政府挂牌督办重大火灾隐患6471处，已按期整改销案6470处，销案率达99.98%。

逐步强化消防产品监管。两年来，全省共检查消防产品使用单位46384个，责令违法使用消防产品改正单位9091个；全省公安消防机构查处消防产品违法案件2780起，罚款2061.4万元；消除消防产品火灾隐患18921处。完成各类消防产品监督抽查3643批次，发现不合格批次1026个，整改更换2.5万件次。向工商、质监部门通报消防产品违法信息7257件，推动工商、质监部门查办消防产品违法案件511起，捣毁生产、销售窝点148个，捣毁销售窝点95个，向经侦或治安部门移送刑事案件（或提供线索）661件，立案327起，破案5起。

【消防宣传】 全省各级各部门责任有效落实。各级人民政府及其有关部门认真履行消防宣传教育职责，将开展宣传教育、消防宣传“五进”、消防安全培训，以及社会媒体宣传等工作纳入政府《2013年度消防安全责任状》。

积极拓展主流媒体宣传阵地。2012年、2013年，河北电台《119消防在线》、河北电视台《119通报》等消防栏目社会影响逐步扩大；联合中央电视台直播石油化工企业灭火救援大型演习，协调中央电视台、中央人民广播电台制作儿童安全，消防科技发明，119消防日，校园、节假日和农村防火等多个专题面向全国播出；在河北电台《阳光访谈》栏目直播“119”专访。2012年，在河北日报刊发《消防安全常识二十条》漫画专版，在河北法制报刊发“119”专版。2013年，在河北日报刊发“险象环生的生命通道”专版，依托中国经济网河北频道建立“河北消防在线”专栏，日均点击量近千人次。两年来，在中央级主流媒体发稿1100余篇（条），省级主流媒体发稿5000余篇（条）。

围绕中心工作开展专项宣传活动。2012年，依托腾讯微博组织全省2200余万微博用户开展“千万网民查火患”，净化社会消防安全环境。2013年，创新开展119消防宣传周活动。联合新浪微博招募消防志愿者，举行“消防达人PK战”；联合河北新闻网举办“河北省消防安全知识网络大赛暨公众素质调查”；开展“消防志愿者百千万发展计划”，《我是消防志愿者》宣传片网络走红，被全国30余家主流媒体、100余家网站报道转载。2013年，举行“河北省消防好新闻”评选。收集全省地市级以上新闻媒体刊发的文字、广播、电视以及微电影作品700余篇，评选出文字类、电视类、微电影类一等奖三名，其余17篇作品分获二、三等奖。2013年，开展“消防安全VJoin

"微博微信知识竞赛。联合全省13家电影院依托微博、微信平台，吸引120余万人次参与互动，11000余人次参与答题，1226人次获免费电影票和消防纪念品。活动作为消防首例入选《新浪政务微博运营案例精选》。

加强队伍建设，完善宣传机制。2012年，举办了全省消防宣传骨干培训班。2013年，组织全省500余名宣传骨干参加部消防局电视宣传人员视频培训班，为全省每个现役消防中队配备了1台松下广播级数字摄录一体机，制定下发《河北省消防政务微博管理办法（试行）》。

【城市公共消防设施建设】 落实政府责任。将消防规划编制与消防站、消火栓等城市公共消防设施建设具体指标列入每年省政府消防安全责任状内容，由省政府组织验收考核。全省两年新增市政消火栓5062座、消防水鹤173个，新建消防站13座。

推动规划编制。指导各地积极推进落实消防专项规划，将消防专项规划纳入城镇控制性详细规划和总体规划，与其他专项规划同步实施。2012年，全省11个设区市、136个县（市）、665个建制镇完成了消防规划编制任务。2013年7月29日，省公安厅、省住建厅联合下发了《关于推进落实城市消防专项规划的通知》（冀公消〔2013〕96号），就规范城市控制性详细规划中消防规划编制内容以及开展城市消防专项规划督察活动提出了具体要求，并指导各地开展自查活动。

【消防队伍建设和管理】 党委班子建设成效显著。出台了《关于加强总队支队级党委班子建设的决定》、《总队支队级单位党委重大事项票决实施意见（试行）》，党委统一的集体领导下的首长分工负责制和"十六字"方针有效落实。充分扩大党内民主，召开了总队第一次党代会，选举产生了新一届总队领导班子，明确了今后五年的发展目标和前进方向。深入践行党的群众路线，大力推行党委"一线工作法"，党委成员每人每年下基层60天以上，各级累计投入8866万元为基层办实事。推进"双考"方式选拔师团职领导干部工作，选拔提任副师职领导干部4名，提任调整正团职干部28名，副团职干部224名。组织制定支队级领导班子标准化建设一系列规范性文件，提高了班子建设水平。坚持廉洁从政，实施廉政建设"阳光工程"，最大限度压缩违法违纪空间。

（省公安消防总队）

公安边防

【概况】 河北省海岸线长487.3公里，分为南北两段：北段从秦皇岛市山海关起与辽宁接壤，南至唐山丰南市涧河口止；南段北起沧州黄骅市歧河口，南至海兴县大口河口止，与山东毗邻，中间夹有天津市海岸。有秦皇岛、唐山、黄骅、曹妃甸四个对外开放海港和石家庄机场一个对外开放空港。沿海辖区有秦皇岛、唐山、沧州3个省辖市及下辖15个县（区）的24个乡镇，166个行政村。2012年、2013年，全省各级公安边防部门紧紧围绕建设河北经济强省这一中心，以维护沿海地区和口岸政治稳定、社会安定为目标，以开展执法规范化建设为契机，以实施"爱民固边"战略为载体，充分发挥职能作用，强化边防社会管理创新职能，全面加强部队法制建设，出色完成了各项边防保卫任务，为维护全省治安稳定和促进经济发展做出了积极贡献。两年时间里，边防总队以开展执法规范化建设为工作重心和突破口，进一步执法队伍建设、执法监督考评和执法信息化建设，不断健全完善各类工作制度，积极推进边防立法工作，队伍的整体素质、执法水平以及执法公信力有了显著提高。同时，各级边防部门充分发挥职能作用，积极努力作为，圆满完成了各项边防保卫任务：各边防支队以维护沿海边防辖区安全稳定为重点，加强社会面管控，严格规范船舶管理工作，实现了辖区和谐稳定、沿海管理整体工作上水平的目标；各边防检查站以"提高边检服务水平"活动和边防检查执法规范化建设为契机，进一步加强出入境边防检查，有力维护了口岸正常的出入境秩序。

【沿海地区治安管理】 2012年、2013年，省边防总队以爱民固边战略为中心，以维护沿海边防辖区安全稳定为重点，狠抓基层基础和业务建设，全面加强社会面防控各项工作，确保了沿海地区及口岸政治稳定和社会安定。两年来，共发放《出海船舶户口簿》1218本，年审9742本，发放船民证9088张，年审26348张；检查船舶91609艘次，船民265351人次；侦破刑事案件255起，查处治安案件2466起；化解群体性事件29起1150人次。

科学研判重点加强，大力提升基础装备建设水平。一是加强了基层装备建设水平。按照必须必配、急需先配、逐步到位的要求，投入1500余万元，重点解决了边防派出所基础设施不完善、执法执勤装备不配套等问题。二是加强了基层信息化应用水平。所有基层边防派出所全部接入公安网，积极推广应用警务综合系统、网上执法办案系统和“港口、船舶和渔船民信息系统”，实现警务信息化系统按需100%开通。三是加强了警务室建设力度。按照省厅三项重点工作总要求，区分种类制定了达标警务室和样板警务室建设标准，进一步加强警务室建设水平，促进警务室延伸警务工作和服务群众触角作用的发挥，样板警务室比例达到30%以上。同时，选定船舶数量集中、矛盾纠纷隐患较多、船管任务重的港口码头新建高标准船管警务室12个。

全面发展强势推进，不断夯实公安基层基础工作。一是夯实公安工作基础。积极推进边防派出所职能完善，连续开展“学业务、学执法、学办案”活动，进一步夯实边防派出所基础工作，一、二级派出所数量由9个上升至23个，占总数50%以上。二是推进警务模式创新。深入推进农村社区警务战略，实施“三（二）队一室”警务机制，落实“一区一警、一区多警”要求，积极推进社区民警专司，进一步明确了边防派出所业务分工、岗位职责和勤务运行模式，推动了基层基础工作精细化发展。三是加强船舶日常管理服务。依托船管警务室，进一步推行警务前移，不断加强船舶管理工作，全面提升服务水平，积极研究出台多项服务举措，通过民警驻室办公和公安网、视频监控接入船管警务室，不断提升实有船舶熟悉率，实现对重点码头、重点船舶的实时监控。四是严打各类海上违法犯罪活动。针对渤海海域生产规律和治安特点，部署开展了海上治安综合整治专项行动，并与相关警种联合开展了一系列专项打击海上违法犯罪行动，有效整肃了海上船舶生产作业秩序。

深入实施爱民固边战略，确保了辖区平安和谐。两年来，共计走访群众20余万户次、70余万人次，贫困户7545户次、孤寡老人2720人次，困难儿童620人次，各类单位、重点部位1255个、敬老院313个，共与群众结成帮扶对子626对，捐助财物折合人民币100余万元，为群众解决实际困难2086件。全省边防辖区15个沿海县（市）和58个行政村纳入当地社会主义新农村或社会治安综合治理工作规划，14个模范创建村被评为市级以上文明生态村，17个创建点和5名个人被评选为市级平安建设先进单位和个人。

【口岸边防检查】 2012年、2013年，全省各边防检查站共检查出入境船舶12814艘次，飞机2782架次，检查出入境旅客362589人次，员工300215人次，查处违法违规案件14起14人，接收遣返3起5人次。

在顶层设计上实现了自我突破。总队深入分析社会各界对边检工作的新需求和新期待，制定出台了《创建爱民固边模范口岸实施方案》和《提高边检服务水平三年规划》，提出了边检机关“唱主角，抓亮点，促提升，走前列”的工作目标。各边检站迅速转变工作理念，逐条细化分解《三年规划》任务要求，积极创造良好通关环境，巩固维稳第一屏障，赢得了服务对象的广泛赞誉。全省5个边检站全部被省政府口岸办及驻地政府授予“爱民固边模范边检站”称号。

在管理创新上实现了重大转变。各边检站积极推行科队联勤，警企联防，警区联动的新型“三联”勤务模式，实现了服务前移，制定出台了预约办理团体证件、上门开展登轮培训等40余项便民服务举措。外轮在港时间平均每航次缩短了3.5个小时，为各涉外企业间接创造经济效益5.6亿元，实现了从跟进服务到引领发展的重大转变。原省委书记张庆黎、省长张庆伟等8位省委领导相继对边检官兵、人本专业、安全高效的通关服务给予题词表扬和批示肯定。

在队伍建设上实现了良性循环。总队梳理归纳了涵盖勤务指挥、群众工作、教育培训等6个方面机制在内的《边检长效机制建设指导意见》，研究制定了涵盖执法执勤、提服工作、专业素质以及工作成效等四大项15个方面在内的《边检勤务质量考评方案》，采取明察暗访、视频督察、梅沙巡检相结合的工作方法，对各边检站勤务工作质量定期评价、定期通报、定期排名，并在此基础上深入开展边检站执勤业务科等级评定。先后有2个边检站连续3年被驻地党委政府荣记集体二等功，2个执勤业务科被部局荣记集体三等功，2个证件研究室、10名业务骨干取得了物证鉴定机构和鉴定人资质。

在公共关系上实现了同频共振。紧紧围绕省委省政府加快转变经济发展方式的战略部署，主动将部队的建设和发展融入到地方经济建设大局之中，各边检站主动向驻地党委、政府汇报提服工作，积极倡导口岸民生警务，以“有为”争“有位”。中央级媒体先后3次集中报道了全省边检站创新勤务模式、助推港口发展的先进事迹，4个地市将边检站纳入主管副市长的基层联系点，先后提供资金支持2.3亿元，边检机关的社会影响力得到空前提升。

（张西京）

公安法制

【概况】 2012年、2013年，全省公安法制工作以深入贯彻落实公安部法治建设、执法规范化建设的安排部署和全省公安工作会议、全省公安局长会议精神为主线，全面深化执法规范化建设，努力推进法治公安建设，不断增强法制队伍履职能力，充分发挥公安法制部门的职能作用，持续加强执法管理，拓展执法监督；不断完善执法场所改造，强化执法安全；大力解决执法突出问题，增强群众安全感和满意度；有效提高公安民警的执法能力和法律素养，公安机关的执法公信力显著提升。通过多措并举，促进了公安法制工作的全面发展，实现了公安执法规范化建设、法治建设的新跨越。

在2012年2月份省政府开展的依法行政考核中，省公安厅荣获“依法行政先进单位”；2012年4月19日，在公安部《关于2011年全国公安机关基本级执法资格考试情况的通报》参考率排名中，全省位列全国第三位；2012年4月8日，《人民公安报》第6267期以《河北：突出问题“大会战”提升公信力》为题，在第一版面倒头条位置大篇幅报道了全省自2011年以来执法突出问题治理大会战工作成效；2012年7月4日，公安内参总第483期，以“河北：破解影响执法公信力突出问题之匙”为题，大篇幅报道河北执法突出问题治理的经验做法和突出成效；2012年9月1日至2日，全国政法机关“首届执法公信力论坛”在全省成功举办，中央政法委授予河北省公安厅“首届执法公信力论坛”优秀组织奖，曹爱平常务副厅长做了《坚持问题导向全面规范执法努力提高新形势下公安机关执法公信力》的经验介绍，与会代表对全省执法规范化建设取得的成效给予了高度评价；2012年《全国公安机关执法规范化建设简报》共转发全省经验材料8篇，2013年转发全省经验材料7篇，自2010年以来连续四年名列全国第一名；2012年全省共有1个市级公安机关、4个县级公安机关、8个基层所队被命名全国执法示范单位，命名数量位居全国第三名；省厅法制总队被评为全省公安机关重点信访案件专项治理先进集体、“先进基层党组织”；河北省公安厅荣获“六五”普法中期先进单位。2013年5月20日至24日，全国人大常委、内司委主任马馼同志带领全国人大调研组对河北公安机关执法规范化建设进行了专题检查调研。马馼主任指出，河北公安机关执法规范化建设成绩来之不易、实在难能可贵。全国人大常委、内司委委员、全国人大常委会副秘书长何晔晖同志指出，没有想到河北执法规范化建设能够搞得这么好，抓得这么细、这么实，抓住了执法规范化建设的根本；没有想到河北公安执法办案的信息化程度这么高，抓住了执法规范化建设的要害环节；没有想到河北的“四无”基层所队达标率这么高，抓住了执法规范化建设的重点。公安部也专门发出简报，向全国通报此次调研情况，对河北的工作给予高度肯定。2013年9月，全省作为全国第四个省份接受了公安部组织的执法规范化建设阶段成效检查验收，并以优异成绩通过，得到法制局局长孙茂利的充分肯定，公安部以通报形式向全国转发了河北省的经验做法。2013年11月25日，在全国公安机关深化执法规范化建设推进会上，杨焕宁常务副部长在讲话中先后五次肯定了全省公安机关执法规范化建设的经验做法并对取得的阶段成效给予高度评价，张存信副厅长在会上作了题为《以问题治理牵引执法规范化建设全面提升新形势下公安机关的执法公信力》的经验介绍。省委常委、政法委书记、公安厅党委书记张越在《2013年度全省公安机关法治建设工作专题报告》上批示：公安法制工作事关执法公信力的提升，是推进法治河北、法治公安建设的关键。过去的一年，全省公安法制工作主动担当、不懈努力，多项工作走在全国前列。成绩来之不易，望认真总结经验、固化完善机制，把各项工作抓的更实、更细，争取更大成绩；省长助理、公安厅长董仚生在《关于全国公安机关深化执法规范化建设推进会主要精神暨我省贯彻落实意见的工作报告》上批示：可在即将召开的全省公安局长会议上，将执法规范化建设作为一项重要内容进行部署；公安部法制局局长孙茂利在《2013年河北省公安法制工作总结报告》上批示：河北省公安厅法制总队带着责任感使命感，真抓实干，组织推动公安执法规范化建设力度大、成效明显，许多工作走在了全国前列。五是多项工作名列全国、全省前茅。2013年全省公安机关执法质量考评优秀率明显上升；群众满意度显著提高，短信回访满意率从最初的不到80%上升至目前的98%；共有24个基层单位被评为“全国执法示范单位”，命名数量位居全国第三。

【公安立法和制度建设】

一、规范公安执法行为，组织开展清理规范行政罚款行为工作

为最大限度降低自由裁量的幅度，实现行政处罚裁量精细化、标准化、规范化，根据《河北省公安机关2013年推进法治建设实施方案》的要求，2013年7月份省公安厅法制总队组织厅治安局、网安总队、出入境管理局、禁毒总队、食药总队、交管局、消防总队、边防总队八个部门，对公安行政处罚裁量标准进行了再次修订完善，以确保公安行政处罚自由裁量标准具有较强的实用性和可操作性。同时按照省政府法制办《关于清理规范罚款行为的通知》的要求，为减轻企业负担，科学设定自由裁量标准，清理行政罚款条款，规范行政罚款行为，2013年9月份省公安厅开展了清理规范行政罚款行为的工作，对公安机关行政处罚行为所依据的现行法律、法规和国家部委规章共计68部，所依据的地方性法规共计4部和所依据的政府规章共计7部进行了全面清理规范。

二、发挥职能，严格审核，进一步规范公安立法和规范性文件制定工作

2013年11月份开始分阶段分步骤对全省现行有效的公安机关执行的政府规章和规范性文件集中进行了全面清理。其中，对1部政府规章建议修改，对5个规范性文件提出废止理由，对14部政府规章和规范性文件建议继续保留，对以省公安厅名义制发的30余件规范性文件决定继续保留，确保了规范性文件的实效性。2013年，省公安厅共报送省政府法制办涉及交管、治安等部门的2件规范性文件，均顺利通过了合法性审查。此外，还对省人大、省政府法制办、公安部法制局等有关部门发来的近60余件法规、规章和规范性文件提出了修改意见。2013年7月份顺利通过省政府对《河北省沿海船舶边防治安管理实施细则》的审核，并于2013年10月1日正式实施。另外，拟将《河北省公共安全技术防范管理条例（草案）》商请省政府法制办审核上报并提请列入2014年省政府立法计划的地方性法规中；拟将《河北省消防技术服务管理办法》、《河北省大型群众性活动安全管理办法》、《河北省道路交通安全责任制规定》、《河北省道路交通事故社会救助基金管理实施细（草案）》4项立法工作商请省政府法制办审核上报并列入2014年省政府立法计划的政府规章中，为公安立法工作争取主动。

【公安系统内部执法监督】 2012年、2013年，全省公安机关按照《河北省公安机关2012年执法规范化建设实施方案》和《河北省公安机关2013年推进法治建设实施方案》的要求，以项目管理、阶段推进、渐次提高为手段，以法制牵头、全警参与、层级联动为抓手，精心组织，强化督导，全力推进，如期完成了公安厅党委确定的“十六件要事”和“五十五项重点工作”。

一、大力开展执法培训，全面提高执法主体法律素质

据统计自公安部开展公安民警执法资格考试以来，全省共组织公安民警执法资格考试师资培训班13期，培训法律教官820人，各级共举办各类考前培训班580余场，6万余名民警参加了法律专题轮训。2012年，全省共2.3万民警参加执法资格考试，参考率为98.96%，通过率为99.42%，参考率和通过率均位列全国第三。2013年，全省1622名民警参加了基本级考试、11247名民警参加了中级考试、7285名民警参加了高级考试，极大地激发了广大民警学法、知法、用法的积极性。另外，全省还开通了“执法资格网上考试学习系统”，目前该系统的点击学习量已达到32万余次，有效促进了民警的常态化学法工作，进一步提高了执法主体法律素质。

二、深入推进问题导向战略，大力解决执法突出问题

一是构建信访风险评估机制，着力遏制信访增量。按照全面审查、事前评估、分级预警、防患未然、提前化解的总体思路，2012年3月省公安厅印发了《河北省公安机关信访风险评估工作机制》，在全省公安机关积极推进信访风险评估、预警、处置、化解工作机制的构建。2012以来，各地通过开展信访风险评估，已有效避免了2300余起信访新案的发生，涉及公安进京访由全国第二降至第五，实现了"减量退位"的目标。二是构建信访评查和执法检查长效机制，着力消减信访存量。2012年4月印发了《河北省公安机关涉法涉诉信访案件评查工作机制》。2012年，省、市两级公安机关共对1221起信访疑难案件进行了评查，主动化解信访积案201起，建议导入终结程序13起，整改执法瑕疵236个。

三、全面加强网上执法办案考评，运用科技手段加强监督力度

先后印发了《河北省公安机关网上执法办案工作规定（试行）》和《加强网上执法办案六项硬性措施》。2013年6月份以来，网上执法办案系统共接有效报警429450起，受理行政案件144016起，刑事案件立案214890起，共办理刑事案件、治安案件336295起，网上流转案件358906起，案件网上流转率为93.7%；共开展网上考评719787次，网上考评率为170.5%；通过网上实时考评共发现执法问题38567个，发布网上考评通报16561次。此外还整合网上督察系统与网上办案系统，实现对执法执勤行为的"全景式在线"监督。

四、全面开展专项治理，深化制度改革

一是对判决无罪案件进行专项执法检查。二是对久押不决案件开展专项治理。截止2013年10月30日，对检查中发现的2起存在于公安执法环节的久押不决案件已督导办案单位将案件移送审查起诉。三是积极推进司法权力机制改革。结合公安执法实际，省公安厅对行政执法权和刑事司法权力全部进行了清理确认，共清理确认行政执法权23项、刑事司法权66项。四是抓好案件归口管理工作。

五、锐意改革，迅速推进轻刑快办工作

2013年全省公安机关已办理轻刑快办案件500余起，案件类型主要为故意伤害、盗窃、危险驾驶、交通肇事。

【行政复议和应诉】 2012年度，全省各级公安机关共受理行政复议案件976起，已审结822起，其中维持510起，维持率为62%；撤销86起，撤销率为10.4%。2013年度，全省各级公安机关共审结行政复议案件1318起，其中，维持827起，维持率62.7%，同比上升了0.7%；撤销176起，撤销率13.4%；调解26起。2013年人民法院共审结行政管理相对人不服公安机关行政处罚或行政强制措施的一审诉讼案件70起，其中，维持49起，撤销3起，确定合法2起，原告撤诉16起。

【法制机构队伍建制改革】 2013年4月，省公安厅下发了《河北省公安厅关于加强公安法制队伍履职能力建设的实施意见》，明确了法制部门的职能定位和提升履职能力的路径，细化了加强执法管理能力、提升服务保障能力和加强公安法制队伍正规化建设的具体措施。截止到2013年底，全省各级公安法制部门全部完成队建制改革，9个设区市级公安机关法制支队设置了政委，107个县级公安机关法制大队设置了教导员，21名法制大队长进入同级公安机关党委班子，188名法制大队长予以高配，80%的县级公安机关建立了法制部门列席会议制度。

（王　恒）

领导接访

【概况】 2012年、2013年，按照公安部和省委政法委的部署要求，全省公安机关超前谋划、认真组织、周密安排，扎实开展了领导干部接访活动，取得了明显成效。通过活动开展，进一步拓宽和畅通了公安信访渠道，及时化解了各类矛盾，切实增强了各级吸附能力，有效遏制了进京访和越级信访，为推动涉法涉诉信访改革打下了坚实基础。

一、畅通信访渠道，提高源头吸附能力

2012年，全省公安机关严格落实《河北省党政领导干部接访（约访、下访）包案实施办法》，省厅出台《河北省公安机关领导接访实施意见》，全省各级公安机关普遍建立了领导干部接访制度。2012年2至4月，省厅每周两名厅级领导干部轮流到省中心接访，全程包案负责，17名厅级领导共接待来访297起次，交转130起案件。各级公安机关普遍开展领导开门大接访，领导班子成员共接访13811起次，其中省、市、县三级“一把手”共接访4301起次。此外，各地进一步拓宽民意收集和诉求表达渠道，2012年，通过视频、互联网、短信等方式接受群众反映信访事项105起次，极大畅通了信访渠道。2013年，创新工作模式，领导接访工作进入常态化。2013年年初，厅党委专门对省厅全年的领导干部接访工作作出统筹安排，制定了《2013年领导干部接访工作计划》，确保每周至少一名厅领导到省涉法涉诉联合接访服务中心接待信访群众。市、县公安机关设立了领导接访日，确立了领导干部轮流坐班接访等工作制度。通过领导接访活动，让群众切身感受到公安机关解决信访问题的诚意，将一大批欲进京赴省上访人员牢牢吸附在当地。2013年以来，省、市、县三级公安机关领导班子共接待群众来访11983起次，其中“一把手”接访2724起次。

二、定期调度通报，加强案件办理力度

各级公安机关领导干部坚持边接访边办访，重在解决问题。对信访人反映有理且能够当场解决的，立即协调处理，当场解决；对不能当场解决的，全部落实首接责任制，当场研究提出处理意见，明确责任单位和办结时限，并亲自负责所接案件的协调调度和督促办理，直至信访问题得以妥善解决。坚持穷尽信访人的所有诉求，“一揽子”解决到位，避免信访人重访。对厅领导接访的案件，省厅及时录入信访系统并建立台账，向市级公安机关下发交办、督办函，要求按照领导接访批示意见抓好案件化解息诉工作。同时，按照接访案件所属警种部门，交各警种进行包案督办。厅领导接访案件办结息诉后，及时向接访领导进行反馈，做到一案一报，确保事事有着落、件件有回音；对疑难复杂不能在规定时间办结息诉的案件，提请厅领导进行调度；对厅领导接访案件的办理情况实行每周分析，每月通报，全力推进领导接访案件的化解工作。2012年厅领导接访交办130起案件全部办结；2013年，厅领导接访交办72起案件，已办结70起，办结率97%。

三、主动约访下访，推动案件化解息诉

本着“以解决问题为根本，以息诉罢访为目标，以让群众满意为标准”的指导思想，有效畅通信访渠道，变信访人上访为公安机关下访，进社区、进农村，到信访人家中做工作。特别是对问题长时间未能解决、信访人多次反复越级信访的案件，各级公安机关领导干部采取约访下访形式，强力推动化解息诉工作。利用节假日期间人员在家的时机，充分利用到基层指导调研的工作机会，主动带案下访，通过约访、下访活动，面对面了解群众诉求，最大限度地解决群众的实际困难，维护群众合法权益，赢得群众的理解和信任，促使一批信访老户停访息诉。对领导干部接访后通过工作已办结的信访案件，信访人不停访息诉的，各级信访部门认真落实回访制度，安排责任人对信访人进行回访，对信访人提出的合理建议和意见作好记载，在工作中加以改进。各级领导干部以不同形式约谈信访人，积极协调解决问题，督促协调解决了一大批信访案件，取得了突出效果。

四、边接边查问题，促进公安队伍建设

各级公安机关充分发挥信访工作“试金石”、“反光镜”作用，在接访、办访的同时坚持向发现问题与改进工作延伸，结合自身工作实际，解剖引发群众信访的普遍性、倾向性、规律性执法问题，深入剖析问题原因。为解决执法中存在的问题，各地相继出台了一系列制度措施，进一步规范执法行为。有的地方在接处警、调查取证、采取强制措施等方面制定了严格的工作程序；有的地方在端正民警执法理念上下功夫，推行阳光警务，公开办理流程，方便群众查询，接受群众监督。通过接访工作，各级公安机关切实找准了问题，改进了工作，转变了作风，改善了警民关系，有力地推动了公安队伍建设。

（耿治宁）

公安队伍建设

【概况】 2012年、2013年，全省公安政治工作以党的十八大和十八届三中全会精神为指引，以党的群众路线教育实践活动为主线，以打造“四师”队伍为目标，以职业化为路径，以“四个政工”为价值追求，在传承经验中创新发展，在载体牵动中全面推进，在固化成果中完善机制，着力推进思想教育、警力人才、教育培训、宣传舆论、队伍管理和现役工作取得新发展、新进步和新突破，确保了公安队伍在任务空前繁重、压力有增无减、头绪纷繁复杂的情况下，始终保持思想过硬、行动自觉、职业敏感和昂扬状态，为圆满完成公安中心工作提供了强有力的政治服务和组织保障。

一、思想教育创新实践

形成了“思想政治工作虚功实做”的理念，紧密结合学习贯彻党的十八大精神、党的群众路线教育实践活动和“解放思想、改革开放、创新驱动、科学发展”、“为何从警、如何做警、为谁用警”大讨论活动，以理论武装为根本，以岗前训示为形式，以实践养成为途径，把思想政治建设融入警务实践各环节、民警工作各方面，增强思想教育的吸引力、感染力。围绕全国“两会”、暑期和十八大安保，出台了《战时思想政治工作暂行办法》及相关配套制度，建立了系统规范的战时思想政治工作机制，适应实战特点的队伍素质保障体系初步形成。组织全警开展全国十八大精神知识竞赛，厅政治部被评为全国优秀组织奖，22 名民警获个人纪念奖，位居全国第六；组织选树了 60 个经常性管理和经常性教育先进典型基层单位，为加强经常性思想政治工作提供了示范。以《职业化建设实施意见》和《公安政治工作规范》为主体的“2＋×”制度体系基本形成，为教育训练、组织人事、舆论宣传、队伍管理、现役工作规范科学高效运转提供了制度保障。

二、典型选树全面开花

形成了“典型就是旗帜、典型就是力量”的理念，塑造典型品牌、拓展领域渠道、延伸辐射效应，将典型培树融入教育激励民警全过程，建立了“立体化”典型选树新格局。高速涿州大队被国务院授予“模范交警队”称号，24 个集体被公安部评为全国优秀公安局、优秀基层单位和爱民模范集体，56 名个人被评为全国特级优秀人民警察、优秀人民警察、爱民模范。评选推出 10 名第二届“范党育式公安民警”并隆重举行颁奖典礼，同时 10 名当选民警全部被评为“善行河北”先进典型，全省占比五分之一，位居行业首位；将公安系统内部“三优”评选上升为政府层面表彰，100 名获奖民警全部享受市级劳模待遇；卢国瑞、胡斌卫、张广胜、任璐楠、陈彩凤被公安部授予全国二级英模，陈彩凤当选 2013“感动河北”年度人物，张广胜事迹经《人民日报内参》等媒体报道后，得到了周本顺等省领导批示肯定。表彰奖励全面深入地渗透到了公安工作全过程，围绕十八大安保和各项严打整治，探索形成了战时表彰、专项表彰、综合表彰、日常表彰“四位一体”表彰奖励格局，公安队伍呈现英雄辈出、正气浩荡的生动局面。

三、警力人才配置优化

形成了“不仅缺人更是缺人才”的理念，围绕增编增人、优化配置、增强活力，突出人才强警战略，积极探索警力无增长改善，走内涵式发展之路。在机构编制从严从紧控制背景下，积极争取招录补充警力 2370 名，实现了警力绝对数有效增长；民警招录从数量增长型向质量提升型转变，重点突出基层紧缺的公安、法医和刑事技术人才；在政法干警试点班确定 260 名学员主攻刑事技术专业，初步形成了向基层输送急需人才的绿色通道；优化厅机关干部结构，差额配备科级干部；全省人事管理信息系统建设进入全国先进行列，在全国推广。11 个设区市组建起了专职特警队，招录了 1000 名特警，形成了一支应急处突的专门力量。核定工勤编制、规范切线免职人员管理使用、文职人员制度稳妥推进，进一步盘活了基层警力资源。

四、素质能力显著提升

形成了“教育训练是服务也是福利”的理念，以实战训练年为载体，推动教育培训由知识理论向实战技能聚焦，有力提升了公安队伍整体战斗力。制定出台《河北省公安机关省级集中培训管理暂行办法》，建立四个培训模块，设计多套课程实行“菜单式”选学；编制了《民警岗位能力素质标准》，推进了教育训练方式方法创新，组织集中培训班 60 多期，培训民警 1 万余人次，满意率 95％；建立网上培训平台和远程考试系统，引入“团队学习理念”，初步实现了训考分离；教育训练基础保障力度明显加大，初步建立了一支 600 余人的专兼职实战教官队伍，组织编写了一批以案例教学、教法训法为主的辅助教材，8 个市建立了独立产权的训练基地；推进素质强警交流合作，开设“上海归来话警务”系列讲座，学习推广上海等地先进理念；严密组织招警体能测试3628人次，实现了零投诉；教学练战一体化的招录培养体制改革成效明显，省警院在首届全国公安院校教学技能大赛上获得优胜团队一等奖、专科组综合成绩第三名的优异成绩；在游泳救生、实战射击等全国性警体赛事中取得了历史最好成绩。

五、宣传舆论有声有色

形成了“全面全程宣传”和“舆情就是警情，危机更是战机”的理念，深入把握新媒体时代传播规律，广泛构建良性互动、合作共赢的警媒关系。积极与人民日报、人民公安报、河北日报、河北电视台等主流新闻媒体合作，推出重点报道43篇（条），其中人民公安报头版头条刊发7篇报道；持续释放公安工作正面信息，召开新闻发布会（通气会）、编发新闻通稿33次；坚持多措并举、因势利导，及时处置涉警负面舆情106起，舆情线索39条；按照上级要求，圆满完成一系列重大案（事）件的舆论引导任务；构建起三级公安微博矩阵，省厅官方微博被评为全国公安机关优秀政务微博，在全省政府机构微博影响力排名第二；以“一帮三创”和“五项重点工作”为载体，建立了“面对面”走访群众的制度机制；以民意征集反馈系统、网络问政平台和公安政务微博为阵地，形成了“键对键”沟通群众的工作平台，探索走出了一条新形势下与履职尽责相结合的群众工作新路子。狠抓文艺精品创作，摄制完成了以范党育为原型的电视连续剧《营盘镇警事》，作为全国向十八大献礼十部电视剧之一，在央视一套黄金时间播出，创近3年来同类题材收视率新高。华北人民政府公安部旧址被公安部列为“全国公安民警革命传统教育基地”，孟建柱、张庆黎等中央、省领导同志瞻仰旧址、为基地揭牌，全省公安机关核心价值观教育新增一重要基地。

六、经验制度固化提高

固化传承、完善提高近年来探索实践的一些政治工作制度规范，初步形成了一批具有河北特色的经验做法。11个设区市公安局长全部实现“进班子”，此项工作已固化为党委政府的体制性要求；逐步形成了课程生成、模块教学、实战训练等一系列制度机制；战时思想政治工作机制向重点工作全过程常态延伸，建立了系统完善的战时思想政治工作体系；推进完善“一帮三创”等常态化爱民实践活动，警民关系日趋和谐；完善“三级两类一网考”常态动态指标体系，使其成为队伍管理不可或缺的重要抓手；在典型选树、警力优化、实战训练、舆情引导、现役班子标准化建设和干部“双考”等工作上，陆续形成了一批实践成果、制度成果，初步推进了政治工作的制度化、规范化、科学化。

七、自身建设有序推进

深化“人本政工、责任政工、和谐政工、激情政工”价值理念，充分借助平面媒体、网络媒体等途径，交流推广政治工作典型经验，公安部政治部《公安政治工作》刊发全省稿件13篇，位居全国第三；全国公安政工信息网刊用全省信息535篇，始终在全国排名前十；组织参加公安部“我为队伍建设献建议”主题征文评选，12篇征文获奖，位居全国第五，厅政治部获全国优秀组织奖；全省3篇群众工作典型经验编入《全国公安机关践行党的群众路线经验做法选编》，向全国推广；部署开展政治工作大调研，设计一系列调研课题，形成了一批有思想、有见地、有价值的调研成果。

（封亮亮）

重要会议和重要活动（2012年）

【全省公安工作会议】 2012年2月9日，省公安厅召开全省公安工作会议，省委常委、政法委书记、公安厅长张越同志作了题为《全面提升维护国家安全和社会稳定能力水平为党的十八大胜利召开营造和谐稳定社会环境》的重要讲话。厅党委副书记、常务副厅长曹爱平同志主持了会议。公安部第五派驻督查队成员，省公安厅党委委员、副巡视员出席了会议；厅属各单位副处级以上干部及部分民警，各市、县公安机关领导班子成员及基层科所队长以上负责同志参加了会议。

会议深刻分析了当前公安机关面临的“四个方面的危险”，将2012年确定为全省公安工作破解瓶颈的“攻坚落实年”、固本强基的“基层建设年”、提升能力的“实战训练年”，明确提出了公安工作的总体思路：紧紧围绕为党的十八大创造和谐稳定社会环境的总目标，坚持大事牵动引领工作发展，坚持理念创新引领机制变革，坚持问题导向推动工作落实，坚持固本强基增强基层活力，以筑牢“护城河”工程为结合点，以“能力建设”为切入点，以“三项建设”和“八项工程”为着力点，全面推进河北公安“三步走”发展战略，努力实现“六个确保”，以维护国家安全和社会稳定的新成效、人民群众满意的新形象迎接党的十八大胜利召开。

2012年全省公安工作的重点是：一是以更加主动的作为维护好国家安全，重点抓好情报、反恐、重点人管控和教育转化以及“虚拟社会管理”工程。二是以更加有效的手段处理好社会矛盾，深化矛盾纠纷排查化解工程，建立全覆盖的社会矛盾纠纷排查网络；深化应急处突响应工程，有效应对和妥善处置各类突发事件；加强信访工作，确保实现化解信访案件能力、源头治理能力明显提升，赴省进京访和新发信访案件数量明显下降。三是以更加完备的机制掌控好治安大局，树立打击犯罪的“主业”意识，健全完善经常性严打整治工作机制，始终保持严打高压态势；深化立体防控工程，全面提升治安防控体系建设水平；积极构建“大交管”格局和“防火墙”工程，严防发生重特事故；深化危爆物品掌控工程，确保“不被盗、不流失、不炸响、不进京”。四是以更加优质的服务保障好经济发展，认真落实省政府《关于加快城市化进程的实施意见》，重点抓好改进公安行政管理，“保卫大项目工作”、“民生服务”工程、“实有人口知晓”工程、推行流动人口居住证制度等工作。五是以更加管用的政策支撑好基层基础建设，重点解决好基层警力不足、所队经费紧张、基层负担过重、基层留不住人、社区民警责权利不统一的问题。六是以更加专业的素养规范好执法行为，着眼于解决突出问题、加强执法监督、规范执法行为，培养公安民警理性、平和、文明、规范的法律素养。七是以更加自觉的意识应用好信息技术，加快信息化建设、应用，深化“天网覆盖”工程，全面提升“护城河”工程的科技含量。八是以更加务实的举措锻造好职业警队，以打造“四师队伍”为目标，开展覆盖全警的实战化训练；全面强化队伍监督管理，推进党风廉政和惩防体系建设；加强警营文化建设，丰富民警精神世界，增强民警精神力量，壮大公安机关的软实力。

【党的十八大安全保卫工作】 2012年，全省公安机关将党的十八大安保作为贯穿全年的工作主线，倾力打造了政治“护城河”、平安“护城河”、民心“护城河”、科技“护城河”，忠实履行了“以河北稳定拱卫首都安全”的政治责任。超前谋划、顶层设计，健全了安保工作的整体格局。确立了“三个一年”的总基调、“四个阶段”的总安排、“六项行动、八项机制”的总抓手和“八个坚决防止”的总目标；建立了以“一组两部”为核心，扁平化、可视化、点对点的指挥体系。科学布防、规范便民，筑牢了拱卫首都的安保屏障。围绕“四环、三道、两区”，在全省科学布设源头、中途和远端警务站，打造了层层设防的安检体系；形成了以源头管控、远端发证、分段复核、分类收证和安检为重点，紧密衔接的安检机制；为广大民警配备了移动核查终端，使每名民警都成为一座流动的公安检查站；坚持勤务等级化、精细化、便民化，最大限度地方便群众、服务群众。三是主动进攻、整体防控，保持了安保工作的高压态势。持续掀起严打整治风暴。把矛头对准涉枪涉爆、两抢一盗、黑恶团伙、严重暴力犯罪，不断掀起燕赵利剑、“破案会战”、严打“清剿”的斗争高潮，侦破刑事案件、抓获犯罪嫌疑人同比分别提高110%和19%。全面提升防控等级。渐次启动“加强巡”、“武装巡”、“警民万人大巡逻”；充分运用视频监控和智能卡口，实现了对重点区域和部位全面覆盖、动态监控，确保了安全。严查彻徼危爆物品。开展了力度空前的危爆物品大清查，爆炸案件同比下降38.5%。切实做到常备不懈。规范了“第一指令”，严格落实领导干部应急值守“六个必须”；做强了“第一梯队”，新招录1000名特警，投入一线作战；处置好了“第一现场”，对应急专业力量进行实战拉动演练，确保时刻处于临战状态。依靠广大民警的尽忠尽智、尽心尽力、尽职尽责，实现了尽善尽美的安保目标。省公安厅被公安部荣记集体一等功，全省的“护城河”被中央领导评价为“服务大局之河、忠诚奉献之河”。

重要会议和重要活动（2013年）

【全省公安工作电视电话会议】 2013年2月22日，省公安厅召开全省公安工作电视电话会议，省委常委、政法委书记、公安厅长张越同志作了题为《突出重点，攻克难点，为建设平安河北，法治河北做出新贡献》的重要讲话。厅党委副书记、常务副厅长曹爱平主持会议，武警河北总队司令员李志坚，省委政法委副书记、综治办主任王会平，在家的厅领导、厅属各部门主要负责同志，各市、县（市、区）委政法委书记、常务副书记、综治办主任，各市、县公安局班子成员和部门负责同志，武警支队支队长、中队长参加了会议。

会议明确提出了2013年和今后一个时期全省公安工作的总体思路：锁定“一个目标”（深入推进“三步走”战略，加快实现四个走在全国前列），把握“四个注重”（注重顺应民意、回应期待，注重强基固本、激发活力，注重科技应用、机制创新，注重转变作风、提升能力）；抓好“五项建设”（平安建设、法治建设、信息化建设、基层基础建设“四师”队伍建设）。

2013年全省公安工作的重点是：一是以深化“八项工程”为重点，推进平安河北建设。坚持以打造全国平安示范区为目标，深入推进社会管理“八项工程”，确保安全、社会安定、人民安宁。二是以执法规范化为重点，推进法治河北建设。坚持从树立法治思维、治理突出问题、强化执法监督和推进司法改革四个方面入手，不断提升依法履职能力和执法公信力。三是以深度建设、深度应用为重点，全面提升公安机关核心战斗力。坚持顶层设计，加快平台系统优化升级，创新警务机制，破解规划设计、建设应用、警务变革三个相对滞后的难题，进一步提升公安机关的核心战斗力。四是以做强派出所、做实社区警务为重点，全力夯实基层基础工作。按照基层实力明显增强、基础工作稳固扎实、管理服务规范有序、勤务运行科学高效的目标，制定出台倾斜政策、规范勤务模式、做强服务保障，进一步夯实公安工作的根基。五是以提升“五个能力”为重点，加强“四师”公安队伍建设。以提升“五个能力”（新形势下群众工作能力、维护社会公平正义能力、新媒体时代舆论引导能力、科技信息化应用能力和拒腐防变能力）为抓手，开展五项重点工作（围绕主题主线熔铸忠诚警魂、围绕人民满意改进群众工作、围绕提升能力强化实战训练、围绕掌握主动加强舆情引导、围绕廉洁执法严格纪律作风），进一步深化“四师”队伍建设。

【党的群众路线实践教育活动】 2013年，按照中央和省委的统一部署，省公安厅开展了以“为民、务实、清廉”为主要内容的群众路线教育实践活动，在态度上始终贯穿“整风”精神，在重点上始终聚焦“四风”问题，在标准上始终坚持思想认识上不去不放过，查摆问题不聚焦不放过，自我剖析不深刻不放过，整改措施不到位不放过，对作风之弊、行为之垢进行了一次大排查、大检修、大扫除。认认真真“照镜子”，在思想和行动上照出了“瑕疵暗疮”。按照“六照六看”的要求，坚持以理论理想为镜照出“问题之源”，以党章党纪为镜照出“作风之弊”，以民心民生为镜照出“行为之垢”，以先辈先进为镜照出“改进之策”，共征集群众和基层各项意见建议1000余条，梳理出决策部署有时不够科学、抓落实有时缺乏韧劲等5个方面16个问题，找准了症结所在，明确了整改方向。自上而下“正衣冠”，在人民群众中正出了“良好形象”。坚持提高党性修养“内正其身”，围绕世界观、人生观、价值观这个“总开关”，5次召开党委扩大会议学习总书记的系列讲话，集中开展了“为何从警、如何做警、为谁用警”大讨论，进一步补强了“精神之钙”，增强了“三个自信”，始终在思想上、行动上和党中央保持高度一致。坚持开展正风肃纪“外树形象”，围绕克服“四风”问题，厅党委班子和成员结合实际，全部对群众作出“公开承诺”；坚持以“十对照、十整治”为主要内容，深入开展了正风肃纪专项行动，重点开展了清理“吃空饷”、清理规范收费罚款行为、整治吃拿卡要问题等6件实事，让人民群众看到了实实在在的变化。深入彻底“洗洗澡”，在严肃的党内生活中洗出了“神清气爽”。围绕专题民主生活会，提出了自我批评要“像自己、有深度”，批评别人要“重事实、够分量”，面对批评要“闻过则改、见贤思齐”的要求。会前，省委督导组对厅党委班子的照检查材料逐一审阅，全部达到了“像、深、诚、实”的标准；围绕“问题必谈、原因必谈、措施必谈、建议必谈”四必谈，解决了意见“提什么”、质量“行不行”、分量“够不够”的问题；会上，厅党委班子打消顾虑、开门见山、一针见血，既有红红脸、出出汗的紧张和严肃，又有加加油、鼓鼓劲的宽松与和谐，达到了“团结—批评—团结”的目的。由表及里“治治病”，通过动真格、见真章治出了“身心健康”。始终把问题整改作为活动的核心，坚持明确责任，确保“病有所医”。围绕5个方面16类问题，制定了《整改方案》，配套推出26项具体措施，建立了“一个问题、一名领导、一套班子、一个方案、一抓到底”的责任推进机制。坚持立行立改，强力“清除病灶”。认真落实“八项规定”、“约法三章”、《党政机关厉行节约反对浪费条例》，厅机关会议、文件、简报种类同比分别减少了54.5%、21.1%和50%，“三公”经费减少了12.2%；办公用房和办公用车全部按照标准整改到位。认真落实省委“双十条”的要求，全省1.7万辆冀O民用车辆全部更换新牌，淘汰“黄标车”14.7万辆，成立了省、市和重点县三级环安警察队伍，打击环境污染犯罪战果位居全国第一；集中打击治理打击“两抢一盗”，多发性侵财犯罪同比下降了13.4%。坚持完善制度，实现“强身健体”。在整改问题的基础上，修订完善8项、新制定出台14项制度，织密了制度的“笼子”。

公安工作典型材料

【邯郸市公安局实现警务工作全覆盖】 邯郸市公安局从解决长期困扰公安机关的基层基础工作薄弱问题入手，按照“一村（社区）一警务室一治安管理员”的总体构架，在全市5328个行政村、350个社区设置警务室、配备5678名治安管理员，在工作体制上，由全市统一标准、统一招聘，由县、区（市）人社部门与治安管理员签订合同。公安机关负责警务室和治安管理员的日常管理、使用。在工作模式上，治安管理员工资、组织关系统一划归县、区（市）公安局管理，人员全部充实到农村和社区警务室，其中，党员可兼任农村（社区）党支部副书记，非党员可兼任村（居）委会主任助理。在经费保障上，治安管理员的工资、社会保险、装备等经费，纳入县级财政预算统一保障。在管理使用上，成立专职指导机构，制定了全市统一的《培训大纲》，狠抓岗位培训和信息化手段应用培训，完善了日常管理、考核奖惩、后勤保障等机制，做到了警务触角延伸、服务和管理关口前移，实现了警务工作全覆盖。治安管理员正式上岗以来，利用贴近群众、融入群众的优势，认真履职，在搜集信息、服务群众、帮办实事、解决难题、预防犯罪、促进和谐等方面作用凸显。截止2013年12月，全市治安管理员共反馈社情民意20.7万条，采集基础数据2300万条，排查化解矛盾隐患苗头9.5万余起，排查治安隐患7.1万余处，提供案件线索5.9万余条，协助破获刑事案件9600余起，化解越级访苗头2400余起，协助稳控信访案件532起。

【宽城县公安局构筑视频巡逻防控网络】 近年来，承德市宽城县公安局将视频巡控技术作为做好治安防范、快速精确打击犯罪的一项重点工程，坚持政府主导，公安实施，建设多功能的视频监控平台。经过全力建设，全县共安装监控点283个，形成了三级智能卡口“包围圈”；搭建了由县局指挥中心、巡特警大队、13个派出所组成的一级、二级、三级视频监控平台，构建了覆盖全县主要路段和重点场所、重点部位的视频监控网络。构建了新型的视频巡逻防控网络。依托三级视频监控平台，将可视监控范围内划定若干视频巡控网格，每一个网格配备一台移动警务车，对视频巡逻发现的可疑情况，指挥中心通过无线指挥系统，就近指挥调度，实现点线结合、动静结合、人机结合的巡逻防控网络体系。建立了高效的视频巡逻“打、防”机制。在防控的部位上，提出了不同时间段的视频巡控重点；在打击现行犯罪手段上，结合违法犯罪人员的行为特点自主研发了五项自动报警功能（越界报警、异常徘徊报警、异常奔跑报警、聚众拥堵报警、肢体快速挥舞报警）；在车辆的运行轨迹上，研发了模糊查询功能；在地理信息平台深度应用上，研发了视频跟踪定位功能。在实战中发挥了不可替代的重要作用，有效提高了公安机关的核心战斗力和人民群众的安全感。

（李　鹏）

典型集体和个人

一、省公安厅高速交警总队涿州大队

2012年度被中央国务院授予“模范交警队”荣誉称号

二、孟令深滦南县公安局城关派出所任爱民路社区民警

2012年被公安部授予全国特级优秀人民警察

三、陈彩凤（女）廊坊市公安局广阳分局党委委员、法制科科长

2013年被公安部追记全国二级英雄模范荣誉称号

四、张广胜衡水市公安局桃城分局和平路派出所电业社区民警

2013年被公安部授予全国二级英雄模范荣誉称号

五、冯志红（女）石家庄市公安局长安分局建北派出所新浩城警务站主任

2013年荣立个人一等功，授予第二届“范党育”式公安民警

司法行政

综 述

2012年、2013年，省司法厅在省委、省政府、司法部和省委政法委的正确领导下，牢固树立将“大维稳”提升为“大平安”的指导思想，紧紧围绕服务“四大攻坚战”，扎实开展司法行政机关“三大建设”，充分发挥司法行政职能作用，为服务全省经济持续健康发展和维护社会和谐稳定作出了应有贡献。

一、监狱劳教（戒毒）管理工作进一步加强

监狱劳教（戒毒）系统牢固树立安全稳定“首位意识”，认真贯彻落实“首要标准”，积极推进安全稳定长效机制建设，继续健全完善以“四项机制”和“四防一体化”为主要内容的安全稳定工作机制，监狱系统制定并落实“监管安全17条”规定，重点抓好干警直接管理、值班备勤、封闭管理、罪犯互监包夹等监管制度的落实，改进干警值班模式，有效杜绝了罪犯放单及干警脱岗睡岗现象发生。监狱系统积极整合狱所内外资源，深入实施“三心工程”：通过个别攻坚、心理矫治和监区文化建设，提高顽固犯转化率和危险犯撤销率；开展“放飞梦想重塑新生”服刑在教人员文化艺术作品评选活动，监区文化活动蓬勃开展，促进了服刑在教人员思想稳定；全面建立“即将刑释人员就业信息库”和“招聘企业信息库”，帮助罪犯解决婚姻、户口、拆迁安置等问题，协调联系社会救助机构，帮扶失去生活保障、无人抚养、辍学流浪的服刑人员子女就学生活，构建“监社一体化”帮教平台。沧州海兴县“五老”帮教团与监狱开展联合帮教，24年无一刑释人员重新犯罪，荣获“感动河北人物”唯一群体奖。新华社《国内动态清样》刊发其做法，周本顺书记、张越同志分别做出肯定批示。

二、法律服务层次和法律服务水平不断提升

围绕全省经济发展战略布局，省厅制定实施了服务“四大攻坚战”的实施意见，统筹整合法律服务资源，积极服务沿海地区率先发展增长极、服务京津生产要素承接、服务县域经济和县城建设、服务工业转型升级和环境治理。共组建210余个法律服务团队，深入曹妃甸新区、秦皇岛海港区、黄骅港、首都空港园等重点区域和项目，提供从项目论证、风险评估、土地开发到建成投产、销售等各个环节的一揽子法律服务和支撑。推行“一对一、一站式”服务工作模式，在河北建设投资集团有限公司、唐山三友集团有限公司开展公司律师试点工作，做好并购重组、股权转让、破产清算、知识产权等领域的法律事务。围绕涉外经济、新兴产业、金融贸易发展，全面推进涉外法律服务工作。加强与省商务厅、环保厅、金融办、贸促会的协作，积极开展与澳大利亚、新西兰等国境外法律服务机构常态化联络，着力培养全省高端法律服务人才，打造了百盛、商宇等一批具有核心竞争力的专业法律服务机构，高端涉外法律服务人才结构进一步优化。

三、社会矛盾纠纷调处工作取得新突破

充分发挥人民调解在社会矛盾化解中的基础性作用，强力推动“以案定补”政策落实，下大力推进专业性、行业性人民调解工作，扎实开展多层次民间矛盾调处活动，大量民间矛盾纠纷被化解在基层、消除在萌芽状态。2013年，省两办印发了《关于加强新形势下人民调解工作的意见》，对预防和化解矛盾纠纷，人民调解组织、队伍和制度建设，“三调联动”工作体系，以及保障措施等作出明确规定，有力地促进了人民调解工作的深入开展。各级人民调解组织积极参与“三位一体”调解体系建设，在继续抓好村（居）、乡镇（街道）人民调解组织和队伍建设的基础上，狠抓医患、交通等专业性、行业性调解组织和队伍建设，联合省卫生厅在秦皇岛召开全省医疗纠纷人民调解工作现场会，总结推广秦皇岛、石家庄等地经验。加强与省卫生厅沟通，坚持“一月一通报”和经常性地联合督导检查，各地医疗纠纷人民调解组织建设取得了突破性进展，司法部向全国介绍推广全省医疗纠纷人民调解工作的经验做法。目前，全省建立各类调解组织58607个，其中行业性专业性调解组织732个，全省人民调解员数量达到38万人，十户调解员、楼院调解员超过20万人。

四、法制宣传和依法治理工作取得新成效

以法治河北建设为统揽，以“法律八进、法治八建”为平台，深入推动实施“六五”普法规划，法制宣传教育工作的形式和载体不断丰富，推进依法治理工作取得实质进展。2013年5月，省第十二届人大常委会第二次会议通过了《河北省法制宣传教育条例》并于7月1日起正式实施，《条例》明确了司法行政部门的地位、职能和作用，明确了各部门各单位的职责，对构建“大普法格局”、推进法制宣传教育深入开展提供了有力的制度保障。省厅会同省委组织部、省委宣传部制定下发了《关于进一步加强领导干部学法用法提高运用法治思维和法治方式能力的意见》，按照省委安排，对新任厅局级领导干部进行了集中法制培训。指导各地相继出台了领导干部学法用法实施意见，通过集中学习、发放音像资料等多种形式，不断提高各级领导干部运用法治思维和法治方式化解矛盾、处理问题的能力。坚持普治并举，制定了“依法行政示范机关”、“依法管理示范单位”、“依法治校示范校”、“公平守信示范市场”、“诚信守法示范企业”、“民主法治示范村”、“民主法治示范社区”、“学法守法示范家庭”八个创建指导标准，总结推广保定市“十户普法宣传员”、唐山市丰南区“六无村居”建设等基层创建工作经验，有力地推进了依法治理工作的深入推进。目前，全省已建立法治创建示范点120个。唐山、沧州两市，平山县等15个县（市、区）被评为“全国法治城市、法治县（市、区）创建活动先进单位”。全省“法律八进、法治八建”工作得到司法部、全国普法办的高度评价，在全国会议上作了典型发言。

五、司法行政队伍综合素质和职业化水平进一步提升

省厅扎实推进政法干警队伍“三大建设”，着力提升新形势下干警队伍“五种能力”，进一步加强党风廉政和惩防体系建设，下大力加强狱所领导班子建设和后备队伍建设，各监狱劳教（戒毒）单位普遍配齐配强了领导班子和一把手，狱所领导班子年龄结构、专业结构进一步优化，基层单位领导班子的凝聚力、战斗力明显增强。加强律师事务所党支部书记、律师党员培训工作，统筹推进律师事务所及党支部建设，建好配强支部班子，健全“一肩挑”、“双向进入”及多渠道选任支部书记机制，完善了支部书记定期培训、年终述职、考核评议、谈话提醒制度，建立独立党支部的律师事务所全部达到“五个一”要求。目前，共有264个党支部，党员律师2364名，244名律师担任人大代表和政协委员。制定了《关于进一步加强对贯彻落实中央改进工作作风密切联系群众的“八项规定”监督检查的通知》、《全省司法行政系统正风肃纪专项行动实施意见》、《关于进一步加强廉政风险防控深化权力运行监控机制建设的实施方案》等文件，明确了五类检查重点、五种工作方式和四项工作要求，顺利完成了对31个狱所落实党风廉政建设责任制和推进惩防体系建设情况考核检查。省委常委、省纪委书记臧胜业，司法部党组成员、纪检组长韩亨林等省部领导同志，分别对我厅落实党风廉政建设责任制情况做出肯定批示。

劳教（戒毒）工作

【概况】 △2012年，全省劳教（戒毒）系统紧紧围绕“安全稳定、教育矫治”这个中心和核心，以管理创新为主线，以“基层基础建设年活动”为载体，创造性地推动工作，保持了场所持续安全稳定，教育矫治质量稳步提升，为维护全省社会和谐稳定做出了积极贡献。

一、深入推进“基层基础建设年”活动

2012年，省局继续加大对场所基础设施改造监督指导力度，不断改善硬件设施，提高场所的物防、技防水平。全年共投入场所建设资金1850万元，用于架设或更换防逃滚网、更新监控设施、设置安全门、购买车底探测仪、安检门及防暴器材及单警装备。全省15个单位管教区大门人车分行建设任务全部完成，12个单位完成了监控指挥中心升级改造。全系统信息化办公平台于3月份正式投入使用，基本实现了全系统的信息网上流转和无纸化办公。

7月份，省局又专门开发了网上考试系统，已组织全省网上统考4次；研发了执法管理网上软件，信息化办公平台广泛应用，降低了办公成本，提高了工作效能。进一步修订完善了《基层基础建设纲要》和《实施细则》，将基层基础建设的目标任务细化分解为9大类岗位职责340条工作标准，规范完善基础表薄册100余种，制定完善工作流程图和标识86项，做到了事事有规范、处处有标准。按照“三个加强、一个倾斜”的要求，大力实施警力下沉，将2012年新招录的民警全部充实到了基层一线，各基层所以十八大安保为契机加强基层大队警力配备，大部分所达到了基层一线警力配比75%的要求。同时，积极推进管理、教育、生活卫生等职能科室前移至管教区，促进了职能科室服务基层大队的制度化、即时化。

二、维护场所安全稳定的能力进一步提高

针对安全管理中的漏洞和薄弱环节，省局注重从制度和机制建设上进行预防和管理。今年共新增或修改完善制度13项，增强了对上级决策的执行力和落实力。建立了问题整改工作制度、危重病人救治快速审批制度、全省联动的统一应急工作机制、非访类劳教人员情况报告制度等；印制了全系统统一的《问题整改通知单》，下发了《关于规范所外就医工作的通知》、《河北省劳教（戒毒）系统反恐应急工作预案》，实现了下情上达，上意下知，缓解了基层工作压力。坚持把研判点评作为“五项机制”的最基础、最关键环节来抓，认真落实《劳教（戒毒）场所安全研判点评制度》，确保了各类安全风险和事故隐患早发现、早预防、早处置。全年每月召开一次主题突出的安全研判点评会，既点评出了问题和经验，也对抓好各项工作提出了明确要求，并强力督导各单位落实每日早研判点评制度。各单位通过落实研判点评制度，共发布预警信息1800多个，防范或消除安全隐患1200多起。全年组织开展了全系统公务枪支安全大检查、全省监所安全大检查和场所安全隐患百日排查整治3次大的排查整治活动。特别是“场所安全隐患百日排查整治活动”，对照部局4项20条排查内容，将安全隐患排查的重点细化为120项排查点。共组织全省联查8次，检查发现问题和隐患300余处，目前除少数因场所设计和历史遗留造成的问题外，绝大部分得到了整改。各单位已基本形成一套良性运转工作机制，民警履职尽责能力和水平得到了明显提升。落实了安全风险评估机制，全年共对各场所进行风险评估6次，及时进行了通报，大大提高了基层单位维稳工作的责任意识；建立了与省委政法委、省委防范办、省公安厅等单位的协调联系机制，全年共协调解决影响场所安全稳定的重大问题5起，有效维护了场所安全稳定。

三、劳教人员教育矫治质量得到提升

全省劳教场所认真落实年初教学安排，严格执行“六三制”，确保了教育时间、人员、效果“三落实”。按照“一人一策”的要求，大力开展个别教育，提高了教育工作的针对性和有效性。组织开展法轮功教育攻坚“春雷行动”，抽调精干力量组成攻坚小组，重点对新收容和沉淀顽固痴迷人员展开定点攻坚。全年成功转化136人，所内转化率达到了82%，累计转化率达到90%，顺利完成了三年整体仗任务。进一步规范完善心理矫治工作流程，心理健康档案建档率实现100%，全年开展心理咨询3285人次，危机干预171人次，为科学施教提供了依据。同时，进一步规范完善了强制隔离戒毒人员诊断评估办法，出台《河北省强制隔离戒毒人员诊断评估工作实施细则（试行）》，全年对近500名戒毒人员开展了不同阶段的戒毒诊断评估，促进了戒毒戒治质量的提高。积极构筑场所、家庭、社会“三位一体”社会化帮教格局，组织开展了较大规模的“场所开放日”活动，进一步密切了与团省委、省妇联等群团组织的关系，强化了社会帮教工作机制建设。大力加强法律援助工作，15个场所均建立了法律服务站，不断完善法律服务工作机制，定期开展法制讲座、法律援助等活动，法律服务工作质量和水平等到有效提高。积极利用所内和所外两种资源，通过“所内试工”、“订单培训”等方式，进一步拓宽了职业技能教育培训的渠道，全年培训劳教（戒毒）人员2900多人次。

四、场所服务保障进一步加强

省局加强沟通协调，积极争取资金，落实财政、部局专项资金2010余万元，特别是部局专项资金比去年提高了67.9%；制定了《强制隔离戒毒所基本支出经费标准（草案）》，新增加了省直劳教（戒毒）所党组织活动经费，5个省直场所的维修经费提高到了400万元，场所水电暖经费标准按照现行物价标准列入2013年预算，中央专项资金使用达到了1450万元，有力提高了保障水平。严格落实食品验收入库、48小时留样等制度，严格落实部颁实物量标准，实现了购物“一卡通”，服务保障水平进一步提高。以防病治病为重点，全面加强医院（卫生院）标准化建设。全省15个所全部具备了依法行医资格资质。制订了《车间和库房标准化管理办法》，对安全生产各个环节作了进一步规范。组织单位所长及中层干部等参加省安监局的安全生产管理培训，强化了安全意识和责任意识。积极开展“安全生产月”、“打非治违”专项行动等活动，严格习艺生产项目的引进审核，连续17年实现场所安全生产无事故。

△2013年，全省戒毒（劳教）系统紧紧抓住维护场所安全稳定这一中心任务，紧紧跟上推进场所职能转型这一改革趋势，进一步规范管理、创新工作，确保了场所安全稳定，特别是劳教制度改革期间的场所安全稳定，职能转型工作取得明显成效。

一、安全稳定工作进一步深化

按照“信息主导警务”的原则，坚持把研判点评作为“五项机制”中基础性、关键性环节来抓，认真落实《戒毒（劳教）场所安全研判点评制度》，确保安全风险和事故隐患早发现、早预防、早处置。省局每季度召开1次全系统研判点评会，及时点评问题、总结经验。通过落实研判制度，全系统共发布信息预警近2000个，消除安全隐患1000余起。全系统进一步健全完善了日查、周查、月查和重大节点、敏感时期集中查的安全隐患排查整治工作体系。开展了场所安全隐患排查整治专项活动，下发安全隐患通知书28份，实行局领导包片、各处包所制度，采取日常巡视检查和重大节点、敏感时期蹲点督导方式，全省集中督导检查4次，专项督导检查4次，共发现安全风险和隐患127项，绝大部分问题已经得到整改，因场所设计和历史遗留问题而一时不能解决的，均已采取替代措施。组织开展了“安全生产月”、“安全生产大检查”等专项活动，进一步加强了对安全生产的检查督导，共派出局领导带队的督导组14组次共计78人次，整改隐患39项，连续16年实现安全生产无事故。石家庄所制定下发《劳教场所习艺劳动项目准入若干规定》、《安全生产500问》等文件资料，形成良好安全生产环境。落实了安全风险评估机制，定期对各场所进行风险评估并及时通报。加强物防技防建设，省戒毒所对监控报警系统进行了升级，实现了语音报警、自动警示与监控指挥中心联网，并购置手持身份证核查警务通1部，做好来所会见人员身份的现场甄别、比对工作，安全防范能力不断提高。与省委政法委、省委防范办、省公安厅等单位建立协调联络机制，协调解决影响场所安全稳定的问题3起。强化应急处突队伍建设，加强应急处突演练，全年全系统共开展应急演练200余次，特别是9月省局和张家口市所配合省委省政府开展抗震救灾应急演练，圆满完成演练任务，极大提高应急处突水平。省保定所成功制止一起戒毒人员强行脱逃事故，省高阳所及时应对强风暴天气灾害均体现出较强的应急处突能力水平。执行落实《全省劳教（戒毒）系统信访工作办法》，进一步健全完善领导包案、教育稳控、联动化解和交办、转办、督办制度。全年省局共接待来访34起共计64人，交办转办信访案件13件。同时，各单位加强和改进出所前谈话机制，规范了谈话记录和影像证据留存，从源头上预防和减少信访案件。

二、劳教制度改革准备工作扎实推进

结合全省场所实际，借鉴外省工作经验，研究拟定了“整合资源、理顺体制、转变职能、保持稳定”的思路，起草了《河北省司法厅关于推进劳教制度改革的情况报告》。省局多次与省委政法委、省禁毒委、公安局等部门进行沟通协调，各单位也积极与驻地有关部门进行联络沟通，争取政府部门的政策支持和财政支持。廊坊市所在市司法局的指导下，加强与市委市政府、市委政法委等部门的联系，较早的争取到政府部门的支持，张家口市所从市财政中争取到400万资金用于拘役罪犯收押场所改建工程。各单位加快申办戒毒医疗资质的进程，并取得初步成效。省保定所于5月成功获得了“戒毒治疗科”的资质，省女所在2月份增设了“精神卫生科”，戒毒治疗资质正在申办中。积极与驻地有资质的社会医院建立合作办医，目前全系统15个单位与驻地26家医院建立就医绿色通道，拓宽了就医渠道，提高了医疗卫生水平。按照司法部127号部令的要求，各所结合工作实际，积极配备了离心机、洗板机、X光机、血液生化分析仪等戒毒医疗设施，完善了功能性设施和功能用房。省保定所投资10余万元在医疗戒治大队建成对传染类疾病进行科学检测的“酶标工作站”。各所按照省局《收押拘役（轻刑）罪犯场所建设标准指导意见》，积极筹措资金，在现有条件基础上，对围墙、岗楼、电网、AB门、监控报警系统等基础设施进行升级改造，筑牢了场所安全稳定防线。省局于5月和9月在全系统开展“强制隔离戒毒”和“刑罚执行”业务培训，邀请高等院校的专家学者及经验丰富的民警为全系统近2000名民警授课，及时补充相关业务知识，提高能力水平。全省15个基层单位已有13个加挂强制隔离戒毒所的牌子，7个所收治强制隔离戒毒人员。

三、教育矫治水平进一步提升

2013年年初，省局组织召开全系统三大建设暨教育质量年动员部署大会，成立了厅局领导挂帅的教育质量年活动领导小组，分别制定了戒毒、劳教《教育质量年活动方案》和《考评细则》。建立了局领导联系点制度，进行专项督导检查，有力推动了教育质量年活动开展。大力组织开展全系统优秀教学课件评比、教育矫治个案评比、心理咨询典型案例评比“三个一”活动。各单位扎实开展课堂化教育，进一步配齐配强专兼职教师队伍，发挥电化教学优势，改进教学方法，有效提高了课堂化教学水平。新接收戒毒人员的单位结合工作实际，及时修订年度教育计划，积极稳妥的开展戒毒人员教育工作。省一所连续3次组织开展了“法轮功”教育攻坚转化行动，重点对沉淀顽固痴迷人员展开定点攻坚，取得了较好成效。落实个别谈话教育制度，及时掌握戒毒（劳教）人员思想动态，逐人建立教育矫治档案，因人施教，实行个性化教育戒治，提升了个别教育的科学化水平，省女所针对女性特点，开展以“四自”为主题的教育活动，秦皇岛市所针对戒毒人员文化素质不高的特点，将《内务规范》和日常礼仪编成歌曲供戒毒人员学唱，起到了良好的效果。加强心理矫治工作，落实入所心理测试、心理健康教育，对心理有问题的人员及时跟进心理咨询、心理危机干预，有效促进了戒治工作的开展。全年全系统共开展心理咨询近700人，心理危机干预40余次。唐山市所坚持晴雨表制度，结合会见、信息员提供的信息等情况，及时开展个别教育。邢台市所推行周记制度，及时分析在教人员思想动态，增强教育矫治的针对性和实效性。积极构筑场所、家庭、社会“三位一体”的社会化帮教格局，密切了与团省委、省妇联等群团组织的关系，强化了社会帮教工作机制建设。大力加强法律援助工作，15个场所均建立法律援助工作站。加强职业技能培训，积极利用所内、所外两种资源，通过“所内试工”、“订单培训”等方式，进一步拓宽了职业技能教育培训的渠道。省高阳所积极打造“农牧业技能培训基地”，开展了多种果蔬种植与管理培训、生态养殖技术等培训项目，取得了较好的教育矫治效果。邯郸市所开展邀请律师进场所开展法律课堂化教育，提供法律援助。充分利用“母亲节”、“国际禁毒日”等节日，广泛开展传统文化教育、遵规守纪教育等主题教育活动，营造轻松和谐、规范有序、健康向上的场所矫治氛围。在场所转型的特殊时期，全系统开展了以“合成毒品与青少年预防教育”为主题的“禁戒毒宣传月”活动，省戒毒所投入2万余元，对场所东西围墙、戒治区大门进行彩绘施工，形象展示了吸毒的危害。衡水市所先后邀请了全国道德模范林秀贞、王文忠等一批知名度高、影响力大的先进模范人物到所开展社会帮教工作，均取得了良好效果。

四、资金保障水平稳中有升

省局加强与司法部劳教（戒毒）局、省财政厅等部门的沟通协调，拓宽资金申请渠道，全年共落实部局专项资金170万，争取中央专项资金1550万，有力提高了资金保障水平。严格落实食品验收入库、食品48小时留样等制度，确保饮食安全。严格落实部颁实物量标准，确保让戒毒（劳教）人员吃饱、吃熟、吃得卫生。督促基层场所进一步加大资金投入力度，加强饮食起居、防病治病、和卫生防疫等设施设备建设，夯实了物质基础，增强了服务保障功能。唐山市所申请专项资金33万元，重新铺设了学员楼防水9500平方米，筹资20余万元对学员宿舍楼进行重新粉刷。全面加强医院（卫生所）标准化建设，进一步明确医疗工作流程。积极开展防病治病工作，巩固和坚持入所体检、定期检查和日常巡诊制度。每月对全系统危重病患者进行一次排查通报，及时给予适宜的救治措施，杜绝发生所内因病死亡事故。分别于4月、11月组织各单位骨干医务人员组成医疗小组深入部分单位进行巡诊会诊，会诊病情较重人员73人，对14名病情复杂、病因不明的人员提出了外诊或所外就医的建议。严格落实各项防疫措施，场所未发生传染病等重大疫情。

普法工作

【概况】 △2012年，普法工作认真贯彻落实2012年全省司法行政工作会议精神，按照《2012年全省司法行政工作要点》和《2012年目标任务分解表》要求，扎实推进"六五"普法规划，较好地完成了各项工作任务。

一、高水平编写河北省"六五"普法教材

省厅从2011年下半年谋划编写河北省"六五"普法教材，2012年经过充分论证，确定了教材的内容架构，为保证教材质量水平，聘请了国家级知名法学专家进行撰稿，李益民厅长和时清霜副厅长对教材的初稿逐章逐节进行了认真审定修改，编辑了一套高质量高水平的普法教材，省委书记张庆黎对教材给予了高度评价，并亲自为教材写了序言，这在全国是唯一的。

二、狠抓普法骨干队伍建设

为切实提高全省普法骨干理论水平和实际工作能力，6至7月份，省厅邀请了国家普法讲师团成员，分两期对全省专兼职普法骨干260余人普遍培训。各市、县（市、区）也根据省的统一要求和部署，加大骨干培训力度，全省共举办培训班60余期，培训各级普法骨干1500余人。通过培训，各级普法骨干进一步提高了理论水平和实际工作的能力，为"六五"普法工作的顺利开展奠定了坚实的基础。

三、精心组建河北省"六五"普法讲师团

经过考察筛选，省厅从省内高等院校、法学研究部门等，遴选出具有较高法学理论水平的87名学者、教授为河北省"六五"普法讲师团成员初步人选，作为宣讲、培训、辅导普法学习的主要师资和普法人才库，为全省法制宣传教育工作提供可靠的人才保障。

四、进一步健全完善领导机构

2012年初，省厅根据省委统一安排部署，对河北省法制宣传教育领导小组成员进行了核实，向省委提交了调整建议。省委调整法制宣传教育领导小组成员后，起草了领导小组成员单位职责、《河北省法制宣传教育工作考评办法》等文件，进一步明确了职责，加强了法制宣传教育规范化、制度化建设。

五、加强领导干部和公务员学法用法工作

2月8日，李益民厅长为省委常委集中学习讲课后，省委书记张庆黎对领导干部学法用法工作提出了明确要求。为落实张庆黎书记讲话精神，省厅对全省领导干部学法用法工作进行了安排部署，与省直工委联合下发了《关于省直机关党员领导干部带头学法用法的通知》，对省直干部学法工作进行了发动，省直部门和各市、县都积极征订教材，进行了不同形式的集中培训、集中学习。9月份，省厅与省委组织部、宣传部联合下发了《关于做好2012年全省干部法律知识考试工作的通知》，对全省第七次干部法律知识考试工作进行了安排部署，12月初，会同省委组织部和宣传部，对全省干部进行了法律知识考试，以考促学，以学促用，推进领导干部学法经常化、制度化。

六、下大力狠抓青少年法制教育工作

2011年11月至2012年3月，省厅联合省教育厅在全省中小学和大中专院校，组织开展了"我身边的法律故事"征文大赛，全省20余万名青少年学生踊跃参与，共征集作品近万篇，从中评选优秀作品740篇并辑印成册。通过征文撰写，由学生带动了几十万家长和老师的积极指导参与，不但促进了青少年法律素质的提升，还有效起到了"小手拉大手，普法一起走"的社会效应。同时，全省各地还充分利用第二课堂，广泛开展了"模拟法庭""青少年维权岗""法律知识演讲比赛""法律快车千校行"等丰富多彩的法制宣传教育活动，取得了显著成效。

七、切实加强企业经营管理人员学法用法工作

继续深入开展了以"送法进厂、依法治厂、维权服务、优化环境、促进发展"为主旨的"金色阳光行动"。全省部分企业共建立法制宣传栏4000余个，企业法制宣传阵地建设不断加强。同时，各地加强企业经营管理人员法律知识培训力度，全省各地共举办企业经营管理人员法制讲座500多场次。

八、着重开展农村法制宣传教育工作

省厅结合民主法治新农村建设，广泛开展了“送法下乡”活动，把大量的法律宣传资料、法律书籍送到农村。充分发挥法律大学生村官和普法志愿者的作用，深入农村宣讲法律，在更多地区建设了普法书屋、远程网络教育等，引导广大农民学法用法。4月底，在唐山市丰南区小岔村高水平、高质量地承办了司法部主办的“全国法律进乡村专场推进会”，把全省农村普法工作推向了一个新高潮，受到了司法部的高度评价。

九、“法治八建”活动全面开展

各地、各部门广泛开展了“依法行政示范机关”、“依法管理示范单位”、“民主法治示范村”、“民主法治示范社区”、“依法治校示范校”、“学法守法示范家庭”、“诚信守法示范企业”和“公平守信示范市场”创建活动，在全省各市县建立了各类示范点120余个，示范带动作用逐步凸显，推动了其周边地区的普法依法治理，全省各地社会法治化管理水平明显提高。

十、法治城市、法治县（市、区）创建进一步深化

全省各地坚持将法制宣传教育与法治实践相结合，下大力深化法治城市、法治县（市、区）创建，全省11个市、150余个县（市、区）开展了创建工作，成效明显。省厅在11月中旬，按照全国普法办部署，对创建工作进行了检查、督导，并从法治创建活动中遴选出2个先进市、15个先进县（市、区），向全国普法办进行推荐，进一步发挥先进典型的标杆示范作用，推进全省法制宣传教育工作深入开展。

十一、法治文化建设全面展开

2012年以来，省厅认真落实党的十七届六中全会和省委八届二次全会精神，进一步加强了法治文化建设。一是充分发挥《河北法治网》和《河北法治》杂志和河北法制报司法行政专版作用，广泛宣传法律、培育法治文化，弘扬法治精神。二是与团省委、省妇联、省检察院等单位合作，全省共建立各类警示教育基地417个，开展法制宣传活动400多次，受教育群众50多万人。三是与群众文化相结合。将群众常用法律法规编写成三字经、顺口溜、快板书，创作成小品、短剧等，寓教于乐。在全省举办了法制短信大赛，共收到法制短信15000多条。唐山市发挥“农家书屋”贴近农民的特点，探索形成了“大院普法”新模式。保定市25家法制文艺演出队，自编、自导了100多个法制文艺节目，常年活跃在基层，共演出1500多场，深受群众欢迎。省电力公司专门印制了“普法扑克”“普法纸杯”，实现了法治文化的全覆盖，进一步营造了深厚的法治文化氛围。

△2013年，是“六五”普法规划的第三年，为实施好“六五”普法规划，结合河北实际，重点抓了以下几个方面的工作：

一、进一步夯实法制宣传教育工作基础

制订的《河北省法制宣传教育工作若干规定》已经实施了18年，普法工作的形势、任务、内容都有了新的更高的要求，《若干规定》已不能满足新形势新任务的需要。为此，省厅积极协调省人大推动《若干规定》的修改工作。自2012年下半年以来，先后到多个各市县进行了大量调研，同时还吸纳了全国12个省市的经验，经过十多次易稿，并改名为《河北省法制宣传教育条例》于5月30日经省人大常委会审议通过，7月1日起实施。《条例》对司法行政部门在法制宣传教育工作的主导地位、普法机构设置、公职人员学法考法制度、普法经费保障、普法工作检查考核机制等都进一步作了规定，为进一步推动全省法制宣传教育工作提供了有效的法律保障。为扩大社会影响，6月份，省厅专门下发通知，在全省安排部署了《条例》的学习宣传活动，通过学习宣传《条例》，进一步推动全省法制宣传教育的工作深入开展。省厅对全省市、县120余名普法骨干进行了集中培训，各市、县（市、区）、省直各部门也分层次、分类别进行了大规模培训，据不完全统计，全省各级共举办培训班320余期，培训普法骨干2万余人次，有效提升了法制宣传教育队伍的业务能力和水平，为法制宣传教育的深入开展提供了人才保障。法制宣传教育经费不足一直是阻碍各地开展法制宣传教育工作的重要因素，结合全省“六五”普法中期督导，省、市加大对经费的督导力度，对11个设区市、170多个县（市、区）的经费预算、拨付情况进行了检查，有效促进了各市、县（市、区）的经费落实力度。

二、抓好领导干部学法用法工作

结合全省换届工作，省厅联合省委组织部开展了“法制大讲堂”活动和新任领导干部法制培训。会同省委组织部、省委宣传部联合下发了《关于进一步加强领导干部学法用法提高运用法治思维和法治方式能力的意见》和《关于开展全省领导干部学法用法征文活动的通知》，并对各地各部门上报的厅、处、科级干部2000余篇征文进行了评选，将优秀作品辑印出版，加强了全省干部学法用法工作。全省各地也采取多项措施加强干部学法用法，保定在全市实行了干部任前法律知识考试制度；张家口市对13名新任处级干部进行了任职前法律知识考试；沧州市组织处级以上干部法制讲座60余次、组织公职人员培训班30期，参加一万余人。

三、抓好青少年普法工作

2013年上半年，省厅与教育厅联合部署了河北省第五批“依法治校示范校”命名表彰工作，并对全200余所拟新命名学校进行评估。在创建活动推动下，全省中小学基本实现了青少年法制教育的“四落实”。同时，为吸引青少年参与学法，在全省中小学组织开展了“法律知识答题竞赛”活动，各地积极开展了“法制春风进校园”“警校共建”“红领巾法制学校”“法律快车千校行”和“流动普法课堂”“模拟法庭”等适合青少年特点、丰富多彩的法治实践活动，全省30余万青少年学生积极参与，取得了较好效果。鹿泉市还建设了“青少年法育基地”大力开展青少年法制德育教育实践，得到了司法部、教育部的重视和好评。同时注重加强教师队伍法制培训，上半年全省共培训法制教师、法制副校长7000余人次，组织开展了教师法治演讲、优秀法治教案评选等活动，强化教师队伍法治意识和法制教学能力，夯实了青少年法制教育基础。

四、深入开展“法律八进”全面推进“法治八建”

5月，省厅在总结“法治八建”经验的基础上，研究制定了“依法行政示范机关”、“依法管理示范单位”、“依法治校示范校”、“公平守信示范市场”、“诚信守法示范企业”、“民主法治示范村”、“民主法治示范社区”、“学法守法示范家庭”八个创建指导标准，进一步规范了全省“法治八建”的内容、途径和方式，加强了对“法律八建”工作的监督检查和考核，推进工作制度化、规范化。全省已建立法治创建各类示范点120余个。同时，注重发挥示范引领作用，5月底，组织召开了“法律进学校”经验交流推进会，推广了石家庄市建胜路小学、鹿泉市青少年法制教育基地经验，推进了青少年法制教育的深入开展。同时，还在全省总结推广了保定市“十户普法宣传员”、肃宁县“四个全覆盖”、唐山市丰南区“六无村居”建设等基层创建工作经验，促进了依法治理工作的深入推进。河北省依法治理工作得到司法部、全国普法办充分肯定，年初，河北省唐山、沧州市2个市、正定县等15个县（市、区）被全国普法办评为全国法治城市、法治县（市、区）创建活动先进单位。6月下旬，在浙江杭州举办是全国法宣处长培训班上，专门邀请时清霜同志以全省开展“法律八进”“法治八建”主要做法为内容进行了讲课。

五、推进法治文化建设

充分利用广播、电视、报刊、网络和移动通讯等大众媒体迅捷、覆盖面广等优势，将法治文化元素融入专栏、专刊、专版、专题节目、微博、手机报等，使法制宣传教育更便捷，更有针对性；充分发挥法制公园、法制广场、法制长廊、公共场所电子显示屏、法制宣传栏、楼宇电视、公共交通工具移动电视等阵地贴近群众的优势，将法治文化元素融入动漫、漫画、小小说、小笑话、案例短剧等通俗易懂的文化作品，更为群众喜闻乐。与团省委、省妇联、省检察院等单位合作，全省共建立各类警示教育基地417个，开展法制宣传活动400多次，受教育群众50多万人；将群众常用法律法规编写成三字经、顺口溜、快板书，创作成小品、短剧等，寓教于乐。沧州市国学普法、邯郸市庙会普法、承德市争创法治旅游城市等形式，提升了法制宣传教育实效。唐山市发挥“农家书屋”贴近农民的特点，探索形成了“大院普法”新模式。保定市25家法制文艺演出队，自编、自导了100多个法制文艺节目，常年活跃在基层，共演出1500多场，深受群众欢迎。省电力公司专门印制了“普法扑克”“普法纸杯”，实现了法治文化的全覆盖，进一步营造了深厚的法治文化氛围。

六、圆满完成全省“六五”普法中期督导检查

按照全国统一部署，省厅会同省委宣传部下发了《关于组织开展“六五”普法中期检查督导的通知》，研究制定了检查督导参考标准和评价意见，印制了《河北省“六五”普法中期检查督导工作手册》，并召开会议进行了安排部署。6至8月份，省直各部门、各设区市、县（市、区）对本地、本部门工作进行了自查，并上报了自查报告。在各地、各部门自查基础上，9月中旬至10月，省法制宣传教育领导小组办公室抽调领导小组成员（厅级干部）、省、市法宣办工作人员组成了7个督导组对全省11个设区市“六五”普法规划贯彻实施情况进行了全面督导检查，其中，抽查了22个县（市、区），45个市直、县直部门，23个大中型企业，22所中小学校，23个城镇居民社区，45个行政村，召开座谈会40多场次。并撰写督导检查报告分别报省领导和全国普法办。省政协副主席、省法制宣传教育领导小组副组长刘永瑞同志充分肯定，批示：“六五普法保障措施有力，八进八建深耕基层，成效显著，值得学习。”

七、组织“12·4”法制宣传日暨“法治月”集中宣传活动

为切实提高12·4集中宣传活动效果，凸显“法治月”，除12·4当天集中宣传活动外，省法制宣传教育领导小组办公室组织开展了“大力弘扬法治精神，共筑伟大中国梦”主题贴文征集活动、全省中小学“宪法进课堂”活动、“12·4”法律知识网上答题活动、“市、县（市区）领导12·4法治寄语”等五项全省性的统一活动。各地、各部门积极参与全省统一活动的同时，结合本地本部门实际，充分发挥能动作用，创新活动形式，以各种法制文化为载体和平台，打造了具有本地本部门特色的法制宣传活动，增强广大群众参与活动的积极性。如：张家口市举行了聘任“普法形象大使”和“普法权威顾问”仪式；唐山市、邯郸市举办了干部法律知识考试；石家庄市、沧州市在广场举行了法制漫画展；廊坊市、保定市、衡水市深入开展青少年法治教育，组织了赠送法律书籍、法律知识竞赛、征文等活动；秦皇岛市、唐山市组织法制文艺汇演；邢台市组织了“法制宣传志愿者骑游队”巡回法制宣传；定州市组织各村、街（社区）社区组织党员干部在远程教育网上收看“普法大讲堂”栏目等等。为12·4法制宣传日注入新的内容和形式，全省法制宣传活动做到了有亮点、有效果。

12月4日当天，省法院、省检察院、省公安厅、等70多个省直单位，928个市直单位，3520个县直单位，共计23000多名机关工作人员和2200多名律师、公证员等法律工作者走上街头、广场，进行法律宣传与问题解答，共接待群众法律咨询4万余人次，发放各类宣传材料和法律图书120多万份，在全省掀起了法制宣传高潮。厅党委书记、厅长、省法制宣传教育领导小组办公室主任穆思山、巡视员刘向东参加了石家庄市法治公园（西清公园）的现场宣传活动。

人民调解

【概况】 △2012年，人民调解工作认真落实年初确定的各项工作任务，切实加强工作指导，使全省司法行政各项基层工作取得较好的成绩。吴爱英部长在河北两次调研对全省的基层工作给予了充分肯定。

一、强化全省基层基础工作

为贯彻全省司法所建设（临漳）现场会精神，强力推进司法所管理体制创新，厅领导亲自出面与市、县领导沟通协调，破解遇到的困难和问题。各市、县司法局主动作为，积极争取当地党委政府的支持，理顺司法所管理体制工作取得重大成绩。一年来各地通过公开选调、基层政法干警委培和公务员招录等措施新增干部近500人。结合村“两委”换届，下发《关于在村“两委”换届工作中抓好调解组织建设和调解主任培训工作的通知》，要求各地在换届中物色调解主任，抓好调解队伍建设，使全省村（居）调解委员会达到340999人，比上年增加39301人，其中高中以上学历的增加21449人。

二、下大力提高基层队伍素质

省厅抓住全国社区矫正培训班在保定举办的时机，协调司法部并组织各市的分管局长、社区矫正处长、华北石油综治办的同志参加全国集中培训。同时，在北戴河举办了调解干部培训班。指导督促市、县对司法所长、社区矫正和安置帮教管理干部进行了集中培训。全省11个市和150多个县（市、区）举办了培训班。

2012年村“两委”换届后，督促全省130多个县（市、区）由县局或乡镇统一组织，对4万多名新当选的调解主任和近15万名调解委员进行了集中培训。省厅派人到邢台、沧州等4市和15个县（市、区）亲自授课，提高了培训效果，扩大了社会影响。

三、树立典型引领工作

省厅在抓好临漳、双滦、万全等老典型的基础上，积极发现培树了成安、蠡县、滦南等一批新的典型，引领全省基层工作不断取得新进展。同时，积极配合政治部抓了三项表彰奖励，培树不同层次的典型：一是对150名优秀调解员，命名为“全省人民调解能手”，122名优秀调解员推荐司法部命名为“全国人民调解能手”；二是对各地的20个优秀司法所、50名优秀司法所长，授予“全省优秀司法所”和“全省优秀司法所长”荣誉称号；三是对20个优秀单位、50名优秀个人，授予“社区矫正工作先进集体”和“社区矫正工作先进个人”荣誉称号。同时，做到了差额推荐，实地考察，不照顾，不平衡，激发了工作热情，增强了责任感。

四、开展矛盾纠纷“大排查、大调解”专项活动

为开展矛盾纠纷“大排查、大调解”专项活动，省厅在北戴河召开全省会议、在三河市召开环京地区会议，王大为厅长专门调度，强化排查责任。省厅多次派人深入市、县检查督导，推动工作落实，彰显了人民调解“第一道防线”作用。全省各类人民调解组织排查调解纠纷368080件，防止民转刑案件1549件，防止民转访案件4298件，防止群体性械斗事件378件。结合“大排查、大调解”专项活动，指导各地建立663个行业性、专业性调解组织。协助中央电视台社会与法频道《小区大事》栏目制作了全省全国人民调解能手先进事迹专题片，在十八大期间播出，扩大了社会影响。

△2013年，人民调解工作充分发挥其在社会矛盾化解中的基础性作用，建立健全多元调解体系，强力推动“以案定补”政策落实，下大力推进专业性、行业性人民调解工作，扎实开展多层次民间矛盾调处活动，大量民间矛盾纠纷被化解在基层、消除在萌芽状态，社会矛盾纠纷调处工作取得新突破。

一、省委省政府高度重视人民调解工作

11月26日，省委、省政府召开全省人民调解工作会议，会议由杨汭副省长主持，张越书记做重要讲话，对50个模范人民调解委员会和100名模范人民调解员进行通报表扬。省、市、县（市）设146个主会场、分会场，各级党政分管领导，28个直属部门分管领导、相关处（科）负责人、乡镇（街道）党政副职、司法所长共计16000余人参加会议，是司法行政机关恢复重建以来规格最高、规模最大、参加人员最多的一次会议。省两办印发了《关于加强新形势下人民调解工作的意见》，对预防和化解矛盾纠纷，人民调解组织、队伍和制度建设，“三调联动”工作体系，以及保障措施等作出明确规定，有力地促进了人民调解工作的深入开展。

二、人民调解组织和队伍建设进一步加强

省厅在继续抓好村（居）、乡镇（街道）人民调解组织和队伍建设的基础上，狠抓医患、交通等专业性、行业性调解组织和队伍建设，联合省卫生厅在秦皇岛召开全省医疗纠纷人民调解工作现场会，总结推广秦皇岛、石家庄等地经验。加强与省卫生厅沟通，坚持“一月一通报”和经常性地联合督导检查，各地医疗纠纷人民调解组织建设取得了突破性进展，司法部向全国介绍推广全省医疗纠纷人民调解工作的经验做法。目前，全省建立各类调解组织58607个，其中行业性专业性调解组织732个，全省人民调解员数量达到38万人，十户调解员、楼院调解员超过20万人。

三、人民调解工作制度不断创新

省厅进一步探索完善矛盾纠纷排查、疑难案件集体讨论、疑难纠纷报告等工作制度，扎实做好村（居）调委会主任集中培训，下大力推进人民调解“以案定补”制度的落实。通过多次协调各市、县党委政府，全省落实“以案定补”制度的县（市、区）已超过80%。全年全省各类调解组织共调解纠纷36万多件，防止民转刑1000余件，防止群体性案件3000余件，进一步筑牢了维护社会和谐稳定“第一道防线”。

法律援助

【概况】 △2012年，全省各级司法行政机关和法律援助机构以“法律援助为民服务创先争优年”

活动为统揽，以“质量提升工程”为抓手，全面推进法律援助事业发展，取得显著成效，全省全年共受理法律援助案件42261件，同比增长10.5%；援助50866人，同比增长17.6%。

一、以“法律援助为民服务创先争优年”活动为统揽，精心部署、强力推进全省法律援助工作

为认真贯彻司法部《关于开展“法律援助为民服务创先争优年”活动的意见》，省厅制定下发了《河北省司法厅关于开展“法律援助为民服务创先争优年”活动的实施方案》，对活动进行了统一部署。全省各级司法行政机关按照要求，结合工作实际，层层制定了活动方案，明确了活动目标、工作措施和组织领导。为推动活动进一步深化，结合河北省情，制定印发了《关于实施“法律援助质量提升工程”的意见》，强化了“法律援助办案数量和质量协调推进、同步提升”的发展理念，采取七项举措加强法律援助质量管理，管理体制不断健全，办案质量有效提升。制定实施方案，部署开展中央专项彩票公益金法律援助项目执法规范建设年活动，项目资金的管理力度和使用效益进一步提升。司法部办公厅司法行政工作动态第29期对全省深入开展“法律援助为民服务创先争优年”活动的做法和成效给予了充分肯定，《中国司法》第9期、《中国法律援助》第3期、《法律援助工作简报》第15期对全省开展“质量提升工程”的做法进行了推广。

二、全力服务“两会”和党的十八大安保工作，维护社会和谐稳定取得显著效果

为努力做好法律援助维护社会和谐稳定工作，省厅进一步推进在信访机构设立接待室，逐步健全法律援助参与信访的咨询接待、信息通报、应急处突等协作机制，积极协助政府预防及处理各种信访案件，促进依法妥善处理重大信访问题。完善重大事项报告制度，加强工作指导，规范法律援助人员对可能影响社会稳定的群体性、敏感性案件的办理，确保法律效果和社会效果的统一。廊坊市凡涉及群体性、敏感性的案件均逐级上报市中心，市中心派员参与案件调处工作。法律援助机构牵头或参与，妥善解决了“河间2·10特大交通事故”、“故城县80名彝族农民工群访案件”、“秦皇岛市148名工人群体性讨薪案件”等一批有一定社会影响的案件，为促进群体性、敏感性案件依法妥善处理作出了积极贡献。针对12348热线和案件办理过程中反映出的劳动争议、网络诈骗、非法融资、民间借贷等社会关注热点，继续做好法律援助舆情分析和建议工作，及时向党委、政府提出有参考价值的舆情分析报告。河北省政法委书记张越、副省长宋恩华在全省法律援助舆情分析报告上批示肯定。石家庄市12348热线舆情分析工作得到厅领导和石家庄市政法委领导的批示肯定。

三、健全完善法律援助创新社会管理体制机制，引导法律援助在民生建设中发挥积极作用

坚持推动活动开展与加强和创新社会管理相结合，引导法律援助工作在以民生为重点的社会建设中发挥作用。对于省委选派干部进驻进行集中帮扶的5000个村，省厅指导法律援助机构与驻村工作组沟通协调，实现工作有效对接。同时，依托基层司法所、维稳组织、经合组织、民主组织等基层组织增设法律援助工作站和联系点，广泛开展法律援助宣传、咨询、调解等工作，并不断完善与县级法律援助中心的衔接机制，使法律援助成为基层社会管理格局的重要组成部分。针对农民工、未成年人等特殊人群的不同特点，有针对性地提供法律援助服务，推动法律援助在特殊人群管理服务工作体系中发挥重要作用。2011年12月至2012年2月份开展的“法律援助携手农民工冬日集中维权”活动，营造了法律援助服务农民工维权的强大声势，集中化解了一批有影响的农民工维权案件，取得显著成效。活动受到了中国政府网、新华网、人民网、法制网、普法网等重要媒体的关注，中央电视台新闻频道和综合频道共三次报道了石家庄市农民工法律援助工作，《河北法制报》专版报道了活动开展情况。《中国法律援助》2012年第2期刊发了全省农民工法律援助案例。承德市“农民工维权百日会战”活动得到司法部肯定。2012年12月部署的“法律援助与农民工同行”专项维权活动，明确了降低援助门槛、拓展申请渠道等10项具体措施，取得阶段性成效，河北电视台经济频道、河北手机报进行了宣传，河北日报、河北法制报、燕赵都市报、河北电视台新闻联播等媒体报道了活动情况。通过博客、微博等新兴媒体手段，探索开展对社会舆情的引导和服务，取得有益成果。石家庄市建立了12348司法行政热线官方微博，针对12348热线、媒体舆论反映较多电话诈骗、传销等问题，及时整理发布博文《利用电话诈骗的12种骗招》、《直销与传销的区别》等，通过发布微博做好政策、法律的解释工作，取得较好社会效果。

四、扎实开展法律援助“质量提升工程”，办案质量和水平稳步提升

以提供群众满意的法律援助服务为目标，把质量管理贯穿于活动始终，法律援助办案质量和水平不断提升。省厅制定下发了《关于认真学习贯彻〈办理法律援助案件程序规定〉的通知》，认真做好《办理法律援助案件程序规定》的学习宣传和贯彻落实工作，法律援助案件办理进一步规范。各地认真贯彻《司法部关于加强法律援助经费使用监督管理工作的意见》，对案件质量和经费使用管理情况开展了自查整改，邢台、沧州等市专项检查深入扎实、效果较好。积极推动扩大“点援制”试点区域，建立完善了相关工作制度。邢台市司法局出台《法律援助点援制管理办法》。衡水市桃城区“点援超市”以及石家庄市桥东区“点援制”在行政服务大厅推行等做法，受到群众的欢迎。河北省群众工作领导小组肯定了“点援制”的做法。健全法律援助服务质量监督和回访机制，各级法律援助机构随机安排人员参加庭审旁听，了解当事人对案件的满意程度。同时，通过上门、电话、网络等方式进行回访，了解受援人对法律援助案件办理的意见或建议。唐山市开展了法律援助案件优秀卷宗评比活动。邢台市组织资深律师成立评查组，抽查法律援助卷宗并提出了整改意见。

五、广泛开展法律援助便民服务活动，便民服务水平不断提升

围绕便民利民惠民，积极开展各种便民服务活动，便民服务能力和水平不断提升。各设区市和132个县（市、区）开通了“12348”法律援助专线，为困难群众通过专线咨询和获得法律援助提供了便利。石家庄市配置30名律师轮流值守专线，24小时解答市民咨询。承德市印发了《12348司法行政热线服务手册》，有效提高了服务质量。石家庄市把土地征用、城市拆迁等工作中产生的行政诉讼、行政复议案件纳入法律援助案件范围，把法律援助经济困难标准由最低生活保障线提升为最低生活保障线的两倍。石家庄市、保定市、张家口市桥东区全面推进“法律援助进社区”工作，把法律援助服务送到社区居民身边。石家庄市为6000户困难家庭建立了法援电子档案，发放了法律援助联系卡，出台了《法律援助上门服务实施办法》，得到司法部的推广。司法所、信访部门、社团组织和基层维稳、经合等组织的各类工作站达到3249个，同比增长6%。部分村街、社区也设立了工作点或联络员。全省大部分监狱、劳教所设立了法律援助工作站。保定市与市总工会联合，在市大中型企业中联合建立了6个法律援助工作站，永清县、固安县等法律援助中心在当地看守所设立法律援助站，故城县司法局为27个法律援助工作站统一授牌。充分利用报纸、电台、电视、网络等媒介，向农村群众、社区居民和中小学生讲解普及法律援助知识，法律援助的社会认知度和影响力不断提高。沧州市积极推动法律援助进农村、进社区、进企业、进学校、进家庭“五进”活动，法律援助宣传成果不断深化。秦皇岛市中心多次配合秦皇岛市电视台《法制民生》栏目、市广播电台港城热线节目联合录制法律援助专题节目。

六、深入开展法律援助基础保障建设，为活动开展提供了有力保障

把基础保障建设作为深化活动开展的坚实保障，加大建设力度，提供有效保障。利用中央加大民生领域财政转移支付的有利契机，积极争取中央补助地方法律援助办案专款和中央专项彩票公益金法律援助项目资金，2012年中央补助全省的法律援助办案专款达到1000万元，在2011年较2010年增长1.15倍的基础上，又增长了16.3%；申请中央彩票公益金法律援助项目资金360万元，同比2011年增长70.6%，有效缓解了基层法律援助办案经费紧张的局面，显著增强了基层法律援助经费整体保障能力。积极做好新《刑事诉讼法》实施的前期准备工作，开展了刑事法律援助需求的专题调研，为新《刑事诉讼法》实施积极做好准备。信息化建设取得重要成果。“河北法援”QQ群在信息交流共享中发挥重要作用，省、市、县法律援助机构工作邮箱实现直通。共编发《河北法律援助讯息》16期，为开展法律援助工作交流提供了便利。唐山市加大了规范化建设力度，丰南区、唐海县等法律援助中心租用了100平方米以上的办公用房。秦皇岛市新修建了法律援助接待室。大厂县投资11万元将法律援助中心搬迁至一楼并进行了装修施工。

七、大力加强法律援助队伍建设，法律援助队伍综合素养不断提升

省厅积极开展“忠诚、为民、公正、廉洁”政法干警核心价值观教育实践活动，全面深化法律援助队伍职业化建设，广大法律援助人员的理想信念进一步坚定，业务素养、办案水平和管理能力不断提升。省石家庄市法律援助中心等15家单位评为司法部第四届“全国法律援助工作先进集体”，滦平县法律援助中心评为“全省为民服务创先争优群众满意窗口”；佳城律师事务所主任齐明亮评为司法部第二届“十佳法律援助工作者”，唐山市法律援助中心主任郝建宁等22人评为司法部第四届“全国法律援助工作先进个人”，鹿泉市法律援助中心主任温建中评为河北省创先争优优秀共产党员，肃宁县法律援助中心主任陆艳群被河北省委授予“全省为民服务创先争优行业服务标兵”。廊坊市法律援助中心被市直工委授予“五星”窗口单位；承德市法律援助中心主任李中文以总分第一当选承德市十大杰出青年卫士，定州市法律援助中心主任刘英获选定州市第二届铭智杯十项十佳模范。

△2013年，全省各级司法行政机关和法律援助机构进一步巩固完善以办案服务为中心的法律援助发展格局，深入开展群众路线教育实践活动，各项工作取得积极进展，为服务和保障民生、促进社会和谐稳定做出了积极贡献。

一、着力推进“三个纳入”，法律援助发展环境不断优化

各地党委、政府普遍把法律援助列入民生工程或为民办实事项目，通过加大经费投入、提供办公用房、列入考核范围等措施，积极推动法律援助工作开展。承德市委在《承德要情》上刊登了市司法局报送的相关信息。兴隆县将法律援助工作纳入县委、县政府年终考核范围。香河县县委在县繁华地带租用140平方米的临街一层大厅供法律援助机构使用。争取中央补助地方法律援助办案专款1450万元，同比增长45%。利用中央专项彩票公益金法律援助项目资金360万元，同比增长70.6%。承德市法律援助中心和黄骅、大厂、易县、承德市双滦区、宽城、隆化、香河、临城县法律援助中心在临街、一层设立了便民接待大厅，完善了便民服务设施。廊坊市和三河、永清、易县等配备了法律援助办案用车。全省各地通过征文评选、摄影比赛、广场宣传、媒体播报、短信群发、网络互动等方式，集中开展了《法律援助条例》颁布实施十周年宣传活动，进一步提升了法律援助的公众知晓率和社会影响力。省司法厅在《河北日报》刊发专版，介绍河北省法律援助十年来的发展成就，并刊发厅长穆思山署名文章。全省有2篇征文作品分获司法部“我与法律援助”征文活动二、三等奖；1张摄影作品奖获得司法部“为了困难群众”摄影比赛二等奖，并获得优秀组织奖。

二、着力深化便民惠民，法律援助便民服务水平不断提升

围绕便民利民惠民，各地积极开展各种便民服务活动，便民服务能力和水平不断提升。省厅部署开展“法律援助与农民工同行”专项维权活动，活动期间将农民工经济困难标准由最低生活保障线放宽到最低生活保障线的2倍，将土地承包、征地拆迁、环境保护等涉及农民工基本权利的事项纳入法律援助事项范围，扩大了农民工法律援助覆盖面。沧州市司法局规定将征地拆迁安置补偿、土地承包经营权流转等涉及民生权益保护问题纳入法律援助范围，将人均月收入低于500元的家庭做为法律援助的对象。沧州市司法局在全市推出对所有来访、来电、来信人员免费咨询、免费代书、免费调解、免费送法规等4项承诺。邢台市司法局对下岗职工、农民工、残疾人、未成年人等弱势群体开辟法律援助“绿色通道”。石家庄、廊坊市司法局积极推进法律援助进社区，围绕社区居民需求提供法律援助咨询服务。邯郸市司法局在全市实施法律援助“基层行”工程，努力为基层困难群众提供法律援助服务。大力发展村（居）、社区（街道）联络点、联络员，不断简化受理程序和环节，努力为困难群众提供更加便捷的服务。省厅与省人大内务司法委员会、省残联等12个单位联合签发《关于加强残疾人法律救助工作站规范化建设的实施意见》，提高了残疾人法律救助工作站规范化建设水平。涿鹿县司法局在县国土资源局和环境保护局下设的国土资源所、环境保护所全部建立法律援助联系点，积极开展土地流转、环境保护领域法律援助工作。秦皇岛、张家口、廊坊对12348法律援助热线进行了升级改造。秦皇岛市将12348平台与市政府服务中心12345联网，符合法律援助条件的统一转到法援中心解答受理；张家口市使用各种通讯工具均可拨打12348。沧州市制定了《12348法律援助热线工作制度》，规范了工作流程和规章制度。

三、着力完善体制机制，法律援助工作实现创新发展

围绕经费使用管理、刑事法律援助、便民服务等制约法律援助发展的体制机制问题，着力创新体制机制，推动快速发展。省厅联合省财政厅修改出台了《河北省法律援助经费使用管理办法》，提高了法律援助经费补贴标准。同时组织各地对法律援助经费使用管理情况开展了检查。承德、沧州、邢台市司法局对中央转移支付法律援助办案专款使用管理情况开展了专项检查。为深入贯彻新刑诉法，省厅联合省高院、省检察院、省公安厅转发了《关于刑事诉讼法律援助工作的规定》，刑事诉讼通知辩护制度和与公检法部门的协作机制有效建立。保定市司法局联合公检法制定了《关于在刑事诉讼中提供法律援助的若干规定》，丛台区司法局与区人民检察院联合制定了《关于检察阶段对未成年犯罪嫌疑人、被害人实施法律援助的具体办法（试行）》。鹿泉、辛集市司法局联合检察院建立了法律援助支持起诉制度。秦皇岛市司法局在全市部署开展县（区）综合法律服务中心建设工作，依托法律援助中心，整合法律援助、律师、公证、人民调解等司法行政业务，为当事人提供一站式法律服务；同时把综合法律服务中心作为大学生社会实践基地，有力的充实了工作力量。积极参与涉法涉诉信访案件处理和领导接访工作，加强可能影响社会稳定的群体性、敏感性案件办理的指导，牵头处理并妥善解决了鹿泉市大河镇4村500余户村民因某爆破公司非法爆破造成房屋震裂引起群体纠纷案件、成安县信用社主任非法集资60户119万案件等一批有一定社会影响的案件。

四、着力加强质量管理，法律援助规范化建设水平不断提升

围绕为群众提供合乎标准的法律援助服务，大力加强法律援助质量管理，不断提高办案质量和水平。各地深入贯彻《办理法律援助案件程序规定》，积极开展案件评查、质量检查，健全服务质量评估、监督和回访机制。省厅转发了新的《法律援助格式文书》，进一步规范了法律援助文书格式。强化对中央专项彩票公益金法律援助项目案件的管理，不断提高案件办理规范化水平，全年共办理中央专项彩票公益金法律援助案件2133件，其中农民工822件，残疾人209件，老年人402件，妇女595件，未成年人105件，受援人共计3591名。完成了法律援助信息管理系统升级改造工作，举办了法律援助信息管理系统操作实务培训班。开展了法律援助优秀案例评选活动，3篇案例被司法部评为全国百优法律援助案例。开展了2010－2012年度中央专项彩票公益金法律援助项目百优案例评选工作，将评选出的百优案例汇编成册下发基层。石家庄市新华区把15个法律服务所、100多名法律服务者的情况在综合法律服务中心公开公示；长安区对案件类型进行了细化分类，根据案由、案情等因素指派不同的律师团队办理。进一步明确了法律援助与人民调解的工作对接方式，完善了援调对接机制。正定县法律援助与县“帮大哥、帮大姐”信访调解代办之家实行对接，对调解未达成协议、符合法律援助条件的，法律援助即时受理。唐山市司法局与市人力资源和社会保障局联合下发了《法律援助与劳动人事争议调解仲裁衔接机制办法》，进一步规范了办理法律援助劳动争议仲裁案件机制。

五、着力加强队伍建设，法律援助队伍服务群众的能力和水平不断提升

全省法律援助系统加强法律援助队伍思想政治和业务素质建设，为民服务的能力和水平不断提升。佳城律师事务所主任齐明亮评为第二届“十佳法律援助工作者”、石家庄市法律援助中心等15家单位评为第四届“全国法律援助工作先进集体”、唐山市法律援助中心主任郝建宁等22人评为第四届“全国法律援助工作先进个人”，石家庄市法律援助中心等16个单位评为全国法律援助“便民服务示范窗口”，杜宏彬等12名同志评为全国法律援助“优秀服务标兵”。邢台市桥东区法律援助中心被省巾帼建功领导小组、省妇女联合会授予“河北省巾帼文明岗”荣誉称号。分别组织开展宣传学习全国第二届“十佳法律援助单位和十佳法律援助工作者”、第四届“法律援助工作先进集体和先进个人”以及全国法律援助“便民服务示范窗口”和“优秀服务标兵”的活动，向社会展示法律援助机构、工作者良好形象，大力弘扬先进单位、先进个人的良好工作作风。

律师工作

【概况】 △2012年，全省律师工作坚持以服务建设经济强省、和谐河北为主题，全面加强律师队伍建设和党的建设，大力提高律师服务能力，完善律师工作体制机制，取得显著成效。张庆黎、张庆伟、赵勇、梁滨、张越、张彦珍等省、部领导，通过作出批示指示或亲自出席会议、视察律师事务所等多种方式，对全省律师工作取得的成绩给予充分肯定。

一、律师业务转型升级实现新进展

2012年，省厅把加快涉外法律服务发展作为推动律师业务转型升级的突破口，启动了“涉外法律服务大拓展大提升计划”，印发了《关于加快推进我省律师业务整体转型升级的意见》，并联合省商务厅、省贸促会向省政府提出了《关于加强和推进我省涉外法律服务工作的意见》，9月19日，省政府办公厅印发办字〔2012〕113号文件转发全省执行，有力地推动了全省涉外法律服务工作开展。省厅联合省商务厅、贸促会举办了全省首届涉外法律服务培训班，邀请商务部、中国贸促会等专家对近400名律师及企业法务人员进行了培训。省律师协会联合有关部门举办了“第七届国际商事法律论坛”，40余名律师参加了论坛。联合省贸促会向省外专局申报了“河北省涉外法律服务人才赴美培训项目”。同时，联系美国调解集团、美国国际商事协作中心，研究开展培育人才、培训师资、共同建立法律专家库、合作办案等多方面的实质性交流与合作。联合省商务厅，以河北百盛律师事务所、河北商贸法律事务所为载体，共同搭建全省涉外法律服务平台，重点培育涉外法律服务机构，对全省涉外法律服务工作起到了示范引领作用。同时，省律师协会换届后，积极改组、调整省律协涉外业务委员会，并由一名副会长主抓涉外法律服务工作。通过一年来的努力，全省涉外法律服务工作在政策制定、人才储备、机构建设、业务拓展等方面取得了明显进展，为涉外法律服务大拓展大提升奠定了良好基础，同时也推动了非诉讼业务的发展。全省形成了以百盛、商宇、三和时代、燕赵众诚等为代表的一批涉外专业化律师事务所，沧州市沿海法律服务业务数量占律师业务总量的比例达到了30%，三和时代律师事务所的“金融证券、房地产和工程建设、公司法、涉外”四个专业团队在全国具有较高地位和影响，冀华律师事务所被聘为河北省首家金融资产交易所的律师事务所会员单位，信联律师事务所受中国长城资产管理公司石家庄办事处委托，成功办理了涉及25家企业、18亿元金额的债权收购和债务重组项目，天宏律师事务所积极拓展了银行不良资产、个人信贷、信用卡等业务。

二、律师队伍综合素质和服务水平得到新提升

在深入开展核心价值观教育实践活动中，省厅印发了活动实施意见，组织律师围绕“我是谁、依靠谁、服务谁”这个根本问题，扎实开展教育实践活动。加强律师专项教育整治，重点查找解决了律师执业理念模糊、诚信缺失、不依法执业、执业不够廉洁、律师事务所内部管理不规范等6个方面的突出问题，受到了赵勇同志的批示肯定。同时，省律协举办了《刑事诉讼法（修正案）》全省示范培训班，邀请最高人民法院、最高人民检察院、北京大学等专家学者，对近300名律师进行了培训。各市、省直各所也通过举办专题培训班、参加全国网络培训及省律协培训班等方式，组织律师对修改后的《刑事诉讼法》进行学习。省律师协会会刊《河北律师》正式复刊，编辑出版了复刊后首期会刊，从此全省律师宣传工作有了自己的稳固阵地，并初步形成了会刊编辑出版的长效机制。完成了《非诉讼及涉外典型案例选编》，经过反复审核、筛选、完善，共收录典型案例29篇，内容涉及公司上市、知识产权、房地产、反倾销等业务领域，进一步加强了对全省律师办理非诉讼及涉外业务的指导。组织完成了省厅承担的司法部研究课题，撰写了题为《在社会管理创新中加强律师管理完善律师制度》的论文。在省、市共同努力下，扎实开展《河北律师发展报告》编写工作并取得重要进展，完成了报告三分之二约17万字的编写任务。在河北法制报开设专栏定期宣传优秀律师、优秀律师事务所，推荐20余名律师参与中央电视台“法律大讲堂”，与河北电台《律师说法》栏目合作评选出了10名“听众喜爱的律师”。结合年度检查考核，完成了对2011年“三化建设”情况的检查验收，指导做好2012年“三化建设”任务自领及落实工作，加强了对重点所、示范所的培育指导，积极开展省级示范所创建评选活动，形成了一批综合规模较大、专业定位清晰、核心业务突出、社会诚信度高的品牌所。各市通过召开现场会、推进会、加强指导等方式，积极推进“三化建设”；各律师事务所积极加强基础设施建设，完善内部规范化管理，打造服务品牌。唐山市要求申请设立律师事务所须达到“三化建设”的基本条件，邢台市开展了律师网络培训并制定了加强律师行业诚信建设的意见，石家庄市举办了第七届律师大讲堂并制定了律师事务所加强业务合作的指导意见，邯郸、秦皇岛等市制定了律师事务所负责人年度述职制度，承德、衡水、张家口等市完善了律师办案业务规范操作指引。三和时代律师事务所建立了事务所品牌形象视觉系统，侯凤梅、张金龙律师事务所通过举办模拟法庭等强化刑事业务主业地位，信联律师事务所通过建立“四个一”管理机制有效凝聚了全所力量，天捷律师事务所实现了重要信息资源共享和律师人才优化配置，太平洋世纪律师事务所设立了文化建设基金，诚和通商律师事务所建立了本所信息和管理中心，决策律师事务所聘请退休法官、大学教授等组成专家顾问团，姜钟律师事务所使用专业管理软件实现了信息化管理，冀信、太平洋世纪、和融兴、冀人等律师事务所建立健全了律师服务质量评查、利益冲突审查等内部管理机制。

三、律师党建工作取得重大突破

省委组织部印发冀组建字〔2012〕7号文件，批准将省律师协会党委改建为省律师行业党委，并明确了省律师行业党委的组织隶属关系和主要职责。省厅党委召开会议，研究决定了省律师行业党委组成人员及具体职责。省律师行业党委的成立，标志着全省率先在全国成立了省级律师行业党委，进一步加强了党对律师工作领导，理顺了律师行业党的领导体系和工作机制，对加强和推进全省律师行业党的建设具有重大的现实意义和深远的历史意义。12月15日，省律师行业党委召开第一次会议，对省第六次律师代表大会有关重大事项及律师行业学习贯彻党的十八大精神进行了研究部署。在全省举行了“党员律师在身边，法律服务惠民生”义务法律咨询日活动，2000余名律师党员接待群众5300余人次，发放宣传材料15300余份。创先争优活动中，厅律师处党支部被省委授予“全省创先争优先进基层党组织”称号，厅律师处被省直工委授予“十佳满意窗口单位”称号。各市及省直各所也开展了丰富多彩、富有实效的律师党建工作。邢台市组织律师党员在重要时间节点开展法律服务主题实践活动，组织律师党员积极参与“百名法律人进千家企业”活动，受到李益民厅长的肯定。石家庄市组织律师党员积极服务重点工作，市律协党支部被评为“河北省社会组织创先争优先进基层党组织”。保定市在律师党员中开展了“诚信服务先锋创先争优活动”，对全市律师事务所党支部书记和事务所主任进行了专题集中培训。廊坊市层层签订了律师创先争优责任状，制定了《律师事务所党建百分制考核办法》。秦皇岛市与市委组织部联合开展了“基层建设年律师党员法律服务志愿行动”，组建了党员志愿团，选派50多名律师党员对14个行政村进行点对点帮扶。唐山市组织新律师党员到革命圣地学习教育，举行了入党宣誓仪式。世纪联合律师事务所每年列支党建专项经费，三和时代律师事务所建立了党建工作活动室，世纪方舟律师事务所组织律师党员开展了“一帮一、一对红”活动。

四、进一步深化“三团一组”工程

全省组建了120多个法律服务团队，通过担任政府和重点企业法律顾问、开展企业“法律体检”、参与重大疑难法律问题论证等，提供全方位法律服务，共为企业出具法律意见书3000余份，避免和减少经济损失20亿余元。石家庄市围绕服务全市优化发展环境，制定了律师服务六项措施，组织律师参与了“市优化办”效能审批检查验收活动。沧州市开展“大项目、大融资、大建设”服务活动，推进法律服务上层次、上水平、上台阶。衡水市联合市工商联组织开展了律师进企业提供服务活动，与滨湖新区联合组建了律师顾问团。邯郸市承担了市政府委托的行政服务中心运行机制研究课题。张家口市与市产业园区联合组建“园区企业律师服务工作站”，为园区企业提供全方位法律服务。承德市积极发挥市中小企业法律服务中心的作用，组织律师为企业防范法律风险建言献策。时代经典律师事务所组成律师团与省创业指导中心合作开展公益活动，设立律师公益服务窗口，在“全民创业帮扶工程”中为创业人员提供公益服务。冀正律师事务所积极服务中小企业，被省中小企业局认定为第一批河北省中小企业法律服务基地。华友律师事务所积极为企业提供前瞻性服务，主动帮助企业查找法律风险源、风险点，并制定相应的防范补救措施。各地组织律师积极参与“为党的十八大胜利召开做贡献主题实践活动”，深化三项重点工作，加强律师参与政府法律顾问、涉法涉诉信访工作，指导律师积极参加领导接访、带案下访、集中接访和案件评查，认真做好舜地公司涉嫌非法集资案、康非公司溢油案、沧县203户村民诉省政府行政诉讼案律师协调指导工作，严格落实五项制度、八项纪律，实现“三个效果”的统一。十八大安保期间，全省律师共有1200余人次参与了信访工作，共参与处理涉法涉诉信访案件350余件，接待当事人咨询1060余人次，参与评查涉法涉诉信访案件110余件。保定市政府要求在全市建立三级政府法律顾问工作机制，全市53%的乡镇和政府主要职能部门全部建立了法律顾问制度。邢台市指导“农民工法律援助工作站”积极维护农民工合法权益，被农民工誉为“农民工之家”。张家口市与市委政法委稳定办联合组建“乡镇法律服务中心”，并组织律师参与全市重大项目建设社会稳定风险评估。通过组织律师开展义务法律咨询、法律服务进社区等多项活动，认真履行法律援助义务，指导5名律师报名参加全国“1＋1”法律援助活动，为困难群众和弱势群体提供法律帮助。恒佳信律师事务所杨立明律师被司法部、团中央、全国律协评为“1＋1中国法律援助志愿者行动”2011年优秀志愿者。石家庄市大力拓展律师服务社区覆盖面，为全市404个社区全部配备了律师，义务提供服务，被市有关部门评为“社会管理创新亮点工程”，中央电视台等媒体进行了报道。秦皇岛市开展了“百名律师办百案”活动，组织100名优秀律师为100名基层群众提供“一对一”法律帮助。承德市积极推动律师与见义勇为英雄手拉手公益活动，十家律师事务所与市见义勇为基金会对见义勇为英雄进行了回访。三和时代、世纪联合、侯凤梅、时代经典、时音、决策、冀正、张成敏等律师事务所积极深入社区、学校、企业、农村开展义务法律服务。济民律师事务所成立了由主任、副主任负责的律师办理法律援助案件督导小组，确保了办案质量。

五、律师工作体制机制进一步完善

省厅健全完善了行政许可、年度检查考核制度，印发了规范律师及律师事务所行政许可、年度检查考核、“两公”律师管理、实习律师管理等7个规范性文件，组织编写了《河北省律师事务所规范化管理制度指引》、《河北省律师协会行业规则、规范汇编》，进一步完善了律师管理制度，消除了重要环节的管理制度空白，实现了律师管理有章可循，提高了律师管理精细化、规范化水平。全省第六次律师代表大会审议通过了省律协五届理事会工作报告、省律协章程、修订后的律师会费缴纳管理办法等一系列重要文件，选举产生了省律师协会第六届理事会、常务理事会、副会长、会长，明确了未来发展方向及重要任务。省委常委、省委政法委书记张越同志出席会议并作重要讲话。司法部律公司、全国律协及40余个省（自治区、直辖市）律师协会、有关单位发来贺电、贺函。同时，扎实开展民主评议工作，进一步加强律师协会自身建设，提高行业自律管理能力和律师满意度。协调省地税部门积极理顺律师纳税方式，协调省人社部门、人才中心进一步完善省直律师人事档案接转，指导各市加快律师档案统筹归口管理改革进度。进一步加强律师行业保障，省律协拿出60万元为全省律师办理执业责任保险，并协调保险公司增加了律师重大疾病、死亡险等附加险种，同时设立行业互助基金，对年轻律师、贫困地区律师实行会费减免政策，积极推动律师事务所依法为律师加入基本养老、医疗保险，提高律师社保水平。各地也主动协调，努力优化律师业发展环境。沧州市继续完善律师档案管理改革，唐山市与有关部门就市律协统一管理律师档案达成协议，其他市也通过在人才中心设立律师档案专柜等方式加强律师档案管理，进一步增强了律师归属感。张家口市促成市委、市政府出台了加强和改进律师工作的意见，明确了律师工作财政保障，联合政法部门出台了保障律师执业权益的意见，推动全市律师全部加入了养老、医疗、工伤及执业风险保险；保定市积极争取市政府支持，建立政府购买法律服务制度；邢台市积极与财政部门沟通，推动出台加强律师经费保障的《意见》，市律协还制定了11个行业规范。

△2013年，全省律师工作切实加强律师队伍建设和党的建设，着力提高律师服务能力，努力完善律师工作体制机制，律师管理和服务均取得显著成效。臧胜业、张越、付志方、宋恩华、马兰翠、杨汭及王俊峰、杜春、周院生等省、司法部、全国律协领导，通过作出批示指示或亲自出席会议、参加活动、视察律师事务所等多种方式，对全省律师工作取得的成绩给予充分肯定。

一、加强政府法律顾问工作

省厅以省委省政府决策咨询委员会、省委政策研究室名义，向省委、省政府领导报送了《让法治阳光照遍燕赵大地——关于发挥律师作用促进法治河北建设的调研与建议》，对全省律师服务法治河北建设情况进行了总结和调研，针对存在的问题，提出了制定《关于充分发挥律师作用促进法治河北建设的实施意见》、为人大代表和政协委员“一对一”配备律师、加强经费保障等意见建议。臧胜业、张越、付志方、宋恩华、马兰翠、杨汭等省领导分别作出了重要批示。为做好为人大代表和政协委员“一对一”配备律师工作，专程赴陕西省西安市借鉴经验。向省政府分管领导、省政府法制办专门报送了《关于组织律师等法律服务队伍服务法治政府建设工作情况的报告》，总结了近年来律师等法律服务队伍服务党委政府中心工作和法治政府建设情况，分析了存在的问题和困难，并就进一步推进律师服务法治政府建设，提出了推进政府法律顾问制度建设、加强国有大中型企业（集团）法律服务工作、加强工作保障和支持等意见建议。向省政府法制办报送了《关于在全省各级人民政府进一步建立健全政府法律顾问制度的意见（代拟稿）》。《意见》明确了政府法律顾问的主要职责、基本条件和聘任程序，提出力争用3年左右的时间，实现各级政府法律顾问的全覆盖，形成完善的省、市、县三级政府法律顾问网络和工作机制，把购买法律服务作为建立健全政府法律顾问制度的重要内容和依法行政的重要举措，并纳入各级政府年度财政专项预算，予以专项保障。全省律师服务法治政府建设取得显著成效，在司法部律公司、全国律协召开的“律师服务法治政府建设研讨会”上做了交流发言。按照省委政法委编制河北法治纲要的总体部署，牵头起草并报送了《关于全省法律服务工作的调研报告》，提出了未来七年河北法律服务业发展的总体目标，从拓宽领域、提高素质、加强监管、改善环境、政府法律顾问等方面提出了对策建议。与国税、地税系统进行沟通，进一步扩大公职律师试点，新增公职律师20余名。组织了公职律师培训班，提高了公职律师的服务能力和水平。目前全省律师共担任政府法律顾问1660家，广大律师日益成为党委、政府推进法治政府、法治社会建设离不开的法律参谋和助手。

二、深度服务经济社会发展

省厅印发了《关于组织开展拓展创新律师业务服务经济发展“四大攻坚战”专项活动的通知》，组织全省律师围绕“打造沿海地区率先发展的增长极、环京津地区新的发展增长极、县域经济和县城搞大搞强、工业转型升级和环境治理”，以拓展业务领域为重点，以创新服务为导向，统筹法律服务资源，充分发挥职能作用，为实现河北科学发展提供优质高效的法律服务。专项活动中，组建了200多个律师服务团队，深入重点区域、重点项目、重点工程、重点企业，提供从项目论证、风险评估、土地开发到建成投产、销售等各个环节的一揽子法律服务和支撑。加强公司律师指导，在河北建设投资集团有限公司、唐山三友集团有限公司开展公司律师试点工作，新增公司律师10名。沧州市组织律师通过担任企业法律顾问、开展“法律体检”，组成律师团队服务企业非上市股权交易等方式积极为小微企业提供法律服务。秦皇岛、邢台等市组织律师主动服务农村建设。

三、积极维护社会和谐稳定

各地继续指派律师到各级政府信访部门、联合接访中心值班，抽调22名律师参与省委政法委案件评查协调组，分赴11个设区市共参与20多起信访积案的评查，出具法律论证意见20多份，受到省委政法委的充分肯定。派员参加了为期一个月的“两会”安保督导，抽调6名律师参与省司法厅、监狱管理局3起信访案件的评查工作，做好王书金案等重大敏感案件的律师辩护代理协调指导工作，较好实现了“三个效果”的统一。张家口市9家律师事务所33名律师参加全市86项省市重点工程项目社会风险稳定评估的试点工作，参与政府重大决策和社会稳定风险评估44件，为维护社会稳定发挥了积极作用。

四、扎实开展“善行河北·律师公益行”活动

为发挥律师在促进道德建设中的作用，进一步把“善行河北”主题道德实践活动引向深入，省厅联合省文明办从2013年9月1日至2014年6月30日，在全省律师行业集中开展“善行河北·律师公益行”活动。成立了“善行河北·律师公益行”活动领导小组，省律师协会成立了公益法律服务中心，指派省直律师参与中心值班，与中国移动河北有限公司联合开通了公益法律咨询热线（4001616148），专门解答群众法律咨询。该热线电话自9月1日正开通以来，已接待群众各类法律服务咨询162件。9月1日，在石家庄西青法制公园举行了“善行河北·律师公益行”活动启动仪式。全国律协会长王俊峰，省司法厅党委书记、厅长穆思山，省委宣传部副部长、省文明办主任白石，省人大常委、省律师协会会长李益民，省司法厅巡视员刘向东，中国移动河北有限公司副总经理李强等出席。省律师协会、石家庄市律师协会会长、副会长，500多名律师参加。启动仪式后，举行了大型律师公益法律咨询活动，共发放宣传材料2000余份，解答群众法律咨询600多人次，主要涉及继承、离婚财产分割、劳动维权等百姓身边的法律问题，受到了群众的欢迎和好评。

11月6日，“善行河北·律师公益行——法暖孟村”活动在孟村县正式启动。司法部律公司副司长、全国律协秘书长周院生，省司法厅党委书记、厅长穆思山出席启动仪式并作重要讲话，孟村县新设律师事务所与县政府、乡政府、企业签订法律服务协议书（或意向书），开展律师“三进”活动，一是召开律师法律服务对接会，对进行企业“法律体检”，就企业完善管理制度、防范法律风险、依法经营等提出了法律意见和建议；二是举行法制讲座，对孟村县200多名副科级以上干部就依法行政、建设法治政府进行了培训；三是举行了大型公益法律咨询宣传活动，解答群众咨询收到了良好的社会效果。

五、构建消费维权律师服务网络

省律师协会与省消费者协会密切合作，在2006年成立河北省“消费维权律师团”的基础上，组建了包括县域律师在内的市级“消费维权律师团”，全省共有390多名律师加入到省、市“消费维权律师团”。省、市“消费维权律师团”多次参与消费维权典型案件点评、维权案件代理等工作。10月13日，省律师协会、省消费者协会组织省、市“消费维权律师团”集中开展了法律宣传咨询活动，向群众发放宣传资料万余份，解答法律咨询2000余人次。

六、着力提高行政管理法制化水平

各市按照省厅制定的《律师事务所年度检查考核实施办法（试行）》、省律协制定的《律师执业年度考核实施细则（试行）》组织考核，严格把关，考核结束后，及时通报了各地存在的问题和不足，使年度考核工作的行政监管和行业指导作用真正发挥得到体现，并确保了考核工作的科学性、高效性和严肃性。开展了“省级示范律师事务所”创建评选和“一建一帮”活动，评选了首批34家“省级示范律师事务所”；组织中心城市综合实力较强、专业领域突出的律师事务所与县域律师事务所结成“一对一”帮扶对子，从管理理念和管理制度、培训研讨、业务协作、资金物质支持等方面，帮助县域律师事务所提升管理水平和服务能力，全省已有180家结成了帮扶对子，约占全省律师事务所总数的四分之一。与点睛网合作组建了河北律师网校，与北大法意合作建立了法律数据信息查询系统，继续组织全省新执业律师培训班（正筹备），近1000名新执业律师和省直实习人员参加了培训，基本满足了广大律师的新知识更新、填充的需求。同时组织了房地产、新民事诉讼法解读、民事审判重点问题、律师事务所管理等大中型业务知识培训，基本形成了网络培训、专题培训相结合的立体培训体系。

七、切实做好维护律师执业合法权益工作

省厅向全省律师发放了调查问卷，深入了解律师在执业中遇到的困难和问题，加强与相关部门沟通，促成启动《河北省保障律师执行职务条例》修改程序。密切关注新《刑事诉讼法》实施以来律师在刑事辩护中遇到的问题，向省高级人民法院制定出台《关于进一步尊重和保障律师执业权利规范法官和律师关系的意见》提出了很多可行性的意见建议，促成了该《意见》的出台，就律师免检进入法庭，完善立案服务、手续签收、申请回复程序，保障律师阅卷、辩护权利等做出了明确规定。多次举办新《民事诉讼法》培训，从理论、立法、司法和律师执业等角度，组织律师进行系统交流。邯郸市司法局、律师协会协调市检察院出台了《邯郸市检察机关审查逮捕阶段听取律师意见的办法（试行）》；唐山市司法局、律师协会与市公安局就贯彻实施新《刑事诉讼法》保障律师会见权进行座谈；唐山市人民检察院、市司法局联合印发了《审查逮捕阶段充分听取律师意见实施办法（试行）》。密切关注服务业“营业税改征增值税”，组织了全省律师事务所主任、财务负责人开展了“营改增”电视电话培训，为律师事务所全面了解新税制，以税制改革为契机健全财务管理制度创造了有力条件。加大律师行业重点工作和律师的宣传工作力度，人民网、新华网、中国新闻社、法制日报、《中国律师》杂志、凤凰网、河北日报、河北电台、河北电视台、河北工人报、河北法制报、长城网、河北新闻网、燕赵都市报、河北文明网等媒体就全省律师工作情况进行了报道，扩大了全省律师行业的影响。

公证工作

【概况】 △2012年，全省公证工作以三化建设和职业化建设为抓手，以提高公证处建设发展水平和服务能力为目标，深化服务领域，提高服务效能，整体工作呈现出良好发展态势。

一、全面提升基础建设和发展水平

为落实厅党委“基层基础建设年”统一部署，进一步推动县域公证三化建设工作，3月中旬筹备召开了全省县域公证工作暨公证三化建设电视电话会议，各市司法局分管局长、公证管理处（科）长，各县（市、区）司法局长、分管局长，全省各公证处主任参加了会议。会上，成安县委县政府（县长发言）等5个单位介绍了加强县域公证工作和公证三化建设的经验。各市、县加大工作力度，县域公证工作及三化建设得到有效加强。全省公证工作受到司法部的充分肯定和高度关注，司法部《法律服务工作简报》连续5期推广全省公证工作的经验做法，其中第29期以《河北省多措并举全力推进三化建设和县域公证工作》为题对河北省工作情况进行了全面介绍，第30期将李益民厅长全省县域公证工作暨公证三化建设电视电话会议上的讲话加编者按编发。赵大程副部长在这期简报上作出“我读了益民同志的讲话，很有指导性、针对性。公证工作的成否是内外两个方面，在着力改善外部环境、完善体制和相关政策的同时，必须着力加强队伍建设、提高监管水平和执业水平……”重要批示。3月份，组织相关市司法局对三化建设第一批16个基本达标公证处的整改建设情况进行了检查验收并下发通报。经过省、市、县三级共同努力，16个基本达标公证处加大投入、认真整改，全部达到了“三化建设”标准，业务量也有了明显提升。5月中旬，省厅召开了全省公证工作调度会，听取了各市三化建设开展情况专题汇报。省厅强化督导，对列入司法业务用房建设规划的19个县级司法局公证处办公用房建设进行了重点协调和督导，同时进一步推动公证处对口帮扶活动。各市加强领导，采取多项措施推动落实。9月，省厅下发了全省公证三化建设第二阶段检查验收暨公证质量检查通知，由公证处同志、省公协副会长、常务理事和部分理事组成6个检查组，各市由分管局长带队组成检查组，集中时间、集中精力展开检查验收。省厅在认真汇总、反复观看视频资料、反复考量的基础上，起草下发了《关于全省“三化一建设”工作第二阶段检查验收情况的通报》和《关于全省公证质量检查情况的通报》，通报了全省第二批三化建设取得的成绩和存在的不足，对下一步三化建设工作提出了具体要求，对全省公证质量存在的问题和整改要求也进行了全省通报。

二、努力加强公证队伍职业化建设

为开阔视野，加强交流，5月14日至16日省厅与上海市司法局在石家庄共同举办了第25期中法公证法律专题讲座。法国法律界、公证界代表，厅领导，上海市司法局及全省人员共计260余人参加了讲座。法方代表分别介绍了法国公证人的身份、作用和行业组织，公式文书等10个专题。厅公证处负责同志就全省公证工作服务全省改革建设发展、服务“三农”和社会主义新农村建设、服务对外开放、维护社会和谐稳定等职能作用发挥情况及工作开展情况进行了介绍，并通过视频方式展现了全省公证工作的生机和活力。整个讲座采用同声传译，中法双方对讲座内容进行了互动提问与交流讨论，答疑解惑，增进了解，取得了良好的效果。《法制日报》、《河北日报》、河北人民广播电台等多家媒体进行了报道，上海市司法局、法方代表给予了高度评价，认为本期讲座是已经举办的25期中法交流中最成功的一次。3月份，省厅制定下发了《关于建立新任职公证员跟班实训制度的通知》，组织分派2组人员共计20人赴承德市公证处、邯郸市诚信公证处分别开展了为期14天的跟班实训，取得了良好效果，受到一致好评。经过各市推荐，省厅组建了河北省公证培训讲师团，筛选了15名省内业务骨干并有一定授课经验的公证员作为首批讲师团成员，负责省内公证培训授课，以提高培训实效。同时制定下发了省厅《关于建立公证员宣誓制度的通知》，规定凡初任公证员在接受公证实训基地培训时必须进行宣誓，各市司法局、各公证机构在组织公证业务培训等大型活动时，统一组织宣誓，宣读省厅制定的公证员宣誓词，进一步提高公证员的职业道德素质。

为进一步激发全省公证行业创先争优热情，褒奖先进，发挥公证典范的辐射带动作用，推动公证建设发展和职能作用发挥，省厅制定下发了《关于开展“河北省优秀公证处”、“河北省优秀公证员”评选工作的通知》，从2012年起每两年一次在全省开展公证双优评选工作。2012年，经过层层筛选、公示，评选出石家庄市平安公证处等6个河北省优秀公证处，陈廷喜等13名河北省优秀公证员，并于9月下发了《河北省司法厅关于表彰“河北省优秀公证处”、“河北省优秀公证员”的决定》。省以司法厅名义高规格表彰，在业内引起很大反响。

三、大力提升服务质量和社会影响

结合省委开展的基层建设年活动，省厅下发了《关于公证工作要积极介入全省基层建设年活动的通知》。为推动业务开展，同时使各市、县司法局和公证处了解本地公证业务开展在全省公证工作所处的位次，省厅继2011年9月首次发布2010年公证办证排名后，今年2月再次发布2011年人均办证数超全省平均水平的前6个设区市和全省148个县域公证处人均办证排名情况，并在《河北公证电子快讯》上加编者按对全省发布，各地很受触动，市县两级局领导对公证工作的关注度明显提高，有力地推动了业务开展，这一做法得到司法部的充分肯定。

四、不断提高管理和服务水平

6－7月，省厅先后组织召开市、县司法局长、分管局长座谈会和不同区域、不同层级、不同体制的公证处主任座谈会，并深入各市司法局、公证处实地走访调查，对全省公证改革发展情况及公证机构存在的问题进行了重点研究和讨论。起草了《河北省公证改革发展情况调研报告》，客观总结全省公证改革发展现状，并就公证体制机制改革提出意见建议。《报告》受到司法部的好评。9－10月，分别组织现存3个合作制试点公证处主任、原9个已撤并的合作制试点公证处主任和部分公证管理人员连续召开3次座谈会，全面了解掌握河北省合作制试点公证处发展运行情况，起草了全省合作制公证处有关情况报告，对合作制试点公证处工作情况、存在问题进行了全面总结。7月在石家庄市召开了全省涉台公证工作座谈会，省国台办、省台联有关同志及部分涉台公证员参会，就进一步发挥涉台公证工作作用进行了有效探讨。

△2013年，全省公证工作以三化建设和职业化建设为抓手，以提高公证处建设发展水平和服务能力为目标，着力拓展服务领域、提高服务效能、提升质量信誉，整体工作呈现出良好发展态势。

一、大力提高公证处发展水平和服务能力

2013年是公证三化建设的收官之年。为巩固三化建设前期成果，圆满完成第三阶段建设任务，省厅开展了“三化”建设三个层面的工作。一是督导第二批基本达标处切实完成整改任务；二是组织各市对第一批、第二批达标处开展“回头看”；三是对第三批申报达标公证处进行检查验收。2012年底至2013年5月份，省厅在全省集中开展了三化建设“回头看”和第二批基本达标处整改建设工作。各市、县司法局和公证处高度重视、积极推动、狠抓落实，并上报了“回头看”工作总结、影像资料和基本达标处验收资料。在此基础上，省厅下发了《河北省司法厅关于公证三化建设“回头看”工作暨三化建设第二批基本达标公证处整改建设情况的通报》。7月份，省厅下发《关于开展全省公证“三化一建设”第三阶段暨公证质量检查工作的通知》，抽调全省公证系统业务骨干组成5个检查组，分赴相关地市对第三批共23个处的队伍建设、业务建设、基础设施建设、内部管理制度建设4大项42小项内容逐一进行了认真检查和评分。根据各检查组的初评意见，认真审核、反复考量，确定石家庄市行唐县公证处等21个公证处为达标公证处，张家口市怀来县公证处等6个公证处为基本达标公证处。9月份，起草下发了《河北省司法厅关于全省公证“三化一建设”工作第三阶段检查验收情况的通报》，通报了第三批三化建设取得的成绩和存在的不足。

二、全面提升队伍职业素质和工作水平

根据全省公证机构设置、公证业务需求等实际情况，省厅研究制定了全省2013—2015年公证员配备方案，确立了全省未来三年公证队伍发展目标。严格按照任职条件和程序做好公证员任职的申报、查审工作，报请司法部公证员考核任职14人、一般任职56人。组织完成了2012年度全省公证机构和公证员考核工作，各级司法行政机关严格依照《河北省公证机构年度考核实施细则（试行）》、《河北省执业公证员年度考核办法（试行）》及《河北省公证员助理管理办法（试行）》规定程度及要求，坚持客观公正、民主公开、实事求是、注重实线的原则，逐级逐项考核，认真评定等次。全省无任何公证机构和公证员对考核评定提出异议。

三、努力提高服务质量和工作效能

2013年4月、5月，厅领导亲自深入基层调研，划分3个工作组，深入到石家庄、保定、唐山、邢台等6个市21个县（市）区就公证如何更好地落实中央一号文件，实现为“三农”服务新突破开展调研，总结公证服务三农的成功经验做法，分析、查找了束缚和影响公证“为农”服务科学发展的思想、体制机制障碍，制定了解决新、老问题的新思路、新举措，形成了《河北省司法厅关于推进公证服务“三农”的调研报告》，并分别上报了省政府、省委政法委、司法部和中公协。7月3日，副省长沈小平对调研报告作出批示予以肯定：“公证服务‘三农’，对深化农村改革、加快农村经济和社会事业发展有着重要的推进作用，当继续巩固、加强，不断扩大服务范围、提高服务质量、提升服务成效”。8月，《人民日报》、《法制日报》对全省公证工作服务“三农”的有关做法进行了报道。

四、稳妥推进公证信息化建设

按照《司法部关于印发〈公证综合管理信息系统技术规范〉的通知》要求，省厅2月制定下发了《河北省公证信息管理平台建设方案》，确定了先行试点、稳步推开的工作思路，按照调研考察、配置硬件建设、启动试点、全面铺开四阶段组织实施。3月，在全省公证会议上研究确定了不同层级、不同发展水平，具有普遍性和特殊性的7个信息化建设试点公证处，以保障今后信息化建设顺利对接全省。5月，组织部分管理人员和公证处主任赴武汉市调研公证综合管理信息系统软件。6月18日，组织部分市公管处处长，部分公证处主任、公证员、网络管理人员召开全省公证信息化暨公证业务建设座谈会，香河县公证处负责人演示了自主构建的公证办证和档案数字化管理系统。8月，全省有关同志应邀参加了北京市司法局召开的信息化建设座谈会，与北京、天津、山东公证同仁进行了交流，进一步了解了全国公证软件使用情况，吸取外省公证信息化建设经验教训，基于此，全省调整了工作布局：一是将石家庄市4个公证处、唐山市华忆公证处作为长春某软件使用试点；二是将廊坊市作为安徽某软件试点；三是推动县域处使用香河县公证处公证办证程序，待各试点运行一段时间后，总结各地试用情况再决定与软件公司合作开发自主产权的公证软件或使用成熟软件。

五、组织开展公证质量检查

7月，省厅组织开展了全省公证质量检查。此次公证质量检查，抽调了全省公证系统15名业务骨干，由省厅公指处、省公证协会的同志带队组成5个检查组分别对23个公证处进行了检查，共抽查了2012年6月至2013年5月期间办结归档的690份公证卷宗，涉及遗嘱、继承、赠与、委托、声明、合同（协议）等三十多类公证事项。各检查组严格按照省厅制发的公证质量评分标准

5大项21小项逐项评阅打分，并就检查出的问题与当地司法局、公证处人员进行了交流，提出了评查意见和改进要求。经评查汇总，被检查的23个公证处公证质量全部达标，其中21个公证处质量得分在90分以上，其余2个处在85分以上。随后，省厅起草下发了《河北省司法厅关于全省公证质量检查情况的通报》，通报了此次公证质量检查基本情况及存在的主要问题，并对下一步公证质量建设工作提出了要求。

六、加强公证内部管理制度建设

经多方征求意见，省厅先后制订下发了《河北省涉外公证工作管理办法》、《河北省公证复查争议投诉处理实施细则（试行）》、《河北省公证机构内部管理制度指引（目录）》等文件；《河北省公证机构公证复查处理办法》、《河北省涉台公证工作管理办法》经广泛征求意见后正在修改；同时根据《河北省规范性文件制定规定》（河北省人民政府令〔2010〕第14号）的有关规定，我们对《河北省公证机构年度考核实施细则（试行）》、《河北省执业公证员年度考核办法（试行）》、《河北省公证行业执业档案管理办法（试行）》、《河北省公证员助理管理办法（试行）》等4个规范性文件进行了修订。

七、改善公证外部执业环境

省厅与省公安厅联合出台《河北省公安厅河北省司法厅关于依法查处扰乱公证执业秩序违法犯罪行为的意见》。《意见》强调了打击扰乱公证执业秩序违法犯罪活动的重要意义，以列举的方式规定了六类扰乱公证执业秩序的违法犯罪行为，明确了行为性质和法律适用，明确了司法行政部门和公安机关的职责和工作重点，要求各级公安机关和司法行政机关建立联席会议、情报会商等机制，加强协调配合，共同依法严厉打击扰乱公证执业秩序的违法犯罪活动。此文件的出台将有效遏制扰乱公证执业秩序违法犯罪活动的多发势头，对于维护公证行业社会公信力和正常执业秩序有重要意义，此举得到司法行政机关和公证处的一致赞誉，也受到司法部的充分肯定。10月30日，《司法部律公司简报》对河北省这一做法进行了推广。

八、加强公证文化建设和对外宣传

广泛组织《河北法制报》“公证之窗”专栏撰稿、刊发工作。共刊发公证典型案例及优秀公证处公证员事迹、经验做法和典型案例26篇，扩大了公证影响，提高了公证的社会认知度；结合“解放思想、改革开放、创新驱动、科学发展”大讨论活动，在全省公证人员中开展了“我为河北公证科学发展献良策”活动，要求各市县局、各公证处就推动公证业务发展向省厅献计献策，全省公证行业积极参与，及时梳理后予以采纳；建立并开通了“河北公证网”。10月开通了“河北公证网”，网站共设置了工作动态、通知公告、公证法规、协会工作、业务研讨、办事指南、涉台公证书副本查询等7个栏目，为面向社会宣传公证工作和加强人员交流提供了良好的平台。

干警队伍建设

【概况】 △2012年，干警队伍建设工作认真贯彻落实厅党委工作部署，完成了全系统领导干部管理、领导班子建设、机关和直属单位人事管理、警务管理和警务督查、编制管理等方面工作任务，人事警务工作上了新台阶。

一、大力加强领导班子建设

为迎接十八大的召开，确保狱所安全稳定，健全完备狱所领导班子，厅党委加强狱所领导班子之间的交流，配齐配强一把手，选拔了一批年富力强、政治坚定、作风扎实的年轻干部，优化了狱所领导班子的年龄结构、专业结构，增强了班子的凝聚力和战斗力。2012年以来，共对监狱系统48名正处级干部进行了调整，涉及冀东分局（8个监狱）、15个监狱和罪犯遣送站；共对劳教系统8名正处级干部、21名副处级干部进行了调整，涉及5个省直劳教所。其中，为选好配强冀东分局及所属监狱正处级领导干部，专门制定了《省监狱管理局冀东分局正处级领导职位竞争性选拔实施方案》，并在冀东分局完成了正处级领导职位的竞争性选拔，竞争上岗正处级领导干部17名，收到较好效果。

二、进一步规范完善领导干部个人事项报告制度

省厅对全系统2011年度党员领导干部个人重大事项报告工作作出部署，建立了全系统处级以上领导干部报告台账，完成了重大事项报告表的收集和审核工作，共20名省管干部，364名厅党委管理的干部，485名监狱系统副处级干部进行了个人事项报告。

三、完成省管干部和副厅级

单位班子副职

2011年度考核工作。协助省委组织部完成了对省管干部的2011年度考核工作，组织考核组完成了省监狱局、劳教局、冀东分局、省石家庄监狱、河北司法警官职业学院等5个副厅级单位领导班子及成员年度考核工作。为进一步规范厅机关内设处室和公务员年度考核工作，省厅制定了《2011年度厅机关内设机构和公务员年度考核工作安排》，规范了考核步骤，对考核程序进行了细化部署，科学合理、严谨周密地完成了考核工作。

四、完成2012年监狱劳教人民警察招录工作

2012年监狱劳教人民警察招录公务员计划达到920名，占省直招录公务员总数的86.5%，招录任务居历史最高位，招录人数多，任务重，历时长，经过网上资格审查、笔试、面试等程序，最终有778名优秀考生通过了干警录用，并于十八大安保阶段全部到岗到位，补充到各监狱、劳教所，为全系统做好十八大安保补充了新力量。

五、开展专项警务督察工作

围绕十八大安全保卫、“基层基础建设年”和“忠诚、为民、公正、廉洁”主题教育实践活动开展了专项警务督察，省厅重点对《关于加强监狱安全管理工作的若干规定》、《关于加强劳教所强制隔离戒毒所安全管理工作的若干规定》的执行情况进行了督察，同时加强了警容风纪情况的日常警务督查活动。据统计，今年以来全系统开展警务督察活动3343次。省监狱局、劳教局和各监狱、劳教所均建立了警务督察组织，各监区、大队均建立了警务督察分队，明确了专门人员，全系统共明确各类督察人员共计730名。十八大安保以来，按照厅党委的部署，制定了《全系统开展“迎十八大保监所安全”专项警务督察活动的实施方案》，并从厅、局机关抽调精干力量89名，由“两局”副局长和机关处长任组长，组成28个十八大安保督导工作组分赴省属各监狱、劳教所，开展十八大安保、警务督查和巡视工作回头看工作。

△2013年，干警队伍建设以深入推进全年工作要点和目标任务分解落实为重点，充分发挥职能作用，扎实工作，为推动司法行政事业科学发展提供了有力保障。

一、大力加强领导班子建设

为配齐配强河北司法警官职业学院领导班子，按照省委的统一部署，由省委组织部牵头成立考察组，于4月下旬完成了对学院党委的换届考察工作。学院党委换届考察工作严格按照高职高专学校党委换届工作方案的要求，确保既定程序完整，规定动作规范，先后对学院领导班子及副校级拟提拔人选进行了民主测评、民主推荐和二次会议推荐，根据推荐结果，进行了反向测评和民意调查，最后在征求有关部门意见的基础上，厅党委研究确定了学院领导班子人事安排的意见，阶段性完成了学院党委换届的目标任务，受到省委有关部门的好评。今年全省监狱劳教系统共选拔任用处级领导干部40名、处级非领导干部39名，各单位领导班子成员间交流任职101名，其中包括各单位一把手9名。

二、继续推进完善干部选拔任用机制

充分汲取总结2008年、2011年厅机关竞争性选拔工作的经验和不足，制定了规范严密的厅机关处级干部竞争性选拔实施方案和操作步骤，通过民主测评、笔试、演讲答辩、日常考核、厅党委考核等竞争程序，共产生厅机关调研员4名，副处长4名，副调研员5名，法律援助中心副主任2名。通过竞争的形式选配干部，优化了厅机关处级干部的年龄结构、知识结构和梯次结构，缓解了厅机关长期形成的处级干部年龄断层的问题，使厅机关处级干部的平均年龄从50岁下降到48岁，全日制本科以上学历从39%上升到45%。组织了石家庄监狱正处级非领导职务竞争性选拔，共产生调研员3名。通过竞争方式选拔任用干部，使群众参与到干部选拔任用工作中来，提高了选人用人工作的公信度，促进了干部干事创业的积极性和主动性。

三、组织完成司法干警招录工作

按照省委组织部和省人社厅要求，积极协调各相关部门，顺利完成2013年度省直监狱、劳教人民警察的岗位招录工作。通过积极与省编办沟通，在原有自然减员基础上，由省编办从第三批为监狱系统增编中调剂提前使用590名，使招录公务员计划达到903名。社会公开报名13861人，经过网上资格审查、笔试、面试、体检等程序，共招录干警829名。

四、开展警务督察管理工作

省厅围绕“全国两会”安保

工作，分别组成了28个督导组派驻省属各监狱、劳教所进行警务督察，发现和解决问题3500多件，有力的确保了全国“两会”期间监狱劳教场所的安全稳定。

重要会议和重要活动

2013 年

1月30日，省综治委作出《关于表彰2011－2012年度全省社会矛盾纠纷优秀调解员和优秀调解室的决定》，石家庄市正定县“帮大哥帮大姐”信访调解代办之家等16个人民调解组织被授予“河北省矛盾纠纷优秀调解室”称号，高秋生等66名人民调解员被授予“河北省矛盾纠纷优秀调解员”荣誉称号。

4月22日下午，第二届河北省人民调解员协会召开第一次常务理事会。省人民调解员协会会长王大为就加强协会和全省人民调解工作讲了五点具体要求，来自省综治办、省公安厅、省卫生厅、石家庄保晋南街社区的各位常务理事也就加强人民调解工作提出了意见和建议。

8月19日至23日，省司法厅组织全省13个市司法局基层处（科）长分6个组，深入全省12个市的46个县市区，对86个司法所的规范化建设情况进行了联合检查，下发《关于命名“全省规范化司法所”的决定》，命名348个司法所为“全省规范化司法所”。

8月28日，最高人民法院、司法部在人民大会堂联合召开全国人民调解工作会议。中共中央政治局委员、中央政法委书记孟建柱参加会议并讲话。国务委员、中央政法委副书记郭声琨、最高人民法院院长周强、最高人民检察院检察长曹建明、司法部部长吴爱英等领导同志出席会议。全省秦皇岛市医疗纠纷人民调解委员会等17个调委会被授予“全国模范人民调解委员会”称号，王佳等70名调解员被授予“全国模范人民调解员”称号，受表彰人数仅少于人口大省山东和四川，居全国第三。

8月29日，司法部举行党的群众路线教育实践活动先进事迹报告会，部机关及直属单位300多人参加了会议。全省全国模范人民调解员、南皮县鲍官屯镇石洪林作为唯一一名人民调解员代表，做了题为“倾注满腔热情换取百姓和谐”的报告，吴爱英等部领导接见了报告团成员，并进行座谈，勉励他们继续坚持深入群众、服务群众，在各自岗位上不断做出新的贡献。

11月26日，全省人民调解工作电视电话会议召开。省委常委、政法委书记张越出席会议并作讲话。省政府副省长杨汭主持会议并讲话，省政府副秘书长苏蕴山宣读了表扬通报，省司法厅党委书记、厅长穆思山作工作报告。受司法部委托，司法部基层司副巡视员、全国人民调解协会秘书长李冰到会指导。会上，宣读了省委省政府《关于对全省模范人民调解委员会模范人民调解员表扬的通报》，对栾城县西营乡东营村人民调解委员会等50个人民调解委员会、米建敏等100名人民调解员予以通报表扬，分别授予“全省模范人民调解委员会”、“全省模范人民调解员”称号。

（王亚平）

监察工作

综　述

2012年、2013年，在中央纪委、监察部和省委、省政府的坚强领导下，全省各级行政监察机关认真学习贯彻党的十八大对党风廉政建设和反腐败工作作出的新部署、新要求，围绕规范权力这个核心，全面履行行政监察职责，坚定不移转作风、科学有效抓改革、态度鲜明反腐败，大力推进廉洁政府建设，为维护河北改革发展稳定大局提供了坚强保障。

一、围绕重大决策部署，创新监督检查机制，服务保障科学发展水平有了新提升

围绕中央和省委、省政府重大决策部署的贯彻落实，坚持及时跟进，强化监督检查，确保政令畅通。制定印发专门意见，建立健全中央和省重大决策部署贯彻执行情况监督检查常态化机制。一是深入开展加快转变经济发展方式监督检查。先后对各地学习贯彻党的十八大精神、贯彻落实省委、省政府着力改善发展环境和着力改善生态环境安排部署以及百家央企进河北、加快沿海开发建设、支持工业发展、节能减排、加快旅游业发展等多个方面的重大决策部署贯彻落实情况，组织开展重点检查，及时发现和整改了一批问题，建立完善了一批制度规定，得到中央纪委监察部和省委、省政府的充分肯定。二是加强对“两个环境”建设的监督检查。制定了《河北省损害发展环境行为问责暂行规定》、《河北省损害生态环境行为问责暂行规定》和《河北省发展环境和生态环境监督员管理办法》等一系列制度，加强监督、强化问责，为全力推动和保障“两个环境”建设提供有力纪律保障。三是强化对重点领域执法行为的监督执纪问责。先后查处了一批安全生产、违法占地、环境保护、专项资金等问题的案件，对涉及的责任人员进行了严肃处理。深入开展对口支援新疆巴州和农二师工作的监督检查，确保了援疆工作的顺利进行。

二、围绕改进工作作风，创新工作理念和方式，政府系统作风建设取得新成效

认真贯彻落实中央关于加强作风建设的部署要求，坚持把加强作风建设作为反腐败治本之策，积极参与基层建设年、解放思想大讨论特别是党的群众路线教育实践活动，认真履行执纪、把关、问责职责，从具体问题抓起，由易到难、循序渐进，抓早抓小、以上率下，坚持不懈纠正“四风”，不断推进政府系统作风转变。一是加强对中央八项规定落实情况的监督。印发《关于加强对贯彻落实八项规定情况监督检查的暂行规定》，采取督促自查、重点抽查、暗访抽查、专项督查等方式，抓住法定节假日、省委全会、省“两会”等重要时间节点开展检查、抽查，狠刹公款送月饼贺卡、烟花爆竹等节礼年货，公款吃喝、公款旅游和铺张浪费等不正之风，严肃查处并公开曝光了一批典型案件。二是加强对纠正“四风”问题的监督检查。以开展党的群众路线教育实践活动为抓手，着眼于把习近平总书记活动联系点办成示范点的要求，针对“四风”问题，精心组织实施正风肃纪、提质提效等四个专项行动，严肃查处并公开曝光了一批典型案件。严格执行国务院“约法三章”，停止新建政府性楼堂馆所，清理超标办公用房，清理“吃空饷”人员，省级“三公”经费支出不断下降。三是重点加强领导机关和领导干部作风建设。着力加强对省委“约法八章”、“三自六不”执行情况的监督检查，有针对性地加强对领导干部的教育、管理和监督，重点狠刹跑官要官、精力不集中、不干事不作为、组织纪律观念不强等歪风。严格执行《廉政准则》，加强对“52个不准”执行情况的监督检查，认真解决领导干部廉洁自律方面的突出问题。

三、围绕遏制腐败蔓延，创新完善办案机制，惩治腐败工作力度持续加大

把查办案件摆在更加突出位置，坚持有腐必惩、有案必查，

"老虎"、"苍蝇"一起打，始终保持惩治腐败高压态势，一批公职人员因违纪违法受到政纪处分或移交司法机关处理。针对近年来全省办案数量大而分量不足的问题，切实把查办大案要案摆上更加突出位置，充分发挥反腐败协调小组作用，加强组织领导、调度督导和考核引导，强化信访举报资源综合利用，实行案件线索统一管理、分类处置，强化直查和自办案件工作，积极推进办案基础设施建设，增强办案力量，转变办案方式，着力提高办案能力和效率，严肃查处了一批有影响有震动的大案要案和典型案件。把办案纪律作为铁的纪律贯穿办案工作全过程，严格落实办案安全工作责任制，规范办案程序和行为，强化安全管理和检查，未发生安全问题。建立健全早发现、早处置机制，加大核查、函询、诫勉谈话力度，对失实的予以澄清，对发现的一般性问题及时教育警示，对反映的问题线索可予了结的及时予以了结。认真落实"一案双报告"制度，积极研究运用监察建议书的途径和措施，督促发案单位建章立制、堵塞漏洞，采取召开警示教育大会、新闻发布会和印发通报等形式及时通报重大典型案件，增强了查办案件的政治、社会和法纪效果。

四、围绕健全惩防体系，创新监控和监督措施，源头防治腐败的成效进一步显现

认真贯彻中央《工作规划》和省委《实施办法》，结合全省实际，扎实推进惩治和预防腐败体系建设，创造性地开展防治腐败工作。一是构建完善惩防体系基本框架。提出建立完善党政统揽、齐抓共管的领导机制、查处腐败惩戒机制等八大机制。根据省市县三级、不同部门和行业系统特点，坚持横向"层次构建"、纵向"系统构建"和板块"领域构建"的推进路径，形成了具有河北特点的惩防体系基本框架。二是全面深化权力运行监控机制建设。以强化对权力及其运行的监督制约为核心，以深化廉政风险防控为重点，在行政机关、国有企业、高校、公共企事业单位全面推进。先后选择 20 个与民生联系紧密的部门重点深化，完善腐败风险信息共享和预防处置机制，积极探索成熟监控模式。在政府投资项目中全面推广省交通厅"七公开"经验，促进权力正确行使。三是积极推行"体制机制制度加入科技融入文化"防治腐败工作模式。加强体制机制创新和制度建设，出台了《关于对损害群众利益行为问责的暂行规定》等一系列制度，认真做好法规制度的备案、清理、修订和廉洁性评估工作；积极推进惩防体系综合信息平台建设，确定了"一库、两网、三平台"建设任务；加强党性党风党纪教育，深入开展廉政文化"六进"活动，命名了第三批"河北省廉政教育基地"，"西柏坡"、"李大钊纪念馆"、"邱县廉政漫画"等廉政文化品牌初步形成。

五、围绕转变政府职能，创新管理方式，促进行政效率和服务水平不断提高

认真履行行政监察职能，推动简政放权和优化管理模式，全面推进政府机构改革和职能转变。一是不断深化行政审批制度改革。对照国务院决定和要求，认真做好 188 项国务院取消、下放行政审批项目的衔接和 248 项自行取消、下放事项的落实工作。全面清理非行政许可审批事项，没有合法设定依据的坚决取消。加强对行政审批制度改革落实情况的监督，纠正了一批取消事项违规保留、下放事项不到位等问题。二是全面加强机关效能建设。充分运用监督检查、制度规范、管理创新、纪律制裁等措施和手段，建立以"三类事项"办理情况综合监督检查、规范行政处罚行为、政府绩效管理、机关标准化管理、项目跟踪、效能投诉办理为主要内容的"六位一体"的机关效能建设工作格局。三是大力推进省直机关标准化管理。按照省政府要求，发挥监督检查作用，推动 38 个省政府部门开展机关标准化管理工作，把 ISO9001 质量管理体系引入机关管理工作并已全部通过认证。四是积极推动"两个中心"建设。着力提高政务服务中心标准化水平，政务服务体系不断完善；积极推进省级公共资源交易市场建设，市县两级基本建成公共资源交易中心并投入运行。

六、围绕解决突出问题，创新专项治理举措，人民群众利益得到有效维护

着眼民生民利，坚持什么问题突出就集中治理什么问题。大力开展纠正大型零售企业向供应商违规收费和物流领域、商业银行、电信行业乱收费问题等四个专项治理工作，纠正和整改了一批突出问题。深入推进治理商业贿赂工作，认真开展工程建设领域突出问题专项治理，市场交易秩序和市场主体经营行为不断规范。加大专项资金综合治理工作力度，积极推进专项资金监控系统平台建设，专项资金管理水平和资金使用效益不断提升。继续深化庆典、研讨会、论坛过多过滥问题专项治理，坚决制止和取消增加基层负担、形式重于内容的活动。深化公务用车专项治理，全省党政机关公务用车编制数和购车费用大幅度降低。坚决纠正涉农乱收费和侵害农民土地权益问题，严肃查处了邢台市大正化肥有限公司的“问题化肥”等多起严重侵害农民利益的典型案件。坚决纠正医药购销和医疗服务中的不正之风，对驻省会13家医疗单位的药品购销和住院病历进行重点检查，认真查找和解决其中的突出问题。深化民主评议工作，改进和完善评议方法及内容，全力畅通群众参政议政和监督政府的渠道。会同有关部门继续开展纠正教育乱收费问题等专项工作，均取得较好的社会效果。

七、围绕加强自身建设，积极稳妥推进转职能、转方式、转作风，纪检监察干部队伍能力和水平进一步提升

按照中央纪委监察部要求，依照党章和行政监察法，紧紧抓住开展教育实践活动的有利时机，结合实际转职能、转方式、转作风，进一步聚焦党风廉政建设和反腐败工作这个中心。一是突出执纪监督和查办案件主业。整合优化内部室处，精简牵头和参与的议事协调机构，增加办案力量，明确职责定位，聚焦纪检监察主业，将主要力量和精力集中到党风廉政建设和反腐败工作上来。二是深入开展委厅机关教育实践活动。认真学习贯彻习近平总书记两次到河北视察指导教育实践活动时的重要讲话精神，着力强化主体意识和问题意识，切实解决自身“四风”方面存在的突出问题。结合省纪委监察厅实际，部署开展了反对特权思想、粗心大意、跑风漏气、浮躁之风专项治理，着力解决自身突出问题。三是带头落实中央八项规定精神。全省纪检监察系统认真开展了会员卡清退工作，全省纪检监察干部全部作出了“零持有”的报告。省纪委监察厅领导班子带头学习贯彻落实党的十八大精神和中央八项规定，制定并落实委厅领导班子《关于改进工作作风的实施办法》。加强对委厅机关“三公”经费和专项经费的管理，探索实行内部审计制度，坚持勤俭办一切事业。进一步改进文风会风和调研工作，严格执行领导干部廉洁自律各项规定。四是加强纪检监察组织建设和能力建设。深入推进“学习型机关”建设，强化提拔选任、公开选调、挂职锻炼和轮岗交流，进一步提高了纪检监察干部队伍的凝聚力、创造力和战斗力。

【领导干部廉洁自律】

一、加强《廉政准则》的贯彻落实

采取作辅导报告、讲主题党课、开办学习专栏、举办廉政文艺活动等丰富多样的形式，广泛开展廉洁自律宣传教育。在春节、五一、中秋、国庆等节假日和其他重要时间节点，及时发出通知，对廉洁过节提出明确具体要求，进行持续不间断的监督检查，特别是不断加大了明察暗访力度，严肃查处了一批典型问题。加强对领导干部报告个人有关事项、配偶子女均已移居国（境）外的国家工作人员有关制度规定的宣传解读，促进党员领导干部廉洁从政，确保各项党内监督制度的落实。

二、不断提高党内监督的工作水平

选定160个党务公开示范联系试点，制定“十有”标准和量化评价办法。加强对党的各级领导机关和领导干部的监督，推动民主生活会等党内监督制度的落实，各级共对领导干部实施“三谈两述”132146人次，函询751人次，146722名领导干部报告了个人有关事项。认真抓好会员卡清理工作，全省纪检监察系统36126名干部全部做出“零持有”报告。加强对党政主要负责同志的监督，做好经济责任审计等工作，制发《完善各级纪委常委同下级党政负责人谈话制度的意见》和《实施办法》。围绕省市人大、政府、政协换届，加强监督检查，提供领导干部廉洁自律情况350份，对8名违反换届政治纪律和77名违反组织人事纪律的人员进行了查处。

三、深入推进基层党风廉政建设

推进基层重要事务规范化管理，加强村监会建设，出台《关于进一步加强村民监督委员会建设的意见》，全省村监会覆盖率达到100%。认真落实《农村基层干部廉洁履职若干规定（试行）》，加大督导检查和案件查处力度，组织10个督导检查组进行重点抽查，纠正问题135个，提出改进意见221条，督促制定整改措施159项。加大对支农惠农政策贯彻落实情况的监督检查和农村土地承包、征收征用等方面损害农民利益问题的治理力度，共纠正侵害农民土地承包权益问题81个，涉及金额1395.55万元；纠正非法占用农村集体土地问题992个，涉及金额386.37万元；查处各种农业补贴发放问题145个，涉及金额1621.29万元。加大对基层党员、干部违法违纪案件查处力度，查处案件7750件，处理7885人。

四、加大对突出问题的专项治理力度

大力整治领导干部违规收受礼金、有价证券、支付凭证等廉洁自律方面存在的突出问题，集中整治大操大办婚丧喜庆事宜和借机敛财问题。扎实开展公务用车专项治理工作，清理违规车辆10299辆，制发《党政机关公务用车配备使用管理规定》、《党政机关越野车配备管理暂行办法》，切实加强长效机制建设。巩固深化“小金库”专项治理成果，共发现“小金库”1517个，涉及金额6.89亿元，给予45个单位行政处罚，给予103人党纪政纪处分，组织处理或行政处罚41人，移交司法机关处理10人。健全完善国库单一账户管理制度、预算执行动态监控机制等27项制度，建立健全“小金库”治理长效机制。

五、狠抓党风廉政建设责任制的落实

强化经常性的监督检查，督促县以上党委（党组）年中组织实施责任制汇报，坚持和完善下级党组织主要负责人向上级纪委全委会报告落实责任制制度。规范责任考核，由省委书记、省长及其他省委常委等省领导带队，每年对11个设区市和定州、辛集市及各省直单位进行年度责任考核。严格责任追究，坚持从严执纪，切实维护责任制的严肃性和权威性，对595名领导干部实施了责任追究。

六、深入开展正风肃纪专项行动

围绕落实中央八项规定精神，反对和纠正“四风”问题，切实做好党的群众路线教育实践活动的督导联络工作。组织开展以“十对照、十整治”为主要内容的正风肃纪专项行动，加大监督检查和抽查暗访力度，严肃查处违纪违规行为。取消全部“O”牌车17337辆；清理“吃空饷”2.76万人，涉及金额1.3亿元；清理整改超标办公用房91.2万平方米；“三公”经费支出同比减少2158万元；各级各部门共查处违反中央八项规定精神问题1819起，处理2557人，其中厅级干部4人、县处级干部240人。累计通报299批687起典型问题。

【严肃查处违法违纪案件】 坚持有案必查、有腐必惩，始终保持了惩治腐败的强劲态势。继续强化对党组织领导班子及其成员的监督，着力查处贪污贿赂、违反八项规定精神、违反组织人事纪律工作纪律等重点问题。把查办大案要案摆上更加突出位置，充分发挥反腐败协调小组作用，加强组织领导、调度督导和考核引导，实行案件线索统一管理、分类处置，强化直查和自办案件工作，积极推进办案基础设施建设，增强办案力量，转变办案方式，着力提高办案能力和效率。在查处大案要案的同时，坚持抓早抓小，建立健全早发现、早处置机制，加大核查、函询、诫勉谈话力度，对失实的予以澄清，对发现的一般性问题及时教育警示。认真落实“一案双报告”制度，积极研究运用监察建议书的途径和措施，督促发案单位建章立制、堵塞漏洞，采取召开警示教育大会、新闻发布会和印发通报等形式及时通报重大典型案件，增强了查办案件的政治、社会和法纪效果。

2012年，全省纪检监察机关共立案17476件，同比增长14.39%，给予党纪政纪处分17688人，同比增长15.19%，其中，查处地厅级干部2人，县处级干部137人，移送司法机关266人。2013年，共立案15701件，贪污贿赂类案件2343件，同比上升了35.38%，给予党纪政纪处分16234人，其中，查处地厅级干部7人，县处级干部180人，移送司法机关334人。严肃查处了廊坊市委原常委、政法委书记肖双胜，唐山市人大原副主任、迁安市原市委书记范绍慧，大名县原副厅级县委书记边飞等严重违纪违法案件，形成有力震慑。

【纠正部门和行业不正之风】

一、克服“四风”问题

制定《克服“四风”问题五件实事工作方案》、《河北省整治“吃拿卡要”问题实施方案》、《河北省清理规范收费罚款行为实施方案》、《河北省清理取消“冀O”民用专段号牌工作方案》。2013年9月组织对执法执纪部门和窗口单位及其工作人员违反规定，对企业乱检查、乱收费、乱罚款、乱摊派、乱评比考核以及“被捐赠、被入会、被吃喝”等问题进行明察暗访，发现查处各类问题159个。清理全省“冀O”民用专段号牌，截至2013年10月底，全省17337辆“冀O”号牌车辆，其中换发普通号牌16603辆，换发警用号牌175辆，注销527辆，除32辆被盗车外，按期全部取消“冀O”号牌。

二、着力改善“两个环境”

成立省优化发展环境工作办公室，召开全省纠风暨优化发展环境工作电视电话会议，制定《关于对损害发展环境行为实行问责的暂行规定》、《河北省发展环境和生态环境监督员管理办法》以及《关于充分发挥纪检监察职能作用服务保障促进着力改善发展环境和生态环境工作的实施意见》等文件规定。制定了《关于进一步规范市场主体监管行为的通知》，细化规范市场主体监管行为。在全省选聘了1万多名改善“两个环境”监督员，建立“两个环境”问题投诉举报快速反应机制。严肃查处损害“两个环境”问题，2013年1－9月全省共查处各类损害“两个环境”问题874件，739名责任人员受到党纪政纪处分和其他处理，召开新闻发布会，通报7起损害发展环境典型案件。

三、治理公路三乱

开展收费公路专项清理，调整和核定经营性普通公路收费年限。深化和扩大公路三乱综合治理试点工作，增加涞源、阜平、赤城、丰宁4个试点。清理特权车和特权行为，制定了《河北省严格管理使用警车和警报器标志灯具的规定》，严禁随意调派警车带道、乱鸣滥用警报器标志灯具。开展超限超载专项治理，全面清理、整顿治超站、流动卸载点，调整公路超限检测站布局规划，规范治超执法行为。制定《关于规范道路车辆救援服务收费有关问题的通知》，规范车辆救援服务收费行为。加强监督检查，对重点路段的执法执收情况组织明察暗访，纠正和查处公路三乱问题，对相关责任人员依纪依规问责。

四、纠正涉农领域侵害群众利益不正之风

制定《关于切实开展损害农民利益问题综合治理工作的意见》、《关于进一步减轻农民负担工作的实施意见》、《关于开展2013年度全省农民负担突出问题专项治理的通知》等文件，建立综合治理联席会议制度，由省纪委、省监察厅牵头，省检察院、财政厅、农业厅等20个部门组成联席会议小组，研究解决损害农民利益综合治理重大问题，对全省损害农民利益综合治理工作进行组织协调和监督检查。2012年，全省减轻农民负担1782万元，清查各类违规收费金额总计达478万元，建章立制120个。

五、纠正教育乱收费问题

印发《关于中小学服务性收费和代收费有关问题的通知》，规范中小学服务性收费和代收费行为。按照积极稳妥、实事求是、进展平稳的原则，对42所试行办学体制改革的普通高中进行清理规范，35所整体改制或依托公办学校进行改制试验的学校规范为公办学校性质，7所改制学校转制为独立的民办学校。加强高校招生监督，在省考试院监督现场录取情况，到部分高校录取现场巡视，随机抽查高校招生监察工作。通过省内主要新闻媒体向社会公布省政府纠风办治理教育乱收费和招生监督举报电话、信箱、邮箱等，及时受理和查处群众投诉问题。

六、纠正医药购销和医疗服务中的不正之风

严肃查处卫生系统商业贿赂案件，2012年全省查处收受回扣、红包、开单提成和各种乱收费行为等问题17件，8人受到党纪政纪处分或其他处理。2013年围绕合理用药、合理检查、合理治疗、合理收费和药品购销等五个方面，组织开展专项检查，发现大处方、滥检查、重复用药258人次，乱收费13449.1元，已依纪依规处理相关责任人员501人，处罚金额63646.3元，对问题较多的14家医院院长进行诫勉谈话。认真落实“医疗惠民”优惠政策，2012年全省收治城乡“低保”人员、农村“五保户”等贫困患者64000人次，减免医疗费用2450多万元。2013年全省基本药物中标价格比国家零售指导价格平均下降59%，比国家参考价格平均下降23%；非基本药物中标药品价格比政府定价平均降低41.72%，比企业自主定价平均降低46.62%。

七、纠正违法违规征地拆迁行为

督促有关部门规范房屋征收行为，推进信息公开，严禁采取暴力、威胁等非法方式迫使被征收人搬迁。加大对农村集体土地征收征用的监管力度，纠正未批先征、边批边征、以租代征、只征不保等问题。健全征地拆迁补偿机制，确保征地拆迁补偿款按时足额发放到位，保障被征地拆迁人的合法权益。全面汇总全省房地产项目和新民居项目建设情况，及时发现和整改存在的违法违规问题，推动全省征地拆迁工作依法依规进行。会同有关部门及各市政府纠风办严肃查处违法违规征地拆迁问题，2013年查处典型案件8件，对12人进行了责任追究。

八、纠正公务员考录和国有企事业单位招聘中的不正之风

进一步细化考官和工作人员的任务职责和工作流程，严格执行面试考官多地组合、异地交流制度，防止和避免失真分、人情分的出现。建立面试考场全程视频监控系统，净化公务员考录环境。强化监督巡视工作，近两年对省直单位2000多名公务员考录的面试工作进行了监督，对石家庄、保定市的公务员面试工作进行了巡视，保证考录工作公平、公开、公正。

九、纠正银行业金融机构乱收费问题

开展银行业金融机构不规范经营专项治理，清理规范收费项目，坚决取消不符合国家法规政策及不合理的收费项目，合理确定收费水平。集中整治商业银行在贷款过程中强制收费、只收费不服务或少服务，不执行政府定价、政府指导价，以及不明码标价等行为，严肃查处以贷转存、存贷挂钩、借贷搭售、一浮到顶等违规问题。2012年减少政府指导价项目58项，减少市场调节项目1132项，取消收费项目634项，降低收费项目168项，减轻企业融资成本11.6亿多元。各银行业机构开展自查自纠，发现违规问题114个，涉及金额62844万元。银行业监督机构组成388个访查小组，发现问题136个，涉及金额57305万元。

十、纠正大型零售企业向供应商违规收费问题

集中开展零售商向供应商违规收费问题清理整顿，规范零售商向供应商收取促销服务费行为，严禁收取签订合同费、新品进店费、开户费等不合法、不合规费用。督促零售商按照合同约定向供应商提供相应服务、开具发票并按规定纳税。严格执行零售商向供应商收费明码标价制度，依法确定收费（服务）项目、服务内容、收费标准（价格）、收费条件等。2012年5月至6月对石家庄市北人集团和邯郸市阳光百货集团进行了专项检查，8月顺利通过了国家有关部委的检查验收。

十一、纠正电信领域侵害消费者权益问题

2012年成立纠正电信领域侵害消费者权益问题协调工作小组，制定工作方案，组织开展纠正电信领域侵害消费者权益问题专项行动，重点整治违规收费、恶意误导消费者等突出问题，严肃查处虚假宣传、价格欺诈、强行扣费、违规营销、恶意吸费、自立项目、自定标准、扩大范围收费等违法违规行为。严格规范电信收费行为，清理资费套餐，简化资费结构，推动电信资费水平合理降低。提高电信企业服务水平，完善电信企业服务承诺制度，督促电信企业公开服务内容，自觉履行承诺。

十二、民主评议工作

创新民主评议方式，调整评议内容，组织24个政府部门深入开展以“狠刹不良风气，改善‘两个环境’”为主题的民主评议活动。针对行政审批、行政执法、涉企收费、行业监管四个方面的22个突出问题，分组实施评议。改进评议办法，以网上评议、大会评议为主，组织电话评议、质询评议、现场随机评议等活动。加大结果运用力度，参评部门分档排序，列入满意档次的予以免评奖励，列入不满意档次的限期整改。指导政风行风热线节目改版创新，改版《阳光理政》栏目，创办阳光热线栏目《阳光月刊》。省、市、县三级组织群众问卷评议，省直参评系统开展重点处室和直属单位的评议，市县开展中层干部、医院、学校的群众评议。2013年梳理群众问题、意见和建议12989条，对其中386个问题要求相关部门限期整改。

【执法监察】 2012年、2013两年来，紧紧围绕省委、省政府重大决策部署的贯彻落实，全面加强执法监察，加大查办案件力度，严肃责任追究，维护了行政纪律，保障了政令畅通。

一、围绕生态环境建设，加大环境保护专项治理力度

2012年，组织开展了整治违法排污企业保障群众健康环保专项行动。制定颁布了《关于对损害生态环境行为实行问责的暂行规定》。2013年，会同省环保厅、农业厅、水利厅、国土厅、林业厅、检察院七部门共同印发了《关于建立河北省损害生态环境行为联合监督检查工作机制的通知》，集中力量查处了40起环境违法案件，责任追究201人，有效运用查办案件结果，向省政府报送了总结分析报告，并将对10

起典型案件进行公开曝光。

二、深入推进工程建设领域突出问题专项治理

2012年，组织11个检查组对水利、交通运输、援疆项目、校舍安全、市政工程、政府类开行贷款项目等重点领域进行了专项检查，共检查项目14400多个，查纠工程项目审批、招标投标、土地整治、城乡规划、物资采购和资金使用等方面的问题4594个。2013年，全力推进公共资源交易市场建设，全省市、县两级纳入建设规划的160个交易市场全部完成建设任务。制定了《河北省公共资源交易目录（第一批）》、《河北省公共资源交易市场运行规则》、《河北省公共资源交易市场管理办法》，为全面规范公共资源交易市场、提高运行水平奠定了基础。

三、针对行政执法立项，深入开展规范基层执法专项活动

为从源头上治理预防行政执法过程中存在的问题，按照省委、省政府要求，启动开展了规范基层执法行为专项活动。会同省财政厅、省编办、省政府法制办共同印发了《规范基层执法行为提高行政执法能力专项活动实施方案》，成立了专项活动领导小组，决定利用三年时间开展专项治理工作。2013年6月，组织省法制办、省财政厅分成五个监督检查组，分别对11个地市和省直12个厅局进行了规范基层执法专项监督检查，共发现和纠正各类问题220多个。

四、围绕提高部门办理效率和服务质量，深入开展“提质提效”专项行动

根据省委《关于开展党的群众路线教育实践活动的实施意见》，认真履行提质提效专项行动牵头职责，会同委厅相关室处重点部署和推进“八个一”，取得了明显的阶段性成效。通过每月汇总报告情况、加强综合协调，有力地推动了提质提效工作落实。10月下旬至11月下旬，省纪委、监察厅组织人员对11个设区市和省直61个执法监管部门和窗口单位提质提效专项行动任务落实情况进行了全面检查，发现各类问题255个，对14起典型案件进行公开通报，起到了有力的警示作用，促进了各级机关服务质量和办事效率提高。

五、狠抓案件查处工作，强力推动执法监察工作深入开展

2012年，起草印发了《关于责任追究类案件调查处理工作程序的暂行规定》，明确规定了责任追究案件的调查原则、组织领导、查处程序、审理程序、移交程序等，对纪检监察机关开展责任追究工作起到保障和促进作用。2013年，省监察厅直接查处了重大火灾事故、安全生产、违法占地等方面的8起案件，起到了有力的震慑作用。

重要工作会议和重要活动（2012年）

【全省预防腐败工作会议】 2012年3月1日，全省预防腐败工作会议在石家庄召开，省委常委、纪委书记臧胜业出席会议并讲话，国家预防腐败局办公室正局级副主任古越仁出席会议。会议总结了2011年全省预防腐败工作情况，研究部署2012年工作任务。会议强调，要着眼全局，统筹谋划，创新举措，不断提升预防腐败工作科学化水平。一要围绕中心抓服务。紧紧围绕中央、省委重大决策部署、围绕保障和改善民生这个重点、围绕优化发展环境这个难点，谋划和部署预防腐败工作。二要理顺关系抓系统。正确处理整体推进与突出重点的关系，紧紧抓住完善惩治和预防腐败体系这条主线，深入推进权力运行监控机制建设；切实抓好中央建立健全惩防体系2008—2012年《工作规划》和省委《实施办法》的落实。三要深化改革抓创新。继续深化重点领域和关键环节改革，积极推进政务服务体系建设，加快推进公共资源交易统一规范管理，进一步加大从源头上防治腐败力度。四要运用科技抓提升。加强电子监察系统建设，对权力运行进行全程、实时监控，走出一条“体制机制制度+科技”的预防腐败工作路子。五要全面覆盖抓拓展。要加强调查研究，整治突出问题，引导社会力量参与，抓好社会领域预防腐败工作。

【河北省政府第五次廉政工作会议】 2012年3月26日，省政府召开第五次廉政工作会议，省委副书记、省长张庆伟出席会议并讲话。省委常委、常务副省长杨崇勇主持。省委常委、省纪委书记臧胜业，省委常委、副省长聂辰席，副省长宋恩华，省政府顾问张和，副省长孙士彬、龙庄伟、张杰辉、杨汭，省长助理、省政府秘书长尹亚力，省长助理、省金融办主任江波出席会议。张庆伟强调，要认真贯彻国务院第五次廉政工作会议全面落实省纪委八届二次全会的工作部署，重点抓好四个方面工作：一是深化行政管理制度改革，努力从源头上防治腐败。加快推进行政审批制度改革，加强对行政审批权的全程监督；加快推进公共资源配置市场化改革，积极推进垄断行业改革；加快推进财政管理制度改革，从严控制“三公”经费。二是深入推进政务公开，完善行政权力运行监控机制。健全科学民主决策机制，建立完善重大决策专家咨询评估制度和听证公示制度；继续规范行政权力运行；大力推进政府信息公开。三是加大案件查处力度，始终保持惩治腐败的高压态势。对各种违纪违法案件，无论涉及到什么人，都要彻查到底、绝不姑息；严格实行行政问责，强化行政监督，规范行政行为；要加强对重大典型案件的剖析研究，注重发挥案件的治本作用。四是加强政风行风建设，大力优化发展环境。深入开展专项治理，广泛开展民主评议，着力解决社会关注程度高、群众反映强烈的突出问题。

【全省纠风暨优化发展环境工作电视电话会议】 2012年4月13日，全省纠风暨优化发展环境工作电视电话会议在石家庄召开。省委常委、常务副省长杨崇勇出席会议并讲话。会议的主要任务是总结2011年全省纠风和优化发展环境工作，部署安排2012年纠风和优化发展环境工作任务。会议强调，各级各部门要充分认识加强纠风和优化发展环境工作的重要性，加大纠风工作力度，下大力改善发展环境，强化制度建设、构建长效机制，强化监督检查、严格责任追究，以攻坚克难的勇气、求真务实的作风，抓好纠风和优化发展环境各项工作落实。

【河北《阳光热线》开播十周年大会】 2012年5月28日，河北《阳光热线》开播十周年大会在石家庄召开。省委常委、省纪委书记臧胜业出席会议并讲话。省委常委、宣传部部长艾文礼出席会议并致辞。会议主要内容是回顾总结《阳光热线》十年主要成果，创新经验，提升《阳光热线》节目水平。会议提出，要进一步强化品牌意识和创新意识，紧跟时代步伐，积极改革创新，努力推出形式更加新颖、内容更加丰富、更受群众喜爱的高品质节目，再创新的辉煌。

【加强农村基层党风廉政建设化解基层矛盾促进社会和谐工作会议】 2012年6月5日，加强农村基层党风廉政建设化解基层矛盾促进社会和谐工作会议在石家庄召开。中央纪委副书记张惠新出席会议，省委常委、省纪委书记臧胜业出席会议并讲话。臧胜业强调，要充分认识加强农村基层党风廉政建设的重要性、紧迫性，着力解决影响农村改革发展稳定的突出问题，着力加强对党在农村各项方针政策和决策部署贯彻落实情况的监督检查，切实加强农村基层党员干部作风建设，深入推进农村惩治和预防腐败体系建设，建立健全维护农民群众合法权益的长效机制，认真解决农民群众反映强烈的突出问题。要不断完善体制机制和工作措施，确保农村基层党风廉政建设各项任务落到实处、取得实效。

【全省公共资源交易市场建设工作推进会】 2012年8月17日，全省公共资源交易市场建设工作推动会在秦皇岛市召开。省委常委、常务副省长杨崇勇主持会议。省委常委、省纪委书记臧胜业，中央纪委监察部执法监察室主任宋福龙出席会议并讲话。杨崇勇强调，在思想认识上要吃透精神、把握实质，着力增强工作责任感。在组织领导上要各负其责、密切配合，切实形成全省一盘棋。在推动落实上要抓住关键、规范操作，努力开创工作新局面。要准确把握“政府主导、管办分离，集中交易、规范运行，部门监管、行政监察”的基本原则，准确把握“统筹谋划、整合资源、因地制宜、循序渐进”的总体思路，准确把握项目进场、制度建设、专家库整合、信息化建设等关键环节。臧胜业强调，要严格遵循总体思路，积极稳妥推进公共资源交易市场建设。要不断拓展交易项目，充分发挥市场在资源配置中的基础性作用。坚持应进必进，凡是政府投资和使用国有资金的工程建设项目，都要纳入进场交易范围，并逐步将特许经营项目等纳入公共资源交易市场进行交易；坚持能进则进，积极探索将农村集体资产、资源项目等纳入公共资源交易市场进行交易，不断扩大交易范围和规模。要着力实现管办分离，进一步理顺公共资源交易管理体制。要切实提高管理水平，保证公共资源交易市场的健康运行。

【全省非公有制企业防治腐败工作会议】 2012年12月4日，全省非公有制企业防治腐败工作会议在衡水市召开，省委常委、省纪委书记臧胜业出席会议并讲话。会议强调，要坚持积极探索、改革创新，大胆实践、深入推进，以防治腐败的实际成效促进全省非公经济又好又快发展。一是要抓组织保障，加强非公企业纪检组织建设。二是要抓文化引领，培育廉洁、诚信、守法的企业文化。三是要抓风险防控，健全非公企业内部管控机制。四要抓建章立制，提高企业管理精细化水平。五是要抓案件查处，严肃查处涉及非公企业的腐败案件。

重要工作会议和重要活动（2013年）

【全省“双减双提”专项行动动员大会】 2013年2月28日，全省“双减双提”专项行动动员大会在河北会堂电视电话会议厅召开，省委常委、省纪委书记臧胜业出席会议并讲话。会议提出，要减少审批事项和审批环节，提高行政效率和服务质量，进一步规范政务服务中心（窗口），加快推进电子政务建设，着力优化发展环境。臧胜业强调，要以改善环境、促进发展、群众满意为目标，突出重点领域、重要问题和关键环节，大力削减审批事项，大力简化审批环节，大力提升行政效率和服务质量。要结合即将开展的以为民务实清廉为主要内容的党的群众路线教育实践活动，切实加强机关干部作风建设，重点治理庸懒散奢，真正使好的作风内化于心、外化于形。要加强能力建设，着力增强综合素质；要加强平台建设，切实提高服务水平；要切实加强组织领导、强化纪律保障，积极营造良好氛围，高标准、高质量地完成专项行动各项任务。

【全省预防腐败工作暨深化权力运行监控机制建设会议】 2013年3月1日，全省预防腐败工作暨深化权力运行监控机制建设会议在石家庄召开，省委常委、纪委书记臧胜业出席会议并讲话。会议强调，深入推进权力运行监控机制建设，要认真贯彻省委、省政府《关于进一步加强廉政风险防控，深化权力运行监控机制建设的意见》，进一步做好清权、确权、晒权、控权工作，构建起权责清晰、流程规范、风险明确、措施有力、制度管用、预警及时的风险防控机制。要坚持分类推进，根据党的机关、行政机关、国有企业、事业单位等各领域的情况，合理确定目标任务、方法步骤。要完善监控措施，优化权力结构配置，完善权力程序制约，深化重点领域改革，推进权力公开透明运行，加强科技信息防控。要加强行业指导，在省国土厅、发改委、商务厅、人社厅、文化厅、工信厅、环保厅、林业厅、质监局、广电局10个部门深入推进。要探索预警机制，对可能引发腐败的苗头性倾向性问题进行风险预警，做到早发现、早提醒、早纠正，及时化解廉政风险。

【河北省政府第一次廉政工作会议】 2013年4月3日，新一届省政府召开第一次廉政工作会议，研究安排2013年省政府系统的廉政建设和反腐败工作，加快推进廉洁政府建设。省长张庆伟出席会议并讲话。省委常委、常务副省长杨崇勇主持会议。副省长张杰辉、沈小平、杨汭、许宁、姜德果、秦博勇，省长助理尹亚力，省长助理、省金融办主任江波，省政府秘书长朱浩文出席会议。省委常委、省纪委书记臧胜业应邀出席会议。张庆伟强调，党风廉政建设和反腐败斗争事关党的生死存亡，事关党和政府在人民群众中的形象。一要切实提高思想认识。各级各部门要深刻认识反腐倡廉工作的长期性、复杂性、艰巨性，增强忧患意识、风险意识和责任意识，紧紧依靠人民群众的支持，以更加坚定的决心、更加有力的措施，坚持不懈地把反腐倡廉建设推向深入。二要加快转变政府职能。要按照国务院机构改革和职能转变方案提出的要求，把不该由政府管理的事项转移出去，把该由政府管理的事项切实管好，使政府的运行更加高效有力，更加符合市场经济条件下政府的角色定位。三要管住用好行政权力。要加快推进依法行政，完善权力运行监控机制，深化绩效管理试点工作，加大案件查处力度，形成不敢腐的惩戒机制、不能腐的防范机制、不易腐的保障机制。四要加强重点领域监管。要坚持惩治、预防两手抓、两手都要硬，从防范机制入手，最大限度地减少体制障碍和制度漏洞，提高监管能力和防范水平。五要继续深化政务公开。要加大政府信息公开力度，加大

“三公经费”公开力度，加大财政管理制度改革力度，不断拓展政务公开领域、深化政务公开内容，让权力在阳光下运行。六要坚决厉行倡俭治奢。各级政府必须坚持过“紧日子”，严禁新建楼堂馆所，严守公务接待要求，严格公务用车标准，严控公务人员编制，严把文件会议质量，真正把党中央、国务院的要求落实到实际行动上。

【全省推进领导干部正风肃纪专项行动电视电话会议】 2013 年 7 月 5 日，省委召开了全省推进领导干部正风肃纪专项行动电视电话会议。省委副书记赵勇主持会议。中央第一督导组副组长董君舒，省委常委、组织部部长梁滨出席会议。省委常委、省纪委书记臧胜业在会议上讲话。会议要求全省各级党组织和党员干部要充分认识专项行动的重要意义，切实增强责任感和主动性，要以“亮剑”精神深入开展正风肃纪专项行动。

【全省为民服务提质提效专项行动推进会】 2013 年 8 月 2 日，全省为民服务提质提效专项行动推进电视电话会在河北会堂电视电话会议厅召开。省委常委、常务副省长杨崇勇主持会议，省委常委、省纪委书记臧胜业出席并讲话。杨崇勇指出，各级各部门要增强开展好专项行动的主动性和自觉性，对精简审批事项、优化审批流程等一系列重点工作，要深入研究，细化实化措施，不折不扣地抓好落实；要抓住影响党群干群关系的突出问题，正视矛盾，找准症结，提出有效的解决对策；要以专项行动为契机，创新工作思路、改进工作方法、强化工作措施，加强长效机制建设，不断提高为民服务水平。督导组要加强对任务落实的督导检查，纪检监察机关要畅通群众监督渠道，及时受理办理投诉，要加大明查暗访力度，保障专项行动深入开展、取得实效。臧胜业指出，开展为民服务提质提效专项行动，要以解决群众反映强烈的突出问题为切入点，以解放思想、改革创新为动力，积极探索提质提效的新思路、新措施、新途径，抓好行政审批事项的衔接、取消和下放。要围绕流程最优、环节最少、时效最高、服务最佳的目标，实施以省政府部门为龙头的系统清理。要完善政务中心，整合服务平台，构建以省直部门服务窗口、市县政务服务中心、乡村便民服务站（室）、网上政务服务中心为载体的政务服务体系。要完善交易市场，推动公共资源交易市场化、规范化、科学化、制度化。要深化办事公开，进一步拓宽公开领域，深化重点领域信息对外公开，着力规范权力运行。

其他内容

总要有点精神　否则人就废了

——记廊坊市纪检监察员
白国轩同志先进事迹

人物名片： 白国轩，1964 年 12 月出生，1984 年 7 月参加工作，历任大城县委办公室科员、廊坊地委党史研究室科员，1988 年调入廊坊市纪委监察局工作，历任科员、副科级纪检监察员、正科级纪检监察员。从事纪检监察工作 24 年来，白国轩多次立功受奖，先后被廊坊市评为“市直十佳优秀共产党员标兵”、“全市优秀共产党员”，2011 年 6 月荣获“全省优秀共产党员”称号，同年被授予“全国纪检监察系统先进工作者”称号。2012 年 5 月 28 日，省纪委决定在全省纪检监察系统开展向白国轩同志学习的活动。

门开了，迎出一张微笑而略带拘谨的脸，给人感觉朴实，亲切。没架子、普通人，这是初见白国轩的第一印象。

尽管此前已接受了媒体的多次采访，白国轩仍不习惯以一个诉说者的姿态被人静静聆听。他说：“我就是一个平常人，没做什么事儿值得写在报纸上。”

盛名之下，白国轩保持着自己的生活步调和生命本色，平和、安静，脚踏实地，兢兢业业。

他虽平和，但信念坚定，不容侵犯。当面对工作中的原则性问题时，平时总是面带微笑的白国轩立刻就变得“很不好说话”，刚硬倔强，寸步不让。

他虽安静，但内心坚强，敢于担当。在身患重病的 16 年里，白国轩与时间赛跑，用工作延续生命，一直顽强战斗在工作一线。

同事亲友用“硬汉”形容老白——那是在厄运降临时，笑对人生的生命所具有的硬度；在大是大非前，挺直脊梁的身躯所坚守的底线；在攻坚克难时，“干事成事”的气魄所折射的人性的力量。

这力量，穿透世道和人心，让看似柔弱的生命变得生动、深邃和雄强。

《现代汉语词典》对“硬汉”一词的解释是：坚强不屈的男子。

无疑，白国轩当得起这七个字。

底色：坚强

在生命与事业之间，他坚韧顽强，从容应对病魔，如蜡炬般在岗位上燃烧

病来得很突然，严重程度也始料未及。谈起十几年前的发病，老白心里依然不能平静。

对他来说，那场噩梦改变了他的生活轨迹。

1996年初春，正在下乡挂职锻炼的白国轩常感到一阵阵头疼。随后，他到市人民医院检查，结果让人无法接受：脑瘤。

医生说，这种病就像是在脑子里安了一颗“定时炸弹”，着急、劳累、生气、血压升高，都有可能“引爆”，瞬间夺去生命。做手术，最好的结果是保住命，也有可能留下后遗症或下不了手术台。

刚过而立之年正欲为梦想拼搏，一双龙凤胎儿女才3岁大，白国轩深感命运的残酷。

“哪怕再给我10年时间，让我好好地把孩子抚养大也行啊!”回家的路上，白国轩的心被卷入漩涡。

两天两夜，白国轩沉默不语。

两天后，他终于打破沉默，面对妻子与双亲。

拿出CT报告，他说了一句话：“我不能让病魔压倒!”

在北京天坛医院，白国轩坚持自己走进手术室。10个小时的开颅手术异常艰难，医生从他脑部摘除了一个鸡蛋大小的肿瘤，但仍有百分之五的瘤体因靠近脑干而无法清除。

一周后，白国轩从重症室、特护室转入了普通病房。躺在病床上的他正好对着阳光，那是术后他第一次享受阳光的抚摸。

“我现在看太阳，和过去看太阳大不一样，时间对我来说太宝贵了。”谈起这些，老白喉头凸动，泪要涌出眼眶。

并不是每个人，都会被每天升起的太阳牵出感慨。

也不是每个人，都会对鲜活的生命如此眷恋。

看到病房窗外沐着晨曦吐露的柳芽儿，自由翱翔的小鸟，白国轩心里一动，许下几个心愿：“我和春天有约，春暖花开的时候，我要走下病床，走出病房；我和夏天有约，艳阳高照的时候，我要回到单位，多干点有意义的事儿……”

捡回一条命的白国轩仅仅休息了3个月，便重返工作岗位。

然而，2000年7月，老白的肿瘤再次复发，瘤体直径达2.5厘米，不仅挨着脑干，还靠近三叉神经。于是，他接受第二次开颅手术，此后右耳失聪，右脸面瘫。

这次术后，老白高烧不退，消炎药无济于事。医生只好用腰椎穿刺放流脑积液的方法，来辅助退烧治疗。整整7天，10多厘米长的针管一次次刺入骨髓，一放就是一整天，老白一声不吭全挺下来了。

那时正是酷暑，每天治疗完毕，床板上都会留下一汪汪汗水浸透的人形。

2005年8月，白国轩接受第三次伽马刀手术。

病魔的一次次侵袭，让老白受尽折磨，让亲人如遭雷轰电击。

每次上手术台前，老白都做好了变呆变傻的准备，甚至写好遗书。

但每次手术后，他总会第一时间回到单位。他说：“不上班，我就像丢了魂一样，一上班什么病都忘了。”

“领导特别嘱咐过，老白身体不好，别把工作压得太累，要多照顾他。”市纪委办公室主任刘海军说，虽然领导和同事都为老白着想，但他自己却从未要求过任何特殊照顾。相反，他主动承揽最难最累的工作。

2009年，市纪委监察局成立电子监察室，安排老白负责。老白放弃节假日休息，带领其他同志查资料、搞调研，先后修改、起草了《廊坊市电子监察办法》、《关于对电子监察视频监控对象违规行为的处理办法》、《电子监察工作流程图》等多项行政审批电子监察规章制度，厚达57页，近两万字。

这是全省首创。

2009年，全省统一开展涉房联合审批，为规范各单位审批的流程，老白积极联系软件公司，组织开发房地产联合审批监察软件，实现了房地产事项网上并联审批、网上监督，既规范了审批流程，缩短了审批时限，提高了服务效能。

这是全省首创。

2010年，廊坊启动网上行政服务中心建设，实施市县两级行政审批电子监察系统“网络对接、同城审批”。在从厦门考察返回的途中，老白兴奋地与行同人员就学来的经验讨论了一夜。回廊后，他连夜起草考察报告，积极推动

工作落实。

这是全省首创。

由他组织研发的 VPN 系统，满足了外出人员对网上办公和内网资源的访问需求，这是全省首创。

由他负责编写的《廊坊监察》，连续 8 年在全省纪检监察系统信息编报工作中名列第一，这一纪录至今无人打破。

……

别人眼中的“病人”、“残疾人”，以百倍赤诚的心去拥抱他钟爱的工作。

接踵而来的一个个创新之举、一流之举，印证了他的“硬汉”精神，彰显了他对生死的淡定和对党的忠诚。

“人有病别养病，人老了别养老，总得找点事干，总要有点精神，否则人就废了。”老白这样解释他的工作动力。

他没有把病魔的肆虐当作遍地荆棘的生命苦旅，而是当作了铺满鲜花的希望之路，跋涉得不亦乐乎。

姿态：坚守

在原则与情义之间，他挺直脊梁，无私无畏，擎起一片公平正义的蓝天

“老白，别太较真了，不就是稍微动一下嘛。”

“只有把大厅管好，才不会对监控关注，管理再严也问心无愧。”

这是 2008 年电子监察室刚刚成立时，白国轩对私自调整办事大厅摄像头位置的工作人员的回答。

“咱俩是老同事，这事儿难道真没商量?”

“事归事，情归情，我在办案，办完案咱们再叙旧。”

这是 2009 年小金库突击检查时，白国轩与某单位“救兵”的一段对话。

回忆起这些，老白淡然一笑：我们是老纪检，这种事情见得多。

白国轩所在的科室，负责对全市干部不作为、乱作为、慢作为明察暗访，以及政府采购监管、行政审批电子监察等工作。对违纪违法人员，身高不到 1 米 7 的老白有着一把“硬骨头”。

全市开展干部作风建设年活动，行政服务中心办事大厅窗口人员各种违规行为被抓拍后制成了专题片，在全市大会播放，老白负责的电子监察室立即成为“焦点”。

会议前夕，一些违规单位和被抓拍到的工作人员到处托人找他求情，老白婉言拒绝。

个别单位想做做手脚逃避监督，老白也毫不手软。他以市纪委监察局名义把全市 7 个办事大厅的摄像头全部贴上了封条，又找该单位领导谈话，责令限期整改问题。

朋友评价他太固执、不通人情，可白国轩自有一番道理：“纪检监察干部就是要坚持原则、秉公办事，这样才能对得起‘忠诚卫士’这个称号。”

政府采购监管是监察综合室前几年负责的一项重要工作。单位经常派白国轩参加政府采购活动的现场监督，在活动现场经常会出现这样的场景：

在某办公用品集中招标采购会上，竞标企业众多，竞争异常激烈。个别企业在某些方面没有按照标书规定作出实质响应，也没有提供标书规定的勘察实物，专家评委出现意见分歧。白国轩立即组织采购办、采购单位监督人员作出应急反应，按照采购招标的相关规定逐项研究，最后决定取消该企业的竞标资格；

在某网络工程采购招标的评标室里，一位单位参与人员对某投标企业的“好处”喋喋不休，对其他企业“吹毛求疵”，试图影响评委评判意见，“老白”当即提出批评予以制止。

采购中心的同志说，这样的事还有很多，只要是“老白”来监管，心里就踏实。

2009 年，“小金库”突击检查，白国轩带队深入到某县，发现某单位存在私设“小金库”问题，当即查封了该单位账目。

返回途中，这个单位托熟人追了上来，请求他别把账目带回市里。“你和他们这么熟，这次就算了吧。”也有同志劝他。

可老白不为所动，义正词严：“要查就查个水落石出，要办就办个板上钉钉!”最终将这个案子办成了当年的典型案件。

面对“小金库”检查中繁多琐碎的财务账目、狡猾多变的涉案人员，老白办案不光有股“钻劲”，还有股“巧劲”。他充分运用办案技巧，耐心说服教育，让违纪违规者无处遁形。

一次，老白与同事联手对某单位的涉案人员进行盘问，哪知对方滴水不漏，个人口供与亲友口供如出一辙。

老白此时灵机一动，接连抛出三个与话题相关、而对方又意想不到的细节问题，打乱了原来的对答节奏，打破了对方的自信感和防御计划。结果，对方乖乖缴械投降。

那些天，“喝浓茶”、“吃泡面”、“睡办公室”，几乎成了老白的“代名词”。僵持了一个星期，对方的心理抗拒力终于崩溃，如实交代了违纪违法事实。

“老白是办案高手，与人谈话时，他点子多、思路广、意识新，总是能攻破对方的心理防线。”市纪委监察局监察综合室主任刘仰生说，交给老白的任务，他一百个放心。

“小金库”突击检查的两个多月里，老白的足迹遍及全市所有10个县（市、区），成功告破6起违纪违规案件，收缴资金200多万元。

老白以实际行动，践行了“做党的忠诚卫士、当群众的贴心人”的铮铮誓言。

然而，一边是面对利诱、面对情扰一硬到底，一边却是现实生活的困境。

老白患脑瘤后没多久，在企业上班的妻子也下了岗。上有老，下有小，加上三次脑部手术欠下的巨额医疗费，生活的重担一度压得他喘不过气。

但他从未向组织上提过任何要求，连看病时单位主动用车接送，都被他婉言谢绝。

单位每年为有生活困难的同志申请生活补贴，每次都是同事硬拉着他去申请，他自己从不主动开口。

困境面前，老白挺直了腰杆。

他自谋解困之道，鼓励妻子创业，在小区办起了午托班。补贴家用的同时，也方便照顾自己的孩子。

起初，孩子只有十几个，赚不到几个钱。但他们不放弃，从生活费中挤出钱，改善孩子的饮食和居住条件，努力提高服务质量，“小饭桌”的生意越做越火。

“自己战胜困难，还通过帮助别人解决困难，实现自己创收，很不简单。”中央书记处书记、中央纪委副书记何勇在慰问他时赞扬说。

2011年，白国轩被中央纪委、监察部、人力资源和社会保障部授予“全国纪检监察系统先进工作者”荣誉称号，单位奖励他个人1万元。老白把钱送还到领导手中：“功劳应该是大家的，不是我一个人的。”

最终，领导百般说服，老白才收下这笔奖金。而此时，他正为女儿高考前参加美术特长辅导班凑不到学费而发愁。

在白国轩看来，纪检监察干部应当似水、如钢、像松，要努力做到“净、硬、正”，勇于萃取、锤炼和修正自己。

无论何时何地，都志不移，情不改，心不变。

——这就是白国轩的无悔选择和人生表达。

情怀：无私

在名利与理想之间，他淡泊处事，甘于奉献，舍弃小我成就大我。

市纪委监察局党风室主任田满仓曾与白国轩在同一科室共事两年，在和老白的工作接触中，他发现老白常穿的一件灰西服很不合身，有些肥大。后来熟悉了，田满仓才知道，老白的很多衣服，都是他家人穿过的旧衣服。

“老白这人，工作上不含糊，生活上不讲究。他外貌不美心灵美，职务不高境界高，外压不大内压大，不仅是年轻人学习的榜样，也是同龄人身边的楷模。”谈起“硬汉”老白，田满仓称赞不已。

他还把老白的特点，总结为“三老”：老人、老兵、老黄牛。

“老人”，是说老白的工龄长，1988年起他就开始从事纪检监察工作；“老兵”，是说老白的职务低，他担任正科级纪检监察员已有12年，至今在市纪委科级干部中年龄最大，但他不眼红、不攀比，甘为人梯，成就他人；“老黄牛”，是说老白的境界高，他默默耕耘、扎实工作，不但像黄牛一样保质保量地完成各项常规工作，还经常有所创新。

老白的“黄牛精神”、“人梯精神”，在周围人中有口皆碑。

电子监察室成立之初，为切实发挥视频监控作用，老白协调市行政服务中心对各服务窗口进行编号、贴号，并绘制大厅平面图。经过认真细致地实地勘察和丈量制图，老白掌握了各个服务窗口的全部实况，近百个摄像头的位置在他心里如数家珍。

虽然只有一只眼睛的视力，一只耳朵的听力，但老白干起工作责任至上，激情不减，恒心永驻。

查办案件，老白经常是一头扎进厚厚的账本和票据之中，一干就是一天。他懂得，办案工作任务量大，复杂繁琐，越是这样，越要稳住神，静下心来找线索。

平时上班，老白总是早出晚归，还经常把材料抱回家。中午躺在床上小憩一会儿，就是他对自己身体的最大犒赏。

节假日加班，老白常常辛苦自己，方便同志。问他为何不让年轻同事多干点，他平静地说：“难得一个星期天，就让他们在家陪陪孩子吧。”

日常学习，老白毫不松懈，持之以恒。他见缝插针学业务，虚心求教谋发展，很多正在运行或研发的工作软件，就是他与专家聊天时偶然得知的。

外出考察，老白向来是“从机场直奔目的地，考察结束又从目的地直奔机场”。几次去南方，他甚至没照过一张像样的照片。

对待家庭，老白考虑更多的是“责任”。为了减轻妻子负担，他每天早晨5时准时起床，到菜市场为“小饭桌”采购新鲜肉菜，然后简单吃口饭再去上班。

面对如今的生活，忙碌的老白很知足。他说，得了这种病还能挺到现在，这也许已经是最好的结果。

“大公无私为圣人，公而忘私为贤人，先公后私为善人，先人后己为良人，公私兼顾为常人，损公肥私为罪人”，在老白的办公桌玻璃板下，压着这样一则座右铭。视时间如生命的他，以这种方式警醒自己要多干事，干好事。

他把自己的情操、信念和人格，熔铸成一种昂扬向上、坚强不屈、舍己为公的“硬汉”精神，融入到他的生命和事业中。

在市纪委监察局，有两位姓“白”的同志：老白，是白国轩；小白，是比他小10岁的白云亮。两人共事6年，老白积极的人生态度、过硬的业务水平和高尚的道德情操感染着小白，小白的工作业绩迅速提升。

组织上几次将老白作为后备干部人选，都被老白推辞了：“组织上关心我的进步，我很感激。但我明白自己的身体难堪重任，有机会还是让年轻人上吧！我能协助年轻同志干一摊事就行了。”

在老白的推举下，同在一科室的年轻干部白云亮顺利晋升为副主任。

声称自己“难堪重任”，白国轩却从未在工作上打一分折扣。2010年，12个兄弟地市先后到全市学习考察电子监察工作，每次他总是认真细致做准备，忙前忙后搞服务，光是一份工作汇报提纲，他就要认真细致修改多次。

之后，老白便悄悄离去，他不愿自己病残的外貌引起更多人的关心。

而面对年轻同志的请教，老白总是热情主动，有求必应。“我交给他看的材料，他一字一句地改，手把手地教。他是我们的好同事，好老师，他身上有太多的东西值得学习。”同事石林松把老白当做精神上的引领者，工作上的指导者。

“80后”邳树家，自2005年到市纪委工作就与老白同处一个科室。她在学习笔记中写道：“老白哥的言传身教，让我感受到了这位纪检老兵的人格魅力。我决心向他看齐，做党的忠诚卫士，当群众的贴心人……”

榜样是一种力量，彰显进步；榜样是一面旗帜，鼓舞斗志；榜样是一座灯塔，指引方向。

如同百川入海，万籽归仓，如今，在白国轩精神的感召下，越来越多的党员干部就像颗粒饱满、生命力顽强的种子一样，深深地植根于为人民服务的广袤土壤之中。

2012年6月30日，廊坊市纪念建党91周年创先争优表彰大会隆重举行。“十佳优秀共产党员”白国轩身披绶带，和其他被表彰同志一起，成为当天舞台上最闪耀的明星。

他的动人事迹深深地感染了与会者：

“白国轩同志是新时期共产党员的楷模，是优秀纪检监察干部的代表，是广大党员干部的典范。他总是说：‘人活着总要有一点精气神，纪检监察干部更应如此。’……”

台下掌声响起，雷鸣般经久不息……

（省监察厅）

仲裁工作

综　述

【概况】　2012年、2013年，全省各市仲裁委以党的十八大精神为指导，从维护社会经济建设大局出发，坚持仲裁为市场经济服务的正确导向，大胆探索仲裁事业发展的新思路，不断扩大服务领域，强化服务理念，化解社会矛盾，为全省经济持续健康稳定发展发挥了重要作用。按照国务院法制办有关会议及文件要求，积极推动合同文本格式修改，要求企业等各类市场主体在签订合同时，在合同文本中规定仲裁条款，扩大仲裁在化解纠纷方面的范围。根据《仲裁法》及国务院法制办关于仲裁委员会换届方面的要求，张家口、邢台、邯郸在精心筹备的基础上，按程序圆满完成了仲裁委换届工作。廊坊市2012年成立了仲裁委员会，至此，全省11个设区市均成立了仲裁委员会。两年来，全省11个仲裁委员会受理案件10543件，标到额为62.5203亿元，调解案件数1516件。

各仲裁委员会

【石家庄仲裁委员会】　2012年、2013年石家庄仲裁委员会在市委、市政府的亲切关怀和领导下，在省市有关部门和社会各界的大力支持下，以邓小平理论和“三个代表”重要思想、科学发展观为指导，全面贯彻落实党的十八大和十八届二中、三中全会精神，紧紧围绕市委和市政府一系列重要决策部署，以发展为中心，以实行全员绩效考核为主线，解放思想，更新观念，转换机制，创新驱动，全面推行仲裁法律制度，着力加快融入市场经济，切实提高仲裁办案质量和效率，充分发挥仲裁在维护市场经济秩序、保障社会和谐稳定中的作用，为改善全市发展环境、促进省会经济持续健康发展做出了积极的贡献，取得了较好的成绩。两年年共受理仲裁案件2160件。涉及争议标的额22.6亿元，在全国仲裁机构受案数量排名榜上，继续保持了第一序列，在省会、自治区人民政府所在地的市设立的仲裁委员会受案数量排名榜上，位列第5位、第6位，2013年在全国仲裁年会上国务院法制办表扬了在公信力建设方面取得的成绩。主要做了以下几项工作：

一、不断加大宣传培训力度，努力提高社会影响力

始终坚持利用多种形式和渠道，不断开展有针对性的宣传培训活动，努力增强社会各界的仲裁意识，不断提高仲裁机构的知名度、可信度、美誉度。一是加强主流媒体宣传，塑造仲裁良好的社会形象。在《石家庄日报》、《河北日报》、《燕赵晚报》、《燕赵都市报》、《河北经济日报》等主流媒体刊载仲裁宣传文章45篇。开展纪念仲裁法颁布十周年在省会文化广场举办了大型宣传咨询活动，省市新闻媒体进行了报道。对我委举办2013版建设工程施工合同解读与疑难法律问题研讨会和房地产疑难法律问题与仲裁实务研讨会等重大宣传培训活动，河北电视台、石家庄电视台、石家庄日报、燕赵都市报、燕赵晚报、河北省房地产网、燕赵都市网、河北新闻网、新浪、腾讯、搜房网、团房网、买房网等省会主流媒体全程进行了集中报道。二是加大仲裁培训力度，努力提高企业法律工作水平。与省市经济管理部门、省市相关协会联合为石家庄市部分大中型企业、律师事务所免费举办了38期《仲裁法》、《合同法》、《物权法》、《房地产法》培训班，邀请著名学者专家授课，培训各企事业单位的管理和销售人员及法律工作人员达2.3万余人次，发放仲裁宣传册（单）三万余份，发放载有标准仲裁条款的合同文本五万余份。组织省建设银行法律、合规处举办仲裁培训班，邀请著名金融法律专家授课，该行专门下发文件，要求全省建行系统内个贷业务优先选择仲裁方式解决纠纷。分别召开省会90余家律师事务所参加的座谈会，共同研究改进仲裁服务措施，广大律师纷纷表示要积极引导当事人选择仲裁解决纠纷。以人保公司仲裁法律培训班暨仲裁工作座谈会为突破口和模式，通过培训座谈，中华联合、大地、永城石家庄财险公司车险合同的仲裁约定率达到了100%，中华联合财险保定支公司、永城财险唐山、秦皇岛、保定支公司车险合同也全部约石家庄仲裁委。平安财险、阳光财险的仲裁约定率也达到30%以上。结合新版建设工程施工合同的颁布的有利时机，2013年8月30日举办了2013版建设工程施工合同解读与疑难法律问题研讨会，省、市大中型建筑、房地产企业、律师事务所等300人参加会议，重点宣传了仲裁在解决建设工程施工合同纠纷的独特优势，发放了仲裁宣传材料，为在建筑行业进一步推行仲裁制度起到了很好的作用。为更好地贯彻党的十八届三中全会精神，同年12月13日与省房协联合举办了房地产疑难法律问题与仲裁实务研讨会，全省大中型房地产企业、律师事务所等300余人参加，会上结合如何在房地产企业贯彻落实十八届三中全会精神，更好地发挥仲裁制度在解决房地产纠纷中的作用进行了深入探讨，提高了房地产企业法律工作水平。还与省商务厅、省典当协会、市国资委共同组织了16家外贸企业、200余家会员企业、72个下属企业参加的仲裁法培训，下发推行仲裁文件，规范合同文本，约定仲裁解决纠纷。三是注重深入企业，做好内部宣传工作。在推行单位的内部刊物上重点宣传推介仲裁，在省房地产协会、市商联会、新业律师事务所内部刊物《房产信息》、《商界资讯》上刊登仲裁动态信息和仲裁典型案例19篇。在河北省住宅与房地产业协会物业管理专业委员会的内部刊物《河北物业管理》2013年连续1、2期封1上宣传仲裁。在石家庄一建建设集团有限公司的内部刊物《一建通讯》第三版、第四版刊登了仲裁宣传文章。与市煤炭协会联合设计版式和宣传内容，向会员单位发放《煤炭行协会刊》及有仲裁条款的《煤炭买卖合同》2000份，与市企业家协会联合在其《东方商人》会刊上开辟了仲裁专栏，连载仲裁知识。四是丰富宣传载体，开展多种形式的宣传活动。参加省风险防范促进会组织的论坛和市煤炭协会的年会、企业家协会的年会、市物业协会的年会，出席市汽车配件业商会、市房研会、市装饰装修协会的仲裁工作站的挂牌仪式等宣传活动，担任嘉宾，介绍仲裁的特点，承诺提供优质高效的仲裁法律服务。主动参加由省中小企业局、省司法厅、省总工会、省工商联联合发起的以“入集群、入园区、入基地”为主要活动方式，以政策宣传、法律咨询、维权服务、普法教育为主要内容的“金色阳光行动”公益性活动，为中小企业、民营经济提供多方位的仲裁法律服务。参加河北首届婚庆文化节2013中国（石家庄）结婚产业博览会，设立仲裁法律咨询服务展台，发放仲裁宣传资料1000册，现场解答法律咨询500人次。聘请专业公司更新改版“石家庄仲裁委员会网站”，开辟了机构介绍、仲裁指南、互动交流、仲裁动态、法律法规等栏目，拓宽了网站内容，网站的月访问量达到了5000人次以上。重新设计制作了新的仲裁宣传册5000本。五是以换届为契机，全力做好换届宣传工作。结合全市仲裁工作会议暨换届大会的召开，集中开展了一系列的宣传活动，河北电视台经济频道、石家庄电视台新闻频道在黄金时间对会议进行了相关报道，石家庄电视台生活频道法制时间制作和播出了会议情况和仲裁案例专题片；河北电台全省新闻、石家庄电台新闻台、河北法制报头版、燕赵晚报、燕赵都市报对会议召开情况进行了报道；石家庄日报头版刊登了庆祝会议隆重召开的文章、第二版介绍了会议召开情况、第四版整版介绍了仲裁的发展情况和取得的成绩，并刊登有200余家政府机关、部门和企业各界对本次会议和换届会议表示祝贺；中央政府网河北网、河北政府网、石家庄政府网、中国网、新华网河北分站、搜狐网、中国商事仲裁网、长城网、燕赵都市报网、泉州保险网等十余家网站也对本次会议进行了报道。全市7000余辆出租车连续三天后背宣传屏滚动播出会议隆重召开的情况；向全市6000多企业家等商务人士发短信介绍本次会议召开的情况。

二、大力推行仲裁法律制度，着力夯实事业发展的基础

坚持以发展为第一要务，坚持“推行仲裁法律制度是根本，融入市场经济是关键”的仲裁工作方针，全力推行仲裁法律制度，主动融入市场经济，为发展省会仲裁事业奠定了较好的基础。一是紧紧围绕市委、市政府的重大部署，自觉服务于经济社会大局。主动服务省会重大经济活动，主要领导亲自抓，采取灵活多样的方式，介入项目中，开展专项仲裁法律服务活动。提供法律咨询，协助和指导市场主体建立健全风险防范体系，切实提高抗风险能力，解决具体问题。服务于“三年大变样”，在市建设局的支持下，市拆迁办、市拆迁协会在西三庄的部分旧城改造项目、新火车站附近的建设项目、主城区的部分路面改造等工程项目的合同中及市拆迁协会300余份拆迁补偿合同全部选择仲裁解决纠纷。服务于正定新区建设，在新区管委会的支持下，在新区范围内由政府出资建设的工程中的所有合同中均约定由本会进行仲裁，其中在正定新区体育中心项目22亿元的合同及其它非政府出资建设的工程项目施工合同中均建议签订由本会仲裁的纠纷解决条款。二是突出主管经济部门作用，工作取得新进展。覆盖省、市工商局合同处（科），就联合举办省市合同管理系统仲裁法律培训达成共识，共同做好规范合同文本工作。主动与市工商局监督检查科合作，借用其推荐“重合同、讲信誉”企业由仲裁机构认证的机会，与国药乐仁堂医药有限公司、石家庄常山纺织股份有限公司等8家企业进行了沟通，就推行仲裁法律制度，形成了一致意见。三是重点覆盖建筑、房地产领域，确保案件稳步增长。覆盖了省房协、省建筑协会、市物业协会、河北建工集团、石家庄建工集团、众美、高远、远东、新合作等重点建筑房地产企业，合同规范率已接近90%，建筑企业机构约定率已接近25%，房地产企业机构约定率已接近55%。四是金融、保险领域实施重点突破，切实提高机构约定率。在银行领域，与省建行举办仲裁法律培训班，组织省建行、辖区11个市行营业部参加的仲裁法律知识培训班，通过省建行法规处下发文件，要求全省辖区内建行个贷业务全部约定我委仲裁，对在该系统内长期推行仲裁达成共识。与省市中行的法律处领导建立了长期的合作关系，市中行整理其行中的一批资产处置案件到石家庄仲裁委仲裁，并对市行内推行仲裁制度达成一致意见。与市工行法律部的领导进行了多次座谈，已同意在其信贷及部分对公业务的合同中签订选择本会解决的仲裁条款。多次走访省市农行和兴业、中信、民生、华夏等银行，大力推行仲裁制度，市农行、中信银行石家庄分行个人借贷合同全部选择我委仲裁。在保险领域，继续巩固与人保、大地财险、中华联合等保险公司的合作关系，不断完善仲裁为保险行业服务的工作措施，机构落实率达到100%。在新开辟的保险领域，也形成了突破，如永城财险省市分公司、太平洋保险公司财险全部约定仲裁条款，平安、阳光财险部分业务约定仲裁条款，使保险案件成为了新的案件增长点，取得了较好的效果。省中行下发了指导性的文件要求石家庄管理部在合同中争议解决方式优先选择仲裁，同时市中行也发文要求在裕东、中山、泰华、平安四家机构的贷款类合同中优先选择仲裁方式解决合同争议。省中行公司与金融市场部（中小企业）下发指导性文件，要求各分行、石家庄管理部、省行、省行第二营业部在中小企业新模式业务授信合同中优先选择仲裁方式解决合同争议。省建行也下发文件推行仲裁，市行具体实施意见已起草完毕。省农行下发文件《关于进一步明确债权救济方式相关法律问题的通知》，要求各市分行、省分行营业部采用仲裁方式解决信贷合同纠纷，市农行已将该《通知》转发各支行贯彻执行。融投担保公司已经将其总公司下属的较重要的3个分公司所签订合同、太平洋财险已在石家庄市分公司的保险单、中国大地保险股份有限公司河北分公司将河北省范围内的保险合同、中国人寿财产保险股份公司在保单均约定仲裁。五是狠抓重点企业推行工作，培育案件新的增长点。主动与河北钢铁、勒泰中心、石家庄华电供热集团有限公司、石家庄日报社等单位联系，与各单位法务总监及法务部有关人员进行了座谈，研究确定了开展规范合同文本工作和仲裁法律培训的方案，其中，河北钢铁的贷款、购销、仓储合同均签订了仲裁条款。加强与省市住宅与房地产业协会、省市建筑协会、市建设局、市房管局、市招标办、市建筑市场、市物业管理中心、市城建开发协会、市装饰装修协会的联系，走访河北祥达房地产、河北搏润房地产、河北建工集团、河北建设集团、河北省装饰总公司、石家庄建工集团、河北建投房地产开发有限责任公司、河北锦泽房地产开发有限公司、石家庄俊景房地产开发有限公司、河北国大房地产经纪有限公司、河北新联房地产开发有限公司等房地产、建筑公司，深入企业第一线推行仲裁制度，着力加大建筑、房地产系统推行仲裁的工作力度，切实提高建设工程施工合同和商品房销售合同的仲裁约定率。与市旅游局、市旅游调解中心、市旅游质量监督所等机构达成共识，在该局设立旅游调解中心，更好地为旅游行业提供仲裁服务。重点走访了省典当行业协会，在典当、拍卖领域内推行仲裁制度，发挥省、市国资委、省建投、企业家协会推行仲裁的作用，通过他们深入企业第一线宣传仲裁制度，走访省融投担保集团、神威集团、石药集团、华北制药、国大集团等重点企业推行仲裁，提高了这些集团选择仲裁率。加强大中型企业的推行力度，向河北建设投资集团有限责任公司、河北融投控股集团有限公司、石家庄华电供热集团有限公司、河北益海利丰粮油有限公司、天俱时工程科技集团有限公司、河北杰诚文化传播有限公司推行仲裁法律制度，使这些行业的仲裁约定率达到70%以上。

三、注重仲裁服务方式的创新，努力提供超预期的仲裁服务

始终坚持“公正、廉洁，高效、便利”的仲裁宗旨，坚持法律效果和社会效果的统一，针对各种合同的不同性质，量身定做不同的服务产品，进一步简化程序，加快审理速度，逐步降低的当事人的解决争议的成本，节约资源，2012年、2013年按期审结率达90%以上，平均结案时间不超过45天，最短的仅1天，和解调解结案的占结案总数的70%以上，已审结的案件自动履行率达80%以上，司法纠错率1%以下。一是不断完善仲裁办案制度，全面加强案件规范化管理。全面实施《提高仲裁“和解调解率、快速结案率、自动履行率”，确保案件质量的实施意见》，将新的仲裁理念和提高“三率”贯穿在仲裁程序的每个环节，进一步体现了仲裁法律制度的优势和特点。完善了关于业务岗位职责质量考核标准，修订了《仲裁收费办法》、《仲裁员守则》、《仲裁员办案规范》和《裁决书制作规范》、《仲裁文书样式》及仲裁法律文书，实行仲裁办案首问责任制，实行了错案追究制，开展案件定期回访评议工作，实行当事人对仲裁秘书和仲裁员办案评议的反馈制度，增强仲裁员和仲裁秘书的责任心，促使仲裁庭独立、公正地解决纠纷。二是创新快捷办案模式，妥善处理群体性、涉访等敏感因素的重大疑难案件。紧紧围绕市委、市政府的中心工作，始终服务于经济发展大局，特别是在招商引资、企业改制、群体仲裁等重点工作中发生的纠纷案件，妥善化解矛盾，息诉止争，排忧解难。针对房地产和土地租赁、建筑以及物业纠纷等重点群体性案件涉及人员多、案情复杂、当事人情绪不稳定等不同情况，分别启动了应急预案，明确了主管领导和责任部门以及具体责任人，加强了与政府有关部门、人民法院等单位的联系，及时沟通情况。并利用节假期间当事人相对集中的机会，加班加点，耐心做案件当事人的思想工作，把问题解决在萌芽状态，使群体案件得到平稳和妥善解决，为确保社会和谐稳定做出贡献。如申请人河北豫龙土木工程有限公司与被申请人河北中国大酒店、河北省社会公益项目建设管理中心之间建设工程施工合同仲裁案件，市政府十分重视，市领导多次批示要求一周内完成，启动应急仲裁程序，简化办案手续，展开深入的调解工作，该案最终得到了迅速圆满解决，受到了市政府领导的充分肯定，两位市长批示“仲裁委的工作效率值得学习”、“感谢市仲裁委参与本案的各位同志，行动迅速，敢于担当”。三是进一步加强分支机构建设，着力拓宽仲裁服务领域。12年对现有的35个仲裁派出机构进行全面整合，保留了27个制度健全、人员到位、运作良好的派出机构，制定了办事处工作职责和管理办法，采取有力激励措施，充分发挥其在推行仲裁法律制度方面的作用，为仲裁工作体制的社会化作出了有益的探索。着手在河北省住宅与房地产协会设立仲裁工作站，着力发挥省消协、省市企业家协会、市商联会、市煤炭行业协会、市汽车配件行业协会等仲裁工作站在推行仲裁中的作用，先后参加了元氏县煤炭企业活动、企业家活动日，发放了宣传材料5000余份，并通过设立在各有关协会的工作站和办事处，重点走访省建投、神威集团、石药集团、华北制药、国大集团、西柏坡发电厂、中国石油河北分公司、常山纺织、北国商城、河北银座东购等会员企业，宣传仲裁，推行仲裁，为企业提供优质高效的仲裁法律服务。省消费纠纷仲裁中心、医药、商贸、西柏坡、物业、家居装饰等办事处（工作站）共计受理了576起案件。13年组织召开分支机构工作座谈会，听取分支机构对仲裁工作的建议和意见，制定了《分支机构管理规定》和《分支机构创新服务办法》，与河北省住宅与房地产协会、市旅游局、市担保协会、典当协会、婚庆协会等经济管理部门、专业协会签订了合作协议，设立了6个专业仲裁中心，制定了中心仲裁工作方案，下发了推行仲裁的文件。四是加强仲裁与司法大调解的合作，积极创新道路交通事故仲裁工作模式。与石家庄市司法局联合发文商石家庄市中级人民法院在各基层人民法院设立道路交通事故仲裁调解站，将仲裁工作引入基层人民法院，实现仲裁调解与人民法院的诉前调解有机对接，更有效地化解社会矛盾纠纷，并在合作开展交通损害赔偿仲裁工作的基础上，就医疗、保险、旅游、物业、土地、消费、装修装饰等调解工作进一步合作，达成共识。其中交通事故损害赔偿仲裁中心共受理41件，38件调解结案，3件裁决结案。中院调解室工作也有了新进展，共移交案件454件，调解结案123件，减轻了法院的压力，降低了当事人的诉累。五是紧跟科技进步，把电子数据作为仲裁文件形式之一，经修改规则加以规定，得以能够受理电子数据合同产生的争议，河北电子交易平台融资合同已引入仲裁。

四、加强机构队伍建设，为省会仲裁事业发展提供有力保障

打铁还需自身硬，在加大宣传培训力度、塑造仲裁机构良好社会形象的同时，着重在实行全员绩效考核、建立健全激励机制、着力提高员工素质等方面，全面加强机构队伍建设，努力实现仲裁机构管理的制度化、规范化，为仲裁工作顺利开展提供有力保证。一是建立全员绩效考核评价体系，完善工作激励机制，进一步调动工作人员积极性。制定了116条的绩效考核办法和15个配套标准、6种17个配套表格、5个部门细则，进一步明确了各部门职责范围、主要任务、目标要求、考核标准和月度、季度、年度考核奖惩规定，各部门分别制定了97条实施细则和5种19个配套表格，将任务目标分解到个人，实行了全员绩效考核，建立健全了工作激励机制，较好地调动了工作人员的工作积极性，宣传、推行、办案等各项工作均有了明显进步，受案数量和涉案标的额及仲裁收费较去年同期均有了较大提高，起到了较好的效果，形成了齐心协力、团结奋进、人人争先的良好工作局面。二是加强与高等院校的合作，注重仲裁法律人才的培养。与中国政法大学合作，举办硕士、博士研究生班，组织仲裁员、秘书处工作人员、业务单位法务工作者深造，全面提高办案人员的业务素质，为仲裁事业持续发展储备专门人才。三是开展对标活动，促进工作落实。根据市政府办公厅的统一安排，在认真开展争先创优、“解放思想、改革开放、创新驱动、科学发展”为主题的大讨论、着力改善发展环境、3·23“赶考日”党性教育、党的群众路线教育实践活动启动预热、认真学习贯彻习近平总书记一系列重要讲话和三中全会精神等一系列主题学习教育活动的基础上，深入开展了对标活动，对标学习先进仲裁机构的工作经验，认真查找差距不足，采取宣传推行、案件审理、服务方式、分支机构建设、后勤保障等重点工作“一对一”的对标方式，制定了对标先进仲裁机构的工作方案和任务目标分解表，确保工作落到实处，取得实效。四是展开有针对性的仲裁员培训，提高仲裁员对案件审理的掌控和驾驭能力。利用三个月的时间，对355名仲裁员和秘书处全体工作人员进行了以“严格仲裁操守，严肃仲裁纪律”为主题的教育培训活动，向有关当事人，主要是败诉方的当事人征求意见，组织全体仲裁员和工作人员进一步学习仲裁法和仲裁规则、仲裁员守则等仲裁行为规范，撰写自查报告，提出整改意见和措施，进一步建立健全了仲裁操守建设机制和各项管理制度，进一步完善了仲裁员和工作人员的操守评定、任职宣誓、履职披露、操守承诺、年度操守述廉考核等制度。五是认真筹备，做好委员会换届工作。组织召开石家庄市仲裁工作会议暨石家庄仲裁委员会换届会议和第三届委员会一次会议，国务院法制办公室政府法制协调司、河北省高级人民法院、石家庄市中级人民法院及市政府有关部门、有关协会、部分企业的主要领导，以及石家庄仲裁委员会第三届委员会组成人员、专家、仲裁员、省内8家仲裁机构、新闻单位等480余人参加了大会。国务院法制办公室政府法制协调司副司长袁诗鸣对石家庄仲裁工作和此次大会圆满、隆重召开都给予了充分的肯定和高度评价，各位委员认为程凯市长的报告理念先进、内容详实、重点突出，前瞻性、指导性强，为进一步做好省会仲裁工作指明了方向，纷纷表示此次大会是团结鼓劲的大会，开出了气势，营造了氛围，形成了气候。省内8家兄弟仲裁机构认为此次大会形式多样、气氛热烈、内容丰富，值得借鉴。广大仲裁员通过此次会议和培训也深深感到鼓舞和鞭策。企业代表对仲裁突出服务宗旨的品牌宣传策略和热烈严谨的会议组织形式留下了很深的印象。另外，针对新仲裁规则的实施，对与其配套的仲裁文书进行了补充完善，及时出台案件受理、审理、裁决、送达等仲裁文书5种30余份，保证了仲裁活动的正常进行。

五、存在问题及今后工作

2012年、2013年，尽管努力开展了一些工作，但是与学习贯彻党的三中全会精神、全面深化改革的新形势、新要求、与仲裁机构在新时期的新使命、新任务、与广大市场经济主体的新期望、新期待、与先进仲裁机构和省会仲裁机构的地位相比，还有不小的差距，主要是案件受理范围和仲裁服务领域需要进一步拓宽；推行仲裁工作在一些行业发展还不平衡的问题仍然存在；全员绩效考核需要进一步完善；工作水平还需要进一步提高；服务条件亟待改善等，需要在今后的工作中加以解决。

今后两年是深入贯彻落实党的十八届三中全会精神、全面深化改革的头两年，也是省会仲裁事业夯实基础、加快发展关键年，做好这两年的工作，任务艰巨，责任重大，意义深远。总要求是以邓小平理论和“三个代表”重要思想、科学发展观为指导，全面贯彻落实党的十八大和十八届二中、三中全会精神，紧紧围绕市委和市政府一系列重要决策部署，坚持以发展为中心，坚持以改革为动力，以提高仲裁公信力为核心，进一步解放思想，破除僵化观念，深化内部机制体制改革，推进仲裁工作方式创新，大力推行仲裁法律制度，延伸仲裁服务触角，着力拓宽仲裁服务领域，为市场主体提供多层次、多功能、全方位的仲裁法律服务，促进省会仲裁事业持续健康发展。主要抓好以下几个方面的工作：

（一）*以加强仲裁公信力建设为主要抓手，进一步拓宽仲裁服务领域。*适应全面深化改革的新形势、新要求，高度关注经济社会发展的仲裁新需求，找准仲裁工作服务经济社会发展大局、服务深化改革的切入点，坚持仲裁为民理念，加强对新领域、新类型案件的调查研究，进一步扩大案件受理范围和仲裁服务领域。积极推行仲裁公开、“阳光仲裁”，提高仲裁工作透明度，以公开促公正，提高仲裁公信力，推进仲裁公开化、规范化进程，着力加强仲裁内部监督制约机制建设。注重仲裁调解，建立健全多元矛盾纠纷解决机制，推进社会矛盾化解、社会管理创新，促进社会和谐稳定，积极为转方式调结构、激发市场活力提供优质高效的仲裁服务。

（二）*着力发挥典型示范作用，促进推行工作见成效。*建筑、房地产行业以省房协、河北建工集团、中国勒泰商业地产集团为模板，金融行业以省典当协会、中信银行、人保公司为模板，其他领域要以相关行业大集团、大企业树立典型，实施重点突破，以点带面，全面推广，使推行工作见真章，得实效。

（三）*加强仲裁法培训工作，不断增强企业的仲裁维权能力。*继续着力做好综合经济领域大型企业集团、国资委所属大型企业重点宣传工作，为各大中型企业和有关行业协会举办《仲裁法》、《合同法》、《物权法》培训班，邀请我国著名学者专家授课，培训各企事业单位的法律、合同管理工作者，帮助企业不断提高管理水平和人员素质，做到与仲裁发展相互促进。

（四）*创新仲裁服务方式，切实提高办案质量和效率。*针对各种合同和仲裁服务对象的不同性质、不同特点，量身定做不同的服务产品，推出形式多样的服务模式，逐步降低的当事人的解决争议的成本，节约资源。建筑房地产领域着手组建“建设工程争议评审中心”，制定《争议评审规则》、评审专家守则、名册、协议书及相关表格，为当事人和建设工程评审专家搭建沟通、合作的平台。金融领域细化仲裁协议和证据收集规定，进一步简化程序，加快审理速度，力争案件一次办结。

（五）*完善全员绩效工资考核机制，加快省会仲裁事业发展。*结合绩效考核实施一年的实际情况，进一步完善全员绩效考核机制和分配激励机制，充分调动工作人员积极性，促进事业发展。

（六）*强化硬件建设，切实改善办公办案条件。*加强市政府和有关单位的支持，多渠道解决办公用房，彻底解决办公场地狭小简陋的问题，进一步优化仲裁服务环境。

【承德仲裁委员会】 承德仲裁委

员会于1999年6月份成立，它是根据《中华人民共和国仲裁法》和国务院办公厅《关于做好重新组建仲裁机构和筹建中国仲裁协会筹备工作的通知》（国办法〔1994〕99号）、《关于进一步做好重新组建仲裁机构工作的通知》（国办发〔1995〕38号）、《关于印发重新组建仲裁机构方案的通知》（国办发〔1995〕44号）的规定，以仲裁的方式，公正、及时地解决平等主体的自然人、法人和其他组织之间发生的合同纠纷和其他财产权益纠纷的常设仲裁机构。

一、仲裁委员会及秘书处基本情况

承德仲裁委员会主任为常务副市长，有副主任4人，委员11人。仲裁委员会下设秘书处，为常设办事机构，副处级规格，隶属于市政府办公室。秘书处核定编制12人，现有人员12人，8人工资由财政承担，4人工资由秘书处负担。秘书处内设案件受理一科、二科和综合科三个职能科室，仲裁员154人。2009年新增部门调解中心，为科级事业单位。仲裁委员会秘书长主持仲裁委日常工作。

二、积极受理仲裁案件，靠仲裁工作实践促进发展

2012年、2013年承德仲裁委共受建设工程、房地产、金融保险和租赁买卖合同等案件289件，标的3.5亿元。体现仲裁优势和特色的案件调解和解率，快速结案率和自动履行率都比上一年同期有所提高，案件评查合格及结案归档达95%。两年来我委受理的案件调解和解率为80%，结案率为90%，自动履行率为81%，仲裁案件“三率”的提高，标志着全市仲裁工作已基本步入了良性健康发展的轨道，仲裁法律制度在服务市场秩序、平等社会纷争、优化城市发展环境中的优势和作用日益增强。

三、积极主动把仲裁工作融入到承德建设中

充分发挥仲裁工作解决民商事纠纷、保稳定、促和谐的独到作用，妥善解决了重大案件和群体性案件。群体性案件和重大复杂疑难案件大多是当事人对抗激烈、案情复杂、多方关注的案件。这些案件的处理难度大，稍有不慎，就可能使事态恶化，造成群体性上访或突发事件。针对此类案件的特殊性，仲裁委精心组织仲裁庭，加大和解调解的力度，确保整个案件审理的顺利进行，有效地化解了矛盾纠纷，确保了社会稳定。

四、始终坚持发展是第一要务，大力推行仲裁法律制度，使仲裁服务领域不断拓展

承德仲裁委从促进仲裁事业发展的角度，积极推行仲裁法律制度，促进市场经济主体的认知和参与。针对当前我国仲裁事业发展的形式和存在的问题，要发扬艰苦奋斗的创业精神，一心一意谋发展，全心全意抓发展。发挥仲裁员在社会上广泛的工作关系和良好的影响，使仲裁更加广为人知，与有关部门建立联系，为他们提供相关的仲裁服务，引导他们如企业发生纠纷应选择仲裁来解决，并将为企业争取更多的利益及保护更大的权益。

五、千方百计提质量，扎扎实实打基础，务求做到公正、及时、高效

“仲裁的动力在于案源，仲裁的生命在于质量”。工作中坚持公正快捷的原则，牢固树立质量第一，信誉为上的宗旨，把依法公正仲裁作为仲裁机构办案的准则，为了使案件办理始终体现合法、公正、及时，案件不分大小难易，当事人不分单位、个人，标的不分大小，都会认真办理，平等对待。把提高案件质量放在首位，以质量求生存，以质量求发展，案件能当天受理的就当天受理，决不拖到第二天，能在今天送达的决不拖延到明天。外地的案件尽量邮寄送达，节省费用。近两年还调低了案件处理费收取的比例。对于疑难案件，为了确保裁决的公正性，专门找到专家进行咨询以保证质量。在裁决（调解）文书制作方面，高度重视“出关口”，文书是整个仲裁程序的结晶，它的质量好坏直接影响仲裁委的形象。为此，在发出的每一件文书前，都经仲裁庭、业务科室及主管领导从内容及格式上严格把关审查，以确保文书没有毛病，力争把每一案件都办成精品。经过坚持不懈的努力案件质量明显提升。

六、积极加大仲裁的宣传力度，提高人们的仲裁意识

仲裁工作联系着千家万户，涉及到社会的方方面面，但人们的仲裁意识依然很淡薄，最直接的原因是宣传力度不够，为此加大了宣传和普及力，提高人们的仲裁意识，让群众了解仲裁、运用仲裁。首先通过新闻媒体，报刊杂志，开辟仲裁专栏，发表仲裁宣传文章，介绍仲裁知识。其次，积极主动地参加市里面的关于法律的大小会议，发放宣传材料。第三，通过座谈会和专题会议与各部门的人进行面对面介绍仲裁的优势和特点，探讨利用仲裁给企业带来的好处。每年的3月15日会在广场进行仲裁的宣传，以把它渗透到社会各个领域。通过这样宣传，使仲裁得到了普遍提高，扩大了仲裁制度的影响。还到100多家规模较大的企业进行合同文本的规范。对他们使用的合同主体进行清理修订，在合同中要明确表明争议的解决方式应选择“承德仲裁委员会仲裁解决”。主动与各企业建立联系，根据社会主义经济体制的要求，与各企业签订“关于用仲裁方式保护企业合法权益协议书”，明确服务内容，帮助企业做好合同的管理工作，提高合同的质量，并积极主动的受理企业在履行合同或者在生产经营中发生的各种争议和其它财产权益纠纷，很好的保护了企业的合法权益。对企业合同文本规范率达到90%以上、机构约定率达到85%以上。

七、加强仲裁的自身建设，努力提高个人修养及业务素质

两年来承德仲裁委更加努力地提高自身的业务素质和个人修养，加强业务学习，掌握仲裁法、仲裁规则及相关的法律知识。组织学习，定期讨论，对经手的每一个案件都制定思路，研究案件的核心问题、关键之处，仔细检查，检查每一处细节，对每一类案件都熟悉并掌握，热情接待来人来访，全心全意为当事人服务，统一思想，结合工作实际，提高业务能力，及时掌握仲裁工作发展的新情况、新趋势。始终坚持仲裁信念，成为一支团结、务实、敬业的仲裁团队，认认真真、踏踏实实的做好各项工作。

2012年、2013年承德仲裁工作虽然取得了较大成绩，但也存在很多不足之处和薄弱环节。如个别仲裁案件审理的质量和效率有待进一步提高，仲裁服务领域有待进一步拓宽，仲裁制度宣传的机制和方式有待进一步完善，仲裁员和秘书处工作人员队伍建设尚需进一步强化等。这些都需要在今后的工作中，采取针对性措施努力加以改进。

【张家口仲裁委员会】 2012年、2013年在市委市政府的正确领导下，在社会各界及相关部门的大力支持和配合下，我委牢固树立和落实科学发展观，全面贯彻十八大精神，紧紧围绕市委市政府的中心工作，解放思想，锐意进取，不断增强维稳意识，强化维稳措施，努力化解民商事纠纷，为促进全市经济发展、社会和谐稳定发挥了重要作用。

一、案件受理情况

2012年，共受理各类案件41件，涉案标的额1.65亿元，其中房地产类纠纷14件，建设工程纠纷10件，保险合同纠纷9件，购销合同纠纷3件，供热管理建设合同3件，股权纠纷1件，公路工程施工合同纠纷1件；现已全部审结，其中裁决结案的15件，调解结案的26件，撤回申请的0件；调解和解率为63%；经调解结案的案件，基本都能自动履行，自动履行率达到97%。2013年，共受理各类案件72件，涉案标的额9066万元，其中房产类纠纷44件，建设工程类纠纷13件，保险合同纠纷9件，购销合同纠纷3件，确认合同效力纠纷1件，承揽合同纠纷1件，租赁合同纠纷1件。已审结案件66件，结案率92%；其中裁决结案的25件，调解结案的41件，调解和解率62%，经调解结案的案件，基本都能自动履行，自动履行率达到98%。两年的仲裁工作，集中体现为以下几个特点：一是工作重心向安保维稳倾斜，受案数虽较少，但标的总额有增长；二是建设房地产纠纷仍然在数量和标的额上占有绝对优势，保险纠纷数量占比也较大；三是案件类型有所拓展，如新型能源、道路施工及股权争议案件已尝试选择仲裁方式解决争议；四是省外市场主体主动选择我委解决争议，如北京、江苏、内蒙等，说明我委影响力逐步扩大。总体上看，我委保持并强化了传统优势领域案源的稳定性，在拓展案件类型上也有了一定的进展，增进了张家口仲裁委在市场主体之间的影响力，赢得了社会各界的好评。

二、以确保仲裁质量为根本，继续抓好案件审理工作

一是严把立案关及审理关。严格立案审查制度，确保立案工作依法进行。符合立案条件的及时立案，不符合立案条件的耐心向当事人做好解释工作并告知解决途径，禁止因案件疑难或标的小而推诿不予立案的情况发生。庭审前召开仲裁庭组成人员会议，认真阅卷，制定庭审提纲并宣布办案纪律；庭审结束后及时督促仲裁员进行合议，起草仲裁文书，严格按照审限要求结案，防止案件久拖不决。

二是确立调裁结合、调解优先的工作机制。强化办案秘书及仲裁员的调解意识，将调解工作从立案开始贯穿于案件审理的整个过程中。坚持调解优先，调裁结合，能调则调，当裁则裁，即要提高调解和解率，也要防止久调不结，久拖不决。创新调解方式，在审理过程中，找准切入点，明确争议焦点，选准突破点，促使争议双方向利益平衡点靠拢，避免在细枝末节上纠缠。

三是继续贯彻落实案件监督反馈及风险评估制度。以张家口仲裁委员会《仲裁员办案规范》、《仲裁员守则》为依据，办案秘书要严格控制仲裁程序，并加强对仲裁庭廉洁性的监督。同时确立当事人评议反馈制度，在案件结案后请当事人对仲裁委秘书处的服务及仲裁员审案的公正性进行评议反馈，以促进仲裁活动的更好开展。今年还实行了仲裁案件风险评估制度，对案件立案前、审理中、结案后可能存在或发生的风险进行评估，以便及时制定相应预案，实施有针对性的稳控措施。

三、大力推行仲裁制度，深入开展宣传活动

一是定期开展仲裁进社区、进企业等活动，通过多种途径加大宣传工作力度，扩大仲裁法律制度的社会认知度，把公正、快捷、高效的仲裁特色和仲裁理念向社会传输，使社会公众认识仲裁、参与仲裁、选择仲裁、信任仲裁。

二是充分发挥行业协会的组织管理作用，切实开展扎实有效的合同文本修订工作。在实践中，以各协会在相关行业中开展工作为契机，及时参与并宣传推广仲裁制度，制定或修订业内高频率使用的合同文本，增加仲裁条款，落实仲裁机构。

三是加强与律师事务所的联系，取得主任律师及骨干律师的支持，发挥其作为企业法律顾问的优势，主动向当事人宣传仲裁制度，引导企业选择仲裁方式解决纠纷。加强与重点企业内设法律机构的沟通协调，使其了解仲裁、信赖仲裁，在签订合同时，选择由张家口仲裁委解决争议。

四、以维护仲裁公信力为核心，全面抓好仲裁队伍建设

一是继续完善和执行仲裁员培训制度。首先，对每年新聘任的仲裁员进行一次全面的仲裁法律知识培训；其次，实行仲裁员继续教育制度，通过举办培训班、法制讲座、座谈会等多种形式，对仲裁员进行不断的培训教育；第三，着重培养了一批能够攻坚克难的首席仲裁员队伍。通过对仲裁员组织协调能力、办案能力、沟通能力、道德自律能力这四个方面的不断考察，从中选拔了一批法律素质过硬，坚持正义，能够把握原则和切实维护当事人合法利益、仲裁委良好形象的优秀仲裁员，作为首席仲裁员进行了专门培训。

二是注重文化建设，打造学习型仲裁的良好形象。首先是树立终身学习理念，建立常态化学习机制，每周五下午为学习时间，大家轮流讲课，相互提问，学习成效已经成为办案秘书工作业绩的考核标准之一。其次，秘书处定期公布有关法律法规、司法解释、民商事案例等的学习计划，不定期采取抽查等方式进行考核。第三，为丰富学习内容，全方位提升秘书处人员素质，除业务学习以外，还开展了政治学习、经济常识学习、公文写作学习。第四，坚持学以致用的理念，坚持学习与实践的结合，同时，引导党员领导干部开展传帮带活动，在单位形成以老带新、互帮互学、人人争先的学习局面。

三是不断加强党风廉政建设，从仲裁业务工作的实际出发，通过举办廉政讲座，深入开展批评与自我批评，接受当事人和广大群众的监督，对仲裁员和秘书处工作人员进行廉政考核等制度，以强化工作人员的廉政意识，现已形成了风清气正，执行有力的仲裁集体。

五、维稳任务顺利完成，换届工作圆满结束

按照党委政府维稳要求，精心谋划维稳措施，排查各种隐患，严格值班制度，24 小时在岗在位，对对抗激烈、案情复杂、多方关注且有非正常上访、越级上访苗头的重大疑难案件和群体性案件制定了专门的维稳措施并妥善得以解决，顺利完成了上级布置的维稳任务，促进了和谐社会的构建。

依照《仲裁法》和《国务院法制办公室关于恢复仲裁委员会换届工作的通知》精神，自 2012 年全面开始了第三届张家口仲裁委员会的换届筹备工作。2013 年中，换届工作顺利完成，新一届的领导集体已正式上岗工作。

回顾两年的工作，我们清醒的认识到，我委工作中还存在一些问题和不足，如仲裁员及工作人员的素质都有待进一步提高，仲裁制度的推行工作也有待进一步加强，对于上述问题，张家口仲裁委将在各方面的关心支持下，采取有力措施，切实予以解决。

【秦皇岛仲裁委员会】 2012年、2013年，秦皇岛仲裁委员会认真学习贯彻党的十八大和省、市委全委会议精神，围绕市委、市政府中心工作，积极宣传推广仲裁法律制度，依法审理仲裁案件，加强仲裁队伍建设，完善仲裁工作机制，各项工作取得了新的进展。加大仲裁宣传推介力度，设立了宣传培训中心，充实了宣传推介人员力量，通过本会网站及其他媒体积极宣传仲裁法律制度及仲裁的主要特点和优势；组织走访重点公司企业，着重了解使用合同文本及签订仲裁协议情况，确定了联系人和联系方式，对初步案源跟进工作，对符合条件的及时受理立案；共接待当事人仲裁咨询568人次，均做到热情接待，耐心解答，免费提供法律咨询服务。坚持以办案为中心，集中精力抓好案件受理和审理工作；共受理案件171件，涉案标的额8亿余元，受理案件主要类别是保险合同纠纷、买卖合同纠纷、借款合同纠纷、房屋买卖、租赁合同纠纷、服务合同纠纷及工程欠款纠纷案件；所受理案件均在法定时限内办结，调解率和自动履行率达到70％以上，取得了较好的法律效果和社会效果。办案中坚持以质量为本，根据仲裁案件大幅增长情况增加人员力量，重点加强案件受理和裁决书审核两个环节的工作，有效把住了案件质量关；从维护双方当事人的合法权益出发，严格办案程序，做到依法、公正、公平审理仲裁案件。进一步加强仲裁员队伍建设，新聘仲裁员严格按照仲裁法及相关规定进行，突出专业性及道德品行标准；举办了两届仲裁员培训班，邀请最高人民法院法官和中国政法大学教授讲授商事仲裁司法审查制度与典型案例分析，本会领导及工作人员、市内仲裁员和市法学会、律师协会等单位人员百余人参加了培训，取得良好效果；召开骨干仲裁员座谈会，本会杨玉忠主任及刘朔全、郝建田副主任分别就落实中政委提出的公正廉洁要求讲了意见，对仲裁员如何提高自身素养、公正办案、确保案件质量等提出了具体要求。加强专家咨询委员会建设，健全专家咨询委员会规则，新聘了一些在国内、省内有影响力的知名专家及高层人士为咨询委员，现专家咨询委员已扩展到40人。进一步完善仲裁工作机制，制定了《关于加强仲裁庭工作确保仲裁案件质量的实施意见》，明确仲裁案件的开庭审理、证据审查与认定、合议等均由仲裁庭依法独立进行，任何单位和人员不得干预个案；对本会《仲裁规则》进行修改，通过深入调研和广泛借鉴，修订后的仲裁规则更加符合商事规则及办案工作实际，有利于公平、合理地解决民商事纠纷；进一步完善仲裁文书制作机制，对文书制作人员、适用范围、格式要求、文字用法、计量单位、印制标准及审核签发程序等都予以规范；进一步完善部门协调机制，仲裁机构加强了与仲裁员之间的沟通交流，积极研讨案件审理过程中遇到的复杂疑难问题，同时做好监督、协调和服务工作；根据仲裁法及国务院办公厅有关文件精神，结合本会组建以来实践探索情况，制定了定岗、定员、定责的“三定”目标管理方案，明确了各部门主要职能和人员职责分工，初步实现了“人、岗、责”三者之间合理匹配，对提高工作效率、激发内在活力发挥了积极作用。积极争取市领导及有关部门的重视，杨玉忠主任等领导同志积极联系协调，在办公用房等方面得到了市政府及有关部门的大力支持，新办公场所位于开发区闽江道8号楼，建筑面积约1000平方米，并根据业务需要添置了相关设备器材，办公办案条件得到了很大改善。为加强对外联系工作，分别参加了武汉仲裁工作片会及厦门全国仲裁年会，明确了形势任务及仲裁发展方向，学到了其他仲裁机构的先进经验；与大同仲裁委共建友好单位并合办仲裁刊物，同时接待了唐山、衡水等地学习考察组，加强了相互之间的交流与合作。

【唐山仲裁委员会】 2013年，唐山仲裁委员会召开第一届第二次会议；参加11月在厦门召开的全国仲裁工作会议，并提交题为《加强仲裁公信力建设的五项措施》论文；设立陶博会法律服务平台，解决会展期间简易纠纷；确定建立河北联合大学、唐山仲裁委员会法律硕士生实习基地；2013年1月29日唐山仲裁委员会主任会议审议通过，成立唐山仲裁委员会专家咨询委员会，选聘31名咨询人员，并制定专家咨询委员会规则。年内，共受理民商事案件42件，比上年增长7.69％；仲裁标的额2.31亿元，比上年减少18.14％；已审结案件35件，比上年增长20.69％；审结案件标的额1.91亿元，比上年增长37.26％。其中裁决案件

19件，调解案件8件，当事人撤回仲裁申请5件，其他案件3件。

一、召开第一届第二次会议

10月12日，唐山仲裁委员会召开第一届第二次会议，仲裁委员会主任郭岱宗做《仲裁工作报告》，总结仲裁成绩，查找存在问题，明确2014年仲裁总体思路：以仲裁公信力建设为主线，着重抓宣传、服务、制度保障、探索创新、锤炼队伍5项重点工作。会议通过修改后《唐山仲裁委员会章程》和《唐山仲裁委员会仲裁规则》。市委常委、常务副市长王久宗给会议发来贺词，肯定仲裁工作为唐山市维稳、维权以及促进经济发展发挥的作用及取得的成绩。

二、全国仲裁工作会议

2013年11月22日至23日全国仲裁工作会议在厦门召开，会议的主题是加强仲裁公信力建设。国务院法制办协调司副司长袁诗鸣、最高人民法院民二庭副庭长付敬连、中国银监会创新业务部部长陈胜出席会议并发表讲话。全国省、市31家政府法制办及172家仲裁委参加会议。唐山仲裁委员会秘书处处长徐淑玲参加会议，并提交题为《加强仲裁公信力建设的五项措施》的论文，汇报唐山仲裁委员会的做法和体会。

三、仲裁员培训

唐山仲裁委员会4月10日举办仲裁员培训班，邀请北京著名律师、北京仲裁委员会仲裁员、唐山仲裁委员会仲裁员苏胜讲授仲裁业务与技巧。苏律师结合北仲的经验和唐仲的实际，以案说法深入浅出，既论证仲裁原理又阐述仲裁实务的授课获得仲裁员一致好评。这是仲裁员业务培训的一次成功尝试。为增进与兄弟省市仲裁委员会的业务联系，达到取长补短、互相提高、密切联系、信息共享的目的。5月23～27日唐山仲裁委员会委派业务处副处长费庭彦参加在青岛举办的仲裁培训班。主要学习建设工程合同纠纷与（质量、造价、工期）司法鉴定和2013年版工程量清单计价规范与工程造价的内容。2013年底唐山仲裁委员会仲裁员人数已达179人。

四、仲裁宣传

2013年，唐山仲裁委员会坚持深入到企事业单位和行业系统，广泛宣传仲裁法。先后走访了国华人寿保险股份有限公司、唐山市市政建设总公司、唐山市房屋建设总公司、唐山新区热电力集团有限公司、河北省江苏商会唐山分会等五十多个企事业单位。为加强双向协作，分别与20多家企业、协会、商会签订了合作意向协议书。8月份通过一封信的形式与全市各银行、保险等数十家金融单位保持沟通联系。还分别与唐山企业信用管理协会、唐山清华大学校友会等单位联合行文，对其六百多家会员单位建立协调、沟通机制。

应开滦集团公司邀请，业务处副处长费庭彦于2013年4月下旬用两个半天的时间对开滦离退休老干部宣讲老年人权益保障法、继承法、物权法、婚姻法、仲裁法等知识，用指导性案例讲述老年人权益保护方法，发挥法制宣传作用，解决关于老龄化民生问题。当场解答听众关于房屋产权、租赁、继承和赡养方面问题，700多人次听取讲座。

【保定仲裁委员会】 2012年、2013年，保定仲裁委在省法制办的正确指导下，在保定市委、市政府的大力支持下，坚持以服务市场发展、彰显司法公正，追求社会效益为己任，大力宣传仲裁法律制度，狠抓办案质量、办案效率，大胆探索仲裁事业发展的新思路，实现了保定市仲裁事业稳步，健康、协调地发展，为创新社会管理模式，改善保定市经济环境，促进和谐社会，做出了积极的贡献。

一、优质高效地办理案件

2012年、2013年保定仲裁委在解决民商事纠纷过程中，坚持将法制精神和人文精神有机结合，充分体现当事人自治原则，公正、高效、平和、理性地化解纠纷，促进权利义务平衡，实现互动双赢。全年共办理案件181件。案例类型包括技术开发、金融、工程施工、买卖、民间借贷，房屋租赁、二手房交易等纠纷，其中当事人调解和解率占78%（同比提高15%），需要走到执行阶段的案件仅占22%。到目前为止，仲裁的裁决还没有一件被法院撤销或不予执行。

二、积极宣传和推广仲裁制度

2012年、2013年保定仲裁委秘书处展开了全方位、多角度、立体化的宣传策略，主要做法有：

（一）利用各种机会，积极宣传《仲裁法》和仲裁法律制度，不断提高仲裁工作的社会认知力。

（二）与《保定日报》共同开办仲裁信箱集中宣传仲裁法律制度。

（三）通过电视台和报社及时

将仲裁动态进行报道。

（四）利用行业协会分行业宣传仲裁制度，在保定企业家杂志刊载专访。

三、拓展仲裁工作领域

仲裁委加强了和保定市企业家协会的联系，企业家协会向保定仲裁委推荐了仲裁员，秘书处派员参加了企业家协会的会长会，并发放了相关资料，企业家协会的刊物上也刊载了仲裁方面的内容。双方达成一致意向，准备在会员企业中大力推行仲裁制度，防范会员企业的法律风险，维护合法权益。在充分调研的基础上仲裁委在白沟成立了仲裁办事处，印制了宣传资料和合同样本在箱包大厅免费发放，规范了箱包买卖合同文本，为仲裁领域的拓展奠定了基础。

四、树立正确的服务观念

2012年、2013年仲裁委不断强化培养仲裁员队伍的服务意识，使其适应角色转变。在仲裁员培训时把如何提高服务意识和水平作为重点内容。在日常管理中，建立了包括服务态度在内的综合指标评价体系。使仲裁员自觉的将服务贯彻于案件审理之中，把当事人的激烈对抗，变为“平等对话”，使当事人切身感受到仲裁的“亲和力”。其次是仲裁委在审理案件的具体过程中，也时刻把服务摆在首位。不论遇到什么情况，绝不难为当事人，处处为当事人提供方便。所有来开庭的当事人，在庭审过程中都能喝到办案秘书端来了茶水，为了方便当事人仲裁庭经常选择在休息日开庭，为尽快做出裁决，秘书人员经常加班加点。由于坚持了正确的服务理念，仲裁的社会影响力越来越大。

五、发展思路

（一）强化仲裁服务意识，加强仲裁制度建设。完善仲裁程序，仲裁员监督程序。建立仲裁案件办理和业务管理目标责任制，加强规范化建设。坚持“推行仲裁制度是根本，融入市场经济是关键”的指导方针，用市场经济的方法加大仲裁法律制度的推行力度，提高仲裁业务和管理水平，通过优质高效的仲裁服务和过硬的案件质量树立保定仲裁委的品牌形象。

（二）积极拓展业务范围，延伸仲裁服务的触角。在规范金融业仲裁服务的同时想方设法突破建筑业、保险、房地产、商贸等重点行业。计划在全市的大中型企业中推行仲裁联络员制度，在下辖的县级市及较发达的县建立办事处，延伸仲裁服务的触角。

【沧州仲裁委员会】 2012年、2013年，沧州仲裁委员会在国务院法制办和省政府法制办的指导下，在市委、市政府的正确领导及社会各界与相关部门的关心支持下，坚持以邓小平理论、“三个代表”重要思想和科学发展观为指导，坚持“推行仲裁法律制度是根本，融入市场经济是关键”的工作方针，强化“快办案、办铁案、办精案”品牌意识，努力改进并不断创新仲裁服务措施，切实抓好仲裁机构体制建设、案件质量提升和仲裁队伍管理工作，狠抓合同文本规范，各项工作均取得了显著成绩，实现了仲裁工作跨越式发展。2012年、2013年，沧州仲裁委共受理仲裁案件4962件，涉案标的8.4亿元，在维护社会稳定，促进当地经济和社会发展方面发挥了积极作用。

一、积极宣传推行仲裁法律制度，不断增强社会仲裁意识

（一）利用多种传媒渠道开展仲裁宣传工作。一是利用电视媒体进行宣传，让更多的人了解仲裁，运用仲裁的方式维护自身的合法权益。二是加强与《沧州日报》、《沧州晚报》联系，多篇文章在报刊发表，在《新国学》、《民营视界》等刊物上介绍仲裁，扩大了沧州仲裁的影响力。三是借助大型活动，积极组织对外宣传。参加了由市消协组织的“3·15”大型咨询活动、市普法办组织的“12.5”普法宣传活动，设立咨询台，发放宣传资料，耐心解答法律知识。社会仲裁法律意识得到了较大提高。四是加强仲裁网站建设。不断完善“沧州仲裁”网站，及时更新网站内容，优化版面设计、增加了在线咨询，进一步扩大了仲裁的社会影响。

（二）利用多种形式加大相关行业和重点企业仲裁法律制度推行工作。一是以市政府办公室名义下发了《关于在全市建设系统深入推行仲裁法律制度的通知》；与政法委、司法局、信访局联合下发了《关于建立完善仲裁调解与大调解机制有效对接的指导意见》；与沧州市物业协会联合下发了《关于在全市物业管理服务行业推行仲裁法律制度的通知》借势借力推行仲裁法律制度。以金融保险、建筑与地产、交警、医疗、工商联成员单位等重点系统、重点行业、重大案件为突破口，深入做好合同文本规范和服务工作。目前市区邮政储蓄银行、小额担保中心合同规范率达90%以上，中行及工商银行、农业银行达80%以上。二是定期召开座谈会，通过召开保险行业、房地产行业、商贸企业座谈会，进一步普及仲裁法律知识，强化各行业仲裁法律意识。三是突出重点，深入开展走访活动。主动送法上门，先后走访了中行、工商银行、人保财险、太平洋财险、平安财险等四十多家金融保险公司；走访了东塑集团、大元集团、华凯集团、世达建筑集团等大型企业集团500余家；规范了小额贷款担保中心、工商银行、大元集团、沧州路桥工程公司等近200多家企事业单位的合同文本。目前，上述系统和单位合同文本规范率和机构落实率均达80%左右，仲裁“三率”（快速结案率、调解和解率、自动履行率）达90%以上。

（三）加强律师仲裁员顾问单位联系点建设。先后遍访沧州知名律师事务所，召开了律师事务所主任座谈会、律师界仲裁员座谈会，争取律师界的支持与合作。

二、狠抓办案质量，打造沧州仲裁品牌

仲裁案件质量是仲裁的生命。按照“快办案、办铁案、办精案”的工作要求，不断创新仲裁理念，严格仲裁程序，将案件审理工作重心前移。一是加强业务交流和学习，提高办案人员水平。组织办案人员交流办案技巧、办案经验，对复杂疑难的问题进行研讨交流。如面对集中出现涉及面广的商品房买卖纠纷，沧州仲裁委们坚持组织办案人员学习相关法律法规，并召开专家咨询委员会，邀请资深法官、行业专家和学者进行研讨，促进了案件程序的顺利进行和矛盾纠纷的公平公正解决。二是严程序，保质量，探索高效办案路子。对重大、复杂疑难案件，秘书长直接听取汇报，进行调度，严把程序关。在立案、组庭、开庭、结案等工作环节严格按程序规范运作，做到精心组织安排；强化仲裁员效率意识，督导仲裁员做好庭前查阅案件资料工作；当事人合意适用简易程序或放弃答辩的，工作人员及时进行安排，进一步体现仲裁快速高效办案的特点。

三、加强自身建设，为仲裁事业发展奠定坚实基础

（一）加强自身建设，提升机关形象。一是重新修订完善了《沧州仲裁委员会仲裁规则》，《沧州仲裁委员会仲裁员名册》，制订了《办案秘书行为规范》等各项规章制度。二是进一步完善了网上协同办公平台。通过网上协同办公系统的立案审批、收费审批、仲裁员指定、法律文书签批、电子公文传输等功能，完全实现了跨部门、跨地区间的同步办公。

（二）抓好仲裁队伍建设，提高整体素质。仲裁队伍包括秘书处工作人员队伍、分支机构队伍和仲裁员队伍。一是抓好素质建设。组织召开各县（市、区）办事处办案秘书培训会议，进一步提高了办案秘书业务能力。二是修改了《仲裁员管理办法》，仲裁员实行激励型管理制、定期考核制、错案追究制、超期案件问责制、重大贡献奖励制、违反职业操守除名制六项管理制度。推行仲裁员“四个一”工作制度，即每年至少办理一起案件，规范一家企业合同文本，参加一次仲裁活动，提出一个合理化建议。三是继续推行“首席仲裁员联席会议”，充分发挥首席仲裁员的示范带动作用，加强与首席仲裁员之间的联系，及时将仲裁委工作动态通报首席仲裁员，征求对仲裁工作以及仲裁队伍建设的意见，增强他们搞好仲裁工作的责任感和事业心。四是注重仲裁员队伍质量。坚持高标准、严要求，依法选聘专业技能过硬、道高德重的同志做为沧州仲裁委仲裁员。逐步形成了一支脑中有全局、胸中有大局、手中有布局的仲裁工作队伍。

四、加强仲裁分支机构建设，仲裁服务领域不断扩大

一是破旧立新，精细管理。重新修订完善了《沧州仲裁委章程》、《沧州仲裁委仲裁规则》，制订了《重点案件管理规定》、《服务承诺制度》、《办事处管理办法》等各项规章制度。二是建立了高水准的网上协同办公平台。实现了跨部门、跨地区间的同步办公。通过网上协同办公系统的立案审批、收费审批、仲裁员指定、法律文书签批、电子公文传输等功能，实现了“两个协同、两个节省、两个第一”。“两个协同”，即流程协同、事务协同；“两个节省”，即节省了时间，节省了财力；“两个第一”，即以网上协同办公系统为平台开展工作，在全省仲裁机构是第一家，在全国也属首家。三是建立起较科学的工作机制。目前，在沧州所辖的各县、市（区）建有14个办事处和9个仲裁调解中心。初步搭建起以市区为中心，辐射各部门和各县（市、区）及部分乡镇的具有沧州特色的仲裁组织架构。

今后，沧州仲裁委员会将继

续优化工作体制，完善组织架构，拓展服务领域，全方位提升仲裁法律制度的认知度和选择率，把仲裁解决经济纠纷快捷、便民、公正、和谐的特点落到实处，实现仲裁工作再上新台阶。

【廊坊仲裁委员会】 廊坊仲裁委员会于2012年5月31日经廊坊市人民政府批准成立，后经河北省司法厅登记、国务院法制办备案，并完成第一批仲裁员遴选聘任，于2013年1月14日正式挂牌受理案件。廊坊仲裁委员会坚持“政府支持、自主管理、独立裁决”的基本原则，秉承沉稳、理智、精准、效率的办事理念，坚守“平心持正容德致公”的仲裁信仰，独立、公正、高效地解决平等主体的公民、法人和其他组织之间发生的合同纠纷和其他财产权益纠纷的常设仲裁机构。

一、筹建阶段

2012年5月24日，廊坊市人民政府第32次常务会议审议并通过《廊坊仲裁委员会组建方案》和《廊坊仲裁委员会章程》，并于5月31日作出廊坊市人民政府（2012）23号文件《关于同意组建廊坊仲裁委员会的批复》。按照文件要求，我会完成了委员会组成人员及秘书长的聘任、设计了会徽，编写制定了《廊坊仲裁委员会仲裁规则》、《廊坊仲裁委员会仲裁员守则》等一系列制度文件，并于2012年7月25日召开了第一届委员会第一次会议。完善了办公硬件设备建设，基本满足了初期日常工作。现聘任仲裁员112名，其中外籍仲裁员两名。

二、2013年案件办理情况

共处理案件9件，总标的1626.75万元，接待社会各界有关仲裁法律、立案咨询的来电、来访100余件。

已结案件中，和解结案率、自动履行率均为100%，为今后铸造仲裁委的社会美誉度和公信力创造了良好的开端。在仲裁案件的初步审查、文书完善、送达、调解、快速仲裁工作中，案件处理能力有了很大的进步。

三、多措并举、全面推进，加强开展仲裁业务培训、研讨和交流工作

廊坊仲裁委员会协助廊坊市人民政府及协助市法制办、市工商联、市司法局、市法制办、金融办、商务局、银监会等下发关于全面开展仲裁工作的文件，对推行仲裁法律制度起到了积极的推动作用。注重市场矛盾纠纷的核心业务与领域的研究和探索。创新活动方式，拓展宣传渠道，2013年举行了全市金融系统推行仲裁法律制度培训会、仲裁委机构建设暨商事仲裁发展研讨会、仲裁业务经验交流研讨会、多元化纠纷解决机制暨国际商事仲裁发展与应用研讨会并积极参加了第六届“中国仲裁与司法论坛”暨中国仲裁法学研究会2013年会、组织开展了12.4全国法制宣传日活动等等，为开阔廊坊仲裁委员会的视野，拓展工作思路，创宽国际交流起到了积极推进作用。

四、积极与司法监督机关建立沟通联系

2013年廊坊仲裁委多次到市法院拜访、学习，并向市法院详细介绍了廊坊市仲裁工作的开展情况，扩大了共识，加深了了解。2013年4月28日市中级人民法院下发《廊坊市中级人民法院关于审理民商事仲裁案件若干问题的规定》，该规定在充分尊重和维护仲裁制度特有规律的前提下，明确了“确认仲裁协议效力”、“申请撤销仲裁裁决”、“仲裁裁决不予执行”等具体工作由中级法院立案庭负责。并就仲裁协议效力的确认、仲裁案件财产保全、证据保全等方面作了具体规定。通过上述工作，不但增进了与中级法院之间的相互了解，更为仲裁工作的进一步开展营造了良好的司法环境。

五、全方位、多层次开展宣传推广，提高社会各界对仲裁的认知度

制作、发放宣传资料，利用各媒体和网络信息加大宣传力度。印发《仲裁宣传手册》、《宣传单页》、《仲裁法律制度宣传页》等有关宣传资料10000余份。在多种网站媒介上进行宣传200余次，以促进社会公众对仲裁制度全面、及时的认识。

自媒体建设。廊坊仲裁委员会网站于2013年11月上线开通。微信公共平台、博客、微博、QQ自2013年12月10日建立，网络平台的建立对社会各界了解仲裁工作动态、仲裁知识、交流实践发挥了重要作用。

六、加强合作，强化重点领域的仲裁推广

2013年12月12日，中国人民银行廊坊市中心支行与廊坊仲裁委员会就加强金融消费权益保护工作，建立运用仲裁方式解决金融消费纠纷长效工作机制签署了《关于加强金融消费权益保护工作合作框架协议》。双方确定构建“一库三机制”的合作框架，并在该协议基础上，进一步探索与其他金融监管部门、相关行业协会联合搭建金融领域纠纷解决的实体平台——“金融仲裁中心”，共同推动金融行业纠纷解决的多元化、专业化、高效化。

七、强化素质，抓好仲裁队伍建设

仲裁委办公室是一支怀着梦想、充满朝气、活力、高度敬业负责的服务型团队。每位工作人员不定期的梳理工作总结和反思，形成了持续创新、勇攀高峰的文化氛围，互帮互助、相互友爱的协作精神。2013年，形成了一套自称体系的会务管理体系，根据不同的会议性质、内容、要求制作出了系统的会务工作流程。同时创新活动模式，联合高等院校等机构，吸纳在校法律研究生共同开展活动，不仅促进了我会与高校的合作关系，也大大提高了工作效率和质量。

【衡水仲裁委员会】 衡水仲裁委员会是根据《中华人民共和国仲裁法》的规定依法组建，于1997年10月经衡水市人民政府批准，河北省司法厅依法登记设立的仲裁法律中介服务机构。目前，衡水仲裁委员会有委员11名，仲裁员104名，业务辅助性人员12名，设11个分支机构，形成了较为完备的贯彻落实仲裁法的组织网络和人员队伍。2012年、2013年，衡水仲裁委员会在市委、市政府的正确领导下，在国务院法制办、省政府法制办亲切指导下，始终坚持仲裁为社会主义市场经济服务的正确方向，服务全市经济发展和构建和谐社会大局，立志创新，克服困难，艰苦创业，在宣传推行仲裁法律制度、机构队伍建设和提高办案质量等方面做了大量富有成效的工作。2012年、2013年共受理各类民商事案件152件，涉案标的额3.08亿元，达到了历史最高水平；案件质量继续保持高水准，所有承办案件无一被撤销或不予执行，在促进全市社会和谐、优化经济发展环境、实现社会公平正义方面做出了突出贡献。现将具体工作简要汇报如下：

一、多策并举，积极推行仲裁法律制度

仲裁作为市场经济运行过程中不可或缺的纠纷解决机制，它根植于市场经济的肥沃土壤，依托于浓厚的仲裁法律文化。而衡水市市场经济发展的现有水平和仲裁文化氛围淡薄的现实状况，决定了衡水仲裁委始终要把积极宣传仲裁法律制度，提高全社会仲裁法律意识，不断拓展仲裁法律服务新领域作为首要任务。

一是着重针对相关行业和重点企业开展仲裁法律制度宣传。进一步加强建筑、房地产、保险、消协等分支机构的基础工作，促进各领域合同规范率和机构约定率。目前，衡水市《保险合同》、《建设工程施工合同》、《商品房买卖合同》仲裁管辖约定率均达到了100%。有计划地与各行业协会、土地部门、重点企业进行沟通联系，主动上门服务，宣传推广仲裁制度，探讨在这些行业推广仲裁方式解决争议的可行性。2003年8月份，联合衡水市建筑装饰装修行业协会成立衡水装饰装修行业仲裁调解中心，为衡水市建筑装饰装修行业各方当事人正确运用仲裁方式维护合法权益打下了基础。

二是积极巩固保险业案源基地，秘书处领导多次走访市保险协会，检查指导保险仲裁工作协调办公室的工作。加强与各保险企业的联系，沟通工作中出现的矛盾和问题，各项工作得到了保险企业的赞赏和支持。2012年、2013年共受理保险合同纠纷案61件，较往年最高记录翻了一番。

三是加强与律师界的沟通与交流。秘书处主管秘书长按照惯例亲自带队走访全市具有一定规模的律师事务所，调动律师在仲裁推介工作方面的积极性和主动性，充分利用律师在法律服务过程中形成的丰富资源做足推介文章。同时，加强律师仲裁员顾问单位联系点建设。近两年来，仲裁业务单位的数量不断增加，另外，一些活跃于市场的新面孔，如小额信贷、涉外劳务输出等机构通过律师的桥梁与我们建立起业务联系，仲裁纠纷领域不断拓宽。

二、精心办案、树立品牌，发挥优势、服务社会

一是高度重视经济环境变化出现的新情况、新问题，及时制定相应的对策措施。例如，近年来国家实施多项房地产调控措施后，建筑、房地产领域各种因政策、市场原因导致无法履行合同的情形大量出现，形成了数量众多、类型各异的矛盾和纠纷。对此，衡水仲裁委坚持能动仲裁，积极应对，妥善施策。一方面，准确把握国家政策导向，通过精心组织和研究，出台了《衡水仲裁委员会关于案件审理常见问题处理的指导意见》，重点对《商品房买卖合同》、《建设工程施工合同》以及鉴定中存在的典型问题明确了处理意见。另一方面，加强对仲裁庭办案的引导和监督，及时沟通意见、研究处理办法，使建筑、房地产领域标的额巨大、违约情况复杂、矛盾对抗激烈的纠纷能够得到高效、快捷、稳妥的处理。

二是结合工作实际加强规范化建设，实施精品战略，树立仲裁品牌。为树立衡水市仲裁品牌，保障仲裁程序的顺利进行，近两年在规范化建设，特别是在案件审裁质量和效率、仲裁权威和形象树立等方面下了功夫。在办公用房非常紧张的情况下开辟了仲裁员合议处，装修了仲裁庭，安装了监控、录音、录像设备，为每个工作人员配备了一台新电脑，对庭审记录全部实行计算机录入处理，通过运用现代信息技术处理仲裁程序事务，提高了工作效率，保证了庭审记录的质量和准确性；规范法律文书制作，加强裁决书的核阅制度，强化对仲裁员和办案秘书的监督，及时纠正在文书制作环节中容易出现的差错，确保裁判文书的质量。2012年、2013年衡水仲裁委做出的裁决书、调解书无一出现差错和瑕疵；严格执行《仲裁规则》、《办案工作规范》和《仲裁员守则》等相关规定，确保程序无差错，严格在审限内及时结案。

三是注重社会效益，提高仲裁公信力。仲裁工作在化解社会矛盾方面具有得天独厚的优势，《中共河北省委关于印发〈中共河北省委常委会党的群众路线教育实践活动整改方案〉的通知》明确要求："对依法可以通过仲裁解决的合同、财产纠纷，鼓励和引导群众通过仲裁渠道解决。"为此，衡水仲裁委在2013年特别提出：仲裁工作必须注重社会效益。并进一步强调：仲裁为经济建设服务、仲裁为社会稳定服务。近几年，上访事件层出不穷，因不能妥善处理而导致矛盾激化升级的事例屡见不鲜。多数上访事件都涉及经济权益，而法院由于各种原因不予立案，为此，仲裁委畅通了纠纷解决渠道，依法、自愿、灵活、公平地处理了一批涉访案件。如衡水市某企业与单位职工因房改房发生争议，企业改制后矛盾不断升级，26户职工为此到区、市、省乃至中央多个部门上访，自2009年起历经数年没能解决，造成了恶劣的社会影响。2013年区政府及主管部门找到我会，希望能通过仲裁机构解决难题。为了化解社会矛盾、为政府排忧解难，衡水仲裁委主管秘书长亲自协调双方签订仲裁协议，使案件依法进入仲裁程序。立案后，因为案件的社会影响以及当事人特殊性，很多仲裁员都不愿办理。为此聘请了外地法律专家作为首席仲裁员，联合市住建局仲裁员组成仲裁庭审理本案。通过专业的调解和高水准的裁决，到9月初纠纷得以彻底解决。此案办理过程中，仲裁队伍极高的法律素养和专业技能以及坚守原则的工作作风给相关各方留下了深刻的印象，我们在奉献社会的同时提升了仲裁的权威和公信力。

三、加强体制、机制、文化建设，保障仲裁事业健康、可持续开展

一是改变自收自支体制，保证仲裁事业良性发展。近几年，依靠仲裁市场开发与推广工作的大力开展，困扰仲裁委多年的生存问题得以解决，但自收自支体制使得过度依赖行业及行业龙头组织提供案源，以致在保护弱势群体，维护社会公平正义方面瞻前顾后，难以放开手脚。仲裁是社会主义公益事业，为实现仲裁为社会公共利益服务的目的和宗旨，一直在为仲裁机构改变自收自支体制而努力。2012年下半年，通过争取编制部门及市领导的理解和支持，仲裁委在编人员转为财政拨款；2013年，进一步与财政、编办、人事、物价等多个部门协调，各方面工作得以理顺，彻底改变了制约仲裁事业发展的旧体制，实现了身份上有依靠，财务上有保障，收费合法合规，轻装上阵、健康发展。

二是加强党建工作，发挥基层党组织的政治核心作用。多年以来，仲裁委秘书处领导班子不健全，工作人员没有正确的组织观念和工作观念，各项工作面临困局，工作一度处于停滞状态，面临关闭。在极其困难的环境下，广大党员干部本着对党、对事业负责的态度，勇于担当、敢于负责、力克非难，赢得了仲裁法在衡水市较好的贯彻落实。2013年仲裁委进一步加强党组织建设，并把党建工作与干部教育紧密结合起来。经批准，仲裁委党支部转为支部委员会，支委会通过定期召开学习会的形式激发广大党员积极性，发挥党员模范带头作用，广大干部群众的思想建设、组织建设、作风建设得到加强，仲裁工作队伍的素质、能力、作风和形象不断提升。仲裁委支部委员会发挥了党组织的战斗堡垒作用，起到了临时党组的作用，为仲裁事业发展凝聚了力量。

三是加强仲裁文化建设，实施文化铸就品牌战略。2013年，仲裁委将学习党的十八大和十八届三中全会作为文化建设的重要内容。在学习十八大过程中进一步体会到了文化强国、文化推动发展、文化铸就品牌的深刻道理。倡导把贯彻十八大精神变成自觉地文化修炼，补充正能量，抵消负能量。开展“提升自身素质、树立良好形象”主题活动，强化工作人员服务意识，培训服务技巧，调整服务心态，做到热情大方、不卑不亢、言辞妥当。努力营造亲和友好的和谐氛围，让走进仲裁机构的当事人能明显地感受到仲裁与诉讼的区别，进一步增强仲裁机构的亲和力和独特的仲裁人文环境。2013年底，精心编写了《衡水仲裁委员会资料汇编2013年卷》，将在文化建设中发挥了积极作用的经典之作融入其中，使其成为提升仲裁工作者业务素质与文化素质的教科书。

【邢台仲裁委员会】 2012年、2013年，邢台仲裁委员会在市委、市政府的正确领导下，以务实创新，科学运作，努力实现跨越式发展为主线，以强力推行宣传仲裁法律制度，务实发展基础为抓手，以服务市场，服务百姓，维护社会稳定为中心任务，着力抓方向，抓定位，抓管理，抓落实，抓提升，为促进邢台经济持续健康发展发挥着重要作用。2012年受理仲裁案件686件，受理案件争议总标的32333万元；2013年受理仲裁案件605件，受理案件争议总标的25900万元。

一、抓发展，带全局

一是顺利完成第三届仲裁委员会换届工作。经邢台市人民政府批准，国务院法制办核准，2013年4月12日顺利完成了第三届邢台仲裁委员会换届工作。二是全方位推动仲裁宣传工作。一是重视媒体的宣传作用。与主流媒体密切合作，广泛宣传仲裁制度。二是有针对性地深入行业协会、商会、各类企业、经济组织宣传推广仲裁制度。2013年共走访企业120余家，编辑、发放各类宣传资料3000余份。三是建立调解机制，做到案结事了。贯彻“调解优先”的司法理念，推行全员全程仲裁调解，把调解贯穿于立案、开庭、裁决的每个工作环节，做到既发展又不带来风险和隐患，实现案结事了的仲裁理念。四是做好国务院法制办公室关于合同文本修订的报送工作。按照《转发国务院法制办公室〈关于报送合同文本修订有关情况的通知〉的通知》的文件要求，本会积极安排落实，向市直各有关单位传达文件精神，按要求将各单位合同修订情况反馈给市法制办，顺利完成合同文本修订的报送工作。

二、抓队伍，保根本

一是科学调整仲裁员队伍结构。一方面不再续聘部分无法履行职责的仲裁员，另一方面补充来自不同行业的新鲜力量，进一步优化仲裁员队伍的专业结构和知识结构。从选聘、培训、考核、聘用、淘汰、违法违纪处理、错案追究等环节制定和完善相关规定，以严肃仲裁员纪律，规范仲裁员行为，确保仲裁员廉洁，仲裁案件公正。二是加强仲裁员培训工作力度。培训是提高仲裁员素质和水平的有效途径，今年聘请法律专家、法院优秀法官等对仲裁员进行了两次大规模的培训。通过专家及法官结合实例的分析评判，使仲裁员的业务水平得到大幅提高。三是打造服务型机关。在工作中推行服务至上的理念，做到热情服务、优质服务、真诚服务，通过提升服务水平，提高仲裁的亲和力，树立良好的对外形象。

三、抓制度，促规范

一是为提高仲裁效率，出台了《审限管理办法》，仲裁案件自立案审查时就明确第一责任人，负责案件的风险评估、监督管理和释法明理等工作，并对案件审理的进展情况跟踪督办，确保案件质量和效率。二是为提高仲裁机关的公信力，重新修订《仲裁员管理办法》，通过制度约束，确保每位仲裁员和办案秘书都能够尽职尽责、积极主动、客观公正地对待每件案件和每位当事人。三是采取有效措施，力争案件结果达到法律效果和社会效果的有机统一，做到定纷止争、案结事了，妥善解决了多起疑难案件，维护了社会稳定，充分发挥了仲裁制度的优势和特点，彰显仲裁在构建和谐社会方面的积极作用，为党的十八大胜利召开营造良好环境。

四、重交流，上水平

一是重视对外交流。先后参加全国仲裁会议、仲裁机构片区座谈会、研讨会及相关行业交流活动，组织秘书处工作人员到省内外仲裁机构进行考察交流，借鉴外地的宝贵经验，开阔视野。

二是建立案件评比制度。邀请法律专家对已办案件进行分析评比，总结办案中的经验与不足，并在仲裁员培训会上广泛交流、研讨，不断提高办案质量。

【邯郸仲裁委员会】 2012年，全年共受理各类经济纠纷案件541件，涉案争议标的总额达到3.31亿元。2013年共审结各类经济纠纷案件591件，涉案争议标的总额达到3.68亿元，在优化经济发展环境，规范市场经济秩序，维护当事人合法权益和促进和谐社会建设等方面发挥了积极的作用。

一、加强学习，全面提高队伍素质

1. 丰富学习内容。结合部门实际，突出了五个方面的学习内容一是学习政治理论。引导机关党员干部自觉践行社会主义核心价值观，切实转变机关思想作风和工作作风。二是学习仲裁业务和相关法律。使全体干部职工的知识和技能不断充实提高。三是学习典型案例。通过具体分析讨论正反典型案例的成功之处与瑕疵不足，进一步增强工作人员的办案能力，提高办案水平。四是学习历史人物。通过剖析历史名人身上所具有的独特魅力，从中学习做人道理，处事准则。五是学习先进典型。把宋鱼水、谭彦等优秀法官做为了学习的榜样，重点学习他们秉公执法、情系为民的公仆情怀以及清正廉洁的优秀品质。

2. 拓宽学习途径。持之以恒的坚持了周四下午集中学习制度，并明确了三条学习的方法和途径。一是向书本学。目前，在仲裁委已经形成了“多读书、读好书”的学习共识，每人每年读书不少于3本，从书中汲取知识和营养。二是向他人学。圣人说“三人行必有我师”，为此，要求在工作和生活中，每个同志都要注意向身边的人学习，学习他们身上的办案方法，学习他们的敬业精神，学习他们的处事经验，取人之长，补己之短。三是向自己学。制定了工作日志制度，通过对每天所思、所做、所学进行记录，总结发现自身的比较优势和相对差距，好的方面继续发扬，不足的方面改进完善。

3. 保证学习效果。一是检查。严格督促落实，由办公室负责定期检查机关干部的学习笔记，确保每名干部都达到定量的学习时间，认真记录学习笔记，撰写心得体会，达到规定的学习要求。二是检验。开展“人人当讲师”活动，组织每位工作人员分别就业务知识、工作态度、工作方法、人生感悟等方面结合个人经验给大家讲课，从而充分调动学习积极性，保证学习效果。

二、强力宣传，努力扩大仲裁影响

1. 印发宣传彩页。为了增强全社会的仲裁法律意识，专门印制了两万余份宣传彩页，详细介绍了仲裁的特点和程序以及收费的办法等，并充分利用9月1日《仲裁法》实施纪念日和“12.4”法制宣传日，组织人员走上街头开展仲裁咨询，散发宣传资料。

2. 刊发宣传专版。积极与邯郸日报社联系沟通，在《邯郸日报》上刊发了仲裁宣传专版，全面的介绍了仲裁委员会的职能、仲裁的特点、仲裁委员会可受理的争议以及邯郸仲裁委员会、专家咨询委员会、发展委员会的人员组成和仲裁员名单，进一步提高了邯郸仲裁委的社会认知度。

3. 下发专项文件。通过积极争取，以市政府办公厅名义下发《关于进一步推行仲裁法律制度的通知》，从组织层面推动了新时期、新形势下全市仲裁事业的发展。

4. 规范合同文本。注重深入基层和企业，重点宣传仲裁法，宣传实施仲裁法律制度的重大意义，使他们充分认识到运用仲裁的必要性，以及仲裁办案的方便、快捷、高效等多方面的优越性。全年共深入30多个企业进行宣传，规范合同文本83件。

三、精心筹备，圆满完成换届任务

1. 成立了强有力的领导组织。对换届工作高度重视，认真落实国务院法制办以及省法制办各项要求，精心组织，周密部署，成立了换届工作领导小组，对上积极与省法制办、市政府沟通制定换届方案、报告换届准备工作情况；对外广邀其他市仲裁委负责人、仲裁员代表、企业代表参加换届会议；对内明确各小组职责，准备换届材料，确保了换届工作的顺利开展。

2. 聘用了高水准的仲裁队伍。聘任了新一届邯郸仲裁委员会组成人员、专家咨询委员会组成人员、发展委员会组成人员以及419名仲裁员，涵盖了邯郸市乃至全国法律界、建筑界、金融界等各行业的知名专家和学者，壮大了仲裁队伍，提高了仲裁服务水平。

3. 修订了已过时的仲裁规范。随着时间推移、形势发展以及仲裁服务理念的日臻完善，原章程和规则中的部分条款已难以适应邯郸仲裁事业发展的整体要求。在总结仲裁工作实践经验的基础上，经过广泛调研、多方论证，对原有章程和规则中的有关条款进行了修订，使其更加适应新的经济形势下各经济主体对仲裁制度的需求。

4. 召开了高规格的换届大会。在精心筹备的基础上，于2013年11月28日召开了高规格的换届大会。各县（市、区）主管法制工作的副县（市、区）长、冀南新区、邯郸经济开发区主管法制工作的副主任、市直有关部门和单位主管法制工作的负责同志、各仲裁办事处的负责人、仲裁员代表、企业代表，共计300余人出席了会议。此外，还特别邀请了国务院法制办政府法制协调司、河北省法制办行政复议处的领导以及省内8个市仲裁委的负责同志出席了会议。原邯郸市委常委、常务副市长、仲裁委名誉主任何江海同志在会上做了重要讲话，对邯郸仲裁的发展提出了明确的希望和要求。

此次换届工作得到了国务院法制办、省法制办各位领导的充分肯定以及其他市仲裁委的一致好评。换届会议的召开不仅为邯郸仲裁委的换届工作画上了一个比较圆满的句号，还进一步提高了邯郸仲裁委在省内乃至全国仲裁界的知名度和影响力。

四、扭住关键，严格把握案件质量

（一）健全制度，规范办案流程。制定了《仲裁办案错案追究制度》，严格执行仲裁办案的“十条禁令”，对违反规定、造成错案的仲裁员视情节分别给予不同程度的处理，对枉法裁决造成重大社会影响的要追究其法律责任；建立并严格执行《仲裁案件审限提示、催办制度》，大力提高办案效率；建立了《案件跟踪负责制》，为当事人提供全方位、优质高效的仲裁法律服务。还坚持了每半月一次的案件分析评议制度，认真做好案件审查核阅工作，发现问题及时提请仲裁庭修正。优质的办案质量，树立了邯郸仲裁的良好形象，为打造邯郸仲裁品牌打下坚实的基础。

（二）聘用专家，提高办案水准。设有常驻专家、专家咨询委员会以及外地专家团队，每一起案件结案前都要经过常驻专家的审核，常驻专家认为需要提交专家咨询委员会评审的，及时召开专家咨询会议，经专家咨询委员会讨论还无法准确定案的疑难案件，交由外地专家团队共同研究。层层把关，确保每一起案件都能办成程序严谨、事实清楚、依据充分的铁案。

（三）清理积案，赢得社会好评。开展了清积案专项活动，通过主任具体分包、责任分解到人，每周汇报督办等有效措施，使往年积压的30多起疑难案件在两个月的清理活动中全部得到有效的解决，赢得了社会的好评。

五、真情投入，扎实做好帮扶工作

（一）高标准完成规定动作。今年，按照市委的要求，邯郸仲裁委有涉县韩家窑村、磁县中贾壁村、大名县元寨村三个帮扶点，作为一个业务部门，在工作任务繁重、人手短缺的情况下，做到尽心尽力，不折不扣的完成市委交办的每一项帮扶工作。通过帮扶，全体党员干部加深了对群众的感情，提升了做好新形势下群众工作的能力和本领。

（二）用真情帮扶结对对象。在帮扶活动中，全体干部都能做到沉下身子，带着感情和责任为困难群众办实事、解难题、送温暖。对群众的困难感同身受，真正把帮扶对象的事当成自己的事来做，与他们心贴心、手拉手。其中，徐浩儒同志帮扶张秋生在家开展小规模羊群养殖的先进事迹还被河北电视台、邯郸电视台、邯郸电台、邯郸日报、邯郸晚报等媒体多次报道。

六、领导带头，深度推进廉政建设

（一）发挥表率作用。始终把贯彻落实党风廉政建设责任制摆上重要议事日程，把党风廉政建设贯穿到整个仲裁业务工作之中。成立有党风廉政建设领导小组，明确了专职领导和人员，把党风廉政建设的各项工作任务分解到班子成员和职能处室。领导班子成员尤其是主要领导不仅对党风廉政建设亲自部署，还以身作则身体力行，严格要求自己，自觉遵守领导干部廉洁从政的有关规定，自觉遵守本单位规章制度，切实做到了凡要求干部职工做到的，自己首先做到，凡要求干部职工不做的，自己首先不做。

（二）加强警示教育。作为廉政风险二级单位，在案件审理过程中，存在出现人情案、关系案、金钱案的可能性，为杜绝这种情况的发生，不断加强警示教育，牢筑每位工作人员的思想防线。一是组织大家反复学习中央一系列反腐倡廉文件，不断强化反腐意识；二是每名县级干部利用上党课的机会，紧密结合仲裁工作实际，分别为全体党员干部上了一次生动的廉政教育课；三是利用正反两方面的典型对党员干部进行教育，从中得到启示和教益，切实做到警钟长鸣。

（三）完善各项制度。抓好机关党风廉政建设，必须是多层面、多举措地抓，形成环环相扣的工作机制和惩防体系，也只有这样才能落到实处，抓出实效。通过制定和完善《“一岗双责”实施方案》、《党风廉政建设责任制实施办法》和《党风廉政建设责任制实施细则》，做到了班子成员人人有责，齐抓共管。坚持民主集中制原则，即在涉及仲裁发展和中层干部的推荐、任免等重大事项上，在财务大额资金的使用上坚持实行民主决策。认真执行《党员领导干部廉洁从政若干准则》、四大纪律八项要求和“52 个不准”等廉洁自律各项规定，严格要求自己，防微杜渐。

同时，还制定了重大财务事项报告制度、公务用车管理制度、领导干部个人重大事项报告制度，切实加强对党员领导干部的管理和监督，促进党风廉政建设和领导干部廉洁从政。对科级以下党员干部重点抓好《党风廉政建设责任状》的落实，由党组书记、主任与机关各处室主要负责人签订责任状，明确党风廉政建设的任务目标，强化各自的责任。从而确保党员干部的廉洁从政，确保了仲裁案件的公平公正。

工、青、妇法制建设

工会法制建设

【概况】 2012 年、2013 年，全省各级工会组织深入学习实践科学发展观，坚持主动、依法、科学维权指导方针，积极参与地方立法、全力打造集劳动关系矛盾预防、劳动争议调处、职工法律援助、职工信访为一体的“链条式”职工法律服务模式，多项工作得到全国总工会及省委省政府的肯定。配合省人大常委会制定了《河北省农民工权益保障条例》；积极推动建会企业建立职工与经营者沟通协商机制，畅通职工利益诉求表达渠道；建立健全劳动争议调处机制，降低了维权成本；修改制定了《河北省工会职工法律援助实施办法》，发展壮大职工法律援助团，为加强职工法律援助工作提供坚实的制度保障和人才支撑，此项工作在全国工会参与社会管理暨职工法律援助维权服务工作推进会上作交流发言，职工法律援助志愿服务行动被省文明办命名为“河北省十大优秀志愿服务品牌”，省总工会被省法制宣传领导小组评为法制宣传先进单位、法律部被全国普法办评为全国“六五”普法中期先进单位、被省综治委评为省社会管理综合治理先进单位。

【积极参与立法工作】

一、积极推进《河北省农民工权益保障条例》立法工作

农民工是伴随着改革开放和工业化、城镇化进程涌现出的一支新型劳动大军。目前全省农民工总量已达 1600 多万人，日益庞大的农民工群体主要分布在建筑施工、矿山、环卫、装备制造、餐饮服务等行业和劳动密集型企业，为城市建设和经济发展提供了充足的劳动力资源，促进了城市第二、三产业的发展。由于城乡二元结构的客观存在及社会资源的有限性，法治建设尚不健全，在农民工权益保障上还存在着就业机会不平等、工资待遇低、劳动时间长、合同签订率低等诸多问题。这些问题如长期得不到解决，势必影响农民工群体的全面发展，影响劳动关系和谐稳定。因此，通过立法来实现对这一群体的权益维护，已成为当务之急。经省总工会提请，2007 年底省十一届人大常委会将其列入了 2008—2012 五年立法规划。在省人大内司委、法工委先后主持下，多次到省内外调研、反复征求意见和专家论证，历经三次常委会审议，终于在 2013 年 9 月底表决通过了该《条例》。

《条例》针对建筑施工领域拖欠农民工工资这一突出问题，规定了一些切实可行的、针对性和操作性较强的法律规范，大多在国家法律和地方立法中属于创设性规定：一是建设单位和建筑施工企业未按规定交纳农民工工资保证金的，不予办理施工许可证；二是建筑施工企业拖欠农民工工资的，建设单位不得组织工程竣工验收，政府住建部门不予竣工验收备案；三是因建设单位或者工程总承包企业未按照合同约定支付工程款，致使建设工程承包企业拖欠农民工工资的，由建设单位或者工程总承包企业先行垫付拖欠的农民工工资；四是建筑施工企业拒不支付农民工工资，情节严重的，由住建部门停止其投标资格、清出建筑市场；五是设区的市和县级人民政府应当建立农民工工资清欠应急周转金制度，用于先行垫付被拖欠的农民工工资。通过以上系列“组合拳”式的法律规定，更能有效保障农民工按时足额领到工资。

二、推动省人大常委会将《工会劳动法律监督条例》和《职工技术创新促进条例》列入 2012—2017 年立法规划

借助省人大常委会不断加大民生立法、社会立法的工作力度，积极向省人大常委会申报立法项目，最终推动省人大常委会将《河北省工会劳动法律监督条例》和《河北省职工技术创新促进条例》列入五年立法规划。

三、参与法规规章的制定修改

参与了《劳务派遣若干规定》、《河北省技术市场条例》、《河北省终身教育促进条例》、《河北省人口与计划生育条例》等近十部法规规章的征求意见工作，所提修改意见和建议大部分被吸收、采纳。

【强化劳动关系利益协调、诉求表达、矛盾调处和职工利益保障四大机制建设，以劳动关系和谐促进社会稳定】

一、建立劳动关系利益协调机制

落实省领导指示和省工会十二大精神，积极推动建立“企业职工与经营者沟通协商机制”。各级工会通过督促指导各级劳动关系和谐企业、先进基层工会等先进企业率先开展沟通对话活动，培养选树典型、总结经验，促进本地沟通协商机制的建立。采取年初分解任务目标、年中互访督导、工作视频会推进、年末命名选树典型等措施，指导督促各级劳动关系和谐企业、先进基层工会、模范职工之家等先进企业率先建制并积极开展活动，带动各类企业普遍建立“沟通协商”机制，做到了有矛盾早发现、有困难早解决，实现了劳动关系矛盾关口前移、预防为先的目的。目前，全省1.2万家建会企业建立了机制，选树了石家庄君乐宝乳业有限公司等100家“沟通协商”典型单位，总结、推广了峰峰集团九龙矿畅通职工诉求五大渠道、唐山爱信齿轮定期召开企业行政与工会（职工代表）座谈会、石家庄炼油厂运用网络信息沟通平台收集职工诉求等形式多样的沟通协商模式。两年来建会企业通过沟通协商机制共预防化解劳动关系矛盾8600多件，促进了劳动关系的和谐稳定。

二、完善畅通有效的诉求表达机制

2012年省总工会制定出台了《河北省职工服务热线电话管理办法》和《省总工会职工服务热线接听处理办法》，将“12351”职工维权热线升级为职工服务热线，把热线接听从省、市延伸到县一级总工会，并做到24小时专人接听，畅通了职工诉求表达渠道，方便了群众反映问题和意见。2012年、2013年，全省县级以上工会共接听热线17746件次。省总工会依托河北工人报社和网络监控，建立职工舆情监控，随时掌握职工群体性事件，通过网络监控及时了解到唐山市丰润区河南籍农民工堵路讨薪、唐山市出租车集体罢工、邢台南宫市双龙金属制品公司因欠薪而引发千人堵路等三个群体性事件，省总主要领导亲自批示，引起各有关部门的高度重视，三案得以妥善解决。

三、健全劳动关系矛盾调处机制

2012年，全省各级工会认真落实省委关于健全人民调解、行政调解、司法调解“三位一体”大调解工作格局要求，在大力推进企业调解组织建设的同时，着重抓好区域性行业性劳动争议调解组织建设并切实发挥好作用。依托乡镇（街道）、行业工会或联合乡镇劳动保障服务中心、司法所、综治办等部门建立区域性行业性劳动争议调解组织，根据区域和行业特点开展劳动争议预防和调解工作，维护本区域或行业内企业劳动关系的和谐稳定。2013年联合省人社厅、司法厅共同开展创建“劳动争议调解示范单位”活动，经逐级推荐、层层选拔，石家庄市公交总公司等20家单位被命名为河北省“企业劳动争议调解示范单位”，石家庄机动车配件市场工会联合会等20家单位被命名为河北省“区域性行业性劳动争议调解示范单位”。目前，全省共建立86369家企业调解组织和2075家区域性行业性调解组织，2012年、2013年，共预防和调解18195件。

2013年联合省司法厅制发了《关于进一步加强劳动争议人民调解工作的通知》，就建立人民调解组织与劳动争议调解组织协调联动机制建设提出具体要求，力争将大量的矛盾纠纷化解在基层和乡镇一级。

四、巩固职工利益保障机制

2012年，全省各级工会深入开展职工法律援助活动，做大做强“职工法律援助志愿服务行动”品牌，健全职工权利保障机制。一是加强职工法律援助队伍建设。在全省建立起了覆盖全省172个县（市区）、以执业律师为主体的专业化的职工法律援助队伍，将河北省职工法律援助团由原来的357人扩大到1163人。邢台河北齐心律师事务所主任齐秀敏顺利入选“第四届全国维护职工权益杰出律师”，荣获全国五一劳动奖章；29个基层单位被评为全国职工法律援助示范单位。二是进一步完善法律援助制度。2013年重新修订了《河北省工会职工法律援助实施办法》，受援范围进一步扩大、受理案件类型进一步增加、法律援助办案补贴标准进一步提高。彻底解决了职工无钱打官司、无处咨询、无门路解决问题的难题。各市结合本地实际，相继制定出台了实施细则。《办法》实施以来，全省职工法律援助案件数量大幅增加，全年共提供法律援助服务 17353 人（件）次，非诉讼调解、仲裁及诉讼代理 2352 件次。省总工会对各市 2012 年、2013 年度申报的 253 件法律援助案件共支付办案补贴 26.8 万元。全省的经验作法在全国工会参与社会管理暨职工法律援助维权服务工作推进会上作交流发言，被全总《工会要情》、《工作情况交流》刊发。三是以承办的重大案件成果扩大工会的影响力。省总职工法律援助中心承办的河南籍农民工吴景伟工地受伤致高位截瘫一案，历经劳动仲裁、诉讼及人身损害赔偿诉讼一审、二审等多个程序，六次提供援助，历时三年，于 2013 年 6 月结案，法院判决保定市某建筑公司、包工头等共计赔偿吴景伟 82 万余元，有力维护了外省籍农民工的合法权益，扩大了工会的社会影响力。2012 年、2013 年两节期间，全省各级工会共受理农民工讨薪案件 457 件，协调解决跨省侵害农民工权益案件 22 起，为农民工追讨工资 2180 万元。

【全力做好职工维权维稳工作，以职工队伍稳定促进社会稳定】

一、积极开展劳动关系矛盾纠纷排查调处工作

指导督促各级工会广泛开展劳动关系领域矛盾纠纷排查化解工作，努力维护劳动关系和职工队伍的和谐稳定。围绕重大时间节点和政治活动，组织各级工会开展日常性和集中性劳动关系矛盾纠纷排查活动，及时预防预警劳动关系矛盾纠纷。对排查出来的重大矛盾纠纷，及时报告党政并配合做好职工队伍思想稳定工作。

二、积极推动构建和谐劳动关系，促进职工队伍和社会的和谐稳定

贯彻落实省委省政府《关于大力发展和谐劳动关系的意见》，推动成立了省构建和谐劳动关系工作领导小组，省委副书记任组长，15 家省直单位为成员，合力推动全省和谐劳动关系创建工作。2013 年，在坚持严格准入标准的基础上，评选表彰了 301 家河北省 AAA 级劳动关系和谐单位，全省 AAA 级劳动关系和谐单位达到 1393 家，覆盖职工 300 多万人。

三、充分发挥企事业单位群众工作室化解劳动关系矛盾作用

按照省委要求，在全省 8.5 万家独立建会的企事业单位中全部建立起了群众工作室，建立了工作日志、一线工作法、职工舆情征集、代理职工诉求、干部入住工作室等工作制度，进一步畅通了职工反映诉求的渠道。2012 年以来已经累计接待职工 22.6 万人次，帮助解决特困职工子女就学、就业、劳动争议等问题 1.9 万多件。

四、认真做好职工信访工作

制定和落实《河北省总工会领导干部接访（约访、下访）包案实施办法》，厅级领导每人每月在信访接待室公开接访 1 天，每天都有处级领导接待群众来访。及时分析研究信访工作形势。每月对职工信访稳定工作进行分析，重点分析影响全省社会稳定大局的共性、苗头性、倾向性问题，从劳动矛盾隐患、信访突出问题、工作意见建议三个方面向省委办公厅及时汇报，多篇动态信息被省委办公厅采用。2012 年、2013 年全省工会共受理职工来信来访 3228 件，其中职工来信 274 件、来访 2954 案次 3756 人次（包括集体访 94 批 908 人次），坚持做到件件有回音、事事有着落，促进了信访职工群体的稳定。

【深入开展普法宣传活动】

一、开展为一线职工送法律服务行动

落实全总“面、心、实”活动和“法律六进”工作要求，2012 年初制定《关于开展“为一线职工送法律服务”活动的工作方案》，组织全省 3000 名工会法律工作者、援助律师深入企业、机关、社区、学校等单位，面向职工和即将工作的大学生进行普法宣传，发放农民工维权手册 3.5 万册，维权知识扑克牌 5 千副，法律援助卡 5 千张，提供法律咨询 5200 人次。

二、开展“律师入企”法律宣讲行动

成立以省职工法律援助团成员为主的宣讲服务团，分赴各市，结合企业需求和律师擅长领域开展“一对一”菜单式宣传活动，以讲座、互动、交流、解答等方式为企业管理者、职工进行法律宣讲。2013 年全省共举办讲座 150 场，参与职工 1.4 万人。石家庄市总工会还创新实施了“双百”法律服务行动，以劳动法、劳动合同法、社会保险法等五项法律法规为重点，开展普法宣传，组织全市 100 万名职工参与知识答题活动；深入各县市区及基层企业举办 100 场讲座和法律咨询服务。邢台市总工会依托“第四届全国维护职工权益杰出律师”齐秀敏团队，组织志愿团律师为非公企业进行“企业法律风险预防控制评估”，就集体合同、企业危险品管理、购销合同等事项进行全面细致“体检”，通过“法律体检”，使企业领导人的重心由“学法知责”到“守法履责”，职工实现了由“知法”到“用法”的转变，实现了企业、职工“双赢”。

三、借助媒体力量扩大法制宣传覆盖面

通过省电台“阳光热线”、省电视台《阳光访谈》、编写《河北省农民工权益维护手册》和在河北新闻网、河北工会网、河北工人报开设栏目等多种渠道，面向社会宣传普及《社会保险法》、《劳动合同法》及全省《企业职工工资集体协商条例》、《农民工权益保障条例》等法律法规，在全省努力营造贯彻落实劳动保障法律法规的良好氛围，不断提升企业依法经营和职工依法维权的意识和水平。因普法工作成效突出，省总工会法律部被全国普法办评为全国“六五”普法中期先进单位。（马金占）

共青团法制建设

【**概况**】 2012年、2013年，共青团河北省委深入贯彻落实党的十八大和十八届三中全会精神，创新参与社会治理，不断强化青少年法制建设，以青少年普法宣传和法制教育为重点，积极探索青少年法制建设的新途径，努力维护青少年合法权益，进一步优化了青少年成长的法制环境和社会环境。

一、积极探索青少年信访代理模式

2012年，团省委在全省各级团组织中开展了青少年信访代理工作，活动初期在唐山市和邯郸武安市建立工作试点。截至2013年底，已有6地市挂牌成立了青少年信访代理中心，组建了信访代理员队伍，部分县（市、区）也相继建立了工作站、室，形成了“上下贯通、三级联动”的青少年信访代理工作网络，切实为广大青少年解决权益受到侵害的具体问题。各级信访代理中心、站、室挂牌以来共协调解决各类纠纷106件，涉及农村青年与村干部之间矛盾、青少年人身损害赔偿、留守儿童就学等多方面问题，均使当事人得到了满意的答复。

二、开展青少年法制教育调研活动

为全面掌握全省青少年法制教育的现状和青少年法制素养水平，为全省青少年法制教育工作提供新的思路和对策建议，团省委与省社会科学院法学研究所组成联合调研组，于2012年合作开展了河北省青少年法制教育调研活动。调研组先后赴邢台、张家口、廊坊、唐山、石家庄等五市进行了调研，共召开座谈会46次，发放并回收有效问卷4384份，掌握了大量第一手数据和资料，对丛省青少年法制教育的现状进行了深入分析。在大量基础数据的支撑下，经过科学严谨的分析研判，调研组从立法层面、宏观政策、微观政策和工作创新等方面提出了建设性意见，并将调研报告上报团中央及省委办公厅，为省委正确决策提供了有益参考。

三、大力推动《河北省实施〈中华人民共和国未成年人保护法〉办法》修订工作

为进一步推动全省实施《未保法》办法的修订工作，使《办法》更加适合新时期、新形势下未成年人保护工作的需要，2013年，团省委组织省人大、省法院、省检察院等单位的十余位专家，就《办法》的修订工作进行深入研讨，广泛征求了意见，并形成书面报告提交省人大内司委。通过充分沟通、协商，使工作取得重大进展。省人大内司委已将《河北省实施〈中华人民共和国未成年人保护法〉办法》列入2013—2018年立法计划，并于2014年开展开始相关调研工作。

四、积极协助团中央开展《预防未成年人犯罪法》修改意见专题调研

2013年，为协助团中央开展《预防未成年人犯罪法》专题调研工作，团省委会同省社会科学院法学研究所有关专家，先后赴秦皇岛、唐山、邯郸、石家庄等地，以座谈、问卷、走访等形式开展调研活动，对全省未成年人司法制度建设等情况进行了深入摸底，并围绕《预防未成年人犯罪法》的修改广泛征求了意见，形成了《河北省关于少年司法制度建设以及〈预防未成年人犯罪法〉修改意见的调研报告》并上报团中央，为《预防未成年人犯罪法》的修改工作提供了宝贵意见。

五、创新开展青少年法制宣传教育活动

2013年是全国“六五普法”

的重要一年，为进一步在全省青少年群体中营造浓厚的遵纪守法的社会氛围，引导、教育广大青少年树立法制观念，提升法制修养，团省委联合省教育厅、司法厅、综治办、法宣办联合下发了《关于进一步加强青少年学生法制教育的若干意见的通知》，对全省青少年学生法制教育工作做了详细安排部署。创新法制宣传教育形式，举办了河北省中小学法律知识竞赛，将竞赛活动与学校法制教育有机结合，进一步在中小学普及了法律知识，增强了学生的法律素养，收到了良好的宣传效果与社会效果。

六、开展优秀青少年维权岗行动月活动

为进一步贯彻落实《未成年人保护法》、《预防未成年人犯罪法》，加强青少年法制教育，切实履行预防青少年违法犯罪、维护青少年合法权益工作职能，团省委抓住有利时机，以宣传《未成年人保护法》和《预防未成年人犯罪法》为重点，于2012年9月和2013年10月深入开展了优秀青少年维权岗行动月活动，将法制教育、安全教育、自护教育知识送到全省广大青少年当中，优秀青少年维权岗行动月活动得到了各成员单位的大力支持，在促进青少年健康成长，预防青少年违法犯罪方面起到了积极作用，得到了社会各界的普遍认可和广大青少年的欢迎，在全社会掀起了共同维护青少年合法权益的热潮。

七、扎实推动青少年法制教育阵地建设

石家庄鹿泉市利用闲置校舍，创新打造了青少年法育基地，对全市小学四年级到初中二年级的学生进行相关法律知识培训，通过开展符合青少年生理、心理特征的教育课程，有效提升学生的法律观念意识。法育基地每期培训学生500人，培训时间为7天，年内共开展培训25期，受训学生12500人。针对法育基地培训模式，团省委进行深入挖掘培树，团省委领导多次带领省青年法律工作者协会会员到基地进行调研，对基地的硬件配备、师资力量、培训体系、教学内容等方面提出了建设性意见，并整合多方资源，在人、财、物等多方面对法育基地进行帮助和支持。安排6名法律工作者举办法律知识培训3场，将全校44名教师轮训一遍。法制教育基地的建设模式符合关口前移、源头治理解决社会管理突出问题的方针策略，具有很强的典型性。团省委对基地的模式在全省范围内进行了积极的推广，并形成典型案例材料向中央重要期刊投稿，将典型经验推向全国。

（何　沐）

妇联法制建设

【概况】 2012年、2013年，河北省妇联本着服务妇女、服务基层、服务中心工作的宗旨，坚持把维护广大妇女儿童的合法权益作为工作的出发点和落脚点，以推动和保障妇女儿童权益相关法律法规的出台和修订、深化妇女法制宣传教育、创新参与社会管理、加强妇女儿童法律援助和法律服务等工作为重点，不断优化保护妇女儿童权益的法制环境和社会氛围，进一步推进妇联系统法制工作发展，为实现全省“十二五”经济社会发展目标和全省妇女儿童权益保障事业进步奠定了坚实基础。

【注重源头参与，推进妇联维权工作的法制化】 以完善的政策法规体系来保障妇女儿童权益是治本之策。近年来，省妇联强化源头参与力度，深入开展调查研究，主动、及时跟进立法和政府决策进程，推动男女平等国策和社会性别意识在法律政策的制定、推行、实施中得到切实体现，从源头上推动了妇女儿童维权工作。

一、根据实际工作提出保护妇女儿童合法权益的建议，促进立法完善

积极参与制定、修订涉及妇女儿童权益保护的地方性法规，被立法机关和相关部门采纳；认真研究不同妇女群体普遍性、规律性问题，通过议案、提案、调研报告、信息报送等形式，向党委、人大、政府、政协等部门提出具有针对性和可操作性的对策建议，促进保障妇女权益法律法规政策体系不断完善。

针对日常信访接待中，存在众多因违法村规民约侵害出嫁女、离婚妇女、儿童土地权益和平等村民待遇，在土地权益问题上男女不平等的现象还非常严重的状况，对省人大和省政协交付省妇联办理的《关于加强对村规民约的合法性审查、确保农村妇女合法权益的建议》、《关于加强对村规民约的监督管理确保农村妇女土地权益的建议》，结合办案实务提出了加大对村规民约合法性审查力度以及确定集体经济组织成员资格的建议。

针对省人大交付省妇联办理的《关于做好农村留守妇女儿童工作的建议》，从保护妇女和未成年合法权益的角度并结合办案实务提出了探索农民工农忙假、探亲假等制度，增加农民工夫妇子女团聚和交流的时间，让农民工和留守妇女儿童享受更多的人文关怀；并建议教育、住房和城乡建设等部门，完善相应机制，降低农民工和家属进入城市和在城市居住、上学的经济成本，加快农民工融入城市的步伐。

2012年《婚姻法》司法解释（三）（以下简称解释三）公布后引起了广泛关注，其中占绝大篇幅的财产规定更是引发了激烈的争论。解释（三）共有19个条文，涉及财产内容的有14条，14条中有5条是关于房产问题的，也是争议最大的。这些条文从字面意思上看，并没有明显的性别歧视，但其实质内容是悖离了男女平等基本国策的主要内涵的，为此省妇联组织法律专家在认真研读该解释后提出了《关于婚姻法解释三贯彻男女平等基本国策的思考与建议》的提案并上交到省人大常务委员会，力争从源头上维护妇女儿童的合法权益。

二、加强法制宣教教育和法律监督，推动法律法规有效实施

法律的生命力在于实施，立法解决了有法可依的问题，但只有法律得到有效实施，才能切实维护法律的权威和妇女的权利。省妇联高度重视妇女普法维权工作，将加强法律监督、促进法律贯彻落实作为源头参与的关键环节。一是严密组织实施，扎实开展“六五”普法工作。省妇联成立了由妇联主席任组长、主管副主席任副组长，部室负责人为成员的“六五”普法领导小组，指导全省妇联组织开展普法工作。制定下发了《河北省妇联系统开展法制宣传教育第六个五年规划》，确定工作目标、工作措施及工作要求，并把该项工作作为妇联工作的一项重要考核内容，列入年度目标责任考核体系，与整体工作同部署、同研究、同总结、同考核。各级妇联也都建立了普法领导机构，形成了“一把手”负责、多部门合作、层层分级管理的网络化普法工作组织体系，为工作的顺利开展提供有力的组织保障。2013年，由省妇联“六五”普法领导小组牵头、各级普法领导小组积极响应，重点围绕《妇女权益保障法》、《河北省实施〈中华人民共和国妇女权益保障法〉办法》、《河北省预防和制止家庭暴力条例》等维护妇女权益法律法规的贯彻落实，妇联干部学法用法以及普法专项经费落实情况等内容对全省妇联系统“六五”普法工作开展了全面的检查督导，对“六五”普法前半程的效果进行了评估，针对检查过程中发现的问题和不足，及时予以改进，进一步提高了法制宣传教育的质量和效果，确保了妇联系统普法维权工作各项任务落到实处。二是弘扬法治精神，深入开展法制宣传教育活动。为进一步加大法律法规宣传力度，省妇联充分运用《河北省实施〈中华人民共和国妇女权益保障法〉办法》中对每年三月的第一周为维护妇女权益宣传周的规定，争取省财政将妇女法制宣传教育经费列入每年项目预算，专款专用。根据全国妇联“平安家庭”创建活动的要求，为使法律进家庭，平安进家庭，省妇联争取到了平安家庭专项工作经费。经费保障机制的建立，为法制宣传教育活动的深入开展奠定了坚实基础。每年“三八”妇女维权周、“11·25”反家庭暴力日、“12·1”世界艾滋病日、“12·4”法制宣传日等重点节日，联合综治、公安、司法等部门进行宣传，每年突出一个主题，活动内容丰富，形成了普法活动的特色、声势和实效。2012年“三八”维权周期间，省妇联联合省综治办、省公安厅、省司法厅，以预防和制止家庭暴力宣传为重点，举办了“反对家庭暴力，构建和谐社会”主题宣传活动，向广发妇女群众宣传预防和制止家庭暴力的方法、渠道，弘扬男女平等、家庭文明的良好风尚。同年12·4法制宣传日，联合省综治办、省公安厅、省司法厅、省卫生厅开展反家暴防艾滋暨法制宣传活动。2013年“三八”期间，省妇联联合省综治办、省司法厅在深泽县举办了以“关爱留守妇女儿童建设和谐幸福家园”为主题的河北省“三八”维权周法制宣传活动，将法律知识、惠民政策、维权服务送到千家万户，送到妇女身边，营造了依法维护妇女合法权益的良好氛围，促进了社会的和谐稳定。各级妇联紧紧抓住“三八”维权周等节日契机，围绕宣传主题，开展妇女群众喜闻乐见的普法宣传活动，切实提高了广大妇女依法维权、科学维权的能力。据不完全统计，两年来，全省共举办各种形式的法律大讲堂45场，参加人数57400余人；组织普法宣传活动420多场，接受法律咨询和服务的人数达111680人次，发放宣传品80多万册。三是抓住重点人群，深化妇联干部学法用法。妇联干部学法用法，提高自身法律素质和维权能力，是贯彻落实科学发展观的具体举措，是实施依法治国基本方略的重要保证。全省各级妇联普遍建立了党组理论学习中心组定期学法制度，以新出台或修订的法律法规为重点内容，每年至少举办1－2次法制讲座，妇联干部年度学法不少于40学时，在法律知识统一考试中，应考人员参考率为100%，及格率达100%。各级妇联把法制教育纳入干部的岗前培训、任职培训和岗位培训的内容，利用以会代训、专题培训、讲座、知识竞赛、简报、案例解析等方式，组织妇女干部进行法律知识的学习，不断提升维权干部的责任意识、群众意识、法律意识和政策水平，有效强化维权干部协调沟通、化解矛盾和维护妇女权益的工作能力。2013年，省妇联被全国普法办评为“全国六五普法中期先进单位”；被省委防范办授予“全省反邪教法制知识竞赛优秀组织奖”荣誉称号。

【参与社会管理创新，社会化维权进一步夯实】 社会化维权是妇联维权工作的重要目标和工作方法。近年来，省妇联进一步丰富社会化维权的内涵，扩大社会化维权的外延，创新社会化维权的方法，有效整合社会资源，凝聚社会力量，切实维护了妇女儿童合法权益。社会化维权是妇联维权工作的重要目标和工作方法。近年来，省妇联进一步丰富社会化维权的内涵，扩大社会化维权的外延，创新社会化维权的方法，有效整合社会资源，凝聚社会力量，切实维护了妇女儿童合法权益。

一、全面推行妇女信访代理制，有效化解基层矛盾纠纷

妇女信访代理工作是妇联系统参与社会管理创新的重要实践，是实践证明了的妇女维权和社会维稳“双效合一”的有机结合体，先后得到多位中央和省领导的高度重视和充分肯定，全国妇联将其确定为基层妇女群众工作重点推广、着力打造的四项品牌之首。2012年，在全省妇女信访代理工作推进会上，明确了“不少一县、不落一乡、不漏一村，全面推开妇女信访代理工作”的硬任务。2013年，省妇联对村（社区）妇女信访代理工作开展情况实行按工作季度推进量化考核，确保村村（社区）有妇女信访代理员、村村（社区）开展信访代理。代理过程中，积极开展面向信访妇女的真情沟通、正面疏导、法制宣传以及心理咨询等多种服务，着力提高妇女维权意识和维权能力，让她们通过合法渠道解决问题，妥善化解基层的矛盾纠纷。截止2013年底，省、市、县、乡四级达到全覆盖，村级覆盖率达到90%以上。自开展这项工作以来，全省各级信访代理员成功代理完结25221件妇女信访案件，通过信访联席会议解决重难点信访案件93件，信访群众中妇女比例明显下降，妇女进京赴省信访人数大幅度减少，有力促进了社会稳定，极大地提升了妇联组织的影响力。

二、创新反家暴工作模式，延伸拓展工作新路径

省妇联在推动公安部门建立省、市、县三级110家暴报警网络，联合检察部门建立家暴伤情鉴定机构，联合法院建立妇女儿童维权合议庭，依托乡镇信访服务中心建设乡镇妇女维权站的基础上，进一步规范设置、完善机制，构建了公安机关、检察院、法院、司法行政、妇联等部门协同联动、齐抓共管的社会化反家暴工作格局，形成了维权合力，强化了维权服务。2012年底，挂牌成立了全国首个家庭暴力危机干预中心，中心由妇联牵头，综治、民政、教育、公检法司等部门共同参与，围绕宣传预防、心理疏导、庇护救助、警示训诫、法律援助、排忧解困、调查研究、信息服务等八项功能，开展了一系列宣传干预服务活动，建立起集妇女信访、法律援助、维权预警于一体的反家暴网络，初步形成了具有本土特色的基层反家暴工作模式，为探索家庭暴力危机干预工作的有效途径和可复制模式积累了经验，为推动全国反家暴法的出台奠定了实践基础。邢台市妇联联合市中院举办了反家暴研讨班，深入探讨和交流防治家庭暴力的责任、家暴辨析、有效干预方式以及家暴受害者以暴制暴案的审理和判决等内容，进一步提高了邢台市法官审理涉家庭暴力案件的水平和其他司法执法机构及相关服务机构人员处理家庭暴力案件的能力。2012年底，最高院批复在邢台市进行人身保护令试点工作，该市将从民事司法强制措施的角度补充和完善法律对家庭暴力的司法干预，对于家庭中妇女儿童权益保护具有里程碑的意义。

三、加强阵地建设，为农村留守妇女排忧解难

省妇联将农村留守妇女儿童关爱工作作为妇联组织参与社会管理创新和做好群众工作的重要内容，充分发挥职能作用，不断完善服务方式。一是针对留守妇女儿童面临的生产生活困难，开展农村留守妇女互助组建设工作，建立各种形式的互助小组，做到生产上相互帮助、生活上相互扶持、学习上相互关心、情感上相互依靠、安全上相互关照，努力满足留守妇女儿童生产生活的多样化需求。全省已有留守妇女互助组共计 18086 个，覆盖妇女人数达 550508 人，邻里互助在农村蔚然成风。二是充分发挥基层妇女维权站预防冲突、疏导情绪、化解矛盾等多种功能，关注和保障农村留守妇女合法权益。全省乡镇妇女维权站建设率已达 100%，石家庄、邢台、邯郸、秦皇岛实现了村级维权站的全覆盖，有力推动了全省基层妇女维权工作的深入发展。三是积极探索建立妇女议事会、姐妹点评台等制度。全省共建立妇女议事机构 21449 个，妇女参与议事活动累计 31914 次，及时听取并反映留守妇女心声，调动了妇女的参与热情，提升了妇女的参与能力，深化了对留守妇女的维权服务。

【关注妇女儿童民生，事实化维权让公平正义落到实处】 为妇女服务是妇联组织的立身之本。近年来，省妇联加大事实化维权力度，围绕服务妇女民生、维护妇女权益出实招，办实事，有实效。

一、着力加强信访工作的规范化管理

省妇联就妇联信访工作的基本制度和规则对全省妇联维权干部进行了培训，要求各级妇联组织严格对照落实，认真做好信访登记、重要信件回访、信息反馈、日常管理、新进机关及晋职干部轮流接访、矛盾纠纷排查工作，不断完善妇联系统信访值班制度、领导接待日制度、培训、检查评比等制度，规范“接待、排查、梳理、上报”工作流程，增强信访工作科学化、制度化、规范化水平，提高维权工作实效。2012 年、2013 两年，省妇联共接待妇女群众来访案件 570 件次、来信 56 件次，办结 592 件，结案率达 94.5%。

二、充分发挥 12338 妇女维权热线服务平台作用

2012 年，省妇联按照省委办公厅、省政府办公厅《关于建立健全工青妇维权服务热线联动督办机制的意见》要求，重新组建了 12338 妇女维权服务热线省级呼叫中心平台，增加了来电分类分级指向、自动语音服务等系统功能，在全省形成了省、市、县三级上下贯通、功能互动的网络格局。同时扩展了维权热线的服务内容，实行全员、全天候值守，24 小时畅通，专职热线人员管理，进一步提升了热线维权服务专业化水平。两年来，省妇联共接听热线电话 1184 个，免费为 1130 多名妇女群众提供了婚姻家庭关系调适、家庭暴力帮助与庇护、法律咨询与心理疏导、创业就业指导等服务，帮助妇女群众解决了实际困难，维护了其合法权益，成为了沟通妇联组织与妇女群众的知心纽带和快捷通道。

三、加大法律援助力度依法保障妇女儿童权益

与北京青少年法律援助与研究中心合作，在全省实施“公益法律服务专门机构项目”，在全省全面推进妇女法律援助工作，同时加大对基层妇女维权工作的扶持和业务指导力度，启动了“河北省妇女儿童维权法律援助社区（乡村）行”行动，并确定于每年“三八”节期间、“12·4”法制宣传日期间，面向全省妇联系统集中开展两次侵害妇女儿童合法权益的典型案件法律援助工作，促进法律援助工作在妇联系统形成常态化和长效化，更好地服务妇女儿童，保障社会公平正义。依照《法律援助条例》和《河北省妇女维权解困资金管理办法》的有关规定，2012 年、2013 两年，共拨付维权解困资金 70.42 万元，对 240 件侵害妇女儿童合法权益的典型案件进行了援助。充分运用法律依据，推动典型个案取得重大突破，如协调解决了王芳诉杨志川返还赔偿款纠纷一案，为无助的母子三人最大限度的争取到合法利益；在杨冲利用亲属关系强奸幼女郑某一案中，帮助受害女童书写刑事抗诉状对量刑过轻的一审判决提起抗诉，严惩强奸幼女的违法犯罪行为等，引起了广泛社会反响。

（李桂英）

法学教育与研究

法学教育单位

【河北大学政法学院】 2012年、2013年，河北大学政法学院作为河北省重要法学教育基地，在师资团队、人才培养、科学研究、服务社会等方面均取得重大进展。

一、引进与培养并举，师资团队建设取得积极成果

法学专业教师总数达到50人。其中，引进优秀法学博士10名，6名青年教师考取博士研究生，拥有博士学位教师占法学专业教师总数的比例达到44%；12名教师晋升高级职称，高级职称教师占法学专业教师总数比例达到82%；孟庆瑜教授获批担任教育部法学类教学指导委员会委员，冯军教授、苏永生教授获河北省优秀社科青年专家特别提名奖，冯军教授获入选河北省“三三三”人才工程，冯军、苏永生获聘博士生导师，宋慧献、尚海龙、袁海英获聘硕士生导师。

二、法学本科和研究生教育教学改革获重大突破，人才培养质量获的显著提升

2012年河北大学法学专业获批河北省专业综合改革试点，2013年河北大学入选全国首批卓越法律人才教育培养基地，2013年河北大学法学实践教育基地入选全国首批大学生校外实践教育基地。2013年法律硕士专业学位点顺利通过教育部专业学位研究生教育综合改革试点工作汇报验收。迄今在校法学专业本科生312人，毕业202人（2012年98人，2013年104人），在校法学专业研究生418人，毕业355人（2012年190人，2013年165人）。国家司法考试通过率达到40%以上，2名研究生学位论文获评河北省优秀硕士学位论文，1项河北省教育教学改革研究课题获准立项。

2012年4月召开第二届法学实践教学基地建设座谈会，与14家实践教学基地续签共建协议，与河北省高级人民法院等12家单位新签实践教学基地共建协议，基地数量、覆盖地域和实践层次大幅提升。

2013年7月成功举办河北省法律人才培养模式改革研讨会，教育部、省教育厅、省高级法院、省人民检察院、省政府法制办、省司法厅、省法学会和保定市政法机关领导同志出席会议，来自全省22所兄弟院校法学专家参加会议，共同研讨新形势下法律人才培养模式改革问题，达成广泛共识。

2013年10月与南开大学、烟台大学、沈阳师范大学等高校共同发起“环渤海法学教育论坛”，并成功召开研讨会，开启全国首个区域法学教育交流新机制。

三、课题立项数量持续增长，学术研究成果丰硕

积极申报科学研究项目，共有28项研究课题获准立项，其中，国家社会科学基金项目4项（2012年1项，2013年3项），省部级社会科学基金项目12项（2012年5项，2013年7项）；出版学术著作11部（2012年5部，2013年6部），其中，一类著作7部；在中文核心以上期刊发表学术论文52篇，其中一类论文8篇，二类论文5篇；获河北省第十三届社会科学优秀研究成果奖二等奖1项，第八届河北省社科基金项目优秀成果三等奖2项。开设法学沙龙和研究生学术论坛。

四、深入开展学术交流，不断扩大学科影响力

每年选派余20名专业交流参加国内国际学术交流，及时把握学术前沿；每年邀请20余位专家学者来院讲座，与国内外高等院校和学术团体建立起良好的交流与合作关系。

2013年10月成功举办“第五届中国农村法治论坛”。来自清华大学、中国人民大学、中国政法大学等40余家高等院校、科研机构和法律实务部门的80余位专家学者和法律工作者与会，河北省人民政府法制办公室主任时清霜、河北省法学会副会长田沧生出席会议并讲话。与会代表展开热烈讨论，取得广泛共识和丰硕成果，对于完善我国积极推进新型城镇化进程和农村法治建设的政策法律体系将提供重要的理论依据和决策参考。

五、成立学术机构，服务国家和地方立法决策

2013年5月成立"河北大学人大制度与地方立法研究中心"，陆续参与《中华人民共和国消费者权益保护法》、《中华人民共和国军事设施保护法》、《河北省辐射污染防治条例》、《河北省非物质遗产条例》等国家和地方12部法律法规的立法调研和论证工作，其中，《河北省水土保持实施办法》和《河北省无障碍环境建设管理办法》的立法修改意见获河北省政协来函表彰。

六、积极参与保定市司法局和律师协会工作

组织专业教师组织保定市律师代表队有效开展培训，为其勇夺河北省首届律师辩论大赛冠军做出卓越贡献。鉴于学院及部分专业教师的出色工作和重要贡献，保定市人民政府下发《关于表彰参加全省首届律师辩论大赛先进单位和优秀个人的决定》(〔2013〕保市府135号)，河北大学政法学院被评为"先进单位"，并被授予"突出贡献奖"。孟庆瑜、许双全、吴学飞等被授予"特别奉献奖"。

采取普法征文、演讲比赛、法制进课堂等多种方式开展大学生普法宣传工作，大学生普法志愿者走进小学、社区和广场发放法律宣传材料4000余份，提供法律咨询近二百次，得到社会各界好评。

（孟庆瑜）

【石家庄铁道大学人文学院法律系】 石家庄铁道大学人文学院法律系于2003年经河北省教育厅批准建立，经河北省教育厅批准为法律硕士研究生点。现有专职法学教师12人，其中高级职称教师占58.3%，具有博士、硕士学位的教师占83.3%，硕士学位研究生导师3人。现与中级人民法院、冀华律师事务所、少年儿童保护教育中心等多个单位联合建立法学教育实践基地。

社会任职和荣誉情况：薛静教授担任河北省第十一届人大代表，省人大法制委员会委员，全国妇女代表大会代表，河北省妇联执委会常委。任中国法学会董必武法学思想研究会理事，中国性学会理事，中国性学会性教育专业委员会理事，河北省性科学学会副会长，河北省侨联法律顾问委员会委员。法律系主任胡延广副教授任河北省法学教育研究会理事、河北省铁路法学研究会理事，窦竹君副教授任河北省法学会学术委员会委员。刘卫红、于彩辉任河北省性科学学会理事。另外有5名教师任兼职律师。

荣誉称号和获奖情况：薛静被评为河北省优秀人大代表，于彩辉获学校十二届青年教师教学基本功比赛一等奖。

法学教育方面，共开设法学专业必修课、选修课和通识课50余门。承担全校研究生、本专科学生的部分思想政治理论课和人文素质教育课，面向全校学生开设经济法辅修专业。承担思想政治教育专业法制建设方向硕士研究生教育工作。现有法学研究所和河北省生态和发展环境研究基地，承担相应人文社会科学领域科学研究和学科建设任务。目前涉及的研究领域主要为三个：刑法犯罪学；民法经济法学；宪法行政法学。

科学研究方面，2012年和2013年两年中，法律系在公开刊物共发表论文和研究报告23项，出版著作《河北省性科学研究简史（1984年—2013年）》1部。承担国家级、省部级、厅局级各类课题25项。其中，多位老师在《光明日报》发表学术论文3篇；在核心期刊发表7篇；EI检索2篇，多项成果被省领导决策采用。被省人大评为优秀论文特等奖1篇；被评为省人大优秀代表建议1篇；获得河北省社科联、团省委评选一等奖1篇。窦竹君副教授的《传统中国基层社会管理机制研究》获批为国家哲学社会科学规划课题。此外，有省规划重点课题、省社科联、省教育厅等各类研究课题24项。

法律系教师积极参与地方法治建设和法律服务活动，为国家和地方党政机关决策提供法律服务。2012年、2013年，薛静教授作为省人大法制委员会委员主持并参与了《河北省科技市场条例》等在此期间通过的十多部地方性法规的制定、修改、调研、论证工作。对全省妇联干部进行了十八大精神专题讲座。窦竹君老师参与了省委《法治河北》起草工作。

积极参与国内外、省内外各类学术活动和培训十余次。多名老师参加了河北省法学会、妇女法学研究会、铁路法学会组织的研讨会，提交十余篇论文，并获得各类奖项。薛静受委托参加全国妇联组织的基层妇女干部参政议政能力培训，武汉大学组织的中国法学会法学教育委员会法律诊所教学及管理培训活动，社会矛盾调解技能和技巧培训，高校性教育师专业资格培训等等，参加了中国性学会第五届理事换届及研讨会。

重要科研成果介绍：窦竹君副教授的《“化礼成俗”，让道德回归生活》在《光明日报》发表。文章认为在中华民族道德建设的智慧中，最基本的一点是“化礼成俗”，即让道德回归生活。道德生活化的具体运作，基本做法是以规则促使人们从小养成习惯，进而习惯成自然。道德生活化润物细无声地促进了道德建设，它可以使遵守道德要求成为一种生活方式，使道德建设成为人人参与的主动行为，易于让人感同身受，进而由衷接受。道德回归生活需要承认家规家训、村规乡约等民间规约的合理性，通过法律严惩严重违反道德的行为，道德教育进课堂进家庭，大力表彰孝义之人等等。

陈瑞英副教授的《给高考穿上法律“盔甲”》发表在《光明日报》。文章针对我国高考现状，提出保障考试公平是保障教育公平的重要环节。首先从高考对国家、个人和家庭的重要性以及我国高考中存在的问题，提出了考试应用法律规制；其次从我国对教育的高度重视而制定的政策和法律规定入手，如《国家中长期教育改革和发展规划纲要（2010—2020）》和《中华人民共和国宪法》的规定，提出了考试立法具有的宪法依据和政策参考；最后提出应该加快考试法的制定进程，并提出具体完善建议。文章被人民网、求是理论网、中国青年网、民主与法制网、新华网、教育中国、搜狐教育、腾讯等几十家媒体转载，引起社会广泛关注，反响强烈。

张智远老师的《基于后果论的司法裁判：原则与方法》发表在《光明日报》。文章认为，随着时代的发展，社会对司法的依赖程度明显增强，而追求司法的社会效果，日渐成为当前中国司法理论与实践重点关注的话题。近几年来，最高人民法院把“法律效果和社会效果的统一”作为一项基本的司法政策提出，并要求各级法院在审判中予以贯彻。司法裁判对社会效果的考虑更多地体现在其对社会后果的考量方面，因此，对基于后果论的司法裁判作深入研究具有现实意义。

薛静教授的《关于女人大代表代表性的思考》被省人大常委会评为优秀论文特等奖，发表于纪念代表法颁布实施20周年论文集《怎样做好新时期人大代表工作》。文章认为，女性代表是人大代表中的一个重要组成部分，代表和反映妇女权益是女性代表代表性的本质要求，也是妇女权益保障问题的现实要求。充分认识女人大代表的代表性，发挥女人大代表的作用，需要进一步提高女人大代表的法律意识、代表意识、社会性别意识。

王晓云副教授的《The Security of Shopping Online from Viewpoint of Law（法律视角下的网上购物安全性）》被EI检索。文章认为，网络购物为广大消费者提供了一个虚拟的交易平台，其对交易空间以及时间没有限制，十分便捷因而倍受推崇，对传统的线下交易方式造成了极大的冲击。同时正是因为这种新的交易方式不同于传统交易方式，原有用于处理交易纠纷的法律显的力不从心。但是正因为网络购物的虚拟性，这种交易环境中消费者权益更易受到侵害，这就要求对现有法律法规进行完善，最终制定专门的法律对此进行规制。

（薛　静）

【河北政法职业学院】 河北政法职业学院始建于1949年，隶属于中共河北省委政法委。设有8系，49个专业，涉及法律、管理、财经、农林等门类，在校生12000余人。现有教职工735人（含外聘教师），专任教师421人。副教授以上人员占专任教师的48.9%，硕士学位以上教师占专任教师的69.6%。学院为河北省重点建设的示范性高职院校。

一、教师队伍建设取得新成绩

任课教师大多具有博士、硕士学位，并担任兼职律师、仲裁员、企业法律顾问等，双师素质教师占85%。其中，全国司法职业教育教学指导委员会委员1人、河北省法学教学指导委员会委员1人、河北省人民政府法制专家咨询委员会委员3人、河北省省管优秀专家1人、河北省中青年法学家2人、河北省教学名师1人、河北省优秀教师2人。学院教师制作的“《刑法》在线考试系统（网络版）”软件系统、“‘双反’之反倾销”课件，在2013河北省教育教学信息化大奖赛暨第十七届全国教育教学信息化大奖赛河北省选拔赛评中荣获一等奖。

二、专业、课程建设迈出新步伐

学院现有法律事务、司法助理、法律文秘3个河北省高职高专教育示范专业，刑法、刑事诉讼法、行政法与行政诉讼法、民法4门省（部）级精品课程，宪法、知识产权法、法律文书制作等5门院级精品（优秀）课程，《法律基础》等5部教材获得国家“十二五”规划教材立项。

三、实践教学取得新突破

学院注重实践教学，探索并形成了“两主体、双互动、多融合，共依共赢”的校行（企）合作育人模式，逐步加大校行（企）合作的深度和广度。建有校内模拟法庭、法律援助中心等法律类实训室（基地）9个；先后与河北省高级人民法院、石家庄市中级人民法院、石家庄市人民检察院、邢台市中级人民法院、张家口市中级人民法院等法律实务部门开展合作，与政法机关及企事业单位共建了100多个校外实习（训）、就业基地，形成了校内与校外实训基地相结合、仿真与全真实践相对接的格局。法律事务、司法助理专业学生整建制到法院、检察院、律师事务所、公证处等专业对口单位实习，为每个学生明确校内和实习单位指导教师各1名，实现了理论与实践相结合，提高了学生的法律职业能力和人文素养，受到实习和用人单位好评。

四、思想政治教育工作全面加强

学院不断创新思想政治教育，实施“立德树人”工程，营造了“尚法、精业、博知、笃行”的职业环境氛围。以周一升国旗仪式、中华优秀传统文化教育、“青年马克思主义者培养工程”、“光盘行动”系列活动为载体，以“每天一小时校园体育活动”、“体验省情、服务群众”实践项目等为抓手，强化文化育人功能，学院“立德树人”工程逐步转入常态化。《院报》、校园广播、校园网、宣传栏等媒介充分发挥了文化引领作用，课堂内外、学生公寓、团学组织等充分发挥了育人阵地作用，组织开展了普法宣传、志愿服务、公益实践、心理健康、主题征文、体育文艺等一系列健康向上、形式多样的宣传、教育和实践活动，师生中涌现出一批先进事迹和人物。学院在“体验省情、服务群众”实践活动中获省级先进学校称号；学院“光盘行动”系列活动受到了中国青年报等15家新闻媒体的关注和报道；每天一小时校园体育活动顺利通过省级验收，并在省级体育比赛中获得3个团体奖项。法律事务专业2012届毕业生张珊珊志愿捐献造血干细胞的事迹，被省内十几家媒体跟踪报道。省委常委、宣传部长艾文礼为她亲笔题词：“事迹感人至深，可亲、可爱、又可敬，她的善举表明‘九〇后’青年是大有希望的一代青年。”张珊珊当选2012年度“感动省城”十大人物之一，荣获“河北雷锋”、“中国好人”、2012年河北十大新闻人物、“学习雷锋、善行河北先进人物”等称号。

五、人才培养质量迈上新台阶

学院坚持“立足政法，服务河北，面向全国”的办学定位和“民主意识、理性思维、规范管理、和谐发展”的治校理念，努力培养“富有民主法治理念、综合素质较高、专业技能过硬、职业迁移能力较强”的高素质应用型、技能型专门人才。按照“政字当先，法涵其中，高在素质，强在技能”的人才培养理念，探索并形成了以法律素养与人文素质教育为特色的“1234N”人才培养模式；形成了以“远航班”为代表的“自主创新式”人才培养机制。在校生积极参加法学专业自学考试本科段学习，每年自考本毕业率达毕业生的80%。通过深入研究法律职业的需求和特点，在深入论证的基础上成立“教学改革实验班”——“远航班”，将司法考试的内容融入实验班的人才培养计划，直接对接司法资格考试，有效提高了人才培养效果。2012年、2013年第二、三届实验班司法考试通过率均在43%以上，远高于社会平均通过率，160余人取得司法部颁发的法律职业资格证书，走上律师、法官、检察官等工作岗位。

六、教研科研成果丰硕

2012年、2013年，在核心期刊、省级以上刊物公开发表法学类论文63篇，出版著作、教材7部，省级以上立项课题8项，获省级以上奖励5项。依托学院建立的河北省法学会民商法学、刑法学和诉讼法学三个学科研究会，每年召开主题年会暨学术研讨会，与会代表包括省内高校、社科研究机构的专家、学者以及公、检、法、律所等司法实务界人士，与会人数多，涵盖范围广，学术水平高，在省内法学界、法律界享有盛誉，在法学研究和法律实务领域居于领先地位。

七、社会服务能力显著提高

积极构建“法律服务中心”、《河北法学》、河北法学会3个研究会和央财支持的法律事务实训基地“四大平台”，在实现服务全省法治环境建设“四个对接”上取得了初步成效。学院法律服务中心通过组织法律专家咨询、开展法律援助、参与涉法涉诉信访案件评查等活动，对接省市公共事务、工商项目、重大案件提供法律咨询、法律援助、法制宣传等公益服务，常年派驻100多名师生在省涉法涉诉中心工作，参与案件评查、法律服务和接访工作。学院主办的《河北法学》杂志，贴近法学理论研究前沿，大力扶植中青年法学家，连年被评为“全国中文核心期刊”、“中国人文社会科学核心期刊”、“中国人民大学《复印报刊资料》重要转载来源期刊”和“CSSCI来源期刊”。三个研究会每年召开研讨会，法学理论研究者与司法实践一线工作者共同探讨司法理论，指导司法实践，服务于河北法治经济建设。法律事务专业实训基地为中央财政支持的高等职业教育实训基地建设项目。学院法律援助中心是河北省司法厅备案的法律援助中心，为省五项“中央专项彩票公益基金法律援助项目”承办单位之一，常年开展法律咨询、法律援助、基层调解、法制宣传、教育帮扶等多角度公益服务，多家省内媒体给予报道，社会认可度较高。2013年，省委领导传阅的《河北快报》第109期刊登并肯定了学院“四大平台、四个对接”所取得的成效。

（杨晓光）

法学团体

【河北省法学会】

一、2012年开展法学研究主要情况

（一）认真组织开展“百名法学家、百场报告会”活动。按照省委宣传部、省委政法委、省司法厅和省法学会“双百”活动常态化的要求，继续组织专家学者广泛进行普法宣传，发动学科研究会发挥专业人才的作用，积极参与到法治宣传、法律服务的工作实践中。4月25日，省法学会邀请中国人民大学法学博士，博士生导师，中国刑事诉讼法学研究会常务副会长陈卫东教授来省作了《刑事诉讼法修正案》专题报告。来自省内部分高校、科研单位、检察院系统、法院系统、律师协会、学科研究会及部分市法学会的法学法律工作者400余人参加了报告会。陈卫东教授从《刑事诉讼法》修改的指导思想、原则，修改后的主要变化等方面入手，着重讲了五个方面，即“尊重和保障人权”入法、证据制度的完善、强制措施的调整、辩护权的完善、附带民事诉讼制度方面进行了详细解读。受到了参会人员的一致认可。

（二）以“宪政历程三十年回顾与展望”为主题，召开了第三届“河北法治论坛”。“河北法治论坛”是在2010年推出的全省高层次法学理论论坛，立足于河北，着眼于全省经济社会发展和法治建设的法律问题研究，凸显理论与实践的结合，解决社会现实存在的法律问题。2012年是“82宪法”颁行30周年，具有重要的历史标杆意义。宪法是国家的根本大法，“82宪法”颁行昭示了我国依法治国时代的到来，党的十八大的召开再一次明确了坚持走中国特色社会主义政治发展道路和全面推进依法治国的进程。为了进一步贯彻好、宣传好、实践好宪法，11月22日，省法学会在平山举办了第三届河北法治论坛。省委政法委副书记崔红星出席会议并作了重要讲话，来自全省部分市级法学会、学科研究会负责人及政法实务部门、科研院校的专家学者60余人参加了会议。会上，专家学者围绕八二宪法颁布实施30年来宪法理论的研究、发展与创新以及宪法的作用和意义；我国改革开放30多年来经济社会发展与宪法的保障功能；宪法在人权保障、公民权保护等方面的发展与进步；对当前我国宪法实施存在的不足与问题进行研讨，凝聚了共识，为八二宪法的实施提供必要的知识框架和实践指南。邀请省委党校杨亚佳教授，河北政法职业学院任万兴教授对论文进行了评审，评选出一等奖2篇，二等奖2篇，三等奖4篇。任万兴教授对大会发言做了点评。

（三）积极参政议政。2012年省法学会分别向省政协、省人大提交《关于政府鼓励和引导省内女大学毕业生面向社区基层就业的提案》《关于提高女大学生职业指导工作有效性的提案》《关于新民居建设应确立权属登记制度的提案》《关于成立河北省中年丧子女家庭关爱保护机构的提案》提案和建议案。农业与农村法制研究会秘书长刘万才应河北省人大常委会邀请，积极为《中华人民共和国农业技术推广法》修正案草案建言献策。

二、2013年开展法学研究主要情况

（一）以“生态文明建设法治保障”为主题举办第四届河北法

治论坛。“河北法治论坛”是全省高层次法学理论论坛，立足于河北，着眼于全省经济社会发展和法治建设的法律问题研究，凸显理论与实践的结合，解决社会现实存在的法律问题。党的十八大把生态文明建设提升到五位一体总体布局的战略高度，提出大力推进生态文明建设，努力建设美丽中国。习近平总书记在向生态文明贵阳国际论坛发送的贺信中阐述了中国关于生态文明建设的理念、深刻内涵、基本国策和将继续承担应尽的国际义务。指出走向生态文明新时代，建设美丽中国，是实现中华民族伟大复兴的中国梦的重要内容。针对全省生态环境面临的问题以及法学法律工作者在推动生态文明建设中应肩负的责任，8月6日，学会在张家口市举办了第四届河北法治论坛。省委政法委副书记崔红星出席会议并作了重要讲话，来自全省部分市级法学会、学科研究会负责人及政法实务部门、科研院校的专家学者70余人参加了会议。与会专家学者围绕生态文明建设的法治保障及相关制度建设，以及生态文明建设过程中突显的法学热点难点问题等进行了交流。本次论坛，共收到论文71篇。评选出一等奖1篇，二等奖4篇，三等奖10篇。有14名同志作了大会发言，河北大学政法学院院长孟庆瑜教授、河北师范大学法政学院孙燕山教授、河北政法职业学院法律系主任王金兰教授分别对专题发言进行了点评，河北大学政法学院院长孟庆瑜教授作了论坛综述。会后，学会就提出的意见建议编写成《法学快报》呈报省委、省政府及省委政法委，为决策部门提供了必要的理论支持。

（二）积极参与法制宣传服务，弘扬法治精神。按照省委宣传部、省委政法委、省司法厅和省法学会“双百”活动常态化的要求，继续组织专家学者广泛进行普法宣传，发动学科研究会发挥专业人才的作用，积极参与到法治宣传、法律服务的工作实践中。10月16日、24日分别在廊坊市、沧州市分别举办以“领导干部如何运用法治思维和法治方式深化改革，推动发展，化解矛盾，维护稳定”为主题的法治宣讲活动。各市主要领导、市直机关全体干部参加。2013年1月1日起，为配合全省司法实务部门全面理解和适用新的《刑事诉讼法》及相关司法解释，诉讼法学研究会先后参加了饶阳县人民法院、邢台市中级人民法院、石家庄市人民检察院等单位组织的新《刑事诉讼法》专题研讨会或培训班，就审判程序的修改与完善、强化诉讼监督、我国刑事诉讼制度的重要改革和完善等专题做了报告或辅导，为宣传和普及修正后的《刑事诉讼法》发挥了积极作用。2013年5月9日，金融法学研究会为了让同学们更好地了解律师行业，增强对律师诉讼业务风险防范的理解，使同学们能在今后的律师行业中有更好的发展，举办了“民事诉讼业务中的法律风险防范”专题讲座。5月13日，组织河北金融学院法律系2010级全体同学在图书馆五楼金融博物馆内开展了以“学习金融法律，了解货币业务知识”为主题的实践教学活动。10月24日，为了提升学生的专业素养，加深对中国物权法的理解，邀请华北电力大学教授、中国政法大学民商法博士甄增水作了题为“中国物权法之评析”的学术讲座。2013年河北省法学会老年法学研究会与河北省老年事业促进会联合开展了关于对监狱老年服刑人员状况的调查，对河北省第六监狱、沧南监狱进行定点调查，基础上形成了《河北省监狱老年服刑人员服刑状况调查研究》的报告，并参加了全国老龄办《关于2013年开展专题政策调研及优秀调研成果评选活动》河北省妇女法学研究会积极组织专家编写教材和制作PPT教案，并全部用于宽城县教师示范课培训。10月23日，全国首个中小学青春期教育课堂，在宽城满族自治县中小学正式开课，并以每学期不少于两个课时纳入该县中小学校必修课程。

（三）积极开展法学研究活动。按照学会立项要求，2013年全省申报法学研究课题39项，经过专家评定，确定33项为省法学会2013年度法学研究立项课题。截止2013年4月30日，2012年度立项课题有25项申请结项，经专家评审组审定，同意全部结项。评选出河北大学政法学院院长孟庆华教授主持的《刑法修正后的累犯条款适用研究》课题、河北省老年法学研究会副会长肖辉教授主持的《构建我国老年法学学科和老年法体系初探》课题为一等奖；中央司法警官学院讲师苗泳主持的《社会转型期公民基本权利的实现理论和制度构建》课题、唐山师范学院讲师项贤国主持的《宪法视阈下的劳动权及其法律保障机制研究》课题为二等奖。另外评选出中央司法警官学院武月东、江献军、栗志杰，河北司法警官职业学院焦红静所主持的课题为三等奖。其中一、二等奖的文章以摘要的形式在燕赵法制之窗进行了刊登。

（姚晓兵）

研究机构

【河北省社会科学院法学研究所】

法学研究所是河北省省级法学研究专门机构，前身为1983年8月设立的法学研究室；1985年11月院党组决定，将哲学社会学研究所的科学社会主义研究室与法学研究室合并，成立政治学法学研究室；1987年6月更名为政治学法学研究所。1989年2月政治学法学研究所分为政治学研究所和法学研究所。

一、研究方向与任务

法学研究所主要研究法学及其分支学科的基本理论，探求中国社会主义法治的内涵及其发展规律。在做好基础理论研究的同时，重点做好应用研究，特别注重开展全局性、战略性、前瞻性对策研究，为党委和政府服务，为社会服务。本所实行个人研究和团队研究相结合，支持跨学科研究。目前，“地方法治建设”为本院重点培育学科。

法学研究所现有工作人员11人，其中正高级研究人员3人，副高级研究人员3人。中级研究人员4人。所有科研人员均为法学本科以上毕业，5人拥有法学硕士学位，1人博士在读。法学研究所现设有3个研究室：经济法研究室、刑法犯罪学研究室、行政法研究室，3个研究中心：河北省环境资源法研究与服务中心、青少年犯罪研究中心、政府法治研究中心三个研究中心。它们的研究领域是：1. 地方政府法治研究：研究各级政府在管理经济社会事务中涉及的政府职能转变、行政权力公开透明运行等行政法制建设问题进。2. 廉政法治研究：研究中外反腐倡廉基本理论和实践问题。3. 经济法及相关社会法律研究：主要研究地方经济社会发展中涉及的经济法、环境和资源法、劳动法、社会保障法等法律问题。4. 刑法与犯罪及综合治理法律研究：研究各类犯罪理论、犯罪控制与社区矫正以及社会稳定等问题。

二、主要科研活动与成绩

近五年来经过不懈努力，法学研究所完成了一批具有较大社会影响的科研成果。其中，承担国家级、省级课题项目32项。主要有“行政问责制研究——法治视角下的诠释”、“金融消费者法律保护研究”、“循环经济法律制度研究”“河北省促进产学研究合作政策法规研究”、“河北省青少年法制教育调查报告”、“优化河北省文化企业融资模式研究”、“社会管理创新形势下矛盾多元化解决机制的路径研究”“农村集体资产管理的政府干预问题研究”、“河北省互联网监督管理政策法规研究”等。承担其他市厅级研究项目20余项。完成科研成果140余项，其中，出版专著、著作15部，论文、文章100余篇，完成调研报告30余篇。向省立法机关提交立法规章草案1件。先后获得省厅级和各类学会奖40余项。

三、国内外学术交流

法学研究所重视与国内外法学界的学术交流与合作，与有关部门和多所大专院校合作进行了多项专题项目的研究。2011年法国图卢兹大学法学院教授塞巴斯田·努维勒来访，并以“G20峰会后欧洲及法国金融证券市场的规范”为题进行了学术讲座。近年来共有4人次赴美国、澳大利亚、日本等国讲学、进修、项目交流。

四、学术团队与专家简介

王艳宁，女，1963年4月生，河北省沧县人。1986年吉林大学法学理论专业研究生毕业分配到河北省社会科学院法学研究所工作，2005年3月至2006年3月在澳大利亚迪肯大学法学院作访问学者。现任河北省社会科学院法学研究所所长、研究员。河北师范大学法政学院硕士生导师。河北省“四个一批”人才工程和河北省宣传文化系统“五十人工程”人选。担任河北省法学会常务理事、河北省人大常委会立法咨询、河北省政府法制专家咨询委员会成员等职。河北省第二届杰出中青年法学专家。

主要研究方向为行政法学和地方法治建设。在《法学》、《中国司法》等报刊发表论文40余篇，参加完成著作5部，主持完成省、厅及学会课题30余项，获得省厅级和学会奖20余项。主要研究成果有：《走向依法治国的时代》（著作）、《刑法—危害公共安全与社会管理秩序篇》、《跨区域环境治理协调合作法律机制的构建》等。

麻新平，女，1964年出生，河北望都人，法学研究所副所长，研究员。1986年毕业于北京大学法律系经济法专业，法学硕士，美国伊利诺伊理工学院肯特法学院高级访问学者，任河北省国际法学会常务理事、河北省版权学会理事、河北省地方立法研究会常务理事。

主要研究方向为经济法。近年来，在《人民日报》、《中国改革报》、《中国财经报》《金融时报》等国家级报刊发表文章多篇，4篇论文被人大复印资料等媒体全文转载；出版学术专著2部，《市场经济秩序的法律规制研究》、《刑法：破坏社会主义市场经济秩序篇》，参与撰写学术著作9部；主持完成中国法学会、中国出版研究所等国家级课题2项，主持完成包括软科学课题、社科规划课题等省级课题10项；撰写完成的研究报告多次受到省级领导肯定性批示，或省人大、省政府信息化办公室等实际工作部门立法采用；21项成果获院级以上奖励，其中国家级或跨地区学术奖6项，省级以上奖8项。

董颖，女，1965年出生，研究员。1986年毕业于中国政法大学法律系，法学硕士。主要研究方向为犯罪学。曾出版学术专著3部，参加撰写学术著作10余部，在省级以上报刊发表学术论文40余篇，并多次主持参加省级课题及国家部委课题。主要学术成果有：专著《青少年犯罪新论》，中国妇女出版社2010年出版；《法律热点问题研究——刑法·总则》，《重新犯罪控制研究》（任副主编），获第七届河北省社会科学优秀成果三等奖。论文：《预防青少年犯罪应走出的教育误区》、《恢复性司法的价值冲突及其选择》、《快餐文化与青少年社会责任感的缺失》，《关于社区矫正的若干思考》等。另有多篇研究报告被省级部门采用。

（段 颖）

法学理论研究

【依法行政视角下改善发展环境研究——以河北省发展环境为例】

在一个地区经济社会发展进程中，稳定增长是基础，改善环境是条件，依法行政是保障。市场经济本质上是法治经济。实践证明，法治与发展存在互动过程，哪个地方的法治化水平高，市场环境好，哪个地方的竞争力就强，经济发展就快；同样，地区经济发达，市场要素比较健全，市场机制发挥作用明显，该地区法治保障越健全。各级政府必须加快推进依法行政进程，努力营造法治化的发展环境。

一、依法行政是改善发展环境的重要保障

改善发展环境与依法行政之间存在密切联系，改善发展环境是依法行政的方向，依法行政是改善发展环境的关键。市场经济的健康发展必须由法治加以促进和保障。

（一）*法治是发展环境中最具活力的因素*。在科学发展观的指导下，法治环境与政务环境、政策环境、市场环境、政治生态环境、社会环境共同组成发展环境。法治强调公平正义、权力制约、公开透明、诚实守信，只有依靠法治，才能建立相对稳定的、可预期的社会经济秩序，从而使各种市场主体有充分的安全感，进而激发创业热情。因此，在诸多环境要素中，唯有法治是最具有活力的因素。法治是一种无形的公共资源。经济学原理告诉我们：生产力的聚集有两种方式，一是资源导向性聚集，二是市场导向性聚集。资源匮乏并不是经济落后的代名词，相反，如果资源富庶地区没有把握法治、服务、信誉等无形资源，资源优势就不能转化为经济优势。日本、新加坡以及我国的嘉兴等地出现的“零资源经济”现象恰恰证明了法治作为无形资源的巨大价值。在当前经济社会发展过程中，虽然依靠土地、资源、劳动力依赖、上级政策扶持、宣教鼓舞等方面要素发展经济的现象仍在持续，但是，也引发了一些新的社会问题，如城乡收入差距扩大、公民健康权益保障缺乏等等，其优势正在逐渐减弱，通过加强法治破解发展“瓶颈”的制度安排和制度需求愈加强烈。“法治环境是最好的发展环境”、“我们一定要在发展环境上大打法治牌”的理念已经成为地方经济发展的指导思想，践行法治才是保障经济社会发展的长久之计。

（二）*依法行政是改善发展环境的重要保障*。政府掌握着公权力和公共资源，是优化经济发展环境的主导和责任主体，政府行为不规范在经济发展环境中反映最多，强调依法行政来保障发展环境的改善意义重大。改善发展环境，一方面要转变发展方式，由高消耗、重污染、低效率的发展转向低消耗、少污染、高效率的发展；另一方面要加强权力规制，提供优质服务，动员社会参与，完善监督机制。不坚持依法行政，就容易把发展和法治对立起来，就不会有发展环境的持续改善；没有发展环境的持续改善，就会失去经济社会发展的持久动力。要解决当前发展中存在的困难和问题，必须在制度和发展的关系结构中把制度建设摆在突出位置，以制度力量为科学发展提供坚强保障。只有加强依法行政、加快建设法治政府，做好制度创新、完善已有制度、废止不适用制度、强化制度落实，释放制度红利，才能最大程度地促进改革、加快发展。

二、河北省改善发展环境制度建设的成效与差距

改善发展环境一直是河北省经济社会发展中的重要步骤。近年来，各级政府通过加强依法行政、加快建设法治政府，着力改善发展环境的步伐愈加坚实，在制度建设方面取得了初步成效。

（一）*制度建设方面取得的成效*。法国著名法学家卢梭说过："法律是人类最伟大的发明。别的发明让人类学会驾驭自然，而法律的发明则让人类学会如何驾驭自己。"要改善发展环境，需要用法治方式规范发展行为，依法保障经济发展在科学的轨道上运行。2011 年 2 月，省政府出台"四项制度"（《河北省规范性文件制定规定》、《河北省人民政府关于建立行政裁量权基准制度的指导意见》、《河北省行政执法过错责任追究办法》、《河北省依法行政考核办法》），使行政行为从决策到执行、再到监督都有了较完备的制度保障，是河北建设法治政府迈出的重要一步，为改善发展环境提供了夯实的制度基础。此外，省政府法制办组织对 242 部规章中，除事关安全生产、食品安全、环境保护等领域的政府规章保留必要的罚款条款外，对其他政府规章中涉及的罚款条款作了相应删减。及时对不适应河北省改革发展要求的条款进行修改，使规章与经济社会发展进程相适应。

改善发展环境不仅要用足用好现有的法律资源，在制度安排上还要有预测性和前瞻性，预留足够的空间。2013 年 4 月，省政府印发《河北省人民政府立法规划（2013—2017 年）》（以下简称《五年立法规划》）。《五年立法规划》共列入立法项目 183 件，其中直接涉及改善发展环境、规范行政行为方面的 15 件，占 8%；改善生态环境、节约能源资源方面的 31 件，占 17%；保障和改善民生、维护社会和谐稳定方面的 52 件，占 28%；加强和创新社会管理、推动文化发展繁荣方面的 39 件，占 21%；加强市场监管，促进经济持续健康发展方面的 46 件，占 25%。总体上，从立法项目分类比例看，改善发展环境、保障和改善民生方面的立法较多，约占全部立法项目的 53%，超过了半数，为今后改善发展环境工作提供了制度安排。

（二）*存在的差距*。改善发展环境的制度设计由一系列制度组或制度群构成，其效果取决于多个制度合力，缺乏某项制度，就会产生制度性"短板"或者"制度瓶颈"，影响发展环境。课题组根据河北省实际，选取了与改善发展环境紧密相关的项目，包括体制机制创新制度、行政规划制度、规范执法行为制度、信用建设制度、区域合作 5 项类别，与有关省份的相关制度进行比较，旨在找出存在的差距，为改善发展环境提供对策建议。

1. 优化发展环境方面的宏观立法。2012 年 9 月 29 日，湖北省人大常委会通过了《湖北省优化经济发展环境条例》和《湖北省构建中部地区崛起重要战略支点促进条例》。2012 年 6 月 7 日，上海市人大常委会通过了《关于促进创新驱动、转型发展的决定》。2013 年 6 月 19 日，上海市人大常委会通过了《关于促进改革创新的决定》。这几个地方性法规的共同特点是广泛凝聚改革创新共识，为促进科学发展、跨越式发展提供制度保障。河北省正处于由大转强、蓄势待发的新阶段，面临着环渤海地区上升为国家战略、北京辐射外溢日益明显、首都经济圈上升为国家战略、中部崛起步伐加快、冀中南地区进入中原经济区国家战略等重大机遇，可以充分借鉴其他省市经验，加大改革创新力度，在改善发展环境方面寻求高层级的立法支持和保障。

2. 法治建设纲要和规划。社会主义法治国家建设进程需要一份"路线图"。国务院《全面推进依法行政实施纲要》颁布以来，江苏、湖北、山西、湖南、安徽、山东、上海、广东、天津等省（市），先后制定了法治纲要或规划，把营造促进市场经济健康发展的法治环境作为重要方面加以强调。比如，《法治江苏建设纲要》提出"加强知识产权和无形资产的法律保护，形成吸引人才、高效配置人才资源、保障各类专业技术人员充分发展的法治环境"、"努力建设无制售假冒伪劣商品地区和'放心消费城市'"等内容，有利于地区在新一轮的发展中营造一个良好的法治环境，吸引更多的国际人才和资本，等等。

3. 规范执法行为的立法。行政执法是基本的管理方式之一，执法监督是对行政执法行为进行检查、考核、评价的重要方式，是解决行政执法争议、调查处理行政执法违法行为的重要手段，是经济社会发展的重要保障。据本课题组统计，目前，黑龙江、内蒙古、河南、安徽、江西、湖南、浙江、四川、广东、重庆、云南、宁夏、甘肃等多个省（区、市）出台了行政执法监督方面的地方性法规。湖南、山东两省先后出台规范行政程序的政府规章。《河北省行政执法和行政执法监督规定》作为一部政府规章，已经执行了近十年，在强化监督措施、规范执法行为发挥重要作用的同时，也面临着层级效力低，监督依据不足、监督手段不硬、监督责任不明等问题，地方性行政程序立法还处于空白。

4. 信用信息管理立法。市场经济是信用经济。信用是现代市场经济的基石，是促进区域创新要素集聚和提升区域环境竞争力的内源动力，是转变政府职能、服务经济发展、改善发展环境的重要组成部分。据本课题组不完全统计，北京、天津、内蒙古、黑龙江、吉林、辽宁、湖北、湖南、四川、贵州、江苏、广东等多个省（区、市）对企业信息的征集、管理、使用制定了地方性法规或省级政府规章以及多个配套性规范性文件。河北省的社会信用机制建设尚在建设之中，立法支持、路线图设计、体制机制构架、制度完善尚未成型，企业信用信息立法方面还处于空白，缺乏相关制度及标准，信用激励和失信惩戒机制还未健全。

5. 区域法制合作。发展环境是一个地区竞争力的重要标志。党的十八大报告明确提出，继续实施区域发展总体战略。区域环境具有辐射效应，加强区域法制合作有利于打破地区垄断，节约立法资源，改善区域发展环境。2006年，东北三省率先打破政府立法隔阂，尝试横向间的协作立法，在鼓励和保障非公有制经济发展、诚信、应对突发公共事件、机构和编制管理、行政执法监督5个方面开展立法协作。2007年9月，长三角有关部门负责人在上海签署《苏浙沪法制协作座谈会会议纪要》，通过“立法协作”的方式确保区域协调发展。2009年底，京津冀等省（市）签署《环渤海区域政府法制工作交流协作框架协议》，但在制度合作的广度、深度与东北地区、长三角区域还存在差距。

通过比较发现，河北省在保障改革创新的宏观制度方面与南方省市存在差距，改善发展环境的制度建设进度特别是监督执法、信用法制等方面甚至落后于邻近的几个省区市，河北发展环境立法保障总体偏少。值得关注的是，河北省正在加强改善发展环境的立法，有的立法项目已经列入《五年立法规划》，在《五年立法规划》中，保障和改善民生方面的立法较多，约占全部立法项目的53%；有的正在着手制定或者修改，《法治河北建设纲要》正在调研起草过程中，有望近期出台；有的正在与国家立法相同步，或者按照国务院取消下放行政审批项目，按程序落实地方性法规、政府规章的修订工作。总之，今后在改革创新、完善信用、发挥地区优势等方面，河北省还有较大的拓展空间。

三、改善发展环境制度实施过程中存在的突出问题

法律的生命力在于实施，法治的权威在于执行。“有法不能行”或者“有法不愿行”比“无法可依”对法治的危害更重。虽然河北省在推进依法行政、着力改善发展环境上出台了一些举措，也取得了较好效果，但与经济社会发展形势、市场主体的需要以及公众的期盼，仍有一些不协调、不适应的地方，制约了发展环境的进一步优化。突出表现在以下几个方面：

（一）有的部门转变政府职能意识不强，市场监管不到位。受“官本位、权本位”思想影响，个别部门转变政府职能、服务经济发展的大局意识不强、行动不积极，存在“不愿转”、“不会转”现象。河北省地方性法规设定11项行政许可，属于全国行政许可事项较少的省份，但非行政许可审批事项和行政监管事项较多，有待进一步削减和规范。有些行政审批依据不协调，前置条件多，形成发展改革－工商－环保－发展改革互为前置审批的闭循环。“放”——取消、下放审批权，“转”——转给社会组织，“管”——加强监管之间的关系没有得到很好的处理。有的部门把主要精力放在行政审批方面，未认真履行监管职能，存在“审批的事项抢着办，监管的事项拖着办”的现象，导致违法经营、违法建设、违法拆迁、假冒伪劣等

侵害群众利益和公共利益现象时有发生。

（二）有的部门行政决策不科学，隐患风险难消除。有的决策规定得比较原则，停留在“政策承诺”阶段，表述多为“加大扶植力度”、“实行投资倾斜”、“优先安排项目”等等，留下较大的随意性和讨价还价的余地，造成了“玻璃门”、“弹簧门”现象；有的决策缺乏连续性，因领导层的变更和权力交叉而变得支离破碎，偏离预期目标；有的决策出台时未严格遵照法定程序规则，存在影响社会稳定的风险；有的部门在政策执行环节“打折扣”，办事墨守成规或者按部门利益选择性执行，讲“不行”、“不能办”多，讲“如何办”、“快速办”少。

（三）有的部门行政执法不规范，利益链条难斩断。这些问题突出表现为“乱收费、乱罚款、乱检查”屡禁不止，一些地方仍然不同程度存在罚款标准不统一，利益驱动执法，收费过多，罚款过重，运动式执法甚至重罚轻管，以罚代管，罚而不管等问题。一些领域片面依赖罚款方式，“守法成本高，违法成本低”，引发个别行业“劣币驱逐良币”的现象，制假售假、违章乱建屡禁不止。有的地方在单纯的GDP指标下，片面通过增加收费、增加罚没处罚等方式来解决财政压力，无形中助推了多罚款甚至乱罚款。

（四）行政监督不完善，问责机制难落实。随着法治建设逐渐深入，人民群众的法律意识、权利意识不断提高，对行政权力监督提出了更高要求。根据课题组对行政工作人员所做的抽样调查发现，当问及“在行政监督和问责方面是否存在下列问题时”，回答“只是书面制度，不能落实”占41%，回答“行政权力与行政责任脱节”占15%，回答“碍于情面不问责”占17%，回答“对监督举报往往终结于官样解释”占27%。可见，一些行政违法行为得不到及时纠正和惩处，人民群众的期盼落空，政府公信力下降。此外，执法监督力量不足，河北省有20万行政执法人员，与之相比，行政执法监督队伍和机构建设相对薄弱，与着力改善发展环境、加快建成法治政府的目标要求不适应。

产生上述问题的原因既有法治意识、法治思维不到位的因素，也有旧文化习俗和旧的思维惯性等影响，归根到底是在制度实施过程中还不能摆正政府与市场、政府与社会、政府与人民群众的关系。上述问题直接带来一系列后果：个别部门和个别工作人员把企业、项目当成“唐僧肉”，倚仗职权“吃拿卡要”，导致企业另选地方投资创业；个别执法部门对于食品药品、环境保护、安全生产等与群众利益密切相关领域执法不严，“以罚代法”、“养鱼执法”，群众意见很大。加强改革创新，完善相关制度，保证制度落实，严格责任追究，将成为解决这些问题的关键。

四、推进依法行政改善发展环境的对策建议

政府法治建设进程是“社会需求、制度变迁、政府体制”多重变量复合互助的过程。因此，推动河北转型跨越、科学发展，着力解决发展环境方面的突出问题，不仅要营造崇尚发展，尊重财富，宽容失败，以发展为中心的良好氛围，而且要完善决策、执行、监督等体制机制，改善包括思想环境、决策环境、竞争环境、执法环境和组织环境等在内的发展环境。

（一）转变思维方式，营造改革创新的思想环境。实现科学发展，思想解放是前提。没有思想的解放，就没有生产力的解放；没有思维方式的创新，就难以摆脱对传统发展方式的依赖。北京大学姜明安教授认为：“法治思维”是指公权力执掌者依其法治理念，运用法律规范、法律原则、法律精神和法律逻辑对所遇到和所要处理的问题（包括涉及改革、发展、解纷、维稳等各领域、各方面的相关问题）进行分析、综合、判断、推理和形成结论、决定的思想认识活动与过程。应以法治思维破除落后的思想方式，扫清经济发展的思想障碍。一是坚持法律面前人人平等，破除重官轻商、轻视民企的思想，不管哪种经济类型，不论规模大小，一律公平对待。二是坚持改革创新，破除忽视科技、封闭保守、资源依赖、固守既得利益、小农经济的思想，努力消除干部改革创新的思想顾虑，增强干部改革创新的积极性，处理好敢闯敢试与依法办事之间的关系，对于现有法律制度及国家政策资源，政府及其部门应当主动作为、积极履职；在“法无禁止”情况下，根据私权利和公权力行使要求的不同，分别作出规定；对改革创新未能实现预期目标的行为，谨慎追究责任。三是坚持在法治框架内行使权力，破除要发展就要突破现行法律和政策规则、背离法规制度搞“土政策”的思想，

让“合不合法，合不合程序”成为干部的惯性思维，对该管而没有管的事项，做“加法”，切实履行起法定职能；对不该管而管了的事项，做“减法”，防止权力扩张。

（二）加强制度设计，营造经济发展的良法环境。一是按照改善发展环境的总体要求，优先制订涉及优化经济发展环境的招商引资、投资创业、科技成果转化、知识产权保护、基础设施建设、行政执法监督、信用信息管理、区域合作等方面的地方性法规、政府规章和规范性文件，为市场主体营造良好的法制环境。二是继续开展地方性法规、政府规章和规范性文件清理工作，对不适应经济发展要求或者有部门保护、地方保护倾向的法规、规章及规范性文件进行清理和评估，及时提出修改或者废止的意见和建议。三是深入开展制度廉洁性评估，防止政府权力部门化、部门权力利益化。四是完善公众参与制度，建立公开、有效的反馈机制，充分保障市场主体对制度设计和审查的知情权、参与权、表达权和监督权。

（三）健全行政决策机制，营造科学规范的决策环境。决策是行为的起点。营造科学规范的政策环境，一是转变行政决策理念，实现从对上负责向对下负责转变，以满足人民群众的需求、维护公共利益为导向，避免产生急功近利、政绩工程、形象工程等问题。二是健全行政决策机制和程序，把公众参与、专家论证、风险评估、合法性审查和集体讨论有机结合起来。其一，采用座谈会、协商会等方式，开放式听取利益相关主体、人大代表、政协委员、民主党派、群众团体、专家学者、咨询机构和社会公众的意见和建议。建立决策程序意见反馈机制，明确反馈公众意见的方式，对直接利益相关人或组织要直接回复；对专业性较强的意见可通过新闻发布会的方式集中回复。其二，完善专家论证制度，保证遴选专家的代表性和均衡性，创造条件让参加论证的专家客观、公正、科学地提出咨询论证意见。其三，加强风险评估，重点是对社会稳定、环境、经济等方面的风险，通过舆情跟踪、抽样调查、重点走访、会商分析等方式，对决策可能引发的各种风险进行科学预测、综合研判，确定风险等级，并相应提出防范、减缓或者化解措施。其四，强化合法性审查。行政决策事项应当在集体讨论决定之前交由法制机构进行合法性审查，未经合法性审查或者经审查不合法的，不得提交会议讨论、作出决定。其五，坚持集体讨论决定，行政首长应当根据多数人的意见作出决定，也可以根据少数人的意见或综合判断作出决定，但应当说明理由。三是完善决策问责和纠错制度。要定期多途径了解决策实施情况，全面评估决策执行效果，通过抽样检查、跟踪调查、评估等方式及时发现并纠正决策中存在的问题，造成重大损失，要按照谁决策、谁负责的要求追究责任。

（四）改进监管方式，营造公平有序的竞争环境。一是继续转变政府职能。按照“用足市场，慎求政府”的原则，引入市场机制和效率法则，以创造良好有序的社会经济发展环境，推动市场经济进程。按照国务院机构改革和职能转变方案的要求，及时清理工商登记前置审批项目，改变审批条件互为前置的状况。建立行政审批目录动态管理办法，行政机关实施的行政审批，应当列入目录，未列入目录的事项严禁审批。探索向社会组织放权的指导性意见，明确向社会组织转移的职能目录，对交由行业协会自律管理的事项，做好衔接工作。二是转变监管方式，将“重审批轻监管”转变为“宽准入严监管”、“重监管轻审批”的模式。规范行政检查行为，避免重复检查、多头检查、不规范检查。全面推行行政指导，依法对市场主体实施管理，凡通过教育能达到执法目的的，慎用强制和处罚手段，对一般性违法行为，凡不涉及危害公共安全、食品安全、环境安全，未造成危害后果的，依法给予提示、警示、告诫，指导其按期纠正。三是充分发挥政务服务中心（大厅）作用。落实窗口受理制、首问负责制、限时办结制、一次告知制和责任追究制，完善全程办事代理制，实施流程再造，推进政务服务制度化、规范化、标准化。四是加强监管执法的信息化支撑，实行网上立案、网上核审、网上审批，整合现有网络资源，实行执法办案信息与行政审批登记注册、企业信用、市场监管等信息系统的互联互通。五是加快企业诚信体系建设，完善企业信用分类监管体系，建立企业信用公示和查询平台，强化“黑名单”和执法办案数据的管理与应用。

（五）加强层级监督，营造公正文明的执法环境。强化行政执法监督，落实行政执法过错责任追究制，着力解决行政不作为、乱作为、慢作为等问题，狠刹乱收费、乱罚款、乱摊派等侵害市场主体合法权益行为。继续深化行政执法体制改革，推进相对集中行政处罚权和综合执法，解决多头执法、多层执法、重复执法和不执法、乱执法、执法扰民扰企等问题。规范行政执法行为，合理细化量化行政裁量权，重点开展面向市场主体的执法案卷评查、质量考核、满意度测评等工作，增强行政执法的合理性、科学性，避免执法中的随意性和简单化。健全行政执法登记制度、法律审核制度、集体讨论制度、听证制度、自由裁量说明制度、公开制度、统计制度等配套制度。落实政府部门的重大行政许可、行政处罚、行政强制等执法行为向本级政府备案制度，建立行政执法公报制度，及时纠正行政执法中的不当行为。

（六）落实领导干部学法，营造经济发展的组织环境。各级领导干部是推进依法行政的重要力量，其法治素质的高低直接影响着法治化发展环境能否形成。一是完善学法制度。坚持学用结合，理论联系实际，发挥法治实践本身的教育效应，组织领导干部旁听行政复议、案件审理、学法用法经验交流，聘请资深律师提供法律咨询，运用鲜活案例，研究实际工作中出现的重大问题及难点、热点问题，寻求解决问题的途径。二是建立以法治思维和法治方式为重要指标体系的政绩考核评价体系。领导干部干得好不好，能不能得到重用提拔，关键要看其是不是有法律意识，是不是善于运用法治思维深化改革、推动发展、化解矛盾、维护稳定，坚决给人治亮“红灯”，消除靠人情、关系办事的现象。

五、结语

推进依法行政，营造法治化的发展环境，并不意味着法律是完美的、万能的，法律有其自身的不足。但是，这些不足并不妨碍法治成为人们的基本追求。“法治未必是社会的最优类型，却是人类的最优选择”。在我国社会主义法律体系基本建成后，有关改善发展环境方面的立法依然繁重，强调法律实施效果意义重大。改善发展环境是一个长期的过程，不仅需要改善硬环境，还需要提升软环境，特别是营造优良的法治环境；不仅需要完善行政法律制度，同时需要民商法、经济法、刑法和诉讼法等一同发挥作用；不仅需要政府推进，还需要行业协会、中介组织和企业自身负起责任；不仅需要法律法规等正式制度，还需要道德、习惯、风俗等非正式制度；不仅需要强力推动，还要强调自觉改进。实践发展永无止境，理论创新永无止境，制度完善永无止境，如何推进依法行政改善发展环境是一个相对的、渐进的、值得持续关注的命题。

（作者：省法制办副主任任智勇；省政府法制研究中心主任高建莉；省政府法制研究中心副主任赵志卿；省政府法制研究中心陈徽；省政府法制研究中心许会东）

【城市化进程中的流动人口服务管理对策研究】 流动人口，通俗讲是指具有流动属性的那一部分人口。流，按《辞海》的注释，是“往来不定或转运不停”。由于户籍制度的存在，流动人口在中国有其特殊的含义，对这种人口流动，国际上更通用的称法是“迁移人口”。户籍管理制度的运行使流动人口的界定产生了一个“户口标准”，因此，本文所称的流动人口是指在在本省、自治区、直辖市行政区域内居住的非本省、自治区、直辖市户籍的人员，以及离开户籍所在地的县（市、区）到本省、自治区、直辖市其他县（市、区）居住的具有本省、自治区、直辖市户籍的人员。但离开户籍所在地的市辖区到本市其他市辖区居住的人员除外。改革开放以来，中国城市化进程明显加快，形成了大量的流动人口进入城市。流动人口不仅带来了其物质形态的变化，如对现有的户籍管理制度、劳动就业体制、社会保障体系等带来一系列的冲击，更会产生城市伦理、约束机制、生存观念、社会意识等更深层次的变化，并由此产生一系列问题。因此，借鉴国内外的成功经验，深入研究城市化进程中的流动人口服务管理的问题，正是政府及其有关部门面对城市化进程中的快速社会变迁所作出的反应，对于维护流动人口的合法权益，促进经济社会可持续发展，构建社会主义和谐社会有着重大而深远的意义。

一、建国后我国城市化进程中流动人口服务管理的发展历史

我国城市流动人口社会管理从建国初期开始到现在，至少经历过了三个阶段，从计划经济时期的严格限制流动人口的管理，到改革开放初期的防范式社会管理到当前的属地化社会管理。这种变革反映了一个趋势就是政府对城市流动人口社会管理的趋向宽松，城市流动人口对城市社会趋向接受与融合。具体体现为在制度安排方面为政府从严格限制到防范式管制，再到当前的积极服务管理，这一过程也反映了我国政府职能变化的一个脉络：政府职能从侧重政治统治和社会控制，到侧重经济管理和市场调控，再到现在的侧重社会管理与公共服务职能。

（一）计划经济时期的城市流动人口管理。建国初期，人口在城乡之间可以自由流动，基本上不受什么限制，农民可以向城市自由流动，从1954到1956年，迁移人数每年递增，3年间高达7700多万。大量农村劳动力进入工业领域，进入城市，使城市的人口负荷量骤然增大，城市资源短缺的情况更加严重起来。国家为减轻城市压力，支持工业化战略的实施，开始将控制人口流动的功能引入户籍管理，并从户口管理、粮油供应、劳动用工和社会保障等方面对农民盲目流入城市进行了限制。50年代末，政府颁布了《中华人民共和国户口登记条例》。《条例》明确规定了迁移审批制度和凭证落户制度，对户口迁移作了约束性规定。原则上，农民向城市、小城市向大城市的人口迁移都受到严格限制。

（二）改革开放初期的城市流动人口管理。中国改革开放以来流动人口有了迅速的发展。随着农村承包生产责任制的贯彻落实，经济体制改革的进行和对外开放的实行，中国农村农业生产效率提高很快，农村从事农业的劳动力，特别是东部、中部人口较多的地区农业劳动力有很大的剩余。同时，以城市为中心的科学技术力量也有了剩余，城市的手工业、家庭作坊、私人企业也重新开始发展。这样，大批农业剩余劳动力便冲破了城乡隔离的藩篱，从土地分离转移出来。九十年代以来，中国人口迁移与流动又出现了大规模、跨区域、长距离的引人注目的现象。与八十年代人口迁移与流动的不同之处在于，它不仅出现在城乡之间，而且出现于省区之间。具体来说，主要就是中西部地区的农民向东部地区的大、中城市流动，形成了规模性和浪潮式的冲击。城市政府主要对流动人口实施防范式管理，以户籍制度为基础、把城乡分割式的二元社会管理延伸为城市内部的二元社会管理。城市流动人口属于“二等公民”，基本权益得不到保障，无法享受与城市居民对等待遇。

（三）现阶段我国城市流动人口管理。当前，我国城市流动人口社会管理主要为属地化管理。属地化管理是指由城市政府对外来流动人口进行的直接管理，“单位负责、条条保证、以块为主、条块配合”，以流动人口现居住地为主，责成居住地的城市基层政府对辖区内流动人口实施管理，管理职能和事务接受上级主管部门和职能部门的领导。这种管理机构设置基本上是政府行政管理机构的延续，管理方式，内容都是行政化的。

属地化社会管理的类别。一是硬件属地化管理，其主要含义就是由城市基层政府以硬件投入为主的社会管理。比如“公寓式”、“旅馆式”管理，由政府单独投资或与用工单位合作投资兴建一批“公寓”或者“旅馆”，廉价租给该地的城市流动人口，并对他们进行直接或者间接管理。二是软件投入属地化管理。当地基层政府通过一系列人性化的措施和活动，改善城市流动人口生活的软环境，拉近与辖区内的城市流动人口距离，增强他们的归属与认同感。以热忱周到的服务，从调解生活矛盾琐事到安排就业培训、开办学校、帮助职工维权等等方面处处体现“以诚相待、真心关爱”的行为宗旨，从意识上变管理为服务。

二、我国现阶段城市化进程中流动人口快速发展的积极作用与副作用

（一）积极作用。1. 弥补城市部分行业就业不足，减轻农村就业压力，使流入地和流出地经济共同发展。首先改革开放以来城市经济发展较快，劳动力需求不断增长，由于产业机构的调整和人们就业观念的转变，许多城市职工宁愿失业也不到城市中一些脏、累、重而待遇又不是很高的行业，如建筑、纺织、化工、环卫、运输、服务等部门工作，农村劳动力的流入弥补了这些行业的空缺，为城市的发展做出了很大贡献。其次农村劳动力流出减轻了农村就业压力，提高了农村人均资源拥有量，有利于农民收入的提高和农村经济的发展。更重要的是农村劳动力流动，可使农民将技术信息、管理经验以及新观念带回家乡，从而带动流出地区的经济发展。2. 细化就业分工，优化就业结构，促进全国统一劳动力市场的形成。一是流

动人口进入城市促进城市就业分工的进一步细化，优化就业结构，提高了社会生产率。农民工在城市从事的职业基本上处在第三产业，这在客观上加快了城市第三产业的发展，促进了市场经济的完备，使得劳动力在城乡之间得以合理流动。二是大量流动人口进入市场，利用市场信息，通过劳动者与企业双方自主决策实现就业，从而实现市场配置劳动力资源的新机制，由此推动了城市的用工制度、工资制度、户籍制度和教育培训制度的改革。3. 加快了城市化发展进程。一方面，城市化为人口流动，特别是农村人口向城市的转移，提供了直接动力；另一方面，人口向城市的流动，充实了城市化发展过程中的所需要的劳动力资源，并直接扩大了城市需求，大量农村劳动力流入，拉动了城市很多行业的发展，而且流动人口本身就是一个巨大的消费群体，他们对商品生产和商品流通的发展起了巨大的推动作用。农村劳动力的进入，促使城镇加快住房、交通、通讯、水、电、气等基础设施建设，医疗卫生、文化教育事业也得到较快发展。

（二）副作用。1. 治安问题日益突出，城市管理难度加大。流动人口的流动性和复杂性，增加了社会治安的不稳定性。近年来各类治安案件中，外来流动人口作案的比重呈大幅上升趋势。据北京市公安局统计，1990 年外来人口犯罪率（外来人口犯罪占总犯罪的比率）为 25.5%，1992 年为 37.6%，到 1994 年达到 50%，近两年外来人口犯罪率已达 60－65%，而且刑事大案、要案不断增多，严重扰乱了社会治安，危害了城市的社会稳定。每到春节前，严厉打击外来人口偷窃、抢劫也成为各级公安部门非抓不可的大事。2. 就业形势复杂，失业问题严重。随着城市产业结构调整和国有企业的改制，产生了为数不少的下岗职工。在政府将解决本地人口就业作为头等大事来抓的前提下，逐年增长的外来人口无疑使本区的就业形势进一步复杂化：一方面本地人口就业困难日渐突出；另一方面，外来人口就业也面临严峻的挑战。3. 教育培训体系缺乏完善管理。这里所提及的教育培训问题，一是指民工自身的再教育问题；二是指民工子女的义务教育问题。就民工自身的再教育问题，虽然我们一直在强调，加强流动人口的法制教育是减少流动人口犯罪的有效途径，但不可回避的现实是，长期以来我们对流动人口的法制教育是严重滞后的。就民工子女的义务教育问题而言，民工子女是外来务工者的补充，他们既不同于本市居民的子女，也不同于外来务工者本身，因为他们对城市容纳他们与否相当敏感，因此外来务工者子女的义务教育问题显得尤为重要。目前，随着国家有关进城务工子女享受平等义务教育机会的相关政策的出台，流动人口子女的教育问题有了一定程度的改善，但还需要全社会共同努力，使流动子女受教育的权利与城里孩子实习真正意义上的平等。

三、我国城市化进程中流动人口服务管理不足分析

流动人口问题与经济社会转型密切关联。随着经济社会转型的加速，流动人口管理的形势日趋复杂，既有的管理在思路上、体制上、方法上，都还存在一些不容忽视的问题和缺陷。我国现行的城市流动人口管理，沿用的是计划经济体制下的行政管理思路，奉行的是“谁主管、谁负责，谁聘用、谁负责，谁容留、谁负责”的原则，采取的是以公安部门为主的防范型管理模式，过分侧重治安管理和整治打击，对流动人口以收费代替管理，对他们的服务甚少。二十年来，我国的城市流动人口已经发生了很大变化，这种陈旧的管理模式实际上已经不能适应形势的发展，在许多方面存在严重的弊病。

（一）思想认识上的不足。流动人口管理是一项系统的社会工程，它涉及政治、经济和社会的大问题。如果没有思想观念上的统一作为先导，那么要对流动人口实行宏观调控和有序管理是难以设想的。当务之急，不仅需要流动人口的流出地和流入地政府有比较一致的认识，而且需要决策层对此有充分认识。事实上，目前从上到下对流动人口管理的长期性和必要性都存在着认识不足的问题，没有普遍形成“流动人口管理是全社会的任务与职责”这一共识。一些地区、单位、部门和管理组织对流动人口管理工作重视不够，“本位主义”和“各自为政”现象还不同程度地存在，有些管理人员在工作中有畏难情绪和消极应付心理，社会各方面对这项工作的参与还不是十分有力，个别职能机关“单打一”的状况仍旧存在。从管理工作的指导思想来看，对流动人口带来的冲击、压力强调较多，而就其对

社会、经济发展所做出的贡献以及社会对流动人口应该承担的责任和义务考虑较少。具体管理中，由于对市场经济条件下流动人口存在的长期性和必然性缺乏足够的认识，存在着重限制、轻保护，重管理、轻服务的倾向，所采取的管理措施不能对症下药，有的甚至还沿袭计划经济时期的办法来管理流动人口，是堵而不是疏。

（二）管理体制上的不足。目前，流动人口管理的格局是重“条”轻“块”、“条”强“块”弱。这与城市管理体制改革相对滞后密切相关。在高度集权的计划经济体制下，城市管理主要以条条为主，且管理权限主要集中在市区两级，街道层面的管理力量比较薄弱。由于流动人口管理的法规规章基本上是按各个部门的职能划分分别授予其相应的行政执法权和处罚权，侧重条条管理。作为块块的街乡基本上没有行政执法权和处罚权，接受有关部门执法委托的情况亦较少，所以街乡对于自身辖区内的流动人口管理事实上起不到负总责的作用。尽管流动人口管理的法规规章对于“条条”的授权比较多，但是，由于专业管理部门的基层站所普遍职能不全，且管理幅度过大，管理力量薄弱，致使管理不到位、执法不到位的现象比较普遍。另外，基层流动人口管理工作权责不一致、财力保障不够有力、工作积极性不高、遇事推诿和扯皮等问题，都导致原条块关系不顺。流动人口管理的综合性，必然要求街道要承担比较多的管理任务，但由于“财随事走”的机制尚未很好地建立，必要的经费支持没有跟上，目前街道在流动人口管理上可以说作用不大。重“条”轻“块”、条块分割的结果，必然使管理过程中的协调点增多，管理效率低下且难以形成合力。

（三）管理效果上的不足。现行行政管理办法的指导思想是计划经济模式下的产物。政府安排农民进城做工的做法只是计划思维模式的新产物，“有序”流动由于难以满足劳动力商品供给方（劳动者）和需求方（用人单位）各自不同的需求与偏好，只能是自由流动。在计划经济思维的影响和支配下，管理措施自然重视行政管理，忽视群众参与；重视强制手段，忽视引导机制；重视上级命令，忽视基层自主；重视对领导负责，忽视对老百姓负责；重视本部门利益，忽视社会共同利益．在我国市场经济的步伐日益加快的今天，计划式管理办法的巨大力量将在高度自主灵活的市场经济面前逐渐消耗殆尽；基层的管理人员即流动人口协管员既无权力也无责任，积极性甚低；而最有权力和责任的高层领导又不可能时时来关注流动人口的问题。这样，对流动人口的管理工作必然会陷入疲于应对的“管不胜管，防不胜防”窘境中。

（四）管理方式上的不足。管理模式按其目的可以划分为两类：一类为防范式管理，其管理的目的在于通过管理使管理对象对管理主体或他人的危害性降低或消失，从而实现管理主体和他人的平安与幸福。它要预先假设管理对象对主体或他人有危害的危险行为。管理主体对管理对象以防范为主，不考虑或基本上不考虑管理对象的利益与要求，地位高于管理对象。另一类为服务式管理，其管理的目的在于通过管理使管理对象获得安宁与幸福，实现管理对象与其他人之间的秩序与协调。管理主体对管理对象以服务为主，需要充分考虑管理对象利益与要求，主客体地位是平等的。目前，我国城市政府对流动人口进行管理的各类管理制度基本上处在由传统的防范式式管理向现代意义上的服务式管理的过渡时期，防范式的管理理念仍然根深蒂固。

总之，城市化进程中的流动人口服务管理是当务之急。政府管理者应该认真研究和探索人口流动规律，找寻卓有成效的方法和对策，提高管理和服务的效果。

四、加强城市化进程中的流动人口服务管理对策研究

（一）牢固树立人本化管理新理念。促进城市经济社会和谐发展，首先是人的全面和谐发展，而减少或者消除传统户籍制度下城市二元社会之间的排斥和对抗等不和谐因素，是构建社会主义和谐社会的重中之重。当前，社会管理部门在管理、服务流动人口过程中要确立人本化实践理念。一是城市新市民的理念。政府要切实改变对外来流动人口的看法，确立新理念，视他们为新市民，把其真正看作是当前经济社会不可缺少的生力军，彻底摒弃外来民工是“二等公民”、“流浪者”、“制造治安问题的人群”等一系列错误观念，把流动人口纳入政府人口管理和社会发展规划之中，纳入各级政府、各级管理部门和社会日常工作之中，切实保障他们在就业、党建、社会保障、维权教育等方面享受与市民一样的

待遇。通过实际行动，认识他们在经济社会的积极作用，确立他们在城市中的地位，充分利用和挖掘好外来流动人口生产力资源，进一步扩大城市内需，增强城市发展后劲。

（二）合法公民权益人的理念。为引导流动人口进城务工和保障流动人口合法权益，党中央、国务院采取了一系列重要措施，各级政府部门也做了大量工作，流动人口的生活有了明显改善。但是，冷静观察城市外来流动人口的实际情况，我们发现一些流动人口的劳动报酬得不到保证，流动人口工资不够生活费用；劳动时间随意延长，包括因欠薪催讨工资的事件时有发生；一些企事业单位用工不规范，不订合同，随意变更合同条款，终止合同的情况屡见不鲜。这些问题的普遍存在，强化了一部分流动人口对城市社会的不认同感甚至敌意感，容易对社会造成不良社会后果。

各级党委政府要主动健全和完善有关管理和服务劳工的法律法规，公平公正的处理好“外来民工”与“本地居民”矛盾纠纷，积极维护他们在工作、生活中的民主政治权利，建立政府、社会、企业良性互动的外来流动人口引导服务机构，加强对外来流动人口务工培训；要加大投入，通过政府投资建立适合外来流动人口的居住区，切实改善流动人口的生活条件，保护他们的民主政治权利，并引导他们作为城市居民要担负起责任、尽好义务，为城市建设发展服务，从而化解管理者与外来流动人口、城市居民与流动人口之间的矛盾。

（三）坚持服务为先。当前，关键是要准确把握流动人口服务经济社会发展，服务群众、服务民生的工作定位，防止工作出现偏差。公安机关应当通过人口服务管理工作为政府的宏观决策制订和微观政策实施服务，为实现社会公平正义、公共服务均等化建设提供强有力的支撑。在日常工作中，要将服务和管理有机的结合起来，把服务融入管理的全过程，努力推进亲情化服务、人性化管理，以优化服务促进管理，以优质服务凝聚人心。要更加注重以人为本、热诚相待，着力解决好对待群众的感情问题、态度问题，真正将流动人口当朋友、当兄弟、当家人、当亲戚，以真诚、热情、平等、包容的心态对待他们，让他们感受到家一般的温暖；要更加注重服务为先、保障民生，切实从群众最关心、最直接、最现实的利益问题入手，研究完善相关政策和服务措施，积极推动将流动人口纳入城市公共服务体系，从政策上、制度上保障流动人口逐步享有城市居民同等待遇。

（四）着力构建“党政领导、公安牵头、部门协同、社会参与”流动人口服务管理体系，实现格局建设新提升。随着工业化、城市化和市场化的加速推进，人口流动日趋频繁、人口服务管理新情况新问题不断出现、社会参与程度不断加深，流动人口服务管理工作已成为政府社会管理和公共服务的重要内容，其涉及政策性问题的广度和复杂程度，不是哪一个职能部门单独能够解决的，更多地是要通过政府层面的统筹协调，系统研究，综合考虑。要积极争取党委、政府进一步强化对流动人口人口服务管理工作的领导，成立由党政领导牵头，有关部门参加的人口服务管理工作领导小组或者协调机构，专门履行户籍制度改革和相关人口流动、服务、管理政策的研究、协调、督促、检查等职能，实现人口服务管理由粗放型、碎片化向精细化、综合性的转变。要积极抓住省综治委启动实有人口专项组的有利时机，整体推进以流动人口为主的实有人口管理工作。要着力打造一支由政府出资、公安机关使用，专职从事流动人口服务管理的专管员队伍，形成服务管理网络。要积极建立融公安、劳动保障、计生、房管、税务、信息中介等相关职责为一体的流动人口综合服务管理中心（站），搭建以社区为基本单位的综合服务管理平台，为流动人口提供“一站式”服务管理。

（五）从源头性基础性工作抓起，健全完善流动人口服务管理机制。登记是流动人口服务管理工作中最基础的环节，如果登统不实，我们的一切工作都会成为无源之水、无本之木，成为空中楼阁。所以必须要从流动人口登记、居住、从业等关键环节入手，由过去单纯强调流动人口登记申报义务转变为强化流动人口、出租屋主和用工单位三方主体的登记申报义务；由过去单纯的“以证管人”向“人、屋、业、证”四位共管的格局转变。一方面要继续深入开展入户访查活动，主动掌控流动人口动态信息。各级公安机关要把入户访查作为社区（驻村）民警的一项日常工作职责，依托警务综合信息平台，建立实行民警对出租房屋等的定期回访制度，及时掌握居住人员的变动情况，形成常态化的入户访查工作机制，切实做到底数清、情况明。另一方面要严格“以房管人、以业管人”工作措施，以静制动。按照“谁出租谁负责，谁用工谁负责”的原则，严格落实以实名登记为核心的房主、业主管理责任，督促其主动登记报告租住人员和从业人员的相关情况。要完善出租房屋分级分类管理模式，推行“旅店式”管理，组织、发动具有短期租赁特征的“旅业式”出租屋经营者，认真开展日常性的信息采集，依托旅店业信息系统，实时采集住客登记信息。

（六）积极稳妥推进户籍管理制度改革，推动实现流动人口基本公共服务均等化。要认真贯彻落实国务院《关于积极稳妥推进户籍管理制度改革的通知》精神，在国家确定的基本户籍管理制度的原则和政策范围内，按照具有合法稳定职业、合法稳定住所“两个合法稳定”的基本条件，紧密结合本地实际，抓紧研究制定积极稳妥推进户籍管理制度改革的具体实施意见，引导在城镇长期居住生活、有稳定职业和住所的农业转移人口有序转为城镇居民。对农村人口已落户城镇的，要积极会同有关部门落实相关政策，保证其享有与当地城镇居民同等权益。要深入推进居住证制度，为暂不具备落户条件的流动人口在当地学习、工作、生活提供方便。通过建立居住证制度，融居住登记和就业、社保、租房、教育、计生等多种服务管理功能于一体，从制度上逐步解决流动人口在劳动报酬、子女就学、社会保障、技能培训、公共卫生、住房租购、职业安全卫生等方面存在的突出问题。同时，要打通有序解决落户问题的阶梯式政策通道，为长期在城镇工作生活并在当地连续居住、参加社会保险达到一定年限的流动人口落户提供制度保障。

（七）共同构建和谐社会的理念。在许多城市，外来人口犯罪的比例还比较高，特别是一些引起治安热点的问题均与外来流动人口有关，构建和谐社会，首先要消除城市经济社会中的种种不和谐音符。这需要全社会统一行动起来，清除“以外制外”、“以流制流”、“被动接受管理”的传统思维，创新流动人口管理机制，齐心协力，共同构建流动人口维权、帮困、谋生和就学的服务平台。各地党委政府要通过为流动人口主动提供各方面的服务、政策咨询和法律援助，解决外来流动人口在就业、居住和培训等方面的困难，拉近距离，正确引导，在培养和提高他们参与平安创建积极性的基础上，积极物色热心社会平安事业的治安积极分子，不断充实到治安志愿者、协警员和警风警纪监督员到队伍中去，进一步壮大群防群治队伍，丰富群防群治工作的内涵。要不断健全完善各项制度，理顺工作机制，确保各项工作有序有效的开展。

（作者：省法制办副主任赵树堂；省法制办行政法规处刘峥嵘）

【执法规范化构成要素研究】 执法规范化无疑是一个科学有益的命题，随着法学理论与实践的发展，执法实务界与学术界对制定执法规范的热情愈益高涨，各种各样的执法规范不断出台，有效地推动了执法规范化程度的提高。然而一个不容回避的情形是，许多执法规范在实践中的效用并不理想，有的执法规范出台后，基本是停留在文件上、会议上、信息专栏上，尚没有进入执法活动中；有的虽然进入执法实践，但很快就被搁置或退出，变成了短命规范；更有些执法规范从制作开始就是一个形式主义的作品。诚然，在执法规范化探索过程中，这些问题的出现和存在并不奇怪，究其原因也是多方面的，其中至关重要的一点是对执法规范化的构成要素关注和研究不够，致使执法规范存在着构成要素不科学、不完备的根本性问题，导致执法规范的生命张力不足、有效性不强。为此，本文试对执法规范的构成要素作一点探讨性研究，以期引起各位同仁的注意。

一、执法规范化的构成要素是执法规范科学有效的基础性因素

执法规范化构成要素，是指执法规范化的基本成份，即构成执法规范化的基本元素。研究执法规范化构成要素问题，就是把整体形态的执法规范当作一个系统，对构成执法规范化的诸基本要素进行解析，着重去研究构成这个系统的要素是否科学、完备、准确，提出相应的对策，确保这个系统构成要素的科学、完备程度，从而保证执法规范化的科学有效性。

在执法规范从出现到发展的各个阶段，各种各样的执法规范都客观上具备相应的构成要素，否则，就不能形成执法规范的客观形态。然而执法规范的科学化程度，往往与构成要素的质量优劣状况、构成要素的完备情况、构成要素间关系的科学化程度直接有关。因此，执法规范化整体优化的需求，要求构成要素的上述因素能够整体优化。因为构成要素的质量状况、完备情况和相关关系的科学化程度如果不能整体优化，就会使执法规范化产生木桶效应，木桶的短板无论发生在哪些要素和因素上，都会降低执法规范化的水平。执法规范化发展的过程，概括地讲就是其构成要素的质量提高过程、要素完备过程，要素间相互关系科学化过程。上述因素愈优化，执法规范的合理化、科学化可能性就越大，可预期性就越高，确定性就越好，执法规范所蕴含的正义和理性就越多，其效力也就越强。

判断执法规范化构成要素是否优化的标准及其对执法规范化的影响，通常有以下情况：（1）构成要素含义的明确性与确定性程度。如果构成要素的概念模糊，含义含糊不清，内容游移不定，这些要素就呈现“病态”，是不健康的细胞，直接影响到执法规范的明确性与确定性，使执法规范先天不足。（2）构成要素的完备性程度。要素不全就会直接导致执法规范的结构缺陷和功能缺陷。（3）构成要素间相互联系的和谐程度。构成要素要按着一定的规律排列和运行。构成要素的内部关系和谐，那么执法规范的外部作用就有效。如果构成要素结构松散，相互冲突矛盾，就会造成执法规范的体制性内耗，无法有效的发挥规范作用。（4）构成要素的技术化、工具化程度。规范就是标准，执法规范化，就是使执法行为合乎既定的标准。因此，执法规范的构成要素的技术化、工具化程度越高，可操作性就越强，实践中的有效性就越充分。

二、执法规范化应当具备的构成要素举要

执法的概念有狭义和广义的两种理解，本文基本上取广义的解释：“执法，是指国家行政机关、司法机关和法律授权、委托的组织及其公职人员，依照法定职权和程序，贯彻实施法律的活动，它包括一切执行法律、适用法律的活动”广义的执法涉及到行政执法和司法适用等多种情况。因此，本文所列构成要素应当照顾到各种执法主体所拟制的各类执法规范。我认为执法规范化应当具备下述主要构成要素：

（一）观念类要素。所谓观念类要素，是指执法规范中所应当蕴含的基本法治理念。他既是执法规范制定者用以指导执法规范制定并将其蕴含到执法规范中的法治理念，也是执法规范实施者所应树立并在实施实践中具体体现的法治理念。概言之，它既是执法规范制定者应具备的，又是执法规范实施者应具备的，更是执法规范应蕴含的观念要素。与执法有关的观念要素很多，但我认为以下几项观念性要素是不可或缺的：

1. 价值取向。执法规范的价值取向是执法规范的灵魂，应当完整地体现“法的目的价值”——公平、正义、秩序、自由、权利等，“法的形式价值”——执法规范在形式上具有逻辑严谨而不自相矛盾、内涵简明而不含混繁琐、明确易懂而不神秘晦涩、相对稳定而不朝令夕改等品质和属性。

2. 宗旨选择。制定执法规范的宗旨选择，是执法规范的目的性要素，它必须把制定和实施执法规范的直接目的——规范执法行为、行业执法目的——行政执法和司法的专业执法目的、执法公共目的——维护和保障公共利益和社会秩序等统一起来，并服务于根本目的——维护公民、法人或者其他组织的合法权益，最终为了维护人民群众的根本利益。应当注意的倾向是：不能因片面突出执法规范的行业执法目的——保障执法机关有效实施行业执法行为，而导致行业执法目的背离公共目的和根本目的的现象发生。

3. 利益保护原则。这直接关系到在各类执法规范中的利益博弈关系。无论行政执法规范还是司法规范，都应当明确体现“权益同等保护原则”，即：不论公益和私益，合法权益同等保护，非法权益同样限制，违法权益同样除斥。如有例外，应当有合法理由和合理措施。

（二）体制类要素。所谓体制类要素，是指执法规范中关于构成执法体制、机制和制度的有关要素。体制要素科学完备，能够构建合理的执法体制、运行机制和保障制度体系，以保证执法规范的有效实施。执法规范的体制类要素，应该有以下三项：

1. 执法体制。执法体制是指各类执法主体的组织制度，包括执法主体结构、法定执法职权和义务等构成的组织体系。执法体制涉及到各类执法主体的内部结构，涉及到执法职权和义务的合理划分，同时还涉及到执法主体

之外的有关当事人权利义务的行使及其在执法过程中的参与程度诸事项。

执法体制是执法活动的组织基础，它规定着执法的权力关系、方式方法、运行机制、发展方向，是执法行为符合法治原则的制度性保障。执法体制科学与否，直接关系到执法活动的效益和效率、质量和水平。因此，党和国家历来重视执法体制的建设。党的十六届三中全会决议指出，要按照权力与责任挂钩、权力与利益脱钩的要求，建立权责明确、行为规范、监督有效、保障有力的执法体制。各级政府不断深化行政管理体制改革，司法系统的司法体制改革也进行了许多卓有成效的探索，这些执法体制改革的探索成果，应当及时地进入执法规范，不断形成更加合理、更加完善、更加有效的执法体制。

2. 运行机制。如果说执法体制是一种静态的组织结构，那么执法运行机制就是这种组织结构动态化的运作机理，两者之间紧密联系又各自独立。执法运行机制主要是解决执法活动有效运行的条件，包括运行轨道、运行环节、运行协调、运行效率等问题。运行机制既要保证效率，又要保障公平，这就要求既要有动力和助动力机制，又要有刹车机制；既要有消除运行摩擦力的润滑机制，又要有必要的摩擦系数。以实现对公平与效率统筹兼顾的有效掌控。

3. 保障制度。所谓保障制度，是指以体制、机制为基础和前提，为体制、机制服务，保证体制和机制功能实现的配套制度。各类不同的执法所需要的配套制度不同，配套制度的数量和内容各异。一般说来，执法协调制度、执法责任及追究制度、执法质量考评制度、案卷评查复查制度、不同类执法间的衔接制度、执法检查及纠错制度等等，是各类执法都需要的配套保障制度，只是其具体内容因各自适应自身执法的需要而有所不同罢了。

（三）行为类要素。执法规范的规范对象，无疑是各类执法主体及其执法行为。因此，行为要素的科学完备是执法规范的重要内容。在广义执法的内涵下，包括着行政执法与司法的各类执法主体和执法行为。进入执法规范的行为要素，必须与本行业、本单位的执法职责相契合和匹配。从各类执法行为的共性角度来考察研究，下列各项行为要素可能是各类执法规范都应考虑选择的范围：

1. 主体合格。这是解决执法主体是否具备法定执法资格问题的要素，是执法行为合法的前提。只有具备法定资格的主体才有权实施执法行为。不具备法定资格的主体，其行为不论多么规范，最终都是因无权执法而形成的违法行为。行政执法主体资格的要素上，在很长时间里出现过不少问题，至今也未能根本解决，无主体资格执法的问题依然存在，尤其是委托执法、城管执法、联合执法等形式中主体资格问题更为突出，制定执法规范时应着力解决。随着现代公共行政的发展，有些执法权开始由国家行政机关向社会组织让渡，执法规范中的主体资格要素应为此留出发展空间。行政执法主体资格中还涉及到内设机构合法、执法人员资格合法等细节问题，即具有外部管理职能的内设机构、具有执法资格的人员才能执法。执法规范中的主体资格要素对此要严格规范。司法主体资格虽然一般不会发生非司法机关执法的问题，但司法机关中司法人员不具备司法资格、不以司法机关名义执法的问题并不乏见。同时，由于司法调解功能的发展，使原来的诉中调解延伸到诉前调解、立案前调解等等多种情况，其中司法机关在各种情况下应具备什么主体资格的问题因规定不明确而存在不规范不统一的现象。

2. 权限合法。这个要素的功能是执法规范应解决的执法管辖的问题。首先是管辖权划分要明确。行政执法中的许多管辖权法律法规规定比较笼统，尤其是层级管辖权不明确，以致于行政机关的执法权争议成为司空见惯。司法管辖虽然作了划分，但划分的比较原则，尚需要细化。其次是要严格防止执法主体越权侵权。其中：一是作为公权力的执法权不能非法侵犯私权利；二是执法不得越权，严格明确各级各职能机关执法权的界限；三是行政执法权与司法权不得相互非法干预。执法规范的权限要素中除了解决上述常规性问题外，应当研究在构建社会主义和谐社会的条件下，在执法权依法让渡和转移情况下的权限合法问题：如社会组织履行某些执法职能、社区矫正、少年管教、刑事案件中的民事先行赔付、现代科技手段监控与隐私权保护等等。

3. 对象适格。执法不能对象错误，这似乎是一个常识问题，但恰恰在这个看似常识性的问题上却屡屡出错，行政执法及司法中的行政、民事、刑事案件中搞错对象的事常常搞得让人啼笑皆非。因此，制定执法规范万万不可忽视对象适格这个要素。在执法活动中，首先在认定事实的程序阶段，务必搞清行为人（行政违法人、民事当事人、犯罪嫌疑人）到底是谁。其次，要理清行为人中谁具有权利能力。权利能力关系到责任的归属，在市场经济条件下，法人或者组织因合并、分立、承包、租赁、注销、撤销、解散、终止等情况导致的权利能力转移、变更、消灭，因所有权与经营权分离以及委托代理等情况发生的权利能力的有条件分离，导致当事人法律责任的演化。再次，对公民（自然人）来讲，还要进一步理清当事人的行为能力。一般来讲，无行为能力不承担法律责任，限制行为能力承担相应法律责任，完全行为能力承担完全法律责任。最后，认真适用法定免责条件，对具备法定免责条件的当事人，一般可以依法免除其法律责任。

4. 事实清楚、证据确凿。以事实为依据，以法律为准绳，是社会主义法制的基本原则。因此，事实清楚、证据确凿，应当作为一项重要的行为要素列入执法规范中。这一行为要素涉及到许多法学理论、法律原则和法律规范，但归纳起来可以概括为“五句诀”，即：(1) 任何一个执法行为都必须以法律规定的事实要件为基础。(2) 每一个事实要件都必须具有相应的事实佐证。(3) 每一个事实佐证都必须经过执法主体依法调查、收集、审查、评判和采信，经得起当事人的反驳和质证，经得起案外人的质疑，经得起法制监督主体的评查、复审。(4) 每一个事实佐证在合法性方面都必须无可非议。(5) 执法主体要通过推理和认知，按法定标准加以认定，对案件事实作出结论。

5. 适法正确。如前所述，正确适用法律准绳适法办案，亦是执法规范的一项重要的行为要素。针对执法人员素质层次区别、案件难易不同和案件质量要求，执法规范应提出不同层次的适法质量要求：一是明确适法标准底线和起码要求，即适用法律规范依据必须正确。执法办案必须要有法律依据，简单的“对法条”的做法，也必须用对、用全、用准法律依据。二是正确运用适用规则，这是适法办案的基本要求。法律、法规、规章对不同类的执法行为制定的适用规则，是执法人员适法办案的操作规则，执法规范必须对严格执行适用规则提出要求。三是善于解决法律规范冲突，是提高执法质量的高标准要求。执法规范对执法人员学会运用冲突规范解决法律规范冲突，通过运用优先适用规范、排除适用规范、选择适用规范、冲突裁决规范等冲突规范，有效地处理在“法律打架”情况下的法律适用问题。对此，执法规范应根据执法主体的层级特点，分层次提出要求，即：层级较高的执法主体及其工作人员（如省以上）要基本做到；对基层执法主体及其工作人员要鼓励和倡导。四是要积极引导大家在适用法律依据时体味其中的法律精神和法律目的，学会在无法律依据的情况，办好新型的执法案件，创设指导案例，并为立法探索和积累经验。

6. 程序正当。程序是执法运行机制的基本构造，它是通过对执法实践经验的总结和提炼而得出的科学认识加以规范化的产物，是执法规范中应当具有的重要的行为要素。执法规范中的程序性要素具有多种功能：首先，程序正当，既是实体公正的保障，又是形式公正的表现。它可以通过限制执法人员主观随意性、维护手段的正当性、保障权力与权利的平衡性，保持对执法权的有效控制，最大限度的保障公平与正义的实现。其次，程序可以从整体上统一提升执法人员的执法水平，把个别优秀转化为整体优秀。再次，程序能够把执法监督贯穿在执法的全过程，以有效的程序监督保证执法的公正，预防执法腐败现象的发生。最后，程序还具有教育引导、行为预期、不良情绪缓释、效率程度控制等多种作用，一个科学的程序流程，可以全面保障执法质量和水平。执法规范中关于对执法程序的构建问题应从严格遵循法定程序和科学设置非法定程序两个方面提出要求。在严格遵循法定程序上，对坚持程序原则、符合程序要素、遵守法定程序制度、尊重当事人程序权利、履行程序义务诸方面作出具体规定。在科学设置非法定程序上，要正确认识非法定程序存在的客观必要性和重要作用，明确设置非法定程序应遵循“不抵触”、“不矛盾”、“不加重案件当事人程序义务”的原则。

7. 合理适当。这是执法规范在正确运用裁量权方面的行为要素。无论是行政执法还是司法，都无可回避裁量权问题。执法规范要解决的不是讨论裁量权应否存在的问题，也不是讨论立法应当如何减少裁量权的问题，而是要解决面对客观存在的裁量行为应当如何做到合理适当的问题。目前，行政执法和司法在这方面的研究探索成果颇丰，如制定裁量权适用规则、建立裁量基准制度、如何处理执法中多层级办案人员裁量分歧问题、行政执法与行政诉讼对同一行为的裁量分歧问题，以及规范裁量权的不当行使和滥用问题等等。应当及时将这些成果有选择地引入执法规范。

三、执法规范化构成要素的自我发展和自我完善

一个科学完备的执法规范及其构成要素，应该具有自我完善、自我发展的能力，包括自律能力、自洁能力、功能扩张能力和自我协调能力，等等。这样的执法规范才能够保持其稳定性、有效性，才具有生机和活力。作者认为，执法规范构成要素的自我完善、自我发展应具备以下条件：

1. 执法主体的自律。执法规范的主体自律，是执法规范及其构成要素健康发展的基础性条件。执法规范构成要素自身发展完善的一切内容，都离不开执法主体自觉的能动性。实践证明，在不可根除的法律规范冲突面前，一个优秀的执法人员可以用高超的执法艺术去弥补、修正或缓解法律规范冲突产生的负面影响；一个素质偏低的执法人员则会显得手足无措、力不从心，甚至把案件办糟；一个动机不正的执法人员则可能会利用法律规范冲突的缺陷去谋私。因此，执法主体的自律是执法规范自我发展和完善不可或缺的条件。这种自律不是消极的，而是积极发挥主观能动性的种种思想和行为，包括：以一个合格的执法者为标准全面完善自己，以一个优秀的执法者为标准自觉地攀登法律科学的高峰，以社会主义法治建设者的主人翁精神视执法为终身事业，在不断提高执法水平的过程中只有奋斗的起点而没有满足的终点。执法规范诸要素具有了这种自律能力，就获得了生机和活力的不竭源泉，执法规范的方方面面就会不断发展完善。

2. 执法规范的自洁。执法规范的自洁，也可以称之为自整理(或自清理)，或者称之为新陈代谢。其功能在于及时发现和排除执法规范诸要素中因种种原因产生的那些不健康、失去生命力、失去存在理由的成份，及时吸取新的、健康的、具有旺盛生命力的成份，形成执法规范吐故纳新的机制。自洁条件一般包括发现错误、纠正错误的保障制度，自我监督和接受监督的监督体系，自我评估与社会评估的选优措施，日出条款与日落条款的启动机制，等等。这样，使一个整体相对稳定的执法规范，处在积极健康的有规律地相对变动之中，以实现其以吐故纳新为特征的自我发展和完善。

3. 与其他制度的衔接与互动。如果说自洁条件是执法规范诸要素在实现内部优化的话，那么衔接与互动是在本执法规范外的更大的系统中去实现执法规范诸要素的优化。通过与其他制度建立衔接与互动机制，既可以使自身的优势为社会主义法治建设服务，更能够从社会主义法治建设大环境中汲取营养，还可以使自身的制度和机制与其他诸方面的制度和机制相结合，共同构建出一个适应建设社会主义法治国家，建设社会主义和谐社会需要的综合性的法治体制、机制和制度。这些衔接与互动表现在：与立法制度的衔接与互动、各类执法种类中相互间的制度衔接与互动（如行政执法与司法制度的衔接与互动等)、与社会组织自律机制的衔接与互动、与各类监督制度的衔接与互动，等等。这样，执法规范就成为名副其实的开放型、与时俱进的、科学的规范体系。

（作者：原河北省人民政府法制办公室巡视员，河北省人民政府法制专家咨询委员会专职副主任，河北大学政法学院教授、硕士研究生导师李文泉；中国人民解放军石家庄陆军指挥学院，博士，副教授李始江）

【强化领导机关和领导干部的法治思维】 中央明确要求各级领导机关和领导要提高运用法治思维和法治方式的能力。周本顺书记在省委八届五次全委会议上更是明确要求以法治思维和法治方式促进科学发展。“火车跑的快，全靠车头带。”各级领导机关和领导干部就是全省科学发展的“火车头”，如何提高“火车头”的法治思维是建设“法治河北”的关键所在。

提高法治思维，我们认为应当强化以下五个观念：

一是法律至上观念。18世纪英国法学家布莱克斯率先提出“国王贵居万众之上，却应该受制于上帝和法律”。美国《布莱克法律词典》将法治一词解释为“法律的至高无上地位”。这是坚持宪法和法律至上的渊源。我们党和国家在社会主义建设中付出沉重代价后终于在坚持法律至上这方面凝聚了共识。正如习近平同志指出，新形势下要特别强调依据宪法治国理政。执政党应依法执政，党必须在宪法和法律范围内活动，真正做到党领导立法、保证执法、带头守法。法律至上，就是要让法律在每个人心中树立崇高的地位，每个人都应该服从制度和规则，而不是服从个人的意志和权力。任何组织或者个人，都不得有超越宪法和法律的特权。坚持宪法和法律至上一方面是社会主义法律的本质决定的。我们的法律是在党的领导下，汇集广大人民群众的意志制定的。尊重宪法和法律也就是最大限度地尊重人民意志和利益。法律保持应有的权威也就是维护执政党的权威和国家的权威。坚持法律至上另一方面是推进依法治国方略的基本要求。党的十八大报告指出，“更加注重发挥法治在国家治理和社会管理中的重要作用”，提倡法律至上，选择法治模式会带来规则治理的确定性，能够切实保障人民群众安居乐业，维护社会秩序的稳定，保障国家长治久安。

二是职权法定和权责一致的观念。职权法定就是指任何行政职权的取得和行使都必须符合法律规定。这是合法行政的内在要求，是对行政机关权力来源的规定，行政机关实施行政管理必须有法律的授权，并在法律授权范围内行使职权，法律规定政府享有多大的职权，政府才能行使多大的职权，否则就是越权和滥用职权。关于权责一致，是指行政机关依法享有多大的权力就应当承担多大的责任。具体而言，行政机关依法履行管理职责，要由法律、法规赋予其相应的执法手段；行政机关违法或者不当行使职权，应当依法承当法律责任。承担责任是现代法治政府的第一要义，政府的权力来源于人民，政府理应承担起与权力对等的责任，对人民负责。政府违法行使权力要承担责任，违法不作为也要承担责任。

三是依程序行政的观念。程序正义是实体正义的保障。美国1946年就出台了行政程序法，依程序行政是法治国家的重要标志。我国目前还没有出台统一的行政程序法，但许多单行法如行政处罚法、行政许可法和行政强制法对程序正当原则都有体现。国务院2004年《全面推进依法行政实施纲要》亦确立了程序正当是依法行政的基本要求，明确规定行政机关及其工作人员在实施行政管理时应当遵守的准则。况且目前已经有大量的案例证明了我国依程序行政的观念得到践行，例如在国有土地上征收房屋的相关法院判决中，行政机关在程序上的瑕疵已经影响了行政行为本身的合法性。程序不合法，征收行为就不合法。所以各级领导机关和领导干部一定要树立依程序行政的观念，避免实施行政行为的决策因程序上的瑕疵而缺乏合法性。

四是法律面前人人平等的观念。法律面前人人平等已作为一项基本的法律原则、公民的一项基本权利写入我国宪法和有关法律中，在我国，坚持社会主义法律平等原则，具有多方面的重要意义。首先，它充分显示出社会主义政治制度的优越性，有利于提高广大群众的政治思想觉悟，树立国家主人翁责任感；其次，它鲜明地反对法外特权，防止特权思想和特权作风对我们干部队伍的侵蚀；第三，它鲜明地反对法外歧视，有利于坚持“以事实为依据，以法律为准绳”的司法原则，防止冤假错案的发生；第四，它要求人人都严格依法办事，既充分享有他们应当享有的法定权利，又切实履行他们应当履行的法定义务，有利于维护法律的应有权威，健全社会主义法制。对于领导机关和领导干部来讲，最重要的是要破除特权思想和特权作风。在民事法律关系中，领导机关和领导干部只是平等的一方，不谋取特权，自我践行法律平等原则；在行政法律关系中，施行统一标准的社会管理和公共服务，让所有自然人和法人都感觉一视同仁，平等对待。

五是理性思维的观念。法律是社会生活中的行为规范，规范性是法律的本质属性。如何形成规范，就是人理性思维运用的结果，就是要通过用逻辑方法、辩证方法、系统方法和观察体验的方法等等，对各种法律现象和法律问题进行科学的、理性的分析、归纳与综合，进而形成法律规范。因此法律是理性的产物，也是理性的化身，有了理性思维才会有法治思维。这也就是为什么依法行政原则包含合理行政。“合理行政”中“理”就是“理性”。只有用理性思维基础上形成的法治思维行使权力，管理社会，才会更加接近事物本质，更加体会人民群众的需求，才会做到公平、公正。

强化法治思维，我们认为应当采取以下五个举措：

一是强化领导干部学法机制。《依法行政实施纲要》要求领导干部要带头学习和掌握法律知识，所以要重点加强面向领导层的法制培训和教育，具体措施如通过举办法制讲座、报告会、研讨班、培训班等形式，增强领导干部法律观念和法律素养、提高依法行政的能力和水平；建立健全党委（党组）中心组学法制度，坚持常务会前学法制度；建立领导干部任职前法律考试制度，要求各级领导干部任职前要通过依法行政知识培训考试，对拟提拔领导干部进行专门依法行政知识测试，凡成绩不合格的不提拔任用，以督促各级领导干部学法用法意识。

二是加强行政机关工作人员的培训。《依法行政实施纲要》要求要把依法行政情况作为考核行政机关工作人员的重要内容。一是要严把入口，要组织新增行政行政机关工作人员的考试。坚持和完善行政机关工作人员上岗前法律知识培训制度和定期轮训制度，严格标准，优化行政机关工作机关队伍结构。二是加强本系统行政执法人员资格审核，对不具备执法资格的要进行清理，及时收缴作废执法证件。三是加强行政执法规范。做到执法服装、执法标志、执法证件和执法外观场所“四统一”，提高了群众对行政执法的认知度和认同感，增加了执法的公信力。

三是创新普法方式。加强和改进面向全社会的普法教育，增强全社会尊重法律、遵守法律的观念和意识，积极引导公民、法人和其他组织依法维护自身权益，实现法制宣传教育工作的规范化、制度化，逐步形成与建设法治政府相适应的良好社会氛围。例如邢台市以建设法治政府为主题，大力开展“依法治市”工作的宣传报道，先后通过河北广播电台、新闻联播等媒体加强依法行政宣传，增强全社会法律观念和意识；省人防办、省新闻出版局、省测绘地理信息局以依法行政、建设法治政府为主题，结合部门实际情况，组织开展本系统征文评选、知识竞赛等活动，积极宣传依法行政的先进经验和做法；省广电局发挥广电媒体优势，以办好法制栏目强力法制宣传，除新闻节目外，每天播出法制宣传节目时长达 250 分钟。这些地市和部门为全省努力营造浓厚的社会法制氛围提供了鲜活生动的范本。

四是建立健全行政首长问责制。建立行政首长问责制的前提是行政权力公开运行，因此要继续建立健全行政权力公开运行机制。推广全省行之有效做法，如邯郸市开出地级市第一份“市长行政权力清单”和“政府行政权力清单”，切实有效的贯彻落实《河北省行政权力公开透明运行规定》和中共中央办公厅、国务院办公厅印发的《关于深化政务公开加强政务服务的意见》。

具体内容应当有：一是直接将监督对象确定为行政首长。目前的体制对行政首长的责任规定不明确，特别是集体决策时，更难以明确责任。建立行政首长问责制直接把监督对象确定为行政首长，完善了行政监督制度，使行政首长权责一致。二是把行政首长的领导责任量化定型。过去很多情况下行政首长的行为既不违反法律，也不违反纪律，往往是“集体决策”的结果，责任难以判定。行政首长问责制应包含对行政首长履行职责不力和施政不佳应承担的领导责任的追究，实质上增加了行政首长职务责任。三是开启人民群众监督行政机关特别是行政首长的新渠道。建立行政首长问责制，应当包含人民群众可以通过举报、控告或者通过人大、政协和新闻媒体启动问责程序，拓宽行政监督渠道。四是强化层级监督。强化行政首长对本级政府各部门和下级政府的监督权威，便于行政首长统揽工作全局，确保政令畅通。五是建立与其他监督渠道衔接机制。主要是规定行政首长问责制与党委、权力机关、司法机关有关追责规定的有机衔接。

五是将“依法行政考核”上升为“依法执政考核”。党的十八大提出的依法执政，就是指一个政党依照法律进入国家政权并在其中处于主导地位，且依照法律从事管理活动。周本顺书记在省委八届五次全委会议第一次全体会议上指出“一定要在发展环境上大打法治牌，把法治河北建设抓实抓好”。全省依法行政考核工作刚刚结束，展示了去年全省依法行政取得的丰富成效，获得社会各界好评。但是，依法行政考核仅仅局限于行政机关及其领导的考核，与建设法治河北的要求有距离，为今后更加有力的强化各级党政领导机关和领导干部法治思维，建议以后首先将“依法行政考核”提升为“依法执政考核”，通过建立针对党委机关、权力机关、行政机关和司法机关不同的指标体系，对党政领导班子和领导干部都要进行法治考核，其次将考核结果作为约束性指标纳入党政领导班子和领导干部考核评价机制，作为评定干部业绩的重要依据。另外，考核机制要走群众路线，要吸收社会组织和专家学者以及普通的群众参与考核，避免出现自娱自乐的现象，提高考核的公信力和公平性。

（作者：省法制办经济法规处处长孟相维；省法制办经济法规处副处长刘建辉）

【摆正关系　强化意识　健全制度努力提高机关党建工作水平】

全面推进机关党的工作，充分发挥基层党组织的战斗堡垒和广大共产党员的先锋模范作用，激发和调动机关基层党组织和党员的积极性和创造性，开拓创新，求真务实，争先创优，为建设“廉洁、勤政、务实、高效”的机关，“建设经济强省、和谐河北”奋斗目标，优化河北发展环境提供有力的法制保障，需要强有力的机关党建工作为保障。

一、摆正机关党建工作与业务工作的关系，把机关党建放在重要位置来抓

机关党建工作在目的上与业务工作具有一致性，但在工作侧重点、运行规则、具体形式上有相对独立的一面。《中国共产党党和国家机关基层组织工作条例》（以下简称《条例》）明确规定：机关党组织协助行政负责人完成任务，改进工作，对包括行政负责人在内的每个党员进行监督。因此，充分认识机关党建工作和业务工作的关系，是做好机关党建工作提升机关整体形象和干部队伍素质的前提。

首先，机关业务工作是机关党建工作的基础。机关的业务工作是机关工作的主体，它反映出机关的工作性质。检验一个机关在党和国家政治生活中的地位和作用，主要看这个机关完成本身业务工作的情况如何。没有机关业务工作，机关党建工作就没有存在的基础。政府法制机构是推进依法行政、建设法治政府的重要部门，政府法制机构的业务职能是由工作特点决定的：一是责任重大。政府法制工作是政府工作的重要组成部分，关系到国家权威和形象，关系到政权的稳固，关系到依法治国基本方略和党的各项路线方针政策的落实。二是工作接触面广层次高。政府立法是进一步完善社会主义法律体系的重要组成部分；执法是现代行政的基本要素，行政管理最根本的要求是依法行政；行政复议是行政机关自我纠正不当行为的重要制度，是预防和化解社会矛盾，维护社会和谐的重要制度。三是工作程序性强。法规、规章的调研、协调、修改、提报，复议案件的受理、审理、决定、执行都必须严格遵守法定程序。四是专业需求水准高。与一般的政府部门不同，政府法制部门在专业需求上除了要具有专业的法律知识，还要有较高的理论水平、政策水平。如，从事立法工作的，除了具备丰富的法律知识，熟悉立法技术，还要了解实际情况，掌握行政管理特点和规律；从事复议工作，除了具备过硬的作风外，还要具备坚定的政治立场、敏锐的观察力、较为全面的知识结构和驾驭解决复杂矛盾的能力；从事行政执法监督工作，需要具备协调处理各方面关系的能力和水平，等等。总之，适应政府法制工作的多样性、复合性和专业性等特征，必须要不断提高机关党建科学化水平，围绕建立一支政治强、业务精、作风硬的政府法制干部队伍开展工作，为圆满完成政府法制工作任务提供保障。

其次，机关党建工作是业务工作的思想组织保证。机关党建工作是指党为保持自己的性质而从事的一系列自我完善的活动，不仅包括党务工作，还包括干部队伍的思想建设、政治建设、组织建设、作风建设和制度建设等等。只有党内规章制度得到较好坚持，党组织的战斗堡垒作用和党员的先锋模范作用得到较好发挥，才能建设一支素质过硬的政府法制干部队伍，更好地发挥在依法行政、建设法治政府过程中的参谋、助手和法律顾问作用。

第三，机关党建工作和业务工作两者不可分割。依法执政是中国共产党执政方式的升华。机关党建工作是党依法执政方式在微观层面的缩影和具体表现。在宏观层面上，中国共产党依法执政对于政府依法行政，是领导、指导、支持、保证的关系；政府依法行政对于党依法执政，是执行、实践、负责、保障的关系。政府法制机构也应当处理好机关党建工作和具体业务工作的关系。应当明确机关党的工作和机关业务工作是服务与被服务的关系、指导与被指导的关系，机关党的工作必须为党的中心工作和部门业务工作服务。政府法制机构如果离开了中心工作和业务工作，机关党的工作就会脱离实际，形成“两张皮”，失去针对性和目的性，也不会有生命力。机关业务工作不可能孤立地进行，必须依靠机关党的工作的有力保证。要克服机关党建工作是“依附”于业务工作的观念，在工作上避免盲目服从，不履行监督职能，不坚持办事原则，保持党建工作的相对独立性。积极开展思想政治工作，多做暖人心、顺人心、得人心的工作，力争作到“五必访”即：干部职工生病必访、遭遇天灾人祸必访、家庭出现特殊困难必访、家庭发生矛盾必访、工作岗位变动必访。通过思想政治工作，促使党员发挥先锋模范作用，调动广大干部职工的积极性，协调理顺各方面关系，解决矛盾，克服困难，保证政府法制工作的顺利完成。

实践证明，只抓业务不抓思想，只重视业务的力量，忽视党的作用，业务工作也不会真正扎实地搞好。我们必须切实摆正党建工作和业务工作的关系，充分认识党建工作是统领，不是从属；是促进，不是拖累；是保证，不是额外负担（三是三不是）。真正做到围绕业务工作抓党建，抓好党建促进业务工作，真正把党组织对业务工作所起的作用，作为检验机关党建工作成效的重要标志。

二、强化三个意识，提高机关党建科学化水平

意识是行为的先导，增强机关党建意识和能力，是提高机关党建科学化水平的前提和基础。

一是强化“执政”意识，增强工作责任感。加强机关党的建设，是加强党对机关工作的领导，强化阶级基础、扩大群众基础，巩固执政地位的需要，是确保机关工作正确贯彻执行党的执政路线、实现执政目标的需要。因此，要正确认识机关党建工作的地位和作用，切实增强工作责任感和主动性。首先，要消除“机关党员素质高，党建工作抓与不抓无关紧要”的认识误区，深刻认识党政机关的重要地位和作用，树立“机关党建工作必须‘走前头’”的思想。其次，要消除“机关党建工作任务较软、内容较虚、不直接从事经济工作和业务工作，没有干头，难有大的作为”的认识误区，深刻认识机关党建工作服务大局、服务中心的重要作用，树立“围绕发展抓党建，抓好党建促发展”的思想。再次，要消除“机关党建工作就是组织一下学习、发展几个党员”的认识误区，深刻认识新形势、新任务对机关党建工作的新要求，树立“坚持高标准、创造性开展机关党建工作”的思想。第四，要消除“机关党建工作做多了会越权越位、被人误解，工作少干为妙”的认识误区，深刻认识机关党建工作的重要性和党务干部的重要职责，树立“理直气壮抓党建、尽心尽职抓党建”的思想。

二是强化“人本”意识，突出工作重点。从工作对象看，机关业务重在做具体的“物”的方面工作，而党建重在做“人”的工作，特别是思想意识方面的工作，因此，要牢固树立“以人为本”观念，把“纯净人的思想，提高人的素质，发挥人的作用”作为工作重点。要健全组织体系，抓好基层党组织建设，扩大党建工作的覆盖面；要加强宣传教育，建立完善学习制度、谈心制度、走访制度等，调查了解党员群众的思想状况，有针对性地开展思想教育和能力教育，提高整体素质；要开展主题实践活动，如“爱岗敬业”、“公正廉洁”教育、“创先争优”、党员“认责承诺”，为党员设岗定责，打造平台，引导党员争“先”创“优”，发挥作用，以好的活动平台提高干部队伍的精神、激励干部队伍的士气；要狠抓作风建设，及时解决突出问题，使机关党员干部增强服务意识，提高服务质量，树立良好形象。

三是强化“中心”意识，明确职责定位。根据《党章》和《条例》的规定，机关党组织的主要职责是“宣传和执行党的路线、方针、政策，组织党员认真学习马克思列宁主义、毛泽东思想、中国特色社会主义理论体系和党的路线、方针、政策以及决议，对党员进行管理和监督，做好机关工作人员的思想政治工作，协助党组（党委）管理机关党组织和群众组织的干部”等。因此，要从“业务是目的，党建是保障”上定位机关党建工作，强化“中心意识”，围绕党的工作大局和业务工作这个中心，找准党建工作的切入点和着力点。一要抓引导，确保“中心”不偏向。通过有效的宣传教育和监督工作，引导机关业务工作严格贯彻执行党的路线、方针、政策，遵守法律、法规，保证中心工作的正确方向。二要抓整合，确保“中心”有合力。通过健全的党组织体系和教育管理工作，发挥好党员的先锋模范作用，带领党员干部职工，围绕中心任务勤奋工作。三要抓协调，确保中心高效率。注意发挥机关党组织联系群众的优势，了解干部职工的思想动态，协调关系，处理矛盾，为促进业务工作更加高效地运转发挥激励作用。

三、加强制度建设，增强机关党建工作实效

通过制度建设培育和弘扬党员干部尤其是领导干部的良好作风，是我们党加强和改进自身建设的一条重要经验。胡锦涛总书记在“七一”重要讲话中指出：“建设好、管理好一个有几千万党员的大党，制度更带有根本性、全局性、稳定性、长期性。提高党的建设科学化水平，必须坚持用制度管权管事管人，健全民主集中制，不断推进党的建设制度化、规范化、程序化。”邓小平同志曾经说过：“制度好，可以使坏人无法任意横行，制度不好，则使好人无法充分做好事，甚至会走向反面。”所以，应当把制度问题放到一个关乎全局的战略位置上。制度问题，体现了绝大多数人的利益，有利于维护政令统一。制度具有稳定性，通过制度建设，可以把好的作风固定下来，明确好与坏、是与非、正确与错误、可做与不可做的标准界限，易于遵守；制度又具有权威性，可以促进干部良好作风的养成；制度是刚性的，对人的行为具有导向性和激励性，可以激励和引导干部只做制度允许的事，树立和弘扬优良作风。

通过开展“三个代表”重要思想学习、党员先进性教育、开展作风建设年等教育活动和当前“创先争优”教育活动，机关党的制度建设水平得到不断提高。但也确实存在着一些问题：有的制度没有从实际出发，缺乏针对性；有些制度内容“笼统”，缺乏操作性；有的制度“写在纸上、挂在墙上”，没有“放到心上、落到实处”，缺乏实效性等。

增强机关党建工作实效，核心是形成以制度管人、管权的机制，应做到四要：一要贯彻制度公开透明运行原则，杜绝暗箱操作。二要制度在一定范围的封闭有限运行，防止制度运用范围过宽。三要公开透明和规范运行制度必须具有高度的刚性权威，防止制度的弹性化，使制度权威高于人的权威。四要对违反制度的行为给予明确的处罚。落实到具体工作机制方面，做到三个完善，一是完善机关党建工作的领导机制。如完善机关党建工作责任机制，突出抓好党员领导干部的示范作用，切实做到“四个带头”作用；二是完善机关党建工作目标管理考核运行机制。保证机关党建工作有计划、有安排、有目标、有考核，确保机关党建工作的正常运行；三是完善工作制度机制。要严格机关党委工作规则，坚持工作管理制度、坚持表彰制度、坚持督促检查制度，推动各项工作的落实。

（作者：省法制办机关党委专职副书记　刘建新）

【践行党的群众路线　提升政府立法水平】　按照中央和省委的部署，党的群众路线教育实践活动正在深入开展。在新的形势下，做好政府立法工作，必须更加注重践行党的群众路线，以群众路线统领政府立法工作，“一切为了群众，一切依靠群众，从群众中来，到群众中去”，这样才能把握好政府立法的方向，提高政府立法质量。

坚持群众路线是由政府立法的目的决定的。立法是人民意志的汇集和表达。坚持以人为本、立法为民是做好立法工作的根本目的。立法法总则中开宗明义地指出“立法应当体现人民的意志”。政府立法作为国家立法的重要组成部分，是对国家立法的补充和细化，也是一个收集、梳理、整理、平衡民意，并将代表人民意志和利益的民意上升为地方性法规草案和政府规章的过程。政府立法工作关系全省经济、文化、社会和生态文明建设的全局，关系到广大人民群众的切身利益，只有充分尊重人民群众的实践经验和创造精神，将维护和保障公民、法人的合法权益作为制度设计的前提，才能为实现好、维护好、发展好人民群众的根本利益提供良好的制度保障。

坚持群众路线是提高政府立法质量的客观要求。习近平总书记在中共中央政治局第四次集体学习时强调“要完善立法工作机制和程序，扩大公众有序参与，充分听取各方面意见，使法律准确反映经济社会发展要求，更好协调利益关系，发挥立法的引领和推动作用。”这对践行群众路线提高政府立法质量提出了新的更高的要求。政府立法工作是一项政策性、群众性、实践性很强的工作，是民主性与集中性的统一。政府立法质量的高低很大程度上取决立法工作者的素质，而践行群众路线，既是重要的立法工作方法，也是立法工作者能力和素质的重要体现，只有坚持走群众路线，善于走群众路线，才能使立法工作者的能力和素质在立法实践中不断提升，只有实行开门立法、阳光立法，深入调查研究，认真倾听不同阶层不同利益群体的声音，广泛集中民智、汇聚民意，使法规、规章体充分现各方面的智慧，才能使政府立法质量得到保证，为经济调节、市场监管、社会管理、公共服务提供制度正能量。

坚持群众路线有利于使政府立法得到更好地实施。法律制度的权威和生命在于实施，而只有得到人民群众理解和支持的法律法规规章才有可能得到很好的落实，因此，在政府立法过程中必须充分尊重和保障公众的参与权、表达权和监督权。这样才能使起草的法规草案和制定的政府规章充分体现群众的意愿和要求，实施后利于更好地理解、掌握、遵守和执行。

当前，在政府立法工作中要更好地践行群众路线应当做到“三要”。

一是，立法选项要充分倾听民声、关注民生。在编制政府立法计划、规划时，要就立法项目的立、改、废向社会公开征集建议。这是推进政府立法决策科学化、民主化、法制化的需要，也是推动科学立法、民主立法的重要举措。通过各种公开方式广泛征求群众意见，引导群众有序参与，调动群众参与政府立法的积极性和创造性，有利于将涉及群众切身利益问题的立法项目纳入立法计划，保证政府立法项目充分反映群众意愿，保证人民群众的意见在立法项目中得到充分表达、合理诉求和合法利益得到充分体现。近几年，在编制立法计划草案时，全省将通过网站及省内主要新闻媒体向社会公开征集立法建议作为重要的内容，对于群众提出的立法项目建议高度重视，认真进行整理、汇总、研究，同时，积极回应群众对政府立法工作的呼应和诉求，在确定立法项目时将与人民群众利益密切相关，社会关注而又急需的立法项目优先安排。今年，省政府首次编制了五年立法规划，其中涉及劳动就业、社会保障、非物质文化遗产保护、环境保护、食品安全等保护善和民生方面的15件立法项目是根据社会群众提出的立法建议确定的。向社会公开征集政府立法建议项目逐步实现制度化、规范化，收到了良好的社会效果，同时也使立法规划、计划的编制工作更加科学完善。

二是，立法过程要充分体察民情，集中民智。积极推进群众参与政府立法向广度、深度发展，实现群众的有序参与、广泛参与和有效参与。首先，立法调研要切实“接地气”，没有调查就没有发言权，做好政府立法工作，必须坚持实事求是，在立法调研上下功夫，要根据立法件的不同内容，有针对性地确定调查对象，注意倾听不同方面的意见和建议，要深入基层，深入群众，召开有关部门、基层行政执法人员、管理相对人参加的不同类型的座谈会、论证会、听证会，特别是征求管理相对人意见时，应当有不同利益的代表参加，并单独召开。通过调研，切实掌握实际情况，把立法中遇到的问题摸透，把解决问题的方法找准，同时对于调研过程中发现的带有倾向性的问题，要认真梳理、及时总结、深入研究，为立法决策提供第一手资料，切忌走马观花、浅尝辄止，为调研而调研，使调研工作流于形式。其次，在法规、规章草案征求意见时，除依法需要保密的项目外，所有政府规章草案和重要的法规草案都要当通过主要报刊、政府法制信息网等新闻媒体向社会公开，广泛征求社会各阶层、各方面的意见和建议，并给公众预留充足时间，对公众提出的建议，要充分采纳，并通过适当方式向公众反馈建议采纳情况。

三是，制度设计要充分回应民意、保护民利。在制度设计时要切实回应群众关切，努力将调研和征求意见过程中群众提出的解决问题的好想法、好建议以法规、规章制度的形式固定下来，对于群众反映的突出问题要通过完善制度设计有针对性地加以解决，使政府立法充分回应群众诉求，体现群众意愿，符合实际情况，解决实际问题；要正确把握权利与责任、权利与义务的关系，在设定公民义务的同时，特别注意对公民权利的保护，要注重保障群众合法权益，维护企业合法权益，着力为市场主体创造宽松的制度环境。在赋予行政机关必要的权力的同时，注重对行政权力的行使加以规范、制约和监督，要防止相关部门借政府立法之机，扩张部门权力，导致部门利益法制化的倾向。在设定法律责任时，要坚持教育引导优先，切实减少设定行政处罚，特别是罚款条款，能不设的不设，能减少的减少，充分运用相关管理部门的监督手段，多措并举，督促有关管理相对人纠正违法行为，不能为行政执法人员处理违法行为“一罚了之”、“拿钱走人”提供依据。

（作者：省法制办经济法规处副处长王永强）

【环渤海环境保护法制研究】 近年来，环渤海地区五省（区）二市党委、政府高度重视环境保护工作，始终把环境保护作为贯彻落实科学发展观的必然要求，在推动经济发展的同时特别注重环境保护工作，坚持在发展中保护、在保护中发展，并积极采取措施治理环境污染。经过多年的努力，环渤海地区环境治理工作取得一定成效，生态环境恶化的趋势得到有效遏制，部分技术指标得以维持或有所好转，但由于环渤海地区工业化城市化持续发展，污染物排放总量难以控制，生态环境恶化的趋势尚未根本扭转，局部地区生态环境破坏加剧，潜在环境事故灾难威胁加大，再加上环渤海地区独特的地理、气候因素，导致环渤海地区的生态环境相当脆弱，生态环境污染状况在短期内难以根本改善。

一、环渤海地区当前面临的环境问题

（一）陆上环境污染问题。在大气污染方面，虽然近年来环渤海地区各种大气污染物排放量快速增加的趋势得到遏制，部分城市空气质量有所好转，大气中二氧化硫和可吸入颗粒物（PM10）等持续下降。但与国家一级大气环境质量标准相比，有的省市仍然持续超标，有的城市大气污染仍很严重。根据《2010年环境统计年报》显示，二氧化硫排放量超过100万吨的10个省份中，环渤海地区占5个；氮氧化物排放量超过100万吨的有6个，环渤海地区占3个；烟尘排放量超过50万吨的省份有5个，环渤海地区占4个；工业粉尘排放量超过30万吨的省份有4个，环渤海地区占2个。此外，随着经济快速发展，环渤海地区与我国其他大部分地区一样，环境空气污染特征已经由煤烟型向复合型转变，区域性大气细颗粒物和臭氧污染不断加重，一些城市经常出现长时间灰霾和光化学烟雾污染，空气污染对公众身体健康构成严重威胁。原有的空气质量标准已不能很好地反映当前的空气质量状况，公布的空气污染状况与公众主观感受存在明显差距，公众开始质疑监测数据的准确性。为此，2012年2月，国务院修订了《环境空气质量标准》，增设了PM2.5平均浓度限值和臭氧8小时平均浓度限值，收紧了PM10、二氧化氮、铅和苯并（a）芘等污染物的浓度限值。可以说，环渤海地区大气环境所面临的污染治理问题，可能比水环境污染治理的任务更艰巨，在短期内要得到根本改善也更加困难。

在水污染方面，水环境安全一直是环渤海经济发展面临的重大难题。虽然环渤海地区各省区市政府积极开展水污染防治工作，然而，由于经济持续快速增长，经济规模不断扩大，流域内水资源的开发利用程度过高，水污染物排放仍未得到有效控制，水污染物排放总量居高不下，水体污染相当严重。在水资源利用方面，根据全国第二次《水资源调查评价结果》显示，淮河开发利用率为53%，辽河开发利用率为66%，海河开发利用率为100%，水资源的过度利用，导致这些河流枯水期基本没有生态流量，大大降低了流域水体的自净能力。另外，根据《2010年环境统计年报》显示，废水排放量大于30亿吨省份有6个，环渤海地区占1个；化学需氧量排放量前10位的省份中，环渤海地区占3个；氨氮排放量前10位的省份中，环渤海地区占3个。我国七大水系的主要污染指标为高锰酸盐指数、五日生化需氧量和氨氮。其中，长江、珠江水质良好，松花江、淮河为轻度污染，黄河、辽河为中度污染，海河为重度污染。根据《全国主要流域重点断面水质自动监测周报》（第22周）显示，辽河、海河上12个重点断面水质自动监测站的监测结果表明，Ⅰ类水质断面3个；Ⅱ类水质断面3个，Ⅲ类水质断面3个，Ⅳ类水质断面2个，劣Ⅴ类水质断面1个。

在固体废物污染方面，固体废物污染大致可分为生活垃圾、一般工业固体废物和危险废物三类。此外，还有农业固体废物、建筑废料及弃土。这些固体废物如果不加以妥善收集、利用和处理，将会污染大气、水体和土壤，最终危害人体健康。环渤海地区各省区市政府紧紧依靠科技进步，大力倡导循环经济和清洁生产，积极推进固体废物综合利用，固体污染物排放总量得到有效控制，固体废物处置率和综合利用率不断提高。仅以河北固体废物污染状况为例，根据《2011年河北省环境状况公报》显示，2011年，河北一般工业固体废物产生量为45140.8万吨，处置量为6236.4万吨，综合利用量为18833.6万吨，倾倒丢弃量为0.4万吨；危险废物产生量为50.7万吨，处置量为18.48万吨，综合利用量为32.27万吨，倾倒丢弃量为0。而在2010年，全省工业固体废物产量仅为3168.21万吨，排放量为4.45万吨；危险废物产生量为37.28万吨，排放量为0。

（二）海洋环境污染问题。由于渤海是半封闭型内海，海水交换能力差，海洋生态系统脆弱，渤海的污染问题相对其他三个内海来说，问题更为突出。根据国家海洋局北海分局发布的《2009年渤海海洋环境公报》分析，渤海的污染问题主要表现在：一是污染形势十分严峻，近岸海域污染较重。根据北海分局2009年的监测和评价分析，渤海严重污染海域面积较2008年有所减小，但近岸海域污染依然较重。海水中的主要污染物是无机氮、活性磷酸盐和石油类。渤海夏季海水质量状况较好，污染海域（劣于二类海水水质标准）面积约约占渤海总面积的16.3%；春季海水质量状况较差，污染海域面积约占渤海总面积的22.7%。在渤海三大湾中，莱州湾海水环境污染程度较重，渤海湾次之，辽东湾相对污染程度较轻。天津近岸海域海水环境污染最重，其次为山东近岸海域，河北和辽宁近岸海域海水环境质量相对较好。二是部分海洋功能区的环境质量不高，环境保护和污染控制工作仍需进一步加强。2009年，渤海海洋功能区水质达标率为75%。自然保护区的海水环境质量达标率较低，在渤海16个国家级海洋自然保护区和特别保护区中，仅有河北昌黎黄金海岸、大连斑海豹、蛇岛一老铁山和长岛等4个自然保护区海水环境质量符合海洋功能区环境质量要求。其他自然保护区主要是无机氮和活性磷酸盐的浓度偏高。在海水增养殖区中，36%的海域面积未达到功能区水质要求，主要污染要素是无机氮和化学需氧量等海水富营养化指标。在旅游度假区和捕捞区，海水环境质量达标率较高，达标面积均为77%，重点滨海旅游度假区和海水浴场环境状况良好。50%的海洋油气田邻近海域海水石油类含量超第一类海水水质标准。三是渤海生态形势不容乐观，典型生态系统健康状况堪忧。近岸海域富营养化严重，夏季富营养化面积占渤海总面积的23%，比2008年增加29%，赤潮等生态灾害发生风险增大。滨海天然湿地面积缩减，大量滨海湿地永久丧失其自然属性，生态功能丧失或减弱。河口大量建闸，阻断了对虾、刀鲚等溯河产卵生物的洄游通道，使河口邻近海域失去淡水补充，危及许多依赖河流冲淡水发育的生物生存。开放性养殖加大了养殖种类形成生物入侵种的风险，2009年外来物种泥螺的分布范围进一步扩大。在6个典型海湾和河口生态监控区中，双台子河口、滦河口一北戴河和黄河口生态监控区的生态系统处于亚健康状态，锦州湾、渤海湾和莱州湾生态监控区的生态系统处于不健康状态。四是陆源污染源超标排放现象依然严重。渤海沿岸排污口超标排放现象依然严重，75%的监测排污口存在超标排放现象。在重点监测的排污口中，73%的排污口邻近海域水质不能满足海洋功能区要求，其中劣于第四类海水水质标准的占40%。2009年监测的渤海主要河流入海污染物主要为化学需氧量、油类、氨氮、磷酸盐、重金属等，其入海总量达到94万吨。五是海洋污染事件及灾害时有发生，灾害风险不容乐观。2009年，在渤海共发现4起油污染事件；4次赤潮面积达5279平方公里，较2008年有大幅增加；渤海湾发现1次绿潮，面积90平方公里。2011年，美国康菲石油中国有限公司漏油事件，造成山东省蓬莱湾840平方公里海域原本一类水质的海水变为劣四类水质海水，受漏油事件影响，河北、山东、天津等省市众多海鲜养殖户和渔民，遭受经济损失可能达10亿元以上。六是环渤海海洋开发规模持续加大，海洋环境面临更大压力。2009年山东半岛蓝色经济区规划正式启动，至此，环渤海的辽宁、河北、山东、天津三省一市均推出了各自的区域海洋开发战略规划。2009年渤海填海造陆工程占用海域总计94.77平方公里。海洋大规模开发对海域的侵占以及由开发导致的海洋局部生态环境的永久性改变和污染物排放的增加，都对海洋环境产生了巨大压力。

二、环渤海地区环境污染严重的原因

（一）历史上环境保护意识薄弱。虽然早在1979年我国就颁布实施了《中华人民共和国环境保护法》，但环境保护并没有被有关政府提到应有的高度，法律实施初期有些制度落实不够，环境保护与经济建设和社会发展协调发展的原则没有得到很好的贯彻，个别地方强调效益优先，为了追求一时的经济快速增长，对环境保护考虑不够，甚至以牺牲环境为代价。相当一部分企业，片面追求经济效益，忽视环境保护，有些企业为了谋取私利，长期恶意破坏环境。在相当长的一段时期内，公众的环境保护意识也十分淡薄，对发生在自己周边的环境污染问题认识不够，没有意识到环境保护问题事关自己切身利益，在生产中粗放式管理、掠夺式经营，在生活中随意丢弃、堆积生活垃圾。由于这些因素，产生了大量历史遗留的存量污染问题，比如一些地区中小河流和沟渠有水皆污，重金属、化学品、土壤、持久性有机物等污染问题十分严重。这些污染治理成本巨大，在短期内难以逆转。

（二）自然环境独特，生态条件脆弱是环渤海地区环境污染较为严重的客观因素。环渤海地区多属暖温带半湿润半干旱大陆性季风气候，相对于长江三角洲和珠江三角洲地区，自然生态条件总体较差，年降水量普遍偏低，水蒸发量大，水资源相对缺乏，生态环境比较脆弱。京、津、冀、鲁、辽的水资源总量仅占全国水资源总量的1.72%，人均占有水资源量约660平方米，为全国平均数的23.6%，是我国最缺水的地区之一。从海域方面看，渤海属于半封闭型内海，自身水动力条件差，与大洋交换缓慢，自净能力有限，更新周期长达15年，持续的污染积累难以在短期内消除。加上环渤海地区降水普遍偏少，地表径流不足，生活用水、工业废水和农药、化肥污染随着少量的地表径流汇入渤海，对渤海的生态环境造成极大危害。从当前生态环境变化趋势来看，环渤海地区植被湿地退化、水资源日趋短缺、水土流失加剧、湖泊富营养化严重、沙尘暴和赤潮频发，整个生态环境质量仍在下降。

（三）环渤海地区经济快速增长，使原本就很脆弱的生态环境不堪重负。环渤海地区区位、交通、资源优势明显，近年来，从经济总量看，环渤海地区经济增量稳步提升，从经济增长速度看，增长速度高于全国平均水平。根据《中国统计年鉴—2011》显示，2006年环渤海地区生产总值为65075.69亿元，2010年环渤海地区生产总值增长到122232.35亿元，与2006年相比增长87.8%。该地区的辽宁省、天津市和河北唐山市等地，都是中国传统的老工业基地所在地，这些老工业多为传统资源依托型工业，如原油、钢铁、化工等。它们严重依赖于资源，如果产品生产工艺落后，就会给环境造成严重的污染。虽然近年来各地积极调整优化产业结构和工业布局，并大力采取先进技术、先进工艺或者进行环保改造，对环境的污染逐渐减轻，但由于环渤海地区工业比较集中，规模巨大，短期内环境负荷超载状态难以改善。环渤海地区的农村经济也十分发达，随着农业的发展，农药、化肥和畜禽养殖污染对环境造成的危害日趋严重。环境污染对环渤海地区经济社会发展的制约将十分突出。

（四）环境治理资金不足是困扰环渤海地区环境污染治理的重要因素。在计划经济体制下，污染防治的投入主要依靠财政资金来支撑。随着社会主义市场经济体制的建立，仅仅依靠简单的行政手段对环境污染进行管理已经不能奏效。由于在市场经济条件下保护环境的相关激励政策与惩罚机制不完善，部分排污企业宁可缴费排污，也不愿进行相关技术改造，社会资金投资环境保护的意愿不强，多元化的环境保护投资体制尚未形成。这些因素导致环境治理资金短缺，一些列入计划的环境保护工程建设进展缓慢，已经建成的污染治理设施运行情况也不容乐观。在广大农村地区，由于缺少资金，基本没有任何垃圾、污水处理设施，绝大部分垃圾被随意堆放或者做简单填埋处理，生活污水随意排放，大量乡镇企业没有任何污染处理设施，产生的废水、废气直接排入环境，农田、河渠成为乡镇企业治理污染的天然设施。“垃圾基本靠风刮，污水基本靠蒸发”，就是当前农村环境治理状况的真实写照。

（五）法律、法规难以适应当前需要，环境保护执法力度不够，客观上助长了环境违法行为的滋生蔓延。国家虽然出台了《中华人民共和国环境保护法》、《中华人民共和国海洋环境保护法》、《中华人民共和国大气污染防治法》、《中华人民共和国水污染防治法》、《中华人民共和国固体废物污染防治法》等法律、行政法规。环渤海地区各省区市也颁布了大量有关环境保护的地方性法规和政府规章。然而，原有的法律、行政法规中，有些条款由于过于宏观、原则，缺少实施性规定，使执法者难以操作；有些条款因法律、行政法规制定较早，已缺少威慑力度，或者已无法执行；有些条款个别地方政府出于优先发展经济等考虑，法律规定执行被“打折”。另一方面，地方制定的地方性法规、政府规章或受地方经济利益、部门利益制约，或受地方立法权限制约，难以出台切实有效、有威慑力的法律规范。而且，各省区市立法机关由于考虑的角度不同，制度设计难以协调一致，甚至会相互冲突，致使一些跨地区的环境治理问题难以协调。在环境保护执法方面，有法不依、执法不严、违法不究的现象还不同程度地存在，环境执法机构的人员素质有待于进一步提高，监测设备、执法设备需要进一步增强，相关地区执法联动机制还不够完善。

三、完善环渤海地区环境保护法制建设的建议

要推进环渤海地区污染防治工作，实现环渤海地区生态环境的根本改善，需要综合运用法律、政策、经济、技术、工程等手段全方位推进。本文仅从完善环渤海地区环境保护的法制建设提几点粗浅建议。

（一）*制定、完善环渤海地区环境保护的地方性法规、政府规章和规范性文件。*密切跟踪国家环境保护方面法律、行政法规的制定、修订工作，结合本地实际情况，同步进行调研研究，着力加强环境保护、大气污染防治、清洁生产促进、固体废物污染环境防治、环境噪声污染防治、环境影响评价等地方性法规、政府规章制定、修订的基础性研究工作，抓紧制定、完善污染物总量控制、饮用水水源保护、土壤环境保护、排污许可管理、畜禽养殖污染防治、农业面源污染防治、机动车污染防治、放射性污染防治、环境污染损害赔偿等地方性法规、政府规章。要深化、细化流域、区域、行业限批和挂牌督办等督查制度，积极开展环境法律法规执行和环境问题整改情况后督察，并建立健全重大环境事件和污染事故责任追究制度。

（二）*加强环渤海地区环境执法能力建设。*环境执法部门的执法能力高低，直接关系各项环境法律规范能否严格落实，直接体现党和政府保护环境、改善环境的决心，直接影响党和政府在人民群众中的形象。首先，环境保护执法部门要树立科学的执法理念，清除那些不合时宜、有悖于现代文明的执法观念和习惯做法，通过严格执法来维护法律公平与正义，切实保障人民群众的环境权益，通过人性执法、文明执法，在服务中执法，在执法中服务，做到既实现执法目标又促进社会和谐。其次，要加强环境保护执法队伍的业务能力建设。要遴选熟悉环境法律法规，语言表达能力较强，具有良好的思想品德和道德情操的人员加入环境保护执法队伍。要结合实际，定期开展环境法律、法规、规章和相关知识培训，更新执法人员的知识储备，不断提高执法人员的专业水平和执法能力，确保环境执法高水平、高准确率。第三，要加大环境执法投入。要按照环境执法需求，加强环境监测网络特别是在线监测设施建设，给环境执法人员配备用于环境执法取证所需的仪器设备，确保环境保护执法人员可以及时发现环境违法行为，及时依法查处。

（三）*加强环境保护执法监督。*“权力导致腐败，绝对权力导致绝对腐败。”随着公众的环境保护意识日益增强，环境保护执法不断深入，对环境保护执法进行监督越发显得重要。当前，应进一步严格执法过错责任追究制，对在环境保护执法中不作为、慢作为、乱作为等过错行为要依法依纪严肃查处。各级省人大常委会专门委员会要组织力量，加强对环境保护执法方面的法律监督。进一步推行政务公开，把行政执法依据、执法程序、执法结果、廉政工作制度、文明办公规范、便民措施、举报电话等内容向社会公开，把环境执法活动置于全社会的监督之下。继续加强、完善上级政府和部门对下级政府和部门的层级监督机制，加强行政复议、规范性备案审查等工作，使层级监督规范化和经常化。借鉴环境公益诉讼的规定，积极探索在行政复议工作中实行公益复议制度。严格实行执法考核评议制度，对经考核评议不合格的，要坚决调离执法岗位。

（四）*加强环渤海地区环境保护的宣传教育工作。*随着经济社会快速发展，公众的物质生活水平得到较大提高，对环境保护的关注度和期望值也日益增加，但公众对环境保护法律、法规、规章了解还不够，对环境保护重要性的认识也有待于进一步提高。因此，要围绕环渤海地区当前环境保护的中心工作、重点工作，围绕公众关心的热点、焦点问题，全方位、多形式地开展环境保护宣传教育活动。要大力宣传坚持环保理念、保护环境、优化经济增长的典型，宣传克服种种困难、加强污染治理的典型，又要宣传环境保护方面的典型违法案例，批评曝光严重环境违法行为。要大力宣传环境保护法律、法规、规章和规范性文件，又要宣传环境保护知识及实用环境保护技能。要通过不断深化环境保护宣传教育体制机制创新，努力在环渤海地区营造人人关心环境、珍爱环境、保护环境的良好氛围。

（五）加强环渤海地区五省（市）二市的环境保护法制协作。环境保护无地界。环境问题的特点决定了环境保护需要各地加强沟通与协作。环渤海地区要建立立法的横向沟通协作机制，对于环渤海地区政府关注、公众关心的环境保护问题，共同确定立法项目，共同起草、论证，形成统一的地方性法规或政府规章草案，按立法程序报各自的立法机关审议通过。按照“谁污染、谁补偿，谁受害、谁受偿”的原则，建立、完善生态补偿机制，督促区域内政府及企业主动采取措施，共同保护区域生态环境。探索建立跨行政区的环境信息通报机制、执法合作机制和部门联动执法机制，共享环境监测信息，及时通报区域内的重大环境事件，共同开展区域污染整治工作，共同查处跨区域环境违法行为。

（省法制办行政法规处）

【社会治理中公众参与的法律分析】

一、传统社会治理模式分析

条块治理是当代中国治理模式的最鲜明特点，在中国既有被称为条的大量纵向组织机构，也有被称为块的各级横向机构。所谓的条是指不同层级政府间上下职能一致的部门或机构，所谓的块是指每一级政府中按管理职能划分的不同部门或机构。

这种条块治理模式有其自身的优势。一方面，实行条状管理可以满足政府职能部门自上而下推行专门事务管理的需要。其优势在于政府自上而下统一管理专门事务，保证管理专业事务顺畅和通达。另一方面，实行块状管理，符合地方政府综合管理的需要，可以综合协调各种公共事务提高管理效率。然而，在市场经济愈益发达的今天，条块治理模式的弊病也越加明显。条块分割的体制不是根据各级政府所应承担的职能基础来设置机构，而是强调上下同一、左右看齐。这样的结果就是各级政府设置的机构重叠，造成大量人员的闲置和机构臃肿。这种治理机制不能因地制宜地调节政府职能权限已不能适应社会生活的需要。条块治理模式还会形成上下级条块之间矛盾，从而导致社会公共资源分配不均衡造成自我封闭、各自为政的后果。由于传统的社会治理模式存在这样的弊病，为了适应日益发展的市场经济和多元的社会，现在社会治理模式创新已在所难免了。

依靠政府处理所有问题的管理方式已不能适应现时社会发展的要求了。公众参与逐渐在社会治理中占据重大比例。公众参与在社会问题解决过程中呈现出制度化、专业化的趋势。价格听证是公众参与制度化最为鲜明的表现，另外一些非制度化的形式如座谈会、专家论证会、公民建议等丰富了公众参与的形式。如公用事业价格听证会的召开，救灾、重大工程建设等问题上需要公众参与决策。社会治理中公众参与呈现出了一些问题，其中参与的代表性、广泛性问题没有一个妥善的解决方案，很多代表并不具有真正的代表性；另一方面，公众参与的透明度普遍不高，从程序到实体都会影响最终效果的实现，信息的不够充分和真实会制约公众参与的进一步发展。

传统社会治理模式是一种以政府为本位的社会治理，强调政府对有关社会事务进行规范和制约。在计划经济体制下，各级政府社会治理人员往往集决策、指挥等各项职能于一身。政府几乎承担了全部社会治理职能，由于其自身能力的限制导致社会治理在很多方面难以处理到位。传统模式体现了国家对社会各方面全面干预的特征。政府实行全能的治理方式，社会公共事务处理是由政府单向、自上而下地对社会进行统治和控制。社会治理的公共性很大程度上是由政府来界定的，政府作为唯一的社会治理主体单独享有社会公共权力，基本包揽了社会公共事务方方面面的管制权，而民众和非政府公共组织对于社会治理体系处于几乎完全缺失的状态。社会组织数量少并依赖于政府组织，公民比较缺乏自主意识，在公共性缺失社会制衡体制基础的情况下，只有寄望于政府自身的制约机制以达到对社会的有效管理。

信息时代的社会治理以社会为本位、以社会为中心。即企业、社会组织和公民依据一定的规章制度以及道德约束、规范和制约自身行为。社会治理的内容相对宽泛，通常需要充分发挥政府、企业、社会组织以及公民等多种主体的积极作用，并形成政府调控、社会组织和公民参与的时候管理机制。实现降低社会治理成本、处理时候问题的目的。信息模式主要有以下特征：非政府组织和公民的自主性不断增强，社会组织的自治能力不断提升，公民和非政府组织逐步摆脱对政府的依赖成为社会事务管理的独立主体，社会组织、企业、公民等社会力量在一个平台上与政府进行对话协商社会治理活动。

二、社会治理中公众参与的理论及现实基础

公众参与作为一种新的社会治理方式，在欧洲、美国等西方发达国家的发展也不过是几十年的历史。公众参与这种可以替代传统社会治理模式正在蓬勃发展的新事物，如同互联网一样蔓延到社会的每一个角落。公众参与一词是从公共管理的角度来定义的，俞可平教授是比较早研究公众参与理论的学者，他认为，公众参与就是公民试图影响公共政策和公民生活的一切活动。贾西津教授引用美国学者和《布莱克维尔政治学百科全书》中的观点，认为经典意义上的公民参与是指公民通过政治制度内的渠道，试图影响政府的活动，特别是与投票相关的一系列行为。另外，公众参与也可以视作一种公民的意识教育方式：参与公共事务决策和管理，实际上也是一种公民的自我表达方式，在这个决策和管理的过程中个人能力会得到提升，同时他们也可以在与其他公民协商交流的过程中了解他人的利益诉求和期望，从而获得更好的社会效果。

第二次世界大战之后，欧洲开始了一系列的对民主制度的反思，并形成了部分有效的理论和制度。公众参与是其中最具有代表性的理论，在理论上，欧洲和美国对公众参与的研究来源于对马克思主义和自由主义经济政治制度的反思。在 20 世纪 50 年代至 70 年代之间反思运动在德国的领袖为哈贝纳斯、在法国则是德里达、福柯和德鲁兹等人，这场反思包括两个主要内容：一方面，欧洲实行的社会民主主要是对马克思主义的反思。马克思提出工人阶级是社会先锋队，为什么会将希特勒选上台？如英国大法院开始研究平等法案，普通法和平等法两个法案于 1873 年和 1875 年在英国司法法案中合并，将社会的平等观念加入其中。都是受到马克思主义的影响。另一方面，美国是对自由主义经济和政治制度的反思，他们重新思考对权利的定义。在经济上他们重新思考凯恩斯主义，抵抗新古典主义经济学的霸权；在政治上，他们试图发现新的政治概念和制度来补充权利的不足。过去以权利为中心的观念需要公众参与理论进行补充和修正。公众参与理论的产生是欧美西方国家对于民主制度反思的结果。

公众参与在中国兴起于 20 世纪 90 年代，改革开放后市场经济的发展促进了社会中独立、多元的经济主体日益成长，而市场经济为经济主体表达独立、多元的利益和权利诉求提供了一个良好的平台。那种陈旧的以管制和维护固有秩序的管理模式已经不再适应公众更多利益要求的发展。因而难以有效解决社会中出现的各类难题。我国计划经济条件下的社会治理模式呈现出高度行政化、主体单一化、资源配置非社会化和职能扩大化等主要特点。改革开放后，随着市场经济地位的确立，政府成为唯一社会治理主体的局面得到逐渐改变。另外，公众价值观念多元化，公民参与意识不断提高。这样的社会现状为我们的政府提出了新的要求，政府必须更加灵活高效，也需要拥有新的行政能力和创新能力，以便于处理现代社会出现的各种难题。依据这样的社会现状，政府需要转变自身职能，由传统社会当中的管理者转变为服务者，满足公民的要求和愿望成为政府社会治理的第一推动力。公众参与符合新的社会治理理念的要求，正是在这种转型期需要的新型社会治理方式。公众参与实际上是国家权力向社会转移的过程。公众参与这种新的社会治理理念会促使社会治理由自上而下逐步向自下而上的转变，更符合社会需要并为整个社会服务。

三、我国现行的公众参与社会治理法律途径

我国公众参与社会治理主要活跃在立法、政府决策和公共治理、基层治理三个方面，法律给予公众参与的制度保障也就主要体现在这三方面。

公众参与立法的发展。我国立法听证的时间是从地方探索开始自下而上逐步发展起来的。1999 年 7 月，深圳市政府法制局率先召开关于《深圳市建筑材料使用管理规定（草）》中有关审批制度改革的听证会，这是立法听证制度的开始；2000 年 3 月 15 日，九届全国人大三次会议通过了《立法法》，其中的 34 条规定“列入常务委员会会以议程的法律案，法律委员会、有关的专门委员会和常务委员会工作机构应当

听取各方面意见。听取意见可以采取座谈会、听证会、论证会等形式”。《立法法》的颁布实施标志着立法听证制度在中国的正式确立。另一方面，自20世纪90年代后期起，中国立法开始走向公开。全国人大在公布立法草案时会征求公民的意见。《立法法》第5条规定：“立法应当体现人民的意志，保障人民通过多种途径参与立法。”公众参与在立法领域的发展使得立法活动逐渐走向制度化和公开化。

公共事业管理中公众参与。我国公共事业管理中的公众参与肇始于公用事业的价格领域。在这一领域内，听证成为公众参与的最典型方式，听证会成为政府在关系公民生活的重大决策前听取民意、平衡各方利益、沟通、博弈的一个平台，其中主要体现公开、公平、公正的原则。1993年深圳在全国率先实行价格审查制度，成为价格听证制度的雏形，1998年5月1日起实施的《价格法》对价格听证制度做出了明确的规定，2001年1月12日我国历史上第一个全国性的价格听证会，即国家发展计划委员会旅客列车票价政府指导价听证会在北京举行。我们可以看到这个先例为确立价格听证制度的发展所做的贡献。另一方面，公众参与在公共事业管理领域的发展也体现在政府信息公开制度的建立。2005年12月14日，全国公用事业单位推行办事公开制度电视电话会议召开推进了透明公开的制度化。当然公众参与在公共事业管理领域发展的同时我们也能看到它存在的不足，公众参与涉足的领域范围仍然有待扩大，在深度参与上也需要重视。

公众参与基层治理。1988年《村民委员会组织法（试行）》对于村民自治的解释是“村民的自我管理、自我教育、自我服务”，1992年民政部确定村民自治的基本内容为“民主选举、民主决策、民主管理、民主监督”。从村民自治含义的转变可以看到公众参与在农村基层的发展变化。法律制度上，公职参与体现在村民代表会议制度、村务公开制度的确立。村民代表会议是村政立法或立法最终批准机关。村民会议可以制定和修改村民自治章程、村规民约，并报乡、民族乡、镇的人民政府备案。村务公开是民主监督制度的重要内容，《村民委员会组织法》第22条规定，“对于由村民会议讨论决定的事项及其实施情况，国家计划生育政策的落实方案，救灾救济物款的发放情况，水电费的收缴以及涉及本村村民利益，村民普遍关心的其他事项等应该及时公布，其中涉及财物的事项至少每6个月公布一次。”在城市居民方面，1989年《城市居民委员会组织法》颁布，其中规定，对于涉及全体居民利益的问题，居民委员会必须提请居民会议讨论决定。城市居民管理中涉及公众参与的制度建设包括城市居民民主管理制度和民主监督制度。民主管理制度方面，社区居民会议是最高决策机构，居民参与须围绕着该机构进行各种形式的活动，在民主监督制度建设方面，民主评议机制中的协调会、评议会、听证会与局务公开等形式发挥了促进居民参与发展的功能。

四、我国社会治理模式的未来趋势

我们需要建立与市场经济体制相适应的社会治理系统和机制，创新社会治理模式即合理引入公众参与理论并且在社会实践的基础上发展和完善公众参与。这是一种综合性的决策机制，是通过政府和公众参与决策实现全面发展目标的政策手段。经济政策的目标是利用市场手段最大限度地推动经济发展，政府的社会治理和经济管理相互协调。其中的核心在于：不能因为社会政策纠正市场失灵而影响市场效率；也不能因为经济行为任意随市场波动放任自流导致社会公平与公正的破坏以及环境的破坏。另一方面，社会组织和公民参与社会治理，创建新的社会治理模式需要广泛的参与，要进一步转变和完善政府对社会组织的行政管理职能，从公益服务的唯一提供者转变为保障服务者，从而直接拥有和管理转变为制定规则和监督评估。

同时，社会治理中公众参与由于存在参与代表性不充分、参与的程序透明度比较低、社会责任承担方面等问题，需要在以下四个方面逐步实现社会治理模式的更新：增强公众参与社会治理的意识，拓宽公众参与的渠道，完善公众参与社会治理机制，健全公众参与相关法律制度。

首先，我国公众的参与意识尚需增强，政府部门、媒体、非政府组织发挥各自作用致力于影响公众的思想观念，一方面政府避免可以通过各种渠道引导公众参与政府决策，另一方面媒体可以为公民提供公开的信息和表达意见的平台，各种不同的观念相互交流在一定程度上影响公共决策。广泛地公众参与可以增强公民自身的社会责任感。其次，网络的发展使得公众表达意见有了一个更好的选择，成为公众参与社会治理的新途径。网络在传播信息过程中保证了及时高效，大大降低了公众参与决策的社会成本。再次，将公众参与纳入社会治理立法体系，通过法律保障公众参与的实现。法律中的程序方面势必要继续完善，建立公众参与公共政策的法律机制。最后，当前最为紧要的就是根据《政府信息公开条例》的规定制定符合各个地方实际情况的规章制度，因为信息公开是确保公众参与有效的基础。另外，还需要转表整个社会对于社会治理的固有观念，现代社会不该仅仅依靠政府方面的管理。

公众参与从根本上改变了政府的传统社会治理方式，信息由封闭转变为公开透明、方式由政府主导转变为公众主动参与，使得决策和治理更为客观、理性以及反映民意。我国的公众参与前景是光明的。尤其是在当前这个重要的社会转型期，社会治理模式的更新需要更多地主动的有效的公众参与。公众参与将成为不可阻挡的潮流。

五、公众参与法律制度的构建

明确公众可以参与什么类型的行政行为。在英国，凡是被认为使他人受到不利影响的行为，不管是具体的行政行为还是抽象的行政行为，公民都可以参与。美国是根据“正当法律程序原则”即未经正当法律程序，不得剥夺任何人的生命、自由或财产。凡涉及公民生命、自由或财产的权利和利益都必须经过正当法律程序。德国、日本等大陆法系国家规定行政机关在作出负担处分或不利处分时，要听取当事人意见。目前我国公众参与的范围是极其狭窄的，仅限于部分具体行政行为。这对于公民参与权的保护是不利的。另外，也需要设立一个标准对公众参与主体进行限制以保证行政管理的效率好职能。基于对行政行为不同的考量，在具体行政行为中应以利害关系人作为公众参与主体，该利害关系人作为公众参与主体必须是合法、正当的利益而非法利益是不能作为理由的。在抽象行政行为中可以不局限在利害关系人之中，毕竟抽象行政行为所覆盖的范围是不确定的。

完善公众参与法律保障，建立有效的利益表达机制，参与的实现主要是靠具体的制度来保障，公众参与主要体现在信息公开制度和听证制度。首先，要保障公众知情权，奠定公众参与的基础。知情权，是指寻求、接受和传递信息的自由，是从官方或非官方获知有关情况的权利，首先要信息公开，信息公开制度，信息公开是指凡是涉及到行政相对方权利义务的信息资料，除法律规定应予以保密的除外，有关机构应依法向社会公开。信息公开是公众有效参与的最基本条件。没有信息公开公众就很难形成自己关于行政决策的意见和建议，公众参与可能只是一种形式。二是政务公开，即行政部门的行政行为要公开；第三，通过立法形式保障公民知情权，必须通过法定程序的规定来实现公众知情权。其次，要完善公众参与法定程序，保障公众参与效果的实现。建立保障公众参与权的法律制度，公众参与权是公众知情权满足后的新权利诉求。最后，建立政府的回应和反馈机制和对公众参与的激励和补偿机制，鼓励公众参与立法活动并对做出突出贡献的公众予以表彰和奖励。在公众参与立法工作中还存在立法信息不够公开、范围及方式不够明确、随意性较大，公众参与立法途径比较单一，对公众意见和建议的回应与反馈机制缺失，公众参与立法的保障措施不够完善等诸多问题。公众通过各种方式参与立法活动，所提的意见和建议，都希望得到重视和采纳。作为立法机关应当认真对待，妥善处理这些意见和建议，否则会降低公民参与的热情，挫伤公众的积极性，进而影响立法质量。完善公众参与回应和反馈机制，对公众意见登记分类、筛选、并进行分析是公众有效参与的保障。

公众参与在立法领域主要体现在立法听证制度上，立法听证制度虽然不是每一项立法程序中的必经程序却是基本程序。在立法过程中立法听证制度能够使立法全面而客观的了解情况，听证制度公开透明和全面客观的特点保证了立法的合理性，而程序性的特点体现的是立法的合法性。因此，在立法程序上进行创新，积极引导公众参与立法听证，扩大公众参与渠道，如在网络上进行听证会，也可以增加网民代表，表达网民的需求。

建立政府信息公开听证会制度，听证会制度成为当今世界各国普遍采用的一种公众参与制度。听证会既能使有关各个方面充分发表他们对客观事实的描述，又可以让听证陈述人从自身出发提出包含个人价值取向的主观意见，是一种有关各方能够充分辩论、协商和妥协的过程。听证制度为公民参与行政权的运作过程提供了一个保障。设置独立的政府信息公开审查咨询机构，咨询委员会是指对政府议题进行审议并为政府机关和官员提供咨询意见的专业性组织。根据成立的动机，可以将咨询委员会分为基于利益权衡的咨询委员会和基于技术考量的咨询委员会。前者是指基于各方利益协调的目的建立起来的咨询委员会，最典型的是美国的规章制度协商委员会；后者是由相关领域的技术专家和行政机关官员组成的，其职能是就行政机关提出的某些技术问题进行研究，讨论并报告供行政机关决策时参考。

“无救济即无权利”。需要建立多种监督救济渠道保障公众监督权的法律制度，公众监督权的行使包括事前监督、事中监督和事后监督。公众监督权的行使途径是多种多样的，法律诉讼是其中最为关键的、最有效果的方式。在我国现行法律制度诉讼体系之中，对原告起诉的主体资格是以是否具有利害关系为标准，即原告只能在自身利益受到侵害时才可以发起诉讼程序。对于非自身的公共利益是没有诉讼权利的。在这一点上，公众没有诉讼救济权利是值得商榷的，若不能赋予公民公益诉讼的权利，公众监督权就是难以实现的。所以，公益诉讼保障公众参与的实现是不可替代的。

结语

公众参与是近些年来比较受关注的话题。传统的社会治理模式出现了诸多弊病，致使政府在处理突发社会问题、重大事件中处于被动地位，这样的现实迫使我们思考转变的途径。本文探讨公众参与理论和实践中出现的问题，我们面对的现实仍是公民参与意识不强，政府在处理问题时的方法僵化、效率低下。这些问题都需要在实践中解决。理论方面尚需进一步深化研究。本文仅仅是从公众参与的出发，解释其发展的趋势，在制度构建方面做了一下分析。对于在更大范围内的公众参与需要有更深刻、更细致的分析和研究。

（作者：石家庄铁道大学人文学院法律系主任、副教授、硕士生导师胡延广）

【毛泽东关于控制犯罪的政策和策略体系探究】 毛泽东是当代最伟大的马克思列宁主义者。毛泽东思想作为马克思列宁主义的伟大发展和不朽文献，无疑是现代人类社会最光辉的思想之一。他的诞生，不但改变了中国，而且改变了世界，在人类历史上创造了无比辉煌的业绩。在毛泽东思想的光辉指引下，中国人民不但取得了新民主主义革命的伟大胜利，成功的改造了旧中国，建设了新中国，也使中国走上了繁荣富强的社会主义道路。在这个过程中，他作为指导我们思想的理论基础和前进的灯塔，在各个方面都显示了无比强大的威力。特别是在解决世界各国政府都感到头疼的社会犯罪问题时，在很短的时间内就创造了举世瞩目的人间奇迹，风清弊绝，安定祥和，安居乐业，在中国历史上出现了前所未有的太平盛世。我国在建国后30年间，社会治安之好，社会风气之优，犯罪率之低，为古今中外所罕见，为世界各国所称颂。中国人民也曾以此在全世界引为自豪和骄傲。这种美好的景象无疑是全面实施毛泽东控制犯罪的光辉思想的结果。毛泽东控制犯罪的思想体系博大精深，包括控制犯罪必须加强人民民主专政，坚决打击各种犯罪分子的破坏活动；必须严格执行党和国家的政策和策略；必须严格区分和正确处理两类不同性质的矛盾；必须贯彻党的群众路线，相信和依靠群众；必须贯彻劳动改造罪犯的方针；必须健全社会主义民主与法制；必须坚定地走社会主义道路，坚持社会主义公有制等等。今天，重温毛泽东控制犯罪的光辉思想，对我们治理目前日趋严重的刑事犯罪无疑有着重大的指导意义和现实推动作用。下面笔者仅就学习毛泽东关于控制犯罪必须严格执行党和国家政策和策略的思想谈点粗浅体会。

在领导中国革命的过程中，毛泽东始终把执行正确的政策和策略看成革命胜利的根本保证。他说：“政策和策略是党的生命，各级领导同志务必充分注重，万万不可粗心大意。”还说：“倘若无产阶级政党的斗争策略是错误的，或者是动摇犹豫的，那么，革命就非走向暂时的失败不可。”在领导同犯罪作斗争的伟大实践中，毛主席尤其注重政策和策略问题，先后提出了一系列马列主义的政策和策略，构成了控制刑事犯罪的完整的政策、策略体系。

一、创造性地提出了一系列

无产阶级刑事政策

如：坦白从宽、抗拒从严；惩办与宽大相结合；提高警惕，肃清一切特务分子，防止偏差，不要冤枉一个好人；有反必肃，有错必究；不可不捕，不可不杀，但绝不可多捕多杀，可捕可不捕的不捕，可杀可不杀的不杀；内部肃反，一个不杀，大部不抓；要合乎标准才叫反革命，要搞真反革命，不可搞出假反革命；判处死刑，缓期二年执行，强制劳动，以观后效；严禁刑讯逼供，重证据重调查研究，不轻信口供；严格区分和正确处理两对矛盾，等等。这些刑事政策不但从总体上规定了罪与非罪的政策界限和斗争方法，而且规定了不同时期，同一时期的不同阶段以及不同领域的处理标准和方法；不但是指引我国刑事斗争的灯塔，而且是新中国刑事法律的主要渊源，指导着我国的刑事立法和刑事司法，使中国社会出现了前所未有的长期稳定的局面。这正像罗瑞卿同志所歌颂的那样：“在这样十分尖锐的斗争中，我们的党和毛主席的方针、政策和领导，始终像北极星一样明确，像狮子一样勇猛，像天平一样公正，像火焰一样热烈，像泰山一样镇静，表现了雄伟的革命气魄和最大的实事求是精神。”

二、创造性地提出了一系列无产阶级斗争策略

为了分化、瓦解敌人和犯罪分子，早在新民主主义革命时期毛主席就提出了利用矛盾，争取多数，反对少数，各个击破和首恶必办，胁从不问，立功者受奖的著名策略。这些策略无论是在新民主主义革命时期，还是在社会主义革命时期，都发挥了重要作用，使敌人营垒或犯罪营垒迅速土崩瓦解，使整个革命和刑事斗争不断取得胜利。在对犯罪分子实行暴力镇压时，毛主席尤其注意策略问题。比如：在镇反运动中，毛主席针对运动发展的情况适时提出，对镇压反革命分子，请注意打得稳，打得准，打得狠，使社会各界没有话说；要做到有理，有利，有节，保证了镇反运动的健康发展。特别是在杀人问题上，毛主席从多方面反复告诫全党，一定要注意策略，做到严肃与谨慎相结合。不是为杀人而杀人，目的在于镇慑敌人，教育群众。强调杀人要公开的杀，不要偷偷摸摸的杀，而且要在事前事后做好宣传解释工作，注意时间地点，分期分批，分军队分地方等等，从而把刑罚的特殊预防与一般预防有机地结合起来，常常是杀最少的人，却能取得最大的社会效果。以“三反”运动为例，在那样一场大规模的复杂斗争中，全国仅判处死刑 42 人，死缓 9 人，无期徒刑 67 人，有期徒刑 9942 人。其威慑教育作用却延续了几十年，至今被人民所称道。由此也可以看出毛主席无与伦比的高超的领导艺术和斗争艺术。

三、提出了解决少年犯罪的重要原则和光辉思想

1960 年 10 月 22 日毛主席同美国友人斯诺曾经有过一次重要谈话。在这次谈话中，斯诺问毛主席，中国到底有没有少年犯罪的问题？斯氏之所以提出这个问题，是因为当时国际上许多人认为中国没有少年犯罪，有人则对此持怀疑态度。实际情况是 60 年代初，中国社会治安非常之好，少年违法犯罪更是极少极少，远没有成为一个社会问题，但是，毛主席仍实事求是地做了回答，肯定了中国仍有少年犯罪，但是很少。不能说没有。更重要的是毛主席在这次谈话中提出了解决少年犯罪问题的重要原则，一是靠教育，二是靠社会的力量解决，即今天所说的综合治理的方针。他说，少年犯罪要靠教育的方法。我们现在主要不是依靠法庭，而是依靠学校、社会、机关、街道、农村，基本上依靠社会组织来进行教育，来进行监督，来解决问题，而不是依靠审判和把人关起来。今天回过头来看，早在 50 多年以前，毛泽东就提出了如此明确重要的思想，该是何等的英明，伟大！

四、坚定不移地坚持政治思想教育，不断提高全民族的整体素质

毛泽东从改造中国、改造世界，实现共产主义的伟大目标出发，始终把改造人、教育人、培养人放在第一位。他认为：“世间一切事物中，人是第一个可宝贵的。在共产党领导下，只要有了人，什么人间奇迹也可以造出来。”正因为如此，他就特别重视教育人、改造人的工作。而教育人、改造人的关键是转变人的思想。要转变思想，就必须坚持做好政治思想工作。所以，毛泽东在他整个革命的生涯中，始终重视政治思想工作，他曾反复强调：“政治是统帅，是灵魂，政治工作是一切工作的生命线。”他认为“工、农、商、学、兵、政、党，都要加强政治思想工作，现在大家搞业务，搞事务，什么经济事务，文教事务，国际事务，党的

事务，不搞政治思想工作那就很危险。”要通过世界观、人生观、政治观、道德观、法制观等教育，不断提高人的政治觉悟和认识世界、改造世界的能力。他的理想境界就是期望每个人都能成为毫无自私自利之心的人，高尚的人，纯粹的人，有道德的人，脱离低级趣味的人，有益于人民的人。为了进行生动的思想教育，每个时期都有代表时代精神的英雄形象，在社会上有着深刻而广泛的影响。个体形象如孟泰、董存瑞、黄继光、王进喜、雷锋、王杰、麦贤德、焦裕禄、邢燕子、侯隽等等，群体形象如最可爱的人志愿军、鞍钢、大庆、穷棒子社、大寨、沙石峪等。这些英雄形象构成了整个社会和民族的高大形象，大气凛然，正气浩荡。对于社会上的歪风，他主张通过加强政治思想工作来解决。1957年在匈牙利事件的影响下，我国社会上也出现了形形色色的歪风，毛泽东明确提出：“社会上的歪风一定要打下去，无论党内也好，民主人士中间也好，青年学生中间也好，凡是歪风，就是说，不是个别人的错误，而是形成了一股风，一定要打下去。打的办法就是说理。只要有说服力，就可以把歪风打下去。”在政治思想工作中，毛主席在主张正面教育的同时，还主张进行反面教育。他说要“把毒草、把非马克思和反马克思主义的东西，摆在我们同志的面前，摆在人民群众和民主人士面前，让他们受到锻炼。不要封锁起来，封锁起来反而危险。”很显然，强大的政治思想工作无疑是对社会犯罪的一种强有力的控制。

五、统筹兼顾、全面安排

这是泽东席一贯的政策思想，即，无论是制定政策，还是执行政策，都要做到通盘考虑，注意整体效益，防止便面性，防止顾此失彼。这主要表示在两个方面：一方面是制定和执行刑事政策时，要考虑到综合社会效益，即不是为打击而打击，而主要是为了解放和保护生产力，保卫社会主义建设的顺利开展；另一方面，在制定和执行其他政策（如经济政策）时，也要把控制犯罪，维护社会治安考虑进去。毛泽东说：“我们的方针是要统筹兼顾，适当安排，加强思想教育，这个方针可以说是战略方针。因为这是六亿人口的统筹兼顾，适当安排。这里包括地主、富农、民族、资本家、没有杀掉的反革命分子，你总要去安排他，失业的各种人，都要做适当的安排，总要使他们能够生活，有事情做。”还说“无论粮食问题，灾荒问题，就业问题，教育问题，知识分子问题，各种爱国力量的统一战线问题，少数民族问题，以及其他各项问题，都要从对全体人民的统筹兼顾这个观点出发……做出各种适当安排。……许多人，许多事，可以由社会团体想办法，可以由群众直接想办法，他们是能够想出很多好的办法来的。而这也包括在统筹兼顾、适当安排的方针之内。”“这是一个什么方针呢？就是调动一切积极力量，为了建设社会主义。这是一个战略方针，实行这样一个方针比较好，乱子出得比较少。”

从毛泽东的上述思想可以看出，任何单位和部门在制定政策和执行政策时，都要注意避免目标单一和内容单一的现象，使目标和内容具有综合性的特点，即把控制犯罪列为各种政策的目标和内容。另一方面，各种政策必须互相配合，互相制约，防止顾此失彼的弊端，使各种政策构成一个控制犯罪的科学完整的政策体系。

（作者：石家庄铁道大学人文学院教授薛静）

【我国对财产刑事保护的法治化轨迹——对我国近三年刑事实践的文本解读】 财产犯是常发犯罪，我国历来注重对侵财犯罪的处罚。值得一提的是，2011年至2013年，短短三年，我国对财产的刑事保护举措引人注目。首先是2011年2月《刑法修正案（八）》（以下简称《修正案八》）的出台，其中涉及盗窃、敲诈勒索等主要财产犯罪，特别是关于盗窃罪的修订有重大变化。伴随着刑法修正案的出台，最高法院、最高检察院陆续公布了主要财产犯罪的司法解释：2011年3月公布《关于办理诈骗刑事案件具体应用法律若干问题的解释》（以下简称《诈骗解释》），2013年3月公布《关于办理盗窃刑事案件适用法律若干问题的解释》（以下简称《盗窃解释》），2013年4月公布《关于办理敲诈勒索刑事案件适用法律若干问题的解释》（以下简称《敲诈勒索解释》），2013年11月公布《关于办理抢夺刑事案件适用法律若干问题的解释》（以下简称《抢夺解释》）。

建设法治国家是我国当前的重要目标，法治国原则是我国的宪法性基本原则。值得注意的是，近三年我国对财产的刑事保护体现出明显的法治化轨迹。财产的刑事保护与法治国原则之间究竟具有怎样的内在关联，我国对财产的刑事保护在定罪与量刑方面，近三年有哪些重大法治变革，如何实现刑法的法治化机能（法益保护与人权保障），对于这些问题，本文将围绕我国在立法与司法层面的上述刑事实践文本进行解读，以期对我国刑事法治化进程有所助益。

一、法治国原则与财产的刑事保护

“法治国原则”，是源自德国法的概念，包含实体性质的（自主，平等）与程序性质的（法定，比例）法治国原则，程序性质的法治国原则相当于英美法所称“正当法律程序原则”。其中，法定原则的含义是，法律的形成过程，每个人有均等的影响力。用自己立下的法律作为生活规则，不是受他人的剥削。法定原则保障了自主原则的实践。比例原则含义是：为达成某一目的所采取的手段，必须与达到目的的需求相当，“不得为达目的而不择手段”，是衡量目的和手段之间关系的法则。

现代刑法基本原则是对法治国原则的贯彻。主要包括：罪刑法定原则，法益保护原则，罪责原则。法定原则的一个要求就是明确性。法益保护原则要求刑事立法、司法必须以保护法益为目的。刑法上的罪责原则包含两个意义：“有责原则”及“罪刑相当原则”。两个都源自前述的法治国原则，前者来自自主原则，后者其实就是比例原则。上述原则既规制刑事立法，也规制刑事司法，都是为了实现刑法的法治化机能，即法益保护机能和人权保障机能。

财产作为重要的法益，现代刑法理应给予充分和有效的保护。从各国关于财产法益的刑事实践来看，财产概念并不限于具有经济价值（客观交换价值）的财物，也包括针对具体持有人的主观价值。经济价值较小之物也并不当然被排除到刑法保护之外。同时，在整个刑法保护体系中，相较于针对生命、身体、自由等价值的人身犯罪，财产法益处于相对次要的位阶，不具有人身危险的财产犯罪尤其如此。长期以来，我国对于财产法益的刑事保护，不论在立法层面，还是司法层面，一方面，对财产法益保护不够充分（过于注重财产的客观经济价值），存在刑事保护漏洞，不利于法益保护之刑法法治机能的实现；另一方面，对侵财犯罪的处罚整体呈现过度严厉的趋势，对非暴力性的财产犯罪也普遍保留了无期徒刑，甚至死刑适用的可能，不利于人权保障之刑法法治机能的实现。但是，我国近三年在财产犯领域的刑事实践文本（刑法修正案及司法解释）呈现出不同以往的法治化轨迹。

二、我国近三年财产犯定罪的法治化轨迹

立法层面，单纯的经济数额不再是认定财产犯的主要标准，大大加强了对财产法益的保护力度。这主要表现在《修正案八》对盗窃罪的修订。修订前，盗窃罪的成立标准是“数额较大”或“多次盗窃”；修订增加了三种情形，即“入户盗窃”、“携带凶器盗窃”和“扒窃”。因为我国实务对“数额较大”统一划定了标准（最高法院划定标准范围，各省级法院划定具体标准），原有规定导致对于接近“数额较大”标准的财物，以及虽然没有较大经济价值，但对于持有人具有特殊主观价值的财物，难以进行有效的刑事保护。对于上述两类情形，最多只能认定为治安违法行为，但处罚力度有限。修订新增的这三种盗窃情形均属于常见多发的盗窃情形，因为不再以数额较大的财物为限，这势必大大增加对盗窃行为的刑事处罚范围，有利于加强对财产法益的保护。除了盗窃罪，《修正案八》也扩大了对敲诈勒索罪的处罚范围，原有规定只处罚“数额较大”的情形，修订后增加了“多次敲诈勒索”的情形。

司法层面，近三年的刑事司法解释，表达了实务界在保护财产法益方面的一个共同倾向，即明显降低了对财产犯的定罪数额标准，从而在事实上加强了对财产法益的刑事保护。这种实务倾向表现在司法解释中，是这样实现的：一方面，统一规定了一般情形下各财产犯的定罪数额标准范围；同时，补充规定在例外情形下降低的数额认定标准。这突出体现在盗窃罪、抢夺罪和诈骗罪三种类型，有关这三罪的司法解释规定了下调后的数额认定标准为一般标准的50％（《诈骗罪解释》则规定了“接近”数额较大而可以认定犯罪成立的情形）。对于降低数额认定标准的情形，司法解释采用了明文列举的方式，如在灾害等突发事件期间的犯罪，针对老年人等特定弱势群体的犯罪，针对救济物资等特殊财物的犯罪，惯犯，造成严重后果等。不过由于没有绝对明确的文字，

所以司法解释关于降低数额认定标准的条件，难免存在模糊之处（如“造成严重后果”），这也导致实务中会进一步扩大财产犯数额认定标准的范围。

三、我国近三年财产犯处罚的法治化轨迹

刑法的基本功能是法益保护机能和人权保障机能。如前所述，以财产犯为视角，我国在立法层面和司法层面的刑事实践均表明了我国刑法在法益保护机能方面的完善。实际上，近三年我国的刑事实践也表明了我国刑法在人权保障机能方面的完善。这主要体现在近三年关于财产犯的刑事司法解释。我国原有的刑事实务，对于数额巨大的侵财犯罪，处罚非常严厉（基本犯不超过3年有期徒刑，而加重犯可判到10年有期徒刑、无期徒刑、甚至死刑，侵财犯罪的基本犯和加重犯之间的处罚可谓“天上地下”），这和财产法益在整个法益体系中的位置不相适应。财产法益固然是重要的个人法益，但和生命、身体、自由等人身法益相比，处于较低的位阶。一直以来，我国实务对财产犯加重处罚的主要条件建立在单纯经济数额的基础上，而原有实务对“数额巨大”、“数额特别巨大”等加重法定刑的标准明显偏低，加之我国改革开放以来社会经济状况早已发生天翻地覆的变化，然而司法实务对于“数额”采用的僵硬标准却几十年不变，实践中，各种财产犯行为达到所谓“数额巨大”已经非常普遍，这一切导致我国对于侵财犯罪的处罚呈现畸重倾向，违背了法治精神。

实践中，盗窃、诈骗、敲诈勒索、抢夺、抢劫是最主要的财产犯类型。近三年的司法解释涉及财产犯的所有主要类型（如《诈骗解释》、《盗窃解释》、《敲诈勒索解释》和《抢夺解释》，而抢劫罪的数额认定是比照盗窃罪的），对于财产犯加重条件的认定进行了重大修正。修订主要体现在两方面，首先废除了盗窃这类非暴力犯罪的死刑；其次，大幅提高了财产犯加重处罚的数额标准。以盗窃罪为例，关于法定刑升格的“数额巨大”、“数额特别巨大”的认定标准，修订前分别为“5千元～2万元”、“3万元～10万元”；修订后分别为“3万元～10万元”、 “30万元～50万元”。其他三个司法解释均有类似重大修正。对法定刑升格标准的大幅提高，实质大大降低了对财产犯的处罚，有利于行为人。

四、我国财产犯法治化的未来方向

毫无疑问，近三年，我国在财产犯领域的刑事法治化实践取得了明显的进展，但对于我国整个刑事法治化进程而言，也只是其中的一小步。我国在刑事实践领域仍然具有巨大的法治化空间。在这期间，批判借鉴外国刑事法治实践对我国具有积极意义。例如，外国刑事实践的一个特点是“立法定性，司法定量”。单纯的经济数额不是法定构成要素，一般也不是加重犯的构成要素。而我国对财产犯罪、经济犯罪采取“立法定性又定量”的作法，容易形成立法保护漏洞。例如，外国刑法关于加重犯的情节采用明确列举的方式，很少出现“后果严重”、“情节严重”这类模糊性用语。而我国通过司法解释来明确“情节严重”这类立法用语的概念范围，虽然对限制司法裁量权的恣意有益，但过度依赖司法解释，易导致司法职能滥用，有过度入侵立法职能之虞。例如，外国财产犯的法定刑上限与人身犯相比具有明显差别。对于盗窃、诈骗这类非暴力性侵财犯罪的处罚均以有期徒刑为限（一般是10年以下），不会适用无期徒刑，更不会适用死刑（大部分法治发达国家早已废除了死刑）。而我国对财产犯与人身犯的处罚基本没有明显差别。例如，外国刑法针对价值甚微的侵财犯罪，并不当然排除在刑事保护以外；在认定具有可罚性的情况，立法特别设计为告诉乃论，兼顾了原则性与灵活性。这些都是值得我们借鉴之处。

（作者：石家庄铁道大学人文学院讲师孟喆）

统计资料

政府法制

表 1

2012 年行政复议案件统计表

项目 \ 件数 \ 行政管理类别	目					被申请人								复议机关						申请复议事项													已审结														行政赔偿	
																				行政处罚				行政强制措施																终止							
		上期结转	本期新收	受理	申请人总数	乡镇政府	县级政府的部门	县级政府	市（地）级政府的部门	市（地）级政府	省级政府的部门	省部级行政机关	其他	县级政府的部门	县级政府	市（地）级政府的部门	市（地）级政府	省级政府的部门	省部级行政机关	拘留	没收	罚款	其他	对人身的强制措施	对财产的强制措施	行政征收	行政许可	行政确权	行政确认	信息公开	行政不作为	其他	总计	驳回	维持	确认违法	撤销	变更	责令履行	调解	和解协议	自愿撤回申请	被申请人改变后撤回申请	其他	其他	未审结	件数	赔偿数额（元）
		1	2	3	4	5	6	7	8	9	10	11	12	13	14	15	16	17	18	19	20	21	22	23	24	25	26	27	28	29	30	31	32	33	34	35	36	37	38	39	40	41	42	43	44	45	46	47
公安	1	62	1230	1097	1289	1	815	5	384		2		23	6	282	520	263	146	13	453		389	19	278	74	2				2	10	3	1097	9	758	2	95	12	2	15	18	143	37	6		62		
国家安全	2		1	1	1		1								1							1											1		1													
劳动和社会保障	3	50	436	396	474		76		341	5	12		2		10	27	291	91	17			1					61	17	266	3	7	81	392	4	331		33		2	8	6	6	2			54		
司法行政	4		1	1	1				1								1							1									1		1													
民政	5		6	4	6		6								3	3						1							2	2		1	2		1		1									2		
土地	6	49	769	629	1214	46	195	334	135	22	27	15			186	55	422	47	59		4	52	24		2	41	11	337	184	45	39	30	612	47	399	6	57		19	10	25	35	1	13		66		
地矿	7	1	5	4	6		1		2		2					1		2	2			1					2		1	1			4		2					1		1				1		
环保	8		8	8	8		4	2	2						4	1	1	2				4	1							1		2	8		6				1	1								
农业	9	1	2	2	2		1	1								1	1					1								1			2						1	1						1		
水利	10		9	9	9		7		2						6	2	1					7			1		1						9	1	5		1			1	1							
林业	11	3	44	43	66	11	7	26							18		26			2		5					1	36					46		39		7											
城市规划	12	9	86	73	136		24	19	43						11	13	62					7	10			13	34			19	1	2	78	3	65				3	1		4			2	4		
房屋拆迁	13	35	138	93	237	3	24	55	41	9	5		1		12	16	82		28			1			3	104	3			10	15	2	103	5	89		1		2			5			1	25		
房屋登记	14		46	43	47		19	1	14	12					4	15	15		12			2					1	25	15	1	2		36	2	22		4			5		2	1			7		
工商	15	1	54	48	54		30		24						12	18	4	20				28	1		3		7				11	4	41	6	23		3				2	7				8		
质监	16		56	49	56		5		49	2					5		5	46				9									47		44	2	28				3			11				5		
商务	17		1	1	1		1								1							1											1									1						
物价	18																																															
能源	19																																															
交通	20	1	59	58	59		44		15						14	30	14	1				58			1								56	6	36		3				1	5	5			3		
信息产业	21																																															
邮政	22																																															
烟草专卖	23																																															
税务	24																																															
人民银行	25																																															
证监	26																																															
保监	27																																															
银监	28																																															

项目 件数 行政管理类别	目	上期结转	本期新收	受理	申请人总数	被申请人：乡镇政府	被申请人：县级政府的部门	被申请人：县级政府	被申请人：市（地）级政府的部门	被申请人：市（地）级政府	被申请人：省级政府的部门	被申请人：省部级行政机关	被申请人：其他	复议机关：县级政府的部门	复议机关：县级政府	复议机关：市（地）级政府的部门	复议机关：市（地）级政府	复议机关：省级政府的部门	复议机关：省部级行政机关	申请复议事项：行政处罚：拘留	申请复议事项：行政处罚：没收	申请复议事项：行政处罚：罚款	申请复议事项：行政处罚：其他	申请复议事项：行政强制措施：对人身的强制措施	申请复议事项：行政强制措施：对财产的强制措施	申请复议事项：行政征收	申请复议事项：行政许可	申请复议事项：行政确权	申请复议事项：行政确认	申请复议事项：信息公开	申请复议事项：行政不作为	申请复议事项：其他	已审结：总计	已审结：驳回	已审结：维持	已审结：确认违法	已审结：撤销	已审结：变更	已审结：责令履行	已审结：调解	已审结：终止：和解协议	已审结：终止：自愿撤回申请	已审结：终止：被申请人改变后撤回申请	已审结：终止：其他	已审结：其他	未审结	行政赔偿：件数	行政赔偿：赔偿数额(元)
		1	2	3	4	5	6	7	8	9	10	11	12	13	14	15	16	17	18	19	20	21	22	23	24	25	26	27	28	29	30	31	32	33	34	35	36	37	38	39	40	41	42	43	44	45	46	47
外汇	29																																															
财政	30		1	1	1		1								1																1		1		1													
统计	31																																															
审计	32																																															
海关	33																																															
商检	34																																															
药监	35		1	1	1				1								1					1											1		1													
卫生	36		7	7	6		7								6	1						5	1								1		7	1	4		1					1						
计划生育	37		8	7	10		7		1						7		1					2	1		3		1					1	7		4		1			1		1						
教育	38		1		1				1								1														1																	
文化	39		1		1						1								1										1																			
专利	40																																															
商标	41																																															
版权	42																																															
旅游	43	1																															1		1													
其他	44	2	58	28	61		5	11	16	15	11				4	1	27		26			6	1	1	2		1			9	14	24	29	2	17		2		2	3		3				1		
合计	45	215	3028	2603	3747	61	1280	454	1072	65	47	13	26	6	587	704	1218	355	158	455	4	582	58	280	89	160	123	415	469	94	149	150	2579	88	1834	8	209	12	35	47	53	225	46	19	3	239	0	0

表 2

2012 年行政应诉案件统计表

行政管理类别 \ 件数 \ 项目		上期结转	本期发生：复议后应诉	本期发生：未经复议直接应诉	应诉机关级别：乡镇政府	应诉机关级别：县级政府的部门	应诉机关级别：县级政府	应诉机关级别：市(地)级政府的部门	应诉机关级别：市(地)级政府	应诉机关级别：省级政府的部门	应诉机关级别：省部级行政机关	应诉机关级别：其他	应诉机关：原具体行政行为机关	应诉机关：复议机关	一审结案情况：判决：维持	一审结案情况：判决：撤销：全部	一审结案情况：判决：撤销：部分	一审结案情况：判决：撤销：其中：重新做出具体行政行为	一审结案情况：判决：变更	一审结案情况：判决：履行法定职责	一审结案情况：判决：确认合法或有效	一审结案情况：判决：确认违法或无效	一审结案情况：判决：驳回诉讼请求	一审结案情况：判决：赔偿	一审结案情况：判决：不予赔偿	一审结案情况：裁定：驳回起诉	一审结案情况：裁定：撤诉：原告主动撤诉	一审结案情况：裁定：撤诉：行政行为改变原具体行政行为原告撤诉	一审结案情况：裁定：移送	一审结案情况：裁定：终结	一审结案情况：裁定：其他	一审结案情况：行政赔偿调解	未审结
		1	2	3	4	5	6	7	8	9	10	11	12	13	14	15	16	17	18	19	20	21	22	23	24	25	26	27	28	29	30	31	32
公安	1	6	45	274		108	40	115	52			4	317	2	91	89	30		10	2			7			10	66						20
国家安全	2																																
劳动和社会保障	3	35	182	189		2	1	354	8	6			360	11	236	39	30	24	1				14			8	24				3	14	37
司法行政	4																																
民政	5	1		18		11		7					18		1	7							1				10						
土地	6	86	133	347	5	72	276	48	41	9	29		387	93	291	32		1	4			1	36			36	70		2	1	4	3	86
地矿	7	4	2							2				2	1	1							1				1						2
环保	8		1	1		2							2		1								1										
农业	9			2		1	1						2				1																1
水利	10		1	1			2							2		1																	1
林业	11		12	2	1	1	12						9	5	13																		1
城市规划	12	1	4	19		4		19					23		4	3				1		2				1	6						7
房屋拆迁	13	26	75	213		24	125	136	3				269	19	121	70							46		3	25	15						34
房屋登记	14	7	2	33		5	7	22			1		34	1	14	5				1		1	2			2	5			1	3		8
工商	15		1	41		17		25					41	1	1	23			4							1	2						11
质监	16			1		1							1														1						
商务	17			1		1							1										1										
物价	18			4				4					4														4						
能源	19																																
交通	20			15		7	2	5				1	15			2							2				4	3					4
信息产业	21																																
邮政	22																																

行政管理类别 \ 件数 \ 项目		上期结转	本期发生		应诉机关级别								应诉机关		一审结案情况																		未审结
															判决											裁定							
																撤销											撤诉						
			复议后应诉	未经复议直接应诉	乡镇政府	县级政府的部门	县级政府	市(地)级政府的部门	市(地)级政府	省级政府的部门	省部级行政机关	其他	原具体行政行为机关	复议机关	维持	全部	部分	其中：重新做出具体行政行为	变更	履行法定职责	确认合法或有效	确认违法或无效	驳回诉讼请求	赔偿	不予赔偿	驳回起诉	原告主动撤诉	被告改变原具体行政行为原告撤诉	移送	终结	其他	行政赔偿调解	
		1	2	3	4	5	6	7	8	9	10	11	12	13	14	15	16	17	18	19	20	21	22	23	24	25	26	27	28	29	30	31	32
烟草专卖	23																																
税务	24																																
人民银行	25																																
证监	26																																
保监	27																																
银监	28																																
外汇	29																																
财政	30			1				1					1														1						
统计	31																																
审计	32																																
海关	33																																
商检	34																																
药监	35			1		1							1																				1
卫生	36			3		3							3		2				1														
计划生育	37			2				2					2														2						
教育	38																																
文化	39																																
专利	40																																
商标	41																																
版权	42																																
旅游	43																																
其他	44	9	3	30	3	12	7	8	3				32	1	1	2	1					1	2			9	13				4		9
合计	45	175	461	1198	9	272	473	746	107	17	30	5	1522	137	777	274	62	25	20	4	0	5	113	0	3	92	224	3	2	2	14	17	222

表3 2013年行政复议案件统计表

项目 / 件数 / 行政管理类别		上期结转	本期新收	受理	申请人总数	被申请人								复议机关						申请复议事项													已审结													未审结	行政赔偿	
																				行政处罚				行政强制措施																	终止							
	目	上期结转	本期新收	受理	申请人总数	乡镇政府	县级政府的部门	县级政府	市（地）级政府的部门	市（地）级政府	省级政府的部门	省部级行政机关	其他	县级政府的部门	县级政府	市（地）级政府的部门	市（地）级政府	省级政府的部门	省部级行政机关	拘留	没收	罚款	其他	对人身的强制措施	对财产的强制措施	行政征收	行政许可	行政确权	行政确认	信息公开	行政不作为	其他	总计	驳回	维持	确认违法	撤销	变更	责令履行	调解	和解协议	自愿撤回申请	被申请人改变后撤回申请	其他	其他	未审结	件数	赔偿数额（元）
		1	2	3	4	5	6	7	8	9	10	11	12	13	14	15	16	17	18	19	20	21	22	23	24	25	26	27	28	29	30	31	32	33	34	35	36	37	38	39	40	41	42	43	44	45	46	47
公安	1	65	1278	1223	1366	9	1009	4	249		1		6	10	450	601	185	29	3	750	23	334	23	108	3				5	4	19	9	1184	37	739	2	137	3	1	46	4	177	27	8	3	104	3	3647
国家安全	2																																															
劳动和社会保障	3	49	428	415	379		149		266		12		1		126	4	272	13	13								19	153	163	2	7	84	445	5	348		20			4	5	63				19		
司法行政	4		9	5	9		9								5	4														7	2		5	2					3									
民政	5		12	9	14		8				4				6	1	1		4			2						3	1	2	4		9	1	6									1	1			
土地	6	76	916	781	1990	112	261	297	118	49	13	65	1	1	265	126	338	50	136		1	73	25	7	14	69		441	96	114	45	31	733	55	409	13	81	1	22	24	3	116		2	7	124		
地矿	7	1	4	3	4				4									4									3				1		4				2		1			1						
环保	8		33	32	20		22		7		4				13	8	4	4	4			21					5			4	3		32	2	24		4		1						1			
农业	9		6	6	6		6								3	3						6											6		6													
水利	10		24	21	24		20		4						12	8	4					12			1	6	3	1			1		20		15		1		1		1	2				1		
林业	11	3	57	56	70	18	11	28							29		28			4		4	1					47			1		55		45		8					2				4		
城市规划	12	2	40	35	58	1	30		6	1	2				24	6	7		3			3	6		3	1	14			8	2	3	32	4	19	1	3		1			3			1	5		
房屋拆迁	13	14	217	207	529	2	13	148	51	3					9		204		4		1	2			5	178					1	30	213	1	201	1	2			1		7				8		
房屋登记	14	8	46	41	51		33		13						14	19	13					6					3	20	11		6		49	7	32		4			2		2	2					
工商	15	9	100	86	97		64		29	2	5				12	51	13	17	7			40	7		6		1		2	3	28	13	88	25	39	1	3		2			13	2		3	7		
质监	16		52	31	52		25		22		5				20	3	24		5		2	6								2	42		30	7	8		1		4	3		7				1		
商务	17		10	10	2		10								4	6						10											9		7		2									1		
物价	18		6	3			5		1						4	1	1					2					4						3		3													
能源	19																																															
交通	20		77	74	63		72		5					1	35	34	7					75							1	1			64		45		6			3		5	4		1	10		
信息产业	21																																															
邮政	22																																															
烟草专卖	23																																															
税务	24		1	1	1		1								1											1							1									1						
人民银行	25																																															
证监	26																																															
保监	27																																															
银监	28																																															

项目 件数 行政管理类别		上期结转	本期新收	受理	申请人总数	被申请人								复议机关						申请复议事项													已审结													未审结	行政赔偿	
																				行政处罚				行政强制措施																终止						
						乡镇政府	县级政府的部门	县级政府	市(地)级政府的部门	市(地)级政府	省级政府的部门	省部级行政机关	其他	县级政府的部门	县级政府	市(地)级政府的部门	市(地)级政府	省级政府的部门	省部级行政机关	拘留	没收	罚款	其他	对人身的强制措施	对财产的强制措施	行政征收	行政许可	行政确权	行政确认	信息公开	行政不作为	其他	总计	驳回	维持	确认违法	撤销	变更	责令履行	调解	和解协议	自愿撤回申请	被申请人改变后撤回申请	其他	其他		件数	赔偿数额(元)
		1	2	3	4	5	6	7	8	9	10	11	12	13	14	15	16	17	18	19	20	21	22	23	24	25	26	27	28	29	30	31	32	33	34	35	36	37	38	39	40	41	42	43	44	45	46	47
外汇	29																																															
财政	30		2	1	2		1					1			1				1			1								1			1		1													
统计	31																																															
审计	32																																															
海关	33																																															
商检	34																																															
药监	35		25	23	28		18		7						11	7	7					9			1		5				10		20	6	11		1		2							3		
卫生	36		12	9	12		6		5		1				3	5	3		1			4								2	4	2	9	3	6													
计划生育	37		36	32	39	4	29		3						29	4	3					15	1				14				6		31	3	16		4		3	1		3	1			1		
教育	38		4	1	5				1		2		1		1		1		2												1	3	1	1														
文化	39		19	17			12			7					5	7	7					14					5						17	3	13		1											
专利	40																																															
商标	41																																															
版权	42		1	1	1		1								1							1											1		1													
旅游	43																																															
其他	44	1	64	43	62	8	18	4	19	5	4		6		25		24		15			12	3				4	1	8	13	9	14	41	4	16		5		1	5	1	7			2	3		
合计	45	228	3479	3166	4884	154	1833	481	810	67	53	66	15	12	1108	898	1146	117	198	754	27	652	66	115	33	255	80	666	287	163	192	189	3103	166	2010	18	285	4	42	89	14	409	36	11	19	291	3	3647

表 4

2013 年行政应诉案件统计表

项目 / 件数 / 行政管理类别		上期结转	本期发生：复议后应诉	本期发生：未经复议直接应诉	应诉机关级别：乡镇政府	应诉机关级别：县级政府的部门	应诉机关级别：县级政府	应诉机关级别：市(地)级政府的部门	应诉机关级别：市(地)级政府	应诉机关级别：省级政府的部门	应诉机关级别：省部级行政机关	应诉机关级别：其他	应诉机关：原具体行政行为机关	应诉机关：复议机关	一审结案情况：判决：维持	一审结案情况：判决：撤销：全部	一审结案情况：判决：撤销：部分	一审结案情况：判决：撤销：其中：重新做出具体行政行为	一审结案情况：判决：变更	一审结案情况：判决：履行法定职责	一审结案情况：判决：确认合法或有效	一审结案情况：判决：确认违法或无效	一审结案情况：判决：驳回诉讼请求	一审结案情况：判决：赔偿	一审结案情况：判决：不予赔偿	一审结案情况：裁定：驳回起诉	一审结案情况：裁定：撤诉：原告主动撤诉	一审结案情况：裁定：撤诉：行政行为原告撤诉被告改变原具体	一审结案情况：裁定：移送	一审结案情况：裁定：终结	一审结案情况：裁定：其他	一审结案情况：行政赔偿调解	未审结
		1	2	3	4	5	6	7	8	9	10	11	12	13	14	15	16	17	18	19	20	21	22	23	24	25	26	27	28	29	30	31	32
公安	1		18	183		97	1	96	3			4	199	2	110	8			10		1	1	5			1	50	4	4		1		6
国家安全	2																																
劳动和社会保障	3	20	164	130		31		260	2		1		291	3	183	25	2	10	1				21			1	24				1		56
司法行政	4																																
民政	5			12		12							12			3							2	1		2	4						
土地	6	37	122	315	5	125	198	17	48	10	34		366	71	146	39	3	3	3	7		5	32			37	79	4	4	1	9	1	104
地矿	7	1		1		1							1		1	1		1															
环保	8		2	3		2	1		1	1			5		3											1							1
农业	9			1			1						1													1							
水利	10																																
林业	11		11	4	2	4	8		1				13	2	9	2											2						2
城市规划	12	1	5	18		14		9					23		1	1				4			6			4	5						3
房屋拆迁	13	1	26	102		19	80	26	3				128		84	1							17			5	13				2		7
房屋登记	14	8	6	59		24	20	17	4				61	4	5	12				2		2	9			8	14		1		2		18
工商	15	1	1	30		19		12					31		21	1			4							1	2						3
质监	16																																
商务	17																																
物价	18																																
能源	19																																
交通	20	2		23		19	1	3					23		2	1							4				13						5
信息产业	21																																
邮政	22																																

项目 / 件数 / 行政管理类别		上期结转	本期发生		应诉机关级别								应诉机关		一审结案情况																	未审结
															判决											裁定						
																撤销		其中									撤诉					
		上期结转	复议后应诉	未经复议直接应诉	乡镇政府	县级政府的部门	县级政府	市（地）级政府的部门	市（地）级政府	省级政府的部门	省部级行政机关	其他	原具体行政行为机关	复议机关	维持	全部	部分	重新做出具体行政行为	变更	履行法定职责	确认合法或有效	确认违法或无效	驳回诉讼请求	赔偿	不予赔偿	驳回起诉	原告主动撤诉	被告改变原具体行政行为原告撤诉	移送	终结	其他	行政赔偿调解	未审结
		1	2	3	4	5	6	7	8	9	10	11	12	13	14	15	16	17	18	19	20	21	22	23	24	25	26	27	28	29	30	31	32
烟草专卖	23																																
税务	24																																
人民银行	25																																
证监	26																																
保监	27																																
银监	28																																
外汇	29																																
财政	30																																
统计	31																																
审计	32																																
海关	33																																
商检	34																																
药监	35																																
卫生	36			6		2		4					6		1					1			2						1				1
计划生育	37			7		7							7		1												5	1					
教育	38		1					1						1													1						
文化	39			2				2					2									1											1
专利	40																																
商标	41																																
版权	42																																
旅游	43																																
其他	44		7	225	1	105	97	23	5			1	232		18	10	50	1		39		1	11			13	51		16		12		11
合计	45	71	363	1121	8	481	407	470	67	11	35	5	1401	83	585	104	55	15	18	53	1	10	109	1	0	74	263	9	26	1	27	1	218

审判机关

表 1

2012 年全省审判机关及人员状况统计表

（单位：个）

院　别	高　院					中　院					基层法院					法　庭				
机构数																				
人员状况	正副院长	审判员	助审员	书记员	法警	正副院长	审判员	助审员	书记员	法警	正副院长	审判员	助审员	书记员	法警	正副庭长	审判员	助审员	书记员	法警
人　数	6	128	118	52	20	64	1432	288	333	138	752	5681	677	1508	940	1176	598	221	419	49
合　计	324					2255					9558					2463				
备　注																				

2013 年全省审判机关及人员状况统计表

（单位：个）

院　别	高　院					中　院					基层法院					法　庭				
机构数																				
人员状况	正副院长	审判员	助审员	书记员	法警	正副院长	审判员	助审员	书记员	法警	正副院长	审判员	助审员	书记员	法警	正副庭长	审判员	助审员	书记员	法警
人　数	6	125	127	53	24	64	1370	334	339	128	747	5561	677	1494	932	1191	577	255	431	51
合　计	335					2235					9411					2505				
备　注																				

表 2　　2012 年、2013 年全省法院审理各类案件情况统计表　　(单位：件)

	收案		结案	
	2012 年	2013 年	2012 年	2013 年
一审	456401	398366	452533	388925
二审	31874	37329	31884	37030
审判监督	2047	2039	2016	1884
总计	490322	437734	486433	427839

注：结案中含上年旧存

表 3　　2012 年、2013 年全省法院刑事一审案件情况统计表　　(单位：件)

	收案		结案	
	2012 年	2013 年	2012 年	2013 年
危害国家安全罪	0	1	0	0
危害公共安全罪	6387	6763	6344	6611
破坏社会主义市场经济秩序罪	1217	1436	1209	1348
侵犯公民人身权利、民主权利罪	7916	9007	7757	8835
侵犯财产罪	10229	9387	10199	9195
妨害社会管理秩序罪	3787	4189	3745	4043
危害国防利益罪	8	6	8	6
贪污贿赂罪	882	1050	863	966
渎职罪	244	262	234	229
合计	30670	32101	30359	31233

表 4　　2012 年、2013 年全省法院审理青少年犯罪情况统计表　　(单位：人)

	其中青少年罪犯						备　注
	不满 18 岁		18—25 岁		青少年罪犯人数		
	2012 年	2013 年	2012 年	2013 年	2012 年	2013 年	
刑事犯罪数	1198	810	7081	5164	8279	5974	

表 5　　2012 年、2013 年全省法院民事一审收结案情况统计表

	收案		结案		其中							
					调解		驳回		撤诉		其他	
	2012年	2013年	2012年	2013年	2012年	2013年	2012年	2013年	2012年	2013年	2012年	2013年
婚姻家庭、继承	121673	105329	120893	103706	69261	52202	64	177	44815	35552	6753	15575
合同	211229	176044	209541	171670	113313	80910	302	708	85270	66574	10656	23478
权属、侵权及其他	89561	81508	88506	79029	41503	31590	251	291	30398	25011	16354	22137

表 6　　2012 年、2013 年全省法院行政一审案件情况统计表　　（单位：件）

	收案		结案		其中									
					维持		撤销		驳回		撤诉		其他	
	2012年	2013年	2012年	2013年	2012年	2013年	2012年	2013年	2012年	2013年	2012年	2013年	2012年	2013年
公　安	272	318	265	319	63	133	21	25	17	37	131	96	33	28
工商管理	67	32	64	31	4	5	9	2	5	5	44	12	2	7
土　地	522	440	525	427	34	46	49	55	27	23	178	88	237	215
林　业	20	23	20	23	6	8	10	4	0	3	3	2	0	6
水　利	2	4	1	5	0	0	0	1	0	0	0	1	1	3
建　设	497	458	461	467	26	52	31	46	13	49	162	71	229	249
交　通	38	25	38	24	5	0	1	0	2	3	16	20	14	1
税　务	2	2	2	2	0	1	0	0	1	0	1	1	0	0
其　他	1848	2082	1858	1989	272	347	111	226	104	133	1099	394	273	889
合　计	3268	3384	3234	3287	410	592	232	359	169	253	1634	685	789	1398

表 7　　2012 年、2013 年全省法院审理各类二审案件情况统计表　　（单位：件）

	收案		结案		其中											
					维持		改判		发回重审		撤诉		调解		其他	
	2012年	2013年	2012年	2013年	2012年	2013年	2012年	2013年	2012年	2013年	2012年	2013年	2012年	2013年	2012年	2013年
刑事	4839	4249	4888	4066	2885	2365	323	289	348	442	1131	750	17	25	184	195

	收案		结案		其中											
					维持		改判		发回重审		撤诉		调解		其他	
	2012年	2013年	2012年	2013年	2012年	2013年	2012年	2013年	2012年	2013年	2012年	2013年	2012年	2013年	2012年	2013年
民事	25975	31716	25921	31614	11246	17855	764	873	1577	2069	4067	3400	6393	5582	1874	1835
行政	1060	1364	1075	1350	659	994	20	32	61	62	159	92	6	6	170	164
合计	31874	37329	31884	37030	14790	21214	1107	1194	1986	2573	5357	4242	6416	5613	2228	2194

表 8　2012 年、2013 年全省法院审理各类审判监督案件情况统计表　（单位：件）

	收案		结案		其中									
					维持		改判		发回重审		撤诉		其他	
	2012年	2013年	2012年	2013年	2012年	2013年	2012年	2013年	2012年	2013年	2012年	2013年	2012年	2013年
刑事	163	146	169	142	90	76	26	22	19	22	4	6	30	16
民事	1773	1775	1741	1631	717	624	207	224	192	213	85	92	540	478
行政	111	118	106	111	61	67	4	14	24	9	2	5	15	16
合计	2047	2039	2016	1884	868	767	237	260	235	244	91	103	585	510

表 9　2012 年、2013 年全省法院处理告诉申诉来信来访情况统计表　（单位：件）

	接待来访人数		信访总数件人		其中							
					告诉		申诉		非诉		其他	
处理来访信件	2012年	2013年	2012年	2013年	2012年	2013年	2012年	2013年	2012年	2013年	2012年	2013年
	71	1881	102	3006	10	257	5	1	8	2	48	1621

表 10　2012 年、2013 年全省法院执行各类案件情况统计表　（单位：件）

执行案件总数	2012年	2013年	其中													
			民事		行政		刑事		行政非诉		仲裁		公证债权文书		其它	
			2012年	2013年	2012年	2013年	2012年	2013年	2012年	2013年	2012年	2013年	2012年	2013年	2012年	2013年
	87241	84354	63901	63714	362	229	1586	1522	16689	14448	1635	1370	130	152	2938	2919
备注																

公安机关

表 1

全省 2012 年度道路交通事故统计表

项目	起数		死亡人数		受伤人数		财产损失	
	数量	百分比	数量	百分比	数量	百分比	数量（万元）	百分比
合计	5287	100.0%	2502	100.0%	4744	100.0%	5024.5	100.0%
全省	0	0.0%	0	0.0%	0	0.0%	0	0.0%
石家庄市	423	8.0%	279	11.15%	342	7.21%	182.1	3.62%
唐山市	414	7.83%	261	10.43%	277	5.84%	243.6	4.85%
秦皇岛市	201	3.8%	142	5.68%	134	2.82%	161.1	3.21%
邯郸市	950	17.97%	303	12.11%	908	19.14%	211.6	4.21%
邢台市	224	4.24%	179	7.15%	158	3.33%	69.1	1.38%
保定市	763	14.43%	260	10.39%	657	13.85%	474.7	9.45%
张家口市	224	4.24%	89	3.56%	224	4.72%	186.7	3.72%
承德市	246	4.65%	77	3.08%	271	5.71%	1375.1	27.37%
沧州市	645	12.2%	265	10.59%	599	12.63%	178.8	3.56%
廊坊市	307	5.81%	89	3.56%	307	6.47%	218.2	4.34%
衡水市	531	10.04%	247	9.87%	442	9.32%	167.6	3.33%
高速衡水地区	24	0.45%	24	0.96%	43	0.91%	219.4	4.37%
高速邯郸地区	13	0.25%	14	0.56%	11	0.23%	36.8	0.73%
高速邢台地区	15	0.28%	16	0.64%	27	0.57%	60.0	1.19%
高速沧州地区	42	0.79%	30	1.2%	50	1.05%	268.6	5.35%
高速保定地区	62	1.17%	66	2.64%	67	1.41%	275.9	5.49%
高速廊坊地区	32	0.61%	25	1.0%	37	0.78%	59.8	1.19%
高速唐山地区	24	0.45%	28	1.12%	21	0.44%	135.0	2.69%
高速秦皇岛地区	14	0.26%	17	0.68%	8	0.17%	125.4	2.5%
高速张家口地区	53	1.0%	34	1.36%	87	1.83%	188.8	3.76%
高速承德地区	7	0.13%	7	0.28%	5	0.11%	46.4	0.92%
高速石家庄地区	64	1.21%	49	1.96%	57	1.2%	138.0	2.75%
冀中公安局交警支队	9	0.17%	1	0.04%	12	0.25%	2.2	0.04%

全省2013年度道路交通事故统计表

项目	起数		死亡人数		受伤人数		财产损失	
	数量	百分比	数量	百分比	数量	百分比	数量（万元）	百分比
合计	5204	100.0%	2501	100.0%	4772	100.0%	3938.3	100.0%
全省	0	0.0%	0	0.0%	0	0.0%	0	0.0%
石家庄市	426	8.19%	279%	11.16%	310	6.5%	159.3	4.05%
唐山市	383	7.36%	260	10.4%	289	6.06%	281.0	7.13%
秦皇岛市	200	3.84%	141	5.64%	137	2.87%	138.1	3.51%
邯郸市	806	15.49%	298	11.92%	741	15.53%	154.0	3.91%
邢台市	221	4.25%	175	7.0%	128	2.68%	41.0	1.04%
保定市	736	14.14%	260	10.4%	730	15.3%	345.2	8.77%
张家口市	227	4.36%	88	3.52%	203	4.25%	233.5	5.93%
承德市	244	4.69%	79	3.16%	281	5.89%	137.3	3.49%
沧州市	622	11.95%	255	10.2%	588	12.32%	172.3	4.37%
廊坊市	381	7.32%	106	4.24%	345	7.23%	194.5	4.94%
衡水市	527	10.13%	246	9.84%	474	9.93%	153.0	3.89%
高速衡水地区	23	0.44%	23	0.92%	28	0.59%	222.0	5.64%
高速邯郸地区	21	0.4%	16	0.64%	30	0.63%	64.2	1.63%
高速邢台地区	28	0.54%	21	0.84%	35	0.73%	132.6	3.37%
高速沧州地区	26	0.5%	24	0.96%	36	0.75%	150.0	3.81%
高速保定地区	66	1.27%	60	2.4%	74	1.55%	299.1	7.59%
高速廊坊地区	30	0.58%	20	0.8%	45	0.94%	72.6	1.84%
高速唐山地区	32	0.61%	34	1.36%	32	0.67%	163.5	4.15%
高速秦皇岛地区	12	0.23%	15	0.6%	11	0.23%	92.4	2.35%
高速张家口地区	102	1.96%	54	2.16%	140	2.93%	507.4	2.35%
高速承德地区	2	0.04%	2	0.08%	2	0.04%	6.6	0.17%
高速石家庄地区	75	1.44%	44	1.76%	96	2.01%	214.1	5.44%
冀中公安局交警支队	14	0.27%	1	0.04%	17	0.36%	4.7	0.12%

表 2 2012 年、2013 年全省公安机关受理治安案件分类统计表

类别	发现受理（起）		查处（起）	
	2012 年	2013 年	2012 年	2013 年
扰乱公共秩序	37970	25482	36137	24180
妨害公共安全	5890	3925	5639	3543
侵犯人身权利、财产权利	848593	630656	797813	580533
妨害社会管理秩序	61125	33868	60510	33331
合计	953578	693931	900099	641587
备注				

表 3 2012 年、2013 年全省火灾情况按地区分类统计表

地区	起数		死亡人数		受伤人数		直接经济损失（元）	
	2012 年	2013 年	2012 年	2013 年	2012 年	2013 年	2012 年	2013 年
石家庄	845	1957	4	13	3	7	12850120	33495142
承德	377	434	2	12	0	4	5172369	21738020
张家口	256	823	1	6	1	2	3392697	16675466
秦皇岛	753	1534	0	0	1	2	5106568	6270199
廊坊	621	934	3	13	0	5	11827587	10275860
唐山	219	2057	0	7	0	4	4725020	22150427
保定	346	1028	1	6	2	4	11887915	46805045
沧州	313	685	0	8	1	1	9046267	9136367
邢台	358	1155	0	5	0	1	4345631	23680752
邯郸	262	942	3	7	3	10	20343475	18986631
衡水	618	1021	2	8	1	7	2374176	10202744
华北油区	44	23	0	0	1	2	64342	383356
合计	5012	12593	16	85	13	49	91136167	219800009
备注								

表 4　　2012 年、2013 年全省火灾起火场所情况统计表

<table>
<tr><th colspan="2" rowspan="2">起火场所</th><th colspan="2">起　数</th><th colspan="2">死亡人数</th><th colspan="2">受伤人数</th><th colspan="2">直接经济损失（元）</th></tr>
<tr><th>2012 年</th><th>2013 年</th><th>2012 年</th><th>2013 年</th><th>2012 年</th><th>2013 年</th><th>2012 年</th><th>2013 年</th></tr>
<tr><td rowspan="6">房屋建筑</td><td>厂　房</td><td>257</td><td>557</td><td>1</td><td>15</td><td>2</td><td>8</td><td>16323325</td><td>22270478</td></tr>
<tr><td>住　宅</td><td>1200</td><td>2837</td><td>9</td><td>40</td><td>8</td><td>22</td><td>5654270</td><td>16870045</td></tr>
<tr><td>办公用房</td><td>54</td><td>101</td><td>0</td><td>1</td><td>0</td><td>1</td><td>650767</td><td>909507</td></tr>
<tr><td>仓　库</td><td>237</td><td>489</td><td>0</td><td>1</td><td>0</td><td>1</td><td>23516780</td><td>42796685</td></tr>
<tr><td>商店、商场、宾馆</td><td>229</td><td>410</td><td>0</td><td>4</td><td>0</td><td>1</td><td>16424815</td><td>52381646</td></tr>
<tr><td>学校、货场</td><td>22</td><td>40</td><td>0</td><td>0</td><td>0</td><td>0</td><td>72345</td><td>184698</td></tr>
<tr><td rowspan="3">交通工具</td><td>汽　车</td><td>554</td><td>1519</td><td>0</td><td>3</td><td>0</td><td>3</td><td>14570965</td><td>37374941</td></tr>
<tr><td>轮　船</td><td>0</td><td>1</td><td>0</td><td>0</td><td>0</td><td>0</td><td>0</td><td>10928</td></tr>
<tr><td>其　它</td><td>23</td><td>59</td><td>0</td><td>0</td><td>0</td><td>0</td><td>354200</td><td>579633</td></tr>
<tr><td colspan="2">小　计</td><td>2576</td><td>6013</td><td>10</td><td>64</td><td>10</td><td>36</td><td>77567467</td><td>173378561</td></tr>
<tr><td colspan="2">山　林</td><td></td><td></td><td></td><td></td><td></td><td></td><td></td><td></td></tr>
<tr><td colspan="2">草　原</td><td></td><td></td><td></td><td></td><td></td><td></td><td></td><td></td></tr>
<tr><td colspan="2">其　他</td><td>2436</td><td>6580</td><td>6</td><td>21</td><td>3</td><td>13</td><td>13568700</td><td>46421448</td></tr>
<tr><td colspan="2">合　计</td><td>5012</td><td>12593</td><td>16</td><td>85</td><td>13</td><td>49</td><td>91136167</td><td>219800009</td></tr>
<tr><td colspan="2">备　注</td><td colspan="8">山林、草原火灾不在消防统计范围内，由分管部门统计。</td></tr>
</table>

司法行政机关

表 1　　2012 年、2013 年全省律师机构及人员统计表

律师事务所		律师工作人员							
		合计		其中					
				专职律师		兼职律师		特邀律师	
个		人		人		人		人	
2012 年	2013 年	2012 年	2013 年	2012 年	2013 年	2012 年	2013 年	2012 年	2013 年
679	721	8780	9355	7970	8534	451	454	0	0

表 2　　2012 年全省律师主要业务工作情况统计表

项目	常年法律顾问		民事诉讼及代理		刑事诉讼代理			行政诉讼代理		非诉讼法律事务			
	合计	其中	合计	其中	合计	其中		合计	其中	合计	其中		
		大中型企业		经济案件		法院指定	被告委托		代理被告		出具法律意见书	法律咨询	代写法律文书
数量	11973	6729	69163	19226	28113	3045，	5611	3046	1625	207402	15773	153135	38494

2013 年全省律师主要业务工作情况统计表

项目	常年法律顾问		民事诉讼及代理		刑事诉讼代理			行政诉讼代理		非诉讼法律事务			
	合计	其中	合计	其中	合计	其中		合计	其中	合计	其中		
		大中型企业		经济案件		法院指定	被告委托		代理被告		出具法律意见书	法律咨询	代写法律文书
数量	12431	7264	78663	22484	26806	2952，	5060	2606	1373	221421	20314	153546	47782

表 3　　2012 年、2013 年全省公证工作基本情况统计表

项　目	数　量	
	2012 年	2013 年
公证员	692	734
公证员助理	412	418
公证人员合计	1242	1309
公证机构合计	174	175
公证机构办理国内公证	207691	247097
涉外公证	73277	83052
涉港、澳、台公证	901	1035
公证合计	281869	331184
备注		

表 4　　2012 年公证业务统计表

国内公证业务		单位：件	涉外公证业务		单位：件
1	合同（协议）	54611	1	合同（协议）	140
2	继承	25950	2	继承	10
3	单方法律行为	65263	3	委托	1580
4	现场监督	5265	4	声明	1091
5	保全证据	7070	5	遗嘱	0
6	公司章程	192	6	其他单方法律行为	64
7	组织资格	1596	7	公司章程	321
8	财产权	166	8	组织资格	252
9	身份	322	9	收养关系	564
10	收养关系	38	10	婚姻状况	4079
11	婚姻状况	118	11	亲属关系	8353
12	亲属关系	3644	12	出生	8484
13	有无违法犯罪记录	131	13	死亡	152
14	其他有法律意义事实	1575	14	生存、居住	1634
15	证书（执照）	502	15	学历（学位）	9904

国内公证业务		单位：件	涉外公证业务		单位：件
16	签名（印鉴）	11963	16	经历	927
17	文本相符	1716	17	职务（职称）	369
18	赋予执行效力	7123	18	身份	274
19	执行证书	162	19	有无违法犯罪记录	10695
20	抵押登记	1448	20	其他有法律意义事实	4545
21	提存	448	21	证书（执照）	690
22	保管	2	22	签名（印鉴）	3022
23	其他	18386	23	文本相符	9639
	合计	207691	24	其他	6488
				合计	73277

2013 年公证业务统计表

国内公证业务		单位：件	涉外公证业务		单位：件
1	合同（协议）	68311	1	合同（协议）	358
2	继承	31486	2	继承	135
3	单方法律行为	81900	3	委托	1093
4	现场监督	5742	4	声明	1086
5	保全证据	9394	5	遗嘱	5
6	公司章程	105	6	其他单方法律行为	582
7	组织资格	250	7	公司章程	170
8	财产权	487	8	组织资格	128
9	身份	579	9	收养关系	21
10	收养关系	415	10	婚姻状况	2905
11	婚姻状况	417	11	亲属关系	9702
12	亲属关系	3826	12	出生	12295
13	有无违法犯罪记录	1673	13	死亡	128
14	其他有法律意义事实	4381	14	生存、居住	630
15	证书（执照）	914	15	学历（学位）	9074
16	签名（印鉴）	14467	16	经历	526

国内公证业务		单位：件	涉外公证业务		单位：件
17	文本相符	5492	17	职务（职称）	691
18	赋予执行效力	6889	18	身份	268
19	执行证书	164	19	有无违法犯罪记录	10204
20	抵押登记	899	20	其他有法律意义事实	739
21	提存	548	21	证书（执照）	5525
22	保管	89	22	签名（印鉴）	2573
23	其他	8669	23	文本相符	11684
	合计	247097	24	其他	12530
				合计	83052

表 5　　2012 **年全省人民调解工作基本情况统计表**

项目	专职司法助理员	人民调解委员会	调解人员	调解民间纠纷	调解内容									
					婚姻家庭				房屋宅基地	债务	生产经营	损害赔偿	邻里	其它
					婚姻	继承	赡、扶、抚养	其它						
单位	人	个	人	件	件	件	件	件	件	件	件	件	件	件
数量		58396	378171	368080	32000	22200	22240	12210	39570	9561	11498	11789	101911	24111
备注														

2013 **年全省人民调解工作基本情况统计表**

项目	专职司法助理员	人民调解委员会	调解人员	调解民间纠纷	调解内容									
					婚姻家庭				房屋宅基地	债务	生产经营	损害赔偿	邻里	其它
					婚姻	继承	赡、扶、抚养	其它						
单位	人	个	人	件	件	件	件	件	件	件	件	件	件	件
数量		58716	379523	363857	50335	22000	25210	15523	40347	10491	11400	12390	111716	32110
备注														

表 6　2012 年全省乡镇（街道）法律服务所工作基本情况统计表

项目	乡镇（街道）法律服务所	法律服务人员	担任企业法律顾问	调解纠纷	协办公证	民事诉讼代理	民事非诉讼代理	法律咨询	代书	法律宣传	
										宣讲法律	受教育人次
单位	人	人	人	件	件	件	件	件	件	场次	人
数量	672	2409	2953	40000		43309	22547	408612			
备注											

2013 年全省乡镇（街道）法律服务所工作基本情况统计表

项目	乡镇（街道）法律服务所	法律服务人员	担任企业法律顾问	调解纠纷	协办公证	民事诉讼代理	民事非诉讼代理	法律咨询	代书	法律宣传	
										宣讲法律	受教育人次
单位	人	人	人	件	件	件	件	件	件	场次	人
数量	704	2625	3295	20413		46606	23250	424811			
备注											

案例选编

典型案例

【杨琪远贪污五千余万元被判死刑】

关 键 词：职务犯罪
一审法院：秦皇岛中级人民法院
二审法院：河北省高级人民法院

案件事实：

被告人杨琪远于1991年至1994年、1998年起至2005年6月担任国有企业中日青年交流中心设立的国有企业中日青年交流中心秦皇岛办事处主任；2000年12月起担任中心秦办下属的国有企业秦皇岛博园公寓服务公司的法定代表人。利用担任上述职务的便利，杨琪远实施了下列贪污行为：

杨琪远采用欺骗手段，致使中日中心同意中心秦办与秦皇岛博园高校后勤基地开发有限公司签订资产转让合同，骗取国有资产。以签订转让合同的时间2005年6月6日为基准日对项目资产进行鉴定，被转让项目资产价值人民币146814700元；因建设该项目的实际负债为博园服务公司负债的账面余额98956561.15元，中心秦办所属国有的世纪蜂业有限公司为该项目的银行借款4100000元，即该项目实际价值减去项目负债后的差额43758138.85元，被杨琪远非法占有。

2001年至2007年，在秦皇岛高校后勤基地项目建设和运营过程中，杨琪远利用其担任中心秦办主任和博园服务公司法定代表人的职务便利，从博园服务公司的账户上以个人借款名义，共分146笔累计支取现金人民币9974953.28元。对以上款项，杨琪远部分用于为其本人及亲友等人支付购买位于秦市及北京市的商品房首付款，其余款项编造了不同的用途。

综上所述，被告人杨琪远实际贪污公款合计人民币50894513.55元。法院认为，杨琪远在担任国有企业中日青年交流中心秦皇岛办事处主任和博园公寓服务公司经理、法定代表人期间，利用职务便利，侵吞公共财物，其行为已构成贪污罪，且数额特别巨大，论罪应当判处死刑，鉴于其自动投案等情节，依法判处其死刑，可不立即执行。最终杨琪远被判处死刑，缓期二年执行，剥夺政治权利终身，并处没收个人全部财产。

专家点评：

反腐力度加强警示作用明显

这又是一起典型的巨额贪腐案件。

该案中被告人杨琪远利用其担任国有企业管理人员的职务便利，非法转让国有资产，同时用国有企业的款项支付其个人及亲友购房，侵吞了数千万元国有资产，可见其有非常强烈的个人私欲，这与其平时不重视廉政学习，物欲不断膨胀有关；也与其在担任国有企业领导期间，个人权力过大，没有得到有效的监督和制约相关。

杨琪远案件还反映出有关部门对国有企业资产管理上存在漏洞。国有资产的处置设立了严格的审批制度，转让国有资产要经过多重审计、评估、审批等环节，而每道程序、每个环节的管理部门如果都能真正发挥国有资产的管理监督职责，那么杨琪远就不能轻易将巨额国有资产予以转让，也就无法将公款用于购买个人房产。该案带来的教训无疑是深刻的。

根据我国《刑法》的规定，个人贪污数额在十万元以上的，处十年以上有期徒刑或者无期徒刑，可以并处没收财产；情节特别严重的，处死刑，并处没收财产。杨琪远贪污国有资产达数千万元，属于情节特别严重，法院依法对杨琪远判处死刑，缓期二年执行，正是体现了执法必严，违法必究的法律原则。目前，国家对于反腐工作不断加强力度，杨琪远案件必将警醒那些站在法律悬崖边的人员，不管其任何职、做何事，不能突破法律的底线。"伸手必被捉"，只要构成犯罪，一定会受到法律的严惩。

【"石家庄舜地企业集团"非法吸收公众存款案】

关 键 词：非法集资

一审法院：石家庄中级人民法院

二审法院：河北省高级人民法院

案件事实：

2005年至2011年，被告人孙立朋、宋志萍夫妻分别成立、收购数十家公司，组成了并未登记注册的"舜地企业集团"。

该集团名下的石家庄舜地人旅游开发有限公司、石家庄舜地房地产开发有限公司等多家公司，自2006年开始，未经有关部门依法批准，以合作开发"顺平唐河漂流"旅游项目、"博爱雅苑""百合公寓"等房地产项目为名，通过散发传单、发送手机短信等方式，以高回报、高利息为诱饵，向社会公众非法吸收资金，自2007年5月至2011年3月，共非法吸收公众存款33.3亿余元，数额巨大，严重扰乱了国家金融管理秩序。

法院对该起河北省涉及金额巨大、集资人员众多的"舜地企业集团"非法吸收公众存款案的87名被告人作出判决：以非法吸收公众存款罪、职务侵占罪、故意销毁会计凭证、会计账簿罪，判处被告人孙立朋有期徒刑二十年；以非法吸收公众存款罪、职务侵占罪，判处被告人宋志萍有期徒刑十三年；对其他直接参与非法吸收公众存款和销毁会计凭证、会计账簿犯罪活动的79名被告人，分别判处有期徒刑、拘役；对犯罪情节轻微的6名被告人免予刑事处罚。

专家点评：

治理民企非法集资
还应双管齐下

孙立鹏、宋志萍夫妻5年间非法吸收公众存款达33.3亿元之巨。其金额之大、时间之久，震惊世人。众多参与其中的老百姓，损失惨重。

需要深思的是：为什么如此多的老百姓参与其中？为什么非法集资屡禁不止？

我们应该认识的该案件背后深层次的社会原因：一方面是，融资渠道不畅的情况下，民营企业要想发展，不惜高息借贷；另一方面是，通货膨胀、负利率大背景下，老百姓的钱存在银行里越来越不值钱，纷纷寻求资金增值保值的投资机会。

孙立鹏、宋志萍夫妻以"博爱雅苑""百合公寓"等房地产项目非法吸收公众存款之时，正值通货膨胀、房地产价格飞涨之际。民营企业融资渠道不畅、房地产暴利，使得孙立鹏、宋志萍夫妻不惜高息借款；同时，通货膨胀、高息诱惑，又是众多老百姓纷纷参与其中最根本的动力。

从根本上治理民营企业非法吸收公众存款的问题，还应双管齐下：一方面，积极拓宽民营企业融资的渠道，试想如果有合法的、利率适中的资金来源，谁还会去借非法的高利贷呢？另一方面，积极拓宽老百姓的投资渠道，再试想如果有合法、安全的投资机会让老百姓手里的钱保值增值，谁还会去把辛辛苦苦挣来的钱冒险参与非法公众存款活动呢？

可喜的是，我们国家正在积极发展多层次的投融资金融体系，相信民营企业融资难、老百姓投资难的问题一定会解决。该案发生的社会土壤也将不复存在。

【制售"地沟油"四主犯分别获刑15年】

关 键 词：食品安全

审理法院：南和县人民法院

案件事实：

被告人魏善民、郑双廷、陈聚银（现在逃）、陈步高、刘计林均为邢台南和县人，5人合伙投资，于2011年4月与邢台宏瑞达食用油脂有限公司签订了承包协议，之后开始生产食用油。

2011年4月至6月期间，由陈步高和郑双廷、魏善民联系，非法从河北博野县、大名县、任县、邯郸市、藁城市以及山东省冠县、枣庄市、武城县、莘县购进鸡汤油或饲料用动物毛油后，对这些劣质动物油脂进行加工，生产"鸡色拉油"约240吨，并以每吨8500元至8650元的价格销售至河北、河南、山西、山东等地。

据统计，此间，被告人魏善民、郑双廷、陈步高、刘计林、武红林、武超飞、白建立共销售"鸡色拉油"238.6吨，销售总金额205.4331万元。

后事情败露，在南和县公安局对魏善民采取强制措施后，白建立为逃避法律制裁，通过房鲁朋找到李秀娟，让李秀娟经营的山东某科技饲料有限公司为其出具假证明，并在该公司的账目上做假账，来证实白建立将10.04吨不合格食用油卖给了该公司，并许诺事成之后给房鲁朋和李秀娟好处费20000元。被利益蒙蔽双眼的李秀娟当即答应下来，并配合白建立制造了伪证。

违法团伙被处置四主犯分别获刑15年。

经审理，南和县人民法院认为，被告人魏善民、郑双廷、陈步高、刘计林的行为构成生产、销售有毒、有害食品罪；被告人武红林、武超飞、白建立的行为构成销售有毒、有害食品罪定罪。被告人白建立行为构成妨害作证罪。被告人房鲁朋、李秀娟构成伪证罪。最终，依据刑法规定，南和县人民法院以生产、销售伪劣产品罪分别判处被告人魏善民、郑双廷、陈步高、刘计林有期徒刑15年，并处罚金人民币120万元；以销售有毒有害食品罪分别判处被告人武红林、武超飞有期徒刑2年，并处罚金人民币6万元；以销售有毒有害食品罪、妨害作证罪对被告人白建立数罪并罚，合并执行有期徒刑2年6个月，并处罚金人民币5万元；以伪证罪分别判处被告人房鲁朋、李秀娟有期徒刑1年，缓刑1年。

法官说法：

被告人魏善民、郑双廷、陈步高、刘计林承包邢台宏瑞达食用油脂有限公司的机械设备，购进大量的餐厨垃圾——鸡汤油，作为原料，生产约240吨的所谓鸡色拉油进行销售，销售数额达二百零五万余元，其生产的产品没有合格证，经鉴定该产品为不合格产品。被告人武红林、武超飞、白建立明知被告人魏善民等人承包邢台宏瑞达食用油脂有限公司生产的成品油不符合国家标准，而予以销售，且销售数额均超过五万元。

依据最高人民法院、最高人民检察院、公安部关于依法严惩地沟油犯罪的通知，所谓“地沟油”犯罪，是指用餐厨垃圾、废弃油脂、各类肉及肉制品加工废弃物等非食品原料，生产、加工“食用油”，以及明知是利用“地沟油”生产、加工的油脂而作为食用油销售的行为。

对于利用“地沟油”生产食用油的犯罪行为，依照生产、销售有毒、有害食品罪追究刑事责任的通知精神，被告人魏善民等人的行为构成生产、销售有毒、有害食品罪；被告人武红林等人的行为构成销售有毒、有害食品罪定罪。依据刑法第一百四十九条第二款的规定，被告人魏善民等人的行为构成刑法第一百四十四条规定的生产、销售有毒、有害食品罪，同时又构成刑法第一百四十条规定的生产、销售伪劣产品罪。

被告人魏善民等人的行为同时触犯两个罪名，依照处罚较重的规定定罪处罚的原则，应以生产、销售伪劣产品罪追究被告人魏善民等人的刑事责任。综上，南和县人民法院依法做出判决，魏善民等四名被告犯生产销售伪劣产品罪分别被判处有期徒刑十五年，并处罚金一百二十万；被告人武红林等人犯销售有毒有害食品罪分别被判处二年至二年六个月不等有期徒刑，并处罚金。

【全国最大制售假贵金属纪念币案7人获刑】

关键词：制售假币

审理法院：定州市人民法院

案件事实：

2010年八九月至年底，张建潘在浙江省温州市平阳县昆阳镇黄岙村其出租房内，用铜条、锌铝合金条等原材料和液压机、冲床机等设备，伪造中国人民银行发行的2011版中国熊猫普制套装金币30套、2011辛卯（兔）年金银纪念币本色的80套、彩色的20套。上述假纪念币初始发售价共计人民币77万余元。

张建潘将这些假纪念币出售给在定州开工艺礼品店的贾满斗。

贾满斗的儿子贾晨伟于2011年3月将7套假纪念币出售给杨峰、刘淘女。上述假纪念币初始发售价共计人民币91412元。

2011年3月7日上午，杨峰与刘淘女共谋，从北京市袁某处购买了某卫视电视购物会员的信息。

刘淘女冒充电视购物工作人员骗取郭某、雷某的信任，卖给两人2套假“2011版中国熊猫普制套装金币”、1套假“兔年贺岁银条”、1套“2010上海世博会银条”（臆造，非国家发行），共计51400元。

同年3月28日，郭某要求刘淘女以同样价格再次发货。随后，刘淘女等人用同样的办法，4次出售假纪念币。

2011年5月6日，定州市公安局民警对贾满斗、贾晨伟共同经营的工艺礼品店进行搜查，扣押价值初始发售价共计2230550元的假纪念币。

定州市人民法院以伪造货币罪判处张建潘有期徒刑10年，并处罚金人民币10万元；以出售、购买假币罪判处贾满斗有期徒刑11年，并处罚金人民币10万元；以出售假币罪判处贾晨伟有期徒刑5年，并处罚金人民币5万元；以出售、购买假币罪判处杨峰有期徒刑3年，并处罚金人民币5万元；以出售、购买假币罪判处刘淘女有期徒刑3年，缓刑3年，并处罚金人民币5万元。同案还有两名被告人受到判处。

专家点评：

造假纪念币就是造假币

说实话，张建潘的手艺还是很不错的，他用简易设备和破铜烂铝在温州一个偏僻小村造出来的中国熊猫套装金币蛮像中国人民银行发行的真币，粗心的人们还真看不出来。可惜他这好手艺没有用在正经地儿，犯了“伪造货币罪”，国家则把好铁真钢铸成的优质手铐戴给了他。

许多人认为，将普通纪念币认定为人民币好理解，但贵金属金币并不用来流通、支付等，都是用来投资和收藏，张建潘等人怎么犯了“伪造货币罪”？其实，国家对于贵金属纪念币一直是按照人民币管理的。国务院《人民币管理条例》明确规定：“中国人民银行可以根据需要发行纪念币。纪念币是具有特定主题的限量发行的人民币，包括普通纪念币和贵金属纪念币”。因而伪造贵金属纪念币就是伪造人民币。至于人们常常用来投资、收藏、送礼而不用来支付，那是人们舍不得并非不可以。

巧的是，在2011年下半年张建潘等人绞尽脑汁、夜以继日的制造、贩卖假纪念币的时候，最高司法机关也在2011年11月份经过严密论证出台了《关于审理伪造货币等案件具体应用法律若干问题的解释（二）》，明确规定了伪造贵金属纪念币按照伪造货币论处，数额以初始发售价格计算等，可谓罚之有据，罚当其罪！

【毛晓静贩卖运输毒品】

关 键 词：毒品犯罪

一审法院：秦皇岛中级人民法院

二审法院：河北省高级人民法院

最高人民法院复核

案件事实：

2010年9月，被告人毛晓静指使被告人郭悦到四川省成都市，从被告人肖小均处购得甲基苯丙胺500克。郭悦根据毛晓静安排，将甲基苯丙胺全部卖给孙永利、郝兰田（均另案处理）。

2011年1月，被告人毛晓静再次指使被告人郭悦去成都市购买毒品。被告人郭悦通过被告人肖小均介绍，从其他毒贩处以人民币70余万元的价格购得甲基苯丙胺3500克、海洛因700克，郭悦按照毛晓静的安排，将其中1000克甲基苯丙胺卖给孙永利、郝兰田。

2011年2月中旬，被告人毛晓静安排被告人郭悦、孙鑫前往成都市，从其他毒贩处以人民币120余万元的价格购得甲基苯丙胺6700克、海洛因700克，并通过物流公司运回秦皇岛市贩卖。

2011年4月18日至20日，被告人毛晓静指使被告人孙鑫、侯晓龙去四川省成都市购买毒品。经被告人肖小均介绍，被告人孙鑫、侯晓龙从被告人樊均全处以60余万元的价格购买甲基苯丙胺2786.63克。郭悦、孙鑫、侯晓龙通过物流公司将所购甲基苯丙胺运到秦皇岛市，被公安机关当场查获。

2011年4月25日，被告人毛晓静与被告人肖小均联系，准备安排被告人孙鑫、侯晓龙于次日携带人民币20余万元去成都市购买毒品，因被抓获未果。随后，公安人员分别从毛晓静位于秦皇岛市海港区的两处住所，以及孙鑫、侯晓龙租住处查获部分甲基苯丙胺、海洛因及毒资等。

秦皇岛市中级人民法院以贩卖、运输毒品罪判处毛晓静死刑，剥夺政治权利终身，并处没收个人全部财产。宣判后，毛晓静提出上诉。省高院依法裁定驳回毛晓静上诉，维持原判，并依法报请最高人民法院核准。

最高人民法院认为，被告人毛晓静结伙贩卖、运输甲基苯丙胺、海洛因等毒品，其行为已构成贩卖、运输毒品罪。贩卖、运输毒品数量大，社会危害严重。毛晓静系共同犯罪中罪责最大的主犯，应依法惩处。第一审判决、第二审裁定认定的事实清楚，证据确实、充分，定罪准确，量刑适当。审判程序合法。

最高人民法院核准了河北省级人民法院维持第一审对被告人毛晓静以贩卖、运输毒品罪判处毛晓静死刑，剥夺政治权利终身，并处没收个人全部财产的刑事裁定。

据悉，被告人郭悦、孙鑫、肖小均、樊均因犯贩卖、运输毒品罪分别被判处死刑，缓期二年执行，剥夺政治权利终身，并处没有个人全部财产；被告人侯晓龙因犯贩卖、运输毒品罪被判处无期徒刑，剥夺政治权利终身，并处没收个人全部财产。其他同案被告人也受到相应处罚。

毛晓静在2010年9月至2011年4月这短短的七个月间，多次贩毒，数额高达上万克。根据我国《刑法》及相关规定。贩卖、运输甲基苯丙胺五十克以上的，处十五年有期徒刑、无期徒刑或者死刑，并处没收财产。毛晓静作为本案共同犯罪中罪责最大的主犯，被法院判处死刑是罪有应得。

【崔占军污染环境】

关 键 词：环境污染

审理法院：霸州市人民法院

案件事实：

2012年10月23日至10月27日期间，被告人崔占军伙同宁大力（在逃）驾驶冀RB4300蓝色凯马牌小卡车，先后从霸州市信安镇凯达公司拉运171.3吨废酸，分别倾倒至信安镇张庄村西头公路南侧水沟内、该水沟西侧的林地内、林地附近的水井中以及信安镇头屯小学北侧河沟内，致周边环境被污染。

霸州市人民法院审理认为，被告人崔占军伙同他人违反国家规定，向林地、水体内倾倒危险废物，严重污染环境的事实清楚，证据确实充分，其行为已构成污染环境罪，公诉机关指控的罪名成立。被告人崔占军在学校附近倾倒危险废物，依法应当酌情从重处罚。

依照《中华人民共和国刑法》第三百三十八条、第五十二条、第五十三条及最高人民法院、最高人民检察院《关于办理环境污染刑事案件适用法律若干问题的解释》第一条第二项、第四条第一款第三项之规定，霸州市人民法院以污染环境罪判处被告人崔占军有期徒刑二年，并处罚金2万元。

解决环境污染的问题，需要依靠强有力的法律手段，实施切实可行的法律治污措施，加强对污染者的打击力度，依法追究污染者的刑事和民事责任，做到有法可依，有法必依，执法必严，违法必究，使保护环境的理念深入人心。

【虚假陈述股民索赔案】

关 键 词：虚假陈述 索赔 调解

审理法院：石家庄中级人民法院

案件事实：

廊坊发展股份有限公司于1999年10月14日在上海证券交易所上市，证券代码为600149，曾用简称为：ST建通、邢台轧辊、华夏建通、S华夏通。2011年1月，公司发布公告称收到证监会行政处罚决定。证监会认定，时名华夏建通的该公司存在多项信批违规问题。包括2003年2月，建通集团置换进入华夏建通的资产存在重大不实，华夏建通2003年至2007年年度报告资产状况的披露存在重大虚假记载；2003年至2005年年度报告中，虚假记载建通集团的控股股东及实际控制人的情况；2003年12月临时信息、2003年年度报告未按规定披露与通信产业基地有限公司的关联关系和关联交易；2003年至2005年，未真实及时披露建通集团、西安通信等关联企业占用资金的情况；2007年中期报告提前确认主营业务收入1225万元；子公司北京华夏通网络技术服务有限公司虚增营业收入、虚增利润，导致华夏建通2007年年度报告虚假记载利润1715.81万元。

随着证监会的一纸罚单落地，来自全国各地的受损投资者开始对廊坊发展提起民事诉讼，希望挽回损失。

截止到诉讼届满，一共有66名投资者向廊坊发展起诉，诉讼总金额约4500万。

在经历了近三年的等待之后，案件终于以和解的形式完结。66位投资者无一例外都得到了赔偿，合计赔偿金额约1300万元。

石家庄中院主办法官调阅广州、北京、黑龙江等多地的相关判例，作了大量的庭前调解工作，用了近一年的时间，于2013年12月5日将这66起案件全部调解结案，66位投资者无一例外都得到了赔偿，合计赔偿金额近1300万元。该案即保护了中小股东投资者合法利益，同时也保障了上市公司今后的良序发展，取得了良好的社会效果。

本案被法院依法成功调解，

66名股东获赔近1300万元赔偿，每位原告都得到了赔偿。此案是2013年度审结的最大的虚假陈述索赔案，也是河北省内法院处理的首例股民索赔案。该案的影响在于，对上市公司信息披露中的违法行为进行了坚决的制裁；对中小股东这一弱势群体的合法权益给予了有力的保护；维护了证券市场的正常秩序，公平和正义，具有典型意义。

地方性法规、省政府规章

地方性法规（2012年）

河北省邮政条例

（2012年3月28日河北省第十一届人民代表大会常务委员会第二十九次会议通过 2012年3月28日河北省第十一届人民代表大会常务委员会公告第57号公布 自2012年7月1日起施行）

第一章 总 则

第一条 为保障邮政普遍服务，加强对邮政市场的监督管理，维护用户合法权益，促进邮政业的健康发展，适应经济社会发展和人民生活需要，根据《中华人民共和国邮政法》等有关法律、行政法规的规定，结合本省实际，制定本条例。

第二条 本省行政区域内邮政业的规划、建设、服务、市场、安全及监督管理，适用本条例。

第三条 省邮政管理部门负责全省邮政普遍服务和邮政市场的监督管理工作。

设区的市邮政管理部门负责本行政区域的邮政普遍服务和邮政市场的监督管理工作。

县级以上人民政府有关部门应当按照各自职责，做好邮政的相关工作。

第四条 县级以上人民政府应当将邮政业发展纳入国民经济和社会发展规划，加快邮政设施建设，提高邮政普遍服务水平，鼓励快递企业发展，满足社会需要。

第五条 邮政企业、快递企业应当建立健全邮件、快件收寄和运递安全保障体系，提高服务质量，为用户提供迅速、准确、安全、方便的服务。

第二章 规划建设

第六条 各级人民政府应当将邮政业发展规划、邮政基础设施建设规划纳入城乡规划和土地利用规划，并由有关部门编制相关专项规划。

编制控制性详细规划，应当包括邮政业发展规划和邮政基础设施建设规划的内容，明确独立占地的邮政营业场所、邮件、快件处理和储运场所的位置和规模，保证邮政设施建设适应邮政业发展的需要。

邮政运输网络建设应当纳入地方综合交通运输体系规划。

农村地区邮政设施建设应当纳入乡镇和村庄规划。

第七条 城市新区开发、旧城改造和村镇建设，应当按照邮政普遍服务标准，同时规划、设计与之配套的邮政设施并同步建设、验收。城市建成区已有的邮政设施不能满足邮政普遍服务要求的，应当列入城市改造计划，扩建或者重建。农村居民集中的区域应当设置邮政局所等邮政普遍服务设施。

火车站、机场、港口、长途汽车站、大专院校、城市社区、旅游景区、大型商场等公众服务场所，应当建设配套的邮政设施。

第八条 按照规划要求配套建设的邮政普遍服务设施，由政府统建的，邮政企业按规定无偿使用；由其他方出资建设的，邮政企业以建筑安装成本价购买或者优先租用。邮政企业不得擅自改变其使用性质。

第九条 县级以上人民政府应当对非营利性邮政设施建设用地，按照城市基础设施建设用地划拨，并免征城市基础设施配套费。

邮政企业不得擅自改变划拨的非营利性邮政设施建设用地的使用性质。

第十条 邮政企业应当根据邮政普遍服务标准和方便群众的原则在城市街道、商业区、社区等位置设置邮筒（箱）、邮政报刊亭、邮政便民服务站等邮政设施，经县级以上人民政府批准，免收城市道路占用挖掘费和其他相关费用。

邮政企业应当对其设置的邮

政设施进行统一管理和维护。

第十一条 县级以上人民政府应当对建设邮政普遍服务营业场所给予支持，在乡镇人民政府所在地设置邮政普遍服务营业场所，在行政村设置村邮站或者其他接收邮件的场所，保障村村通邮。

邮政企业应当与村民委员会签订邮件妥收妥投协议，支持、指导村邮站建设。

第十二条 邮政企业设置、撤销邮政营业场所，应当事先向邮政管理部门备案；撤销提供邮政普遍服务营业场所，或者将自办邮政普遍服务场所转为代办的，应当经邮政管理部门批准并予以公告。

邮政普遍服务营业场所地址发生变更的，邮政企业应当向邮政管理部门备案并予以公告。

第十三条 城镇新建、改建、扩建的住宅小区、住宅建筑工程，应当将信报箱的建设纳入建筑工程统一规划、设计、施工和验收，并与建筑工程同时投入使用。信报箱的规格和样式应当符合国家标准。

施工图审查机构对没有信报箱设计或者不符合信报箱设计规范的住宅工程，不得发放施工图审查合格书。信报箱的建设应当纳入住宅工程质量分户验收范围，建设单位未按照规定设置信报箱的，不予通过验收，建设行政主管部门不予办理竣工验收备案。

本条例施行前，城镇居民楼未设置信报箱的，由产权所有者或者管理者根据用邮情况自行负责补建，也可以委托邮政企业补建，所需费用由委托人承担。

信报箱产权归投资人所有。产权所有者或者管理者负责信报箱的管理、维修和更换，也可以委托邮政企业维修、更换，所需费用由委托人承担。

第十四条 机关、企业、事业单位等应当在适宜位置设置接收邮件场所。

物业服务单位应当为邮政企业、快递企业投递邮件、快件提供便利。

第十五条 任何单位和个人不得擅自迁移、毁损邮政设施。

因城镇建设需要征收、拆迁邮政营业、邮件处理和储运场所的，规划主管部门应当重新规划设置，建设单位应当与邮政企业协商，按照就近安置、方便用邮、不降低邮政普遍服务水平、不少于原有面积的原则，先安置后搬迁，所需费用由征收、拆迁单位承担。

第三章 普遍服务

第十六条 邮政企业提供邮政普遍服务，应当符合邮政普遍服务标准。

未经邮政管理部门批准，邮政企业不得停止办理或者限制办理邮政普遍服务业务。

邮政企业应当确保服务时限和邮件安全，并及时足额兑付邮政汇款。

省内邮件全程时限由省邮政管理部门规定。

第十七条 邮政普遍服务业务资费执行国家资费标准。邮政企业根据用户需要，可以提供邮政普遍服务的延伸服务，资费标准由省邮政管理部门在征求公众意见后提出，省价格行政主管部门核定后执行。

第十八条 对具备国家规定的通邮条件的用户，邮政企业应当在用户办理邮件投递登记手续后的七日内予以通邮。

对尚不具备通邮条件的用户，邮政企业应当将邮件投递至用户指定的已通邮的邮件代收点或者用户租用的邮政信箱。

邮政企业应当将以邮政信箱为名址的收件人报邮政管理部门备案。

第十九条 邮政企业委托其他单位或者个人代办邮政普遍服务业务，应当符合国家和省的有关规定，并加强对接受委托的单位或者个人的管理，保证其提供的邮政普遍服务符合邮政普遍服务标准。

第二十条 用户交寄邮件应当符合国家邮政管理部门规定的准寄内容、封装规格、书写格式，正确书写邮政编码，使用标准信封和法律、行政法规规定的邮资凭证。

用户交寄邮件不符合前款规定的，邮政企业不予收寄或者退回寄件人；无法退回的，按无着邮件处理。

第二十一条 邮政企业采取按址投递、用户领取或者与用户协商等方式投递邮件。

已设置信报箱的，平常邮件可以实行插箱投递；给据邮件由用户签收，用户委托的代收人或者代收机构代为签收的，视为用户本人签收；没有设置信报箱的，城市邮件投递到收发点或者收件人指定的地点，农村邮件投递到村邮站或者村民委员会确定的接收场所。

第二十二条 县级以上人民政府应当对邮政企业提供邮政普遍服务加大资金投入，并对村邮站的设置、运行和村邮站服务人员的报酬给予资金补贴。

第二十三条 经邮政管理部门核定的带有邮政专用标志的车辆免办道路运输证。邮政普遍服务专用车辆运递邮件，按照省有关规定减免车辆通行费。

第二十四条 邮政企业及其从业人员不得实施下列行为：

（一）无故拒办邮政业务或者擅自中止对用户的服务；

（二）故意积压、延误投递邮件；

（三）延付、拒付、截留、挪用用户汇款；

（四）收寄禁止寄递物品，或者超限收寄限制寄递物品；

（五）限制用户支付邮政普遍服务业务范围内信件、印刷品、包裹等邮件资费的方式；

（六）限定用户使用指定的服务，向用户搭售商品、服务或者附加其他不合理条件；

（七）转让、出租、出借邮政专用标志、邮政专用品和带有邮政专用标志的车辆；

（八）其他违反法律、行政法规的行为。

第二十五条 邮政企业按照国家规定办理机要通信、国家规定报刊的发行以及义务兵平常信函、盲人读物和烈士遗物的免费寄递等特殊服务，适用本条例关于邮政普遍服务的规定。

第四章 快递服务

第二十六条 经营快递业务应当依法取得快递业务经营许可证；任何单位和个人未经许可，不得经营快递业务。

申请人凭快递业务经营许可证向工商行政管理部门依法办理登记后，方可经营快递业务。

经营快递业务的企业应当向邮政管理部门提交年度报告。

第二十七条 快递企业经营许可事项发生变更或者停止经营快递业务的，应当到原发证机关办理变更、注销手续。邮政管理部门颁发、变更和注销快递业务经营许可证，应当向社会公告。

快递业务经营许可证不得涂改、租借和转让。

跨省、自治区、直辖市经营快递业务或者经营国际快递业务的，在国家邮政管理部门取得快递业务经营许可证后，应当向邮政管理部门备案。

第二十八条 快递企业设立分公司、营业部等分支机构，应当持快递业务经营许可证副本及所附分支机构名录到工商行政管理部门办理登记。

第二十九条 快递企业中止经营快递业务，应当提前七日向邮政管理部门报告并向用户公告，妥善处理尚未投递的快件。

第三十条 经营快递业务的企业应当按照快递业务经营许可证的许可范围经营快递业务，提供符合快递服务标准的快递服务。

收寄快件应当规范填写快递运单。快递运单应当符合国家标准。

第三十一条 实行加盟经营的快递企业，双方应当订立书面加盟合同，并向邮政管理部门备案。企业应当在服务标准、服务质量、运营安全、业务流程、用户投诉、损失赔偿等方面实行统一管理。

第三十二条 快递企业及其从业人员不得实施下列行为：

（一）收寄禁止寄递物品，或者超限收寄限制寄递物品；

（二）相互串通操纵快递市场价格，损害其他经营快递业务的企业或者用户的合法权益；

（三）冒用其他企业名称、企业标志和商标标识，扰乱市场经营秩序；

（四）故意积压、扣留、倒卖、延误用户快件；

（五）其他违反法律、行政法规的行为。

第三十三条 县级以上人民政府及有关部门应当对快递企业在规划、建设、用地、信贷、融资、创业服务等方面给予支持。

海关、检验检疫、民航、铁路、交通运输等有关部门应当依法为快递企业提供便利。

第五章 邮政安全

第三十四条 任何单位和个人都有维护邮政通信安全、畅通和保护邮政设施的义务，并有权制止、举报危害邮政通信安全、畅通和破坏邮政设施的行为。

第三十五条 任何单位和个人不得交寄、夹寄带有爆炸性、易燃性、腐蚀性、放射性、毒害性和传染病病原体的危险有害物品以及非法出版物等国家禁止寄递的物品。

特定时期经国家邮政管理部门批准，省邮政管理部门可以公布国家禁止寄递物品之外的禁寄物品名录。

第三十六条 邮政企业、快递企业应当严格执行国家关于邮件、快件收寄验视的规定。

邮政企业、快递企业发现交寄、夹寄禁止寄递物品的，不予收寄，并交由有关部门依法处理。对不能确定安全的物品，应当要求用户出具相关部门的安全证明，并详实记录物品名称、数量、重量、收寄时间、寄件人和收件人名址等内容，记录留存应当不少于一年。用户不能出具安全证明的，不予收寄。

邮政企业、快递企业从业人员当面投交邮件、快件时，邮件、快件包装完好、重量相符的，收件人或者代收人应当予以签收。

第三十七条 邮政企业、快递企业及其从业人员应当遵守国家和省的有关规定，对用户名址信息负有保密义务，并应当在寄递服务中合理使用。

用户对其名址信息享有查询、更正、限制使用和要求删除的权利。

第三十八条 邮政企业、快递企业接受网络购物、电视购物和邮购等经营者委托提供寄递服务的，应当与委托人签订安全保障协议，并报邮政管理部门备案。

第三十九条 邮政企业、快递企业制定含有格式条款的合同、单据应当遵循公平原则。格式条款含有免除或者限制自身责任内容的，应当采用清晰明白的文字、符号、字体等合理方式提请用户注意，并按照用户的要求，对该条款予以说明。

邮政企业、快递企业公开的服务承诺视为服务合同的条款。

第四十条 邮政管理部门应当按照国家和省的有关规定制定邮政业突发事件应急预案。

邮政企业、快递企业应当制定突发事件应急预案，开展应急演练。发生重大安全和服务阻断等突发事件后，邮政企业、快递企业应当及时开展应急处置工作，同时向当地人民政府应急部门和邮政管理部门报告。

第四十一条 任何单位和个人不得实施下列行为：

（一）在邮政营业场所、快递企业营业场所出入通道或者邮政设施周围设摊、堆物，妨害用户使用邮政服务、快递服务或者影响带有邮政专用标志的车辆和经邮政管理部门认定的快递车辆通行；

（二）扰乱邮政营业场所、快递企业营业场所正常秩序；

（三）冒用邮政企业、快递企业名义，或者伪造、冒用邮政专用标志、邮政用品用具生产监制证以及邮政管理部门对邮政普遍服务专用车辆和快递车辆的认定证件；

（四）私自开拆、隐匿、扣留、毁弃、盗窃、倒卖他人邮件、快件或者撕揭邮票；

（五）非法拦截、强登、扒乘、扣留带有邮政专用标志的车辆和经邮政管理部门认定的快递车辆，妨碍从业人员收寄、运输邮件、快件；

（六）其他违反法律、行政法规的行为。

第四十二条 公安机关交通管理部门对带有邮政专用标志的车辆和经邮政管理部门认定的快递车辆给予道路通行便利。上述车辆在运递邮件、快件途中发生一般交通违章或者轻微交通事故时，公安机关交通管理部门应当在记录后立即放行，待其完成运递任务后，再作后续处理。发生严重违章确需扣留车辆或者发生重大交通事故的，公安机关交通管理部门应当协助保护邮件、快件安全并及时通知车辆所属企业转运邮件、快件。

带有邮政专用标志的车辆和经邮政管理部门认定的快递车辆需要临时占用道路揽收和投递邮件、快件的，在保证交通安全、驾驶人不离开车辆和不影响道路通行的情况下，可以在法律、法规明令禁止停车的地点外占用道路临时停车。

邮政企业、快递企业不得擅自改变带有邮政专用标志的车辆和经邮政管理部门认定的快递车辆的用途。

第六章 监督管理

第四十三条 邮政管理部门应当依法对邮政企业、快递企业、邮政用品用具生产企业、集邮票品经营者和集中交易市场的经营、服务行为以及印制销售邮票、仿印邮票和邮资图案等行为进行监督管理。

第四十四条 邮政管理部门履行监督管理职责，可以采取下列监督检查措施：

（一）进入邮政企业、快递企业、集邮票品集中交易市场、邮政用品用具生产企业或者涉嫌违反邮政法律、法规活动的其他场所实施现场检查；

（二）向有关单位和个人了解情况；

（三）查阅、复制有关文件、资料、凭证；

（四）要求提供财务会计报表、注册会计师出具的审计报告以及其他有关经营的信息；

（五）经邮政管理部门负责人批准，查封、扣押与违法活动有关的场所、运输工具以及相关物品，对信件以外的涉嫌夹带禁止寄递或者限制寄递物品的邮件、快件开拆检查。

邮政管理部门进行监督检查，应当出示行政执法证件，监督检查人员不得少于二人。被检查的企业应当接受检查并予以配合，不得拒绝、阻碍。

第四十五条 邮政管理部门会同财政部门建立健全监督检查制度，对邮政企业使用邮政普遍服务、特殊服务补贴资金进行监督。

第四十六条 邮政管理部门按照国家规定履行邮政行业统计和经济运行分析的职责。邮政企业、快递企业和邮政用品用具生产企业应当依法向邮政管理部门报送统计资料和邮政普遍服务工作情况等信息。

第四十七条 邮政企业、快递企业及其从业人员造成邮件或者快件丢失、损毁、内件短少的，应当采取补救措施，按照有关法律、行政法规的规定予以赔偿。

第四十八条 邮政企业、快递企业应当向社会公布监督电话，受理用户投诉或者举报。对于用户的投诉、举报及邮政管理部门批转的用户申诉，应当及时处理，并自受理之日起十日内答复用户。

用户对处理结果不满意的，可以向邮政管理部门申诉，邮政管理部门应当自接到申诉之日起三十日内予以答复。

第四十九条 邮政管理部门应当根据国家邮政管理部门公布的邮政用品用具监制目录，对邮政用品用具的生产实行监制。任何单位和个人不得生产、销售未经监制的邮政用品用具。

第五十条 省邮政管理部门应当按照国家有关规定，指导开展邮政企业、快递企业从业人员教育培训和特殊工种职业技能鉴定工作，提高从业人员的素质和技能。

第五十一条 依法成立的邮政企业管理协会、快递行业协会、集邮协会、直邮协会等行业社会团体，应当自觉接受邮政管理部门的监督管理，发挥服务企业和行业自律作用，促进邮政业的健康发展。

第七章 法律责任

第五十二条 邮政管理部门工作人员有下列行为之一的，依法给予行政处分；构成犯罪的，依法追究刑事责任：

（一）违反法定条件、程序实施行政许可，侵害行政相对人合法权益的；

（二）明知有违反邮政法律、法规的行为不依法、不及时查处的；

（三）泄露在监督管理工作中知悉的企业商业秘密的；

（四）其他滥用职权、玩忽职守、徇私舞弊的行为。

第五十三条 违反本条例规定，擅自将普遍服务自办网点改为代办网点，致使提供的邮政普遍服务不符合邮政普遍服务标准的，由邮政管理部门责令限期改正；逾期不改正的，可以处一万元以上五万元以下的罚款。

第五十四条 违反本条例规定，擅自迁移、毁损、拆除邮政设施的，由邮政管理部门责令限期恢复原状或者采取其他补救措施，可以处二千元以上二万元以下的罚款。

第五十五条 违反本条例规定，未按照时间要求，为具备通邮条件的用户通邮的，由邮政管理部门责令限期改正；逾期不改正的，处一千元以上二万元以下的罚款。

第五十六条 违反本条例第二十四条、第三十二条第（一）项、第（三）项、第（四）项规定的，由邮政管理部门责令改正，没收非法物品和违法所得，可以并处一千元以上一万元以下的罚款。

第五十七条 违反本条例规定，经营快递业务不符合快递服务标准或者擅自停止经营快递业务的，由邮政管理部门责令改正，可以处三千元以上一万元以下的罚款；情节严重的，处一万元以上五万元以下的罚款。

第五十八条 违反本条例第三十七条第一款规定的，由邮政管理部门责令改正，没收违法所得，并处五千元以上一万元以下的罚款。

第五十九条 违反本条例第四十六条规定，拒报、虚报统计资料和信息的，由邮政管理部门责令限期改正；逾期不改正的，依照有关法律、法规的规定处理。

第六十条 快递企业被吊销快递业务经营许可证的，自快递业务经营许可证被吊销之日起三年内，不得申请经营快递业务。

快递企业法定代表人对快递业务经营许可证被吊销负有个人责任的，自快递业务经营许可证被吊销之日起三年内，不得担任快递企业董事、监事、高级管理人员。

第八章 附 则

第六十一条 本条例自2012年7月1日起施行。2000年9月4日河北省人民政府公布的《河北省邮政管理规定》同时废止。

河北省农业机械管理条例

（1994年12月22日河北省
第八届人民代表大会常务
委员会第十一次会议通过
2012年7月27日河北省第十一届
人民代表大会常务委员会
第三十一次会议修订
2012年7月27日河北省第十一届
人民代表大会常务委员会公告
第59号公布
自2012年11月1日起施行）

第一章 总 则

第一条 为了加强农业机械管理，提高农业机械化水平，推进农业现代化发展，根据《中华人民共和国农业机械化促进法》、国务院《农业机械安全监督管理条例》等有关法律、行政法规的规定，结合本省实际，制定本条例。

第二条 本条例所称农业机械，是指用于农业生产及其产品初加工等相关农事活动的机械、设备。

本条例所称农业机械化，是指运用先进适用的农业机械装备农业，改善农业生产经营条件，不断提高农业生产技术水平和经济效益、生态效益的过程。

第三条 在本省行政区域内从事农业机械科研开发、推广、销售、使用、维修及管理，适用本条例。

第四条 县级以上人民政府应当加强对农业机械化工作的领导，将发展农业机械化纳入国民经济和社会发展计划，采取财政支持和实施国家规定的税收优惠政策以及金融扶持等措施，鼓励、支持农民和农业生产经营组织发展农业机械化，逐步实现农业现代化。

县级以上人民政府应当加强和完善农业机械化服务体系、安全监督管理体系和基础设施建设，支持农业机械化新技术、新产品推广应用。对促进农业机械化发展做出显著成绩的单位和个人给予表彰和奖励。

第五条 县级以上人民政府农业机械主管部门负责本行政区域的农业机械化促进和农业机械管理工作。

县级以上人民政府有关部门按照各自的职责分工，共同做好农业机械化促进和农业机械管理工作。

乡、镇人民政府应当引导和扶持农业机械服务组织的发展，做好先进适用的农业机械推广和服务工作。

第二章 科技推广

第六条 省人民政府及其有关部门应当支持科研机构、生产企业及科技人员研究开发先进适用的农业机械新机具、新技术，并组织相关单位采取技术攻关等措施，促进基础性、关键性、公益性农业机械的研究开发和技术创新；支持引进先进适用、节能环保的农业机械及技术，鼓励以研究开发、成果转让和研究成果投资入股以及合资合作等多种方式促进科技成果的转化。

省人民政府农业机械主管部门根据本省农业发展规划和农业生产需要，组织编制农业机械化科研开发项目计划。

设区的市、县（市、区）人民政府根据本地农业和农村经济发展的需求，采取具体措施，扶持农业机械工业结构调整和产品升级换代，促进生产企业、院校和科研单位、推广机构相结合，加快先进适用农业机械的推广应用。

第七条 省人民政府农业机械主管部门应当编制全省农业机械化发展规划和农业机械化示范区建设规划，并组织实施。

设区的市、县（市、区）人民政府可以根据全省农业机械化示范区建设规划，在不同的农业区域建立农业机械化示范基地。

鼓励单位和个人建立农业机械化示范点，引导农民和农业生产经营组织使用先进适用的农业机械。

第八条 县级以上人民政府

对依法应当予以保障的公益性质的农业机械化公共服务机构工作经费，列入本级财政预算。

公益性质的农业机械生产设施基本建设项目列入县级以上人民政府的基本建设计划。

公益性质的农业机械试验示范基地、服务设施、生产资料以及其他资产受法律保护，任何单位和个人不得侵占和挪用。

第九条 县级以上人民政府应当加强农业机械技术推广体系建设。基层农业机械技术推广机构应当以公益性质的农业机械试验示范基地为依托，为农民和农业生产经营组织无偿提供公益性农业机械技术的推广、培训等服务。

第十条 农业机械新产品、新技术的推广应当尊重农民和农业生产经营组织的意愿，适应当地农业生产发展的需要，并应当依照农业技术推广法的规定，在推广地区经过试验证明具有先进性、适用性。

第十一条 省人民政府农业机械主管部门应当将通过推广鉴定的农业机械的相关信息予以公告。

省农业机械试验鉴定机构应当提供农业机械推广鉴定服务，按照国家有关规定受理农业机械生产者或者销售者提出的推广鉴定申请，对其定型生产或者销售的农业机械产品进行适用性、安全性、可靠性检测，出具试验鉴定报告。

第十二条 根据国家和本省有关规定，省人民政府应当安排专项资金，对农民和农业生产经营组织购买国家和本省支持推广的先进适用、安全可靠、节能环保的农业机械给予补贴。

设区的市、县（市、区）人民政府根据本地农业经济发展实际需要，可以安排专项资金，对适合本地生产使用的农业机械给予补贴。

第十三条 县级以上人民政府农业机械主管部门对农民和农业生产经营组织购买列入国家和本省支持的农业机械推广目录的产品，应当按照公平、公开、公正、及时、便民的原则确定补贴对象给予补贴。

第十四条 省人民政府农业机械主管部门应当会同省人民政府发展和改革部门、财政部门，根据促进农业结构调整、发展粮食生产核心区建设、保护自然资源与生态环境、推广农业新技术与加快农机具更新的原则，确定、公布本省支持推广的先进适用的农业机械产品目录，并定期调整。

对列入前款目录的农业机械产品，应当由农业机械生产者自愿提出申请，并通过省农业机械试验鉴定机构进行的先进性、适用性、安全性和可靠性鉴定。

第三章 质量保障

第十五条 县级以上人民政府农业机械主管部门应当加强农业机械作业质量、维修质量、产品质量调查等农业机械质量监督管理工作。

产品质量监督部门应当依法组织对农业机械产品的监督抽查。

工商行政管理部门应当依法加强对农业机械产品市场的监督管理工作。

第十六条 县级以上人民政府农业机械主管部门以及产品质量监督部门、工商行政管理部门应当按照各自职责明确投诉监督机构，公布监督电话，设置监督信箱，并负责接受农业机械产品质量、维修质量和作业质量的投诉，调查处理质量纠纷，维护消费者的合法权益。

第十七条 省人民政府农业机械主管部门根据农业机械使用者的投诉情况和农业生产的实际需要，组织省农业机械试验鉴定机构对在用的特定种类农业机械产品的适用性、安全性、可靠性和售后服务状况进行调查，并公布调查结果。被调查单位和个人应当予以配合，提供有关资料和信息，并对其真实性负责。

第十八条 农业机械作业、维修等应当执行国家标准或者行业标准。没有国家标准或者行业标准的，省人民政府标准化行政主管部门应当会同有关部门，制定农业机械维修质量和作业质量等标准。对涉及人身安全、农产品质量安全和环境保护的农业机械产品，应当按照国家规定的强制执行的技术规范执行。

第十九条 农业机械生产者、销售者应当按照国家有关规定为使用者提供零配件供应、培训等售后服务，对不符合质量要求的农业机械产品，应当负责修理或者更换、退货，给农业机械使用者造成损失的，应当依法赔偿。

第二十条 农业机械维修经营者应当经设区的市、县（市、区）人民政府农业机械主管部门审核合格，取得相应类别和等级的农业机械维修技术合格证书，并办理工商登记手续。

第二十一条 农业机械维修经营者应当在农业机械维修技术合格证书核准的维修范围内开展业务，执行国家有关技术标准、规范，履行与用户签订的维修协议，保证维修质量。维修经营者应当按照国家有关规定对维修质量承担相应的责任。

第四章 社会化服务

第二十二条 县级以上人民政府应当支持农村集体经济组织、生产经营企业、科技服务单位和农民兴办农业机械作业服务组织，鼓励共同使用、合作经营农业机械，提高农业机械利用率和作业效率。

鼓励和扶持农业生产经营者通过机械、土地、资本、技术等要素进行联合，在自愿的基础上，依法成立农业机械作业服务组织，其农业机械存放场库用地按照设施农用地对待。

第二十三条 县级以上人民政府应当加强农村机耕道路和农业机械存放场库等基础设施的建设和维护，改善农业机械通行和存放条件，组织有关单位和燃油供应部门保障重要农时季节农业机械作业用燃油供应，并按照国家和省有关规定向直接从事农业机械作业的农民和农业生产经营组织发放燃油补贴。

第二十四条 农业机械作业服务组织和个人提供的农业机械作业服务应当符合农业机械作业质量标准，没有相关作业质量标准的，按照当事人双方协商约定的要求作业。

第二十五条 鼓励、支持农业机械跨区作业。县级以上人民政府农业机械主管部门应当组织、协调农业机械跨区作业，提供有关技术和信息服务，并实施安全监督管理。

公安机关以及交通运输、气象等部门应当根据农业机械跨行政区域作业实际需要，采取有效措施，合理安排跨行政区域作业的农业机械运行时间和路线，并提供相关保障和信息服务。

跨行政区域作业的联合收割机、运输联合收割机的车辆，免交车辆通行费。

第二十六条 县级以上人民政府农业机械主管部门应当组织农业机械技术推广和培训机构，结合生产实际开展农业机械推广和科技知识宣传活动，做好农业机械从业人员的培训和教育工作，提高农民对先进生产工具及技术的接受能力和安全操作水平。

鼓励有关高等院校、中等职业学校和培训机构通过远程教育、现场观摩、广播等多种形式，开展农业机械化专业人才和农业机械作业、维修、管理等技术人员培养工作。

第二十七条 县级以上人民政府农业机械主管部门应当加强农业机械维修服务体系建设，扶持社会力量以及农业机械生产企业兴办农业机械维修服务站点，为农业机械的维修、保养提供便利。

第二十八条 农业机械驾驶、操作、维修人员可以自愿向省人民政府人力资源和社会保障部门、省人民政府农业机械主管部门申请参加职业技能鉴定，获取相应等级的国家职业资格证书。

第二十九条 农业机械生产者、销售者、维修者可以依法自愿成立行业协会，实行行业自律。

行业协会应当为会员提供农业机械化的相关信息咨询、技术指导、市场营销、宣传培训等服务，维护会员和行业的合法权益。

第五章 安全监督

第三十条 县级以上人民政府应当落实农业机械安全生产责任制，完善农业机械安全监督管理体系，加强农业机械安全法律、行政法规宣传教育，推广、使用先进的技术、设备，预防和减少农业机械事故。

第三十一条 按照国家规定需要核发牌证的拖拉机、联合收割机实行登记制度，经设区的市、县（市、区）人民政府农业机械安全监理机构注册登记，并领取牌证后，方可使用。拖拉机、联合收割机使用期间登记事项发生变更、所有权转移、用作抵押或者报废的，其所有人应当到原登记机构办理变更、注销等相关手续。

新购置而未领取牌证的拖拉机、联合收割机等农业机械，需要临时行驶、使用的，应当申请临时牌证。

第三十二条 县（市、区）人民政府农业机械安全监理机构应当对取得牌证的拖拉机、联合收割机，每年进行一次安全技术检验，未经检验或者经检验不合格的，不得继续使用。对危及人身财产安全的其他农业机械，应当依照国家有关规定定期免费进行实地安全技术检验。

第三十三条 从事拖拉机、联合收割机驾驶培训活动的机构，应当具备与其培训活动相适应的场地、设备、人员等条件，并取得省人民政府农业机械主管部门颁发的驾驶培训许可证，其中经营性的驾驶培训机构还应当持许可证到工商行政管理部门依法办理登记手续后，方可开展拖拉机、联合收割机驾驶培训活动。

第三十四条 拖拉机、联合收割机操作人员经培训后，参加县（市、区）人民政府农业机械安全监理机构组织的考试。考试合格的，由县（市、区）人民政府农业机械安全监理机构核发操作证件。未取得操作证件的，不得驾驶操作拖拉机、联合收割机。

县（市、区）人民政府农业机械安全监理机构应当依法对操作证件进行审验。

第三十五条 拖拉机、联合收割机牌证和有关操作证件，由省人民政府农业机械安全监理机构按照国家有关规定统一制作和发放。设区的市、县（市、区）人民政府农业机械主管部门负责监督本行政区域内牌证和有关操作证件的发放工作。

第三十六条 拖拉机、联合收割机应当悬挂牌证，驾驶操作拖拉机、联合收割机的人员应当随身携带操作证件。禁止使用过期、失效的拖拉机、联合收割机牌证和失效证件。

任何单位或者个人不得擅自将原农业机械发动机更换为大功率发动机。

第三十七条 投入使用的农业机械，应当确保安全防护装置、警示标志等安全设施完好。

禁止改装、拆除农业机械安全设施。

第三十八条 农业生产经营组织应当制定农业机械安全管理制度，定期对农业机械进行必要的安全检查，排除安全事故隐患，并对农业机械操作人员进行农业机械安全知识教育和操作培训，提高其安全意识和安全操作技能。

第三十九条 本省按照国家有关规定实行落后农业机械淘汰制度和报废更新制度。明令淘汰或者达到报废条件的农业机械应当停止使用并依法实行回收。

淘汰、报废的农业机械由设区的市、县（市、区）人民政府农业机械安全监理机构办理注销手续。对于已经报废老旧农业机械并取得拆解回收证明的农民，在购买列入农业机械购置补贴机具种类范围内的农业机械时，可以优先享受财政补贴政策。

第四十条 在道路外发生的农业机械事故，由县级以上人民政府农业机械安全监理机构处理。

农业机械事故损害赔偿的项目和标准依照有关法律的规定执行。

第四十一条 拖拉机、联合收割机上道路行驶时，驾驶人员应当遵守道路交通安全法律、行政法规的规定。

禁止用拖拉机从事客运和违法载人；禁止驾驶、操作不符合安全规定的农业机械；禁止酒后驾驶、操作农业机械。

第四十二条 县级以上人民政府农业机械主管部门应当配合县级以上人民政府公安机关交通管理部门，在重要农时季节，加强对拖拉机、联合收割机的安全检查，保障人民生命和财产安全。

县级以上人民政府交通运输行政管理部门，应当根据农村道路安全的需要，在铁路公路交叉路口、重要公路平交路口、事故多发地段设置必要的警示标志。

第四十三条 建立和完善农业机械保险制度，对参加保险的农业机械可以给予保费补贴。

专营运输和兼营运输的拖拉机应当到保险机构办理交通事故责任强制保险，承办机动车强制保险业务的保险机构应当按照规定保费标准开展保险业务，不得拒保或者变相拒保。

鼓励各类保险机构研究开发农业机械保险产品。

第四十四条 县级以上人民政府应当鼓励和支持农业机械所有人或者操作人员依照法律、行政法规的规定，自愿成立农业机械安全互助组织，完善救助机制，降低事故损害风险。

第四十五条 县级以上人民政府农业机械安全监理人员进行安全监督检查和事故处理时，应当佩戴统一标志，出示有效的行政执法证件。农业机械安全监督检查、事故勘查车辆应当统一标志、标识。

第六章 法律责任

第四十六条 县级以上人民政府农业机械主管部门、农业机械安全监理等有关机构及其工作人员违反本条例规定，有下列行为之一的，由上级主管机关或者监察机关责令限期改正，对直接负责的主管人员和其他直接责任人员给予行政处分；构成犯罪的，依法追究刑事责任：

（一）截留、挪用财政补贴的；

（二）违反规定实施行政许可的；

（三）其他滥用职权、徇私舞弊、玩忽职守行为的。

第四十七条 违反本条例第三十三条规定的，由省人民政府农业机械主管部门责令停办，没收违法所得，并处违法所得一倍以上三倍以下罚款，但最高不超过三万元；无违法所得的，处二千元以上一万元以下罚款。

第四十八条 违反本条例第三十六条规定的，由县（市、区）人民政府农业机械安全监理机构责令限期改正；逾期不改正的，处一百元以上五百元以下罚款。

第四十九条 违反本条例第三十七条第二款规定的，由县（市、区）人民政府农业机械安全监理机构责令限期改正；逾期不改正的，责令停止使用，并处一百元以上五百元以下罚款。

第五十条 违反本条例第四十一条规定的，由县级以上人民政府公安机关交通管理部门或者有关职能部门，依照有关法律、行政法规的规定处罚。

第七章 附 则

第五十一条 本条例自2012年11月1日起施行。

河北省信息化条例

（2012年9月26日河北省第十一届人民代表大会常务委员会第三十二次会议通过 2012年9月26日河北省第十一届人民代表大会常务委员会公告第60号公布 自2013年1月1日起施行）

第一章 总 则

第一条 为了规范信息化管理，加快信息化发展，促进经济发展和社会进步，根据国家有关法律、法规的规定，结合本省实际，制定本条例。

第二条 本省行政区域内的信息化规划与建设、信息产业发展、信息资源开发利用、信息技术推广应用、信息安全保障及相关管理活动，适用本条例。

第三条 信息化发展应当遵循统筹规划、资源共享、需求主导、实用高效、融合创新、保障安全的原则。

第四条 县级以上人民政府应当将信息化发展纳入本行政区域国民经济和社会发展规划，建立信息化工作领导协调机制，制定信息化发展政策和措施。

县级以上人民政府应当根据实际情况加大对信息化建设的投入，引导和支持社会资金投资信息化建设。

乡、镇人民政府和街道办事处应当推进本辖区内的信息化应用。

第五条 县级以上人民政府工业和信息化主管部门负责本行政区域内信息化发展的统筹规划、组织协调、监督管理工作。

县级以上人民政府其他有关部门应当按照各自职责，做好信息化发展的相关工作。

省人民政府工业和信息化主管部门应当统筹推进全省信息化工作，推进信息技术在工业化、城镇化和农业现代化等领域中的广泛应用，协调信息化建设中的重大问题，推动跨行业、跨部门的互联互通和重要信息资源的开发利用、共享，指导和监督全省信息安全保障工作。

第六条 县级以上人民政府应当鼓励和支持信息化研究与创新、信息技术相关人才的培养和引进，加强信息化知识和技能普及，提高全社会信息技术应用水平。

机关、团体、企业事业单位应当加强信息技术的推广和应用，提高管理和服务水平。

鼓励公民、法人或者其他组织依法从事与信息化建设相关的科学研究、生产经营和服务等活动，其权益受法律保护。

社会公众平等享有获取和利用公共信息资源的权利。

第七条 县级以上人民政府或者有关部门应当对在信息化发展中做出突出贡献的单位和个人给予表彰。

第二章 信息化规划与建设

第八条 县级以上人民政府工业和信息化主管部门应当依照本行政区域国民经济和社会发展规划以及上一级信息化发展规划，组织编制本行政区域信息化发展规划，报本级人民政府批准，并报上一级人民政府工业和信息化主管部门备案。

县级以上人民政府其他有关部门应当根据本行政区域信息化发展规划，编制本系统、本部门的信息化发展专项规划，并报本级人民政府工业和信息化主管部门备案。

第九条 编制信息化发展规划和信息化发展专项规划，应当科学预测本行政区域经济和社会发展的实际需要，使信息化建设规模、建设水平与经济和社会发展水平相适应，防止重复建设和资源浪费。

编制信息化发展规划和信息化发展专项规划，应当组织专家论证，广泛征求意见。

第十条 设区的市、县（市）人民政府工业和信息化主管部门应当根据城乡规划和信息化发展规划，会同有关部门编制本行政区域包含电信网、广播电视网、互联网等在内的公共信息基础设施建设规划，报本级人民政府批准后实施。

县级以上人民政府及有关部门应当根据国家有关规定，推进公共信息基础设施的共建共享和互联互通，加快宽带网络建设，促进电信网、广播电视网、互联网三网业务融合。

第十一条 县级以上人民政府工业和信息化主管部门负责组织实施本行政区域内的信息化发展规划，会同有关部门对信息化发展专项规划、公共信息基础设施建设规划实施情况进行监督检查。

经批准的信息化发展规划、信息化发展专项规划和公共信息基础设施建设规划，不得随意变更；确需变更的，应当按照原审批程序报请批准。

第十二条 县级以上人民政府应当安排信息化建设专项资金。专项资金的使用、管理依照有关规定执行。

第十三条 使用财政性资金建设的信息化工程项目，应当按照固定资产投资管理程序执行，由建设单位的同级人民政府工业和信息化主管部门提出初审意见，报同级人民政府发展和改革主管部门审批。

使用财政性资金对信息化工程进行改建、扩建、运行维护的，建设单位在报财政部门审批经费前，应当由同级人民政府工业和信息化主管部门提出初审意见。

使用非财政性资金建设的重大公共基础性信息化工程和信息安全工程，建设单位应当在依法办理相关手续后，向当地人民政府工业和信息化主管部门备案。

第十四条 新建建筑物内的电信网、广播电视网、互联网等信息管线和配线设施以及建设项目用地范围内的信息管道，应当统筹共建共享，并纳入建设项目的设计文件，由建设单位随建设项目同时施工。已建建筑物驻地网的新建、改建、扩建，应当对所有电信、广播电视业务经营者和其他驻地网建设方开放，实行平等接入、公平竞争。

第十五条 信息化建设应当执行国家、行业强制性标准以及本省的信息化建设地方标准和技术规范。

省人民政府质量技术监督主管部门应当会同省人民政府工业和信息化主管部门，制定本省的信息化建设地方标准和技术规范并监督实施。

第十六条 信息化工程项目建设单位应当遵守计算机信息系统集成、信息系统工程监理和竣工验收等有关规定，并接受有关部门的监督管理。

第十七条 承担信息化建设项目的工程设计、施工、集成、监理等业务单位，应当依法取得相应资质，并在其资质等级许可的范围内开展业务。

同一信息化建设项目的施工和监理，不得由相互有隶属关系或者其他利害关系的单位承担。

第十八条 信息化工程项目竣工后，建设单位应当提供专业技术机构的技术验收测试报告，并按照国家和省有关规定进行验收。未经验收或者验收不合格的项目，不得投入使用。

县级以上人民政府工业和信息化主管部门应当对使用财政性资金建设的信息化工程项目竣工验收进行监督。

第十九条 承担信息化工程的业务单位应当对信息化工程质量承担保修责任。保修期自工程竣工验收合格之日起不得少于两年。

第三章 信息产业发展

第二十条 县级以上人民政府应当根据经济和社会发展需要，定期发布信息产业发展导向目录，确定信息产业发展重点领域，引导和促进产业整合，支持信息产业基地建设，促进区域信息产业集群发展。

第二十一条 县级以上人民政府应当发挥财政资金的带动作用，引导社会资金加大对信息产业发展的投入，培育和发展信息技术转让和知识产权交易市场，促进信息技术成果转化。

第二十二条 县级以上人民政府工业和信息化主管部门应当加强对信息技术产品生产、服务企业的监督管理，落实信息产业政策和措施，依法维护公平竞争秩序和消费者的合法权益。

第二十三条 县级以上人民政府及有关部门应当引导和支持通信、广播电视、应用软件、系统集成和网络服务等信息服务业的发展，拓宽服务领域。

第二十四条 县级以上人民政府应当推动信息技术创新，鼓励和支持具有自主知识产权的信息技术研究、开发和应用。鼓励企业、院校、科研机构联合研究、开发、推广信息技术产品和服务，推进创新成果的产业化。

第二十五条 设计、制造电子信息产品，应当采用节约资源、保护环境的材料、技术、工艺，严格控制、限制使用有毒、有害物质或者元素。

第二十六条 符合条件的从事信息技术产品制造、软件开发以及信息服务的单位和个人，按照国家和省有关规定享受税收减免、投资融资、1地使用、人才培养等方面优惠政策。

第四章 信息资源开发利用

第二十七条 县级以上人民政府应当建设和完善本行政区域内的人口、市场主体、地理、住房、税收、统计等基础数据库，促进政务信息资源共享和信息资源的开发利用。

第二十八条 省人民政府工业和信息化主管部门应当会同有关部门，通过电子政务网络建立全省统一的信息交换共享体系，并组织制定信息共享标准规范和管理办法，报省人民政府批准后实施。

县级以上人民政府工业和信息化主管部门应当统筹建立信息交换平台，实现信息资源共享和业务协同。

第二十九条 县级以上人民政府工业和信息化主管部门应当加强对政务信息资源开发的监督和指导，组织制定政务信息资源目录，定期通报政务信息资源的采集、更新、公开、共享等情况，推动建立政务信息资源开发和利用的长效机制。

第三十条 国家机关应当按照政务信息资源目录，在各自职责范围内做好信息资源采集，不得重复采集，多头采集。

国家机关、有关公共企业事业单位应当依法及时发布、更新政务信息，确保信息的真实、准确和安全。按照法律、法规规定属于主动公开范围的政府信息，应当自该政府信息形成或者变更之日起20个工作日内在政府公众信息网予以公开。法律、法规对政府信息公开的期限另有规定的，从其规定。

国家机关、有关公共企业事业单位应当充分利用基础数据库，建设本行业、本部门的业务信息资源库及应用系统。基础数据库和业务信息资源库的建设或者管理单位，应当依托信息交换平台为国家机关无偿提供信息共享服务，并依法为社会提供信息服务。

第三十一条 单位和个人向公民、法人或者其他组织采集信息，应当说明用途，征得被采集人同意，并在用途范围内依法使用所采集的信息。

任何单位和个人不得以非法手段获取他人信息。

第三十二条 向社会提供公共服务的单位以及其他掌握公众信息的单位，应当采取措施，防止个人信息的丢失、泄露、损毁和篡改。

任何单位和个人不得将获取的公民、法人或者其他组织的信息出售或者以其他方式非法提供给他人。

第三十三条 县级以上人民政府应当建立和完善信息资源产品登记备案和监督制度。

鼓励信息资源的公益性开发利用，引导公民、法人或者其他组织开发信息资源，开展公益性信息服务。

第三十四条 信息资源开发利用应当依法保护国家秘密、知识产权、商业秘密和个人隐私。

公民、法人或者其他组织有权要求采集、使用其信息的单位和个人更正、删除与其相关的不实信息。

第五章 信息技术推广应用

第三十五条 县级以上人民政府工业和信息化主管部门应当会同有关部门编制信息技术推广应用指南，明确推广应用的目标和重点领域，组织实施重点推广应用项目。

第三十六条 县级以上人民政府在安排产业发展、农业发展、战略性新兴产业发展、服务业引导、科技、技术改造、民营经济等专项资金时，应当充分考虑信息技术推广应用项目。

第三十七条 县级以上人民政府及有关部门应当完善农村信息基础设施，加强农业农村综合信息服务，推广信息技术在农业生产、农村社会管理、农村文化生活等方面的应用，促进新农村建设和现代农业发展。

第三十八条 县级以上人民政府应当制定促进信息化与工业化深度融合的优惠政策和措施，推行企业信息主管制度，鼓励企业在产品研发、生产经营、节能减排、创新发展中广泛应用信息技术，改造和提升传统产业，提高产品的智能化水平，促进企业技术进步、产品升级和效益提升。

第三十九条 县级以上人民政府工业和信息化主管部门应当培育信息化与工业化深度融合试验区和示范企业，加强信息化与工业化融合水平评估工作。

第四十条 县级以上人民政府及其有关部门应当制定中小企业信息化应用发展指南，建设中小企业信息化公共服务平台，支持和扶持中小企业应用信息技术。

第四十一条 县级以上人民政府应当建立和完善社会信用服务、安全认证、标准规范、在线支付和现代物流等支撑体系，推进电子商务的发展。

第四十二条 县级以上人民政府应当推进公共事业智能卡跨行业和跨地区的一卡多用，提高社会公共服务水平。

县级以上人民政府有关部门和向社会提供公共服务的单位，应当建立健全全面覆盖的社会管理综合信息系统，建设公众诉求信息管理平台，提高社会管理和城市运行信息化水平。

县级以上人民政府应当推进居民自助、互助、无线、远程等信息便民服务设施建设，整合各类资源和业务，加强社区管理和信息综合服务。

第四十三条 县级以上人民政府应当采取措施推进信息交流无障碍建设，为残疾人等社会成员平等参与社会生活提供保障。

第四十四条 县级以上人民政府应当充分利用信息技术，规范网络文化传播秩序，提高文化产品质量，发展先进网络文化。

第四十五条 省人民政府应当逐步完善全省统一的电子政务网络；县级以上人民政府应当建设统一的电子政务平台。

国家机关应当加强电子政务建设，充分利用电子政务平台推进信息技术在内部办公、社会管理、公共服务和监督检查等方面的应用，提高行政效能和公共服务水平。

第四十六条 县级以上人民政府统计部门应当会同工业和信息化主管部门建立信息化统计指标体系。

县级以上人民政府工业和信息化主管部门应当会同相关部门，开展信息化发展水平评价，定期发布评价报告。

第六章 信息安全保障

第四十七条 县级以上人民政府应当建立信息安全应急处理协调和信息安全保障机制，提高信息安全防御能力和信息安全突发事件处理能力。

县级以上人民政府工业和信息化主管部门应当会同公安、国家安全、保密、密码管理、通信管理等部门，加强信息安全管理，提升信息安全保障水平。

信息网络和信息系统的主管部门和运营、使用单位，应当制定本部门、本单位信息安全保护措施，确定本单位信息网络和信息系统的安全等级，并进行相应的安全系统建设。

第四十八条 信息安全保障系统应当采用依法认证的信息安全产品，并与信息化工程同步规划、同步建设、同步运行，所需经费列入工程预算。

涉及国家秘密的信息网络和信息系统，应当按照国家有关法律法规的规定进行规划、建设和管理。

第四十九条 基础网络和重要信息系统的运营、使用单位，应当按照国家技术规范和标准，委托具有相应资质的检测机构定期进行安全检测和风险评估，并根据评估结果，采取相应等级的安全保护措施。

县级以上人民政府工业和信息化主管部门应当组织有关部门，定期对基础网络和重要信息系统的信息安全进行检查。

基础网络和重要信息系统的具体范围，由省人民政府确定。

第五十条 省人民政府工业和信息化主管部门应当会同密码管理等部门建立和完善网络信任体系，加强身份认证、授权管理和责任认定。

县级以上人民政府工业和信息化主管部门应当会同有关部门

依法推广应用电子签名和自主可控的信息安全产品、服务。

第五十一条 县级以上人民政府工业和信息化主管部门应当会同有关部门编制本行政区域网络和信息安全突发事件应急预案，经本级人民政府批准后实施，并报上一级工业和信息化主管部门备案。

基础网络和重要信息系统的主管部门和运营、使用单位，应当制定网络和信息安全突发事件应急处置预案，定期进行演练。发生信息安全突发事件，主管部门和运营、使用单位应当迅速采取措施，防止事态扩大，并按照有关规定及时向相关部门报告。

县级以上人民政府工业和信息化主管部门应当加强对网络和信息安全容灾备份设施建设的指导和协调。

第五十二条 禁止利用信息网络实施下列行为：

（一）危害国家安全、损害国家利益和社会公共利益；

（二）危害信息网络和信息系统安全；

（三）侵犯知识产权、商业秘密、个人隐私以及公民、法人或者其他组织的合法权益；

（四）散布谣言，谎报险情、疫情、警情扰乱公共秩序；

（五）制作、散布淫秽、色情、暴力、恐怖或者教唆犯罪的信息；

（六）法律、行政法规禁止实施的其他行为。

第七章 法律责任

第五十三条 县级以上人民政府工业和信息化主管部门和其他有关部门及其工作人员有下列行为之一的，由有关部门责令限期改正；情节严重的，对直接负责的主管人员和其他直接责任人员依法给予行政处分；构成犯罪的，依法追究刑事责任：

（一）违法变更信息化发展规划、信息化发展专项规划、公共信息基础设施建设规划的；

（二）使用财政性资金建设的信息化工程项目未经初审、审批开工建设的；

（三）将使用财政性资金的信息化工程项目交由不具备相应资质的单位建设的；

（四）使用财政性资金建设的信息化工程项目未经验收合格擅自投入使用的；

（五）其他玩忽职守、滥用职权、徇私舞弊的行为。

第五十四条 违反本条例规定，未取得相应资质从事信息化计算机系统集成和信息系统工程监理业务的，由县级以上人民政府工业和信息化主管部门责令停止违法行为，没收违法所得，并处以违法所得一倍以上三倍以下罚款。

第五十五条 违反本条例第三十条第一款、第三款和第三十一条第一款规定的，由县级以上人民政府工业和信息化主管部门责令限期改正；逾期不改正的，对责任单位给予警告；造成重大损失的，依照有关法律、法规处理。

第五十六条 违反本条例第三十一条第二款、第三十二条第二款规定的，由县级以上人民政府工业和信息化主管部门责令停止违法行为，没收违法所得，并给予警告；情节严重的，对单位处以十万元以上五十万元以下罚款，对个人处以一万元以上五万元以下罚款；构成犯罪的，依法追究刑事责任。

第五十七条 违反本条例第五十二条规定的，由有关部门责令改正；违反治安管理秩序的，由公安机关依照《中华人民共和国治安管理处罚法》予以处罚；构成犯罪的，依法追究刑事责任；给当事人造成损失的，依法承担赔偿责任。

第八章 附 则

第五十八条 本条例自2013年1月1日起施行。

河北省沿海船舶边防治安管理条例

（2012年11月25日河北省第十一届人民代表大会常务委员会第三十三次会议通过 2012年11月25日河北省第十一届人民代表大会常务委员会公告第62号公布 2013年1月1日起施行）

第一章 总 则

第一条 为加强沿海船舶边防治安管理，维护沿海边防治安秩序，保障出海生产作业人员生命财产安全和海上生产安全，促进沿海地区经济社会发展，依据有关法律、行政法规，结合本省实际，制定本条例。

第二条 本条例适用于在本省海域内停泊、航行、作业的船舶及其生产作业人员。

军用船舶、公务船舶、外国籍船舶以及国家另有规定的除外。

第三条 沿海船舶边防治安管理应当遵循积极预防、依法管理、教育与处罚相结合的原则。坚持公开、公平、公正，尊重和保障人权，保护公民的人格尊严。

第四条 省和沿海的设区的市、县（市、区）人民政府应当加强对沿海船舶边防治安管理工作的领导，建立健全治安防范、行政调解、相关部门联合执法和信息互通共享机制，及时协调解决沿海船舶边防治安管理中出现的重大问题。

第五条 各级公安边防机关负责本辖区内的沿海船舶边防治安管理。

沿海县级以上人民政府海洋、交通运输、渔业等有关行政部门和海事、海关等监督管理机构按照各自职责，协助公安边防机关实施沿海船舶边防治安管理。

第六条 省和沿海的设区的市、县（市、区）人民政府应当依照国家和本省有关规定，保障公安边防治安执法经费，按照地方法定义务逐步提高公安边防治安执法船舶装备水平。

第二章 出海边防证件管理

第七条 出海船舶应当向船舶所在地公安边防机关申请领取《出海船舶户口簿》。

出海生产作业人员应当持《中华人民共和国居民身份证》或者常住户口所在地公安机关出具的户籍证明，向出海船舶所在地公安边防机关申请领取《出海船民证》；持有《中华人民共和国海员证》或者《船员服务簿》的出海生产作业人员除外。

《出海船舶户口簿》和《出海船民证》统称为出海边防证件。

第八条 有下列情形之一的，公安边防机关不予发放出海边防证件：

（一）未满十六周岁的；

（二）是刑事案件的被告人、犯罪嫌疑人的；

（三）被判处管制、有期徒刑缓刑或者实施假释、保外就医、监（所）外执行的；

（四）人民法院通知有未了结的民事案件不准出境的；

（五）被吊销出海边防证件未满六个月的；

（六）法律、法规规定不得从事出海生产作业的其他情形。

第九条 公安边防机关收到申请人提交的申请材料后，应当在十五日内进行审核，并对符合条件的发放出海边防证件；对不符合条件的，依法作出不予发放出海边防证件的书面决定。

第十条 公安边防机关对出海边防证件实行年度审验制度。未经年度审验的证件无效。

第十一条 出海边防证件应当妥善保管，并随船携带。

出海边防证件不得涂改、伪造、冒用、出借。证件丢失或者损毁的，应当及时向公安边防机关申请补领。

第十二条 出海船舶进行更新改造或者改变用途、买卖、转让、租借、报废、灭失的，出海船舶所有人或者船长应当在依法办理相关手续后十日内，向船舶所在地公安边防机关申请办理船舶出海边防证件的变更或者注销手续。

出海生产作业人员发生变更的，出海船舶所有人或者船长应当在船舶出海前，向船舶所在地公安边防机关申请办理船舶出海边防证件的变更手续。

第三章 出海船舶与人员管理

第十三条 各级公安边防机关和沿海县级以上人民政府有关部门及乡（镇）人民政府、街道办事处应当利用出海船舶在港时间，加强对出海生产作业人员进行法律法规、安全生产、消防和保密等方面的宣传教育。

第十四条 出海船舶集中停泊区域所在地公安边防机关可以根据需要组织建立群众性船舶治安管理组织，协助维护边防治安秩序。

第十五条 出海船舶实行船长负责制。

出海船舶应当确定安全保卫机构或者人员，负责内部安全保卫，并协助公安边防机关开展海上治安防范。

第十六条 船舶修造企业或者个人建造、改造、拆解出海船舶，应当在依法办理有关手续后十日内，向所在地公安边防机关备案。

第十七条 出海船舶应当按规定标明船名、船号、船籍港和悬挂船名牌，并保持字迹清晰。不得遮盖、涂改、伪造或者擅自拆换船名、船号、船籍港和船名牌。

第十八条 出海船舶进出港口、码头或者其他停泊点时，应当向当地公安边防机关或者其授权的船舶签证点办理签证手续，接受监督检查。

第十九条 未经有关部门批准，出海船舶及其生产作业人员不得进入国家、本省禁止或者限制进入的海域和临时性警戒区域，不得擅自搭靠外国籍或者香港、澳门特别行政区和台湾地区的船舶。

出海船舶及其生产作业人员因紧急避险或者不可抗力的原因发生前款规定情形的，应当在原因消除后立即离开，并在二十四小时内向公安边防机关报告。

第二十条 在海上拾得船舶、渔业设施等遗失物的，应当及时返还权利人；无法返还的，应当报告或者送交公安边防机关。公安边防机关应当及时查明权属，返还权利人。不能查明权属的，经公告后依法予以拍卖或者变卖，所得款项上缴国库。

第二十一条 对海事、渔事纠纷或者其他纠纷，当事人应当协商解决，协商解决不成的应当报告有关部门依法处理或者向人民法院提起诉讼，不得非法限制他人人身自由或者扣押他人的船舶、船上物品或者其他财物。

第二十二条 出海船舶及其生产作业人员不得从事下列行为：

（一）运输、携带毒品、非法宣传品或者淫秽物品等违禁物品；

（二）非法携带枪支、弹药或者弩、匕首等国家规定的管制器具以及爆炸性、毒害性等危险物质；

（三）毁损海底电缆、管道或者海上航标、浮标等公共设施；

（四）非法拦截、强登、冲撞或者偷开他人船舶；

（五）破坏、盗窃他人渔业设施、渔获物；

（六）强行收购、兜售、索要、交换渔获物或者其他物品；

（七）非客运船舶载客出海；

（八）其他违法犯罪行为。

第二十三条 进入港口、码头的船舶应当在有关行政部门或者港口、码头的经营管理单位划定的停泊区集中、有序停泊。

第二十四条 出海生产作业人员应当接受公安边防机关的检查，如实提供有关情况，不得拒绝或者阻碍。

第四章 法律责任

第二十五条 公安边防机关及其工作人员有下列行为之一的，对直接负责的主管人员和其他直接责任人员依法给予处分；构成犯罪的，依法追究刑事责任：

（一）不依法办理出海边防证件的；

（二）发现违反本条例的行为不依法处理的；

（三）滥用职权、玩忽职守、徇私舞弊的。

第二十六条 出海生产作业人员违反本条例规定，未申请领取、未随船携带或者涂改、伪造、冒用、出借《出海船民证》的，由公安边防机关予以警告或者处以二百元以上一千元以下罚款。

第二十七条 出海船舶违反本条例规定，有下列情形之一的，由公安边防机关处以一千元以上五千元以下罚款：

（一）未申请领取、未随船携带或者涂改、伪造、冒用、出借《出海船舶户口簿》的；

（二）未申请办理《出海船舶户口簿》的变更或者注销手续的；

（三）未标明船名、船号、船籍港和悬挂船名牌，或者标明的船名、船号、船籍港和悬挂的船名牌字迹不清晰的；

（四）进出港口、码头或者其他停泊点未办理签证手续的；

（五）因紧急避险或者不可抗力的原因，进入国家、本省禁止或者限制进入的海域和临时性警戒区域，或者搭靠外国籍以及香港、澳门特别行政区和台湾地区的船舶，事后未在规定时限内向公安边防机关报告的。

第二十八条 出海船舶及其生产作业人员有下列情形之一的，由公安边防机关处以五千元以上二万元以下罚款；情节严重的，可以并处吊销出海边防证件：

（一）遮盖、涂改、伪造或者擅自拆换船名、船号、船籍港、船名牌的；

（二）违反规定进入国家、本省禁止或者限制进入的海域和临时性警戒区域经劝阻拒绝离开的；

（三）违反规定擅自搭靠外国籍或者香港、澳门特别行政区和台湾地区船舶的；

（四）非客运船舶载客出海的。

第二十九条 发生海事、渔事纠纷或者其他纠纷后，非法限制他人人身自由或者扣押他人的船舶、船上物品或者其他财物的，由公安边防机关处以一万元以上三万元以下罚款；情节严重的，可以并处吊销出海边防证件；构成犯罪的，依法追究刑事责任。

第三十条 对违反本条例第二十二条第（一）项至第（六）

项规定的，依照《中华人民共和国治安管理处罚法》的有关规定处罚。

第三十一条 对违反本条例规定的出海船舶或者生产作业人员，当场不能按照法定程序作出行政处罚决定且事后难以执行的，经公安边防支队或者海警支队批准可以扣押涉案船舶。扣押船舶不得超过十日；案情复杂的，经公安边防总队批准可以延长，但是延长期限不得超过二十日。违法扣押船舶造成损失的，当事人有权申请国家赔偿。

第三十二条 公安边防机关在实施行政处罚时，应当向被处罚人告知其依法享有的申请行政复议或者提起行政诉讼的权利。被处罚人对公安边防机关作出的行政处罚决定不服的，可以依法申请行政复议或者提起行政诉讼。

第五章 附 则

第三十三条 本条例下列用语的含义是：

（一）船籍港，是指船舶办理所有权登记的港口；

（二）船舶所在地，是指船舶所有人户籍所在地、船籍港所在地或者船舶经常停靠地。

第三十四条 省人民政府可以根据本条例制定实施细则。

第三十五条 出海船舶以外的用于海上生产经营的移动装置的边防治安管理，参照本条例有关规定执行。

第三十六条 本条例自2013年1月1日起施行。

河北省技术市场条例

（2012年11月25日河北省第十一届人民代表大会常务委员会第三十三次会议通过
2012年11月25日河北省第十一届人民代表大会常务委员会公告第63号公布
2013年1月1日起施行）

第一章 总 则

第一条 为规范技术市场秩序，保障技术交易当事人的合法权益，促进技术转移，推动经济建设和社会发展，根据有关法律、行政法规的规定，结合本省实际，制定本条例。

第二条 本条例适用于公民、法人或者其他组织在本省行政区域内从事的技术开发、技术转让、技术咨询、技术服务等技术交易活动以及技术交易服务活动。

第三条 县级以上人民政府应当加强对技术市场的培育和扶持，将技术市场建设纳入本级国民经济和社会发展中长期规划及年度计划，制定促进技术转移的激励措施，加大对技术市场的财政投入，落实国家和本省有关技术市场的各项优惠政策，推动技术市场健康发展。

第四条 县级以上人民政府科学技术行政部门负责本行政区域内技术市场的管理工作，履行下列职责：

（一）贯彻实施和宣传普及有关技术市场的法律、法规、规章，并对落实情况进行监督检查；

（二）组织、协调重大技术交易活动；

（三）负责技术合同的认定登记和技术市场统计；

（四）负责技术市场管理、经营和服务人员的业务培训；

（五）对在技术交易和技术交易服务中作出突出贡献的组织和个人进行表彰和奖励；会同有关部门依法查处技术交易和技术交易服务中的违法行为；

（六）法律、法规规定的其他职责。

县级以上人民政府其他有关部门应当在各自的职责范围内，做好技术市场相关工作。

第五条 工会组织、科学技术协会、行业协会应当发挥自身优势，促进技术交易和技术交易服务活动的开展。

第六条 从事技术交易和技术交易服务活动的公民、法人或者其他组织应当依法向县级以上人民政府科学技术行政部门提供技术交易统计资料。

第二章 技术交易

第七条 从事技术交易活动，应当遵循自愿、平等、互利有偿和诚实信用的原则，依法订立技术合同。

技术合同的订立、变更和解除应当采用书面形式。

第八条 技术交易不受地区、行业、隶属关系和专业范围的限制。一切有利于经济建设、社会发展和科学技术进步的技术都可以进行交易，国家另有规定的除外。

第九条 技术交易当事人可以直接交易，也可以通过中介方交易。

技术交易可以通过常设技术市场、网络技术市场以及技术交易会、招标会、拍卖会、洽谈会、信息发布会、科技集市、技术承包、技术入股、技术引进等多种方式进行。

第十条 在技术交易活动中，卖方应当是所提供技术的合法拥有者，并保证其技术的真实性、合法性；买方应当按照技术合同的约定使用技术，并支付相应费用；中介方应当诚信服务，保证其所提供技术信息的真实性及其来源的合法性。

第十一条 在技术交易活动中，技术交易当事人不得有下列行为：

（一）侵犯他人知识产权及其他技术权益；

（二）向他人提供国家禁止研究开发、使用的危害国家安全、损害社会公共利益、危害人体健康、违反伦理道德的技术或者虚假的技术及相关的检测结果、评估报告；

（三）以欺诈、胁迫等非法手段订立技术合同；

（四）非法垄断技术，阻碍技术成果转化应用；

（五）法律、法规禁止的其他行为。

第十二条 职务技术成果应当依法进行交易，经成果所有权单位允许，方可转让职务技术成果。

法人或者其他组织的工作人员在完成本职工作和不侵犯所在单位技术权益及经济利益的前提下，可以依法转让非职务技术成果，可以利用自己的技术和相关知识在业余时间进行技术开发、技术咨询、技术服务活动。

第十三条 涉及国家安全或者重大利益需要保密的技术和国家实行许可证制度的技术进入技术市场，以及向境外出口技术或者向外商投资企业转让技术，按照国家有关规定执行。

第十四条 制作、发布与技术和技术信息有关的广告，应当如实反映该项技术或者技术信息的性能和经济效益。

技术、技术信息广告的经营者、发布者所制作、发布的广告应当符合相关检测结果或者评估报告。

第三章 技术合同认定登记

第十五条 本省实行技术合同认定登记制度。技术合同认定登记机构由省人民政府科学技术行政部门确认并予以公告。

技术合同认定登记机构负责下列事项：

（一）对是否属于技术合同进行认定；

（二）对技术合同进行分类登记；

（三）核定技术性收入数额。

技术合同经认定登记，当事人有权享受国家和本省规定的相关优惠政策。

第十六条 技术合同认定登记实行自愿申请原则。

技术合同生效后，当事人可以持技术合同认定登记表、书面的技术合同文本和有关附件，向其纳税所在地的技术合同认定登记机构申请认定登记。

同一技术合同在本省行政区域内只能认定登记一次。

第十七条 技术合同认定登记机构应当自受理认定登记申请之日起十日内作出是否予以认定登记的决定。对符合登记条件的予以登记，核定其技术性收入数额，并发给技术合同认定登记证明；对非技术合同或者不符合登记条件的技术合同不予登记，并以书面形式告知当事人。

第十八条 技术合同认定登记后，有关部门应当按照国家和本省有关规定，给予当事人税收、信贷等方面的优惠待遇。

研究开发职务技术成果的法人和其他组织应当依照有关规定，对研究开发和转化该项技术成果做出贡献的人员给予奖励。

第十九条 技术合同认定登记机构及其工作人员对涉及国家秘密及约定了保密义务的技术合同，承担保密义务。

第二十条 经认定登记的技术合同发生变更或者终止时，当事人应当向原技术合同认定登记机构办理变更登记或者注销登记手续。

第二十一条 当事人不得采用欺骗手段骗取技术合同认定登记证明或者伪造、涂改技术合同认定登记证明。

第二十二条 当事人对技术合同认定登记机构的认定结论有异议的，可以按照《中华人民共和国行政复议法》的规定申请行政复议。

第四章 技术交易服务与保障

第二十三条 县级以上人民政府应当建立健全技术市场，培育各类技术交易服务机构，鼓励技术交易服务机构或者其他单位、个人依法开展技术交易信息的采集、加工、评价、发布及其他技术交易服务活动。

第二十四条 县级以上人民政府应当编制引进先进技术的指南，鼓励企业引进、应用国内外先进技术，引导企业、高等院校和科研机构通过技术合作、建立战略联盟等方式引进消化吸收先进技术，并对重大技术成果引进与转化项目给予支持和奖励。企业所引进的技术应当符合国家产业政策和节能环保的有关规定。

第二十五条 省人民政府科学技术行政部门应当建立本省的技术市场信息网络平台，拓宽信息交流渠道，实现技术信息资源共享。

第二十六条 县级以上人民政府科学技术行政部门应当向社会公开其技术市场服务职责、执法依据、执法程序、办事期限、举报投诉电话等事项。

第二十七条 技术交易服务机构应当遵循公平竞争、平等互利和诚实信用的原则，依照法律法规以及行业规范开展技术交易服务活动。

第二十八条 财政和税务部门应当按照国家有关规定，对符合优惠条件的技术交易服务机构给予优惠待遇。

第二十九条 公民、法人或者其他组织有权向科学技术行政部门或者其他有关部门举报、投诉技术交易和技术交易服务中的违法行为。接到举报、投诉的部门应当依法调查处理，为举报人、投诉人保密，并将处理结果及时以书面形式告知举报人、投诉人。

第五章 法律责任

第三十条 县级以上人民政府科学技术行政部门工作人员不依法履行技术市场管理职责或者玩忽职守、徇私舞弊的，给予行政处分；构成犯罪的，依法追究刑事责任。

第三十一条 技术合同认定登记机构及其工作人员有下列行为之一的，由县级以上人民政府科学技术行政部门依法追究直接负责的主管人员和其他直接责任人员责任，并在本省行政区域内对该认定登记机构予以通报；情节严重的，取消其认定登记资格：

（一）不按规定办理技术合同认定登记的；

（二）泄露国家秘密或者技术交易当事人的技术秘密的；

（三）滥用职权、玩忽职守、徇私舞弊的。

第三十二条 违反本条例第二十一条规定的，由县级以上人民政府科学技术行政部门撤销认定登记证明。已经享受税收等方面优惠的，由有关部门依法处理。

第三十三条 违反本条例规定的其他行为，有关法律、法规已规定法律责任的，从其规定。

第六章 附 则

第三十四条 本条例自2013年1月1日起施行。1991年8月10日河北省第七届人民代表大会常务委员会第二十二次会议通过的《河北省技术市场管理条例》同时废止。

省政府规章（2012年）

河北省抗旱规定

（2012年5月15日河北省人民政府第105次常务会议通过 2012年5月17日河北省人民政府令〔2012〕第1号公布 自2012年7月1日起施行）

第一章 总 则

第一条 为有效组织抗旱工作，预防和减轻干旱灾害，根据《中华人民共和国抗旱条例》、《河北省实施〈中华人民共和国水法〉办法》，结合本省实际，制定本规定。

第二条 在本省行政区域内从事抗旱活动适用本规定。

本规定所称抗旱，是指组织有关部门，动员社会力量，采取工程措施或者其他措施，预防和减轻干旱灾害的活动。

第三条 抗旱工作应当坚持以人为本、预防为主、防抗结合和因地制宜、统筹兼顾、服从大局的原则，优先保障城乡居民生活用水，合理安排农业、工业生产用水和生态用水。

第四条 抗旱工作实行各级人民政府行政首长负责制。

县级以上人民政府应当将抗旱工作纳入本级国民经济和社会发展规划，加强旱灾预防和抗旱减灾基础设施建设，完善抗旱工程体系、指挥调度体系和服务体系，鼓励和支持各种抗旱科学技术研究及其成果的推广应用。

乡、镇人民政府负责组织本行政区域内的抗旱减灾工作，并承担统计、核实、上报旱情、灾情和发放抗灾、救灾物资等具体工作。

第五条 县级以上人民政府防汛抗旱指挥机构在上级防汛抗旱指挥机构和本级人民政府的领导下，负责组织、指挥本行政区域内的抗旱工作。

县级以上人民政府水行政主管部门负责本行政区域内抗旱的指导、监督、管理工作，承担本级人民政府防汛抗旱指挥机构的具体工作。

县级以上人民政府防汛抗旱指挥机构的其他成员单位按各自职责，负责有关抗旱工作。

第六条 任何单位和个人都有保护抗旱水源、设施及依法参加抗旱的义务，有权对侵占、破坏抗旱水源和设施的行为进行制止、检举和控告。

第七条 各级人民政府、有关部门应当采取多种形式宣传普及抗旱知识，对在抗旱工作中作出突出贡献的单位和个人给予表彰和奖励。

第二章 旱灾预防

第八条 县级以上人民政府水行政主管部门应当会同同级有关部门，编制本行政区域的抗旱规划，报本级人民政府批准后实施，并抄送上一级人民政府水行政主管部门备案。

抗旱规划主要包括下列内容：

（一）干旱灾害发生、发展规律和现状；

（二）抗旱原则和目标；

（三）重点易旱区域和易发时段；

（四）抗旱应急水源、应急设施和基础设施建设；

（五）抗旱水资源配置和水量调度；

（六）抗旱组织体系建设；

（七）抗旱服务体系建设；

（八）旱情监测系统建设；

（九）抗旱物资储备制度；

（十）其他抗旱措施。

第九条 县级以上人民政府及其有关部门应当按抗旱规划及相关专业规划，加强控制性水源和其他蓄水、引水、提水、节水工程与设施的建设、改造，提高抗旱供水能力和水资源利用效率。

大中城市应当建设抗旱应急备用水源工程，提高供水保证率。

坝上和山丘区应当开展小水窖、小水池、小塘坝、小泵站和小水渠等小型水利工程建设，改善饮水和灌溉条件。

黑龙港地区应当按有关技术规范建设咸淡水混合灌溉节水工程和引黄灌溉工程，减少深层地下水资源开采量。

第十条 制定国民经济和社会发展规划应当充分考虑当地水资源条件，编制城市总体规划、工业聚集区和工业园区规划以及重大建设项目布局应当开展水资源论证，为合理用水需求提供保障。

第十一条 县级以上人民政府防汛抗旱指挥机构应当编制本行政区域抗旱预案，经上一级人民政府防汛抗旱指挥机构审查同意，报本级人民政府批准后实施。

县级以上人民政府防汛抗旱指挥机构成员单位应当根据本地抗旱预案，编制部门预案，经本级人民政府防汛抗旱指挥机构同意后实施。

第十二条 县级以上人民政府水行政主管部门分配水量时，应当预留必要的抗旱应急水量，保障在发生特大干旱时居民基本生活和重要生产用水。

县级以上人民政府防汛抗旱指挥机构应当根据抗旱预案编制抗旱应急水量调度实施方案，经本级人民政府批准后执行。跨行政区域抗旱应急水量调度实施方案，由共同的上一级防汛抗旱指挥机构编制，经上一级人民政府批准后执行。

抗旱应急水量调度实施方案应当包括调度水量、水质控制指标、调度线路和相关部门的职责等。跨行政区域抗旱应急水量调度实施方案应当包括区域水量控制指标、区界流量、水质控制指标及其控制措施、保障措施等内容。

第十三条 各级人民政府应当加强节水工程、设施建设和工艺的推广，鼓励和支持社会节约用水，提高用水效率，建设节水型社会。

农田灌溉应当推广工程、农艺、生物和管理等综合节水技术。工业、服务业、城乡居民生活和生态用水应当采用先进节水技术和设备，按有关规定建设中水设施，推行污水再生利用。城乡供水管网应当加强维护、管理和技术改造，降低漏失率。

县级以上人民政府应当积极开展旱作农业和非充分灌溉技术研究与推广，根据水资源承载能力合理控制有效灌溉面积规模，加强农业灌溉预报，推进科学灌溉。

第十四条 县级以上人民政府水行政主管部门应当组织做好下列水源工程及其配套设施的建设、管理和维护，保障严重干旱期间辖区居民基本生活用水和重要生产用水需求：

（一）水库、塘坝、水电站、湖泊等控制性水源工程；

（二）人口相对集中区、成片饮用浅层井水区和季节性缺水区的城镇抗旱水源工程；

（三）农村饮用水水源工程；

（四）粮食生产区、经济作物商品基地、畜牧业生产基地的抗旱水源工程。

第十五条 县级以上人民政

府防汛抗旱指挥机构应当建立完善旱情监测网络和抗旱信息系统，加强干旱灾害监测。

县级以上人民政府水利、气象、国土资源、农业等有关部门，应当及时向本级人民政府防汛抗旱指挥机构提供水情、雨情、墒情、农情和供水用水等信息，实现成员单位之间信息共享。

第十六条 任何单位和个人不得随意占用抗旱工程设施；确需占用的，须经有管理权限的水行政主管部门批准。

因工程建设占用抗旱工程设施或者直接影响抗旱工程设施功能的，建设单位应当及时采取补救措施或者建设等效替代工程，并按国家和省有关规定给予补偿。

第十七条 禁止非法引水、截水、凿井和侵占、破坏、污染水源；禁止破坏、侵占、毁损旱灾预防和抗旱减灾设施、设备。

第三章 抗旱减灾

第十八条 发生干旱灾害，县级以上人民政府防汛抗旱指挥机构应当按抗旱预案规定的权限，及时启动相应干旱等级的应急响应，组织开展抗旱减灾工作，并及时报告上一级防汛抗旱指挥机构。

干旱灾害分为轻度干旱、中度干旱、严重干旱、特大干旱，并分别用蓝色、黄色、橙色、红色标示预警。

第十九条 在干旱期间，县级以上人民政府防汛抗旱指挥机构应当按先生活、后生产，先地表、后地下，先节水、后开源，先调剂、后调水的原则统一调度抗旱应急水量。其他任何单位和个人不得调度抗旱应急水量。

抗旱应急水量调度指令发布后，水库、水电站、湖泊等的管理单位和建有自备水源的企业、集体、个人，必须服从统一调度，严格执行调度指令。

第二十条 发生轻度干旱或者中度干旱时，县级以上人民政府防汛抗旱指挥机构应当按抗旱预案的规定，采取下列应急措施：

（一）调度水库、水电站、湖泊等所蓄的水量；

（二）设置临时抽水泵站，开挖输水渠道；

（三）启用应急备用水源；

（四）临时在河道沟渠内截水或者开发应急水源；

（五）组织向人畜饮水困难地区送水；

（六）应急性跨流域调水；

（七）组织实施人工增雨作业；

（八）其他应急供水措施。

第二十一条 在严重干旱或者特大干旱期间，县级以上人民政府防汛抗旱指挥机构除采取第二十条措施外，可以采取下列应急限制措施：

（一）压减供水指标；

（二）限制或者暂停高耗水行业用水；

（三）限制或者暂停排放工业污水；

（四）缩小农业供水范围或者减少农业供水量；

（五）限时或者限量供应城镇居民生活用水；

（六）其他限制措施。

第二十二条 在干旱期间，采取应急抗旱措施可能影响其他行政区域供水的，报共同的上一级人民政府防汛抗旱指挥机构批准后实施。涉及其他有关部门的，应当提前通知有关部门。

有关部门在采取应急限水措施时应当提前告知相关用水单位和个人。

旱情解除后，县级以上人民政府防汛抗旱指挥机构应当及时停止应急供水措施，组织拆除临时取水和截水设施，恢复原状，并及时通报有关部门。

第二十三条 发生特大干旱，严重危及城乡生活、生产用水安全，可能影响社会稳定时，省人民政府防汛抗旱指挥机构经省人民政府批准，可以宣布相关行政区域进入紧急抗旱期，并及时报告国家防汛抗旱总指挥部。

紧急抗旱期应当以公告发布，公告内容包括：实施紧急抗旱期的原因、范围、起始时间、采取措施、实施机关等。

特大干旱旱情缓解后，省人民政府防汛抗旱指挥机构应当以公告形式宣布结束紧急抗旱期，并及时报告国家防汛抗旱总指挥部。

第二十四条 在紧急抗旱期，有关地方人民政府防汛抗旱指挥机构应当组织动员本地各有关单位和个人全力投入抗旱救灾。所有单位和个人应当服从指挥，承担人民政府防汛抗旱指挥机构分配的抗旱救灾任务。

第二十五条 在紧急抗旱期，有关地方人民政府防汛抗旱指挥机构根据抗旱工作的需要，有权在其管辖范围内征用物资、设备、交通运输工具。

紧急抗旱期征用的物资、设备、交通运输工具等，在使用完毕后，应当及时归还，并按有关规定给予补偿。

第二十六条 抗旱信息实行统一发布制度。旱情预警级别和解除预警由县级以上人民政府防汛抗旱指挥机构统一审核发布；农业灾情由县级以上人民政府农业部门发布；旱灾由县级以上人民政府水行政主管部门会同同级民政部门审核发布；与抗旱有关的气象信息由气象主管机构发布；其他任何单位和个人不得擅自向社会发布抗旱信息。

报刊、广播、电视和互联网等媒体，应当及时刊播抗旱信息并标明发布机构名称和发布时间。

第二十七条 旱情缓解后，县级以上人民政府防汛抗旱指挥机构应当及时组织有关部门对旱灾影响、损失以及抗旱工作效果进行分析和评估，相关部门和单位应当予以配合，不得虚报、瞒报。

第四章 保障措施

第二十八条 县级以上人民政府应当根据抗旱减灾工作正常开展需要，在本级财政预算中安排抗旱经费，建立和完善与经济社会发展水平以及抗旱减灾要求相适应的资金投入机制。

县级以上人民政府有关主管部门应当将急需的抗旱应急水源工程以及遭受干旱灾害损坏的抗旱工程，优先列入年度建设或者修复计划。

第二十九条 发生严重干旱和特大干旱，在正常抗旱经费不能满足抗旱工作需要时，县级以上人民政府应当根据抗旱减灾需要增加抗旱经费。

鼓励单位和个人自愿出资、出物支持抗旱工作。

县级以上人民政府防汛抗旱指挥机构和民政等部门对捐赠的抗旱减灾、救灾资金和物资，应当按捐赠人意愿和国家有关规定管理、分配和使用。

第三十条 县级人民政府应当加强抗旱服务组织建设，按规定明确公益职能、落实人员编制和经费，并为抗旱服务组织配备必要的抗旱设备和物资。

县级抗旱服务组织主要承担下列公益性抗旱职能：

（一）为临时性饮水困难地区送水；

（二）流动抗旱灌溉；

（三）受水行政主管部门委托，负责农村供水工程的管理和维护；

（四）抗旱设施、设备的维护；

（五）抗旱技术的咨询和示范推广。

鼓励乡、镇、村、企业和个人建立抗旱服务组织和农民用水合作组织，县级抗旱服务组织应当对其给予业务指导。

第三十一条 县级以上人民政府防汛抗旱指挥机构应当根据抗旱需要，储备必要的抗旱设备和物资，做好日常维护和管理。

第三十二条 县级以上人民政府防汛抗旱指挥机构应当加强抗旱减灾人才队伍建设，提高抗旱指挥决策水平。

第三十三条 县级以上人民政府农业、财政、水利等有关部门应当根据国家农业机械购置补贴的相关要求，落实节水、抗旱设备财政补贴政策，并向社会公示。

第三十四条 县级以上人民政府防汛抗旱指挥机构应当建立抗旱工作督察制度，对抗旱责任制落实、抗旱预案编制、抗旱设施建设和维护、抗旱物资储备等抗旱减灾工作进行监督检查，对发现的问题及时处理或者责成有关部门和单位限期整改。

第三十五条 执行抗旱救灾任务的车辆在执行抗旱紧急任务时，经省人民政府批准，在相关道路优先通行，并免缴车辆通行费。相关车辆的通行标志，由省级人民政府防汛抗旱指挥机构与公安、交通运输部门联合制发。

第三十六条 县级以上人民政府应当将抗旱工程建设用地纳入当地建设用地计划给予优先安排，保证工程建设用地需求；交通运输部门应当保障抗旱应急物资的运输；石油、电力部门应当保障抗旱救灾应急救援现场的临时石油、电力需求；公安部门应当负责做好受灾地区交通组织和治安管理工作；卫生行政主管部门应当按国家有关规定，积极做好农村饮水工程水质监测工作，确保饮水水质安全。

第三十七条 抗旱经费、物资和捐赠款物必须专项使用，任何单位和个人不得截留、挤占、私分和挪用。

各级财政和审计部门应当加强对抗旱经费和物资管理的监督、检查和审计。

第五章 法律责任

第三十八条 违反本规定，有下列行为之一的，由所在单位或者上级主管机关、监察机关责令限期改正；对直接负责的主管人员和其他直接责任人员依法给予处分；构成犯罪的，依法追究刑事责任：

（一）拒不承担抗旱救灾任务的；

（二）虚报、瞒报旱情、灾情的；

（三）拒不提供抗旱相关信息

的；

（四）拒不执行抗旱预案和抗旱应急水量统一调度指令的；

（五）旱情解除后，拒不拆除临时取水和截水设施的；

（六）擅自向社会发布抗旱信息的；

（七）不按规定配合旱灾评估工作的；

（八）滥用职权、徇私舞弊、玩忽职守的其他行为。

第三十九条 违反本规定第十七条规定的，由县级以上人民政府水行政主管部门责令停止违法行为，采取补救措施，处一万元以上三万元以下罚款；情节严重的，处三万元以上五万元以下罚款；造成损坏的，依法承担民事责任；构成违反治安管理行为的，依照《中华人民共和国治安管理处罚法》的规定处罚；构成犯罪的，依法追究刑事责任。

第四十条 违反本规定第十九条第二款规定的，由县级以上人民政府水行政主管部门责令改正，给予警告；拒不改正的，强制执行，处一万元以上三万元以下罚款；情节严重的，处三万元以上五万元以下罚款。

第四十一条 有关法律、法规对违反本规定的行为，另有处罚规定的，从其规定。

第六章 附 则

第四十二条 本规定自2012年7月1日起施行。

河北省国有土地上房屋征收与补偿实施办法

（2012年6月12日河北省人民政府第106次常务会议通过 2012年6月26日河北省人民政府令〔2012〕第2号公布 自2012年8月1日起施行）

第一章 总 则

第一条 为了规范国有土地上房屋征收与补偿活动，维护公共利益，保障被征收房屋所有权人的合法权益，根据国务院《国有土地上房屋征收与补偿条例》（以下简称《条例》），结合本省实际，制定本办法。

第二条 在本省行政区域内国有土地上实施房屋征收与补偿，适用本办法。

第三条 上级人民政府应当加强对下级人民政府房屋征收与补偿工作的监督。

省住房城乡建设厅应当会同省财政厅、省国土资源厅、省发展改革委等有关部门，加强对房屋征收与补偿实施工作的指导。

监察机关应当加强对参与房屋征收与补偿工作的政府和有关部门或者单位及其工作人员的监察。

第四条 设区的市、县（市、区）人民政府负责本行政区域的房屋征收与补偿工作。

设区的市、县（市、区）人民政府确定的房屋征收部门（以下简称房屋征收部门），组织实施本行政区域的房屋征收与补偿工作。

设区的市、县（市、区）人民政府有关部门应当依照本办法的规定和本级人民政府的职责分工，相互配合，保障房屋征收与补偿工作的顺利进行。

第五条 房屋征收部门可以委托房屋征收实施单位，承担房屋征收与补偿的具体工作。房屋征收实施单位不得以营利为目的，其性质、经费由设区的市、县（市、区）人民政府依法确定、拨付。

房屋征收部门委托房屋征收实施单位实施征收工作的，应当出具委托协议书，明确委托范围、权限、期限、经费以及其他相关内容。

房屋征收实施单位从事房屋征收工作的人员，应当参加房屋征收部门组织的有关法律知识和业务知识的培训，并经考核合格后持证上岗。

第二章 征收决定

第六条 因公共利益的需要确需征收房屋的，由设区的市、县（市、区）人民政府作出房屋征收决定，并应当及时公告。公告应当载明征收补偿方案和行政复议、行政诉讼权利等事项。

房屋被依法征收的，国有土地使用权同时收回。

第七条 房屋征收部门负责拟定征收补偿方案，报设区的市、县（市、区）人民政府。相关人民政府应当组织有关部门对征收补偿方案进行论证并在征收范围内予以公布，征求公众意见。征求意见期限不得少于30日。

设区的市、县（市、区）人民政府应当将征求公众意见情况和根据公众意见修改的征收补偿方案情况及时公布。

第八条 因旧城区改建需要征收房屋，多数被征收房屋所有权人（以下简称被征收人）认为征收补偿方案不符合《条例》以及本办法规定的，设区的市、县（市、区）人民政府应当组织有被征收人和公众代表参加的听证会，并根据听证会情况修改征收补偿方案。

第九条 设区的市、县（市、区）人民政府作出房屋征收决定前，应当按有关规定进行社会稳定风险评估。房屋征收决定涉及被征收人数量较多的，应当经政府常务会议讨论决定。

作出房屋征收决定前，征收补偿费用应当足额到位、专户存储、专款专用。

第十条 设区的市、县（市、区）人民政府作出房屋征收决定前，应当组织有关部门依照法律法规和有关规定对征收范围内未经登记的建筑物、构筑物进行调查、认定和处理。对认定为合法建筑和未超过批准期限的临时建筑，应当给予补偿；对认定为违法建筑和超过批准期限的临时建筑，不予补偿。

第三章　征收补偿

第十一条 被征收人选择房屋产权调换的，设区的市、县（市、区）人民政府应当提供用于产权调换的房屋，并与被征收人计算、结清被征收房屋价值与用于产权调换房屋价值的差价。

因旧城区改建征收个人住宅，被征收人选择在改建地段进行房屋产权调换的，作出房屋征收决定的设区的市、县（市、区）人民政府应当提供改建地段或者就近地段的房屋。

第十二条 被征收房屋室内装饰装修价值，机器设备、物资等搬迁费用，以及停产停业损失等补偿，由房屋征收当事人协商确定；协商不成的，房屋征收部门、被征收人、承租人等当事人可以委托具有相应资质的评估机构评估确定。

第十三条 给予被征收人停产停业损失补偿的，应当符合下列条件：

（一）被征收房屋具有房屋权属证明或者经有关部门认定为合法建筑；

（二）被征收房屋为非住宅用房；

（三）有合法、有效的营业执照或者其他相关生产经营行政许可手续，且营业执照或者其他相关生产经营行政许可手续上载明的住所（营业场所）为被征收房屋；

（四）已办理税务登记并具有纳税凭证。

第十四条 因征收房屋造成停产停业损失的补偿，按征收房屋造成的实际财产损失进行补偿。计算因征收房屋造成的停产停业损失，应当根据纳税情况、经营规模、停产停业期限等因素确定。

征收房屋造成停产停业的，应当给停产停业的职工发放生活补助费。停产停业的职工月生活补助费，按当地社会平均工资标准计算；其停产停业职工数量以生产经营者在征收决定发布前12个月缴纳社会保险的月平均人数计算；发放停产停业生活补助费期限按6个月计算。

征收非住宅用房，被征收人选择货币补偿的，被征收房屋的临时安置补偿费按6个月计算；被征收人选择产权调换的，被征收房屋的临时安置补偿费按实际期限计算。

第十五条 生产经营者依法承租房屋进行生产经营且租赁合同未到期所承租房屋被征收的，其停产停业损失补偿费应当依照生产经营者与被征收人的约定分配；无约定的，房屋征收部门可将生产经营者的停产停业损失直接补偿给生产经营者。

第十六条 征收个人住宅，被征收人符合城镇住房保障条件的，作出房屋征收决定的设区的市、县（市、区）人民政府应当按下列原则优先给予住房保障：

（一）实行货币补偿的，属于低收入家庭且住房总建筑面积不足三十平方米的，按三十平方米予以补偿，补偿后仍符合条件的，优先予以住房保障；

（二）实行产权调换的，依据房地产市场评估价格确定被征收住房的补偿价格，再调换住房，但调换后的住房总建筑面积不得小于三十平方米，属于低收入家庭且住房总建筑面积不足三十平方米的，调换后的住房三十平方米以内部分，被征收人不需支付房款，超过部分被征收人按房地产市场价格结清差价。

对难以支付差价款的低收入家庭，其所调换的住房可以与设区的市、县（市、区）人民政府按一定比例共有，被征收人应当就保障标准内非自有产权的部分向产权人支付廉租住房租金，就保障标准外非自有产权的部分向产权人支付市场价租金。被征收人在具备支付能力且愿意购买时，可以按再次购买时的市场价格购买。

第十七条 征收依照城镇住房制度改革政策确定的标准价出售的住宅时，售房单位和购房人应当共同作为被征收人。被征收人要求实行货币补偿的，房屋征收部门应当根据房屋所有权证书载明的产权比例分别给予补偿；被征收人要求实行产权调换的，在对用于安置的房屋进行产权登记时，应当注明产权比例。

第十八条 征收依照城镇住房制度改革政策允许出售的公有住房，承租人可以按城镇住房制度改革政策规定购买住房后，再与房屋征收部门签订补偿安置协议；对依照城镇住房制度改革政策不允许出售的住房，对产权人实行房屋产权调换，由承租人继续承租，产权人与承租人应当按补偿安置方案重新订立房屋租赁合同。

第十九条 安置用房的规划、建设应当以房屋征收补偿安置方案为基础，充分考虑被征收人和房屋征收部门的意见。

房屋征收部门提供已经使用过的房屋安置被征收人的，其房屋应当符合国务院住房城乡建设主管部门规定的基本完好房屋标准，并具备供水、供热和供电等基本生活条件。

第二十条 房屋征收部门与被征收人应当依照《条例》和本办法的规定，就补偿方式、补偿金额和支付期限、用于产权调换房屋的地点和面积、搬迁费、临时安置补偿费或者周转用房、停产停业损失、搬迁期限、过渡方式和过渡期限等事项，订立补偿协议。

补偿协议订立生效后，一方当事人不履行补偿协议约定义务的，另一方当事人可以依法提起诉讼。

第二十一条 实施房屋征收应当先补偿、后搬迁。

作出房屋征收决定的设区的市、县（市、区）人民政府对被征收人给予补偿后，被征收人应当在补偿协议约定或者补偿决定确定的搬迁期限内完成搬迁。

任何单位和个人不得采取暴力、威胁或者违反规定中断供水、供热、供气、供电和道路通行等非法方式迫使被征收人搬迁。禁止建设单位参与搬迁活动。

第二十二条 被征收人在法定期限内不申请行政复议或者不提起行政诉讼，在补偿决定规定的期限内又不搬迁的，由作出房屋征收决定的设区的市、县（市、区）人民政府依法申请人民法院强制执行。

强制执行申请书应当附具补偿金额和专户存储账号、产权调换房屋和周转用房的地点、面积，以及人民法院要求的其他相关材料。

第二十三条 房屋征收部门应当依法建立房屋征收补偿档案，并将分户补偿情况在房屋征收范围内向被征收人公布。

审计机关应当加强对征收补偿费用管理和使用情况的监督，并公布审计结果。

第四章 房屋估价

第二十四条 被征收房屋和用于产权调换房屋的价值，由具有相应资质的房地产价格评估机构按有关房屋征收评估办法评估确定。

省住房城乡建设厅应当于每年年初在其部门网站公布符合具备相应资质的房地产估价机构名单，由被征收人在规定时间内从中协商选定房地产价格评估机构；被征收人也可以在规定时间内选择其他区域具备相应资质的房地产估价机构。在规定时间内协商不成的，由房屋征收部门通过组织被征收人按少数服从多数的原则投票决定，或者采取摇号等随机方式公开确定，并将结果在征收范围内公示。

第二十五条 对评估确定的被征收房屋价值有异议的，可以向原房地产价格评估机构申请复核评估。对复核结果有异议的，可以自收到复核结果之日起10日内向房地产价格评估专家委员会申请鉴定。房地产价格评估专家委员会应当在10日内出具鉴定结果。

对鉴定结果仍有异议的，由房屋征收部门报请作出房屋征收决定的设区的市、县（市、区）人民政府依照《条例》的规定，按征收补偿方案作出补偿决定，并在房屋征收范围内予以公告。被征收人对补偿决定不服的，可以依法申请行政复议或者提起行政诉讼。

第二十六条 房地产价格评估专家委员会由设区的市人民政府或者其房地产管理部门组建，并向省住房城乡建设厅备案。专家委员会成员从省住房城乡建设厅确定的专家库中选定。

第二十七条 房地产价格评估机构、房地产估价师、房地产价格评估专家委员会成员应当独立、客观、公正地开展房屋征收评估、鉴定工作，并对出具的评估、鉴定意见负责。房地产估价师、房地产价格评估专家委员会成员与房屋征收当事人有利害关系的，应当回避。

房地产评估机构应当将被征收房屋和产权调换房屋的评估报告，交房屋征收部门备案存档。

第二十八条 房屋征收部门制定房屋征收补偿方案前，应当在征收范围内，分别按房屋的区位、用途、建筑结构、新旧程度、建筑面积以及占地面积、土地使用权等因素，选取若干标本房屋进行预评估。

实施房屋预评估，应当组织三个以上奇数的房地产价格评估机构对标本房屋进行评估，选取各评估机构评估结果的中位价，作为标本房屋的预评估价格。

第二十九条 选定或者确定房地产价格评估机构后，房屋征收部门作为委托人应当与其签订房屋征收评估委托合同，并出具房屋征收评估委托书。

房屋征收评估委托书应当载明评估目的、评估对象范围、评估要求以及委托日期等内容。

第三十条 在房屋征收评估前，房屋征收部门应当组织有关单位对被征收房屋情况进行调查，明确评估对象。评估对象的确定应当全面、客观，不得遗漏、虚构。

对被征收房屋的调查结果，房屋征收部门应当在房屋征收范围内向被征收人公布。

第三十一条 房屋征收部门应当向受委托的房地产价格评估机构提供征收范围内的房屋情况，包括已经登记的房屋情况和未经登记的建筑物、构筑物的认定、处理结果。

第三十二条 对于已经登记的房屋，其性质、用途和建筑面积，应当以房屋权属证书和房屋登记簿的记载为准。房屋权属证书与房屋登记簿的记载不一致的，除有证据证明房屋登记簿确有错误外，以房屋登记簿的记载为准；房屋权属证书与房屋登记簿对房屋面积的记载一致，但有证据证明房屋登记簿和房屋权属证书确有错误的，房屋征收部门应当组织房屋登记机构核实面积，以核实后的房屋面积为准。

对于未经登记的建筑物、构筑物，应当按设区的市、县（市、区）人民政府的认定、处理结果进行评估。

第三十三条 被征收房屋价值评估时点为房屋征收决定公告之日。

用于产权调换的房屋价值评估时点应当与被征收房屋价值评估时点一致。

第三十四条 房地产价格评估机构应当安排房地产估价师对被征收房屋进行实地查勘，调查被征收房屋状况，拍摄反映被征收房屋内外部状况的照片等影像资料，做好实地查勘记录，并妥善保管。

被征收人应当协助房地产价格评估机构安排的房地产估价师对被征收房屋进行实地查勘，并提供或者协助搜集被征收房屋价值评估所必需的情况和资料。

房屋征收部门、被征收人和房地产估价师应当在实地查勘记录上签字或者盖章确认。被征收人拒绝在实地查勘记录上签字或者盖章的，应当由房屋征收部门、房地产估价师和无利害关系的第三人见证，房地产估价师将有关情况在评估报告中说明。

第三十五条 房屋征收评估、鉴定费用由委托人承担。但鉴定改变原评估结果的，鉴定费用由原房地产价格评估机构承担。复核评估费用由原房地产价格评估机构承担。

第五章 附 则

第三十六条 违反国有土地上房屋征收与补偿有关规定、应当承担法律责任的，依照《条例》的规定执行。

第三十七条 设区的市、县（市）人民政府可以依照本办法制定实施细则。

第三十八条 本办法自2012年8月1日起施行。《条例》施行前已依法取得房屋拆迁许可证的项目，继续沿用原有的规定办理，但政府不得责成有关部门强制拆迁。

河北省暴雨灾害防御办法

（经省政府同意
2012年8月1日河北省
人民政府令〔2012〕第3号公布
自公布之日起施行）

第一章 总 则

第一条 为避免和减轻暴雨灾害造成的损失，保护人民生命财产安全，根据《中华人民共和国突发事件应对法》、《中华人民共和国气象法》、《气象灾害防御条例》等有关法律、法规，结合本省实际，制定本办法。

第二条 本省行政区域内的暴雨灾害防御工作，须遵守本办法。

第三条 暴雨灾害防御应当坚持以人为本、科学防御、政府主导、部门联动、社会参与的原则。

第四条 县级以上人民政府应当加强暴雨灾害防御工作的组织、领导和协调，将暴雨灾害防御工作所需经费列入本级财政预算。

暴雨灾害防御工作实行行政首长负责制，政府主要负责人为第一责任人，分管负责人为主要责任人。

第五条 县级以上人民政府气象灾害防御指挥部应当健全暴

雨灾害防御工作协调机制，气象灾害防御指挥部办公室负责暴雨灾害防御的日常工作。

县级以上人民政府有关部门按照职责分工，做好暴雨灾害防御相关工作。

第六条 各级人民政府及有关部门应当采取多种形式，向社会宣传普及暴雨灾害防御知识，提高公众的防灾减灾意识和能力。

学校应当把暴雨灾害防御知识纳入有关课程和课外教育内容，培养和提高学生的暴雨灾害防范意识和自救互救能力。

第二章 预警发布

第七条 暴雨预警信息实行统一发布制度。

县级以上气象主管机构负责本行政区域内暴雨预警信息的发布、解除与传播管理工作，其所属的气象台按照发布权限发布暴雨预警信息。

其他任何组织或者个人不得向社会发布暴雨预警信息。

第八条 县级以上气象主管机构所属的气象台应当严密监视天气变化，提高暴雨预报、预警的准确率和时效性，及时调整和解除暴雨预警。

第九条 根据降雨强度、降雨总量和持续时间，暴雨预警划分为四级：

（一）蓝色预警（Ⅳ级）：预计未来24小时降雨总量达到五十毫米以上，或者其中1小时降雨量达到四十毫米以上；

（二）黄色预警（Ⅲ级）：预计未来24小时降雨总量达到一百毫米以上，或者其中1小时降雨量达到六十毫米以上；

（三）橙色预警（Ⅱ级）：预计未来24小时降雨总量达到一百五十毫米以上，或者其中1小时降雨量达到八十毫米以上；

（四）红色预警（Ⅰ级）：预计未来24小时降雨总量达到二百毫米以上，或者其中1小时降雨量达到一百毫米以上。

第十条 各媒体单位根据暴雨预警级别，按照下列规定传播预警信息：

（一）蓝色和黄色预警：电台、电视台、政府门户网站和新闻网站，通过应急广播直播、滚动字幕、网页新闻等多种方式进行传播，直至解除预警；

（二）橙色和红色预警：河北广电网络集团、电台、电视台、政府门户网站、新闻网站和基础电信运营企业，通过应急广播直播、滚动字幕、网页新闻、网络推送和手机短信群发等多种方式进行传播，直至解除预警。

第十一条 社区、学校、医院、商场、体育场馆、机场、车站、港口、码头、旅游景区（点）等公共场所和人员密集场所，应当做好暴雨预警信息接收与传播工作。

村（居）民委员会应当利用广播、高音喇叭、鸣锣吹哨等多种方式，及时将暴雨预警信息传递给受影响人员。

气象灾害防御信息联络人员收到暴雨预警信息后，应当及时向受影响的公众传播。

第三章 应急响应

第十二条 县级以上气象主管机构应当及时向本级人民政府气象灾害防御指挥部报告暴雨预警信息，并向有关部门通报。

第十三条 县级以上人民政府气象灾害防御指挥部应当根据暴雨预警信息，组织有关部门和单位进行会商，决定启动相应级别的应急响应。

第十四条 蓝色预警响应：

县级人民政府主要负责人负责本行政区域应急响应的组织落实，并做好抢险救灾各项准备。

乡镇人民政府、街道办事处通知居住在低洼地带、各类危旧住房、厂房、工棚和临时建筑物内的人员注意可能出现的房屋漏雨、水浸等情况，并组织排查安全隐患。

教育部门及时将暴雨预警信息通报辖区各幼儿园和学校，暂停室外教学活动。

工业和信息化部门检查储备药品。

公安部门组织警力，加强对城市地道桥、下凹式立交桥、低洼路段和高速公路等重点路段的实时监控；根据道路积水状况，及时疏导交通；实行24小时备勤，应急队伍随时准备投入抢险救灾。

住房和城乡建设部门加强对城市道路、桥梁等设施的巡查和检修，及时排除故障和隐患，确保道路安全畅通；督导建筑施工单位及时调整施工计划；组织检查公共场所积水情况，做好管渠清淤，检修维护泵站，抢修损坏的市政设施、设备。

国土资源部门做好地质灾害的监测、巡查、预警和危险区域人员转移避险准备。

交通运输部门在危险路段设立警示标志，配合公安部门划定应急交通管制线路。

水利部门密切关注雨情，加强防汛值守，做好适时启动防汛应急响应的准备。

商务部门加强生活必需品市

场监测，及时掌握市场动态和供求信息。

安全生产监管部门组织矿山、危险化学品、烟花爆竹等生产企业，开展隐患排查治理。

旅游部门组织对旅游景区（点）进行隐患排查，监督各旅行社、旅游宾馆（饭店）和旅游景区（点）做好暴雨灾害防御工作。

人防部门组织对人防工程进行排查，筹集防汛物资器材，对人防工程重点部位进行防护。

通信管理部门组织做好通信线路维护，保障通信畅通。

文物部门对古建筑、古遗址和古墓葬实时监控、巡查，做好应急抢险准备。

机场向进出港航班通报暴雨预警信息。

第十五条 黄色预警响应：

设区的市人民政府主要负责人负责本行政区域应急响应的组织落实，各部门和单位在蓝色预警响应的基础上，做好抢险救灾各项准备。

县级人民政府按照设区的市人民政府要求，进入相应应急响应状态。

教育部门安排危险区域的学校停课，组织师生转移。

工业和信息化部门核对药品储备情况，做好补充准备。

公安部门对城区道路中心区域积水深度超过二十五厘米的路段施行交通管制，限制车辆通行；对水毁、严重积水路段及时制定绕行路线，各路段警力应当疏导车辆绕行积水路段，及时组织拖离涉水熄火的机动车辆；对辖区高速公路进行巡查。

民政部门做好危险区域群众紧急转移、安置的准备工作。

国土资源部门组织地质灾害易发区域安全责任人员，做好地质灾害的监测、巡查和预警，组织危险区域人员转移避险。

住房和城乡建设部门检查必要的物资和器材储备，做好应急抢险准备；督导建筑施工单位做好预防坑壁坍塌和基坑排水工作准备，暂停户外作业；对城市立交桥下、地下构筑物、城乡结合部的棚户区、危旧房等重点区域进行检查和维护。

交通运输部门做好转移危险区域人员和物资的运输准备。

水利部门及时组织防汛会商，部署巡堤查险，做好危险区域人员转移和抗洪抢险准备。

商务部门启动生活必需品日监测、日报告制度。指导大型商贸流通企业备足货源。

农业部门组织农户抢收成熟作物，及时清理田内排水沟，保证泵站正常运行；鱼池水位较高的适当排水。

安全生产监管部门组织人员对地质勘探、油气井场、尾矿库等场所进行巡视排查。

旅游部门发布关闭山地、湖泊等暴雨灾害风险较大的旅游景区（点）的紧急通告，组织旅游景区（点）经营管理单位安全转移、疏散游客。

人防部门组织人防工程权属及使用单位定时巡查，重点部位防汛物资器材到位。

通信管理部门组织做好通信线路维护，保障通信畅通。

文物部门组织人员对存在隐患的古建筑、古遗址和古墓葬进行重点巡查，做好应急抢险准备。

铁道部门密切关注路轨安全，监视列车运行。

机场加强对进出港航班运行的监控。

供电、供水和供气等单位做好暴雨灾害的应急准备。

武警部队做好抢险救灾的相应准备。

当地同级军事机关组织民兵应急分队收拢人员，24 小时备勤，做好出动准备；通报驻地现役、预备役部队，做好备勤准备。

第十六条 橙色预警响应：

省人民政府分管负责人负责本行政区域应急响应的组织落实，各部门和单位在黄色预警响应的基础上，做好抢险救灾各项准备。

设区的市人民政府按照省人民政府要求，进入相应应急响应状态。

教育部门安排辖区各幼儿园和小学停课，中学和中等职业学校随时做好停课准备，采取有效措施保护在校学生安全。

工业和信息化部门及时补充药品储备。

公安部门对城区道路中心区域积水深度超过三十五厘米的路段施行交通管制，禁止车辆及人员通行；关闭水毁和积水严重的高速公路路段；协助危险区域人员撤离或者转移；取消大型活动和群众集会，疏散与会人员。

民政部门组织转移、安置危险区域人员。

国土资源部门组织人员重点巡查地质灾害易发区域，分析地质灾害风险，适时提高地质灾害预警等级，采取防护措施，及时撤离危险区域人员。

住房和城乡建设部门监督建筑施工单位停工；在城市危险路段和危险建筑物附近设立警示标志，并加强警戒。

交通运输部门协助做好人员、设备、物资运送，做好抢修水毁公路交通设施的准备。

水利部门坚守防洪工程重点部位，及时查险排险，确保堤防、水库安全，及时做好水库泄洪、河道分洪和蓄滞洪区运用等相关工作。

商务部门组织商贸流通企业动用商业库存保障市场供应。

农业部门指导组织农户对畜禽圈舍加固，对蔬菜、食用菌棚室墙体使用塑料布进行苫盖。

卫生部门组织医疗卫生应急队伍，实行24小时备勤，随时开展抢救伤员工作。

安全生产监管部门责令矿山、危险化学品生产储运、烟花爆竹等企业视情停产；冶金、有色金属、建材等其他行业视情采取应急措施，做好应急抢险准备工作。

旅游部门责令关闭各旅游景区（点），安全转移或者妥善安置旅游景区（点）游客。

人防部门停止使用受到暴雨灾害威胁的人防工程，将人防工程内的人员疏散转移至安全区域。

通信管理部门组织做好通信线路维护，保障通信畅通。

文物部门对发生轻度险情、局部损坏的古建筑、古遗址和古墓葬采取抢险保护紧急措施，防止险情扩大。

铁道部门增加巡查力量，加强隧道口、长大路堑、路堤、桥头、涵洞等防洪薄弱地段的检查监控，提前部署抢险准备和险情排查。

机场及时调整或者取消航班，做好滞留旅客的安置准备。

供电、供水和供气等单位采取必要措施避免设施、设备损坏，对危险区域的设施、设备进行防护加固。

武警部队做好抢险救灾的相应准备。

省军区组织民兵、预备役部队做好抢险救灾准备，协调省级现役部队应急专业力量备勤，做好出动准备。

第十七条 红色预警响应：

省人民政府主要负责人负责本行政区域应急响应的组织落实，各部门和单位在橙色预警响应的基础上，做好抢险救灾各项准备。

设区的市人民政府按照省人民政府要求，进入相应应急响应状态。

教育部门安排辖区中小学校停课，中小学校及高等院校采取有效措施保护在校学生安全。

工业和信息化部门及时向国家医药储备部门报告信息，补充专用药品。

公安部门适时封闭危险路段，禁止车辆及人员通行；组织涉水熄火的机动车辆驾驶员和乘客迅速撤离积水区域。

民政部门紧急转移、安置危险区域人员，开放紧急避难场所，并提供基本生活救助。

国土资源部门密切关注地质灾害易发区域，对已发生的地质灾害做好抢险救灾工作。

住房和城乡建设部门组织建筑施工单位撤离施工人员，转移施工物资、设备。

交通运输部门做好人员、设备、物资运送，抢修水毁公路交通设施。

水利部门及时部署抢险、转移、救援行动，动员相应社会力量积极开展抗洪抢险救灾。

商务部门组织商贸流通企业从周边未发生市场波动的地区紧急调运商品，进行异地商品余缺调剂。

农业部门组织农户转移处于危险区域的大牲畜、鱼苗和养殖设施，对河流、水库等自然水体中布设的养殖设施进行加固。

卫生部门做好医疗救护、疫情防治等准备。

安全生产监管部门责令矿山、危险化学品生产储运、烟花爆竹等企业立即停产；冶金、有色金属、建材等其他行业视情停产；将受到暴雨灾害威胁的地质勘探、油气井场、尾矿库等场所周边人员转移至安全区域，同时对矿（库）区、厂区进行巡查，发现事故立即上报。

旅游部门监督检查各旅游景区（点）关闭及游客转移或者安置情况，做好受灾旅游景区（点）的救灾工作。

人防部门停止使用所有人防工程，抢修出现险情的人防工程。

通信管理部门组织做好通信线路维护工作，抢修受损通信线路，保障通信畅通。

文物部门对发生严重损坏的古建筑、古遗址和古墓葬采取抢救保护措施。

铁道部门适时调整列车运行调度计划，监护列车运行，抢修受损路轨，确保旅客安全。

机场封闭，做好滞留旅客的安置工作。

供电、供水和供气等单位迅速调集力量，投入抢修抢险。

武警部队做好抢险救灾的相应准备。

省军区组织民兵、预备役部队协助地方专业分队做好防汛工作，协调驻冀现役部队备勤。

第十八条 工矿企业、建筑施工单位应当及时调整工程施工计划，采取措施，严防暴雨灾害，如有险情，立即停产和组织人员迅速撤离。

公共交通工具、公共场所和其他人员密集场所的经营管理单位应当配备报警装置和必要的应急救援设施、设备，注明其使用方法，并标明安全撤离的通道、线路，保障安全通道、出口的畅通。

第十九条 暴雨灾害发生地的村（居）民委员会和其他组织应当按照当地人民政府的决定、命令，进行宣传动员，组织群众开展自救互救，协助维护社会秩序。

受到暴雨危害的单位应当立即组织本单位应急救援队伍和工作人员营救受害人员，疏散、撤离、安置受到威胁的人员。

暴雨灾害发生地的其他单位应当服从人民政府发布的决定、命令，配合人民政府采取应急处置措施，做好本单位的应急救援工作，并积极组织人员参加所在地的应急救援和处置工作。

第二十条 公众应当注意收听、收看暴雨预警信息，随时了解暴雨动态，避免到暴雨发生的区域活动，尽量减少外出，户外人员应当寻找安全地带避雨。

公共场所、沿街店铺等应当积极为公众提供避雨场所。

第四章 法律责任

第二十一条 对违反本办法的行为，有关法律、法规已经规定法律责任的，依照法律、法规的规定处理。

第二十二条 各级人民政府和县级以上人民政府有关部门不按规定履行职责的，由其上级行政机关或者监察机关责令改正；有下列情形之一的，根据情节对直接负责的主管人员和其他直接责任人员依法给予处分：

（一）未按规定采取应急响应或者处置不当，导致人员伤亡或者财产损失的；

（二）未按规定及时发布、传播暴雨预警信息，导致损害发生的；

（三）不服从上级人民政府对暴雨灾害应急处置工作的统一领导和指挥的。

第二十三条 单位或者个人违反本办法规定，不服从所在地人民政府及其有关部门发布的决定、命令或者不配合其依法采取的措施，构成违反治安管理行为的，由公安机关依法给予处罚。

第五章 附 则

第二十四条 各设区的市人民政府和省人民政府有关部门应当根据本办法的规定，制定实施细则。

第二十五条 本办法自公布之日起施行。

河北省行政执法证件和行政执法监督检查证件管理办法

（1993年9月2日河北省人民政府公布 根据2007年3月1日河北省人民政府令〔2007〕第1号第一次修订 根据2012年8月22日河北省人民政府第108次常务会议通过的《河北省人民政府关于修改〈河北省行政执法证件和行政执法监督检查证件管理办法〉的决定》第二次修订 2012年8月28日河北省人民政府令〔2012〕第4号公布 自公布之日起施行）

第一条 为规范行政执法行为，加强行政执法监督，促进依法行政，根据国务院《全面推进依法行政实施纲要》和有关法律、法规的规定，制定本办法。

第二条 在本省行政区域内制作、申领、核发、使用和管理行政执法证件、行政执法监督检查证件，应当遵守本办法。

第三条 本办法所指行政执法证件是行政执法人员依据法定职权对公民、法人或者其他组织实施行政管理的资格证明。

本办法所指行政执法监督检查证件是行政执法监督检查人员依据法定职权对行政执法部门和行政执法人员的行政执法活动实施监督检查的资格证明。

第四条 申领和持有行政执法证件的人员，应当符合下列条件：

（一）具有符合执法岗位要求的文化程度和工作能力；

（二）在行政执法岗位工作；

（三）经公共法律知识、专业法律知识培训考试合格，取得行政执法资格证书。

申领和持有行政执法监督检查证件的人员，应当是县级以上人民政府法制机构的工作人员和省、设区市人民政府所属行政执法部门中从事行政执法监督检查工作的有关人员。新录入行政执法部门和行政执法监督部门的工作人员，应当在试用期满后申领行政执法证件或者行政执法监督检查证件。

第五条 行政执法证件、行政执法监督检查证件由省人民政府委托省人民政府法制机构统一制作和监管。

设区市、县（市、区）人民政府所属行政执法部门的行政执法证件，由设区市人民政府法制机构负责向省人民政府法制机构申领和核发。

省以下垂直管理部门的行政执法证件由省人民政府所属的行政执法部门负责向省人民政府法制机构申领和核发。

设区市、县（市、区）人民政府法制机构和设区市行政执法部门的行政执法监督检查证件由设区市人民政府法制机构负责向省人民政府法制机构申领和核发。省人民政府所属行政执法部门的监督检查证件由该行政执法部门向省人民政府法制机构申领和核发。

第六条 行政执法证件、行政执法监督检查证件分别加盖省人民政府行政执法证件专用章、省人民政府行政执法监督检查证件专用章。并加配电子芯片，载明下列事项：

（一）持证人员姓名、性别、年龄、工作单位及职务；

（二）行政执法的类型、类别、范围和所执行法律、法规、规章的主要依据或者监督的类型和范围；

（三）证件编号；

（四）颁证机关；

（五）证件颁发时间和有效期限；

（六）参加法律知识培训考试情况；

（七）发生执法过错的情况。

第七条 省、设区市、县（市、区）人民政府法制机构和行政执法部门应当每年组织持证的行政执法人员进行不少于40学时的法律知识培训，并进行考试。

行政执法人员公共法律知识的培训考试，由省人民政府法制机构统一负责，分级组织实施；专业法律知识的培训考试，由省人民政府行政执法部门负责组织实施。

第八条 行政执法证件实行年检。年检由省人民政府法制机构统一安排，分级组织实施。年检与年度公共法律知识培训考试结合进行，凡本年度无行政执法过错记录，法律知识培训考试或者补考合格的，通过年检，在行政执法证件上标注年检通过标志。无正当理由不参加法律知识培训或者考试和补考不合格的、有行政执法过错记录未经处理的，不予通过年检。有行政执法过错已经处理的，视处理结果确定年检是否通过。

第九条 行政执法证件、行政执法监督检查证件的持证人员的姓名及证件编号应当向社会公布，接受人民群众监督。

第十条 行政执法人员、行政执法监督检查人员实行持证上岗，亮证执法。在实施行政执法、行政执法监督检查活动时，必须主动出示证件；对不出示证件的，公民、法人、其他组织或者行政执法部门、行政执法人员有权拒绝配合。所出示证件有下列情况的，亦有权拒绝配合：

（一）证件照片与持证人明显不符的；

（二）证件有明显涂改的；

（三）证件严重破损或污损的；

（四）证件逾年度而未标注年检通过标志的。

第十一条 行政执法人员持证实施行政执法行为时，履行下列职责：

（一）依法检查、调查案件，收集证据；

（二）对违反行政管理秩序的行为依法予以制止、纠正、给予行政处罚或者采取行政强制措施；

（三）告知当事人所作出具体行政行为的事实、理由、依据和依法享有的权利，听取当事人的陈述和申辩；

（四）法律、法规和规章规定的其他职责。

第十二条 行政执法监督检查人员持证实施行政执法监督检查行为时，履行下列职责：

（一）依法检查或者调查行政执法人员的资格、执法依据、内容、程序的合法性和合理性，并当场制止、纠正违法或者不当的行政执法行为；

（二）调阅、审查被检查行政执法部门的执法档案、卷宗、文件或者其他有关资料；

（三）责令被检查的行政执法部门及其行政执法人员履行法定职责或者落实行政执法责任制度；

（四）暂扣行政执法证件；

（五）法律、法规和规章规定的其他职责。

第十三条 持证行政执法人员越权执法，违反法定程序或者超过法定种类、幅度实施行政处罚，以及有其他违法犯罪行为的；持证行政执法监督检查人员违法实施监督检查活动以及有其他违法犯罪行为的，暂扣或者吊销其证件，并视情节轻重，建议有关机关依法给予行政处分，构成犯罪的依法追究刑事责任。

县级以上人民政府法制机构

有权暂扣行政执法证件和行政执法监督检查证件。省人民政府法制机构有权吊销或批准吊销行政执法证件和行政执法监督检查证件。证件被暂扣3次以上的予以吊销。

第十四条 县级以上人民政府法制机构暂扣行政执法证件、行政执法监督检查证件，应当开据省人民政府法制机构统一制作的暂扣通知书，自暂扣之日起3日内向颁证机构报告，并在2个月内作出处理决定。

第十五条 行政执法人员和行政执法监督检查人员对暂扣、吊销行政执法证件、行政执法监督检查证件不服的，可以向作出暂扣、吊销决定的机构或其上级机构申请复核。受理复核的机构应当自受理之日起15日内作出复核结论，并通知本人。

第十六条 公民、法人或者其他组织提供证据证明行政执法人员在履行职权时有违法情形的，可以向当地人民政府法制机构或者行政执法部门投诉、举报。受理投诉、举报的政府法制机构和行政执法部门应当在接到投诉、举报之日起30日内对投诉、举报内容核查处理，并将处理结果答复投诉、举报人。

第十七条 行政执法证件、行政执法监督检查证件应妥善保管，不得涂改或者转借他人。故意涂改或者转借他人的，暂扣或者吊销其证件；情节严重和造成后果的，追究有关人员的责任。

行政执法证件、行政执法监督检查证件造成破损、污损的，应当及时申领新证。证件遗失的，应当及时报告颁证机构并声明作废，重新申领证件。

第十八条 行政执法部门合并、撤销或者行政执法人员、行政执法监督检查人员调离、退休或者因故不能履行职责的，应当将行政执法证件、行政执法监督检查证件上缴颁证机构注销。

第十九条 行政执法证件、行政执法监督检查证件的内存功能不能满足行政执法必备条件确需换发时，经省政府批准及时予以换发。换发前应对申请换领和新领证件的人员进行执法资格和执法监督检查资格认定。行政执法资格的认定结合年度公共法律知识培训考试进行，行政执法监督检查资格的认定应专门安排培训和考试，考试或者经补考合格的发给资格证书，以资格证书换领行政执法证件和行政执法监督检查证件。

第二十条 颁证机构和各级行政执法部门应当建立行政执法证件、行政执法监督检查证件电子档案，如实记录行政执法证件、行政执法监督检查证件的核发、补发、换发、审验、备案、暂扣、吊销、注销及持证人员培训考试、发生执法过错等情况，提高信息化管理水平。

第二十一条 国务院部门依照法律、行政法规规定核发的行政执法证件和省以下垂直管理部门的行政执法人员持有的行政执法证件，在其证件规定的范围内依法使用，但应当由持证人员所在行政执法部门自领取证件之日起30日内向当地人民政府法制机构备案。备案内容包括证件样本、颁证依据、持证人员名单、证件编号、执法类别和使用范围。

第二十二条 本办法自2007年3月1日起施行。1993年9月2日省人民政府发布的《河北省行政执法证件和行政执法监督检查证件管理办法》同时废止。

河北省民用运力国防动员办法

（2012年8月22日河北省人民政府第108次常务会议通过 2012年8月30日河北省人民政府令〔2012〕第5号公布 自2012年10月1日起施行）

第一条 为有效组织实施民用运力国防动员，根据《中华人民共和国国防动员法》和《民用运力国防动员条例》等有关法律法规，结合本省实际，制定本办法。

第二条 在本省行政区域内进行的民用运力国防动员，军区级以上单位批准的军事训练、演习征用民用运力，适用本办法。

第三条 本省行政区域内拥有或者管理民用运力的单位和个人应当依法履行民用运力国防动员义务。

因履行民用运力国防动员义务而遭受直接财产损失、人员伤亡的，依法享有获得补偿、抚恤的权利。

第四条 省、设区的市、县（市、区）国防动员委员会，负责组织领导本行政区域内的民用运力国防动员工作。

省、设区的市、县（市、区）国防交通主管机构，负责具体实施本行政区域内的民用运力国防动员工作。

县级以上人民政府公安、民政、财政、住房城乡建设、交通运输、农业、国有资产监督管理等有关部门，各级国民经济动员机构、人民武装动员机构，本省行政区域内中央直属的铁路、航空、海事等机构，在各自职责范围内，负责有关的民用运力国防动员工作。

第五条 县级以上人民政府应当将民用运力国防动员准备工作纳入国民经济和社会发展规划，增强动员潜力，支持和督促有关部门依法履行职责，保障民用运力国防动员需要，落实民用运力国防动员的各项工作。

第六条 依法应当由县级以上人民政府财政负担的民用运力国防动员准备所需费用，由省、设区的市、县（市、区）国防交通主管机构，根据本年度民用运力国防动员工作任务编制预算，报本级人民政府批准。

民用运力国防动员实施所需费用，按国家在战时及平时特殊情况下有关国防动员经费保障办法执行。

民用运力国防动员经费应当专款专用，并接受财政、审计部门的监督。

第七条 省国民经济动员机构应当会同省国防交通主管机构拟定全省新建民用运载工具及相关设备贯彻国防要求的实施计划，报省国防动员委员会批准。

第八条 县级以上人民政府对在本行政区域内列入贯彻国防要求具体实施计划的民用运载工具及相关设备的建设项目，应当加强管理和指导，给予政策和技术支持，保障有关国防要求的落实。

第九条 单位和个人出资建造列入贯彻国防要求目录的民用运载工具及相关设备，应当报省国防交通主管机构和省国民经济动员机构备案。

第十条 贯彻国防要求的民用运载工具及相关设备竣工验收，应当有省级以上国防交通主管机构参加并签署意见，验收合格并经当地国防交通主管机构登记后，方可交付使用。

贯彻国防要求的民用运载工具及相关设备，拥有或者管理的单位和个人不得擅自更改其贯彻国防要求的功能。确需改变的，应当经批准贯彻国防要求的国防交通主管机构同意并备案后实施。

因承担贯彻国防要求所发生的费用，按国家有关规定给予适当补助。

第十一条 县级以上人民政府交通运输、公安交通管理、统计等有关部门应当结合本部门年度交通工具统计、登记和审验（核）工作，按民用运力国防动员准备登记的要求，于每年1月31日前，向同级国防交通主管机构报送上一年度民用运力登记的有关资料和情况。

报送的民用运力资料和情况不符合规定要求的，国防交通主管机构可以要求前款所列有关部门按规定要求重新提供，有关部门不得拒绝。

第十二条 国防交通主管机构根据民用运力国防动员的需要，可以针对有关民用运力国防动员的特定数据和资料，组织开展专项统计调查。

有关部门无法提供专项统计调查相关资料的，国防交通主管机构可以依法向拥有或者管理民用运力的单位和个人进行补充登记。相关单位和个人应当予以配合，提供民用运力国防动员所需的特定数据和资料。

第十三条 国防交通主管机构、国民经济动员机构、人民武装动员机构、民用运力使用单位对收集、掌握的民用运力资料和情况负有保密的义务。

第十四条 国防交通主管机构应当对有关部门提供的下列民用运力资料和情况分类整理，登记造册，建立民用运力数据库，及时更新，并按要求将本级民用运力情况报送上一级国防交通主管机构，同时根据需要通报军队有关单位：

（一）适航营运的客货运输飞机；

（二）铁路机车、车辆；

（三）适航于近海及以远的100座以上的客船、50吨以上的钢质渔船、100吨以上的散（杂）货船及滚装船、集装箱船、成品油船、起重船、轮渡船、救生打捞船以及其他特殊用途的专用船舶；

（四）30座以上的客车，装载质量8吨以上的普通载货车及集装箱车、10吨以上的吊车、15吨以上的平板车，油罐容积在8000升以上的运油车和加油车，牵引车、汽车修理工程车、救护车及特殊用途的专用汽车等；

（五）其他适合国防需求的民用运力。

第十五条 省民用运力国防动员预案由省国防交通主管机构根据北京军区民用运力国防动员预案及驻冀部队、人民武装警察部队、民兵组织等使用单位提出的民用运力国防动员需求，会同省人民政府有关部门和同级军事机关拟订，报省国防动员委员会批准，并报北京军区国防交通主管机构备案。

设区的市、县（市、区）民用运力国防动员预案由同级国防交通主管机构根据上级民用运力国防动员预案和本行政区的实际情况拟订，报同级国防动员委员会批准，并报上一级国防交通主管机构备案。

民用运力国防动员预案的调整应当按原拟订程序和报批权限办理。

第十六条 民用运力国防动员预案应当明确下列基本内容：

（一）民用运力国防动员任务；

（二）国防交通主管机构等相关部门、单位的职责分工；

（三）民用运力国防动员的具体程序和要求；

（四）民用运力国防动员保障措施；

（五）其他需要说明的相关内容。

第十七条 国防交通主管机构应当会同人民武装动员机构，根据民用运力国防动员预案确定预征民用运力，并向拥有或者管理民用运力的单位和个人发放统一的预征证书。

第十八条 预征民用运载工具及相关设备，需要进行加装改造论证和试验的，由国防交通主管机构会同同级国民经济动员机构，根据民用运力国防动员预案制定实施方案，并组织实施。

国民经济动员机构和国防交通主管机构，应当根据加装改造任务的要求，指导、帮助有关单位建立和完善加装改造的技术、材料及相关设备的储备制度。

第十九条 预征民用运力所属单位和个人，应当按要求做好预征民用运力及操作人员的组织和技术保障等准备工作。

遇有下列情形之一的，预征民用运力所属单位和个人应当在10个工作日内告知发证机关：

（一）预征运载工具连续1年以上不在本省行政区域内的；

（二）预征运载工具所有权转移、更新、改造或者报废、灭失的；

（三）向发证机关提供的联系方式变更的；

（四）预征证书丢失的；

（五）预征操作人员伤亡或者操作资质注销的；

（六）其他可能影响民用运力国防动员的情形。

第二十条 国防交通主管机构和军事交通运输部门应当结合预征民用运力担负的运输生产任务组织必要的专业技术训练。人民武装动员机构应当对预征民用运力进行必要的军事训练。

县级以上国防交通主管机构每年应当结合国防交通专业保障队伍整训活动，对预征民用运力进行点验。省国防交通主管机构应当每3年结合国防交通专业保障队伍考评，抽组部分预征民用运力进行整训点验。

参加预征民用运力训练的人员，训练期间的误工补贴或者在原单位的工资、奖金、福利待遇以及伙食补助、往返差旅费等，训练人员纳入民兵组织的，依照国家有关民兵参加军事训练的规定执行；训练人员未纳入民兵组织的，参照国家有关民兵参加军事训练的规定执行。

第二十一条 国家发布民用运力国防动员命令、决定或者军区级以上单位批准的军事训练、演习，需要征用民用运力的，相关国防交通主管机构应当迅速启动民用运力国防动员预案，并组织实施。

第二十二条 国防交通主管机构确定征用民用运力后，应当会同县级以上人民政府有关部门对被征用的民用运力予以登记，并向相关被征民用运力的单位和个人下达民用运力国防动员通知书。

接到民用运力国防动员通知书后，被征民用运力应当立即做好相关整备工作，并按要求准时到指定地点集结；确因特殊情况不能按时到达的，应当立即报告，并按动员机关新的指令执行。

民用运力国防动员通知书实行签署责任制，任务执行完毕即废止。

第二十三条 被征民用运力凭民用运力国防动员通知书和省国防交通主管机构制发的统一标识，在省内收费道口、港口、航空港优先通行。

实施民用运力国防动员需要使用港口、码头、机场、车站和其他设施的，由国防交通主管机构事先向有关部门或者单位提出使用要求，有关部门和单位应当予以配合、支持。

第二十四条 因紧急情况被使用单位直接征用的民用运力所属单位和个人，应当及时向当地国防交通主管机构报告情况。

被征民用运力交接或者因特殊情况被直接征用后，其安全防护、管理使用、后勤保障和装备维修等由使用单位负责，执行任务所在地的人民政府应当予以协助。

第二十五条 被征民用运力集结地的人民武装动员机构应当

会同国防交通主管机构及有关部门组成精干的指挥机构，对集结后的民用运力进行登记编组，查验整备情况，并组织必要的应急训练。

第二十六条 被征民用运力整备集结后，国防交通主管机构和民用运力使用单位，应当办理点验、交接手续。

民用运力使用单位应当尽最大可能保证人员安全，并尽量避免民用运载工具及相关设备、设施受到损毁。

第二十七条 民用运力国防动员任务完成后，国防交通主管机构应当依法组织相关单位办理移交手续。

民用运力使用单位应当清查动员民用运力数量，统计民用运载工具及相关设备、设施的损失、损坏情况以及操作保障人员的伤亡情况，会同国防交通主管机构向被征民用运力的单位和个人出具民用运力使用、损毁情况证明。

第二十八条 拥有或者管理民用运力的单位和个人，凭民用运力国防动员通知书和损毁证明，向当地国防交通主管机构申报补偿。

国防交通主管机构审核情况属实，并报有关人民政府批准后，应当在补偿经费拨付到位之日起20个工作日内补偿给有关单位和个人。

第二十九条 军事训练、演习征用民用运力的补偿费用，由民用运力使用单位按国家有关规定给予补偿。

第三十条 拥有或者管理民用运力的单位和个人，因履行民用运力国防动员义务遭受人员伤亡的，其抚恤优待的办法和标准，由县级以上人民政府民政部门依照《军人优抚优待条例》的规定执行。

第三十一条 因实施民用运力国防动员造成第三方人员伤亡或者财产损失的，应当依法予以赔偿。

第三十二条 县级以上人民政府交通运输、公安等有关部门有下列行为之一的，对直接负责的主管人员和其他直接责任人员依法给予处分：

（一）拒绝或者无故延迟报送民用运力有关资料和情况，或者故意提供虚假资料和情况的；

（二）对民用运力国防动员工作不予配合、支持，导致民用运力国防动员任务无法完成的；

（三）向民用运力所属单位和个人索要财物的；

（四）其他滥用职权、玩忽职守、徇私舞弊的行为。

第三十三条 国防动员机构有关单位和民用运力使用单位，有下列行为之一的，由有关机关按管理权限，对直接负有责任的主管人员和直接责任人依法给予处分；构成犯罪的，依法追究刑事责任：

（一）泄露所收集、掌握的民用运力国防动员资料和情况的；

（二）超越权限，擅自动用民用运力的；

（三）对被征用的民用运力管理不善，造成严重损失的；

（四）不出具民用运力使用、损毁证明，经有关主管机关指出拒不改正的；

（五）违反专款专用规定，擅自使用民用运力国防动员经费的；

（六）在民用运力国防动员补偿中弄虚作假的；

（七）不按时支付民用运力国防动员补偿、抚恤费，造成严重不良影响的。

第三十四条 预征民用运力所属单位或者个人，有下列行为之一的，由设区的市国防交通主管机构责令改正；拒不改正的，强制其履行义务，可以对单位处二万元以上十万元以下罚款，对个人处二千元以上一万元以下罚款；构成犯罪的，依法追究刑事责任：

（一）逃避或者拒不接收民用运力国防动员命令、决定的；

（二）拒绝提供民用运力有关资料或者故意提供虚假资料的；

（三）被预征民用运力的有关情况发生变化不依照规定报告的；

（四）不依照民用运力国防动员通知书要求提供运载工具的。

第三十五条 本办法自2012年10月1日起施行。

河北省燃气管理办法

（2012年9月27日河北省人民政府第110次常务会议通过 2012年10月30日河北省人民政府令〔2012〕第6号公布 自2012年12月1日起施行）

第一章 总 则

第一条 为加强燃气管理，规范燃气经营和使用行为，保障公民生命财产和社会公共安全，根据国务院《城镇燃气管理条例》，结合本省实际，制定本办法。

第二条 本办法适用于本省行政区域内燃气发展规划与应急保障、燃气经营与服务、燃气设施建设与保护、燃气燃烧器具安装与维修、燃气安全事故预防与处理及相关管理活动。

天然气、液化石油气的生产和进口，门站以外的天然气管道输送，燃气作为工业生产原料的使用，沼气、秸秆气的生产和使用，不适用本办法。

第三条 省住房城乡建设主管部门负责全省的燃气管理工作。

设区的市、县（市）人民政府确定的燃气管理部门负责本行政区域内的燃气管理工作。

县级以上人民政府其他有关部门依照本办法和其他有关法律、法规的规定，在各自职责范围内负责有关燃气管理工作。

第四条 县级以上人民政府及有关部门应当建立健全燃气安全监督管理制度，鼓励、支持燃气科学技术研究，推广使用安全、节能、高效、环保的燃气新技术、新工艺和新产品。

第五条 燃气行业协会应当建立行业自律机制，依法制定行业行为准则和服务规范，维护燃气经营者和燃气用户合法权益，督促燃气经营者守法经营、诚实守信、严格自律。

第二章 燃气规划建设与应急保障

第六条 县级以上人民政府燃气管理部门应当会同有关部门，依据国民经济和社会发展规划、土地利用总体规划、城乡规划、能源规划以及上一级燃气发展规划，编制本行政区域的燃气发展规划，报本级人民政府批准后组织实施，并报上一级人民政府燃气管理部门备案。

燃气发展规划的内容应当包括：规划时限、发展目标、燃气气源、燃气种类、燃气供应方式和规模、燃气设施布局和建设时序、燃气设施建设用地、燃气设施保护范围、燃气供应保障措施和安全保障措施等。

第七条 城乡建设应当按城乡规划和燃气发展规划的要求，配套建设燃气设施或者预留燃气设施建设用地。预留的燃气设施配套建设用地，未经法定程序批准，任何单位和个人不得占用或者改变用途。

城乡规划主管部门在依法核发选址意见书、建设用地规划许可证或者乡村建设规划许可证时，应当就燃气设施建设是否符合燃气发展规划征求燃气管理部门的意见。燃气管理部门应当在10个工作日内出具意见书。

第八条 在燃气管网覆盖范围内不得另外建设独立的管道供气设施。已经建成的独立管道供气设施应当并入燃气管网。

第九条 燃气设施建设工程竣工后，建设单位应当依法进行竣工验收，未经验收或者经验收不合格的，不得投入使用。

建设单位应当自燃气设施建设工程竣工验收合格之日起15日内，将竣工验收情况报所在地燃气管理部门备案。

在管道燃气供气规划区域内，与新建、改建、扩建工程配套建设的管道燃气设施，应当与主体工程同时设计、同时施工、同时竣工验收。

第十条 县级以上人民政府应当建立健全燃气应急储备制度，组织编制燃气应急预案，加强演练，采取综合措施提高燃气应急保障能力，建设燃气供应应急保障设施，确保在燃气供应严重短缺或者供应中断等突发事件发生后能够优先保障居民生活燃气供应。

第三章 燃气经营与服务

第十一条 从事燃气经营活动应当取得燃气经营许可证，并依照许可的经营范围、经营类别、期限和规模等从事燃气经营活动。

个人从事瓶装液化石油气经营活动的，必须具备包括由接卸、储存、灌装、倒残等完整生产工艺的液化石油气储配站，方可申请燃气经营许可证。

申请人凭燃气经营许可证到工商行政管理部门依法办理登记手续。

第十二条 从事燃气经营活动的应当具备下列条件：

（一）符合燃气发展规划要求，依法取得规划选址意见书或者规划许可证；

（二）有符合国家标准的燃气气源和燃气设施，工程项目经验收合格；

（三）有固定的经营场所、完善的安全管理制度和健全的经营方案；

（四）主要负责人、安全生产管理人员以及运行、维护和抢修人员经专业培训并考核合格；

（五）有与经营规模、类别相适应的注册资本金和专业技术人员。

第十三条 从事燃气气源销售的、从事瓶装液化石油气经营的、液化天然气加气站、压缩天然气加气子站，其燃气经营许可证由设区的市燃气管理部门核发，报省住房城乡建设主管部门备案。

跨设区的市经营燃气气源销售的、管道燃气经营企业、从事液化天然气经营的、压缩天然气加气母站，其燃气经营许可证由省住房城乡建设主管部门核发。

第十四条 申请燃气经营许可证的，应当向燃气管理部门提交下列材料：

（一）燃气经营许可证申请表；

（二）工商行政管理部门出具的名称预先核准通知书；

（三）验资报告；

（四）主要负责人、安全生产管理人员的职务、职称、安全技能考核合格证书以及运行、维护和抢修人员经专业培训并考核合格的证书；

（五）经营场所和办公场所证明；

（六）燃气工程项目规划、施工许可等批准文件、工程竣工验收文件和特种设备、建设工程消防验收意见等资料；

（七）供气协议书或者供气意向书，气源来源证明；

（八）企业安全生产管理制度，安全技术岗位操作规程，事故应急抢险预案和抢险车辆及设备名录，企业服务规范等。

管道燃气经营企业除具备前款规定的条件外，还应当提供当地人民政府或者燃气管理部门为其划定的经营区域证明文件或者特许经营协议。

燃气管理部门应当自受理申请之日起20个工作日内作出决定。不予许可的，应当书面向申请人说明理由。

第十五条 变更燃气经营许可证载明内容的，应当向原核发部门提出变更申请并提交相关资料。经审查符合条件的，原核发部门应当依法予以办理。

第十六条 燃气经营许可证有效期为5年。有效期满后，燃气经营者继续从事燃气经营活动的，应当在许可证有效期满90日前向原核发部门提出换证申请，经审查合格后换领新证。

第十七条 管道燃气经营者应当每2年至少对用户使用的燃气设施、燃气计量表和燃气燃烧器具及连接件和紧固件免费提供一次入户安全检查，并建立完整的检查档案。

管道燃气经营者巡查人员入户检查时，应当提前通知管道燃气用户，并出示有效工作证件。

管道燃气经营者应当将检查结果书面告知用户，对用户不遵守安全用气规定出现安全隐患的，应当提醒用户整改，用户应当及时进行整改；用户不按规定落实整改可能造成安全事故的，管道燃气经营者应当停止供气，并在隐患消除后立即恢复供气。

用户应当对管道燃气经营者入户检查予以配合。

第十八条 管道燃气经营者对其供气范围内的市政燃气设施、建筑区划内业主专有部分以外的燃气设施，承担运行、维护、抢修和更新改造的责任。

管道燃气经营者维护、抢修和更新改造建筑区划内业主专有部分以外的燃气设施时，物业服务企业和管道燃气用户应当予以配合。

第十九条 管道燃气经营者因施工、检修等原因需要临时调整供气量或者暂停供气的，应当将作业时间和影响区域提前48小时予以公告，并书面通知燃气用户。施工、检修等原因消除后，应当及时恢复正常供气，恢复供气时间必须事先通知燃气用户，但不得在22时至次日6时之间向居民用户恢复供气。因突发事件影响供气的，应当及时通知燃气用户并采取紧急措施。

燃气经营者停业、歇业的，应当对其供气范围内的燃气用户的正常用气作出安排，并在90日前向所在地燃气管理部门报告，经批准后方可停业、歇业。

第二十条 燃气管理部门应当建立健全监督管理制度，对燃气经营者的经营活动、服务情况、设备设施安全状况等进行监督检查，并将监督检查结果向社会公布。

第二十一条 新型复合气体燃料用于经营使用的，应当经省住房城乡建设主管部门组织专家鉴定，经鉴定合格的方可投入使用。

第二十二条 燃气经营者应当对其从事瓶装液化石油气送气服务人员实行持证上岗制度，并加强对送气服务人员和车辆的管理，承担相应的责任。

从事瓶装液化石油气充装活动，应当遵守法律、法规和国家标准有关气瓶充装的规定。

第四章 燃气使用

第二十三条 管道燃气经营者应当在批准的供气区域内向具备用气条件的单位和个人提供供气服务，并与管道燃气用户依法签订供用气合同，明确双方的权利和义务，保证安全稳定供气。对供气区域内符合用气条件的单位和个人，无正当理由，不得拒绝供气。

第二十四条 管道燃气用户需扩大用气范围，改变燃气用途，或者过户、安装、改装、拆迁固定的燃气设施的，应当到管道燃气经营企业办理相关手续，并按国家有关工程建设标准实施作业。

第二十五条 管道燃气经营者对燃气计量装置应当依法进行检定。燃气计量装置使用到规定年限后，由管道燃气经营者负责更换，所需费用计入企业成本。

对管道燃气计量装置准确度有异议的，可以申请有资质的计量检测机构检定。经检定，燃气计量装置符合标准的，检定费用由申请方承担；不符合标准的，检定费用由被申请方承担，并退还或者补交燃气费用。

第二十六条 燃气燃烧器具生产单位、销售单位应当设立或者委托设立售后服务站点，配备经燃气管理部门考核合格的燃气燃烧器具安装、维修人员，负责售后的安装、维修服务。

第二十七条 燃气燃烧器具安装、维修企业，应当遵守下列规定：

（一）按国家标准和规范安装、维修燃气燃烧器具，安装、维修材料和配件符合国家标准；

（二）不得限定用户购买其指定产品；

（三）不得擅自移动燃气计量表和表前燃气设施；

（四）燃气燃烧器具安装后，向燃气用户提供安装检验合格证书；

（五）设定不低于1年的安装保修期。

对燃气用户提供的不符合标准的燃气燃烧器具或者燃气用户提出的不符合安全规范的安装、维修要求，燃气燃烧器具安装、维修人员为保障用气安全，应当向用户说明有关技术规范、标准，要求其采用合格器具或者采取符合安全规范的安装方式。

第二十八条 燃气管理部门应当向社会公布产品目录，推广并由燃气用户自愿选择使用燃气泄漏安全保护、报警装置和具有燃气泄漏安全保护、报警装置的燃气器具，保障燃气燃烧使用安全。

第五章 燃气设施保护

第二十九条 城乡规划主管部门在核发建设工程许可证时，应当按国家和本省的有关规范要求，保障施工地界内原有燃气设施的安全。

第三十条 在生产、输配和储存燃气的场所明火作业，必须遵守有关安全管理和安全操作的规定。在带气的燃气管道上施工作业，必须采取消防安全措施，并由专业人员操作。

第三十一条 燃气经营者改动市政燃气设施，应当制定改动方案并符合下列规定，报设区的市、县（市）燃气管理部门批准：

（一）符合燃气发展规划；

（二）明确安全施工要求；

（三）有安全防护和保障正常用气的措施；

（四）燃气管理部门要求提供的有关材料。

第六章 燃气安全事故预防与处理

第三十二条 燃气管理、安全生产监督管理、公安机关消防机构等有关部门应当根据各自职责，对燃气经营、燃气使用的安全状况等进行监督检查，发现燃气安全事故隐患的，应当通知燃气经营者、燃气用户及时采取措施消除隐患；不及时消除隐患可能严重威胁公共安全的，有关部门应当依法采取措施，及时组织消除隐患，有关单位和个人应当予以配合。

第三十三条 燃气管理部门应当会同有关部门制定燃气安全事故应急预案，明确应急机构的组成、职责、应急行动方案等内容，建立燃气事故统计分析制度，定期通报事故处理结果。

燃气经营者应当制定本单位燃气安全事故应急预案，配备应急人员和必要的应急装备、器材，并定期组织演练。

第三十四条 燃气管理部门应当加强对燃气工程建设、经营、使用、设施保护、燃气燃烧器具安装、维修等活动的监督检查，监督检查时可以采取下列措施：

（一）查阅复制有关文件和资料；

（二）向相关人员了解情况，作好记录；

（三）进入现场检查；

（四）对存在安全隐患的责令改正。

有关单位和个人对依法实施的监督检查应当予以配合。

第三十五条 燃气经营者应当建立健全燃气安全评估和风险管理体系，定期对燃气设施进行安全评估，对运行满10年以上的输配管网应当每年至少检查一次，发现燃气安全事故隐患的，应当及时采取措施消除隐患。安全评估报告应当报所在地燃气管理部门备案。

第三十六条 抢险抢修人员在处理燃气事故紧急情况时，对影响抢险抢修的有关设施在最大限度地减少损失的情况下可以拆除，并通知有关部门，因此造成的损失，由事故责任单位或者事故责任人负责赔偿。

第三十七条 发生燃气泄漏

等紧急情况时，燃气经营者必须采取紧急避险措施的，公安机关应当支持燃气经营者实施入户抢险、抢修作业，燃气用户必须予以配合。

第三十八条 发生燃气安全事故后，燃气管理、安全生产监督管理和公安机关消防机构等有关部门，应当根据各自职责，立即采取措施防止事故扩大，根据有关情况启动燃气安全事故应急预案。

第七章 燃气用户权益保护

第三十九条 燃气经营者应当向燃气用户持续、稳定、安全供应符合国家质量标准的燃气，指导燃气用户安全用气、节约用气，制定安全用气规则并免费向用户发放。

燃气经营者应当公示业务流程、服务承诺、收费标准和服务热线等信息，并按国家和本省燃气服务标准提供服务。

燃气经营者应当设置并向社会公布服务电话和抢险抢修电话，设专人每日 24 小时值班。

第四十条 燃气用户有权就燃气收费、服务等事项向燃气经营者进行查询，燃气经营者应当自收到查询申请之日起 5 日内予以答复。

燃气用户有权就燃气收费、服务等事项向县级以上人民政府价格主管部门、燃气管理部门以及其他部门进行投诉。有关部门应当建立投诉举报受理制度，公开投诉电话和电子邮箱地址等，受理有关燃气安全、收费和服务质量的投诉。燃气管理部门应当自收到举报或者投诉之日起 15 个工作日内作出处理，涉及安全的，应当立即作出处理。

第四十一条 燃气经营者停止供气、调整供气量时，应当履行明确告知义务。

燃气经营者不得要求燃气用户购买其指定的产品或者强买强卖、强制接气、强行搭售等强制服务。

第四十二条 有下列情况之一的，燃气管理部门应当采取启动燃气应急预案、逐级动用应急储备、协调有关部门或者单位紧急调度、要求管道经营者及时恢复供气等措施，保障燃气用户的正常用气：

（一）管道燃气经营者临时调整供气量或者暂停供气未及时恢复正常供气的；

（二）管道燃气经营者因突发事件影响供气未采取紧急措施的；

（三）燃气经营者擅自停业、歇业的；

（四）燃气管理部门依法撤回、撤销、注销、吊销燃气经营许可的。

第四十三条 燃气经营者在接到燃气用户的燃气设施和燃气燃烧器具发生漏气的报告后，应当立即派人抢修；燃气经营者接到其他故障的报修，应当按约定的时间派人维修。

因维修不及时造成燃气用户直接经济损失的，燃气经营者应当给予赔偿。

第四十四条 县级以上人民政府价格主管部门确定和调整管道燃气销售价格，应当召开听证会，征求管道燃气用户、管道燃气经营者和有关方面的意见。

对不符合法律、法规和价格主管部门规定的燃气价格或者燃气服务收费，燃气用户有权拒付。

第八章 法律责任

第四十五条 县级以上人民政府及其燃气管理部门和其他有关部门有下列情形之一的，对直接负责的主管人员和其他直接责任人员，依法给予处分；直接负责的主管人员和其他直接责任人员的行为构成犯罪的，依法追究刑事责任：

（一）不依法作出行政许可决定或者办理批准文件的；

（二）发现违法行为或者接到对违法行为的举报不予查处的；

（三）其他未依照本办法规定履行职责行为的。

第四十六条 公民、法人或者其他组织未经行政许可，擅自从事燃气经营活动的，燃气管理、工商行政管理部门、公安机关应当责令停止违法行为，依法予以取缔；造成损失的，依法承担赔偿责任。

第四十七条 燃气经营者未按许可证规定的范围经营，倒卖、抵押、出租、出借、转让、涂改燃气经营许可证，要求燃气用户购买其指定的产品或者接受其提供的服务的，由燃气管理部门责令限期改正，逾期未改正的，依法处以罚款；情节严重的，吊销燃气经营许可证，并通知工商行政管理、质量技术监督等部门注销相应的证照；造成损失的，依法承担赔偿责任。

第四十八条 燃气管理部门发现不再符合法律法规规定的条件或者严重违反国家标准规范，存有重大安全隐患的，应当责令燃气经营者限期进行整改，逾期未整改或者整改不合格的，注销许可证，责令停止经营，并通知工商行政管理、质量技术监督等部门注销相应的证照。

第四十九条 擅自为非自有气瓶充装燃气的，由质量技术监督部门责令限期改正，情节严重的，暂停充装，吊销充装许可证；销售未经许可的充装单位充装的瓶装燃气的，由质量技术监督部门责令限期改正，并依法处以罚款。

第五十条 燃气经营者违反燃气价格和服务收费管理规定的，由价格部门责令限期改正，可以并处罚款；情节严重的，责令停业整顿，或者由工商行政管理部门吊销营业执照。

第五十一条 燃气燃烧器具安装、维修企业不按国家标准和规范安装、维修燃气燃烧器具，安装、维修材料和配件不符合国家标准；限定用户购买其指定产品；擅自移动燃气计量表和表前燃气设施；燃气燃烧器具安装后不向燃气用户提供安装检验合格证书；未设定不低于1年的安装保修期的，由燃气管理部门责令限期改正、停止违法行为；构成犯罪的，依法追究刑事责任。

第九章 附 则

第五十二条 本办法自2012年12月1日起施行。

河北省港口岸线管理规定

（2012年10月25日河北省人民政府第111次常务会议通过 2012年11月21日河北省人民政府令〔2012〕第7号公布 自2013年1月1日起施行）

第一条 为加强港口岸线管理，保护和合理开发利用港口岸线资源，保护当事人的合法权益，根据《中华人民共和国港口法》、《河北省港口条例》（以下简称《条例》）等有关法律法规，结合本省实际，制定本规定。

第二条 本省行政区域内港口岸线的规划、利用和管理，适用本规定。

第三条 港口岸线的开发利用应当坚持科学规划、统一管理、严格保护、综合利用、集约开发和有偿使用的原则。

第四条 省人民政府交通运输主管部门负责全省港口岸线管理工作，会同省人民政府发展和改革部门具体实施港口深水岸线使用的报批工作。省、设区的市港口管理部门依照《条例》的规定具体实施港口岸线管理工作。

省港口管理部门审批使用港口非深水岸线前应当征求省人民政府发展和改革部门意见。

第五条 港口岸线的开发利用应当符合全省港口布局规划和港口总体规划，并与海洋功能区划、当地城乡规划等其他有关规划相衔接、协调。任何单位和个人不得违反规划使用港口岸线。

全省港口布局规划由省人民政府组织编制。港口总体规划应当符合全省港口布局规划，主要港口和重要港口的总体规划必须报省人民政府批准后方可实施。

第六条 建设单位或者个人使用港口岸线建设港口项目，应当在报送项目申请报告或者可行性研究报告前，向港口所在地的设区的市港口管理部门提出港口岸线使用申请。

港口岸线使用申请提交的材料应当符合《条例》和国家有关规定。

第七条 设区的市港口管理部门收到申请材料后，对申请材料齐全、符合法定形式的，应当当场受理；对申请材料不齐全或者不符合法定形式的，应当当场或者在2个工作日内一次告知申请人需要补正的全部内容。

第八条 对申请使用港口深水岸线的，设区的市港口管理部门受理后，应当在10个工作日内，对申请使用的港口岸线进行现场核查，核实申请材料，将核查情况和申请材料报省港口管理部门。

省港口管理部门收到申请材料后，应当组织专家评审，并在10个工作日内完成征求省人民政府发展和改革部门意见，提出初审意见，连同申请材料报国务院交通运输主管部门审批。

第九条 对申请使用港口非深水岸线的，设区的市港口管理部门受理后，应当在20个工作日内完成征求意见、现场核查、核实申请材料工作，报省港口管理部门审批。

省港口管理部门收到申请材料后，应当组织专家评审，并依照《条例》的有关规定进行审批。

第十条 港口岸线使用专家评审的内容包括：

（一）建设项目是否符合国家和省产业发展政策和港口规划；

（二）建设项目的必要性分析；

（三）工程可行性研究报告提出的岸线使用方案是否符合国家技术标准和规范；

（四）岸线使用方案的科学性、合理性分析；

（五）岸线使用方案是否满足航道、通航安全的相关要求；

（六）法律、法规和国家规定的其他要求。

第十一条 省港口管理部门审查决定批准港口非深水岸线使用申请的，应当出具港口非深水岸线使用批准文件。不予批准的，应当书面告知申请人，并且说明理由。

第十二条 经批准使用港口非深水岸线的建设项目，应当在建设项目取得审批、核准文件后的10个工作日内，持港口非深水岸线使用批准文件和建设项目审批、核准文件向省港口管理部门领取港口非深水岸线使用证。

对港口深水岸线使用证的管理按国家有关规定执行。

第十三条 港口非深水岸线使用证包括以下内容：

（一）岸线使用人；

（二）项目主要建设内容；

（三）岸线的位置、范围、长度、用途；

（四）岸线使用期限；

（五）其他有关事项。

第十四条 批准使用港口非深水岸线的建设项目，应当在取得岸线批准文件之日起1年内开工建设。逾期未开工建设的，批准文件失效，已经领取港口岸线使用证的应当予以注销。

批准文件失效后，如继续建设该项目需要使用港口岸线，应当重新办理港口岸线使用审批手续。

第十五条 港口岸线使用人发生变更时，应当按原审批程序重新办理相关审批手续。

第十六条 有下列情形之一的，省港口管理部门应当依法办理港口非深水岸线使用证的注销手续：

（一）使用期限届满未延期的；

（二）项目法人依法终止，不再使用港口岸线的；

（三）因港口规划调整，建设项目所使用的岸线不再作为港口岸线的。

第十七条 利用港口规划区域内岸线建设的项目，应当由省人民政府发展和改革部门会同省人民政府交通运输、国土资源、环境保护、城乡规划等有关部门研究审核提出意见，并报省人民政府同意后方可开展前期工作。

第十八条 港口岸线批准使用期限按相关海域、土地使用及码头主体设计规范等因素确定。使用期限不得超过50年。超过期限继续使用的，港口岸线使用人应当在使用期限届满3个月前向原批准机关提出申请。

第十九条 港口管理部门应当及时公开港口岸线使用情况信息，并在相关政府网站、新闻媒体发布。

第二十条 港口岸线可以实行有偿使用，具体办法由省人民政府财政部门会同省人民政府发展和改革、交通运输等部门依照有关规定拟定，并按规定报批后执行。

第二十一条 鼓励和支持利用港口岸线建设、经营集装箱和杂货码头，并按有关规定减免有关费用。

第二十二条 县级以上人民政府交通运输主管部门、港口管理部门应当建立健全港口岸线资源评估机制，鼓励和支持港口经营人通过产权重组等方式，对利用率低的港口岸线进行整合，提高港口岸线利用率。

第二十三条 使用港口岸线的港口建设项目，同时占用土地和海域的，应当由同一主体使用。

第二十四条 港口建设项目开工建设时，设区的市港口管理部门应当对港口岸线的具体坐标位置进行核定。

第二十五条 建设单位或者个人依照有关规定取得临时使用港口岸线批准文件后，应当按批准的使用期限、范围、功能等要求使用港口岸线。临时使用期届满或者因公共利益需要拆除临时设施的，建设单位或者个人应当及时予以拆除。

第二十六条 县级以上人民政府交通运输主管部门、港口管理部门应当加强对港口岸线资源的监督管理，建立健全监督检查制度，及时依法查处港口岸线使用、管理活动中的违法行为。

公民、法人或者其他组织有权举报违法使用、管理港口岸线的行为。省人民政府交通运输主管部门、港口管理部门应当设立举报电话、信箱或者电子邮箱，接受公民、法人和其他组织的举报。对受理的举报经调查核实后，应当依法予以处理。

第二十七条 县级以上人民政府交通运输主管部门、港口管理部门或者其他有关部门及其工作人员有下列行为之一的，对直接负责的主管人员和其他直接责任人员依法给予处分；构成犯罪的，依法追究刑事责任：

（一）不按规定的权限、程序批准使用港口岸线的；

（二）违反港口规划批准使用港口非深水岸线的；

（三）未取得港口岸线批准文件，审批或者核准港口建设项目的；

（四）其他滥用职权、玩忽职

守、徇私舞弊的行为。

第二十八条 擅自改变港口岸线使用范围或者使用功能的，依照《条例》第六十二条的相关规定予以处罚。

第二十九条 本规定自2013年1月1日起施行。

河北省档案收集管理办法

（2012年11月22日河北省人民政府第112次常务会议通过
2012年11月29日河北省人民政府令〔2012〕第8号公布
自2013年1月1日起施行）

第一条 为加强档案收集工作，维护档案的完整与安全，有效地利用档案为经济和社会发展服务，根据《中华人民共和国档案法》和《河北省档案工作条例》等有关法律、法规的规定，结合本省实际，制定本办法。

第二条 本办法所称的档案收集，是指各级国家档案馆依照国家、本省有关规定，接收机关、团体、企业、事业单位和其他组织的档案，以及采用收购、征购、交换、接受捐赠等方式，征集散存于公民、法人和其他组织或者散失于境外对国家、社会具有保存价值的档案的活动。

第三条 本办法适用于本省各级国家档案馆的档案收集工作。其他各类档案馆收集档案，按国家和本省有关规定执行。

第四条 县级以上人民政府应当加强对档案收集工作的领导，将档案收集工作所需经费纳入财政预算。

第五条 县级以上人民政府档案行政管理部门主管本行政区域的档案收集工作，依法查处档案收集活动中的违法行为。

第六条 各级国家档案馆应当按规定接收本级下列机关、团体、企业、事业单位和其他组织的档案：

（一）中国共产党委员会及其所属各部门；

（二）人民代表大会及其常设机构；

（三）人民政府及其所属各部门和单位；

（四）人民政治协商会议及其常设机构；

（五）人民法院、人民检察院；

（六）民主党派机关；

（七）工会、共产主义青年团、妇女联合会和残疾人联合会等社会团体；

（八）事业单位和国有企业。

前款规定单位设置的临时机构和下属单位的档案，各级国家档案馆应当全部或者部分接收。

国家有关部门驻冀单位的档案，经其上级主管部门同意后，相关国家档案馆可以接收。

乡（镇）、街道办事处及其所属单位的档案，由县（市、区）国家档案馆负责接收。

第七条 前条规定的单位被撤销、解散、依法宣告破产或者由于其他原因终止的，相关国家档案馆应当按规定接收其尚未移交的档案。

第八条 除按本办法第六条、第七条的规定接收档案外，各级国家档案馆还应当将中华人民共和国成立前本行政区域各个历史时期政权机构、社会组织的档案，以及在中华人民共和国成立前后本行政区域的重大活动、重要事件、著名人物的档案和涉及民生的专业档案列入接收范围。

第九条 除本办法另有规定的外，各单位的档案应当向本级国家档案馆移交。

第十条 档案列入省国家档案馆接收范围的单位，应当向省国家档案馆移交其保管期限为“永久”的各种门类和载体的档案；档案列入设区的市和县（市、区）国家档案馆接收范围的单位，应当向设区的市和县（市、区）国家档案馆移交其保管期限为“永久”和“30年”以上的各种门类和载体的档案。

第十一条 对移交各级国家档案馆的档案，各单位应当按规定进行整理，经相关国家档案馆验收合格后办理移交手续。

第十二条 向各级国家档案馆移交档案时，各单位应当同时移交下列有助于了解档案内容及本单位历史的相关设备、工具和资料：

（一）按本省统一规定的信息网络传输标准和数据格式制作的文件数据资料；

（二）按国家有关规定编制的案卷目录、全引目录、机读目录、整理说明、全宗介绍、历史沿革、大事记、文件汇编和成果汇编等检索工具、参考资料；

（三）与移交档案有关的报刊、年鉴、方志、回忆录和口述档案等资料；

（四）管理和利用档案必需的专用设备。

第十三条 除国家另有规定的外，各单位应当按下列期限向相关国家档案馆移交档案：

（一）列入省国家档案馆接收范围的档案，自形成之日起满15

年移交；

(二) 列入设区的市国家档案馆接收范围的档案，自形成之日起满10年移交；

(三) 列入县（市、区）国家档案馆接收范围的档案，自形成之日起满5年移交；

(四) 本办法第六条规定的单位被撤销、解散或者由于其他原因终止时尚未移交的档案，自被撤销、解散或者终止之日起3个月内移交；

(五) 国有企业依法宣告破产时尚未移交的档案，自企业破产清算终结之日起1个月内移交；

(六) 重大活动、重要事件形成的档案，自重大活动或者重要事件结束之日起1个月内移交。

提前或者延期移交档案的，应当经本级人民政府档案行政管理部门同意。

第十四条 对列入各级国家档案馆接收范围但未到移交期限的档案，相关国家档案馆应当提前登记，档案形成单位应当进行全文数字化，并向相关国家档案馆备份。

第十五条 各级国家档案馆对散存于公民、法人和其他组织或者散失于境外对国家、社会具有保存价值的档案，可以依法予以征集。

第十六条 非国家所有的对国家和社会具有保存价值或者依法应当保密的档案，档案所有者应当妥善保管，也可以向各级国家档案馆寄存、捐赠或者出卖。对保管条件恶劣或者其他原因被认为可能导致档案严重损毁和不安全的，可以依法采取代为保管等确保档案完整和安全的措施，必要时可以依法收购或者征购。

第十七条 鼓励档案所有者向各级国家档案馆捐赠档案。捐赠者可以优先使用其捐赠的档案，并对档案中不宜向社会开放的部分提出限制使用意见。各级国家档案馆应当维护捐赠者的合法权益。

第十八条 在档案征集活动中，各级国家档案馆或者档案所有者对档案的真伪和价值有异议的，可以向省人民政府档案行政管理部门提出鉴定、评估申请。省人民政府档案行政管理部门接到申请后，应当及时聘请三名以上具有相关知识的专家进行鉴定、评估，并将鉴定、评估结果书面告知申请人。

第十九条 各级国家档案馆应当适应信息化建设的需要，收集电子档案和纸介质档案的数字化副本。有条件的国家档案馆应当按国家有关规定，开展电子档案备份和异地备份工作。

第二十条 单位和个人违反本办法规定的，由县级以上人民政府档案行政管理部门依照档案法律、法规的规定处理。

第二十一条 本办法自2013年1月1日起施行。2001年12月13日河北省人民政府通过的《河北省档案接收和收集管理办法》同时废止。

河北省机动车排气污染防治办法

(2012年11月22日河北省人民政府第112次常务会议通过 2012年12月3日河北省人民政府令〔2012〕第9号公布 自2013年2月1日起施行)

第一章 总 则

第一条 为防治机动车排气污染，保护和改善大气环境，保障人体健康，根据《中华人民共和国大气污染防治法》等有关法律、法规的规定，结合本省实际，制定本办法。

第二条 本办法适用于本省行政区域内的机动车排气污染防治及其监督管理工作。

第三条 本办法所称机动车，是指以内燃机驱动或者牵引在道路上行驶的供人员乘用、运送物品或者进行工程作业的车辆。

本办法所称机动车排气污染，是指机动车排放氮氧化物、碳氢化合物、颗粒物和一氧化碳等污染物造成的大气环境污染。

第四条 县级以上人民政府应当加强对机动车排气污染防治工作的领导，建立健全机动车排气污染防治工作协调机制、相关行政执法部门信息共享机制和高污染排放机动车提前退出经济补偿机制，为机动车排气污染防治工作提供必要的资金支持，保护和改善本地的大气环境质量。

第五条 县级以上人民政府环境保护行政主管部门对本行政区域内的机动车排气污染防治工作实施统一监督管理。

县级以上人民政府其他有关行政主管部门按规定的职责，做好机动车排气污染防治的相关监督管理工作。

第二章 预防与控制

第六条 县级以上人民政府及其有关部门应当采取措施，鼓励清洁燃料、使用清洁能源的机动车和机动车排气污染防治先进技术的研发、生产及使用，并禁止生产、进口或者销售未达到国家标准的机动车燃料和排气污染物排放未达到当地采用的国家标准的机动车。

第七条 设区的市人民政府及其有关部门应当加快淘汰未达到国家第一阶段轻型汽油车排放标准和未达到国家第三阶段柴油车排放标准的机动车，加强对营运车辆强制报废的管理和监控工作，在国家和本省规定的期限内完成机动车氮氧化物排放总量的削减目标和高污染机动车的淘汰任务。

第八条 机动车排气污染物的排放应当达到本省采用的国家第三阶段机动车排气污染物排放标准。具备条件的设区的市可以提前执行国家下一阶段的机动车排气污染物排放标准。

对排气污染物排放未达到当地采用的国家标准的机动车，公安机关交通管理部门不予办理注册登记和转入登记手续。

第九条 机动车燃料销售企业销售的燃料质量应当达到国家标准，并在销售场所的显著位置公示燃料的质量标准。

第十条 设区的市人民政府应当采取高污染机动车限行措施，根据本地大气环境质量状况和机动车排气污染防治工作的需要，确定主城区内禁止或者限制高污染机动车行驶的区域和时段。

第十一条 机动车所有人和使用人应当保证机动车排气污染控制装置的正常运行，不得擅自拆除或者改装机动车排气污染控制装置。

第十二条 设区的市和县（市）应当优先发展公共交通事业，根据本地实际设置公交车辆专用道路和公交车辆优先通行信号系统，鼓励公众选择对环境无污染的出行方式，并逐步改善城市道路的自行车行驶和行人步行条件。

第三章 检验与治理

第十三条 在用机动车应当按期进行环保检验。环保检验应当与机动车的安全技术检验一并进行。

新购机动车排气污染物的排放达到当地采用的国家标准的，免予进行环保检验，直接领取环保检验合格标志。

第十四条 机动车环保检验工作由省环境保护行政主管部门委托并取得质量技术监督部门颁发的计量认证证书的机动车环保检验机构承担。

第十五条 设区的市人民政府应当根据本省的机动车环保检验机构发展规划，确定本行政区域机动车环保检验机构的布局和数量。

第十六条 省环境保护行政主管部门应当根据国家有关标准的规定，确定本省采用的机动车排气污染物排放检验方法，并向社会公布后实施。

第十七条 机动车环保检验机构应当遵守下列规定：

（一）建立健全环保检验工作制度，制定并落实便民服务措施，提高检验工作效率；

（二）按国家有关规定报请法定计量检定机构对环保检验设备进行定期检定或者校准；

（三）按本省采用的机动车排气污染物排放检验方法进行检验，并出具公正、准确的环保检验报告；

（四）向当地环境保护行政主管部门即时传送环保检验数据和视频影像信息；

（五）按规定组织检验人员进行培训，不得安排未取得相应资格的人员上岗工作；

（六）不得开展机动车排气污染维修治理业务；

（七）在检验场所的显著位置公示其机动车环保定期检验委托证书、计量认证证书，以及机动车排气污染物排放检验的方法、程序、排放限值和投诉举报电话。

第十八条 在用机动车经环保检验合格的，环境保护行政主管部门应当即时发放环保检验合格标志；经环保检验不合格的，应当进行维修，并在维修后进行复检。对复检合格的机动车，环境保护行政主管部门应当即时发放环保检验合格标志。

第十九条 对未依法取得环保检验合格标志的机动车，公安机关交通管理部门不予核发机动车安全技术检验合格标志，交通运输行政主管部门不予办理营运车辆定期审验合格手续。

未依法取得环保检验合格标志的机动车不得上道路行驶。

第二十条 环保检验合格标志应当粘贴在机动车前窗右上角，不得故意遮挡或者污损。

第二十一条 禁止伪造、变造或者使用伪造、变造的机动车环保检验合格标志。

第四章 监督管理

第二十二条 环境保护行政主管部门可以在公共停车场、专用停车场等机动车停放场所，对在用机动车排气污染物排放状况进行监督抽测。监督抽测不收取费用。

环境保护行政主管部门进行监督抽测时，应当出示行政执法证件，机动车所有人或者使用人应当予以配合。

第二十三条 在用机动车经监督抽测不合格的，环境保护行政主管部门应当立即收回其环保检验合格标志。该机动车在维修后经环保检验机构复检合格的，环境保护行政主管部门应当即时发放环保检验合格标志。

第二十四条 环境保护行政主管部门应当通过监督性检查、网络监控等方式，对机动车环保检验工作的公正性、准确性进行监督检查，并将监督检查情况向社会公布。

第二十五条 公安机关交通管理部门在实施道路交通安全管理时，应当查验机动车的环保检验合格标志，对未取得环保检验合格标志的机动车不得允许其上路行驶。

第二十六条 商务行政主管部门应当依照本省有关规定，做好报废机动车回收拆解行业的监督管理工作。

第二十七条 交通运输行政主管部门应当将机动车排气污染防治纳入对车辆营运的监督管理内容。

第二十八条 质量技术监督部门、工商行政管理部门应当加强对机动车燃料生产、销售的监督管理，及时查处生产、销售不合格燃料的违法行为。

第二十九条 环境保护行政主管部门应当建立机动车排气污染投诉举报制度，向社会公开相关电话，对投诉举报的内容依法进行调查处理，并为投诉举报人保密。

第三十条 环境保护行政主管部门可以聘请社会监督员，协助开展机动车排气污染防治的监督管理工作。

第五章 法律责任

第三十一条 对违反本办法的行为，《中华人民共和国大气污染防治法》等有关法律、法规已经规定法律责任的，从其规定。

第三十二条 环境保护行政主管部门和其他有关行政主管部门的工作人员有下列行为之一的，依法给予处分；构成犯罪的，依法追究刑事责任：

（一）不依法办理相关行政许可的；

（二）对违反本办法的行为不依法处理的；

（三）其他滥用职权、玩忽职守、徇私舞弊的行为。

第三十三条 违反本办法第十七条第六项规定的，由环境保护行政主管部门责令改正，并移送交通运输等行政主管部门依法处理。

第三十四条 违反本办法第十九条第二款规定的，由公安机关交通管理部门予以警告，并处以二百元罚款。

第六章 附 则

第三十五条 中国人民解放军和中国人民武装警察部队在编机动车排气污染防治及监督管理工作，不适用本办法。

第三十六条 本办法自2013年2月1日起施行。

河北省海洋环境保护管理规定

（2012年11月22日河北省人民政府第112次常务会议通过 2012年12月3日河北省人民政府令〔2012〕第10号公布 自2013年2月1日起施行）

第一章 总 则

第一条 为保护和改善海洋环境，保护海洋资源，防治污染损害，维护生态平衡，促进经济和社会的可持续发展，根据《中华人民共和国海洋环境保护法》等法律、法规，结合本省实际，制定本规定。

第二条 在本省管辖海域内从事航行、勘探、开发、生产、旅游和科学研究等活动，或者在本省沿海陆域内从事影响海洋环境活动的单位和个人，应当遵守本规定。

在我省管辖海域外从事影响海洋环境活动造成我省管辖海域污染或者海洋生态环境破坏的，依照有关法律、法规的规定处理。

第三条 进行海洋环境保护工作，应当遵循陆海统筹和开发建设与环境保护相结合、污染治理与生态恢复相结合、损害环境与承担责任相结合的原则。

第四条 沿海设区的市、县（市、区）人民政府应当加强对海洋环境保护工作的领导，组织有关部门建立重点海域排污总量控制、海洋生态环境损害补偿、渔业资源损害赔偿等制度和相关行政执法部门联合执法机制，及时协调解决海洋环境保护工作中的重大问题。

第五条 省和沿海设区的市、县（市、区）人民政府环境保护行政主管部门作为对本行政区域环境保护工作统一监督管理的部门，对本级政府管辖海域内的海洋环境保护工作实施指导、协调和监督，并负责防治本行政区域内陆源污染物和海岸工程建设项目对海洋污染损害的环境保护工作。

县级以上人民政府海洋行政主管部门负责本级政府管辖海域内海洋环境的监督管理，组织海洋环境的调查、监测、监视、评价、科学研究和海洋生态环境的保护、修复，并负责海洋工程建设项目和其他海洋开发活动及海洋倾倒废弃物对海洋污染损害的环境保护工作。

海事行政主管部门负责管辖港区水域内非军事船舶和港区水域外非渔业、非军事船舶污染海洋环境的监督管理，并负责污染事故的调查处理；对在管辖海域内航行、停泊和作业的外国籍船舶造成的污染事故进行登轮检查处理。船舶污染事故给渔业造成损害的，应当吸收渔业行政主管部门参与调查处理。

省和沿海设区的市、县（市、区）人民政府渔业行政主管部门负责管辖渔港水域内非军事船舶和渔港水域外渔业船舶污染海洋环境的监督管理，负责本级政府管辖的渔业水域生态环境保护工作，并调查处理前款规定的污染事故以外的渔业污染事故。

其他有关部门按规定的职责，做好海洋环境保护的相关工作。

第六条 海洋环境保护工作应当纳入当地国民经济和社会发展规划及沿海县级以上人民政府对所属部门和下级人民政府环境保护责任的考核范围。

第七条 海洋生态建设与保护和海洋环境监测等海洋环境保护资金按规定纳入财政预算。

第八条 本省鼓励、支持有关企业、事业单位或者其他组织和个人，开展海洋环境保护科学技术的研究开发、推广应用和清洁生产、海洋环境保护公益性活动，投资海洋生态环境的保护、恢复、建设和治理工作，改善海洋环境质量。

第九条 任何单位和个人都有保护海洋环境的义务，有权对污染海洋环境的单位、个人和海洋环境监督管理人员的违法失职行为进行监督、举报，因海洋环境污染损害其合法权益的，有权依法要求赔偿。

省和沿海设区的市、县（市、区）人民政府环境保护、海洋、渔业行政主管部门和各级海事行政主管部门等行使海洋环境监督管理权的部门应当建立健全对污染海洋环境行为的社会监督、举报制度，并向社会公布。

第二章 海洋环境监督管理

第十条 县级以上人民政府海洋行政主管部门应当会同有关部门和下级人民政府，根据上一级的海洋功能区划、海洋环境保护规划和重点海域区域性海洋环境保护规划，制定本级海洋环境保护规划和重点海域区域性海洋环境保护规划，报本级人民政府批准后实施，并报上一级人民政府海洋、环境保护行政主管部门备案。

第十一条 省人民政府有关部门和沿海设区的市人民政府应当根据国家防治船舶及其作业活动污染海洋环境应急能力建设规划，编制相关规划，并负责组织实施。

第十二条 沿海设区的市、县（市、区）人民政府和各级行使海洋环境监督管理权的部门应当加强海洋环境监测、监视网络建设，建立健全海洋环境监测、监视资料共享机制。

各级行使海洋环境监督管理权的部门获得的海洋环境监测、监视资料，应当纳入全省海洋环境监测、监视网络统一管理，实行信息资源共享。

第十三条 县级以上人民政府海洋行政主管部门应当按国家、本省有关标准和规范的规定，组织实施海洋环境监测、监视工作，定期评价海洋环境质量，发布海洋环境质量公报和专项通报，并加强对海洋灾害和海洋环境污染事故的监测、监视、预警、预报和信息的管理。其他行使海洋环境监督管理权的部门按规定的职责，负责管辖海域内海洋环境的相关监测、监视工作。

第十四条 向社会提供海洋环境调查、监测、监视资料的单位应当按海洋环境保护规划的要求设置，并依法通过计量认证。

第十五条 县级以上人民政府海洋行政主管部门应当定期对本级政府管辖海域进行海洋环境调查评价。调查评价的主要内容包括：海洋生物资源、海洋生态环境状况及重点海域、主要入海河流污染物排放等基本情况。

第十六条 省和沿海设区的市、县（市、区）人民政府及其有关部门应当按国家、本省有关规定，制定海洋环境污染事故应急预案和可能引起海洋环境污染事故的赤潮、风暴潮、海啸、海冰及海上大风、大雾等突发性自然灾害应急预案。

第十七条 沿海地区石油、化工、造纸等行业可能发生重大海洋环境污染事故的单位和海上石油勘探开发、海上运输、海底管道运输单位应当按国家有关规定，制定海洋环境污染事故应急预案，配备必要的应急设施、设备，并将应急预案报当地人民政府环境保护、海洋行政主管部门备案。其中可能发生重大海上溢油污染事故的单位的应急预案还应当报当地海事行政主管部门备案。

第十八条 因发生事故或者其他突发性事件造成或者可能造成海洋环境污染事故的，当事人应当立即采取有效措施，避免或者减少污染损害，及时向可能受到危害者通报，并立即就近向行使海洋环境监督管理权的部门报告，接受调查处理。

当事人未能及时采取有效措施的，由行使海洋环境监督管理权的部门按规定的职责采取应急处置措施，避免或者减少污染损害。采取应急处置措施所需的费用由责任者承担。

第十九条 发生海洋环境污染事故或者可能引起海洋环境污染事故的突发性自然灾害后，省和沿海设区的市、县（市、区）人民政府应当立即启动相关应急预案，组织有关部门和单位及时采取有效措施，做好防灾减灾和污染事故处理工作。

第二十条 相邻海域设区的市和县（市、区）人民政府及其有关部门应当加强海洋环境保护的合作，建立相邻海域污染联合治理和生态环境保护协调机制。

因进行入海排污口设置和重大工程项目建设可能影响相邻设区的市或者县（市、区）海洋环境的，项目所在地人民政府环境保护、海洋行政主管部门在办理相关行政许可前，应当征求相邻设区的市或者县（市、区）人民政府的意见。相邻设区的市或者县（市、区）人民政府有不同意见的，可以提请共同的上一级人民政府协调解决。

第二十一条 行使海洋环境监督管理权的部门在巡航监视工作中发现海洋环境污染事故或者违反海洋环境保护法律、法规的行为时，应当立即制止并调查取证，必要时可以采取防止污染事态扩大的有效措施。行使海洋环境监督管理权的部门发现海洋环境污染事故或者违反海洋环境保护法律、法规的行为不属于本部门管辖范围的，应当立即通知有关部门。有关部门应当依法调查处理。

第三章 海洋生态环境保护

第二十二条 省和沿海设区的市、县（市、区）人民政府及其有关部门应当加强对海洋生物多样性、重要海洋生态区域和海洋景观的保护，组织开展珍稀、濒危海洋生物和滨海湿地、海岛等典型海洋生态系统的保护与修复，并实施近海增殖放流、人工鱼礁建设等海洋生物资源养护措施。

第二十三条 本省依照国家有关规定选划和建立海洋自然保护区，并将具有特殊地理条件、生态系统、生物与非生物资源和海洋资源开发利用特殊需要的区域划定为海洋特别保护区。

第二十四条 海洋自然保护区管理机构应当确定保护区所在海域的环境容量，建立保护区资源承载能力评估制度，防止海洋资源开发利用活动对保护区的海洋环境和海洋资源造成损害。

第二十五条 在海洋自然保护区从事资源开发利用活动的单位和个人应当遵守保护区的有关管理规定，承担对海洋环境和海洋资源的保护义务，并协助保护区管理机构进行海洋生态环境的治理和恢复工作。

第二十六条 沿海设区的市、县（市、区）人民政府及其有关部门应当结合当地自然环境特点，建设海岸防护设施、沿岸防护林、沿海城镇园林和绿地，并对海岸侵蚀和海水入侵地区进行综合治理。

第二十七条 从事填海工程的，应当采取先围后填的方式。任何单位和个人不得使用有毒有害的固体废弃物围海、填海。

第二十八条 开发利用无居民海岛及其周围海域，应当采取严格的生态保护措施，严格限制在岛上进行爆破、采石、挖砂或者建设实体坝连岛工程等活动。

第二十九条 严格限制在重点海湾、重点河口区建设海岸、海洋工程建设项目；因防灾减灾等公共安全的需要确需建设的，不得对水体交换、潮汐通道、行洪和通航安全造成严重影响，并在进行项目建设时采取严格的海洋环境保护和生态环境修复措施。

第三十条 在国家和本省禁止开采海砂、取土的海域内，任何单位和个人不得从事海砂开采、取土活动。

严格限制在海岸采石、挖砂、取土，防止造成海岸侵蚀。

第四章 海洋环境污染防治

第三十一条 沿海设区的市、县（市、区）人民政府应当按国家和本省有关规定执行重点海域排污总量控制制度。

省人民政府海洋行政主管部门应当会同有关部门，制定全省的重点海域污染物排海总量控制指标和主要污染物排海控制计划，报省人民政府批准后实施。

沿海设区的市、县（市、区）人民政府应当根据全省的重点海域污染物排海总量控制指标和主要污染物排海控制计划，分别制定本级的重点海域污染物排海总量控制实施方案，报上一级人民政府批准后实施。

第三十二条 沿海设区的市制定的入海河流断面水质保护管理方案应当与本级的海洋功能区划、海洋环境保护规划相衔接。入海河流断面水质应当符合海洋功能区划和海洋环境保护规划的要求。

第三十三条 设置入海排污口及向海域排放陆源污染物应当符合海洋功能区划、海洋环境保护规划的要求。

向海域排放陆源污染物必须依法办理行政许可。排放污染物的种类、数量和浓度不得超过国家和本省规定的标准。有关污染物排放的资料应当及时报送当地人民政府环境保护和海洋行政主管部门。

第三十四条 禁止在海洋自然保护区、海洋特别保护区、重要渔业水域、盐场纳水口水域和海滨的风景名胜区、旅游度假区等需要特殊保护的区域新建入海排污口。

第三十五条 沿海设区的市、县（市、区）人民政府及其有关部门、单位应当组织建设和完善沿海城镇及工业园区的污水集中处理设施，对城镇和工业园区的污水实行集中处理、达标排放。

城镇污水集中处理设施配套管网覆盖区域外海滨的宾馆、饭店、旅游场所，应当自行建设污水处理设施，对本单位产生的污水进行统一处理、达标排放。

向海域排放冷废水、热废水，必须采取有效措施达标排放，保证周围渔业水域的水温符合国家颁布的海洋环境质量标准的要求。

第三十六条 省和沿海设区的市、县（市、区）人民政府应当组织建设和完善与港口配套的排水设施及污水处理设施。

沿海大中型港口应当建设船舶废弃物集中处置设施或者委托依法取得相应资质的单位对船舶废弃物进行集中处理。

第三十七条 从事海上运输和生产作业的单位、个人不得向海洋排放含油废水、压载水、废弃物、船舶垃圾或者其他有害物质。

来自疫区船舶的生活污水、压载水和船舶垃圾等污染物应当经有关检验检疫部门依法检疫后方可接收处理。

第三十八条 省和沿海设区的市、县（市、区）人民政府渔业行政主管部门应当根据海洋功能区划、海洋环境保护规划和渔业养殖规划，合理划定养殖区域，控制养殖规模，防止对海洋环境造成污染。

第三十九条 因进行工程建设、排放污染物、倾倒废弃物或者海洋环境污染事故对海洋生态环境、渔业资源造成损害的，由当地县（市、区）人民政府海洋、渔业行政主管部门分别代表国家向责任者提出海洋生态环境损害补偿和渔业资源损害赔偿要求，所得款项用于海洋生态环境的保护修复和渔业资源增殖。

第五章 海洋环境影响评价

第四十条 新建、改建、扩建海岸、海洋工程建设项目应当符合海洋功能区划和海洋环境保护规划的要求，并依法进行海洋环境影响评价。

第四十一条 海岸、海洋工程建设项目应当依法编制环境影响报告书（表）。

海岸工程建设项目环境影响报告书（表）按规定经海洋行政主管部门签署审核意见后，报环境保护行政主管部门审查批准；海洋工程建设项目环境影响报告书（表）按规定经海洋行政主管部门核准后，报环境保护行政主管部门备案。

环境保护、海洋行政主管部门在批准或者核准环境影响报告书（表）前，应当征求海事、渔业等有关部门的意见。

第四十二条 海岸工程建设项目环境影响评价报告书（表）的审查批准权限，按国家和本省有关规定执行。

第四十三条 依法由国家海洋行政主管部门核准的海洋工程建设项目的环境影响报告书（表），按有关法律、行政法规的规定办理核准手续。

下列海洋工程建设项目的环境影响报告书（表）由省人民政府海洋行政主管部门核准：

（一）由省人民政府有关部门负责审批、核准或者备案的建设项目；

（二）填海面积不足五十公顷的建设项目和围海面积在六十公顷以上不足一百公顷的建设项目；

（三）跨设区的市管辖海域的建设项目；

（四）省级海洋自然保护区、海洋特别保护区的建设项目；

（五）省人民政府规定的其他建设项目。

本条第一款、第二款规定以外的其他海洋工程建设项目的环境影响评价报告书（表），由设区的市或者县（市、区）人民政府海洋行政主管部门按省人民政府海洋行政主管部门规定的分工管理权限办理核准手续。

第四十四条 在申请办理海岸、海洋工程建设项目环境影响报告书批准或者核准手续前，建设单位应当举行论证会、听证会或者以其他形式征求有关单位、专家和公众的意见。建设单位报送的环境影响报告书应当附具有关单位、专家和公众的意见及采纳情况说明。

在申请办理围海、填海工程建设项目环境影响报告书批准或者核准手续前，建设单位必须举行听证会。

第四十五条 环境影响报告书（表）未经批准或者核准的，有关部门不得批准海岸、海洋工程建设项目进行建设，建设单位不得开工。

第四十六条 海岸、海洋工程建设项目环境影响报告书（表）的批准、核准程序及环境影响后评价工作，按国家和本省有关规定执行。

第四十七条 海岸、海洋工程建设项目环境影响报告书（表）经批准或者核准后，建设项目的性质、规模、地点、采用的生产工艺或者防治海洋环境污染、防止海洋生态环境破坏的措施发生重大改变，以及建设项目自环境影响报告书（表）批准或者核准之日起超过5年开工建设的，建设单位应当重新申请办理建设项目环境影响报告书（表）的批准或者核准手续。

第四十八条 海洋工程建设项目的建设单位或者使用者应当及时拆除可能造成海洋环境污染、影响海上交通安全的废弃构筑物及其附属设施。

拆除海洋工程建设项目的废弃构筑物及其附属设施，施工单位应当编制工作方案，报海洋工程建设项目环境影响报告书（表）的原核准部门备案。

第六章 法律责任

第四十九条 对违反本规定的行为，《中华人民共和国海洋环境保护法》、《中华人民共和国治安管理处罚法》、《中华人民共和国防治海岸工程建设项目污染损害海洋环境管理条例》和《防治海洋工程建设项目污染损害海洋环境管理条例》等有关法律、法规已经规定法律责任的，从其规定。

第五十条 海洋行政主管部门或者其他有关行政主管部门及其工作人员有下列情形之一的，对直接负责的主管人员和其他直接责任人员依法给予处分；涉嫌犯罪的，由司法机关依法处理：

（一）发现海洋环境污染事故或者违反本规定的行为未依法制止或者未采取有效措施，造成严重后果的；

（二）不依法办理相关行政许可的；

（三）贪污、截留或者挪用海洋环境保护相关资金的。

第五十一条 违反本规定第三十条的规定，在国家和本省禁止开采海砂的海域内开采海砂的，由县级以上人民政府海洋行政主管部门责令其停止违法行为，没收违法所得，并处以五千元以上五万元以下的罚款，情节严重的，除没收违法所得外，并处以五万元以上十万元以下的罚款；在国家和本省禁止取土的海域内取土的，由县级以上人民政府海洋行政主管部门责令其停止违法行为，对有违法所得的，处以违法所得一倍以上三倍以下最高不超过三万元的罚款，对没有违法所得或者违法所得不能计算的，处以三千元以上一万元以下的罚款。

第七章 附　　则

第五十二条 本规定自2013年2月1日起施行。

河北省暴雪大风寒潮大雾高温灾害防御办法

（2012年12月11日河北省人民政府第113次常务会议通过 2012年12月18日河北省人民政府令〔2012〕第11号公布 自公布之日起施行）

第一章 总　　则

第一条 为避免和减轻气象灾害造成的损失，保护人民生命财产安全，根据《中华人民共和国气象法》、《气象灾害防御条例》等法律、法规，结合本省实际，制定本办法。

第二条 本省行政区域内暴雪、大风、寒潮、大雾、高温灾害（以下统称气象灾害）的防御，应当遵守本办法。

第三条 气象灾害防御应当坚持以人为本、科学防御、政府主导、部门联动、社会参与的原则。

第四条 县级以上人民政府应当加强对气象灾害防御工作的

组织、领导和协调，将气象灾害防御工作所需经费纳入本级财政预算。

第五条 县级以上人民政府气象灾害防御指挥部应当健全气象灾害防御工作协调机制，气象灾害防御指挥部办公室负责气象灾害防御的日常工作。

各级气象主管机构和县级以上人民政府有关部门应当按职责分工，共同做好气象灾害防御工作。

第六条 各级人民政府及有关部门应当采取多种形式，向社会宣传普及气象灾害防御知识，提高公众的防灾减灾意识和能力。

学校应当把气象灾害防御知识纳入有关课程和课外教育内容，培养和提高学生的气象灾害防范意识和自救互救能力。

第二章 预警信息发布和传播

第七条 气象灾害预警信息实行统一发布制度。

县（市、区）以上气象主管机构所属的气象台站应当按职责统一发布气象灾害预警信息，其他组织和个人不得向社会发布气象灾害预警信息。

第八条 县（市、区）以上气象主管机构应当及时向本级人民政府气象灾害防御指挥部报告气象灾害预警信息，并向有关气象灾害防御、救助部门和单位通报。

第九条 县（市、区）以上气象主管机构所属的气象台站应当严密监视天气变化，适时变更或者解除气象灾害预警，提高灾害性天气预报、预警的准确率和时效性。

第十条 乡（镇）人民政府、街道办事处、村（居）民委员会和学校、医院、体育场（馆）、机场、车站、码头等人员密集场所的管理单位确定的气象灾害防御协理员、信息员或者联络员，收到气象主管机构所属的气象台站提供的气象灾害预警信息后，应当及时向可能受影响的单位和个人传播。

第十一条 广播、电视、报纸、电信等信息传播单位，应当通过应急广播直播、电视相关栏目、网页信息、滚动字幕和手机短信群发等多种方式，及时、准确、无偿向社会播发或者刊登当地气象主管机构所属的气象台站提供的气象灾害预警信息，不得拒绝、延误传播或者擅自更改气象灾害预警信息。

第十二条 学校、医院、体育场（馆）、机场、车站、码头、高速公路、旅游景区（点）等人员密集场所，应当做好气象灾害预警信息接收与传播工作。

第十三条 村（居）民委员会应当因地制宜的利用有线广播、高音喇叭、电子显示屏及鸣锣吹哨等方式传播气象灾害预警信息。

第三章 预警和应急响应

第十四条 气象灾害按其种类、发展态势和可能造成的危害程度，实行分级预警。

第十五条 县级以上人民政府气象灾害防御指挥部应当根据气象灾害预警信息，组织有关部门和单位进行会商，决定启动相应级别的应急响应。

第十六条 应急响应启动后，气象灾害发生地的各级人民政府及有关部门和单位应当采取相应的应急处置措施。

第十七条 气象灾害发生地的村（居）民委员会和其他单位应当按当地人民政府的决定、命令，进行宣传动员，组织群众开展自救互救，协助维护好社会秩序。

气象灾害发生地的单位和个人应当服从当地人民政府的决定、命令，配合政府和有关部门采取应急处置措施，做好应急避险工作。

第一节 暴雪预警和应急响应

第十八条 根据降雪总量和持续时间，暴雪预警分为四级：

（一）蓝色预警（Ⅳ级）：预计未来24小时降雪总量达到十毫米以上；

（二）黄色预警（Ⅲ级）：预计未来24小时降雪总量达到十五毫米以上；

（三）橙色预警（Ⅱ级）：预计未来24小时降雪总量达到二十毫米以上；

（四）红色预警（Ⅰ级）：预计未来24小时降雪总量达到三十毫米以上。

第十九条 蓝色预警响应：

县级人民政府分管负责人负责本行政区域应急响应的组织落实。

气象灾害发生地的乡（镇）人民政府、街道办事处组织对危旧住房、厂房、工棚和临时建（构）筑物进行安全隐患排查。

教育部门及时向幼儿园和学校通报预警信息。

公安部门加强对城市道路的实时监控，对坡道路段进行交通疏导。

住房和城乡建设部门组织做好城区道路除雪工作。

交通运输部门组织做好主要公路除雪工作，指导道路运输企业、汽车客运站调整运输计划和客运班次，及时疏导滞留旅客。

农业部门指导设施农业种植户和畜牧、水产养殖户做好各类农业设施和养殖设施的除雪及技术管理工作。

卫生部门做好医疗卫生应急工作。

安全生产监督管理部门及时向露天矿山、油气井场、危险化学品生产储存等企业通报预警信息。

旅游部门组织做好旅游景区（点）内游览路线除雪工作。

文物部门对古建筑、古遗址和古墓葬进行实时监控、巡查。

通信管理部门组织做好通信设施维护，保障通信畅通。

铁路部门及时向旅客通报预警信息，加强对铁路沿线巡视。

机场及时向旅客通报预警信息，做好飞机跑道的除雪工作。

供电、供水、供气和供热等单位做好管线设备巡查维护和故障抢修工作。

各级机关、企事业单位、社会团体、沿街商铺应当做好本单位卫生责任区的积雪清扫工作。

第二十条 黄色预警响应：

县级人民政府分管负责人负责本行政区域应急响应的组织落实，各部门和单位在蓝色预警响应的基础上，做好抢险救灾各项工作。

公安部门做好积雪路段交通疏导工作，对坡道等重点路段采取交通管制措施。

民政部门做好贫困户及流浪乞讨人员的防寒防冻救助工作。

安全生产监督管理部门组织露天矿山、油气井场、危险化学品生产储存等企业开展隐患排查治理。

文物部门组织对存在隐患的古建筑、古遗址和古墓葬进行重点巡查。

第二十一条 橙色预警响应：

设区的市人民政府分管负责人负责本行政区域应急响应的组织落实，各部门和单位在黄色预警响应的基础上，做好抢险救灾各项工作。

气象灾害发生地的县级人民政府按设区的市人民政府的要求，进入相应应急响应状态。

教育部门通知幼儿园和中小学校做好停课准备，采取有效措施保护在校学生安全。

公安部门对积雪路段采取限行、限速等交通管制措施。

民政部门转移可能受灾的人员，做好应急救灾物资的准备工作。

商务部门加强对生活必需品的市场监测，及时掌握市场动态和供求信息。

安全生产监督管理部门通知露天矿山、油气井场、危险化学品生产储存等企业专（兼）职救援队做好应急救援准备。

旅游部门通知旅游景区（点）关闭危险游览路线，安全转移或者妥善安置滞留游客。

文物部门对发生轻度险情、局部损坏的古建筑、古遗址和古墓葬采取抢险保护紧急措施，防止险情扩大。

铁路部门适时调整列车运行调度计划，监护列车运行，妥善安置滞留旅客。

机场及时向旅客通报航班计划变更信息，妥善安置滞留旅客。

第二十二条 红色预警响应：

省人民政府分管负责人负责本行政区域应急响应的组织落实，各部门和单位在橙色预警响应的基础上，做好抢险救灾各项工作。

气象灾害发生地的设区的市、县级人民政府按上级人民政府的要求，进入相应应急响应状态。

教育部门视情况通知幼儿园和中小学校停课，采取有效措施保护在校学生安全。

民政部门根据灾情和受灾群众需要救助情况做好应急救灾资金、物资的调拨和发放工作。

住房和城乡建设部门通知房屋建筑和市政工程施工现场暂停室外施工作业。

商务部门启动生活必需品日监测、日报告制度，指导大型商贸流通企业备足货源。

安全生产监督管理部门通知露天矿山、油气井场、危险化学品生产储存等企业视情况减产或者停产。

旅游部门通知关闭室外旅游景区（点），安全转移或者妥善安置滞留游客。

文物部门对发生严重损坏的古建筑、古遗址和古墓葬采取抢险保护措施。

机场及时发布航班计划变更信息和机场关闭信息，妥善安置滞留旅客。

武警部队做好抢险救灾的相应准备工作。

第二节 大风预警和应急响应

第二十三条 根据风力等级，大风预警分为四级：

（一）蓝色预警（Ⅳ级）：预计未来24小时陆地出现平均风力达六级，或者渤海海区出现平均风力达七至八级大风；

（二）黄色预警（Ⅲ级）：预计未来24小时陆地出现平均风力达七至八级，或者渤海海区出现平均风力达九至十级大风；

（三）橙色预警（Ⅱ级）：预计未来24小时陆地出现平均风力达九至十级，或者渤海海区出现平均风力达十一至十二级大风；

（四）红色预警（Ⅰ级）：预计未来24小时陆地出现平均风力达十一级以上，或者渤海海区出现平均风力达十二级以上大风。

第二十四条 蓝色预警响应：

县级人民政府分管负责人负责本行政区域应急响应的组织落实。

气象灾害发生地的乡（镇）人民政府、街道办事处组织对危旧住房、厂房、工棚和临时建（构）筑物进行安全隐患排查。

教育部门及时向幼儿园和学校通报预警信息。

住房和城乡建设部门组织有关单位做好房屋建筑和市政工程施工现场临时建（构）筑物、室外宣传牌、棚架和施工围板等巡查工作。

农业部门做好草原防火工作，指导设施农业种植户和畜牧、水产养殖户采取防风措施，通知渔业作业船舶回港避风。

林业部门做好森林防火工作。

安全生产监督管理部门及时向露天矿山、油气井场、危险化学品生产储存、烟花爆竹生产经营等企业通报预警信息。

旅游部门通知旅游景区（点）暂停高空游乐项目。

通信管理部门组织做好通信设施维护，保障通信畅通。

海事管理机构组织航行、停泊和作业的船舶采取防风措施，视情况采取水上临时交通管制措施。

供电单位做好线路设备巡查维护和故障抢修工作。

第二十五条 黄色预警响应：

县级人民政府分管负责人负责本行政区域应急响应的组织落实，各部门和单位在蓝色预警响应的基础上，做好抢险救灾各项工作。

教育部门通知幼儿园和学校暂停室外教学活动。

公安部门加强对城市道路的实时监控。

安全生产监督管理部门组织露天矿山、油气井场、危险化学品生产储存、烟花爆竹生产经营等企业开展隐患排查治理。

海事管理机构采取水上临时交通管制措施。

机场及时向旅客通报预警信息和航班计划变更信息，妥善安置滞留旅客。

第二十六条 橙色预警响应：

设区的市人民政府分管负责人负责本行政区域应急响应的组织落实，各部门和单位在黄色预警响应的基础上，做好抢险救灾各项工作。

气象灾害发生地的县级人民政府按设区的市人民政府的要求，进入相应应急响应状态。

教育部门视情况通知幼儿园和中小学校调整上下学时间或者停课，避开大风时段，采取有效措施保护在校学生安全。

公安部门对高速公路通行车辆采取限速通行措施，暂停或者取消大型活动和群众集会。

住房和城乡建设部门做好城区绿化树木的加固，通知房屋建筑和市政工程施工企业暂停高空和室外施工作业。

交通运输部门指导道路运输企业、汽车客运站调整运输计划和客运班次，及时疏导滞留旅客。

安全生产监督管理部门通知露天矿山、油气井场、危险化学品生产储存、烟花爆竹生产经营等企业专（兼）职救援队做好应急救援准备。

旅游部门通知关闭室外旅游景区（点），安全转移或者妥善安置滞留游客。

铁路部门组织调度列车减速通过大风影响区域路段。

第二十七条 红色预警响应：

省人民政府分管负责人负责本行政区域应急响应的组织落实，各部门和单位在橙色预警响应的基础上，做好抢险救灾各项工作。

气象灾害发生地的设区的市、县级人民政府按上级人民政府的要求，进入相应应急响应状态。

公安部门封闭大风影响区域的高速公路。

交通运输部门指导道路运输企业、汽车客运站采取停运措施，及时疏导滞留旅客。

安全生产监督管理部门通知露天矿山、油气井场、危险化学品生产储存、烟花爆竹生产经营等企业视情况减产或者停产。

铁路部门组织调度列车暂停通过大风影响区域路段，保障旅客安全。

第三节 寒潮预警和应急响应

第二十八条 根据降温幅度和最低气温，寒潮预警分为四级：

（一）蓝色预警（Ⅳ级）：预计未来48小时平均气温或者最低气温下降10℃以上，最低气温小于等于4℃；

（二）黄色预警（Ⅲ级）：预计未来48小时平均气温或者最低气温下降12℃以上，最低气温小于等于0℃；

（三）橙色预警（Ⅱ级）：预计未来48小时平均气温或者最低气温下降16℃以上，最低气温小于等于－4℃；

（四）红色预警（Ⅰ级）：预计未来48小时平均气温或者最低气温下降18℃以上，最低气温小于等于－4℃。

第二十九条 蓝色预警响应：

县级人民政府分管负责人负责本行政区域应急响应的组织落实。

公安部门做好道路结冰路段交通疏导工作。

农业部门指导农户和水产养殖户采取防寒措施。

供电、供水、供气和供热等单位做好管线设备巡查维护和故障抢修工作。

第三十条 黄色预警响应：

县级人民政府分管负责人负责本行政区域应急响应的组织落实，各部门和单位在蓝色预警响应的基础上，做好抢险救灾各项工作。

民政部门做好贫困户及流浪乞讨人员的防寒防冻救助工作。

卫生部门做好医疗卫生应急工作。

供热单位适时做好供暖工作。

第三十一条 橙色预警响应：

设区的市人民政府分管负责人负责本行政区域应急响应的组织落实，各部门和单位在黄色预警响应的基础上，做好抢险救灾各项工作。

气象灾害发生地的县级人民政府按设区的市人民政府的要求，进入相应应急响应状态。

民政部门做好救灾物资储备、调运准备工作。

商务部门加强对生活必需品的市场监测，及时掌握市场动态和供求信息。

第三十二条 红色预警响应：

设区的市人民政府分管负责人负责本行政区域应急响应的组织落实，各部门和单位在橙色预警响应的基础上，做好抢险救灾各项工作。

气象灾害发生地的县级人民政府按设区的市人民政府的要求，进入相应应急响应状态。

民政部门根据灾情和受灾群众需要救助情况做好应急救灾资金、物资的调拨和发放工作。

商务部门启动生活必需品日监测、日报告制度，指导大型商贸流通企业备足货源。

第四节 大雾预警和应急响应

第三十三条 根据能见度大小，大雾预警分为二级：

（一）橙色预警（Ⅱ级）：预计未来24小时出现能见度小于二百米的雾；

（二）红色预警（Ⅰ级）：预计未来24小时出现能见度小于五十米的雾。

第三十四条 橙色预警响应：

设区的市人民政府分管负责人负责本行政区域应急响应的组织落实。

气象灾害发生地的县级人民政府按设区的市人民政府的要求，进入相应应急响应状态。

公安部门做好交通管制和疏导工作。

环境保护部门加强对空气污染程度的监测。

交通运输部门指导道路运输企业、汽车客运站调整运输计划和客运班次，及时疏导滞留旅客。

农业部门指导设施蔬菜种植户采取消雾增温等措施。

卫生部门做好医疗卫生应急工作。

海事管理机构采取限航、停航等临时水上交通管制措施。

机场及时向旅客通报预警信息和航班计划变更信息，妥善安置滞留旅客。

供电单位加强电网运营监控，做好应对污闪损坏线路的抢修工作。

第三十五条 红色预警响应：

设区的市人民政府分管负责人负责本行政区域应急响应的组织落实，各部门和单位在橙色预警响应的基础上，做好抢险救灾各项工作。

气象灾害发生地的县级人民政府按设区的市人民政府的要求，进入相应应急响应状态。

公安部门暂停或者取消大型活动和群众集会。

环境保护部门加强对易造成空气污染企业的监管，做好空气污染物排放的控制工作。

住房和城乡建设部门通知房屋建筑和市政工程施工现场暂停室外施工作业。

第五节 高温预警和应急响应

第三十六条 根据日最高气温，高温预警分为二级：

（一）橙色预警（Ⅱ级）：预计未来24小时出现37℃以上高温；

（二）红色预警（Ⅰ级）：预计未来24小时出现40℃以上高温。

第三十七条 橙色预警响应：

县级人民政府分管负责人负责本行政区域应急响应的组织落实。

公安部门暂停或者取消高温时段室外大型活动和群众集会。

住房和城乡建设部门组织对

城市主要道路增加洒水频次。

农业部门指导设施蔬菜种植户采取遮阳、通风、降温等措施。

卫生部门做好医疗卫生应急工作。

安全生产监督管理部门及时向露天矿山、油气井场、危险化学品生产储存等企业通报预警信息，烟花爆竹生产企业按国家标准规定停产。

供电、供水单位做好居民用电、用水高峰期保障及设备故障抢修工作。

用人单位安排劳动者室外作业时间不得超过5小时，并在12时至15时不得安排室外作业。

第三十八条 红色预警响应：

县级人民政府分管负责人负责本行政区域应急响应的组织落实。

教育部门视情况通知幼儿园和中小学校调整上下学时间或者停课，采取有效措施保护在校学生安全。

安全生产监督管理部门组织油气井场、危险化学品生产储存等企业开展隐患排查治理。

用人单位暂停室外作业。

第四章 法律责任

第三十九条 对违反本办法的行为，有关法律、法规已经规定法律责任的，从其规定。

第四十条 各级人民政府、气象主管机构和其他有关部门及其工作人员有下列行为之一的，由其上级行政机关责令改正；情节严重的，对主要负责人、直接负责的主管人员和其他直接责任人员依法给予处分；涉嫌犯罪的，由司法机关依法处理：

（一）未按规定采取应急响应或者处置不当，导致人员伤亡或者财产损失的；

（二）隐瞒、谎报或者由于玩忽职守导致重大漏报、错报气象灾害预警信息的；

（三）不服从上级人民政府对气象灾害应急处置工作的统一领导和指挥的。

第四十一条 单位或者个人违反本办法规定，不服从所在地人民政府及有关部门发布的决定、命令或者不配合其依法采取的措施的，由县级以上人民政府或者有关部门依法采取强制措施；构成违反治安管理行为的，由公安机关依法给予处罚；涉嫌犯罪的，由司法机关依法处理。

第五章 附 则

第四十二条 本办法自公布之日起施行。

河北省邮政业安全监督管理规定

（2012年12月11日河北省人民政府第113次常务会议通过 2012年12月18日河北省人民政府令〔2012〕第12号公布 自2013年2月1日起施行）

第一章 总 则

第一条 为加强邮政业安全监督管理，保护邮政通信和信息安全，维护用户合法权益，促进邮政业健康发展，根据《中华人民共和国邮政法》、《河北省邮政条例》等有关法律、法规，结合本省实际，制定本规定。

第二条 在本省行政区域内管理、经营或者使用邮政服务、快递服务及与邮政业安全有关的活动，适用本规定。

第三条 邮政业安全监督管理坚持安全第一、预防为主、综合治理的方针，保障寄递渠道畅通和邮件、快件寄递安全，确保邮政企业、快递企业生产安全和从业人员人身安全。

第四条 省、设区的市邮政管理部门负责本行政区域内邮政业的安全监督管理工作。

各级公安、国家安全、海关、工商行政管理、安全生产监督管理、检验检疫等部门应当按各自职责，与邮政管理部门相互配合，依法做好本行政区域内邮政业的安全监督管理工作。

第五条 县级以上人民政府应当建立健全邮政业安全监督管理协调机制，解决工作中的重大问题，督促有关部门依法履行邮政业安全监督管理职责。

第六条 邮政企业、快递企业应当遵循“谁经营、谁负责”的原则，遵守国家通信与信息安全、生产安全等有关安全管理的规定，不得危害国家安全、公共安全和公民、法人或者其他组织的合法权益。

邮政企业、快递企业应当建立安全保障实时应对机制，强化信息监测收集和安全防范措施，根据业务量变化情况，调整人力、物力投入，确保安全保障工作水平符合企业生产规模需求。

第七条 任何公民、法人或者其他组织不得隐匿、毁弃、冒领、倒卖、非法扣留、非法开拆邮件、快件，不得损毁邮政与快递服务设施或者影响邮政与快递服务设施的正常使用。

第二章 通信和信息安全

第八条 用户交寄邮件、快件应当遵守国家关于禁止寄递或者限制寄递物品的规定，不得通过寄递渠道危害国家安全、公共安全和公民、法人或者其他组织的合法权益。

第九条 邮政企业、快递企业在收寄过程中发现寄件人交寄国家禁止寄递物品的，应当拒绝收寄。已经收寄的邮件、快件中发现有上述物品的，邮政企业、快递企业应当立即停止转发和投递。对其中依法需要没收或者销毁的物品，应当立即向有关部门报告，并配合有关部门进行处理。禁寄物品的处理情况应当由邮政企业、快递企业经办人员记录，并交相关负责人签字后存档。

对已经收寄的不需要没收、销毁的禁寄物品以及一同查处的禁寄物品之外的物品，邮政企业、快递企业应当与寄件人或者收件人取得联系，妥善处理。

第十条 邮政企业、快递企业经营国际邮件、快件寄递业务，应当符合国家关于出入境寄递物品检验检疫的有关规定。

第十一条 发生自然灾害、事故灾难、公共卫生事件、社会安全事件等突发事件的特定时期，经国务院邮政管理部门批准，省邮政管理部门可以公布国家禁止寄递物品之外的禁寄物品名录。邮政企业、快递企业应当遵守并告知企业总部及其他省（自治区、直辖市）本网络企业。

第十二条 邮政企业、快递企业应当规范邮件、快件数据信息的管理，收寄邮件、快件时，应当提示用户如实填写寄递详情单，包括寄件人、收件人名址和寄递物品的名称、类别、数量等，并核对寄件人和收件人信息，准确注明邮件、快件的重量、资费。依照国家规定需要用户提供有关书面凭证的，邮政企业、快递企业应当要求用户提供凭证原件。国务院邮政管理部门规定寄件人出具身份证明的，邮政企业、快递企业应当要求用户出示有效身份证件。

用户拒绝验视、拒不如实填写寄递详情单、拒不提供相应书面凭证或者不按规定出示有效身份证件的，邮政企业、快递企业不予收寄。

第十三条 邮政企业、快递企业应当保护用户的信息安全和通信秘密，确保所掌握的用户使用邮政服务、快递服务的信息不被窃取、泄露。除公安机关、国家安全机关、检察机关依法行使职权外，未经法律明确授权或者用户书面同意，邮政企业、快递企业不得将用户使用邮政服务、快递服务的信息提供给任何组织或者个人。

前款所称用户使用邮政服务、快递服务的信息，是指寄件人、收件人的名址信息、身份证件号码、电话号码以及使用邮政服务、快递服务的种类、数量、时间等信息。

第十四条 邮政企业、快递企业运递邮件、快件，应当使用封闭式运输车辆，规范喷涂企业标识，定期对运输工具进行保养维护。干线运输车辆应当配备车辆卫星监控系统。

第十五条 邮政企业、快递企业应当根据邮件、快件内件的性质、寄递要求等，选用适当的材料和方式进行包装。在分拣、封发、投递等服务环节，做到文明规范操作。

第十六条 邮政企业、快递企业从业人员在收寄、投递过程中，应当统一穿着具有组织标识的服装，配戴工号牌或者胸卡。服务完成后，由用户就验视、封装、服务质量等事项进行测评。

第三章 生产安全

第十七条 邮政企业、快递企业的主要负责人是安全生产的第一责任人，对本企业安全生产工作负有下列职责：

（一）组织建立健全本企业安全生产责任制；

（二）组织制定本企业安全生产规章制度和操作规程；

（三）保证本企业安全生产资金的投入和有效使用；

（四）积极配合相关部门对本企业的安全生产工作进行监督检查；

（五）督促检查本企业的安全生产工作，及时消除生产安全事故隐患；

（六）组织制定并实施本企业的生产安全事故应急救援预案；

（七）及时、如实报告生产安全事故。

第十八条 邮政企业、快递企业应当依法设置安全生产管理机构或者配备专（兼）职安全管理人员，建立健全安全生产责任制，落实安全生产保障、安全生产检查与事故隐患排查、安全生产教育培训、安全生产信息报告等制度，与邮政管理部门签订安全生产责任状。

第十九条 邮政企业、快递企业应当落实岗前安全培训制度，强化从业人员安全生产知识与技能的培训、教育，使其具备与本岗位相适应的安全生产知识和处置技能。

特种作业人员应当按规定经专门的安全作业培训并取得特种

作业操作资格证书，方可上岗作业。

第二十条 邮政企业、快递企业的营业场所、邮件和快件处理场所应当按国家要求配置消防器材、安装视频安防监控设备，采取防盗、防水等措施，配备符合国家标准的安全检查设备，安排具有专门技术和技能的人员对邮件、快件进行安全检查。

邮政企业、快递企业应当为从业人员提供相应的个人安全防护措施、装备，并在人员密集场所设置符合紧急疏散要求、标志明显、保持畅通的出口。

第二十一条 邮政企业、快递企业新建、改建和扩建邮件处理中心、快件分拨中心，应当符合国家安全机关、海关依法履行职责的需要，其安全设施必须与主体工程同时设计、同时施工、同时投入生产和使用。已经投入生产和使用的安全设施不符合安全防护标准和要求的，应当予以更换或者改建。

邮政企业、快递企业的邮件处理中心、快件分拨中心应当在设计建设前和竣工验收后30日内向当地邮政管理部门备案。

第四章 应急管理

第二十二条 邮政管理部门应当按国家规定，制定邮政业突发事件应急预案，建立健全邮政业应急保障系统。

邮政企业、快递企业应当按国家规定，制定突发事件应急预案和专项预案，定期组织开展应急演练，加强应急队伍建设和物资、技术、经费保障，满足突发事件预防与处置工作的需要。

第二十三条 邮政企业、快递企业应当根据邮政管理部门的要求建立完善专项安保工作制度，开展安全防范教育，实行应急值守和领导带班制度，确保信息渠道畅通。

第二十四条 发生自然灾害、事故灾难、公共卫生事件、社会安全事件等，造成企业人员死亡、失踪，邮件、快件丢失、损毁、积压，邮件处理中心、快件分拨中心内发生重大事故，导致生产中断，以及其他可能严重影响寄递渠道畅通的情形的，邮政企业、快递企业应当依照国家有关规定向邮政管理部门和负有相关职责的公安、国家安全、安全生产监督管理等部门报告。

第二十五条 有下列情形之一的，邮政企业、快递企业应当在情形发生之日起3日内，向邮政管理部门报告相关情况：

（一）邮政企业、快递企业及其分支机构因面临高额债务追偿或者因投资、经营不善导致无法履行对其他主体的债务，可能影响正常开展寄递业务的；

（二）邮政企业、快递企业及其分支机构因经济纠纷或者违法行为被有关机关查封运营设备、设施，或者冻结资产的；

（三）邮政企业、快递企业分立、合并、投资融资、变更终止协议等，可能影响正常开展寄递业务的；

（四）邮政企业、快递企业及其从业人员私自开拆、隐匿、毁弃邮件、快件十件以上，或者因故意延误投递邮件、快件被侦查机关立案调查的；

（五）其他可能影响寄递渠道畅通的情形。

第二十六条 邮政管理部门与公安、国家安全等相关部门应当相互配合，妥善处置邮政业突发事件，查明事件原因和责任，依法对存在违法行为的企业或者人员进行处理。

第五章 监督管理

第二十七条 邮政管理部门依法履行下列监督管理职责：

（一）制定保障邮政通信与信息安全、生产安全的政策、制度和相关标准，并监督实施；

（二）指导与监督邮政企业、快递企业落实安全责任制，督促企业加强内部安全管理；

（三）对邮政行业运行安全进行监测、预警和应急管理；

（四）指导、监督邮政企业、快递企业开展安全运营的宣传教育和培训；

（五）依法对邮政企业、快递企业实施安全监督检查；

（六）组织调查或者参与调查邮政业安全事故，查处违反邮政业安全监督管理规定的行为；

（七）法律、法规和规章规定的其他职责。

第二十八条 邮政管理部门履行监督管理职责，可以采取下列监督检查措施：

（一）进入邮政企业、快递企业实施现场检查；

（二）向有关单位和个人了解情况；

（三）查阅、复制有关文件、资料、凭证；

（四）经邮政管理部门负责人批准，查封、扣押与违法活动有关的场所、运输工具以及相关物品，对信件以外的涉嫌夹带禁止寄递或者限制寄递物品的邮件、快件开拆检查。

邮政管理部门进行监督检查，应当出示行政执法证件，监督检查人员不得少于二人。被检查的企业应当接受检查并予以配合，不得拒绝、阻碍。

第二十九条 任何单位和个人有权对邮政企业、快递企业在通信和信息安全及生产安全方面存在的事故隐患和违法行为向邮政管理部门或者其他有关部门报告、举报，接到报告、举报的部门应当按职责分工，及时组织核查并依法处理。

第六章 法律责任

第三十条 邮政管理部门及其他相关部门工作人员有下列行为之一的，对直接负责的主管人员和其他直接责任人员依法给予处分；涉嫌犯罪的，由司法机关依法处理：

（一）未依法履行邮政业安全监督检查职责的；

（二）接到对邮政企业、快递企业存在的安全事故隐患及安全生产违法行为的报告、举报，未及时进行核查和处理的；

（三）有其他玩忽职守、滥用职权、徇私舞弊行为的。

第三十一条 邮政企业、快递企业有下列行为之一的，由邮政管理部门责令限期改正；逾期未改正的，处二千元以上五千元以下罚款：

（一）未配备符合国家标准的安全检查设备，或者未安排具备专门技术和技能的人员对邮件、快件进行安全检查的；

（二）未依照规定要求用户提供并核对有关书面凭证或者要求用户出示有效身份证件的；

（三）未按规定妥善处置禁寄物品的；

（四）未按邮政管理部门的要求建立完善专项安保工作制度的。

第三十二条 用户违反本规定第八条规定的，依照《中华人民共和国治安管理处罚法》及有关法律、法规予以处罚；涉嫌犯罪的，由司法机关依法处理。

第七章 附 则

第三十三条 本规定自2013年2月1日起施行。

河北省地方教育附加征收使用管理规定

（2003年10月25日河北省人民政府令〔2003〕第8号公布
根据2010年2月26日《河北省人民政府关于修改〈河北省地方教育附加征收使用管理规定〉的决定》第一次修订
根据2011年1月28日《河北省人民政府关于修改〈河北省地方教育附加征收使用管理规定〉的决定》第二次修订
根据2012年12月11日河北省人民政府第113次常务会议通过的《河北省人民政府关于修改〈河北省地方教育附加征收使用管理规定〉的决定》第三次修订
2012年12月18日河北省人民政府令〔2012〕第13号公布
自公布之日起施行）

第一条 为增加地方教育的资金投入，促进本省教育事业发展，根据国家有关规定，制定本规定。

第二条 在本省行政区域内缴纳增值税、消费税和营业税的单位及个人，除本规定第四条规定的外，都应当缴纳地方教育附加。

第三条 县级以上人民政府财政和教育行政部门按各自的职责分工，负责地方教育附加的使用和管理工作。

各级地方税务机关负责地方教育附加的征收工作。

第四条 海关对进口产品征收的增值税和消费税不征收地方教育附加。

因减免增值税、消费税和营业税而退税的，应当同时退还已经征收的地方教育附加。

第五条 地方教育附加以实际缴纳增值税、消费税和营业税的税额为依据，按百分之二的比例征收。

第六条 地方教育附加应当按规定的范围和标准征收。任何单位和个人不得擅自减征或者免征地方教育附加。

第七条 地方教育附加由增值税、消费税和营业税的纳税义务人所在地的地方税务机关与教育费附加同时征收。

征收地方教育附加所需的经费，在省级财政预算中安排。

第八条 地方教育附加作为省级收入，征收后就地缴入省级国库，并纳入省级预算管理。

地方教育附加的具体入库办法，由省财政部门会同省地方税务机关和中国人民银行石家庄中心支行制定。

第九条 地方教育附加属于专项资金，应当专项用于教育事业发展，包括义务教育、学前教育、高中和职业教育发展等支出，不得用于发放教职工工资福利和奖金。任何单位和个人不得挤占、截留和挪用。

第十条 审计机关对地方教育附加的征收、使用和管理情况，应当依法实施审计监督。

第十一条 违反本规定拒绝

缴纳地方教育附加的，由地方税务机关予以警告，责令限期缴纳；逾期仍未缴纳的，除缴纳欠缴的地方教育附加外，并处一万元以下罚款。

第十二条 征收、使用和监督管理地方教育附加的部门及单位的工作人员有下列行为之一的，依法给予处分；构成犯罪的，依法追究刑事责任：

（一）擅自减征或者免征地方教育附加的；

（二）截留或者挪用地方教育附加的；

（三）其他玩忽职守、滥用职权、徇私舞弊的行为。

第十三条 本规定自2003年12月1日起施行。1995年12月29日经省人民政府批准、省人民政府办公厅印发的《关于征收高等教育附加费实施办法的通知》同时废止。

河北省餐厨废弃物管理办法

（2012年12月11日河北省人民政府第113次常务会议通过 2012年12月24日河北省人民政府令〔2012〕第14号公布 自2013年2月1日起施行）

第一章 总 则

第一条 为加强餐厨废弃物管理，促进资源循环利用和餐厨废弃物无害化处理，保障食品安全和公众身体健康，根据《河北省城市市容和环境卫生条例》及有关法律、法规，结合本省实际，制定本办法。

第二条 本办法适用于本省行政区域内餐厨废弃物的产生、收集、运输、处置及其相关的管理活动。

第三条 本办法所称餐厨废弃物，是指除居民日常生活以外的食品加工、餐饮服务、集体供餐等活动中产生的食物残余和废弃食用油脂等废弃物。

前款所称的废弃食用油脂，是指不可再食用的动植物油脂和各类油水混合物。

第四条 餐厨废弃物的治理，遵循减量化、资源化、无害化的原则。

第五条 省人民政府住房和城乡建设主管部门负责全省餐厨废弃物的监督管理工作。

设区的市、县（市）人民政府市容和环境卫生主管部门负责本行政区域内餐厨废弃物的监督管理工作。

县级以上人民政府发展和改革、环境保护、交通运输、国土资源、食品药品监管、工商行政管理、质量技术监督、财政、商务、价格、农业、公安等有关部门按各自职责，做好餐厨废弃物相关监督管理工作。

第六条 县级以上人民政府应当支持餐厨废弃物处置设施项目建设。采取多种措施，鼓励通过净菜上市、改进食品加工工艺、节约用餐等方式，减少餐厨废弃物的产生；通过经济、技术等手段，促进餐厨废弃物资源化利用和无害化处理。积极推行餐厨废弃物收集、运输和处置的市场化运作模式。

第七条 餐厨废弃物收集、运输和处置费用在城市生活垃圾处理费中列支，不足部分由当地人民政府适当补贴，并组织制定统筹解决措施。

第八条 餐饮行业协会和市容环境卫生协会应当发挥行业指导作用，制定相关标准，规范行业行为，推广减少餐厨废弃物的方法，将餐厨废弃物的管理纳入餐饮企业等级评定和环境卫生达标范围。

第二章 规划和建设

第九条 设区的市、县（市）人民政府市容和环境卫生主管部门编制的环境卫生专项规划应当包含餐厨废弃物治理的内容，统筹安排餐厨废弃物收集、运输、处置设施的布局、用地和规模。

有条件的地区，可以按区域统筹的模式，规划建设区域性餐厨废弃物处置设施。

第十条 餐厨废弃物收集、处置设施建设，应当符合城市环境卫生专项规划。

餐厨废弃物处置设施用地应当作为环境卫生设施用地纳入城乡规划，任何单位和个人不得擅自占用或者改变用途。

第十一条 餐厨废弃物处置设施建设项目，由设区的市和县（市）人民政府投资主管部门审批或者核准。投资主管部门审批或者核准项目时，应当征求同级人民政府市容和环境卫生主管部门的意见。

跨行政区域范围服务的餐厨废弃物处置设施建设项目，由共同的上级人民政府投资主管部门审批或者核准。上级人民政府投资主管部门在审批或者核准项目时，应当征求同级人民政府市容和环境卫生主管部门的意见。

第十二条 餐厨废弃物收集、处置设施工程建设的勘察、设计、施工和监理，应当严格执行有关法律、法规、规章和技术标准。

第十三条 餐厨废弃物收集、处置设施工程竣工后，建设单位应当依法组织竣工验收，向当地人民政府住房和城乡建设主管部门办理竣工验收备案并报送建设工程项目档案，同时告知当地人民政府市容和环境卫生主管部门。未经验收或者验收不合格的，不得交付使用。

第三章 收集和运输

第十四条 从事餐厨废弃物收集和运输，应当经省人民政府住房和城乡建设主管部门批准，取得许可证书，并具备下列条件：

（一）申请人是依法注册的企业法人，注册资金不少于三百万元人民币；

（二）有具备分类收集功能的全密闭专用收集容器；

（三）有十辆以上具有防臭味扩散、防遗撒、防滴漏功能的餐厨垃圾运输专用车辆；

（四）有固定的办公及机械、设备、车辆停放场所；

（五）法律、法规规定的其他条件。

未经批准，任何单位和个人不得从事餐厨废弃物收集和运输活动。

第十五条 设区的市、县（市）人民政府市容和环境卫生主管部门原则上通过招标等公平竞争方式确定餐厨废弃物收集和运输企业，并与其签订餐厨废弃物收集和运输协议。餐厨废弃物收集和运输协议应当明确约定经营期限、服务标准、违约责任等内容。

第十六条 餐厨废弃物产生单位应当遵守下列规定：

（一）对餐厨废弃物分类存放；

（二）设置符合标准的餐厨废弃物收集容器并保持正常使用；

（三）产生废弃食用油脂的，安装符合有关技术要求的油水分离器或者隔油池等污染防治设施设备；

（四）建立餐厨废弃物产生台账，并在每月末向所在地市容和环境卫生主管部门报告月餐厨废弃物的种类、数量；

（五）餐厨废弃物不得随意倾倒、堆放，不得将餐厨废弃物投放或者排入生活垃圾收集设施、污水排水管道、雨水管道等市政公共设施及河道、渠道、湖泊、水库等场所；

（六）餐厨废弃物不得出售、倒运；

（七）与餐厨废弃物收集和运输企业签订书面协议，在餐厨废弃物产生后24小时内将餐厨废弃物交给与其签订协议的餐厨废弃物收集和运输企业，不得将餐厨废弃物交给其他企业或者个人收集和运输。

第十七条 从事餐厨废弃物收集和运输的企业应当遵守下列规定：

（一）建立餐厨废弃物收集、运输台账制度；

（二）餐厨废弃物产生、收集、运输和处置实行联单制度；

（三）按环境卫生作业标准和规范，在规定的时间内及时收集和运输餐厨废弃物，每日到餐厨废弃物产生单位清运餐厨废弃物不得少于一次；

（四）用于收集、运输餐厨废弃物的车辆，应当为全密闭自动卸载车辆，确保密封、完好和整洁；

（五）将收集的餐厨废弃物运到符合本办法规定的餐厨废弃物处置场所。

第十八条 将餐厨废弃物运往本设区的市、县（市）行政区域外处置的，餐厨废弃物收集和运输企业应当报当地人民政府市容和环境卫生主管部门备案，并提供下列材料：

（一）处置单位营业执照复印件、处置许可证复印件；

（二）处置单位生产的产品符合产品质量标准或者进行无害化处理的证明材料；

（三）处置单位所在地人民政府市容和环境卫生主管部门同意接收处置的证明。

第四章 处 置

第十九条 餐厨废弃物应当由取得许可证的企业集中处置。

从事餐厨废弃物经营性处置服务，应当经省人民政府住房和城乡建设主管部门批准，取得许可证书，并具备下列条件：

（一）申请人是依法注册的企业法人，日处置能力小于一百吨的，注册资金不少于人民币五百万元，日处置能力大于一百吨的，注册资金不少于人民币五千万元；

（二）选址符合城乡规划，并取得相应的规划许可文件；

（三）采用的技术、工艺符合有关标准；

（四）具有健全的工艺运行、设备管理、环境监测与保护、财务管理、生产安全、计量统计等方面的管理制度并得到有效执行；

（五）具有可行的餐厨废弃物处置过程中产生的废水、废气、废渣处理技术方案和达标排放方案；

（六）法律、法规规定的其他条件。

未经批准，任何单位和个人不得从事餐厨废弃物处置活动。

第二十条 设区的市、县（市）人民政府市容和环境卫生主管部门原则上通过招标等公平竞争方式确定餐厨废弃物经营性处置服务企业，并与其签订餐厨废弃物处置服务协议。餐厨废弃物处置服务协议应当明确约定经营期限、服务标准、违约责任等内容。

第二十一条 禁止向食品类生产者出售餐厨废弃物或者将餐厨废弃物再利用加工食品类产品。

禁止使用未经无害化处置的餐厨废弃物喂养畜禽。

第二十二条 从事餐厨废弃物经营性处置服务的企业应当遵守下列规定：

（一）建立餐厨废弃物处置台账制度；

（二）餐厨废弃物处置与产生、收集、运输实行联单制度；

（三）按规定的时间和要求接收餐厨废弃物；

（四）按相关规定和技术标准，处置餐厨废弃物；

（五）处置过程中产生的废水、废气、废渣等符合环保标准，防止二次污染；

（六）使用微生物菌剂处理方法处置餐厨废弃物的，应当符合国家有关规定并采取相应的安全控制措施；

（七）按要求配备餐厨废弃物处置设施、设备，并保证其运行良好；

（八）在餐厨废弃物处置场（厂）设置餐厨废弃物贮存设施，并符合环境标准；

（九）按要求进行环境影响监测，对餐厨废弃物处置设施、设备的性能和环保指标进行检测、评价，并向当地人民政府市容和环境卫生主管部门及环境保护主管部门报告检测、评价结果；

（十）生产的产品应当符合相关质量标准。

第五章 监督管理

第二十三条 省人民政府住房和城乡建设主管部门以及设区的市、县（市）人民政府市容和环境卫生主管部门应当建立健全监督管理制度，对餐厨废弃物产生单位和收集、运输、处置企业执行本办法的情况进行监督检查。

第二十四条 发展和改革部门应当积极推进餐厨废弃物资源化利用和无害化处理，会同财政、住房和城乡建设等部门制定相关政策，建立激励机制，支持餐厨废弃物资源化利用和无害化处理项目建设，扶持相关企业发展，提高餐厨废弃物资源化利用和无害化处理水平，促进餐厨废弃物资源化利用和无害化处理产业发展。

农业部门负责畜禽养殖环节投入品的监督管理，依法查处使用未经无害化处理的餐厨废弃物喂养畜禽违法行为。

质量技术监督部门负责食品生产环节监督管理，依法查处使用利用餐厨废弃物加工的油脂生产食品的违法行为。

工商行政管理部门负责食品流通环节监督管理，应当加强对流通环节经营食用油的监督，依法查处经营利用餐厨废弃物加工食用油等食品的行为。

食品药品监管部门负责食品餐饮服务环节监督管理，监督餐饮服务单位建立并执行食品原料采购查验和索证索票制度，依法查处非法购买、使用以餐厨废弃物加工的食用油的行为。

环境保护部门负责餐厨废弃物产生单位、处置单位的环境影响评价审批和环保竣工“三同时”验收工作，依法监督管理污染防治设施运行及排污情况；负责食品生产经营单位污染防治设施的监督管理，依法查处超标排放油脂废水等环境违法行为。

商务部门负责餐饮业行业管理，引导餐饮企业建立健全餐厨废弃物各项管理制度，督促餐饮服务单位将餐厨废弃物交给收集和运输企业。

公安部门应当依法查处利用餐厨废弃物生产、加工食用油，以及明知是利用餐厨废弃物生产、加工的油脂而作为食用油销售的行为。

第二十五条 任何单位和个人都有权对违反本办法的行为进行检举。

市容和环境卫生主管部门以及其他对餐厨废弃物负有监督管理职责的部门应当建立投诉举报制度，接受公众对餐厨废弃物产生、收集、运输、处置违法活动投诉和举报，并为投诉人或者举报人保密。受理投诉或者举报后，相关部门应当及时到现场检查处理，并在受理投诉或者举报后15个工作日内将处理结果告知投诉人或者举报人。

第二十六条 设区的市、县（市）人民政府市容和环境卫生主管部门及其他有关部门实施监督检查时，可以查阅、复制有关文件和资料，要求被检查的单位和个人就有关问题作出说明和进入现场开展检查。

有关单位和个人应当支持配

合监督检查并提供工作方便。

第二十七条 餐厨废弃物收集、运输和处置中标企业由设区的市、县（市）人民政府市容和环境卫生主管部门列入餐厨废弃物收集、运输和处置企业目录，并向社会公布，接受社会监督。

第二十八条 设区的市、县（市）人民政府市容和环境卫生主管部门应当对餐厨废弃物处理设施设备运营状况和处理效果进行年度考核评价，公开考核评价结果。

第二十九条 省人民政府住房和城乡建设主管部门以及设区的市、县（市）人民政府市容和环境卫生主管部门应当建立餐厨废弃物收集、运输和处置企业信用体系，利用网络平台及时将企业行为记录在案，并向社会公布，其记录情况作为企业投标的重要参考。

第三十条 餐厨废弃物收集、运输和处置协议到期，需要继续从事餐厨废弃物收集、运输和处置活动的，应当在有效期满30日前向当地人民政府市容和环境卫生主管部门申请办理延续手续。准予延续的，当地人民政府市容和环境卫生主管部门应当与餐厨废弃物收集、运输和处置企业重新订立经营协议。

第三十一条 餐厨废弃物收集、运输和处置企业不得擅自停业或者歇业。确需停业或者歇业的，应当提前6个月提出申请，市容和环境卫生主管部门收到申请45日内作出答复，在解除协议前，企业必须保证正常服务。

第三十二条 设区的市、县（市）人民政府市容和环境卫生主管部门应当会同有关部门制定餐厨废弃物收集、运输和处置应急预案，建立餐厨废弃物应急处理系统，确保紧急或者特殊情况下餐厨废弃物的正常收集、运输和处置。

餐厨废弃物收集、运输和处置企业应当制定餐厨废弃物污染突发事件防范应急方案，并报设区的市、县（市）人民政府市容和环境卫生主管部门备案。

第六章 法律责任

第三十三条 省人民政府住房和城乡建设主管部门以及设区的市、县（市）人民政府市容和环境卫生主管部门及其工作人员有下列行为之一的，由其主管部门或者上级机关责令改正，对其主管人员和直接责任人员依法给予处分；构成犯罪的，依法追究刑事责任：

（一）违反规定程序，核发餐厨废弃物收集、运输和处置许可证的；

（二）未按规定通过招标等方式确定餐厨废弃物收集、运输和处置企业的；

（三）发现违法行为或者接到违法行为举报，未依法查处的；

（四）其他滥用职权、玩忽职守、徇私舞弊行为的。

第三十四条 公民、法人或者其他组织未经许可，擅自从事餐厨废弃物收集、运输、处置活动的，由市容和环境卫生部门、工商行政管理部门、公安机关依法予以取缔，查处和收缴非法运输工具、设施设备；构成犯罪的，依法追究刑事责任。

第三十五条 餐厨废弃物产生单位将餐厨废弃物擅自交给与其签订协议以外的其他企业或者个人的，由市容和环境卫生主管部门责令改正，并纳入企业诚信记录，可处二千元以上一万元以下罚款；情节严重的，由食品药品监管等负有监督管理职责的部门依法责令停产停业整顿，直至吊销相关证照。

第三十六条 对使用废弃食用油脂的餐饮单位以及向食品类生产者出售餐厨废弃物或者将餐厨废弃物再利用加工食品类产品的单位和个人，由市容和环境卫生、工商行政管理、食品药品监管等负有监督管理职责的部门依法责令停止违法行为、停产停业整顿，直至吊销相关证照。

第三十七条 从事餐厨废弃物收集和运输企业违反本办法第十七条、从事餐厨废弃物经营性处置服务企业违反本办法第二十二条规定情形之一的，由市容和环境卫生主管部门责令限期改正，逾期不改正的，处一万元以上三万元以下罚款；情节严重的，解除与其签订的相关协议，并在3年内不再与其签订相关协议，与工商行政管理、环境保护等负有监督管理职责的部门依法吊销相关证照。

第三十八条 违反本办法规定，应当受到处罚的其他行为，由质量技术监督、工商行政管理、农业、食品药品监管等部门依照相关法律、法规和规章予以处罚。

第三十九条 违反本办法规定，干扰、阻碍市容和环境卫生主管部门以及其他对餐厨废弃物负有监督管理职责的部门正常履行监督管理职责的，由公安机关按《中华人民共和国治安管理处罚法》的规定予以处理。

第七章 附 则

第四十条 本办法自2013年

2月1日起施行。

河北省安全生产应急管理规定

（2012年12月28日河北省人民政府第115次常务会议通过 2012年12月28日河北省人民政府令〔2012〕第15号公布 自2013年2月1日起施行）

第一章 总 则

第一条 为及时有效地控制、减少和消除生产安全事故及其造成的危害，规范安全生产应急管理工作，保障社会公众生命财产安全，根据《中华人民共和国突发事件应对法》和《河北省安全生产条例》等法律、法规，结合本省实际，制定本规定。

第二条 本规定适用于本省行政区域内生产安全事故的预防与应急准备、监测与预警、应急处置与救援等应急管理活动。

第三条 本省建立统一领导、综合协调、分级负责、分类管理、属地管理为主的安全生产应急管理工作体制。

县级以上人民政府对本行政区域内的安全生产应急管理工作负责，指挥、协调所属有关部门和下级人民政府开展生产安全事故应急管理工作，建立健全安全生产应急管理工作责任制。

第四条 县级以上人民政府安全生产监督管理部门负责本行政区域内的安全生产应急综合管理工作，县级以上人民政府其他有关部门在其职责范围内负责相应的安全生产应急管理工作。

省人民政府设立的安全生产应急救援指挥机构，具体承担重特大生产安全事故应急救援指挥协调工作，以及应急值守、应急救援培训、应急演练、应急信息化建设、重大危险源监控管理等工作。省政府有关部门设立的安全生产应急管理机构，具体承担本行业或者本领域的安全生产应急管理工作。

设区的市和县（市、区）人民政府应当明确安全生产应急救援指挥机构，具体承担本行政区域内应急救援指挥、应急值守、应急演练、应急信息化建设、重大危险源监控管理等工作。

第五条 生产经营单位应当建立健全本单位的安全生产应急管理工作责任制和相关管理制度，保障与本单位生产经营规模相适应的人员、资金、装备和物资，其主要负责人全面负责本单位的安全生产应急管理工作。

第六条 鼓励、支持生产经营单位、大专院校、科研机构开展安全生产应急领域的科学技术研究和技术装备自主开发，引进先进救援装备和先进技术，提高应急救援能力。

第七条 县级以上人民政府应当按国家和本省有关规定，对在生产安全事故救援工作中作出突出贡献的单位和个人，给予表彰和奖励，并对救援过程中伤亡的人员，给予妥善救治、抚恤。

第二章 预防与应急准备

第八条 县级以上人民政府应当组织所属有关部门，按各自职责分工，对本行政区域内容易发生生产安全事故的生产经营单位进行严格检查，发现事故隐患及时处理。

生产经营单位应当定期检查本单位各项安全防范措施的落实情况，及时消除事故隐患，防止生产安全事故发生。

第九条 县级以上人民政府及其有关部门应当根据国家和本省有关规定，制定本行政区域、本部门的生产安全事故应急预案并依照有关规定备案。

生产经营单位应当针对本单位可能发生的生产安全事故，按国家和本省有关规定制定生产安全事故应急预案，报相应安全生产监督管理部门和其他有关部门备案。

县级以上人民政府及其有关部门、生产经营单位制定的有关生产安全事故应急预案应当相互衔接，并根据国家和本省有关规定及时修订。

第十条 县级以上人民政府及其有关部门和生产经营单位应当按生产安全事故应急预案的要求，落实应急组织、人员、队伍、装备、物资、专家等应急资源，开展应急演练，并对演练情况进行记录，对演练效果进行总结和评估。

第十一条 县级以上人民政府安全生产监督管理部门可以根据本地安全生产实际情况的需要，成立专业安全生产应急救援队伍。

第十二条 煤矿和非煤矿山应当按国家有关规定成立矿山救护队，并实行资质管理。

大型的建筑施工单位、交通运输单位以及危险物品的生产、经营、储存单位，应当成立专职安全生产应急救援队伍。

中小型的建筑施工单位、交通运输单位和危险物品的生产、经营、储存单位，以及大型游乐设施、客运索道的经营使用单位，具备条件的可以成立专职安全生产应急救援队伍；不具备条件的，应当成立兼职安全生产应急救援队伍，并与邻近同类生产经营单位的专职安全生产应急救援队伍签订生产安全事故救援协议。

其他生产经营单位应当配备与本单位生产经营规模相适应的应急救援人员，根据有关规定与邻近的专职安全生产应急救援队伍签订生产安全事故救援协议。

鼓励社会力量成立专职安全生产应急救援队伍，为生产经营单位提供生产安全事故救援服务。

第十三条 专业和专职安全生产应急救援队伍应当依照有关规定，进行专项培训并达到国家或者本省规定的条件，实行备案管理。

兼职安全生产应急救援队伍应当经相应培训并达到本省规定的条件。

第十四条 安全生产应急救援队伍应当结合实战需要，制定训练计划，开展相应训练，提高救援能力，并为应急救援人员购买意外伤害保险。

第十五条 专职安全生产应急救援队伍应当定期对服务范围内的生产经营单位进行预防性安全检查，熟悉应急预案内容、周边环境、地形地貌、重大危险源危害因素等有关情况。

第十六条 专职安全生产应急救援队伍按生产安全事故救援协议参加生产安全事故救援或者提供相关技术服务，可以依照有关规定收取费用。

生产安全事故救援协议样式和规范内容由省人民政府安全生产监督管理部门制定。

第十七条 县级以上人民政府安排的安全生产专项资金应当优先保障用于生产安全事故的应急救援工作和有关应急救援机构运行保障、应急救援培训和应急演练等工作，并根据本行政区域内安全生产形势和生产安全事故特点，储备必要的应急救援物资装备。

第十八条 县级以上人民政府安全生产监督管理部门和其他有关部门应当采取多种形式，开展安全生产应急法律法规、事故预防和避险、自救、互救、应急处置等知识的宣传普及活动，提高公众的安全生产应急意识和能力。

生产经营单位应当结合本单位的实际情况，开展安全生产应急知识的宣传和培训。

第三章 监测与预警

第十九条 县级以上人民政府安全生产监督管理部门应当建立安全生产应急管理信息平台，完善救援队伍、救援物资、救援专家等相关数据库，对可能发生的生产安全事故、重大危险源进行监测。

第二十条 生产经营单位应当按国家和本省有关要求，建立健全生产、储存、运输等环节的安全生产监测监控系统，保障监测监控系统的正常运行。其中，矿山、建筑施工单位、交通运输单位、危险物品的生产、经营、使用、运输和储存以及构成重大危险源的单位，应当依照有关要求将相关信息传输到安全生产监督管理部门或者安全生产应急救援指挥机构。

第二十一条 各级安全生产应急信息平台应当和生产经营单位的安全生产监测监控系统实现互联互通、信息共享，并确保信息安全。

第二十二条 安全生产监督管理部门应当与气象、海洋、防汛、国土资源、地震等部门和机构建立预警联动工作机制，及时掌握相关自然灾害的预警信息，研判可能引发的生产安全事故，并按国家和本省有关规定发出相应级别的生产安全事故预警信息。

生产安全事故发生地人民政府对可能波及邻近行政区域的生产安全事故，应当及时向邻近地区人民政府发出生产安全事故预警信息。

县级以上人民政府及其有关部门、生产经营单位接到生产安全事故预警信息后，应当及时采取应对措施，避免或者减轻可能造成的危害。

第四章 应急处置与救援

第二十三条 生产经营单位发生生产安全事故后，应当立即启动相应应急预案，并按规定向事故发生地县级以上人民政府有关部门报告。有关部门接到报告后，应当立即按有关规定上报，并启动相应应急预案，组织开展生产安全事故救援。

第二十四条 生产安全事故可能危及周边公众人身安全时，事故发生地人民政府应当立即组织疏散、撤离和安置相关人员，尽最大可能减少事故造成的生命财产损失，防控次生和衍生事故发生。相关单位和人员应当服从当地人民政府的指挥和安排，积极配合疏散行动。

第二十五条 执行生产安全事故救援任务的车辆，可以使用警报器、标志灯具，在确保安全情况下，不受行驶速度、行驶路线、行驶方向和指挥信号的限制。

交通管理指挥人员应当保证相关车辆迅速通行。

应急救援专业车辆的外观由省人民政府公安、交通运输和安全生产监督管理部门联合设定。

第二十六条 县级以上人民政府在生产安全事故救援过程中，可以借用或者依法征用公民、法人或者其他组织的救援物资、设施和装备。

第二十七条 生产安全事故应急救援过程中调用应急救援队伍以及借用或者征用救援物资、设施和装备等产生的费用，由生产安全事故责任单位承担。生产安全事故责任单位确实无力承担的，由事故发生地县级以上人民政府协调解决。

第二十八条 因生产安全事故造成供水、供电、供气、供热、交通、通信等公共基础设施损坏的，事故发生地人民政府应当组织有关部门尽快修复，保障正常的生产、生活需要。

第五章 法律责任

第二十九条 县级以上人民政府安全生产监督管理部门或者其他有关部门及其工作人员有下列行为之一的，对直接负责的主管人员和其他直接责任人员依法给予处分，涉嫌犯罪的，由司法机关依法处理：

（一）不依照有关规定制定生产安全事故应急预案的；

（二）未及时发布生产安全事故预警信息的；

（三）未及时组织开展生产安全事故救援的；

（四）其他滥用职权、玩忽职守、徇私舞弊的行为。

第三十条 生产经营单位有下列情形之一的，由安全生产监督管理部门责令限期改正，逾期未改正的，可以处一万元以下的罚款：

（一）未按规定建立安全生产应急救援队伍、或者未按规定与专职安全生产应急救援队伍签订应急救援协议的；

（二）专职安全生产应急救援队伍未经专项培训擅自开展生产安全事故救援业务收取费用的；

（三）不按要求建立安全生产监测监控系统、将监测监控信息传输到有关监督管理部门或者应急指挥机构的。

第三十一条 其他违反本规定的行为，有关法律、法规已经规定法律责任的，从其规定。

第六章 附 则

第三十二条 核事故和辐射事故的安全生产应急管理活动不适用本规定。

煤矿的安全生产应急管理活动，法律、法规另有规定的，从其规定。

第三十三条 本规定自2013年2月1日起施行。

河北省民用机场净空和电磁环境保护办法

（2012年12月28日河北省人民政府第115次常务会议通过 2012年12月28日河北省人民政府令〔2012〕第16号公布 自2013年2月1日起施行）

第一章 总 则

第一条 为加强民用机场净空和电磁环境保护，保障民用航空安全和人民生命财产安全，根据《中华人民共和国民用航空法》、《民用机场管理条例》等法律、法规，结合本省实际，制定本办法。

第二条 本省行政区域内民用机场（含军民合用机场的民用部分）净空和电磁环境保护，适用本办法。

第三条 民用机场所在地的县级以上人民政府应当加强对民用机场净空和电磁环境保护工作的领导，将其纳入本地安全生产责任目标考核体系，建立完善工作责任制和协调机制，研究解决工作中的重大问题。

第四条 民用机场所在地的县级以上人民政府负责民用航空管理的部门（以下简称民用航空主管部门）负责本行政区域内民用机场净空和电磁环境保护工作。其他有关部门按各自职责，共同做好民用机场净空和电磁环境保护工作。

民用航空华北地区管理局（以下简称民用航空管理机构）对民用机场净空和电磁环境保护实施行业监督管理。

民用机场管理机构应当做好本机场净空和电磁环境保护的日常管理工作。

第五条 任何单位和个人，有权向民用航空主管部门、其他有关部门举报民用机场净空和电磁环境安全隐患或者危害民用机场净空和电磁环境安全的行为。接到举报的部门应当依法处理，并为举报人保密。

第六条 民用机场所在地的县级以上人民政府、民用航空主管部门、民用机场管理机构应当采取多种形式，向社会宣传普及民用机场净空和电磁环境保护知识，提高公民对民用机场净空和电磁环境的保护意识。

第二章 净空保护

第七条 民用机场管理机构应当依据国家有关机场飞行区技术标准，按本机场总体规划，编制民用机场障碍物限制图。民用机场总体规划调整时，应当相应调整民用机场障碍物限制图。

民用机场管理机构应当将民用机场障碍物限制图报送民用机场所在地的县级以上人民政府城乡规划、国土资源部门和气象主管机构备案。

第八条 民用航空管理机构和民用机场所在地的县级以上人民政府，应当按国家有关规定划定民用机场净空保护区域，并向社会公布。

第九条 民用机场所在地的县级以上人民政府，应当将民用机场净空保护区域纳入土地利用总体规划和城市总体规划统一管理。

第十条 县级以上人民政府发展和改革部门审批民用机场净空保护区域内的建设项目，应当对项目是否符合机场净空保护要求进行审查，并书面征求民用航空管理机构的意见。

第十一条 新建、扩建民用机场，民用机场所在地的县级以上人民政府应当在当地主要媒体发布公告，并在拟新建、扩建民用机场周围地区张贴。

民用机场新建、扩建公告发布前，在依法划定的民用机场净空保护区域内已经存在的可能影响飞行安全的建（构）筑物、树木、灯光和其他障碍物体，由民用机场所在地的县级以上人民政府或者其委托的部门组织障碍物体所有人在规定期限内清除；对由此造成的损失，由民用机场建设单位给予补偿或者依法采取其他补救措施。

民用机场新建、扩建公告发布后，任何单位和个人不得在民用机场净空保护区域内修建、种植或者设置影响飞行安全的建（构）筑物、树木、灯光和其他障碍物体。

第十二条 在民用机场净空保护区域内，禁止从事下列活动：

（一）修建超过民用机场净空障碍物限制高度的建（构）筑物或者其他设施；

（二）排放大量烟雾、粉尘、火焰、废气等影响飞行安全的物质；

（三）修建靶场、强烈爆炸物仓库等影响飞行安全的建筑物或者其他设施；

（四）设置影响民用机场目视助航设施使用或者飞行员视线的灯光、标志或者物体；

（五）在民用机场围界外五米范围内，搭建建（构）筑物、种植树木，或者从事挖掘、堆积物体等影响民用机场运营安全的活动；

（六）种植影响飞行安全或者影响民用机场助航设施使用的植物；

（七）升放无人驾驶的自由气球、系留气球和风筝、孔明灯等其他升空物体；

（八）放飞影响飞行安全的鸟类动物；

（九）焚烧产生大量烟雾的农作物秸秆、垃圾等物质；

（十）燃放升空的爆竹、烟花、焰火等；

（十一）国家规定的其他影响民用机场净空保护的活动。

在民用机场净空保护区域外从事前款所列活动的，不得影响民用机场净空安全。

第十三条 禁止在距离航路两侧边界各三十公里范围内修建对空射击的靶场和其他可能影响飞行安全的设施。

第十四条 民用机场所在地的县级以上人民政府应当组织民用航空主管部门、民用机场管理机构及其他有关部门确定民用机场周边区域修建建（构）筑物，种植高大树木，燃放升空的爆竹、烟花、焰火，升放无人驾驶的自由气球、系留气球和风筝、孔明灯等其他升空物体的限制高度和区域，并向社会公布。

第十五条 建（构）筑物或者其他设施达到限制高度，以及具有民用航空技术规范规定的其他影响飞行安全情形的，其所有人应当按国家有关规定设置航空障碍灯、标志，并保持正常使用状态。

第十六条 在民用机场净空保护区域内设置二十二万伏以上高压输电塔的，应当按国家有关规定设置障碍灯或者标志，保持其正常状态，并向民用航空管理机构、民用机场管理机构和民用机场空中交通管理部门提供有关资料。

第十七条 在民用机场净空保护区域外升放无人驾驶自由气球、系留气球的，应当经当地气象主管机构依法批准后方可进行，并不得影响民用航空飞行安全。发生下列可能危及飞行安全的情形时，升放单位、个人应当立即向飞行管制部门和当地气象主管机构报告：

（一）无人驾驶自由气球非正常运行的；

（二）系留气球意外脱离系留

的；

（三）其他可能影响飞行安全的异常情形。

第十八条 民用机场围界范围内发生危及飞行安全的鸟类活动时，民用机场管理机构应当进行驱赶或者采取其他必要的措施进行处理。

民用机场围界范围外、净空保护区域内发生危及飞行安全的鸟类活动时，民用机场所在地的人民政府应当组织有关部门采取措施消除安全隐患，民用机场管理机构应当予以配合。

信鸽协会应当做好会员的管理工作，在放飞信鸽或者组织竞赛等活动时，严格遵守有关规定，不得影响民用机场净空安全。

第十九条 民用机场管理机构应当加强对本机场净空状况的核查，发现影响净空安全的情况，应当立即制止，并书面报告所在地的县级以上人民政府民用航空主管部门。民用航空主管部门应当及时采取有效措施，消除对飞行安全的影响。

第三章 电磁环境保护

第二十条 省、设区的市无线电管理机构应当会同民用航空管理机构，按国家无线电管理的有关规定和标准，划定民用机场电磁环境保护区域，并向社会公布。

民用航空电磁环境保护区域包括设置在民用机场总体规划区域内的民用航空无线电台（站）电磁环境保护区域和民用机场飞行区电磁环境保护区域。

第二十一条 在民用机场电磁环境保护区域内设置、使用非民用航空无线电台（站）的，省、设区的市无线电管理机构应当征求民用航空管理机构意见后，按国家无线电管理的有关规定审批。

第二十二条 省、设区的市无线电管理机构应当对民用航空地面无线电台（站）进行重点保护，民用机场管理机构应当予以配合。

第二十三条 在民用航空无线电台（站）电磁环境保护区域内，禁止从事下列影响民用机场电磁环境的活动：

（一）修建架空高压输电线、架空金属线、铁路、公路、电力排灌站；

（二）存放金属堆积物；

（三）种植高大植物；

（四）从事掘土、采砂、采石等改变地形地貌的活动；

（五）国家规定的其他影响民用机场电磁环境的行为。

第二十四条 任何单位、个人设置或者使用的无线电发射设备台（站）和其他仪器、装置，不得干扰民用航空无线电专用频率的正常使用。

第二十五条 民用航空无线电专用频率受到干扰时，民用机场管理机构和民用航空管理机构应当立即采取排查措施，及时消除；无法消除的，应当通报所在地的无线电管理机构。无线电管理机构应当采取措施，依法查处。

第四章 法律责任

第二十六条 县级以上人民政府民用航空主管部门和有关部门及其工作人员在民用机场净空和电磁环境保护工作中滥用职权、玩忽职守、徇私舞弊，不依法履行职责的，依法给予处分；涉嫌犯罪的，由司法机关依法处理。

第二十七条 违反本办法第十一条第三款规定的，由机场所在地的县级以上人民政府责令限期清除，由此造成的损失，由修建、种植或者设置该障碍物体的单位和个人承担。

第五章 附 则

第二十八条 本办法自2013年2月1日起施行。

河北省实施《残疾人就业条例》办法

（2009年8月17日河北省人民政府令〔2009〕第6号公布 根据2012年12月28日河北省人民政府第115次常务会议通过的《河北省人民政府关于修改〈河北省实施残疾人就业条例办法〉的决定》修订 2012年12月28日河北省人民政府令〔2012〕第17号公布 自公布之日起施行）

第一章 总 则

第一条 为贯彻《中华人民共和国残疾人保障法》，保证《残疾人就业条例》的实施，促进残疾人就业，维护残疾人的劳动权利，结合本省实际，制定本办法。

第二条 本办法所称残疾人就业，是指持有《中华人民共和国残疾人证》、符合法定就业年龄、有就业要求和就业能力的残疾人从事有报酬的劳动。

第三条 本省行政区域内的机关、团体、企业、事业单位、民办非企业单位（以下统称用人单位），应当依照有关法律、法规和本办法的规定，履行扶持残疾人就业的责任和义务。

第四条 县级以上人民政府及其有关部门应当鼓励社会组织和个人通过多种渠道、多种形式帮助、支持残疾人就业，鼓励用人单位超过规定比例安排残疾人就业，鼓励和扶持残疾人自主择业、自主创业或者采取多种形式灵活就业。禁止在就业中歧视残疾人。

第五条 县级以上人民政府应当加强对残疾人就业工作的领导，将残疾人就业纳入国民经济和社会发展规划，并制定优惠政策和具体扶持保护措施，为残疾人就业创造条件。

第六条 县级以上人民政府残疾人工作委员会负责组织、协调、指导和监督有关部门做好残疾人就业工作。

县级以上人民政府人力资源和社会保障、民政、税务、工商行政管理等有关行政主管部门按照规定的职责，做好残疾人就业工作。

工会、共产主义青年团、妇女联合会应当在各自的工作范围内，做好残疾人就业工作。

第七条 各级残疾人联合会依照有关法律、法规的规定或者接受政府的委托，负责残疾人就业工作的具体组织实施和监督工作。

第八条 县级以上人民政府对在残疾人就业工作中做出显著成绩的单位和个人，应当按有关规定予以表彰、奖励。

第二章 用人单位的责任

第九条 用人单位应当按不低于本单位在职职工总数百分之一点五的比例安排残疾人就业，并为其提供适当的工种和岗位。

用人单位按前款规定比例计算安排就业的残疾人不足一人的，应当安排一人；安排一名盲人或者重度残疾人的，按安排两名残疾人计算。用人单位跨地区招用的残疾人，应当计入所安排的残疾人职工人数之内。

第十条 残疾人劳动者享有平等就业的权利。用人单位在招工时，除国家另有规定或者特殊行业（岗位）外，不得以残疾为由拒绝招用残疾人劳动者。残疾人劳动者就业后，应当尽量保持其就业岗位稳定。

第十一条 用人单位未安排残疾人就业或者安排残疾人就业达不到本办法第九条第一款规定比例的，应当按差额人数与统计部门公布的当地在职职工上一年度平均工资之积，计算并按期缴纳残疾人就业保障金。

第十二条 政府和社会依法兴办的残疾人福利企业、盲人按摩机构、残疾人托养机构和其他福利性单位（以下统称集中使用残疾人的用人单位），应当集中安排残疾人就业。

残疾人福利企业的资格由县级以上人民政府民政部门确认；其他集中使用残疾人的用人单位的资格由县（市、区）以上残疾人联合会确认。

第十三条 集中使用残疾人的用人单位中从事全日制工作的残疾人职工人数应当占本单位在职职工总数的百分之二十五以上，且不少于十人。

第十四条 用人单位应当依法与残疾人职工签订劳动合同，并按规定为残疾人职工缴纳社会保险费。

第十五条 用人单位应当向残疾人职工按时、足额支付劳动报酬。残疾人职工的劳动报酬不得低于当地的最低工资标准。

第十六条 用人单位应当为残疾人职工提供适合其身体状况的工种、岗位和劳动保护条件，不得随意加重残疾人职工的劳动负担，不得随意延长残疾人职工的工作时间，不得以暴力、威胁或者非法限制人身自由等手段强迫残疾人劳动。

第十七条 用人单位不得在晋职、晋级、评定职称、劳动报酬、社会保险、生活福利等方面歧视残疾人职工。

第十八条 用人单位应当根据本单位残疾人职工的实际情况，对残疾人职工免费进行上岗、在岗、转岗培训。

第十九条 用人单位应当采取措施，逐步建设和完善规范的无障碍设施，推进残疾人信息交流无障碍工作，改善残疾人职工的就业环境。

第二十条 用人单位应当按期向当地残疾人联合会报告本单位的在职职工和残疾人职工人数、本年度安排残疾人就业的情况及下一年度录用残疾人就业的计划。

第三章 保障措施

第二十一条 县级以上人民政府及其有关部门和单位应当采取措施，开发适合残疾人就业的工作岗位，保障残疾人就业。

县级以上人民政府投资或者扶持开发的城市环境卫生、园林绿化、公共停车场、书报亭、公用电话亭、社区服务点和收费公厕等公益性岗位，应当优先安排残疾人就业。

第二十二条 在不影响城市规划实施和市容环境卫生管理的前提下，设区的市和县（市、区）人民政府及其有关部门应当在城市建成区内划出适当经营场地或者摊位，安排残疾人从事个体、私营经营活动。

第二十三条 县级以上人民政府及其有关部门应当结合本地实际确定适合残疾人生产、经营的产品和项目，优先安排集中使用残疾人的用人单位生产、经营，并根据集中使用残疾人的用人单位的生产特点确定某些产品由其专产。

进行政府采购时，在同等条件下，应当优先采购集中使用残疾人的用人单位生产的产品或者提供的服务。

第二十四条 县级以上人民政府及其有关部门应当组织和扶持农村残疾人从事种植业、养殖业、手工业和其他形式的生产劳动，并在生产服务、技术指导、农用物资供应、农副产品收购和信贷等方面给予支持。

第二十五条 用人单位和从事个体经营的残疾人符合国家规定条件的，税务机关应当给予增值税、营业税、土地使用税、企业所得税和个人所得税等税收优惠，并及时办理相关手续。

第二十六条 用人单位应当缴纳的残疾人就业保障金的数额，由残疾人联合会设置的残疾人就业服务机构依照国家和本省有关规定核定。

与财政部门有直接拨款关系的用人单位应当缴纳的残疾人就业保障金，由财政部门代扣；其他用人单位应当缴纳的残疾人就业保障金，由地方税务机关代征。

地方税务机关代征残疾人就业保障金的工作经费，纳入财政预算统一安排。

第二十七条 依法征收的残疾人就业保障金应当纳入财政预算，并专项用于下列开支：

（一）残疾人的职业培训和就业服务费用；

（二）扶持城乡残疾人依法从事个体经营、自主择业、自主创业活动；

（三）开发建设用于安排残疾人就业的生产经营设施和公益性岗位；

（四）依法参加社会保险的残疾人社会保险费补贴；

（五）奖励超比例安排残疾人就业的用人单位和为安排残疾人就业做出显著成绩的单位及个人；

（六）经本级财政部门批准，直接用于残疾人就业工作的其他开支。

第二十八条 残疾人就业保障金应当按规定用途使用，任何组织或者个人不得贪污、截留、挪用或者私分。

残疾人就业保障金的征收、使用情况应当定期向社会公布。

残疾人就业保障金征收、使用和管理的具体办法，由省财政部门会同有关部门制定。

财政、审计部门应当依法对残疾人就业保障金的使用情况进行监督检查和审计监督。

第四章 就业服务

第二十九条 县级以上人民政府及其有关部门应当积极发展残疾人就业服务事业，将残疾人就业服务纳入公共就业服务体系，为残疾人就业服务机构配备必要人员，向就业困难的残疾人提供有针对性的就业援助服务，鼓励和扶持职业培训机构和职业技能鉴定机构为残疾人提供职业培训和职业技能鉴定，并按规定给予职业培训和职业技能鉴定补贴。

第三十条 公共就业和人才服务机构应当设置残疾人就业服务窗口，向用人单位推荐残疾人就业，并免收残疾人的人事档案管理费。

第三十一条 残疾人就业服务机构应当免费为残疾人就业提供下列服务：

（一）发布残疾人就业信息；

（二）组织开展残疾人职业培训；

（三）为残疾人提供职业心理咨询、职业适应评估、职业康复训练、求职定向指导、职业介绍等服务；

（四）为残疾人自主择业提供必要帮助；

（五）为用人单位安排残疾人就业提供必要支持。

第三十二条 对超过本办法第九条第一款规定比例安排残疾人就业的用人单位，应当给予适当社会保险补贴，用于该单位为残疾人职工缴纳社会保险费。社会保险补贴所需资金从本级财政预算安排的残疾人事业费或者残疾人就业保障金中列支。具体补贴标准和管理办法，由设区的市人民政府制定。

第三十三条 受人力资源和社会保障部门的委托，残疾人就业服务机构可以进行残疾人失业登记、残疾人就业与失业统计。符合条件的残疾人就业服务机构可以向人力资源和社会保障部门申请设立职业技能鉴定机构。

第三十四条 残疾人职工与用人单位发生劳动争议的，当地法律援助机构应当依法为其提供法律援助，各级残疾人联合会应当根据残疾人职工的需求免费提供盲文、手语等特殊帮助及其他服务。

第五章 法律责任

第三十五条 违反本办法规定，有关行政主管部门的工作人员在残疾人就业工作中滥用职权、玩忽职守、徇私舞弊，尚不构成犯罪的，依法给予处分；涉嫌构成犯罪的，由司法机关依法处理。

第三十六条 违反本办法规定，贪污、挪用、截留、私分残疾人就业保障金，尚不构成犯罪的，对有关责任单位、直接负责的主管人员和其他直接责任人员依法给予处分或者处罚；涉嫌构成犯罪的，由司法机关依法处理。

第三十七条 违反本办法规定，用人单位未按规定缴纳残疾人就业保障金的，由财政部门给予警告，责令限期缴纳；逾期仍不缴纳的，除补缴欠缴数额外，还应当自欠缴之日起，按日加收千分之五的滞纳金。

用人单位对责令限期缴纳决定不服的，可以依法申请行政复议或者提起行政诉讼。逾期既不申请行政复议也不提起行政诉讼，又不履行缴纳决定的，由残疾人联合会依法申请人民法院强制执行。

第三十八条 违反本办法第二十条规定的，由残疾人工作委员会给予通报批评、责令限期改正。

第三十九条 用人单位弄虚作假，虚报安排残疾人就业人数，骗取税收优惠待遇的，由税务机关依法处理。

第六章 附 则

第四十条 本办法自2009年10月1日起施行。1997年5月27日省人民政府发布的《河北省分散按比例安排残疾人就业规定》同时废止。

河北省特种设备安全监察规定

（2012年12月28日河北省人民政府第115次常务会议通过 2012年12月28日河北省人民政府令〔2012〕第18号公布 自2013年2月1日起施行）

第一章 总 则

第一条 为加强特种设备的安全监察，防止和减少事故，保障公共安全和公民的生命、财产安全，促进经济社会发展，根据国务院《特种设备安全监察条例》等有关法律、法规的规定，结合本省实际，制定本规定。

第二条 本规定所称特种设备，是指涉及生命安全、危险性较大的锅炉、压力容器（含气瓶，下同）、压力管道、电梯、起重机械、客运索道、大型游乐设施和场（厂）内专用机动车辆。

各类特种设备具体范围的确定，按国务院批准的特种设备目录执行。

第三条 本规定适用于本省行政区域内特种设备的生产（含设计、制造、安装、改造、维修，下同）、使用、检验检测及相关的监督检查活动。特种设备安全监察法律、法规另有规定的除外。

军事装备、核设施、航空航天器、铁路机车、海上设施和船舶以及矿山井下使用的特种设备、民用机场专用设备的安全监察，不适用本规定。

房屋建筑工地和市政工程工地使用的起重机械、场（厂）内专用机动车辆和城市燃气、热力管道等公用压力管道的安装、使用的监督管理，由住房和城乡建设行政主管部门依照有关法律、法规的规定执行。

第四条 县级以上人民政府应当加强对特种设备安全工作的领导，及时协调解决特种设备安全监察中存在的重大问题，并将特种设备安全工作纳入政府年度安全生产目标。

第五条 各级特种设备安全监督管理部门负责本行政区域内的特种设备安全监察工作。

其他有关部门按照规定的职责，做好特种设备安全的相关监督管理工作。

乡（镇）人民政府、街道办事处应当确定机构或者人员，协助特种设备安全监督管理部门做好特种设备安全监察工作。

第六条 特种设备的行业协会应当引导特种设备的生产、使用单位和检验检测机构加强自律管理，推进行业诚信体系建设。

第七条 县级以上人民政府及其有关部门应当制定措施，鼓励有关单位和个人采用物联网等信息化管理手段，提高特种设备的安全管理水平和防范事故的能力。

第八条 本省鼓励特种设备生产、使用单位和检验检测机构参加与特种设备安全有关的责任保险，提高对特种设备事故的赔付能力。

第二章 生产与使用

第九条 特种设备的生产、使用单位和移动式压力容器、气瓶的充装单位应当在依法取得营业执照后，向特种设备安全监督管理部门办理相关行政许可、核准或者登记手续。

第十条 特种设备生产单位应当严格按照国家有关法律、法规和安全技术规范的规定及设计文件的要求，进行生产活动。国家有关法律、法规和安全技术规范规定设计文件需要进行鉴定或者特种设备产品需要进行型式试验、能效测试的，应当按规定办理。设计文件经鉴定不合格或者特种设备产品经型式试验、能效测试不合格的，不得投入生产。

第十一条 特种设备制造单位发现其制造的特种设备产品因设计、工艺、材料等原因存在危害人身、财产安全缺陷的，应当立即停止制造或者停止交付使用，及时通知设计、销售、使用单位，并通过退货、换货或者修理等方式有效消除特种设备产品的安全缺陷。

第十二条 建筑物内需要安装锅炉的，应当按国家有关安全技术规范的要求，与公众聚集场所和居民住宅保持适当的安全距离。

锅炉使用单位应当按国家有关安全技术规范的规定进行水（介）质处理，并接受特种设备检验检测机构对水（介）质处理情况的定期检验。

第十三条 从事燃油汽车燃气改装活动，应当依法取得交通运输管理部门核发的一类机动车维修资质和特种设备安全监督管理部门核发的压力容器（车用气瓶）安装资质。具体管理办法由设区的市人民政府制定。

第十四条 对移动式压力容器和气瓶充装、使用的管理应当逐步采用条码等先进信息化手段，提高对移动式压力容器、气瓶的安全管理水平。

第十五条 移动式压力容器、气瓶充装单位应当遵守下列规定：

（一）充装前对移动式压力容器、气瓶的安全状况进行检查，并作出准确记录；

（二）不得充装非自有的气瓶（车用气瓶除外）；

（三）不得对未办理使用登记手续、超期未检、翻新、按规定应当报废或者存在安全隐患的移动式压力容器、气瓶进行充装；

（四）按照移动式压力容器、气瓶标定的介质充装，不得超量充装；

（五）不得用移动式压力容器直接向气瓶充装；

（六）不得对一次性充装气瓶重复充装。

第十六条 新建、扩建、改建工业压力管道，施工单位应当以书面形式告知县（市、区）特种设备安全监督管理部门，并按国家有关规定向特种设备检验检测机构申请进行监督检验。

第十七条 建设工程的施工可能影响压力管道安全的，施工单位应当在施工前查明施工区域压力管道分布情况，并采取必要的安全保护措施。

第十八条 建设工程需要安装电梯的，建设单位应当选购依法取得制造许可资格的企业制造的电梯，且选型、配置及备用电源应当与建筑物的结构、使用需求相适应，并委托依法取得安装许可资格的单位安装。

住房和城乡建设行政主管部门在办理建设工程相关行政许可时，应当对建设单位遵守前款规定的情况进行审查。

第十九条 机场、火车站、长途汽车站、客运码头、商场、医院、学校、幼儿园、体育场馆、展览馆和旅游景区等公众聚集场所使用电梯的，应当设置明显的警示标志，必要时配备人员进行现场安全管理。

第二十条 电梯使用单位是电梯使用安全的责任单位，其主要负责人是电梯使用安全的第一责任人，对电梯的安全工作全面负责。

第二十一条 电梯使用单位按下列规定确定：

（一）电梯安装后，建设单位尚未移交给电梯产权所有者的，该建设单位为电梯使用单位；

（二）委托物业服务企业管理的电梯，受委托的物业服务企业为电梯使用单位；

（三）未委托物业服务企业管理的电梯属于单一产权所有者的，该产权所有者为电梯使用单位；

（四）未委托物业服务企业管理的电梯的产权所有者在两个以上的，应当协商确定一个产权所有者为电梯使用单位，其他产权所有者承担连带责任；不能协商确定一个产权所有者为电梯使用单位的，由县（市、区）以上特种设备安全监督管理部门商当地乡（镇）人民政府、街道办事处确定或者提请本级人民政府确定电梯使用单位；

（五）配有电梯的建筑物用于出租的，当事人应当在合同中约定电梯使用单位；未约定的，建筑物产权所有者为电梯使用单位。

第二十二条 电梯使用单位应当遵守下列规定：

（一）确定电梯安全管理人员负责电梯的日常使用管理工作，并确定取得特种设备作业人员证书的工作人员负责保管电梯层门钥匙、电梯轿厢内操纵箱钥匙、机房钥匙和启动钥匙；

（二）在电梯轿厢内显著位置张贴有效的安全检验合格标识；

（三）保证电梯紧急报警装置与电梯使用单位的安全管理机构或者人员能够随时进行有效联系；

（四）在电梯出现故障或者发生异常情况时及时通知日常维护保养单位消除故障或者异常情况，在可能危及乘客安全的情况下立即停止电梯运行；

（五）在乘客被滞留在电梯轿厢时及时组织应急救援；

（六）按规定向特种设备检验检测机构申请进行电梯检验，并做好配合工作；

（七）电梯使用单位变更时，自变更之日起3日内向新的电梯使用单位移交电梯的全部安全技术档案；

（八）法律、法规、规章和国家安全技术规范的其他有关规定。

电梯使用单位未按前款规定申请进行电梯检验的，特种设备检验检测机构应当提前45日向电梯使用单位发出催检通知书。电梯使用单位逾期不申请检验的，特种设备安全监督管理部门应当依法处理。

第二十三条 电梯的日常维护保养工作由电梯制造单位或者依法取得相关行政许可的电梯安装、改造、维修单位负责，并按国家有关安全技术规范的规定组织实施。

第二十四条 电梯日常维护保养单位应当在特种设备安全监督管理部门许可的范围内开展业务，不得将日常维护保养业务转包或者分包。

第二十五条 电梯日常维护保养单位应当在其维护保养业务所在地配备与其业务量相适应的取得特种设备作业人员证书的维护保养人员和仪器设备。每名维护保养人员负责维护保养的电梯不得超过三十部。

在我省从事电梯日常维护保养活动的省外单位，除遵守前款规定外，还应当在我省设置管理机构和固定的办公场所。

第二十六条 电梯日常维护保养单位发现电梯出现故障、发生异常情况或者接到相关通知后，应当及时消除故障和异常情况；发现乘客滞留在电梯轿厢或者接到相关通知后，应当在规定时间内赶赴现场，采取应急救援措施。

第二十七条 居民住宅电梯的更新、改造和重大维修的费用，按国家、本省有关规定从住宅专项维修资金中列支。住宅专项维修资金列支后不足的部分或者没有住宅专项维修资金的，由电梯产权所有者分担。

电梯的日常维护保养、一般维修和检验检测等费用由电梯使用单位支付。

第二十八条 客运索道、大型游乐设施应当设置安全隔离区、安全须知和明显的警示标识，配备专职人员负责现场的安全管理工作，并在索道站房及乘客候乘点设置符合安全要求的防雷击和防风雨设施。

第二十九条 客运索道、大型游乐设施的运营使用单位应当配备相应数量的救援人员，并定期对救援人员进行培训。

第三十条 场（厂）内专用机动车辆的驾驶员应当依法取得特种设备作业人员证书，并持证上岗。

场（厂）内专用机动车辆不得上场（厂）外的道路行驶，在场（厂）内道路行驶的时速一般不超过二十五公里。

第三十一条 旅游景区使用场（厂）内专用机动车辆的，其专用机动车辆行驶道路的宽度和平整度应当符合安全、畅通的要求，在不破坏自然景观的情况下在道路两侧设置必要的防护栏杆，并采取应对山体滑坡、塌方等自然灾害的防护措施。

第三十二条 出租、转让特种设备，应当向承租人或者受让人提供特种设备的制造许可证复印件、设计文件、产品质量合格证、安装与使用维修说明、监督检验证明和定期检验报告等安全技术档案资料。

第三十三条 除气瓶外，特种设备暂停使用时间在1年以上或者启用已停用的特种设备的，使用单位应当向特种设备安全监督管理部门备案。

启用已停用时间在1年以上的特种设备的，使用单位除按前款规定备案外，还应当向特种设备检验检测机构申请进行安全性能检验。

第三十四条 超过设计使用年限和国家有关安全技术规范规定的使用年限的特种设备，以及经特种设备检验检测机构检验不合格且无法消除事故隐患的特种设备，应当予以报废处理。

电梯的使用时间达到15年或者工业压力管道的使用时间达到20年时，使用单位应当委托特种设备检验检测机构进行安全性能技术鉴定。特种设备检验检测机构应当依法作出继续使用、维修、改造或者报废的鉴定结论。

第三十五条 气瓶的报废处理由对其出具不合格检验结果的

特种设备检验检测机构负责；其他特种设备的报废处理由使用单位负责。

特种设备已作报废处理的，原使用单位应当自报废处理之日起30日内，向原注册登记的特种设备安全监督管理部门办理注销登记。

第三十六条 特种设备作业人员在作业时应当随身携带特种设备作业人员资格证书或者佩戴规定的标识，并严格执行特种设备操作规程和相关的安全技术规章制度。

第三章 检验检测

第三十七条 特种设备的检验检测由依法取得相应行政许可的机构和人员实施。

第三十八条 特种设备使用单位应当在特种设备检验检测有效期届满前1个月，向特种设备检验检测机构提出检验检测申请。检验检测机构应当自收到申请之日起5个工作日内，与申请者约定检验检测时间。

特种设备使用单位在检验检测前应当做好现场内外清理、介质置换、通风、降温、登高设施设置等相关准备工作，并积极配合现场检验检测工作的实施。

第三十九条 特种设备检验检测机构应当按国家有关安全技术规范的规定进行检验检测，为特种设备使用单位提供公正、准确、便捷的服务，并在规定时间内出具检验检测报告。

第四十条 特种设备检验检测机构在检验检测时发现特种设备存在严重安全事故隐患的，应当及时通知使用单位，并向特种设备安全监督管理部门报告。

第四十一条 特种设备使用单位或者其他有关单位对特种设备检验检测机构出具的检验检测结果或者鉴定结论有异议的，可以自收到检验检测结果、鉴定结论之日起15日内，向所在地设区的市或者省特种设备安全监督管理部门申请复检。受理复检申请的特种设备安全监督管理部门应当在15日内委托其他特种设备检验检测机构进行复检。

复检所需费用由提出异议的单位先行支付；原检验检测结果或者鉴定结论错误的，复检费用由原特种设备检验检测机构承担。

第四章 监督检查

第四十二条 特种设备安全监督管理部门对涉及公共安全的特种设备的生产和使用环节应当实施重点监察。

第四十三条 省特种设备安全监督管理部门应当按国家有关法律、法规和安全技术规范的规定，积极推进特种设备安全使用的标准化管理，并加强相关监督检查工作。

第四十四条 特种设备安全监督管理部门依法进行特种设备安全监察时，可以进入有关生产、经营场所进行现场检查，查阅、复制有关合同、发票、文件等资料，向特种设备的生产、使用单位和检验检测机构及其工作人员了解情况。被检查者应当予以配合，如实提供有关情况和资料。

第四十五条 特种设备安全监督管理部门在安全监察中发现特种设备存在事故隐患的，应当向使用单位发出安全监察指令书，责令其限期消除事故隐患。属于重大事故隐患且在隐患消除前或者消除过程中无法保证使用单位安全的，应当责令其从危险区域撤出作业人员，并停止使用特种设备。重大事故隐患消除并经检查合格后，使用单位方可恢复使用特种设备。

第四十六条 特种设备安全监督管理部门发现已经取得特种设备相关行政许可、核准、登记的单位不再具备相应条件或者不再符合国家有关安全技术规范要求的，应当及时依法撤销原行政许可、核准或者登记。

第五章 事故调查处理

第四十七条 各级特种设备安全监督管理部门和特种设备使用单位应当分别制定特种设备应急预案、事故应急专项预案。

特种设备使用单位应当配备相应数量的营救装备、急救物品，并定期组织有关人员进行事故应急演练。

营救装备和急救物品应当确定人员管理，并定期进行检查，使之处于完好状态。

第四十八条 特种设备事故发生后，事故发生单位应当立即启动事故应急专项预案，组织开展抢救工作，防止事故扩大，减少人员伤亡和财产损失，并及时向事故发生地特种设备安全监督管理部门和有关部门报告。特种设备安全监督管理部门接到报告后，应当尽快核实有关情况，立即向本级人民政府报告，并逐级上报事故情况。必要时可以越级上报。

第四十九条 特种设备事故发生单位及其有关人员应当妥善保护事故现场以及相关证据，及时收集、整理有关资料，为事故调查做好准备；必要时，应当对有关设备、场地和资料进行封存，并指派专人看管。

因抢救人员、防止事故扩大以及疏通交通等原因，需要移动事故现场的设施、设备和其他物品的，负责移动的单位或者相关人员应当作出标记，绘制现场简图并作出书面记录，妥善保存现场重要痕迹、物证。具备条件的，应当现场制作视听资料。

第五十条 特种设备安全监督管理部门应当在当地人民政府的领导下，依法开展特种设备事故调查工作。

事故发生地人民政府及其安全生产监督管理、监察、公安等部门应当支持、配合上级人民政府和特种设备安全监督管理部门开展特种设备事故调查工作。

第六章 法律责任

第五十一条 对违反本规定的行为，国务院《特种设备安全监察条例》等有关法律、法规已经规定法律责任的，从其规定。

第五十二条 违反本规定第十六条、第二十六条规定的，由特种设备安全监督管理部门责令限期改正，对有违法所得的，处以违法所得一倍以上三倍以下最高不超过三万元罚款；对没有违法所得的，处以五千元以上一万元以下罚款。

第五十三条 违反本规定第二十二条、第二十五条、第三十六条规定的，由特种设备安全监督管理部门责令限期改正，对有违法所得的，处以违法所得一倍以上三倍以下最高不超过一万元罚款；对没有违法所得的，处以一千元以上五千元以下罚款。

第七章 附 则

第五十四条 特种设备行政许可、检验检测，应当按国家、本省有关规定收取费用。

第五十五条 本规定自2013年2月1日起施行。

地方性法规（2013年）

河北省人民代表大会常务委员会组成人员守则

（1993年9月6日河北省第八届人民代表大会常务委员会第三次会议通过
1998年12月26日河北省第九届人民代表大会常务委员会第六次会议修正
2008年7月18日河北省第十一届人民代表大会常务委员会第四次会议修订
2013年5月30日河北省第十二届人民代表大会常务委员会第二次会议修订
2013年5月30日河北省第十二届人民代表大会常务委员会公告第2号公布
自2013年5月30日起施行）

第一条 为了加强河北省人民代表大会常务委员会（以下简称常委会）自身建设，使常委会组成人员更好地履行职责，根据宪法、法律和法规的有关规定，制定本守则。

第二条 常委会组成人员应当努力学习中国特色社会主义理论体系，熟悉和遵守宪法、法律，掌握行使职权所必备的知识，依法履行职责。

第三条 常委会组成人员必须维护人民群众的根本利益和共同意志，坚持人民代表大会制度，致力于社会主义民主和法治建设。

第四条 常委会组成人员必须切实履行职责，正确处理常委会工作与其他工作的关系，其他社会活动要服从常委会工作需要。

第五条 常委会组成人员必须出席常委会会议，严格遵守会议纪律，自觉维护和保障常委会集体行使权力。遇到特殊情况不能出席常委会会议时，应当履行请假手续。会议全程请假或不能出席常委会全体会议、分组会议的，要在会前以书面形式通过办公厅经秘书长报常务副主任批准。会议期间临时请假，全体会议经秘书长报常务副主任，分组会议经第一召集人报秘书长。参会情况予以通报并备案。

第六条 常委会组成人员在常委会各种会议上，应当坚持民主集中制原则，遵守议事规则和会议程序性规定。

第七条 常委会组成人员应当根据会议内容进行会前调查研究，认真做好审议准备。在常委会会议上发言时，应当围绕会议议题，充分发表意见。

第八条 常委会组成人员必须参加对议案的表决，并服从依法表决的结果。会议主持人宣布议案交付表决后，不得再对该议案发表意见，但与表决有关的程序问题，不在此限。

第九条 常委会组成人员应当按照规定和常委会的统一安排积极参加执法检查、视察和调查研究等活动，每年保证至少参加一次。

第十条 常委会组成人员应当密切联系人大代表和人民群众，经常进行调查研究。每年抽出一定时间到原选举单位联系省人大代表，认真听取代表和人民群众的意见，并积极向常委会反映情况。

第十一条 参加专门委员会的常委会组成人员，应当积极参加专门委员会的工作和活动，遵守专门委员会的工作规则和制度。其他常委会组成人员应当按照常委会的安排，积极参与有关工作委员会的工作，遵守有关工作规则和制度。

第十二条 常委会组成人员要保持清正廉洁，不准牟取私利，自觉接受人大代表和人民群众的监督。

第十三条 常委会组成人员要严守国家机密。凡属规定不应当公开的内容，不得以任何方式传播。

第十四条 常委会组成人员在外事活动中，应当模范遵守外事纪律，维护国家的尊严和利益。

第十五条 常委会组成人员一年内两次缺席常委会会议，不能保证至少参加一次常委会执法检查、视察和调查研究等活动的，由主任会议研究，提出处理意见。未经批准不出席常委会会议的，要向主任会议作出检查。严重违反本守则的，应当辞去常委会委员职务。

第十六条 本守则自通过之日起施行。

河北省法制宣传教育条例

（2013 年 5 月 30 日河北省
第十二届人民代表大会常务
委员会第二次会议通过
2013 年 5 月 30 日河北省
第十二届人民代表大会常务
委员会公告第 3 号公布
自 2013 年 7 月 1 日起施行）

第一条 为了加强和规范法制宣传教育工作，提高公民的法律素质，推进法治河北建设，根据有关法律、法规的规定，结合本省实际，制定本条例。

第二条 在本省行政区域内开展法制宣传教育，适用本条例。

第三条 法制宣传教育是全社会的共同责任。

国家机关、社会团体、企业事业单位、武装力量和其他组织应当做好法制宣传教育工作。

接受法制宣传教育是公民依法享有的权利和应尽的义务。

第四条 法制宣传教育应当坚持围绕中心，服务大局；以人为本，服务群众；分类指导，注重实效；学用结合，普治并举；与时俱进，改革创新的原则。

第五条 法制宣传教育的基本任务是，普及宪法和法律基本知识，教育公民依法行使权利、履行义务，增强公民的法律意识；提高国家公职人员的法律素质，促进依法行政、公正执法和公正司法，推进依法治理。

第六条 各级人民代表大会及其常务委员会应当加强对法制宣传教育工作的监督检查，听取本级人民政府及其有关部门的工作报告。

第七条 县级以上人民政府应当把法制宣传教育纳入经济社会发展规划和政府目标管理，实行绩效考核。

法制宣传教育经费应当列入同级政府财政预算，足额拨付，专款专用。同级人民代表大会及其常务委员会应当加强对预算和预算执行情况的监督检查。

第八条 县级以上人民政府司法行政部门主管本行政区域内的法制宣传教育工作，履行下列职责：

（一）贯彻执行有关法制宣传教育的法律、法规、决议，建立健全法制宣传教育工作制度；

（二）研究制定法制宣传教育规划、年度计划，并组织实施；

（三）组织、协调、指导、检查本行政区域的法制宣传教育工作；

（四）对本行政区域的法制宣传教育工作情况进行考核、评比和表彰；

（五）组织法制宣传教育培训、考试；

（六）总结推广法制宣传教育经验；

（七）推动依法治理工作；

（八）办理法制宣传教育的其他事项。

第九条 省人民政府司法行政部门应当会同有关部门，根据不同对象，组织编印和发行全省统一的各类法制宣传教育的教材。

第十条 国家机关、社会团体、企业事业单位、武装力量和其他组织应当明确法制宣传教育机构，并设专（兼）职人员负责。

乡（镇）、街道法制宣传教育组织、村（居）民委员会应当设专（兼）职人员负责法制宣传教育工作。

第十一条 司法机关、行政执法部门应当对司法人员和行政执法人员进行经常性的法律知识培训、考试或者考核，并结合司法、行政执法工作，有针对性地向社会开展法制宣传教育。

第十二条 具有任免权的国家机关应当对国家公职人员进行

法律知识培训和执法实绩考核，并将其法律知识水平和执法实绩纳入国家公职人员拟提拔使用的考查内容，推行干部任前法律知识考试制度。

第十三条 人力资源和社会保障部门应当将法律知识学习列入公务员培训计划，录用国家公务员应当把法律知识列为考试的重要内容。

第十四条 教育行政部门应当把法制宣传教育纳入各级各类学校的教育教学计划。

学校应当通过课堂教学、专题教育、课外活动等多种方式，对学生开展法制宣传教育。

中小学校应当明确法制副校长、法制辅导员，定期组织开展法制宣传教育活动，保障法制宣传教育课时、教材、师资、经费落实。

各级各类培训机构应当将法制宣传教育纳入教学计划和培训规划，并组织实施。

第十五条 国有资产监督管理、工业和信息化、工商行政管理、税务等有关部门以及相关行业协会（学会）应当按照各自的职责，对企业经营管理人员和个体工商户进行法制宣传教育和培训，增强其诚信守法、依法经营、依法维权的意识和能力。

第十六条 发展和改革、公安、民政、卫生和计划生育、人力资源和社会保障等有关部门应当按照各自的职责，加强对流动人员、进城务工人员、失业人员的法制宣传教育，提高其守法意识和维权能力。

第十七条 公安、司法行政部门应当对被羁押的犯罪嫌疑人、拘留人员、服刑人员、强制隔离戒毒人员等进行法制宣传教育，并会同有关部门对取保候审、监视居住、社区矫正等人员开展法制宣传教育。

第十八条 文化、新闻出版、广播电视等部门应当加强法治文化建设，推进法治文化教育基地和阵地建设，指导法制宣传教育题材的文学艺术作品创作、演出、出版和播映工作，组织开展多种形式的法制宣传教育。

第十九条 报刊、网络、广播、电视等大众传播媒介应当加强法制宣传，履行好社会责任。

第二十条 工会、共青团、妇联、残联等组织应当根据自身工作特点宣传和普及法律知识，教育职工、青少年、妇女和残疾人依法维护自身合法权益，履行法定义务。

第二十一条 民族宗教事务部门应当组织民族宗教工作人员和宗教教职人员进行法律知识培训，开展对少数民族和信教群众的法制宣传教育。

第二十二条 乡（镇）人民政府、街道办事处应当组织、指导村（居）民委员会开展法制宣传教育。

村（居）民委员会应当利用广播站、文化站、农村夜校、远程教育网、农村书屋、宣传栏等途径向村（居）民进行法制宣传教育。

第二十三条 县级以上人民政府及各有关部门应当按照国家和本省有关规定，对在法制宣传教育工作中成绩显著的单位和个人给予表彰和奖励。

第二十四条 对法制宣传教育工作未达到验收标准的单位，由县级以上司法行政部门责令限期改正；逾期不改正的，由同级人民政府给予通报批评。

第二十五条 挪用、截留、贪污、侵占法制宣传教育经费的，依法追究责任。

第二十六条 本条例自2013年7月1日起施行。1995年12月26日河北省第八届人民代表大会常务委员会第十八次会议通过的《河北省法制宣传教育工作的若干规定》同时废止。

河北省气象灾害防御条例

（2013年5月30日河北省
第十二届人民代表大会常务
委员会第二次会议通过
2013年5月30日河北省
第十二届人民代表大会常务
委员会公告第4号公布
自2013年7月1日起施行）

第一章 总 则

第一条 为了加强气象灾害的防御，避免、减轻气象灾害造成的损失，保障人民生命财产安全，改善和保护生态环境，促进经济和社会科学发展，根据《中华人民共和国气象法》、《气象灾害防御条例》等法律、行政法规，结合本省实际，制定本条例。

第二条 本省行政区域内的气象灾害防御活动，适用本条例。

本条例所称气象灾害，是指干旱、暴雨（雪）、连阴雨、雷电、冰雹、高温、低温、寒潮、霜冻、冰冻、冻雨、大风（沙尘暴）、台风、龙卷风、大雾和霾等所造成的灾害。

因气象因素引发的衍生、次生水旱灾害、地质灾害、海洋灾害、森林草原火灾等灾害的防御工作，法律、行政法规有规定的，从其规定。

第三条 气象灾害防御工作应当坚持以人为本、科学防御、政府主导、部门联动、社会参与的原则。

第四条 县级以上人民政府应当加强对气象灾害防御工作的领导，成立气象灾害防御指挥机构，完善气象灾害防御体系，建立健全气象灾害防御工作协调机制和责任制，将气象灾害防御纳入本级国民经济和社会发展规划，所需经费纳入本级财政预算。

第五条 县级以上人民政府气象主管机构负责本行政区域内气象灾害的监测、预报、预警和防御工作，依法组织管理气候可行性论证、气象灾害风险评估等工作，协助本级人民政府有关部门及时做好气象衍生灾害、次生灾害的监测、预报、预警和防御工作。

县级以上人民政府有关部门应当按照职责分工，共同做好气象灾害防御工作。

第六条 县级以上人民政府有关部门应当加强农村和边远贫困地区气象灾害预防、监测、信息传播等基础设施建设和防灾物资储备，做好农村和边远贫困地区气象灾害防御工作。

第七条 县级以上人民政府应当组织气象主管机构和有关部门，向社会宣传气象灾害防御法律法规，普及气象灾害防御知识，增强社会公众气象灾害防御意识，根据本地气象灾害的特点组织应急演练，提高社会公众避险、避灾、自救、互救能力。

村民委员会、居民委员会、企业、事业单位应当协助本地人民政府做好气象灾害防御知识的宣传和气象灾害应急演练活动。

学校应当把气象灾害防御知识纳入教育内容，培养和提高学生的气象灾害防范意识与自救互救能力。

第八条 县级以上人民政府应当按照国家有关规定，对在气象灾害防御工作中做出突出贡献的组织和个人，给予表彰和奖励。

第二章 灾害预防

第九条 县级以上人民政府应当组织气象主管机构和有关部门对本行政区域内发生的气象灾害的种类、频次、强度和造成的损失等情况进行普查，建立气象灾害数据库，按照气象灾害的种类进行气象灾害风险评估，编制气象灾害风险区划，划定气象灾害风险区域，予以公告，并在气象灾害易发区域、重点防御区域设立警示标志。

第十条 县级以上人民政府应当根据上一级人民政府气象灾害防御规划，结合本行政区域经济和社会发展实际、气象灾害特点、风险区划，编制本行政区域的气象灾害防御规划，并组织实施。

第十一条 县级以上人民政府有关部门编制土地利用、区域建设、海域开发、环境保护、交通运输、农业、林业、水利、旅游、能源、通信等规划，应当适应气象灾害防御的要求。

第十二条 县级以上人民政府应当根据气象灾害防御规划和气象灾害防御需要，编制本行政区域的气象灾害应急预案，并报上一级人民政府、有关部门备案。

第十三条 县级以上人民政府有关部门在国家和省重大建设工程、重大区域性经济开发项目和大型太阳能、风能等气候资源开发利用项目以及城乡规划编制中，应当依法开展气候可行性论证，并将论证结果纳入项目可行性研究报告。

县级以上人民政府有关部门对前款规定的建设项目和规划编制依法进行审核时，应当将气候可行性论证结果纳入审查内容。

第十四条 县级以上人民政府应当根据本地实际需要，整合现有气象灾害防御救助资源，建立或者确定应急救援队伍，组织应急演练，提高气象灾害应急处置能力。

第十五条 省人民政府应当制定气象灾害应急准备工作标准。

县级以上人民政府气象主管机构应当指导乡、镇人民政府、街道办事处、村民委员会、居民委员会、企业、事业单位、社会团体按照标准做好气象灾害应急准备工作。

第十六条 学校、医院、商场、旅游景区、交通枢纽、文化体育场（馆）等人员密集场所，矿山、尾矿库、易燃易爆以及危险物品生产、存储场所和其他遭受气象灾害破坏易造成人员伤亡的重要设施，其产权单位或者管理单位应当考虑气象灾害的风险性，制定气象灾害应急预案，定期进行排查，采取措施消除隐患。

第十七条 县级以上人民政府有关部门和单位应当根据本地气象灾害特点，有针对性地组织修建抗旱、防洪、除涝工程，及时疏通河道和城市排水管网，加固病险水库，加强堤防、避风港、防护林、应急避难场所等工程设施的建设和维护，提高气象灾害防御能力。

第十八条 各级人民政府有关部门和单位应当根据暴雨（雪）、冰冻、冻雨、大风（沙尘暴）、台风、龙卷风等灾害性天气情况及预测，加强对山洪易发区、地质灾害易发区等地巡查，做好道路、通信、电力、供水、供气、供热设施的维护以及群众基本生活必需品储备、牲畜转移等工作。

有关产权单位和个人应当做好危旧房屋、临时建筑物、临时构筑物和户外宣传牌的除险加固。

第十九条 省、设区的市人民政府气象主管机构和环境保护行政主管部门应当建立空气质量监测信息共享、预报会商和信息发布制度，及时向公众发布大雾、霾灾害监测信息和空气质量监测信息。

县级以上人民政府有关部门和单位应当加强对机场、车站、港口、高速公路、航道、渔场等重要场所和交通要道的大雾、霾的监测，做好交通疏导、调度等工作。

县级以上人民政府有关部门应当加强对大气污染源的监管，做好大气污染物排放的控制工作，确保控制在国家规定的大气污染物排放标准之内。

第二十条 各级人民政府有关部门和单位应当在高温天气来临前做好供电、供水和防暑医药供应的准备工作，并合理调整工作时间。

各级人民政府有关部门和单位应当在低温、寒潮、霜冻天气来临之前，采取应对措施，做好农业生产防寒、防冻等工作。

第二十一条 县级以上人民政府气象主管机构应当加强对雷电灾害防御工作的组织管理，提高雷电灾害监测、预报以及风险评估能力，依法参加、实施雷电防护装置设计审核和竣工验收。

应当安装雷电防护装置的新建、扩建、改建的建筑物、构筑物、场所和设施，建设单位应当将雷电防护装置的建设纳入主体工程或者整体项目，同时设计、同时施工、同时投入使用。县级以上人民政府住房和城乡建设主管部门应当将雷电防护装置竣工验收资料纳入建设项目档案，并加强监督管理。

本省行政区域内大型建设工程、重点工程、爆炸和火灾危险环境、人员密集场所等项目，应当进行雷电灾害风险评估。

第二十二条 县级以上人民政府有关部门应当加强农村雷电灾害防御工作，指导农村新建学校、民居、大型畜禽养殖场所安装雷电防护装置，提高农村雷电灾害防御能力。

第二十三条 县级以上人民政府气象主管机构应当在本级人民政府领导和协调下，根据实际情况组织开展人工增雨、防雹、防霜、消雾等人工影响天气作业，预防或者减轻气象灾害的影响。

第二十四条 县级以上人民政府应当增加经费投入，组织开展气象灾害防御科学技术研究，推广和应用气象灾害防御先进技术，积极开展区域合作与交流，制定气象灾害防御地方标准和技术规范，提高气象灾害防御的科技水平。

第三章 灾害监测预警

第二十五条 县级以上人民政府应当完善气象灾害监测体系，根据气象灾害防御需要，建设应急移动气象监测设施，在气象灾害易发区、农作物主产区加大气象灾害监测、预警设施建设密度。

重点矿区、林区、渔区、旅游区和重要交通、通信、电力、输油（气）线路沿线以及国家、省重点建设工程项目，应当根据气象灾害防御需要配套建设气象监测设施，配备气象灾害预警信息接收和播发设施，保证气象灾害预警信息接收与传播畅通。

气象监测设施应当符合气象标准和规范，并向省人民政府气象主管机构汇交所获得的气象探测资料。

第二十六条 县级以上人民政府应当建立跨地区、跨部门的气象灾害联合监测网络和气象灾害监测信息共享平台，完善气象灾害监测信息共享机制。

县级以上人民政府有关部门和单位应当及时、准确向气象灾害监测信息共享平台提供气象、水情、旱情、森林草原火险、地质灾害、植物病虫害、环境污染等与气象灾害有关的监测信息。

第二十七条 县级以上人民政府应当建立和完善气象灾害预警信息的发布、传播、接收体系，提高预警信息发布的时效性和覆盖面。

第二十八条 县级以上人民政府气象主管机构及其所属的气象台站应当提高公众气象预报的准确性、及时性和服务水平，完善灾害性天气监测、预报系统，提高灾害性天气预报、警报的准确率和时效性，做好灾害性、关键性、转折性天气预报、警报和灾害趋势预测。

第二十九条 县级以上人民政府气象主管机构所属的气象台

站应当按照职责统一发布灾害性天气警报和气象灾害预警信息，及时向本级人民政府报告，并向有关气象灾害防御、救助部门和单位通报。其他任何组织和个人不得向社会发布灾害性天气警报和气象灾害预警信息。

第三十条 广播、电视、报纸、电信、网络等信息传播单位，应当及时、准确向社会播发或者刊登当地气象主管机构所属的气象台站提供的气象灾害预警信息，不得拒绝、延误传播或者擅自更改气象灾害预警信息。

第三十一条 县级以上人民政府有关部门和单位应当根据气象灾害防御需要，在学校、医院、商场、旅游景区、交通枢纽、文化体育场（馆）、社区等人员密集场所以及气象灾害易发区域配备气象灾害预警信息接收和播发设施，保证气象灾害预警信息接收与传播畅通。

各级人民政府有关部门应当加强农村气象灾害预警信息接收终端建设，因地制宜的利用有线广播、高音喇叭等有效方式及时传播气象灾害预警信息。

第三十二条 乡、镇人民政府、街道办事处、村民委员会、居民委员会和学校、医院、商场、旅游景区、交通枢纽、文化体育场（馆）、社区等人员密集场所的管理单位应当确定气象灾害防御协理员、信息员或者联络员。

气象灾害防御协理员、信息员或者联络员应当协助开展气象灾害防御知识宣传、应急联络、信息传递、灾害报告和灾情调查等工作。

第三十三条 气象灾害监测、预警、信息播发等气象灾害防御专用设施受法律保护，任何单位和个人不得侵占、损毁或者擅自移动。

第四章 灾害应急

第三十四条 县级以上人民政府应当根据灾害性天气警报、气象灾害预警信息和气象灾害应急预案启动标准，及时做出启动相应应急预案的决定，向社会公布，并报告上一级人民政府。必要时，可以越级上报，并向当地驻军和可能受到危害的毗邻地区的人民政府通报。

第三十五条 气象灾害应急预案启动后，县级以上人民政府气象主管机构应当组织所属的气象台站对气象灾害进行跟踪监测，开展现场气象服务，及时向本级人民政府和有关部门报告灾害性天气实况、变化趋势，为组织防御气象灾害提供决策依据。

第三十六条 县级以上人民政府应当根据灾害性天气的性质、强度、危害程度和影响范围，将可能造成人员伤亡或者重大财产损失的区域临时确定为气象灾害危险区域，并及时予以公告。

第三十七条 县级以上人民政府可以根据气象灾害应急处置的需要，依法采取下列措施：

（一）实行交通管制；

（二）封闭危险区域；

（三）决定停工、停业、停课；

（四）组织人员疏散、撤离；

（五）控制或者限制容易导致危害扩大的公共场所的活动；

（六）组织有关部门和单位抢修损坏的道路、通信、供电、供水、供气、供热、排水等设施；

（七）对群众基本生活必需品和药品的生产、供应采取特殊管理措施；

（八）法律、行政法规规定的其他措施。

第三十八条 县级以上人民政府有关部门应当按照气象灾害应急预案的要求，做好相应的气象灾害应急处置工作。

气象灾害发生地的乡、镇人民政府、街道办事处、村民委员会、居民委员会和有关单位应当组织群众开展自救、互救，协助维护好社会秩序。

气象灾害发生地的有关单位和个人应当服从当地人民政府的决定、命令，配合政府和有关部门采取应急处置措施，做好应急避险工作。

第三十九条 县级以上人民政府气象主管机构所属的气象台站在气象灾害影响不再扩大或者趋于减轻时，适时变更或者解除气象灾害预警信息。

第四十条 县级以上人民政府应当根据气象主管机构提供的灾害性天气发生、发展趋势以及灾情发展情况，按照有关规定适时调整气象灾害应急响应级别或者做出解除气象灾害应急措施的决定。

第四十一条 县级以上人民政府气象主管机构应当加强灾后气象监测和变化趋势的分析，为救灾减灾和灾后重建、恢复生产和生活秩序提供决策依据。

第四十二条 县级以上人民政府在气象灾害应急处置工作结束后，应当组织有关部门对气象灾害造成的损失进行调查评估，制定恢复重建计划，组织实施，并向上一级人民政府报告。

第五章 法律责任

第四十三条 违反本条例规

定，各级人民政府、气象主管机构和有关部门及其工作人员，有下列行为之一的，由其上级机关或者监察机关责令改正；情节严重的，对直接负责的主管人员和其他直接责任人员依法给予处分；构成犯罪的，依法追究刑事责任：

（一）未按照规定编制气象灾害防御规划或者气象灾害应急预案的；

（二）未按照规定采取气象灾害预防措施的；

（三）隐瞒、谎报或者由于玩忽职守导致重大漏报、错报气象灾害预警信息的；

（四）未及时采取气象灾害应急措施的；

（五）不依法履行职责的其他行为。

第四十四条 违反本条例规定，有下列行为之一的，由县级以上人民政府或者有关部门责令改正；构成违反治安管理行为的，由公安机关依法给予处罚；构成犯罪的，依法追究刑事责任：

（一）未按照规定采取气象灾害预防措施的；

（二）不服从所在地人民政府及其有关部门发布的气象灾害应急处置决定、命令，或者不配合实施其依法采取的气象灾害应急措施的。

第四十五条 违反本条例规定，有下列行为之一的，由县级以上人民政府气象主管机构责令改正，给予警告，可以处五万元以下罚款；构成违反治安管理行为的，由公安机关依法给予处罚：

（一）擅自向社会发布灾害性天气警报、气象灾害预警信息的；

（二）广播、电视、报纸、电信、网络等媒体单位未按照要求播发或者刊登灾害性天气警报和气象灾害预警信息的；

（三）编造、传播虚假的或者通过非法渠道获取的灾害性天气信息和气象灾害灾情的。

第四十六条 违反本条例规定，侵占、损毁或者未经批准擅自移动气象灾害监测设施，由县级以上人民政府气象主管机构责令停止违法行为，限期恢复原状或者采取其他补救措施；逾期拒不恢复原状或者采取其他补救措施的，由气象主管机构依法申请人民法院强制执行，并对违法单位处一万元以上五万元以下罚款，对违法个人处一百元以上一千元以下罚款；造成损失的，依法承担赔偿责任；构成违反治安管理行为的，由公安机关依法给予处罚；构成犯罪的，依法追究刑事责任。

第六章 附 则

第四十七条 本条例自2013年7月1日起施行。

河北省防震减灾条例

（2013年5月30日河北省第十二届人民代表大会常务委员会第二次会议通过
2013年5月30日河北省第十二届人民代表大会常务委员会公告第5号公布
自2013年7月1日起施行）

第一章 总 则

第一条 为了防御和减轻地震灾害，保护人民生命和财产安全，促进经济建设和社会发展，根据《中华人民共和国防震减灾法》等有关法律、行政法规，结合本省实际，制定本条例。

第二条 在本省行政区域内从事地震监测预报、地震灾害预防、地震应急救援、地震灾后过渡性安置与恢复重建、防震减灾宣传教育与科技进步等防震减灾活动，应当遵守本条例。

第三条 县级以上人民政府应当加强对防震减灾工作的领导，将防震减灾工作纳入本级国民经济和社会发展规划，建立健全工作机构、工作体系和相关制度，加强防震减灾队伍建设，及时协调解决防震减灾工作中出现的问题。

第四条 县级以上人民政府抗震救灾指挥机构负责统一领导、指挥和协调本行政区域的抗震救灾工作。县级以上人民政府地震工作主管部门承担本级抗震救灾指挥机构的日常工作。

县级以上人民政府其他有关部门，按照职责分工，各负其责，相互配合，共同做好防震减灾和抗震救灾工作。

第五条 县级以上人民政府应当按照规定的防震减灾经费支出责任和经费渠道，将防震减灾工作经费纳入本级财政预算。

第六条 县级以上人民政府应当加强地震群测群防体系建设。

县级以上人民政府地震工作主管部门应当建立和完善地震宏观测报网、地震灾情速报网、地震科学技术知识普及宣传网。乡、镇人民政府、街道办事处应当确定兼职防震减灾助理员。村民委员会、居民委员会和相关单位建立防震减灾联络员队伍，开展地震灾害群测群防工作。

第七条 县级以上人民政府地震工作主管部门应当根据上一级防震减灾规划和本行政区域的

实际情况，会同有关部门，组织编制本行政区域的防震减灾规划，报本级人民政府批准后组织实施，并报上一级人民政府地震工作主管部门备案。

县级以上人民政府有关部门应当做好防震减灾规划与相关规划的衔接，统筹资源配置，确保防震减灾任务和措施的落实。

第八条 县级以上人民政府应当加强防震减灾宣传教育，增强公民防震减灾意识，提高全社会的防震减灾能力。

县级以上人民政府应当加大科技投入，加强科学技术研究，推广先进的科学研究成果，提高防震减灾工作水平。

第二章 地震监测预报

第九条 省人民政府地震工作主管部门根据全国地震监测台网总体规划和本行政区域地震监测预报实际情况，制定省级地震监测台网规划，报省人民政府批准后实施。

设区的市、县（市）人民政府地震工作主管部门根据省级地震监测台网规划制定设区的市、县（市）地震监测台网规划，报本级人民政府批准后实施。

第十条 省和沿海设区的市、县（市）人民政府应当加强海域地震监测台网建设和海域地震活动的监测工作，提高对近海海域的地震监测预报能力。

第十一条 地震监测台网的建设应当符合国家有关法律、行政法规和标准的规定，保证地震监测台网的安全运行和信息的质量与安全。

地震监测台网运行后，不得擅自中止或者终止。确需中止或者终止的，应当按照国家和本省有关规定办理批准手续。

第十二条 大型水库、矿山、油田等重大建设工程的建设单位，应当建设专用地震监测台网或者强震动监测设施。

特大桥梁、蓄能电站、核电站、高速铁路和超限高层建筑物、构筑物，应当设置强震动监测设施。

第十三条 专用地震监测台网和强震动监测设施的建设工程开工前，建设单位应当将有关技术方案报县级以上人民政府地震工作主管部门，并接受其业务指导。

专用地震监测台网、强震动监测设施的建设、运行、管理及相关费用，由建设单位负责和承担。

专用地震监测台网和强震动监测设施监测的信息应当纳入全省的地震监测台网信息系统。

第十四条 县级以上人民政府地震工作主管部门应当会同同级人民政府国土资源和城乡规划主管部门，依法划定地震观测环境保护范围，并将其纳入当地土地利用总体规划和城乡规划。

县级以上人民政府地震工作主管部门应当依法设置地震监测设施和地震观测环境的保护标志。任何单位和个人不得侵占、损毁或者擅自移动、拆除地震监测设施及其保护标志或者地震观测环境保护标志，不得危害地震观测环境。

违反前款规定致使地震监测设施和地震观测环境遭到危害的，县级以上人民政府地震工作主管部门应当采取紧急措施组织修复，确保地震监测设施正常运行，修复所需费用由责任者承担。

第十五条 新建、扩建、改建建设工程，应当避免对地震监测设施和地震观测环境造成危害。国家和省重点工程建设，确实无法避免对地震监测设施和地震观测环境造成危害的，建设单位应当按照县级以上人民政府地震工作主管部门的规定增建抗干扰设施；不能增建抗干扰设施的，应当新建地震监测设施，并承担相关费用。

第十六条 在地震观测环境保护范围内从事爆破、钻井等生产作业活动可能对地震监测设施造成临时性干扰的，生产作业单位或者个人应当提前报告所在地县级以上人民政府地震工作主管部门。县级以上人民政府地震工作主管部门应当根据干扰程度，要求其采取相应措施，并承担相关费用。

第十七条 任何单位和个人发现可能与地震有关的异常现象后，要及时向县级以上人民政府地震工作主管部门报告。县级以上人民政府地震工作主管部门接到报告后，应当立即派员赶赴现场，开展调查核实工作。

第十八条 地震预报意见实行统一发布制度。本省行政区域内的地震预报意见，由省人民政府按照国家规定的程序发布。

新闻媒体报道与地震预报有关的信息，应当以国务院或者省人民政府发布的地震预报意见为准。

第十九条 任何单位和个人不得制造、传播地震谣言。对扰乱社会秩序的地震谣言、误传，县级以上人民政府应当迅速采取措施予以澄清。

第二十条 省人民政府应当

建立和完善全省地震烈度速报系统，并保障其正常运行。

第二十一条 县级以上人民政府应当组织地震、地勘、水利、气象、地理信息等部门，建立信息共享机制，交换地震、地质、水文、气象、地理信息等方面的监测、观测信息，为防震减灾工作提供依据。

第三章 地震灾害预防

第二十二条 县级以上人民政府地震工作主管部门负责本行政区域内抗震设防要求和地震安全性评价的监督管理工作。

第二十三条 新建、扩建、改建建设工程的抗震设防要求，应当遵守下列规定：

（一）一般建设工程按照地震动参数区划图或者地震小区划结果确定抗震设防要求；

（二）重大建设工程、可能产生严重次生灾害的建设工程应当按照国务院和省人民政府有关规定进行地震安全性评价，并根据审定的地震安全性评价结果确定抗震设防要求；

（三）位于地震动参数区划分界线两侧和地震研究程度、资料详细程度较差地区的建设工程，应当进行地震动参数复核，并根据地震动参数复核结果确定抗震设防要求；

（四）学校、幼儿园、医院、商场、交通枢纽等人员密集场所的建设工程，应当按照高于当地抗震设防要求进行设计和施工。

第二十四条 县级以上人民政府地震工作主管部门应当组织开展地震活动断层探测和地震小区划工作。

县级以上人民政府有关部门应当将地震活动断层探测和地震小区划结果作为制定城乡土地利用总体规划、城乡规划、防震减灾规划的依据。

第二十五条 县级以上人民政府有关部门应当加强建设工程抗震设防管理工作，将建设工程的抗震设防要求纳入建设项目管理程序，并作为建设工程可行性研究、施工图审查、竣工验收的必备内容。建设工程的勘察、设计、施工、监理和竣工验收应当按照抗震设防要求执行。

第二十六条 县级以上人民政府有关部门应当将抗震设防作为村镇规划编制的内容，开展地震环境和场地条件勘察，避开地震断裂带和抗震不良场地，为农村公共设施和村民住宅建设选址、确定抗震设防要求提供依据。

县级以上人民政府有关部门应当加强对农村公共设施和村民住宅建设的抗震设防管理和技术指导工作，推广符合当地实际的抗震设计方案和抗震示范工程，引导和扶持农村建造符合抗震设防要求的公共设施和村民住宅。

第二十七条 县级以上人民政府应当根据地震应急避难的需要，将应急疏散通道和应急避难场所的建设纳入城乡规划，利用城市广场、绿地、公园、人民防空工程、室外运动场地等空旷区域或者其他场所，按照国家标准统一建设或者确定地震应急避难场所，合理规划应急疏散通道和场地，建设与之配套的交通、供电、供水和排污等基础设施，并确定有关单位做好日常维护管理工作。

地震应急避难场所应当向社会公布，并设置明显标志。任何单位和个人不得损毁或者擅自移动、拆除地震应急避难场所标志。

县级以上人民政府地震、建设、人防、园林绿化等部门应当加强对地震避难场所、应急疏散通道和场地的监督检查，确保其能够在需要时发挥作用。

第四章 地震应急救援

第二十八条 县级以上人民政府应当建设地震应急指挥场所和抗震救灾现场应急指挥系统，建立健全信息报送系统和快速反应机制。

第二十九条 各级人民政府制定的本行政区域地震应急预案，应当报上一级人民政府地震工作主管部门备案。较大的市地震应急预案，同时报国务院地震工作主管部门备案。

县级以上人民政府有关部门，根据本级人民政府地震应急预案，制定本部门地震应急预案，并报同级人民政府地震工作主管部门备案。

交通、水利、电力、通信、供水、供气以及可能发生次生灾害的核电站、矿山、危险物品的生产经营单位，学校、幼儿园、医院、商场、交通枢纽等人员密集场所的管理单位，应当制定本单位地震应急预案，并报所在地人民政府地震工作主管部门备案。

第三十条 县级以上人民政府应当建立健全地震应急救援物资和设备的储备保障制度，加强重要应急救援物资和设备的监管、储备、更新，完善调拨和紧急配送体系，保证应急救援物资、设备、生活必需品、应急救援装备的有效供给。

第三十一条 县级以上人民政府应当加强以公安消防队伍以及其他专业应急救援队伍为依托

的综合应急救援队伍建设，并配备相应的装备、器材，组织开展培训和演练，提高地震应急响应和救援能力。

鼓励公民、法人和其他社会组织建立地震灾害应急救援志愿者队伍，开展地震应急救援知识培训和技能演练，提高救助能力。

第三十二条 高速铁路、城市轻轨、地铁、枢纽变电站、输油输气设施、核设施等建设工程和可能发生严重次生灾害的建设工程，应当设置地震紧急自动处置技术系统。

第三十三条 省人民政府发布地震预报意见后，可以宣布有关地区进入临震应急期，该地区设区的市或者县（市）人民政府应当立即启动地震应急预案，并采取下列紧急措施：

（一）加强震情监视工作，按照规定及时报告、通报震情变化，利用广播、电视、报刊、互联网、电信等媒体向社会迅速发布震情预报信息；

（二）责成有关部门和单位对交通、水利、电力、通信、供水、供气、输油等基础设施和核设施，以及危险物品的生产、贮存场所采取紧急防护措施；

（三）地震灾害应急救援队伍和负有特定职责的人员进入待命状态；

（四）适时组织人员疏散；

（五）采取维护社会秩序稳定的措施；

（六）加强地震应急知识和避险技能宣传；

（七）督促有关部门和单位落实各项应急救援准备工作。

临震应急期一般为十日，必要时可以延长十日。

第三十四条 地震灾害发生后，县级以上人民政府应当按照国家规定的地震应急响应级别，分级分类启动地震应急预案，开展抗震救灾工作。特别重大地震灾害发生后，按照国务院抗震救灾指挥机构的统一部署开展抗震救灾工作。

第三十五条 地震灾害发生后，灾区各级人民政府应当组织有关部门和单位立即收集灾情信息，在规定时间内将震情、灾情信息报告上一级人民政府和省人民政府有关部门，通报相关地区人民政府，并统一、准确、及时地向社会发布震情、灾情和抗震救灾的动态信息。省人民政府地震工作主管部门接到震情、灾情信息报告后，应当及时将对震情和灾情的初判意见报告省人民政府，并通报省人民政府抗震救灾指挥机构各成员单位。

第三十六条 地震灾害发生后，县级以上人民政府抗震救灾指挥机构应当组织有关部门和单位迅速调查了解受灾情况，向本级人民政府提出应急救援队伍调用意见，根据应急救援工作的实际需要采取下列紧急措施：

（一）迅速组织抢救被压埋人员，并组织有关单位和人员开展自救互救；

（二）迅速组织实施紧急医疗救护，协调伤员转移、接收与救治；

（三）组织有关部门和单位做好应急救援的通信工作；

（四）组织有关企业紧急生产、调运应急救援所需的物资和装备；

（五）为运送应急救援人员、灾区伤病员和应急救援物资、装备的车辆提供免费通行服务，确保道路畅通；

（六）启用应急避难场所或者设置临时避难场所，设置救济物资供应点，提供救济物品、简易住所和临时住所，及时转移和安置受灾群众，确保饮用水和食品安全，积极开展卫生防疫，妥善安排受灾群众生活；

（七）根据应急救援工作需要，向有关单位和个人征用应急救援所需的设施、场地、交通工具、物资和装备；

（八）组织志愿者和灾区有救助能力的公民有序参加应急救援工作；

（九）组织新闻媒体及时、准确发布震情、灾情和抗震救灾信息；

（十）其他需要采取的紧急措施。

第三十七条 地震灾害发生后，县级以上人民政府地震工作主管部门对地震灾区应当加强地震监测，在地震现场设立流动观测点，及时分析、判定、报告地震活动趋势，并组织开展破坏性地震科学调查工作，编制地震灾区活动断层分布图和地震动参数区划图，为抗震救灾以及灾后过渡性安置和恢复重建工作提供科学依据。

第五章 地震灾后过渡性安置与恢复重建

第三十八条 省人民政府应当组织开展地震灾害损失调查评估工作，为地震应急救援、灾后过渡性安置和恢复重建提供依据。

地震灾害损失调查评估的具体工作，由省人民政府地震工作主管部门会同发展改革、民政、财政、住房城乡建设、卫生、国土资源等有关部门组织实施。

地震灾害损失调查评估结果经评审后，报省人民政府和国务院有关部门。

第三十九条 地震灾区各级人民政府应当组织有关部门和单位，根据当地实际，采取就地安置与异地安置、集中安置与分散安置、政府安置与自行安置相结合的方式，做好受灾人员的过渡性安置工作。

第四十条 地震灾区各级人民政府设置受灾人员过渡性安置地点，应当综合考虑环境安全、交通、防疫、防火、防洪和保护农用地等因素，配套建设必要的基础设施和公共服务设施，并加强对地震次生灾害、疫情、饮用水水质、食品安全的监督检查，开展流行病学调查，做好环境卫生整治和社会治安管理等工作，确保受灾人员的基本生活需要和灾区社会秩序的稳定。

第四十一条 非地震灾区的县级以上人民政府根据震情和灾情，应当组织和动员社会力量对地震灾区及时提供援助。

第四十二条 特别重大地震灾害发生后，省人民政府应当配合国务院有关部门，编制地震灾后恢复重建规划，报国务院批准后组织实施。重大、较大及一般地震灾害发生后，省人民政府应当组织有关部门和地震灾区设区的市、县（市）人民政府，根据国家有关规定编制地震灾后恢复重建规划并组织实施。

编制地震灾后恢复重建规划，应当征求有关部门、单位、专家和公众，特别是地震灾区群众的意见，重大事项应当组织有关专家进行论证。

重大、较大地震灾后恢复重建规划应当报省或者设区的市人民代表大会常务委员会备案。

第四十三条 省人民政府应当组织有关部门和相关专家，根据地震灾害损失调查评估结果，确定地震灾区典型地震遗址、遗迹和重点文物保护单位的保护范围及保护措施，并将其纳入灾后恢复重建规划。

第四十四条 各级人民政府应当加强对救灾资金和物资的管理，登记造册、专款专用、专物专用。

县级以上人民政府审计机关应当对地震救灾资金使用和物资分配情况实行专项审计监督。

第六章 防震减灾宣传教育与科技进步

第四十五条 县级以上人民政府有关部门应当建立健全防震减灾的宣传教育长效机制，将防震减灾知识纳入国民素质教育体系、学校公共安全教育内容和领导干部、公务员的培训内容，利用防震减灾宣传教育基地、地震科普展馆等普及防震减灾知识。

县级以上人民政府地震工作主管部门应当指导、协助有关部门和单位做好防震减灾知识的宣传教育和地震安全示范试点工作。

广播、电视、报刊和信息网络等媒体应当采用县级以上人民政府地震工作主管部门提供的宣传资料，开展公益性防震减灾知识宣传活动，提高公民的防震减灾意识和应对地震灾害的能力。

每年7月28日的所在周为本省的防震减灾知识宣传周。

第四十六条 学校、机关团体、企业、事业单位每年应当组织一次以上地震应急救援演练，提高公民应急避险、自救互救能力。

县级以上人民政府地震工作主管部门应当指导做好地震应急救援演练。

第四十七条 省、设区的市人民政府有关部门应当将防震减灾重大科研项目列入科技发展规划，加大资金投入力度，加强防震减灾科学研究的基础设施建设，支持防震减灾科学的基础研究和应用研究，及时解决制约防震减灾事业发展的关键科技问题，提高防震减灾工作的科技水平。

第四十八条 县级以上人民政府有关部门应当制定优惠政策，引导、扶持有关单位、个人研究开发和推广使用有利于提高建设工程抗震性能的新技术、新工艺、新材料。

县级以上人民政府地震、建设、人力资源和社会保障等有关部门应当对农村建筑工匠进行建筑抗震基础知识、房屋结构抗震方法、房屋抗震加固等施工技术的培训。

第四十九条 县级以上人民政府有关部门应当加强防震减灾科技队伍建设，优化人才结构，培养和引进相关科技带头人和后备人才，加强防震减灾的对外合作和交流工作，不断拓宽交流领域及渠道，及时引进吸收国内外先进的防震减灾科技成果。

第七章 法律责任

第五十条 县级以上人民政府、有关部门及其工作人员有下列行为之一的，由其上级机关或者监察机关责令改正；情节严重的，对直接负责的主管人员和其他直接责任人员依法给予处分；构成犯罪的，依法追究刑事责任：

（一）不依法办理相关行政许可的；

（二）不按照规定制定地震应急预案或者不依法履行地震的监测预报、灾害预防、应急救援、灾后过渡性安置与恢复重建等职责，造成后果的；

（三）擅自中止或者终止地震监测台网运行的；

（四）侵占、截留、挪用救灾资金、物资的；

（五）其他玩忽职守、滥用职权、徇私舞弊的。

第五十一条 违反本条例规定，有下列行为之一的，由县级以上人民政府地震工作主管部门责令停止违法行为，恢复原状或者采取其他补救措施；造成损失的，依法承担赔偿责任：

（一）侵占、损毁、拆除或者擅自移动地震监测设施的；

（二）危害地震观测环境的；

（三）破坏典型地震遗址、遗迹的。

单位有前款所列违法行为，情节严重的，处二万元以上二十万元以下的罚款；个人有前款所列违法行为，情节严重的，处二千元以下的罚款。违反治安管理法律的，由公安机关依法给予处罚。构成犯罪的，依法追究刑事责任。

第五十二条 违反本条例规定，制造、传播地震谣言，扰乱社会正常秩序的，由公安机关依法给予处罚。

第五十三条 违反本条例规定，侵占、损毁、拆除或者擅自移动地震监测设施保护标志、地震观测环境保护标志及地震应急避难场所标志的，由县级以上人民政府地震工作主管部门责令改正，恢复原状；情节严重的，并处二千元以上一万元以下罚款。

第八章 附 则

第五十四条 本条例自2013年7月1日起施行。1999年9月24日河北省第九届人民代表大会常务委员会第十一次会议通过的《河北省实施〈中华人民共和国防震减灾法〉办法》同时废止。

河北省突发事件应对条例

（2013年5月30日河北省第十二届人民代表大会常务委员会第二次会议通过 2013年5月30日河北省第十二届人民代表大会常务委员会公告第6号公布 自2013年7月1日起施行）

第一章 总 则

第一条 为预防和减少突发事件的发生，控制、减轻和消除突发事件引起的严重社会危害，规范突发事件应对活动，保护人民生命财产安全，维护国家安全、公共安全、环境安全和社会秩序，根据《中华人民共和国突发事件应对法》等有关法律、法规，结合本省实际，制定本条例。

第二条 本条例适用于本省行政区域内突发事件的预防与应急准备、监测与预警、应急处置与救援、事后恢复与重建等应对活动。

第三条 本条例所称突发事件，是指突然发生，造成或者可能造成严重社会危害，需要采取应急处置措施予以应对的自然灾害、事故灾难、公共卫生事件和社会安全事件。

按照社会危害程度、影响范围等因素，自然灾害、事故灾难、公共卫生事件分为特别重大、重大、较大和一般四级。法律、行政法规或者国务院另有规定的，从其规定。

第四条 县级以上人民政府是本行政区域突发事件应对工作的行政领导机关，对本行政区域的突发事件应对工作负责。

县级以上人民政府设立由本级人民政府主要负责人和主管负责人、相关部门负责人、当地同级军事机关、驻当地中国人民解放军和中国人民武装警察部队有关负责人组成的突发事件应急委员会，负责统一领导、协调所属有关部门和下级人民政府开展突发事件应对工作，并根据需要设立相关类别突发事件应急指挥机构，组织、协调、指挥突发事件应对工作。

第五条 县级以上人民政府应当确定应急管理办事机构和工作人员，负责本级突发事件应急委员会的日常工作。

省人民政府有关部门根据需要确定应急管理办事机构，配备专职工作人员，负责本部门突发事件应对的日常工作。

乡（镇）人民政府、街道办事处根据需要确定应急管理办事机构，依法做好本地的突发事件应对工作。

第六条 县级以上人民政府应当建立健全与当地同级军事机关、驻当地中国人民解放军和中国人民武装警察部队以及相邻地区同级人民政府的突发事件信息共享、应急联动机制。

第七条 县级以上人民政府应当建立健全突发事件信息公开制度和新闻发言人制度，按照有关规定统一、准确、及时发布突发事件信息。

新闻媒体报道突发事件信息应当客观、及时、准确。

第八条 本省对突发事件应对工作实行行政领导负责制和责任追究制，并将突发事件应对工作纳入县级以上人民政府对有关部门和下级人民政府的年度绩效考核范围。

第九条 县级以上人民政府应急管理办事机构应当会同有关部门，在每年一月底前，对上一年度的突发事件应对工作进行评估总结，对本年度突发事件的发生、发展趋势进行分析预测，制定本年度的突发事件应对工作方案，并将上一年度应对工作评估总结和本年度应对工作方案报本级人民政府审定后，向上一级人民政府应急管理办事机构备案。

第十条 县级以上人民政府应当加强突发事件应急知识的宣传工作，提高公众应对突发事件的能力。

新闻媒体应当开展突发事件预防与应急、自救与互救知识的公益宣传。

第二章 预防与应急准备

第十一条 县级以上人民政府应当制定突发事件总体应急预案，并组织有关部门和单位制定本级的专项应急预案；县级以上人民政府有关部门应当制定突发事件部门应急预案；乡（镇）人民政府、街道办事处应当根据本地实际情况制定突发事件应急预案；村民委员会、居民委员会在当地人民政府应急管理办事机构的指导下制定相关突发事件应急预案。

第十二条 下列单位应当制定突发事件具体应急预案：

（一）采（选）矿、冶炼和建筑施工企业；

（二）易燃易爆物品、危险化学品、放射性物品等危险物品的生产、经营、储运、使用单位；

（三）交通、通信、广播电视、供（排）水、发（供）电、供油、供气及供热等公共设施的经营管理单位；

（四）学校、幼儿园、图书馆、医院、养老院、金融证券交易场所、车站、机场、港口、体育场（馆）、商（市）场、影剧院、公园、旅游景区，以及住宿、餐饮、休闲娱乐场所等公共场所的经营管理单位；

（五）公共交通工具的经营管理单位；

（六）水库、林场的经营管理单位；

（七）大型社会活动的主办单位；

（八）大中型企业；

（九）集中办公区、劳动密集型场所、超限高层建筑的管理单位；

（十）法律、法规规定的其他单位。

第十三条 突发事件应急预案应当根据法律、法规等有关规定，结合本地区、本单位实际，具体规定突发事件应对工作的组织指挥体系与职责，以及突发事件的预防与预警机制、应急处置程序、应急保障措施和事后恢复与重建等内容。

第十四条 突发事件应急预案应当结合实际情况适时修订，保障其可操作性。

乡（镇）人民政府、街道办事处、村民委员会、居民委员会的应急预案每两年至少修订一次，其他应急预案每三年至少修订一次。

突发事件应急演练或者应急处置工作结束后，应急预案的制定单位应当对相关应急预案进行评估。经评估认为需要修改的，应当及时修订。

第十五条 设区的市和县级人民政府制定的突发事件总体应急预案和专项应急预案应当报上一级人民政府备案，县级以上人民政府有关部门制定的突发事件部门应急预案应当报本级人民政府备案。本条例第十二条规定的单位制定的突发事件具体应急预案应当报当地县级以上人民政府有关主管部门备案；没有主管部门的，报当地县级人民政府应急管理办事机构备案。

第十六条 县级以上人民政府应当按照突发事件应急预案定期开展综合性和专业性应急演练。

县级以上人民政府有关部门、乡（镇）人民政府、街道办事处应当根据突发事件应急预案的规定和本地区实际情况，组织开展应急演练。

突发事件易发、多发地区的村民委员会、居民委员会和企业、事业单位应当开展有针对性的应急演练。大型社会活动的主办单位应当在活动举办前至少开展一次应急演练，本条例第十二条规定的其他单位每年至少开展一次应急演练。

县级以上人民政府应急管理办事机构应当加强对应急演练的指导和督查工作。

第十七条 制定城乡规划时，应当根据当地城乡规模、人口状况、自然环境等因素和本地易发的突发事件类别，统筹安排突发事件应对工作所需的设备和基础设施建设。已有的设备和基础设施不符合突发事件应对工作需要的，当地县级以上人民政府、相关所有权人或者管理使用单位应当及时改造。

第十八条 设区的市和县（市）人民政府应当统筹规划、建设突发事件应急避难场所并及时向社会公布。应急避难场所应当设置统一、规范的标志，并根据突发事件应对工作的需要，在应急避难场所配套建设医疗卫生救护站点和应急供水、供电等设施。

应急避难场所的规划、建设可以利用现有的公园、广场、绿地、学校和人民防空工程等设施。

应急避难场所的所有权人或者管理使用单位应当加强对应急避难场所的日常维护管理，使之处于完好状态。

第十九条 县级以上人民政府应当组织有关部门和单位，对本行政区域容易引发自然灾害、事故灾难和公共卫生事件的危险源、危险区域进行调查、登记及风险评估，建立信息数据库，并及时更新。

危险源、危险区域的登记情况应当及时报上一级人民政府备案，并向社会公布。

有关部门对危险源、危险区域进行调查时，相关单位和个人应当予以协助，如实提供有关情况和资料。

第二十条 县级以上人民政府应当依托公安消防等机构建立综合性应急救援队伍，承担突发事件的综合性应急救援任务，并协助有关专业应急救援队伍做好应急救援工作。

县级以上人民政府有关部门可以根据需要建立专业应急救援队伍。

县级以上人民政府及其有关部门可以依托社会团体建立由成年志愿者组成的应急救援队伍。

乡（镇）人民政府、街道办事处应当建立由基干民兵和其他应急力量组成的应急救援队伍。

企业、事业单位应当建立由本单位职工组成的与本单位规模相当的专职或者兼职应急救援队伍。

建立兼职应急救援队伍的高危行业企业应当与邻近同类企业的专职应急救援队伍签订应急救援协议。专职应急救援队伍按照应急救援协议参加应急救援和提供技术服务的，可以收取相应费用。

县级以上人民政府及其有关部门和有关企业、事业单位应当为专业、专职应急救援人员购买人身意外伤害保险，为应急救援队伍配备必要的防护和救援装备。

第二十一条 县级以上人民政府及其有关部门应当加强应急培训、训练设施建设，并建立健全突发事件应急管理培训制度。

县级以上人民政府人力资源和社会保障等部门应当将应急管理知识培训纳入领导干部和公务员的培训计划。

县级以上人民政府及其有关部门和有关企业、事业单位应当定期组织应急救援人员开展应急救援的知识培训和专门训练。

第二十二条 县级以上人民政府应当设置突发事件应对工作专业人才库和专家组，并建立健全应急处置专家决策咨询制度。必要时，可以组织相关专家直接参加应急处置工作。

第二十三条 县级以上人民政府应当设置应对突发事件相关准备资金，保障应对工作所需经费，并将应急管理工作所需经费纳入财政预算。

第二十四条 县级以上人民政府应当建立健全突发事件应急物资储备保障制度，完善重要应急物资的监管、生产、储备、调拨和紧急配送体系，并根据本地区的实际情况，与有关企业签订协议，保障应急救援物资、生活必需品和应急处置装备的生产、供给。

县级以上人民政府有关部门应当根据本地区的实际情况和规定的职责，组织储备应急救援物资、生活必需品和应急处置装备。

县级以上人民政府有关部门储备应急救援物资、生活必需品和应急处置装备，应当征求本级人民政府应急管理办事机构的意见，并将具体储备情况报本级人民政府应急管理办事机构备案。

设区的市和县级人民政府储备应急救援物资、生活必需品和应急处置装备的情况应当分别报上一级人民政府应急管理办事机构备案。

第二十五条 省人民政府应当建立全省的突发事件应急平台体系和相关数据库，承担本省行政区域内突发事件的监测监控、预测预警、信息报告、综合研判、辅助决策、指挥调度、异地会商和事后评估等功能。

设区的市和县级人民政府应当建立本行政区域的应急平台和相关数据库，并将其纳入全省的应急平台体系。

第二十六条 县级以上人民

政府有关部门、乡（镇）人民政府、街道办事处、村民委员会、居民委员会和企业、事业单位应当结合各自实际情况，组织开展有关突发事件应急知识的宣传普及活动，提高公众的防灾减灾意识和突发事件的预防、避险、自救、互救能力。

各级各类学校和幼儿园应当将应急知识教育纳入教学内容，根据学生的年龄和认知能力，采取多种形式开展应急知识教育，培养学生的安全意识和自救与互救能力。

第三章 监测与预警

第二十七条 县级以上人民政府及其有关部门应当加强水文、气象、环境保护、农业、林业、地震、地质灾害、卫生等行业、系统的监测装备和设施建设，维护监测环境，完善监测技术和手段，对可能发生的突发事件进行监测。

第二十八条 县级以上人民政府应当建立统一的突发事件信息报送系统和信息报送快速反应机制。

各级人民政府应当按照国家有关规定向上级人民政府报送突发事件信息。重大级别以上的突发事件发生后，设区的市人民政府应当立即报告省人民政府，最迟不超过两小时，并向相关设区的市人民政府通报。

第二十九条 县级人民政府应当建立突发事件信息报告员制度。突发事件信息报告员可以由新闻媒体、公安派出所、村民委员会、居民委员会的工作人员和企业安全员、民兵信息员等人员担任。

第三十条 报送、报告突发事件信息，应当及时、客观、真实，不得迟报、谎报、瞒报、漏报。必要时，可以先口头简要报告并做好续报，直至应急处置工作结束。

突发事件信息报送、报告的内容一般包括：时间、地点、单位名称、信息来源、事件类别、伤亡或者经济损失的初步评估、影响范围、事件发展态势及处置情况。

第三十一条 县级以上人民政府及其有关部门应当加强突发事件预报、预警能力建设，建立健全突发事件预警信息发布系统。

可以预警的自然灾害、事故灾难和公共卫生事件的预警级别，按照突发事件发生的紧急程度、发展势态和可能造成的危害程度分为一级、二级、三级和四级，分别用红色、橙色、黄色和蓝色标示，一级为最高级别。

可以预警的突发事件即将发生或者发生的可能性增大时，县级以上人民政府应当按照国家和本省有关规定发布相应级别的警报，决定并宣布有关地区进入预警期，同时向上一级人民政府报告，必要时可以越级上报，并向上一级人民政府有关部门、驻当地中国人民解放军和中国人民武装警察部队以及可能受到危害的毗邻或者相关地区的人民政府通报。

二级以上、三级、四级突发事件预警信息分别由省、设区的市、县级人民政府或者人民政府授权的单位发布。

县级以上人民政府应当利用广播、电视、报刊、互联网、手机短信、电子显示屏、宣传车等形式发布突发事件预警信息。对老、幼、病、残等特殊人群和通信、广播、电视盲区及偏远地区的人群，应当采取足以使其知悉的有效方式发布预警信息。

第三十二条 县级以上人民政府及其有关部门接到突发事件预警信息后，应当按照规定采取措施，避免或者减轻突发事件造成或者可能造成的危害。

有关乡（镇）人民政府、街道办事处、村民委员会、居民委员会和企业、事业单位及相关人员接到预警信息后，应当配合县级以上人民政府及其有关部门做好突发事件应对工作。

第三十三条 县级以上人民政府或者其授权单位发布预警信息后，应当根据事态发展，按照规定适时调整预警级别并重新发布。

有事实证明不可能发生突发事件或者危险已经解除的，发布预警信息的人民政府或者其授权单位应当立即在原发布范围内宣布解除警报，终止预警期，并解除已经采取的有关措施。

第四章 应急处置与救援

第三十四条 突发事件发生后，履行统一领导职责或者组织处置突发事件的人民政府应当立即启动相关应急预案，依法采取应急处置措施。

突发事件由上级人民政府组织处置的，事发地人民政府应当做好先期处置工作。

履行统一领导职责或者组织处置突发事件的人民政府应当加强突发事件信息研判工作，根据事态发展情况，适时调整处置级别。如果有事实表明一般、较大级别的突发事件可能演化为重大、特别重大级别的突发事件或者下级人民政府认为本级难以控制应对的，应当及时报告上级人民政府，由上级人民政府负责组织处置或者实施救援、增援。

第三十五条 组织处置突发事件的人民政府应当在突发事件发生地设立现场指挥部，指定现场指挥长，统一组织、指挥现场应急处置工作。

现场指挥长有权决定现场处置方案，协调有关部门和单位的现场应急处置工作，调度现场应急处置队伍。有关部门、单位和公众应当服从、配合现场指挥长的指挥。

第三十六条 省人民政府应当建立和完善全省应急交通运输综合协调机制。铁路、公路、水运、航空部门应当确保救援人员、受到突发事件危害的人员及救援物资、设备、工具优先运输。

在突发事件处置期间，处置突发事件的交通工具优先通行，省人民政府批准的执行抢险救灾任务的车辆免交车辆通行费。

第三十七条 通信管理部门应当组织、监督通信运营企业，优先保障突发事件应急处置工作的通信畅通。

第三十八条 在必要时，履行统一领导职责或者组织处置突发事件的人民政府可以向有关单位和个人征用应急救援所需的设备、设施、场地、交通工具和其他物资。但应当及时向被征用人出具相关凭证并登记造册。

前款规定被征用的财产在使用完毕或者突发事件应急处置工作结束后，应当及时返还。财产被征用或者征用后毁损、灭失的，应当依法给予补偿。

第三十九条 履行统一领导职责或者组织处置突发事件的人民政府应当及时向应急救援人员和受到突发事件危害的人员提供食品、饮用水、医疗救护和住所等基本生活保障，在灾民临时安置场所设置基本生活保障和心理干预服务站点，并配备必要的公众信息传播设备。

第四十条 在突发事件应急处置中因抢险救助、财产征用、医疗救护、生活保障等事项支出的费用，由相关人民政府、事件责任方和事件处置受益方共同分担。

第五章 事后恢复与重建

第四十一条 突发事件的威胁和危害得到基本控制或者消除后，宣布启动应急预案的人民政府应当及时宣布应急处置工作结束，停止执行应急处置措施，同时根据需要采取或者继续实施疫病防治、疫情或者灾害监控、污染治理、宣传疏导以及心理干预等措施，防止发生自然灾害、事故灾难、公共卫生事件的次生、衍生事件或者重新引发社会安全事件。

第四十二条 受突发事件影响地区的人民政府应当尽快组织修复被损坏的交通、通信、供（排）水、发（供）电、供油、供气、供热和医疗卫生等公共设施，恢复当地的工作、生产、生活、学习和社会秩序。

第四十三条 突发事件应急处置工作结束后，履行统一领导职责和组织处置突发事件的人民政府应当及时组织有关部门和专家，调查、分析突发事件发生的原因、过程，对信息报送、应急决策与处置等应对工作进行全面客观评估，总结经验教训，制定改进措施，并向上一级人民政府提出报告。

第四十四条 县级以上人民政府及其有关部门对受突发事件影响较大的地区和行业，可以依法办理税收减免，依法给予行政事业性收费减免、贴息贷款、财政转移支付等政策扶持措施和物资、人力、技术支持，并动员社会力量开展慈善捐赠活动。

第四十五条 公民参加应急救援工作或者受指派协助维护社会秩序期间，其在本单位的工资和福利待遇不变。没有工作单位的，由突发事件发生地人民政府或者有关部门给予食宿安排或者适当补助。

第六章 法律责任

第四十六条 对违反本条例的行为，《中华人民共和国突发事件应对法》等有关法律、行政法规已经规定法律责任的，从其规定。

第四十七条 在突发事件应对工作中，县级以上人民政府及其有关部门、乡（镇）人民政府、街道办事处违反本条例规定，不履行法定职责的，由其上级行政机关或者监察机关责令限期改正；有下列情形之一的，根据情节对直接负责的主管人员和其他直接责任人员依法给予行政处分：

（一）未按照规定制定突发事件应急预案的；

（二）未按照规定组织开展应急演练的；

（三）未按照规定对容易引发自然灾害、事故灾难、公共卫生事件的危险源、危险区域进行调查、登记及风险评估的；

（四）未按照规定建立应急救援队伍的。

第四十八条 有关企业、事业单位有下列情形之一的，由县级以上人民政府予以通报批评，责令限期改正；逾期不改正的，依照有关法律法规予以处罚；并根据情节对直接负责的主管人员和其他直接责任人员依法给予处分：

(一) 未按照规定制定突发事件具体应急预案的；

(二) 未按照规定对应急避难场所进行维护管理的；

(三) 未按照规定建立应急救援队伍的。

第七章 附 则

第四十九条 本条例自2013年7月1日起施行。

河北省农村土地承包条例

(2013年7月25日河北省第十二届人民代表大会常务委员会第三次会议通过 2013年7月25日河北省第十二届人民代表大会常务委员会公告第8号公布 自2013年11月1日起施行)

第一章 总 则

第一条 为了稳定和完善农村土地承包经营制度，保护农村土地承包当事人的合法权益，促进农业、农村经济发展，维护农村社会稳定，根据《中华人民共和国农村土地承包法》、《中华人民共和国农村土地承包经营纠纷调解仲裁法》、《中华人民共和国物权法》等有关法律、行政法规的规定，结合本省实际，制定本条例。

第二条 本省行政区域内从事农村土地承包、承包合同管理和农村土地承包经营纠纷调解仲裁及其相关活动，适用本条例。

第三条 县级以上人民政府应当加强对农村土地承包及承包合同管理工作的领导，依法保护集体土地所有者的合法权益，保护承包方的土地承包经营权，维护农村土地承包关系的长期稳定。

第四条 县级以上人民政府农业、林业等农村土地承包管理部门按照各自职责，负责本行政区域内农村土地承包及承包合同管理工作。乡、镇人民政府负责本行政区域内农村土地承包管理工作。

第五条 县级以上人民政府应当加强对农村土地承包经营权流转合同履行的监督和对农村土地承包经营纠纷调解、仲裁工作的指导。

县级以上人民政府农业、林业等农村土地承包管理部门及其他有关部门应当支持有关调解组织和农村土地承包仲裁委员会依法开展工作。

农村土地承包经营纠纷仲裁不得向当事人收取费用，仲裁工作经费纳入同级财政预算予以保障。

第二章 土地承包经营权的确立

第六条 农村土地以家庭承包方式发包时，下列人员享有土地承包权：

(一) 原始户籍在本集体经济组织一直未迁出，且为实行家庭联产承包责任制前本集体经济组织的人员或者其直系后代；

(二) 因结婚、离婚由农村居民户籍迁入本集体经济组织的人员及子女，以及因合法收养关系迁入本集体经济组织的人员；

(三) 根据国家移民政策，迁入本集体经济组织的人员；

(四) 符合(一)、(二)、(三)项条件的现役义务兵、初级士官、户籍迁出的大中专院校在校学生、服刑人员；

(五) 按照国家有关规定在本集体经济组织落户的军队退役人员、大中专毕业生、刑满释放或者解除劳教人员；

(六) 依照法律、行政法规规定，其他有权以家庭承包方式承包土地的人员。

第七条 本集体经济组织的农户在发包方发包土地时自愿放弃土地承包权的，应当向发包方提交有民事行为能力的家庭各成员签字确认的书面声明。无书面声明或者虽有书面声明但有民事行为能力的家庭各成员没有签字确认的，不视为放弃土地承包权。

第八条 下列土地可以以家庭承包方式承包给本集体经济组织内有承包权的新增人口，所签土地承包合同期限为本轮土地承包的剩余期限：

(一) 集体经济组织依法预留的机动地；

(二) 通过依法开垦等方式增加的；

(三) 承包方依法、自愿交回的；

(四) 发包方依法收回的。

承包给新增人口土地的数量，依法由本集体经济组织的村民会议或者村民代表会议根据地源情况讨论决定。

第九条 机动地在以家庭承包方式承包给本集体经济组织内有承包权的新增人口之后剩余部分，应当实行公开竞价方式发包，承包期不得超过五年。

第十条 不宜采取家庭承包

方式的荒山、荒沟、荒丘、荒滩等农村土地，应当通过招标、拍卖、公开协商等其他方式承包，也可以将土地承包经营权折股分给本集体经济组织有承包权的人员后，再实行承包经营或者股份合作经营。

以其他方式承包农村土地，在同等条件下，本集体经济组织成员享有优先承包权。发包方将农村土地发包给本集体经济组织以外的单位或者个人承包，应当事先经本集体经济组织成员的村民会议三分之二以上成员或者三分之二以上村民代表的同意，并报乡、镇人民政府批准。由本集体经济组织以外的单位或者个人承包的，发包方应当对承包方的资信情况和经营能力进行审查后，再签订承包合同。承包方应当按照承包合同约定，合理利用土地，不得擅自改变土地的农业用途。

实行招标、拍卖、公开协商等其他方式承包的，承包方案应当在本集体经济组织内公示，公示时间不少于七日。承包方案应当包括以下内容：承包土地的名称、坐落、面积、用途、承包方式、双方权利和义务、承包底价、承包期限、起止时间、承包费支付方式、违约责任以及其他应当注明的事项。

第十一条 发包方应当与承包方签订书面土地承包合同。

土地承包合同一式四份，发包方、承包方各执一份，由发包方报乡、镇人民政府、县级人民政府农业、林业等农村土地承包管理部门各备案一份。

第十二条 各级人民政府应当建立健全土地承包经营权的登记制度，加强农村土地承包经营权的确权、登记和颁证工作。

第十三条 以家庭承包方式承包土地的，颁发土地承包经营权证或者林权证等证书，应当按照下列程序办理：

（一）由发包方自土地承包合同生效之日起三十日内，向乡、镇人民政府报送土地承包方案、土地承包合同等材料；

（二）乡、镇人民政府自收到发包方报送的材料之日起十五日内，完成初审工作，对符合规定的，予以登记造册，并向县级人民政府农业、林业等农村土地承包管理部门提出颁发土地承包经营权证或者林权证等证书的书面申请；

（三）县级人民政府农业、林业等农村土地承包管理部门自收到乡、镇人民政府申报材料之日起六十日内完成审核，对符合条件的，编制登记簿，报县级人民政府。县级人民政府自收到审核材料之日起十日内，颁发土地承包经营权证或者林权证等证书。

第十四条 以其他方式承包土地的，颁发土地承包经营权证或者林权证等证书，应当按照下列程序办理：

（一）承包方向乡、镇人民政府提交土地承包合同、土地承包经营权证或者林权证等登记申请书；

（二）乡、镇人民政府自收到登记申请书之日起十五日内，对发包方和承包方的资格、发包程序、承包期限、承包地用途等予以初审，并在登记申请书上签署意见；

（三）承包方持乡、镇人民政府初审通过的土地承包经营权证或者林权证等登记申请书和土地承包合同、土地承包方案等材料，向县级人民政府农业、林业等农村土地承包管理部门申请土地承包经营权证或者林权证等登记；

（四）县级人民政府农业、林业等农村土地承包管理部门自收到登记申请书之日起六十日内完成审核，对符合条件的，编制登记簿，并报县级人民政府。县级人民政府自收到审核材料之日起十日内，颁发土地承包经营权证或者林权证等证书。

第十五条 承包方应当按照土地承包合同的约定合理利用和保护土地，维持土地的农业用途。不得用于非农业建设，不得侵占集体公共用地，不得给土地造成永久性损害。

第三章　土地承包经营权的流转

第十六条 以家庭承包方式取得的土地承包经营权可以依法采取转包、出租、互换、转让、入股或者其他方式进行流转。

鼓励和支持承包土地向专业大户、家庭农场、农民合作社流转。

第十七条 各级人民政府应当加强土地承包经营权流转市场的建设，建立健全土地承包经营权流转管理服务体系，为土地承包经营权流转各方提供业务指导和服务，推进土地承包经营权依法、有序流转。

各级人民政府应当组织协调有关部门和机构在农业贷款、农业保险等方面，为专业大户、家庭农场、农民合作社和农业产业化企业提供服务，提高农业经营体系的集约化、专业化、组织化、社会化程度。

第十八条 土地承包经营权流转，应当遵循依法、自愿、有偿的原则。

土地承包经营权流转，不得改变土地集体所有性质，不得改变土地的农业用途，不得超过承包期的剩余期限，不得损害承包方或者当事人的土地承包权益。

土地承包经营权依法流转时，承包方或者受让方要求发包方提供协助的，发包方应当提供协助。

任何组织和个人不得强迫或者妨碍承包方依法流转土地承包经营权，不得截留、扣缴承包方的流转收益。

第十九条 土地承包经营权流转双方当事人应当依法签订书面流转合同。

农村土地承包经营权流转合同文本格式由省人民政府农业、林业等农村土地承包管理部门确定。

农村土地承包经营权流转合同一式四份，流转双方各执一份，发包方和乡、镇人民政府各备案一份。

承包方将土地委托他人耕种不超过一年的，可以不签订书面合同。

第二十条 乡、镇人民政府应当向达成流转意向的承包方提供统一文本格式的流转合同，并指导签订。

第二十一条 承包方自愿委托发包方或者其他组织和个人进行土地承包经营权流转的，应当出具书面委托书。委托书应当载明委托的事项、权限和期限等，并有委托人的签名或者盖章。流转合同应当由承包方或其书面委托的代理人签订。

没有承包方的书面委托，任何组织和个人无权以任何方式决定流转农户的承包土地。

第二十二条 以家庭承包方式承包的土地，土地承包经营权流转采取转包、出租方式的，如受让方再行流转，应当经原承包方同意。

以招标、拍卖、公开协商等方式承包农村土地，经依法登记取得土地承包经营权证或者林权证等证书的，其土地承包经营权可以依法采取转让、出租、入股、抵押或者其他方式流转。

第二十三条 当事人对转包、出租地未依法约定流转期限或者约定不明的，转出方有权自主决定收回承包地，但应当提前二个月通知受让方。承包地收回的时间应当在农作物收获期结束后或者下一个耕种期开始前。当事人另有约定或者属于林地承包经营的除外。

转出方依照前款规定收回承包地的，应当对受让方就提高土地生产能力的投入给予相应的补偿。

第二十四条 同一集体经济组织的农户，无书面互换合同但双方当事人已经形成相互经营对方承包地两年以上的事实，除当事人能够提供不是互换的有效证明或者双方认可的口头协议外，按照互换处理。

第二十五条 以家庭承包方式承包的土地，土地承包经营权流转采取转让方式的，应当符合下列条件：

（一）转出方有稳定的非农职业或者有稳定的收入来源；

（二）转出方有民事行为能力的家庭各成员签字确认；

（三）受让方为从事农业生产经营的农户；

（四）发包方在转让合同书上签字盖章。

第二十六条 承包方之间可以自愿将土地承包经营权入股发展农业合作生产经营。股份合作终止时，入股的土地承包经营权继续由原承包人行使。

第二十七条 县级人民政府农业、林业等农村土地承包管理部门和乡、镇人民政府应当建立农村土地承包经营权流转信息库，及时公布农村土地承包经营权流转供求信息。

第二十八条 乡、镇人民政府应当建立农村土地承包经营权流转情况登记册，及时准确记载农村土地承包经营权流转情况。以转包、出租或者其他方式流转的，及时办理相关登记；以转让、互换方式流转承包土地的，及时办理有关承包合同和土地承包经营权证变更等手续。

第二十九条 乡、镇人民政府应当对农村土地承包经营权流转合同及有关文件、文本、资料等进行归档并妥善保管。

第四章 土地承包经营权的保护

第三十条 土地承包期内，发包方不得违反法律、行政法规规定收回和调整承包地。

第三十一条 原户籍在本集体经济组织的现役义务兵、符合国家有关规定的士官和大中专院校的在校生、毕业生、服刑人员，在土地承包期内，发包方不得收回或者调出其原承包地。

第三十二条 任何组织和个人不得以任何形式剥夺妇女合法的土地承包经营权，涉及土地承包的规定、村民代表会议或者村民会议的决议、村规民约中，不得有违反男女平等原则、侵害妇女土地承包合法权益的内容。

土地承包期内，妇女结婚后，新居住地有地源的，应当按照方便生产生活的原则解决其承包地。在新居住地未取得承包地的，原居住地发包方不得收回其原承包地；妇女离婚或者丧偶，仍在原居住地生活或者不在原居住地生活但在新居住地未取得承包地的，发包方不得收回其原承包地。

土地承包期内，男到女家落户的，适用本条规定。

第五章　合同的变更和解除及无效合同的确认

第三十三条　土地承包期内，有下列情形之一的，发包方应当与承包方变更土地承包合同，并依法办理土地承包经营权证或者林权证等证书的变更手续：

（一）承包方提出书面申请，自愿交回以家庭承包方式承包的部分承包地的；

（二）承包方的部分承包地被依法征收、征用或者占用的；

（三）依法调整土地后，承包方的承包地面积发生变化的；

（四）法律、行政法规规定的其他情形。

第三十四条　土地承包期内，有下列情形之一的，发包方应当解除或者终止土地承包合同，并依法提请发证机关收回或者注销土地承包经营权证、林权证等证书：

（一）承包方提出书面申请，自愿交回以家庭承包方式承包的全部承包地的；

（二）承包方的全部承包地被依法征收、征用或者占用的；

（三）承包方全家迁入设区的市并转为城镇居民户口，其以家庭承包方式承包的耕地或者草地交回发包方或者被发包方依法收回的；

（四）承包林地或者以其他方式承包土地的承包方家庭消亡并无继承人的；

（五）法律、行政法规规定的其他情形。

第三十五条　土地承包期内，承包方家庭内部因分户、离婚等原因，要求分割以家庭承包方式取得的土地承包经营权，就分割问题达成协议的，发包方应当与各分割方分别签订新的土地承包合同，并依法申请变更土地承包经营权证或者林权证等证书；当事人之间达不成协议的，可以向农村土地承包仲裁委员会申请仲裁或者向人民法院提起诉讼。

第三十六条　土地承包经营权采取互换方式流转的，发包方应当分别与互换双方变更原土地承包合同。采取转让方式流转的，发包方应当与转出方变更或者解除原土地承包合同。

互换或者转让当事人要求土地承包经营权流转登记的，应当向县级人民政府申请登记。未经登记，不得对抗善意第三人。

第三十七条　有下列情形之一的，土地承包合同或者土地承包经营权流转合同无效：

（一）以欺诈、胁迫的手段订立合同，损害国家、集体或者第三人利益的；

（二）发包方无权发包、未按照法定程序发包，以及未按照依法讨论通过的土地承包方案发包的；

（三）强迫承包方进行土地承包经营权流转的；

（四）承包方违反法律、行政法规规定转让承包地的；

（五）土地承包经营权以转包、出租、入股等方式流转后，受让方未经转出方同意再行流转且转出方不予认可的；

（六）不属于同一集体经济组织的承包方互换土地承包经营权的；

（七）以其他方式承包的土地，未经发包方同意，以及未依法登记取得土地承包经营权证或者林权证等证书，进行土地承包经营权流转的；

（八）改变土地农业用途的；

（九）其他违反法律、行政法规规定的。

土地承包合同或者土地承包经营权流转合同的无效，由当事人或者有利害关系的第三人提出确认申请，由农村土地承包仲裁委员会或者人民法院依法确认。

第三十八条　下列土地承包合同或者土地承包经营权流转合同，当事人一方有权请求农村土地承包仲裁委员会或者人民法院变更或者撤销：

（一）因重大误解订立的；

（二）在订立合同时显失公平的。

采取欺诈、胁迫等不正当手段或者乘人之危，使对方在违背真实意愿的情况下订立的合同，受损害方有权请求农村土地承包仲裁委员会或者人民法院变更或者撤销。

第三十九条　土地承包合同或者土地承包经营权流转合同被确认为部分无效、无效或者被撤销后，县级人民政府应当根据当事人或者利害关系人的申请，以及生效的裁决或者判决等相关材料，依法变更、收回或者注销按照该合同所颁发的土地承包经营权证或者林权证等证书。

土地承包合同被确认无效或者被撤销后，因该合同取得的土地应当予以返还。返还土地的时间应当在当季农作物收获期结束后或者下一耕种期开始前。

第六章 农村土地承包经营纠纷的解决

第四十条 农村土地承包经营发生下列纠纷的，当事人可以自行和解，也可以请求村民委员会、乡、镇人民政府以及有关调解组织予以调解解决：

（一）因订立、履行、变更、解除和终止土地承包合同发生的纠纷；

（二）因土地承包经营权转包、出租、互换、转让、入股等流转发生的纠纷；

（三）因收回、调整承包地发生的纠纷；

（四）因确认土地承包经营权发生的纠纷；

（五）因侵害土地承包经营权发生的纠纷；

（六）法律、行政法规规定的其他土地承包经营纠纷。

第四十一条 村民委员会、乡、镇人民政府以及有关调解组织调解农村土地承包经营纠纷，应当遵循下列原则：

（一）在当事人自愿、平等的基础上进行调解；

（二）不违背法律、行政法规和国家政策；

（三）尊重当事人的权利，不得因调解而阻止当事人依法通过仲裁、行政、司法等途径维护自己的权利；

（四）不得收取任何费用。

第四十二条 当事人和解、调解不成或者不愿意和解、调解的，可以向当地农村土地承包仲裁委员会申请仲裁，也可以直接向人民法院起诉。

第四十三条 农村土地承包仲裁委员会及仲裁庭人员组成、仲裁案件的申请、受理、开庭、裁决、执行等依照《中华人民共和国农村土地承包经营纠纷调解仲裁法》的规定执行。

第四十四条 农村土地承包经营纠纷案件当事人确因生活困难需要代理仲裁或者诉讼的，可以依法向其住所地的法律援助机构申请法律援助。

第七章 法律责任

第四十五条 国家机关及其工作人员有下列行为之一的，由上级主管部门责令其限期改正；拒不改正的，由上级机关或者所在单位对直接负责的主管人员和其他直接责任人员予以行政处分；给当事人造成损失的，依法承担赔偿责任；构成犯罪的，依法追究刑事责任：

（一）干涉土地承包，擅自变更、解除土地承包合同或者干涉承包方依法享有的生产经营自主权的；

（二）强迫或者阻碍承包方进行土地承包经营权流转的；

（三）不依法审核、登记、发放土地承包经营权证或者林权证等证书的；

（四）不依法处理有关土地承包问题的投诉、举报的；

（五）其他侵害农民土地承包合法权益的行为。

第四十六条 违反本条例规定，发包方有下列行为之一的，由县级人民政府农业、林业等农村土地承包管理部门，乡、镇人民政府责令限期改正。发包方应当承担停止侵害、返还原物、恢复原状、排除妨害、消除危险、赔偿损失等民事责任：

（一）应当以家庭承包方式发包的农村土地，未依法发包到户或者承包期不足法定期限的；

（二）以其他方式承包的土地，未通过招标、拍卖、公开协商等方式承包，或者不公示承包方案的；

（三）干涉承包方依法享有的生产经营自主权的；

（四）违法收回或者调整承包地的；

（五）强迫或者阻碍承包方进行土地承包经营权流转的；

（六）擅自截留、扣缴承包方土地承包经营权流转收益的；

（七）未依法办理土地承包经营权证、林权证等证书，或者扣留、擅自更改土地承包合同、土地承包经营权证或者林权证等证书的；

（八）剥夺、侵害妇女依法享有的土地承包权的；

（九）其他侵害承包方土地承包经营权益的行为。

第四十七条 县级以上人民政府农业、林业等土地承包管理部门和乡、镇人民政府，对承包方或者土地流转受让方违法改变土地农业用途或者给土地造成永久性损害的，应当及时将案件移送有关行政管理部门处理；乡、镇人民政府应当责令当事人恢复原状，并指导督促发包方索赔由此造成的损失。

承包方或者土地流转受让方违法改变土地农业用途的，由县级以上人民政府有关行政管理部门责令限期改正，可以并处罚款；构成犯罪的，依法追究刑事责任。

第四十八条 依照法律、行政法规规定应当对违法改变土地用途的承包方或者土地流转受让方给予行政处罚或者作出其他处理决定，而有关行政管理部门不作为的，上级人民政府有关行政管理部门有权责令有关行政管理部门作出行政处理决定或者直接给予行政处罚，并给予有关行政管理部门的负责人行政处分。

第八章 附 则

第四十九条 本条例所称农村土地，是指农民集体所有和国家所有依法由农民集体使用的耕地、林地、草地，以及其他依法用于农业的土地。

第五十条 本条例自2013年11月1日起施行。1993年11月9日河北省第八届人民代表大会常务委员会第四次会议通过的《河北省农业承包合同管理条例》、1999年9月24日河北省第九届人民代表大会常务委员会第十一次会议通过的《河北省农村土地承包管理条例》同时废止。

河北省辐射污染防治条例

（2013年9月27日河北省第十二届人民代表大会常务委员会第四次会议通过 2013年9月27日河北省第十二届人民代表大会常务委员会公告第11号公布 自2013年12月1日起施行）

第一章 总 则

第一条 为了加强辐射污染防治工作，维护环境安全，保障人体健康，根据《中华人民共和国环境保护法》、《中华人民共和国放射性污染防治法》等法律、行政法规，结合本省实际，制定本条例。

第二条 本条例适用于本省行政区域内辐射污染防治及其监督管理活动。

第三条 本条例所称辐射，是指电离辐射和电磁辐射。

电离辐射，主要包括核设施、核技术利用、铀（钍）矿和伴生放射性矿开发利用产生的辐射。

电磁辐射，主要包括信息传递中的电磁波发射，工业、科研、医疗等活动中使用电磁辐射设施和设备产生的电磁辐射。

本条例所称电磁辐射设施和设备，是指列入国家规定的电磁辐射建设项目和设备名录的电磁辐射设施和设备。

第四条 辐射污染防治坚持科学规划、安全第一、预防为主、防治结合、严格管理的原则。

第五条 县级以上人民政府应当加强对辐射污染防治工作的领导，将辐射污染防治工作纳入当地的环境保护规划，并建立健全辐射环境安全责任制。

第六条 县级以上人民政府环境保护行政主管部门对本行政区域的辐射污染防治工作依法实施监督管理。

县级以上人民政府公安、卫生、质量技术监督等行政主管部门按照规定的职责，对有关的辐射污染防治工作依法实施监督管理。

第七条 省人民政府环境保护行政主管部门应当会同有关部门建立和完善辐射环境监测网络，对辐射环境和辐射污染源实施监测，定期向社会发布辐射环境状况信息。

县级以上人民政府环境保护行政主管部门应当加强对辐射环境监督管理和监测人员进行有关法律、法规、专业技术等方面的培训，提高监督、监测的能力和水平。

第八条 县级以上人民政府有关部门应当组织开展辐射污染防治宣传，普及辐射污染防治的科学知识，增强公众辐射污染防治的意识。

第九条 任何单位和个人有权向县级以上人民政府环境保护、卫生等行政主管部门投诉、举报造成辐射环境污染的行为。

县级以上人民政府环境保护、卫生等行政主管部门应当按照规定及时调查处理对辐射环境污染行为的投诉和举报，或者移送有关部门处理。

第二章 电离辐射污染防治

第十条 新建、改建、扩建可能产生电离辐射污染的建设项目，应当依法进行环境影响评价，报省人民政府环境保护行政主管部门或者其授权的环境保护行政主管部门审查批准。

建设项目竣工后，建设单位应当向审批该建设项目环境影响评价文件的环境保护行政主管部门申请该建设项目环境保护设施竣工验收。验收合格的，建设项目方可投入生产或者使用。

第十一条 生产、销售、使用放射性同位素和射线装置的单位，应当依法申请领取辐射安全许可证。使用放射性同位素和射线装置进行放射诊疗的医疗卫生机构，还应当获得放射源诊疗技术和医用辐射机构许可。

省人民政府环境保护行政主管部门或者其授权的环境保护行政主管部门应当将审批颁发辐射安全许可证的情况通报同级人民政府公安、卫生等行政主管部门。

生产、销售、使用放射性同位素的单位，应当在领取或者变更辐射安全许可证之日起十日内，将领取或者变更辐射安全许可证的情况向当地县级以上人民政府环境保护、公安、卫生等行政主管部门报告。

第十二条 生产、销售、使用放射性同位素和射线装置的单位，应当建立和落实电离辐射安全责任制度、从业人员安全培训制度、放射性同位素使用登记制度、放射性同位素和射线装置台账、电离辐射环境监测方案、个人剂量档案和职业健康监护档案以及电离辐射事故应急预案。

第十三条 生产、销售、使用、贮存放射性同位素和射线装置的场所，应当按照国家有关规定设置明显的放射性标志和中文警示说明。射线装置的生产调试和使用场所，应当具有防止误操作、防止工作人员和公众受到意外照射的安全措施。

第十四条 生产、销售、使用放射性同位素的单位，应当建立健全安全保卫制度，落实安全保卫措施，防止放射性同位素丢失、被盗。

第十五条 县级以上人民政府环境保护行政主管部门应当根据放射性同位素和射线装置生产、销售、使用活动的类别，制定本行政区域的监督检查计划。按照辐射安全风险大小，规定不同的监督检查频次。

第十六条 使用放射性同位素和射线装置进行放射诊疗的医疗卫生机构，应当严格遵守质量保证监测规范，避免对患者、受检者或者其他人员一切不必要的照射；发现设施、设备异常，应当立即停止使用，采取防护措施；造成超剂量照射的，及时向当地县级以上人民政府环境保护、卫生行政主管部门报告。

第十七条 放射性同位素应当在取得辐射安全许可证的单位之间转让。转入放射性同位素的单位应当在转入前报省人民政府环境保护行政主管部门或者其授权的环境保护行政主管部门批准。转入单位未提供放射性同位素转让批准文件的，转出单位不得转让。

第十八条 本省行政区域内跨设区的市转移使用放射性同位素的单位，应当于转移活动实施前十日内，书面报告移出地设区的市人民政府环境保护行政主管部门，向使用地设区的市人民政府环境保护行政主管部门备案，并接受其监督管理；转移使用活动结束后，应当自结束之日起二十日内，向使用地设区的市人民政府环境保护行政主管部门办理备案注销手续，并书面告知移出地设区的市人民政府环境保护行政主管部门。

跨省、自治区、直辖市转移使用放射性同位素的，依照国家有关规定执行。

第十九条 在室外、野外使用放射性同位素和射线装置的单位，应当按照国家安全和防护标准的要求划出安全防护区域，设置明显的放射性标志，确定专人负责警戒工作。

在室外、野外使用放射源的单位应当按照有关规定，对放射源实行实时定位监控；需要贮存的，应当贮存在相对封闭的场所内。贮存场所应当设专人看管，采取防盗、防射线泄漏等安全防护措施。

第二十条 进口、回收废旧金属的冶炼企业，应当对废旧金属的放射性进行监测，如实记录监测结果。发现监测结果异常的，应当采取措施并及时向当地设区的市人民政府环境保护行政主管部门报告。

第二十一条 省人民政府环境保护行政主管部门应当加强对废旧放射源和其他放射性废物处置工作的监督检查，并会同有关部门建立废旧放射源收贮、处置保障机制。

禁止将废旧放射源和其他放射性废物送交无相应许可证的单位贮存、处置或者擅自处置。

第二十二条 使用Ⅰ类、Ⅱ类、Ⅲ类放射源的单位，应当在放射源废弃后三个月内，将废旧放射源交回原生产单位或者返回原出口方；确实无法交回原生产单位或者返回原出口方的，应当送交有相应资质的放射性废物集中贮存单位贮存。使用Ⅳ类、Ⅴ类放射源的单位在放射源废弃后三个月内，应当将废旧放射源送交有相应资质的放射性废物集中贮存单位贮存。

产生其他放射性废物的单位，应当按照国家有关放射性废物管理的规定，将其产生的放射性废物送交有相应资质的放射性废物集中贮存单位贮存。

第二十三条 县级以上人民政府有关部门应当加强对矿山开采过程中伴生放射性矿物的管理和综合利用。

利用伴生放射性矿渣和含有天然放射性物质的石材生产制造的建筑材料和装饰装修材料，应当符合国家建筑材料放射性核素限量标准。不符合标准的，不得出厂、销售。

第三章 电磁辐射污染防治

第二十四条 新建、改建、扩建可能产生电磁辐射污染的建设项目或者使用电磁辐射设施和设备，应当依法进行环境影响评价，报省人民政府环境保护行政主管部门或者其授权的环境保护行政主管部门审查批准。

建设项目竣工后、电磁辐射设施和设备使用前，建设单位或者使用单位应当向审批该建设项目、电磁辐射设施和设备环境影响评价文件的环境保护行政主管部门申请环境保护设施竣工验收。验收合格的，方可投入生产或者使用。

第二十五条 可能产生电磁辐射污染的建设项目或者使用电磁辐射设施和设备的单位，应当按照有关法律、法规的规定，如实公示建设项目、设施和设备的有关信息，开展与其业务相关的电磁辐射污染防治宣传工作。

第二十六条 电磁辐射建设项目的性质、规模、地点、采用的生产工艺以及辐射设备的功率、频率、天线增益、电压和电流强度等发生重大变化，超出原批准范围的，建设单位或者使用单位应当重新进行环境影响评价。

第二十七条 依照国家颁布的电磁辐射防护规定和有关设计规范的要求，需要划定电磁辐射规划限制区的建设单位，应当在编制建设项目环境影响评价文件时，提出可能受到电磁辐射影响的范围，并按照规定向规划、国土资源部门办理有关手续。

本条例颁布实施前已建成的电磁辐射建设项目或者投入使用的电磁辐射设施和设备，不符合国家电磁辐射环境保护标准的，由县级以上人民政府环境保护行政主管部门责令限期治理。

第二十八条 从事电磁辐射活动的单位，应当向当地人民政府环境保护行政主管部门申报电磁辐射的种类、数量、强度、用途等文件资料以及污染防治措施。

第二十九条 从事电磁辐射活动的单位，应当制定监测计划，定期对工作场所以及周围环境进行监测或者委托具有资质的机构进行监测，建立监测档案。发现异常情况的，应当立即采取措施，及时向当地环境保护行政主管部门报告。

第三十条 在工业、科研、医疗等活动中使用电磁能利用装置的单位，应当采取屏蔽措施，定期检查电磁辐射设施、设备的防护性能，保证电磁场强度符合国家电磁辐射环境保护标准。

第四章 辐射事故应急处理

第三十一条 县级以上人民政府环境保护行政主管部门应当会同同级人民政府公安、卫生、财政等行政主管部门和气象主管机构，制定本行政区域的辐射事故应急预案，报本级人民政府批准，并报上一级环境保护行政主管部门备案。

第三十二条 生产、销售、使用放射性同位素和射线装置的单位发生辐射事故后，应当立即启动本单位的应急预案，采取应急措施，抢救受伤人员，维持现场秩序，并按照规定向当地人民政府环境保护、公安、卫生等行政主管部门报告。

任何单位或者个人不得缓报、谎报、瞒报、漏报辐射事故或者故意破坏辐射事故现场、毁灭证据。

第三十三条 接到辐射事故报告后，县级以上人民政府环境保护、公安、卫生等行政主管部门以及其他有关单位应当立即赶赴现场，并按照规定的职责组织进行环境监测，确定污染的程度和范围，并采取相应的先期处置措施。需要启动本行政区域辐射事故应急预案的，应当按照规定程序启动。

第三十四条 发生辐射事故的单位应当依照国家有关规定，在县级以上人民政府环境保护行政主管部门的监督指导下清除污染。

第三十五条 辐射事故处理工作结束后，事故发生地设区的市人民政府环境保护行政主管部门应当向省人民政府环境保护行政主管部门提交事故处理报告。较大、重大或者特别重大辐射事故处理工作结束后，省人民政府环境保护行政主管部门应当按照国家有关规定及时将处理结果报省人民政府，并按有关程序向社会公布信息。

第五章 法律责任

第三十六条 县级以上人民政府环境保护行政主管部门和其他有关部门及其工作人员，有下列行为之一的，由上级主管机关或者监察机关责令限期改正；情节严重的，对直接负责的主管人员和其他直接责任人员依法给予处分；构成犯罪的，依法追究刑事责任：

（一）违法办理有关辐射环境保护行政许可的；

（二）不依法履行监督管理职责，未按照监督检查计划或者检查频次进行监测的；

（三）发现违法的行为不按照规定及时制止或者查处的；

（四）未按照规定编制辐射事故应急预案或者不依法履行辐射事故应急处置职责的；

（五）缓报、谎报、瞒报、漏报辐射事故的；

（六）其他滥用职权、玩忽职守、徇私舞弊的行为。

第三十七条 违反本条例规定，生产、销售、使用放射性同位素和射线装置的单位有下列行为之一的，由县级以上人民政府环境保护行政主管部门责令停止违法行为，限期改正；逾期不改正的，责令停产、停业或者由发证机关吊销辐射安全许可证；有违法所得的，没收违法所得；违法所得十万元以上的，并处违法所得一倍以上五倍以下的罚款；没有违法所得或者违法所得不足十万元的，并处一万元以上十万元以下的罚款：

（一）无辐射安全许可证从事放射性同位素和射线装置生产、销售、使用活动的；

（二）未按照辐射安全许可证的规定从事放射性同位素和射线装置生产、销售、使用活动的；

（三）未经批准，擅自进口或者转让放射性同位素的。

第三十八条 违反本条例规定，生产、销售、使用放射性同位素的单位有下列行为之一的，由县级以上人民政府环境保护行政主管部门责令限期改正；逾期不改正的，由发证机关暂扣或者吊销其辐射安全许可证：

（一）跨省、自治区、直辖市转移使用放射性同位素未按照规定备案的；

（二）本省行政区域内跨设区的市转移使用放射性同位素的单位未按照规定备案的。

第三十九条 违反本条例规定，在室外、野外使用放射性同位素和射线装置未按照国家有关安全和防护标准的要求划出安全防护区域并设置明显的放射性标志的，由县级以上人民政府环境保护行政主管部门责令改正，处一万元以上五万元以下的罚款。

第四十条 违反本条例规定，未按照规定对进口、回收废旧金属进行监测或者在监测中发现问题未按照规定报告的，由县级以上人民政府环境保护行政主管部门责令停止违法行为，限期改正，处一万元以上三万元以下罚款。

第四十一条 违反本条例规定，有下列行为之一的，由县级以上人民政府环境保护行政主管部门责令限期改正；逾期不改正的，按照下列规定处以罚款：

（一）未按照规定处理废弃放射源的，处五万元以上十万元以下的罚款；

（二）产生其他放射性废物的单位未按照国家规定将其产生的放射性废物送交有相应资质的放射性废物集中贮存单位贮存的，处二千元以上一万元以下罚款。

第四十二条 违反本条例规定，未按照规定办理电磁辐射申报登记或者在申报登记时弄虚作假的，由县级以上人民政府环境保护行政主管部门责令限期改正，逾期未改正的，处一万元以上二万元以下罚款。

第四十三条 违反本条例规定，发生辐射事故的单位缓报、谎报、瞒报、漏报的，由县级以上人民政府环境保护行政主管部门给予警告；情节严重的，由发证机关暂扣或者吊销其辐射安全许可证；构成犯罪的，依法追究刑事责任。

第六章 附 则

第四十四条 本条例中下列用语的含义是：

（一）电离辐射污染，是指由于人类生产生活造成物料、人体、场所、环境介质表面或者内部出现超过国家标准的放射性物质或者射线。

（二）电磁辐射污染，是指电磁辐射设施和设备在环境中所产生的电磁能量或者强度超过国家电磁环境保护标准的现象。

第四十五条 本条例自2013年12月1日起施行。

2000年12月23日河北省人民政府公布的《河北省电磁辐射环境保护管理办法》和2001年11月15日河北省人民政府公布的《河北省放射性污染防治管理办法》同时废止。

河北省农民工权益保障条例

（2013年9月27日河北省第十二届人民代表大会常务委员会第四次会议通过 2013年9月27日河北省第十二届人民代表大会常务委员会公告第12号公布 自2013年12月1日起施行）

第一章 总 则

第一条 为了保障农民工合法权益，构建和谐劳动关系，根据《中华人民共和国劳动法》、《中华人民共和国劳动合同法》等有关法律、行政法规的规定，结合本省实际，制定本条例。

第二条 本条例所称农民工，是指户籍在农村、有工资性收入的劳动者。

第三条 农民工的人身权、财产权、劳动权等各项合法权益受法律保护，人格受社会尊重。

用人单位应当依法建立和完善规章制度，保障农民工合法权益。

农民工应当遵守法律法规，遵守劳动纪律和职业道德，遵守用人单位依法制定的各项规章制度，自觉履行应尽的各项义务。

第四条 农民工的宅基地使用权和土地承包经营权受法律保护。

第五条 依法保障农民工的民主政治权利。

用人单位职工代表大会中，应当有农民工代表，保障农民工参与企业民主管理权利。

第六条 县级以上人民政府应当按照公平对待、强化服务、完善管理、合理引导的原则，将农民工以及与其共同居住生活的配偶、未婚子女和父母的住房保障、义务教育、妇幼保健、计划生育等工作纳入公共服务和管理范围，并将有关经费列入本级财政预算。

第七条 县级以上人民政府应当健全完善农民工工作联席会议制度，定期研究、统筹协调农民工工作。

第八条 农民工有权依法参加工会，用人单位工会应当依法吸收农民工入会，任何组织和个人不得限制或者变相限制农民工自愿加入工会。

第二章 就业服务

第九条 县级以上人民政府应当统筹城乡就业，将农村富余劳动力有序转移就业纳入国民经济和社会发展中长期规划和年度计划。

县级以上人民政府人力资源和社会保障行政部门应当建立健全劳务输出输入工作机制，规范就业服务市场，落实城乡劳动者平等的就业制度。

第十条 县级以上人民政府应当依照国家和本省有关规定，安排专门用于农村富余劳动力就业培训的资金，用于就业技能培训、引导性培训和职业技能鉴定考核。

第十一条 县级以上人民政府设立的公共就业服务机构应当免费向农村富余劳动力提供法律法规政策咨询、就业指导、职业介绍和职业技能培训服务。

鼓励教育机构、社会团体、其他培训机构以及个人开展针对农村富余劳动力的职业技能培训和就业服务。对提供公益性就业服务的，按照有关规定给予补贴。

县级以上人民政府有关行政部门应当建立和完善农村富余劳动力培训质量评估指标体系和绩效评估机制，根据培训质量和就业效果给予补贴。

第十二条 用人单位应当鼓励和支持农民工参加职业培训和职业技能鉴定。

第十三条 县级以上人民政府人力资源和社会保障等有关行政部门应当依法规范职业中介机构、劳务派遣机构和用人单位的招工用工行为，依法查处以职业介绍或者以招工为名损害农民工合法权益的行为。

第三章 劳动合同

第十四条 招用农民工应当具备用工主体资格。建设单位、建筑施工企业等单位将工程（业务）发包或者分包给不具备用工主体资格的组织或者个人，对该组织或者个人招用的农民工，由建设单位、建筑施工企业等单位承担用工主体责任。

第十五条 用人单位自用工之日起即与农民工建立劳动关系。

用人单位应当自招用农民工之日起一个月内，与农民工订立书面劳动合同，明确各自的权利和义务，并按照规定办理劳动用工手续。

用人单位自用工之日起满一年不与农民工订立书面劳动合同的，视为用人单位与其已订立无固定期限劳动合同。

用人单位应当建立包括农民工在内的全部职工名册、考勤记录等基础资料，并至少保存两年备查。

第十六条 农民工享有用人单位集体合同规定的权利，履行规定的义务。

企业职工一方在与用人单位进行平等协商，订立集体合同以及工资、劳动安全卫生、女职工权益保护等专项集体合同时，应当有农民工代表参加。

第十七条 用人单位招用农民工不得收取或者变相收取抵押金、保证金以及其他不合理费用，不得扣押居民身份证、居住证、驾驶证、资格证、毕业证等证件。

第十八条 用人单位实行综合计算工时工作制的，农民工平均日工作时间或者平均周工作时间应当符合国家法定标准。用人单位实行不定时工作制的，应当采用集中工作、集中休息、轮休调休、弹性工作时间等工作和休息方式。

第十九条 用人单位应当依法保障农民工结婚、孕期、产期、哺乳期的权益。

劳动合同中不得有限制农民工结婚、生育方面的内容。

用人单位不得因农民工结婚、怀孕、产假、哺乳等情形，解除其劳动合同。

第二十条 劳务派遣单位应当督促接受以劳务派遣形式用工的单位（以下简称用工单位）执行国家劳动标准，改善劳动安全卫生条件，保障被派遣农民工的合法权益。

第二十一条 县级以上人民政府人力资源和社会保障、安全生产监督管理等有关行政部门，在各自职责范围内，对用人单位执行劳动合同的情况进行监督管理。

第四章 工资与支付

第二十二条 农民工与用人单位其他职工实行同工同酬，其工资的确定和调整与其他职工同等对待。

第二十三条 用人单位应当以货币形式每月按时、足额向农民工支付工资。

因农民工违规操作给用人单位造成经济损失，用人单位要求农民工赔偿的，应当按照劳动合同的约定处理。按照约定扣除工资赔偿经济损失的，扣除额不得超过农民工月工资额的百分之二十，且扣除后的剩余工资不得低于当地最低工资标准。

第二十四条 用人单位在支付工资时，应当向农民工提供个人工资清单，书面记录支付劳动者工资的数额、项目、时间和领取工资者的签字，并至少保存两年备查。

第二十五条 设区的市和县级人民政府应当建立农民工工资清欠应急周转金制度，用于先行垫付被拖欠的农民工工资。

第二十六条 县级以上人民政府人力资源和社会保障行政部门应当建立健全工资支付监控制度，加强对建筑、矿山、装备制造、餐饮服务等行业农民工工资支付情况的监控。

县级以上人民政府住房和城乡建设行政部门应当建立建设领域工资保证金制度，督促建设单位和建筑施工企业按规定预存工资保证金。建设单位预存的工资保证金专项用于清偿因拖欠工程款而拖欠的农民工工资，建筑施工企业预存的工资保证金专项用于其承建项目拖欠的农民工工资。建设单位和建筑施工企业未按规定交纳农民工工资保证金的，不予办理施工许可证。建筑施工企业拖欠农民工工资的，建设单位不得组织工程竣工验收，县级以上人民政府住房和城乡建设行政部门不予竣工验收备案。

交通、铁路、水利等行政部门应当督促用人单位按规定预存工资保证金，实行专户管理，用于支付被拖欠的农民工工资。

政府投资的工程由项目管理单位开设专用帐户，从工程人工费中按规定扣存工资保证金，保障农民工工资支付。

第二十七条 建筑工程实行总承包的，工程总承包企业负责所承包工程农民工工资支付，不得以工程款未到位为由拖欠农民工工资。

因建设单位或者工程总承包企业未按照合同约定支付工程款，

致使建设工程承包企业拖欠农民工工资的，由建设单位或者工程总承包企业先行垫付拖欠的农民工工资。

第五章 社会保险

第二十八条 用人单位应当依法为农民工参加职工基本养老保险、职工基本医疗保险、工伤保险、失业保险、生育保险办理登记手续，并按时足额缴纳社会保险费。

第二十九条 用人单位对农民工因工作原因受到事故伤害或者患职业病的，应当采取措施，使其得到及时救治，属于工伤事故的，应当向有关行政部门申请工伤认定。

用人单位未为农民工办理工伤保险的，农民工发生工伤，由用人单位依照法律规定的工伤保险待遇支付费用。

第三十条 用人单位不得与农民工约定减轻或者免除其对农民工因工伤亡或者患职业病应当承担的法定责任。约定减轻或者免除责任的，约定无效。

第三十一条 鼓励用人单位为从事建筑、矿山、危险化学品、易燃易爆、有毒有害物品生产现场作业的农民工办理意外伤害保险，支付保险费用。

第六章 劳动安全卫生

第三十二条 县级以上人民政府有关行政部门应当依法对用人单位安全生产工作实施监督管理。

各级人民政府以及有关行政部门、工会组织应当采取多种形式，宣传普及安全生产法律法规和相关知识，提高农民工的安全生产和防范意识。

第三十三条 用人单位应当加强安全生产管理，健全安全生产、劳动安全卫生操作规程和工作规范，加强日常检查监督。

用人单位应当以书面形式向农民工如实告知作业场所和工作岗位存在的危险因素、防范以及应急措施。

用人单位应当为农民工提供符合国家标准或者行业标准的职业安全卫生条件和必要的劳动防护设施、用品。

第三十四条 用人单位应当对农民工进行安全生产教育和培训，保证农民工具备必要的安全生产知识。

从事特种作业工种的农民工应当依照国家有关规定经专门的安全作业培训，取得特种作业操作资格证书，方可上岗作业。

第三十五条 用人单位对从事接触职业病危害作业的农民工，应当组织上岗前、在岗期间和离岗时的职业健康检查，将检查结果如实告知农民工，并建立健康监护档案，依照规定期限妥善保管。农民工离岗时，有权索取本人职业健康监护档案复印材料，用人单位应当如实无偿提供加盖单位印章的复印件。未进行离岗职业健康检查的，用人单位不得解除劳动合同。职业健康检查费用由用人单位承担。

用人单位对疑似职业病的农民工，应当及时安排诊断。在诊断或者医学观察期间，不得解除与农民工订立的劳动合同。

第三十六条 农民工应当严格执行劳动安全生产规程，接受安全生产教育和培训，掌握本职工作所需的安全生产知识，提高安全生产技能，增强事故预防和应急处理能力。

第三十七条 农民工有权对用人单位安全生产工作中存在的问题提出批评、检举、控告；有权拒绝违章指挥、强令冒险作业。

第七章 公共服务

第三十八条 县级以上人民政府应当依法将流动到本地的农民工以及与其共同居住生活的配偶、未婚子女、父母，纳入居住证管理范围。

公安机关应当为农民工以及与其共同居住生活的配偶、未婚子女、父母办理居住登记、居住变更登记提供服务。

持有居住证的农民工以及与其共同居住生活的配偶、未婚子女、父母，符合规定条件的，可以申请办理居住地常住户口。

第三十九条 用人单位为农民工提供的居住场所应当符合基本的卫生和安全条件。

任何组织和个人不得将危房、违法建筑、超过许可期限的临时建筑提供或者出租给农民工居住。

第四十条 县级以上人民政府应当将符合条件的农民工纳入城镇住房保障体系。

第四十一条 县级以上人民政府民政部门应当依照国家有关规定将符合低保条件的困难农民工家庭纳入最低生活保障范围。

第四十二条 县级以上人民政府应当保障农民工子女享受平等的义务教育权利，将农民工子女义务教育纳入当地教育规划，按照实际在校人数拨付学校公用经费，所需经费列入本级财政预算。

教育机构对辖区范围内接受义务教育的农民工子女就学不得收取借读费、赞助费，不得违反规定收取其它费用。

第四十三条 县级以上人民政府人口和计划生育行政部门应当做好农民工计划生育工作，向育龄农民工免费提供符合规定的计划生育、生殖保健等服务项目和药具。

第四十四条 县级以上人民政府卫生行政部门应当加强对农民工的健康教育宣传，做好农民工疾病预防控制工作和适龄子女的免疫工作。

第四十五条 各级人民政府应当为农民工提供公共文化服务，组织开展多种形式的公益文化活动。

鼓励工会、共青团、妇联等组织以及文化经营单位、文艺工作者为农民工提供免费或者优惠的文化产品和服务。

用人单位应当加强文化活动场所建设，支持农民工开展文明健康的文化娱乐活动。

第四十六条 农民工在参与评定技术职称、晋升职务以及评选劳动模范和先进工作者等方面，与其他职工享有同等权利。

第八章 权益救济

第四十七条 县级以上人民政府人力资源和社会保障行政部门应当受理农民工的举报和投诉，依法开展劳动保障监察。

县级以上人民政府住房和城乡建设行政部门应当建立建筑施工企业信用制度，加强对建设领域市场主体的监管。

第四十八条 农民工认为有关行政部门的具体行政行为侵犯其合法权益的，可以依法申请行政复议或者向人民法院提起诉讼。

第四十九条 工会组织对用人单位侵犯农民工合法权益的行为，应当依法提出纠正意见。用人单位应当在接到工会意见十五日内书面答复处理结果。对不纠正又不答复的，工会组织可以提请县级以上人民政府人力资源和社会保障等有关行政部门依法处理。

县级以上人民政府人力资源和社会保障等有关行政部门对本级工会组织提请处理的用人单位的违法行为，应当依法处理，并在六十日内将处理情况书面告知工会。

第五十条 农民工与用人单位发生劳动争议，可以通过协商达成和解协议。

当事人不愿协商、协商不成或者达成和解协议后不履行的，可以向本单位劳动争议调解委员会、所在地劳动争议调解组织或者人民调解组织申请调解。

不愿调解、调解不成或者达成调解协议后不履行的，可以向劳动争议仲裁委员会申请仲裁。

对仲裁裁决不服的，除法律另有规定以外，可以向人民法院提起诉讼。

第五十一条 因支付拖欠劳动报酬、工伤医疗费、经济补偿或者赔偿金事项达成调解协议，用人单位在协议约定期限内不履行的，农民工可以持调解协议书依法向人民法院申请支付令。

第五十二条 农民工因请求支付劳动报酬或者工伤赔偿申请法律援助的，各级法律援助机构应当积极提供法律援助。

各级工会、妇联等社会团体应当结合自身职责，为农民工提供法律援助服务。

第九章 法律责任

第五十三条 各级人民政府及所属行政部门工作人员违反本条例，有下列行为之一的，由本级或者上级人民政府有关行政部门或者监察机关给予处分；构成犯罪的，依法追究刑事责任：

（一）向农民工或者用人单位非法收取费用的；

（二）对侵害农民工合法权益的行为不依法处理的；

（三）侵害农民工人身权、财产权和劳动权的；

（四）贪污、截留或者挪用农民工就业培训专项资金、农民工工资保证金等资金的。

第五十四条 用人单位违反本条例规定，限制或者变相限制农民工依法参加工会的，由工会组织提请本级人民政府人力资源和社会保障行政部门责令限期改正；拒不改正的，由县级以上人民政府人力资源和社会保障行政部门依法处理，并将处理结果书面答复相关工会。

第五十五条 用人单位违反本条例规定，在招用农民工时收取或者变相收取抵押金、保证金以及其他不合理费用，扣押农民工居民身份证、居住证、驾驶证、资格证、毕业证等证件的，由县级以上人民政府人力资源和社会保障行政部门责令限期退还本人，并依照有关规定给予处罚。

第五十六条 用人单位将工资支付给不具备用工主体资格的组织或者个人，致使拖欠农民工工资的，应当承担连带清偿责任。

建设单位、建筑施工企业等单位违反本条例规定，将工程（业务）发包或者分包给不具备用工主体资格的组织或者个人，给农民工造成损害的，建设单位、建筑施工企业等单位与该组织或者个人承担连带赔偿责任。

第五十七条 用人单位违反本条例规定解除农民工劳动合同的，应当依法向农民工支付赔偿金。

农民工违法解除劳动合同或者违反劳动合同约定给用人单位造成损失的，应当依法给予赔偿。

第五十八条 劳务派遣单位未依法履行督促义务，用工单位不符合劳务派遣用工条件而使用劳务派遣工，用工期间因同工不同酬等歧视性规定给农民工造成损害的，劳务派遣单位与用工单位承担连带赔偿责任。

第五十九条 用人单位有下列情形之一的，由县级以上人民政府人力资源和社会保障行政部门责令限期支付农民工劳动报酬、经济补偿；逾期不支付的，责令用人单位按照应付金额百分之五十以上百分之一百以下的标准向农民工支付赔偿金：

（一）拒不支付农民工工资的；

（二）未足额支付农民工工资的；

（三）低于集体合同约定或者当地最低工资标准支付农民工工资的；

（四）解除或者终止劳动合同，未依照规定向农民工支付经济补偿的。

第六十条 建设单位和建筑施工企业未在开户银行开设专用账户或者未按规定预存工资保证金的，由县级以上人民政府住房和城乡建设行政部门责令限期改正。

第六十一条 建筑施工企业违反本条例规定，拖欠、未足额支付农民工工资的，由县级以上人民政府人力资源和社会保障行政部门责令限期支付；逾期拒不支付的，依法给予行政处罚。拒不支付农民工工资的，县级以上人民政府住房和城乡建设行政部门可以从农民工工资保证金中支付；情节严重的，由县级以上人民政府住房和城乡建设行政部门停止其投标资格、清出建筑市场；涉嫌构成拒不支付劳动报酬罪的，移送司法机关。

第六十二条 用人单位未向农民工提供符合国家标准或者行业标准的劳动防护用品和劳动防护设施的，由县级以上人民政府安全生产监督管理部门责令限期改正；逾期不改正的，责令停产停业整顿，可以并处五万元以下罚款。

用人单位未对从事接触职业病危害作业的农民工进行职业健康检查的，由县级以上人民政府安全生产监督管理部门责令限期改正，给予警告，可以并处五万元以上十万元以下罚款。

用人单位违反劳动安全生产规定造成农民工伤害事故的，由县级以上人民政府安全生产监督管理部门依法处罚。

用人单位未按时足额缴纳社会保险费的，依照《中华人民共和国社会保险法》的有关规定追究法律责任。

第六十三条 用人单位有下列行为之一的，依法给予行政处罚；构成犯罪的，依法追究刑事责任：

（一）以暴力、威胁或者非法限制人身自由的手段强迫农民工劳动的；

（二）侮辱、体罚、殴打、非法搜查和拘禁农民工的。

第六十四条 违反本条例规定，拒不招收农民工子女入学的，由县级以上人民政府教育行政部门责令限期改正；逾期不改正的，对有关单位负责人和直接责任人给予处分。

违反有关规定向农民工子女收取费用的，由县级以上人民政府监察、价格、教育等行政部门责令限期改正；逾期不改正的，对有关单位负责人和直接责任人给予处分。

第六十五条 房屋出租人将危房、违法建筑、超过许可期限的临时建筑出租给农民工居住的，由县级以上人民政府住房和城乡建设等行政部门依法处理；给农民工造成损害的，依法承担赔偿责任。

第十章 附　　则

第六十六条 本条例自2013年12月1日起施行。

河北省人民代表大会常务委员会关于废止部分地方性法规的决定

（2013年9月27日河北省第十二届人民代表大会常务委员会第四次会议通过 2013年9月27日河北省第十二届人民代表大会常务委员会公告第13号公布 自公布之日起施行）

围绕贯彻落实省委八届五次会议精神，按照省委批准的《河北省人大常委会关于对地方性法规和立法工作进行全面审视和梳理的实施方案》要求，经对我省现行有效地方性法规进行全面审视和梳理，河北省第十二届人民代表大会常务委员会第四次会议决定，废止下列地方性法规：

（一）河北省地方煤矿管理条例（1986年9月16日河北省第六届人民代表大会常务委员会第二十二次会议通过根据1993年4月28日河北省第七届人民代表大会常务委员会第三十三次会议《关于修改〈河北省地方煤矿管理条例〉的决定》修正根据1997年10月25日河北省第八届人民代表大会常务委员会第二十九次会议《关于修改〈河北省地方煤矿管理条例〉的决定》第二次修正根据2010年7月30日河北省第十一届人民代表大会常务委员会第十七次会议《关于修改〈河北省地方煤矿管理条例〉的决定》第三次修正）

（二）河北省安置帮教刑满释放、解除劳动教养人员条例（1992年12月19日河北省第七届人民代表大会常务委员会第三十一次会议通过）

（三）河北省预算外资金管理条例（1993年12月22日河北省第八届人大常委会第五次会议通过根据1998年6月27日河北省第九届人民代表大会常务委员会第三次会议《关于修改〈河北省预算外资金管理条例〉的决定》修正根据2010年7月30日河北省第十一届人民代表大会常务委员会第十七次会议《关于修改部分法规的决定》第二次修正）

（四）河北省私营企业条例（1994年11月2日河北省第八届人民代表大会常务委员会第十次会议通过根据1997年6月29日河北省第八届人民代表大会常务委员会第二十七次会议《关于修改〈河北省私营企业条例〉的决定》修正根据2010年7月30日河北省第十一届人民代表大会常务委员会第十七次会议《关于修改部分法规的决定》第二次修正）

（五）河北省实施《中华人民共和国乡镇企业法》办法（1998年12月26日河北省第九届人民代表大会常务委员会第六次会议通过根据2002年11月25日河北省第九届人民代表大会常务委员会第三十次会议《关于修改〈河北省实施中华人民共和国乡镇企业法办法〉的决定》修正）

（六）河北省劳动力市场管理条例（1999年5月27日河北省第九届人民代表大会常务委员会第九次会议通过根据2003年9月26日河北省第十届人民代表大会常务委员会第五次会议《关于修改〈河北省劳动力市场管理条例〉的决定》修正根据2010年7月30日河北省第十一届人民代表大会常务委员会第十七次会议《关于修改部分法规的决定》第二次修正）

（七）河北省公路条例（1995年4月22日河北省第八届人民代表大会常务委员会第十三次会议通过根据2010年7月30日河北省第十一届人民代表大会常务委员会第十七次会议《关于修改部分法规的决定》修正）

本决定自公布之日起施行。

河北省人民代表大会常务委员会关于修改部分地方性法规的决定

（2013年9月27日河北省第十二届人民代表大会常务委员会第四次会议通过 2013年9月27日河北省第十二届人民代表大会常务委员会公告第14号公布 自公布之日起施行）

围绕贯彻落实省委八届五次会议精神，按照省委批准的《河北省人大常委会关于对地方性法规和立法工作进行全面审视和梳理的实施方案》要求，经对我省现行有效地方性法规进行全面审视和梳理，河北省第十二届人民代表大会常务委员会第四次会议决定，修改下列地方性法规：

一、《河北省城市绿化管理条例》

删除第二十九条。

二、《河北省水文管理条例》

删除第十四条第一款中的

“或者经其审查”和第二款。

三、《河北省反不正当竞争条例》

删除第四十三条中的“或者由工商行政管理机关吊销营业执照”。

四、《河北省实施〈中华人民共和国民族区域自治法〉若干规定》

删除第十四条第四款。

五、《河北省渔业条例》

删除第三十三条中的“在‘机动渔船底拖网禁渔区线’外侧建设人工渔礁，应当向省人民政府渔业行政主管部门提出申请，经国务院渔业行政主管部门批准”。

本决定自公布之日起施行。

河北省人民代表大会常务委员会关于提高地方立法质量的若干规定

（2013年11月28日河北省第十二届人民代表大会常务委员会第五次会议通过 2013年11月28日河北省第十二届人民代表大会常务委员会公告第15号公布 自公布之日起施行）

第一条 为了使我省地方立法工作更好地服务于经济、政治、文化、社会和生态文明建设，加强和改进地方立法工作，提高立法质量，按照全面深化改革和不断完善中国特色社会主义法律体系的要求，结合我省地方立法工作实际，制定本规定。

第二条 地方立法工作应当以马克思列宁主义、毛泽东思想、邓小平理论、“三个代表”重要思想、科学发展观为指导；坚持党的领导、人民当家作主、依法治国的有机统一；坚持以人为本、立法为民，把推进治理体系和治理能力现代化、促进社会公平正义、增进人民福祉作为立法工作的出发点和落脚点；坚持从本省实际出发，走群众路线，不断推进科学立法、民主立法，提高法规的针对性、协调性、及时性、系统性和可操作性。

第三条 省人民代表大会常务委员会应当在地方立法中发挥主导作用，加强对立法工作的统筹协调。

省人民代表大会常务委员会应当选择关系本省经济、政治、文化、社会和生态文明建设大局、关系广大人民群众切身利益的法规草案，提交省人民代表大会审议。

省人民代表大会常务委员会应当发挥省人民代表大会各专门委员会在立法工作中的作用。各专门委员会每届应当至少牵头起草一部地方性法规草案，提请省人民代表大会常务委员会审议。

省人民代表大会常务委员会应当发挥省人大代表在立法工作中的作用，省人大代表依法联名提出的法规案，符合列入立法规划或者立法计划条件的，及时列入立法规划或者立法计划。应当拓宽基层省人大代表、专家学者和人民群众参与立法工作的渠道，并通过省人大网站设立人大代表立法网络平台。省人民代表大会常务委员会有关工作机构要为省人大代表参与立法工作创造有利条件、提供服务保障。

省人民代表大会常务委员会对综合性、专业性较强的法规草案，可以责成有关单位和部门组织起草，或者采取委托、招标方式起草。

第四条 省人民代表大会常务委员会应当完善地方立法体制、工作机制和立法程序。

省人民代表大会常务委员会应当健全科学、民主、开放、包容的立法工作机制，细化和规范法规立项、起草、审议、表决、报批、公布、备案以及法规清理、立法前论证、立法后评估、公开征求意见与立法调研等各个环节的制度和程序，完善立法技术规范，使之更加科学、合理、可行。

第五条 编制立法规划和立法计划，应当从本省经济、政治、文化、社会和生态文明建设的总体布局出发，坚持立、改、废、释和法规清理并举，突出重点、统筹兼顾的原则，正确处理立法质量和立法数量的关系，广泛征求社会各方面的意见，通过省内主要新闻媒体公开征集立法建议，可以通过召开专题论证会等方式对立法项目进行论证。

第六条 地方性法规草案应当符合经济社会发展规律和立法规律，有利于促进科学发展和全面深化改革，不得有下列情形：

（一）超越立法权限、违反上位法的规定，设置行政许可、行政处罚、行政强制措施；

（二）设置的公民、法人和其他社会组织的权利与义务、执法主体的权力与责任不科学、不合理；

（三）不从实际需要出发，缺乏地方特色；

（四）不符合立法技术规范。

第七条 地方性法规草案凡有重大分歧意见或者涉及政府部门职责权限、经费保障等问题的，应当事先沟通协商，再提请省人民代表大会常务委员会审议。

第八条 省人民代表大会有关专门委员会和省人民代表大会常务委员会有关工作机构应当提前介入，指导和督促有关法规草案的起草，重点对法规草案的针对性、合法性和可操作性进行审议或者审查。

第九条 省人民代表大会法制委员会初次审议法规草案应当采取逐条审议的方式。对法规草案中的重点、焦点、难点问题进行专题立法调研，听取社会各方面的意见，提高开门立法的实效。强化立法过程中的舆论引导，增强舆论引导的及时性、权威性与公信力、影响力。

法制委员会应当认真研究省人民代表大会常务委员会组成人员、省人民代表大会有关专门委员会、省人大代表、省人民代表大会常务委员会有关工作机构和社会各方面提出的意见，在充分沟通协商、对重大问题达成共识的基础上对法规草案进行修改，并提出审议结果或者修改情况、修改意见的报告。

法制委员会应当建立和完善各方面意见反馈机制。

第十条 列入省人民代表大会常务委员会会议审议的法规草案，有关单位应当按照常务委员会议事规则的规定提前将有关材料送交常务委员会办公厅，由办公厅负责将有关材料送交常务委员会组成人员。

常务委员会组成人员应当认真审阅法规草案及相关材料，并围绕法规草案所涉及的重点、焦点、难点问题进行立法调研，为审议法规草案做好准备。审议时应当围绕法规草案的针对性、协调性、及时性、系统性和可操作性充分发表意见。省人民代表大会常务委员会有关工作机构可以组织专题立法调研，邀请常务委员会组成人员参加。

第十一条 省人民代表大会常务委员会有关工作机构组织立法调研，应当事先拟订调研方案，确定调研提纲、调研对象、现场考察地点等事项。

省人民代表大会各专门委员会和省人民代表大会常务委员会有关工作机构召开立法座谈会，与会人员应当至少有三分之一是人大代表和基层群众。必要时，可以专门召开基层群众座谈会。

第十二条 对立法中涉及的综合性、专业性问题，应当组织立法论证。立法论证会的内容、程序应当明确具体。立法论证会与会人员应当包括：省人民代表大会常务委员会立法咨询专家组成员、相关领域的专家学者和有实践经验的实务工作者，以及相关单位和部门的人员。

立法论证会的相关材料应当在论证会召开十日前发送给与会人员。立法论证会结束后，举办单位应当制作论证报告，供常务委员会会议审议时参考。

第十三条 对立法中涉及本省经济社会发展全局的重大问题或者涉及广大人民群众的切身利益、人民群众普遍关注的热点问题等，应当举行立法听证会。

举行立法听证会的单位应当事先制定详细具体的听证会工作方案，并在举行听证会三十日前，通过省内主要新闻媒体向社会公告。听证陈述人由听证会举办单位根据行业特点、专业知识、利害关系程度和报名顺序，按照持不同观点的各方人数基本相等的原则确定。听证会结束后，听证举办单位应当制作听证报告，供常务委员会会议审议时参考。

第十四条 省人民代表大会常务委员会有关工作机构可以根据实际需要，提出开展立法评估的建议，报请常务委员会主任会议决定。

开展立法评估应当向社会公开，采取听取汇报、召开座谈会、实地考察、专家咨询、专题调研、问卷调查等方式，广泛听取社会各方面的意见。

立法评估结束后应当根据评估情况制作立法评估报告，报常务委员会主任会议。必要时，可以提请省人民代表大会常务委员会会议审议。

第十五条 省人民代表大会常务委员会应当加强法规的宣传报道工作，通过电视、报纸、网站等省内主要新闻媒体对法规进行解读，为贯彻实施做好准备。

第十六条 省人民代表大会常务委员会应当加强法规清理、立法解释和立法咨询答复工作，完善有关工作制度和程序，保证地方性法规的清理、解释和询问答复工作合法有序地进行。

第十七条 省人民代表大会常务委员会应当加强立法干部队伍建设，有计划有针对性地培养立法工作人才，逐步建立门类齐全、结构合理、专业素质高的立法干部队伍。通过培训进修、基层调研、挂职锻炼、理论研讨、学术交流、学者访问等多种途径，创造有利条件，提升立法干部队伍的政治水平、业务能力和综合素质。

第十八条 较大的市和民族自治县的立法工作参照本规定执行。

第十九条 本规定自通过之日起施行。

河北省促进散装水泥发展条例

（2013 年 11 月 28 日河北省第十二届人民代表大会常务委员会第五次会议通过 2013 年 11 月 28 日河北省第十二届人民代表大会常务委员会公告第 16 号公布 自 2014 年 1 月 1 日起施行）

第一章 总 则

第一条 为了促进散装水泥发展，提高建设工程质量，节约资源和能源，保护生态环境，根据《中华人民共和国循环经济促进法》、《中华人民共和国清洁生产促进法》等有关法律、行政法规，结合本省实际，制定本条例。

第二条 本省行政区域内水泥、预拌混凝土和预拌砂浆的生产、经营、运输、使用及其监督管理，适用本条例。

第三条 本条例所称散装水泥，是指不用包装，直接通过专用设备出厂、运输、储存和使用的水泥。

本条例所称预拌混凝土、预拌砂浆，是指由集中搅拌设施按照国家有关标准生产并利用专用设备运输、使用的混凝土、砂浆。

第四条 县级以上人民政府散装水泥行政主管部门负责本行政区域内促进散装水泥发展的监督管理工作，具体工作由其所属的散装水泥管理机构负责，所需经费列入同级财政预算。

县级以上人民政府住房和城乡建设、环境保护等有关行政主管部门按照规定的职责，负责促进散装水泥发展的相关监督管理工作。

第五条 水泥的生产和使用应当坚持发展散装、限制袋装的原则，并通过推广应用预拌混凝土和预拌砂浆等工作，促进散装水泥发展。

第六条 县级以上人民政府应当加强对散装水泥发展工作的领导，将其纳入国民经济和社会发展规划，及时协调解决散装水泥发展工作中的重大问题。

县级以上人民政府散装水泥行政主管部门应当加强对散装水泥发展、推广工作的宣传和监督检查。

第二章 鼓励与扶持

第七条 县级以上人民政府及其有关部门应当对符合散装水泥、预拌混凝土和预拌砂浆发展规划的建设项目，在立项、用地等方面给予支持。

第八条 省人民政府散装水泥行政主管部门应当根据国家有关产业政策和本省实际情况，制定并适时调整与促进散装水泥发展相关的生产技术、工艺、设备和产品的目录。

第九条 县级以上人民政府散装水泥行政主管部门应当会同同级人民政府住房和城乡建设行政主管部门组织散装水泥、预拌混凝土和预拌砂浆科技成果的推广应用，定期向社会公布散装水泥、预拌混凝土和预拌砂浆发展的信息。

第十条 县级以上人民政府及其有关部门应当引导水泥生产、经营企业在农村设立散装水泥销售网点，推广使用预拌混凝土和预拌砂浆，为农村使用散装水泥提供服务，促进散装水泥在农村的应用。

第十一条 县级以上人民政府及其有关部门应当支持、引导散装水泥、预拌混凝土和预拌砂浆现代物流体系建设，加快推进物流资源的优化组合，提高物流行业的社会化、专业化服务水平。

第十二条 散装水泥、预拌混凝土、预拌砂浆的新技术、新工艺、新产品的研究开发和应用，以及符合发展规划的生产项目的建设及技术改造，可以按照国家和本省有关规定享受资金补贴。

第十三条 散装水泥、预拌混凝土和预拌砂浆生产企业符合国家有关资源综合利用、环境保护、节能节水等方面税收优惠政策的，应当享受相关税收优惠。

第十四条 散装水泥、预拌混凝土和预拌砂浆生产企业当年研究开发新技术、新工艺、新产品实际发生的研究开发费用，在计算应纳税所得额时按照国家有关规定实行加计扣除。

第十五条 散装水泥、预拌混凝土和预拌砂浆生产企业购置用于环境保护、节能节水、安全生产等国家公布目录中的专用设备的投资额，按照国家规定的比例实行税额抵免。

第十六条 促进散装水泥发展应当注重发挥市场主导作用，鼓励使用预拌混凝土和预拌砂浆，对全部使用预拌混凝土和预拌砂浆的建设项目，县级以上人民政府及其有关部门应当按照国家有关规定给予补贴和奖励。

第三章 管理与监督

第十七条 县级以上人民政府散装水泥行政主管部门应当根据本级国民经济和社会发展规划、城乡规划，编制散装水泥发展专项规划，并负责组织实施。

新建、改建、扩建的水泥、预拌混凝土和预拌砂浆建设项目应当符合当地的城乡规划和相关专项规划。

第十八条 县级以上人民政府散装水泥行政主管部门应当从源头加强对水泥生产企业的监督管理，引导水泥生产企业提高散装水泥发放能力。

新建、改建、扩建水泥生产建设项目，应当依法进行环境影响评价，按照散装水泥发放能力不低于百分之九十的标准进行设计和同步建设。

现有水泥生产企业应当进行技术改造，对达到国家规定散装水泥发放能力标准的，按照本条例有关规定给予奖励。

第十九条 水泥生产建设项目、预拌砂浆生产建设项目竣工后，其建设单位应当自竣工之日起三十日内向当地人民政府散装水泥行政主管部门备案。

第二十条 预拌混凝土、预拌砂浆和水泥制品生产企业应当使用散装水泥。

公路、港口和水利工程等建设项目应当使用散装水泥，交通运输、水利等有关行政主管部门按照规定的职责依法进行监督管理。

第二十一条 设区的市建成区内的建设项目，禁止在施工现场搅拌混凝土和砂浆；县（市）人民政府所在地城区内的建设项目，禁止在施工现场搅拌混凝土，并逐步禁止在施工现场搅拌砂浆；其他区域的建设项目，应当逐步禁止在施工现场搅拌混凝土和砂浆。

禁止在施工现场搅拌混凝土和砂浆的起始日期及具体范围，由设区的市、县（市）人民政府确定，并向社会公布。

本条第一款规定的建设项目，不含居民家庭装饰装修工程项目。

第二十二条 按照本条例规定，应当使用预拌混凝土和预拌砂浆的建设项目，适用下列规定：

（一）建设、设计和施工单位应当按照使用预拌混凝土和预拌砂浆的要求编制项目概算、预算；

（二）建设单位负责监督施工单位采购和使用预拌混凝土、预拌砂浆；

（三）属于招标投标的建设项目，应当在招标文件中标明使用预拌混凝土和预拌砂浆的要求，并按照预拌混凝土、预拌砂浆价格确定工程造价；

（四）设计单位应当按照预拌混凝土、预拌砂浆的技术标准在施工图设计文件中确定和标明使用的预拌混凝土、预拌砂浆的等级；

（五）施工图审查机构对未按照规定确定和标明预拌混凝土、预拌砂浆等级的施工图设计文件，不予审查通过；

（六）施工单位应当按照施工图设计文件的要求使用预拌混凝土和预拌砂浆；

（七）监理单位应当按照国家有关技术标准、规范和施工图设计文件的要求，对建设工程使用预拌混凝土和预拌砂浆情况进行监督。

县级以上人民政府住房和城乡建设行政主管部门应当加强对建设项目使用预拌混凝土和预拌砂浆的质量监督。

第二十三条 按照本条例规定，应当使用预拌混凝土和预拌砂浆的大中型基础设施建设项目，有下列情形之一的，可以在施工现场搅拌混凝土和砂浆，但应当在施工前向当地人民政府散装水泥行政主管部门备案：

（一）预拌混凝土、预拌砂浆无法运达施工现场的；

（二）需要使用特种混凝土、特种砂浆或者施工工艺有特殊要求，当地预拌混凝土、预拌砂浆生产企业无法供应的；

（三）混凝土使用总量不足二百立方米或者一次性使用量不足八立方米的；

（四）砂浆使用总量不足一百

吨的；

（五）在施工现场周边三十公里范围内不能足量供应预拌混凝土、五十公里范围内不能足量供应预拌砂浆的；

（六）其他规定的特殊情形。

第二十四条 预拌混凝土、预拌砂浆的生产企业和符合本条例第二十三条规定可以在现场搅拌混凝土、砂浆的施工单位，应当遵守环境保护、清洁生产和城市市容环境卫生管理的相关规定，采取有效措施，使噪声、粉尘、废水的排放符合规定的排放标准。

第二十五条 散装水泥、预拌混凝土和预拌砂浆专用车辆的所有人或者管理人应当落实交通安全管理主体责任，对专用车辆采取安全防护措施，及时消除安全隐患。

运送散装水泥、预拌混凝土和预拌砂浆的专用车辆确需在限制、禁止的路段或者区域通行、停靠的，车辆的所有人或者管理人应当按照规定向当地人民政府公安机关交通管理部门申请办理通行手续。当地人民政府公安机关交通管理部门应当及时办理。

第二十六条 县级以上人民政府公安机关交通管理部门，应当加强对散装水泥、预拌混凝土和预拌砂浆专用车辆和驾驶人员的监督管理。

散装水泥、预拌混凝土和预拌砂浆专用车辆所有人或者管理人应当使用经过业务技能和安全培训的驾驶人驾驶专用车辆。

散装水泥、预拌混凝土和预拌砂浆专用车辆驾驶人应当遵守道路交通安全和道路运输法律、法规的规定，按照操作规范安全驾驶，不得超限超载运输。

第二十七条 水泥、预拌混凝土、预拌砂浆和水泥制品生产企业应当加强产品质量管理工作，建立健全产品质量控制体系，执行有关国家标准化管理、计量管理和质量管理的规定，确保产品质量。

第二十八条 水泥、预拌混凝土、预拌砂浆和水泥制品生产企业应当依照统计法律、法规的规定，向当地人民政府散装水泥行政主管部门报送有关统计报表。

第二十九条 散装水泥专项资金的征收、使用和管理按照国家有关规定执行。

散装水泥专项资金纳入财政预算管理，专款专用，并按照规定解缴。任何单位和个人不得改变国家规定的征收对象、范围、标准，不得减征、免征、缓征，不得侵占、截留、挪用。散装水泥专项资金的征缴、使用和管理应当公开，依法接受财政和审计监督。

第四章 法律责任

第三十条 县级以上人民政府散装水泥行政主管部门和其他有关部门及其工作人员，违反本条例有下列行为之一的，由其上级主管机关或者监察机关对直接负责的主管人员和其他直接责任人员依法给予处分；构成犯罪的，依法追究刑事责任：

（一）不依法履行监督管理职责的；

（二）收到有关违法行为的投诉举报，不依法处理的；

（三）违反规定征收、使用散装水泥专项资金的；

（四）其他滥用职权、玩忽职守、徇私舞弊的行为。

第三十一条 违反本条例规定，新建、改建、扩建水泥生产建设项目未按照散装水泥发放能力不低于百分之九十的标准进行设计和同步建设的，由县级以上人民政府散装水泥行政主管部门予以警告，责令限期改正。

第三十二条 违反本条例规定，使用袋装水泥在施工现场搅拌混凝土和砂浆的，由县级以上人民政府散装水泥行政主管部门予以警告，责令限期改正；逾期不改正的，处以每吨三百元以上五百元以下罚款。

第三十三条 违反本条例规定，未按照规定缴纳散装水泥专项资金的，由县级以上人民政府散装水泥行政主管部门责令限期缴纳；拒不缴纳的，处以应当缴纳散装水泥专项资金一倍以上二倍以下罚款。

第五章 附 则

第三十四条 本条例自2014年1月1日起施行。

省政府规章（2013年）

河北省食品安全监督管理规定

（2013年1月10日河北省人民政府第116次常务会议通过
河北省人民政府令〔2013〕第1号公布
自2013年3月1日起施行）

第一章 总 则

第一条 为规范食品生产经营行为，加强食品安全监督管理，保障公众身体健康和生命安全，根据《中华人民共和国食品安全法》（以下简称《食品安全法》）、《中华人民共和国食品安全法实施条例》等法律、法规的规定，结合本省实际，制定本规定。

第二条 在本省行政区域内从事食品、食品添加剂和食品相关产品的生产、经营以及食品安全监督管理活动，必须遵守本规定。

《中华人民共和国农产品质量安全法》、《生猪屠宰管理条例》等法律、行政法规另有规定的，从其规定。

第三条 食品生产经营者应当按食品安全法律、法规、规章和食品安全标准从事生产经营活动，建立健全食品安全管理制度，采取有效措施，保证食品安全，接受社会监督，承担社会责任。

第四条 县级以上人民政府统一负责、领导、组织、协调食品安全监督管理工作，将食品安全工作列入国民经济和社会发展规划，工作经费纳入同级财政预算，建立健全食品安全全程监管、风险预警、企业自律、社会监督、应急处置、责任追究机制，并将食品安全监督管理工作纳入政府年度工作目标考核。

第五条 省人民政府食品安全委员会及其办事机构，依照规定的职责，负责食品安全综合协调、监督指导工作。

第六条 县级以上人民政府卫生行政、农业行政、林业行政、质量技术监督、工商行政管理、商务、食品药品监督管理、出入境检验检疫部门（以下统称食品安全监督管理部门）按各自职责，实施食品安全监督管理。

县级以上人民政府其他有关部门应当在各自职责范围内，做好食品安全相关工作。

食品安全监督管理部门在监督管理中出现监督管理职责不明确或者对职责分工有异议的，由省人民政府确定，并向社会公布。在省人民政府明确职责前，设区的市、县级人民政府可以根据实际情况，临时确定本级食品安全监督管理部门的职责。

第七条 乡镇人民政府、街道办事处应当明确专职人员，具体负责食品安全隐患排查、信息报告、协助执法和宣传教育等工作。

村（居）民委员会应当协助配合食品安全监督管理部门开展食品安全监督检查，及时向有关部门报告食品安全违法情况。

第八条 各级人民政府及其有关部门应当有计划地组织开展食品安全法律、法规、规章以及食品安全知识的宣传教育。

新闻媒体应当播出或者刊登食品安全法律、法规、规章及食品安全公益广告、食品安全信息和食品生产经营者诚信信息，客观报道食品安全状况，加强舆论监督。

第九条 与食品有关的行业组织应当加强行业自律，推动行业诚信建设，开展食品安全宣传，引导食品生产经营者依法生产经营，促进本行业食品安全水平的提升。

第二章 食品生产经营

第一节 一般规定

第十条 食品生产经营者对其生产经营食品的安全负责，不得生产经营危害公众身体健康和生命安全的食品。不具备安全生产条件的，不得从事食品生产经营活动。

第十一条 食品生产经营实行许可制度。设立食品生产、食品流通、餐饮服务企业，应当预先核准名称，依法取得相应许可并办理注册登记后，方可在许可范围内从事食品生产、食品流通、餐饮服务活动。

食品生产加工小作坊、食品摊贩从事食品生产经营和餐饮具集中消毒服务企业从事餐饮具集中消毒服务活动实行备案制度。

第十二条 禁止生产经营《食品安全法》第二十八条规定的食品和下列食品：

（一）使用非食用物质和其他可能危害人体健康的物质加工制作的食品；

（二）未经国家批准的保健食品和盗用、冒用批准文号及改变批准内容的保健食品；

（三）使用地沟油、烤鸭油等废弃食用油脂为原料加工制作的食用油以及使用此类食用油脂为原料加工制作的食品；

（四）使用有毒蘑菇、霉变粮食或者其他可能对人体健康造成危害的有毒动物、植物、微生物为原料加工的食品；

（五）以超过保质期的食品作为原料加工制作的食品；

（六）食品添加剂超过食品安全标准规定范围和限量值的食品；

（七）使用非食品用包装材料和被污染的食品包装材料包装的食品；

（八）其他不符合国家和本省食品安全标准或者要求的食品。

第十三条 食品生产经营从业人员每年应当按有关规定进行健康检查，健康证明在全省范围内有效。

第十四条 食品生产经营者应当组织食品安全管理人员及其他从业人员参加食品安全知识培训。质量技术监督、工商行政管理、食品药品监督管理等部门和行业组织应当加强对食品生产经营者食品安全知识培训工作的组织、指导和监督。

第十五条 食品生产经营企业和食品生产加工小作坊的主要负责人应当建立健全本单位食品安全责任制，组织制定食品安全规章制度和操作规程，督促检查食品安全工作，消除食品安全风险，及时分别向质量技术监督、工商行政管理、食品药品监督管理等部门报告食品安全事故。

第十六条 食品生产经营企业采购食品、食品原料、食品添加剂、食品相关产品，应当查验供货者的许可证和产品合格证明文件；食品生产企业对无法提供产品合格证明文件的食品原料，应当按食品安全标准进行检验。

食品生产经营企业应当建立进货查验记录制度，如实记录食品、食品原料、食品添加剂、食品相关产品的名称、规格、数量、生产批号、保质期、供货者名称及联系方式、进货日期等相关内容。进货查验记录保存期限不得少于2年。

第十七条 食品生产经营者应当指定专人保管、专柜贮存食品添加剂，并标示食品添加剂字样。

食品生产者应当建立食品添加剂使用记录台账制度。记录使用食品添加剂的名称、使用范围、用量、日期和使用目的等相关内容。使用记录台账保存期限不得少于2年。

第十八条 食品生产经营者委托生产食品和属于生产许可管理范畴的食品相关产品的，应当委托具有食品生产许可证及相应生产条件和能力的企业生产，委托方和受委托方应当分别到所在地设区的市质量技术监督部门备案。委托生产的食品标签中，应当标明委托双方的名称、地址、联系方式和食品相关许可证编号等事项。

食品生产企业不得以授权生产、协议监制、荣誉出品和共同标识等形式规避监督管理。

保健食品委托生产应当符合国家法律、法规的规定，并由食品药品监督管理部门批准。

第十九条 散装食品出厂时应当具有符合规定的包装和食品标签。

销售直接入口的散装食品，应当有防尘材料遮盖，设置隔离设施和取用工具。鼓励设立食品临近保质期专营区域。

第二十条 食品经营者应当定期检查库存和待销售食品，发现食品已经变质或者超过保质期的，应当立即下架，停止销售，进行无害化处理或者销毁，不得退回供货商或者生产者，并建立处理或者销毁记录台账。记录台账保存期限不得少于1年。

第二十一条 保健食品生产企业应当按保健食品安全相关标准、国家和省食品药品监督管理部门批准的生产条件、配方、生产工艺进行生产，生产记录应当完整、准确，其标签、说明书内容应当与批准内容一致。

保健食品经营者采购保健食品应当查验并留存加盖保健食品供货商印章的相关资质、产品批准证书和相应批次合格检验报告的复印件。

第二十二条 食品生产者生产的食品，应当符合食品安全标准。在其生产场所以店铺形式销售其生产的食品，还应当符合食品销售的相关要求，质量技术监督部门应当加强对其监督管理。

现场制售食品应当符合食品安全要求。工商行政管理、食品药品监督管理部门应当加强对其监督管理。

第二十三条 保健食品广告的内容应当真实合法，不得含有虚假、夸大和涉及疾病预防、治疗功能的内容。

第二十四条 网络服务提供者应当加强对其网络食品经营者的管理，发现违反食品安全法律、法规、规章规定的行为，应当及时予以制止，必要时应当停止对食品经营者提供网络服务。

网络服务提供者应当配合食品安全监督管理部门，依法调查处理有关食品安全的投诉、举报。

第二十五条 食品集中交易市场的开办者、食品柜台的出租者和食品展销会的举办者应当按《食品安全法》第五十二条的规定和下列要求，加强对入场食品经营者的管理：

（一）督促其建立并执行食品安全相关制度；

（二）建立食品经营者档案，如实记录食品经营者的基本情况、经营品种品牌和供货商等信息；

（三）设置食品安全信息公示媒介，及时公开食品安全监督管理部门公布的相关食品安全信息；

（四）协助质量技术监督、工商行政管理、食品药品监督管理等部门开展食品安全工作。

食品集中交易市场的开办者、食品柜台的出租者和食品展销会的举办者未履行前款规定义务，本市场发生食品安全事故的，应当承担连带责任。

第二十六条 学校、建筑施工单位对其食堂及工地食堂应当建立食品安全管理制度，完善卫生条件，加强从业人员培训。发生食品安全事故的，学校、建筑施工单位应当承担相应责任。

第二十七条 食品生产经营者发现其生产经营的食品存在安全隐患并可能对人体健康和生命安全造成损害的，应当立即停止生产经营，已经上市销售的食品，应当立即召回，并通知相关生产经营者和消费者，记录召回和通知情况。

食品生产经营者未按本规定召回或者停止经营的，分别由质量技术监督、工商行政管理、食品药品监督管理等部门责令其召回或者停止经营。

第二十八条 餐饮服务提供者加工、制作食品，应当做到生熟分开、食品工用具（容器）专用，加工、制作、销售过程应当符合食品安全要求。

餐饮服务提供者承办集体聚餐应当具备与接待能力相适应的食品加工场所和设施、设备，防止交叉污染，并对提供的食品留样48小时，以备检验。

第二十九条 集体用餐配送单位分装、贮存、运输食品的温度和时间应当符合食品安全要求，并在食品包装明显位置注明制作的时间、保存条件和保质期限。

第三十条 餐饮服务提供者提供的餐饮具应当清洗、消毒，符合食品安全标准。

使用集中消毒餐饮具的，应当查验和留存餐饮具集中消毒服务企业营业执照、卫生行政部门备案证明和餐饮具批次消毒合格证明复印件。

第三十一条 食品生产经营者应当建立相应的食品仓储、运输安全管理制度，并遵守以下规定：

（一）贮存、运输、装卸食品和食品添加剂的包装、容器、工具及设备安全、无害，保持清洁；

（二）贮存和运输应当符合保证食品安全所需的温度等要求；

（三）不得将食品和食品添加剂与有毒、有害物品一同贮存、运输；

（四）符合食品安全法律、法规和本省规定的其他要求。

食品生产经营者在生产经营场所外租用库房，贮存食品原料、食品添加剂、食品相关产品及成品的，应当在贮存前分别向质量技术监督、工商行政管理和食品药品监督管理部门备案。

第三十二条 运输、贮存、销售需低温保存的食品，相关设施、设备的运行和冷冻、冷藏温度应当符合食品安全的要求和食品标签明示的温度。

食品冷藏运输应当按冷藏运输要求作业，确保制冷系统正常运转，不得故意关停制冷系统，易交叉污染的食品不得混装拼箱装运。冷库贮存食品，应当确保设施、设备正常运转，仓储作业工具应当根据食品种类区分使用，易交叉污染的食品应当专库储存。

第三十三条 食品生产企业应当严格执行食品安全国家标准或者地方标准，无食品安全国家标准或者地方标准的，应当制定企业标准，作为组织生产的依据。企业标准应当报省人民政府卫生行政部门备案，在本企业内适用。

第三十四条 食品相关产品生产者不得利用回收的废纸、废塑料、废橡胶、废纤维等有害物质为原料，生产直接接触食品的包装材料、工具、容器等食品相关产品。

第三十五条 餐饮具集中消毒服务企业应当符合本规定第三十六条的要求，并向所在地的县级人民政府卫生行政部门备案后，方可从事餐饮具集中消毒服务活动。

县级人民政府卫生行政部门应当每年将已经备案的餐饮具集中消毒服务企业的相关信息，向当地人民政府食品药品监督管理部门通报。

第三十六条 从事餐饮具集

中消毒服务活动应当符合下列要求：

（一）生产场所与垃圾堆放场所、污水池等可能污染餐饮具的污染源保持安全距离，且不得建于居民楼内；

（二）生产场所布局合理，按清洗消毒工艺流程设置回收粗洗区、清洗消毒区、包装区、成品间、包装材料间，总面积不得小于三百平方米；

（三）有餐饮具清洗、消毒、烘干为一体的机械设备，清洗、消毒、包装设备与经营规模相适应，能够提供符合国家食品安全标准的消毒餐饮具；

（四）使用符合国家食品安全标准的洗涤剂、包装材料；

（五）用水符合国家规定的生活饮用水卫生标准；

（六）消毒餐饮具应当在其独立包装上标注企业名称、地址、联系电话、消毒日期及保质期等内容；

（七）具备餐饮具消毒效果检测条件或者委托有资质的检验机构进行检测；

（八）从业人员持有有效的健康证明。

第二节　食品生产加工小作坊

第三十七条　县级以上人民政府应当统筹规划，合理布局，建设集中食品生产加工场所，鼓励食品生产加工小作坊进入集中食品生产加工场所从事食品生产加工活动。鼓励食品生产加工小作坊改进生产条件，提高生产经营管理水平。

第三十八条　设立食品生产加工小作坊应当符合本规定第四十条规定的条件，经预先核准名称，向县级人民政府质量技术监督部门备案，办理注册登记后，方可从事食品生产加工活动。

县级人民政府质量技术监督部门应当及时将备案的食品生产加工小作坊名单向社会公布。食品生产加工小作坊应当使用经核准的名称，并将其以牌匾形式悬挂在生产场所醒目位置，接受社会监督。

第三十九条　本省对食品生产加工小作坊生产加工的食品，实行品种目录管理。品种目录由设区的市人民政府质量技术监督部门编制，报同级人民政府批准后实施，并向社会公布。

第四十条　设立食品生产加工小作坊应当符合下列条件：

（一）有独立的生产加工场所，与生活区分开，并与有毒、有害场所以及其他污染源保持安全距离；

（二）场所面积与生产加工能力相适应，布局符合工艺流程要求；

（三）具有与生产加工食品品种、数量相适应的设备，有相应的更衣、消毒、通风、照明、防腐、防尘、防鼠、防虫、洗涤以及处理废水、存放垃圾和废弃物的设施；

（四）地面、墙面应当采用水泥或者瓷砖等硬质材料，符合清洁要求；

（五）具有保证食品安全的规章制度。

第四十一条　食品生产加工小作坊从事食品生产加工活动应当符合下列要求：

（一）使用的食品原料、食品添加剂应当符合食品安全标准；

（二）按食品安全要求储存食品及其原辅材料，及时清理变质或者超过保质期的食品及其原辅材料；

（三）原料、半成品与成品分别存放，设备、工具专用；

（四）定期维护食品生产加工设备或者设施，及时清洗，保持清洁卫生；

（五）用水符合国家生活饮用水卫生标准；

（六）使用的洗涤剂、包装材料等符合国家食品安全标准；

（七）从业人员持有有效的健康证明。

第四十二条　食品生产加工小作坊应当查验供货者的许可证和产品合格证明文件；对无法提供产品合格证明文件的食品原料，应当按食品安全标准进行检验。

食品生产加工小作坊还应当建立食品销售记录制度，如实记录食品名称、规格、数量、生产日期、生产批号、保质期、销售对象、销售日期等内容。

食品销售记录保存期限不得少于2年。

第四十三条　食品生产加工小作坊应当对生产加工的食品进行包装，并在包装上贴注标签，标注食品名称、配料、生产者、生产日期、食品贮存条件和保质期等信息。标注的内容应当清晰、易于识别。禁止标注虚假食品生产日期、保质期。

食品生产加工小作坊对生产加工的食品进行预包装的，除符合本条第一款规定外，还应当符合食品安全法律、法规和食品安全标准对预包装食品标签的要求。

第四十四条 食品生产加工小作坊应当建立食品出厂检验制度。具备检验能力的，应当按食品安全标准对所生产的食品进行检验，并做好原始检验记录，检验合格后方可出厂销售。检验不合格的不得出厂销售，由食品安全监督管理部门监督处理。

不具备检验能力的，应当在首次出厂销售前委托具有法定资质的食品检验机构进行全项检验并出具检验报告，检验合格后方可出厂销售。检验不合格的不得出厂销售，由食品安全监督管理部门监督处理。委托全项检验每年不得少于两次。

原始检验记录和检验报告保存期限不得少于2年。

第四十五条 食品生产加工小作坊暂时停止生产活动超过3个月的，应当向县级人民政府质量技术监督部门报告。重新恢复生产的，质量技术监督部门应当对其生产条件进行核查，符合法定条件后方可恢复生产。

第三节 食品摊贩

第四十六条 设区的市、县级人民政府应当根据实际需要按方便群众生活、合理布局、保证安全的原则，统筹规划，建设改造集中交易市场，划定相应的临时经营场所，供食品摊贩从事经营。鼓励食品摊贩进入集中交易市场等固定场所经营。

第四十七条 食品摊贩从事食品经营活动，应当符合本规定第四十八条的规定，并向所在地县级人民政府负责食品摊贩的监督管理部门备案。

食品摊贩的监督管理部门由设区的市人民政府指定。

第四十八条 食品摊贩从事食品经营活动应当实行个人实名经营，并遵守下列规定：

（一）在县级人民政府指定的场所和时间内经营，并在醒目位置公示食品摊贩的姓名、摊位号、电话号码等信息；

（二）摊位与开放式厕所、化粪池、污水池、垃圾场（站）等污染源直线距离在二十五米以上，有符合卫生要求的食品加工和废弃物收集设施；

（三）采购的食品原料、食品添加剂、食品包装材料符合国家食品安全标准；

（四）用于食品经营的工具、用具、容器、设施等符合卫生要求；

（五）用水符合国家规定的生活饮用水卫生标准，使用的洗涤剂、消毒剂对人体安全无害；

（六）销售直接入口的散装食品应当配备防虫、防尘、保洁设施；

（七）按要求对餐饮具进行清洗、消毒或者使用集中消毒餐饮具；

（八）食品经营人员应当穿戴清洁的工作衣、帽，佩带口罩，保持个人卫生；

（九）从业人员持有有效的健康证明。

第四十九条 食品摊贩应当保留载有所采购的食品、食品添加剂、食品相关产品的票据凭证，保存期限不得少于30日。

第五十条 食品摊贩监督管理部门应当按其职责，加强对食品摊贩的指导和监督管理。

乡镇人民政府、街道办事处应当协助食品摊贩监督管理部门，开展食品摊贩的日常管理。社区可以组织食品安全协管员开展经常性的巡查，对食品摊贩的食品安全违法行为进行劝诫，协助做好食品摊贩基本信息的收集，及时向食品安全监督管理部门报告食品安全违法行为。

第五十一条 县级以上人民政府可以根据本地经济社会发展水平和社会管理需要，建立符合本地实际情况的食品摊贩管理模式。支持食品生产经营企业发展集中生产、统一配送、定点定时、连锁经营的饮食供应模式。

第三章 监督管理

第五十二条 县级以上人民政府应当制定食品安全年度监督管理计划。质量技术监督、工商行政管理、食品药品监督管理、卫生行政等部门应当根据本级人民政府食品安全年度监督管理计划制定实施方案，并组织开展监督检查工作。

对专供婴幼儿、老年人、病人和孕产妇等特定人群的主辅食品，以及消费者反映问题较多和本地区消费量大的食品、食品相关产品，应当加强重点抽样检验。

第五十三条 质量技术监督、工商行政管理、食品药品监督管理、卫生行政等部门应当依法加强食品生产经营活动的日常监督管理，对发生食品安全事故风险较高的食品生产经营活动应当进行重点监督，发现违反食品安全法律、法规、规章的行为，应当及时处理。

食品安全监督管理部门可以根据工作需要聘请食品安全监督员。食品安全监督员发现违法生产经营行为时，应当及时报告食品安全监督管理部门。

第五十四条 质量技术监督、工商行政管理、食品药品监督管理、卫生行政等部门应当增强服务意识，提高办事效率，实施监督检查时，不得妨碍食品生产经营者的正常生产经营活动。食品生产经营者应当配合依法进行的监督检查。

第五十五条 质量技术监督、工商行政管理、食品药品监督管理、卫生行政等部门应当通过政府网站、新闻发布会以及报刊、广播、电视等便于公众知晓的方式向社会公布职责范围内的食品安全监督管理信息。涉及重大食品安全信息，应当按有关规定及时报省人民政府食品安全委员会办事机构统一发布。

第五十六条 任何组织或者个人对违反本规定的行为有权举报，接到和受理举报的部门应当为举报人保密。食品安全委员会办事机构和食品安全监督管理部门应当公布本部门的电子邮箱地址、举报电话等有效联系方式。

食品安全委员会办事机构和食品安全监督管理部门对接到的投诉、举报应当立即处理，属于本部门职责的，按有关规定进行核实、处理、答复；不属于本部门职责的，应当在1个工作日内移交有权处理的部门处理。

县级以上人民政府应当落实食品安全举报财政专项奖励资金，对提供违法行为线索并查证属实的举报人依照有关规定给予奖励。

第五十七条 质量技术监督、工商行政管理、食品药品监督管理、卫生行政等部门应当建立食品生产经营者食品安全信用档案，记录许可颁发、日常监督检查结果、违法行为查处等情况。根据食品安全信用档案的记录，对有不良信用记录的食品生产经营者应当增加监督检查频次，督促其进行整改，向社会公布食品生产经营者的不良行为信息。

第五十八条 省人民政府卫生行政部门应当根据国家食品安全风险监测计划和实际情况，组织有关部门制定并实施食品安全风险监测方案。食品安全风险监测工作由省人民政府卫生行政部门会同同级质量技术监督、工商行政管理、食品药品监督管理等部门确定的技术机构承担。

承担食品安全风险监测工作的技术机构应当根据食品安全风险监测方案开展监测工作，将监测数据和分析结果及时报送省人民政府卫生行政部门。

第五十九条 食品安全风险监测分析结果表明可能存在食品安全隐患的，省人民政府卫生行政部门应当及时将相关信息通报有关设区的市、县级人民政府。同时向省人民政府食品安全委员会办事机构报告。

有关设区的市、县级人民政府接到通报后，应当采取措施，及时处理。

第六十条 县级以上人民政府应当加强食品安全检验检测能力建设，逐步实现食品安全检验检测设备、设施和信息互通共享，建设食品安全检验检测公共平台，为食品安全风险监测和食品安全监督管理提供技术保障。

第六十一条 质量技术监督、工商行政管理、食品药品监督管理、卫生行政等部门在监督检查中或者接到举报后，发现可能对人体健康造成危害的食品，应当立即报告上级食品安全监督管理部门和同级人民政府食品安全委员会办事机构，并按职责分工及时处理。

第六十二条 县级以上人民政府应当根据《食品安全法》规定和上级人民政府食品安全事故应急预案以及本地区的实际情况，制定本行政区域的食品安全事故应急预案，并报上一级人民政府备案。

第六十三条 质量技术监督、工商行政管理、食品药品监督管理、卫生行政等部门接到食品安全事故的报告或者通报后，应当立即进行调查处理，并采取《食品安全法》第七十二条规定的措施，防止或者减轻社会危害。

发生重大食品安全事故的，县级以上人民政府应当立即成立食品安全事故处置指挥机构，启动应急预案，依照法律、法规和预案的规定进行处置。

质量技术监督、工商行政管理、食品药品监督管理、卫生行政等部门和疾病预防控制机构工作人员，有权进入食品安全事故现场开展调查处理工作，按规定无偿采样。有关组织或者个人应当予以配合，不得阻碍、拒绝。

第六十四条 质量技术监督、

工商行政管理、食品药品监督管理、卫生行政等部门在行政执法过程中，对涉嫌构成食品安全犯罪的案件，应当及时向同级公安机关移送，公安机关对食品安全监督管理部门移送的案件应当及时受理。

第四章 法律责任

第六十五条 违反本规定的行为，法律、行政法规、规章已经规定法律责任的，从其规定。

第六十六条 食品生产经营企业和餐饮具集中消毒服务企业违反本规定，情节轻微的，不予处罚，分别由质量技术监督、工商行政管理、食品药品监督管理、卫生行政部门依照职责责令限期整改，记录在案；逾期不整改或者整改不到位的，责令限期停业整顿，公布名单；停业整顿到期经验收合格，方可恢复生产经营；发生食品安全事故以及情节严重的，依法吊销许可证、营业执照或者取消备案。

第六十七条 食品生产加工小作坊违反本规定，情节轻微的，不予处罚，由质量技术监督部门责令限期整改，记录在案；逾期不整改或者整改不到位的，责令限期停业整顿，公布名单；停业整顿到期经验收合格，方可恢复生产经营；发生食品安全事故以及情节严重的，由质量技术监督部门取消备案，工商行政管理部门依法吊销营业执照。

第六十八条 食品摊贩违反本规定，情节轻微的，不予处罚，由设区的市人民政府指定的食品安全监督管理部门责令限期整改，记录在案；逾期不整改或者整改不到位的，责令限期停业整顿，公布名单；停业整顿到期经验收合格，方可恢复生产经营；发生食品安全事故以及情节严重的，由设区的市人民政府指定的食品安全监督管理部门取消备案，工商行政管理部门依法吊销营业执照。

第六十九条 食品安全监督管理部门和其他负有食品安全管理责任的部门未履行法定职责，导致出现重大食品安全事故、造成严重社会影响或者其他滥用职权、玩忽职守、徇私舞弊的，依照有关法律、法规的规定处理。

第五章 附 则

第七十条 本规定下列用语的含义：

食品生产加工小作坊：指有固定生产加工场所，从业人员较少，生产加工规模小，生产条件简单，从事传统、低风险食品生产加工活动的食品生产经营者。

食品摊贩：指在集中交易市场内以及商场、超市以外的其他场所摆摊、设点，从事食品销售或者现场制售的食品经营者。

第七十一条 本规定自2013年3月1日起施行。

河北省人民政府修改29件省政府规章目录

（2013年4月27日河北省人民政府第3次常务会议通过 2013年5月10日河北省人民政府令〔2013〕第2号公布 自公布之日起施行）

为推进依法行政，加强法治政府建设，使政府立法更好地适应改善发展环境和生态环境的需要，省政府对2012年12月31日前公布的现行有效的省政府规章进行了清理。经2013年4月27日省政府第3次常务会议通过，决定对《河北省经济信息市场管理实施办法》等29件省政府规章进行修改，现予公布。

本决定自公布之日起施行。修改的29件省政府规章，根据本决定作相应修改，重新公布。

河北省经济信息市场管理实施办法修正案

第十四条中的“并处以违法所得三倍以下的罚款，但最多不超过三万元；构成犯罪的，由司法机关依法追究刑事责任”修改为“处以违法所得二倍最高不超过三万元的罚款；涉嫌构成犯罪的，由司法机关依法处理”。

河北省经纪人管理办法修正案

第十四条中的“并对有违法所得的处以三万元以下的罚款，对没有违法所得的处以五千元以下的罚款”修改为“对有违法所得的处以违法所得二倍最高不超过三万元的罚款，对没有违法所得的处以一千元以上五千元以下的罚款”。

河北省重大危险源监督管理规定修正案

第十二条第一款修改为：“重大危险源每3年进行一次安全评估。”

河北省城市临时建设和临时用地规划管理办法修正案

一、第十七条修改为："未取得城市临时建设规划许可证或者违反城市临时建设规划许可证的规定进行建设，严重影响城市规划的，由所在地县级以上人民政府城市规划行政主管部门依照《中华人民共和国城乡规划法》、《河北省城乡规划条例》等法律、法规的规定处罚。"

二、删去第二十条。

三、删去第二十三条。

四、根据以上修改，对本办法有关条文的顺序作相应调整。

河北省墙体材料革新与建筑节能管理规定修正案

一、第十四条中的"可以处以违法所得一倍以上三倍以下罚款，但最高不得超过三万元"修改为"可以处以违法所得二倍最高不超过三万元的罚款"。

二、第十五条修改为："违反本规定第九条第二款规定的，由建设主管部门依照国务院《民用建筑节能条例》、《河北省民用建筑节能条例》的有关规定予以处罚。"

三、删去第十六条。

四、根据以上修改，对本规定有关条文的顺序作相应调整。

河北省城市房屋产权产籍管理办法修正案

一、删去第十八条。

二、根据以上修改，对本办法有关条文的顺序作相应调整。

河北省城市节约用水管理实施办法修正案

一、删去第二十二条。

二、删去第二十六条。

三、根据以上修改，对本办法有关条文的顺序作相应调整。

河北省县乡公路管理规定修正案

一、删去第二十二条。

二、根据以上修改，对本规定有关条文的顺序作相应调整。

河北省治理货运车辆超限超载规定修正案

一、第三十二条中的"并处五百元以上一千元以下的罚款"修改为"并处每人次五百元的罚款"。

二、第三十三条修改为"违反本规定第二十四条第二款规定的，公安交通管理部门依法予以行政处罚。道路运输管理机构对一年内超限超载三次以上（含三次）的驾驶员，由发证机关依法撤销其从业资格证。"

三、删去第三十六条。

四、根据以上修改，对本规定有关条文的顺序作相应调整。

河北省航道管理实施办法修正案

第十五条第一款修改为："违反本办法第五条、第十条、第十二条第一款、第十三条、第十四条规定的，由省、设区的市人民政府交通运输行政主管部门或者其委托的航道管理机构责令纠正违法行为，按实际损失支付赔偿费，并处以五百元罚款。"

河北省河道采砂管理规定修正案

删去第三十四条中的"第（三）项"。

河北省抗旱规定修正案

第三十九条中的"违反本规定第十七条规定的"修改为"违反本规定第十七条规定，侵占、破坏水源和抗旱设施的"。

河北省境外投资财务管理办法修正案

一、删去第二十二条。

二、根据以上修改，对本办法有关条文的顺序作相应调整。

河北省小汽车编制管理办法修正案

删去第十七条中的："并可处以一千元以下罚款"。

河北省无线电管理规定修正案

一、删去第三十五条中的"查封设备"。

二、第三十六条修改为"违反本规定第十八条、第三十三条第二款规定的，由无线电管理机构予以警告，责令限期改正；拒不改正的，处以一千元罚款。”

河北省农业机械维修管理办法修正案

一、第一条中的“根据《河北省农业机械管理条例》”修改为“根据国务院《农业机械安全监督管理条例》和《河北省农业机械管理条例》”。

二、第十四条修改为：“未取得维修技术合格证书或者使用伪造、变造、过期的维修技术合格证书从事维修经营的，农业机械维修经营者使用不符合农业机械安全技术标准的配件维修农业机械，或者拼装、改装农业机械整机，或者承揽维修已经达到报废条件的农业机械的，由县级以上人民政府农业行政主管部门依照国务院《农业机械安全监督管理条例》有关规定予以处罚。”

三、删去第十五条、第十六条。

四、根据以上修改，对本办法有关条文的顺序作相应调整。

河北省实施《农药管理条例》办法修正案

将文中的“发展和改革部门”修改为“工业产品许可管理部门”。

河北省再加工纤维质量监督管理办法修正案

第二十条中的“一倍以上三倍以下”修改为“二倍”。

河北省环境监测管理办法修正案

第二十一条中的“对有违法所得的，由环境保护行政主管部门处以违法所得一倍以上三倍以下的罚款，对没有违法所得或者违法所得不能计算的，处以一千元以上一万元以下的罚款”修改为“对有违法所得的，由环境保护行政主管部门处以违法所得三倍最高不超过三万元的罚款，对没有违法所得或者违法所得不能计算的，由环境保护行政主管部门处以一万元的罚款”。

河北省保守国家秘密实施细则修正案

第三十二条修改为：“违法收购国家秘密文件、资料和其他物品的，由保密工作部门予以收缴；涉嫌构成犯罪的，由司法机关依法处理。”

河北省涉及国家安全事项建设项目管理规定修正案

第十四条中的“处违法所得一倍以上三倍以下最高不超过三万元的罚款”修改为“处违法所得二倍最高不超过三万元的罚款”。

河北省国家安全机关使用侦察证和车辆特别通行标志规定修正案

第十六条修改为：“违反本规定第十二条规定的，由国家安全机关处以一千元以下罚款，有违法所得的，处以违法所得二倍最高不超过三万元的罚款；涉嫌构成犯罪的，由司法机关依法处理。”

河北省流动人口计划生育管理办法修正案

一、第二十一条修改为：“凡违反本办法第八条规定的，由县级以上人口和计划生育行政管理部门给予警告，可以并处一千元以下的罚款；有违法所得的，可以并处违法所得二倍最高不超过三万元的罚款；涉嫌构成犯罪的，由司法机关依法处理。”

二、第二十四条和第二十五条中的“构成犯罪的，依法追究刑事责任”修改为“涉嫌构成犯罪的，由司法机关依法处理”。

河北省卫星电视广播地面接收设施管理办法修正案

一、第二十三条中的“处以违法所得三倍以下的罚款，但最高不得超过三万元”修改为“处以违法所得二倍以下最高不超过三万元的罚款”。

二、第二十四条修改为：“违反本办法第十七条、第十八条规定，接收和使用卫星电视节目的，由县级以上广播电视行政部门分别情况，对有违法所得的处以违法所得二倍以下最高不超过三万元的罚款，对没有违法所得的处以一千元以下的罚款；涉嫌构成犯罪的，由司法机关依法处理。”

河北省测绘成果管理办法修正案

第三十六条中的“一倍以上三倍以下”修改为“二倍”。

河北省殡葬管理办法修正案

第三十一条第一款修改为：“违反本办法第八条规定的，由民政部门责令限期改正。”

河北省体育竞赛管理办法修正案

一、第二十六条修改为：“违反本办法第九条、第十条、第十一条、第十四条、第十五条第二款、第二十一条规定的，由县级以上体育行政部门责令限期改正，并处以违法所得二倍最高不超过二万元的罚款；对没有违法所得或者违法所得不能计算的，处以二千元以上一万元以下的罚款。造成损失的，依法承担赔偿责任。”

二、删去第二十七条。

三、根据以上修改，对本办法有关条文的顺序作相应调整。

河北省体育经营活动管理办法修正案

第八条中的“处以违法所得三倍以下的罚款，但最高不得超过三万元”修改为“处以违法所得二倍最高不超过三万元的罚款”。

河北省传染病防治实施细则修正案

一、第二十七条中的“处以违法所得三倍以下的罚款，但最多不超过三万元”修改为“处以违法所得二倍最高不超过三万元的罚款”。

二、第二十八条修改为：“阻碍传染病管理监督、检查人员依法执行职务的，由公安机关依照《中华人民共和国治安管理处罚法》予以处罚；涉嫌构成犯罪的，由司法机关依法处理。”

河北省人民政府废止8件省政府规章目录

（2013年4月27日河北省人民政府第3次常务会议通过 2013年5月10日河北省人民政府令〔2013〕第3号公布）

一、河北省有线电视管理实施办法

（1992年5月4日河北省人民政府批准省广播电视厅公布施行 2002年9月24日河北省人民政府令〔2002〕第16号第一次修正 2007年4月22日河北省人民政府令〔2007〕第4号第二次修正）

（已被国家新的政策代替）

二、河北省调味品生产销售管理办法

（1996年5月23日河北省人民政府令第160号公布施行 2002年9月24日河北省人民政府令〔2002〕第16号第一次修正 2007年4月22日河北省人民政府令〔2007〕第5号第二次修正 2010年11月30日河北省人民政府令〔2010〕第10号第三次修正）

（已被国家新的法律、法规代替）

三、河北省港口管理规定

（1996年9月12日河北省人民政府令第167号公布施行 2002年9月24日河北省人民政府令〔2002〕第16号修正）

（已被地方性法规代替）

四、河北省实施《饲料和饲料添加剂管理条例》办法

（2001年2月5日河北省人民政府令〔2001〕第10号公布施行 2002年9月24日河北省人民政府令〔2002〕第16号第一次修正 2007年4月22日河北省人民政府令〔2007〕第5号第二次修正）

（已被新的法规代替）

五、河北省饲料和饲料添加剂包装管理办法

（2001年12月21日河北省人民政府令〔2001〕第19号公布 2002年2月1日施行）

（已被新的法规代替）

六、河北省饲料和饲料添加剂质量安全管理办法

（2002年12月18日河北省人民政府令〔2002〕第21号公布 2003年2月1日施行）

（已被新的法规代替）

七、河北省机电产品国际招标投标管理办法

（2002年11月11日河北省人民政府令〔2002〕第19号公布 2003年1月1日施行 2007年4月22日河北省人民政府令〔2007〕第4号修正）

（已被国家新的政策代替）

八、河北省流通环节食品质量安全监督管理暂行规定

（2007年12月29日河北省人民政府令〔2007〕第15号公布

2008年2月1日施行 2011年12月30日河北省人民政府令〔2011〕第17号修正）

（已被新的法律代替）

河北省机关事务管理办法

（2013年7月16日河北省人民政府第6次常务会议通过 2013年7月19日河北省人民政府令〔2013〕第4号公布 自2013年9月1日起施行）

第一章 总 则

第一条 为加强机关事务管理，规范机关事务工作，保障机关正常运行，降低运行成本，建设节约型机关，根据国务院《机关事务管理条例》，结合本省实际，制定本办法。

第二条 本办法适用于使用本省各级财政资金的各级中国共产党委员会及其所属部门、人民代表大会及其常设机构、人民政府及其所属部门、人民政治协商会议、人民法院、人民检察院和民主党派机关（以下统称机关）的机关事务管理活动。

第三条 机关事务管理工作应当遵循集中统一、保障公务、厉行节约、务实高效和公开透明的原则。

第四条 县级以上人民政府应当明确机关事务主管部门，主管本级的机关事务工作，并负责指导下级的机关事务工作。

第五条 各机关应当依照机关事务管理法规、规章和各项管理制度、标准的规定，逐步开放机关后勤服务市场，引进竞争机制，降低服务成本，并积极探索和推进机关后勤服务、公务用车及公务接待服务等工作的社会化改革，提高机关后勤服务水平。

第六条 县级以上人民政府应当加强对机关事务管理工作的领导，依法对本级和下级的机关事务管理工作进行监督检查，及时纠正和处理违法违纪行为。

县级以上人民政府发展改革、财政、审计、监察等部门和机关事务主管部门应当按各自的职责分工，加强对机关事务管理工作的监督检查；接到对违反机关事务管理法规、规章和相关管理制度、标准行为的举报后，应当及时依法调查处理。

第二章 经费管理

第七条 各级机关事务主管部门应当根据机关运行的基本需求和本地实际，制定机关运行所需的实物定额和服务标准。

各级财政部门应当根据机关运行所需的实物定额和服务标准，并参考有关货物和服务的市场价格，组织制定机关运行经费预算支出定额标准和开支标准。

第八条 县级以上人民政府应当将机关运行经费纳入财政预算，并严格控制公务接待费、公务用车购置和运行费、因公出国（境）费在机关运行经费预算总额中所占的规模和比例。

各机关应当根据工作需要和机关运行经费预算，制定公务接待费、公务用车购置和运行费、因公出国（境）费支出计划，不得挪用其他预算资金用于公务接待、公务用车购置和运行、因公出国（境）等活动，不得以任何理由要求其他单位或者个人承担以上活动的费用。

第九条 各级机关事务主管部门按规定统一组织实施本级各机关的办公用房建设和维修、公务用车配备更新、后勤服务等事务的，其经费管理依照国家和本省有关预算管理的规定执行。

第十条 各机关所需货物、服务和工程的采购，依照政府采购和招标投标法律、法规、规章的规定组织实施。

各机关应当根据机关运行的基本需求，采购经济适用的货物、服务和工程，不得采购奢侈品、超标准的服务或者购建豪华办公用房。

第十一条 各机关需要采购纳入政府集中采购目录的采购项目，对属于政府集中采购机构采购的项目，应当委托政府集中采购机构采购；对属于部门集中采购的项目，可以委托政府集中采购机构或者社会代理机构采购。各机关采购未纳入政府集中采购目录的采购项目，依照该年度《河北省政府采购集中采购目录和限额标准》执行。各机关不得违反规定自行采购或者以化整为零等方式规避政府集中采购。

第十二条 县级以上人民政府应当依照国家和本省有关规定，建立健全机关运行经费公开制度。各机关应当按机关运行经费公开制度的要求公布机关运行经费的预算和决算情况。

第十三条 各级财政部门应当建立健全机关运行经费支出统计报告和绩效考评制度，组织开展机关运行成本统计、分析和评价等项工作。

第三章 资产管理

第十四条 各级机关事务主管部门应当组织制定和实施机关资产管理的各项具体制度，并接受财政等有关部门的指导和监督。

第十五条 各级财政部门应当会同机关事务等有关部门，根据国家、本省关于机关资产管理和节约能源资源的规定、当地经济社会发展水平和机关运行的基本需求，分类制定机关资产配置标准，确定资产数量、价格、性能和最低使用年限。

第十六条 各机关应当根据本级的资产配置标准编制本机关的资产配置计划，并完善机关资产使用管理制度，建立健全资产账卡和使用档案，定期清查盘点，保证机关资产安全完整，提高使用效益。

第十七条 各机关的闲置资产由本级财政部门、机关事务主管部门按规定的职责分工统一调剂使用。不能调剂或者不能继续使用的，应当依法采取公开拍卖等方式处置，将处置收益上缴本级国库，并按规定核销相关机关的资产。

第十八条 机关分立、撤销、合并或者隶属关系发生改变时，机关事务主管部门应当对其占有、使用的国有资产进行清查登记、编制清册，报本级财政部门审核、处置，并及时办理资产转移手续。

第十九条 各级机关事务主管部门对本级机关的用地实行统一管理，统一办理权属登记。城镇总体规划、详细规划应当统筹考虑机关用地的布局和空间安排的需要。

对机关的新增用地需求，各级国土资源主管部门应当严格审核，依法办理用地手续。

第二十条 各级机关事务主管部门应当建立健全机关办公用房管理制度，对各机关的办公用房实行统一规划、统一调配、统一办理权属登记。

第二十一条 各机关的办公用房由本级机关事务主管部门按国务院关于非经营性政府投资项目推行代建制的要求统一组织建设，并接受有关部门的监督。机关办公用房应当适当集中、连片建设。

第二十二条 机关办公用房的建设、使用、维修和维护应当依照国家和本省有关规定履行审批手续，严格执行机关办公用房的建设、维修和物业服务标准，并符合简朴实用、安全保密和节能环保的要求。

第二十三条 各机关超过核定面积的办公用房，以及因办公用房新建、调整或者机构撤销等原因腾退的办公用房，由本级机关事务主管部门收回后统一调剂使用。

机关工作人员退休或者调离后，其所在机关应当及时收回办公用房，并统一调剂使用。

第二十四条 各机关不得出租、出借办公用房或者改变办公用房的使用功能。

机关需要租用办公用房的，应当报本级机关事务主管部门核准，所需经费按国家和本省有关预算管理的规定执行。

第二十五条 各级公务用车主管部门负责本级机关公务用车的管理工作，并指导和监督下级机关的公务用车管理工作。

执法执勤类公务用车的配备使用管理办法由财政部门会同有关部门制定，其他机关公务用车的配备使用管理办法由公务用车主管部门会同有关部门拟订。

第二十六条 各机关应当配备符合经济适用、节能环保要求的公务用车。不得超编制、超标准配备公务用车或者超标准租用车辆；不得违反规定配备越野车；不得为公务用车增加高档配置或者豪华内饰；不得借用、占用下级单位或者其他单位、个人的车辆；不得接受企业、事业单位或者个人捐赠的车辆。

第二十七条 各机关应当对公务用车的油耗、维修保养费用实行单车核算，并对公务用车实行定点加油、定点维修保养。

第四章 服务管理

第二十八条 各级机关事务主管部门应当制定统一的机关后勤服务管理制度，确定机关后勤服务的项目和标准，加强对各机关后勤服务工作的指导和监督，合理配置和节约使用后勤服务资源。

各机关应当建立健全本机关具体的后勤服务管理制度，不得超出规定的项目和标准提供后勤服务。

第二十九条 各机关应当按照简化礼仪、务实节俭、杜绝浪费的原则，管理和规范公务接待工作，并严格执行公务接待制度和标准。

第三十条 各机关应当加强会议管理，控制会议数量、规模和会期，充分利用机关内部场所召开会议或者采取电视电话、网络视频等方式召开会议，节省会议开支。不得借开会之机组织旅游、度假和疗养等活动。

各机关的会议需要安排用餐的，应当安排自助餐。

第三十一条 各机关应当严格执行国家和本省有关因公出国（境）的规定，对机关工作人员因公出国（境）的事由、内容和日程安排认真进行审查，并严格控制因公出国（境）团组和人员的数量及在国（境）外停留的时间。不得安排与本机关业务工作无关的出国（境）考察和培训等活动。

第五章 法律责任

第三十二条 机关事务管理人员滥用职权、玩忽职守、徇私舞弊或者贪污受贿的，依法给予处分；涉嫌构成犯罪的，由司法机关依法处理。

第三十三条 对违反本办法的行为，国务院《机关事务管理条例》已经规定法律责任的，从其规定。

第三十四条 违反本办法第二十六条规定的，由公务用车主管部门予以通报批评，并视情况采取责令限期改正或者收回、拍卖、责令退还相关车辆等方式予以处理。

第六章 附 则

第三十五条 本办法下列用语的含义是：

（一）机关事务管理，是指对保障机关运行所需的经费、资产、服务和能源资源等进行的各项行政管理活动；

（二）机关运行经费，是指为保障机关运行用于购买货物和服务的各项资金；

（三）机关资产，是指保障机关运行所需的土地、房屋、车辆和办公设备、用品等资产。

第三十六条 使用本省各级财政资金的人民团体的机关事务管理活动，参照本办法执行。

第三十七条 本办法自2013年9月1日起施行。

河北省历史文化名城名镇名村保护办法

（2013年7月16日河北省人民政府第6次常务会议通过 2013年7月29日河北省人民政府令〔2013〕第5号公布 自2013年10月1日起施行）

第一章 总 则

第一条 为加强对历史文化名城、名镇、名村的保护，继承优秀历史文化遗产，根据国务院《历史文化名城名镇名村保护条例》和其他有关法律、法规的规定，结合本省实际，制定本办法。

第二条 本省行政区域内历史文化名城、名镇、名村的申报、批准、规划、保护和监督管理，适用本办法。

本办法所称历史文化名城、名镇、名村，是指经国务院批准公布的国家历史文化名城，国务院住房城乡建设主管部门、国务院文物主管部门公布的中国历史文化名镇、名村，以及经省人民政府批准公布的河北省历史文化名城、名镇、名村。

第三条 历史文化名城、名镇、名村的保护应当坚持统筹规划、科学管理、保护为主、合理利用的原则。

历史文化名城、名镇、名村的保护与监督管理，应当保证原住居民的参与，保障原住居民的合法权益。

第四条 县级以上人民政府负责本行政区域内历史文化名城、名镇、名村的保护和监督管理工作。

设区的市、县级人民政府应当设立历史文化名城、名镇、名村保护委员会，并报省住房城乡建设主管部门和省文物主管部门备案。具体工作由城乡规划（建设）主管部门负责。

历史文化名城、名镇、名村保护委员会由本级人民政府及其相关主管部门负责人、专家和公众代表组成，专家和公众代表由本级人民政府选聘。历史文化名城、名镇、名村保护委员会应当根据本级人民政府确定的工作职责，建立健全审议制度。

第五条 县级以上人民政府城乡规划（建设）主管部门会同同级人民政府文物主管部门，具体负责本行政区域内历史文化名城、名镇、名村保护和监督管理的有关工作。

县级以上人民政府有关部门应当按各自职责，做好历史文化名城、名镇、名村保护和监督管理的相关工作。

乡（镇）人民政府、街道办事处及村（居）民委员会应当配合做好历史文化名城、名镇、名村的保护工作。

第六条 县级以上人民政府应当将所在地历史文化名城、名镇、名村的保护纳入国民经济和社会发展规划，并安排保护专项资金，用于历史文化名城、名镇、名村、历史文化街区、历史建筑的普查、规划、保护等工作。

保护专项资金的来源包括本级财政预算安排的资金、上级财政专项补助的资金、境内外单位和个人的捐赠及其他合法筹集的资金。

第七条 鼓励和支持企事业单位、社会团体和个人通过捐赠、投资、提供技术服务等方式，参与历史文化名城、名镇、名村保护工作。

第八条 各级人民政府和有关部门应当组织开展历史文化名

城、名镇、名村保护的宣传教育活动，普及保护知识，增强全社会保护意识。

第二章　申报与批准

第九条　国家历史文化名城，中国历史文化名镇、名村的申报、批准程序，按国务院《历史文化名城名镇名村保护条例》有关规定执行。

第十条　具备下列条件的城市及县级人民政府所在地镇、镇、村庄，可以申报河北省历史文化名城、名镇、名村：

（一）文物比较丰富；

（二）历史建筑集中成片；

（三）保留着传统格局和历史风貌；

（四）历史上曾经作为政治、经济、文化、交通中心或者军事要地，或者发生过重要历史事件，或者其传统产业、历史上建设的重大工程对本地的发展产生过重要影响，或者能够集中反映本地建筑的文化特色、民族特色。

申报河北省历史文化名城的，在所申报的历史文化名城保护范围内应当有两个以上经省人民政府核定公布的历史文化街区。

第十一条　申报河北省历史文化名城、名镇、名村，应当提交下列材料：

（一）历史沿革、地方特色和历史文化价值的说明；

（二）反映传统格局和历史风貌现状的材料；

（三）有关保护范围的材料；

（四）不可移动文物、历史建筑、历史文化街区的清单；

（五）反映当地非物质文化遗产资源及存续状况的材料；

（六）有关保护工作情况、保护目标和保护要求的材料。

第十二条　申报本办法第十条第二款所称的历史文化街区，应当具备下列条件：

（一）保留着较完整的传统格局和历史风貌；

（二）构成历史风貌的历史建筑和历史环境要素可以是不同时代的，但必须是真实的历史实物；

（三）历史文化街区用地面积一般不小于一公顷；

（四）历史文化街区内文物古迹、历史建筑及能够展现当地历史风貌特色的建筑物、构筑物的用地面积达到保护范围内建筑总用地的百分之六十以上。

第十三条　申报历史文化街区，应当提交下列材料：

（一）地理区位、历史沿革和历史文化价值综述；

（二）反映传统格局和历史风貌现状的材料；

（三）反映核心保护范围和建设控制地带的材料；

（四）不可移动文物、历史建筑和历史环境要素清单；

（五）有关保护工作情况、保护目标和保护要求的材料。

第十四条　申报河北省历史文化名城、名镇、名村和历史文化街区，由设区的市人民政府提出申请，经省住房城乡建设主管部门会同省文物主管部门组织专家进行论证，提出审查意见后报省人民政府批准公布。

第十五条　已经批准的河北省历史文化名城、名镇、名村和历史文化街区，因保护不力或者其他原因，使其历史文化价值受到严重影响的，省人民政府将其列入濒危名单，予以公示，并责成所在地人民政府限期采取补救措施；若情况继续恶化，不再符合本办法规定条件的，由省人民政府撤销其称号，并向社会公布。

第十六条　对符合本办法第十条、第十二条规定条件而没有申报河北省历史文化名城、名镇、名村和历史文化街区的，省住房城乡建设主管部门会同省文物主管部门，可以向其所在地人民政府提出申报建议；仍不申报的，可以直接向省人民政府提出确定为河北省历史文化名城、名镇、名村和历史文化街区的建议。

第三章　保护规划

第十七条　历史文化名城、名镇、名村和历史文化街区经批准公布后，所在地设区的市、县级人民政府应当自批准公布之日起30日内通过政府门户网站、现场公告牌、新闻媒体等形式向社会公布。

设区的市、县级人民政府组织编制历史文化名城、名镇、名村保护规划，同级人民政府城乡规划主管部门负责编制历史文化街区保护规划。保护规划应当自历史文化名城、名镇、名村和历史文化街区批准公布之日起1年内编制完成。

第十八条　承担历史文化名城、历史文化街区保护规划编制工作的单位，应当具有甲级城乡规划编制资质，承担历史文化名镇、名村保护规划编制工作的单位，应当具有乙级以上城乡规划编制资质。

第十九条　历史文化名城、名镇、名村保护规划应当包括下列内容：

（一）历史文化价值与特色；

（二）总体目标，保护原则、内容和重点；

（三）总体保护策略和市

（县、镇、村）域保护要求；

（四）保护范围，包括文物保护单位、地下文物埋藏区、历史建筑的保护范围，历史文化街区、名镇、名村的核心保护范围和建设控制地带，保护范围内相应的保护控制措施；

（五）名城历史城区的界限，提出与名城、名镇、名村传统格局、历史风貌、空间尺度及其相互依存的地形地貌、河湖水系等自然景观和环境的保护措施；

（六）完善城市、镇、村功能、改善基础设施、提高环境质量的规划要求和措施；

（七）保护范围内建筑物、构筑物和历史环境要素的分类保护整治要求；

（八）对建设控制地带内建筑物、构筑物的性质、开发强度、体量、高度、形式、色彩等控制要求；

（九）继承和弘扬传统文化、保护非物质文化遗产的内容和措施；

（十）利用和展示的要求与措施；

（十一）规划实施管理措施；

（十二）保护规划分期实施方案。

第二十条 历史文化街区保护规划应当包括以下内容：

（一）历史文化价值和特点；

（二）保护原则和保护内容；

（三）保护范围，包括核心保护范围和建设控制地带界线；

（四）保护范围内建筑物、构筑物和环境要素的分类保护整治要求；

（五）重要节点或者建筑立面整治规划设计方案；

（六）保持地区活力、延续传统文化的规划措施；

（七）改善交通和基础设施、公共服务设施、居住环境的规划方案；

（八）古树名木保护措施；

（九）规划实施管理措施。

第二十一条 历史文化名城、名镇保护规划的规划期限应当与所在城市、镇总体规划的规划期限相一致。历史文化名村保护规划的规划期限应当与村庄规划的规划期限相一致。

第二十二条 历史文化名城、名镇、名村和历史文化街区保护规划报送审批前，保护规划的组织编制机关应当予以公告，公告时间不少于30日，广泛征求有关部门、专家和公众的意见，必要时可以举行听证。保护规划草案涉及房屋征收、土地征用的，应当举行听证。

保护规划报送审批文件中应当附具意见采纳情况及理由，经听证的，还应当附具听证笔录。

第二十三条 历史文化名城、名镇、名村保护规划由设区的市人民政府报省人民政府审批。

历史文化街区保护规划由组织编制机关报街区所在地设区的市、县级人民政府审批，报省住房城乡建设主管部门、省文物主管部门备案。

第二十四条 历史文化名城、名镇、名村和历史文化街区保护规划经批准后，组织编制机关应当及时公布。

第二十五条 经依法批准的保护规划，不得擅自修改。确需修改的，保护规划的组织编制机关应当向原审批机关提出专题报告，经同意后，方可编制修改方案。修改后的保护规划，应当按原审批程序报送审批。

第二十六条 编制或者修改国民经济和社会发展规划、土地利用总体规划、城乡规划等规划，应当体现历史文化名城、名镇、名村和历史文化街区保护的要求。

经依法批准的历史文化名镇、名村和历史文化街区保护规划，应当作为建设项目规划许可的依据。名镇和历史文化街区保护范围内的区域，不再编制相应区域的城市、镇控制性详细规划。

第二十七条 省住房城乡建设主管部门应当会同省文物主管部门，加强对保护规划实施情况的监督检查。对存在保护不力等问题的，应当及时向设区的市、县级人民政府提出整改意见。

设区的市、县级人民政府应当对本行政区域内历史文化名城、名镇、名村和历史文化街区保护工作定期进行监督检查和评估。检查和评估信息应当通过政府门户网站、新闻媒体等向社会公布，接受社会监督。对发现的问题，应当及时纠正、处理。

第四章 保护措施

第二十八条 历史文化名城、名镇、名村和历史文化街区应当整体保护，保持传统格局、历史风貌和空间尺度，不得改变与其相互依存的自然景观和环境。

在历史文化街区、名镇、名村保护范围内应当保持环境整洁，不得建设污染环境的设施，不得进行可能影响环境的活动。

第二十九条 设区的市、县级人民政府应当根据当地经济社会发展水平，按照保护规划，控制历史文化街区、名镇、名村核心保护范围内的人口数量，改善历史文化名城、名镇、名村和历史文化街区的基础设施、公共服务设施和居住环境。

第三十条 县级以上人民政府应当统筹安排建设用地指标，优先保障因历史文化名城、名镇、名村和历史文化街区保护规划实施需要进行的住宅建设。

第三十一条 在历史文化名城、名镇、名村和历史文化街区保护范围内从事建设活动，应当符合保护规划的要求，不得损害历史文化遗产的真实性和完整性，不得对其传统格局和历史风貌造成破坏性影响。

第三十二条 在历史文化街区、名镇、名村保护范围内新建、扩建基础设施及进行绿化配置的，应当符合国家和本省有关标准、规范。确因保护需要，无法按标准、规范新建、扩建基础设施及进行绿化配置的，由设区的市、县级人民政府城乡规划（建设）主管部门会同相关主管部门制定相应的保障方案，明确相关布局、措施等。

在历史文化街区、名镇、名村保护范围内改建、翻建建筑物，因保持或者恢复其传统格局、历史风貌的需要，难以符合相关建设标准和规范的，在不突破原有建筑基底、建筑高度和建筑面积且不减少相邻居住建筑原有日照时间的前提下，可以办理规划许可手续。

第三十三条 在历史文化街区、名镇、名村核心保护范围内，不得进行新建、扩建活动。但是，新建、扩建必要的基础设施和公共服务设施除外。

新建、扩建基础设施和公共服务设施的，设区的市、县级人民政府城乡规划主管部门在核发建设工程规划许可证、乡村建设规划许可证前，应当征求同级文物主管部门的意见。

公路、铁路、高压电力线路、输油管线、燃气干线管道不得穿越历史文化街区、名镇、名村核心保护范围；已经建设的，应当按保护规划逐步迁出。

第三十四条 设区的市、县级人民政府应当组织对本行政区域内建成年代较久远的建筑物、构筑物进行普查，对具有一定保护价值，能够反映历史风貌和地方特色，未公布为文物保护单位，也未登记为不可移动文物的建筑物、构筑物，确定公布为历史建筑并建立档案。

历史建筑档案包括下列内容：

（一）区位图、保护范围边界示意图；

（二）建筑艺术特征、历史特征、建设年代及稀有程度；

（三）建筑的有关技术资料；

（四）建筑的使用现状和权属变化情况；

（五）建筑的修缮、装饰装修过程中形成的文字、图纸、图片、影像等资料；

（六）建筑的测绘信息记录和相关资料。

第三十五条 设区的市、县级人民政府应当组织编制历史建筑保护图则，向社会公布，并将保护和使用要求书面告知所有权人、使用人和物业管理单位。

前款所称历史建筑保护图则，是指为保护、利用历史建筑提供科学依据的文本及图纸，包含历史建筑基本信息、保护范围、使用要求等内容。

第三十六条 单位和个人实施下列行为，应当报设区的市、县级人民政府城乡规划（建设）主管部门会同同级文物主管部门批准：

（一）在历史建筑上设置牌匾、空调散热器、照明设备等设施；

（二）在历史文化街区、名镇、名村保护范围内历史建筑以外的建筑物上设置牌匾或者户外广告；

（三）在历史文化街区、名镇、名村核心保护范围内设置临时用房。

第三十七条 历史建筑应当按保护图则的要求进行维护和修缮。国有历史建筑由使用人负责维护和修缮，非国有历史建筑由所有权人负责维护和修缮，设区的市、县级人民政府可以给予资金补助。所有权人不具备维护和修缮能力的，设区的市、县级人民政府应当采取措施进行保护。

设区的市、县级人民政府应当与国有历史建筑使用人、非国有历史建筑所有权人签订历史建筑保护协议，对历史建筑的保护义务和享受补助等事项作出约定。

第三十八条 任何单位和个人不得损坏或者擅自迁移、拆除历史建筑。因公共利益需要进行建设活动，对历史建筑无法实施原址保护，必须调整、撤销其历史建筑称号，迁移异地保护或者拆除的，应当由所在地人民政府城乡规划（建设）主管部门会同同级人民政府文物主管部门，报省住房城乡建设主管部门会同省文物主管部门批准。

第三十九条 设区的市、县级人民政府应当在历史文化街区、名镇、名村核心保护范围的主要出入口、历史建筑主入口一侧设立统一的标志牌，并标明保护范围。

任何单位和个人不得擅自设置、移动、涂改或者损毁标志牌。

第四十条 在历史文化名城、名镇、名村，以及历史文化街区、历史建筑的保护范围内禁止进行下列活动：

（一）开山、采石、开矿等破坏传统格局和历史风貌的活动；

（二）占用或者破坏保护规划确定保留的园林绿地、河湖水系、道路等；

（三）修建生产、储存爆炸性、易燃性、放射性、毒害性、腐蚀性物品的工厂、仓库等；

（四）修建损害传统风貌的建筑物、构筑物和其他设施；

（五）损毁保护规划确定保护的建筑物、构筑物及其他设施；

（六）对保护规划确定保护的建筑物、构筑物进行改变原风貌的维修或者装饰；

（七）设置破坏或者影响风貌的广告、标牌、招贴；

（八）在历史建筑上刻划、涂污；

（九）随处倾倒垃圾、排放污水等污染环境的行为；

（十）损毁属于非物质文化遗产组成部分的实物和场所；

（十一）法律、法规禁止和违反保护规划的其他行为。

第四十一条 历史文化名城、名镇、名村和历史文化街区所在地设区的市、县级人民政府应当组织力量，加强对当地历史沿革、风物特产、民间文学、传统技艺、民风民俗等非物质文化遗产的搜集、整理、研究和保护工作。

历史文化名城、名镇、名村和历史文化街区所在地设区的市、县级人民政府应当鼓励社会力量对当地传统文化艺术进行挖掘和整理，扶持有关专业人才以及民间艺人传徒、授艺。

第五章 法律责任

第四十二条 违反本办法第三十八条规定，擅自批准调整、撤销历史建筑称号的，其批准无效，由批准机关的上级机关责令其予以变更或者撤销，对直接负责的主管人员和其他直接责任人员，依法给予处分。

第四十三条 违反本办法第四十条第（四）项、第（五）项、第（六）项、第（七）项规定的，由城乡规划（建设）主管部门或者城市管理综合执法部门责令其停止违法行为、限期改正；逾期不改正的，处五千元以上一万元以下罚款；有违法所得的，处违法所得一倍以上三倍以下但最高不超过三万元的罚款；造成损失的，依法承担赔偿责任。

第六章 附 则

第四十四条 本办法自2013年10月1日起施行。

河北省沿海船舶边防治安管理实施细则

（2013年7月16日河北省人民政府第6次常务会议通过 2013年7月29日河北省人民政府令〔2013〕第6号公布 自2013年10月1日起施行）

第一条 根据《河北省沿海船舶边防治安管理条例》，制定本细则。

第二条 本细则适用于在本省海域内停泊、航行、作业的船舶及其生产作业人员。

军用船舶、公务船舶、外国籍船舶和国家另有规定的其他船舶及其生产作业人员除外。

第三条 各级公安边防机关负责本辖区内的沿海船舶边防治安管理。

沿海县级以上人民政府海洋、交通运输、渔业等有关行政部门和海事、海关等监督管理机构按照各自职责，协助公安边防机关实施沿海船舶边防治安管理。

第四条 出海船舶及其生产作业人员应当依法取得《出海船舶户口簿》、《出海船民证》（以下统称出海边防证件）。

第五条 出海船舶在依法向有关行政部门领取相关证件后，其所有人或者船长应当持单位、个人的身份证明和船舶所有权登记证书、清晰显示船名船号的船体两舷正面五寸照片等材料，向船舶所在地公安边防机关申请办理户籍注册，领取《出海船舶户口簿》。

第六条 除持有《中华人民共和国海员证》或者《船员服务簿》的外，出海生产作业人员应当持个人的身份证明或者常住户口所在地公安机关出具的户籍证明和四张一寸免冠照片等材料，向船舶所在地公安边防机关申请领取《出海船民证》。

第七条 公安边防机关应当在出海边防证件办理场所和相关网站公示证件办理的依据、条件、程序、期限、需要提交的材料目录等信息，建立健全网上服务平台，开展和提供多种形式的便民服务，并自觉接受社会监督。

第八条 公安边防机关办理出海边防证件时，对提交的申请材料齐全、符合法定形式的申请人，应当在15日内发放相关证件，能够即时发证的即时发放；对申请材料不齐全或者不符合法定形式的申请人，应当当场一次告知需要补正的全部内容；对不符合法定条件的申请人，依法作出不予发放出海边防证件的书面决定。

第九条 公安边防机关发放出海边防证件不收取费用。

第十条 出海边防证件应当标注有效期。

《出海船舶户口簿》和长期从事出海生产作业人员的《出海船民证》的有效期为4年；临时从事出海生产作业人员的《出海船民证》的有效期最长不超过1年。

第十一条 已经领取出海边防证件的人员在证件有效期间发生《河北省沿海船舶边防治安管理条例》规定的不予发放出海边防证件的情形后，公安边防机关应当依据职权阻止其出海，并注销其出海边防证件。

第十二条 公安边防机关对出海边防证件实行年度审验制度。未经年度审验的证件无效。

第十三条 出海边防证件应当妥善保管和随船携带，不得涂改、伪造、冒用、出借。

对涂改、伪造、冒用、出借的出海边防证件，公安边防机关应当及时收缴。

第十四条 出海边防证件丢失、损毁或者有效期满需要继续持有的，出海船舶的所有人、船长或者生产作业人员应当分别持本细则第五条、第六条规定的材料，向船舶所在地公安边防机关申请补领或者换发相关证件。

第十五条 出海船舶灭失或者持有《出海船民证》的人员死亡的，公安边防机关应当及时注销其出海边防证件。

第十六条 出海船舶进出港口、码头或者其他停泊点时，船长或者其委托的船上生产作业人员、船舶代理企业应当依照下列规定，向当地公安边防机关或者其授权的船舶签证点办理边防签证，登记船舶航线、船上人员数量、货物名称和进出时间等情况：

（一）渔业船舶每半月进出船籍港次数在三次以上的，每半月办理一次边防签证；渔业船舶每半月进出船籍港次数在二次以下或者进出非船籍港的，按航次办理边防签证；

（二）旅游船、旅游快艇、水上摩托车等旅游（休闲）用船舶每周办理一次边防签证，其他客运船舶和拖轮每半年办理一次边防签证；但以上船舶的航线或者航行海域改变的，在改变后即时重新办理边防签证；

（三）其他船舶按航次办理边防签证。

第十七条 出海船舶按航次办理边防签证的，应当在驶入港口、码头或者其他停泊点后及时报告当地公安边防机关或者其授权的船舶签证点，即时或者最迟在6小时内办理边防签证；驶出港口、码头或者其他停泊点时，应当在驶出前6小时内办理边防签证。

第十八条 沿海县级人民政府应当建立健全对小型船舶的监督管理措施，确定相关部门或者乡级人民政府（街道办事处）统一对当地的小型船舶编刷标识和号码。

公安边防机关应当对小型船舶的标识和号码登记存档，并依法做好日常治安管理工作。

小型船舶的标识和号码应当保持字迹清晰，不得遮盖、涂改。

第十九条 船舶修造企业或者个人应当建立健全出海船舶建造、改造、拆解和修理业务的档案管理制度，准确记录相关业务开展情况。

船舶修造企业或者个人修理因碰撞受损的船舶，应当事先向当地公安边防机关报告。

第二十条 违反本细则第五条、第六条、第十三条第一款、第十六条和第十七条规定的，由公安边防机关依照《河北省沿海船舶边防治安管理条例》予以处罚。

第二十一条 违反本细则第十九条规定的，由公安边防机关予以警告，并责令限期改正。

第二十二条 公安边防机关在依法实施行政处罚时，公安边防派出所可以作出警告、一千元以下罚款的处罚；公安边防大队可以作出警告、一万元以下罚款的处罚；公安边防支队可以作出警告、三万元以下罚款、吊销出海边防证件的处罚。

第二十三条 公安边防机关应当建立健全对依法扣押船舶的保管措施，妥善保管被扣押的船舶，船舶的所有人、船长和生产作业人员应当予以协助。

第二十四条 公安边防机关在依法作出吊销出海边防证件或者对出海生产作业人员处以二千元以上罚款、对出海船舶处以一万元以上罚款的行政处罚决定前，应当向当事人告知其依法享有的要求举行听证的权利。当事人要求举行听证的，公安边防机关应当依照国务院公安部门关于办理行政案件程序的有关规定组织听证。

当事人对公安边防机关作出的行政处罚决定不服的，可以依法申请行政复议或者提起行政诉讼。

第二十五条 本细则下列用语的含义是：

（一）船舶，是指在海域内使用的各类机动、非机动船舶，但是船舶上装备的救生艇筏和长度不足五米且非用于海上生产经营活动的艇筏除外；

（二）船舶所在地，是指船舶所有人户籍所在地、船籍港所在地或者船舶经常停靠地；

（三）船籍港，是指船舶办理所有权登记的港口。

第二十六条 本细则自2013年10月1日起施行。

河北省供热用热办法

（2013年8月29日河北省人民政府第8次常务会议通过
2013年9月6日河北省人民政府令〔2013〕第7号公布
自2013年11月1日起施行）

第一章 总 则

第一条 为加强供热管理，规范供热用热行为，节约能源和资源，减少污染物排放，维护供热用热双方合法权益，促进供热事业发展，根据有关法律、法规，结合本省实际，制定本办法。

第二条 在本省行政区域内从事供热规划、建设、经营、设施保护和用热活动以及相关管理活动的，应当遵守本办法。

第三条 供热事业应当遵循统一规划、配套建设、保障安全、节能环保、规范服务的原则。

第四条 省住房城乡建设主管部门负责全省的供热用热管理工作。

设区的市、县（市）人民政府供热主管部门（以下统称供热主管部门），负责本行政区域内的供热用热管理工作。

县级以上人民政府发展改革、财政、国土资源、环境保护、价格、质量技术监督等有关部门，在各自职责范围内做好供热用热管理相关工作。

第五条 县级以上人民政府应当将供热事业纳入国民经济和社会发展规划，优先发展热电联产和大型区域锅炉等集中供热方式，鼓励利用清洁能源和可再生能源发展供热事业，推广应用节能、高效、环保、安全的供热新技术、新工艺、新设备、新材料。

设区的市、县（市）人民政府应当依据供热专项规划制定城市供热管网建设计划和老旧供热管网改造计划，并分步实施。

第六条 县级以上人民政府应当建立健全供热应急保障制度，提高供热应急保障能力，应对供热突发事件。省住房城乡建设主管部门和设区的市、县（市）人民政府分别组织编制本行政区域的供热应急预案。

出现供热中断等突发事件的，县级以上人民政府应当及时采取应急措施，尽快恢复供热，相关单位和个人应当予以配合。

第二章 规划建设

第七条 供热主管部门应当会同有关部门，依据城市总体规划编制本行政区域的供热专项规划，按规定程序批准后实施。

经批准的供热专项规划不得擅自变更；确需变更的，应当报原批准机关批准。

第八条 供热主管部门应当根据供热专项规划，合理安排热源和管网布局，使其与不断增长的城市居住规模相适应。在集中供热管网覆盖的区域内，不得新建分散燃煤锅炉；集中供热管网覆盖前已建成使用的分散燃煤锅炉，应当拆除，并将供热系统接入集中供热管网。

任何单位和个人不得擅自拆除、迁移、改建、变卖热源设施。确需拆除、迁移、改建、变卖热源设施的，应当提前60日向当地供热主管部门报告，并提供替代热源设施，保障用户的用热权益。

第九条 新建、改建、扩建供热工程，应当符合供热专项规划，并依法办理工程项目审批手续。工程竣工验收合格之日起90日内，应当向城建档案管理机构报送建设工程档案。

新建、改建、扩建供热工程，其安全和环保设施应当与主体工程同时设计、同时施工、同时投入使用。

第十条 利用集中供热的建设工程，开发建设单位应当与供热单位签订合同，根据供热专项规划并按国家和本省有关规定确定的供热方式和技术要求组织实施。

第十一条 城市新区建设和旧区改造，应当按有关规划要求，配套建设供热设施，或者预留供热设施配套建设用地。

预留的供热设施配套建设用地，任何单位和个人不得擅自占用，未经法定程序调整，不得改变用途。

第十二条 供热工程需要穿

越地下、地上空间或者建筑物、构筑物时，有关单位和个人应当予以配合。因穿越施工造成相关建筑或者设施损坏的，建设单位应当及时修复；无法修复的，应当经过评估予以赔偿。

第十三条 开发建设单位应当承担供热系统保修期内的维修、调试等保修责任。

供热系统的保修期不得低于2个供热期；保修责任未履行或者拖延履行的，供热系统的保修期不受2个供热期的限制。

供热系统的保修期，自正式投入运行之日起计算。

第十四条 利用集中供热的建设工程，开发建设单位应当按有关规定缴纳城市集中供热管网工程建设费，将其纳入开发建设成本，不得向房屋购买者另行收取。城市集中供热管网工程建设费专项用于城市集中供热管网和换热站等供热设施的建设，不得挪作他用。

城市集中供热管网工程建设费的收取和管理办法由设区的市、县（市）人民政府制定。

第三章 供热管理

第十五条 供热应当实行管网、换热站、用户一体化经营管理体制，由供热单位直供到户。尚未实行一体化经营管理体制的，有关设区的市、县（市）人民政府应当按省人民政府的规定，取消由单位或者物业服务企业自行管理换热站的模式。

多热源供热的应当实行联网运行。

第十六条 从事供热经营活动应当取得省住房城乡建设主管部门核发的供热企业经营许可证，并按供热企业经营许可证规定的范围供热。

第十七条 申请供热企业经营许可证应当符合下列条件：

（一）建设项目符合城市总体规划及供热专项规划要求，并竣工验收合格；

（二）有稳定的热源和政府批准的经营区域；

（三）有与经营规模相适应的注册资本和专业技术人员、偿债能力和抗风险能力；

（四）有完善的经营管理体系和安全管理制度；

（五）有经过供热专业培训合格的操作人员；

（六）有健全的供热事故抢险预案，并配备专业的抢险抢修人员、仪器、设备和交通工具。

第十八条 申请供热企业经营许可证应当向省住房城乡建设主管部门提出申请，并提交有关材料。

省住房城乡建设主管部门应当自受理申请之日起20个工作日内，作出行政许可决定。准予许可的，应当核发供热企业经营许可证；不予许可的，应当书面说明理由。

第十九条 供热单位与热用户应当依法签订供用热合同。

合同主要内容应当包括供热面积、供热起止时间、温度标准、收费标准、缴费时间、结算方式、供热设施维护管理界限、违约责任以及当事人约定的其他事项。

第二十条 热用户应当按供用热合同约定及时缴纳热费。逾期未缴纳热费的，供热单位可以向用户发出催缴通知书，用户自收到催缴通知书满15日仍未缴纳的，供热单位在不损害其他用户用热权益的情况下，可以对其限热或者停止供热，并向供热主管部门备案。

对首次纳入供热管网的新建房屋实行整体供热，新建房屋未交付使用前的热费，由开发建设单位缴纳。

第二十一条 供热起止时间由设区的市、县（市）人民政府根据本地实际确定。供热单位应当按确定的起止时间供热，不得擅自变更。

热源单位、供热单位应当在开始供热时间15日前具备供热条件。如遇异常低温情况，设区的市、县（市）人民政府可以决定提前供热或者延期停热，并对提前供热或者延期停热发生的费用给予相应补贴。

第二十二条 供热期间，供热单位应当保证居民热用户卧室、起居室（厅）和卫生间的室温不低于18℃。其他部位的室温应当符合国家住宅设计规范的要求。

非居民热用户的室温执行国家标准或者由供热用热双方在合同中约定。

第二十三条 热电联产或者大型区域锅炉等热源单位应当具有备用热源。

电力调度行政管理部门应当按以热定电的原则，合理制定供热期热电联产机组的电力生产、供应计划，满足居民采暖热负荷需求，不得以电量指标限制热电联产机组对外供热。向供热单位供应水、电、燃气等单位，应当保障供应，不得擅自中断。造成损失的，由责任方承担责任。

第二十四条 未经供热主管部门批准，热源单位、供热单位不得擅自停业、歇业。确需停业、歇业的，应当在当年供热开始之日起6个月前向当地供热主管部门提出申请，供热主管部门应当自收到申请之日起20个工作日内作出是否批准的决定。

经批准停业、歇业的热源单位、供热单位应当对供热范围内的热用户、热费以及设施管护等事宜作出妥善安排，并在当年供热开始之日起3个月前与承接的供热单位完成供热设施及技术档案、用户资料、热费等事项的交接工作，同时书面告知供热主管部门。

第二十五条 对于擅自停业、歇业、弃管以及被依法注销或者吊销供热经营许可证的，当地人民政府应当组织其他供热单位临时接管。热源单位、供热单位擅自停业、歇业、弃管造成损失的，应当承担相应责任。

第四章 供热计量

第二十六条 新建居住建筑和公共建筑应当安装供热系统调控装置、供热计量装置和室温调控装置。既有居住建筑和公共建筑进行建筑节能改造的，应当同步安装供热系统调控装置、供热计量装置和室温调控装置。

新建建筑和完成热计量改造的既有建筑，供热单位应当按国家和本省有关规定实行供热计量收费。

第二十七条 新建建筑供热系统调控装置、供热计量装置和室温调控装置的购置及安装费用应当纳入开发建设成本，设区的市、县（市）人民政府应当按开发建设单位出资、银行专户监管、供热单位使用、供热主管部门监督的原则，建立新建建筑供热计量资金管理制度。

第二十八条 开发建设单位应当与供热单位签订合同。合同中应当包含建筑物热力入口、供热系统调控装置、供热计量装置和室温调控装置的技术指标、质量标准，明确开发建设单位建筑节能质量责任和供热单位对供热系统调控装置、供热计量装置、温度调控装置的购置、安装、管理责任以及违约责任等内容。

第二十九条 供热单位应当使用符合国家相关标准的供热系统调控装置、供热计量装置和室温调控装置。

供热单位应当与供热系统调控装置、供热计量装置和室温调控装置的生产销售单位签订合同，双方就产品质量、售后服务、保修内容、保修年限、保修费用以及因产品质量造成的赔偿责任等事项在合同中约定。

供热计量装置、室温调控装置在保修期内，由生产销售单位负责维修更换。保修期外，由供热单位负责维修更换，费用纳入供热成本。人为造成损坏的，由责任人承担维修更换费用。

第三十条 开发建设单位组织供热计量工程竣工验收时，应当通知供热单位参加；未经验收或者验收发现未按规定施工、计量装置和室温调控装置不符合国家标准要求的不得办理竣工验收备案手续，不得交付使用。

第三十一条 实行供热计量收费的热用户，热费按基本热价和计量热价相结合的方式计收，具体标准和办法由设区的市、扩权县（市）人民政府价格主管部门按国家有关规定制定。

具备热计量收费条件的新建建筑和完成热计量改造的既有建筑，供热单位不实行热计量收费的，热用户可以按面积收费标准的85%缴纳热费。

第三十二条 用于热费结算的热计量表应当依法经法定计量检定机构进行强制检定，检定合格后方可安装使用。热计量表使用期间，应当按有关规定向法定计量检定机构申请周期检定。供热用热双方对热计量表的准确度发生争议时，由法定计量检定机构进行检定，检定费由责任方承担。

第三十三条 供热单位应当加强供热设施节能减排管理，对于能效低、污染重的超标设备应当进行节能改造，使其污染物排放达到国家规定的标准。

供热主管部门应当制定供热系统能耗统计、监测和评价制度，对供热单位能耗实行在线监测。

第五章 用热服务

第三十四条 热源单位、供热单位应当按规定保证正常、稳定、连续供热；供热单位应当建立供热服务承诺制度，向社会公开服务内容、服务标准和办事程序，公开收费标准和投诉电话，在供热期间实行24小时不间断服务；发现问题或者接到投诉，应当及时处理。

供热单位工作人员在入户抄表和对热用户室内供热设施进行检查、维修时，应当向热用户出示有效证件，文明服务。

第三十五条 热价实行政府定价。制定和调整居民热价，设区的市、扩权县（市）人民政府价格主管部门应当举行听证会，听取用户和供热单位等有关方面的意见，并采取措施减少对低收入用户用热的影响。

对不符合法律、法规和价格

主管部门规定的供热价格或者供热服务收费，热用户有权拒付。

第三十六条 供热单位不得因部分热用户欠缴热费，停止向相邻热用户供热或者降低供热标准。

热费不得实行与物业费、水电费等其他费用捆绑收取，不得因不缴物业费、水电费等费用而拒收热费和限制用热。

第三十七条 供热期间热源单位、供热单位不得擅自停止供热；因设备故障或者不可抗力原因停止供热的，热源单位、供热单位应当及时通知热用户，并立即组织抢修，同时报告供热主管部门。连续停止供热24小时以上的，供热单位应当依据停供时间相应减收热用户热费。

第三十八条 热用户有权就经营收费、供热质量、供热服务等事项向供热单位、供热主管部门咨询或者投诉；供热单位、供热主管部门接到咨询或者投诉后应当即时答复并及时处理。

第三十九条 供热单位应当建立热用户室温检测制度。

热用户认为室温不达标的，可以向供热单位反映。供热单位应当在接到反映后12小时内提供测温服务，测温结果由双方签字确认。热用户与供热单位对室温达标有争议的，可以委托具备室温检测资质的机构进行检测。因供热单位原因造成室温不达标的，按合同约定予以退费。

室温检测办法由供热主管部门会同当地质量技术监督部门制定。

第四十条 在不影响其他热用户正常用热和共用供热设施安全运行的前提下，热用户要求整个供热期暂停供热或者恢复用热的，应当在供热开始之日起30日前到供热单位办理相应手续，供热单位应当采取措施满足符合报停条件用户的暂停供热或者恢复用热要求。

第四十一条 对热用户申请暂停用热的，由设区的市、扩权县（市）人民政府根据当地实际确定是否收取热费。具体办法由设区的市、扩权县（市）人民政府价格主管部门会同供热主管部门制定。

第四十二条 热用户的供热设施发生异常、泄漏等故障时，应当及时向供热单位报修，并承担维修、更新的相关费用；供热单位工作人员在抢修、维修过程中因故意或者过失造成热用户财产损失的，供热单位应当承担相应赔偿责任；因热用户原因造成损失的，由热用户承担责任。热用户室内装修遮挡供热设施影响维修抢修的，热用户应当配合拆除并自行恢复。

第四十三条 县级以上人民政府应当建立并完善供热保障机制，对优抚对象、享受城市居民最低生活保障待遇的用户和其他特殊困难群体，按有关规定实行热费减免优惠。

第六章 设施管理

第四十四条 居民热用户户外供热设施和户内共用供热设施由供热单位负责维护、管理；居民热用户的户内非共用供热设施由热用户负责维护，需要更新改造的，更换供热设施的费用由热用户承担。

非居民热用户的供热设施管理责任，由供热用热双方在合同中约定。

第四十五条 热源单位、供热单位对其运营管理的供热设施，应当定期检查、维修、保养和更新改造，保证供热设施设备完好和安全运行。重要供热设施应当设置明显、统一的安全警示标志，并采取相应的安全保障措施。

热源单位、供热单位对其使用的特种设备使用登记、定期检验、移装、报废、能效指标等，应当符合有关法律、法规的规定。

任何单位和个人不得擅自移动、覆盖、拆除、损坏供热设施和供热安全警示标志。

第四十六条 供热单位对供热设施进行改造时，应当执行施工规范和国家有关规定。热用户应当予以配合，街道办事处、乡（镇）人民政府、物业服务企业应当予以支持。

第四十七条 建设单位从事工程建设，不得影响供热设施安全。在工程开工前，建设单位或者施工单位应当向城建档案管理机构或者供热单位查明有关地下供热管线的情况。

建设工程施工可能影响供热设施安全的，建设单位或者施工单位应当与供热单位协商制定安全保护施工方案，并采取相应的安全保护措施后方可施工。施工中造成供热设施损坏的，应当及时通知供热单位修复，并承担修复费用，赔偿相应损失。

第四十八条 热用户不得有下列行为：

（一）在室内供热设施上安装换热装置；

（二）从供热设施中取用供热循环水；

（三）未经供热单位同意，擅自改动供热管道、增设散热器或者改变用热性质；

（四）在供热管道上安装管道泵等改变供热运行方式；

（五）改动、破坏供热计量及温控设施；

（六）擅自扩大用热面积、改变房屋结构影响供热效果；

（七）其他妨碍供热设施正常运行的行为。

热用户实施前款行为导致室温达不到标准的，供热单位不承担责任。给其他热用户或者供热单位造成损失的，依法承担赔偿责任。

第四十九条 在供热管道及其附属设施安全保护距离范围内，任何单位和个人不得实施下列行为：

（一）建设建筑物、构筑物或者敷设管线；

（二）挖坑、掘土或者打桩；

（三）堆放垃圾、杂物或者危险废物；

（四）利用供热管道和支架敷设管线、悬挂物体；

（五）排放污水、腐蚀性液体或者气体；

（六）在供热管道穿越河流标志区域内抛锚或者进行其他危害供热管道安全的作业；

（七）爆破作业；

（八）其他可能危害供热设施安全的行为。

第五十条 热源单位、供热单位应当制定供热事故抢险抢修应急预案，建立与保障供热安全相适应的应急抢修队伍，配备应急抢修设备、物资、车辆以及通信设备，在供热期内实行24小时值班制度。

第五十一条 热源单位、供热单位发现供热事故或者接到供热事故报告后，应当立即到达现场组织抢险抢修，并按规定及时报告供热主管部门。对影响抢修的其他设施，热源单位、供热单位应当采取合理的应急处置和必要的现场防护措施，并及时通知有关单位。

热源单位、供热单位可以先行组织施工，后期补办有关占道、道路开挖等审批手续。任何单位和个人不得干扰、阻挠、拒绝抢修供热设施。对于阻挠、拒绝抢修供热设施的行为，热源单位、供热单位可以依法向当地公安机关申请予以处置，当地公安机关应当予以配合。

第七章 法律责任

第五十二条 县级以上人民政府及其供热主管部门和其他有关部门有下列行为之一的，对负责的主管人员和其他直接责任人员，依法给予处分；直接负责的主管人员和其他直接责任人员的行为构成犯罪的，依法追究刑事责任：

（一）擅自变更经批准的供热专项规划的；

（二）不依法作出行政许可决定的；

（三）未依法履行对热源单位、供热单位的监督职责的；

（四）未依法受理有关供热质量和服务质量投诉以及发现违法行为未及时查处的；

（五）其他未依照本办法规定履行职责的行为。

第五十三条 违反本办法规定，有下列行为之一的，由供热主管部门给予警告，责令限期改正；逾期不改正的，按下列规定予以罚款；造成损失的，依法予以赔偿：

（一）没有取得供热企业经营许可证从事供热经营活动的，处以一万元以上二万元以下的罚款；

（二）热费实行与物业费、水电费等其他费用捆绑收取，因不缴物业费、水电费等费用而拒收热费和限制用热的，处以三千元以上五千元以下的罚款；

（三）擅自移动、覆盖、拆除、损坏供热设施和供热安全警示标志、有第四十八条或者第四十九条规定禁止行为的，对个人可处以一千元以下的罚款，对单位可处以一万元以下的罚款。

第五十四条 热源单位或者供热单位违反本办法规定，有下列行为之一的，由供热主管部门给予警告，责令限期改正；逾期不改正的，处一万元以上三万元以下的罚款；给热用户造成损失的，依法承担赔偿责任：

（一）新建建筑和完成热计量改造的既有建筑没有按国家和本省有关规定实行供热计量收费的；

（二）未经批准擅自停业或者歇业的；

（三）在供热期间未安全、稳定、连续、保质保量供热或者擅自停止供热的；

（四）因部分热用户欠缴热费，停止向相邻热用户供热或者降低供热标准的；

（五）未按规定退还热用户热费的；

（六）发现供热事故或者接到供热事故报告后未立即抢修的。

第八章 附 则

第五十五条 本办法下列用语的含义是：

（一）供热是指由供热单位利用热电联产、区域锅炉、工业余热、地热、分布式能源等方式所产生的热水、蒸汽等热源，通过管网及其他设施向热用户有偿提供生产和生活用热的行为；

（二）热源单位是指为供热单位提供热能的单位；

（三）供热单位是指取得供热企业经营许可证，利用热源单位提供或者自行生产的热能从事供热经营的单位；

（四）热用户是指消费供热单位热能的单位和个人。

第五十六条 本办法自2013年11月1日起施行。

河北省企业权益保护规定

（2013年9月16日河北省人民政府第9次常务会议通过 2013年9月18日河北省人民政府令〔2013〕第8号公布 自2013年11月1日起施行）

第一章 总 则

第一条 为保护企业合法权益，改善和优化企业生产经营环境，促进经济社会和谐发展，根据有关法律法规，结合本省实际，制定本规定。

第二条 本规定适用于依法设立的、在本省行政区域内从事生产经营活动的企业。

本规定所称的企业权益，是指企业的财产权、经营权、依法获得行政机关许可或者服务的权利、拒绝与抵制违法加重企业负担的权利以及法律、法规、规章规定的其他合法权益。

第三条 县级以上人民政府应当加强对企业权益保护工作的领导，建立健全工作协调机制，组织、协调和督促有关部门依法做好企业权益保护工作，落实支持企业发展的政策措施，及时纠正和查处损害企业权益的违法行为。

第四条 县级以上人民政府工业和信息化主管部门或者县级以上人民政府确定的负责企业权益保护工作的部门（以下简称企业权益保护工作部门）具体负责组织协调本行政区域内企业权益保护工作。

县级以上人民政府发展改革、公安、监察、民政、财政、人力资源社会保障、环境保护、商务、国有资产监督管理、税务、工商行政管理、质量技术监督、安全生产监督管理、食品药品监督管理等部门在各自职责范围内，做好企业权益保护的相关工作。

第五条 企业开展生产经营活动，应当遵守法律、法规、规章和依法制定的企业章程，遵守社会公德和商业道德，承担社会责任。不得侵害国家利益、社会公共利益、职工和他人的合法权益。

第六条 对损害企业权益的行为，企业有权向有关国家机关及其职能部门投诉、举报、申诉、控告。

任何单位和个人有权举报损害企业权益的行为。

第二章 保护措施

第七条 行政机关制定涉及企业权益的规章和规范性文件时，应当通过召开听证会、论证会等形式听取企业的意见和建议，对合理意见和建议应当予以采纳。

制定规范性文件，不得设定行政许可、行政处罚、行政强制等事项，不得违法限制、剥夺企业权利或者违法增加其义务。

第八条 行政机关实施行政监督管理，应当严格依照法律、法规、规章的规定进行，可以采取多种方式实现行政管理目的的，应当选择最有利于保护企业权益的方式。没有法律、法规、规章的规定，行政机关不得作出影响企业权益或者增加企业义务的决定。

第九条 行政机关实施具体行政行为，可能影响企业权益的，除法定情形外，应当书面告知企业实施行政行为的事实、理由、依据，以及依法享有的陈述权、申辩权等权利和救济的途径、方式和期限。

行政机关作出行政决定时，法律、法规要求说明理由的，应当在行政决定中说明理由。对相同或者同一性质的行为、事件，应当作出相同的处理，但法律、法规另有规定的除外。

行政机关应当保守在实施行政行为过程中获知的企业商业秘密。

第十条 除国家限制经营的领域外，各类企业享有平等进入、公平竞争的权利，行政机关不得进行部门和行业垄断，妨碍公平竞争。

除法律、行政法规规定的以外，行政机关不得限制其他地区企业到本地区从事生产经营活动，不得限制其他地区的商品进入本地区市场；企业已经取得上级行政机关的行政许可营业的，下级行政机关不得通过要求企业备案营业情况、审查或者在当地设立营业场所等手段，实行地区封锁，限制企业在当地开展生产经营活动。

第十一条 行政机关应当设立集中办理行政许可事项的场所，

对企业经营活动所涉及的行政许可事项，简化审批手续，优化服务流程，限时办结，为企业提供高效便捷服务。

第十二条 企业依法取得的行政许可受法律保护，行政机关不得擅自改变已经生效的行政许可。

行政许可所依据的法律、法规、规章修改或者废止，或者准予行政许可所依据的客观情况发生重大变化的，为了公共利益的需要，行政机关可以依法变更或者撤回已经生效的行政许可。由此给企业造成财产损失的，行政机关应当依法给予补偿。

第十三条 行政机关向企业收费必须按国家和本省现行有效的收费项目和标准进行，实行收费公示，收费时应当出示收费许可证，并出具法定部门统一制发的收费单据。

禁止越权收费、超标准收费、自立项目收费，禁止对同一收费项目在法定期限内重复收费。

向企业收费能够统一收取的，县级以上人民政府财政部门应当协调有关部门集中统一收取。

第十四条 行政机关对企业实施行政处罚，能够采取教育、劝诫、疏导等方式，促使其自觉履行法定义务、纠正违法行为的，可以不予行政处罚；违法行为轻微并及时纠正，没有造成危害后果的，不予行政处罚。

依照法律、法规、规章实施处罚的，应当严格按规范行政处罚自由裁量权的有关规定依法处罚。

第十五条 行政机关在依法对企业采取查封、扣押、冻结等强制措施时，应当向企业交付法律文书；对查封、扣押的财产，应当开具清单并妥善保管，不得使用或者损毁；造成损失的，应当依法承担赔偿责任。查封、扣押、冻结企业财产后，应当及时查清事实，在法定期限内作出处理决定。

企业被依法采取强制措施时，企业提供的财产担保可以满足执行要求的，在可分割的条件下，行政机关不得超值查封、扣押、冻结企业财产，法律、法规另有规定的，从其规定。

行政机关查封、扣押、查询企业的财务账簿、交易记录、业务往来、印章和其他相关文本、电子资料，或者对上述资料进行记录、录音、录像、照相和复制，必须有法律、法规依据；没有法律、法规依据的，企业有权拒绝。

第十六条 行政机关对企业实施监督检查，必须严格依照法定程序和权限进行，不同行政机关对企业实施的多项监督检查可以一并完成的，由县级以上人民政府组织有关行政机关实施合并或者联合检查；同一行政机关对同一企业实施多项监督检查的，应当合并进行，减少检查次数。

第十七条 行政机关对企业实施监督检查，有下列情形之一的，企业有权予以拒绝：

（一）执法人员少于两人的；

（二）不出示有效执法证件的；

（三）无明确的监督检查事项和法律、法规依据的；

（四）无法定事由重复检查、检验、检疫、检测的。

第十八条 行政机关依法对企业产品进行检验、检疫、检测需要抽取样品的，应当购买所抽取的样品；依照法律、法规、规章的规定需要由企业无偿提供的，抽取的样品不得超过技术标准和标准规范要求的数量；抽取的样品依法应当返还的，必须及时返还，造成损失的，必须给予赔偿。

除法律、法规另有规定外，法定检验、检疫、检测机构对同一批次产品依法作出的检验、检疫、检测结论或者鉴定结果，有关行政机关应当直接采用。

第十九条 行政机关依法对企业生产经营的产品进行检验、检疫、检测，对企业实施行政许可、行政处罚、行政强制措施以及监督检查等活动，应当将有关监督检查记录、证据材料、执法文书等情况和处理结果立卷归档。

除依法应当保密的以外，企业可以申请查询上述档案资料，行政机关应当无偿提供查询服务。

第二十条 行政机关在行政许可、非行政许可审批、资格资质认定、年审、年检或者定期检验、委托检验时，不得通过社会组织或者其他中介服务机构，要求企业接受指定培训、指定服务或者购买指定产品。

第二十一条 除法律、行政法规或者国务院有明确规定的以外，行政机关不得开展涉及企业的达标、评比、表彰、评估和相关检查活动。

第二十二条 行业协会、企业代表组织、社会中介机构等社会组织及其工作人员，应当依法规范自身行为，不得干扰企业正常生产经营活动或者损害企业权益。

行业协会、企业代表组织向企业收取的会费标准，应当经过全体会员讨论，依照章程规定表决通过，并依照国家有关规定，向价格和有关主管部门备案后方可实施。

第二十三条 鼓励和支持新闻媒体对损害企业权益的行为进行舆论监督。

新闻媒体对企业有关情况进行报道和传播时，应当遵守法律、法规和职业道德，不得夸大事实或者进行虚假报道，损害企业的权益。

第二十四条 除法律、法规明确规定外，任何单位和个人不得有下列行为：

（一）强制或者变相强制企业参加各类评比、达标、升级、排序、认证和表彰等活动并收取费用；

（二）强制或者变相强制企业刊登广告、接受有偿新闻、征订出版物；

（三）强制或者变相强制企业参加行业协会等社会团体，提供会费、活动经费及其他赞助，参加商业保险；

（四）要求企业接受指定培训、指定服务或者购买指定产品；

（五）干涉企业合法用工自主权；

（六）强制或者变相强制企业提供借贷或者信用担保；

（七）强制或者变相强制企业在接受有关专项性、阶段性监督检查时暂停依法获得许可的正常生产经营活动；

（八）向企业摊派、强制企业捐赠捐献；

（九）其他损害企业权益的行为。

第三章 服务救济

第二十五条 行政机关应当按政府信息公开的有关规定，通过门户网站以及其他方式，公布本单位行政许可、行政处罚、行政事业性收费、行政执法监督检查等方面的资料。

县级人民政府可以组织有关部门向本行政区域内的企业免费提供包括前款规定内容的有关资料。

第二十六条 县级以上人民政府人力资源社会保障部门、同级工会和企业代表组织建立劳动关系三方协调机制，对劳动争议的预防、集体劳动争议和劳动关系突发事件的处理等重大问题进行协调，妥善处理维护企业正常生产经营和实现劳动者权益的关系，促进职工与企业之间的和谐与合作。

第二十七条 县级以上人民政府应当建立由相关主管部门、企业代表组织和企业参与的应对国外贸易救济调查及维护国内产业安全的联动机制，利用世界贸易组织规则赋予的权利维护企业的权益。

第二十八条 行政机关应当维护正常的市场秩序，对制售假冒伪劣产品、欺行霸市、哄抢盗窃企业财物等违法行为，应当及时查处，为企业创造良好的生产经营环境。

第二十九条 行政机关对涉及企业的举报案件，应当及时查清事实，依法作出处理。

对因捏造事实、诬告陷害致使企业受到错误处理的，作出错误处理的行政机关应当依法及时纠正。企业要求澄清事实的，有关行政机关应当澄清事实，依法保护企业权益。

第三十条 县级以上人民政府应当建立涉及企业权益的行政事业性收费监督机制。县级以上人民政府财政部门应当将监督情况向社会公开。

第三十一条 企业权益保护工作部门可以通过聘请企业监督员、免费发放企业权益保障情况反馈表等形式，了解损害企业权益、增加企业负担情况，并报本级人民政府；县级以上人民政府应当对损害企业权益的有关问题及时依法处理，并监督整改。

第三十二条 县级以上人民政府监察、企业权益保护工作部门应当建立企业权益保护投诉和举报制度，公布受理投诉、举报的联系方式，对受理的投诉、举报，应当及时依法进行调查处理，并将处理结果告知投诉人、举报人。

第四章 法律责任

第三十三条 违反本规定，行政机关及其工作人员损害企业权益的，由其所在单位、上级机关或者监察机关按管理权限责令改正，并退还非法收取的财物；情节严重的，对直接负责的主管人员和其他直接责任人员依法给予处分；造成损失的，依法承担赔偿责任；构成犯罪的，依法追究刑事责任。

第三十四条 行政机关及其工作人员不履行或者拖延履行保护企业权益职责的，由其所在单位、上级机关或者监察机关按管理权限责令改正；情节严重的，对直接负责的主管人员和其他直接责任人员依法给予处分；构成犯罪的，依法追究刑事责任。

第三十五条 行政机关工作人员对依法维护企业权益的投诉人、举报人或者申诉人进行打击报复的，由其所在单位或者监察机关依法给予处分；构成犯罪的，依法追究刑事责任。

第五章 附 则

第三十六条 法律、法规授权的具有管理公共事务职能的组织，适用本规定有关行政机关的规定。

第三十七条 个体工商户权益的保护，参照本规定执行。

第三十八条 本规定自2013年11月1日起施行。

河北省农业机械安全监督管理办法

（2013年9月16日河北省人民政府第9次常务会议通过 2013年9月18日河北省人民政府令〔2013〕第9号公布 自2013年11月1日起施行）

第一章 总 则

第一条 为加强对农业机械及其驾驶、操作人员的安全监督管理，预防和减少农业机械事故，保障公民人身和财产安全，促进农业机械化事业和农村经济发展，依据国务院《农业机械安全监督管理条例》、《河北省农业机械管理条例》等法律法规，制定本办法。

第二条 在本省行政区域内从事农业机械使用操作及安全监督管理等活动，应当遵守本办法。

第三条 县级以上人民政府应当加强对农业机械安全监督管理工作的领导，完善农业机械安全监督管理体系，加强农业机械安全监督管理队伍、基础设施和装备建设，建立健全农业机械安全生产责任制，保障农业机械安全生产。

第四条 县级以上人民政府应当保障农业机械安全监督管理的财政投入，按国家及本省有关规定，将农业机械安全监督管理工作各项经费纳入同级政府财政预算。

第五条 县级以上人民政府农业机械化、公安和交通运输等有关部门负责本行政区域内的农业机械安全监督管理工作。农业机械化主管部门所属的农业机械安全监理机构（以下简称农机安全监理机构）具体负责农业机械使用操作的安全监督管理工作。

第六条 各级人民政府和县级以上人民政府农业机械化、广播电影电视、新闻出版等有关部门应当加强农业机械安全法律、法规、规章等安全知识的宣传教育。

第七条 农机安全监理机构应当根据农业生产需要及国家和本省有关规定，对农业机械实施监督检查，纠正和处理违反有关法律、法规、规章的行为。

第八条 除法律、法规、规章和本办法另有规定的外，任何单位和个人不得扣留农业机械及其牌证和驾驶操作人员的驾驶操作证件。

第二章 使用管理

第九条 拖拉机、联合收割机按国家规定实行登记制度。

设区的市农机安全监理机构负责办理本行政区域内拖拉机、联合收割机的登记业务。县（市、区）农机安全监理机构在上级农机安全监理机构的指导下，承办拖拉机、联合收割机登记申请的受理、安全技术检验等具体工作。

第十条 拖拉机、联合收割机投入使用前，其所有人应当持本人身份证明和机具来源等证明、凭证，其中进口机具需持进口许可等凭证，专营运输和兼营运输的拖拉机还需持交通事故责任强制保险凭证，向所在地县（市、区）农机安全监理机构申请注册登记，领取号牌和有关证件后，方可使用。拖拉机、联合收割机经安全检验合格的，农机安全监理机构应当在2个工作日内予以登记并核发相应的证书和牌照。

拖拉机、联合收割机使用期间，登记事项发生变更、所有权转移、用作抵押或者报废的，其所有人应当到原登记机构办理变更、注销等相关手续。

第十一条 拖拉机、联合收割机因办理注册登记、转移登记需要临时上道路行驶的，拖拉机、联合收割机补领牌照期间需要临时行驶、使用的，应当到其住所地或者购买地农机安全监理机构办理临时号牌，并按有关规定驾驶操作。

第十二条 拖拉机、联合收割机证书、牌照灭失、丢失或者损毁的，其所有人应当到原证照核发机构办理补、换领证照手续。

第十三条 拖拉机、联合收割机牌照应当悬挂于指定位置，保持清晰、完整，不得故意遮挡、污损。拖拉机挂车车厢后部应当喷涂字体规范的放大牌号，并保持清晰。

专营运输和兼营运输的拖拉机应当在机组指定位置上贴反光标识，参加跨区作业的联合收割机应当在其机身指定位置上贴反光标识。

拖拉机、联合收割机证书、牌照不得转借、涂改、伪造和变造。

第十四条 拖拉机、联合收割机由农机安全监理机构按国家有关规定进行年度安全技术检验。未经检验或者经检验不合格的，不得继续作业。

第十五条 农业机械从事田间作业应当遵守下列规定：

（一）农业机械作业前，驾驶操作人员对农业机械、作业场地及周边环境进行安全查验，排除安全隐患，清理作业区域内的闲杂人员，在有危险的部位和作业现场设置防护装置或者警示标志，确认农业机械、作业场地及周边环境符合安全作业要求；

（二）驾驶员与操作员之间有联系信号；

（三）操作员在规定的位置上操作，不得超员；

（四）清理杂物或者排除故障时，在停机或者切断动力后进行；

（五）悬挂式作业机械升起后，不得对其进行保养、调整和故障排除；

（六）喷洒农药时采取安全防护和防污染措施。

第十六条 农业机械应当采取下列安全防护措施：

（一）配备安全防护装置、警示标志；

（二）禁止烟火和存放易燃易爆物品；

（三）禁止漏油、漏电、漏气的农业机械作业；

（四）禁止改装、拆除安全设施。

第十七条 拖拉机作业时，只准牵引一辆挂车或者一组作业机具。

禁止使用联合收割机拖带其他农业机械。

联合收割机被牵引时，时速不得超过10公里。

第十八条 不得继续使用因存在事故隐患而被农机安全监理机构责令停止使用的农业机械。

第三章 操作管理

第十九条 驾驶操作拖拉机、联合收割机的人员应当按国家有关规定，取得驾驶操作证件。未取得驾驶操作证件的，不得驾驶操作拖拉机、联合收割机。

拖拉机、联合收割机驾驶操作证件有效期为6年；有效期满，拖拉机、联合收割机操作人员可以向原发证机关续展。

第二十条 拖拉机、联合收割机驾驶操作证件灭失、丢失或者损毁，其持有人或者委托代理人应当到原发证机构办理补、换证手续。

第二十一条 换发拖拉机、联合收割机驾驶操作证件时，农机安全监理机构应当对证件进行审验。未经审验或者经审验不合格的证件，不得继续使用。

第二十二条 设区的市和县（市、区）农机安全监理机构应当在农业机械年度安全技术检验期间组织驾驶操作人员进行安全培训。

农业生产经营组织、农业机械作业组织和农业机械所有人应当对驾驶操作人员进行农业机械安全使用教育，提高其遵纪守法、安全作业的自觉性，并建立健全班组、机组安全生产责任制，保障农业机械安全作业。

第二十三条 持有驾驶操作证件的人员及与农业机械作业有关的人员必须遵守下列规定：

（一）不得驾驶操作与驾驶操作证件内容不符合的农业机械；

（二）不得驾驶操作未按规定登记检验或者经检验不合格、安全设施不全、机件失效的农业机械；

（三）不得将拖拉机、联合收割机交给没有驾驶操作证件的人员驾驶操作；

（四）饮酒后不得驾驶操作农业机械；

（五）使用国家管制的精神药品、麻醉品后，不得驾驶操作农业机械；

（六）患有妨碍安全作业的疾病或者过度疲劳的，不得驾驶操作农业机械；

（七）不得驾驶操作农业机械违章载人；

（八）不得强迫他人违章作业。

第四章 事故处理

第二十四条 在道路以外发生的农业机械事故，由农机安全监理机构依照农业机械管理法律、法规、规章处理。

农业机械在道路上发生的交通事故，由公安机关交通管理部门依照道路交通安全法律、法规处理。拖拉机在道路以外发生的事故，公安机关交通管理部门接到报案的，参照道路交通安全法律、法规处理。农业机械事故造成公路及其附属设施损坏的，由交通运输主管部门依照公路管理法律、法规处理。

第二十五条 在道路以外发生农业机械事故，驾驶操作人员和现场其他人员必须立即停止作业，保护现场，抢救伤者和财产，并及时报告事故发生地县（市、区）农机安全监理机构。造成人员死亡的，还应当向事故发生地公安机关报案。变动现场的，应当标明位置。

农机安全监理机构接到农业机械事故报案后，应当及时派人赶赴现场处理。

发生农业机械事故，未造成人身伤亡，当事人对事实及成因无争议的，可以在当事各方达成协议后即行撤离现场。

第二十六条 发生事故后当事人逃逸的，现场目击者和其他知情人应当向事故发生地县（市、区）农机安全监理机构和公安机关举报。接到举报的农机安全监理机构应当协助公安机关追查。

第二十七条 调查事故过程中，农机安全监理机构发现当事人涉嫌犯罪的，应当依法移送公安机关处理，对肇事农业机械可以依照《中华人民共和国行政处罚法》的规定，先行登记保存。

第二十八条 抢救治疗事故受伤人员的费用，由肇事嫌疑人和肇事农业机械所有人先行预付。

肇事拖拉机已投保交通事故责任强制保险的，事故发生地的农机安全监理机构应当书面通知保险公司依法支付抢救费用。需要道路交通事故社会救助基金垫付费用的，事故发生地农机安全监理机构应当通知该基金的管理机构及时垫付，并协助其向事故责任人追偿。

第二十九条 对经过现场勘验、检查的农业机械事故，农机安全监理机构应当按规定制作农业机械事故认定书并送达当事人。

需要进行农业机械鉴定的，农机安全监理机构应当自收到农业机械鉴定机构出具的鉴定结论之日起5个工作日内制作农业机械事故认定书，并在制作完成农业机械事故认定书之日起3个工作日内送达当事人。

第三十条 当事人对事故认定有异议的，可以自事故认定书送达之日起3日内，向上一级农机安全监理机构提出书面复核申请。

上一级农机安全监理机构应当在受理复核申请30日内作出复核结论，并在作出复核结论3日内送达复核申请人。

第三十一条 因农业机械事故造成的经济损失，由责任者按所承担的责任大小，原则上一次性支付损害赔偿费用。

第三十二条 农业机械事故当事人之间发生经济损害赔偿争议的，应当及时协商解决。协商不成的，当事人可以向农机安全监理机构申请调解，也可以向人民法院起诉。

当事人向农机安全监理机构申请调解，应当在收到事故认定书之日起10个工作日内提出。

第三十三条 损害赔偿经过农机安全监理机构调解达成协议的，应当制作调解书，由当事人、有关人员和调解人签名，加盖农机事故处理专用章后即行生效。农机安全监理机构应当将调解书送交当事人和有关人员。

未达成协议的，应当制作调解终结书，由调解人签名，加盖农机事故处理专用章，分别送交当事人和有关人员。

第三十四条 农机安全监理机构应当为当事人处理农业机械事故损害赔偿等后续事宜提供帮助和便利。

第三十五条 县级以上人民政府应当鼓励和支持农业机械所有人和驾驶操作人依照法律、法规的规定，建立农业机械安全互助组织，完善农业机械事故救助机制，提高农业机械安全操作水平，降低农业机械事故损害风险。

第五章 服务与监督

第三十六条 省农机安全监理机构负责指导、组织实施全省农业机械牌证管理、安全技术检验、安全宣传教育、安全监督检查、作业秩序管理，参与重大农业机械事故调查处理等工作。拖拉机、联合收割机牌证和有关驾驶操作证件由省农机安全监理机构按国家有关规定统一制作和发放。

第三十七条 设区的市和县（市、区）农机安全监理机构应当对除拖拉机、联合收割机以外的其他危及人身财产安全的农业机械进行免费实地安全技术检验。

在安全技术检验中发现农业机械存在事故隐患的，应当告知其所有人停止使用，及时排除隐患，并建立农业机械安全监督管理档案。

第三十八条 公安机关交通管理部门、农机安全监理机构应当健全道路交通秩序管理与农业机械牌证管理衔接联动机制和信息互通机制，支持农业机械牌证管理，促进农业机械和乡、村道路交通安全监督管理。

第三十九条 县级以上人民政府及其农业机械化、公安、交通运输、能源、保险等有关部门和单位，应当为农业机械跨行政区域作业提供便利和服务，并依法实施安全监督管理。

农业机械跨行政区域作业前，设区的市和县（市、区）农机安全监理机构应当会同有关部门，对跨行政区域作业的农业机械进行必要的安全技术检查，并对驾驶操作人员进行安全教育。

第四十条 建立和完善农业机械保险制度，对参加保险的农业机械可以给予保费补贴。

专营运输和兼营运输的拖拉机应当到保险机构办理交通事故责任强制保险。承办机动车强制保险业务的保险机构应当按规定保费标准开展专营运输、兼营运输拖拉机保险业务，不得拒保或者变相拒保。

第四十一条 危及人身财产安全的农业机械达到报废条件的，应当停止使用，予以报废。

设区的市和县（市、区）农机安全监理机构负责将达到国家和本省规定报废条件的农业机械，书面告知其所有人。

设区的市和县（市、区）人民政府农业机械化主管部门负责监督报废或者国家明令淘汰的农业机械的回收、解体或者销毁。

第四十二条 农机安全监理执法人员进行农业机械安全监督检查时，可以采取下列措施：

（一）向有关单位和个人了解情况，查阅、复制有关材料；

（二）查验拖拉机、联合收割机证书、牌照及有关驾驶操作证件；

（三）检查危及人身财产安全的农业机械的安全情况，对存在重大事故隐患的农业机械，责令当事人立即停止作业或者停止农业机械的转移，并进行维修；

（四）责令农业机械驾驶操作人员改正违章操作行为；

（五）依法扣押存在事故隐患的农业机械。

第四十三条 农机安全监理执法人员进行安全监督检查时，应当佩带统一标志，出示行政执法证件。农业机械安全检查和事故勘察车辆应当在车身上喷涂统一标识。

第六章 法律责任

第四十四条 农机安全监理机构和其他相关部门工作人员有不依法履行农业机械安全监督管理职责及其他违反相关法律法规行为的，对直接负责的主管人员和其他直接责任人员依法给予处分；构成犯罪的，由司法机关依法处理。

第四十五条 农业机械所有人、驾驶操作人员违反本办法第十条、第十四条、第十八条、第十九条、第二十三条规定的，由设区的市和县（市、区）农机安全监理机构依照国务院《农业机械安全监督管理条例》、《河北省农业机械管理条例》的有关规定处罚。

第七章 附 则

第四十六条 本办法自2013年11月1日起施行。1994年9月20日河北省人民政府公布施行的《河北省农业机械安全监督管理办法》同时废止。

河北省化工建设项目安装工程质量管理规定

（2013年10月29日河北省人民政府第11次常务会议通过 2013年11月2日河北省人民政府令〔2013〕第10号公布 自2014年1月1日起施行）

第一条 为加强化工建设项目安装工程质量的监督管理，保障工程质量、公共安全和公民的生命、财产安全，根据国家有关法律、法规的规定，结合本省实际，制定本规定。

第二条 本规定适用于本省行政区域内的化工建设项目安装工程及其相关监督管理活动。

第三条 本规定所称化工建设项目安装工程，是指化工生产装置及其辅助装置建设项目的设备、管道、电气装置、自动化仪表的工业安装工程和防腐、绝热及工业炉砌筑等工程。

第四条 省人民政府发展和改革部门及设区的市、县（市、区）人民政府发展和改革部门或者设区的市、县（市、区）人民政府确定的其他负责化工建设项目安装工程质量管理的部门，是本级人民政府的化工建设项目安装工程质量管理部门，负责本行政区域化工建设项目安装工程的质量管理工作。化工建设项目安装工程质量管理部门可以委托化工建设工程质量监督机构，具体实施化工建设项目安装工程的质量管理工作。

县级以上人民政府住房和城乡建设、安全生产监督管理、质量技术监督管理等部门按照各自的职责分工，依法对化工建设项目实施监督管理。

第五条 化工建设项目安装工程的建设、勘察设计、施工、监理（含设备监理，下同）和质量检测单位应当建立健全质量保证体系，依法对工程的质量负责。

第六条 化工建设项目安装工程的建设单位应当将工程发包给具有相应资质等级的勘察设计、施工、监理和质量检测单位，不得将工程肢解后发包。

勘察设计、施工、监理和质量检测单位应当依法取得相应等级的资质证书，并在其资质许可的范围内承揽业务。

第七条 建设单位在领取施工许可证前，应当按照规定到化工建设项目安装工程质量管理部门办理安装工程质量监督手续。

第八条 按照合同约定由建设单位负责采购化工建设项目安装工程所需设备和材料的，建设单位应当保证采购的设备和材料符合设计要求及国家有关标准的规定，不得明示或者暗示施工单位使用不合格的设备和材料。

第九条 化工建设项目安装工程的设计应当采用国家推广的新技术、新设备、新材料和新工艺，其设计文件应当符合有关法律、法规和国家标准的规定及合同的约定，内容应当准确、可靠、合理，选用的设备、材料应当注明其规格、型号、性能等技术指标和质量要求。

除有特殊要求的专用设备和材料外，设计单位不得指定生产厂、供应商。

第十条 化工建设项目安装工程的设计单位应当向建设、施工和监理等单位进行施工图纸技术交底，按照规定做好现场服务，及时参与处理施工中出现的有关问题，参加有关阶段的工程质量验收，并在工程完工后对设计质量进行评估。

第十一条 化工建设项目安装工程的施工单位应当按照工程设计图纸和国家有关标准组织施工，不得擅自修改工程设计。

施工单位在施工过程中发现设计文件和图纸有差错的，应当及时向建设和监理等单位提出意见和建议。

第十二条 施工单位应当按照规定对化工建设项目安装工程使用的设备和材料进行检验，不得偷工减料或者使用不合格的设备和材料。

第十三条 施工单位应当及时、准确、完整地记录施工过程的质量、技术控制情况，并在工程交工验收前向建设单位提交完整的工程技术资料。

第十四条 化工建设项目安装工程的监理单位应当依据所承担的监理业务，选派具有相应资格的总监理工程师和监理工程师进驻施工现场，代表建设单位对工程质量进行全程监理，并及时整理监理资料，分阶段提出监理结论。

对重要的工程部位和隐蔽工程，监理工程师应当实行无间断旁站监理，并留存影像资料。

第十五条 未经监理工程师签字，有关设备和材料不得在安装工程上使用，施工单位不得进行下道工序的施工。未经总监理工程师签字，建设单位不予拨付工程款，不得进行工程的交工验收。

第十六条 化工建设项目安装工程的质量检测单位应当依法开展检测业务，出具检测报告，并对检测结论负责。对检测不合格的检测项目，质量检测单位应当立即通知建设和监理等单位处理。

第十七条 质量检测单位应当认真落实质量检测档案管理制度，对安装工程质量检测合同、委托单、原始记录和检测报告统一并连续编号，不得随意抽撤、涂改。

第十八条 化工建设项目安装工程质量管理部门应当采用巡查、抽查等方式，依法对建设、勘察设计、施工、监理和质量检测单位质量保证体系的落实情况及施工质量进行监督检查，接受并及时处理相关举报、投诉，依法查处违反工程质量管理法律、法规、规章和国家有关标准的行为。

第十九条 化工建设项目安装工程质量管理部门履行监督检查职责时，可以采取下列措施：

（一）进入被检查单位的施工现场和其他工作场所进行检查；

（二）要求被检查单位提供与安装工程质量有关的文件和资料；

（三）责令被检查单位立即停止违反工程质量管理法律、法规、规章和国家有关标准的行为，改进质量管理工作。

第二十条 化工建设项目安装工程质量管理部门履行监督检查职责时，被检查单位应当予以配合，如实提供有关情况和资料，并对存在的质量管理问题及时采取改进措施，消除质量隐患。

第二十一条 化工建设项目安装工程质量管理部门的工作人员对在履行监督检查职责时知悉的商业秘密，应当予以保密。

第二十二条 建设单位应当自化工建设项目安装工程交工验收合格之日起15日内，将交工验收报告和相关材料报化工建设项目安装工程质量管理部门备案。

第二十三条 化工建设项目安装工程质量管理部门的工作人员在监督管理工作中玩忽职守、滥用职权、徇私舞弊或者泄露在履行监督检查职责时知悉的商业秘密的，依法给予处分；构成犯罪的，由司法机关依法追究刑事责任。

第二十四条 违反本规定第七条、第八条、第九条第二款、

第十一条第一款和第十二条规定的，由化工建设项目安装工程质量管理部门责令改正，予以通报批评，并依照国务院《建设工程质量管理条例》的规定予以处罚。

第二十五条 违反本规定第十四条规定的，由化工建设项目安装工程质量管理部门责令改正，并予以通报批评。

第二十六条 本规定自2014年1月1日起施行。

河北省城镇土地使用税实施办法

（2007年6月25日河北省
人民政府令〔2007〕第9号公布
根据2013年10月29日河北省
人民政府第11次常务会议通过的
《河北省人民政府关于修改
〈河北省城镇土地使用税
实施办法〉的决定》修订
2013年11月2日河北省
人民政府令〔2013〕第11号公布
自2014年1月1日起施行）

第一条 根据《中华人民共和国城镇土地使用税暂行条例》（以下简称《条例》），结合本省实际，制定本办法。

第二条 在本省所辖的城市、县城、建制镇和工矿区范围内使用土地的单位和个人，为城镇土地使用税（以下简称土地使用税）的纳税人，应当依照本办法的规定缴纳土地使用税。

前款所称单位，包括国有企业、集体企业、私营企业、股份制企业、外商投资企业、外国企业以及其他企业和事业单位、社会团体、国家机关、军队以及其他单位；所称个人，包括个体工商户以及其他个人。

第三条 下列土地免缴土地使用税：

（一）国家机关、人民团体、军队自用的土地；

（二）由国家财政部门拨付事业经费的单位自用的土地；

（三）宗教寺庙、公园、名胜古迹自用的土地；

（四）市政街道、广场、绿化地带等公共用地；

（五）直接用于农、林、牧、渔业的生产用地；

（六）经批准开山填海整治的土地和改造的废弃土地，从使用的月份起免缴土地使用税5年至10年；

（七）由财政部另行规定免税的能源、交通、水利设施用地和其他用地。

第四条 土地使用税由土地所在地的地方税务机关负责征收。

第五条 土地使用税以纳税人实际占用的土地面积为计税依据。

第六条 土地使用税每平方米年适用税额幅度如下：

（一）石家庄、唐山、邯郸市市区，一元五角至三十元；

（二）承德、张家口、秦皇岛、廊坊、保定、沧州、衡水、邢台市市区，一元二角至二十四元；

（三）县级市市区，九角至十八元；

（四）县城、建制镇、工矿区，六角至十二元。

设区的市市区、县级市市区、县城、建制镇的范围，依照行政区划确定。

第七条 设区的市、县（市）人民政府应当根据实际情况，将本地区土地划分为若干等级，在本办法第六条确定的适用税额幅度内，制定相应的适用税额标准。其中，经济落后地区的适用税额标准可以适当降低，但降低额不得超过本办法第六条规定最低适用税额的百分之三十。

设区的市、县（市）人民政府制定的适用税额标准报省人民政府批准后执行。

第八条 土地使用税按年计算、分期缴纳。纳税人应当于每年3月、6月、9月、12月的1日至15日向土地所在地的地方税务机关申报缴纳本季度的土地使用税。

第九条 纳税人占用的土地跨越两个或者两个以上县（市、区）行政区的，应当按占用的土地面积分别向土地所在地的地方税务机关申报缴纳土地使用税。

第十条 土地权属争议未解决的，土地使用税暂由土地的实际使用人或者占有人申报缴纳。

第十一条 土地使用税的征收管理，依照《中华人民共和国税收征收管理法》、《条例》及本办法的规定执行。

第十二条 本办法自公布之日起施行。1989年1月21日河北省人民政府公布的《河北省城镇土地使用税实施办法》和1997年10月15日河北省人民政府下发的《关于调整城镇土地使用税税额的通知》同时废止。

河北省地理信息交换共享管理办法

（2013年11月19日河北省
人民政府第12次常务会议通过
2013年11月27日河北省
人民政府令〔2013〕第12号公布

自2014年1月1日起实施）

第一条 为规范地理信息交换共享行为，促进地理信息资源的开发利用，保障地理信息为经济建设和社会发展服务，根据国家和本省有关法律、法规的规定，结合本省实际，制定本办法。

第二条 本办法所称地理信息，是指有关国家机关、社会团体、企业和事业单位（以下统称有关机关和单位），在履行公共管理和公共服务职能及生产经营活动中获取的与地理位置及其时态有关的自然、经济、社会等方面的信息。

第三条 在本省行政区域内开展地理信息交换共享及相关活动，应当遵守本办法。

第四条 使用财政资金或者其他国有资金为主投资获取的地理信息，应当依照本办法的规定实行交换共享；使用其他资金为主投资获取的地理信息，鼓励参与交换共享。

第五条 县级以上人民政府应当加强对地理信息交换共享工作的领导，建立健全地理信息交换共享的协调和服务机制，积极推进相关基础设施建设，促进地理信息的开发和社会化应用。

第六条 县级以上人民政府负责地理信息工作的行政主管部门（以下简称地理信息工作主管部门）会同工业和信息化主管部门负责本行政区域的地理信息交换共享工作。

第七条 各级地理信息工作主管部门应当依照国家和本省有关规定，依托全省统一的电子政务网络和信息交换共享平台，建设、管理本级的地理信息公共服务平台，实现地理信息资源的共享。

县级以上人民政府应当将地理信息公共服务平台及相关应用系统的建设、运行和维护纳入本级基础测绘规划和信息化发展规划。

第八条 各级地理信息工作主管部门承担地理信息交换共享服务工作的专职或者兼职机构（以下简称服务机构）按照规定的范围，负责有关机关和单位提交的地理信息的数据处理、集成、整合、管理及地理信息公共服务平台的运行、维护等工作。

第九条 采集地理信息数据应当使用国家规定的空间定位基准，并执行国家和本省规定的地理信息数据标准。

第十条 县级以上人民政府有关部门应当按照本办法所附《河北省地理信息交换共享目录》的要求，向相应的服务机构无偿提交地理信息。

依法应当保密或者按规定限制使用的地理信息，在向服务机构提交时应当注明密级、保密期限或者限制范围。

地理信息的具体提交办法由省地理信息工作主管部门会同有关部门制定。

省工业和信息化主管部门应当将《河北省地理信息交换共享目录》纳入全省政务信息资源目录。

第十一条 向服务机构提交的地理信息应当合法、完整、准确和规范。服务机构对收到的地理信息应当进行核查，对不符合质量要求的，退回有关机关和单位，并要求其修改、补充后重新提交。

第十二条 向服务机构提交的地理信息的内容发生变化的，有关机关和单位应当及时更新，并将更新后的地理信息按季度汇总后向服务机构提交。

第十三条 省级地理信息公共服务平台采用的地理信息，以一比一万（城市规划区为一比五千）比例尺为基础进行数据处理、集成和整合；设区的市级和县（市）级地理信息公共服务平台采用的地理信息，以一比五百、一比一千、一比两千比例尺为基础进行数据处理、集成和整合。

第十四条 服务机构应当遵守下列规定：

（一）建立健全地理信息交换共享服务的各项制度和安全保密措施，保证地理信息的完整、准确和安全；

（二）在规定期限内完成地理信息的数据处理、集成和整合工作；

（三）在地理信息工作主管部门的门户网站公布地理信息目录和用户权限、获取途径等事项，供公众浏览、查询地理信息，并按规定提供下载服务；

（四）建立面向社会公众的公益性地图网站，通过互联网向公众无偿提供地理信息服务；

（五）及时响应和回复用户提出的地理信息共享需求，对用户开发应用地理信息的工作提供技术支持和服务；

（六）不得利用交换共享的地理信息从事经营性活动。

第十五条 地理信息的提供和使用，按国家和本省有关规定执行。其中用于国家机关决策、社会公益性事业及城乡规划建设、行政区划和行政区域界线管理的，应当无偿提供。

政府及其有关部门和军队因防灾、减灾、国防建设等公共利益的需要，无偿使用地理信息。

参与地理信息交换共享的有关机关和单位需要使用相关地理信息的，应当无偿提供。

第十六条 各级地理信息工作主管部门应当根据当地突发事件应急处置工作的需要，建立突发事件应急处置地理信息保障机制，并制定相关应急预案。

在突发事件应急处置工作中，地理信息工作主管部门应当按相关应急预案和应急指挥机构的要求，及时采集、整合、报送应急处置工作所需的各类地理信息数据，并提供相应的技术服务。

地理信息工作主管部门采集地理信息数据时，有关机关和单位应当予以支持和配合，无偿提供相关信息。

第十七条 县级以上人民政府应当按国家有关规定，组织开展本行政区域内地理国情的普查和日常监测工作，全面、准确掌握本地的地理国情信息，并将其纳入地理信息交换共享范围，提高地理信息对当地经济和社会发展的服务能力。

第十八条 依法应当保密的地理信息的数据传输、处理、提供、利用和管理，依照保密法律、法规、规章的规定执行。

第十九条 各级地理信息工作主管部门应当会同工业和信息化等部门，定期对地理信息公共服务平台及其应用系统的运行、维护情况和地理信息交换共享情况进行监督检查，督促、指导有关机关和单位做好相关工作。

第二十条 地理信息工作主管部门的工作人员在地理信息交换共享管理工作中滥用职权、玩忽职守、徇私舞弊，尚不构成犯罪的，依法给予处分；构成犯罪的，由司法机关依法追究刑事责任。

第二十一条 违反本办法第九条、第十条第一款和第十二条规定的，由地理信息工作主管部门提请本级人民政府给予通报批评，责令限期改正；拒不改正的，暂停向其提供地理信息。

第二十二条 违反本办法第十四条规定的，由地理信息行政主管部门责令限期改正，并对其主管负责人或者直接责任人依法给予处分。

第二十三条 违反本办法第十条第二款和第十八条规定的，由保密部门依法处理；构成犯罪的，由司法机关依法追究刑事责任。

第二十四条 本办法自2014年1月1日起施行。

附件

河北省地理信息交换共享目录

部门名称	信息类别	数据（信息）内容
机构编制	事业单位	政府部门直属（所属）事业单位的名称、类别、地址等信息
发展和改革	发展规划	主体功能区规划、区域发展规划、产业布局规划、农业区划等专项规划成果
	产业区块	产业基地、按规定职责管理的工业园区等产业区块分布图，或者其名称、类别、位置等信息
	能源设施	大型火电、核电、抽水蓄能等重要电源以及重要场地资源的分布信息，煤油气一次能源储运基地及输送管线信息
国土资源	地质监测	地质环境监测点分布图
	地质灾害	地质灾害隐患点及地质灾害易发区分布图
	矿产资源	矿产资源分布图，或者其矿种、规模、位置等信息
	矿产资源规划	矿产资源总体规划、地质勘查规划等规划成果
	地质环境规划	地质灾害防治规划、地质遗迹保护规划等成果
海　洋	海洋监测观测设施	海洋监测观测设施分布图，或者其名称、类别、坐标等信息
	海洋生态环保	海洋保护区分布图，或者其名称、类别、位置等信息和海洋环境状况公报信息
	海域行政区域界线	省、市、县海域行政区域界线数据
	海洋规划	海洋功能区划、海洋保护与利用规划、海洋产业发展规划和海洋环境保护规划等规划（区划）成果
地理信息	遥感影像资料	各类航空、航天遥感影像
	基础地理数据	水系、交通、管线、居民地、行政区划、植被等基础地理空间数据
	海洋测绘数据	海岸线、海岛、海滩等海洋测绘数据
	基础测绘产品	1∶500至1∶250000比例尺的数字线划图、数字正射影像图、数字高程模型等基础测绘产品，提供矢量地图格式主要有MDB、SHP等格式
公　安	户籍	居民户籍分布等信息
	公安机关	各级公安机关、基层派出所的名称、类别、地址等信息
	管辖	城市公安机关、基层派出所管辖范围信息
民　政	行政区划	县级以上行政区域界线信息
	地名	全省地名信息
工业和信息化	产业区块	新型工业化示范基地、信息产业园区名称、类别、位置等信息

部门名称	信息类别	数据（信息）内容
住房和城乡建设	市政基础设施	城市道路及附属设施、市容环卫设施、广场和停车场等市政基础设施的分布图，或者其编号、类别、位置等信息
	园林绿化及附属设施	公园、公共绿地、古树名木等园林绿化分布图或者其相关信息，风景名胜区及历史文化保护区分布图、规划成果或者其相关信息
	房地产	房屋及附属设施的平面图，或者房屋坐落、建成年代、建筑结构、总层数等信息
	城乡规划	城镇体系规划、县（市）域总体规划、城市总体规划、镇总体规划、乡规划、村庄规划等规划成果以及城镇建成区的面积、范围等信息
交通运输	公路及附属设施	村道以上公路的名称、编码、技术等级、起止、宽度、管理等级、车道数、铺设材料、单双向等信息，以及桥梁、隧道等相关信息
	水路及附属设施	内河航道分布图，航道名称、起讫点、里程、技术等级等信息
	港口码头	港口布局图、平面图，港口名称、吞吐量、深水泊位等信息
	车渡	车渡的名称、类型、位置、分布等信息
	交通规划	公路建设规划、内河和沿海港口总体规划、内河航道规划等规划成果
农业和渔业	农产品基地	农产品基地的名称、类别、品种、位置等信息
	基本农田	基本农田分布图
	草地	草地分布图，或者其名称、类别、位置等信息
	农场	农场分布图，或者其名称、类别、位置等信息
	牧场	牧场分布图，或者其名称、类别、位置等信息
	渔场	渔场分布图，或者其名称、类别、位置等信息
	渔港	渔港分布图，或者其名称、类别、位置等信息
林　业	林场	林场分布图，或者其名称、类别、位置等信息
	森林资源	森林资源分布图，或者其名称、类别、主要树种、等级、位置等信息
	湿地资源	湿地分布图，或者其名称、类别、位置等信息
	野生动物资源	野生动物资源分布图，或者其名称、种类、等级等信息
	野生植物资源	野生植物资源分布图，或者其名称、种类、等级、位置等信息
	森林旅游资源	森林旅游资源分布图，或者其名称、类别、位置等信息
水　利	河流	河流的名称、编码、类型、级别、长度、流域面积等信息
	湖泊	湖泊（洼淀）的名称、编码、水面面积、容积、水质、平均水深、最大水深、最高水位、最低水位等信息

部门名称	信息类别	数据（信息）内容
	水库	水库的名称、编码、库容量、用途、类型、最高水位、最低水位等信息
	水文站	水文站的名称、代码、类别、坐标等信息
	水利工程设施	水利工程（水渠等）的名称、代码、类别、坐标、长度、宽度等信息
	滩涂围垦资源	滩涂围垦资源的名称、坐标等信息
	水资源信息	取水口、水源地、水功能区划的名称、坐标等信息
环境保护	环境监测机构	环境监测机构、污染源在线监测设施分布图，或者其名称、类别、位置等信息
	污染源	污染源分布图，或者其名称、主要污染物、等级、位置等信息
	绿色环保单位	环保企业、生态乡镇等绿色环保单位分布图，或者其名称、编号、类别、所在行政区域、位置等信息
	环境功能区划	地表水、生态等环境功能区划图和饮用水水源保护区分布图
	环境保护规划	生态保护规划、自然保护区规划等规划成果，或者保护区名称、代码、级别、辖区、所在地、主要保护对象等信息
商　务	开发区	按规定职责管理的开发区（园区）、保税区、出口加工区等开发区分布图，或者其名称、类别、位置、范围等信息
工商行政管理	企业信息	企业名称、住所等信息
	市场信息	市场名称、地址等信息
质量技术监督	组织机构身份标识	机关、事业单位、企业、社会团体等各类组织机构的名称、代码、类别、地址等身份信息
安全生产监督管理	危险源	重大危险源名称、类型、位置等信息
	应急救援队伍	应急救援队伍名称、类型、规模、地址等信息
教　育	教育机构	教育机构、培训机构及教育培训服务机构的分布图，或者其名称、类别、等级、地址等信息
	对外开放的学校体育场馆	对社会开放的学校体育场馆分布图、名称、类别、位置及服务内容等信息
科学技术	高新技术研究机构	省重点实验室、科研院所、实验基地、区域创新中心、高新技术研究开发中心等研究机构分布图，或者其名称、类别、地址等信息
	高新技术园区	高新技术产业开发区分布图，或者其名称、位置等信息
	高新技术企业	高新技术企业的名称、地址等信息

部门名称	信息类别	数据（信息）内容
文　化	文化活动场所	文化活动场所的名称、类别、等级、地址等信息
	物质文化遗产	物质文化遗产分布图，或者其名称、类别、等级、所属行政区、位置等信息
	非物质文化遗产	非物质文化遗产的分布图，或者其名称、类别、等级、位置等信息
广播电影电视	广播电视台	广播电视台的名称、地址等信息
旅　游	旅游景点	旅游景点（含旅游示范点）的名称、位置、景区类别等信息
	旅游饭店	旅游星级饭店（含农家乐）的名称、地址等信息
	旅游公共服务设施	旅游咨询服务中心、旅游集散中心、旅行社的名称、地址等信息
文　物	古建筑	纪念建筑物、古建筑、寺庙、石刻、壁画、近现代代表性建筑分布图、名称、位置等信息
	博物馆	博物馆、纪念馆的名称、地址等信息
	古文化遗址	省级以上文物保护单位分布图、名称、位置等信息
体　育	体育场馆	体育活动场馆的分布图、名称、类别、位置及服务内容等信息
	全民健身	全民健身场所的分布图、名称、类别、位置等信息
通　信	通信运营企业	通信运营企业及营业网点的名称、地址等信息
	通信基站	通信基站（含通信塔）分布图，或者其名称、类别、位置等信息
	通信缆线	通信缆线分布图，或者其名称、类别、位置等信息
邮　政	邮政营业网点	邮政营业网点的名称、地址等信息
	邮政编码	邮政编码分区图
统　计	人口	人口普查中乡镇以上人口数据、男女比例等信息
	经济总量	国民经济主要指标
气　象	气象台站	气象台站分布图，或者其名称、类别、等级、位置等信息
	气候资料	常规气候观测资料的多年平均值
地　震	地震监测设施	地震监测设施分布图及其名称、类别等信息
	震情信息	发生地震的位置、时间、震级等信息

河北省无障碍环境建设管理办法

（2013年12月17日河北省人民政府第14次常务会议通过 2013年12月23日河北省人民政府令〔2013〕第13号公布 自2014年2月1日起施行）

第一章 总 则

第一条 为了创造和优化无障碍环境，保障残疾人等社会成员平等参与社会生活，促进社会文明进步，根据国务院《无障碍环境建设条例》，结合本省实际，制定本办法。

第二条 本办法所称无障碍环境建设，是指为便于残疾人等社会成员自主安全地通行道路、出入相关建筑物、搭乘公共交通工具、交流信息、获得社区服务所进行的建设活动。

第三条 县级以上人民政府应当加强对无障碍环境建设工作的领导、组织和协调工作，组织编制和实施无障碍环境建设发展规划，并将其纳入本级国民经济和社会发展规划，保证无障碍环境建设与本地经济和社会发展水平相适应。

编制无障碍环境建设发展规划，应当征求残疾人联合会等社会团体的意见。

第四条 县级以上人民政府住房和城乡建设主管部门负责本行政区域内无障碍设施工程建设活动的监督管理，依法对无障碍设施工程建设情况进行监督检查。

县级以上人民政府发展和改革、工业和信息化等有关部门按照规定的职责，做好无障碍环境建设工作。

第五条 各级残疾人联合会等社会团体及其他有关单位和个人有权对无障碍环境建设情况进行监督，向有关部门、单位提出意见、建议。有关部门、单位应当及时办理和答复。

第六条 县级以上人民政府及其有关部门应当利用广播、电视、报刊、互联网等媒体单位，加强对无障碍环境建设的宣传，增强全社会成员的无障碍环境建设意识，鼓励公民、法人或者其他组织为无障碍环境建设提供捐助及志愿服务，促进无障碍环境建设工作深入开展。

第二章 无障碍设施建设

第七条 城镇新建、改建、扩建道路、公共建筑、公共交通设施、居住建筑和居住区，应当符合无障碍设施工程建设标准。

乡、村庄的建设和发展，应当逐步达到无障碍设施工程建设标准。

第八条 无障碍设施工程应当与主体工程同步设计、同步施工、同步验收投入使用。

新建的无障碍设施应当与周边的无障碍设施相衔接。

无障碍设施工程未经县级以上人民政府城乡规划主管部门核实或者经核实不符合规划条件的，建设单位不得组织竣工验收。

第九条 对城镇已建成的不符合无障碍设施工程建设标准的道路、公共建筑、公共交通设施、居住建筑、居住区，县级以上人民政府应当制定无障碍改造计划并组织实施。

无障碍设施改造由所有权人或者管理人负责。

第十条 设计单位进行建设工程设计时，应当按无障碍设计规范的要求，设计配套的无障碍设施。

对应当设置无障碍设施但未作相应设计的建设工程，有关单位不予通过施工图设计审查。

第十一条 施工单位应当按批准的规划设计文件、审查通过的施工图设计文件、施工规程进行无障碍设施的施工，并对施工质量负责。

第十二条 工程监理单位应当按批准的规划设计文件、审查通过的施工图设计文件、施工规程对无障碍设施的施工质量实施监理，并对施工质量承担监理责任。

第十三条 建设无障碍设施应当符合安全、适用和便利的基本要求，并遵守下列规定：

（一）人行道、公共建筑和公共交通设施的地面平整、防滑，并在其出入口设置坡道或者缘石坡道；

（二）铺设的盲道保持连续，盲道上不得有电线杆及其拉线、地下检查井、树木、垃圾箱等障碍物，并与周边的人行天桥、人行地下通道和公共建筑、公共交通设施的无障碍设施相衔接；

（三）公共汽车、城市轨道交通车辆的停靠站设置盲文站牌的，站牌的位置、高度、内容方便视力残疾人识别；

（四）公共服务场所设置服务台、公用电话的，同时设置低位服务台、低位电话；

（五）公共建筑、公共交通设施的玻璃门、玻璃墙、楼梯口、电梯口和通道等处设置警示信号或者指示装置；

（六）无障碍设施按规定设置国际通用无障碍标志，无障碍标志位置明显，内容表述清晰、规范；

（七）无障碍设施颜色鲜明，方便残疾人识别；

（八）在视力残疾人通行较为集中路段的人行横道信号灯上设置声响提示装置。

第十四条 民用航空器、客运列车、客运船舶、公共汽车、城市轨道交通车辆等公共交通工具及其停靠站点，应当按国家和本省有关规定逐步达到无障碍设施的要求，并为残疾人出行提供必要帮助。

城市的公共汽车、轨道交通车辆应当配置字幕报站、语音报站装置。

第十五条 城市大中型公共服务场所的公共停车场和大型居住区的停车场，应当按照无障碍设施工程建设标准设置并标明无障碍停车位。

无障碍停车位为肢体残疾人驾驶或者乘坐的机动车专用，并按规定免收停车费用。

第十六条 无障碍设施的所有权人和管理人应当做好无障碍设施的维护管理工作，确保无障碍设施正常使用，并在无障碍设施因自然损毁等原因无法正常使用时及时予以修复。所有权人与管理人自行约定对无障碍设施的维护管理和修复责任的，由约定的责任人承担无障碍设施的维护管理和修复责任。

第十七条 禁止损毁、擅自占用无障碍设施或者改变其用途。

因城市建设、重大社会公益活动等原因需要临时占用城市道路的，应当避免占用无障碍设施；确需占用的，应当依法办理有关手续，并设置警示信号或者指示装置。临时占用期满后，应当立即恢复无障碍设施的使用功能。

第十八条 因城市建设、重大社会公益活动等原因确需改建无障碍设施的，应当依法办理有关手续，并及时建设相关无障碍设施。

第三章 无障碍信息交流

第十九条 县级以上人民政府应当将无障碍信息交流建设纳入信息化建设规划，引导和鼓励有关部门、科研单位、企业及个人开展无障碍信息交流的技术、产品、服务的研发、推广和应用工作，为残疾人获取公共信息提供便利。

第二十条 各类升学考试、职业资格考试和任职考试有视力残疾人参加的，考试主办单位应当为视力残疾人提供盲文试卷、电子试卷或者选派工作人员予以协助。

第二十一条 省、设区的市和具备条件的县级人民政府设立的电视台应当开办配播手语的新闻节目，并在播出电视节目时加配字幕。

第二十二条 省和设区的市人民政府设立的公共图书馆应当开设视力残疾人阅览室，为相关人员提供盲文读物、有声读物，其他图书馆应当逐步开设视力残疾人阅览室。

第二十三条 省和设区的市人民政府网站和政府公益活动网站应当逐步达到无障碍网站设计标准，按信息交流无障碍的标准为视力残疾人提供相关信息。

第四章 无障碍社区服务

第二十四条 县级以上人民政府应当制定鼓励扶持措施，推进社区公共服务设施的无障碍改造，逐步完善其无障碍服务功能。

第二十五条 县级以上人民政府应当逐步完善报警、医疗急救等紧急呼叫系统，为残疾人等社会成员报警、呼救提供便利条件。

报警、医疗急救等紧急呼叫系统应当具备文字报警、文字呼叫功能，保障听力、言语残疾人的报警和急救需要。

第二十六条 县级以上人民政府及其有关部门应当按国家和本省有关规定，对需要进行无障碍设施改造的残疾人贫困家庭给予适当补助，帮助其对住宅的相关设施进行改造，提高残疾人的生活质量。

第二十七条 组织各类选举的部门应当为参加选举的残疾人提供便利，为视力残疾人提供盲文选票或者根据残疾人的意愿选派工作人员予以协助。

第五章 法律责任

第二十八条 无障碍环境建设有关主管部门的工作人员滥用职权、玩忽职守、徇私舞弊的，依法给予处分；构成犯罪的，由司法机关依法追究刑事责任。

第二十九条 违反本办法第

十三条和第十五条规定的，由有关主管部门责令限期改正或者采取补救措施。

第三十条 违反本办法第十七条第一款规定的，由县级以上人民政府住房和城乡建设主管部门或者其他有关部门按照规定的职责，予以通报批评，责令限期改正。逾期不改正的，对非经营性活动中的违法行为，处以五百元以上一千元以下的罚款；对经营性活动中的违法行为，有违法所得的，处以违法所得一倍以上三倍以下最高不超过三万元的罚款；对没有违法所得或者违法所得无法计算的，处以五千元以上一万元以下的罚款。造成财产损失的，依法承担赔偿责任。故意损毁无障碍设施的，由公安机关依照《中华人民共和国治安管理处罚法》的规定予以处罚。

第六章 附 则

第三十一条 本办法自2014年2月1日起施行。2008年8月11日河北省人民政府公布的《河北省无障碍设施建设使用管理规定》同时废止。

河北省生活饮用水卫生监督管理办法

（2013年12月17日河北省人民政府第14次常务会议通过
2013年12月26日河北省人民政府令〔2013〕第14号公布
自2014年2月1日起施行）

第一条 为加强生活饮用水卫生监督管理，保障公共供水卫生安全和人体健康，根据国家有关法律、法规的规定，结合本省实际，制定本办法。

第二条 在本省行政区域内从事集中式供水、二次供水、现场制售饮用水和涉及饮用水卫生安全产品的生产经营及相关卫生监督管理活动，应当遵守本办法。

第三条 县级以上人民政府应当加强对生活饮用水卫生监督管理工作的领导，建立健全生活饮用水供水卫生安全目标责任制，组织有关行政执法部门建立相关信息资源交换共享和联合执法机制，将生活饮用水卫生安全保障纳入本级国民经济和社会发展规划，并加大对生活饮用水卫生监督管理、抽检和水质监测经费的投入。

第四条 县级以上人民政府卫生行政部门主管本行政区域内的生活饮用水卫生监督工作。

省人民政府住房和城乡建设行政主管部门负责全省的城镇生活饮用水卫生管理工作，设区的市和县（市、区）人民政府确定的城镇供水行政主管部门负责本行政区域内的城镇生活饮用水卫生管理工作。

县级以上人民政府其他有关部门按照规定的职责，做好生活饮用水的相关管理工作。

第五条 县级以上人民政府及其有关部门、各类媒体单位应当加强生活饮用水卫生安全的宣传教育工作，向全社会普及相关卫生知识，提高公众的生活饮用水卫生安全意识。

第六条 县级以上人民政府及有关部门应当制定措施，引导和支持有关科研单位、高等院校、企业或者其他组织、个人，开展与生活饮用水卫生安全及检验检测有关的新产品、新技术、新工艺的研制开发和推广应用工作，提高本地生活饮用水卫生安全保障水平。

第七条 新建、改建、扩建的集中式供水工程和二次供水设施应当符合卫生要求，其选址、设计审查和竣工验收必须有城镇供水行政主管部门、卫生行政部门参加。对不符合卫生要求的新建、改建、扩建集中式供水工程和二次供水设施，城镇供水行政主管部门和卫生行政部门应当向建设单位提出整改要求。

建设单位对城镇供水行政主管部门和卫生行政部门提出的整改要求，应当组织有关单位和专业技术人员进行研究，及时采取整改措施。

第八条 供水单位应当依法向设区的市或者县（市、区）卫生行政部门申请领取生活饮用水卫生许可证。未取得生活饮用水卫生许可证的，不得开展供水业务。

第九条 供水单位和二次供水设施管理单位应当建立健全各项卫生管理制度，制定生活饮用水供水安全突发事故应急预案。

供水单位和二次供水设施管理单位应当保证生产环境、工艺流程、卫生设施、消毒管理、使用的涉及饮用水卫生安全的产品（以下简称涉水产品）和消毒产品、水质检验、从业人员管理、供水水质等符合国家有关卫生标准和卫生规范的要求。

第十条 供水单位生产管理

制度的建立和落实、人员上岗资格、水质日常检验等项工作，由城镇供水行政主管部门负责管理。

第十一条 二次供水设施的水池、水箱等储水设施应当每年进行一次清洗、消毒。

二次供水设施管理单位应当于清洗、消毒3日前在供水区域内发布公告，并在清洗、消毒后委托依法取得计量认证的机构，按照国家有关卫生规范的规定进行水质检验。

第十二条 二次供水设施管理单位按照下列规定确定：

（一）二次供水设施建成后，建设单位尚未移交给二次供水设施产权所有者的，该建设单位为二次供水设施管理单位；

（二）委托物业服务企业管理的二次供水设施，受委托的物业服务企业为二次供水设施管理单位；

（三）未委托物业服务企业管理的二次供水设施属于单一产权所有者的，该产权所有者为二次供水设施管理单位；

（四）未委托物业服务企业管理的二次供水设施的产权所有者在两个以上的，应当协商确定一个产权所有者或者有关单位为二次供水设施管理单位，其他产权所有者承担连带责任；不能协商确定一个产权所有者或者有关单位为二次供水设施管理单位的，由县（市、区）卫生行政部门商当地乡（镇）人民政府（街道办事处）确定二次供水设施管理单位；

（五）建有二次供水设施的建筑物用于出租的，当事人应当在合同中约定二次供水设施管理单位；未约定的，建筑物产权所有者为二次供水设施管理单位。

第十三条 现场制售饮用水设备的选址、设计和水源选择应当符合国家和本省有关规定，设备周围保持良好卫生状况，地面平整硬化，具有废水排放设施。

现场制售饮用水设备与周围的畜禽饲养场所、公共厕所和垃圾堆放处理场所等有毒有害物质污染源的距离应当在十米以上。

第十四条 现场制售饮用水设备的经营单位或者个人应当遵守下列规定：

（一）建立健全卫生管理制度；

（二）选用的现场制售饮用水设备依法取得卫生许可批准文件；

（三）配备相应的水质检验人员和仪器设备，按周对设备和出水水质进行巡查、自检，发现卫生安全隐患及时处理，并每年委托依法取得计量认证的机构对出水水质进行检验，保证出水水质符合国家有关卫生标准和卫生规范要求；

（四）在设备的醒目位置公示经营单位或者个人及设备管理人员的名称（姓名）、联系方式、巡查记录和水质检验结果。

第十五条 供水单位、二次供水设施管理单位、现场制售饮用水经营单位或者个人应当组织本单位直接从事供水、管水工作的人员进行卫生知识培训，并每年进行一次健康检查，取得健康证明后方可上岗。

患有痢疾、伤寒、甲型病毒性肝炎、戊型病毒性肝炎、活动性肺结核、化脓性或者渗出性皮肤病及其他有碍生活饮用水卫生安全疾病的人员和病原携带者，不得直接从事供水、管水工作。

第十六条 生产涉水产品应当依法取得卫生许可批准文件。

涉水产品生产单位应当按照卫生许可批准文件和国家有关卫生标准、卫生规范组织生产，并根据产品特点对生产环境卫生、原材料和产品卫生安全进行自检。

涉水产品生产单位发现其生产的产品存在卫生安全隐患，可能对生活饮用水水质造成影响的，应当及时向社会公布有关信息，通知销售者停止销售，告知使用者停止使用，主动召回或者更换存在卫生安全隐患的产品，并及时向当地卫生行政部门报告。

第十七条 农村集中式供水工程的设计应当符合国家有关规定，开展卫生学评价，保障生活饮用水卫生安全。

乡（镇）人民政府（街道办事处）应当确定相应机构或者人员负责农村集中式供水的卫生管理。

村民委员会应当确定人员负责当地水源的卫生防护和集中式供水设施的维护、水质消毒等工作。

卫生行政部门应当对农村集中式供水进行水质卫生监测，加强对农村集中式供水卫生安全的技术指导。

县级以上人民政府其他有关部门应当按照规定的职责分工，做好对农村集中式供水卫生安全的管理工作。

第十八条 卫生行政部门应

当建立健全生活饮用水卫生监测网络，依法开展生活饮用水卫生监督检查和水质抽检工作，及时调查处理生活饮用水污染事故，查处违法行为。

第十九条 卫生行政部门进行生活饮用水卫生监督检查时，可以行使下列职权：

（一）进入相关生产经营场所实施现场检查；

（二）查阅、复制、查封、扣押有关合同、票据、账簿和其他有关资料；

（三）查封、扣押不符合法定要求的涉水产品和消毒产品；

（四）法律、法规和规章规定的其他职权。

第二十条 城镇供水行政主管部门应当加强城市供水水质督查网络建设，按照国家有关规定开展水质督查工作，对本行政区域供水单位的供水水质定期进行检测，并向本级人民政府和上一级城镇供水行政主管部门报告检测结果。

第二十一条 生活饮用水在生产、输送过程中被污染可能危及人体健康时，有关责任单位或者人员应当立即采取措施消除污染，并按照规定向县级以上人民政府及其有关部门报告。县级以上人民政府及其有关部门应当依照有关法律、法规、规章和应急预案的规定进行调查处理，对已造成或者有证据证明可能引发传染病流行或者对人体健康造成危害的，可以依法责令责任单位立即采取停止供水、封闭供水设施、查找和控制污染源、对供水设施进行清洗和消毒等措施。

在停止供水期间，当地人民政府和有关供水单位应当为停止供水的区域提供必要的符合国家卫生标准的生活饮用水。

第二十二条 县级以上人民政府及有关部门应当建立健全生活饮用水卫生安全举报、投诉制度，向社会公开相关电话，及时受理和依法调查处理举报、投诉的事项，并为举报、投诉人保密。

第二十三条 卫生行政部门和城镇供水行政主管部门及其工作人员有下列行为之一的，对其主管负责人或者直接责任人员，依法给予处分；构成犯罪的，由司法机关依法追究刑事责任：

（一）不依法办理相关行政许可的；

（二）不履行生活饮用水卫生监督管理职责，对违反本办法的行为不依法处理的；

（三）贪污、截留或者挪用生活饮用水卫生监督管理有关经费的；

（四）其他玩忽职守、滥用职权、徇私舞弊的行为。

第二十四条 对违反本办法的行为，《中华人民共和国传染病防治法》、《国务院关于加强食品等产品安全监督管理的特别规定》等有关法律、法规和规章已经规定行政处罚的，从其规定。

第二十五条 违反本办法第七条第二款、第九条第二款、第十一条、第十三条、第十四条和第十六条第二款规定的，由卫生行政部门和城镇供水行政主管部门按照各自的职责分工，予以通报批评，责令限期改正；逾期不改正的，对非经营性活动中的违法行为，处以五百元以上一千元以下罚款；对经营性活动中的违法行为，有违法所得的，处以违法所得一倍以上三倍以下最高不超过三万元罚款，没有违法所得或者违法所得无法计算的，处以五千元以上一万元以下罚款。

第二十六条 本办法下列用语的含义是：

（一）供水单位，是指为城市和县人民政府所在建制镇的建成区供水的集中式供水单位，以及为其他区域供水的设计日供水量在一万吨以上的集中式供水单位；

（二）集中式供水，是指由水源集中取水，经统一净化处理和消毒后由输水管网送至用户的供水方式；

（三）二次供水，是指将集中式供水系统的生活饮用水经贮存、加压或者通过水处理设备采用过滤、吸附、软化、消毒等措施再处理后，由管道输送给用户的供水方式；

（四）现场制售饮用水，是指通过水处理设备采用过滤、吸附、软化、消毒等措施，将集中式供水系统的生活饮用水当场制成可直接饮用并散装销售的饮用水。

第二十七条 本办法自2014年2月1日起施行。

河北省湿地保护规定

（2013年12月17日河北省人民政府第14次常务会议通过 2013年12月26日河北省人民政府令〔2013〕第15号公布 自2014年2月1日起施行）

第一章 总 则

第一条 为了加强湿地保护，维护湿地生态、经济和社会功能，促进湿地资源可持续利用，根据有关法律、法规，结合本省实际，制定本规定。

第二条 在本省行政区域内从事湿地保护、利用及其监督管理等活动，适用本规定。

本规定所称湿地，是指本省行政区域内常年或者季节性积水地带、水域和低潮时水深不超过六米的海域，包括沼泽湿地、湖泊湿地、河流湿地、近海与海岸湿地等自然湿地，以及重点保护野生动物栖息地或者重点保护野生植物原生地等人工湿地。

第三条 湿地保护工作遵循统筹规划、保护优先、科学恢复、合理利用、持续发展的原则。

第四条 县级以上人民政府应当加强对湿地保护工作的领导，将湿地保护纳入国民经济和社会发展规划，建立健全联席会议制度，协调解决湿地管理机构、经费保障、保护利用等方面的重大问题。

第五条 湿地保护实行综合协调、分部门实施的管理体制。

县级以上人民政府林业主管部门负责湿地保护的组织、协调、指导和监督工作。

县级以上人民政府国土资源、环境保护、水行政、农业、住房和城乡建设、海洋、交通运输等部门按职责分工，具体负责有关的湿地保护管理工作；发展和改革、财政、旅游等部门按各自职责，做好湿地保护管理的相关工作。

第六条 县级以上人民政府及其有关部门应当加强湿地保护宣传教育和培训，结合世界湿地日、爱鸟周和保护野生动物宣传月等开展宣传教育活动，提高公众湿地保护意识。

鼓励公民、法人和其他组织以志愿服务、捐赠等形式参与湿地保护。

第七条 任何单位和个人都有保护湿地资源的义务，有权对破坏湿地资源的行为进行举报。

第二章 规划保护

第八条 省人民政府林业主管部门应当会同有关部门根据国家有关规定和技术规程，每10年进行一次湿地资源调查，并公布调查结果。

湿地资源调查应当与土地、水、海洋、野生动植物等资源调查相衔接。

湿地资源调查数据应当作为制定湿地保护规划、采取湿地保护措施和合理利用湿地资源的依据。

第九条 县级以上人民政府林业主管部门应当会同本级政府有关部门，根据上一级人民政府的湿地保护规划编制本行政区域的湿地保护规划，报本级人民政府批准后公布实施。

湿地保护规划需要调整和修改的，应当按前款规定程序报批。

编制湿地保护规划应当明确湿地保护的目标和任务、保障措施以及利用方式等内容，与土地利用、环境保护、防洪、水资源保护、城乡建设、海洋、旅游等规划相衔接，并通过论证会、听证会等形式广泛征求意见。

第十条 本省对湿地实行分级管理。湿地分为国际重要湿地、国家重要湿地、省级重要湿地和一般湿地。

国际重要湿地和国家重要湿地的认定按国家有关规定执行。

省级重要湿地的认定及其调整，由省人民政府林业主管部门会同国土资源、环境保护、水行政、农业、住房和城乡建设、海洋、交通运输、发展和改革、财政、旅游等有关部门研究提出意见，经专家论证后，报省人民政府批准公布。

国际重要湿地、国家重要湿地、省级重要湿地以外的湿地为一般湿地。

第十一条 符合下列条件之一的，可以认定为省级重要湿地：

（一）具有代表性或者独特性的自然湿地；

（二）国家和省重点保护野生动物物种的繁殖地、越冬地或者迁徙停歇地；

（三）具有生态学、水文学作用和重大科学研究价值的湿地；

（四）具有区域生态重要作用或者重要历史文化意义的湿地。

第十二条 县级以上人民政府应当组织林业等有关部门，为国际重要湿地、国家重要湿地和省级重要湿地设立界标，标明湿地的名称、类型和保护范围等内容，并予以公告。

第十三条 县级以上人民政府应当按有关规定采取建立湿地自然保护区、湿地公园、湿地保护小区等方式，健全湿地保护体系，完善保护管理机构，加强湿地保护。

第十四条 具备自然保护区

设立条件的湿地，应当依法建立湿地自然保护区。湿地自然保护区的设立和管理按自然保护区管理的有关规定执行。

第十五条 以保护生态系统、合理利用资源、科普宣传和科学研究为目的，并具备开展生态旅游条件的湿地，可以建立湿地公园。

具备国家湿地公园设立条件的湿地，可以依照国家有关规定申请设立国家湿地公园。

第十六条 面积在二十公顷以上，并具备下列条件之一的湿地，可以设立省级湿地公园：

（一）湿地自然景观优美，具有湿地主体功能或者一定历史文化价值；

（二）湿地生态系统典型，具有区域内示范性或者区域地位重要；

（三）湿地生物多样性丰富，具有重要或者特殊科学研究、宣传教育价值。

设立省级湿地公园，由湿地所在地的县级人民政府向省人民政府林业主管部门提出申请，省人民政府林业主管部门应当征求有关部门意见，组织有关专家进行论证，对符合条件的，予以批准。

省级湿地公园确需撤销或者变更范围的，应当按前款规定程序报批。

第十七条 具有湿地自然保护区部分特征，但面积较小、不适宜设立湿地自然保护区或者湿地公园的湿地，可以通过建立湿地保护小区等形式实施保护。

第十八条 县级以上人民政府应当根据实际情况，采取必要的政策、管理和技术手段，加强对一般湿地的保护，维持湿地自然特性和生态特征，防止湿地生态功能退化。

第十九条 向自然湿地排污或者改变湿地自然状态，以及建设项目占用自然湿地的，行政审批部门应当会同相关部门依法进行环境影响评价。

第二十条 在湿地内从事生产经营、观赏旅游、科学研究、调查观测、科普教育等活动，应当避免影响湿地生态功能和对野生生物物种造成伤害。

第二十一条 禁止在湿地内从事下列行为：

（一）擅自占用、开垦、填埋、排干湿地或者改变湿地用途；

（二）擅自采砂（石）、取土、采矿；

（三）过度放牧、捕捞；

（四）破坏水生动物洄游通道或者野生动物栖息地；

（五）破坏或者移动湿地界标；

（六）其他破坏湿地及其生态功能的行为。

第三章 监督管理

第二十二条 省湿地保护管理机构具体负责组织实施建立湿地自然保护区、湿地公园等工作，监督湿地的合理利用。

设区的市和县级人民政府负责湿地保护管理工作的部门或者机构，应当完善湿地保护的基础设施，开展湿地保护宣传教育和科普工作，配合县级以上人民政府有关部门查处破坏湿地违法行为，有条件的可以推行相对集中行政处罚权制度。

第二十三条 县级以上人民政府林业、国土资源、环境保护、水行政、农业、住房和城乡建设、海洋等有关部门应当对湿地的自然状况、受影响因素等进行监测，发现存在或者可能导致湿地面积减少、生态功能退化等情况的，应当制定相应的湿地保护方案，采取退耕还湿、补水、限牧、移民搬迁、有害生物防治等措施保护和恢复湿地。

第二十四条 县级以上人民政府水行政主管部门在制定水资源开发、利用规划和调度水资源时，应当维持河流的合理流量和湖泊等湿地的合理水位，维护湿地水体的自然净化能力，并根据水功能区划对水质的要求和湿地水体的自然净化能力，核定湿地水体的纳污能力，向同级人民政府环境保护主管部门提出限制排污总量的意见。

第二十五条 县级以上人民政府环境保护主管部门应当根据污染防治规划，充分考虑湿地限制排污总量意见，严格控制本行政区域的水污染物排放总量和浓度控制指标，并定期开展湿地水污染调查和评估。

第二十六条 县级以上人民政府农业主管部门应当推广先进适用的农业技术，减少化肥和农药使用量，有效控制农业面源污染。

第二十七条 县级以上人民政府林业、国土资源、环境保护、水行政、农业、住房和城乡建设、海洋、交通运输等有关部门应当按职责分工对湿地资源的保护利用情况进行监督检查，建立健全举报制度，公布举报电话和信箱。

对受理的举报，应当及时依法进行调查处理，并将处理结果告知举报人。

第二十八条 县级以上人民政府林业主管部门应当定期向本级人民政府报告湿地保护情况，并抄送有关部门。

第四章 法律责任

第二十九条 县级以上人民政府林业等有关部门及其工作人员，有下列行为之一的，对直接负责的主管人员和其他直接责任人员依法给予处分；构成犯罪的，依法追究刑事责任：

（一）未依法采取湿地保护措施的；

（二）发现违法行为或者接到违法行为的举报不予以查处的；

（三）其他滥用职权、玩忽职守、徇私舞弊的行为。

第三十条 违反本规定，有关法律、法规已规定法律责任的，从其规定；有关法律、法规未规定法律责任的，由县级以上人民政府林业等有关部门按职责分工责令停止违法行为，并按下列规定处以罚款；造成损失的，依法予以赔偿：

（一）违反第二十一条第一项、第二项规定，有违法所得的，处违法所得一倍以上三倍以下最高不超过三万元的罚款；没有违法所得的，处一万元以下的罚款；

（二）违反第二十一条第三项、第四项规定的，处五百元以上一千元以下的罚款；

（三）违反第二十一条第五项规定的，处一百元以上五百元以下的罚款。

第五章 附 则

第三十一条 本规定自2014年2月1日起施行。

图书在版编目（CIP）数据

河北法制年鉴.2014/《河北法制年鉴》编纂委员会编著·一北京：中国法制出版社，2014.11

ISBN 978－7－5093－5838－2

Ⅰ.①河…　Ⅱ.①河…　Ⅲ.①社会主义法制－建设－河北省－2014－年鉴　Ⅳ.①D927.22－54

中国版本图书馆CIP数据核字（2014）第256401号

河北法制年鉴·2014

HEBEI FAZHI NIANJIAN 2014

编著/《河北法制年鉴》编纂委员会

经销/新华书店

印刷/河北省人民政府机关文印中心

开本/889×1194毫米　16开　　印张/50.25　字数/1850千

版次/2014年11月第1版　　2014年11月印刷

中国法制出版社

书号 ISBN 978－7－5093－5838－2　　定价：260.00元

北京西单横二条2号　邮政编码100031　　传真：66031119

市场营销部电话：66017726　　**读者俱乐部电话：66026596**